Frank Trentmann

HERRSCHAFT DER DINGE

Die Geschichte des Konsums vom 15. Jahrhundert bis heute

Aus dem Englischen von
Klaus-Dieter Schmidt
und Stephan Gebauer-Lippert

Pantheon

Die Originalausgabe erschien 2016 unter dem Titel
Empire of Things. How We Became a World of Consumers, from the Fifteenth Century to the Twenty-first bei Allen Lane,
einem Imprint von Penguin Random House UK, London.

MIX
Papier aus verantwortungsvollen Quellen
FSC® C083411

Penguin Random House Verlagsgruppe FSC® N001967

3. Auflage

in der Penguin Random House Verlagsgruppe GmbH,
Neumarkter Straße 28, 81673 München
Umschlaggestaltung: Büro Jorge Schmidt, München, unter
Vorlage von Richard Kuiper (Fotografie) und Milan Bozic (Gestaltung)
Satz: Buch-Werkstatt GmbH, Bad Aibling
Druck und Bindung: CPI books GmbH, Leck
Printed in the Czech Republic
ISBN 978-3-570-55382-4

www.pantheon-verlag.de

Für Oscar & Julia

Ich liebe die Dinge über alles,
alles.
Ich mag die Zangen,
die Scheren,
ich schwärme
für Tassen,
Serviettenringe,
Suppenschüsseln –
vom Hut
ganz zu schweigen.

...

O unumkehrbarer
Strom
der Dinge,
keiner kann sagen,
ich hätte nur
die Fische
geliebt
oder die Gewächse des Urwalds und der Wiesen,

...

Falsch:
Mir sagten viele Dinge
vieles.
Nicht nur sie rührten mich
oder meine Hand rührte sie an,
sondern so dicht
liefen sie
neben meinem Dasein her,
daß sie mit mir da waren
und so sehr *da* für mich waren,
daß sie ein halbes Leben mit mir lebten
und dereinst auch einen halben Tod mit mir sterben.

aus *Pablo Neruda, »Ode an die Dinge«*

Inhalt

Einleitung 11

Teil I

1 Drei Konsumkulturen 37
2 Die Aufklärung des Konsums 109
3 Das Reich der Dinge 163
4 Städte 235
5 Die Konsumrevolution kehrt heim 297
6 Das Zeitalter der Ideologien 363
7 Im Überfluss 453
8 Asien konsumiert 477

Teil II

Vorwort 541
9 Kauf jetzt, zahl später 543
10 Nicht so schnell! 591
11 Von der Wiege bis zur Bahre 647
12 Außerhalb des Marktes 697
13 Nah und fern 751
14 Dinge des Glaubens 813
15 Wegwerfgesellschaft? 835

Epilog 911
Dank 931

Anmerkungen 935
Register 1055
Bildnachweis 1099
Editorische Hinweise 1101

Einleitung

Wir sind von Dingen umgeben. In den Garagen von Los Angeles stehen häufig keine Autos mehr, sondern Unmengen von Aufbewahrungskartons. In Großbritannien gab es 2013 sechs Milliarden Kleidungsstücke, rund einhundert pro Erwachsenem; ein Viertel von ihnen verlässt nie den Kleiderschrank. Ein Deutscher nennt im Durchschnitt zehntausend Gegenstände sein Eigen. Natürlich besaßen die Menschen schon immer Dinge, und sie benutzten sie nicht nur zum Überleben, sondern auch für Rituale, zum Vorzeigen und zu ihrem Vergnügen. Aber die Besitztümer, die sich in einem vormodernen Dorf oder bei indigenen Gruppen finden, verblassen neben dem wachsenden Berg von Dingen in hochentwickelten Gesellschaften wie unseren. Mit dieser zunehmenden Anhäufung war ein Wandel in den Beziehungen der Menschen zu den Dingen verbunden. Im Gegensatz zum vormodernen Dorf, wo die meisten Gegenstände als Geschenke oder mit der Mitgift hinzukamen und weitergegeben wurden, werden in modernen Gesellschaften Dinge größtenteils auf dem Markt gekauft. Und sie begleiten unser Leben nicht über einen so langen Zeitraum.[1]

In den letzten Jahrhunderten sind der Erwerb, Nachschub und Verbrauch von Dingen, kurz der Konsum, zum bestimmenden Merkmal unseres Lebens geworden. Es wäre falsch, anzunehmen, die Menschen hätten zu irgendeiner Zeit eine einzige Identität gehabt, aber es gab Abschnitte in der Geschichte, in denen bestimmte Rollenmodelle vorherrschend waren und die Gesellschaft und Kultur prägten. In Europa bildete sich im Hochmittelalter eine feudale Gesellschaft aus Rittern, Herren und Leibeigenen heraus.[2] Während der Reformation stießen verschiedene Konfessionen aufeinander. Im 19. Jahrhundert machte eine auf Handel beruhende Gesellschaft einer industriellen

Klassengesellschaft aus Kapitalisten und Lohnarbeitern Platz. Heute ist die Arbeit immer noch wichtig, aber sie definiert uns weit weniger als in der Blütezeit der Fabriken und Gewerkschaften. Statt Krieger oder Arbeiter sind wir mehr denn je Konsumenten. In der reichen Welt – und in zunehmendem Maß auch in der sich entwickelnden – werden Identität, Politik, Wirtschaft und Umwelt grundlegend von dem bestimmt, was und wie wir konsumieren. Geschmack, Erscheinung und Lebensstil definieren, wer wir sind (oder sein wollen) und wie andere uns sehen. Politiker stellen öffentliche Leistungen wie einen Supermarkt voller Waren dar, aus denen sich die Bürger wie Kunden bedienen können. Umgekehrt bemühen sich viele Bürger, soziale und politische Anliegen voranzubringen, indem sie in Boykotten und »Buykotten« die Macht ihrer Geldbeutel einsetzen. Hochentwickelte Wirtschaften sind auf Gedeih und Verderb von ihrer Fähigkeit abhängig, durch Werbung, Markenbildung und Konsumentenkredite ein hohes Ausgabenniveau zu erreichen und aufrechtzuerhalten.

Die vielleicht existentiellste Auswirkung unseres materiell aufwendigen Lebensstils ist diejenige auf den Planeten. Dieser Lebensstil beruht auf fossilen Brennstoffen. Im Lauf des 20. Jahrhunderts hat sich die Kohlendioxidemission pro Person vervierfacht. Heute verursachen der Transport und größere, komfortablere Häuser und Wohnungen, ausgestattet mit vielen Haushaltsgeräten, knapp die Hälfte des globalen CO_2-Ausstoßes. Der gestiegene Fleischkonsum hat den Stickstoffkreislauf empfindlich gestört. Kalkuliert man die Emissionen mit ein, die bei der Herstellung und Auslieferung ihrer Güter entstehen, sind die Verbraucher sogar noch tiefer in diesen Prozess verstrickt. Und viele kaputte Fernsehgeräte und Computer landen am Ende ihrer Lebensspanne in Ländern wie Ghana und Nigeria, wo sie Krankheiten und Umweltverschmutzung hervorrufen, weil sie zur Gewinnung von Wertstoffen auseinandergenommen werden.[3]

Wie viel und was man konsumieren soll, ist eine der drängendsten, aber auch verzwicktesten Fragen unserer Zeit. Dieses Buch ist ein historischer Beitrag zu dieser Debatte. Es erzählt, wie es dazu kam, dass wir mit so viel mehr leben als früher, und wie dies den Gang der Geschichte verändert hat.

Wie andere Schlüsselbegriffe der Geschichte hat auch derjenige des Konsums einen Bedeutungswandel durchlaufen. Er geht auf das lateinische Wort *consumere* zurück, das im 12. Jahrhundert zuerst ins Französische Eingang fand und von dort ins Englische und später auch in andere europäische Sprachen übernommen wurde. Damals bedeutete es den Verbrauch und physischen Verzehr von Material. Lebensmittel, Kerzen und Feuerholz wurden konsumiert. Auch der Körper wurde, wenn er von Krankheit befallen war, konsumiert. Verwirrend war, dass es das ähnlich klingende Verb *consummare* gab, das bedeutete, etwas zu vollenden, wie in den letzten Worten Christi: »Es ist vollbracht« – *consummatum est.* Im englischen Alltagsgebrauch wurden »Verbrauch« und »Vollendung« häufig zusammengeworfen.[4]

Zwischen dem 17. und 19. Jahrhundert durchlief der Begriff eine rätselhafte Metamorphose. Konsum bedeutete immer weniger Verbrauch oder Zerstörung und wurde stattdessen zu etwas Positivem und Schöpferischem. Seit dem Ende des 17. Jahrhunderts vertraten ökonomische Denker die Auffassung, dass der Erwerb von Gütern und Dienstleistungen nicht nur individuelle Bedürfnisse befriedigte, sondern zugleich die jeweilige Nation bereicherte, indem er den Markt für Produzenten und Investoren vergrößerte. Persönliche Eitelkeiten, wie der Kauf einer Schnupftabakdose oder extravaganter Kleidung, konnten – zumindest in materieller Hinsicht – einen öffentlichen Nutzen haben. Solche Verknüpfungen brachten bisherige moralische Gewissheiten ins Wanken. Ein Meilenstein auf diesem Weg war Adam Smiths Buch *Der Wohlstand der Nationen* von 1776, in dem er feststellte: »Ziel und Zweck aller Produktion ist der Verbrauch …«[5] Dessen ungeachtet waren Smith und seine Schüler noch ein gutes Stück davon entfernt, den Konsum zum Mittelpunkt der Ökonomie zu machen, ganz zu schweigen von der Annahme, dass es ein ständiges Wachstum geben könnte. Darauf kam man erst in den 1860er und 1870er Jahren, als William Stanley Jevons, Carl Menger und Léon Walras verkündeten, nicht die Arbeit schaffe den Wert eines Produkts, sondern der Konsum.

Die Apotheose des Konsumenten mag zwar ihren Anfang in der Ökonomie genommen haben, aber vollendet wurde sie von der Politik. Um 1900 herum betrat der »Consumer« und Käufer als Zwilling des Bürgers die politische Bühne. Er setzte den Geldbeutel ein, um Sozialreformen zu fördern, zuerst in den Vereinigten Staaten und Großbritannien, aber bald auch in Frankreich und anderswo in Europa. Erst in der Zwischenkriegszeit, als in Massen produzierte, standardisierte Waren ihren Siegeszug antraten, machten Unternehmen und Werbefachleute den Kunden zum »König« des Markts. In den folgenden Jahrzehnten begann man die Nutzer von Gesundheits-, Bildungs- und Sportdienstleistungen als »Konsumenten« anzusprechen, bis man in den 1960er Jahren schließlich eine völlig neue Art von Gesellschaft ausmachte: die »Konsumgesellschaft«. Im späten 20. Jahrhundert wurden nicht mehr nur Güter und Dienstleistungen konsumiert, sondern auch Gefühle, Erlebnisse und Erfahrungen. Dennoch wurde die alte Verbindung zum Verbrauch nie ganz gekappt. Wilhelm Roscher, der Begründer der Historischen Schule der Ökonomie in Deutschland, bemerkte einmal, ein Mantel sei erst »consumirt«, wenn sein Stoff sich auflöse. Bezeichnenderweise verknüpft der in den 1880er Jahren eigens geschaffene japanische Begriff *shōhi* »verbrauchen« (*hi*) mit »auslöschen« (*shō*). In einer Zeit, in der wir uns wieder der Endlichkeit der Ressourcen des Planeten bewusst werden, spricht vieles für diese weiter gefasste, materielle Auffassung des Konsums.

Der Bedeutungswandel des Begriffs spiegelt die Entwicklung des Kapitalismus seit dem 15. Jahrhundert wider, in deren Verlauf Märkte, Erwerb und Auswahl sich auf einen immer größeren Teil der Gesellschaft ausdehnten. Dennoch wäre die Betrachtung zu eng gefasst, richtete man die Aufmerksamkeit nur auf das Kaufen und die Veränderungen der Kaufkraft. Konsum ist mehr als Erwerb. Trotz des Aufstiegs des Kaufens erreichen Dinge und Dienstleistungen die Menschen weiterhin auch auf anderen Wegen, etwa als Geschenke oder durch die Nutzung betrieblicher Fitnessstudios und Urlaubsangebote sowie, insbesondere in den letzten fünfzig Jahren, durch staatliche Leistungen auf den Gebieten von Gesundheit, Wohnung, Bildung und Sozialhilfe. Das Kaufen wird in diesem Buch gebührend gewürdigt, aber es gilt auch zu berücksichtigen, wie die Dinge benutzt werden, denn auf diese Weise formen sie erst das gesellschaftliche Leben und die soziale Identität und bestimmen deren Bedeutung.

Dieses Buch folgt dem Zyklus des Konsums so vollständig wie möglich, von der Nachfrage über Erwerb, Nutzung und Sammlung bis zur Entsorgung. Es beschäftigt sich mit dem Verlangen nach Gütern, das der Nachfrage zugrunde liegt, beispielsweise dem Wunsch nach indischen Baumwollstoffen im Europa des 18. Jahrhunderts, nach europäischen Kleidern im Afrika des 19. Jahrhunderts oder der Herausbildung eines neuen europäischen Geschmacks an exotischen Waren wie Kaffee, Tee und Schokolade. Der Geschmack an diesen Dingen war weder von vornherein vorhanden noch beständig, sondern musste und muss geschaffen werden. Und er veränderte sich im Lauf der Zeit, während der Kolonialismus und Kapitalismus jene Produkte für den westlichen Markt neu aufstellten. Auch Kulturen unterschieden sich darin, welche Güter sie wertschätzten. Die einen (wie die Ming-Kultur in China) legten auf das Alter wert, während andere (wie diejenigen der Vereinigten Niederlande und des frühmodernen England) in zunehmendem Maß auf Neuheit bedacht waren. Das nächste Glied in der Kette des Konsums ist der Erwerb. Hier kommen neben Kauf und Kaufkraft Kredit und Sparsamkeit ins Blickfeld. Aber auch Erwerbswege jenseits des Kaufens werden nicht außer Acht gelassen, wie die Weitergabe von Dingen an Verwandte und Freunde oder zu wohltätigen Zwecken; auch die in jüngster Zeit erfolgte bemerkenswerte Verwandlung des Kochens und des Gartenbaus von einer Arbeit zu einem Hobby, für das viel Zeit und Geld aufgewandt wird, gehört hierher. Das letzte Kettenglied betrifft schließlich das Ende des gesellschaftlichen Lebens von Gütern, wenn diese kaputt oder altmodisch geworden sind oder einfach von ihren Besitzern nicht mehr gewollt werden. In diesem Zusammenhang geht es nicht nur um Entsorgung, sondern auch um Aufbewahrung und Wiederverwendung.

Ebenso wichtig wie Zeit und Geld sind die Räume des Konsums. In dieser Hinsicht ist das Kaufhaus die Ikone der Modernität. Nicht weniger faszinierend ist jedoch die lebendige Mischung von Geschäften und Filialen, die das Kaufhaus umgibt, von Straßenhändlern über Lebensmittelgeschäfte bis zum Tante-Emma-Laden. Gleiches gilt für die Räume, in denen die Freizeit verbracht wurde (und wird), von kommerziellen Einrichtungen wie den frühen Kinos und Tanzlokalen über öffentliche Schwimmbäder bis zu von Firmen gesponserten Modeschauen. Ferner muss die Verbindung zwischen öffentlichem und privatem Leben untersucht werden, insbesondere die herausragende Bedeutung des Einzugs von fließend Wasser, Gas und elektrischem Strom in die Haushalte, der neue Gewohnheiten und Erwartungen hervorrief und den Einsatz neuer Geräte ermöglichte. Wir wollen nicht nur erfahren, wie viel Geld für ein Radio, eine Waschmaschine oder eine Klimaanlage ausgegeben wurde und wer sie kaufte, sondern auch, wie sie Art und Rhythmus des Alltagslebens veränderten. Komfort, Sauberkeit und Kommodität, um ein Wort aus dem 18. Jahrhundert zu benutzen, waren dynamische Triebkräfte des Konsums.

Heute ist der Konsum Gegenstand einer hitzigen öffentlichen Debatte zwischen zwei gegnerischen Lagern, die ihre moralische Artillerie aufeinander gerichtet haben. Auf der einen Seite stehen linksliberale, sozialdemokratische Kritiker, die das Konglomerat aus Kaufen, Werbung, Markenbildung und Billigkrediten attackieren, weil es aus aktiven, rechtschaffenen Bürgern passive, gelangweilte Konsumenten mache. Aus ihrer Sicht hat man die Menschen dazu gebracht, sich Dinge zu wünschen und zu kaufen, die sie nicht wollen und für die sie weder das Geld noch die Zeit haben, sie zu genießen. »Künstliche Wünsche« seien an die Stelle von »authentischen Bedürfnissen« getreten. Die Menschen seien überwältigt von einer zu großen Auswahl und würden immer kurzsichtiger. Wie Hamster im Laufrad seien sie in einem Kreislauf aus Ausgeben, Arbeiten und Konsumieren gefangen, der sie unglücklich, einsam und psychisch labil mache und in tiefe Schulden stürze. Jahrelanger geistloser Konsum und das Verlangen nach sofortiger Befriedigung hätten ihre Herzen und ihren Geist für die Mühsal anderer unempfindlich gemacht. Privater, selbstsüchtiger Hedonismus habe den öffentlichen Geist abgetötet. Der »Konsumismus«, wie er abwertend genannt wird, sei die neue Art des Totalitarismus, »der durch Gucci ersetzte Gulag«.[6]

Auf der anderen Seite stehen die Verfechter des Konsums, vor allem klassische Liberale, die in der Wahlfreiheit die Grundlage von Demokratie und Wohlstand sehen. Nach ihrer Ansicht sollten die Bürger das Recht haben, ihren Vorlieben zu folgen und ihre eigene Auswahl zu treffen, ohne dass irgendeine Autorität ihnen sagt, was gut oder schlecht ist. Am Markt eine Auswahl zu treffen sei wie die Stimmabgabe in einer Wahl. Wer in Erstere eingreife, untergrabe Letztere. Die Wahlfreiheit, wie Rose und Milton Friedman sie in ihrem erfolgreichen Buch *Chancen, die ich meine* von 1979 und der gleichnamigen Fernsehserie verfochten, sei nicht nur die beste, sondern auch die einzige Grundlage für »beides, für Wohlstand und Freiheit«.[7] Lizabeth Cohen hat in ihrem Buch *A Consumers' Republic* auf lebendige Weise beschrieben, wie diese Vision die Vereinigten Staaten erobert hat.[8] Ähnliche Auffassungen hört man heute, häufig unter dem Oberbegriff des Neoliberalismus, in aller Welt. Auch einige Sozialdemokraten, die anerkennen, dass die Menschen ein Recht auf Komfort, Spaß und etwas Luxus haben, hängen ihnen an. Eine größere Auswahl unter mehr Waren und Dienstleistungen würde, so hoffen manche, die alten Klassenhierarchien aufweichen und eine pluralistischere Gesellschaft entstehen lassen. 2004 erklärte der damalige britische Premierminister Tony Blair als Vertreter von »New Labour«: »Ich glaube, die Menschen wollen auswählen, bei öffentlichen Dienstleistungen genauso wie bei anderen Dienstleistungen.« Den Eltern und Patienten als »Staatsbürgern und Konsumenten« eine größere Wahlmöglichkeit zu geben, betonte er, würde Schulen und Krankenhäuser verbessern.[9]

Als diese politische und moralische Lanze für die Wahlfreiheit gebrochen wurde, geschah das natürlich nicht in einem kulturellen Vakuum. In den 1970er und 1980er Jahren durchliefen viele Gesellschaften einen tiefgreifenden Wandel, der eine günstige Atmosphäre für Güter und Vergnügungen und eine tolerante Haltung ihnen gegenüber schuf. Vielleicht seien die Menschen, merkte der französische Soziologe und Kulturphilosoph Michel de Certeau an, ja nicht nur passive Tölpel, sondern kreativ und sogar rebellisch, wenn sie mit einem unverkennbar eigenen Lebensstil ihre Autonomie verteidigten. Die Jugendkultur, beobachteten andere, nutzte Mode, Mopeds und Popmusik, um die Konformität zu durchbrechen. Das Einkaufen, fügten Autoren aus dem Bereich der Gender Studies hinzu, sei nicht nur eine belanglose Tätigkeit, sondern könne Kraft verleihen, indem es Frauen, die es zumeist erledigten, eine neue Identität und öffentliche Präsenz gebe. Der Postmodernismus verwischte die einfache Trennlinie zwischen »authentischen« und »künstlichen« Wünschen und brachte die Hierarchie von »gutem« und »schlechtem« Geschmack durcheinander. Wenn die Realität keinen einzigen Standpunkt bereithält, sondern aus unterschiedlichen Diskursen und Interpretationen besteht, wer will dann entscheiden, ob die Vorliebe für Elvis mehr oder weniger echt oder wert ist als diejenige für Wagner? Anthropologische Feldstudien in Überflussgesellschaften kamen zu dem Ergebnis, dass Einkaufen und Konsum höchst bedeutungsvolle soziale Erfahrungen sind und keineswegs Akte geistloser Akkumulation. Die Menschen finden sich in ihren Besitztümern wieder und drücken sich durch sie aus.[10]

In diesem Buch geht es nicht darum, ein Urteil in einer moralischen Debatte zu fällen, und schon gar nicht um eine Entscheidung der Frage, ob Konsum »gut« oder »schlecht« ist. Konsum ist zu vielfältig und seine Geschichte zu reichhaltig, um in eines der beiden extremen Modelle von selbstzufriedenem Massenkonsum einerseits und individueller Freiheit andererseits zu passen. Hauptziel dieses Buchs ist ein anderes: Es soll dem Leser die Chance geben, einen Schritt zurückzutreten und das Thema aus historischer Sicht zu betrachten, um zu erkennen, wie der Konsum im Lauf der letzten fünfhundert Jahre zu dem geworden ist, was er heute ist. Was uns hier vor allem interessiert, ist der Prozess, genauer gesagt das Wechselspiel zweier Prozesse: einerseits die Gestaltung des Konsums durch Institutionen und Ideen und andererseits die Umformung von Macht, Sozialbeziehungen und Wertesystemen durch den Konsum.

Um die sich verändernde Wechselbeziehung zwischen diesen Kräften zu beschreiben, reicht es nicht aus, sich auf den individuellen Geschmack oder auf Verallgemeinerungen zu beschränken. Psychologen haben in jüngster Zeit gezeigt, dass es irreführend ist, Vorlieben als rationale Entscheidungen zu betrachten, wie die meisten Ökonomen es tun. Was Menschen auswählen, hängt von den Rahmenbedingungen ab; so kaufen sie eher etwas positiv als etwas negativ Etikettiertes, also, um ein einfaches Beispiel zu geben, eher zu 75 Prozent mageres als zu 25 Prozent fettes Fleisch.[11] Dies ist eine fundamentale Erkenntnis, und es gibt keinen Grund, warum man sie nur auf die Gegenwart anwenden sollte. Die Geschichte ist ein riesiges Laboratorium, in dem ständig solche Rahmensetzungen stattfanden. Handel, Weltreiche, Städte und Ideologien schufen Zusammenhänge, in denen die Menschen lebten und die manche Wünsche auslösten und andere unterdrückten, Gewohnheiten prägten und bestimmte Vorstellungen von Geschmack, Komfort und gutem Leben verbreiteten. Geld und Zeit spielen, wie wir sehen werden, eine

Rolle. Ökonomen haben untersucht, wie und wann Haushalte und ihre Mitglieder Freizeit gegen Einkommen eintauschen, indem sie sich entscheiden, ihre Arbeitskraft am Markt zu verkaufen, um in der Lage zu sein, Güter zu kaufen. Dies ist wichtig, bleibt aber ein zu enges Nachfragekonzept, denn es sagt uns weder, was Haushalte dazu bringt, mehr Güter besitzen zu wollen, noch was sie dann mit ihnen tun. Wir müssen uns also anschauen, welche Kräfte auf Haushalte und ihre Entscheidungen einwirken. Materielle Wünsche sind keine Erfindung der Moderne. Aber sie können kultiviert und verstärkt oder vernachlässigt und zum Schweigen gebracht werden. In den letzten fünfhundert Jahren wurden sie stets verstärkt. Das vorliegende Buch ist eine Geschichte der Nachfrage nach immer »mehr«.

Eine bedeutende Kraft, die wichtige Deutungsrahmen bietet, war und ist die Moral. Die Menschen und ihre Herrscher haben Vorstellungen von gutem und schlechtem Verhalten, angemessenen und unangemessenen Ausgaben, gerechten und ungerechten Preisen, maßloser und maßvoller Lebensweise. Aber diese verändern sich im Lauf der Zeit, Ideologien steigen auf und stürzen, und die materiellen Bedingungen ändern sich. Die Positionen in der heutigen Moraldebatte, die oben kurz beschrieben wurden, stellen den Nachhall einer langen historischen Auseinandersetzung dar. So gesehen, besteht ihr Hauptwert weniger in der Analyse dessen, was gut oder schlecht ist, als vielmehr darin, Teile des historischen Puzzles zu bilden, Kapitel in der Ideengeschichte, die mehr über die Kraft und Nachhaltigkeit von Denktraditionen aussagen als darüber, was der Konsum tatsächlich ist. Der Aussage, Konsum sei totalitär, zum Beispiel, kann man den offensichtlichen Unterschied zwischen der sehr realen Macht in Stalins Arbeitslagern und derjenigen, die von Luxusmarken ausgeübt wird, entgegenhalten. Anstatt vorschnell in der heutige Moraldebatte Stellung zu beziehen, sollte man sich klarmachen, dass beide Positionen tief in der Geschichte verwurzelt sind. Interessanter ist es daher, herauszufinden, wie weit solches Denken in den von früheren Denkern gelegten Bahnen verläuft. Die Kritik am Konsumismus als neuem Faschismus reicht in die 1960er Jahre zurück, zu dem italienischen Filmregisseur und Schriftsteller Pier Paolo Pasolini und dem marxistischen Emigranten Herbert Marcuse. Letzterer warnte vor der Herausbildung des »eindimensionalen

Menschen«; das gleichnamige Buch wurde seinerseits zum Konsumartikel und Bestseller.

Obwohl Marcuses pessimistische Diagnose von sozialer Kontrolle und Repression außer Mode gekommen ist, folgt die heutige öffentliche Debatte ein gutes Stück der Kritik des Konsumismus, wie sie während des Nachkriegsbooms en vogue war. Kein anderes Buch hat dabei einen derart langen Schatten geworfen wie John Kenneth Galbraiths *Gesellschaft im Überfluss* von 1958. Der Ökonom Galbraith – während des Zweiten Weltkriegs war er für die Preisstabilität in den Vereinigten Staaten verantwortlich gewesen – war ein liberaler Intellektueller mit einer sozialen Mission. Nach seiner Ansicht bildete sich nach dem Krieg eine neue, gefährliche Art von Gesellschaft heraus. In Folge der Wiederherstellung des Friedens habe man sich auf den Massenkonsum verlegt, um die während des Krieges aufgebauten Produktionskapazitäten auszulasten. Um dies zu erreichen, so Galbraith, habe die Produktion nicht mehr einfach nur Bedürfnisse befriedigen können: Sie habe sie mit Hilfe von Werbung und Vertretern erst schaffen müssen. Ein Teufelskreis sei in Gang gesetzt worden, der die Menschen dazu brachte, mit Hilfe von Konsumentenkrediten über ihre Verhältnisse zu leben. Etablierte Unternehmen seien dadurch weiter ins Zentrum der Macht gerückt, die vielleicht beunruhigendste Folge aber sei, dass der individuelle Materialismus über den Bürgersinn gestellt wurde. Es sei, um Galbraiths berühmte Gegenüberstellung zu zitieren, eine »Atmosphäre privaten Reichtums und öffentlicher Misere« geschaffen worden.[12]

Der allgemeinere Gedanke der Entmenschlichung, Versklavung und Korruption durch die Verlockung der Dinge reicht über Karl Marx und Jean-Jacques Rousseau bis zu Platon zurück. In Spätmittelalter und Frühmoderne stießen Aufwendungen für modische Kleidung, prächtige Hochzeiten und schöne Möbel weithin auf Ablehnung und wurden sogar verboten. Man befürchtete, sie würden eine Nachahmungsspirale auslösen sowie Werte und soziale Hierarchien untergraben. Außerdem lehnte man sie ab, weil sie der öffentlichen Hand Mittel entzogen. Am schwersten dürfte aber der Vorwurf gewogen haben, Habgier und das Verlangen nach Dingen würden Christen vom rechten Pfad des geistigen Lebens abbringen. In seinem 413 begonnenen Buch *Vom Gottesstaat* verfolgte

Kirchenvater Augustinus den Mangel an Selbstbeherrschung, den »Irrtum und [die] verkehrte Liebe, mit der jedes Adamskind geboren wird«, bis zum Sündenfall und der Vertreibung aus dem Paradies zurück.[13] Das Verlangen nach Gütern und das fleischliche Verlangen entsprangen hier derselben Quelle.

Der Gedanke der Gegensätzlichkeit von Sein und Haben hat eine lange Geschichte. Dies gilt aber auch für die alternative Ansicht, dass der Mensch erst durch die Benutzung von Dingen zum Menschen werde. Seit dem 17. Jahrhundert mehrten sich die Stimmen, die dem Konsum eine neue Legitimität zusprachen. Aus ihrer Sicht bildete das Verlangen nach immer mehr eine Triebkraft des menschlichen Erfindungsvermögens und der Zivilisation.

Die Leser werden wie der Autor dieses Buchs ihren eigenen moralischen Standpunkt haben. Was für den einen »extravagant« oder »frivol« ist, mag für andere »essentiell« sein. Für das historische Verständnis ist es indes nicht sehr erhellend, die Vergangenheit nur durch den eigenen moralischen Filter zu betrachten. Vielmehr muss man die sich verändernden Einstellungen historischer Akteure ernst nehmen, die positiven und ambivalenten ebenso wie die kritischen, insbesondere wenn man begreifen will, wie sich die »Bedürfnisse« derart ausweiten konnten, wie sie es getan haben. Wenn man nur auf die manipulative Macht von Werbung und Markenbildung verweist, verschließt man die Tür zu dieser reichen Geschichte der menschlichen Beschäftigung mit den Dingen.

Doch das Ziel dieses Buchs besteht nicht nur darin, Konsum als Produkt historischer Kräfte zu zeigen, denn umgekehrt hat auch er Staaten, Gesellschaften und den Alltag verändert. Um dies deutlich zu erkennen, muss man mit der Tradition brechen, die materielle Kultur als separate Sphäre des Alltagslebens zu betrachten. Der progressive US-Präsident Theodore Roosevelt prophezeite 1912, der »große Historiker« der Zukunft werde nicht nur die großen Ereignisse, sondern auch »das Alltagsleben der Männer und Frauen des Zeitalter so umfassend wie möglich« darstellen.[14] Etwas mehr als fünfzig Jahre später widmete der französische Historiker Fernand Braudel den ersten Band seines dreibändiges Werks über das Verhältnis von Zivilisation und Kapitalismus (*Sozialgeschichte des. 15.–18. Jahrhunderts*) dem Alltagsleben. Eine solch herausgehobene Behandlung des Themas erbrachte eine Vielzahl von Erkenntnissen, nicht zuletzt über die Wirkung von Ess- und Trinkgewohnheiten und die Abläufe des Alltagslebens, die neben einer Marktwirtschaft bestanden. Aber sie hatte ihren Preis. Denn wenn Alltagsleben, Markt und Politik als getrennte Sphären behandelt werden, ist es nahezu unmöglich, ihr Wechselspiel nachzuvollziehen. Deshalb ist diese Herangehensweise für die moderne Geschichte, also die Zeit vom 18. bis zum 20. Jahrhundert, in der sich die Sphären immer dichter miteinander verweben, besonders ungeeignet. Für Braudel, dessen kreativer Ansatz sich bei der Beschäftigung mit dem 16. Jahrhundert herausbildete, war die »materielle Kultur« eine »Schattenzone«.[15] In der modernen Welt ist sie dagegen ins Zentrum der Politik gerückt: Der Lebensstandard, Wohnen und Essen, Freizeit, Einkaufen und Entsorgung sind zu Kernelementen des öffentlichen Interesses geworden.

Wir haben es mit einer neuen Dynamik zu tun: Das Wachstum des Konsums lässt – in seinem schieren Umfang, seiner Veränderung und seinem Materialdurchsatz – kaum einen Aspekt des öffentlichen Lebens unberührt. Diese Dynamik und ihre Auswirkungen auf das Sozialleben und die Politik stehen im Mittelpunkt des vorliegenden Buchs. Es entwirft eine alternative Geschichte zu derjenigen der »Überflussgesellschaft«, die weiterhin die öffentliche Meinung prägt und die den Konsum als ein Phänomen – oder eine Krankheit – der Jahrzehnte nach dem Zweiten Weltkrieg versteht: des Booms, des Wirtschaftswunders oder der *trente glorieuses*. Dieser Zeitraum wird für gewöhnlich mit dem Aufstieg des Hedonismus, der Macht von Werbung und Vertretern sowie der Verbreitung von Kreditkarten, Supermärkten und vor allem der amerikanischen Lebensweise verknüpft. In diesen Jahrzehnten entdeckt man die Wurzeln der heutigen Fixierung darauf, immer mehr zu verbrauchen. Aus dieser Perspektive steht der Konsum für private Auswahl, grassierenden Individualismus und Markttausch. Chronologisch ist es weitgehend eine Nachkriegsgeschichte mit Amerika als Vorbild.

Das vorliegende Buch bricht in vier Punkten mit dieser Herangehensweise. *Erstens* erweitert es den Zeitrahmen. In den 1950er und 1960er Jahren vergrößerte sich im Westen das verfügbare Einkommen auf beispiellose Weise, doch dies bedeutet nicht, dass die Menschen in früheren Zeiten im Elend lebten. Anstatt den Nachkriegsboom als Neuanfang zu sehen, sollte man ihn als spätes Kapitel einer langen Geschichte der globalen Expansion der Güter betrachten. Wann genau diese Expansion begann, ist umstritten. Als der Historiker Neil McKendrick vor dreißig Jahren die »Geburt der Konsumgesellschaft« in Großbritannien ausmachte und auf das 18. Jahrhundert datierte,[16] löste er einen Prozess aus, im Zuge dessen der Zeitpunkt in immer frühere Epochen verlegt wurde; manche entdeckten die ersten Anzeichen im aufkommenden Geschmack an Bier und Rindfleisch im spätmittelalterlichen England. Die so ausgelöste Welle historischer Forschungen war ein gemischter Segen. Einerseits belegte sie umfangreich, dass die Vorliebe für neue Kleidung, häuslichen Komfort, die exotischen Getränke Tee und Kaffee sowie chinesisches Porzellan schon vor der Industriellen Revolution entstand. Im Gegensatz zur verbreiteten Auffassung ging der Massenkonsum damit der fabrikmäßigen Massenproduktion voraus; tatsächlich war die westliche Nachfrage nach indischer Baumwolle und chinesischem Porzellan einer der Faktoren, die Innovationen innerhalb der europäischen Industrie angestoßen haben. Zwischen dem 15. und 17. Jahrhundert erlebten das Italien der Renaissance, das China der späten Ming-Zeit und dann auch die Vereinigten Niederlande und England eine materielle Blüte. Die vorliegende Darstellung beginnt mit der Untersuchung der unterschiedlichen Entwicklungen und Eigenheiten des Konsums in diesen drei Gesellschaften, die aber keinen Nullpunkt darstellen.

Denn andererseits hatte der Versuch, einen bestimmten Zeitpunkt für den Ursprung der Konsumgesellschaft zu finden, unselige Nebenwirkungen. Insbesondere lenkte er Historiker von der größeren Aufgabe ab, die Herausbildung des Konsums in Zeit und Raum nachzuvollziehen. Die »Geburt« war eine unglückliche Metapher, denn anders als ein Baby wurde der Konsum nicht auf einen natürlichen, fast universalen Weg von Wachstum und Entwicklung gesetzt. Vielmehr wurde er im Lauf der modernen Geschichte von Staaten und Reichen geformt und von Veränderungen in Kultur und Gesellschaft beeinflusst, durch die sich Lebensweisen, Geschmack und Gewohnheiten wandelten und neue Identitäten und Beziehungen entstanden.

Der *zweite* Perspektivenwechsel, den dieses Buch vornimmt, ist geographischer Art. In der Überflussära des Kalten Krieges schien die amerikanische Gesellschaft die Urform der Konsumgesellschaft zu sein, die ihre Lebensweise in die übrige Welt exportierte. Der Strom floss überwiegend in eine Richtung, als Teil von »Amerikas Siegeszug im Europa des 20. Jahrhunderts«.[17] Die These von der »Geburt« der Konsumgesellschaft machte das England des 18. Jahrhunderts zur Kinderstube eines angelsächsischen Auswahl- und Marktmodells. Heute, zu Beginn des 21. Jahrhunderts, sollte man diese anglozentrische Sichtweise unbedingt einer Prüfung unterziehen. Angesichts des raschen Wachstums in China und der materiellen Fortschritte in Indien, Brasilien und anderen sogenannten Schwellenländern kann man den Konsum kaum noch als ausschließlich angloamerikanischen Export behandeln. Obwohl weiterhin anderthalb Milliarden Menschen am Rand des Verhungerns leben, ist klar, dass der größere Teil der Weltbevölkerung mit immer mehr lebt. Allerdings sind die Menschen nicht einfach in die Fußstapfen der Engländer und Amerikaner getreten. Natürlich haben das britische Empire und sein Nachfolger im 20. Jahrhundert, die Vereinigten Staaten, ihre materielle Zivilisation aktiv verbreitet. Aber andere Gesellschaften waren keine leeren Hüllen; sie besaßen ihre eigenen Konsumkulturen. Afrikanische Königreiche, die sich im 19. Jahrhundert den europäischen Kolonialisten beugen mussten, brachten ihren eigenen Geschmack und ihre Gewohnheiten in den kolonialen Pool ein. Im 20. Jahrhundert traten Westdeutschland und Japan, Gesellschaften, die eher das Sparen als billige Kredite betonten, dem Klub der Überflussgesellschaften bei. Anstatt überall die schleichende Ausbreitung einer Monokultur zu vermuten, sollte man die fortdauernde Hybridität, Diversität und Vielfältigkeit im Rahmen universeller Trends zu steigendem Komfort und Besitz von Konsumgütern anerkennen.

Außerdem sind nicht alle Konsumenten liberale Kapitalisten. Auch faschistische und kommunistische Gesellschaften konsumierten. Die Regime Hitlers in Deutschland und Mussolinis in Italien waren ebenso materialistisch wie militaristisch. Sie versprachen ihren Völkern nicht nur mehr »Lebensraum«, sondern auch einen höheren Lebensstandard. Dass sie stattdessen Völkermord und Zerstörung hervorbrachten, ändert nichts an der Bedeutung ihrer materiellen Absichten. Was die sozialistischen Länder betrifft, so gab es weniger Auswahl und mehr Mangel als in den kapitalistischen Staaten. Auch nachdem Breschnew und Honecker der Forderung nach mehr Vielfalt, Mode und Komfort Zugeständnisse gemacht hatten, blieb der Konsum der Produktion untergeordnet. Dennoch wäre es falsch, diese Länder in einer Geschichte des Konsums nicht zu berücksichtigen, nur weil sie nicht kapitalistisch waren und ihre Autos und Fernsehgeräte weniger schnell ausgeliefert wurden und schneller kaputtgingen. Freie Auswahl und freier Markt sollten nicht die einzigen Kriterien des Konsums sein. Vor 1900 war keine Gesellschaft, nicht einmal England, die Wiege des Industriekapitalismus, in der Lage, Güter in solcher Menge zu produzieren und umzuschlagen, wie es später die Länder im sozialistischen Europa taten.

Die räumliche und zeitliche Ausweitung der Geschichte des Konsums in diesem Buch hat *drittens* Auswirkungen auf die Hauptakteure. Üblicherweise stehen in Untersuchungen des Einkaufens und Auswählens Werbung, Marken und Einkaufszentren im Vordergrund. Deren Rolle wird auch hier nicht geleugnet, aber der Konsum wird nicht nur von Marktkräften beeinflusst. Er wird von Staaten und Weltreichen geformt, durch Kriege und Steuern und die häufig gewaltsame Verpflanzung von Dingen und Menschen in einen anderen Teil der Welt. Die Vorstellungen vom »guten Leben« und von den Gütern und Dienstleistungen, die dafür nötig sind, werden nicht nur von den Marketinggurus der Madison Avenue geprägt, sondern auch von Sozialreformern und Stadtplanern, Moralisten und Geistlichen und in entscheidenden Momenten von den Konsumenten selbst, die sich zusammenfinden und ihre Marktmacht einsetzen, um ihr Leben und manchmal auch das von anderen zu verbessern.

Die Politik, von oben wie von unten, ist daher ein durchgängiges Thema dieses Buchs. Dadurch wird zum einen die Tatsache ins Blickfeld gerückt, dass neben dem Einkommen und der verfügbaren Zeit auch der Lebensstil der Menschen Gegenstand politischer Konflikte und Eingriffe geworden ist. (Manchmal handelte es sich um Makroveränderungen wie die Verknappung oder Freigabe von Krediten und die Verfügbarkeit von Hypotheken, in anderen Fällen waren es Mikroeingriffe in das Alltagsleben bis hinunter zu Größe und Schnitt von Wohnungen und zu den Kabeln und Schaltern von Haushaltsgeräten.) Zum anderen tritt die Frage in den Vordergrund, wie sich die Ambitionen der Verbraucher im Lauf der Zeit verändert haben. Wie hat sich das Leben mit immer mehr Dingen auf die Politik ausgewirkt?

Ebenso interessiert mich jener Konsum, der direkt vom Staat und von der Politik gefördert wird. In dieser Hinsicht, scheint mir, hat das Narrativ vom Überfluss mit seinen Zwillingskräften Auswahl und Markt eine blinde Stelle, die sowohl vom Standpunkt der Nachhaltigkeit als auch aus Sicht des Historikers bedauerlich ist. Der Konsumboom der 1950er und 1960er Jahre war nicht nur ein Marktphänomen. In dieser Zeit fand auch eine beispiellose Expansion der Sozialleistungen statt, die einen wachsenden Teil der Wohn-, Bildungs- und Gesundheitsausgaben deckten sowie Armen, Alten und Arbeitslosen zu einem Einkommen verhalfen. In den entwickelten Ländern entstand in diesen Boomjahren ein Maß an sozialer Gleichheit wie nie zuvor. Seit den 1970er Jahren hat sich dieser Trend zu größerer Einkommensgleichheit umgekehrt – mit der Türkei als einer der wenigen Ausnahmen –, aber trotz der jüngsten sparpolitischen Einschnitte sind die Ausgaben für Sozialleistungen, Wohnungen und Renten weiterhin enorm. In den reichen, zur OECD gehörenden Ländern erreichten die staatlichen Sozialausgaben 2009 mit einem Anteil von 21,9 Prozent des BIP einen Höchstwert, aber auch nach der »großen Rezession« lagen sie 2014 nahezu unverändert bei 21,6 Prozent. Obwohl Großbritannien, Deutschland und einige andere Länder den BIP-Anteil der Sozialausgaben seit 2009 um 2 Prozent verringert haben, befinden sie sich weiterhin auf einem Stand, der in der gesamten Menschheitsgeschichte beispiellos ist. Japan, Finnland, Dänemark und Spanien haben ihre Sozialausgaben zwischen 2009 und 2014 sogar um 4 Prozent erhöht.[18]

Ohne die gleichzeitige Zunahme von Fürsorgeleistungen und sozialer Gleichheit wäre der »Massenkonsum« weniger massiv gewesen. Den Beitrag von Sozialleistungen und staatlichen Transfers bei einer Untersuchung des Konsums unberücksichtigt zu lassen, nur weil sie nicht auf einem Markt erworben werden, wäre ein Fehler. Ich habe daher ein Kapitel eingefügt, in dem ich über den Markt hinausschaue und mich mit der Rolle von Staaten und Unternehmen bei der Hebung von materiellen Standards und Erwartungen beschäftige. Für steigenden Konsum sind nicht nur Neoliberale und Reiche verantwortlich, die eine Kaskade von Übermaß, Kaufrausch und Schuldenmacherei auslösen.[19] Staaten, einschließlich sozialdemokratisch regierter, haben ebenfalls eine bedeutende Rolle gespielt. Die Entwicklung in Griechenland und anderen Ländern seit der jüngsten Rezession zeigt, wie es dem privaten Konsum ergeht, wenn der Staat den Gürtel enger schnallt. Staaten – und die Menschen, die von Dienstleistungen und Transfers profitieren – mögen nicht die größten Nutznießer eines Hochkonsumsystems sein, aber sie sind gleichwohl an ihm beteiligt. Dies muss jede Untersuchung, die der materiellen Intensität unseres Lebens auf den Grund gehen will, berücksichtigen.

Schließlich, und das ist die *vierte* Neuerung, widme ich in diesem Buch der Frage, was konsumiert wird und warum, mehr Raum, als es gewöhnlich getan wird. Untersuchungen über den Konsum stützen sich auf starke Annahmen über das menschliche Verhalten und das, was hinter dem Verlangen nach immer mehr steht. Ökonomen stellen sich zumeist einen einzelnen Verbraucher vor, der rationale Vorlieben hat und danach strebt, das Vergnügen zu maximieren und Schmerzen zu minimieren. Die Vorlieben mögen mit dem Alter wechseln, aber dieses Modell behauptet, dass der Einzelne dies schon im Voraus weiß. Ob Menschen immer derart rational sind, ist umstritten,[20] doch in unserem Zusammenhang besteht der größte Mangel dieser Annahme darin, dass wir sehr wenig über Veränderungen im Lauf der Zeit erfahren. Eine alternative, stärker psychologische Herangehensweise, die soziale Motivationen einbezieht, sieht die Wurzeln des Konsums im menschlichen Verlangen nach Überlegenheit. Aus dieser Sicht ist Konsum stärker relational bestimmt und weniger Ausdruck individueller Vorlieben (wie rational sie auch immer sein mögen). Konsum ist hier Teil eines sozialen Koordinatensystems, das den Einzelnen zeigt, wo sie in der Gesellschaft stehen. Bestimmte Kleidung und andere Dinge signalisieren, dass jemand zu einer Gruppe gehört, und sie halten gleichzeitig andere auf Distanz. Dies ist eine sehr alte Sichtweise, die bis in die Antike zurückreicht; seine heute vielleicht einflussreichste Variante ist die Vorstellung eines »Geltungskonsums«. Diesen Begriff hat Thorstein Veblen vor über hundert Jahren in seiner Kritik der amerikanischen Reichen und ihres demonstrativen Luxuslebens geprägt.[21] Da Menschen geliebt und bewundert werden wollen, löst ein solcher von wenigen genossener Luxus bei den vielen Neid und den Versuch der Nachahmung aus, womit ein Wettlauf in Gang gesetzt wird, in dem niemand zurückbleiben möchte.

Diese Auffassung des menschlichen Verhaltens bildet weiterhin das vorherrschende Element öffentlicher Debatten über Überfluss, Kaufrausch und Schuldenmacherei. Aber auch sie erfasst nur einen Teilaspekt des Menschen und der Konsumdynamik. Imponiergehabe und Statusstreben gibt es, doch das bedeutet nicht, dass sie die einzigen oder wichtigsten Kräfte sind, die den materiellen Stoffwechsel beschleunigen. In diesem Zusammenhang kann eine Fixierung auf das Einkaufen besonders irreführend sein. Ein großer Teil unseres Konsums findet außerhalb von Einkaufszentren statt und folgt einer anderen Logik. Menschen konsumieren viele Dinge und Dienstleistungen im Zuge ihres Alltagslebens, um einander Beistand und Zuneigung zu gewähren oder um Aufgaben verschiedenster Art zu erledigen. Ein klassisches Beispiel ist das gemeinsame Familienessen. Es umfasst den Erwerb von Lebensmitteln, ihre Zubereitung (bei der Strom verbraucht und ein Herd oder eine Mikrowelle benutzt wird), Gerichte, die in einer bestimmten Reihenfolge aufgetischt werden, Geschlechterrollen und Essens- und Geselligkeitsrituale. Manche Güter können natürlich mehrere Rollen ausfüllen: Eine neue Küche kann dazu dienen, Eindruck zu schinden, einen Hobbykoch zufriedenzustellen oder die Familie zusammenzubringen; ein Auto kann ein Statussymbol sein, ein Hobby, das Zeit und Fachkenntnisse erfordert, oder ein praktisches Transportmittel, um zur Arbeit zu fahren oder die Kinder zum Musikunterricht zu bringen. Viele Güter und Ressourcen werden für den häuslichen Komfort benutzt, etwa für das Heizen oder Kühlen. Und sie sind regelmäßig Mittel zum Zweck, beispielsweise für Freizeitaktivitäten, Hobbys oder Unterhaltungsveranstaltungen. Zum Skifahren, Tennisspielen und Angeln braucht man eine Ausrüstung. Skier, Tennisschläger und Angeln werden aber selten gekauft, um sie zum Vorzeigen an die Wand zu hängen, was nicht ausschließt, dass manche Sportarten prestigeträchtiger sind als andere. Ein Radio kann ein Statusgegenstand sein, aber hauptsächlich nutzt man es, um Radiosendungen zu hören, häufig beim Essen oder beim Abwasch. Die Welt des Konsums ist voll von solchen unauffälligen Gegenständen und Praktiken, die nicht der Logik von individuellem Wählen und Verhalten folgen, die in ökonomischen und psychologischen Modellen im Vordergrund steht. Wir haben es hier nicht mit dem Ausdruck individueller Antriebe oder Wünsche zu tun, sondern vor allem mit sozialen Gewohnheiten und Alltagsroutinen.[22] Die Einführung von Gas und fließend Wasser, von Waschmaschine und Radio sowie die zunehmende Bedeutung von Freizeitaktivitäten waren wichtige Katalysatoren eines wachsenden Konsumniveaus.

Ein besseres Verständnis von Gewohnheiten und Routinen ist aus zwei miteinander zusammenhängenden Gründen wichtig. Der erste ist sozialer Art. Auch wenn die oft progressive Absicht, die Lebensbedingungen der Armen zu verbessern, hinter der auffälligen Zurschaustellung von Konsum stand, so hat die besondere Aufmerksamkeit dafür den Fokus unweigerlich auf Superreiche und Luxusgüter gerichtet. Zur Erklärung der Nachfrage in der breiten Bevölkerung wird dann auf Vorbildwirkung und Nachahmung verwiesen. Dies klingt manchmal recht herablassend. Da man voraussetzt, dass die meisten Menschen diejenigen, die reicher sind als sie, nachäffen, spart man sich die Mühe, mehr über deren Gewohnheiten und Motive herauszufinden. Sie müssten doch nur aufhören, nach größeren Autos und extravaganten Accessoires zu lechzen, und sich auf ihre »wirklichen Bedürfnisse« konzentrieren! Aber es ist keineswegs klar, dass die Mehrheit immer so »nach oben« schaut. In vielen Situationen sehen sie zur Seite und finden ihre Anregungen eher bei Gleichgestellten als bei denen, die reicher sind als sie.[23] Mit der Verbreitung von materiell aufwendigeren Formen des Komforts, wie Beleuchtung, Heizung, Klimaanlagen und Unterhaltungselektronik, hat sich das Alltagsleben stark verändert. Bei der näheren Betrachtung solcher unauffälligen Aspekte des Konsums erfährt man daher viel über das Gesellschaftsgefüge.

Die Beschäftigung mit Gewohnheiten und Routinen zielt zweitens darauf ab, den Konsum und seine Folgen angemessener zu würdigen. »Auffälliger« Konsum wird oft als »verschwenderisch« betrachtet, als Vergeudung von Ressourcen, die für die Gesellschaft als Ganze besser genutzt werden könnten. Diese Sichtweise speiste Veblens leidenschaftliche Kritik. Es mag einfacher sein, sich über eine 2000 Pfund teure Handtasche oder eine 120-Meter-Jacht mit Swimmingpool und handgeschliffener

Kristalltreppe aufzuregen, als über eine gewöhnliche Badewanne, Zentralheizung oder ein Paar Turnschuhe. Erstere suggerieren Exzess und Extravaganz, während Letztere bescheiden und nützlich erscheinen. Aus ökologischer Perspektive ist die Gleichsetzung von privatem Übermaß und öffentlicher Verschwendung allerdings zu einfach. Die Kohlendioxidemissionen, die durch heißes Duschen und Baden sowie durch Heizen und Kühlen von Wohnungen auf immer höherem Bequemlichkeitsniveau an immer mehr Orten entstehen, sind weit größer als diejenigen von Luxusjachten und Luxusaccessoires, auch wenn die Förderung von Diamanten große Umweltverschmutzung mit sich bringt. Das Problem ist nicht, dass Kritiker des auffälligen Konsums zu weit gehen, sondern dass sie nicht weit genug gehen. Ihre Diagnose wird der ökologischen Herausforderung nicht gerecht. Anders ausgedrückt, »Abfall« stammt nicht nur aus moralisch anrüchigen Formen des Konsums. Auch als »normal« angesehene Praktiken erzeugen eine Menge Abfall. Gerade wegen der Nützlichkeit solcher gewohnheitsmäßigen Formen des Konsums und ihrer »Normalität« lassen sie sich schwer ändern. Dies bedeutet nicht, dass wir es nicht versuchen sollten, sondern lediglich, dass der Interventionspunkt nicht die individuelle Moralität oder Motivation sein sollte, sondern die gesellschaftliche Praxis, das, was die Menschen tun, wenn sie Dinge und Ressourcen benutzen.[24]

Im vorliegenden Buch wird die Geschichte des globalen Siegeszugs der Dinge erzählt, und zwar in zwei einander ergänzenden Teilen. Der erste Teil ist historischer Art und reicht vom Aufblühen der Kultur der Dinge im 15. Jahrhundert bis zum Ende des Kalten Krieges in den 1980er Jahren und dem Wiederauftritt der asiatischen Konsumenten seither. Obwohl weitgehend chronologisch aufgebaut, bietet er auch thematische Abschnitte, die die entscheidenden Faktoren in verschiedenen Regionen verfolgen. Untersucht wird, wie Weltreiche materielle Wünsche, Komfort und Identität beeinflussten; wie moderne Städte die Freizeitkultur und Infrastruktur gestaltet haben und durch sie gestaltet wurden; wie sich die Wohnkultur entwickelte; wie moderne Ideologien (Faschismus, Kommunismus, Antikolonialismus, Liberalismus) das Versprechen eines höheren Lebensstandards aufgriffen; und wie asiatische Verbraucher sich ihren Cousins im Westen angeschlossen haben. Im zweiten Teil des Buchs wird der umgekehrte Weg eingeschlagen, das heißt, zentrale Probleme von heute werden in einen historischen Kontext gestellt. Behandelt werden Exzess und Kredit; die Frage, ob eine »gestresste« Gesellschaft entstanden ist, die von schnellen, künstlichen Stimuli abhängt; wie der Konsum (für Jung und Alt gleichermaßen) die Generationenidentität verändert hat; wie er sich auf Religion und Ethik, auf den Gerechtigkeitssinn und die Beziehung zu Fremden, nah und fern, auswirkt – bis hin zu der Frage, wie wir die Dinge loswerden und ob wir zu einer »Wegwerfgesellschaft« geworden sind.

Die letzten dreißig Jahre haben einen wahren Boom der Literatur zum Thema des Konsums erlebt. Tausende von Spezialstudien sind erschienen, die sich mit einzelnen Regionen und Zeitabschnitten oder bestimmten Produkten und Praktiken beschäftigen, bis hin zu Untersuchungen über einzelne Kaufhäuser und Konsumentenbewegungen.[25] Vergleichende Studien gibt es kaum, und die wenigen vorhandenen legen den Schwerpunkt in der Regel auf Westeuropa.[26] In der Fülle der Detailerkenntnisse offenbart sich eine heillose Fragmentierung des Wissens. Man sieht gleichsam den Wald vor lauter Bäumen nicht. Im vorliegenden Buch wird versucht, die zerstreuten Einzelteile zusammenzufügen und die Lücken zu füllen, um ein Gesamtbild zu erhalten. Anstatt nur die Ursprünge oder den heutigen Überfluss zu fokussieren, strebe ich an, die Entwicklung vom 15. Jahrhundert bis heute nachzuvollziehen.

Bei einem derart umfangreichen Gegenstand sind Auslassungen unvermeidlich. Mein Ansatz war nicht enzyklopädischer Art; vielmehr wollte ich den Hauptthemen durch Raum und Zeit folgen. Dies erforderte schwierige Entscheidungen darüber, was behandelt und was fortgelassen werden sollte. Generell habe ich zunächst die Kernfragen und Hauptprobleme identifiziert, anstatt von einem festen Glauben an bestimmte Ursachen oder Konsequenzen auszugehen. Neugier ist ein nützlicher Freund des Historikers. Viele Kapitel und sogar einzelne Abschnitte hätten zum Gegenstand eigener Bücher werden können, doch dies hätte der Absicht, ein Gesamtbild zu zeichnen, widersprochen. Die in den einzelnen Kapiteln dargelegten Beispiele und Fallstudien sind nicht zufällig gewählt, sie sollen größere Entwicklungen illustrieren und sowohl Abweichungen als auch Parallelen deutlich machen. Sie stehen für viele andere, die mit ähnlichem Recht hätten angeführt werden können.

Was ich hier vorlege, ist weder eine globale Geschichte im strengen Sinn einer Behandlung der ganzen Welt, noch biete ich einzelne Länderdarstellungen. Vielmehr habe ich Themen aus ihrem üblichen Kontext herausgelöst und bin ihnen durch andere Teile der Welt gefolgt. Zusätzlich zu den Vereinigten Staaten und Großbritannien, die in früheren Darstellungen im Vordergrund stehen, habe ich mich mit Kontinentaleuropa und Asien beschäftigt, ergänzt durch kurze Exkursionen nach Südamerika. Ich hätte gern mehr über Brasilien gesagt, aber wie bei anderen Auslassungen auch hoffe ich, dass für Leser mit einem besonderen Interesse an bestimmten Ländern die Ausführungen zu übergreifenden Themen, wie dem Lebensstil der neuen Mittelschichten, bei denen ich mich auf China und Indien konzentriere, wenigstens einen gewissen Ausgleich darstellen. Mein Hauptaugenmerk liegt auf der sogenannten entwickelten Welt, doch dies bedeutet nicht, dass ich ausschließlich den reichen Norden im Blick habe. Ich beschäftige mich auch mit den Auswirkungen des Imperialismus auf das koloniale Afrika und Indien sowie mit den Folgen von Migration und Finanztransaktionen für das Herkunftsland und auf den Lebensstil in ärmeren Weltgegenden. Die Menschen im Süden sind nicht nur Objekt moralischer Sorgen der im Überfluss lebenden Konsumenten im Norden. Auch sie sind Konsumenten, einschließlich fair gehandelter Waren.

Auf diese Weise durch Zeit und Raum zu schweifen stellt einen vor die enorme Herausforderung, ständig zwischen Mikro- und Makroperspektive wechseln zu müssen; es ist aber auch eine der Freuden beim Schreiben dieses Buchs gewesen. Historiker neigen dazu, sich auf das eine oder andere zu konzentrieren, doch man kann vieles entdecken, wenn man die Verbindungen und das Oszillieren zwischen beiden Seiten beobachtet.

Dieses Buch dreht sich um die Frage, wie es dazu kam, dass wir mit immer mehr Dingen leben. Dabei ist es wichtig, auch die materiellen Eigenschaften der Dinge selbst in die Betrachtung einzubeziehen. Dies mag selbstverständlich erscheinen. Aber für Akademiker, insbesondere für Historiker, war das keineswegs immer so. Als die Beschäftigung mit dem Thema in den 1980er und 1990er Jahren zunahm, ließen die Historiker sich von den Anthropologen inspirieren. Ihr Hauptanliegen galt der kulturellen Bedeutung von Dingen und der Identität und Repräsentation. Ohne die in dieser Tradition stehenden Forschungen hätte das vorliegende Buch nicht geschrieben werden können. Aber in jüngster Zeit ist wieder deutlich geworden, dass Dinge nicht nur Bedeutungsträger oder Symbole in einem Kommunikationsuniversum sind. Sie besitzen auch eine materielle Form und Funktion. Sie können hart oder weich sein, flexibel oder starr, laut oder leise, manuell zu bedienen oder vollautomatisch, und vieles andere mehr. Sie werden nicht nur angeschaut, sondern auch gehandhabt und erfordern Pflege. Vor allem tun wir etwas mit ihnen. Das Attribut in dem Begriff »materielle Kultur« hat durchaus seinen Sinn. Nur wenn man anerkennt, dass Dinge wichtig sind, können wir zu begreifen hoffen, wie und warum unser Leben so abhängig von ihnen geworden ist.

Aufs Ganze gesehen, bietet dieses Buch dem Leser die Möglichkeit, den Konsum in einem neuen Licht zu betrachten. Wie man feststellen wird, ist die Moral tief verwoben in das Gefüge unseres materiellen Lebens. Es ist unwahrscheinlich, dass sich daran etwas ändern wird. Ich versuche nicht, die moralische Debatte beizulegen. Vielmehr möchte ich dem Leser zusätzliche Instrumente an die Hand geben, mit denen er sich an ihr beteiligen und zugleich die dringende Aufgabe in Angriff nehmen kann, einen nachhaltigeren Lebensstil zu finden. Um die Zukunft zu bewahren, brauchen wir eine umfassendere Kenntnis der historischen Prozesse, durch die wir in die Gegenwart gelangt sind.

Teil I

1 Drei Konsumkulturen

Wie sehr Mode und Komfort sich seit seiner Jugend doch fortentwickelt hatten, wunderte sich ein sechzigjähriger Chronist im Jahr 1808. Servietten waren nicht mehr nur etwas für »vornehme Dinnergäste«, sondern überall auf den Tischen zu finden. Reiche Männer stolzierten mit prächtigen Uhrenketten durch die Stadt. Tabak, einst ein Vergnügen von wenigen, wurde jetzt von allen geraucht und in kostbaren Behältnissen aufbewahrt. Manche Neuheiten waren noch so frisch, dass ihre Einführung datiert werden konnte, wie diejenige des Windfangs zehn Jahre zuvor. Andere ließen sich in Zentimetern messen, wie die Weite der Ärmel von Damenjacken, die der Mode entsprechend jetzt nicht mehr 30, sondern 45 Zentimeter betrug. Der letzte Schrei waren »Hundert-Falten-Röcke«, ein »neuer Stil«, für den Krepp verwendet wurde, so dass die Röcke »ganz weich« fielen. Aber der Wandel war nicht auf die Oberschicht beschränkt. Auch einfache Menschen trugen »neue, merkwürdige Kleider«. Ein Beispiel war der leicht zu entfernende Kragen, der einem altmodischen Mantel zu neuem Leben verhalf. Oder eine kurzärmelige Leinenjacke, die sich perfekt für den Sommer und, wie uns der Chronist mitteilt, besonders für dicke Menschen eignete. »Unverschämte Diener« trugen doppelt genähte schwarze Seidenhosen. Aber das beste Beispiel für die Welle neuer Moden waren vielleicht die trendigen Haustiere, die nun gehalten wurden.[1]

Unser Chronist lebte nicht in Paris oder London, sondern in Yangzhou, einer prosperierenden Stadt am Unterlauf des Jangtse im chinesischen Hinterland, etwas mehr als zweihundert Kilometer von Shanghai entfernt. In seinem 1808 veröffentlichten Werk beschrieb der Dichter Lin Sumen eine sich schnell verändernde Welt der Güter, wie sie in den folgenden zwei Jahrhunderten mit der westlichen Modernität verbunden werden sollte. Natürlich unterschied sich die Mode in Yangzhou von derjenigen in den Pariser Salons und den Londoner Lustgärten. So beschrieb Lin etwa »Schmetterlingsschuhe«, die vorn und hinten mit einem großen Satinschmetterling geschmückt und mit englischem Wollstoff oder Ningboseide gefüttert waren. Beliebte Haustiere waren Hühner aus Kanton und Ratten aus dem »Westen«. Doch man ersetze die Schmetterlinge durch englische Schuhschnallen, die Tabakbehälter aus Jade durch silberne Schnupftabakdosen und die »westlichen« Ratten durch Papageien oder Goldfische und füge die zahlreichen Klagen europäischer Autoren über Diener, die sich wie ihre Herren kleideten, hinzu, und schon verschwinden die Unterschiede zwischen beiden Szenen.

Bisher haben Darstellungen der Geschichte des Konsums hauptsächlich dessen Aufstieg im Westen betrachtet. Der Westen sei, wurde uns gesagt, nicht nur die Wiege der Modernität, sondern auch der Geburtsort der Konsumgesellschaft. Bei allen sonstigen Unterschieden betrachteten die Historiker Fernand Braudel und Neil McKendrick beide die Mode als Kern des westlichen Kapitalismus, als Triebfeder seiner Dynamik, Wunschproduktion und Innovationskraft. Das England und Frankreich des 18. Jahrhunderts hatten die Mode und mit ihr die Modernität, China nicht. McKendrick datiert die »Geburt« der Konsumgesellschaft auf das dritte Viertel des 18. Jahrhunderts und nennt als Geburtsort England.[2]

Aber wurde die Konsumgesellschaft tatsächlich im 18. Jahrhundert in England »geboren«? Man hat unanfechtbare Belege für die Zunahme der Gütermenge in Großbritannien und seinen amerikanischen Kolonien zusammengetragen. Doch Historiker, die sich mit früheren Epochen der europäischen Geschichte beschäftigen, waren nicht wenig angetan, dass diese als statisch oder mangelhaft bezeichnet und als kaum mehr denn »traditioneller« Hintergrund des Hauptdramas der Herausbildung der Moderne im hannoverschen Großbritannien behandelt wurden. Ein Wettlauf begann, in dem einer nach dem anderen behauptete, in der von ihm erforschten Epoche habe eine »Konsumrevolution« stattgefunden. Historiker der Stuart-Zeit entdeckten sie im England des 17. Jahrhunderts, Renaissance-Spezialisten verlegten sie ins Florenz und Venedig des 15. Jahrhunderts, und Mittelalterforscher machten ihre ersten Anfänge in der damals aufkommenden Vorliebe für Rindfleisch, Bier und Kartenspiel aus. Historiker Chinas fügten hinzu, dass auch die Ming-Zeit

(1368–1644) einen Kult der Dinge gekannt habe und deshalb als »Frühmoderne« bezeichnet werden könne.[3]

Die Geburtsmetapher zeigt, welche Bedeutung Historiker den Ursprüngen zumessen, deutet aber auch auf den Tunnelblick hin, den dies zur Folge haben kann. Die Konzentration auf nationale Ursprünge hat die Forscher daran gehindert, kulturübergreifende Vergleiche zu ziehen, und zugleich die Vergangenheit auf eine Vorstufe der Gegenwart verkürzt, ein Stadium auf dem Weg zur heutigen Wegwerfgesellschaft. Dies erschwert es mitunter, die Unterschiede der Benutzung und Bedeutung von Dingen in früheren Zeiten wahrzunehmen. In den folgenden beiden Kapiteln wird versucht, ein ausgewogeneres, evolutionäres Bild zu zeichnen, das es ermöglicht, sowohl die Parallelen in der Entwicklung als auch die letztlich ungleiche globale Verteilung von Dingen zwischen 1500 und 1800 zu erkennen. Im Italien der Renaissance, im China der späten Ming-Zeit (um 1520–1644) und in den Niederlanden und Großbritannien des 17. und 18. Jahrhunderts vollzog sich jeweils ein erheblicher Zuwachs des materiellen Besitzes. In allen drei Epochen fanden dynamische Entwicklungen statt, die jedoch auf unterschiedliche Weise verliefen. In welche Richtung der Strom der Dinge floss, hing zum Teil von Staaten und Märkten, Einkommen und Preisen, Urbanisierung und Sozialstruktur ab. Letzten Endes aber war es, wie ich zu zeigen hoffe, der unterschiedliche Wert, den diese Gesellschaften den Dingen jeweils beimaßen, der sie voneinander trennte und die einen zu hungrigeren Konsumenten machte als die anderen.

Die Welt der Güter

Eine der Errungenschaften der drei Jahrhunderte zwischen 1500 und 1800 war die Zusammenführung ferner Kontinente in einer Welt der Waren. Die Seidenstraße hatte seit 200 v. Chr. Asien mit dem Mittelmeerraum verbunden. Um 800 n. Chr. war der Indische Ozean eine dynamische, integrierte Handelszone. Historiker assoziierten diese Frühphase für gewöhnlich mit Pfeffer und anderen Gewürzen, mit Seide und weiteren Luxusgütern. Inzwischen ist klar, dass Zucker, Datteln, Textilien und andere Massengüter wie Holz schon damals einen erheblichen Teil der Fracht ausmachten. Im 12. Jahrhundert wurden in Kairo und Ostafrika gefärbte, im Blockdruck gestaltete Baumwollstoffe verkauft.[4] Venedig, Florenz und Genua bildeten die Tore zum Orient, europäische Metalle und Pelze wurden gegen asiatische Seide und Teppiche getauscht. Neu war nach 1500 nicht nur der Zugang nach Nord- und Südamerika, sondern die Verbindung all dieser Handelszonen auf wahrhaft globale Weise. Ein großer Teil des Kaufens und Verkaufens geschah weiterhin auf regionalen Märkten, aber diese wurden jetzt zusätzlich mit Waren aus aller Welt beschickt. Tee, Porzellan und sogar Zucker kamen aus China sowohl nach Europa und Amerika als auch nach Japan.[5] China bezog Tabak, Puten, Mais und Süßkartoffeln aus Amerika. Baumwolltextilien aus Gujarat und von der Koromandelküste fanden, neben ihren traditionellen Märkten in Japan und Ostasien, neue Abnehmer in Europa und seinen amerikanischen Kolonien.

Handel und Konsum sind natürlich nicht dasselbe. Bei Ersterem werden Güter getauscht, bei Letzterem von Einzelnen erworben und benutzt. Dennoch fördert der Handel den Konsum in bedeutendem Maß und liefert somit einen wichtigen Hintergrund der hier dargestellten Geschichte. In den drei Jahrhunderten zwischen 1500 und 1800 nahm der globale Handel in bis dahin beispielloser Weise zu, im Durchschnitt um 1 Prozent pro Jahr.[6] Dieser Anstieg summierte sich, so dass um 1800 dreiundzwanzigmal so viele Güter über die Weltmeere transportiert wurden wie drei Jahrhunderte zuvor. Besonders beeindruckend sind diese Wachstumsraten, wenn man bedenkt, dass sie vor der Industriellen Revolution erreicht wurden, in einer Welt also, die kein großes, anhaltendes Wirtschaftswachstum kannte. In den dreihundert Jahren vor 1800 nahm das BIP sowohl in Europa als auch in China schätzungsweise um 0,4 Prozent pro Jahr zu. Wenn man das Bevölkerungswachstum mit in Betracht zieht und das BIP pro Person berechnet, sinkt die Wachstumsrate sogar auf 0,1 beziehungsweise 0 Prozent.[7] Bei einem derart geringen oder nicht vorhandenen Wachstum musste ein Anstieg des Handels erhebliche Auswirkungen haben. Er brachte mehr Güter in größerer Vielfalt und manche unbekannten Dinge, wie bedruckte Baumwollstoffe aus Indien und Kakao aus der Neuen Welt, zum ersten Mal auf die Märkte. Zugleich förderte die

Ausweitung der Handelskanäle die Spezialisierung und Arbeitsteilung. Anstatt nur die Früchte der eigenen Arbeit zu konsumieren, wie es die meisten Bauern als Selbsterzeuger während des größten Teils des Mittelalters getan hatten, verkauften und kauften jetzt immer mehr Menschen Waren auf den Märkten. Doch das Handelswachstum löste keine umfassende Transformation aus. Selbst in fortgeschrittenen europäischen Gesellschaften nähten und strickten viele Hausfrauen bis weit ins 20. Jahrhundert weiterhin zumindest einen Teil der Kleidung ihrer Familien selbst und vererbten sie. Anderswo lebten Bauern nach wie vor von der Hand in den Mund. Aber der Anstieg des Handels führte sowohl zu einer Verlagerung des Schwerpunkts und der Orientierung des Konsums als auch zu seiner Ausweitung. Dinge auszuwählen und zu kaufen wurde wichtiger, während die Bedeutung von Eigenproduktion und Geschenken abnahm. Die Entwicklung von Handel und Konsum war auf diese Art miteinander verknüpft.

Im 16. und 17. Jahrhundert verliefen die Haupthandelsströme von Ost nach West. Im Unterschied zum spanischen und britischen Reich war dasjenige der Ming-Dynastie nicht global, der Überseehandel war zumeist verboten; um Piraterie und Schmuggel auszuschalten, wurde 1371 ein förmliches Verbot erlassen, das erst 1567 wieder aufgehoben wurde. Die ehrgeizigen sieben Fahrten, die Admiral Zheng He zwischen 1405 und 1433 im Auftrag des Kaisers Yongle nach Indien und in den Persischen Golf unternahm, waren Ausnahmen, nachfolgende Herrscher hielten von einer aktiven Politik merkantiler Expansion Abstand. Dennoch fanden Händler weiterhin informelle und illegale Wege für einen Handelsaustausch. Offiziell durften ausländische Kaufleute, sofern sie nicht einer diplomatischen Mission angehörten, das Reich der Mitte nicht betreten. Aber solche Missionen agierten im Grunde häufig als Handelsdelegationen und brachten zudem ausländische Waren an den chinesischen Hof. Weit größere Ausmaße hatte indes der Schmuggel. Der Pirat und Kaufmann Wang Zhi hatte im 16. Jahrhundert Hunderte von Schiffen und hunderttausend Seeleute unter seinem Kommando.[8] Viele chinesische Kaufleute umgingen das Seehandelsverbot einfach, indem sie sich auf den Inseln vor der Südostküste Chinas ansiedelten; eine Hauptroute des Textilhandels verlief über Ryukyu (Okinawa). Die ersten europäischen

Kaufleute, die einen Handelsposten errichteten, waren Portugiesen, die sich 1557 in Macao, ebenfalls an der Südküste, niederließen. Einige Jahre später, 1573, zählte Antonio de Morga, Präsident des Gerichtshofs (*audiencia*) der Kastilischen Krone in Ostindien, die Vielzahl chinesischer Waren auf, die Dschunken aus China zum Verkauf an die Spanier auf die Philippinen brachten. Darunter waren Luxusgüter wie Elfenbein, goldbestickter Samt, Perlen, Rubine, Pfeffer und Gewürze. Aber die Schiffe hatten auch anderes an Bord:

> »weiße Baumwollkleider verschiedener Art und Qualität für alle Zwecke ... viel Bettschmuck, Vorhänge, Tagesdecken und Wandteppiche aus besticktem Samt ... Tischdecken, Kissen und Teppiche ... Kupferkessel ... kleine Schachteln und Schreibmappen; Betten, Tische, Stühle und vergoldete Bänke, bemalt mit vielen Figuren und Mustern ... zahllosen anderen Tand und Zierrat von geringem Wert, der von den Spaniern geschätzt wird; neben einer Menge feiner Töpferware jeder Art ... Perlenschnüre aller Art ... und Raritäten – die alle aufzuzählen ich weder jemals fertig würde, noch genügend Papier hätte.«[9]

Der internationale Markt füllte sich immer weiter mit Dingen. Aber bis zum Ende des 18. Jahrhunderts war der Austausch recht einseitig. Die Europäer bezahlten chinesische Lieferungen nicht mit Waren, sondern überwiegend mit in der Neuen Welt gefördertem Silber. Das Silber war ein entscheidendes Schmiermittel für das Wachstum der Märkte, denn es ölte die Zahnräder des Handels und monetarisierte die Gesellschaft, indem es den Kauf und Verkauf von Gütern vereinfachte. Außerdem war es einer der wenigen Rohstoffe, die in China knapp waren. Es gab nur wenige Silberminen, und der Bedarf der kaiserlichen Bürokratie war riesig. Entsprechend erpicht waren chinesische Kaufleute auf das Edelmetall, mit dem ausländische Händler in China Porzellan und Stoffe einkauften. Bis in die 1520er Jahre stammte der größte Teil des Silbers in China aus Bergwerken in Europa und Japan. Im folgenden Jahrhundert wurde deren Ausstoß weitgehend von den Barren aus Neuspanien verdrängt. Aufgrund der Korruption unter spanischen Beamten kann man unmöglich sagen, wie viel Silber, zusätzlich zu den Mengen, die in den Büchern verzeichnet sind, tatsächlich verschifft wurde. Sicher ist jedoch, dass die Galeonen unter der Last ächzten, mit der sie von Acapulco in der Neuen nach Sevilla in der Alten Welt segelten. Von dort wurde ihre Fracht nach Amsterdam und London weitergeleitet, wo sie auf Schiffe der jeweiligen Ostindien-Kompanie verladen wurde, die sie im Fernen Osten gegen Gewürze, Porzellan sowie Seiden- und Baumwollstoffe eintauschte. Zu Beginn des 17. Jahrhunderts wurden jedes Jahr mindestens 60 000 Kilogramm Silber nach China eingeführt. 1602 teilte ein Beamter in Acapulco der spanischen Krone mit, man habe 345 000 Kilogramm des Metalls nach Manila geschickt.[10] China war auch in dieser Zeit nicht hermetisch abgeschottet. In dem um 1759 vollendeten, aber erst 1791 erschienenen klassischen Roman *Der Traum der Roten Kammer* (*Hong Lou Meng*) werden europäische Uhren und Textilien ebenso erwähnt wie europäischer Wein und sogar ein gefleckter Hund aus dem Westen.[11] Es war keine reine Erfolgsgeschichte. Handelskriege, Piraterie und trügerische Ozeane störten den Warenverkehr. Vasco da Gamas Flotte erreichte im Jahr 1498 Calicut an der Malabarküste im Südwesten Indiens. Zwei Jahrhunderte später besaß die größte zugelassene europäische Kompanie in Ostindien, die holländische Vereenigde Oost-Indische Compagnie (VOC), gerade einmal zweihundert Schiffe. Noch um 1700 brachten sämtliche europäischen Schiffe zusammen nur 230 000 Tonnen Fracht im Jahr aus Asien nach Europa; heutzutage würden dafür zwei große Containerschiffe ausreichen. Zu Beginn des 18. Jahrhunderts schickte die VOC pro Jahr nicht mehr als dreißig bis vierzig Schiffe nach Asien. Aber die Schiffe wurden größer und kehrten mit mehr Fracht zurück; hatten sie in den 1680er Jahren im Durchschnitt 9800 Tonnen geladen, war es im ersten Jahrzehnt des 18. Jahrhunderts mehr als das Doppelte (22 000 Tonnen).[12] Auch die Ostsee und das Mittelmeer überquerten nun mehr Schiffe und Waren; diese Märkte dürfen nicht außer Acht gelassen werden. Im 17. Jahrhundert beherrschten die Holländer den Heringshandel; die Fische wurden überwiegend in der Nordsee gefangen und dann, in Salz eingelegt, in die Ostseeanrainer und die deutschen Staaten exportiert. Direkte Vergleiche zwischen dem europäischen und dem asiatischen Handel lassen sich schwer ziehen. Die Reisen, die Waren sowie deren Qualität und Wert waren völlig verschieden. Von Amsterdam nach Niederländisch-Indien sind es 13500 Seemeilen, nach Kopenhagen nur 641. Der Gewinn aus einer Tonne Pfeffer oder Porzellan überstieg denjenigen aus einer Tonne Heringe aber bei Weitem. Wie vergleichsweise klein der Ostindienhandel nach Gewicht und Umfang auch war – der Anteil der VOC am gesamten niederländischen Handel betrug nie mehr als 25 Prozent –, es war der Wert der Güter, der seine Bedeutung ausmachte. Einer Schätzung zufolge betrug er in der Mitte des 18. Jahrhunderts 20 Millionen Gulden, weit mehr, als der Ostseeraum einbrachte.[13]

Seit dem späten 17. Jahrhundert verlagerte sich der Handel, zumal der englische, immer stärker in den Atlantik. In den 1630er Jahren hatte England vor allem Wollwaren nach Kontinentaleuropa ausgeführt. Um 1700 hatten exotische Genussmittel aus der Neuen Welt sie in den Hintergrund gedrängt: Zucker, Tabak und in geringerem Umfang auch Kaffee.[14] Aber die atlantische Welt bot mehr als billige, neue und von Sklaven angebaute Genussmittel. Im Gegensatz zu China und zum spanischen Weltreich besaß sie auch eine schnell wachsende Konsumentenbasis. Richard Ligon, der im Sommer 1647 auf dem 350-Tonner *Achilles* von England nach Barbados gesegelt war, notierte am Ende seines dreijährigen Aufenthalts, welche Güter die Zuckerwirtschaft auf die Insel gebracht hatte. Die hundert Schiffe, die jedes Jahr dort anlegten, hatten nicht nur »Diener und Sklaven« an Bord, sondern auch »Kleider aller Art, sowohl aus Leinen als auch aus Wolle; Stoffe, Hüte, Hosen, Schuhe, Handschuhe, Schwerter, Messer, Schlösser, Schlüssel etc. Lebensmittel aller Art, die eine so lange Seereise überdauerten; Oliven, Kapern, Anchovis, Pökelfleisch und -fisch, gebeizte Makrelen und Heringe, Wein aller Art und das angenehme Bier *d'Angleterre*«.[15] Es war ein bescheidener Anfang. Als Ligon den Atlantik überquerte, gab es auf den Westindischen Inseln und Nordamerika kaum mehr als hunderttausend englische Siedler. 1776, als sich die Amerikaner für unabhängig erklärten, lag ihre Zahl bei knapp drei Millionen. Was den Handel betraf, so begann sein rasanter Anstieg in den Jahrzehnten nach 1700. In diesem Jahr exportierte England Waren im Wert von 205000 Pfund auf die Westindischen Inseln; siebzig Jahre später war der Wert der englischen Ausfuhren dorthin auf 1,2 Millionen

Pfund gestiegen. Der Wert der Exporte nach Nordamerika, überwiegend Metall- und Wollwaren, wuchs sogar noch stärker, von 256 000 auf 2,5 Millionen Pfund. Im Verlauf des 18. Jahrhunderts entwickelten sich Nordamerika, die Westindischen Inseln und Westafrika zu einer bedeutenden Erweiterung des britischen Inlandsmarkts, der am Ende des Jahrhunderts ein Drittel der ausgeführten britischen Industriegüter aufnahm; 1700 war es ein Zehntel gewesen.[16]

Die neue Ära des globalen Austauschs hatte tiefgreifende Auswirkungen auf das Alltagsleben. Eine einzige Pflanze konnte transformative Prozesse auslösen. Als im 17. Jahrhundert in China die nähr- und ertragreiche Süßkartoffel aus Amerika eingeführt wurde, konnten Millionen von Bauern den Reisanbau zugunsten der Seidenraupenzucht aufgeben, mit deren Erträgen sie andere Güter kaufen konnten. (Süßkartoffeln wurden gebacken oder gekocht gegessen, getrocknet und haltbar gemacht, zu Mehl für Nudeln verarbeitet und sogar zu Wein vergoren.)[17] Auf ähnliche Weise setzte amerikanisches Getreide Boden und Arbeitskräfte frei, die, anstatt zum Reisanbau für den Eigenbedarf, zum Tee- und Zuckerrohranbau für den Markt genutzt werden konnten. Es gab Gewinner, aber auch Verlierer. Als die Holländer eine Preiskontrolle für landwirtschaftliche Exportprodukte einführten, stürzten Indonesien und Malaysia vom Wohlstand in die Armut, da die Bauern aufhörten, Zucker, Pfeffer und Nelken auf dem Markt zu verkaufen und von den Erlösen Kleidung und andere Waren zu kaufen, und zur Subsistenzwirtschaft zurückkehrten. In der atlantischen Welt förderte die europäische Zuckernachfrage die Entstehung einer organisierten Form des Kapitalismus auf der Grundlage von Sklavenhandel und monokultureller Landwirtschaft. Dies war die extremste Art der Kommodifikation. Die Nachfrage nach Gütern auf dem einen Kontinent wurde befriedigt durch die Versklavung von Millionen Menschen als Verkaufsgüter auf einem anderen. Mit der Wechselwirkung zwischen Weltreichen und Konsumkultur werden wir uns in einem späteren Kapitel beschäftigen. Vorher müssen wir der Frage nachgehen, woher das Verlangen nach Dingen überhaupt kommt.

Grandezza und Majolika

Mit der Ausweitung des interregionalen und dann globalen Handels ging die Kommerzialisierung des Alltagslebens einher. Deren Anzeichen sind im Italien der Renaissance im 15. Jahrhundert, im China der späten Ming-Zeit sowie im 17. Jahrhundert in England und den Niederlanden zu finden. In einer Zeit, in der die große Mehrheit der Menschen in Europa und in der übrigen Welt eine prekäre bäuerliche Existenz führte, waren diese vorauseilenden Gesellschaften Hotspots des Konsums, wo die Menschen mehr Dinge erwarben als jemals zuvor. Die Ausbreitung der Märkte und die mit ihr einhergehende Arbeitsteilung versetzten immer mehr Menschen in die Lage, Dinge zu erwerben, die sie nicht selbst hergestellt hatten. Ökonomisch betrachtet, lässt sich dies als Nachfragewachstum fassen, und wie man sehen wird, waren hohe Löhne und die Fähigkeit, mehr Waren zu kaufen, besonders in England und den Niederlanden wichtig. Um die Rolle von Gütern in diesen Gesellschaften zu verstehen, muss man jedoch neben der Quantität auch die Qualität beachten, das heißt Bedeutung, Wert und Funktion der Dinge. Die Nachfrage wurde von Kultur und Sozialstruktur geprägt, die von Land zu Land verschieden waren. Während alle diese Gesellschaften von einem Wachstum von Handel und Verbrauch profitierten, bildeten sich in ihnen letztlich unterschiedliche Konsumkulturen heraus. Diesen Unterschieden wollen wir uns im Folgenden zuwenden.

Zwischen dem 11. und 14. Jahrhundert erlebte Europa eine Handelsrevolution, durch die Florenz, Venedig und Genua zu prosperierenden Verbindungsgliedern zwischen Byzanz und der muslimischen Welt auf der einen Seite und den über ein überwiegend agrarisches Europa verstreuten Fürstenhöfen und Märkten auf der anderen Seite wurden. Anfangs brachten Kaufleute aus diesen norditalienischen Städten Seide, Gewürze und andere Luxusgüter nach Europa, die sie an der Levante gegen Getreide, Pelze und Metallwaren eingetauscht hatten. In den folgenden zwei Jahrhunderten schlug das Pendel in die andere Richtung aus. Während die europäische Wirtschaft wuchs, stagnierte die Levante. In der Toskana entstand eine florierende Wollwirtschaft, die von dem sumpfigen Gebiet der Maremma südlich von Pisa profitierte und Schafe aus den Apenninen anzog. Bis zum 13./14. Jahrhundert hatte man in Lucca, Florenz und Venedig gelernt, wie man Seidenstoffe, Papier und Glas herstellte. Neben Bankenwesen und Handel begründeten diese Handwerksfähigkeiten den Wohlstand und die Expansion dieser Städte. Norditalien wurde zur am stärksten urbanisierten Region Europas. Florenz baute im späten 13. Jahrhundert seine erste Stadtmauer; zwei Jahrhunderte später umfasste die Stadt ein fünfzehnmal so großes Gebiet. Sie ernährte ihre Bürger mit Getreide aus Apulien und Sizilien. In Venedig lebten 1575 knapp zweihunderttausend Menschen, doppelt so viele wie vor dem Schwarzen Tod von 1348. Der Aufstieg dieser Städte beruhte auf dem Luxusgüterhandel, der wiederum mit der ungleichmäßigen Erholung Europas von der Beulenpest zusammenhing. Die demographische Katastrophe hatte vor allem den Druck auf die Landwirtschaft verringert und zu einem Anstieg der Löhne der Arbeiter geführt, die das Glück hatten, überlebt zu haben. Um 1500 war das Wachstum dann zum Stillstand gekommen, als die Felder wieder mehr Menschen ernähren mussten. Die Preise stiegen, insbesondere diejenigen für Nahrungsmittel. Dies traf einfache Arbeiter schwer, nutzte aber Adligen in Skandinavien und Mitteleuropa sowie den adligen Landbesitzern in Italien und infolgedessen auch den Handwerkern von Florenz und Venedig, die die Luxusgüter für deren Paläste und Tafeln herstellten.[18]

Die Besitztümer wurden zahlreicher und kunstvoller. Typisch für diese Entwicklung war das immer anspruchsvollere Tafelgeschirr. In den Haushalten gab es mehr Löffel, Gabeln und Trinkgläser. 1475 bestellte der Florentiner Bankier Filippo Strozzi in Murano vierhundert Glasbecher. Im selben Jahr kaufte der Seidenhändler Jacopo di Giannozzo Pandolfini eine Besteckgarnitur aus zwölf silbernen Gabeln und Löffeln. Als Domenico Cappello, der Sohn des venezianischen Admirals Niccolò Cappello, 1532 starb – in einer Zeit, in der Europäer anderswo noch nie eine Gabel in der Hand gehabt hatten, geschweige denn eine besaßen –, hinterließ er 38 Tafelmesser mit silbernem Griff, 12 verzierte, vergoldete Löffel und Gabeln sowie 42 einfache Gabeln.[19] Anstelle von einzelnen Tellern prangte auf den Tafeln der herrschenden Schicht immer öfter ein komplettes Service. Im späten 16. Jahrhundert bestand dasjenige des Marquis

Squarciafico in Genf aus 180 zinnernen Teilen und 104 Tellern verschiedener Größe. Die benachbarte Familie Brignole verfügte über 115 Silberteller. Einige neue Gegenstände tauchten auf, wie Eierbecher und silberne oder goldene *spazadente* und *stuzicatoio da orecchi*, die es ermöglichten, Zähne beziehungsweise Ohren auf elegante Weise zu säubern. Zinngeschirr wurde manchmal aus London bestellt und stand auf feinem Leinentuch aus Flandern. Die meisten Silberlöffel und -schalen, Gläser und Keramikgegenstände stammten jedoch von örtlichen Handwerkern, wie die emaillierten, vergoldeten Glaskelche in Venedig oder die glänzenden, vielfarbigen Majoliken in Montelupo in der Toskana und Casteldurante in der Region Marken (siehe Abbildung 2); im 16. Jahrhundert verdrängten zudem einheimische Textilien die Importware. Kostbar wurden alle diese Gegenstände weniger durch ihr Material oder ihre Neuheit als vielmehr durch ihre immer kunstvollere Gestaltung und Verzierung.[20]

Silbergegenstände und Tafelgeschirr waren Zeichen einer entstehenden Kultur häuslicher Geselligkeit und Höflichkeit. Die Zimmer wurden immer öfter nach ihrer Funktion getrennt, es gab nun eigene Räume zum Schlafen und Essen, für Bibliotheken und Bildergalerien. Für intimere Vergnügungen richteten Kaufleute und Aristokraten den *salotto* ein, den Salon. Am Ende des 16. Jahrhunderts zeigten Wohnung und Besitztümer einer Familie sowohl deren Wesensart als auch deren Reichtum an. Ein Ratgeber für frisch getraute Ehefrauen empfahl diesen, ihre Gäste im Haus herumzuführen und ihnen insbesondere einige ihrer Besitztümer zu zeigen, »entweder neue oder schöne, aber auf solch eine Weise, dass es nicht als Arroganz empfunden wird, sondern als Zeichen [von] Anstand und Häuslichkeit«; sie sollten es tun, als öffneten sie den Gästen ihr Herz.[21]

Der Anstand richtete sich nach innen wie außen, er legte einen neuen Schwerpunkt auf privaten Komfort und Selbststilisierung. Jacob Burckhardt hat in seinem Werk über die *Kultur der Renaissance in Italien* auf die wachsende Aufmerksamkeit für die persönliche Schönheit und Selbststilisierung im Italien des Cinquecento hingewiesen: »Vor allem werden falsche Haartouren, auch aus weißer und gelber Seide, in Masse getragen ...« Neben Haarverlängerungen – manche aus Echthaar (*capelli morti*) –, künstlichen Zähnen und dem Gebrauch von Parfüm vermerkte Burckhardt ein für die Zeit einzigartiges gesteigertes Interesse an Sauberkeit,

Manieren und Komfort. Bei den Renaissance-Novellisten lese man von »[w]eichen elastischen Betten, köstlichen Bodenteppichen, Toilettengeräten, von welchen sonst noch nirgends die Rede ist«. Schönes Leinenzeug gebe es in großer Menge. Überall sehe man, wie die Kunst »von allen Seiten her den Luxus adelt«, vom »Nachttisch mit endlosem plastischen Konfekt« bis zu prachtvollen Teppichen. Ausländische Besucher waren beeindruckt, wenn man ihnen zum Essen eine eigene saubere Serviette reichte.[22] In jüngerer Zeit haben Historiker Burckhardts Beschreibung des häuslichen Komforts weiter ausgeführt. Im Verlauf des 16. Jahrhunderts tauchten neben den herkömmlichen Stühlen Sessel auf. Türkische Teppiche, Bücher, Drucke und Musikinstrumente kamen hinzu. Kinder spielten mit Kreiseln und Holzpferden, während Erwachsene sich mit Backgammon oder dem risikoreichen (und illegalen) neuen Wettspiel *biribissi* vergnügten. Und die kostbaren Gegenstände wurden nicht nur als eigenständige Dinge betrachtet, sondern vielmehr als Teil eines geschmackvollen Ensembles, das mit Wissen und Geld im Lauf der Zeit zusammengetragen wurde. Für Connaisseurs wie den Florentiner Humanisten Niccolò Niccoli mit seiner umfangreichen Bibliothek und Isabella d'Este, Markgräfin von Mantua, die Münzen, Vasen und Statuen sammelte, wurde die Akquisition zu einer Lebensaufgabe.[23]

In früheren Darstellungen wurde der »Prozess der Zivilisation« häufig auf die Strahlkraft der Fürstenhöfe zurückgeführt.[24] In Wirklichkeit verbreitete sich dieser jedoch weiter, als deren Einfluss reichte. Handwerker in Genua beispielsweise hinterließen sechs, manche auch zwölf Silberlöffel. Die meisten besaßen ein Bett, einen Tisch, Bettwäsche und Leinenzeug.[25] Im Schlafzimmer eines im Jahr 1533 in Siena verstorbenen Wirtes befanden sich ein Bett mit Vorhängen und Bettdecke sowie eine Truhe mit mehreren dekorativen Tagesdecken. Sein Kleiderschrank enthielt neben 17 Hemden eine seidene Kopfbedeckung, Satinhandschuhe, eine Samtkappe und ein Paar Armstulpen aus besticktem Seidendamast.[26] Fünfzig Jahre später wurde nach dem Tod des venezianischen Holzschnitzers Andrea Faentino zur Feststellung seiner Hinterlassenschaft ein Inventar seines Haushalts angefertigt, das einen Einblick in die Lebensumstände eines Handwerkers in der Lagunenstadt erlaubt, der für einige der großen Architekten seiner Zeit gearbeitet hatte. Im Unterschied zu vielen seiner Zeitgenossen arbeitete und wohnte Faentino am selben Ort, einem gemieteten Haus. Vor seinem Tod hatte er an zwei Holzfiguren gearbeitet, die einen Apostel und einen Engel darstellten. Wie seine Zeitgenossen bewahrte er die meisten seiner Habseligkeiten in Truhen, sogenannten *cassone* auf, aber seine vier bestanden nicht aus gewöhnlichem, billigem Holz, sondern aus wertvollem Nussbaumholz. Sie enthielten Kleidung, Decken, Wäsche und Schuhe. Außerdem besaß er zwölf vergoldete Messer mit Elfenbeingriffen und acht Silbergabeln. In der Küche standen vier Nussbaumstühle und ein »alter« Tisch, wie es im Inventar heißt, ferner zwei Pfannen, zwei Salzfässchen, 40 Stück Zinngeschirr und 58 weiße Majolikateller – nach neuester Mode zog man weiße Ware bunten Tellern vor. Faentinos bescheidenes Bett kam dagegen ohne die zarte Verfeinerung aus, die das Haus des Kaufmanns aufwies. An den Wänden hingen neben einem einfachen Madonnenbild auch die Darstellung einer Frau mit einer Laute und ein *il Turco* benanntes Gemälde, das den verbreiteten Einfluss orientalischer Motive in der damaligen Zeit belegt. Außerdem besaß Faentino eine beachtliche Zahl von Büchern über Religion, Architektur – einschließlich eines Werks von Leon Battista Alberti – und Geschichte (darunter eine Schrift über den albanischen Nationalhelden George Skanderberg, der den Kreuzzug Papst Pius' II. anführte und bis zum seinem Tod im Jahr 1468 die osmanische Expansion aufhielt). Und ihm gehörte eine Laute.[27]

Faentinos materielle Welt war von bescheidenem Komfort geprägt, weit unterhalb des Niveaus, auf dem Kaufleute und Aristokraten lebten. In den 1620er Jahren waren beispielsweise im Haus des Florentiners Piero d'Agonlo Guicciardini, der in der Woll- und Seidenindustrie ein Vermögen gemacht hatte, in einem einzigen Raum 151 Gemälde zu bewundern.[28] Ein Jahrhundert später nannte die zur Kurtisane gewordene verarmte Adlige Elisabetta Condulmer sechs vergoldete Truhen mit Leinenzeug, eine große Zahl von Silberlöffeln, daunengefüllte Matratzen und neben einer Darstellung der *Anbetung der heiligen drei Könige* Gemälde der unbekleideten Andromeda und nackter Männer ihr Eigen.[29] In Venedig besaß in den 1570er Jahren ein wohlsituierter Buchmaler 25 Bilder (eines, das Nero zeigte), einen Spiegel und eine Weltkarte sowie Teppiche aus Kairo und Persien.[30] Offensichtlich waren Faentinos Besitztümer, wie begrenzt und alt sie auch gewesen sein mochten, Teil einer gemeinsamen materiellen Kultur, zu der Tafelgeschirr, Bücher und Musikinstrumente – in den meisten venezianischen Haushalten gab es damals eine Laute oder ein Cembalo – ebenso gehörten wie die Wertschätzung von Gemälden als Kunstobjekte, die man besaß und vorzeigte, anstatt sie nur für die religiöse Andacht zu verwenden.

Vormoderne Gesellschaften gelten als extrem ungleich; wenige reiche Herren, so das gängige Bild, lebten in Saus und Braus auf Kosten einer im Elend vegetierenden Mehrheit, und für den größten Teil Europas traf dies auch zu. Die norditalienischen Stadtstaaten bildeten jedoch eine Ausnahme. In Florenz herrschte um 1500 nicht mehr Ungleichheit als in den Vereinigten Staaten im Jahr 2000. Es gab keine zwei scharf voneinander getrennten Kulturen mit einer Elite auf der einen und einem homogenen Plebs auf der anderen Seite. Vielmehr reihten sich die meisten Florentiner innerhalb eines sozialen Spektrums ein, das von den marginalisierten Armen bis zu wohlhabenden Handwerkern und Geschäftsinhabern reichte. Bücher wurden nicht nur von der Patrizierelite erworben, sondern auch von Bäckern, Tischlern und Metallhandwerkern. In geringem Umfang teilten einige sogar die Vorliebe für exotische Dinge wie orientalische Teppiche. Importierte spanisch-moriskische Keramik fand unter Schuhmachern, Hufschmieden und Textilarbeitern viel Anklang; ein Wollweber besaß ein Set aus sieben Krügen, 13 Schalen und 34 Tellern.[31] Ähnlich sah es in den geschäftigen Handelszentren in Nordeuropa aus, beispielsweise in Antwerpen, wo sich der Besitz von Gemälden und Majoliken im 17. Jahrhundert rasch ausweitete.[32]

Dennoch geht es zu weit, in der Renaissance die »Samen unseres eigenen … überschäumenden Konsumismus« zu sehen.[33] Obwohl der Besitz und das Ideal von Komfort in die Haushalte Einzug hielten, blieben sie Teil einer Bürgerkultur, die weiterhin auf die öffentliche Präsenz und die Nachwelt ausgerichtet war, nicht auf das private Vergnügen und die Verlockungen des Neuen. Ihr Antrieb war das Streben nach Grandezza und ihr Ziel die Dauerhaftigkeit. Im Vergleich mit dem Aufwand für monumentale städtische Plätze und öffentliche Bankette waren die Ausgaben für persönliche Besitztümer unbedeutend. Ersterer war der Hauptantrieb des Konsums in der Renaissance. Der Palazzo Strozzi beispielsweise, mit dessen Bau 1489 begonnen wurde, verschlang Unsummen des Vermögens der Florentiner Familie.[34] Aristokraten versuchten einander beim Schmuck ihrer Kapellen auszustechen, aber nicht einfach um ihren Reichtum zu präsentieren, sondern um die eigene Größe und *virtù* zu beweisen. Bezugspunkt war Aristoteles, der die angemessene Zurschaustellung privaten Reichtums als Zeichen von Bürgertugend und Bürgerstolz in einer von gleichgesinnten tapferen und begüterten Bürgern regierten und verteidigten Gemeinschaft gerühmt hatte. Die Angehörigen der Patrizierelite der italienischen Renaissance waren Vorreiter der Umschichtung der symbolischen Währung der Macht von Menschen auf Dinge. Im Unterschied zu grundbesitzenden Aristokraten anderswo in Europa sicherten die Strozzis und andere Adelsfamilien ihre Stellung nicht durch den Unterhalt einer großen Gefolgschaft, sondern durch prachtvolle Dinge und Bauwerke. Richtig präsentiert, unterstrichen Gemälde und Vasen im Haus den kultivierten Charakter von dessen Bewohnern. Das private Vergnügen und die *comodità* um ihrer selbst willen blieben jedoch suspekt, die Ergebenheit gegenüber dem Allgemeinwohl musste widergespiegelt werden. Als bewundernswert galt ein Leben als aktiver Bürger, der den Glanz und die Stärke seiner Stadt vermehrte, indem er monumentale Bauten errichtete, eine Armee befehligte, öffentliche Festlichkeiten finanzierte und städtische Einrichtungen förderte. Konsum in großem Stil war gestattet – und durfte genossen werden –, wenn er letztlich solchen öffentlichen Zwecken diente. In diesem Sinn war eine reich geschmückte Kapelle wie diejenige der Familie Salviati in San Marco, Florenz, etwas völlig anderes als heute, sagen wir, der Besitz eines Ferraris. Der Luxus stand im Dienst der Nachwelt; er sollte den Namen der Familie auf Generationen hinaus in die Annalen der Stadt einschreiben. Der staatsbürgerliche Humanismus der Renaissance bevorzugte Solidität. Geld sollte für Dauerhaftes ausgegeben werden.

Der konservative Charakter des Konsums in der Renaissance lässt sich an der Art, Funktion und Zirkulation von Gütern erkennen. Obwohl die italienischen Städte orientalische Seide importierten und um 1500 begonnen hatten, selbst Seide für den europäischen Markt zu produzieren – als erstes Kapitel einer europäischen Erfolgsgeschichte des Kopierens und Ersetzens östlicher Waren –, blieb Seide etwas Besonderes. Aufs Ganze gesehen, war die materielle Kultur bemerkenswert beständig. Es gab mehr von allem und einige neue Dinge wie Polstersessel, aber um 1600 besaßen die Haushalte überwiegend noch die gleiche Art von Dingen wie zweihundert Jahre zuvor. Es war eine Kultur der Verfeinerung, und weniger der Neuheiten. Die Kelche wurden kunstvoller gestaltet, die Möbel vermehrt mit Schnitzereien verziert, die Wandteppiche kostbarer, aber die Materialien und die Art der Güter veränderten sich kaum.

Die Dinge, die man besaß, hatten neben ihrem funktionalen und manchmal auch dekorativen Nutzen einen Anlagewert. In einer bargeldarmen Wirtschaft waren Kleidung, Leinenzeug und Silbergegenstände, insbesondere in Inflationszeiten, wichtige Wertspeicher. Der Pfandleiher diente Arm und Reich als örtliche Bank. Brauchte jemand Bargeld, hinterlegte er seine Kleidung oder Haushaltsgegenstände, um sie einige Monate später wieder auszulösen. Da Dinge als Wertspeicher dienten, mussten sie dauerhaft sein. Ein Umhang, Ring oder abnehmbarer Samtärmel besaß wenig Wert, wenn er so modisch war, dass er in einem Jahr nicht mehr als Pfand genutzt werden konnte. Die große Mehrheit der Menschen kleidete sich wie ihre Großeltern.[35] Wenn die Menschen der Renaissancezeit Güter anhäuften, dann nicht, weil sie die Mode für sich entdeckt hatten und die Dinge schneller aussortierten, sondern weil sie ihr Vermögen vergrößerten. 1633 hinterließ ein venezianischer Rudermacher seiner Witwe 43 Hemden, 25 Betttücher, 63 Tischdecken und Servietten sowie 105 Keramikteller.[36] Die meisten der in solchen Inventarien aufgeführten Textilien und Silberlöffel waren wahrscheinlich nie oder nur selten benutzt, sondern als materielle Lebensversicherung eingelagert worden. Leinenzeug verschliss natürlich durch regelmäßigen Gebrauch und musste ersetzt werden, aber Seidenstoffe und andere hochwertige Güter wurden sorgfältig gepflegt und so lange wie möglich benutzt. Nachdem die Mailänderin Livia Tolentina 1580 zur Witwe geworden war, verwendete sie ihre eheliche Garderobe, um ihre Kutsche zu polstern und Kirchenbehänge zu nähen.[37]

Geschenke, Pfandleihen, persönliche Darlehen und Sicherheiten verbanden höhere und untere Schichten in einem Kreislauf gegenseitiger Abhängigkeit. Die zur Florentiner Führungsschicht gehörende Familie Castellani ist ein gutes Beispiel dafür. 1460 hinterlegte Francesco di

Matteo Castellani ein besticktes Kleid seiner Frau Lena bei einem Geldverleiher, um Bargeld zu erhalten, mit dem er einen Kredit zurückzahlen konnte. Da Lena in Kürze an einer aristokratischen Hochzeit teilnehmen wollte, lieh er sich gleichzeitig eine große, in Gold gefasste Perle, ein Diamantgeschmeide »im Pariser Stil mit weißen und roten Blumen und grünen Blättern« und, da er schon einmal dabei war, auch noch einen in Gold gefassten Rubin. Im Gegenzug lieh er einem adligen Freund, der die Ehe seiner Schwester vermittelt hatte, ein Familienerbstück und Stoffbehänge mit seinem Wappen darauf. Einem örtlichen Schuldirektor schickte er neuerworbene Manuskripte von Sueton und Justinian, und an Feiertagen lieh er lokalen Hufschmieden einige Kleidungsstücke und Schwerter. Die Besitztümer wanderten ständig hin und her.[38]

Die Dinge zirkulierten jedoch nicht als Ausdruck einer individuellen Auswahl, sondern in einer sozialen Umlaufbahn, die von Gegenseitigkeit und Vertrauen bestimmt wurde. Zudem wurde der freie Fluss der Güter durch moralische Grenzen eingeschränkt. In der Renaissance setzte ein tugendhaftes, unabhängiges Leben Genügsamkeit voraus. Alberti und andere Schriftsteller der Zeit idealisierten den Bürger, der die Früchte seines eigenen Anwesens genoss, ohne in Geschäften einkaufen und sich auf Fremde verlassen zu müssen. Die Lehre aus der Antike lautete, dass Rom dann am stärksten war, wenn es am einfachsten war. Zu viele Besitztümer hatten überempfindliche Schwächlinge hervorgebracht, die unfähig waren, die Republik zu verteidigen. In Wirklichkeit kauften auch Aristokraten auf Märkten ein, aber solche Ausflüge halfen vor allem, öffentliche Bindungen aufrechtzuerhalten, und hatten nur wenig mit Shopping als Freizeitvergnügen zu tun, wie die Historikerin Evelyn Welch nachgewiesen hat. Mit Bezug auf Cicero legten die Renaissance-Moralisten einen doppelten Maßstab an den Handel an, der eine Gesellschaftsordnung mit patrizischen Kaufleuten an der Spitze und plebejischen Geschäftsinhabern am unteren Ende rechtfertigte. Im großen Rahmen galt der Handel als tugendhafte Tätigkeit, die zum Ruhm der Gemeinschaft beitrug. Der Reichtum der Kaufleute floss auf ihre Landsitze zurück. Im kleinen Rahmen eines Ladens dagegen wurde das Handeln als »vulgär« betrachtet, wie der venezianische Schriftsteller Tomaso Garzoni im späten 16. Jahrhundert hervorhob. Patrizische

Kaufleute mochten ihre Vermögen im Handel machen, aber sie legten sich in Gestalt von Landgütern, die sie selbst und die Gemeinschaft mit Nahrungsmitteln versorgten, eine Basis auf dem Land zu. Ladenbesitzer verkauften einfach nur Waren. Konnte man ihnen also trauen? Dass Geschäfte ein wichtiges Glied in der Verteilungskette waren, das eine Verbindung zwischen Kaufleuten und Verbrauchern herstellte, und tatsächlich erst die Nachfrage schufen, wäre Garzonis Zeitgenossen nie in den Sinn gekommen. Ladenbesitzer mussten sich mit dem Stigma einer niedrigen Stellung in der Gesellschaft abfinden. Im Jahr 1593 untersagte der Mailänder Senat ihren Aufstieg in den Adel.[39]

Das Misstrauen gegenüber dem Kaufen war Teil eines umfassenden Kampfs gegen den Luxus und alle Übel, die er mit sich brachte. Der Streit reichte bis zu Platon zurück, der die materielle Welt zu einem bloßen Schatten der Wirklichkeit erklärt hatte. Während des Mittelalters waren seine Ideen zwar nie ganz in Vergessenheit geraten, aber in der Renaissance gelangten sie durch die später so genannte »Platonische Akademie« in Florenz, wo Marsilio Ficino Platons sämtlichen Werke ins Lateinische übertrug, zu neuer Berühmtheit. In seiner *Politeia* (*Der Staat*) stellte Platon den Niedergang einer zuvor tugendhaften, genügsamen Stadt dar, die durch das Streben nach einem luxuriösen Leben verdorben wurde. Solange die Bürger nur die von der Natur gesetzten Grundbedürfnisse erfüllten, war ihre Stadt »gesund«. Sobald sie jedoch ihren Gelüsten nachgaben, setzten sie ein unersättliches Verlangen nach mehr in Gang, das in Krieg und Verderbnis mündete. Zuerst wollten sie »auf Polstern liegen ... und von Tischen speisen und Zukost und Nachtisch haben«, doch dies stelle sie nicht zufrieden, denn es hatte auch ihren Geschmack an »Malerei ... und bunter Weberei und Gold und Elfenbein« geweckt.[40] Dieser Drang nach Luxus sei unstillbar und zwinge die Stadt, zu expandieren und immer weiter in der Ferne nach Ressourcen zu suchen, was zu Krieg und Wettstreit führe. Verschärft werde die Aggression nach außen durch den Verfall im Innern, da der Luxus bisher virile Bürger entmanne. Der Verlust der Selbstbeherrschung verwandle tatkräftige Männer in weiche Wüstlinge, die nicht fähig seien, sich zu verteidigen. Die Verderbnis des Leibes führe unweigerlich zur Verderbnis des Staats. Diese Gleichsetzung von genügsamer Lebensweise und staatlicher Größe einerseits und privatem Exzess und öffentlicher Verderbnis andererseits findet sich als zentrales Thema auch bei Cicero, dem beliebtesten lateinischen Autoren der Renaissance.

Das Christentum verhalf diesen antiken Ideen zu neuer Durchschlagskraft und Dringlichkeit. So wie Platon behauptet hatte, körperliche Vergnügungen würden sich nachteilig auf die Seele auswirken, so warnte die Kirche, das Verlangen nach weltlichen Besitztümern würde vom geistigen Leben ablenken. In der Bergpredigt hatte Jesus gesagt: »Sammelt euch nicht Schätze hier auf der Erde, wo Motte und Wurm sie zerstören und wo Diebe einbrechen und sie stehlen, sondern sammelt euch Schätze im Himmel, wo weder Motte noch Wurm sie zerstören und keine Diebe einbrechen und sie stehlen. Denn wo dein Schatz ist, da ist auch dein Herz.«[41] Indem die christliche Lehre den Mangel an Selbstbeherrschung bis zum Sündenfall und der Vertreibung aus dem Paradies zurückverfolgte, sexualisierte sie auch den Luxus. Aus kirchlicher Sicht entsprang das Verlangen nach Gütern, Geld und Fleischeslust ein und derselben Quelle.

Die Meinung, dass Luxus leicht zur Unzüchtigkeit führte, war in der Renaissance weit verbreitet und trug zum moralischen Missbehagen in Bezug auf Erwerb und Übermaß bei. In Venedig wurde im späten 16. Jahrhundert beispielsweise einem Stoffhändler vorgeworfen, er lebe »luxuriös«, weil man ihn im Verdacht hatte, außereheliche Affären zu haben.[42] Nur in den Händen der Kirche, wo er auf angemessene Weise benutzt wurde, um durch prächtige Bauwerke und Gemälde die Herrlichkeit Gottes zu preisen, war Luxus vorbehaltlos gestattet. Ein venezianischer Patrizier mochte am Vorabend der Hochzeit seiner Tochter stolz ihre Aussteuer aus reich mit Gold und Silber bestickten Kleidern vorzeigen, aber solch auffälliger Konsum wurde durch ebenso ausgeprägte Beweise der eigenen Genügsamkeit ausgeglichen, indem man etwa bestimmte, in der groben braunen Mönchskutte eines Kapuziners beerdigt zu werden. Der Weg in den Himmel begann mit dem einfachen Leben. Ein venezianisches Sprichwort lautete: »Wem die Welt und die Dinge in ihr gleichgültig sind, dem wachsen Flügel, die ihn zum Gipfel des Himmels tragen.«[43]

Argwohn gegenüber dem Luxus war der Kienspan, mit dem der Dominikaner und fanatische Bußprediger Girolamo Savonarola 1497 auf der

Piazza della Signoria im Zentrum von Florenz den »Scheiterhaufen der Eitelkeiten« entzündete. In der untersten Schicht der pyrotechnischen Pyramide lagen kostbare ausländische Gobelins, weiter oben Gemälde, Brettspiele, Musikinstrumente und Bücher von Boccaccio.[44] Man darf also nicht vergessen, dass viele Florentiner Familien nicht nur Gemälde, Lauten und Wohnmöbel besaßen, sondern sie eben auch mit Freuden zwanzig Meter hoch stapelten und um das Feuer, in dem sie verbrannten, tanzten.

Prunk und Übermaß beunruhigten nicht nur Fanatiker wie Savonarola. Im 15. und 16. Jahrhundert erließ der Senat von Venedig über ein Dutzend Gesetze und Verordnungen gegen eine »aufwendige« Lebensweise. Opulente Hochzeiten und teure pelzbesetzte Mäntel machten Unterschiede von Besitz und Rang sichtbar, die das Gleichheits- und Genügsamkeitsideal der Republik gefährdeten. Außerdem lösten sie einen Ausgabewettstreit aus, der manche dazu trieb, Schulden zu machen. Für eine Republik, die sich ständig im Krieg befand, war dies eine beunruhigende Entwicklung, denn Geld, das für Hermelinpelze und vergoldete Möbel ausgegeben wurde, konnte nicht durch Kriegssondersteuern abgeschöpft werden. Durch ein erstes Gesetz, das für alle Venezianer galt, mit Ausnahme des Dogen und seiner Familie, versuchte der Große Rat im Jahr 1299 die Ausgaben für Hochzeiten zu beschränken. 1334 beklagte er erneut die »übermäßigen und besonders überflüssigen Ausgaben von Männern wie Frauen« und rechtfertigte Beschränkungen damit, dass die Habgier, »die Wurzel allen Übels«, nur zu leicht von den Bürgern Besitz ergreife. Im 15. Jahrhundert galt die Hauptsorge des Senats der Kleidung. Im Jahr 1400 wurden weite Mantelärmel (*socha*) verboten. Um dieses Unterscheidungsmerkmal gebracht, verlegten sich reiche Venezianer auf kostbare Pelzverbrämungen. Der Senat reagierte 1403 mit einem neuen Gesetz, das die Verwendung von Hermelin- und Marderfellen untersagte. Es folgte eine ganze Reihe weiterer Beschränkungen, vom Umfang der Aussteuer bis zur Verwendung von Gold und Silber in Kleidern und Mänteln. 1512 verordnete der Senat, dass Hochzeitsgeschenke aus höchstens sechs Gabeln und Löffeln bestehen durften; diverse luxuriöse Wohnmöbel wie vergoldete Truhen und Spiegelrahmen sowie stark gemusterte Bettwäsche wurden verboten. Zwei Jahre später wurde eigens ein aus drei Adligen bestehender Magistrat gebildet, der extravagantes Verhalten prüfen, regeln und bestrafen sollte. Manche Übeltäter, vermeldeten die Richter, trügen Brot und Orangen bei sich. »Die Launenhaftigkeit ungezügelter Begierden von Männern wie Frauen«, stellte der Senat fest, »nimmt weiterhin derart zu, dass nur wenige sich wegen der Ausgaben Sorgen machen.« Doch der Senat war nicht bereit, kampflos nachzugeben. 1562 unternahm er seinen umfassendsten Angriff auf den Luxus, indem er Wandteppiche von mehr als anderthalb Metern Höhe und vergoldete Kaminverkleidungen verbot und im Einzelnen festlegte, was bei Banketten erlaubt war. Die Bestimmungen reichten bis hin zur Art des Nachtischs, der allenfalls aus kleinen Portionen »gewöhnlichen Gebäcks« oder Früchten der Saison bestehen durfte.[45]

Das Italien der Renaissance war also nicht nur ein Vorreiter des Konsums, es schränkte ihn auch durch eine Reihe von materiellen und moralischen Vorbehalten ein. Übermaß und Opulenz blieben ein Zeichen von Sünde und Verdorbenheit. Glanzvolle Besitztümer sollten nicht einfach nur individuelle Wünsche befriedigen, sondern bedurften einer bürgerlichen Legitimation. Tafelgeschirr und Möbel wurden immer zahlreicher und kunstvoller, waren aber insgesamt Teil einer Kultur der Verfeinerung, und nicht einer Kultur der Neuheit und ihres Zwillings, des Wegwerfens. Die Qualität behielt als Garant der Wertbeständigkeit und Wiederverwendbarkeit sowohl bei Patriziern als auch bei Handwerkern die Oberhand. Während in Handwerkerhaushalten die Zahl der Stühle und Truhen stieg, ist die Wortwahl in vielen Inventarien vielsagend, werden sie doch einfach als *vecchio* oder *vecchissimo*, alt oder sehr alt, bezeichnet.[46] Es war keine Konsumkultur mit hohem Durchsatz; auch erfasste sie mehr den Luxussektor als den Massenmarkt. Die Art des Konsums reflektierte und verstärkte die außerordentlichen Leistungen der in den urbanen Luxusindustrien tätigen hochqualifizierten Künstler und Handwerker. Deshalb waren die Gesellschaften auch höchst störanfällig, sie hingen von der Entwicklung der kleinen Luxusmärkte ab und reagierten empfindlich auf Veränderungen des internationalen Handels und der Politik, auf die sie keinen Einfluss hatten. Als die Portugiesen 1497 einen neuen Seeweg in den Osten entdeckten, wurde Venedig an den Rand gedrängt. Nach dem Sieg der Heiligen Liga über die Osmanen in der Seeschlacht von Lepanto im Ionischen Meer im Jahr 1571 tauchten in der Levante nordeuropäische Händler und somit neue Konkurrenz auf. In den folgenden zwei Jahrhunderten verlagerte sich das Zentrum des Geschäftslebens durch die Zunahme des Atlantikhandels in den Norden nach Amsterdam und London, wodurch Venedig und Florenz noch weiter marginalisiert wurden. Die Pestepidemien von 1575 bis 1577 und 1630 dezimierten ihre Bevölkerung, und der Dreißigjährige Krieg schnitt sie schließlich von den Städten und Handelsplätzen in Deutschland ab, einem ihrer letzten verbliebenen Märkte. Das mediterrane Kapitel prachtvollen Luxuskonsums ging zu Ende.

Der Zusammenprall von Kommerz und Tradition, Verlangen und Genügsamkeit war im Spätmittelalter und in der Frühmoderne überall in Europa zu beobachten, Venedig und Florenz waren nur die Vorreiter. In dieser Zeit weiteten die Märkte ihr Einzugsgebiet aus, von respektablen Städten wie Nürnberg bis zu Kleinstädten im Schwarzwald. Dies brachte mehr Güter und neue Vorlieben mit sich, die eine Herausforderung für die Sozialordnung darstellten. Kaufleute finanzierten nicht nur den Handel und kauften und verkauften in großem Stil, sie waren auch Botschafter neuer Moden. Hans Fugger, im 16. Jahrhundert Oberhaupt des mächtigen Augsburger Handels- und Geldverleiherhauses, liebte beispielsweise im spanischen Stil hergestellte Schuhe, die er mit genauen Angaben, bis hin zu den kleinen Zierlöchern, bei spanischen Schuhmachern in Amsterdam bestellte.[47] Solche neuen Moden und Importgüter waren Vehikel der Unterscheidung und Nachahmung, durch die bestehende Hierarchien und Verhaltenskodizes erschüttert werden konnten. Was geschah, wenn ein stilbewusster Lehrling Fuggers Schuhe kopierte? Was war mit den örtlichen Schuhmachern, die gegenüber ausländischen Konkurrenten das Nachsehen hatten und deshalb ihren Lebensunterhalt verloren? Die Bedrohung musste gar nicht von weither kommen. 1453 wurde beispielsweise in Nürnberg ein Luxusgesetz erlassen, das lange Spitzen an Schuhen verbot, eine Mode, deren Ursprung man im nahegelegenen Schwaben ausmachte.[48]

Zwischen 1300 und 1600 wurde überall in Europa eine Vielzahl von Luxusgesetzen erlassen. In Mitteleuropa blieben sie mancherorts bis ins

19. Jahrhundert hinein in Kraft. Zunächst verboten sie extravagante Festmahle und Geschenke bei Hochzeiten und Begräbnissen. Im 15. Jahrhundert verschob sich der Schwerpunkt dann auf die Kleidung.[49] Im deutschsprachigen Mitteleuropa wurden zwischen 1244 und 1816 allein hierfür über 1350 Verordnungen eingeführt.[50] Die Fixierung auf die Kleidung ist leicht erklärt. Sie war das sichtbarste Erkennungszeichen der sozialen Stellung und signalisierte Stand, Rang, Alter und Geschlecht. Im Gegensatz zu den venezianischen Beschränkungen, die in vielen Fällen ein egalitäres Ziel hatten und Patrizier (außer den Dogen) und einfache Bürger gleichermaßen betrafen, waren die meisten europäischen Luxusgesetze Instrumente der Ungleichheit, die eine fein abgestufte Hierarchie aufrechterhalten sollten. Ein typisches Beispiel ist Nürnberg, wo Seide, Pelze und Perlen Adligen, Kirchenfürsten und geachteten Berufen vorbehalten waren; nur Ritter und Doktoren des Rechts durften ebenfalls Kleider mit Goldfäden tragen.

Anhand solcher Vorschriften lässt sich verfolgen, wie frühmoderne Gesellschaften auf die Herausforderung durch den Aufstieg der Dinge reagierten. Einige antworteten mit einem umfassenden Verbot. So drohte in Straßburg aufgrund einer Verordnung von 1660 jedem eine Geldbuße, der es wagte, »neue« Kleidung ausländischer Herkunft zu imitieren, ungeachtet dessen, ob sie gut oder schlecht aussah. Andernorts war man trotz erlassener Gesetzte nachgiebiger. Unter Heinrich VIII. beschloss das englische Parlament 1532/33 ein Gesetz »zur Reformation des Übermaßes der Kleidung«, das unter anderem purpurne Seide und Goldstoffe der königlichen Familie vorbehielt (im Wams durften auch Herzöge und Markgrafen sie tragen). Wer nicht mindesten 100 Pfund im Jahr einnahm, dem war es verboten, »irgendwelchen Seidendamast-Kamelott [ein Gewebe aus Seide und Wolle] oder Taft in seinem Oberkleid, seiner Cotte mit Ärmeln oder anderen äußeren Bekleidung« zu tragen; auch ausländische Pelze waren tabu.[51] 1574 kam in London ein Mitglied der Merchant Taylors' Company, der Schneiderzunft, ins Gefängnis, weil er »entgegen den Vorschriften ein Paar mit Taft gesäumte Hosen und ein mit Silber besetztes Hemd« getragen hatte, und einige Jahre später verfügte der Londoner Oberbürgermeister, dass Lehrlinge nur abgelegte Kleidungsstücke ihres Meisters tragen durften.[52] Im Allgemeinen bemühten sich englische Friedensrichter jedoch nicht allzu sehr, die Restriktionen durchzusetzen. Elisabeth I. gab mehrere Kleiderproklamationen heraus, aber am Ende ihrer Regierungszeit kamen solche Gesetze in der Regel nicht durchs Unterhaus. Die Luxusgesetzgebung der Tudors endete 1604. In den Niederlanden hatte man sich gar nicht erst die Mühe gemacht, solche Gesetze zu erlassen. Bezeichnenderweise waren dies die beiden am weitesten fortgeschrittenen Gesellschaften, und zwar nicht nur wirtschaftlich, sondern, wie wir sehen werden, auch was den Lernprozess angeht, der sie befähigte, mit Veränderungen umzugehen und den Menschen zuzutrauen, ihr Leben selbst zu gestalten. Doch im 17. Jahrhundert waren sie noch die Ausnahme von der Regel.

Die meisten Gesellschaften nahmen einen dritten, mittleren Weg. Sie ließen neue Moden in gewissem Rahmen zu, verfeinerten aber zugleich die Dresscodes immer weiter. In einer Verordnung von 1693 tolerierten die Patrizier von Nürnberg die modische Kurzjacke als Ersatz des traditionellen langen Mantels, verfügten aber in Bezug auf Mützen und Accessoires eine fein justierte Abstufung: Frauen aus alten Adelsfamilien war es erlaubt, Samthauben mit Zobel- oder Marderverbrämung zu tragen, die bei öffentlichen Festlichkeiten mit »guldenen Rosen oder Buckeln«, auch mit Perlen, aber nicht mit Diamanten geschmückt sein durften. Auch Frauen und Töchtern von »erbarn Kauff- und Handelsleuthe(n)« wurde gestattet, Samthauben zu tragen, aber sie durften nicht mehr als 24 Gulden kosten, und Goldschmuck oder »guldene Spitzen« waren verboten. »Frauen und Jungfrauen« aus anständigen Handelsfamilien und anderen Angehörigen des dritten Standes waren »Hauben von auf- und unaufgeschnittenen Sammet mit Gebrem von gefärbtem Marder« erlaubt, aber keinerlei goldene Verzierung. Kleine Kaufleute, Krämer und Handwerker – der vierte Stand – mussten sich mit »gemosirtem Trippsammet« und billigem Pelzwerk, »doch ohne Marder«, begnügen und auf Gold und Silber gänzlich verzichten. Ähnliche Vorschriften gab es auch für andere Lebensbereiche. Aufgrund ihrer Sichtbarkeit eigneten sich Kutschen besonders gut als Statussymbole. Nur dem ersten Stand war es erlaubt, in einem Traum aus Seide zu reisen. Die Kutschen des zweiten Standes durften nur mit »geringerm« Tuch ausgeschlagen sein, das zudem weder rot noch blau sein durfte. Von Angehörigen des dritten Standes wurde für das Recht, eine Kutsche mieten zu dürfen, eine Jahresgebühr von fünfzig Reichstalern verlangt, und sie mussten sich mit einem Futter aus grauem Tuch, Pferden ohne glänzendes Zaumzeug und Kutschern ohne Livree begnügen.[53]

Die Kontrolle fiel unterschiedlich aus. Während viele Gemeinden sich auf die Selbstbeschränkung ihrer Bürger verließen, verhielten sich andere strenger. In Basel mussten im 18. Jahrhundert Tausende von Frauen wegen Verstößen gegen die Kleiderordnung eine Geldbuße zahlen. Aber nur wenige Herrscher gingen so weit wie der osmanische Sultan Mustafa III., der 1758 verkleidet ins Istanbuler Aya-Kapisi-Viertel ging, um zu überprüfen, ob Nichtmoslems seine Kleidervorschriften einhielten. Als er einen Christen und einen Juden mit gelben Lederstiefeln entdeckte, die Moslems vorbehalten waren, ließ er sie umgehend hängen.[54] Auf sich allein gestellt, konnten Staaten und Zentralregierungen kaum etwas tun. So hing die Verfolgung von den Zünften, Kirchen und Gerichten vor Ort ab, die ein Interesse daran hatten, die Übertretungen zu ahnden und die Sozialordnung aufrechtzuerhalten. Dies war ein wesentlicher Unterschied zwischen England auf der einen Seite und Mitteleuropa, Frankreich und Skandinavien, wo lokale Behörden Missetäter aktiv ermahnten und mit Bußgeldern belegten, auf der anderen. In solchen Vorschriften drückte sich ein Weltbild mit festen Horizonten aus. Danach verfügten Gesellschaften über begrenzte Ressourcen und bedurften, um zu überleben, der Ordnung und Selbstbeschränkung. Für Zeitgenossen der Frühmoderne bedeutete zu konsumieren, etwas buchstäblich aufzubrauchen. Diese Bedeutung war um 1900 immer noch lebendig – wenn man beispielsweise Holz verbrannte oder einen Mantel trug, bis er fadenscheinig wurde.[55]

In Gesellschaften mit wenigen technischen Innovationen und keinem wesentlichen Wachstum war die Abwanderung von Geld und Ressourcen eine ständige Sorge. Eine Bürgersfrau in Nürnberg, die ein Seidenkleid aus der Lombardei haben wollte, gefährdete die Existenz der örtlichen Handwerker. Geld war knapp, und war es erst für Luxusgüter ausgegeben, hatten Steuereintreiber keinen Zugriff mehr darauf. Wurde es für ausländische Luxusgüter verwendet, war es für die lokale Wirtschaft ganz verloren. Dies war der Hintergrund vieler Luxusgesetze, die verhindern sollten, dass Reichtum durch eine luxuriöse Lebensweise verschwendet wurde. Darüber hinaus verringerte jeder, der mehr konsumierte, das, was für alle anderen übrig blieb. Welche Kleidung man trug, was man aß und wie man sein Geld ausgab, wurde daher nicht als Ergebnis individueller Auswahl betrachtet, sondern als kommunale Angelegenheit. Der Konsum musste der Produktion untergeordnet werden. Die Kleidung war Kennzeichen von sozialer Stellung und Beruf. Um der gesellschaftlichen Stabilität willen musste man seinen Platz kennen und im Rahmen seiner Stellung konsumieren. Neue Moden, zumal wenn sie von außen kamen, stellten einen Angriff auf diese konservative Ordnung dar. Wem der Sinn nach neuen Stilen stehe, hieß es in der Straßburger Verordnung von 1660, der verliere die löbliche Standhaftigkeit, für welche die altdeutschen Vorväter sowohl in anderen Dingen als auch in der Kleidung bekannt gewesen seien.[56] Die Furcht vor Extravaganz richtete sich gegen auffällige Patrizier ebenso wie gegen eingebildete Plebejer. Die Beschränkungen für Hochzeitsfeiern, Schmuck und kostspielige Hauben sollten einen Statuswettstreit an der Spitze verhindern. Ließ man zu, dass die Hochzeitskosten aus dem Ruder liefen, würden die Kinder von Bürgern spät oder nie heiraten und die Gemeinde geriete auf den absteigenden Ast.

So weit die Befürchtungen. Aber wie sah die Realität aus? Wie wirksam waren die Beschränkungen? Sie waren sicherlich außerstande, den Lauf der Zeit aufzuhalten und die Gesellschaft in einem statischen Zustand einzufrieren. Handwerker begannen mit neuen Stilen und Materialien zu experimentieren, um den Vorschriften ein Schnippchen zu schlagen. Vielerorts in Europa verbesserten sich die Lebensbedingungen nach den Verheerungen des Dreißigjährigen Krieges wieder. Zu Beginn des 17. Jahrhunderts hatten beispielsweise die männlichen Bewohner der württembergischen Dörfer Bondorf und Gebersheim drei Kleidungsstücke besessen, die Frauen zwölf. Ein Jahrhundert später waren es schon 16 beziehungsweise 27, und bis 1800 hatte sich die Zahl der Kleidungsstücke noch einmal verdoppelt.[57] Ganz in der Nähe dieser Dörfer, in Laichingen, enthielt der Kleiderschrank des Kaufmanns Georg Christoph Nestel im Jahr 1796 17 modisch kurze Westen mit hoher Taille, bunt gemusterte ebenso wie schwarze und weiße, darunter solche aus Baumwolle und Seide. Achtzig Jahre zuvor hatten sich Kaufleute und örtliche

Stadträte das Privileg vorbehalten, Baumwolle sowie Gold und Silber zu tragen. Die unteren Stände mussten weiterhin mit der lokalen Kleidung aus einem Leinen- und Baumwollgemisch vorliebnehmen. Mitte des 18. Jahrhunderts wurde die Hälfte der Kleidung verheirateter Frauen als alt oder älter inventarisiert. Die Behörden zwangen Handwerker und Arme, in der Kirche und bei Stadtversammlungen in schwarzer Kleidung zu erscheinen, so dass die Gassen der Stadt voller schwarzgekleideter Menschen waren. Helle Baumwollstoffe und leuchtende Farben – die beiden Merkmale der Moderevolution, der wir uns später zuwenden werden – kamen hier erst in den 1790er Jahren auf, ein ganzes Jahrhundert nachdem sie in England und den Niederlanden Einzug gehalten hatten.[58]

Dass gegen die Vorschriften verstoßen wurde und die Behörden sich bemüßigt fühlten, sie regelmäßig auf den neuesten Stand zu bringen, bedeutet nicht, dass sie wirkungslos waren. Diejenigen, die sie übertraten, indem sie höheren Ständen vorbehaltene Seidenbänder oder Goldschnallen anlegten, orientieren sich schließlich an der Kleiderordnung und erkannten sie so indirekt als Bezugspunkt an. Indem sie eine Rangordnung für Kleider und Moden aufstellten, schufen solche Vorschriften eine soziale Geschmackspyramide. Deshalb spielte der französische Hof, mit den Worten des Historikers Daniel Roche, »die Vorreiterrolle bei Kleiderunterscheidungen«.[59] Aller Augen waren auf den König und die Königin gerichtet.

Missachtung der Vorschriften konnte kostspielig und schmerzhaft sein. Während die Friedensrichter im elisabethanischen England häufig ein Auge zudrückten, waren die Behörden in Mitteleuropa weniger nachsichtig. Der Pfarrer von Ebhausen im Schwarzwald hielt 1708 eine Predigt gegen ungebührlich gekleidete Frauen und veranlasste das Kirchengericht, eine von ihnen, die ein für ihren Stand zu großes Halstuch getragen hatte, mit einer Geldbuße von elf Kreuzern zu bestrafen. Für eine Dienstmagd war das ein Monatslohn. Fünf Jahre später musste im nahegelegenen Wildberg jeder zehnte Einwohner wegen Kleiderverstößen eine Geldstrafe zahlen, durchschnittlich in Höhe eines Wochenlohns. Fast alle Verurteilten waren Frauen. Öffentliche Beschuldigungen waren weit verbreitet und häufig Auslöser langer Familienfehden, wenn nicht sogar völliger gesellschaftlicher Ächtung. In Gemeinden wie denen in Württemberg waren die Luxusgesetze wirksam, weil sie Teil eines umfassenderen Systems sozialer Kontrolle durch Zünfte und Kirche waren, die gleichzeitig Arbeit und Ausgaben überwachten. Die Handwerksmeister sorgten dafür, dass die Lehrlinge an ihrem Platz blieben und den Zünften keine Konkurrenz erwuchs, weder Zugewanderte noch Juden oder Frauen wurden zur Mitgliedschaft zugelassen. So wurden die Arbeitskosten auf niedrigem Niveau gehalten und die untergeordnete Stellung der Frauen zementiert. Alleinstehenden jungen Frauen und Witwen war es nicht gestattet, ihren Lebensunterhalt, etwa durch Weben oder Markthandel, unabhängig zu verdienen. Stattdessen mussten sie als Dienstboten für künstlich niedrig gehaltene Löhne arbeiten. Es war eine Doppelschraube, die angezogen wurde, denn die Ehemänner schränkten neben den Verdienst- auch die Ausgabemöglichkeiten der Frauen ein. Die örtlichen Gerichte gaben ihnen das Recht, den Verdienst ihrer Frauen zu kassieren und, wenn sie wollten, ihnen sämtliche Ausgaben zu verbieten. Ehemänner monopolisierten also sowohl die Produktion als auch den Konsum, was erklärt, weshalb mancherorts ihre Garderobe umfangreicher war als diejenige ihrer Frauen.[60]

Diese württembergischen Gemeinden lagen zwar auf dem Land, waren aber weder abgeschnitten von der übrigen Welt, noch lebten sie in zeitloser Selbstgenügsamkeit. Durch die Spinnerei und Weberei für den Export waren sie in Märkte eingebunden. Sie liehen und verliehen Geld. Die Frauen verlangte es unverkennbar nach Neuheiten, wie jene unglückliche Dienstmagd eines Müllers, die 1736 einen Tag im Gefängnis verbrachte, weil man sie dabei beobachtet hatte, wie sie auf einem Markt Bänder kaufte. Was diese Gemeinden von anderen unterschied, war nicht das fehlende Verlangen, sondern die soziale und institutionelle Zwangsjacke, durch die das Verlangen und die Ausgaben im Zaum gehalten wurden. In solch einer Umgebung konnte der Konsum kaum aufblühen.

Phönix-Haarnadeln und erlesene Antiquitäten

Nach den beiden Opiumkriegen setzte sich in der zweiten Hälfte des 19. Jahrhunderts im Westen ein Bild von China als einem statischen, abgeschlossenen und rückschrittlichen Land fest. Dies war, wie man heute weiß, das verzerrte Ergebnis der europäischen Selbsteinschätzung, der zufolge die Industrielle Revolution ein einzigartiges Talent Europas für die Modernität bewies. 1582, als der italienische Jesuit Matteo Ricci China erreichte, sah man das Land positiver. Ricci war beeindruckt von der Geschäftigkeit von Nanking – »man sagt, es gebe hier zweihunderttausend Weber« – und davon, wie Chinesen anderswo »ein Tuch ganz aus Seide« webten, und zwar »in Nachahmung europäischer Produkte«. Die von den Chinesen getragenen langen, weiten Ärmel erinnerten Ricci an den venezianischen Stil. Außerdem fielen ihm »die überaus große Zahl von in Umlauf befindlichen Büchern ... und der lächerlich niedrige Preis, zu dem sie verkauft werden«, auf. Bemerkenswert fand er weniger die Unterschiede als vielmehr die »Ähnlichkeit der Sitten«: »Ihre Verwendung von Tischen, Stühlen und Betten ist in keinem der an China grenzenden Länder bekannt ... es gibt zahlreiche Punkte eines vorteilhaften Kontakts zwischen uns selbst und dem chinesischen Volk.«[61]

Ricci war daran interessiert, Parallelen hervorzuheben, aber seine Beobachtungen – wie auch diejenigen seines portugiesischen Ordensbruders Álvaro Semedo, der den »Verkehr und die Güter« im China der 1620er und 1630er Jahre bewunderte – spiegeln wider, wie die Kommerzialisierung ganz Ming-China erfasste und eine Sturzflut von Gütern, Moden und Wünschen auslöste – und mit ihr Ängste vor gesellschaftlicher Unordnung und moralischem Verfall.[62] Die Dinge verbreiteten sich über Schmuggel und Tributhandel ebenso wie über die legale Küstenschifffahrt. 1548 zählte ein Beamter an der Küste von Zhejiang und Fujian im Südosten Chinas in einem Zeitraum von 39 Tagen über tausend Schiffe.[63] Mit dem Küstenhandel verbunden war ein weit größerer regionaler Austausch innerhalb des Riesenreichs. Seine Hauptader war der 1794 Kilometer lange Große Kanal, der älteste künstliche Wasserweg der Welt. Der 1510 wiedereröffnete Kanal führte von Hangzhou an der Ostküste über Yangzhou und den Jangtse bis nach Peking im Norden. Der Hauptzweck dieses großen Infrastrukturbaus war militärischer Art, denn ab 1421 konnten Armeekähne Getreide in die neue Hauptstadt der Ming-Dynastie – Peking – bringen. Aber obwohl die Militärschiffe Vorrang hatten, förderte der neue Verkehrsweg unweigerlich auch den Austausch von Nahrungsmitteln und Gütern im Allgemeinen. Getreide aus Guangzi im Südosten wurde in den Norden in die Städte am Jangtse gebracht, und Reis von den Feldern im Landesinnern fand über den Jangtse den Weg zu Verbrauchern in Jiangnan, dem Gebiet um Shanghai. Aus dem Norden wurde Rohbaumwolle in die Präfektur Sun-Chiang, südlich von Shanghai, transportiert, wo sie zu Baumwolltuch verarbeitet wurde, das dann in alle Teile Chinas ging. Kaufleute aus Huizhou im Süden handelten mit Bechern und Schalen aus Jingdezhen, der Porzellanhauptstadt im Nordosten, mehrere Hundert Kilometer von Kanton aus im Landesinnern (siehe Abbildung 3). Umgekehrt wurden Tee und Zucker aus dem Süden nach Norden verschifft. Sojaschrot aus der Mandschurei wurde die Küste hinunter transportiert. In Sichuan gedruckte Bücher gelangten zu Lesern in Nanking und im Jangtsedelta.

Der Jesuit Semedo hatte den Eindruck, die Chinesen seien »von Natur aus zu Kaufleuten geboren«, und er fand den »Verkehr«, den sie nicht nur zwischen den Provinzen, sondern auch innerhalb der Städte veranstalteten, »unglaublich«, denn »fast alles, was man in den Geschäften findet, wird in geringerer Menge auch auf den Straßen verkauft«.[64] Im 16. Jahrhundert weitete sich dieses Handelsnetz rasch aus, so dass Produzenten mit immer ferneren Konsumenten in Verbindung kamen, was es Bauern und Handwerkern ermöglichte, sich zu spezialisieren und ihren Lebensunterhalt zu verdienen, indem sie ihre Produkte auf dem Markt verkauften und einen immer größeren Teil der Lebensmittel und Kleidung, die sie benötigten, erwarben. In Shangdong in Nordchina wurde der Baumwollanbau beispielsweise derart profitabel, dass viele Bauern aufhörten, Getreide für den Eigengebrauch anzubauen. Der Tauschhandel wurde in zunehmendem Maß durch Besorgen und Ausgeben ergänzt.

Die Keime des Konsums gingen nirgends besser auf als im Jangtsedelta, dem Wirtschaftszentrum des Reichs, wo rund dreißig Millionen Bauern lebten, die Baumwollkleidung herstellten und im Tausch für Reis, Rohstoffe und Haushaltswaren verkauften. Obwohl das späte

Ming-China, um 1600: Innere und äußere Handelsrouten

Ming-China weit weniger urbanisiert war als Norditalien, die Niederlande und England, nahm die Zahl der Marktstädte deutlich zu, und um 1700 lebte in den am höchsten entwickelten Regionen etwa jeder Sechste in einer Stadt. Leider sind für China keine genauen Inventarien überliefert, die ein ähnlich scharfes Bild der materiellen Welt der späten Ming-Zeit vermitteln würden, wie man es anhand solcher Verzeichnisse für das frühmoderne Europa zeichnen kann. Da es unmöglich ist, Tafelgeschirr, Möbel und andere Besitztümer auf diese Weise im Einzelnen zu betrachten, hängt man weit mehr von erhalten gebliebenen Gesellschaftsberichten in Lokalzeitungen sowie Romanschriftstellern und anderen Autoren ab, die über Geschmack und Haushaltsführung geschrieben haben. Was man von ihnen erfährt, ist natürlich durch subjektive Werte gefiltert, die sich häufig nostalgisch auf eine idealisierte Vergangenheit beziehen und für die neuen Wünsche niedrigerer Schichten nur Geringschätzung übrighaben. Aber wenn man sie aufmerksam liest, kann man die Hauptzüge der materiellen Umwelt, in der sie lebten, rekonstruieren. Vom Beamten und Historiker Zhu Guozhen beispielsweise ist eine kurze Beschreibung eines Haushalts in Jiangnan um 1600 überliefert. Der Haushaltsvorstand war Baumwollweber, der das von ihm gefertigte Tuch gegen Silber eintauschte, von dem er dann den Reis für seine Familie kaufte. »Pacht, Lebensmittel, Kleidung, Haushaltsgegenstände und Ausgaben für soziale Ereignisse, für die Kindererziehung oder die Beerdigung von Toten: alles wurde mit Baumwolle bezahlt.«[65] Wie viel für soziale Anlässe ausgegeben wurde, darüber macht der Autor ebenso wenig Angaben wie darüber, was für die Kinder gekauft wurde, welche Kleider die Familie trug und welchen Lebensstil sie pflegte, aber sein Bericht lässt keinen Zweifel daran, dass die Spezialisierung des Webers zu größerem Konsum führte.

Städte waren eine Brutstätte neuer Moden und zunehmender Reklame. Der Historiker Gu Qiyuan (1565–1628) bemerkte, dass sich in Nanking die Frauenmode in seiner Jugend alle zehn Jahre geändert habe, in seinen reifen Jahren aber alle zwei oder drei Jahre. Die Frisuren erreichten in Gestalt sogenannter »Pfingstrosenblüten«, die mit Hilfe von falschem Haar aufrecht gehalten wurden, beispiellose Höhen.[66] Neben Porzellan aus Jingdezhen wurden auf städtischen Märkten Stickereien aus Hangzhou und von muslimischen Handwerkern in Peking hergestellte Cloisonné-Weinbecher angeboten. Die Geschäftskultur erlebte einen Aufschwung; es gab mehr Geschäfte, mehr gebildete Konsumenten und mehr Ladenbesitzer und Handwerker, die mit immer abenteuerlicherer Reklame um deren Aufmerksamkeit wetteiferten; auch frühe Versuche der Markenbildung wurden unternommen. Im 17. Jahrhundert erreichten Druckkunst und Bücher ein Massenpublikum; möglich wurde dies durch einfachere Schriften, den Holzblockdruck und eine erweiterte Arbeitsteilung. Es gab Lehrbücher und Dramen, erotische Handbücher und Romane, manche für nicht mehr als 0,1 Tael, eine Summe, die sich mittlere Beamte, Gelehrte, Kaufleute und ihre Frauen leisten konnten.

In Jiangnan war in etwa die Hälfte der Bevölkerung lesekundig.[67] In dieser vermehrt textuell geprägten Kultur erweiterte sich das Feld der Werbung erheblich. Geschäfte priesen auf Schildern Handelsmarken an. In Suzhou zum Beispiel verkündeten Fleischer in der Hoffnung, vom Ruf des berühmten Lu zu profitieren, sie seien der »Wahre Lu Gaojian« oder, noch besser: der »Wirklich Wahre Lu Gaojian«. In Peking waren Werbeplakate bis zu zehn Meter hoch; andere waren nachts beleuchtet. Frauen trugen Haarnadeln mit den Schriftzeichen für »Zhu Songlin«, die Marke des Qualitätsherstellers von Bambuswaren Song Lin. In der belebten Sanshan-Straße in Nanking leiteten Hersteller von Bambusmöbeln ihr Handwerk auf Pu Zhongqian zurück. Aus Japan kamen faltbare Fächer, lackierte Tische und goldbemalte Wandschirme und Kosmetikkästchen. Hauptabnehmer von Luxusgütern waren Adlige und Schriftgelehrte; einige von ihnen verfassten Lobgedichte und Biographien über Handwerker, die deren Namen noch bekannter machten.[68] In reichen, hochentwickelten Regionen, etwa im Kanton Guangdong in Südchina, wurden aber auch Bauern, neben ihrer Rolle als Produzenten, in zunehmendem Maß zu Konsumenten, die Zucker, Perlmuttschmuck, Betelnüsse oder Regenumhänge erwarben.

Laut chinesischen Zeitungen übertrumpfte der Stil überall die Substanz. »Familien, die nicht einmal einen alten Besen besitzen«, schrieb ein Journalist 1591, »fahren in Kutschen herum ... und tragen die Hüte und Kleider der Reichen und Bedeutenden«. Auf dem Land machte rustikale Einfachheit einer verblüffenden Modebesessenheit Platz. In den 1570er Jahren hörte der Gelehrte Chen Yao »junge Stutzer in den Dörfern sagen, sogar Seidengaze sei nicht gut genug; sie gelüstet es nach Soushou-Stickerei ... Lange Röcke und weite Kragen, breite Gürtel und schmale Bundfalten – sie wechseln sie ohne Vorwarnung.« Es gehe nur um *shiyang*, das »Aussehen des Augenblicks«.[69] Eine neue Art von Almanachen erschien, wie der *Vollständige und geordnete Leitfaden für den Haushalt* (undatiert, aber um 1600 im Umlauf), ein Ratgeber für die gesamte Haushaltsführung, der bis hin zur Innenausstattung reichte. Solche Bücher richteten sich vor allem an den Adel und Kaufleute in den Städten. Dass auch im Grab eines kleinen Grundbesitzers ein Exemplar gefunden wurde, deutet jedoch darauf hin, dass Porzellan und andere Dinge den Weg in die

Haushalte, zumindest aber in die Wunschwelten wenigstens einiger aufstrebender Bauern fanden.[70]

Am auffälligsten war der wachsende Überfluss bei Kaufleuten. Der 1610 zum ersten Mal gedruckte konfuzianische Sittenroman *Djin Ping Meh* (etwa »Schlehenblüten in goldener Vase«) zeichnet ein lebendiges Bild davon. Erzählt wird von dem sozialen Aufsteiger Simen Tjing, der dabei ist, seine dritte Ehefrau zu heiraten, Jadeturm Meng, die Witwe eines Textilhändlers. Die Heiratsvermittlerin hebt bei der Vorstellung ihre Besitztümer hervor: »Sie besitzt zwei Bettgestelle aus Nanking mit vorspringenden Fußaufsätzen, vier oder fünf Kisten Kleider für alle Jahreszeiten ... perlenbesetzte Stirnbänder und Ohrringe, mit Edelsteinen verfeinerten Goldschmuck, goldene und silberne Armbänder und -reifen ... und zweihundert bis dreihundert Rollen vom feinsten Drillich.« Als Simen Tjing sie schließlich persönlich kennenlernt, trägt sie ein »eisvogelblaues Seidenunterkleid mit einem auf der Brust aufgenähten Mandarintuch ... In ihren Haaren: Perlen und Rosen; eine Phönix-Haarnadel, die etwas verrutscht war.« Ein Diener serviert den mit kandierten Kumquats aromatisierten Tee in aufwendig verzierten Tassen und »mit Silberlöffeln, in der Form von Aprikosenblättern«.[71]

Man könnte meinen, dass eine Kaufmannsfrau, die eine Phönix-Haarnadel trägt, nichts Besonderes ist, aber die Szene zeigt, wie die Dinge am Ende der Ming-Zeit die soziale Ordnung erschütterten. Phönixe und Drachen waren das chinesische Gegenstück zu Perlen und Marderpelzen. Sie waren Kaiserinnen und Fürstinnen vorbehalten. 1593 beklagte der Beamtengelehrte Zhang Han, dass mittlerweile auch Frauen des vierten und fünften Standes sie trügen. Seit der Regierungszeit des ersten Ming-Kaisers Hongwu (1368–1398) seien die Kleider »aufwendiger« geworden, und die Menschen würden »ihre ganze Kraft auf die Verehrung von Reichtum und Übermaß« verwenden. »Heutzutage kleiden sich Männer in brokatbesetzte und bestickte Seide, und Frauen schmücken sich in grenzenloser Extravaganz, die jegliche Verordnung des Staates missachtet, mit Gold und Perlen.«[72]

Das Übermaß kannte keine Grenze. In dieser Hinsicht gab es erstaunliche Parallelen zwischen dem China der späten Ming- und frühen Qing-Zeit und Europa. So wie der venezianische Senat über maßlose Ausgaben für Zeremonien besorgt war, stellte ein Pekinger Gericht in den 1590er Jahren fest, dass die Kosten von Begräbnissen astronomische Höhen erreicht hätten.[73] Die großen Salzhändler von Yangzhou waren für ihren heftigen Statuswettstreit bekannt; sie versuchten sich in ihren Ausgaben für Pferde, Hochzeiten und Begräbnisse gegenseitig zu übertrumpfen. »Einer von ihnen«, schrieb ein Autor 1795, »stellte vor seinen inneren Sälen hölzerne Frauenakte auf, die zur Überraschung seiner Gäste, und um sie zu necken, mechanisch gesteuert wurden.« Ein anderer »wollte an einem einzigen Tag zehntausend Tael ausgeben. Einer seiner Gäste schlug vor, er solle Goldblättchen kaufen. Er warf sie von der Spitze des Turms auf dem Goldenen Berg, so dass sie sich, vom Wind getragen, in den Bäumen und im Gras verteilten und nicht wieder eingesammelt werden konnten.«[74] Giacomo da Sant Andrea, ein verschwenderischer Bürger von Padua, hatte sich schon im Jahr 1300 in dieser Kunst geübt, indem er Gold- und Silbergegenstände in die Brenta warf.[75]

Ursprüngliche Quelle des Reichtums der Salzhändler war ihr Exklusivrecht, Salz zu Monopolpreisen zu verkaufen, für das sie im Gegenzug Getreide und Tierfutter an die kaiserlichen Armeen in den Grenzregionen lieferten. Als die Bedingungen für den Tausch von Getreide gegen Salz in den 1490er Jahren gelockert wurden, verlegten sich die Händler auf Seide und Tee sowie aufs Geldverleihen. Im 18. Jahrhundert beriefen die Qing-Kaiser die Salzhändler von Yangzhou in öffentliche Ämter, ohne dass sie die strengen Prüfungen für den Staatsdienst ablegen mussten. In den palastartigen Sälen ihrer Häuser und deren aufwendig gestalteten, mit Pavillons und Brücken versehenen Gärten spiegelte sich ihre neue Stellung wider. Rotes Sandelholz kam von der arabischen Halbinsel, Jade aus Burma und Marmor aus Sichuan. 1795 zählte der Autor Li Dou aus Yangzhou in den Dachverzierungen der Häuser neun Arten von buntem Glas. Vier Gärten, berichtete er, waren im westlichen Stil gestaltet. Viele Kaufleute verschönerten ihre Häuser mit Uhren und Spiegeln aus Guangdong oder Europa.[76]

Es war wie in Italien: Die steigende Flut der Güter erreichte sowohl die landbesitzende Elite als auch Kaufleute und Bauern. Der Kaiserhof war für die Verbreitung neuer Güter und Sitten weit weniger wichtig, als man angenommen hat. Hauptquelle waren Marktstädte und die in zunehmendem Maß kommerzialisierten ländlichen Regionen. Die Pracht der Kaufmannshäuser widerlegt die von westlichen Besuchern im 19. Jahrhundert in Umlauf gesetzte traditionelle Auffassung, die Chinesen seien ein genügsames Volk. All dies bedeutet jedoch nicht, dass Mode, Neuheit und auffälliger Konsum allgemeine Zustimmung fanden. Ganz im Gegenteil, sie wurden verurteilt, weil sie die althergebrachte Sozialhierarchie und gesellschaftliche Moral untergruben. Wie die Europäer der Renaissance stellten die Chinesen der Ming-Zeit das Land über den Handel. Der Staat, lautete ein altes Sprichwort, sei wie ein Baum: Seine Wurzel sei die Landwirtschaft, während Händler und Handwerker bloß Zweige seien. Wohlhabende Kaufleute stellten diese »natürliche« Ordnung in Frage. Für einen Chronisten aus Jianning in der Provinz Fujian war es im Jahr 1543 ein Graus, dass manche Leute sich tatsächlich dafür entschieden, Kaufleute zu werden.[77]

Der Ming-Adel und die Elite der Beamtengelehrten standen Neuheiten misstrauisch gegenüber. In ihren Augen brachten wohlhabende Kaufleute und plebejische Konsumenten die Gesellschaft in Unordnung. Gegen hochmütige Konsumenten und ihre ungewollten Dinge wurde daher eine Barriere errichtet: der Geschmack. Als der mächtige Großgrundbesitzer Wen Zhenheng den Ming-Kaiserhof herausforderte, landete er im Gefängnis, und als die Mandschu 1645 Suzhou eroberten, hungerte er sich zu Tode. Auf dem Höhepunkt seines Lebens war er jedoch als Autor des *Traktats von den überflüssigen Dingen* (1615–1620) ein neuartiger Stilberater. Der Titel war ironisch gemeint, denn das eigentliche Thema waren die für ein kultiviertes Leben »wesentlichen« Dinge. »Bettvorhänge für die Wintermonate sollten aus Pongéseide oder dickem Baumwollstoff mit purpurnen Mustern bestehen. Vorhänge aus Papier oder einfarbig gewebter Schappeseide sind gleichermaßen vulgär.« Nach Ansicht des Kunsthistorikers Craig Clunas war der Traktat ein Zeichen dafür, dass in China in dieser Zeit eine eigene »proto-konsumistische Kultur« entstand. In einer Hinsicht trifft dies zu: Auch den Stil konnte man jetzt mit Hilfe eines Handbuchs erlernen. In Wens Welt wurde die gesellschaftliche Stellung nicht mehr nur durch die Geburt bestimmt, sondern auch durch einen kultivierten Konsum, das heißt, durch die ästhetische Fähigkeit, zwischen dem Eleganten (*wu*) und dem Vulgären (*su*) zu unterscheiden. Der Geschmack schuf kulturelles Kapital. Wichtig war nicht die Zahl der Besitztümer; vielmehr bewies der Ästhet seine Sensibilität, indem er eine »harmonische« (*yun*) Beziehung zwischen einem Gegenstand und seiner Umgebung herstellte. Eine Vase musste die richtige Größe für einen Raum haben. Im Winter und Frühjahr sollte sie aus Bronze, im Sommer dagegen aus Porzellan bestehen. Und es durften nie mehr als zwei Blumenarten in ihr stehen, »da zu viele den Eindruck eines Weingeschäfts erwecken«.[78]

Auch wenn der *Traktat von den überflüssigen Dingen* die Freude an Dingen predigte, bildete er in anderer Hinsicht doch die Antithese zur Konsumkultur, die sich in der modernen Welt herausbilden sollte. Die Neuheit besaß kaum Anziehungskraft. Für den Markt hergestellte Dinge waren suspekt. Wahrer Wert lag nur im Antiken, und nur Kenner vermochten sich an ihm zu erfreuen. Im Vorwort des Traktats erklärte einer von Wens Mitstreitern, Söhne von Neureichen sowie »ein oder zwei Dummköpfe und Personen niederen Ranges« würden versuchen, sich als »Liebhaber« zu gerieren, aber unweigerlich scheitern, da sie »alles, was sie in die Hände bekommen, durch ihr mutwilliges Befummeln und Betatschen besudeln und zu etwas Widerwärtigem herabdrücken«.[79] Das Verlangen nach Antiquitäten löste eine neue Nachfrage aus, die unter anderem durch Grabräuberei befriedigt wurde und die Herstellung von Imitationen anregte. »Wie viele echte Antiken kann es geben?«, fragte ein Dichter im späten 17. Jahrhundert und warnte seine Mitbürger in Suzhou, sie sollen sich vor Fälschungen hüten; ein Alterungsverfahren bestand darin, Messing mit Essig zu behandeln, um ihm eine Patina zu geben.[80] Die Nachfrage richtete sich letztlich auf Bronzen aus der Shang-Periode (um 1600–um 1046 v. Chr.) oder kalligraphische Blätter aus der Epoche der Jin-Dynastie (265–420), das heißt auf Dinge, die bereits existierten. Zur Entstehung neuer Arten von Besitztümern führte sie nicht. Eine Ausnahme waren neu in Auftrag gegebene Kunstwerke und kalligraphische Arbeiten, aber auch sie hielten sich stilistisch an die alten Meister. Anstatt einen Strom neuer Waren auszulösen, bildeten Antiken und originale Kunstwerke Sammlungen, die ein Leben lang in Ehren gehalten wurden, und manchmal auch darüber hinaus: Viele Kaufleute und Mitglieder der Reichselite ließen sich zusammen mit antiken Jade- und Bronzefiguren, alten Gemälden und Büchern begraben. 1495 wurde der Kaufmann Wang Zhen mit 24 Gemälden und zwei Kalligraphierollen beerdigt; zwei Gemälde stammten angeblich aus der Zeit der Yuan-Dynastie (1279–1368), sind aber als Fälschungen entlarvt worden; mehrere andere Werke stammten von Hofmalern und Beamtengelehrten des 14. und 15. Jahrhunderts.[81]

Wenn die Güter schneller zirkulierten, dann taten sie es in einem konservativen kulturellen Umfeld. Wie das Italien der Renaissance entwickelte auch das Ming-China kein Gespür dafür, dass der Konsum einen positiven Beitrag zu Staat, Gesellschaft und Wirtschaft leisten könnte. Die konfuzianische Literatur war voller Warnungen vor der korrumpierenden Wirkung der Extravaganz. Simen Tjing aus *Djin Ping Meh* ist mit seinem dekadenten Lebensstil ein abschreckendes Beispiel dafür. Der Roman ist eine Moralgeschichte darüber, wie die Gier nach Gütern und der Sex voneinander zehren, bis man von ihnen übermannt wird. Vornehme Kleidung und exquisiter Zierrat versetzen Simen Tjing in ständige Erregung. Einmal beobachtet er ein Dienstmädchen, »das eine adlerholzfarbene Bluse aus Moiré-Seide trug, die von buntem Krepp umsäumt war und die sich in der Mitte über einem Rock aus weißem glasiertem Damast öffnete. Ihre Schuhe waren aus scharlachrot schimmernder Seide, mit weißen Sohlen, satinierten Absätzen und die goldfarbenen Zehen schauten unter ihrem Rock hervor.« Neben einem Jadediadem schmückten »pflaumenförmige Ornamente mit Eisvogelfedern ihre Haare«. Dazu die »duftende Farbe ihrer rubinroten Lippen, das glänzende Weiß ihres gepuderten Gesichts. Und bevor er es merkte, wurden seine geheimen Wünsche geweckt.« Bald streichelt er ihre Brüste, »saugte an ihnen wie ein junges Kalb«. Das Verlangen nach Dingen und das fleischliche Verlangen treiben sich gegenseitig voran auf dem Pfad der Selbstzerstörung. Simen Tjing erwirbt für fünfzig Tael vier Seidengarderoben für eine Sängerin in einem Bordell, die er zu entjungfern plant. »Inmitten der Röcke der Tänzerinnen und den Klappern der Sängerinnen, suchte er endlos nach Neuem.«[82] Der Autor des Romans spielt ständig mit dem doppelten Sinn des »silbernen Stroms«. Ihn zu frei fließen zu lassen entzieht einem die physische und finanzielle Kraft. Simen Tjing stirbt mit 33 Jahren an einer Überdosis Aphrodisiaka. Zu viel Konsum, das schwingt hier implizit mit, kann fatale Folgen für die Gesundheit der Nation haben.

Die Elite legte keine Büßerhemden an, auch wenn literarische Kreise und gelehrte Frauen einfache Kleidung bevorzugten und Höflinge der späten Ming-Zeit für ihre schlichten Roben bekannt waren.[83] Adel, Beamtengelehrte und Literaten förderten einen alternativen Werte- und Verhaltenskanon. Statt direkt mit dem auffälligen Konsum einiger reicher Kaufleute in Wettstreit zu treten, umgingen sie ihn und stellten eine ästhetische Haltung und die interesselose Wertschätzung von Kunst um ihrer selbst willen über materiellen Reichtum und die mit ihm einhergehende Anhäufung und Verschwendung von Besitztümern. Kulturelles Kapital überwog das ökonomische, um die Sprache späterer Soziologen zu verwenden.[84] Eine hohe gesellschaftliche Stellung äußerte sich darin, dass man seine Kennerschaft bewies, Antiken sammelte, Gedichte verfasste, *guqin* (Zither) spielte, die Klassiker studierte und seine Freizeit in einem exklusiven Freundeskreis verbrachte. Im *Traum der Roten Kammer* bilden Trinkspiele mit Gedichtwettkämpfen die Hauptform der Freizeitgestaltung. Tatsächlich verbot die Elite im 16. Jahrhundert Bauern ausdrücklich solche Vergnügungen, einschließlich des Sammelns von Steinen und Antiken. Diese Art von Vergnügen erforderte eher geistige als materielle Ressourcen. Sie konnte nicht einfach gekauft werden wie irgendein Gebrauchsgegenstand und war zum großen Teil kontemplativer, geistiger und ästhetischer Art, wie beispielsweise die Betrachtung einer Gebirgslandschaft oder eines Gartens in der Natur oder auf einem Gemälde. Die Geselligkeit konnte beträchtlichen Alkoholgenuss umfassen, aber auch dies wurde als transzendentaler Akt betrachtet, durch den man die physische Welt hinter sich ließ.[85] Dies alles ähnelte dem klassischen aristotelischen Ideal der Muße als Kontemplation – die der Elite vorbehalten war, die nicht zu arbeiten brauchte – mehr als unserem heutigen geschäftigen Streben nach materieller Befriedigung und produktiver Freizeit.

Diese gelehrte, kontemplative Konsumkultur gab in der späten Ming- und der Qing-Zeit weiterhin den Ton an. Der Handel hatte für eine Verbreitung von Gütern gesorgt und neue Konsumentenschichten erschlossen, aber noch keinen eigenen Lebensstil und kein Wertesystem hervorgebracht. In dieser Hinsicht ist die konfliktträchtige Identitätssuche und Gewissensprüfung der Salzhändler von Yangzhou aufschlussreich. Zwar gingen einige Neureiche verschwenderisch mit ihrem Reichtum um, aber viele orientierten sich an der Elite der Beamtengelehrten und deren Ideal eines kultivierten Lebens, indem sie die Zither zu spielen lernten, Gedichte und kalligraphische Blätter zur Begutachtung an Gelehrte schickten und ihre Kinder in der Hoffnung, künftigen Generationen die Zugehörigkeit zur Elite zu sichern, auf die staatlichen Amtsprüfungen vorbereiteten. Wie wir gesehen haben, versuchte schon im 15. Jahrhundert ein Kaufmann wie Wang Zhen seinen Status zu heben, indem er sich mit Gemälden der gebildeten Elite umgab. Im 18. Jahrhundert unterstützte die Kaufmannsfamilie Hung berühmte Gelehrte, Astronomen, Dichter und Kalligraphen. Ma Yueguan und sein Bruder Ma Yuelu wurden selbst Dichter und nutzten ihren Reichtum, um eine Sammlung seltener Bücher aufzubauen und einen literarischen Salon zu unterhalten; außerdem unterstützten sie auf großzügige Weise kranke oder in Finanznöte geratene Geschichtsschreiber und Dichter.[86] Nicht der Reichtum, sondern die Kultiviertheit öffnete das Tor zur Elite, und vielen Kaufmannsfamilien gelang es, dieses zu durchschreiten, wenn nicht in der zweiten, dann in der dritten Generation, in der ihre Nachkommen Titel und Beamtenstellen erhielten. Dies alles heißt nicht, dass China stagnierte oder abgeriegelt war. Wie gesehen, fanden japanischer Likör, europäische Glaswaren und westliche Haustiere ihren Weg ins Reich der Mitte. Aber der Handel mit westlichen Gütern hätte um vieles größer sein können, wenn das China der Ming-Zeit nach dem Vorbild der europäischen Ostindien-Kompanien seinerseits Westliche Seekompanien gehabt hätte. So blieben europäische Waren in der Ming- und Qing-Zeit Raritäten und bloße Kuriositäten, die in einem Wertesystem, das sich an der Vergangenheit orientierte, keinen Platz hatten.[87] Der Antikenkult wirkte dem Streben nach Neuheit entgegen, das zum Merkmal einer erwerbssüchtigen Konsumkultur werden sollte. In diesem Sinn war China kommerziell fortgeschritten, aber kulturell auf die Vergangenheit ausgerichtet.

Mehr und mehr

Eine dynamische, innovative Konsumkultur entwickelte sich erst im 17. und 18. Jahrhundert im Nordwesten Europas, in den Niederlanden und Großbritannien. Im Italien der Renaissance und im China der Ming-Zeit hatte die Zahl der Geschäfte, Märkte und persönlichen Besitztümer zugenommen, die weitere Expansion in den Niederlanden und Großbritannien war aber nur zum Teil eine Fortsetzung dieses Trends. Denn in den beiden Ländern an der Nordsee setzten um 1600 Entwicklungen ein, die zusammengenommen eine neue Konsumkultur schufen. Der exponentielle Anstieg der Zahl von Gegenständen ging hier einher mit der Zunahme von Neuheiten, Vielfalt und Verfügbarkeit, was wiederum mit einer größeren Offenheit gegenüber der Welt der Dinge und ihrem Beitrag zum individuellen Selbst, zur Sozialordnung und zur Wirtschaftsentwicklung zusammenhing. Was den Warenkorb im 18. Jahrhundert ausmachte, war die Kombination von Neuheit, Vielfalt und Tempo des Wandels. Tabak, Tee und Porzellan waren neuartige Dinge, die neue Formen von Konsum, Geselligkeit und Selbstdarstellung entstehen ließen. Nicht weniger bedeutsam war die größere Vielfalt. Der Fabrikant Matthew Boulton, der Teekessel, Schnallen, Knöpfe und Etuis für Zahnstocher herstellte, hatte 1500 Artikel im Angebot.

Es gab vielleicht keinen besseren Indikator für die Veränderung als den Bedeutungswandel des Wortes »Konsum« selbst. Jahrhundertelang hatte sich das politische Denken am menschlichen Körper orientiert und dabei den Konsum häufig als Schwindsucht (»consumption«) bezeichnet. Dies begann sich nun zu ändern. Persönlicher Exzess zog natürlich weiterhin moralische Kritik auf sich, aber er galt nicht mehr als gefährliche soziale Krankheit. Stattdessen verteidigte ein Chor neuer Stimmen das Streben des Menschen nach immer mehr als Triebkraft des menschlichen Fortschritts. Dies war eine tiefgreifende Umwälzung, die jahrhundertealte Weisheiten über den Haufen warf: Anstelle von »weniger ist mehr« hieß es jetzt: »mehr und mehr«. Galt der Konsum einst als Abfluss, der begrenzt und unter Kontrolle gehalten werden musste, wurde er jetzt als Quelle des Wohlstands verteidigt. 1776 erklärte Adam Smith ihn zum »Ziel und Zweck aller Produktion«.[88]

Die ersten Anzeichen der Veränderung zeigten sich in den Vereinigten Niederlanden, die 1581 ihre Unabhängigkeit von Spanien erklärten. Die Niederlande waren Vorreiter einer neuen Gesellschafts- und Wirtschaftsordnung, die ein günstiges Umfeld für größeren Konsum schuf. Die beiden Unterscheidungsmerkmale dieser neuen Ordnung waren ein integrierter Markt und eine mobile, offene Gesellschaft. Das Land befand sich nicht, wie der größte Teil Italiens und des übrigen Europas, in den Händen einer Aristokratie, sondern wurde von Kleinbauern genutzt. Diese waren dank langfristiger Pachtverträge ihrer Höfe sicher und konnten so das Beste aus dem steigenden Bedarf der wachsenden städtischen Bevölkerung an Lebensmitteln und den daraus folgenden höheren Preisen machen, indem sie vom einfachen Anbau von Weizen und Roggen zur profitableren Produktion von Butter, Käse, Fleisch und Gemüse übergingen. Getreide wurde mit Gewinn aus Ostdeutschland und dem Baltikum importiert. In den Städten flossen Geld und Arbeitskraft in immer stärker spezialisierte und erfolgreiche Industrien. Haarlem wurde zum Zentrum der Leinenweberei. 1584 waren in Leiden 27000 Kleidungsstücke produziert worden; achtzig Jahre später waren es sechsmal so viele, bei einem höheren Anteil reiner Wollwaren.[89] Wenn es im China der Ming-Zeit erste Zeichen von Spezialisierung gegeben hatte, so erhoben die Niederländer die Arbeitsteilung zu einer Kunstform. In den Dörfern war ein breites Spektrum an Fähigkeiten und Handwerk zu finden, von Bauern und Kleinhändlern über Blumenzüchter bis zu Schuh- und Wagenmachern. Im Gegensatz zum Wollhandel in Flandern gab es in den neuen holländischen Exportbranchen, die sich keine Steine in den Weg legen lassen wollten, keine Zünfte, und wo, wie im Norden der Niederlande, Zünfte existierten, waren sie den kommunalen Verwaltungen unterstellt und besaßen nicht wie anderswo auf den Kontinent die Macht, Handel und Arbeit einzuschränken.[90] Stattdessen agierte der Textilhandel in den Niederlanden als Magnet für Arbeiter aus Flandern und Lüttich. Im Gegensatz zu den deutschsprachigen Ländern mit ihren vielen regionalen Hemmnissen und Steuern, derentwegen die Waren alle paar Kilometer ausgeladen und geschätzt werden mussten, bildeten die Vereinigten Niederlande eine einzige Wirtschaftszone. Mehr als irgendwo sonst auf der Welt war es Arbeit, Kapital und Boden gestattet, die produktivste Verwendung zu finden.

Diese gedeihliche Mischung aus Flexibilität und Veränderlichkeit versetzte die Holländer in die Lage, Handelsströme anzuziehen und auszudehnen und den Druck zu absorbieren, den eine wachsende Bevölkerung und die Kriege des 17. Jahrhunderts andernorts auf dem Kontinent auf die Lebensbedingungen ausübten. Zwischen 1500 und 1650 verdoppelte sich die Bevölkerung der Niederlande auf 1,9 Millionen Menschen. All dies reichte nicht aus, um eine Industrielle Revolution auszulösen, aber es genügte – und dies ist in unserem Zusammenhang entscheidend –, um einem immer größeren Teil der Bevölkerung höhere Löhne zu geben und die Güternachfrage anzuregen. Umgekehrt lösten die steigenden Reallöhne die Suche nach arbeitssparenden Vorrichtungen, wie Windmühlen und von Pferden angetriebene Butterfässer, aus. So konnte ein typischer Milchbauer am Ende des 16. Jahrhunderts für ein Pfund Butter ein Drittel mehr Roggenmehl kaufen als noch zu Beginn des Jahrhunderts. Er konnte sich also mehr Dinge leisten.[91]

Die häusliche Einrichtung und das Alltagsleben veränderten sich. Bauernhäuser füllten sich mit Dingen. Ende des 17. Jahrhunderts besaßen Bauern in der Regel Uhren, Teppiche, Vorhänge, Gemälde und Bücher sowie einige Porzellanteller, die auf achteckigen Tischen standen, allesamt Gegenstände, die man ein Jahrhundert zuvor selten in einem Bauernhaus vorgefunden hatte. Der reiche Bauer Cornelis Pieters de Lange besaß bei seinem Tod im Jahr 1692 neben einigen silbernen Löffeln und Messern 69 Silberknöpfe. Von seinen Nachbarn in Alphen am Rhein konnten es nur wenige mit ihm aufnehmen, aber die Zunahme an Komfort und Besitztümern war überall zu beobachten. Um 1700 waren Spiegel weit verbreitet, wenn auch ungleich verteilt. Bei manchen Dingen, wie etwa Tischdecken, änderte sich die Anzahl kaum; bei Bettwäsche ging sie sogar leicht zurück. Bei anderen vervielfachte sie sich jedoch. So besaß die Witwe Anna Nannige Beverwijk 61 Tafelservietten. Insbesondere Leinentücher waren eine Wertanlage, und viele Bauern steckten ihren neuerworbenen Reichtum in die Anschaffung derselben. In den 1670er Jahren besaßen auf bescheidenen Milchbauernhöfen Männer wie Frauen jeweils 18 Leinenhemden, dreimal mehr als ein Jahrhundert zuvor. Zudem ersetzte modisch gestaltetes Leinen die billigere Wolle.[92]

Besitztümer ländlicher Haushalte in Leeuwarderadeel, Friesland, 1566–1686

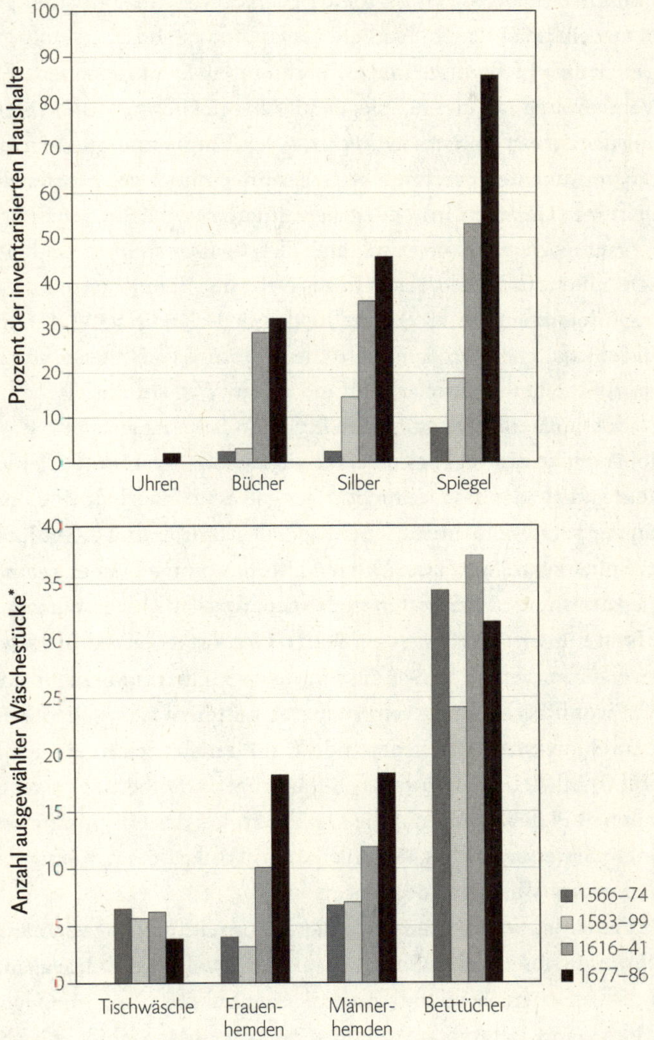

*Im Besitz von Bauernhaushalten mit mindestens zehn Milchkühen.

aus: Jan De Vries, *The Dutch Rural Economy in the Golden Age, 1500–1700*, S. 219, 221.

Das neue Ausmaß des Wohlstands und der neue Geschmack an ihm traten nirgendwo deutlicher zutage als in den großen Bürgerhäusern in den holländischen Städten. Das Bartolotti-Haus an der Amsterdamer Herengracht war ein prächtiger bürgerlicher Palast. 1665 standen in seiner großen Halle ein langer Eichentisch und zwölf mit rotem Samt gepolsterte Stühle, die Wände waren mit einem Spiegel mit Ebenholzrahmen und einer Darstellung der Geburt Christi sowie Porträts von Familienmitgliedern und der Fürsten von Oranien geschmückt. Sogar im Zimmer des Hausmädchens hingen sieben Gemälde. In der Regel vereinigten solche Bürgerhäuser mehrere Konsumwelten, da sie etwa Tafelsilber aus Amsterdam und Utrecht mit Schränken aus Indien, Kacheln aus Delft und Teppichen aus dem Orient zusammenbrachten. 1608 bestellte die niederländische VOC hunderttausend chinesische Porzellangegenstände.[93] Einige von ihnen wurden weiterexportiert, aber ein großer Teil fand seinen Weg auf die Tische und an die Wände holländischer Bürger. Wie Simon Schama gezeigt hat, waren die Holländer keineswegs besonders genügsam oder sparsam, auch kleinere Kaufleute und Ladenbesitzer nicht.[94] 1717 gab es im Haushalt eines Schneiders an der Prinsengracht fünf Gemälde, Delfter Keramik, Zinnhumpen, sieben Spitzenvorhänge, zwei Dutzend Stühle, einige Bücher, sechs Bettwäschegarnituren, 41 Servietten und einen Vogelkäfig. Der Wunsch nach mehr Besitztümern und feinen, verzierten Gegenständen war in der gesamten Bevölkerung verbreitet, wie die von vielen Städten zur Beschaffung von Geld für wohltätige Zwecke veranstalteten Lotterien veranschaulichen. In Veere im Südwesten der Niederlande konnte man 1662 in einer solchen Lotterie Weinkelche, Salzfässchen, Silberkrüge und silberne Schwertgriffe gewinnen, und dies waren nur die kleinen Preise; der Hauptpreis bestand aus einem Silberservice aus Tellern, Platten, Trinkgefäßen, Kerzenhaltern und Gabeln im Wert von 4000 Florin.

Die Calvinisten brachten nach der Reformation zwar vermehrt die alten Warnungen vor dem Reichtum als der Quelle der Extravaganz vor. Doch die örtlichen Magistrate hörten nicht auf sie. Ganz im Gegenteil, die Städte veranstalteten aufwendige Bankette, Maskenbälle und Feuerwerke, um ihre Größe und ihren Reichtum zu feiern. Im Gegensatz dazu verboten die späten Ming-Kaiser ihren Untertanen, ihr »Vergnügen zu suchen« und zur Neujahrsfeier Feuerwerke zu entzünden.[95]

In den Vereinigten Niederlanden hielt gleichzeitig mit der Akzeptanz des Vergnügens ein Geschmack an neuen Dingen Einzug. Wirtschaftlicher Erfolg und Offenheit für die Welt der Güter gingen Hand in Hand, nicht zuletzt, weil das Wachstum etwas von dem hergebrachten Druck gegen einen »üppigen« Lebensstil und Luxus, der anderswo vorhanden war, nahm. Konsum beschwor nicht mehr automatisch die Gefahr des nationalen Ruins und des Verbrauchs endlicher Ressourcen herauf. Steigende Einkommen bedeuteten, dass die Holländer mehr konsumieren und dennoch investieren konnten, was die durch Max Webers Schrift *Die protestantische Ethik und der »Geist« des Kapitalismus* (1904/05) berühmt gewordene und oft vereinfacht wiedergegebene Moralgeschichte widerlegt, der zufolge calvinistische Sparsamkeit die Wiege des modernen Kapitalismus gewesen sei. Für die Holländer waren die Versuchungen des Luxus beherrschbar, solange sie nicht vergaßen, dass sie Staatsbürger waren. Nach ihrer Ansicht war es möglich, einen Weg zwischen Übermaß und strenger Sparsamkeit zu gehen. Diese Akzeptanz umfasste auch die kleinen Vergnügungen des Alltags wie das Biertrinken (solange es in lizenzierten Schänken geschah) und die neuen, von exotischen Importen ermöglichten Angewohnheiten wie das Süßen von Speisen und Getränken oder das Tabakrauchen. Schon 1620 wurde zum Vergnügen Tabak geraucht. In Maßen und in einer Tonpfeife aus Haarlem oder Groningen genossen, war es akzeptabel. Manche militanten Calvinisten argwöhnten Genusssucht und stumpfsinnige Lethargie, aber für ein Verbot hatte man in Amsterdam, wo die Blätter getrocknet und geschnitten wurden, wenig übrig. Tatsächlich war unter den Großbauern, die eine heimische Tabakpflanze anzubauen begannen, auch ein Diakon der Reformierten Kirche, Brant van Slichtenhorst.[96] Dies waren Vorboten einer entstehenden Massenkultur, die bisher exklusive exotische Produkte verbreitete und ins Alltagsleben aufnahm. Die Welt des Konsums begann sich an einem neuen moralischen Kompass zu orientieren.

Jenseits der Nordsee, in England, nahmen die Menge und Vielfalt der Güter zur selben Zeit ebenfalls exponentiell zu. Im 18. Jahrhundert sollte beides beispiellose Ausmaße annehmen, aber die ersten Spuren vermehrter Ausgaben lassen sich bis ins Spätmittelalter zurückverfolgen. In England waren die Reallöhne um 1500 dreimal höher als um 1300, was dem

Schwarzen Tod (1348/49) zuzuschreiben war, der ein Drittel der arbeitenden Bevölkerung ausgelöscht hatte. Höhere Löhne und billigere Lebensmittel schufen eine Nachfrage nach vielfältigen, qualitativ hochwertigen Gütern. Anstatt sich wie ihre Vorfahren mit Brot und Käse zufriedenzugeben, genossen die englischen Arbeiter des späten 14. Jahrhunderts Fleisch und Ale. Die Bauern begannen Schuhe aus Rindsleder anstelle des billigeren Schafsleders zu tragen. Im 15. und 16. Jahrhundert stammten die meisten hochwertigen Güter, die diesen Anstieg des Lebensstandards kennzeichneten, aus dem Ausland, Seiden- und Samtstoffe etwa aus Italien und Keramik aus dem Rheinland (siehe Abbildung 4). Es ist vielsagend, dass Bier aus den Niederlanden eingeführt wurde; der in ihm enthaltene Hopfen machte es haltbarer – das einheimische Ale kippte schon nach einer Woche – und förderte daher die Verbreitung von Bierschenken.[97] Im 16. Jahrhundert wurde der Binnenmarkt zum Rückhalt für in England hergestellte Produkte. Neben die Importe traten Imitationen, die häufig mit Hilfe erfahrener Einwanderer produziert wurden. London entwickelte sich zum Zentrum der Glas- und Seidenindustrie. Der umfangreichste Handel war derjenige mit neuen Stoffen, den leichteren, veredelten Wollstoffen, die Handwerker aus den Niederlanden in England eingeführt hatten.

Der Wechsel zu leichten Stoffen, neuen Mischungen aus Seide und Wolle, und der Wandel der Mode erschütterten die soziale Kleiderhierarchie und drohten Unordnung zu stiften. Die Elisabethaner begannen sich über Diener zu beklagen, die Mäntel aus feinsten Stoffen und mit flandrischem Farbstoff gefärbte Hosen trugen. William Harrison dachte in seiner *Description of England* wehmütig an eine Zeit zurück, in der Engländer im Ausland an ihrer Kleidung zu erkennen waren und sich zu Hause mit einfachen Wollsachen begnügten. Doch ihm war klar, dass diese Tage für immer vorüber waren:

> »Unsere Wandelbarkeit ist derart, dass heute nichts über die spanische Verkleidung geht und morgen die französischen Spielereien die feinsten und reizendsten sind ... allgemach ist die türkische Manier überall am beliebtesten, andererseits sind ... die kurzen französischen Kniehosen solch ein ansehnliches Gewand, dass

man, außer einem Hund in einem Wams, niemanden derart verkleidet sehen wird wie meine Landsleute aus England.«

Es sei so weit gekommen, »dass Frauen zu Männern werden und Männer sich in Ungeheuer verwandeln«. Seine Landsleute seien derart von der Mode und dem ständigen Wandel besessen, dass er zu Gott bete, »dass unsere Sünde in dieser Hinsicht nicht jener von Sodom und Gomorrha gleicht«.[98]

Unter den Stuarts zu Beginn des 17. Jahrhunderts nahm die englische Elite den Faden dort auf, wo die italienische Renaissance ihn fallen gelassen hatte, indem sie Kunstwerke, Bücher und Antiquitäten anhäufte und sich in Einkaufshallen wie der 1609 von James I. eingeweihten New Exchange in London unter die Menge mischte.[99] Weniger prachtvoll, dafür aber folgenreicher waren profane Veränderungen, die die gesamte Gesellschaft erreichten und Elemente des Massenkonsums hervorbrachten. Neue, billige Produkte kamen auf den Markt. Der Webstuhl machte die Massenproduktion von Strümpfen in einer zunehmenden Vielfalt von Modellen und Mustern möglich. 1688 schätzte Gregory King, dass jährlich zehn Millionen Paar Strümpfe gekauft wurden, zwei Paar pro Person.[100] Es gab Tonpfeifen, weiße Seife, Nadeln, Messing- und Stahlfingerhüte. Diese Dinge wurden in kleinen Werkstätten hergestellt; für den Massenkonsum bedurfte es also keiner fabrikmäßigen Massenproduktion. Im Haushalt führte der Wechsel von Holz zu Kohle als Brennstoff zur Einführung von Stieltöpfen und Wasserkesseln, die nicht mehr über dem Feuer aufgehängt werden mussten, sondern direkt auf einen Ofen oder ein Feuerrost gestellt werden konnten. Auch die Töpferware wurde vielfältiger und gelangte in mehr Haushalte. Als Daniel Defoe 1727 in Derbyshire eine »große kahle Höhle« betrat, in der ein armer Bleibergmann mit seiner Familie wohnte, war er überrascht, »Borde mit Irdenware sowie einigem Zinn und Messing« vorzufinden.[101]

Nicht alles war neu. Im England der Stuart-Zeit ernährte sich der höhere Landadel weiterhin von viel Rindfleisch und ging wie im Mittelalter auf Falkenjagd. Neben Einkaufsfahrten nach London existierten weiterhin die Heimproduktion und der Umlauf von Geschenken in einem umfangreichen Patronagenetzwerk aus Freisassen, Hauslehrern und Ammen, die nach Arbeit und Unterhalt suchten. Insofern war der Konsum, neben dem Einkauf am Markt, ebenso sehr Teil von Arbeitsverhältnissen. Doch auch wenn die Produkte nicht immer neu waren, wurden sie häufig in zunehmender Vielfalt angeboten. In der ersten Hälfte des 17. Jahrhunderts kaufte Lady Alice Le Strange aus Hunstanton in Norfolk beispielsweise 62 verschiedene Stoffe, unter anderem feines Leinen aus den Niederlanden, spanisches Tuch, Leinendamast, Plüsch (ein teurer Seidensamt), Satin, Kamelott (ein leichter Angorawollstoff), einfarbiges wollenes Breitgewebe und »besten Scharlach« (ein überaus teurer Wollstoff). Ein erstes Stück indischen Baumwollstoffs erwarb sie 1623, eine Kattunborte für eines ihrer Kleider. Die Betten der Familie Le Strange waren mit schwarzem Samt, gold-purpurnem Damast und Scharlach, aber auch mit den neuen, in England hergestellten Tuchen wie den aus Kammwolle gewebten sogenannten Jollyboys bezogen und mit indischem Nicanee-Baumwolltuch geschmückt. Dieser Haushalt gehörte zu den oberen Fünfhundert des Königreichs – Sir Hamon war ein Ritter – und gab mehr als 2000 Pfund im Jahr aus. Aber wie privilegiert die Familie auch war, sie lebte nicht in einer separaten Welt. Es gab, zumindest in England, keinen scharfen Gegensatz zwischen altem Luxus und moderner Neuheit, wie er manchmal als Unterscheidungsmerkmal zwischen der Aristokratie einerseits und Kaufleuten und Ladenbesitzern andererseits angeführt wird. Adelsfamilien wie die Le Stranges aßen ebenfalls von Zinntellern und übernahmen manche der neuen Vorlieben und Produkte, die in der Marktgesellschaft insgesamt zirkulierten, wie die leichten neuen Tuche und die indische Baumwolle.[102]

Ab 1700 verbreiteten sich neue Güter noch schneller. Inventarien vermitteln unweigerlich einen Eindruck davon, wie sehr die Entwicklung sich beschleunigte. 1675 waren in keinem Londoner Haushalt Porzellangeschirr oder Tee- und Kaffeeutensilien zu finden. Fünfzig Jahre später besaßen 35 Prozent von ihnen Ersteres und 60 Prozent Letztere. 1675 verfügte jeder zehnte Haushalt über eine Uhr, Gemälde und einige Tonware, ein halbes Jahrhundert später jeder zweite.[103] In der Tudor-Zeit gab es Vorhänge, Baumwolltuche und Spiegel generell nur in Häusern der örtlichen Eliten. Der Gürtelmacher und Gerichtsdiener Thomas Harrison aus Southampton besaß bei seinem Tod im Jahr 1554 »bemalte Vorhänge«

für das Fenster seiner Kammer, und in seiner Stube stand ein Bett mit gelben Vorhängen aus Saye, einem feingewebten, der Serge ähnlichen Wollstoff.[104] In den 1720er Jahren war eine solche Ausstattung, von einer neuen Raumverteilung gefördert, allgemein verbreitet. Das Bett verschwand aus der Stube, die nun ihren modernen Zweck als Zimmer für Geselligkeit und Unterhaltung erhielt.

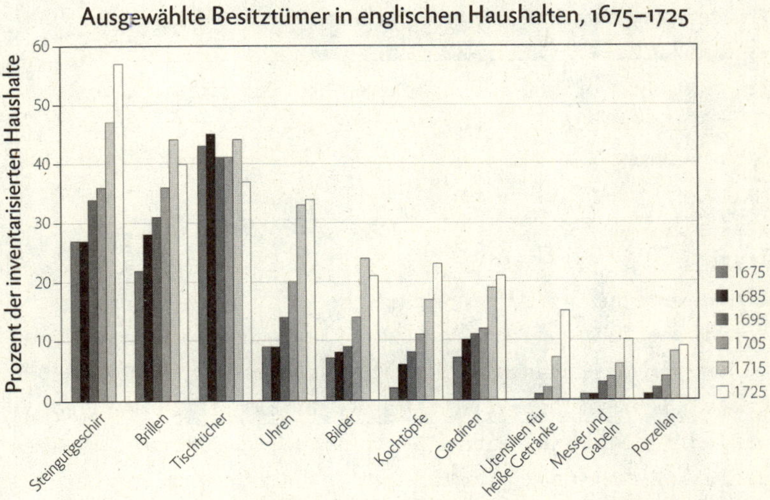

aus: Lorna Weatherill, *Consumer Behaviour and Material Culture in Britain 1660–1760*, Tab. 2.1.

Die neue materielle Kultur erreichte nicht alle Teile Englands im selben Tempo. In mancher Hinsicht war die Entwicklung derart ungleich, dass sich nahezu zwei Nationen herausbildeten. Während die Menschen in London, Bath und Liverpool um 1700 hinter zugezogenen Vorhängen Tee tranken, waren solche Neuheiten in Cornwall noch 1750 buchstäblich unbekannt. Dennoch verbreiteten sich neue Güter weit über die Städte hinaus. Sie fanden sich auf den Dörfern in Kent bei London ebenso wie im sich industrialisierenden Yorkshire und im kolonialen Virginia. Der Übergang vom Hocker zum Stuhl und von der Truhe zu Schubkästen und Kleiderschränken vollzog sich nicht nur in den Städten, sondern auch in der Provinz und in den Kolonien. Der Komfort traf freilich selten geballt ein und war zumeist vom Mangel an anderer Stelle begleitet. In England

Ausgewählte Besitztümer in Stadt und Land, England, 1675–1725

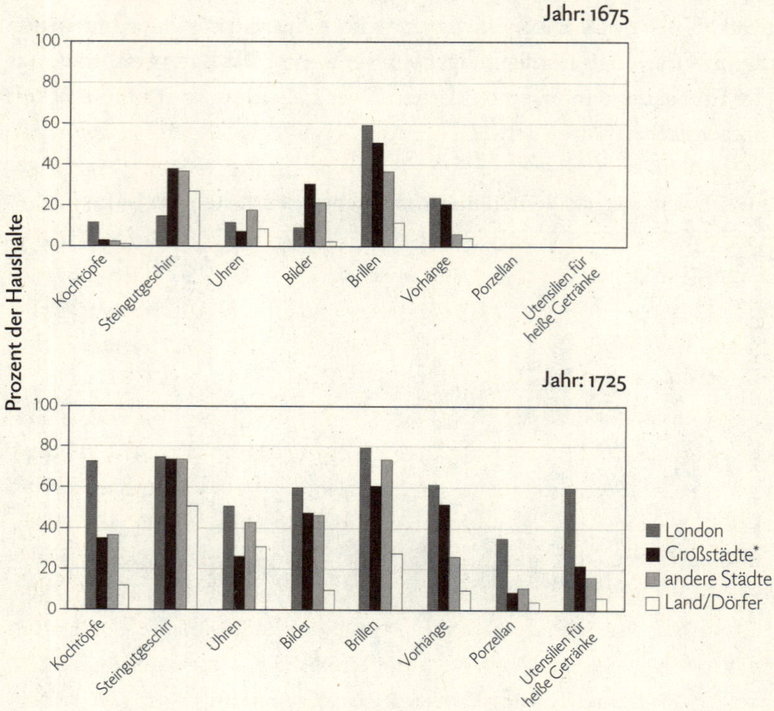

*Zu den Großstädten gehörten Liverpool, Manchester, Newcastle, Winchester und Cambridge.

aus: *Lorna Weatherill, Consumer Behaviour and Material Culture in Britain 1660–1760*, Tab. 4.4.

konnten dieselben Arbeiter, die Tee tranken, Vorhänge aufhängten und in Federbetten schliefen, an Unterernährung und feuchten Wohnungen leiden. In Virginia fiel Reisenden in den 1790er Jahren auf, dass ihre Gastgeber hübsche Möbel besaßen und elegant gekleidet waren, aber aus angeschlagenen Gläsern tranken, während der Wind durch zerbrochene Fenster pfiff.[105] Im 18. Jahrhundert bevorzugte man sichtbare und unmittelbare Formen des Konsums – Kleidung, Möbel, Teeservice –, versteckte Rohre, komfortable Bäder und andere nützliche Dinge standen hinten an.

Inventarien vermitteln unweigerlich ein verzerrtes Bild vom Güterbesitz der gesamten Gesellschaft, da diese nur von Adligen, Kaufleuten und Akademikern überliefert sind. Damit ein Inventar angefertigt wurde, musste man erst einmal etwas besitzen. Glücklicherweise legten manche Gemeinden Verzeichnisse der Besitztümer von jenen Armen an, die sich auf einen Handel einließen, der es verschuldeten Personen, die in ein Arbeitshaus eintraten, erlaubte, ihr Eigentum zu behalten, wenn sie es bei ihrem Tod der Kirche hinterließen. Wie zu erwarten besaßen in Essex im 18. Jahrhundert weniger Arme eine Uhr (20 Prozent) und einen Spiegel (27 Prozent), als Handwerker und Kaufleute dies taten (71 beziehungsweise 62 Prozent). Bemerkenswert ist jedoch, dass die Hälfte der Armen Teeutensilien, Federbetten und Kerzenständer ihr Eigen nannte, was ungefähr dem Anteil bei Kaufleuten entsprach. Auch wenn manche Arme gar nichts besaßen, versperrte Armut den Zugang zur Welt der Dinge nicht mehr gänzlich.

Der bessergestellte Arbeiter John Tadgell bewohnte 1810 mit seiner Frau und seinen beiden Kindern eine Wohnung mit einer Wohnstube und zwei Kammern, in denen jeweils ein mit Federbetten ausgestattetes Himmelbett stand. In der Wohnstube bewahrte die Familie Teetassen, Gläser und Geschirr – insgesamt 67 Teile – sowie einen Satz aus 16 Delfter Tellern auf. Zusammen mit einer Mahagoniteekiste und einem langen Eichentisch mit mehreren Stühlen waren die materiellen Grunderfordernisse für eine neue Kultur der Höflichkeit und Geselligkeit erfüllt.[106] Tadgell mag mehr besessen haben als der durchschnittliche Arbeiter, Besitz und Komfort hielten aber in die Haushalte einfacher Briten ebenso Einzug wie in diejenigen der Mittel- und Oberschicht. Und wer nicht selbst über solche Besitztümer verfügte, hatte häufig als Diener oder Untermieter Zugang zu ihnen. Im späten 18. Jahrhundert gab es in den Londoner Pensionen üblicherweise Teekessel, Vorhänge, Federbetten und Spiegel.[107] Besucher aus anderen Teilen Europas waren beeindruckt davon, wie gut gekleidet die Londoner Armen waren. Der Schriftsteller Karl Philipp Moritz bemerkte 1782, man würde »kaum einen Bettler erblicken, der unter seinen zerlumpten Kleidern nicht wenigstens ein reines Hemde trüge«.[108] Dies stand in krassem Gegensatz zu den zerlumpten Armen von Berlin und Paris oder Dublin und Glasgow.

Neue Kleidung und eine Kultur der Selbststilisierung hatten eine weitreichende Wirkung, die bis hin zu jenen strahlte, die selbst zu Handelsgut geworden waren. Im Unterschied zum Mutterland blieben in den amerikanischen Kolonien Luxusgesetze in Kraft. Der Negro Act von 1735, der in South Carolina verabschiedet wurde, verbot Schwarzen, die abgelegte Garderobe ihrer Herren zu tragen, und schrieb ihnen Kleidung aus weißem walisischen Wollstoff und anderen billigen Geweben vor. Solche Vorschriften waren jedoch immer schwerer durchzusetzen, zum einen, weil Sklavenhalter mit Kleidern Loyalität zu kaufen versuchten, und zum anderen, weil Sklaven mit dem wenigen, hart erarbeiteten Geld, das sie nebenher mit Hühnerzucht und Baumwollanbau verdienten, als Konsumenten auftraten und Seidenbänder und Spiegel kauften. 1777 bot Charles Wakefield aus Maryland 80 Dollar für die Rückbringung seiner Haussklaven Dick und Lucy. In der Annonce wird die Kleidung beschrieben, mit der sie geflohen waren. Dick hatte nicht nur einen »russischen grauen Overall« mitgenommen, sondern auch »einen grünen Tuchmantel mit einem purpurnen Samtumhang, einen roten Plüsch[mantel] mit blauen Ärmelaufschlägen und Umhang, ein tiefblaues Kamelottjackett mit goldener Litze an den Ärmeln, auf der Brust und um den Kragen ... [und] ein Paar Spangenschuhe«. Zu Lucys Garderobe gehörten neben mehreren Unterröcken zwei Baumwollkleider, »das eine violett und weiß, das andere rot und weiß«, eine »Jacke, eine schwarze Seidenhaube, verschiedene Tücher und Rüschen ... ein Paar hochhackiger Schuhe, je ein Paar Glacéhandschuhe und seidene Halbhandschuhe [und] ein blaues, mit Flor gesäumtes und mit weißen Bänden versehenes Sarsenetttuch«.[109] Diese Kleidung unterschied sich stark von derjenigen, die Sklaven fünfzig Jahre zuvor getragen hatten.

Die modische Neuheit par excellence war die Baumwolle, und wir können die Eigenschaften der sich herausbildenden neuen Konsumkultur deutlicher erkennen, wenn wir auf den folgenden Seiten den Siegeszug der Baumwolle genauer verfolgen: ihre ästhetische Anziehungskraft und Vielfalt; ihre niedrigen Preise und praktische Nützlichkeit; ihren schnelleren modischen Wandel und vielfältige Kombinationsmöglichkeit; sowie die mit ihr verbundene Werbung und Schaffung eines Modesystems, das auf verschiedenen Kontinenten lebende Konsumenten und Produzenten vereinte (siehe Abbildung 6).

Die spanischen Kolonialunternehmungen in der Neuen Welt und der europäische Handel mit China hatten bereits im 16. Jahrhundert einen

Überseehandel mit Seide und Wolle geschaffen. Spanien bezog Silber aus Amerika und schickte Kleidung aus Kastilien dorthin. Die Manila-Galeonen, die ab 1579 jährlich von den Philippinen nach Acapulco segelten, brachten sowohl Rohseide als auch gefärbte, bestickte Kleidungsstücke in die Neue Welt; außerdem pflanzten die Spanier in Mexiko Maulbeerbäume an, um vor Ort Seidenraupen zu züchten. In Peru stellten lokale Weber und erfahrene Einwanderer aus der Alten Welt aus Seide und Wolle Stoffe mit chinesischen Blumenmustern und rot-blaue Ponchos mit einem grünen Phönix her. Neue Mischformen entstanden aus traditionellen Kleidungsstücken wie dem in den Anden verbreiteten Schultertuch (*lliclla*) oder dem *anacu*, einem Wickelkleid, und neuen Materialien wie chinesischer Seide und kastilischem Damast. Zur Garderobe von Maria de Amores, einer wohlhabenden, in Quito lebenden Dame, deren Stammbaum auf die Inka und nach Ecuador zurückging und die zweimal mit Spaniern verheiratet war, gehörten 1596 ein chinesisches *lliclla*, ein weiteres aus grünem kastilischem Damast mit goldenem Saum und ein *anacu* aus ebenfalls goldgesäumtem, grünem kastilischen Satin; außerdem besaß sie ein »großes chinesisches Porzellan[objekt]«.[110]

Das erste wahrhaft globale Massenkonsumprodukt war jedoch die Baumwolle. Indische gefärbte Baumwolltuche waren schon im 11. Jahrhundert nach Ostafrika und Innerasien gelangt. In der zweiten Hälfte des 17. Jahrhunderts wurden sie in ganz Europa und im Osmanischen Reich verkauft, aber erst in England erreichten sie die Mittelschicht und dann die Massen. 1664 verschiffte die Englische Ostindien-Kompanie (EIC) eine Viertelmillion Kleidungsstücke nach England. Zwanzig Jahre später waren es über eine Million. Designs, die in London durchfielen, fanden im Empire eifrige Käufer und gelangten bis in Handelsstationen nahe dem Polarkreis in Kanada. Chintze, in Indien handbedruckte Baumwollstoffe, brachten Farbe in die Kleidung der Menschen. In England wurden manche Leinentuche in Nachahmung italienischen Seidendamasts im Blockdruck gestaltet, doch mit den raffinierteren indischen Mustern konnten sie nicht mithalten. Baumwolle nahm die Farbe besser auf als Leinen und konnte im Unterschied zu in Europa gefärbten Stoffen gewaschen werden, ohne an Glanz zu verlieren. Bedruckte Baumwolle ermöglichte es, modische Zuschnitte und lebhafte Designs zu einem erschwinglichen

Preis herzustellen. Die europäische Alternative, gewebte gemusterte Wollstoffe, war wesentlich teurer. Farbige Chintze, »die Ware vornehmer Damen in Holland«, bemerkte die EIC 1683, würde in England von der Mittelschicht getragen – den Frauen und Töchtern von Kaufleuten, Händlern, Rechtsanwälten, Fabrikanten, Geistlichen, Offizieren und Bauern, die das mittlere Segment der Gesellschaft zwischen dem Adel und den arbeitenden Massen bildeten.[111]

Indische Baumwolle stellte eine Gefahr für die heimische Woll-, Leinen- und Seidenproduktion dar, was zu einem nahezu europaweiten Verbot von Kattun führte: in Frankreich 1689, in Großbritannien 1701 und 1722, in Spanien 1713, in Russland 1744. Nur die Niederlande hielten sich zurück. 1719/20 wurden im Londoner Stadtteil Spitalfields Frauen von aufgebrachten Seidenwebern die Kattunkleider am Rücken aufgerissen. Aber das Verbot konnte den »Kattunwahn« nicht beenden – ganz im Gegenteil. Fabrikanten umgingen es, indem sie Baumwolle mit Leinen mischten. Im Londoner Hafen gingen Textilarbeiter auf eintreffende Schiffe der Ostindien-Kompanie und nähten an Bord Kattunhemden und -tücher, die sie dann illegal an Land verkauften. Offiziere und Matrosen versuchten in ihrem Privatgepäck Kattun ins Land zu bringen, so wie britische Diplomaten und ausländische Gesandte regelmäßig dabei ertappt wurden, wie sie Seide nach England schmuggeln wollten. Baumwolle gehörte neben Alkohol, Tee, Tabak und anderen besteuerten Waren zu den beliebtesten Schmuggelwaren. 1783 stellte der Parlamentsausschuss für verbotene Praktiken fest, dass Kattun und Leinen bei der Einfuhr häufig unter anderen Waren versteckt, mit bereits von der Akzise abgestempelten Waren vermengt oder mit einem gefälschten Stempel versehen würden. Ganz ähnlich wurden im französischen Lorient Textilien von den Schiffen entladen und verkauft, bevor sie inventarisiert worden waren. Bei Schmugglerbanden war Baumwolle sehr beliebt, weil das Verbot sie auf dem Schwarzmarkt besonders profitabel machte. Allein im Londoner Hafen wurden 1780 4099 Kattun- und Musselinstücke beschlagnahmt, was einen Eindruck davon vermittelt, wie viel Konterbande unentdeckt ins Land kam. 1783 schätzte das Unterhaus, dass mehrere Hundert Küstenschiffe von 30 bis 300 Tonnen an dem Schmuggel beteiligt waren, deren Mannschaften »mit Schlagstöcken und schweren Peitschen bewaffnet, allgemein vom

Alkohol aufgestachelt und in so großer Zahl versammelt sind, dass die Steuerbeamten zu stummen Zuschauern der Vorgänge reduziert werden«. Späher und Kutscher gaben den Schiffen Zeichen, verluden ihre Fracht auf Wagen und brachten sie mit gefälschten Dokumenten nach London und in die Städte der Provinz.[112]

Das Baumwollverbot mag rückschrittlich erscheinen, es illustriert aber, wie weit man sich mittlerweile vom Geist der Luxusgesetze entfernt hatte. Die Behörden kümmerten sich nicht mehr darum, ob einfache Hausfrauen Farben oder Stoffe trugen, die aristokratischen Damen vorbehalten waren. Die Frage war nun, wo ein Produkt hergestellt worden war, nicht mehr, wer es kaufte. Das Verbot war ein Lehrbeispiel dafür, wie eine in den Anfängen steckende Industrie durch einen Schutzschirm gefördert werden konnte. Sein Hauptzweck war die Unterstützung der heimischen Leinen- und Seidenindustrie, aber im Lauf der Zeit führte es zum Aufbau einer mächtigen britischen Baumwollindustrie. Britische Produzenten nutzten den Schutz vor ausländischer Konkurrenz zur Entwicklung neuer Gewebe, zum Kopieren und für Neuerungen. Im späten 18. Jahrhundert hatten sie ihre indischen Konkurrenten in Gujarat und an der Koromandelküste überflügelt.[113] Das ursprüngliche Verbot von 1701, das sich gegen in Indien bedruckte und bemalte Baumwolltuche gerichtet hatte, wurde 1722 auf in Großbritannien hergestellte Stoffe ausgedehnt, umfasste aber keine Mischgewebe. In den 1730er Jahren war das aus Manchester stammende Leinen zumeist mit Baumwolle zu Barchent gemischt. Farbechter Druck mit Kupferplatten, den Francis Nixon 1752 in Irland erfand, und die Einführung der Rotationsdruckmaschine 1783 verschafften den britischen Baumwollstoffen schließlich einen Vorteil vor der in Handarbeit bedruckten indischen Ware. 1774 hob Großbritannien das Verbot von bedrucktem Baumwolltuch auf. Ein Vierteljahrhundert später wurden rund 26,5 Millionen Meter Baumwollstoffe aus heimischer Herstellung verkauft.

Wir sprechen von Baumwolle im Singular, aber im 18. Jahrhundert bezog sie ihre Anziehungskraft nicht nur aus ihrer Neuheit, sondern auch aus ihrer Vielfalt. Baumwolle wurde in zweihundert Arten gehandelt und überzeugte durch eine beispiellose Vielseitigkeit. Für die Käufer bedeutete dies eine bisher unbekannte Qual der Wahl. Wie sollte ein Verbraucher zwischen all den Stoffarten, ihrem Nutzen, ihrer Qualität und ihrem Preis unterscheiden? Ein Anzeichen dieses Wandels ist das Auftauchen von Konsumentenratgebern. So enthielt das 1696, kurz vor dem Baumwollverbot erschienene *Merchant's Ware-House Laid Open*, das sich an »Personen aller Art« richtete, einen alphabetischen Überblick über indische Baumwolltuche und europäische Textilien, von »Alcomore-holland«, einem holländischen Leintuch, bis zu »Vehemounty«, einem französischen Gewebe. Je größer die Vielfalt, desto leichter waren die Menschen zu betrügen. Die Qualität dem Anschein nach einzuschätzen war schwierig. Manche Stoffe sahen im Geschäft gut aus, trugen sich aber »wie Papier« oder zerfielen beim ersten Waschen. Die Leser wurden vor der Täuschung durch »gewiefte Händler« gewarnt. Stoffballen, das heißt Baumwolltuch von bis zu 40 Yards (36,5 Meter), wie es für Hemden und Unterkleider verwendet wurde, kosteten 15 Pence pro Yard. Sie wurden in zwei Arten angeboten, die beide aus Indien kamen: einer erst in England und einer schon in Indien gefärbten. Man solle sich, so der Ratschlag, stets für Letztere entscheiden, da sie »beim Waschen nicht die Farbe verliert wie der in England gefärbte Stoff«. Wie aber konnte man im Geschäft den Unterschied erkennen? Antwort: »... anhand der Farbe, denn die indische Färbung ist wesentlich gleichmäßiger als die englische; die englische weist braune und dunkle Flecken auf«. Noch schlechter war nach Ansicht des Autors »Mulmuls«, eine Art Musselin oder glattgewebter Stoff, der »sehr dünn« und »allgemein fadenscheinig« sei »und sich nicht nur außerordentlich schlecht trägt, sondern nach zwei, drei Wäschen auch sehr gelb wird«. Er werde zwar von Hausierern zu einem günstigen Preis angeboten, sei aber »beim Tragen ein vollkommener Betrug«. Bei den vielen farbigen Chintzen müsse man unterscheiden zwischen den sehr feinen, mit Vögeln und wilden Tieren bemalten, »die ihre Farbe behalten, bis sie völlig abgetragen sind«, und dem Chintz-Serunge, der »etwas grober«, »doch mit sehr schönen Blumen« bemalt sei, die ihre Farbe ebenso gut behalten; er sei für Kleider und Unterröcke ebenso geeignet wie für Bettdecken.[114]

Im späten 18. Jahrhundert war die Kleiderrevolution in vollem Gang. Seide blieb Frankreichs wertvollste textile Exportware, und Großbritannien führte sie in zunehmenden Mengen sowohl nach Nordamerika und Jamaika als auch nach Dänemark und Norwegen aus. Auch in Virginia liebte die Damenwelt einen Hauch von Rokoko. In England verlor die

Seide dagegen ihre Exklusivität, da auch Kaufleute seidene Westen und Kniehosen zu tragen begannen. Leinen blieb weiterhin billig und wurde noch eine Zeitlang für Unterwäsche verwendet. Aber für Oberbekleidung wurde Baumwolle zur Norm, und die Menschen waren bereit, etwas mehr für sie zu bezahlen als für das billigere, aber auch gewöhnlichere Leinen. Die Armen wechselten allerdings erst im nächsten Jahrhundert zur Baumwolle. In Frankreich trugen Handwerker, Ladenbesitzer und Diener zur Zeit der Revolution von 1789 allesamt mehr Baumwolle als Wolle oder Leinen; nur in der Garderobe von Adligen musste sie sich nach der Seide mit dem zweiten Platz begnügen. Auch in New York und Philadelphia hatte die Baumwolle zu diesem Zeitpunkt die Seide ausgestochen. Im Unterschied zu Uhren, deren zunehmender Absatz die Folge von neuer Technologie und niedrigen Preisen war, war die Baumwolle ein Paradebeispiel für die Mode als ausschlaggebende Triebkraft der Nachfrage. Und sobald Handwerker und Diener Baumwollkleidung trugen, begannen sich ihre Herren nach eleganteren und teureren Strümpfen umzusehen.[115]

Als Konsumartikel ist die Kleidung einzigartig gefühlsgebunden. Kein anderer Gegenstand ist in unserem Leben taktil und visuell derart präsent. Wir berühren, sehen und spüren unsere Kleidung. Sie trägt zu unserem Körpergefühl bei. Die Trennlinie zwischen »uns« und »dem Ding« ist bei ihr buchstäblich fadenscheinig. In jüngster Zeit hat ein Philosoph der Kleidung sogar eine »Fast-Lebendigkeit« zugebilligt, da sie sich mit unserem Körper bewegt: »Wir nehmen Kleidungsstücke als lebendig wahr. Die Hose geht.«[116]

Die Lebendigkeit der Kleidung hängt jedoch von Material und Schnitt ab. Der Wechsel der Stoffe im 18. Jahrhundert hatte enorme Auswirkungen auf die Selbsterfahrung der Menschen. Die Baumwollstoffe waren materieller Ausdruck einer neuen Kultur des Komforts. Sie waren weicher auf der Haut und leichter als Leinen und Wolle, was den Trend zu lockeren Schnitten, der schon seit dem 17. Jahrhundert zu beobachten war, verstärkte. Die Leichtigkeit, mit der sie sich färben ließen, demokratisierte zudem Farbe und Mode. Um 1700 waren die europäischen Hauptstädte überwiegend ein Meer aus Schwarz, Grau, Braun und Weiß. Ein Jahrhundert später waren alle Farben des Regenbogens vertreten, und zwar nicht nur bei Aristokraten und ihren Dienern, sondern auch bei Arbeitern. Vor dem Aufstieg der Baumwolle war modische Kleidung ein Monopol einiger weniger, und dies nicht nur wegen der Luxusgesetze, sondern auch wegen der hohen Anschaffungs- und Unterhaltskosten, zumal von Seide. Als der Maler Lorenzo Lotto sich in den 1540er Jahren in Venedig eine neue Garderobe kaufte, kostete es ihn ein kleines Vermögen: Für Mantel und Tunika allein musste er die Einnahmen von drei Monaten (14 Dukaten) auf den Tisch legen.[117] Bedruckter Baumwollstoff kostete mehr als einfarbiger Wollkammgarnstoff, aber weniger als Seide und gemusterter Wollstoff. In den 1770er Jahren war ein fertiges Baumwollkleid neu schon für 8 und gebraucht für 3 Shilling zu haben (ein Pfund waren 20 Shilling); damals verdiente ein Handwerker zwischen 20 und 40 Pfund im Jahr. Ein Markt für fertige Kleidung entstand. Helle, modische Kleidung aus gemusterten Stoffen verlieh Arbeitern und Armen ein neues Selbstgefühl. Menschen konnten ihre Lieblingskleidung genauestens beschreiben. So sagte eine arme Britin 1765 bei der Polizei aus, ihr sei »ein kleines, fortlaufend gemustertes purpur-weißes Baumwollkleid, nur einmal gewaschen, am Busen mit rotem Band gebunden, mit runden glatten Ärmelaufschlägen und einem breiten Band am Rocksaum«, gestohlen worden.[118]

Die relativ preisgünstige und immer vielfältigere Kleidung hatte paradoxe Auswirkungen. Leichtere Gewebe bedeuteten, dass man mehr Lagen benötigte, um sich warm zu halten – Europa ist nicht Indien. Und dies eröffnete neue Möglichkeiten für modische Kombinationen und Accessoires wie Bänder, Hüte und Halstücher. Gemusterte Halstücher wurden auch für arme Arbeiter und Bauern erschwinglich. Das Rad von Erwerb und Ersatz begann sich schneller zu drehen. Während der Preis eines Mantels oder Kleids sank, stieg der Anteil des Einkommens, der für Kleidung ausgegeben wurde, da die Garderobe der Menschen vielfältiger und häufiger gewechselt wurde. Um 1700 gaben französische Diener 10 Prozent ihres Lohns für Kleidung aus. Bis 1780 erhöhte sich dieser Anteil auf ein Drittel. Ironischerweise wechselten wahrscheinlich die städtischen Armen am häufigsten die Kleidung, da sie ihnen, in Ermangelung von Seife, Waschmöglichkeiten und Ausbesserungen, am schnellsten verschliss.[119]

Markenbildung und Etikettierung gab es schon im Alten Ägypten und Mesopotamien, wo Herrscherhöfe und Bürokratien mit ihrer Hilfe den Wert von Waren erhöhten, indem sie ihre Qualität und ihre Herkunft kennzeichneten.[120] Im 18. Jahrhundert hoben Hersteller und Händler die Markenbildung, Produktdifferenzierung und Verkaufsförderung auf ein neues Niveau. 1754 begann Robert Turlington einen »Lebensbalsam«, ein Heilmittel gegen Nierensteine, Koliken und »jegliche Beschwerden«, in birnenförmigen Glasflaschen zu verkaufen, in die der Name und das königliche Patent geprägt waren. Die Vermarktungskönige waren der Keramikfabrikant Josiah Wedgwood und sein Partner Thomas Bentley. Neil McKendrick vermittelt einen Eindruck von ihrer innovativen Verkaufskunst. So verwendeten sie

> »Massenverkaufskampagnen, Produktdifferenzierung, Marktsegmentierung, detaillierte Marktforschung, Vorformen der Selbstbedienung, eine Bei-Nichtgefallen-Geld-zurück-Politik, kostenlose Fuhrwerke, Werbegeschenke zur Verkaufsförderung, Versteigerungen, Lotterien, Kataloge ... langfristige Kredite, gestaffelte Rabattregelungen, einschließlich erheblicher Preisnachlässe bei Erstbestellungen, und fast jede Form der Werbung: Geschäftskarten, Ladenschilder, Brief- und Rechnungsköpfe, Zeitungs- und Zeitschriftenannoncen, Modebildtafeln und Modemagazine, organisierte Propagandakampagnen, grelle Reklamecoups, sogar falsche Anschuldigungen mit dem Ziel, einen öffentlichen Gegenangriff führen zu können«.[121]

Wie gesehen, wäre es falsch, frühere Gesellschaften als statisch abzutun, und dies trifft sowohl auf Modeartikel im Besonderen als auch auf den Konsum im Allgemeinen zu. Schon im 14. Jahrhundert hatte sich der Hof von Burgund als europäisches Modezentrum etabliert. Die Herzöge von Burgund waren bekannt für ihre prächtige Kleidung. Philipp der Kühne (1342–1404) trug eine scharlachrote Weste mit einer Perlenstickerei, die vierzig Lämmer und Schwäne mit goldenen Glocken am Hals und in den Schnäbeln darstellte. Vornehme burgundische Damen führten die Mode hoher, spitzer Hüte ein. Durch ihre Reisen an andere

Herrscherhöfe wurden die Herzöge von Burgund zu Trendsettern des europäischen Adels. In dieser Zeit rückte der Saum der Oberbekleidung nach oben; die langen, weiten Tuniken der Männer machten engen Westen und Jacken, die nur knapp über die Taille reichten, Platz. Im Lauf des 15. Jahrhunderts wechselte die Mode von trichterförmigen Ärmeln zu Puffärmeln mit enger Manschette.[122] Auch im China der Ming-Zeit gab es Modeerscheinungen, wie die oben zitierte Klage aus dem 16. Jahrhundert über den ständigen Wechsel der Länge und Weite von Röcken und Bundfalten belegt. Europäer, die mit dem Osten Handel trieben, kannten die Asiaten als anspruchsvolle Konsumenten. 1617 bemerkte der Generaldirektor der niederländischen Ostindien-Kompanie, die Einheimischen seien »sehr heikel in Bezug auf die Qualität« ihres Tapis, eines Wickelrocks, und bereit, für einen guten Entwurf einen guten Preis zu zahlen. Bauern mochten sich mit grobem Baumwolltuch zufriedengeben, aber wohlhabende Kunden verlangten nach farbenfrohen, gemustert gewebten Stoffen mit Saum und häufig auch mit eingearbeiteten Goldfäden. Die Auftragsbücher spiegelten das Eingehen auf den lokalen Geschmack wider. So bat die VOC-Leitung in Batavia, der Hauptstadt von Niederländisch-Indien, die Produzenten an der Koromandelküste, Tapis »mit hellrotem Saum und kleinem Blumenmuster in lebendigen Farben« zu weben.[123]

Das Neue im Europa des späten 17. und 18. Jahrhunderts war die Institutionalisierung der Mode als eigenständige Industrie mit eigenem Kalender und eigenen Medien. Paris gab die Richtung vor, aber es brauchte indische Weber, die sie einschlugen. VOC und EIC verbanden Trendsetter, Produzenten und Konsumenten, indem sie in den 1670er Jahren Muster der Pariser Mode über Syrien nach Indien schickten und sie dort von den Webern kopieren ließen. Im nächsten Jahrzehnt schloss sich der Kreis, indem die Attraktivität neuer Schnitte und Muster aus Indien in den Pariser Salons getestet wurde, bevor sie auf die europäischen Märkte gebracht wurden. »Man betrachte dies als ständige, allgemeine Regel«, erklärte der EIC-Vorstand 1681: »In allen blumigen Seidenstoffen verändere man jedes Jahr den Schnitt und die Blume so weit wie möglich – denn englische Ladys und, wie man sagt, die französischen und anderen europäischen auch, werden für etwas Neues, in Europa noch nicht Gesehenes doppelt so viel ausgeben als für eine bessere Seide im selben Schnitt, den sie im vergangenen Jahr getragen haben.«[124]

Wer keinen direkten Zugang zu einem Salon oder Herrscherhof hatte, konnte zu den neuen Modemagazinen greifen. Der französische *Mercure* begann 1672 Modetipps zu geben. Im nächsten Jahrhundert vervielfachte sich die Zahl der Damenalmanache, die nun auch Zeichnungen der neusten Kleidermode enthielten sowie Hinweise darauf, wo sie erworben werden konnte. Das *Magazine à la Mode, or Fashionable Miscellany* beschrieb im Januar 1777 den Herrenanzug, wie ihn die Geburtstagsgäste der Königin zu Beginn des Monats getragen hatten: »Die Weste ist mit Pelz gefüttert ... Der Jackenschnitt ist derselbe wie seit einigen Jahren, außer dass die Taille kürzer ist – der Rock natürlich länger ... Der Ärmelaufschlag ist klein und eng, mit drei Knöpfen auf der Oberseite.« Für Damen war »der modischste Morgenrock ... ein Déshabilié, das aus einer kurzen Jacke und einem Unterrock besteht. Die Jacke ist im Allgemeinen am unteren Rand ungefähr einen Viertel Yard breit mit gefältelter Gaze oder derselben Seide verbrämt. In diesem Monat ist jedoch Pelz mehr in Mode als jeder andere Besatz.« Dazu trug die Frau von Welt eine französische Haube. Um der Mode zu entsprechen, musste sie »einen vollen Zipfel über dem Kopf besitzen, aber keinen, der nach hinten hinunterhängt ... eine Änderung, die in diesem Monat stattgefunden hat.« Modebewusste Damen, die den Morgenrock kaufen wollten, wurden an Mr. Kluhr im Londoner Covent Garden verwiesen; die Haube gab es bei Mrs Taylor am Rathbone Place.[125] Als Anschauungshilfe enthielt die Zeitschrift zwei Schwarzweißgravuren. Ungefähr in dieser Zeit wurden auch farbige Modezeichnungen und Modepuppen eingeführt (siehe Abbildung 8). Die Puppen bestanden anfangs aus Holz, doch bis zu den 1790er Jahren hatten sie sich zu einem für den Massenkonsum geeigneten Artikel weiterentwickelt: einer flach verpackten, 20 Zentimeter großen Pappfigur, die für 3 Shilling verkauft wurde. Von ihr war es nur noch ein kleiner Schritt zur Spielzeugpuppe mit einer Garderobe aus sechs Kleidern und austauschbaren Accessoires. Die Mode überschritt die Generationengrenze.[126]

Im Nordwesten Europas entstand im 17. und 18. Jahrhundert eine neue, durch Umfang, Vielfalt und Innovation gekennzeichnete Konsumkultur.

Der kreisförmige Warenfluss, wie ihn die Renaissance noch kannte, verschwand zwar nicht völlig, wurde aber in ein dynamisches System einbezogen, das ständig Neuheiten erzeugte. Gebrauchte Kleidung, Pfandleihen, Auktionen und Geschenke brachten Baumwollkleider und Teekannen in jeden Haushalt. Anders als im Ming-China war nicht das Alter, sondern die Neuheit die Triebkraft. Britische Historiker haben über das genaue Datum dieses Wechsels gestritten. Wichtiger ist jedoch die Frage, warum er eintrat und warum es in England und den Niederlanden geschah, und nicht in China oder Italien.

Auf diese Fragen gibt es drei vorherrschende, miteinander im Wettstreit liegende Antworten: den Lebensstandard (Briten bekamen höhere Löhne), die Nachahmung (sie imitierten die höheren Schichten) und die »Fleißrevolution« (manche arbeiteten härter als andere, um mehr Dinge kaufen zu können). Betrachten wir sie nacheinander.

Im Zuge der Würdigung der kommerziellen Vitalität Chinas in der Frühmoderne kam es zu einer heftigen Kontroverse darüber, ob es Holländern und Engländern wirklich so viel besser ging. In der am weitesten entwickelten Region Chinas am unteren Jangtse genossen die Menschen um 1800 einen Lebensstandard, der laut dem Historiker Kenneth Pomeranz mit demjenigen der Engländer und Niederländer vergleichbar war. Die »große Divergenz« sei dann im 19. Jahrhundert entstanden, und zwar nicht infolge einer europäischen Fähigkeit für die Modernität, sondern, was Großbritannien betrifft, aufgrund einer günstigen geographischen Lage und der kolonialen Macht, durch welche die erste Industrienation über Kohle, Sklaven und billige Lebensmittel im Überfluss verfügte.[127]

Jüngste Berechnungen bestätigen, dass die britischen Löhne zwischen 1740 und 1800 sanken, zeigen aber auch, dass es ein relativ geringer Abstieg von einem einzigartig hohen Lohnniveau war, auf dem sich die Briten in den vier Jahrhunderten seit dem Schwarzen Tod bewegt hatten. Die hohen Löhne gingen der kolonialen Expansion voraus und waren zum großen Teil in der geringen Bevölkerungszahl und billiger Energie begründet. Beide Faktoren förderten Innovation und Produktivität, die sowohl große Erfindungen wie Thomas Newcomens Dampfmaschine (1710) als auch kleinere Tüfteleien und Verbesserungen her-

Divergenz des Lebensstandards

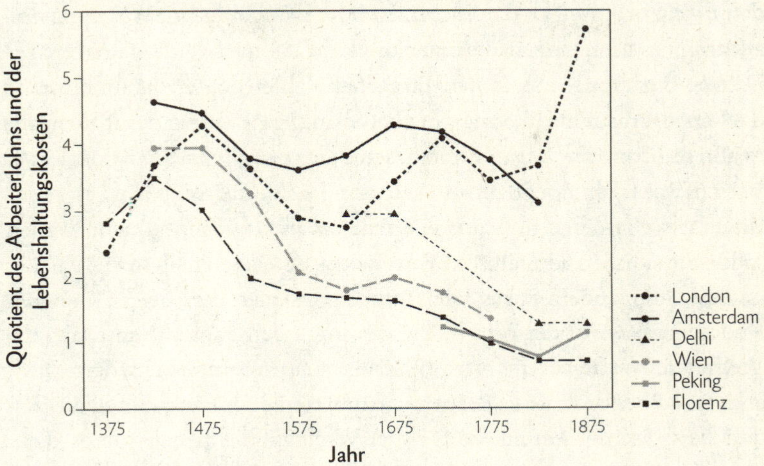

1 = gerade genug zum Überleben
4 = Verdienst in Höhe des Vierfachen des Lebensnotwendigen

aus: Robert Allen, *The British Industrial Revolution in Global Perspective*, S. 40.

vorbrachten, wie James Watts separaten Kondensator in den 1760er Jahren, der den Wirkungsgrad von Newcomens Maschine erhöhte. Bereits im 17. Jahrhundert bildete sich eine Divergenz heraus, die sowohl Europa teilte als auch den Westen vom Osten trennte. Arbeiter in Delhi und Peking lebten nahe an einem Existenzminimum, das ungefähr demjenigen in Florenz und Wien entsprach. Londoner und Amsterdamer Arbeiter waren grundsätzlich bessergestellt; sie ernährten sich von verschiedenem hochwertigerem Fleisch, Alkohol und Weizen (anstelle von Hafer). Während der Industriellen Revolution wurden die englischen Arbeiter im Verhältnis zur Oberschicht zwar ärmer, aber es ging ihnen immer noch besser als ihren Kollegen in Asien und Südeuropa.[128]

Als Gegenargument wird häufig angeführt, dass Löhne kein guter Vergleichsmaßstab seien. In Europa gab es eine große und weiter wachsende Armee von Lohnempfängern, während die Proletarier in China eine arme, marginalisierte, unverheiratete Minderheit bildeten; den Familien der Pachtbauern, der dominierenden Bevölkerungsgruppe im Jangtsedelta, ging es besser. Und in Indien erhielten Weber Essen, Wohnung und andere Zusatzleistungen, die einen direkten Lohnvergleich erschweren.[129] Die von Bozhong Li zusammengetragenen Zahlen deuten darauf hin, dass die Lebensumstände in Songjiang bei Shanghai während der 1820er Jahre annehmbar waren. Danach nahmen Bauern täglich 2780 Kilokalorien zu sich, was leicht über dem von heutigen Gesundheitsexperten empfohlenen Wert liegt und in China erst im Jahr 2000 wieder erreicht werden sollte. Sie tranken doppelt so viel Tee wie Briten, aßen halb so viel Zucker und rauchten zudem etwas Tabak und Opium, den »kräftigen Freund«.[130] Andererseits wirkt der britische Vorsprung noch größer, wenn man die Vielfalt der verfügbaren Güter in die Betrachtung einbezieht, denn diese geht weit über Brot, Käse, Bettwäsche und Kerzen hinaus; Güter, die sich üblicherweise im Warenkorb für den Vergleich des Lebensstandards in dieser Zeit befinden. Chinesische Pachtbauern, die nebenbei Baumwolle anbauten, konnten ein Niveau oberhalb des Existenzminimums erreichen. Doch diese Art der Arbeit behinderte wohl den weiteren Aufstieg auf der Entwicklungsleiter, denn etwas von diesem und etwas von jenem zu tun schränkt die Fähigkeit zu Spezialisierung und Innovation ein. Dies sollte sich in einer Welt von sich industrialisierenden Nationen als großes Handicap erweisen.

Die Lebensstandarddebatte hat sich auf Arbeiter konzentriert, aber die Schicht über ihnen ist für unser Thema ebenso bedeutend. Großbritannien zeichnete sich durch eine große Mittelschicht aus, durch die vielen Kaufleute, Freiberufler, Offiziere und Industriellen. In den 1750er Jahren hatten vier von zehn Familien ein Einkommen von mindestens 40 Pfund im Jahr, was doppelt so viel war, wie man nach allgemeiner Ansicht zum Überleben brauchte. Diese Schicht konnte erhebliche Summen für Komfort und Annehmlichkeiten ausgeben. Im Zuge der Industriellen Revolution wurde die britische Gesellschaft zwar ungleicher, aber im Vergleich sowohl mit China und Indien als auch mit Südeuropa besaß sie weiterhin eine riesige Mittelschicht.[131] Und ihre Mitglieder nutzten mit zunehmendem Selbstvertrauen die dynamisch wachsende Welt der Dinge, um ihren eigenen Platz in der Gesellschaft abzustecken. Anstatt die alte Elite nachzuahmen, trafen sie mit Hilfe neuer Güter und Vorlieben neue Unterschiede und schufen eine eigene, stärker auf das Private ausgerichtete Komfortkultur.

Laut der ursprünglichen These von der Geburt der Konsumgesellschaft in Großbritannien war Nachahmung die Mutter der Nachfrage. Ihre Amme war, mit McKendricks Worten, »das Fabrikmädchen, das sich wie eine Herzogin kleiden wollte«.[132] Dass sich Zeitgenossen über anmaßende Konsumenten lustig machten, ist nicht verwunderlich. Die Kleiderrevolution ging über ein althergebrachtes Unterscheidungssystem hinweg, in dem Kleidung ein gesellschaftliches Rangkennzeichen darstellte. Statt über die Herkunft eines Menschen Auskunft zu geben, schienen die Kleider plötzlich den Menschen zu machen. Insbesondere Diener, die sich besser als ihr Stand kleideten, boten Anlass zur Klage. »An ihren Kleidern«, beschwerte sich Daniel Defoe 1725, »ist schwer zu erkennen, wer die Herrin und wer das Dienstmädchen ist; ja, oft wird das Dienstmädchen die vornehmere von beiden sein.« Dies setze eine Spirale von Geltungsausgaben in Gang: »Das Dienstmädchen will die Herrin übertrumpfen, die Kaufmannsfrau will die Frau des Gentlemans übertrumpfen, die Frau des Gentlemans ahmt die Lady nach, und die Ladys wetteifern miteinander.«[133]

Zeitgenössische Missbilligung ist freilich kein überzeugendes historisches Argument. Zum einen wurden solche Klagen in vielen Gesellschaften geäußert, etwa, wie erwähnt, im China der Ming-Zeit. Zum anderen war Nachahmung selten die Haupttriebkraft für die Übernahme eines neuen Kleidungsstils. Diener hatten häufig keine andere Wahl, als die Kleider zu tragen, die sie von ihren Herren erhielten. Britische Handwerker und Arbeiter kleideten sich nicht elegant, um als Herzog oder Herzogin durchzugehen, sondern um mit ihresgleichen mitzuhalten, ihre Reife und Unabhängigkeit zu demonstrieren oder in der Hoffnung auf eine bessere Anstellung.[134] Die tatsächliche Verbreitung von Neuheiten widerlegt die Annahme eines einfachen, von oben nach unten verlaufenden Prozesses. Beispielsweise begannen Oberschichtfrauen Chintze erst in den 1690er Jahren außen auf ihren Kleidern zu tragen, also nachdem der »Kattunwahn« eingesetzt hatte. Die Mittelschicht war häufig nicht Nachahmer der Aristokratie, sondern Trendsetter.

Die »Fleißrevolution« ist eine ähnliche historische Konstruktion aus zeitgenössischen Äußerungen. So beschrieb Defoe im frühen 18. Jahrhundert Textilviertel, in denen man »fast hinter jeder Tür das Rad sich drehen sieht«. Jeder sei beschäftigt: Ehemänner, Frauen, Kinder. Zusammen ergäben ihre Löhne eine »erkleckliche Summe«. Um 1770 bemerkte der Aufklärer James Steuart, früher hätten die Menschen gearbeitet, weil sie dazu gezwungen worden seien, jetzt dagegen seien sie »zu arbeiten gezwungen, weil sie Sklaven ihrer Wünsche sind«. Nach Ansicht des Wirtschaftshistorikers Jan De Vries ist genau dies in der Frühmoderne in den Niederlanden und Großbritannien geschehen. Auf die mit dem Nobelpreis ausgezeichneten Arbeiten des Ökonomen Gary Becker gestützt, beschreibt er die Haushalte als Wirtschaftseinheiten, die rationale Entscheidungen darüber treffen, worauf sie ihre Zeit am besten verwenden. Anstatt einfach zu produzieren, was sie selbst benötigten, hätten sie begonnen, ihre Arbeitskraft zu verkaufen, um sich mehr Dinge leisten zu können. Der Geschmack an Tee, Zucker und vielen anderen neuen Konsumgütern habe ganze Familien nicht nur dazu gebracht, sich den Reihen der Erwerbstätigen anzuschließen, sondern auch dazu, länger und härter zu arbeiten. Der Industriellen Revolution sei eine Nachfragerevolution vorausgegangen.[135]

Auf den ersten Blick scheint diese These attraktiv zu sein. Anstatt die Nachfrage als Reaktion auf ein Angebot zu betrachten, wird sie zum Schwanz, der mit dem Hund wedelt. Sie bietet eine glatte Erklärung dafür, warum der Konsum in Großbritannien zunehmen konnte, obwohl in der zweiten Hälfte des 18. Jahrhunderts die Löhne sanken. Aufs Ganze gesehen, stößt die These jedoch auf eine Reihe ernüchternder Probleme. Erstens setzt sie in der Mitte der Geschichte ein und verwechselt Ursache und Wirkung. Die Menschen kauften am Ende mehr Konsumgüter, doch dies muss nicht das ursprüngliche Motiv dafür gewesen sein, härter zu arbeiten. Wahrscheinlich war das Gegenteil der Fall. Im frühen 17. Jahrhundert, als die Zeiten schwerer wurden, begannen Puritaner Fleiß und Arbeitsamkeit zu predigen.[136] Die Menschen begannen länger zu arbeiten und ihre Arbeitskraft intensiver zu verkaufen, aber nicht zum eigenen Vergnügen, sondern um zu überleben. Im Jahrhundert nach dem englischen Bürgerkrieg von 1642 bis 1651 verbesserten sich die Lebensbedingungen, und im Rahmen dieser Entwicklung gaben

Arbeiter ihr Geld eher für bessere Möbel aus als für Tee, Zucker oder andere Neuheiten. Mit anderen Worten: Ihre Präferenzen blieben weitgehend dieselben. Auch Fleiß und Arbeitsamkeit waren keine unschuldige Realität, sondern verordnetes Ideal, das den Menschen vorschrieb, wie sie leben sollten, und das von Liberalismus und Imperialismus in die übrige Welt exportiert wurde. Die meisten Arbeiter dürften den Schritt von der Muße zur Lohnarbeit nicht freiwillig getan haben, sondern aus Notwendigkeit. Sie wurden weniger von materiellen Wünschen gezogen, als vielmehr von steigenden Lebensmittelpreisen gestoßen. In der zweiten Hälfte des 17. Jahrhunderts verlängerte sich die Arbeitszeit weiter – um ein Drittel[137] –, und auch dies geschah wiederum als Reaktion auf eine steigende Inflation und einen härter umkämpften Arbeitsmarkt.

In seinem Überblick über den Zustand der Armen in den 1790er Jahren (*The State of the Poor*) bezifferte Frederic Eden das Jahresbudget der Familie eines durchschnittlichen Bergarbeiters in Cumberland: Danach verdiente er selbst 26 Pfund, während seine Frau und seine sieben Kinder 18 Pfund beisteuerten.[138] Von diesem Einkommen, das von den Ausgaben zur Gänze aufgezehrt wurde, wurden immerhin 3 Pfund und 10 Shilling für Tee und Zucker ausgegeben. Aber wuschen sie zusätzlich »gelegentlich Eisenerz« aus, um sich Tee und Zucker leisten zu können? Oder um etwas zur Miete (3 Pfund) und zu den Kosten der vielen Schwangerschaften und Wochenbettzeiten der Ehefrau beizutragen, die sich im Lauf der Jahre auf 20 Pfund summierten? Man darf annehmen, dass es nicht das Verlangen nach Neuheiten oder der Wunsch, seine Umwelt zu beeindrucken, war, der die Familie Tee, Zucker und Kerzen kaufen ließ. Vielmehr taten sie es, um bis spät in die Nacht spinnen zu können, sich warm zu halten und wach zu bleiben.

Der Zusammenhang zwischen dem Wunsch nach mehr einerseits und härterer Arbeit andererseits war nur bedingt vorhanden. In Großbritannien kam die ursprüngliche Nachfrage nach Konsumgütern aus der Mittelschicht, ohne dass diese arbeitsamer wurde: Die Ehefrauen blieben zu Hause. In Friesland spezialisierten sich Bauern im 17. Jahrhundert, um mehr ihrer Produkte im Tausch für Neuheiten verkaufen zu können, anstatt sie selbst herzustellen. Im Gegensatz dazu waren in Katalonien, als es sich im folgenden Jahrhundert industrialisierte, Nebenjobs weit verbreitet, und dennoch fehlte es in auffälliger Weise an neuen Konsumgütern. Unterdessen kauften Haushalte im prosperierenden Kent einerseits Tafelgeschirr und Vorhänge, während sie andererseits häufiger selbst buken und brauten.[139] Die Entwicklungen der Gesellschaften folgten nicht einem einzigen Weg von neuen Vorlieben zu Wachstum und Spezialisierung. Verlangen und »Bedürfnisse« waren nicht einfach da und nötigten die Menschen, sich auf die Märkte für Arbeit und Güter zu begeben, wie es das Fleiß- oder Arbeitsamkeitsmodell annimmt. Das Verlangen war ebenso unterschiedlich wie seine von Normen und Institutionen bestimmte Verbreitung. Die Kaufkraft begünstigte zwar den europäischen Nordwesten, war aber nur eine Variable und reicht allein als Erklärung für den Quantensprung des Konsums im 17. und 18. Jahrhundert nicht aus.

Was Europa von Asien unterschied, war ein expansionistisches Staatensystem, das auf Konkurrenzdruck mit der Förderung von Innovationen und der Schaffung von Zukunftsmärkten reagierte. Das beste Beispiel dafür war Großbritannien, das gleichzeitig einen atlantischen Markt schuf und im Schutz eines Importverbots die überlegenen indischen Textilien imitierte. Den indischen Webern fehlte zunächst der Anreiz zur Innovation – immerhin waren sie besser als ihre Konkurrenten –, und dann, als sie im späten 18. Jahrhundert den scharfen Wind der britischen Konkurrenz zu spüren bekamen, fehlte ein starker Staat, der sich für sie einsetzte.

Doch auch innerhalb Europas waren die Unterschiede gewaltig. Großbritannien und die Niederlande waren durch eine von förderlichen Ideen und Institutionen geprägte Atmosphäre begünstigt, die Männer und insbesondere Frauen ermutigte, ins Heer der Erwerbstätigen und Konsumenten einzutreten. Wie wir sahen, wurde die Entwicklung in Regionen wie Württemberg nicht deshalb gebremst, weil die Frauen keine materiellen Wünsche hatten und nicht arbeiten und Geld verdienen wollten, sondern weil sie bestraft wurden, wenn sie ihre Wünsche zu verwirklichen suchten. 1742 wurde beispielsweise der Frau eines Wirkers, die unabhängig gearbeitet hatte, vom örtlichen Gericht befohlen, ihre Arbeit aufzugeben und zu ihrem Mann zurückzukehren. Ladenbesitzer sorgten dafür, dass ihre Stadtverwaltungen das Hausieren verboten; Ehemänner schlugen mit Billigung der Behörden ihre Frauen, wenn diese aus dem Haus gingen, um sich eine Arbeit zu suchen; und Zünfte schränkten die Arbeitsmobilität ein. Zusammengenommen übten Ehemänner, Väter, Kirchen und Zünfte eine soziale Kontrolle aus, die in England unbekannt war.[140] Man vergleiche dies damit, dass in London im Jahr 1455 die Frauen, die Seide zu Garn verarbeiteten, ihre Zahl mit »mehr als tausend« angaben, einschließlich »vieler vornehmer Damen«, die ein »ehrbares« Leben führten und mit ihrer Arbeit zum Unterhalt ihrer Haushalte beitrugen.[141]

Schon früh mit einem Zentralstaat gesegnet, blieb England die Vielzahl lokaler Behörden und regionaler Mächte erspart, die den Güterstrom auf dem Kontinent behinderten. Der englische Staat richtete seine Macht nach außen. Aufschlussreich ist in dieser Hinsicht der Gegensatz zum spanischen Weltreich. Da Spanien als erstes Land solch exotische Dinge wie Schokolade und Tabak importierte, hätte man erwarten können, dass es seinen Startvorteil im Konsumrennen nutzt. Doch es fiel rasch zurück. Seine Hauptstrategie war es, aus den Kolonien Ressourcen herauszuholen, und nicht, einen zusätzlichen Markt für die eigenen Produkte zu entwickeln. Im Innern litt Spanien unter einer Zersplitterung in regionale Regierungen, Währungen und Steuern sowie unter den großen Entfernungen und einem schlechten Transportsystem. Kastilien und Navarra erhoben selbstständig Import- und Exportzölle und durften eigene Münzen prägen. Viele Städte besaßen die Steuerhoheit. Eine stark verschuldete Stadt wie Sevilla hielt sich mit Hilfe von Luxussteuern zahlungsfähig.[142] Solche Hindernisse schränkten die Wahlmöglichkeiten und Gelegenheiten der Spanier, die neuen Produkte und Vorlieben weiterzuentwickeln, zwangsläufig ein. So besaß beispielsweise in der Mitte des 18. Jahrhunderts nur jede vierte Familie mit mittlerem Einkommen eine Schale zum Servieren heißer Schokolade. Es gab zwar einige Anzeichen für eine Verbesserung, insbesondere was die Anzahl und Vielfalt der Textilien betraf. In Palencia in Nordwestspanien erhöhte der Durchschnittshaushalt in den achtzig Jahren nach 1750 die Zahl seiner Kleidungsstücke von 42 auf 71. Doch neue Konsumgüter tauchten nicht in einer Welle, sondern eher spärlich auf. Außerhalb von Madrid, in Provinzstädten wie Santander, fanden Servietten und Tafelwäsche – entscheidende Indikatoren zunehmender Verfeinerung – erst zu Beginn des

19. Jahrhunderts weitere Verbreitung. Bezeichnenderweise wurde Leinen sogar in vielen Städten erst in den 1830er Jahren durch Baumwollstoffe verdrängt.[143]

In Großbritannien boten der Staat und ein stärker integrierter Markt ein günstiges Umfeld für die Verbreitung von Gütern. Dies war ein wichtiger Faktor für das fortgeschrittene Wachstum des Konsums in diesem Teil der Welt. Aber ein vorteilhafter Nährboden bedeutet noch nicht, dass man das Beste aus ihm macht. Er bietet keine Erklärung für die zugrunde liegende Dynamik, die die Menschen dazu brachte, sich immer weiter in einer Welt der Dinge einzurichten. Wie das Beispiel der Baumwolle zeigt, unterstützte der britische Staat die heimische Industrie, indem er sie vor der Einfuhr indischen Kattuns schützte. Aber die Nachfrage nach diesen Gütern war bereits vorhanden; der Staat schuf sie nicht, sondern kanalisierte sie lediglich. Um zu verstehen, wie Güter in den modernen Gesellschaften zu einem integraleren Bestandteil des Lebens der Menschen wurden, müssen wir uns jetzt den kulturellen Faktoren zuwenden, die den Gütern eine neue Bedeutung gaben.

2 Die Aufklärung des Konsums

Die erste Reaktion war Abscheu. Der Italiener Girolamo Benzoni beobachtete in den 1550er Jahren in Nicaragua zum ersten Mal den Anbau und die Zubereitung von Kakao. Die Einheimischen fügten Wasser, eine Prise Pfeffer, manchmal auch Honig hinzu und erhitzten die Mischung, bis sie aufschäumte. Das Resultat war ein Getränk, das Benzoni »viel mehr eyn Sewtrancke wed eynes Menschen Getranck duncket sein«.[1] In der Türkei beobachtete der englische Dichter George Sandys sechzig Jahre später, dass die Türken nicht in Tavernen gingen, sondern in »Koffa-Häuser«, wo sie sich unterhielten und ein aus einer Beere hergestelltes Getränk nippten, »so heiß, wie sie es aushalten«, »schwarz wie Ruß und auch so ähnlich im Geschmack«.[2] Binnen eines Jahrhunderts waren die aristokratische und die wirtschaftliche Elite gleichermaßen süchtig danach. Ein Quintett aus exotischen Genussmitteln eroberte Europa: Tee aus China, Kaffee und Rohrzucker aus dem arabischen Raum sowie Tabak und Kakao aus der Neuen Welt. Im habsburgischen Spanien und Österreich gaben Adlige Schokoladenpartys – *las chocolatadas.* Überall in Europa begannen sich geachtete Bürger und gelehrte Gentlemen in Kaffeehäusern zu treffen. Mitte des 18. Jahrhunderts genossen auch Diener und Handwerker gern eine Tasse Tee oder Kaffee. Um 1900 war die Eroberung abgeschlossen. Sogar heiße Schokolade war zu einem Massenprodukt geworden, das von Soldaten und Arbeitern ebenso getrunken wurde wie von vornehmen Damen. Aus kostbaren exotischen Luxusgütern waren Alltagsdinge geworden.

Bittersüß

Die Einführung und Popularisierung neuer Vorlieben bilden ein entscheidendes Element der modernen Konsumkultur. Indem wir den dramatischen Wandel im Geschick der genannten exotischen Getränke nachvollziehen, erhalten wir eine klare Vorstellung davon, wie neue Vorlieben entstehen und welche Akteure und Prozesse dafür verantwortlich sind. Der Aufstieg von Tee, Kaffee und Kakao war durch Verlagerung und Entwertung gekennzeichnet. Es fand eine beispiellose globale Verpflanzung von Gewächsen, Menschen und Vorlieben statt. Die Europäer schufen in ihren Kolonien neue tropische Produktionszonen. Unter den Azteken war Kakao hauptsächlich in Soconusco an der mexikanischen Pazifikküste angebaut worden. Die Holländer brachten ihn nach Venezuela, katholische Missionare auf die Philippinen. In der Zeit, als Sandys seine Reisen unternahm, wurde Kaffee nur im Jemen kultiviert und im Hafen von Mokka verschifft. Dann begannen die Holländer in Surinam (1718), die Franzosen in Martinique (1723) und die Briten in Jamaika (1728) Kaffee anzubauen. In den 1840er Jahren legten die Briten in Assam und Ceylon Teeplantagen an. Den aus Südostasien stammenden und von den Arabern im Mittelmeerraum eingeführten Rohrzucker verpflanzten die Europäer von Madeira und den Kanaren auf die Westindischen Inseln. Zeitgenössische Beobachter waren sich der Tragweite dieser Verlagerungen bewusst. Ob Kaffee und Zucker für Europas Glück ausschlaggebend seien, wisse er nicht, gestand der französische Schriftsteller Jacques-Henri Bernardin de Saint-Pierre 1773 ein. Aber er sei sicher, dass diese beiden Kumpane die anderen betroffenen Kontinente in eine große Tragödie gestürzt hatten: Amerika werde entvölkert, weil die Europäer das Land für die Kultivierung haben wollten, und Afrika werde entvölkert, weil sie Arbeitskräfte benötigten, um dieses Land zu kultivieren.[3]

Zu jedem der fünf Genussmittel gibt es eine eigene Literatur, angefangen mit Sidney Mintz' bahnbrechender Studie über Zucker, *Die süße Macht* (1985), die ein neues Genre begründete: die Warenbiographie.[4] Deren Attraktivität ist leicht zu verstehen. Wenn man der Geschichte eines bestimmten Nahrungsmittels folgt, erkennt man die gegenseitige Abhängigkeit von Produktionsweisen und Konsum über Ozeane und nationale Grenzen hinweg. Die Annehmlichkeit eines heißen, gesüßten Tees, der in England serviert wurde, ist verknüpft mit der Grausamkeit der Sklavenplantagen in der Karibik. Eine zweite Erkenntnis ist, dass Güter, wie Menschen, ein »soziales Leben« haben.[5] Ihr Charakter und ihr Wert verändern sich entlang der Nahrungskette und mit der Zeit. Für Aztekenherrscher war Kakao Tribut, Geld und religiöses Ritual. Eine Kiste mit Tee kann verkauft oder verschenkt werden.

Das Problem der Warenbiographien ist nicht, dass sie zu wenig erklären würden, sondern dass sie häufig zu viel erklären und einer einzigen Pflanze das ganze Gewicht der Weltgeschichte aufbürden. So haben die exotischen Genussmittel eine Vielzahl großer Narrative geschaffen. Eines erzählt vom Zivilisationsprozess, in dessen Verlauf die neuen Gewohnheiten der Teegesellschaft und des Kaffeekränzchens von den europäischen Fürstenhöfen auf die aufstrebende Mittelschicht und dann auf die übrige Bevölkerung übergriffen.[6] Ein anderes präsentiert das Kaffeehaus als Geburtsort einer öffentlichen Sphäre.[7] Manche sehen in der Tatsache, dass sich der Kaffee gegenüber dem Kakao durchgesetzt hat, sogar einen Triumph des nüchternen, modernen und protestantischen Nordeuropas über den zügellosen, barocken und katholischen Süden.[8] Nach einer weiteren Auffassung schmiedeten britischer Tee und Zucker eine imperiale Kette zwischen kolonialem Sklaventum und Fabrikarbeit in der Metropole.[9] Problematisch an all diesen Narrativen ist, dass die einzigartige, ausschlaggebende Wirkung, die ein Getränk zu haben scheint, sich als stark kontextgebunden herausstellt. In Fabriken im protestantischen Europa beispielsweise bot man den Arbeitern neben Kaffee auch Bier und Gin an, und Russland und China, die völlig andere Imperien und Arbeitsregime hatten als Großbritannien, gehörten wie dieses zu den großen Teenationen. Deshalb muss man diese Genussmittel nebeneinanderstellen. Letztlich setzten sich die exotischen Getränke durch, weil sie außerordentlich flexibel waren, das heißt unterschiedlichen sozialen Gruppen, kulturellen Bedeutungen und Wirtschaftsformen von Nutzen waren, Kolonien und kleinen Ländern ebenso wie imperialen Metropolen.

Global betrachtet, war die Einführung der Genussmittel in Europa weniger eine folgenreiche Entdeckung als vielmehr eine verspätete Aufholjagd.[10] Andere Kulturen kannten Getränke mit den Stimulantien

Koffein und Theobromin (von dem sich Spuren im Kakao finden) schon seit Langem. Im China der Ming-Zeit war pulverisierter grüner Tee verbreitet, und die Mandschu in Innerasien tranken schwarzen Tee mit Milch. Im Nahen Osten wurde seit dem 15. Jahrhundert Kaffee getrunken, nachdem die Sufis eine Technik zum Rösten der Kaffeebohnen entwickelt und das neue Heißgetränk in Kairo und Mekka eingeführt hatten. In Ostafrika gab es das Khat und weiter westlich die Kolanuss, die von den Wohlhabenden am Morgen gekaut wurde, »um die Bitterkeit der Nüchternheit zu brechen«, wie die Haussa sagten.[11]

Der Einfluss der Weltreiche auf Geschmack und Ritual war in der Neuen Welt ebenso groß wie in der Alten. Im späten 16. Jahrhundert brachten Jesuiten die Kakaopflanze aus ihrem Ursprungsgebiet in Mexiko nach Caracas (Venezuela) und ins Guayas-Becken (Ecuador). In ganz Mittelamerika begann man heiße Schokolade zu trinken. Ein beträchtlicher Teil der in Venezuela geernteten Kakaobohnen wurde an Ort und Stelle verbraucht. Auch in Lima genoss die Elite das Getränk. In Guatemala und Nicaragua trank jeder Kakao. Auch auf den Philippinen war dieser das bevorzugte Getränk – mit Rohzucker und manchmal auch mit Pilinüssen und geröstetem Reis vermischt –, bis 1898 die Kaffee trinkenden Amerikaner das Land übernahmen.

Das zweite, häufig übersehene Getränk der Konsumrevolution in Lateinamerika war Mate, ein koffeinhaltiger Tee aus Paraguay, für den die getrockneten Blätter des immergrünen Matestrauchs (*Ilex paraguariensis*) aufgebrüht werden. Die ursprüngliche Wildpflanze wurde von Jesuitenmissionaren kultiviert und das Produkt auf dem gesamten Subkontinent verkauft, von Chile bis Peru und Uruguay. Tatsächlich war Mate in Buenos Aires ebenso eine exotische Neuheit wie Kaffee in London und Paris. Und es war ein noch geselligeres Getränk als Tee oder Kaffee. Die Mateschale wurde in der Runde der Trinker herumgereicht, die auch den *bombilla*, den Trinkhalm, teilten. Die mit den europäischen Teegesellschaften verbundene Accessoirekultur war in Wahrheit ein internationales Phänomen. Trinkhalme und Schalen aus Silber waren bis ins ecuadorianische Hochland hinauf verbreitet. Wie bei europäischen Teegesellschaften und Kaffeekränzchen zeichneten sich Frauen durch die Mate-Rituale als Erzkonsumenten aus, die zugleich Hüter heimischer

Geselligkeit und potentielle Verschwender waren. Es gebe »kein Haus, ob arm oder reich«, schrieb ein Beobachter in den 1780er Jahren, »in dem nicht ständig Mate auf dem Tisch steht, und es ist durchaus erstaunlich, welchen Luxus Frauen mit Mateutensilien treiben«.[12]

Was lag der Bekehrung der Europäer zu exotischen Getränken zugrunde? Dass sie Alkaloide mit ihrem süchtig machenden Potential enthielten, mag eine Rolle gespielt haben, ist als Erklärung aber nicht hinreichend. Immerhin mussten Geschmacksbarrieren überwunden werden. Außerdem sollte man die abhängig machende Kraft dieser Getränke nicht überschätzen. Viele tranken ein verdünntes, wässriges Gebräu. Um 1780 bemerkte ein Beobachter etwa, dass Bergbauern in Sachsen mittlerweile zwar auch Kaffee tränken, »aber freilich so dünn, dass er kaum die Farbe der Bohnen« habe.[13] Vielfach ging die Gewohnheit dem Genussmittel voraus. Um 1900 tranken die meisten Kontinentaleuropäer immer noch Ersatzkaffee aus Zichorie oder Eicheln, der keine Spur von Koffein enthielt. Im ländlichen Österreich ersetzte Bohnenkaffee erst in den nachfolgenden Jahrzehnten die Milch. Dass Europäer in der Lage waren, die Ozeane zu befahren, Kolonien zu erobern und Afrikaner zu versklaven, spielte gewiss eine Rolle; andererseits wäre das atlantische Plantagensystem ohne die zunehmende Vorliebe der Europäer für Zucker und Kaffee zusammengebrochen. Die Grundfrage – zugleich eine der schwierigsten Fragen – lautet also, wie und warum änderten sich Geschmack und Gewohnheiten.

Anders als der persönliche Geschmack, etwa die plötzliche Vorliebe von Kindern für bittere oder saure Lebensmittel, bilden sich neue nationale Geschmäcker nur langsam heraus. Dabei wechseln sowohl die Kriterien des Geschmacks als auch die geschmacksbildenden Gruppen. In der ersten Phase, vom 16. bis zum frühen 18. Jahrhundert, waren Besitz und Verbreitung exotischer Genussmittel eine exklusive Angelegenheit. 1724 kam ganz England mit 660 Tonnen Kaffee aus. Wären sie gleichmäßig verteilt worden, hätte jeder Engländer alle drei Wochen eine Tasse dünnen Kaffee trinken können – und 1724 war ein ungewöhnlich gutes Jahr. Der Teeverbrauch war nur geringfügig höher.[14] Kakao wurde seit den 1590er Jahren regelmäßig gehandelt, aber noch ein Jahrhundert später verschiffte Venezuela pro Jahr nur 65 Tonnen nach Spanien. Kaffee und Kakao waren also Luxusgüter, zum einen, weil nur wenige sie sich leisten

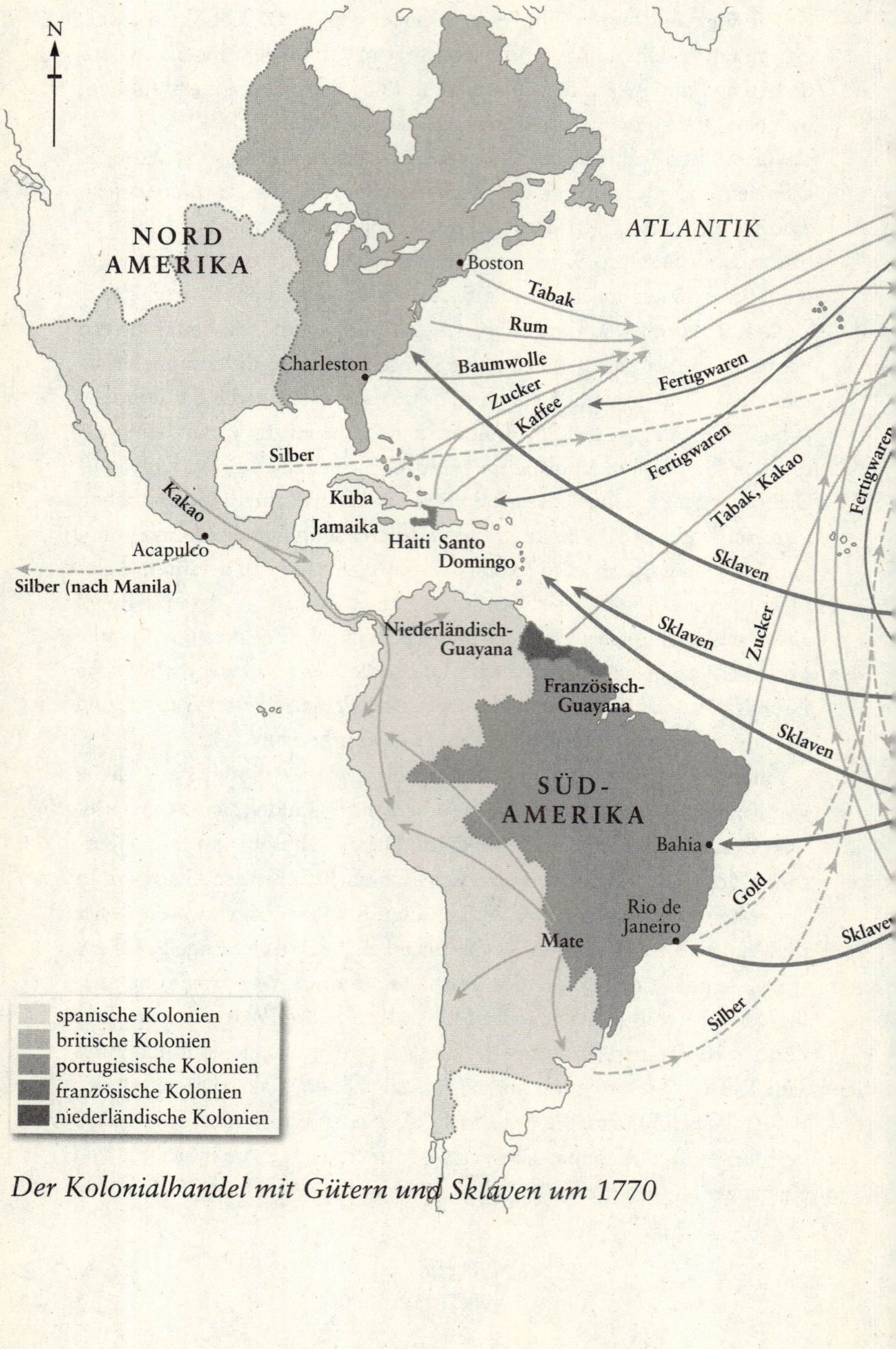

Der Kolonialhandel mit Gütern und Sklaven um 1770

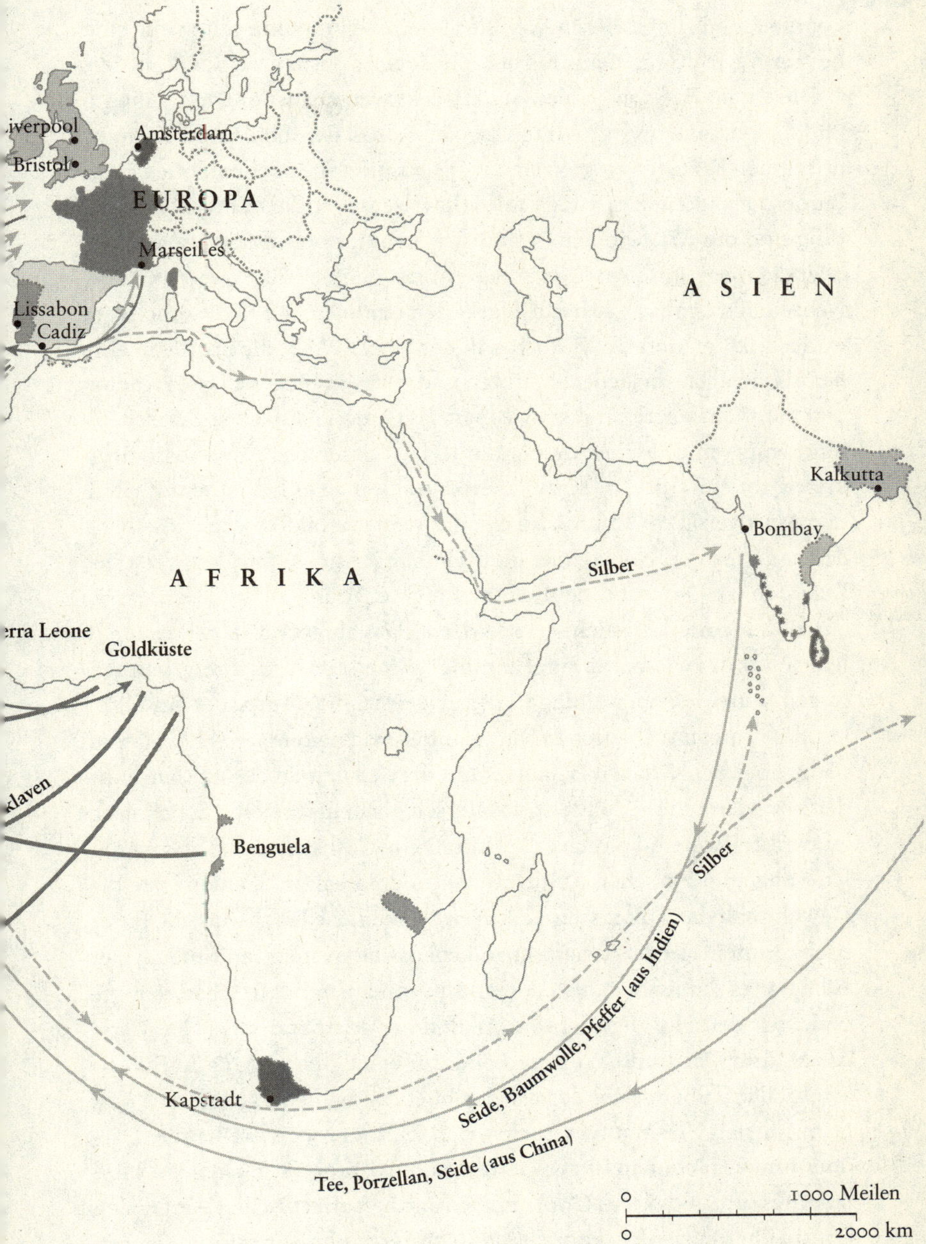

iverpool
Bristol
Amsterdam
EUROPA
Marseilles
Lissabon
Cadiz
ASIEN
Kalkutta
Bombay
Silber
AFRIKA
erra Leone
Goldküste
klaven
Benguela
Silber
Seide, Baumwolle, Pfeffer (aus Indien)
Kapstadt
Tee, Porzellan, Seide (aus China)
0
1000 Meilen
0
2000 km

konnten, und zum anderen, weil sie als seltene Produkte galten, die eine bestimmte Haltung, Kenntnis und Kunst des Konsums erforderten.

Die ersten Botschafter des Geschmacks waren Missionare, Kaufleute und Gelehrte. Durch ihr Interesse am Exotischen und ihren Kontakt mit fernen Kulturen sorgten sie dafür, dass die neuen Stimulantien nach Europa gelangten, zusammen mit Hinweisen über die richtige Zubereitung und die Art, wie man sie zu sich nehmen sollte, sowie Angaben über die medizinischen Eigenschaften, die man bei den Arabern und in Neuspanien beobachtet hatte. Die ersten europäischen »Schokoholiker« waren Jesuiten und Dominikaner in der Neuen Welt, die noch von einheimischen Hausmädchen, Märkten und Wissen abhängig waren. Indios und Mestizen zeigten ihnen, wie man das Getränk auf lokale Art schaumig schlug, mit Honig süßte und mit den Samen des Annattostrauchs kräftig rot einfärbte. In Mittelamerika trank man es heiß und mit Chili und Mais versetzt. Anfang des 17. Jahrhunderts bildeten religiöse Niederlassungen den Nabel eines globalen Drogenrings, der über Veracruz Kakao an die Ordensbrüder in Rom schickte.[15]

Im Zentrum des Reichs wurde der Kakao aufgrund seiner kolonialen Herkunft zwiespältig aufgenommen. Einerseits betrachtete man ihn wegen seiner hohen Stellung in der aztekischen Kultur als etwas Elitäres, das ihn von plebejischen Stimulantien wie dem Mate abhob, der es nicht über den Atlantik schaffte und dort erst Ende des 20. Jahrhunderts wiederentdeckt wurde. Andererseits bedeutete heiße Schokolade zu trinken wie ein kolonialer Untertan einen Abstieg auf der imperialen Rangleiter zwischen Kulturbringer und Barbar. In Spanien löste die Gewohnheit der Kolonisten, Kakao zu trinken, die Furcht aus, die Europäer könnten von der indianischen Lebensweise verdorben werden. Der Adel war es schließlich, der das Getränk von allem Anrüchigen reinigte und über den Hof der Habsburger und das aristokratische Netzwerk, das Madrid, Paris und Wien verband, für seine Verbreitung in Europa sorgte. Die Zubereitung des Kakaos blieb weitgehend gleich, nur dass er mit neuen Zutaten wie Zucker und Zimt europäisiert wurde. Darüber hinaus fand man in der Lehre von den Körpersäften, die auf Hippokrates (um 460–370 v. Chr.) und den antiken griechischen Arzt Galen (131–201 n. Chr.) zurückging, eine Rechtfertigung für seinen Genuss.

Chilipfeffer verschwand als Schokoladengewürz. Cosimo II. de' Medici trank seinen Kakao mit Jasmin; in Nordeuropa mischte man Eier unter. Serviert wurde das Getränk nicht mehr in Schalen, sondern in feinen Porzellantassen, und man genoss es sowohl zum Frühstück als auch auf Schokoladengesellschaften.

Weder Kaffee noch Tee musste eine Hemmschwelle kolonialer Unreinheit überwinden. Ganz im Gegenteil gereichte ihnen das Exotische zum Vorteil. Dass die Bohnen und Blätter aus Arabien oder China kamen, umgab sie mit der Aura einer für europäische Reisende esoterischen Kultur. Kaffee sprach gelehrte *virtuosi* wie den englischen Philosophen Francis Bacon und den italienischen Botaniker Prospero Alpino an, die sich für die ganze Vielfalt der natürlichen Welt interessierten. Im türkischen Kaffeehaus entdeckten Europäer ein Modell von Geselligkeit und Konversation, und sie bedienten sich großzügig beim medizinischen Wissen der Araber. 1671 verfasste der französische Arzt und Archäologe Jacob Spon eine der frühesten und einflussreichsten Schriften über das Kaffeetrinken. Unter dem Titel *De l'usage, du caphé, du thé, et du chocolate* schrieb er, dass die Türken »anderthalb Pfund der Kerne dieses Korns« nähmen und sie, »nachdem sie die Schalen entfernt haben, vor einem Feuer rösten« und dann »in zwanzig Pints Wasser kochen«, bevor sie das Getränk in »kleinen Porzellanschalen« servieren. Spon wies den Vorwurf zurück, der Kaffee (wie der Tee) würde Körper und Geist verweiblichen. Zu seiner Verteidigung zitierte er nicht nur einen »bedeutenden arabischen Arzt«, sondern auch Galen, der weiterhin großen Einfluss auf das medizinische Denken in Europa hatte. Heißer Kaffee, erklärte Spon, erhalte das Gleichgewicht der vier Körpersäfte aufrecht, indem er »das Kochen des Bluts und die Zersetzung der Kraft« verhindere. Außerdem verwies er darauf, dass die Araber ihn gegen Magenverstimmung, Katarrh und als beliebtes Heilmittel gegen das »Aussetzen des Monatsflusses« einsetzten.[16] Nach Hause zurückgekehrt, verschrieben Spon und seine Arztkollegen Frauen, die unter Menstruationsschmerzen litten, Kaffee.

Der Aufstieg des Kaffees in Europa verlief anfangs indes alles andere als glatt. Einfuhrmengen und Preise variierten enorm. Kaffee war profitabel, aber die anfängliche Transportroute vom Jemen nach Großbritannien war gefährlich. Im Roten Meer waren Schiffe der Ostindien-Kompanie leichte Beute für Piraten. Von 1691 bis 1693 erreichte überhaupt kein Kaffee die britischen Inseln. Zudem stritt man weiterhin über die Wirkung des Kaffees auf die Gesundheit. An der medizinischen Fakultät der Pariser Universität warnten manche, heiße Getränke würden das Leben verkürzen. In England schickte ein Doktor Willis Patienten mit einer »kalten schweren Constitution« zur Bekämpfung von Kopfschmerzen und Lethargie zwar ins Kaffeehaus, Patienten mit »hitzigem Temperament« riet er dagegen, sich des schwarzen Getränks zu enthalten, weil es »den Leib unruhig und mager machet«. Bei zu großem Kaffeekonsum, warnte der englische Arzt, sei zu befürchten, dass er »die Leute lahm und ihre Nerven so schlaff mache, daß sie zu den Scherzen und Übungen im Bette und ihre Weiber zu ergetzen untüchtig werden«.[17] Tatsächlich beobachtete der deutsche Gelehrte und Diplomat Adam Olearius, der von 1633 bis 1635 im Auftrag von Friedrich III. von Schleswig-Holstein-Gottorf Russland und Persien bereiste, dass Perser Kaffee zur Geburtenkontrolle einsetzten. Kakao galt dagegen als Aphrodisiakum. Ob Großbritanniens spektakuläres Bevölkerungswachstum ausgeblieben wäre, wenn die Briten statt zu Tee- zu Kaffeetrinkern geworden wären, sei dahingestellt.[18]

Im späten 17. Jahrhundert wurden all diese Genussmittel weiterhin unterschiedlich genutzt und bewertet. Samuel Pepys pflegte am Morgen nach einem Zechgelage Kakao zu trinken, um seinen Magen zu beruhigen und den Kater zu bekämpfen. Viele Kaffeehäuser boten eine ganze Reihe heißer Getränke an. An die Spitze setzte sich jedoch der Kaffee als »anständiges, wach machendes Getränk«.[19] In expandierenden Marktgesellschaften hob er sich durch seine ernüchternde Wirkung sowohl vom aristokratischen Übermaß als auch von der plebejischen Ekstase ab, die mit Marihuana rauchenden Matrosen und Prostituierten assoziiert wurde. Kaffee wurde Büroangestellten empfohlen, deren morgendliches Glas Ale oder Wein sie »wegen des Schwindels, die es im Kopf verursacht, geschäftsuntüchtig« machte.[20] Kaffee bedeutete Vernunft, Kontrolle und Mäßigung.

Die frühen Kaffeehäuser zogen insbesondere zwei Kundengruppen an: Geschäftsleute und Gelehrte. Das erste Kaffeehaus im Westen, The Angel, eröffnete 1650 in Oxford. Venedig und Amsterdam folgten 1663, Bremen 1673, Boston 1690 und Prag 1705. Zu diesem Zeitpunkt gab es in

London bereits Hunderte von Kaffeehäusern. Bei ihrer Verbreitung spielten Einwanderer und Handel treibende Minderheiten eine entscheidende Rolle. The Angel wurde von einem jüdischen Einwanderer gegründet, das Kaffeehaus in der Pariser Rue de Bussy, das die Malteser Ritter verköstigte, von einem Armenier. Anders als beim Kakao wurde der exotische Aspekt des Kaffees hervorgehoben. Im Don Saltero's in London – dessen Besitzer im wirklichen Leben James Salter hieß – tranken die Gäste ihren Kaffee unter den Augen von an der Decke hängenden Krokodilen, Schildkröten und anderen Naturkuriositäten. Zahllose Kaffeehäuser nannten sich The Turk's Head.

Später wurde häufig eine scharfe Trennlinie zwischen der nüchternen, Kaffee trinkenden Geschäftskultur und der hedonistischen Kultur der Fürstenhöfe gezogen. Dieses Bild muss revidiert werden. In europäischen Fürstentümern wie Sachsen stellten die Höfe Magneten für exotische Güter dar und zogen italienische und levantinische Kaufleute an, die den Kaffee, samt Accessoires und Fachwissen, mitbrachten. Das Kaffeehaus war Nachrichtenbörse, Handelsplatz und Hochschule in einem. Hier las man eine der frühen Zeitungen, schloss ein Geschäft ab und erfuhr von den neuesten wissenschaftlichen Entdeckungen. In den 1960er Jahren feierte der Philosoph Jürgen Habermas das Kaffeehaus als Ort einer prototypischen, von Vernunft geprägten bürgerlichen Öffentlichkeit. Diesem hochherzigen Ideal entsprachen allerdings nur wenige dieser Treffpunkte. Die meisten boten neben Kaffee auch Weinbrand an. In manchen gab es zudem türkische Limonade, andere verfügten über *bagnios*, türkische Bäder, komplett mit Masseuren und Barbieren sowie ausreichend Gelegenheiten, eine Geliebte zu treffen. Vernünftige Gespräche wurden von Klatsch und Tratsch unterbrochen, von gelegentlichen Prügeleien und verbotenen sexuellen Begegnungen (siehe Abbildung 11). Und der öffentliche Charakter der Kaffeehäuser hatte seine Grenzen. In Dresden erhob der Staat eine deftige Steuer auf Kaffee, um plebejischen Etablissements den Garaus zu machen. In Preußen verbot Friedrich der Große 1769 den Kaffee gänzlich, um Geld im Land zu behalten und die heimische Zichorie vor den kolonialen Einfuhren zu schützen. Solche Reaktionen auf das Kaffeetrinken waren nicht nur ein Angriff absolutistischer Staaten auf die bürgerliche Gesellschaft. Sie kamen auch aus dieser selbst.

In England hegten frühe regelmäßige Kaffeehausbesucher die Befürchtung, zu viel Offenheit könnte die Jugend verderben und die Ordnung und die Achtung vor der geistigen Autorität untergraben.[21] Das Kaffeetrinken erforderte eine bestimmte kulturelle Einstellung. Luxus, nicht Demokratie, war die treibende Kraft. 1764 bemerkte ein italienischer Schriftsteller in einer Abhandlung über den Kaffee, alle Autoritäten seien sich darin einig, mit dem Luxus würden auch »die Tugenden der Geselligkeit, Menschlichkeit und Anmut, die Vollkommenheit der Künste, der Wohlstand der Nationen und die Pflege der Intelligenz« zunehmen.[22] Dies waren weiterhin die Tugenden von wenigen, nicht der vielen.

Der breite Durchbruch fand nicht in der öffentlichen, sondern in der privaten Sphäre statt. Mitte des 18. Jahrhunderts mehrten sich die Anzeichen dafür, dass Kaffee und Tee die Haushalte eroberten. Neue tägliche Gewohnheiten und Formen heimischer Geselligkeit bildeten sich heraus. In Bürgerfamilien begannen der Hausherr und seine Frau den Tag, indem sie gemeinsam Kaffee tranken, und kehrten am Nachmittag zum Tee oder Kaffee mit der Familie zurück. Für vornehme Damen war die Teegesellschaft ein Ritual weiblicher Geselligkeit, aber auch eine Gelegenheit, mit den Frauen von Kaufleuten und Mietern Geschäfte zu tätigen.[23] Die Eroberung der Haushalte war nicht zuletzt deshalb wichtig, weil sie eine zweite Welle der Anschaffung von Tassen, Tischen und Accessoires auslöste. Von einem höfischen Beamten in Wolfenbüttel ist bekannt, dass er 1745 eine Kaffee- und eine Teekanne, ein Milchkännchen, eine Zuckerdose und elf Teelöffel besaß – alles aus Silber; ferner gehörten ihm eine Teemaschine aus Messing mit Spirituskocher, eine Kakaokanne aus Keramik, elf blauweiße Porzellantassen, eine dazu passende Zuckerschale, sechs kleine farbige Tassen, drei Kakaobecher und sechs braune Kaffeetassen.[24]

1715 bemerkte Jean de La Roque in einer Abhandlung über den Aufstieg des Kaffees in Europa, er werde nicht nur in den vielen Kaffeehäusern getrunken, sondern ebenso in Privathäusern, »sowohl bey artigen Bürgern, als bey den vornehmsten Standespersonen«, ganz zu schweigen von den »vielen an den Caffe gewöhnten Personen, die in Klöstern leben, oder die in einer besondern Verfassung stehen, da ihnen der Wohlstand nicht zulässt, in die Caffeschenken zu gehen«.[25] Am schnellsten setzte sich das Kaffeetrinken im Zentrum der Handelsreiche durch, in Großbritannien und den Niederlanden. Aus diesen Ländern gibt es besonders viele Inventarien, die einen Eindruck davon vermitteln, wie schnell sich die Gewohnheit ausbreitete. In Inventarien aus der unmittelbar nördlich von Amsterdam gelegenen Kleinstadt Weesp beispielsweise, in der Leinenweber, Ginbrenner und Kleinbauern lebten, waren um 1700 keinerlei Tee- oder Kaffeeutensilien aufgeführt. Ende der 1730er Jahre besaß jeder Haushalt einige Tassen und eine Kanne. In Aalst in Flandern tranken im späten 18. Jahrhundert zwei Drittel des ärmsten Fünftels der Einwohner Tee, ein Drittel auch Kaffee. Der Hauptunterschied war, dass die Wohlhabenden Porzellankannen besaßen, während die Armen weiterhin Kupferkannen benutzten. In Antwerpen brühten sich sogar Personen, die nur ein einziges Zimmer bewohnten, ihren eigenen Tee oder Kaffee. In London waren am Ende des Jahrhunderts in Pensionen Teekannen für die Gäste ein Muss.[26]

Verkauft wurden Kaffee und Tee sowohl von Buch- und Stoffhändlern als auch von Krämern und Apothekern. Daneben wurden immer mehr exotische Waren für jeden Geschmack und Geldbeutel angeboten. 1683 verkaufte ein Eisenwarenhändler in Cheshire Tabak in vier Güteklassen; zwei Generationen später konnte man bei Alexander Chorley in Manchester unter zehn Zuckersorten wählen. Händler boten Tee »zum Vorteil der Armen« in »kleinen Mengen von nicht weniger als 2 Unzen zu reduzierten Preisen« an.[27] Wie sehr sich die neuen Vorlieben in den Alltagsgewohnheiten niederschlugen, lässt das Beispiel des Dresdener Weinhändlers Samuel Bauer ahnen. In seinem Heim hatte er ein bescheidenes Tee- und Kaffeeservice angesammelt, zu dem Keramikkannen und sechs rotweiße Kaffeetassen der Manufaktur im nahe gelegenen Meißen gehörten. Auch als er in wirtschaftliche Schwierigkeiten geriet und ins Armenhaus umziehen musste, ließ er nicht von seiner Gewohnheit und trank morgens und nachmittags Kaffee; bis zu seinem Tod im Jahr 1787 gab er dafür mehr Geld aus als für alle anderen Lebensmittel zusammengenommen.[28]

Bauers bescheidenes Meißener Service war ein greifbarer Beweis für den expandierenden Markt für Geschirr, das gleichzeitig modisch, erschwinglich und haltbar war. Doch Meißen und andere damalige

Fabriken wie Wedgwood waren eher Nutznießer der Nachfrage nach semi-luxuriösen Gütern als deren Erzeuger. Ein Jahrhundert zuvor hätte kein Prophet die Vorherrschaft von in Europa hergestelltem Porzellan voraussehen können. Keine europäische Tasse oder Schale kam den chinesischen Produkten gleich (siehe Abbildung 3 und 4). In Holland stellte man seit dem 16. Jahrhundert zinnglasierte Delfter Keramik her, aber sie zerbrach leicht. Tongefäße waren für heiße Getränke ungeeignet. Europa hinkte in Produktionstechnik, Glasur und Bemalung hinterher; anstelle von feinem Porzellan waren Messing und grobe Keramik in Gebrauch. In Sachsen entdeckte Ehrenfried Walther von Tschirnhaus 1704, wie man Hartporzellan herstellt, doch das Verfahren wurde geheim gehalten und war anfangs derart kostspielig, dass nur August der Starke und sein Hof sich die Produkte leisten konnten. Unterdessen errichteten die Chinesen in Jingdezhen Hunderte von Brennöfen, die viertausend lokale Fabriken versorgten. Es war ein wahrhaft globales Produktionszentrum, das nicht nur Europa in den 1740er Jahren mit mehreren Hundert Tonnen Porzellan belieferte, sondern noch größere Mengen nach Japan und ganz Südostasien ausführte. Neuheit, Mode, Anpassung und Innovation – die Triebkräfte der Konsumgesellschaft – waren eine Folge des Austauschs zwischen Ost und West.

Chinesische Porzellangegenstände waren hybride Dinge: Schalen etwa waren innen mit einem Getränk gefüllt, während sie, von außen betrachtet, Geschichten und Träume transportierten. In Asien hatte sich die Keramikmalerei gleichzeitig mit dem Holzblockdruck und der Kalligraphie entwickelt.[29] Ein beliebtes Motiv der Porzellanmalerei der späten Ming-Zeit war der »Rote Felsen«, die Darstellung einer Wein trinkenden Bootsgesellschaft, der eine Erzählung aus dem 11. Jahrhundert zugrunde lag. Solche Schalen waren nicht nur in Asien verbreitet, sondern fanden im 17. Jahrhundert auch ihren Weg nach Paris und Istanbul. Europäische Autoren wie der Dichter Alexander Pope und der Essayist Joseph Addison befürchteten, Frauen würden für eine Porzellantasse ihre Seele verkaufen: Porzellangeschirr versetzte seinen Besitzer in einen imaginären Vergnügungspark. Doch insgesamt war die Hochachtung für die chinesische Kultur in Europa noch stark genug, um chinesisches Porzellan mit einer Aura von Verfeinerung und Werthaftigkeit zu umgeben. Die chinesischen Hersteller waren nicht nur technisch und künstlerisch versiert, sondern auch flexibel. Sie reagierten auf die um sich greifende Mode der Chinoiserien, indem sie den Europäern den Orient zeigten, den sie sehen wollten; die Chinesen selbst fanden diese Produkte häufig minderwertig. In Kanton begannen europäische Kaufleute zwar auch eigene Dekore zu verlangen, aber die Ausführung überließ man am Anfang des 18. Jahrhunderts weiterhin den örtlichen Werkstätten. Muster und Moden wechselten rasch. Was in einem Jahr der letzte Schrei war, war im nächsten schon »altmodisch«. Die Märkte spalteten sich auf. Europäische Händler verfrachteten nicht abzusetzende Lagerbestände in die amerikanischen Kolonien.

Die Nachfrage nach semi-luxuriösen Chinoiserien setzte einen sich rasch drehenden Kreislauf von Nachahmung und Neuerung in Gang. Anfangs waren die Europäer kaum mehr als Kopisten. Doch in der Mitte des Jahrhunderts wendete sich das Blatt. In Bow in Ostlondon begann eine Fabrik feines Porzellan zu produzieren und den Ort zum britischen Kanton zu machen. In den 1760er Jahren fand Wedgwood heraus, wie man Tonware mit einer glänzenden Glasur versehen konnte, die sowohl ansehnlich als auch stark genug war, um plötzliche Temperaturwechsel auszuhalten. Das Steingut war geboren, ein billiger und dennoch glatter Ersatz für Porzellan, der zu dem wachsenden Mittelschichtmarkt ideal passte. Überall in Europa schossen Porzellanfabriken aus dem Boden, die von fürstlichen Subventionen lebten, aber auch von einem europäischen Netzwerk aus Malern und Designern profitierten, die sich ihre Anregungen aus dem *New Book of Chinese Patterns* (1754) und ähnlichen Werken holten. Der Transferdruck ermöglichte es den Herstellern, Gravuren von Kupferplatten auf Papier und dann auf Keramik zu übertragen. Auch in der Werbung wurden Neuerungen eingeführt. So eröffnete Wedgwood Ausstellungsräume und verteilte seine Musterkataloge in ganz Europa, von Nizza bis Moskau. Qinghua mit blauweißem Unterglasurdekor erhielt Konkurrenz durch einheimische »ägyptisch-schwarze« Ware. Die Mode war ein flatterhafter Meister. War Porzellan um 1700 ein chinesisches Monopol gewesen, befand sich der Markt für Tafelgeschirr hundert Jahre später fest in europäischer Hand. 1791 stellte die britische Ostindien-Kompanie den Massenimport von Porzellan aus China ein.[30]

Die Verbreitung der exotischen Getränke und der dazugehörigen Accessoires war zum Teil ein gesellschaftlicher Prozess, der von oben nach unten verlief. Diener wurden von ihren Herren mit den neuen Getränken bekannt gemacht und verlangten umgekehrt als Ergänzung zu ihrem Lohn ein paar Gramm Kaffee oder Tee. 1757 beklagte sich der Humanist Jonas Hanway, ein Freund von Findelkindern, Kranken und Armen und der erste Engländer, der einen Schirm trug, Diener und Arbeiter seien zu »Sklaven der törichten Gewohnheiten« der Reichen geworden und würden eher auf einen Laib Brot verzichten als auf eine Tasse gesüßten Tee. Nach Hanways Ansicht war der »nationale Rausch« ein »krimineller Exzess«. Er sei schlecht für den »nationalen Wohlstand« (die Importe müssten in Silber bezahlt werden), für den Charakter und für die Wirtschaft (beim Teetrinken vergeude man kostbare Zeit) sowie für die Gesundheit (Tee sei für Menschen, die in einem kalten nördlichen Klima lebten, »unnatürlich« und deshalb »ungesund«, nahezu ein »Gift«). Schlimmer noch, sein Genuss führe bei den Ärmsten zu »Bettelei und Missstimmung«, denn »je mehr Wünsche die Armen haben, desto unzufriedener werden sie, wenn sie nicht erfüllt werden«.[31] Einige Jahre später stellte der Historiker Pierre Jean-Baptiste Legrand d'Aussy in Paris fest, es gebe »absolut kein Ladenmädchen, keine Köchin und kein Zimmermädchen, das zum Frühstück nicht Kaffee mit Milch« trinke, und auf Straßen und Märkten würde den niederen Ständen aus Kaffeegrund und saurer Milch zubereiteter *café au lait* verkauft.[32]

Nachahmung war jedoch nur ein Teil der Geschichte. Für Stadtbewohner mit wenig Geld und Zeit waren Kaffee und Tee ein billiger Ersatz für eine warme Mahlzeit. Durch die Beimischung von Zucker verlagerte sich ihr Ruf weiter von exotischen Heil- zu Genussmitteln. Kaffee wurde anfangs wahrscheinlich ohne oder nur mit wenig Zucker getrunken. 1715 erklärte La Roque, viele würden Kaffee nicht mehr um der Gesundheit willen trinken, sondern wegen des Wohlgeschmacks, indem sie »gar zu viel Zucker hineinwerfen«, bis »eine Art dicken Syrups« aus ihm geworden sei.[33] Am Ende des Jahrhunderts waren Tee und Kaffee als »Nahrungsvehikel« für Zucker anerkannt, doch auch jetzt rieten selbst Befürworter des Kaffees zur Mäßigung, weil er dazu neige, »sauer zu werden, wenn er gesüßt wird; und dies ist ein Grund, warum viele davon Abstand nehmen, Kaffee zu trinken«.[34]

Die Verbreitungsmaschinen waren die Weltreiche. Im 18. Jahrhundert begannen die europäischen Mächte damit, ihre tropischen Besitzungen im großen Stil auszubeuten und den Teehandel mit China zu intensivieren. In den 1720er Jahren brachten die Ostindien-Kompanien immer noch nur 770 Tonnen Tee im Jahr nach Europa; vierzig Jahre später waren es, neben Millionen Porzellangegenständen, zehnmal so viel, und bis zu den 1820er Jahren wuchs die Importmenge noch einmal auf das Doppelte an. Während Weizen und andere einheimische Lebensmittel immer teurer wurden, wurde Tee immer billiger. In Amsterdam sank der Großhandelspreis von Kaffee von 10 Gulden pro Kilo zu Beginn des 18. Jahrhunderts bis auf 1 Gulden an dessen Ende. Im selben Zeitraum stieg in Großbritannien der Zuckerverbrauch fast auf das Zehnfache, auf 20 Pfund pro Person und Jahr. In dieser Zeit befand sich der atlantische Sklavenhandel, der für den Anbau von Zuckerrohr und Kaffee so wichtig war, auf dem Höhepunkt. 1807, am Vorabend des Verbots des Sklavenhandels, kam ein Viertel der britischen Importe von den Westindischen Inseln. Niemals wieder sollten die Kolonien in den imperialen Zentren eine so große Rolle spielen. Malachy Postlethwayt, der als Publizist für die Regierung Walpole und die Royal Africa Company arbeitete, beschrieb das britische Empire in den 1750er Jahren als »großartigen Bau aus amerikanischem Kommerz und Seemacht auf einem afrikanischen Fundament«.[35]

Am Ende des 18. Jahrhunderts begann sich die Öffentlichkeit über die menschlichen Kosten des Sklavenzuckers zu empören, wie wir im nächsten Kapitel sehen werden. Bis heute sind die Kosten und Vorteile von Weltreichen aus wirtschaftlicher Sicht umstritten. Streng genommen war der herrschende Merkantilismus für die Verbraucher schlecht, zumal wenn man ihn mit seinem späteren Nachfolger vergleicht, dem liberalen Empire mit freiem Handel und billigen Lebensmitteln. Zucker, Tee und insbesondere Kaffee wurden stark besteuert, was einen regen Schmuggel hervorrief, insbesondere über Frankreich und die Isle of Wight. Ferner sagt uns die ökonomische Vernunft, dass freie Arbeit produktiver ist als Sklavenarbeit. Die Peitsche ist der Effizienz und Einfallsgabe nicht förderlich. Doch die Geschichte ist blutiger und unordentlicher als die Ökonomie. Die neue Konsumordnung wurde auf dem Rücken von Sklaven errichtet. China zeigte, dass Zuckerrohr auf kleinen Bauernhöfen angebaut werden konnte, aber europäische Arbeiter drängten sich nicht gerade zur Überfahrt nach Jamaika oder Haiti, noch waren Plantagenbesitzer bereit, die hohen Löhne zu zahlen, mit denen sie hätten angelockt werden können. Wenn Großbritannien der übrigen Welt seine Kolonien geöffnet hätte, wäre dies in der damaligen merkantilistischen Weltordnung nicht auf den globalen Freihandel, sondern vielmehr auf eine französische Übernahme hinausgelaufen. Gewiss machte das merkantilistische Empire Kaufleute und Plantagenbesitzer auf Kosten von Sklaven und der einfachen Menschen im Mutterland reich. Die britischen Konsumenten mussten für die Kriegsmarine und die transatlantischen Kolonien tief in die Tasche greifen. Aber ohne Marine und Sklaven hätten sie weniger tropische Güter gehabt.[36]

Der Konsum ist keine einfache Funktion der Wirtschaft oder der Kultur. Schwankende Preise und Geschmackswandel können einander verstärken. Die wachsende Vorliebe der Briten für Tee, zum Nachteil von Kaffee, ist ein solcher Fall. In den 1710er Jahren, dem goldenen Zeitalter der Kaffeehäuser, lag der Kaffee noch vorn. Ein Jahrhundert später hatte sich das Blatt gewendet. Ein Brite verbrauchte jetzt rund 900 Gramm Tee im Jahr, aber nur etwas mehr als 300 Gramm Kaffee, und da Teeblätter eine dreimal so große Getränkemenge ergeben wie Kaffeebohnen, tranken Briten pro Tasse Kaffee gut acht Tassen Tee. Der Preis förderte diese Entwicklung.[37] 1724 wurde der Zoll auf Kaffee erhöht, während der Zoll auf Tee 1745 gesenkt wurde. Manche Historiker glauben, dass der Tee wegen der einfachen Zubereitung – man braucht bloß heißes Wasser zuzugeben, ohne dass eine Röstung erforderlich ist – und der immanenten Sparsamkeit bevorzugt wurde; Teeblätter können wiederverwendet werden, wie Arme und Betrüger wussten. Das Beispiel anderer Länder mahnt jedoch zur Vorsicht. Als die Amerikaner, nachdem sie unabhängig geworden waren, zum Kaffee wechselten, störten sie der zusätzliche Aufwand und die benötigten Utensilien offenbar nicht. Außerdem konnten auch Kaffeebohnen wiederverwendet werden. Der französische Arzt Nicolas Andry de Boisregard propagierte eine Zubereitungsmethode, die dies ermöglichte, nämlich das Aufbrühen der ungerösteten ganzen Kaffeebohnen: »Der zum erstenmal gebrauchte Caffe behält noch so viel von seiner Kraft bey sich, daß man ihn auch zum zweyten, ja zum drittenmal hiezu anwenden kann ...«[38] Wichtiger für die Wahl zwischen Kaffee und Tee dürfte jedoch gewesen sein, dass gewöhnliche Briten den erschwinglichen Bohea-Tee aus Nord-Fujian mochten, während der Merkantilismus den Preis von gutem Kaffee in die Höhe trieb. Der britische Geschmack spiegelte die politische Ökonomie des britischen Empires wider: eine süße Allianz zwischen der Zuckerlobby der Westindischen Inseln und der Ostindien-Kompanie, die Tee aus China importierte. Das Empire wirkte sich nicht nur auf den Preis, sondern auch auf die Qualität aus. Westindische Plantagenbesitzer nutzten das beste Land, um die profitabelste Pflanze anzubauen: Zuckerrohr. Kaffee galt als zweitklassig. Die Qualität sprach für sich: Selbst Verfechter des jamaikanischen Kaffees räumten ein, dass sein »Geruch, die Derbheit des Geschmacks und der widerliche Nachgeschmack« ihn für jeden, der an Bohnen aus Mekka oder von den französischen Inseln gewöhnt sei, »unangenehm« mache.[39] Der britische Kaffee geriet in einen Teufelskreis. Hohe Steuern bedeuteten geringen Verbrauch, was wiederum Investitionen, Qualität und Geschmack drückte. Aus dem Scheitern des britischen Kaffees kann man eine historische Lehre ziehen, die leicht vergessen wird: Manche neuen Vorlieben wurden aufgrund des merkantilistischen Weltreichs erworben, während andere von ihm zunichtegemacht wurden.

Der chinesische Staat blockierte den Handel zwar nicht, förderte ihn aber genauso wenig. Der im Jangtsedelta geschaffene Wohlstand wurde abgeschöpft und um der politischen Stabilität willen als Quersubvention in den ärmeren Norden transferiert. Der britische Staat war kein Wohltätigkeitsbasar; er plünderte die Brieftaschen seiner Bürger, sowohl, um den Handel und die Kolonien aufzubauen, als auch, um die Elite zu unterstützen. Und der Handel regte die Nachfrage an, wie die Zeitgenossen erkannten: »Dass die Welt umrundet wurde«, bemerkte der Verfechter der Kolonialisierung Edward Gibbon Wakefield, »liegt nicht daran, dass keine britische Wäscherin sich ohne Tee und Zucker zum Frühstück setzen kann, aber weil die Welt umrundet wurde, braucht jede britische Wäscherin Tee und Zucker zum Frühstück.«[40] Außerdem verschaffte das atlantische Weltreich der neuen Textilindustrie, wie etwa der Wollwirtschaft von West Riding in Yorkshire, einen wesentlich größeren Absatzmarkt, als sie ohne es gehabt hätte. Die Förderung des Handels überschnitt sich mit einer für Experimente offenen heimischen Kultur, etwa in den neuen Baumwoll- und Keramikfabriken. All dies begünstigte Wachstum und Entwicklung.[41] Und es erweiterte und vergrößerte den Warenkorb für Briten im Innern und in den Kolonien. Der Handel war wichtig, da er in einer Zeit steigender Preise Konsumgüter verbilligte. Hauptnutznießer dieser Entwicklung waren diejenigen, die ein frei verfügbares Einkommen hatten, also die Mittel- und Oberschichten.

Stadtleben

Alle Gesellschaften hatten eine Hauptstadt und Großstädte. In China waren es Peking und Yangzhou, in Frankreich Paris, das um 1700 eine halbe Million Einwohner zählte. Was Großbritannien und die Niederlande unterschied, war die Dichte ihrer urbanen Landschaften. In England und Wales lebte um 1500 nicht einmal jeder Dreißigste in einer Stadt mit einer Bevölkerung von mehr als zehntausend Menschen; um 1800 war es jeder Fünfte. In den Niederlanden vergrößerte sich dieser Anteil im selben Zeitraum von 16 auf 29 Prozent. Gleichzeitig lebten am unteren Jangtse, der am höchsten entwickelten Region Chinas, um 1800 nur 5 Prozent der Menschen in Städten; in Lateinamerika und Indien waren es rund 6 Prozent.[42] Frankreich und Deutschland waren überwiegend ländlich, während die italienischen Städte unter Stagnation oder Niedergang litten. Warum dies eine Rolle spielt? Zwar haben Historiker in jüngster Zeit gezeigt, dass am Jangtse der Handel trotz fehlender Städte zunahm. Für den Konsum war jedoch das Stadtleben entscheidend, und das aus vier Gründen.

Erstens boten Städte aufgrund ihrer Größe ein günstiges Umfeld für Produktdifferenzierung und spezialisierte Dienstleistungen. Die Vielfalt von Teeservices, Tapeten und fertigen Kleidern ist ohne sie ebenso undenkbar wie die Eröffnung spezieller Glas- und Porzellangeschäfte neben den alten Kramläden seit Mitte des 18. Jahrhunderts. Zweitens bildeten Städte ein Forum, auf dem neue Wünsche geäußert und neue Vorlieben weitergegeben wurden. Städtische Kaufleute erwarben schneller als ihre Zeitgenossen auf dem Land Porzellangeschirr, Vorhänge und

Kochtöpfe.[43] Mit anderen Worten, das Stadtleben förderte die Nachfrage stärker, als steigendes Einkommen oder sinkende Preise dies taten. Die ländlichen Gebiete waren nicht völlig von der Entwicklung abgeschnitten, aber es gab hier nur so viele Neuheiten, wie Hausierer auf dem Rücken tragen konnten. Städtische Geschäfte begannen im 18. Jahrhundert ein ganzes Konsumambiente anzubieten, mit Waren unter Glas und in Vitrinen, mit Spiegeln und bequemen Stühlen für Kunden. Das Einkaufen wurde zu einer städtischen Freizeitbeschäftigung. Provinzgeschäfte spielten eine entscheidende Rolle sowohl in der kommerziellen als auch in der kulturellen Integration Großbritanniens. So gestaltete beispielsweise der Polsterer Abner Scholes um 1730 in Chester in zwei Ausstellungsräumen eine Idealwohnung mit Stühlen und Tischen, modernen Stoffen und gerahmten Drucken von Liliputanern, die durch *Gullivers Reisen* in Mode gekommen waren.[44] Drittens verringerte das Stadtleben die Selbstversorgung. Zwar bauten französische Bürger weiterhin Wein an, und Arbeiter hielten bis ins 20. Jahrhundert hinein Hühner, aber im Allgemeinen war die *autoconsummation* für Städter weit schwieriger als für Landbewohner. Zum Kochen brauchte man einen Ofen, Zeit, Fertigkeiten und Kohle. Städtischen Arbeitern fehlten die meisten dieser Voraussetzungen. Auch die Kleidung wurde in zunehmendem Maß fertig erworben.

Viertens schließlich boten prosperierende Städte ein besonderes Kommunikationsfeld. Wachstum und Mobilität brachten ständig neue Menschen zusammen. Ansehen und Identität wurden veränderlicher. Die Kleidung war ein Signal, das zeigte, wer jemand war – oder sein wollte. Es entstand eine neue Kultur der Erscheinung. »Kleider machen Leute«, bemerkte der in Holland geborene Arzt und Philosoph Bernard Mandeville 1714 in den Anmerkungen zu seiner *Bienenfabel*, »und wenn man einen Menschen nicht kennt, ehrt man ihn gewöhnlich gemäß seiner Kleidung und sonstiger Dinge, die er bei sich führt; nach deren Eleganz beurteilt man seine Geldverhältnisse, aus der Art, wie er sie trägt, schließt man auf seinen Verstand. Dieser Umstand«, stellt Mandeville fest, veranlasse jeden, »sich wenn irgend möglich besser zu kleiden, als seinem Stand entspricht, besonders in großen, volksreichen Städten, wo ganz obskure Leute in der Stunde mit ein paar Dutzend Fremden auf einen Bekannten zusammentreffen und daher das Vergnügen haben, von einer überwiegenden Majorität nicht für das, was sie sind, sondern als was sie erscheinen möchten, gehalten zu werden ...«[45] In der Anonymität der Städte fand man leichter Zustimmung und wurde leichter als jemand angesehen, der einem höheren Stand angehörte. Dieser »goldene Traum«, wie Mandeville ihn nannte, löste ein Wechselspiel von Nachahmung und Verkleidung aus, das die Nachfrage ständig weiter anheizte.

Man muss nicht ganz so zynisch sein, allgemein aber kann man festhalten, dass Konsumgüter für die Identitätsbildung von Bedeutung sind. Kleidung, Accessoires und Verhalten bildeten ein soziales Ortungssystem. Ein neu in eine Stadt kommender Händler, der wie ein Landstreicher gekleidet war, musste mit einem geringen Geschäftsaufkommen rechnen, und ein Kunde in solcher Aufmachung würde wahrscheinlich keinen Kredit erhalten. Es war wichtig, seine Erscheinung zu pflegen. Zu den ersten Dingen, die junge Arbeiter daher für ihren Lohn kauften, gehörte anständige Kleidung, die eine neue, reife Identität signalisierte. Gleichzeitig legte man im Getümmel der Städte Wert auf Privatsphäre; die Menschen zogen in ihren Wohnungen die Vorhänge zu und sorgten für Bequemlichkeit. Der »Selbstaktualisierung« wurde schon drei Jahrhunderte, bevor Postmodernisten den Begriff prägten, die Bühne bereitet.[46]

Dinge im Sinn

Karl Marx glaubte, der westliche Kapitalismus würde die Menschen von der Welt der Dinge trennen. Nach seiner einflussreichen Ansicht brachte der Aufstieg des Westens die einzigartige Fähigkeit mit sich, einen Gegenstand abstrakt zu betrachten, als lebloses Ding, das gegen Geld eingetauscht werden konnte, anders als in Stammeskulturen, die Güter wegen ihrer magischen Kräfte zu Fetischen machten. Je mehr Güter der Westen anhäufte, desto weniger kümmerte man sich um sie. Viele haben der Aufklärung die Schuld an der »Selbstherrlichkeit« des Westens gegeben. Laut Theodor Adorno und Max Horkheimer, den Begründern der neomarxistischen Frankfurter Schule, hinterließ sie eine »instrumentelle Vernunft«. Nach Ansicht mancher Anthropologen unterscheidet sich der

Westen durch die scharfe Trennung zwischen Menschen und Dingen von organischeren materiellen Kulturen in Afrika und China. Im China der Ming-Zeit war der Mensch Teil der Welt der Dinge (*wu*). In Europa dagegen wurden sie, so die Argumentation, von René Descartes, der in den 1640er Jahren die Idee aufbrachte, der Geist sei eine sowohl vom Körper als auch von der materiellen Welt getrennte Entität, auseinandergerissen. Anderthalb Jahrhunderte später vollendete Immanuel Kant laut Wim van Binsbergen »den Sieg der Menschheit über ... die Dinge«.[47]

Diese Fixierung auf den Menschen als unabhängiges Subjekt, wird uns erklärt, sei die Ursache unserer gegenwärtigen Misere. Die Modernität vermittle den Menschen im Westen die Illusion, sie würden die Materie beherrschen. Unsere Abhängigkeit von Dingen werde vergessen. Die Gegenstände würden zweitrangig und entbehrlich. Das unvermeidliche Resultat sei die Wegwerfgesellschaft. In jüngster Zeit steht der französische Soziologe Bruno Latour, ein unermüdlicher Vorkämpfer der Dinge, an vorderster Front einer Kampagne, die den Dingen die ihnen gebührende Achtung zurückerobern und sie wieder zu Akteuren in unserem Leben machen will. Laut Latour ist nicht weniger erforderlich als ein Bruch mit den geistigen Grundlagen der Modernität. Von Hobbes und Rousseau bis zu Rawls und Habermas sei das politische Denken »einer starken Tendenz zur Objektvermeidung zum Opfer gefallen« und hätte sich von Dingen entleerte Versammlungen vorgestellt, bei denen sich gleichsam nackte, nur mit Vernunft ausgestattete Menschen begegnen.[48]

Es wäre unsinnig, diese Kritik in Gänze zu verwerfen. Die Aufklärung hat die Idee einer kritischen Vernunft verfochten und einen Volksglauben untergraben, der Bäumen und anderen Dingen die Fähigkeit, zu sprechen und zu handeln, unterstellte. Die wirklich entscheidende Frage ist, ob sich die Modernität in der Entmaterialisierung erschöpft und ob diese im Westen zu einem eindeutig gleichgültigen Umgang mit den Dingen geführt hat. Immerhin hat die angenommene Einheit von Menschen und Dingen die Chinesen in den letzten Jahrzehnten nicht davon abgehalten, ausgiebig zu konsumieren. Genauso wenig besitzt die westliche Modernität nur eine einzige Tradition. Parallel zur Debatte über das authentische Selbst entwickelte sich eine neue Faszination an Dingen als Dienern von Wissen und Identität. Nicht einmal Descartes glaubte an eine strenge Dualität von Geist und Materie oder Subjekt und Objekt. Anstatt in eine plötzliche materielle Amnesie zu verfallen, dachten Künstler und Wissenschaftler über die Dinge nach, einschließlich von Vertretern solcher Fächer wie Ökonomie, Philosophie, Literatur und Jurisprudenz. Im 17. und 18. Jahrhundert füllte sich das Denken gewissermaßen mit Dingen.

Die Beachtung der Dinge wurzelte in der Naturphilosophie. Die Renaissancekultur hatte die Aufmerksamkeit der Menschen für die Dinge gestärkt. Sammlungen von Büchern oder exotischen Kräutern spiegelten die Sachkenntnis und den Geschmack des Sammlers wider. Auf dieser Grundlage entwickelten holländische und englische Wissenschaftler und Reisende im 17. Jahrhundert eine neue Art der Erkenntnis. Anstatt von allgemeinen Prinzipien auszugehen, begannen sie mit der detaillierten Beschreibung der Gegenstände. Um die Welt zu verstehen, genügte die geistige Anstrengung nicht; man musste in sie hinausgehen, sie riechen, berühren und all die Dinge, mit denen sie angefüllt war, katalogisieren. In den Jahrzehnten nach 1598 kehrten Flotten holländischer Schiffe mit Muschelsammlungen, Muskat, Gürteltieren und Wapitiknochen aus Ostindien und von den Westindischen Inseln zurück. Expeditionen zu den Gewürzinseln brachten Speere und andere Gegenstände mit. In Reiseführern wurden Kabinette mit exotischen Pflanzen und Gegenständen, wie jene in Enkhuizen und Leiden, beschrieben, die Handwerker und Kaufleute ebenso anzogen wie Gelehrte und Könige. Die Ausdehnung des Handels und die »geschmackvolle Gegenständlichkeit« verstärkten sich gegenseitig.[49] Auf der Suche nach neuen Dingen reichten sie beide in die Welt hinaus.

Die empirische, materielle Erkenntnisweise machte den Handel zu einem wertvollen Partner von Wissenschaft und Geselligkeit. Güter und Güte gingen Hand in Hand. Der Handel füllte nicht nur die Taschen der Kaufleute. Er öffnete auch zum allgemeinen Wohl die Welt. Wie die Wissenschaft lehrte er die Menschen, die Dinge zu schätzen und zusammenzuarbeiten, wie der Universalgelehrte Caspar van Baerle in den 1630er Jahren in seinen Vorlesungen im Amsterdamer Athenaeum Illustre ausführte. Dies war eine weit dynamischere und offenere Sichtweise als diejenige des staatsbürgerlichen Humanismus, der Pracht nur als Privileg von wenigen zuließ. Der Handel verlieh den Dingen im eigenen Haus einen neuen Wert. Das chinesische Geschirr und die türkischen Teppiche, die in Bürgerhäusern zu bewundern waren, standen »symbolisch für ein positives Verhältnis zur weiten Welt«, wie der Historiker der Ming-Zeit Timothy Brook es ausdrückt, und damit im Gegensatz zum späten Ming-China, das wenig auf die ausländische Herkunft von Dingen gab.[50]

Nach der herkömmlichen Einstellung, wie sie etwa der englische Kaufmann Thomas Mun ausdrückte, korrumpierte das Verlangen nach Dingen das Individuum und war daher für die Nation eine kostspielige Belastung. Die Holländer, erklärte Mun 1664, würden die Engländer übertreffen, weil sie fleißig seien, wogegen Erstere »mit den Jahren immer dümmer werden«, während sie in Pantoffeln mit der Pfeife im Mund herumgehen, Tabak rauchen und einander zutrinken, bis der Tod [sie] wegholt«, mit dem Ergebnis:

> »Die letzte Folge unserer Pfeifen und Fleischtöpfe, unserer Feste und Moden, des Vertrödelns unserer kostbaren Zeit in Faulheit und Vergnügungen (im Gegensatz zu Gottes Gebot und dem Brauch der anderen Völker) hat nicht ausbleiben können; unsere Körper sind verweichlicht, unsere Kenntnisse armselig, unser Reichtum unzureichend, unsere Macht im Sinken begriffen, unsere Unternehmungen unglücklich und unser Ansehen bei den Feinden gering. Ich schreibe um so mehr von unseren Ausschweifungen, denn sie zehren an unserem Besitze ...«[51]

Doch schon als Mun dies niederschrieb, hatten die neuen Vorkämpfer der Dinge diese traditionelle Auffassung unter Beschuss genommen. Das Verlangen sei eine göttliche Gabe, verkündete der Naturwissenschaftler Robert Boyle 1655. Während »andere Geschöpfe« mit »leicht erreichbaren Notwendigkeiten zufrieden« seien, schrieb er, habe Gott den Menschen mit einer »Vielzahl von Wünschen« ausgestattet. »Überfluss und Leckerbissen« seien nichts Schlechtes. »Gieriger Appetit« entfache einen »wissbegierigen Eifer, die Natur auszumessen, zu zergliedern und zu durchsuchen«. Anstatt die Menschen der Geisteswelt abspenstig zu machen, erfülle er das Verlangen nach Dingen mit einer »noch ehrfürchtigeren

Bewunderung für den allmächtigen Schöpfer«.[52] Mit anderen Worten, nach Gottes Willen sollten die Menschen nicht Asketen, sondern Konsumenten sein.

Während eine solche Kultur der Verbesserung nun Fahrt aufnahm, verlor der klassische Vorbehalt gegenüber dem Luxus an Boden. Nach Ansicht der in den 1660er Jahren gegründeten Royal Society förderten venezianisches Glas und andere ausländische Luxusgüter die Entwicklung von Technik und nützlichem Wissen. Die Zahl der Patente wuchs. In seiner *History of the Royal Society of London* (1667) stellte Thomas Sprat, Bischof von Rochester, Luxus und Neuheit als Vehikel des Fortschritts dar. Am Anfang, schrieb er, sei die Gesellschaft in die Mächtigen und den Rest gespalten gewesen. Die Mächtigen hätten ihr Vergnügen und ihren Komfort durch Luxus gesteigert, der Rest durch Arbeit. Das Ergebnis seien Wohlstand und Städte. So weit, so gut. Was Sprat von früheren Autoren abhob, war der Gedanke, der Fortschritt könnte dank der »Entdeckung neuer Dinge, um die Hände der Menschen zu beschäftigen«, und der Verpflanzung vorhandener Dinge aus den Kolonien, wie der Seide, weitergehen. »Wir haben keinen Grund zu verzweifeln«, erklärte er. Das Mikroskop, optische Linsen und andere neue Instrumente zeigten, dass »uns eine weit größere Zahl unterschiedlicher Dinge offenbart worden ist, als vorher im sichtbaren Universum vorhanden waren«. Handel und Neuheiten würden Großbritannien ständig neue Kraft geben – je mehr, desto besser.[53]

Neuheiten waren auch Neuigkeiten, und der aufblühende Markt für gedruckte Neuigkeiten förderte die Verbreitung der neuesten Güter. Der Apotheker John Houghton, ein Mitglied der Royal Society, verkaufte nicht nur Tee und Kaffee, sondern veröffentlichte von 1692 bis 1703 auch ein nur aus einem Folioblatt bestehendes wöchentliches Mitteilungsblatt. Die für zwei Pence erhältliche *Collection for Improvement of Agriculture and Trade* mischte Informationen über den Preis von Kohle und Firmenanteilen mit Annoncen für Schokolade und Veranstaltungen.

Die Texte waren mehr als nur Mitteilungen über diese oder jene Neuheit. Sie waren Ausdruck einer grundsätzlich neuen Sicht auf die menschliche Natur. Die Kritik des Luxus hatte sich auf Prinzipien aus der Antike gestützt. Aristoteles nahm an, der Mensch habe begrenzte Bedürfnisse. Der beste Weg, sie zu befriedigen, war laut Sokrates, ein einfaches Leben zu führen. Der moderne Mensch legte die Latte höher. Ein früher Vertreter eines expansiveren Wunschbegriffs war Nicholas Barbon, ein Wegbereiter des Versicherungs- und Bankwesens im London der 1680er Jahre. Laut Barbon wurde der Mensch mit zwei Wunschkomplexen geboren, den »Bedürfnissen des Körpers und den Bedürfnissen des Geistes«. Letztere seien »unendlich«. Wünsche seien der »Appetit der Seele« und ebenso natürlich »wie der Hunger für den Körper«. Der Mensch »strebt von Natur aus«, und »seine Bedürfnisse wachsen mit den Wünschen, die auf alles gerichtet sind, was selten ist, was seine Sinne befriedigen, seinen Körper schmücken und die Leichtigkeit, das Vergnügen und das Gepränge des Lebens fördern kann«. Auch Englands Ressourcen seien »unendlich« und könnten »niemals verbraucht werden«. Der Konsum sei nicht durch physiologische Grenzen beschränkt. Als Geschäftsmann und Bauspekulant, der von dem Verlangen der Londoner nach größerem Komfort nach dem Großen Brand von 1666 profitierte, wusste der stets modisch gekleidete Barbon, wovon er sprach. Mode war keine Verschwendung. Vielmehr kurble das »Verlangen nach Neuheiten und seltenen Dingen« den Handel an, und je mehr Handel die Nation treibe, desto mehr verdienten und konsumierten die Menschen und desto voller sei die Schatztruhe des Königs.[54]

Bernard Mandeville schärfte die Klinge dieses Arguments in seiner *Bienenfabel* (1705/14) und gab der alten Moralordnung den Gnadenstoß. Private Sünden, so sein berühmtes Bonmot, erwiesen sich als öffentliche Tugenden:

> »Nicht minder dient der Neid sowie
> Die Eitelkeit der Industrie.
> Die Sucht, sich als modern in Speisen,
> In Kleid und Möbeln zu erweisen,
> Stets ein Objekt des Spottes zwar,
> Des Handels wahre Triebkraft war.«

Die Sünde habe »das Leben so angenehm/ So wahrhaft lustvoll und bequem/ Gemacht, dass jetzt der Arme sogar/ Noch besser dran als einst der Reiche war«.[55] Dieses Argument durchtrennte die moralische Einheit des staatsbürgerlichen Humanismus, der eine Symmetrie zwischen individueller Tugend und öffentlichem Wohl annahm. Es trennte soziale Vorteile vom individuellen Charakter. War das Ergebnis gut, zählten böse Absichten nicht. Ein Vielfraß machte einen guten Bürger. Starke Nationen beruhten nicht auf der Tugend, sondern auf der Sünde.

Schon im 16. Jahrhundert hatte der chinesische Schriftsteller Lu Ji dem Vorwurf, Extravaganz verarme die Gesellschaft, entgegengehalten, das luxuriöse Leben der wenigen stärke Handel und Gewerbe. Man darf in Lu Ji jedoch keinen chinesischen Mandeville avant la lettre sehen.[56] Im Gegensatz zu dem Holländer stellte er sich kein »Rad« ständigen Fortschritts vor. Die Menge des von Himmel und Erde geschaffenen Reichtums lag fest. Der Gewinn des einen war der Verlust eines anderen. Mandeville war gerade deshalb so revolutionär, weil er eine Gesellschaft entwarf, in der die individuelle Begierde nach Dingen zum Vorteil aller ist, da sie die Nation reicher und stärker macht.

In der neuen Wertschätzung des Konsums spiegelte sich eine positivere Sichtweise des Lohns wider. In der Vergangenheit hatte man die verbreitete Armut als gegeben hingenommen. Mehr gab es eben nicht zu verteilen. Wenn der Lohn eines Webers erhöht wurde, stieg der Tuchpreis, was den Verkauf drückte und zum Stellenabbau und damit zu mehr Armut führte. Erst der massive Ausbau des Handels und das gestiegene Vertrauen in nützliches Wissen in den Jahrzehnten der Stuart-Restauration ab 1660 öffneten den Engländern die Augen für eine Tatsache, die seit zwei Jahrhunderten bestand: Großbritannien war ein Hochlohnland. John Cary vertrat 1695 die Auffassung, ein verbessertes Fachwissen und arbeitssparende Techniken machten es möglich, trotz hoher Löhne wettbewerbsfähig zu bleiben. Anstatt zu einem Überlebenskampf verurteilt zu sein, konnte ein großer Teil der Bevölkerung zu Konsumenten werden. Höhere Ausgaben waren möglich und sogar wünschenswert, wie Daniel Defoe 1728 in seinem *Plan of the English Commerce* erklärte, denn die ganze Nation hing von den vielen Arbeitern und Ladenbesitzern und »der Höhe ihrer Einnahmen« ab. »[M]it ihren Löhnen sind sie in der Lage, aufwendig zu leben, und durch ihre kostspielige, großzügige, freie Lebensweise wird der heimische Verbrauch sowohl unserer eigenen als auch ausländischer Produkte in solchem Maße gesteigert.« Die Engländer seien »ein luxuriöses, kostspieliges Volk«. Das Leben sei »voller Exzesse, in manchen Dingen sogar auf verbrecherische Weise«. Die Löhne zu beschneiden, um den Verbrauch zu verringern, sei jedoch keine gute Idee. Wenn man geringere Löhne zahle, werde weniger ausgegeben, und darunter würde das ganze Königreich leiden.[57]

Diese Auffassung teilte nicht jeder. Als Neuengland 1727 von einem leichten Erdbeben erschüttert wurde, verkündete der Puritaner und Harvardabsolvent Cotton Mather, dies sei ein Zeichen für das Missfallen Gottes, der über die Eitelkeiten seiner Herde zürne. Die Luxusdebatte war ein gesamteuropäisches Phänomen. Die britische Diskussion unterschied sich weniger durch den Mangel an Kritikern als vielmehr durch den flexibleren, merkantilen Tonfall. Der Ausbau des Handels und die Argumente für den Konsum stützten sich gegenseitig. Hilfreich war auch die Absetzung des krypto-absolutistischen Königs Jakob II. im Jahr 1688, denn sie verringerte die Furcht vor höfischen Ausschweifungen. Statt zwischen Luxus und Notwendigkeit scharf zu unterscheiden, entdeckten Zeitgenossen zwischen diesen Polen ein ganzes Spektrum von »bescheidenem« oder »unschuldigem Luxus«. Außerdem konnte sich ein Luxus zu einer Notwendigkeit entwickeln, wie es im Fall des Zuckers geschehen war. Und warum sollte man die Unterschicht davon abhalten, an ihm teilzuhaben? 1776 präsentierte Adam Smith, wie erwähnt, den Konsum als »Ziel und Zweck aller Produktion«, ganz so, als wäre es eine unumstößliche Tatsache.

Auf dem europäischen Kontinent lebte die Luxusdebatte aufgrund der Krise des Adels und des Aufstiegs des Despotismus wieder auf. Luxus, einst ein Zeichen von Größe und Tugendhaftigkeit, richte den Adel zugrunde, klagten spanische Kritiker, da sich die Adligen durch prunkvolle Kleidung und Gärten gegenseitig auszustechen suchten. Starke, produktive Grundbesitzer würden sich in weiche, verweiblichte Puppen verwandeln, die ihre Macht an einen absoluten Monarchen verloren. In Frankreich verdammte Denis Diderot den Luxus als Quelle der Verderbnis, mit dem Königshof als deren Zentrum. Und der Kirche, fügte Voltaire hinzu. Üppige Bankette und livrierte Diener würden Mittel von produktiveren Verwendungen, die in der Vergangenheit den Luxus gerechtfertigt hätten, abzweigen. Der Luxus helfe den Armen nicht mehr, stellte Baron d'Holbach fest, er schaffe sie.[58]

Die Kritiker des Luxus waren nicht notwendigerweise Traditionalisten und Handelsgegner, genauso wenig wie seine Verteidiger immer Modernisierer oder gar Demokraten waren. Barbon war Tory, und der Marquis de Mirabeau warf seinen Adelsgenossen zwar vor, dekadente »Blutsauger« zu sein, wollte aber nicht zu spartanischer Genügsamkeit zurückkehren, sondern suchte das Heil in Freihandel und landwirtschaftlicher Entwicklung.[59] Die Exzesse des Adels zogen wie diejenigen heutiger Banker die Aufmerksamkeit auf sich, weil sie eine tieferreichende Krise zu erklären schienen; die französischen Verluste im Siebenjährigen Krieg (1756–1763) kurbelten den Verkauf von Mirabeaus *L'ami des hommes* gewaltig an. Der Konsum war weiterhin zuerst und vor allem eine politische und keine ökonomische Frage. Ob er positiv oder negativ gesehen wurde, hing vom Regierungssystem ab. In einer Monarchie, in der die Reichen die Armen unterstützten, war der Luxus, wie Montesquieu fand, geradezu notwendig, in einer Republik der Gleichen dagegen ein Übel.[60]

Im Verlauf der Aufklärung kristallisierten sich in der Luxusdebatte zwei entgegengesetzte, aber gleichermaßen radikale Auffassungen über die menschliche Natur und die Gesellschaftsordnung heraus. Die eine feierte das authentische Selbst. Nach dieser Ansicht existierte das Selbst vor der materiellen Welt und von ihr getrennt. Das Verlangen nach Dingen, befand Jean-Jacques Rousseau, mache freie Menschen zu Sklaven. Modische Kleidung und exzessiver Komfort entfremde die Menschen von ihrem wahren Selbst. Rousseau selbst trug, sehr zur Belustigung der feinen Gesellschaft, einen einfachen armenischen Mantel. Seine größte Leistung bestand darin, die Idee eines reinen Selbst in ein politisches Argument für soziale Gleichheit umzumünzen. Eine Republik brauche freie, aktive Bürger, und dies erfordere ihre Gleichheit. Luxus zerstöre sie und reduziere Menschen auf Dinge. Despotismus und Sklaverei seien Zwillinge.

Die entgegengesetzte Auffassung vertrat David Hume, Rousseaus Freund und Gastgeber bei dessen Aufenthalt in London im Jahr 1766 bis zu ihrem Aufsehen erregenden Zerwürfnis, als der exilierte Rousseau, der für seine kämpferische Haltung bekannt war, Hume vorwarf, sich insgeheim gegen ihn zu verschwören. Stets zu Extremen neigend, erklärte Hume, Luxus sei zwar verderblich, aber die allgemeine »Zunahme und der

Verbrauch aller Waren, die zur Zierde und Annehmlichkeit des Lebens dienen, ist für die Gesellschaft vorteilhaft«. Der Unterschied zwischen beiden Denkern ist wunderbar eingefangen in Allan Ramsays berühmten Porträts von 1766; während Rousseau in seinem schlichten Mantel dargestellt ist, blendet sein Gastgeber mit hellem Scharlachrot, Goldbrokat und feiner Spitze. Luxus mache eine Nation stärker und glücklicher, erklärte Hume. »In einer Nation, in der es für solche Überflüssigkeiten keine Nachfrage gibt, versinken die Menschen in Trägheit, verlieren alle Lebensfreude und sind nutzlos für das Gemeinwesen.« Solche »faulen Mitglieder« seien schlechte Staatsbürger und Soldaten. Anstatt in den Despotismus zu führen, bilde das Verlangen nach mehr ein Bollwerk der Freiheit, denn es vergrößere die »mittlere Schicht«, die sich weder der Sklaverei unterwerfe (wie arme Bauern) noch die Hoffnung hege, andere tyrannisieren zu können (wie der Adel).[61]

Humes Projekt war nicht weniger als eine »Wissenschaft vom Menschen«, und seine positive Sicht des Luxus war Teil einer umfassenden Wertschätzung der Rolle von Dingen bei der Gestaltung des Selbst und der Bürgergesellschaft. Hatte Mandeville die Tür für den Vorwurf der Sündhaftigkeit und Immoralität noch weit offen gelassen, so schloss Hume sie, indem er Ethik und Gefühl mit der ökonomischen Verteidigung des materiellen Verlangens verknüpfte. Der Wunsch nach Dingen mache die Menschen sowohl reicher als auch besser. Indem er Handel und Gewerbe fördere, bringe er sie in Klubs, bei Unterhaltungen und Vergnügungen zusammen, und dies alles vermittle ihnen ein Gefühl von »mehr Menschlichkeit«. »Gewerbe, Bildung und Menschlichkeit«, folgerte Hume, »sind also durch eine untrennbare Kette verbunden und gelten aus Erfahrung wie aus Vernunftgründen als besondere Kennzeichen der kultivierteren oder ... luxuriöseren Epochen«.[62]

Dass die Neugier auf Dinge die bürgerliche Geselligkeit fördere, hatten schon niederländische Naturphilosophen betont. Hume dehnte diese Aussage in seinem *Traktat über die menschliche Natur* von 1739 auf das menschliche Selbst aus. Er hatte in La Flèche an Descartes' Kollegium studiert, doch das Traktat stellte geradezu einen Gegensatz zum Kartesianismus dar. Hume zufolge bilde der Geist keine eigene, vom Körper und von der Natur getrennte Entität. Vielmehr sei das Selbst eine Fiktion, eine Art work in progress, das gemischte Resultat von Eindrücken und Ideen. Es ist nicht klar, ob Hume Spinoza gelesen hatte, nach dessen Ansicht das Denken in den Sinnen und Empfindungen und daher in der Materie wurzelt. Mit den Gedanken von dessen Schülern Pierre Bayle und Mandeville war er sicherlich vertraut, und Hume besuchte das bei Anhängern des niederländischen Philosophen beliebte Kaffeehaus Rainbow in der Londoner Fleet Street. Hume zeigte, wie körperliche Empfindungen, Lust und Schmerz, unsere Identität und Leidenschaften prägen. Die Begegnung mit einem neuen Gegenstand sei eine Gelegenheit, bei der Verstand und Gefühl angeregt und gestärkt würden. Wenn die »Seele« damit beschäftigt sei, eine Neuheit zu verstehen, schrieb Hume, komme sie anfangs nur mit Mühe voran. Diese Schwierigkeit errege die »Lebensgeister« und sei der »Quell der Verwunderung«. Im Lauf der Zeit verebbe die stimulierende Wirkung.[63] Dies sei auch ganz gut so, ergänzte Humes Freund Lord Kames einige Jahre später in seinen Überlegungen über die Neuheit. Denn wenn dem nicht so wäre, drohte uns Überlastung und wir hätten »keinen Platz mehr, weder fürs Handeln noch fürs Nachdenken«.[64] Um die Verwunderung aufrechtzuerhalten, mussten ständig neue Gegenstände auftauchen. Die psychologischen Auswirkungen der Neuheit faszinierten die schottische Aufklärung und tauchten Mode und Obsoleszenz in ein neues Licht. Neue Dinge waren alles andere als künstlich oder entfremdend; vielmehr halfen sie, das Selbst zu dem zu machen, was es war. Unterbräche man ihren Zustrom, würde es einige der Eindrücke verlieren, die es am Leben erhielten.

Da Konsum heute so oft mit Egoismus assoziiert wird, lohnt es sich hervorzuheben, dass man im 18. Jahrhundert den gesellschaftlichen Nutzen der Wünsche des Einzelnen anerkannte. Man war überzeugt, dass Wohlstand, soziale Ordnung und das Interesse daran, Gutes zu tun, sich gegenseitig förderten. Wie passten Besitztümer in dieses Bild? Die Nützlichkeit eines Gegenstands erfreue dessen Besitzer, erklärte Hume, schon deshalb, weil er ihn ständig daran erinnere, welches Vergnügen er bereite, wenn er seinen Zweck erfülle. Was häufig übersehen werde, fügte Adam Smith in seiner *Theorie der sittlichen Gefühle* hinzu, sei, dass die Mittel zum Erreichen eines Vergnügens oftmals mehr geschätzt würden als das Vergnügen selbst. Die Menschen stopften sich die Taschen mit »kleinen

Bequemlichkeiten« voll und ersännen »neue, in andrer Leute Kleidern nicht gewöhnliche Schubsäcke, um ihrer eine noch größere Anzahl bey sich tragen zu können«. So gingen sie herum, »von einer Menge Schnurrpfeifereyen belastet«, die kaum einen direkten Nutzen hätten und »einem die Mühe des Tragens nicht belohnen«. Dennoch häuften die Menschen immer mehr Dinge an. Sie seien vernarrt in »zahllose künstliche und ausstudirte Bequemlichkeiten«, weil sie darin *»Mittel*, glücklich zu sein«, sähen. Allein für sich betrachtet wirke ein Nageletui »verächtlich und geringfügig«, doch unsere »Einbildungskraft« sehe es als Teil eines harmonischen Systems, das die Vergnügungen der Fülle zu »etwas Großem, Schönem, Edlem« mache. Diese Täuschung sei ein Antrieb für die Menschen, der sie dazu bringe, den Boden zu kultivieren, Städte zu errichten und Wissenschaft und Kommunikation voranzubringen.[65]

Gezähmt und zivilisiert werde der Egoismus, laut Smith, durch ein Interesse an der Zustimmung anderer. Das Vermögen des Mitgefühls – die Fähigkeit, sich in andere hineinzuversetzen – sorge für soziale Ordnung: Von Armen, die sich vorstellen können, eines Tages selbst in einem Herrenhaus zu wohnen, war nicht anzunehmen, dass sie die Reichen loswerden wollten. In der Vergangenheit habe man es für nötig gehalten, den Konsum zu beschränken, weil zügellose Ausgaben die Gesellschaft zugrunde gerichtet hätten. Extravaganz sei eine Folge der »Begierde nach augenblicklichem Genuss«. Sie könne zuweilen »heftig und unwiderstehlich« sein, trete für gewöhnlich aber nur »vorübergehend und gelegentlich« auf, während das Verlangen, seine Lage zu verbessern, das stärker sei, uns von der Wiege bis zum Grab begleite. Es bringe uns dazu, zu sparen, um Wohlstand anzuhäufen. Aufs Ganze gesehen, seien die Genügsamen gegenüber den Verschwendern immer in der Mehrheit. Der Anstieg des Wohlstands in England sei der beste Beweis dafür. Den Konsum könne man getrost der Verantwortung der Einzelnen überlassen. »Es ist die höchste Unverschämtheit und Anmaßung von Königen und Ministern«, befand Smith, »die Wirtschaft der Privatleute überwachen und deren Ausgaben durch Luxusgesetze oder Verbote der Einfuhr fremder Luxuswaren einschränken zu wollen. Sie selbst sind immer und ohne alle Ausnahme die größten Verschwender in der Gesellschaft.«[66]

In seinem Buch *Der Wohlstand der Nationen* (1776), aus dem dieses

Zitat stammt, schaute Smith auf den Niedergang des Feudalismus und den Aufstieg des Handels in Europa zurück. Dass der Adel nach und nach seine Autorität verspielt hatte, lag nach Smith' Ansicht an der Gier nach Diamantschnallen und derlei »Flitterkram und Tand«, die die Angehörigen der Adelsschicht antrieb. Sie verbrauchten buchstäblich ihre Macht. Um ihr Verlangen nach Dingen zu befriedigen, verringerten sie als Erstes die Zahl ihrer Pächter und Dienstleute. Dann erhielten die übriggebliebenen Pächter aufgrund der »kostspieligen Eitelkeit« der Grundbesitzer die Chance, längerfristige Verträge zu schließen und im Gegenzug für höhere Pachtzahlungen größere Unabhängigkeit zu erlangen. Kaufleute und Handwerker lieferten nur zu gern, wonach der Adel verlangte. Auf diese Weise wurde als unbeabsichtigte Folge der »Torheit« der einen und der »Emsigkeit« der anderen »eine für das Glück der Gesellschaft ungemein wichtige Revolution« ausgelöst. Der Reichtum der handeltreibenden Gesellschaft wurde freigesetzt, und mit ihm größerer Frieden. »Der Stolz macht den Menschen herrschsüchtig«, bemerkte Smith.[67] Es sei besser, wenn sich das Verlangen auf Schnupftabakdosen und Hüte richte, wie lächerlich dies auch sein mochte, anstatt auf den Besitz von Menschen. Materielle Besitztümer zügelten individuelle Aggressivität und gesellschaftlichen Streit. Die Menschen seien zu beschäftigt damit, Dinge zu erwerben, um sich gegenseitig umzubringen.

William Blackstone, der Begründer des Common Law, widmete das umfangreichste Buch seiner *Commentaries on the Laws of England* (1765–1769) den »Rechten von Dingen«. Er traf Unterscheidungen zwischen allem Möglichen, beweglichen Sachen und Land, Haustieren und wilden Tieren und so weiter. Laut Blackstone bewirkte das Erbrecht, dass Besitztümer einen wohltätigen Einfluss auf die Gesellschaft hatten. Es verlagere »die Leidenschaften auf die Seite der Pflicht und veranlasst einen Mann, sich um die Öffentlichkeit verdient zu machen, wenn er sicher ist, dass der Lohn für seine Dienste nicht mit ihm sterben wird«.[68]

Blackstone reagierte auf eine gesellschaftliche Entwicklung. Besitztümer wurden für die persönliche Identität und die familiäre Erinnerung immer wichtiger. Man begann, Geschirr und Besteck mit Initialen zu versehen. Manchmal wurde die Identität in die Möbel geschnitzt; so prangte im Amerika des 18. Jahrhunderts auf manchen Küchenschränken und Kommoden der Name ihrer Besitzerin. Durch Erbstücke wurde eine Familienerinnerung geschaffen; zugleich erhielten sie das Selbst für künftige Generationen lebendig. 1756 legte eine englische Lady fest: »[Die] alte Porzellantasse mit dem goldenen Deckel und die dazugehörige Untertasse mit Goldrand soll Mary haben und an ihre Tochter weitergeben«, wie es Familientradition sei. »Diese Kleinigkeiten gebe ich ihr, um jedes Mal, wenn sie sie sieht, in ihrem Geist die beständige Zärtlichkeit ihrer ihr wahrhaft zugetanen Mutter zu erneuern.«[69] Auch zwischen den Mitgliedern der wachsenden Zahl von Kaufmanns- und Kolonialfamilien, die durch den Atlantik oder den Indischen Ozean voneinander getrennt waren, bildeten Dinge ein emotionales Band. Das frühmoderne Aufkommen der auf die Kinder ausgerichteten ehelichen Familie förderte zweifellos solcherart materielle Erinnerungskultur und erklärt, warum Frauen eine solch große Rolle als Hüter der Dinge spielten. Gegenstände zu personalisieren war eine Möglichkeit, gleichzeitig dem Familienideal zu dienen und in seinem Rahmen einen privaten Raum zu schaffen.

Aber die materielle Kultur des Selbst war nie einfach. Da sie die Trennlinie zwischen Individuum und Objekt verwischte, erschwerte sie die Bestimmung der Grenze, an der das eine endete und das andere begann. Besitztümer halfen, das Selbst zu schaffen, aber was war, wenn ihr Konsum sie verbrauchte? In Schottland riefen Humes und Smith' Lobreden auf Handel und unschuldigen Luxus Kritiker auf den Plan, wie den Richter und Philosophen Lord Monboddo, der befürchtete, der moderne Komfort würde die Manneskräfte der Hochlandkämpfer schwächen und zu einem Bevölkerungsrückgang führen.[70] Außerdem weckte die zunehmende Verbreitung von Gütern die Furcht, diese könnten von der Seele Besitz ergreifen. Daniel Defoe drückte diese Ambivalenz aus, indem er einerseits den Tugendkreis aus Konsumgütern, Arbeitsamkeit und höherem Lebensstandard beschrieb, andererseits aber in seinem Roman *Moll Flanders* (1722) die Geschichte einer jungen Frau erzählte, deren Verlangen nach seidenen Taschentüchern und goldenen Perlen sie zu Diebstahl und Prostitution verleitete und ins Gefängnis brachte. Je stärker ihr Verlangen nach Dingen wurde, desto mehr wurde sie selbst zu einem zum Verkauf stehenden Ding.

Die Seelenwanderung von Personen auf Dinge war ein Dauerthema der Literatur des 18. Jahrhunderts. Die Seele von Modegecken sei in ihren Gewändern zu finden, mokierte sich der große Satiriker Jonathan Swift. Das neue Genre der Sachromane entstand, in denen Uhren, Münzen oder Schoßhunde ihre Erlebnisse erzählten. Nach Ansicht des antiken Philosophen Pythagoras hatte die Seelenwanderung das Mitgefühl mit anderen Geschöpfen verstärkt. Im Gegensatz dazu malten die »Helden« der Sachromane des 18. Jahrhunderts häufig ein düsteres Bild der Sündhaftigkeit und Torheit der Menschen. Ihre Besitzer waren selbstsüchtig und rücksichtslos, Sklaven ihrer verzehrenden Leidenschaften, kurz, das genaue Gegenteil des philosophischen Ideals von Mitgefühl und Geselligkeit. In *The Adventures of a Black Coat* von Edward Phillips (1760) berichtet der titelgebende Mantel vom gesellschaftlichen Absturz der Susan Sirloin, der Tochter eines bescheidenen Kaufmanns, deren Wunsch nach mehr sie in die Prostitution trieb. Wenn jemand in dieser Geschichte ein moralisches Gefühl hat, dann der Protagonist, der Mantel, der zu dem Schluss gelangt, dass die Kraft der Vernunft an die Menschen verschwendet worden sei, denn sie ignorierten bei ihrem hektischen Verlangen nach sofortiger Befriedigung den wahren Weg zum Glück. Ein Grund für den zynischen Tonfall dieser Erzählungen dürfte gewesen sein, dass die Verfasser sich ihrerseits an einen immer stärker umkämpften Literaturmarkt anpassen mussten.

Eine andere, häufig hervorgebrachte Befürchtung bestand darin, dass die Fixierung auf Mode und Teegesellschaften die Frauen zu einem Uhrwerk mache, das man aufziehen könne. Schon ein gutes Jahrhundert bevor Carlo Collodi dem hölzernen Pinocchio Sprache und Gewitztheit einhauchte – die erste Fortsetzungsgeschichte erschien 1881, der Roman zwei Jahre später –, war man von der Grauzone zwischen Mensch und beseelter Puppe fasziniert. In Puppentheatern vermischten sich gelegentlich beide, wenn man es dem Publikum überließ, herauszufinden, wer auf der Bühne eine lebensgroße Puppe und wer Schauspieler war, wie derjenige mit dem passenden Namen Samuel Foote, der zudem ein Holzbein hatte.[71]

Eine Kultur der Verbesserung

Seit den frühesten Momenten des Austauschs mussten sich menschliche Gemeinschaften der Herausforderung stellen, die neue Dinge, Geschmäcker und Wünsche hervorriefen. Der spektakuläre Anstieg des Konsums im späten 17. und im 18. Jahrhundert spiegelte die Reichweite der Kolonialmacht, den technischem Fortschritt und das Wachstum der städtischen, lohnempfangenden Bevölkerung wider. Aber all das wäre von geringer Bedeutung gewesen, wenn die Gesellschaft sich nicht dazu entschieden hätte, in einer sich schnell verändernden Welt von Gütern zu leben. Güter kamen nicht einfach so. Sie mussten eingeladen werden. In der Vergangenheit hatten sich die Gesellschaften abweisend verhalten. Die Niederländer des 17. Jahrhunderts und mehr noch die Briten des 18. Jahrhunderts waren offener. Bestärkt wurden sie von den Ideen eines unschuldigen Luxus und eines veränderlichen Selbst. Letzten Endes ist der Konsum eine lebendige Erfahrung, und genau an dieser Stelle gingen Werte und Praktiken, die es rechtfertigten, immer mehr Güter einzuladen, einen entscheidenden Pakt ein. Trotz aller Befürchtungen, die der Konsum weiterhin hervorrief, wurde er als integraler Bestandteil der persönlichen und gesellschaftlichen Verbesserung willkommen geheißen. Er wurde gesellschaftsfähig.

Kaum eine Gewohnheit offenbarte die Gefahren des Luxus deutlicher als das übermäßige Essen. Völlerei war eine der sieben Todsünden, Mäßigung die Abhilfe. Im 18. Jahrhundert änderten Ärzte sowohl die Diagnose als auch das Heilmittel. Die »Hypochondrie«, wie man damals Melancholie und Depression nannte, war eine Luxuskrankheit, eine Folge von übermäßigem Essen, Weingenuss und sitzender Lebensweise. Der Patient litt unter Verstopfung, Trübsinn und Lustlosigkeit. Es war eine der Nervenstörungen, die der Arzt George Cheyne unter dem Begriff »englische Krankheit« zusammenfasste. Anders als die ältere Theorie der Körpersäfte, der zufolge die schwarze Galle die Ursache der Melancholie war, beruhte diese Diagnose auf der neuen Vorstellung, dass die Körperorgane durch Nerven miteinander verbunden seien. Der Magen schicke Signale ans Gehirn. Ihn mit Tee, Weinbrand, Schokolade und Tabak vollzustopfen, bringe seine Tätigkeit ins Stocken. Besonders besorgniserregend war

Hypochondrie für die Elite, deren überlegene Fähigkeit zu Mitgefühl und Empfindsamkeit auf ihre feinen Nerven zurückgeführt wurde. Ein Luxusleben gefährdete also ihre Führungskraft. Ein Land, von einem Imperium ganz zu schweigen, ließ sich nicht vom Krankenbett aus regieren, von Verdauungsstörungen, Krämpfen und Depressionen geschüttelt. Der Zusammenbruch des Römischen Reichs war ein oft zitiertes warnendes Beispiel.

Die orthodoxe Lösung bestand aus Fasten, Abführmitteln und Aderlass. Die Briten des 18. Jahrhunderts glaubten jedoch in zunehmendem Maß, ohne solche drastischen Maßnahmen auskommen zu können. Die Hypochondrie wurde medikalisiert und der Exzess gleichzeitig normalisiert. In Medizin und Gesellschaft wuchs das Vertrauen darin, dass größerer Konsum nicht zum Untergang führen musste. Mandeville, an den man sich heute wegen der *Bienenfabel* erinnert, war ein in Leiden promovierter Doktor der Medizin und hatte 1711 *A Treatise of the Hypochondriack and Hysterick Diseases* veröffentlicht. In der als Dialog verfassten Abhandlung erklärt der ausländische Arzt Philopirio seinem Patienten Misomedon, der einst ein »heiteres, gleichmäßiges Temperament« hatte, jetzt aber »reizbar, unbeständig, tadelsüchtig und misstrauisch« war, seine Krankheit sei falsch diagnostiziert worden. Die Ursache der »Hypo«, wie sein Leiden kurz genannt werde, liege im Nervenmantel des Magens. Als Gegenmittel empfehle es sich, üppige Mahlzeiten vorübergehend zu meiden, damit der Magen wieder zu Kräften kommen könne, und zur physischen und geistigen Stärkung reiten zu gehen. Dann werde er, Misomedon, seine »Mahlzeiten mit dem gleichen Vergnügen verspeisen wie immer«. Zur Bekräftigung führte Philopirio den Fall einer schwangeren Holländerin an, die »eine erstaunliche Vorliebe für Matjesheringe« hatte und »sich täglich von großen Mengen von ihnen ernährte, und bevor ihr Verlangen gesättigt war, was nach aller Wahrscheinlichkeit Wochen gedauert haben musste, vierzehn Hundert von ihnen verspeiste, ohne die geringste Verletzung davonzutragen«.[72] Die gelegentliche Ausschweifung war in Ordnung. Während Mandeville für Selbstkontrolle plädierte, griffen andere Ärzte zu Medikamenten. Es entstand ein lebhafter Markt für Handbücher und Arzneimittel.[73] Manche Ärzte verschrieben nicht weniger, sondern mehr Tee, Kaffee und Weinbrand. Der Luxus verstärkte sich selbst.

Ursprünglich hatte der Begriff »Konsum« eine doppelte Bedeutung, die sowohl die Verschwendungssucht als auch den buchstäblichen Verbrauch von Gütern umfasste. Shakespeare spielte damit, als er Falstaff klagen ließ: »Ich weiß kein Mittel gegen die Auszehrung des Geldbeutels; borgen zieht es bloß in die Länge, aber die Krankheit ist unheilbar« (*König Heinrich IV.*, 2. Teil, I/2). Aller Gebrauch war zyklischer Art und durchlief die Verschwendung. Zu konsumieren und konsumiert zu werden (im physiologischen Sinn) waren untrennbar miteinander verbunden und nirgends sichtbarer als in der Aufnahme und Verdauung von fester Nahrung und Getränken. Obwohl die Debatte über die Völlerei diese Verbindung nicht vollends kappte, bewirkte sie doch eine deutliche Lockerung. Statt sich bei einer Magenverstimmung Zurückhaltung aufzuerlegen, ging der Konsum weiter; ein neuer Markt für die Behandlung der Folgen des Wohllebens entstand.

Zusätzlichen Auftrieb erhielt der Konsum durch die Kultur der Höflichkeit. Kaffeehäuser und der Geschmack an exotischen Getränken waren nur ein Teil des expandierenden Universums sozialer Orte – von Klubs und Restaurants bis zu Promenaden und Lustgärten –, die sowohl dem Freizeitvergnügen als auch der Selbstdarstellung dienten. Modische Kleider, Teeservices, die neuesten Romane und passende Tapeten und Möbel waren für den geselligen Lebensstil unerlässlich, durch den die wachsende Mittelschicht sich selbst definierte und sich ihres Platzes in einer veränderlichen, nacharistokratischen Gesellschaft versicherte. Höflichkeit setzte die aufklärerischen Ideale von Mitgefühl und Empfindsamkeit in die materielle Praxis um. Verfeinerte Gefühle wurden demonstriert, indem man sich anderen angenehm machte und ihre Wertschätzung zu gewinnen suchte. In diesem Gesellschaftsspiel waren Güter ein wesentlicher Faktor, da sie zeigten, dass ihre Besitzer Sinn für Stil und Ästhetik besaßen – der sie von der ordinären arbeitenden Masse unterschied –, und zugleich Geselligkeit und Konversation ermöglichten.

Wie man sich kleidete, was und wie man aß: All dies konnte erlernt werden, genauso, wie man lernen konnte, eine Konversation zu führen. Selbsthilfehandbücher über höfliches Benehmen erlebten einen enormen Aufschwung. »Passen Sie sich mit Ihren Kleidern der Mode der Ihnen Gleichgestellten an«, riet *The New Help to Discourse* von 1684,

> »... unter Berücksichtigung von Zeit und Ort, und wenn Sie sie in einer Sache übertreffen, dann sollte es in Schlichtheit und Ernsthaftigkeit sein ... Führen Sie Fleisch nicht mit dem Messer zum Mund, wie Landeier es tun ... Wischen Sie Ihre Hände ... weder am Brot noch an der Tischdecke ab, sondern an einer Ecke Ihrer Serviette ... Tragen Sie Ihr Taschentuch nicht in der Hand, im Mund ... oder unter dem Arm, sondern an einem versteckten Ort ... Jede Handlung ... sollte mit einem gewissen Respekt für die anderen Anwesenden geschehen.«[74]

Zu einer höflichen Unterhaltung gehörten Gesten und der richtige Gebrauch von Gegenständen, von der Kleidung über Zahnstocher bis zu Servietten; beides war ebenso wichtig wie die Worte, die man sprach. Höflichkeit machte den Konsum gesellschaftlich produktiv. Die Autoren von Handbüchern wie dem zitierten ließen sich von der Höflichkeitsliteratur der Renaissance anregen, aber ihre Ratgeber richteten sich an »Personen jeden Rangs und Stands«, und bei einem Preis von einem Shilling waren sie auch für Büroangestellte erschwinglich.[75]Auch im Japan der Tokugawa-Zeit (1600–1867) stieg der Lebensstandard von Kaufleuten und anderen Bürgern, aber der Reichtum wurde hier für bessere Mauern, Holzböden, Entwässerungsanlagen und sauberes Wasser verwendet. Das Interieur blieb spärlich, mit einer Truhe für die Hauptbesitztümer und einer einzelnen Vase als Zierrat. Zusätzliche Besitztümer wurden in Lagerhäusern außer Sichtweite aufbewahrt.[76] Diese zum Teil vom Zen-Buddhismus angeregte Kultur des schlichten Komforts war in einem Land, das nur über wenige Bodenschätze verfügte, überaus sinnvoll. Wahrscheinlich hat sie Japan im Vergleich zu Europa ein größeres Wohlbefinden beschert.

In Großbritannien und den Niederlanden dagegen war das heimische Interieur die Hauptbühne der Geselligkeit und Selbstdarstellung; die bauliche Umwelt war zweitrangig. Mobiliar, Tapeten, Porzellan und andere Besitztümer zeigten, dass man im Einklang mit dem feinen Geschmack war. Sie mussten nach einiger Zeit ausgetauscht werden. 1713 wurden in England 180 000 Meter Tapete verkauft; siebzig Jahre später waren es rund zwei Millionen Meter.[77] Mittlerweile war es üblich, seine Wohnung alle paar Jahre neu zu tapezieren. Es gab eine starke Symmetrie zwischen dem Aufstieg des Konsums, der Höflichkeitskultur und der philosophischen Idee des Selbst als einer Fiktion. Genau wie das Selbst passte sich das höfliche Individuum ständig an, indem es sich mit Hilfe von Modeartikeln und Accessoires als liebenswürdig und gesellig stilisierte.

Der Geschmack oder, um Frances Reynolds, die Schwester des Malers Joshua Reynolds, zu zitieren, das »polierende Prinzip«, machte den Konsum respektabel. Aber was genau war er? »Der Geschmack ist gegenwärtig das Lieblingsidol der höflichen Welt«, bemerkte ein Beobachter 1756. »Die vornehmen Damen und Herren kleiden sich mit Geschmack ... Geiger, Schauspieler, Sänger, Tänzer und Handwerker sind ebenfalls allesamt Söhne und Töchter des Geschmacks. Doch bei all dem Überfluss an Geschmack kann kaum jemand sagen, was er wirklich bedeutet.«[78] Tatsächlich glaubten viele genau zu wissen, wofür er da war. Wie frustrierend es auch für Philosophen war, für den Historiker ist gerade diese außergewöhnliche Vielfalt von konkurrierenden Definitionen des Geschmacks faszinierend. Frances Reynolds betrachtete Tugend, Ehre und Verzierung als die drei Säulen des Geschmacks, aber dies war wenig hilfreich für eine Dame, die sich in einem Verkaufsraum zwischen Teetassen mit verschiedenen klassischen und chinesischen Motiven entscheiden musste.

Die Historiker hielten die Frage in der Regel für einfach: Monarchie und Aristokratie gaben den Ton an, und die Mittelschicht folgte ihnen; manche Soziologen glauben dies immer noch. Die Wirklichkeit war interessanter. Im exklusiven Kreis der *beau monde* galt nicht das Gleiche als geschmackvoll wie in den Häusern des durchschnittlichen Kaufmanns oder Rechtsanwalts. Nur wenige konnten es sich leisten, ein ganzes Jahr auf die Umgestaltung ihres Hauses zu verwenden, wie es die Gräfinnen von Strafford 1712 am St. James's Square taten; die japanischen Schränke mussten mit speziell angefertigten Rahmen versehen werden, damit sie denen des Herzogs von Marlborough glichen. Für die Mittelschicht war Prachtentfaltung vielmehr ein grober Fehler, da das Ergebnis dazu neigte, billig auszusehen. Der Geschmack musste sich im Einklang mit dem eigenen Stand befinden. Dies bedeutete bescheidene Eleganz anstelle greller Zurschaustellung. Möbeltischler und Porzellanhändler fungierten als Stilberater, und wenn jemand »so eitel und ehrgeizig« war, »das Mobiliar seines Hauses in einem für sein Vermögen und seinen Rang zu hohen Stil zu bestellen«, tat, einem Ratgeber zufolge, »ein Polsterer gut daran, ihn durch einige sachte Hinweise zu einer bescheideneren Planung zu bewegen«.[79] Geschmacksregister tauchten auf, mit deren Hilfe Kunden je nach Rang, Vermögen und sozialem Horizont beraten werden konnten.

Kritische Geister sahen in der Besessenheit von Kleidung und Dekor einen gefährlichen Trend, Verzierungen über das Selbst und die Substanz zu stellen. Die Mode, hieß es, schwäche die Nation, indem sie starke Briten in effeminierte Gecken oder, schlimmer noch, in Franzosen verwandle. Darin ist unschwer ein Vorläufer von Befürchtungen aus jüngerer Zeit zu erkennen, der »Konsumismus« höhle das Individuum und das öffentliche Leben aus. Dies ist jedoch zu kurz gedacht. Die Anforderung, anderen zu gefallen, setzte den Einzelnen tatsächlich unter Druck. Doch Höflichkeit und die mit ihr zusammenhängenden materiellen Anpassungen schufen auch einen gewalt- und konfliktfreien Raum für soziale Interaktion. In der britischen Gesellschaft, die einen raschen ökonomischen Wandel erlebte und von einem Bürgerkrieg, sektiererischen Auseinandersetzungen und einer zwar ruhmreichen, aber blutigen Revolution erschüttert worden war, war ein solcher Raum höchst willkommen. Ohne ihn wäre die Ausbreitung von Klubs, Vereinen und Konversationsgesellschaften im 18. Jahrhundert undenkbar gewesen. Konsum und bürgerliche Gesellschaft entwickelten sich Hand in Hand.

Jeder hatte höflich zu sein, besonders aber die Frauen. Ihnen unterstellte man eine höhere Sensibilität, weshalb sie besser dazu geeignet schienen, die Moral und die Gesellschaft im Allgemeinen zu verfeinern. Der Kult der Geselligkeit betrachtete Frauen als zivilisierende Konsumenten und festigte eine immer stärker stilisierte, aber weit verbreitete Auffassung der Arbeitsteilung zwischen den Geschlechtern: Frauen konsumierten, Männer produzierten. In China schuf die Verbreitung des Opiums eine männlich geprägte Sammlerkultur, die von Qing-Beamten und höfischen Eunuchen abwärts reichte und die Schnupftabakflaschen und Phiolen mit kunstvollen Darstellungen von Himmelsvögeln und mit Pfirsichblüten gefüllten Höhlen hervorbrachte.[80] Dass europäische

Männer auch einkauften und Mäntel, Kutschen oder Zigarren erwarben, wurde ausgeblendet, mit der Folge, dass die Übel des Konsums durch die Verdorbenheit und den Niedergang des »schwachen Geschlechts« dargestellt wurden, von Moll Flanders bis Madame Bovary. Mode und Teegesellschaften würden Mütter von ihren häuslichen Pflichten ablenken, beklagten Beobachter im 18. Jahrhundert. Der Haushalt war ein Mikrokosmos, dessen Auflösung für den Verfall der gesamten Wirtschaft stand. Anstatt zu Hause zu spinnen und zu häkeln, verschwendeten Frauen Geld für Tee.

Im Allgemeinen stellte die Aufklärung die Figur der konsumierenden Frau jedoch in ein helleres Licht. Sie unterstrich nicht nur die ökonomischen Vorteile eines maßvollen Luxus, sondern rückte auch die wachsende Bewunderung für Frauen und ihre sozialen Talente als Zeichen von menschlichem Fortschritt und zunehmender Kultiviertheit in den Vordergrund. Barbaren behandelten Frauen als Arbeitstiere oder Sklaven. Privateigentum und Handel dämpften die kriegerische Veranlagung der Männer und brächten sie dazu, das Feingefühl und Talent von Frauen für die Vermehrung der Annehmlichkeiten des Lebens zu schätzen. Die Frau sei »nicht mehr Dienstmagd oder aber Idol des andern Geschlechts ... sondern Gefährtin und Partnerin des Mannes«, schrieb John Millar 1771 in *Vom Ursprung des Unterschieds in den Rangordnungen und Ständen der Gesellschaft*. Anders als die antiken Griechen würden moderne »kultivierte und gebildete« Gesellschaften wie die britische und die französische die sozialen Fähigkeiten von Frauen ebenso würdigen wie die häuslichen. »Man sieht es jetzt gerne, wenn sie die Zurückgezogenheit, die bisher ganz natürlich ihrem guten Ruf angemessen schien, aufgeben, wenn sie ihren Bekanntenkreis erweitern, an allgemeiner Geselligkeit teilnehmen und auch an öffentlichen Vergnügungsstätten zugegen sind. Spindel und Spinnrocken legen sie beiseite und zeigen stattdessen die gefälligeren Lebensäußerungen, wie es der herrschende Ton verlangt.« Umgekehrt würden sie durch ihre »vollendete Eleganz« die Männer kultivieren. Die Vergnügungsliebe könne bis in den Exzess getrieben werden, warnte Millar, und verwies auf die »starke Sinnlichkeit bei den orientalischen Völkern«, wo Polygamie die Regel sei. In Marktgesellschaften seien Frauen und Vergnügen weniger in Gefahr. Komfort und Konversation seien Schulen der Kultiviertheit. In seiner eigenen Familie erwies sich der »Umgang der Geschlechter« indes als frustrierend: Vier seiner sechs Töchter heirateten nie.[81]

Ein Rückschlag?

Die Amerikanische und die Französische Revolution demonstrierten die politische Kraft, welche die expandierende Konsumkultur entwickelte. Nie zuvor war es bei einer Rebellion so wichtig gewesen, was jemand trug und was er trank. In Neuengland bildete sich eine Nation von Patrioten heraus, indem die Menschen Tee in den Hafen von Boston warfen und importierte Kleider gegen solche aus vor Ort gewebten Stoffen austauschten. In Frankreich wurde neben der Rede- und Religionsfreiheit auch die Freiheit der Kleidung proklamiert (am 8. Brumaire, 29. Oktober 1793). Im wörtlichen Sinn waren es freilich keine Konsumentenrevolutionen. Die Menschen taten sich nicht als Konsumenten, sondern als »Citoyens«, als »das Volk« oder »Töchter von Patrioten« zusammen. Wichtiger als der Teepreis waren Rechte und Freiheiten. Der Einfluss war indirekt. Güter schufen durch gemeinsame Erfahrungen eine Verbindung zwischen den Rebellen und stellten eine symbolische Plattform für oppositionelle Politik dar.[82]

Nach Ansicht der Londoner Torys der 1760er Jahre sollten die amerikanischen Siedler produzieren und nicht konsumieren. Zu Hause mochte Luxus unschuldig sein, aber in den Kolonien war er eine Belastung und sollte entsprechend besteuert werden. Schon fünfzig Jahre zuvor hatte Westminster seinen Willen durchzusetzen versucht. Aber die Kolonisten befanden sich in einem Kaufrausch; sie füllten ihre Häuser mit Teetassen und Essbesteck, ihre Mägen mit Tee: Alles Dinge, die sie aus dem Mutterland importierten, und sie waren nicht in der Stimmung, sich ihren neuen Lebensstandard durch Steuern ruinieren zu lassen. Die Londoner Politik war eine folgenreiche Fehlkalkulation. Das Gerücht von einer Verschwörung ging um: Die Briten würden den Wohlstand der Amerikaner absichtlich überbewerten, um ihnen höhere Steuern auferlegen und sie in die Armut treiben zu können. Die Kolonisten standen vor der Wahl zwischen Genügsamkeit und Arbeitsamkeit, entweder »die britischen Erzeugnisse, die wir erwerben, weiter zu benutzen oder ... sie durch eigene Erzeugnisse zu ersetzen«.[83] Der Teeboykott und die Bekundung, keine Importwaren mehr kaufen oder verkaufen zu wollen, wurden zu Demonstrationen patriotischer Tugend. Es war keine Ablehnung von Gütern generell, sondern einzig von britischen. Die Amerikanische Revolution besiegte sowohl die Tory-Imperialisten als auch die amerikanischen Genügsamkeitsapostel. Anstatt nachzulassen, weitete sich die Einfuhr von Luxusgütern in der jungen Republik explosionsartig aus. Ihre Gründungsväter hatten gehofft, die männliche Tugend gegen den verderblichen Luxus wappnen zu können, aber schon John Adams, der zweite Präsident der Vereinigten Staaten, erkannte bald, dass materielle Unterscheidungen in der Demokratie nicht unwichtiger, sondern wichtiger wurden.[84]

Ganz ähnlich waren in Frankreich Bemühungen, die Kleidung für die Politik einzuspannen, nicht von langer Dauer. Die langen Hosen der Sansculotten, der militanten Mittelschicht und Handwerker, wurden 1792 kurzzeitig zur Uniform der Revolutionäre, aber ihre symbolische Macht wurde fast augenblicklich durch die Leichtigkeit untergraben, mit der Aristokraten und andere mutmaßliche Konterrevolutionäre ihrerseits in Hosen schlüpften. Nach dem 9. Thermidor, dem 27. Juli 1794, überließ die revolutionäre Politik den Privatgeschmack sich selbst. Kleidung, Musik und Theater mussten nicht mehr der offiziellen Ideologie dienen. Die vornehme Kleidung kehrte zurück, wenn auch im klassizistischen Stil.[85] Bedenkt man, dass die Französische Revolution einen eigenen Kalender und Terror einführte, waren ihre Auswirkungen auf die Konsumkultur bemerkenswert gering. Abgesehen von der Trikolorenkokarde hinterließ sie keine ihr eigentümlichen Kleider, Möbel oder Lebensstile. Wie in Amerika war auch in Frankreich der Einfluss des Konsums auf die Revolution größer als deren Einfluss auf den Konsum.

Revolution und Krieg dämpften eher das Vertrauen in die Macht des Verlangens und der Neuheit, die Gesellschaft zu verbessern und zu bereichern. Die Furcht vor dem Luxus gewann neue Anhänger, auf der politischen Rechten ebenso wie auf der Linken. Statt die Menschen arbeitsamer zu machen, brächten mehr Güter und Annehmlichkeiten sie dazu, blutige Revolutionen anzuzetteln, argumentierten Konservative. Sie bräuchten keine größere Freiheit zum Geldausgeben, sondern eine feste Hand. Umgekehrt sahen sich Radikale durch konterrevolutionäre Maßnahmen in ihrer Ansicht bestätigt, dass die Tyrannei der Zwilling des Luxus sei. John Thelwall hatte es am eigenen Leib erfahren. Als Vorkämpfer des Naturrechts, des allgemeinen Wahlrechts und des Friedens mit Frankreich war er in den Augen der Staatsgewalt der gefährlichste Mann in Großbritannien und wurde 1794 des Hochverrats angeklagt und in den Tower geworfen. Welcher Ort hätte besser gepasst, um ein Sonett über die »Ursache der Sklaverei« zu verfassen: Uneingedenk seines »einstigen Ruhms« liege Britannien »träge in Fesseln«. Warum? Weil einst frei geborene Engländer sich statt der Freiheit dem »luxuriösen Stolz« ergeben hätten, »eitlen Pomp« bewunderten und die »schlichten Tugenden« verjagten. Statt ihrer würden sie sich klaglos der Tyrannei beugen und »in serviler Furcht die goldene Kette« umarmen.[86]

Thelwall wurde nach einigen Monaten entlassen und widmete seine radikale Energie später der Vortragskunst, aber die Idee der Tyrannei der Dinge wurde von Frühsozialisten, Genossenschaftlern und Romantikern, die mit dem selbstgenügsamen, einfachen Leben in Modellgesellschaften experimentierten, am Leben erhalten.

Karl Marx hob die Kritik des Konsums auf eine neue Ebene, indem er das republikanische Argument, Luxus gebäre Sklaverei, zu einer umfassenden Analyse des Industriekapitalismus ausweitete. Seine Argumentation entwickelte sich in zwei großen Sprüngen. 1843 erklärte er, die Französische Revolution habe nicht die Freiheit gebracht, sondern die menschliche Seele gespalten: in einen Citoyen im öffentlichen Leben und einen Bourgeois in den Annehmlichkeiten seines privaten Heims.[87] Nach einer weiteren, gescheiterten Revolution (derjenigen von 1848) spürte Marx der Entfremdung bis in das Wesen der Dinge und der menschlichen Arbeit nach. Im ersten Band des *Kapitals* (1867) machte er die Ware zur »Elementarform« des gesamten Wirtschaftssystems. Robinson Crusoe habe alle seine Möbel und Kleider mit bloßen Händen selbst angefertigt. Es waren persönliche Produkte. Im Kapitalismus dagegen seien die Dinge gesellschaftliche Produkte, die der eine herstelle und ein anderer kaufe: Sie seien Waren. Der Tausch nehme ihnen ihr Wesen. Durch den Preis würden sie austauschbar: »20 Ellen Leinwand = 1 Rock ... = 10 Pfd. Tee = ... ½ Tonne Eisen = x Ware A = etc.«[88] Für den Kapitalisten zähle nicht, ob ein bestimmter Rock Erinnerungen an den Winter wecke oder Tee zusammen mit der Familie getrunken werde. Solange sie mit Gewinn getauscht werden könnten, seien die Dinge alle gleich. Das Kaufen und Verkaufen entfremde sie den Menschen, die sie hergestellt hätten. Die Folge sei ein moderner Fetischismus, der die Menschen dazu bringe, Güter wegen ihres Preisschilds anzubeten. Der Tauschwert verberge die Liebe, den Schweiß und die Tränen, die es gekostet habe, die Welt der Güter zu schaffen. In einer berühmten Passage des *Kapitals* schreibt Marx, ein Tisch nehme in dem Augenblick, in dem er zum Verkauf angeboten werde, transzendente Eigenschaften an: »Er steht nicht nur mit seinen Füßen auf dem Boden, sondern er stellt sich allen andren Waren gegenüber auf den Kopf und entwickelt aus seinem Holzkopf Grillen, viel wunderlicher, als wenn er aus freien Stücken zu tanzen begänne.«[89]

Nachdem Marx die Dinge in abstrakte Waren verwandelt hatte, verlor er das Interesse an ihrem weiteren Schicksal. Sein »Materialismus« beschäftigte sich allein mit der Produktion. Indem er die Ausbeutung der Arbeit als Quelle des Mehrwerts ausmachte, verbannte er den Konsum praktisch aus der Geschichte. Was die Menschen mit den Gütern taten, nachdem sie diese gekauft hatten, war irrelevant. Dieser Ansatz hatte zwei fatale Folgen: Die eine war die Vorstellung, dass man die Freiheit gewänne, wenn man den Profit abschaffe. Die andere war der instinktive Verdacht, dass das Verlangen nach Gütern unnatürlich und das Ergebnis von Manipulationen sein müsse, ein Verdacht, der sozialistische Politiker und Intellektuelle für die simple Tatsache blind macht, dass die Menschen sich in ihren Besitztümern nicht nur verlieren, sondern auch finden.

Im wirklichen Leben musste die Familie Marx auf die Dinge große Acht geben. Als Exilanten im London der 1850er und 1860er Jahre kamen Marx und seine Angehörigen nur notdürftig über die Runden und mussten ständig darum kämpfen, Ladenbesitzer und Schuldeneintreiber zu beruhigen. Neben der monatlichen Zuwendung von 5 Pfund durch Friedrich Engels war es der Pfandleiher, der die Familie davor bewahrte, auf die Straße geworfen zu werden. Ohne ihn hätte es womöglich weder das *Kapital* noch die Russische Revolution noch Stalin oder Mao gegeben. »Ich glaube nicht, daß unter solchem Geldmangel je über ›das Geld‹ geschrieben worden ist«, gestand Marx in einem Brief an Engels ein.[90]

In dem kleinen Haus in Kentish Town gab es nur wenige ständige Besitztümer. Jacken, Schuhe und Silberzeug wanderten regelmäßig ins Pfandleihhaus, immer dann, wenn Marx nur wenig journalistische Aufträge erhielt und Fleischer, Vermieter und Schulen bezahlt sein wollten. Einmal brachte die Verzweiflung Marx' Frau Jenny dazu, seine Bücher zum Verkauf anzubieten, allerdings erfolglos. Er verstecke sich im Obergeschoss, schrieb Marx an Engels, und überlasse es seiner Frau, mit den »hungrichen Wölfen« fertig zu werden. Am 15. Juli 1858 schrieb er unheilvoll: »Lieber Engels, Ich ersuche Dich d'abord nicht zu erschrecken ...« Der »tägliche Kampf mit den mere necessaries« habe ihn »completely disabled«. Seine Frau sei ein nervöses Wrack. Es sei ein »ekelhafter struggle«. Jenny habe keinen Penny für neue Kleider zur Verfügung, was angesichts ihrer aristokratischen Herkunft besonders schmerzlich sei, und was seine Kinder trügen, sei »unterproletarisch«. Marx schickte Engels eine Liste seiner Ausgaben. Im Mai musste er 7 Pfund für Wasser und Gas zahlen; 3 Pfund gingen als Zinsen ans Pfandleihhaus. Er lieh sich ein Jackett und Hosen für 18 Shilling. Schuhe und Mützen für die Kinder kosteten 1 Pfund und 10 Shilling. Blieben die Schulden: 9 Pfund beim Vermieter, 6 Pfund Schulgeld, 7 Pfund beim Fleischer und 30 Pfund beim Pfandleihhaus. Die Situation hatte einen kritischen Punkt erreicht. Diesmal, schrieb Marx, lasse sich eine harte Entscheidung nicht mehr vermeiden. Für gewöhnlich ließ sich Engels durch solche düstere Ankündigungen dazu erweichen, dem Freund unter die Arme zu greifen. Selbst wenn er, Marx, die Kinder aus der Schule nehme, die Dienstboten entlasse und nur noch »von Kartoffeln lebe«, müsste er sämtliche Möbel verkaufen, um seine Schulden zu begleichen. Und dies war die Crux. Denn Besitztümer waren nicht nur abstrakte Waren. Sie bedeuteten Respektabilität und Selbstwertgefühl. 1852, als Marx nicht hatte ausgehen können, weil alle seine Jacketts verpfändet waren, hatte er geklagt: »Das alles ist nun Scheiße, aber ich fürchte, dass der Dreck einmal mit Scandal endet ...« Er war sich der Schande seiner Familie und der Sorge seiner Kinder, dass ihre Freunde sie besuchen könnten, während ihre Schuhe und Spielzeuge verpfändet waren, schmerzlich bewusst. Für ihn selbst, versicherte Marx, leicht übertreibend, wäre es kein Problem, in eine »rein proletarische Wohnung« in Whitechapel umzuziehen, aber für seine Frau, eine geborene von Westphalen, die so gern ihr Argyll-Silberbesteck und ihre Damastservietten im Salon auslege – wenn sie sich nicht im Pfandleihhaus befanden –, wäre es der Tod.[91]

Aber das Leben war nicht immer so freudlos. Jenny Marx besaß ein auf Raten gekauftes Klavier. Der großzügige Engels schickte Bordeaux- und Portwein. Die Kinder und die übrige Familie waren begeistert, wenn ein »spirituöser Korb« eintraf. Der Marx'sche Haushalt durchlebte die verschiedenen Konsumarten, die in der viktorianischen Zeit nebeneinander existierten. Er kombinierte Lagerung und Fluktuation, Zirkulation und Neuheit, Beschränkung und Exzess. Kleider waren Vermögenswerte und mussten erhalten werden; im Winter wurden die Mäntel aus dem Pfandleihhaus ausgelöst. Dies war kaum anders als in der Renaissance. Im Juli 1864 kehrte Jenny Marx von einer Versteigerung von Haushaltsgegenständen mit einem Fischtranchierbesteck für Engels zurück. »Ich hatte ihr gesagt, daß dieß in Deinem Haushalt fehle«, erklärte Marx brieflich. Neue Dinge regten auch die Einbildungskraft an. Als der engste kommunistische Verbündete im Exil, Wilhelm »Lupus« Wolff, 1864 starb und Marx 600 Pfund hinterließ, träumte dieser davon, seine ganze Familie in feinste Manchesterseide zu kleiden. Vielleicht würde man auch einen Urlaub am Meer in Ramsgate verbringen können. Dass man den Gemüsehändler bezahlen musste und sich wegen der bloßen Lebensnotwendigkeiten Sorgen machte, schloss nicht aus, dass man hin und wieder über die Strenge schlug. An einem Abend unternahm Marx mit den Sozialisten Wilhelm Liebknecht und Edgar Bauer eine Kneipentour von der Oxford Street zur Hampstead Road, bis alle drei um zwei Uhr nachts so betrunken waren, dass sie dazu übergingen, mit Pflastersteinen Straßenlaternen einzuwerfen.[92]

Die Ironie war, dass Marx mit seiner Diagnose der sich beschleunigenden Verelendung fünfzig Jahre hinter der Zeit hinterherhinkte. Um 1800 war die ökonomische Maschine ins Stottern geraten. In der ersten Industrienation stagnierten die Löhne bestenfalls, und der Anteil der Arbeitslöhne am BIP sank. Auf lange Sicht wurde die industrielle Entwicklung jedoch durch Investitionen und Technologien angetrieben – indem man die Arbeit produktiver machte, und nicht, indem man den Arbeitern Hungerlöhne zahlte. Ungeachtet allen Elends und Leids begannen die britischen Arbeiter seit den 1830er Jahren wieder mehr zu verdienen und auch mehr auszugeben.[93] Dieses Muster wiederholte sich zwei Generationen später in Deutschland, Italien und anderen Staaten, die nun ebenfalls die Industrialisierung durchliefen. Und die steigenden Erwartungen machten es attraktiver, den Kapitalismus zu reformieren, statt ihn zu zerschlagen.

Die Entwicklung in den Jahrzehnten nach der Französischen Revolution begreift man also am besten als Reaktion, nicht als Umkehr. Vom »Überfluss« nach 1945 geblendet, neigte man dazu, den Anfang des 19. Jahrhunderts in düsteren Farben zu malen. So stellte John Kenneth Galbraith fest, der »kleine Mann« habe im »Normalfall« damit rechnen müssen, »als armer Schlucker ständig am Rande des Verhungerns dahinzuvegetieren ... Der wirtschaftliche Fortschritt würde allein den Reichen, nicht aber den Armen zugute kommen; zu machen sei dagegen gar nichts.«[94] Nicht einmal Thomas Malthus, der Vordenker der »trostlosen Wissenschaft«, hatte derart schwarzgesehen. In der ersten Auflage seiner *Abhandlung über das Bevölkerungsgesetz* (1798) hatte Malthus tatsächlich keine Hoffnung auf eine Verbesserung: Höhere Löhne und mehr Geburten würden zu einer Versorgungskrise und Hunger führen. In späteren Auflagen ließ er jedoch einen Hoffnungsschimmer zu. Anstatt Kinder zu zeugen, würden Menschen mit gutem Einkommen vielleicht die Eheschließung hinausschieben und sich für mehr Komfort und weniger Kinder entscheiden. Der Geschmack an Annehmlichkeiten würde die Unterschicht zu vernünftigerem Handeln bewegen. Nach Malthus' Ansicht war genau dies der Grund, weshalb England prosperierte und Irland verarmte: »Daher scheint das allgemeine Umsichgreifen des Luxus bei der großen Masse des Volkes, und nicht ein Übermaß desselben bei einigen, sowohl für den Volkswohlstand wie für die nationale Wohlfahrt am ersprießlichsten zu sein ...« Reiche und Arme würde es immer geben, aber es bestünde nun, da der Bevölkerungsanteil der Armen sich durch den Aufstieg in die Mittelschicht verringern würde, zumindest eine Chance. Mehr Konsum sei ein Schritt in die richtige Richtung.[95]

Fürs Erste folgte auf die Napoleonischen Kriege die Restauration der Monarchie, doch auf längere Sicht sollte Europa von zwei neuen Kräften erschüttert werden: Nationalismus und Liberalismus. Ihre Hauptziele waren zwar Einigkeit und Freiheit der Nationen, daneben aber förderten sie auch den Konsum. Im Gegensatz zu Marx' Sprung in die Abstraktion hielten die meisten seiner Zeitgenossen den Konsum in Erdnähe. »Wer sich z. B. für 20 Thlr. einen Rock anschafft«, erklärte der Nationalökonom Wilhelm Roscher, »der hat dieß Kapital erst dann consumirt, wenn der Rock abgetragen ist.« Er bezog sich unter anderem auf Mirabeau, der, wie wir gesehen haben, gehofft hatte, prunkliebende Aristokraten in landwirtschaftliche Modernisierer verwandeln zu können. Konsum sei alles, was »an Brauchbarkeit verloren hat«. Ein Vermieter, der die Mieteinnahmen in die Tasche stecke, ohne Reparaturen vorzunehmen und Rücklagen anzusammeln, konsumiere, weil er sein fixes Kapital verbrauche. So gesehen, erhielt der Konsum eine Rolle in der Entwicklung der Nation. Der Nationalcharakter bestimmte den Konsum, aber ebenso prägte der Konsum die Nation. Nach Roschers Ansicht waren Komfort und Sauberkeit der Briten und Holländer Beispiele dafür, dass der Konsum immer harmloser wurde, da er sich von »unbequemem Prunk« abwende und in zunehmendem Maß auf »wirklichen, gesunden und geschmackvollen Lebensgenuss« richte. Roscher trat damit in die Fußstapfen von Autoren wie Moritz von Prittwitz, einem Generalleutnant der preußischen Infanterie, der seinen Frieden mit dem Vergnügen gemacht und emphatisch verkündet hatte: »Mehr genießen, heißt mehr leben, heißt mehr Mensch seyn.« Für die Nation zählte, dass Konsum keine Verschwendung, sondern produktiv war. Interessanterweise waren die Nationalökonomen überzeugt, dass die Zivilisation die Verschwendung einschränke. »Je cultivirter ein Volk ist«, bemerkte Roscher, »um so weniger zestört es durch seinen Gebrauch Werthe völlig; und nutzt z.B. seine Wäsche noch als Lumpen, seine Speisen als Dünger etc.«[96]

Bei Konflikten zwischen Produzenten und Konsumenten, riet Roscher, solle sich der Staat auf die Seite der Letzteren schlagen. Der Nationalismus machte das soziale Gleichgewicht zum ultimativen Ziel. Nur wenige liberale Denker gingen allerdings so weit wie der populäre französische Ökonom Frédéric Bastiat, der die Herrschaft der Konsumenten forderte.

Gleichwohl veränderte der Liberalismus den Ton der politischen Debatte und führte eine leidenschaftliche Verteidigung des Konsumenten ein. Ein Beispiel muss genügen, um zu demonstrieren, in welche Richtung die Entwicklung ging, und was wäre besser geeignet als das 1833 erschienene Pamphlet eines anonymen Verfassers, der sich selbst als »Consumer« vorstellt und als solcher den Schutz der Seidenhersteller in Großbritannien angreift. Die Konsumenten bildeten keine Teilgruppe: »... jeder Arbeitende ist ein *Konsument.*« Dass der Autor sich bemüßigt fühlte, das Wort »Konsument« hervorzuheben, zeigt, wie ungewöhnlich es damals noch war. Dem Pamphlet zufolge gab es »keinen anderen Maßstab der öffentlichen Nützlichkeit jeglicher Produktion als den, dass sie den Bedürfnissen und Forderungen der Konsumenten genügen muss«. Wer glaube, das öffentliche Leben sollte sich durch andere Erwägungen leiten lassen, befinde sich im Irrtum. Die Erfahrung habe über jeden Zweifel hinaus bewiesen, dass »Menschen wie Nationen reich sind durch den Besitz nützlicher Waren [und] dass das Ziel des Handels oder Tauschs der Erwerb von Dingen ist, die wir uns wünschen«.[97]

Die niederländische und die britische Mittelschicht ließ als Erste ein wenig Luxus in ihr Leben ein und machte ihren Frieden mit der Welt der Dinge. Anderswo in Europa hingen bürgerliche Familien weiterhin einer Kultur der Genügsamkeit, Beschränkung und Selbstverleugnung an. Aber auch dort war am Ende des 19. Jahrhunderts ein frischer Wind zu spüren. Es gab nur wenige Orte, an denen das Ideal von einfachem Leben und der Selbstbeherrschung so hochgehalten wurde wie in der Schweiz. Genf war die Heimatstadt Rousseaus. Als Hauptinstrumente einer vernünftigen Lebensführung galten Sparsamkeit, Buchführung und Zukunftsvorsorge. Mit ihrer Hilfe, so glaubte man, konnte man die Sphäre der rohen ökonomischen Kräfte hinter sich lassen und eine höhere kulturelle Stufe erreichen. Die Vorstellung der Genusssucht war für das Schweizer Bürgertum traditionell erschreckend. In der zweiten Hälfte des 19. Jahrhunderts hielten sich jedoch immer weniger an dieses Ideal. Es gab zwar immer noch Menschen wie den Staatsarchivar des Kantons Zürich, Gerold Meyer von Knonau, dessen Haushalt und Erscheinung bescheiden und nüchtern waren. Sein Sohn erhielt, typisch für bürgerliche Familien, ab dem zehnten Lebensjahr ein Taschengeld, über das er sorgfältig Buch führen musste. Es galt, ihn zu Disziplin und Sparsamkeit zu erziehen. Aber es gab eben auch Josefine von Weiler, eine reiche Berner Witwe, die 1855 durch ihre zweite Ehe zu noch mehr Wohlstand kam, der es ihr ermöglichte, Ferienwohnungen in Nizza und Paris anzumieten und auf Reisen viel Geld für Kleider, Kutschen und Pferde auszugeben. Im späten 19. Jahrhundert wich das puritanische Interieur bürgerlicher Wohnungen Plüsch und Zierrat. Zuvor nackte Wände und Flure wurden mit Tapeten und Teppichen bedeckt. Kronleuchter hielten Einzug, und Diners wurden üppiger. In den 1860er Jahren rechtfertigte die junge Ameli Moser ihre Ausgaben für eine neue Garderobe gegenüber ihren Eltern mit dem Argument, »übertriebene Einfachheit« sei ebenso auffällig wie übertriebener Luxus.[98]

Wem puritanische Tugenden anerzogen worden waren, für den brachten die neuen Annehmlichkeiten manchmal einen schwierigen Balanceakt mit sich. Während bürgerliche Familien ihre Genügsamkeit demonstrierten, indem sie entweder Butter oder Marmelade auf den Frühstückstisch stellten, nie beides, waren die abendlichen Soiréen üppig; der Champagner floss in Strömen, und Fisch und Geflügel wurden in wachsender Vielfalt serviert. Für den Berner Chirurgen Emil Theodor Kocher, der später für seine Forschungen über die Schilddrüse den Medizinnobelpreis erhalten sollte, war heimischer Komfort ein gefährliches »Idol«, und er drängte seine Frau, ihren materiellen »Ballast« über Bord zu werfen, damit sie die höheren Sphären des Seins erreichen konnten. Doch das widersprach der Realität. Größerer Konsum und Komfort gehörten jetzt zu ihrem Lebensstil. Während manche, wie der Berner Beamte Emmanuel von Fischer, befürchteten, der Konsum schmälere den Reichtum – am bedenklichsten waren die vielen »unnützen, täglichen Ausgaben« –, setzten sich andere für einen reicheren Lebensstil ein. 1890 erklärte der liberale Theologe Konrad Kambli aus christlich-reformierter Perspektive, Luxus sei keine Sünde, sondern eine zivilisatorische Kraft. Deshalb seien Gesellschaften, die keine Luxusgüter genössen, barbarisch. Gewiss sei nicht jede Art des Luxus gut. Aber solange er maßvoll genossen werde und dem persönlichen Rang entspreche, helfe er, den Einzelnen und die Gesellschaft insgesamt zu kultivieren.[99] Kambli war kein origineller Denker. Aber was den Mentalitätswandel anbelangt, zählte letzten Endes nur, dass er eine ähnliche Position vertrat wie der große Verteidiger des »unschuldigen Luxus«, David Hume, anderthalb Jahrhunderte zuvor.

Das 17. und 18. Jahrhundert setzten das Pendel des Konsums in Bewegung. Besitztümer, Komfort, Geschmack und Wünsche nahmen zu und wurden raffinierter. Dies rief Sorgen über Exzesse und Verderbnis hervor. Mehr Güter provozierten eine größere Furcht vor Gütern. Neu und radikal war, dass es jetzt Werte und Praktiken gab, die einen wachsenden Konsum begünstigten und den Schwung des Pendels aufrechterhielten. Und es war erst der Anfang.

3 Das Reich der Dinge

Das größte Desiderat der vorherrschenden Konsumtheorien ist womöglich die Geopolitik. Ökonomen neigen dazu, sich auf Individuen und ihre Versuche, den Genuss zu maximieren und den Schmerz zu minimieren, zu konzentrieren. Soziologen betrachten den Konsum als Phänomen der Nachahmung und Unterscheidung zwischen Gruppen. Andere Autoren gehen auf Mentalitäten ein, wie die romantische Einbildungskraft mit ihrer Traumerwartung künftiger Genüsse, oder auf praktische Tätigkeiten wie das Kochen oder Heimwerken. Was in allen diesen Ansätzen fehlt, ist die globale Macht. Umgekehrt hatten die klassischen Theoretiker des Imperialismus nur wenig zu sagen über Wünsche sowie die Inbesitznahme und Benutzung von Dingen. Nach Ansicht von J. A. Hobson, Heinrich Friedjung und Joseph Schumpeter, die allesamt unmittelbar nach dem europäischen Wettlauf um Afrika im späten 19. Jahrhundert schrieben, war der Finanzkapitalismus, ein aggressiver Nationalismus beziehungsweise eine »atavistische« Aristokratie, die sich an Macht und Glanz der Feudalherrschaft klammerte, die Triebkraft des Imperialismus. Konsumenten tauchten, wenn überhaupt, nur als Opfer einer hurrapatriotischen Verschwörung auf, die wenige auf Kosten der vielen bereicherte.

Das mangelnde Interesse ist merkwürdig, denn wie wir an den Beispielen von Kakao, Kaffee, Tee und Zucker gesehen haben, spielten Weltreiche schon seit Langem eine entscheidende Rolle bei der Verpflanzung von neuen Gütern, Vorlieben und Lebensstilen. Ein Grund für das Schweigen war einfach, dass sich der sozialdemokratisch eingestellte Hobson – ebenso wie seine marxistischen Nachfolger Rudolf Hilferding und Wladimir Iljitsch Lenin – nur dafür interessierte, was am »neuen Imperialismus« neu war, und nicht für Imperien im Allgemeinen. Wenn wir auf einen größeren Zeitraum schauen und die Welt von 1492, als Kolumbus zum ersten Mal in Richtung Amerika segelte, und von 1900, als ein Fünftel der Welt die übrige Welt beherrschte, vergleichen, fällt auf, dass die erstaunliche Verbreitung von Gütern mit der ebenso massiven Ausweitung der europäischen Macht einherging. In den folgenden zwei Kapiteln werden wir verfolgen, wie die neue materielle Kultur die Stadt und das Heim der Menschen eroberte. Beginnen müssen wir jedoch mit ihrer Einordnung in den größeren geopolitischen Kontext, um die ungleiche Entwicklung des globalen Konsums zu begreifen.

Die Weltreiche veränderten die Bedingungen des Konsums, während der Güterfluss seinerseits die Funktionsweise der Kolonialmächte veränderte. Wie dieses Wechselspiel verlief, hing von der politökonomischen Arena ab, in der es stattfand, und diese erlebte in der Neuzeit eine weitreichende Umgestaltung. Im 17. und 18. Jahrhundert bildete der Merkantilismus den Rahmen, eine Mischung aus Handelsbarrieren, Monopolen und Transportbeschränkungen, mit denen Staaten versuchten, auf Kosten ihrer Rivalen Handels- und Machtpositionen zu erobern. So gesehen, war des einen Gewinn des anderen Verlust. Die Weltreiche waren in einen Wettstreit verwickelt, in dem jeder versuchte, seine Kolonien, Schiffe, Güter und Edelmetalle zu schützen. In Großbritannien entwickelten einige Whigs nach der Glorious Revolution von 1688 liberalere Anschauungen und begannen Überseemärkte als Quelle von Wachstum und Macht zu betrachten.[1] Aber die allgegenwärtige Bedrohung durch französische und spanische Rivalen bewirkte, dass der Handel kein Vehikel von Frieden und Wohlstand wurde, sondern ein Zweig der Kriegführung blieb. Während die frühmodernen Reiche exotischen Lebens- und Genussmitteln neue Verbreitungswege eröffneten, traten sie gleichzeitig beim Güteraustausch auf die Bremse, indem sie Schranken errichteten, um ausländische Waren auszuschließen, den Transport eigener Waren auf ausländischen Schiffen verboten und die nationale Wirtschaft subventionierten. Solche merkantilistischen Maßnahmen waren kostspielig, und es waren die einfachen Leute, die das Militär, die Kriegsschiffe und die hohen Preise, welche die Kriege mit sich brachten, bezahlten.

Nach Waterloo (1815) veränderte sich alles. Durch die militärische Niederlage Frankreichs einerseits und die inneren Erschütterungen in China andererseits gelangte Großbritannien in eine hegemoniale Position. Im Indischen Ozean hatte die Rivalität zwischen den Mächten der Schifffahrt geschadet. Unter britischer Kontrolle verdoppelte sich im ersten Jahrzehnt nach Waterloo die Zahl der nach Indien und China fahrenden Schiffe. Nach dem Ende des Handelsmonopols der Ostindien-Kompanie in Indien im Jahr 1813 war der Weg für andere britische und europäische Schiffe frei.[2] Mehr Überfahrten und größere Frachtmengen bedeuteten mehr Baumwolle, Pfeffer, Tee und andere Güter zu günstigeren Preisen. Seemacht und industrielle Überlegenheit gaben Großbritannien das nötige Selbstvertrauen, um vom Merkantilismus zum Freihandel überzugehen. Anstatt den Zugang zu den Kolonien zu versperren, stießen die Briten die Tür weit auf. Der Handel wurde nicht mehr als Nullsummenspiel betrachtet, sondern als Tätigkeit, die für alle von Vorteil war. Das Freihandelsreich machte es sich zur Aufgabe, einen integrierten Weltmarkt zu schaffen. Liberaler Imperialismus und Globalisierung wurden nahezu austauschbare Begriffe. In den 1850er bis 1870er Jahren entstand durch den Zusammenschluss Belgiens, Frankreichs und anderer Länder zu einem offeneren Handelsnetzwerk die erste europäische Freihandelszone.

Für die Konsumenten hatte der Wechsel zum liberalen Reich tiefgreifende Auswirkungen. Durch den Freihandel schuf Großbritannien das erste konsumentenfreundliche Reich. Die unmittelbare Folge für Briten waren billigere Waren und geringere Steuern. Anstatt die Bevölkerung auszuplündern, verfolgte der britische Staat einen Wachstumskurs mit niedrigen Steuern auf immer mehr Güter. Mehr zu konsumieren war jetzt offizielle Politik. Auch in der übrigen Welt hatte der liberale Imperialismus enorme Auswirkungen. Von der »offenen Tür« britischer Märkte profitierten indirekt Konsumenten in aller Welt, von Wien bis Buenos Aires. Aber der liberale Imperialismus brachte mehr als nur niedrige Preise, er brachte ein grundlegend neues Verständnis von Zivilisation, Humanität und Eigentum.

Die britische Hegemonie verbreitete eine neue Herrschaft von Dingen, die andere materielle Kulturen erschütterte. Nachdem Großbritannien ein Jahrhundert lang den Sklavenhandel dominiert hatte, verbot es ihn 1807 und stellte sich an die Spitze des internationalen Kampfs gegen den Handel mit menschlicher Ware. Das liberale Reich bestand darauf, dass Menschen keine Dinge seien – mit dramatischen Folgen für auf dem Besitz von Menschen aufgebaute afrikanische Königreiche.

Güter waren nicht neutral. Im Kolonialzeitalter waren sie eng mit der europäischen Überlegenheit auf den Gebieten von Technik, Wissenschaft und Kanonenbooten verknüpft. Die steigende Flut von Gütern war für alle Seiten ein gemischter Segen. In indigenen Gesellschaften untergruben europäische Hemden, Sofas und Regenschirme die bestehenden Hierarchien. Auch für die Kolonialherren waren Güter ein Ausdruck von Macht, und zwar als Zeichen der Distanz zwischen Herrschern und Beherrschten. Der Konsum der indigenen Bevölkerung musste unter Kontrolle gehalten werden. In den 1880er Jahren, als der Wettlauf um Afrika in Gang kam, waren die inneren Widersprüche des liberalen Imperialismus offensichtlich. Der weltweite Handel und Konsum nahmen rasch zu, gleichzeitig aber auch das Tempo von Eroberung und Annexion.

Dies war das Paradox dieser Phase der Globalisierung. Ökonomisch war die Welt in den 1870er und 1880er Jahren offener als ein, zwei Jahrhunderte zuvor, hinsichtlich der politischen und kulturellen Macht aber starrer und verschlossener. Die Verhärtung des Rassendenkens in diesen Jahren stand in Wechselwirkung mit einer Ambivalenz der Europäer gegenüber der expandierenden Welt der Güter, für deren Entstehung sie so viel getan hatten. Einerseits gab es eine liberale Öffnung insofern, als die Europäer im Innern den Konsumenten entdeckten und eine positive Haltung zu dessen Beitrag zur Schaffung von Wert, Wohlstand und sozialer Ordnung einnahmen. Andererseits verschloss sich der europäische Geist, indem er den kolonialen Untertanen eine untergeordnete Stellung als für den westlichen Markt schuftende Kulis oder »rückständige« Bauern zuwies, sie jedenfalls nicht als eigenständige Konsumenten anerkannte. Diese rassistische Asymmetrie war das Gegenteil der demokratischen Ausweitung vom aristokratischen zum bürgerlichen und schließlich zum Massenkonsum in Europa. Obwohl das eine keine direkte Folge des anderen war, gehört beides zur selben Geschichte. Die Unterdrückung der Kolonialvölker bildete sich gleichzeitig mit der Apotheose des Konsumenten und des »Lebensstandards« daheim heraus. Deshalb werden wir mit Afrika und Indien beginnen, dann aber auf Europa zurückkommen, um die Entwicklung des Konsums im Kolonialzeitalter nachzuvollziehen.

Enteignung und Wiederaneignung

Heute ist es üblich, das 19. Jahrhundert im Licht der »großen Divergenz« zwischen Ost und West zu betrachten. Was Industriewachstum und globale Macht angeht, hängte Europa China ab. Die Ursachen dieser Entwicklung sind weiterhin umstritten.[3] Großbritannien besaß durch Kolonialhandel und koloniale Expansion, atlantische Sklaverei und leicht verfügbare heimische Kohle einen einzigartigen Vorteil. Als letztlich ausschlaggebend erwiesen sich jedoch die Erträge aus drei Jahrhunderten mit hohen Löhnen, die britische Unternehmer veranlasst hatten, innovativ zu sein, arbeitssparende Maschinen einzuführen und ein hochentwickeltes europäisches Technologienetzwerk zu nutzen. Hinzu kam ein günstiger Zeitpunkt: Nach den Napoleonischen Kriegen (1799–1815) erlebte Europa eine Phase von Frieden und Stabilität, während China von einer Reihe von Naturkatastrophen getroffen wurde, unter inkompetenten Kaisern litt und durch Aufstände erschüttert wurde.[4] Die Nachfrage nach indischer Baumwolle und chinesischem Porzellan regte Wachstum und Innovation ebenso an wie die atlantischen Kolonien, die einen zusätzlichen Absatzmarkt für einige der am schnellsten wachsenden britischen Wirtschaftszweige, wie die Textilindustrie, darstellten. Letzten Endes waren es aber weder Baumwollhemden noch Keramikartikel, die das nachhaltige Wachstum Großbritanniens befeuerten, sondern der Maschinenbau, Eisen und Stahl und die Dampfschiffe, kurz die Produktionsgüterindustrie.[5]

Neben der Ost-West-Divergenz gab es noch eine andere Entwicklung, die eine tiefgreifende Veränderung sowohl der Qualität als auch des Umfangs des Konsums bewirkte: das Ende der Sklaverei. Freie Arbeit und freier Handel (nach 1846) bildeten zwei Säulen des liberalen britischen Empire.[6] Als Großbritannien 1807 den Sklavenhandel verbot, setzte es eine Entwicklung von welthistorischer Bedeutung in Gang. Der Gleichberechtigung im Jahr 1833, dem Amerikanischen Bürgerkrieg von 1861–1865 und dem Verbot der Sklaverei in Kuba und Brasilien 1886 beziehungsweise 1888 folgte um 1900 das Ende der Sklaverei in Afrika; in Russland wurde 1861 die Leibeigenschaft aufgehoben. Tatsächlich trat vielerorts nicht wirklich freie Arbeit, sondern Vertragsknechtschaft oder

Zwangsarbeit an die Stelle der Sklaverei. In Französisch-Westafrika nahm die Sklaverei in dem Jahrhundert nach dem britischen Handelsverbot sogar zu. Deutschland schaffte sie in seinen Kolonien nie ab, und Hitler und Stalin sollten eigene Formen der Zwangsarbeit einführen. Aber wie unvollkommen und bruchstückhaft der imperiale Angriff auf die Sklaverei auch war, er definierte die Ordnung der Dinge neu: Menschen waren kein Besitz mehr, der wie andere Güter gehandelt werden konnte.

Die Sklavenplantagen in Nord- und Südamerika sowie in der Karibik haben verständlicherweise unser Bild des Menschenhandels geprägt. Immerhin wurden mehr als elf Millionen Afrikaner über den Atlantik verschleppt. Doch die Sklaverei blühte auch innerhalb vieler afrikanischer Gesellschaften. Um 1800 war der Besitz von Sklaven in vielen Königreichen ein Zeichen von Macht und Ansehen. Ökonomisch war die Sklaverei eine rationale Reaktion auf den Hauptmangel des Kontinents, dem von Arbeitskräften; an Boden fehlte es nicht. Sklaven waren ein Mittel, sich diese knappe Ressource zu sichern. Die meisten Sklaven waren keine Sache, sondern Klienten; sie dienten als Soldaten, Hausangestellte und Bauern, selten als Plantagenarbeiter. In Sklavenhaltergesellschaften fehlte es nicht völlig an Konsum oder Luxus; königliche Frauen und Konkubinen wurden reich mit Kleidern und Juwelen geschmückt. Im Allgemeinen aber drückte die Sklaverei hier sowohl die absolute Nachfrage als auch die relative Bedeutung von Gütern als Status- und Machtsymbole. Ein großer Teil des Konsums im vorkolonialen Afrika bestand aus Tributleistungen und von Eliten an ihre Klienten verteilten Geschenken. Dies stand in scharfem Gegensatz zu Westeuropa, wo die Leibeigenschaft im 16. Jahrhundert aufgehoben worden war; in Mittel- und Osteuropa hielt sie sich allerdings länger. In Großbritannien selbst wurde die Sklaverei 1772 verboten; manche Besitzer umgingen das Verbot jedoch, indem sie ihre Sklaven zu Lehrlingen machten. Zu diesem Zeitpunkt lebten rund fünfzehntausend Menschen afrikanischer Herkunft auf den Britischen Inseln, manche frei, andere unfrei; dies war eine winzige Zahl in einem Land mit einer halben Million Mittelstandsfamilien oder im Vergleich zu der halben Million Sklaven in den westindischen Kolonien. Heute wissen wir, dass neben Kaufleuten und Plantagenbesitzern auch viele Witwen, Geistliche und andere Kleinanleger in Großbritannien von den Sklaven in den Kolonien profitierten.[7] Doch sie umgaben sich nicht mit einer großen Dienerschaft aus Sklaven. Die Zahl der Lakaien war begrenzt und nahm stetig ab. Stattdessen wurden die Gewinne aus dem blutigen Handel in Mahagonistühle, Porzellan, elegante Kleider und Schmuck investiert.[8] Die gesellschaftliche Stellung zeigte sich im Besitz von Dingen, nicht von Menschen. Bis 1914 hatte sich das liberale europäische Modell durchgesetzt. Das britische Empire hatte die Sklaverei ausgerottet – nachdem es sie über den gesamten Erdball verbreitet hatte.

Das Sklavereiverbot hatte tiefgreifende Auswirkungen auf Werte, Wünsche und Identitäten. Sobald der Besitz von Menschen hierfür nicht mehr in Betracht kam, wurden Reichtum und Macht in Dinge kanalisiert (oder für den zukünftigen Konsum gespart). Die Briten zogen mit aufklärerischen Ideen das Reich der Dinge und deren Tugenden betreffend im Gepäck in den Kreuzzug gegen die Sklaverei. Das Verlangen nach Annehmlichkeiten und Besitztümern, so glaubten sie, würde die Menschen dazu bringen, vom Handel mit Menschen abzulassen und stattdessen mit Gütern zu handeln. Mit diesen Vorstellungen gingen die Sklavereigegner daran, den »dunklen Kontinent« zu retten.

Um herauszufinden, wie sich der Kolonialismus auf den afrikanischen Konsum auswirkte, benötigen wir eine vorkoloniale Ausgangsgröße. Im späten 19. Jahrhundert, auf dem Höhepunkt des Imperialismus, stellten Missionare und Kritiker des Kolonialismus die afrikanischen Kolonien in der Regel als Abladeplätze für Gin und Schrottgewehre aus Europa dar. Je mehr Europa sich industrialisierte und modernisierte, desto stärker betonten sie ein »traditionelles« Afrika, das von Ungleichheit und Materialismus unberührt geblieben sei, bis der Sklavenhandel es brutalisiert habe. Der Afrikaner sei »halb Teufel und halb Kind«, um Rudyard Kipling zu zitieren. Die Vorstellung, Schwarzafrika sei vom Handel unberührt, war jedoch bloße westliche Phantasie und imperialistische Rhetorik. Afrika war nicht in irgendeiner vorkommerziellen Urzeit gefangen. Handel und eine Leidenschaft für Dinge hatten schon vor der kolonialen Eroberung jahrhundertelang zugenommen. In den Küstenregionen in West- und Ostafrika verzeichnete man wachsende Importe von Textilien, Glaskugeln und Eisen. Aus europäischem Blickwinkel mögen die Mengen winzig gewesen sein. Die Einfuhren in Westafrika entsprachen um 1800 nur 4 Prozent der britischen Importe. Von der Goldküste, Senegambia – der Europa am nächsten gelegenen Region südlich der Sahara – und Sansibar aus gesehen, war die Menge der eingeführten europäischen und indischen Güter jedoch beeindruckend. Im 16. Jahrhundert schickten die Portugiesen jedes Jahr eine halbe Million *manilas* (Armbänder) an die Goldküste. Im südlichen Zentralnigeria trugen die Menschen seit 1600 holländisches Leinen. Im Lauf des 18. Jahrhunderts verzehnfachte sich der Wert der Importe in Westafrika. Über Rouen und Liverpool wurden Hüte, Gläser, Tabakpfeifen und insbesondere Textilien verschifft. Der Wert der Fracht überstieg häufig denjenigen von Schiff und Mannschaft.

Afrikaner wurden in zunehmenden Maß zu wählerischen Konsumenten, die eigene regionale Vorlieben und Modezyklen ausbildeten. In Accra war Leinen gefragt, in Offra blockbedruckter Chintz, vorzugsweise in Rot. In Senegambia waren indischer *niconees* (gestreifter Kattun) und *tapseals* (eine Mischung aus Seide und Baumwolle) beliebt. Europäische Kaufleute mussten sich auf die lokalen Moden einstellen. Kunden in Senegambia verlangten im 18. Jahrhundert nicht nach irgendeinem Messer, sondern nach einem »flämischen«, wie es holländische und portugiesische Händler eingeführt hatten. Britische Kaufleute konnten auf dem Markt nur Fuß fassen, wenn sie ähnliche Modelle im Angebot hatten. Zu den lukrativsten und am weitesten verbreiteten Waren gehörten Glaskugeln, die milliardenfach nach Afrika verschifft und dort als Zierrat, religiöses Opfer sowie als Währung und Symbol von Reichtum verwendet wurden. Sie unterschieden sich stark in Stil und Qualität; es gab runde oder zylinderförmige, durchsichtige oder gesprenkelte; auch Imitationen von Perlen und Kristall aus Venedig und Böhmen wurden importiert.[9] Der Sklavenhandel war Teil dieser expandierenden Welt der Güter, indem er lokale Herrscher und ihre Gefolgsleute bereicherte. Der König von Dahomey beispielsweise verdiente 1750 mit dem Verkauf von Sklaven eine Viertelmillion Pfund.

Es ist unmöglich, hier der umfangreichen Literatur über verschiedene Regionen gerecht zu werden, aber drei allgemeine Punkte seien erwähnt. Erstens befand sich der Konsum schon lange Zeit im Aufwind, bevor in den 1880er Jahren der europäische Wettlauf um Afrika begann. Das Verbot des Sklavenhandels von 1807 beschleunigte diese Entwicklung, da westafrikanische Gemeinden in immer größerem Maß mit Palmöl, Gummi und anderen landwirtschaftlichen Exportprodukten zu handeln begannen. Aber es löste sie nicht aus. Eine Geschmacksrevolution hatte bereits unterschiedliche regionale Stile hervorgebracht. Mit anderen Worten, es brauchte keine Kolonialherren, um die afrikanische Bevölkerung zu Konsumenten zu machen. Die Gemeinschaften hatten ihr eigenes Vokabular des materiellen Verlangens. Für Mombassaner waren Wunsch (*moyo*) und Besitz integrale Bestandteile von Persönlichkeit und Status. Europäische Reisende in Ostafrika berichteten, dass die »Ureinwohner mit Vorliebe ihren gesamten Besitz vorzeigen, indem sie ihn in ihren Zimmern aufstellen, damit die Leute ihre Teller, Kaffeetassen, Schmuckstücke, Körbe und viele andere Dinge sehen«.[10] Zweitens wuchs nicht nur die Menge der Güter, lange bevor die Europäer Afrika ihre Herrschaft aufzwangen, auch die Richtung des Handels hatte sich bereits geändert: Güter strömten schon nicht mehr nur von Indien nach Europa und Afrika. Großbritannien begann Indien die Vormachtstellung in der Textilbranche, die am Anfang des 19. Jahrhunderts den größten Sektor des afrikanischen Markts bildete, streitig zu machen. 1850 exportierte Großbritannien 15,5 Millionen Meter Stoffe nach Westafrika; 25 Jahre zuvor war es nicht einmal eine Million Meter gewesen. Drittens schließlich nahm der Anteil der Konsumgüter insgesamt zu. In Senegambia zum Beispiel war Eisen im frühen 18. Jahrhundert noch ein wichtiges Importprodukt, das von örtlichen Schmieden zu Hacken und Werkzeugen weiterverarbeitet wurde. Ein Jahrhundert später hatte der Textilimport denjenigen von Eisen weit überholt. Die Vorstellung von einem Handel »Kanonen und Gin gegen Sklaven« ist zum großen Teil ein Mythos; Alkohol war nie ein wichtiges Importprodukt, und Kanonen wurden erst nach dem Ende des Sklavenhandels in großer Zahl nach Afrika geliefert.

Im frühen 19. Jahrhundert war der Kontakt mit Afrikanern außerhalb der Küstenstädte weitgehend auf Missionare beschränkt. Die beste Vorgehensweise zur Bekehrung der Eingeborenen war umstritten. Viele frühe Missionare sahen im Gang in die Dörfer eine Gelegenheit, in freiwilliger Armut als Diener Christi zu leben. Westlicher Komfort war in ihren Augen ein Hindernis für die Erlösung. Ihre schlechte Bezahlung und die schlechten Transportmöglichkeiten isolierten sie in den Missionen und verstärkten die Anziehungskraft des indigenen Lebens. In der Mission Bethelsdorp in der Kapkolonie lernte I. G. Hooper, in einer Strohhütte zu wohnen, auf einem Brett zu schlafen und »mit einem Mahl hauptsächlich aus trockenem Brot ebenso zufrieden zu sein wie mit der besten Verpflegung in meinem Heimatland«.[11] Solche Missionare legten ihre Hemden und Halsbinden ab, gaben Tee und Kaffee auf und nahmen häufig eine Khoikhoi zur Frau. Die Verfechter der Indigenisierung verschwanden nie völlig, aber nach dem Verbot der Sklaverei verlagerte sich der Schwerpunkt auf die Verwestlichung der afrikanischen Bevölkerung. Der Kampf gegen Sklaverei und Sünde war danach erst gewonnen, wenn die Afrikaner den »erlaubten Handel« als gewinnträchtige Alternative akzeptierten. Sie mussten von den Europäern lernen, nicht umgekehrt. Missionsstationen wurden Inseln des westlichen Lebensstils mit Häusern, die Fenster hatten und in denen es Tische, Betten und Kerzen gab. Bei der Taufe erhielten Neubekehrte ein weißes Hemd und eine Decke. Der Weg zur Erlösung war nun mit Gütern gepflastert.

Die spirituelle Wiedergeburt sollte neue Gewohnheiten, Annehmlichkeiten und Wünsche nach sich ziehen. »Das gleiche Evangelium, das sie gelehrt hatte, dass sie spirituell elend, blind und nackt waren«, schrieb Robert Moffat, ein Veteran der London Missionary Society (LMS) in Afrika 1842, »enthüllte ihnen auch, dass sie der äußeren Reform bedurften, und bereitete ihren Geist so darauf vor, jene Formen von Komfort, Sauberkeit und Zweckmäßigkeit anzunehmen, die sie bisher als Eigentümlichkeiten eines fremden Volkes betrachtet hatten.« Körperbemalung sei »überaus ekelhaft«. Tierfelle müssten gegen Hemden und Röcke ausgetauscht werden. Die Rettung der Seelen ging jetzt mit der Gewinnung neuer Konsumenten einher. Neue Kleider, betonte Moffat, würden »den Schmutz und die Gebräuche früherer Generationen wegwischen und … dem britischen Handel zahllose Kanäle öffnen, die ihm ohne das Evangelium vielleicht für immer verschlossen blieben«.[12] Handel und Bekehrung förderten sich laut der missionarischen Propaganda gegenseitig. »Gott hat eindeutig England als die große Missionsnation ausgewählt«, erklärte die Church Missionary Society (CMS) in einem ihrer vielen Traktate. Warum sonst hätte er es in den Mittelpunkt des Welthandels stellen sollen? »[M]an schaue sich um: Alles, was uns umgibt, stammt von Heiden oder aus fremden Ländern. Unsere Röcke sind mit in Bengalen gekauftem Indigo gefärbt; ... unser Tee kommt aus China, unser Kaffee aus Arabien ... sogar die Räder unserer Eisenbahnwagen werden mit Palmöl aus Guinea geschmiert ...« Ohne die Nachfrage von Heiden nach ihren Produkten müssten britische Fabriken ihre Tore schließen. »So sind wir durch enge Bande des gemeinsamen Interesses an eine Vielzahl von Nationen gebunden, die nichts von Gott und seinem Sohn wissen.« Es wäre eine Sünde, zu denken, Gott habe den Briten nicht die besondere Pflicht auferlegt, sich für die Rettung der Heiden einzusetzen.[13]

Auch der Konsum wirkte in diese Richtung, wie John Philip von der LMS darlegte: »Im wilden Zustand haben Stämme für gewöhnlich keine Häuser, Gärten und feste Besitztümer. Indem man sie an einem bestimmten Ort ansiedelt und dazu bringt, Häuser zu bauen ... Getreide anzubauen, Besitz anzusammeln, und indem man ihre künstlichen Wünsche vermehrt, vergrößert man auch die Abhängigkeit von der Kolonie und verstärkt die Bande der Union.«[14] Ein Mann mit Adresse und Besitztümern stiehlt keine Rinder. Gegner der Sklaverei und Verfechter afrikanischer Expeditionen wie Thomas Fowell Buxton sahen eine natürliche Verbindung zwischen Sklavenhandel und afrikanischer Faulheit einerseits sowie friedlichem Handel und Arbeitsamkeit andererseits. Letztlich sei das Mittel gegen die Sklaverei nicht in Europa, sondern in Afrika zu finden. Westliche Dinge würden einen Tugendkreislauf von größeren Wünschen, Arbeit, Besitz und Frieden in Gang setzen.

Die Hoffnung, Komfort und Handel auf westliches Niveau heben zu können, erreichte in den 1830er Jahren ihren Höhepunkt. Illustriert wird sie von einem Brief, den William Fergusson, der Leiter des Medizinalwesens und spätere Gouverneur der für befreite Sklaven gegründeten britischen Kolonie Sierra Leone, an Buxton schrieb, den führenden Kämpfer gegen die Sklaverei. Der »Rang« befreiter Afrikaner sei direkt an ihren Häusern und deren Einrichtung abzulesen, erklärte Fergusson. Die Angesehensten lebten in zweistöckigen Steinhäusern, die sie von ihrem eigenen Verdienst erworben hätten. In diesen Häusern finde man »Tische, Stühle, Sopha's und Bettgestelle von Mahagoni, Pfeilerspiegel, Teppiche und andern Hausrath, welcher auf verfeinerten Sinn und wachsenden Wohlstand deutet«. Befreite Afrikaner seien »sehr nach dem Gelde«. Doch dies sei keine Sünde. Sie liebten das Geld nicht wie der »Geizhals«, sondern verwendeten es, um »sich ihr Leben angenehmer und ihr ganzes Auftreten anständiger zu machen«. Aus britischer Perspektive hätte es kein größeres Lob geben können. Laut Fergusson gab es »kein ruhigeres, harmloseres, fröhlicheres Völkchen auf der Erde, als diese freigelassenen Afrikaner«.[15] Anders gesagt, sie waren Musterkonsumenten, die Adam Smith' Vorstellungen recht nahekamen. Sie versuchten nicht, ihre Mitmenschen zu unterjochen, sondern steckten ihre Kraft in friedliche Arbeit und den Erwerb von Besitztümern.

Als Reverend Samuel Crowther, einst ein Sklavenjunge bei den Yoruba, bis er befreit und nach Freetown gebracht wurde, 1854 nach 13 Jahren an den Niger zurückkehrte, fielen ihm die »erstaunlichen Veränderungen im Verhalten der Menschen« auf. Kurz nach seiner Ankunft in dem einige Kilometer von der Küste entfernten Dorf Angiama wurde er von Leuten aus Brass begrüßt, die dort waren, um Palmöl einzukaufen. 1841 hatten nur »sehr wenige« der Menschen, denen er begegnete, »irgendwelche anständigen Kleidungsstücke« getragen. Jetzt sah er »in der Gruppe von vierzig Menschen am Ufer fünfzehn, die unzweifelhaft englische Hemden trugen«. Für Crowther, der zum ersten schwarzen Bischof der CMS werden sollte, war es »ein deutliches Anzeichen des Vorzugs des rechtmäßigen Handels über denjenigen mit Menschen«.[16]

Der Evangelikalismus war der belebende Geist hinter dem Kreuzzug gegen den Sklavenhandel. Er lastete den Menschen die schwere Bürde auf, für ihre Sünden zu büßen und ihre Welt Gottes Absichten anzunähern. Britische Konsumenten sollten ihre Gewohnheiten ebenso ändern wie Afrikaner. Immerhin waren sie es, die von Sklaven angebauten Zucker genossen. Die koloniale Nahrungsmittelkette brachte europäische Konsumenten mit dem Schicksal afrikanischer Sklaven in Verbindung. »Der Verbraucher westindischer Produkte«, hieß es in einer abolitionistischen Streitschrift von 1792, »kann als Hauptfeder betrachtet werden, welche die ganze Maschine der Grausamkeiten in Gang setzt.«[17] Die Konsumenten hätten die moralische Pflicht, so ein anderer Zeitgenosse, keinen von Sklaven angebauten Zucker zu erwerben. Er sei blutbefleckt, schmutzig und sogar kannibalisch, denn mit »jedem Pfund Zucker, das wir verbrauchen ... verzehren wir, so könnte man von uns sagen, zwei

Unzen menschlichen Fleischs«.[18] Der Boykott von Sklavenzucker wuchs zu einer transatlantischen Massenbewegung an. Frauen standen in vorderster Front, gestützt auf die Kontrolle über den Geldbeutel, die Idee häuslicher Tugend im Kopf und von der viel beschworenen Fähigkeit zur Empathie geleitet. Es war die Geburtsstunde des ethischen Konsumismus (siehe Abbildung 15).

Es ist verlockend, in dieser Episode einen Lichtstrahl in der dunklen Kolonialgeschichte zu sehen, der auf die Durchsetzung der Menschenrechte und ein verantwortlicheres Verhalten der Konsumenten verwies. Tatsächlich folgte dem Sklavereiverbot von 1833 ein moralischer Rückzug. Zwar fuhr die Antisklavereibewegung anfangs fort, nationale Petitionen einzureichen. So forderte sie 1854 auf einer Konferenz in London ihre Anhänger auf, keine von Sklaven angebauten Erzeugnisse zu kaufen, weder Baumwolle noch Reis oder Tabak. Aber das Schweigen der europäischen Konsumenten sprach Bände. Sie schlossen sich keineswegs in Scharen zu einem Boykott der wachsenden Berge von billigem Zucker, Kaffee und Kakao zusammen, die von Vertragsknechten oder Sklaven in anderen Ländern produziert wurden. Um 1900 setzten die Europäer ihre ethische Kaufmacht allenfalls gegen ausbeuterische Arbeitsbedingungen oder für hilfsbedürftige Streichholzmädchen vor Ort ein. Als zwischen 1904 und 1909 in Büchern und Zeitungen enthüllt wurde, dass der Schokoladenhersteller Cadbury auf den portugiesischen Inseln São Tomé und Príncipe im Golf von Guinea Sklavenarbeit nutzte, tranken die britischen Verbraucher ungerührt weiter Kakao.[19] Aktivisten und Industrielle waren sich darin einig, dass es Sache der Unternehmen sei, und nicht der privaten Konsumenten, gegen Missbräuche vorzugehen. Aufrufe von Quäkern zum Konsumboykott verhallten ungehört.

Als politische Waffe wurde der Boykott jetzt umgedreht. Aus einem Instrument der bessergestellten Wenigen in den imperialen Metropolen zur Verbesserung der Situation der kolonialen Produzenten wurde er am Vorabend des Ersten Weltkriegs zu einer Waffe der Schwachen gegen ihre Herren, von Polen gegen deutsche Ladenbesitzer in Ostpreußen und von Indern gegen die britische Teilung Bengalens. Chinesen in ganz Asien riefen Boykotte aus, um gegen die Verhaftung und Deportation chinesischer Einwanderer in den Vereinigten Staaten zu demonstrieren.

Der Imperialismus schuf eine Konsumentengesellschaft mit gespaltener Identität. Während sich die Europäer zu Kolonialherren aufwarfen, wurden sie zugleich zu Konsumherren, die der übrigen Menschheit die Rolle von Kulis oder Bauern zuwiesen. Die europäische Entdeckung des Konsumenten in der Wirtschaft und die Herausbildung des europäischen Begriffs des Lebensstandards sind ein Teil der Geschichte, auf den wir später zurückkommen werden. Hier müssen wir der Kolonialgeschichte noch etwas weiter folgen, um nachzuvollziehen, wie der afrikanische Konsument aus der kolonialen Vorstellungswelt vertrieben wurde.

Die schrittweise Ausblendung der Figur des eigenständigen afrikanischen Konsumenten war eine Folge mehrerer konvergierender Entwicklungen. Die Missionare waren ungeduldig: Das Millennium war nahe. In evangelikalen Träumen schossen Marktgesellschaften über Nacht aus dem Boden. Aber das Nigergebiet und die anderen Regionen im Innern des Kontinents erwiesen sich als trügerischer, als Forschungsreisende geglaubt hatten. Vor allem stellten sich die westafrikanischen Kolonien mit ihren freien Arbeitskräften als enttäuschende Experimente heraus. Zusammen mit dem Indischen Aufstand von 1857 weckte dies Zweifel daran, ob nichtweiße Untertanen nach dem Bild ihrer Kolonialherren umerzogen werden konnten. Ein harter, wissenschaftlich begründeter Rassismus begann die koloniale Geisteshaltung einzufärben.

Diese aggressivere Einstellung war teilweise eine Reaktion auf die Schwierigkeiten, vor denen europäische Kaufleute und Missionare vor Ort standen. Handel und Konsum setzten in der zweiten Hälfte des 19. Jahrhunderts ihren Vormarsch fort. In Westafrika folgten viele einheimische Händler dem evangelikalen Szenario, indem sie anstatt mit Sklaven nun mit Palmöl handelten und Häuser bauten, die sie mit Möbeln, Gemälden und Wanduhren ausstatteten. George Letty Lawson, ein togoischer Kaufmann gemischter Herkunft, rauchte Zigarren, servierte importierte Lebensmittel und hielt sich etwas auf seine europäische Kleidung und Einrichtung zugute.[20] Die Konsumgrenze verschob sich immer weiter ins Inland. John Tobin, einer der britischen Großimporteure von Palmöl, sagte 1865 vor einem Parlamentsausschuss, Weiße hätten »geglaubt, für Schwarze sei alles gut genug«, aber inzwischen könnten die Bewohner des Nigerdeltas »ebenso gut zwischen echten Artikeln und Nachahmungen unterscheiden wie die Menschen in diesem Land«.[21] In Ostafrika verbreiteten Karawanen den Geld-Waren-Zusammenhang bis an den Fuß des Kilimandscharo. Bauern bestanden auf Barzahlung. Jeder Stamm, berichtete ein Afrikareisender, müsse »seine besondere Art Baumwolle, eine besonders gewählte Farbe und eine besondere Größe und Färbung in Perlen und Knöpfen haben ... Und was noch schlimmer ist: die Moden wechseln hier ebenso« wie in England.[22]

Einheimische Mittelsmänner stellten eine Gefahr für die Kontrolle der Europäer über den Handel und den Zugang zu den Ernten im Innern des Kontinents dar. Gleichzeitig zersetzte das Eindringen sowohl von Händlern als auch von neuen Objekten der Begierde die örtlichen Machtstrukturen. Nach jahrzehntelangem Zögern und vorsichtigem Agieren waren europäische Regierungen in den 1880er Jahren schließlich bereit, die Kontrolle zu übernehmen. Die Einzelheiten des Wettlaufs um Afrika würden den Rahmen dieses Buchs sprengen. Aufgrund ihrer überlegenen Waffen, Technologien und Logistik waren die Europäer gewaltig im Vorteil. Aber die Niederlage der afrikanischen Gesellschaften war kein Zeichen ihrer Rückständigkeit, sondern eine Folge ihrer Dynamik. Was sie zugleich verwundbar und für europäische Kolonialreiche attraktiv machte, war die Tatsache, dass sie Handel trieben und nicht weniger, sondern immer mehr konsumierten. Die Dinge trieben die Eroberung voran.

Patronage und Klientelwesen blieben bedeutende Faktoren, aber die zersetzende Wirkung der Welt der Dinge auf die afrikanischen Königreiche war überall zu bemerken. Vor den 1880er Jahren war die direkte europäische Herrschaft auf einige Küstenfestungen beschränkt. Im Palmölgürtel am Niger etablierte sich zum Beispiel der ehemalige Sklave Jaja (Jubo Jubogha) als mächtiger Rivale sowohl der britischen Kaufleute als auch der alten Sklavenhandelselite. Jaja kontrollierte den Palmölhandel in Opodo und errichtete 1871 eine Blockade, um das weitere europäische Vordringen aufzuhalten. Um die Militär- und Verwaltungsausgaben aufzubringen, mussten Sierra Leone und andere Kolonien Handel und Märkte immer stärker besteuern. Auf der Flucht vor diesen Abgaben zogen einheimische Kaufleute weiter den Sierra Leone River hinauf, mit Hemden, Stiefeln, Spiegeln und anderen im Tausch gegen Palmöl und Kolanüsse erworbenen Waren im Gepäck. Güter und Warenproduktion trieben sich gegenseitig immer tiefer ins Inland und stürzten die alten Regime in eine Krise. In Sierra Leone beklagten sich die *Chiefs* darüber, dass Kreolen in die Gebiete der Susu und Limba eindrangen und die Ernten aufkauften, bevor sie eingebracht waren. Kreolische Kaufleute errichteten Inlandslager und umgingen die alten Eliten, die in der Zeit der Sklaverei den Handel kontrolliert hatten, indem sie Geschäfte direkt mit den Bauern abschlossen. Die materielle Kultur an dieser sich verschiebenden Handelsgrenze machte sich überall bemerkbar. Die Häuser der kreolischen Kaufleute waren voller westlicher Möbel. Manche *Chiefs* versuchten mit wenig Erfolg, den Zustrom in den Grenzen von speziellen kreolischen Vierteln zu halten. Im Gebiet der Mande umfasste der Besitz eines *Chiefs* einen Spiegel, einen Ankleidetisch und ein Himmelbett. Eine Welle westlicher Güter ergoss sich über Westafrika. In Freetown versuchte eine Kleiderreform-Gesellschaft vergeblich, sich ihr entgegenzustellen. Die Frauen lehnten die vorgeschlagenen weiten Kleider ab. Muslimische Männer begannen unter ihren weiten Gewändern Hosen zu tragen, während ihre Frauen die eng geschnürten Kleider der christlichen Elite kopierten.[23]

Die Auswirkungen der Konsumgüter waren in doppelter Weise explosiv, da sie auch als Kredit benutzt wurden. Händler überließen einheimischen Kaufleuten für sechs bis zwölf Monate Textilien und andere Güter, die dann mit der nächsten Palmölernte bezahlt wurden. Dieses »Treuhandsystem« hatte in der Vergangenheit gut funktioniert. Aber neue Kaufleute am Markt und der Rückgang des Ölpreises in der großen Wirtschaftskrise der 1870er und 1880er Jahre brachten es in Bedrängnis. Manche Händler verschuldeten sich bei Neuankömmlingen nun so hoch, dass etablierte Mitspieler genötigt waren, zur Entschädigung auf Güter zuzugreifen. Wenn Westafrika ein Problem hatte, dann nicht mit zu wenig, sondern mit zu viel Konkurrenz. Der Handel wurde mit Gewalt ausgedehnt. Britische Handelsschiffe hatten immer öfter Kanonenboote im Schlepptau. Handelsposten wurden zu Konfliktherden. In Onitsha in Südnigeria zum Beispiel griffen Einheimische 1879 den Handelsposten an und plünderten britische Lager. Zur Vergeltung wurde das Kriegsschiff *Pioneer* den Niger hinaufgeschickt. Seine Besatzung beschlagnahmte britische Güter im Wert von 50 000 Pfund, und nachdem sie die Stadt drei Tage lang bombardiert hatte, stürmte sie das Zentrum und brannte es nieder. Auch die Unterstadt wurde dem Erdboden gleichgemacht. Britische Händler und Missionare drückten dem örtlichen britischen Konsul ihren Dank aus.[24]

Für viele Herrscher hatte der Wechsel vom Menschen- zum Güterhandel verheerende Folgen. In Staaten, die auf der Sklaverei aufgebaut waren, war der Handel mit Dingen eine Art trojanisches Pferd. Im Königreich der Aschanti in Ghana bildeten Sklaven und Steuern die Grundlage der Macht. Je mehr Sklaven jemand besaß, desto höher sein Rang. Die Aschanti praktizierten Merkantilismus im großen Stil. Die Regierung kontrollierte den Handel und verlangte von Kaufleuten deftige Gebühren; die Tributsteuer belief sich auf rund die Hälfte des Einkommens der Menschen, und der Zinssatz lag bei 33 Prozent. Der Tribut wurde in Gold, Kleidung und Sklaven entrichtet. Durch den wachsenden Gummi- und Kakaohandel war diese Ordnung gefährdet.[25] Eine neue Schicht von Vermittlern, der *asikafo*, entstand, die frei von staatlicher Einmischung handeln wollten. Es war mehr oder weniger eine afrikanische Version von Adam Smith' tugendhaftem Übergang von der Feudal- zur Marktgesellschaft, von der Herrschaft über Menschen zur Herrschaft der Dinge – mit einer wichtigen Einschränkung: Es war kein bloßer innerer Kampf, denn an der Seitenlinie lauerte das britische Empire. Für Vertreter einer neuen Elite einheimischer Händler wie John und Albert Owusu Ansa waren westliche Güter ein integraler Bestandteil ihrer Identität. Sie bemühten sich um britischen Schutz vor der Einmischung des Aschanti-Reichs.

Der Handel und die Dinge, die er brachte, zersetzten die Grundlagen der bisherigen Autorität. 1896 wurde das Gebiet der Aschanti zu einem britischen Protektorat. In den folgenden Jahren erlebte Großbritannien den edwardianischen Boom, der dem Handel mit Palmöl und Kakao einen sprunghaften Aufschwung bescherte. Deshalb gingen die Aschanti vom Kolaanbau und dem in kleinem Maßstab betriebenen Goldbergbau zum gewinnträchtigeren Anbau von Kakao über. Bis 1910 wurde Ghana zum größten Kakaoexporteur der Welt. Im großen Ganzen zahlte sich dies wahrscheinlich aus, denn es hob den Lebensstandard der Aschanti. Aber da der Geld-Ware-Zusammenhang enger wurde, löste es auch neue Konflikte über den Besitz von Land und Macht aus. Sklaven und Boden verloren als Garanten von Status und Macht rasant an Wert. *Chiefs* wurden mehr oder weniger rasch gestürzt. Die Klugen unter ihnen begannen als Vorsorge für die Zeit nach ihrer Absetzung Besitztümer anzusammeln. 1910 einigte sich die Ratsversammlung der Aschanti darauf, dass zwei Drittel des Besitzes, den ein *Chief* während seiner Herrschaft anhäufte, bei seiner Absetzung oder Abdankung in sein Privatvermögen übergehen sollten. Der Besitz gehörte damit überwiegend der Person und nicht dem Amt. Es war ein weiterer Sieg des Reichs der Dinge.

Europäische Dampfschiffe, Kanonen und Güter waren Manifestationen einer neuen materiellen Ordnung. Örtliche Führer begriffen dies rasch. Mandara, der *Chief* der Chagga, der seinen Sitz in Moschi am Südhang des Kilimandscharo hatte, verstand Macht als eine geopolitische Hierarchie von Dingen. An der Spitze, gleich nach Gott, befanden sich die Engländer, die die meisten »guten Dinge« besaßen: wertvolle Fabriken, Kanonen und Medizin. Mandara gab seinem Sohn nach dem britischen »Postboot« den Namen Meli. Eine Stufe tiefer stand der Hinduhändler; in Ostafrika hatten sich indische Textilien durchgesetzt. Erst danach, und trotz ihrer Anwesenheit an der Küste, kamen die Deutschen; sie hatten einfach nicht die nötigen Güter. Für Mandara und die örtliche Elite spielte es in zunehmendem Maß eine Rolle, woher die Dinge kamen. Für Händler, die ihnen zweitklassige Ware oder Produkte aus dem nahegelegenen Sansibar aufschwatzen wollten, hatten sie nicht viel übrig. Für sie kamen nur echte europäische Artikel in Frage.[26]

Das Ende der heimischen Sklaverei beschleunigte diese Entwicklung, da es zu einem stärker beanspruchten Markt für Güter führte. Die Sklaverei hatte die Auswahl eingeschränkt. Männlichen Sklaven war es verboten, eine *kofia* aufzusetzen; Frauen durften keinen Schleier tragen. Ein Sklave war zuerst Sklave und erst danach Muslim. An der Kleidung konnte man erkennen, wer ein freier Mann war und wer nicht. In Ostafrika trugen freie Araber farbenfrohe, blockbedruckte Kangas, während afrikanische Sklaven sich mit weißgrauen »Merikani«-Tüchern aus Amerika begnügen mussten. Schon vor dem Ende der Sklaverei brachen Sklavinnen diese Kleidervorschrift, indem sie ihren Merikanis mit afrikanischem Indigo etwas Farbe gaben. Die Freiheit löste eine enorme Nachfrage nach neuen Kleidern aus. Das Erste, was ein befreiter Sklave tat, war, ein Hemd oder eine bestickte *kofia* zu kaufen. Die Inselgruppe Sansibar war ein blühender Modestandort (siehe Abbildung 13). Ein Swahili-Sprichwort aus der Zeit um 1900 lautete: »Sei vorsichtig in Pemba. Kommst du mit einem Lendenschurz, gehst du mit einem Turban. Kommst du mit einem Turban, gehst du mit einem Lendenschurz.«[27]

Die Kolonialherrschaft gab dieser Spirale eine weitere Drehung. Kolonialverwaltungen kontrollierten Anstellungen, Geld und Status. Westliche Güter zu erwerben, zeigte gleichzeitig die eigene Nähe zu den Kolonialherren und die Distanz zu den Bevölkerungsgruppen am unteren Ende der sozialen Leiter an. Nach dem Ersten Weltkrieg gaben die Angehörigen der Duala-Elite in Französisch-Kamerun ein kleines Vermögen für westliche Kleidung aus. Sie tranken importierten Wein, beendeten ihre Mahlzeiten mit einem Dessert im westlichen Stil und fuhren Autos und Motorräder. Aufgrund ihrer größeren Präsenz in der Öffentlichkeit bildeten Männer die Vorhut des auffallenden Konsums. Ein Duala-Mann gab leicht 1000 Francs im Jahr für europäische Kleidung aus, dreimal so viel wie die Frauen.[28]

Manchmal hört man immer noch die Ansicht, die Europäer hätten den Wettlauf um Afrika begonnen, weil sie neue Konsumenten gewinnen wollten, um die heimische Wirtschaftskrise zu überwinden. Das Gegenteil entspricht eher der Wahrheit. Die Europäer interessierten sich kaum für die afrikanischen Konsumenten. Koloniale Untertanen sollten Kulis im Bergbau oder Plantagenarbeiter sein, aber keine Verbraucher. Imperialisten verstießen bedenkenlos gegen die Marktgesetze, wenn es ihnen passte. Afrikaner wurden durch Landraub und Maxim-Maschinengewehre auf den Arbeitsmarkt getrieben und nicht mit Hilfe der Aussicht auf einen Lebensunterhalt auf ihn gelockt. Dies könnte man als kurzsichtig betrachten. Eine Hochlohnwirtschaft bringt bessere Konsumenten hervor. Wären die europäischen Nationen liberaler gewesen und hätten mehr in ihre Untertanen investiert, hätten sie einen enormen Nutzen davon haben können.

So aber waren afrikanische Mittelsmänner ein Dorn im Auge der kolonialen Verwalter und Geschäftsleute. Richard Butler, der Konsul auf der Insel Fernando Pó im Golf von Guinea (heute heißt sie Bioko), wollte den indigenen Ladenbesitzern durch hohe Steuern die Existenz nehmen. Ein Vizepräsident der Londoner Anthropologischen Gesellschaft sah Afrikaner als Bauern, nicht als Händler. Die französische Dritte Republik bemühte sich, die Untertanen in ihren Kolonien dem Vorbild der französischen Bauern anzugleichen. Die britische United African Company versuchte unter Leitung von George Goldie mit Hilfe von Kanonenbooten und lokalen Verträgen den Handel am Niger zu monopolisieren. Frederick Lugard, der Hochkommissar für das Protektorat Nordnigeria, führte 1904 einen Karawanenzoll ein, um die örtlichen Händler auszupressen und die Weber von haltbarer einheimischer Kleidung zu Bauern zu machen, die schließlich Baumwolle für Lancashire anbauten.[29]

Auch von ihren Missionarsfreunden wurden die afrikanischen Konsumenten alleingelassen. Schon in den 1840er Jahren klagten Methodisten, der Handel mache die Afrikaner verschlagen und materialistisch. Am Ende des Jahrhunderts betrachteten alle Missionsgruppen Handel und Konsum als sündig, jedenfalls nicht als Tätigkeiten, mit denen ein christliches Leben eingeübt werden konnte. Sie gaben jetzt dem Verlangen nach Gütern und Geld die Schuld daran, dass so wenige Afrikaner konvertierten. Missionare hatten zwar davon gesprochen, neue materielle Wünsche und Gewohnheiten einzukalkulieren, aber selten danach gehandelt. Die Mährische Mission begann erst 1904, Löhne zu zahlen. Kinder mussten acht Stunden arbeiten und konnten sich glücklich schätzen, wenn sie ein paar Pennys bekamen. Immerhin, erklärten die Missionare, würden sie in der Münze von »Zivilisation« und »Kultur« entlohnt. Geschäfte in Missionsstationen waren Europäern vorbehalten. Missionare verzweifelten an ihren Schäfchen. Die Eingeborenen seien zwar arbeitsamer geworden, jetzt aber von Dingen besessen, bemerkte ein Missionar in Togo 1894. Sie würden sein Fotoalbum wie einen Versandkatalog betrachten, Kleiderstile vergleichen und ihn ein ums andere Mal bitten, zu Weihnachten die feinsten Kragen und Krawatten für sie zu bestellen. Sie wollten gute Kleider und Lebensmittel, und das nur allzu sehr. In der Frühzeit des Christentums im Römischen Reich, erinnerte der Missionar missmutig, hätten sich neue Gläubige einfach gekleidet und sich nicht herausgeputzt wie die Afrikaner.[30] In Ostafrika klagte der örtliche Bischof darüber, dass die Küstenstädte die Menschen anlockten und das »saubere Leben« zerstörten; Sansibar sei »Piccadilly, Sodom und Schänke« in einem.[31] Dass Missionare über diesen Exodus überhaupt erstaunt sein konnten, ist vielsagend. Ein Lehrer in einer Missionsstation erhielt ein Gehalt, das nur einen Bruchteil dessen ausmachte, was ein Büroangestellter in der Stadt bekam, gerade einmal genug, um seine Familie zu ernähren und ein paar Hemden zu kaufen (siehe Abbildung 14).

Es gab, grob gesprochen, drei Gruppen von Missionaren. Sie alle setzten den afrikanischen Konsumenten herab. Friedrich Fabri von der Rheinischen und Johann Karl Vietor von der Norddeutschen Missionsgesellschaft waren Vertreter der neuen, chauvinistischen Generation, die in den 1880er Jahren die Bühne betrat. Nach ihrer Ansicht mussten die Afrikaner zu produktiven, Steuern zahlenden Untertanen des Deutschen Reichs erzogen werden. Sie zollten der Vorstellung von Afrikanern als potentiellen Konsumenten weiterhin Lippenbekenntnisse. Aus ihrer Sicht bestand das Problem mit ihnen darin, dass sie entweder Selbstversorger oder Mittelsmänner waren, die ihr Geld für Garderoben mit Mahagonifurnier und andere Luxusgüter ausgaben, die nicht aus Deutschland stammten. Die Afrikaner mussten dazu gebracht werden, einfache deutsche Waren zu kaufen. Ihre wichtigste Rolle war jedoch die eines Agrarproletariats, das Rohstoffe für die deutsche Industrie produzierte.[32]

Die zweite Gruppe von Missionaren spottete über die Idee, mit Hilfe des Christentums imperialistische Politik betreiben zu können. Man stelle sich nur einmal vor, bemerkte einer von ihnen, der Apostel Paulus hätte den Korinthern gesagt, sie sollten »ihre Teppiche bei Aquila« kaufen.[33] Aus Sicht dieser Missionare war es weit besser, die Afrikaner zu sich selbst versorgenden Bauern zu machen. Sie mussten gleichermaßen vor materialistischen Versuchungen und imperialistischen Plantagen geschützt werden. Diese paternalistischen Missionare stellten die afrikanische Bevölkerung auf eine noch niedrigere Entwicklungsstufe als ihre chauvinistischen Kollegen, denn sie erwarteten von ihr, sich ganz aus der Welt der Dinge zurückzuziehen. Man glaubte, Afrikaner seien nicht bereit für den Markt, Löhne und höhere Bedürfnisse. Zu tief würden die Wunden der Sklaverei reichen. Zuerst müssten sie sich selbst reinigen, indem sie die »Würde ehrlicher Arbeit« erführen. Leitprinzip war die Regel des heiligen Benedikt: *ora et labora*. Der Weg zu einem wahrhaft christlichen Leben bestehe aus Arbeit, nicht aus Nehmen und Ausgeben. Wenn sie einen christlichen Zustand erreicht hätten, könnten sie vielleicht Löhne erhalten und zu Konsumenten werden, doch bis dahin sei es noch lange hin. Im Eifer der Missionare, die Afrikaner zu asketischen Bauern zu erziehen, spiegelte sich ihre Enttäuschung über die Folgen der Industrialisierung auf die Arbeiter in Europa wider. Afrika bot eine zweite Chance, die Modernität richtigzustellen und die Christenheit vor der unheiligen Spirale von teuflischen Fabriken, billigen Vergnügungen und zerrissenen Familien zu retten.[34]

Die dritte Gruppe von Missionaren ging sogar noch weiter, indem sie zum »Geist der Stammesgesellschaft« Zuflucht nahm. Gottes Absichten seien in der afrikanischen Stammes- und Familienordnung bereits sichtbar. Nach Ansicht des Lutheraners Bruno Gutmann, der bei den Chagga in Ostafrika lebte, musste der »ursprüngliche« Stammesstaat um jeden Preis vor dem Eindringen der materiellen Zivilisation geschützt werden. Verwandtschaft und Überlebenskampf schüfen ein Band zwischen den Menschen. »Sobald Geld hinzukommt ... mit dem man Dinge von rein materiellem Wert kaufen kann, wird man sofort die Zerstörung der lebenswichtigen Wechselbeziehung von Menschen erleben, die allein die Quelle ihres geistigen und moralischen Wesens ist – mit einem Wort: ihrer Existenz als Menschen.«[35] Der Imperialismus gab der Wippe des Konsums einen weiteren Stoß: Während die Menge der Güter wuchs, befanden europäische Imperialisten und Missionare den Konsum für nicht authentisch und entfremdend.

Das Verlangen nach Mode und Gütern blieb ständiger Kritik ausgesetzt. Im Jahr 2000 schrieb der in Nigeria geborene Journalist Chika Onyeani, die Afrikaner hätten ihre kolonialen Fesseln verewigt, indem sie zu einer parasitären »consumer race« verkommen seien, anstatt wie andere »productive races« in menschliches Kapital und Entwicklung zu investieren.[36] Da Konsumgüter in Verbindung zu Sklaverei und Eroberung stehen, betrachten manche westliche Historiker sie weiterhin als »ansteckende« Krankheit, welche die indigenen Kulturen zerstöre.[37] Solche Interpretationen werden der langen Geschichte des Austauschs, der aktiven Rolle der afrikanischen Bevölkerungen und der befreienden Wirkung des Konsums nicht gerecht. Materielle Wünsche waren kein über Nacht eingeführter Import der Kolonialmächte, sondern reichten in vorkoloniale Zeit zurück. Der Gegensatz zwischen einem »traditionellen«

Stammesafrika, in dem der *homo economicus* noch nicht Fuß gefasst hatte, und der »modernen«, von Gütern, Ungleichheit und Individualismus geprägten westlichen Welt war eine bequeme Erfindung der kolonialen Einbildungskraft. Konsum lässt sich nicht einfach als nicht authentisch oder oberflächlich abtun. Für ehemalige Sklaven und Migranten waren Dinge ein großer Gleichmacher. Ein Hemd, ein Hut, eine Uhr und ein Spiegel waren Zeichen sozialer Inklusion und Selbstachtung.

Zeitgenössische Europäer hatten für solche materiellen Zurschaustellungen nur Verachtung übrig. Ein britischer Kolonialbeamter ärgerte sich über die extravagante Erscheinung von Swahilis, die »in farbige Hemden mit Fliege und blaue Sergeanzüge gekleidet« seien und Feze sowie »Schuhe und Socken« trügen, dazu »ein Monokel«, und »in langen Zigarettenspitzen mit Goldmundstück Zigaretten rauchen. Solche Karikaturen sind kein angenehmer Anblick, aber vielleicht noch schlimmer sind die Herren, die für Filzhüte und schwere Stiefel entflammt sind.«[38]

Man erkennt die Schizophrenie der Weltreiche in dieser frühen Phase der Globalisierung. Das wachsende Unbehagen über afrikanische Konsumenten war ein gemeinsames Gefühl der Kolonialmächte, das man im liberalen Großbritannien ebenso empfand wie im nationalistischen Deutschland und im republikanischen Frankreich. Seit Mitte des 19. Jahrhunderts beschleunigte der Freihandel die weltweite Güterzirkulation, doch wenn die Güter bei kolonialen Untertanen ankamen, schrillten in den imperialen Zentren die Alarmglocken. Während der Freihandel Handelshemmnisse beseitigte, richtete die Kolonialmacht an ihrer Stelle neue Rassenhürden auf. In Großbritannien stand der Freihandel für billige Güter für alle. Jeder war ein Konsument, und jeder Konsument war ein Staatsbürger. In den Kolonien wurde dieser inklusive, demokratische Wesenszug indes ernsthaft beschädigt. Großbritannien stand für den Freihandel, aber es war auch eine Kolonialmacht, und als solche fiel es ihm schwer, afrikanische Konsumenten zu akzeptieren, denn der Konsum bedrohte die Distanz zwischen den Rassen, auf der das Empire beruhte. Wenn Afrikaner eine Melone aufsetzten oder ein Korsett anlegten, kamen sie ihren Kolonialherren allzu nah. In den 1930er Jahren beobachtete ein Forschungsreisender, dass viele Europäer »im Umgang mit gutgekleideten Afrikanern weniger höflich sind als im Umgang mit solchen in Lumpen, da sie den impliziten Anspruch auf einen zivilisierten Status ablehnen und fürchten«.[39]

Ein Vergleich mit den Vereinigten Staaten ist aufschlussreich. Der amerikanische Rassismus im Inland war leidenschaftlich. Aber die Amerikaner brachten keine solche Last in die Welt der Güter, wie die Europäer es aufgrund ihrer territorialen Weltreiche taten. Sie hatten weit weniger Angst davor, dass sie nachgeahmt werden könnten. Ob Afrikaner, Inder oder Chinesen, sie waren allesamt potentielle Käufer von Singer-Nähmaschinen und anderen amerikanischen Produkten.[40] Nicht das britische Empire, sondern die Vereinigten Staaten griffen die alte Mission der Dinge auf, indem sie anderen Völkern den Aufstieg auf der Leiter der materiellen Zivilisation versprachen. Dies sollte den USA in der Mitte des 20. Jahrhunderts schließlich einen entscheidenden Vorteil verschaffen.

Mit Blick auf die Weltreiche muss man das traditionelle Narrativ der Entwicklung der Konsumgesellschaft als demokratischem Fortschritt, der sich von der Elite auf die Mittelschicht und dann auch die Massen ausbreitete, mit einem Vorbehalt versehen. Während die Klassenschranken durchlässiger wurden, verhärteten sich die Rassenschranken. In Europa hatte es die Elite im 17. und 18. Jahrhundert schrittweise aufgegeben, den Status durch Luxusgesetze regulieren zu wollen. Der Imperialismus kann insofern als Regression betrachtet werden, da er eine informelle Luxuspolitik in die Kolonien exportierte. Tatsächlich versuchten ostafrikanische Kolonialverwaltungen während des Zweiten Weltkriegs diese Politik zu formalisieren, indem sie der afrikanischen Bevölkerung erneut das Tragen von Merikani-Kleidung vorschrieben.

Juwelen und lokale Verordnungen

Als 1857 der Indische Aufstand ausbrach, lebte Wajid Ali Shah, der letzte König (Nawab) von Oudh (Awadh), im Exil in Kalkutta, wo er am Südrand der Stadt seinen verlorenen Hof von Lucknow nachgebaut hatte und den dortigen Lebensstil imitierte. Matija Burji, das Östliche Gewölbe, war ein Sammlertraum. Das gesamte Tierreich war vertreten, von Löwen und Leoparden über Bären bis zu Giraffen aus Afrika und einem zweihöckrigen Kamel aus Bagdad. In Wajid Alis Taubenschlägen wurden über 20000 Vögel gehalten. Für ein Paar »silberflügeliger Tauben« soll er 24000 Rupien gezahlt haben, und 11000 für ein Paar weißer Pfauen. Ein Käfig auf einem Hügel bot die unterhaltsame Aussicht auf Tausende von Schlangen, die hilflose Frösche jagten. Wenn Wajib auch kein Gelehrter war wie einige frühere Nawabs, ein Sammler großen Stils war er gewiss, von Tieren und urduischer Poesie ebenso wie von mindestens dreihundert Frauen.

Der vornehme Zeitvertreib hatte plebejische Entsprechungen. Jagdvögel waren dem Adel vorbehalten, aber Wachtelkämpfe waren ein Vergnügen für Arm und Reich. Vogelkämpfe galten als hohe Kunst. Die Kämpfer wurden sorgfältig abgehärtet. Zuerst mussten sie hungern, dann erhielten sie eine zuckerreiche Nahrung, um ihre Gedärme zu säubern. Nachts weckte der Ausbilder den Vogel mit »Ku«-Rufen, damit er »überschüssiges Fett« verlor. Unmittelbar vor dem Kampf schließlich wurde der Schnabel mit einem Federmesser geschärft. Manche Besitzer verabreichten den Vögeln Drogen, damit sie auch bei Verletzungen »wie besessen« weiterkämpften, wie der Historiker Abdul Halim Sharar sich 1920 erinnerte.[41]

Dies waren die letzten Zuckungen einer orientalischen Konsumkultur, die im Mogulreich geblüht hatte. Die britische Herrschaft brachte neben Armeen und Steuereintreibern auch neue Normen, Gewohnheiten und Verhaltensweisen mit sich. Wachtelkämpfe wurden von einem großartigen Freizeitvergnügen zu einem Akt der Grausamkeit, die poetische Darstellung der sexuellen Abenteuer eines jungen Nawabs wurde zu einer schamvoll versteckten Obszönität und die Bewunderung des Gesangs von Tausenden von Singvögeln zu einer Zeitverschwendung. In der Frühzeit der britischen Herrschaft in der zweiten Hälfte des 18. Jahrhunderts sammelte Robert Clive (Clive of India), ein Nabob par excellence, filigrane Kästchen, Betelnussknacker und andere Artefakte der Mogulelite, während Gouverneure wie Warren Hastings Urdu und Persisch lernten. Viele Europäer sammelten indische Vogelkäfige und Antiquitäten, saßen unter bestickten Zelten und schliefen mit indischen Geliebten.[42] Als das britische Empire aber seine Zähne tiefer in den

Subkontinent schlug, vergrößerte sich die Kluft zwischen beiden Kulturen. Während das Mogulreich zusammenbrach, verlor seine materielle Kultur für Europäer ihren Reiz. »Ein ums andere Jahr werden neue europäische Raffinements eingeführt«, war 1844 in der *Calcutta Review* zu lesen. »Unsere Wohnungen sind im Innern immer weniger orientalisch geworden ... Unsere Zimmer sind nicht mehr leer und großzügig, sondern vollgestopft mit europäischen Möbeln; an den Wänden hängen Gemälde, und auf dem Fußboden liegen Teppiche. Das Auge ist erfreut, der Geist gehoben; man hat ein stärkeres Gefühl, zu Hause zu sein.« Die »fraglose Vermehrung der Moskitos« sei ein Preis, den man gern dafür zahle, dass man hinter Gardinen wohne und in den Tropen europäischen Komfort genieße.[43] Der Aufstand von 1857 beschleunigte den Rückzug in einen Kokon aus nur für Weiße zugänglichen Country Clubs.

Der Historiker Christopher Bayly hat eine überzeugende Interpretation des Wechsels von der Mogul- zur britischen Herrschaft vorgelegt. Danach spiegelte sich im Konsum die Verlagerung von einer archaischen zur modernen Globalisierung und von handwerklichen Fähigkeiten zur modernen Massenproduktion wider. »Während die moderne Komplexität die Uniformität von Levi's und Turnschuhen erfordert«, resümiert Bayly, »verlangte die archaische Einfachheit des Alltagslebens, dass große Männer die Verschiedenartigkeit der Güter schätzten ... In gewisser Hinsicht waren archaische Herren ... eher Sammler als Konsumenten.«[44] Dies ist ein zu hartes Urteil über die Modernität, in dem die ältere Vorstellung nachwirkt, die Konsumkultur würde zu Ernüchterung und Authentizitätsverlust führen. In Wirklichkeit haben sich in den letzten beiden Jahrhunderten Sammeln und Konsumieren gegenseitig verstärkt, in Museen ebenso wie in Privathaushalten mit ihren Sammlungen von Briefmarken, Antiquitäten, Bierkrügen oder Nussknackern.[45] Das »kosmische Königtum« ist demokratisiert worden: Jeder kann zum Sammler werden und die Rolle übernehmen, die früher Herrschern vorbehalten war, indem er exotische Gegenstände schützt oder etwa nicht mehr hergestellte Spielzeuge vor dem Verschwinden rettet. Modebewusste Jugendliche personalisieren unterdessen ihre Jeans und Turnschuhe. Die Standardisierung wird durch Diversifizierung oder die Anpassung an Kundenwünsche unterlaufen.

Gleichwohl legt Bayly den Finger auf zwei kritische Eigenschaften früherer Konsumregime. Die erste war ihre Hybridität. Bis ungefähr 1800 demonstrierten Herrscher ihre göttliche Autorität, indem sie exotische Gewürze und Tiere, kostbare Pelze und seltene Bücher aus fernen Ländern anhäuften. Wajid Alis Vorgänger Asaf du-Daula besaß in seinem Palast in Lucknow eine Vielzahl englischer Uhren, Pistolen, Spiegel und Möbel. »Verschmelzung« ist keine neue Erfindung. Der zweite Punkt ist, dass der Konsum durch Tribute ermöglicht wurde. Nawabs und andere Herrscher waren nicht nur private Genießer. Sie kontrollierten den Fluss der Güter und Dienste für alle anderen. Ob Schals, Schmuck, Messing oder Silber, Erwerbungen waren überwiegend nicht selbst ausgewählt, sondern bestanden aus Abgaben und Geschenken. Anstelle von Markttransaktionen zwischen Käufern und Verkäufern fand auf öffentlichen Festen und Zeremonien ein Tausch zwischen Herrscher und Untertanen statt. Das britische Empire durchschnitt dieses Herrschaftsnetzwerk und stärkte den Konsum um seiner selbst willen. Es war ein Zangenangriff: einerseits mit Hilfe der Produktion – indem billige Textilien aus Lancashire den indischen Markt überschwemmten –, andererseits, und dies war ebenso wichtig, durch einen Vorstoß gegen das Zentrum des Luxusregimes; indem die Zentralregierung die Kontrolle über Steuern und Basargebühren übernahm und die Abgaben- und Renteneinnahmen der Elite drastisch verringerte.

An indischen Herrscherhöfen war pompöser Konsum in großem Stil üblich. Auf Hoftagen, den Durbars, überreichten Höflinge ihren Vorgesetzten *nadhr*, Präsente, und dem Herrscher *pishkash*, kostbare Geschenke. Im Gegenzug erhielten sie Geschenke, *khil'ats* (Ehrenroben), *jagirs* (Landbesitz) und Geldzuwendungen.[46] Heere waren ein weiterer Transmissionsriemen von Gütern und Loyalität. In Nagpur in Zentralindien war der Marathenhof der bei weitem größte Konsument der Region; der Herrscher erwarb für sich selbst, sein Gefolge und seine Soldaten drei Viertel des gesamten feinen Musselins, der Schals und des *kinkhab* (ein mit Gold- und Silberfäden durchwirkter Seidenbrokat). Der Hof sorgte für den Unterhalt von hundertfünfzigtausend Menschen. Im 18. Jahrhundert beteiligte sich die Ostindien-Kompanie an diesem Geschenk- und Patronagenetzwerk, und als sie 1813 ihr Handelsmonopol in Indien verlor, bedeutete dies auch das Ende des Tributsystems.

Die formale britische Herrschaft zerstörte die Architektur dieses höfischen Luxus und der örtlichen Produzenten, die ihn ermöglichten. Als die fürstlichen Heere aufgelöst wurden und die Höflinge keine Zuwendungen mehr erhielten, schrumpften die Regionen wie Luftballons, aus denen die Luft entwich. Handwerker verloren ihre besten Kunden für feine Kleidung, Lederwaren und Konfekt. Viele Städte erlebten einen Exodus.[47] Wie sich die britische Herrschaft konkret auswirkte, war von Ort zu Ort verschieden. So ging die Textilproduktion von Surat in Gujarat, unmittelbar nördlich von Mumbai, insgesamt zurück, aber Handwerker, die das berühmte Goldgarn *jari* herstellten, konnten sich am Markt halten.[48] Würdenträger versuchten ihren bisherigen Lebensstil, so gut sie konnten, beizubehalten, obwohl ihre Pensionen von den Briten gekürzt worden waren. Während das Empire die alte Oberschicht untergrub, förderte es gleichzeitig neue Eliten, wie die Parsen. Trotz all dieser Nuancen und Einschränkungen steht jedoch fest, dass das britische Empire, aufs Ganze gesehen, dem Luxuskonsum in Indien nicht gut tat.

Und das war beabsichtigt. Indien sei »rückständig«, erklärte ein englischer Beobachter 1837, weil »Fürsten und Adlige den gesamten Reichtum des Landes einstreichen«, während das Volk unter den Lasten ihrer Herrschaft ächze. Es sei kein Schaden, wenn billige britische Textilien die örtlichen Hersteller kaputtmachten, könnten die Menschen dann doch eine produktivere Beschäftigung auf dem reichlich vorhandenen Land annehmen. »Was das indische Volk im Allgemeinen betrifft, so ist es eindeutig der Gewinner; es würde die britischen Güter sicher nicht annehmen, wenn sie nicht entweder billiger oder besser als die eigenen wären.«[49] Dies war die Stimme des dem Freihandel ergebenen Empire: Der Handel, so war man überzeugt, würde Spezialisierung, größere Effizienz und Wohlstand bringen. Die britische Herrschaft sei Indien zuträglich, weil sie müßigen Fürsten Ressourcen nehme und dem Volk zukommen lasse. Die traurige Wahrheit war, dass sie Ersteres tat, ohne Letzteres zu verwirklichen. Einfach gesagt, die Form der indischen Gesellschaft veränderte sich unter britischer Herrschaft von einem Stundenglas in eine Pyramide. Die reiche Elite an der Spitze wurde ausgedünnt. Die Armen am unteren Ende wurden nicht ärmer, aber es wurden wesentlich mehr, während es weiterhin nur eine kleine Mittelschicht und wenige gut verdienende Arbeiter gab.

Warum Indien unter britischer Herrschaft in einem Kreislauf der Pauperisierung gefangen war, ist Gegenstand einer der langwierigsten Debatten unter Historikern und Ökonomen. Eine Rolle spielten neben der Kolonialherrschaft sicherlich auch die Geographie und der Zeitpunkt. Im 19. Jahrhundert war die Globalisierung im Gang, und es war durchaus sinnvoll, dass Indien britische Textilien einführte, die billiger wurden, und Rohstoffe anbaute und exportierte, deren Preis auf dem Weltmarkt stieg, vor allem Opium, Rohbaumwolle, Indigo, Zucker und Weizen. Großbritannien brauchte keine Kolonialherrschaft, um seine Baumwollhemden zu verkaufen: Indien wäre wahrscheinlich auch ohne das Empire von der Werkstatt der Welt zu ihrem Bauernhof geworden. Darüber hinaus profitierten indische Konsumenten und Handweber vom billigen Garn aus Lancashire. Indiens Hauptproblem bestand darin, dass seine Industrie arbeitsintensiv war. Ohne neue Technologien arbeiteten die Handwerker nicht effektiver, sondern nur härter. Großindustrie war kaum vorhanden und weit verstreut. Auch die britischen Investitionen waren zu klein, um der indischen Wirtschaft auf die Sprünge zu helfen. All dies hatte eine paradoxe Wirkung auf das indische Konsumverhalten. Einerseits profitierten die Inder von einem Massenmarkt mit billigen und vielfältigen Gütern. Andererseits waren ihre Reallöhne begrenzt und wuchsen am Ende des 19. und Anfang des 20. Jahrhunderts bestenfalls mäßig.[50]

Ihren Stempel hinterließen die Briten auf dem Konsumstil. Manche Historiker haben den »Ornamentalismus« in Britisch-Indien nach dem Aufstand hervorgehoben, mit seiner Inflation von Titeln und Orden, der Krönung von Königin Victoria zur Kaiserin von Indien im Jahr 1877 und dem großen Delhi Durbar von 1911, dem riesigen Hoftag zur Feier der Krönung Georgs V. Neben mit Gold und Diamanten bedeckten indischen Fürsten versammelten sich hunderttausend Menschen, um die Ankunft des neuen Königs mitzuerleben, der in prächtigem Krönungsornat erschien, mit hermelinbesetztem Umhang in königlichem Purpur, weißen Satinkniehosen und Seidenstrümpfen, geschmückt mit den Ordensketten des Hosenbandordens und des Star of India sowie Rubinen und Smaragden und mit der Kaiserkrone von Indien auf dem Kopf.[51] Solche imperialen Spektakel waren Teil einer Strategie mit dem Ziel, die alten indischen Fürsten zu stützen und Britisch-Indien als legitimen Nachfolger des Mogulreichs zu präsentieren. Aber das alte Tributsystem wurde nicht wieder eingeführt; die Hebel der Macht wurden nicht mehr durch Geschenke und Güter geschmiert.[52] An seine Stelle war ein zentralisierter Staatsapparat getreten. Geschenke waren keine öffentlichen Zeichen von Gefolgschaftstreue und Status mehr, sondern auf unter der Hand übergebene Bestechungsmittel reduziert.

Dieser grundlegende Wandel ist hervorzuheben, denn seit Joseph Schumpeters Schrift *Zur Soziologie der Imperialismen* von 1919 ist es üblich, den Imperialismus als »Atavismus« zu betrachten, als lebendiges Museum, in dem eine altmodische Feudalelite traditionelle Hierarchien und die »Lebensbedingungen der jeweiligen Vergangenheit« aufrechterhalten konnte.[53] Tatsächlich geschah das Gegenteil. Britisch-Indien brachte eine neue materielle Kultur hervor. Das private Leben wurde vom öffentlichen, Freizeit von Arbeit, die Kolonialverwaltung von einheimischen Netzwerken getrennt. Für die Briten in Indien ging es in der Freizeit um Polo, nicht um Patronage. Mäßigung und Zurückhaltung traten an die Stelle von Exzess und öffentlicher Zurschaustellung. Der Konsum sollte produktiv sein, nicht spektakulär, Ausgaben (und Sparsamkeit) einem Zweck dienen.

Der britische Imperialismus schritt durch lokale Verordnungen und neue Ideale des privaten Komforts voran. So wurden die beiden entscheidenden Sphären des Konsums umgestaltet: die Stadt und das Zuhause. 1858 gestattete der Government of India Act den Städten, Kommunalbehörden zu schaffen und den Weg des städtischen Fortschritts nach dem Vorbild von Manchester und Birmingham einzuschlagen. Dies ließ kaum einen Aspekt des urbanen Lebens unberührt, vom Stil der Häuser und Aussehen der Geschäfte über die Frage, wo, wann, wie und von wem Alkohol verkauft werden durfte, bis hin zur Abfallentsorgung. Für die örtlichen Eliten stellten Kommunalbehörden neue Einfluss- und Mitwirkungsinstrumente dar. Anfangs wurden die Mitglieder von den Briten bestimmt, doch ab 1883 wurde eine gleich große Zahl von Verordneten von grundbesitzenden Bürgern gewählt. Die britische Herrschaft importierte britische Vorstellungen des urbanen Lebens. Besonders das typische örtliche Gerichtsgebäude, das *manzil*, mit seinen kleinen Öffnungen, die Hitze und Staub abhielten, störte die viktorianischen Reformer, die als Frischluftfanatiker große Fenster haben wollten und das einheimische Wissen über den Umgang mit dem indischen Klima ignorierten. In Lucknow erhielten neue Gebäude keine Baugenehmigung, wenn sie nicht dem englischen Bungalowstil entsprachen, mit Zimmern für verschiedene Funktionen und einem Garten anstelle des traditionellen Innenhofs. Auch das Einkaufen wurde angepasst. Ladenbesitzer mussten äußere Verzierungen zugunsten einer glatten, schlichten Fassade abbauen. Auf die Einheimischen hatten diese Neuerungen widersprüchliche Auswirkungen. Das Freihandelsreich wollte die Märkte öffnen und aristokratische Exzesse ausmerzen. Gleichzeitig verhängten die Briten neue Steuern auf Lebensmittel, Tabak und Salz; die örtlichen Eliten sorgten dafür, dass die Grundsteuer sie selbst am wenigsten hart traf. Verordnungen für Lebensmittel und Getränke sollten die öffentliche Gesundheit fördern. Dies bedeutete das Ende für örtliche Schnapsbrenner und brachte viele dazu, sich Opium und Haschisch zuzuwenden. Die Elite griff zu Whiskey, Gin und Sherry.[54]

Die britische Kultur setzte sich jedoch nie ganz durch. Religiöse Geschenke beispielsweise gab es trotz der utilitaristischen Sparsamkeitsforderung weiterhin. Örtliche Eliten vollführten einen Balanceakt zwischen den neuen Regierenden, auf die sie möglichst viel Einfluss zu gewinnen versuchten, und ihren eigenen Gemeinden. Englische Erziehung und die Mittelschichtmaßstäbe von Disziplin und Redlichkeit gewannen an Boden. Der luxuriöse Lebensstil des Moguladels und die Pracht früherer religiöser Hindu-Feste wurden sowohl von Nagar-Brahmanen als auch von Parsen als schiere Verschwendung verurteilt. Als Schreibergemeinschaften wie die Kayastha für britische Verwaltungen zu arbeiten begannen, ließen sie die Gewohnheiten ihrer früheren muslimischen Herren, wie etwa aufwendige Hochzeiten, fallen. Für die aufstrebende Mittelschicht war Konsum mit beruflichem Aufstieg verknüpft.[55] Nicht alle diese Tendenzen waren neu oder von außen aufgezwungen. Gelegentlich konnte sich die britische Verwaltung auf vorkoloniale Einstellungen stützen, wie die des sparsameren Zweigs des Hinduismus, der von den Ramanandi – nepalesischen Anhängern von Rama und Höflingen muslimischer Nawabs – auf andere Diensteliten und Muslime ausstrahlte.[56]

Auch wenn das britische Empire nicht immer als Neuerer auftrat, stellte es doch einen fruchtbaren Boden für Ideale dar, die einen weniger ostentativen und »vernünftigeren« Konsum befürworteten. Das soziale Kapital, das durch Bildung zu erlangen war, ordnete die Ausgabeprioritäten und die Rolle der Frauen neu. Ratgeber erklärten den Hindu-Frauen, ihr wahrer religiöser Platz sei nicht bei Priestern auf öffentlichen Festen, sondern im Haus. Ihre Kraft wurde für die Haushaltsführung im Dienst der Karriere ihres Mannes gebraucht.

Auch in anderen Kolonien führten die Kolonialherren das Ideal der Häuslichkeit ein, obwohl es den örtlichen Bräuchen zuwiderlief. Auf der niederländischen Insel Sumatra zum Beispiel bearbeiteten die Frauen der Karo die Felder und hatten eine gewisse Kontrolle über das Geld. Doch die Missionare wollten sie zu Hausfrauen machen. Ironischerweise war es die um sich greifende Mode enganliegender Kleider, auf die zuerst ihre Männer ansprachen, die den Bann brach, denn der Wunsch nach westlicher Kleidung brachte viele dazu, ihre Töchter in Missionsschulen zu schicken, in denen es Nähklubs gab.[57]

Was die westliche Welt der Güter angeht, bestand der koloniale Tanz aus zwei Schritten vorwärts und einem Schritt zurück. Inder waren einem Kreuzfeuer von Botschaften ausgesetzt: mehr zu konsumieren, weniger zu konsumieren und anders zu konsumieren. Britische Feministinnen waren entsetzt über bengalische Frauen, die durchsichtige Saris mit schwerem Schmuck und ohne Unterwäsche trugen. Die Inder mussten in Schuhe und Strümpfe gesteckt werden. Andererseits beunruhigte eine zu genaue Nachahmung westlicher Stile Kolonialherren und indische Nationalisten gleichermaßen. Britische Versuche, auf dem Subkontinent eine Uniformordnung einzuführen und indische Bräuche festzuschreiben, waren von Anfang an zum Scheitern verurteilt. Briten wurde 1830 verboten, bei Amtstätigkeiten indische Kleidung zu tragen. Wohlhabende Inder begannen europäische Anzüge, Schuhe und Strümpfe zu tragen, wenn auch häufig mit einem Turban und nie mit einem westlichen Hut. 1854 erlaubte der Generalgouverneur den Bengalen, bei offiziellen und halboffiziellen Anlässen in Stiefeln und Schuhen zu erscheinen. Sobald eine neue Verordnung erlassen war, drängten die Inder auf weitere Veränderungen. Nachdem sie das Recht zum Schuhetragen erhalten hatten, verlangten die Bengalen in den 1870er Jahren, sie von der Vorschrift, im Büro einen Turban tragen zu müssen, auszunehmen. Der Turban, erklärten sie, gehöre nicht zum regionalen Brauchtum; sie zögen eine leichte Kappe vor. Der stellvertretende Gouverneur Ashley Eden lehnte das Ansinnen wütend ab. Die Kleidung solle den Unterschied zwischen Ost und West deutlich machen. Eine Kappe sei eine Mischung, die eine »vorherrschende Laxheit« unter den eingeborenen Beamten anzeige, die nicht mehr wüssten, wo ihr Platz sei.[58]

Auch die indische Mittelschicht war, was den angemessenen Konsumstil betraf, hin- und hergerissen. Während viele Freiberufler dem westlichen Lebensstil zuneigten, verlangten sie von ihren Frauen Traditionalität. Nationalistische Zeitschriften missbilligten es, wenn indische Frauen westliche Kuren machten.[59] Ihre Ehemänner wurden unterdessen von indischen Satirikern als *baboos*, »modifizierte Anglo-Inder«, verspottet, als ob die »Zivilisation herbeigeführt werden könnte, indem man enge Hosen, enge Hemden und schwarze Mäntel aus Alpaca oder Breitgewebe trägt«. Der *baboo* tauschte Bescheidenheit und Alltagsverstand gegen »unentbehrliche« Dinge wie Lederschuhe von Cuthbertson and Harper ein, dem Schuhhändler der Briten in Indien (siehe Abbildung 39). Er besaß eher ein Klavier als ein einheimisches Instrument, aß Hammelkoteletts, trank Brandy, rauchte Zigarren – alles unter Verletzung von Hindu-Vorschriften.[60] Der Nationalismus verwandelte den Markt in ein moralisches Minenfeld.

Während Kasten- und Geschlechterrollen sich lockerten, verstärkten sich die moralischen Zwänge. Am Anfang des 20. Jahrhunderts begannen indische Frauen einen größeren Teil der Einkäufe zu übernehmen, außerhalb zu essen und ins Kino zu gehen. Während die Armen weiterhin viel für religiöse Feste und Hochzeiten ausgaben,[61] blieben auch sie von dem Strom der Güter nicht ganz unberührt. Vom »reichsten Baboo bis zum gemeinsten Obstverkäufer«, empörte sich ein indischer Kritiker 1881, trügen alle »Kniehosen und Strümpfe«.[62] In Kalkutta begannen arme Arbeiter, die bisher nicht mehr als einen Lendenschurz getragen hatten, Schuhe und Strümpfe anzuziehen, die immer öfter aus Japan kamen. In ländlichen Gebieten wurden die Kastenvorschriften löchrig. Die Armen begannen Kunstseidensaris und bisher Brahmanen vorbehaltene Stoffe zu tragen.[63] Die Konsumkultur hätte die indische Gesellschaft auch verändert, wenn es kein Empire gegeben hätte. Aber die britische Herrschaft schuf eine materielle Kinderstube für eine neue koloniale Elite. Die Nationalisten übernahmen das Mittelschichtideal disziplinierten Konsums. Der stärker zyklisch ausgerichtete Konsumstil der Tributfeste des Mogulreichs, auf denen Loyalitäten erneuert und der Status untermauert wurden, machte einer dynamischeren, wenn auch weniger prachtvollen Art des Konsums Platz, die auf künftige Verdienste und Statusgewinne ausgerichtet war. Wie im Westen trug auffälliger Konsum jetzt auch im Osten das Stigma dekadenter Verschwendung.

Das koloniale Vordringen europäischer Dinge war, sowohl was den Ehrgeiz als auch was die Begrenztheit betraf, nirgendwo deutlicher zu sehen als in den Wohnungen. Nach dem Indischen Aufstand zog es viele europäische Familien auf den Subkontinent. 1914 lebten rund zweihunderttausend Europäer in Indien. Sich in einer Kolonie niederzulassen war eine Demonstration kolonialer Stärke und Identität. Sessel und englische Landschaftsgemälde, das Ritual des Umziehens vor dem Abendessen, Korsagen und steife Kragen: Dies alles waren materielle Hinweise darauf, woher man kam und warum man hier war. Ratgeber beschworen die unüberbrückbare Kluft zwischen den beiden Kulturen:

> »Zu den Eigenschaften eines Engländers gehört es, seine Umgebung, ganz gleich, wo er sich aufhält, seinem eigenen Land so weit wie möglich anzugleichen. Der typische Inder verändert nur wenig an seiner Art, und auch er ist am liebsten unter seinen eigenen Landsleuten. Die Folge ist, dass, als allgemeine Regel in Indien, die europäischen Viertel und die indischen oder einheimischen Städte voneinander getrennt sind.«[64]

Der indische Bungalow unterschied sich von einem englischen Haus ungefähr so »wie ein Tempel von einer Kirche«, schrieb ein Autor 1904. In Ersterem gab es häufig weder Tapeten noch Vorhänge. Die Zimmer gingen ineinander über, anstatt getrennte Räume für einzelne Familienmitglieder aufzuweisen. Daher waren die Diener, ebenso wie die Kinder, sichtbarer. Und die Zimmer wurden häufig nicht mit ihrer Funktion, sondern mit dem in ihnen herrschenden Klima – »heiß«, »kalt«, »feucht« – bezeichnet.[65]

Briten in Indien bemühten sich nach Kräften, ihre heimische Umgebung zu anglisieren. Die Liste der Dinge, die auf britischen Schiffen in Kalkutta eintrafen, gibt einen Eindruck von ihrem Geschmack und Lebensstil. In der *Calcutta Gazette* erschien am 15. Juli 1784 eine Annonce von Kapitän Johnson von der *Berrington*, in der er für eine »elegante Auswahl von Gütern nach der neuesten Mode« warb; dazu gehörten ein Klavier, »Salisbury-Küchen«, feines irisches Leinen, roter Bordeaux, Porter und Ale, Käse und gebeizter Lachs sowie Drucke der englischen Parlamentsdebatten. Bei anderen Verkäufen im selben Jahr wurden »ausgezeichnete Abendanzüge«, »Seiden- und Baumwollhosen« sowie sämtliche Werke von Hogarth angeboten.[66] John Paterson, Agent der P&O Steamship Company in Kalkutta, besaß 1869 »eine Victoria-Couch; eine Albert-Couch; einen Victoria-Sessel; einen Albert-Sessel; einen Mahagonisessel; ... sechs gleiche Genueser Stühle ... ein Mahagonitafelklavier; sieben Notenbücher und viele lose Notenblätter« sowie »einen Mitteltisch mit Marmorplatte«. Zu seinem Besitz gehörten nur zwei lokale Produkte: »eingelegte Marmorteller von indischer Handwerkskunst« und Figuren indischer Diener.[67]

Eine tropische Kolonie zu regieren machte eine reibungslose Transplantation jedoch unmöglich. Für viele britische Familien war das Zuhause in Indien eine mobile Angelegenheit, die weniger einem Landhaus als einem Wohnmobil ähnelte, mit dem sie zwischen ihren *Hill Stations* und den Verwaltungszentren hin und her fuhren. Die Mieten waren hoch. Die Familien brachten Federbetten, Decken und Abendgeschirr mit, aber viele Möbel, Teppiche und Accessoires kauften sie in Indien in Geschäften, auf Auktionen oder Trödelmärkten. Britische Frauen konnten »der Versuchung nicht widerstehen, Messinggegenstände, Teppiche, Stickereien und Schätze aller Art zu sammeln«, und kehrten von den *Hill Stations* mit Trophäen beladen in die Winterquartiere zurück.[68] Manch eine Memsahib, so wurden die britischen Frauen genannt, schlief auf einem Charpai, einem mit Seilen oder Gurten bespannten Bettgestell. Der angesehene Teepflanzer George Williamson aus Assam besaß Sessel und Schränke, aber weder Bilder noch textiles Mobiliar. Indische Matten und Pardas, Schleier, wurden als Fliegentüren benutzt. Noch 1900 gab es in Britisch-Indien dreimal mehr britische Männer als Frauen. Häufig teilten sie sich eine Unterkunft und kamen mit einer minimalen Ausstattung aus. Viele Wohnungen ähnelten Kuriositätenkabinetten: »Die Stühle, auf denen wir sitzen«, erklärte ein in Indien wohnender Brite 1872, »sind von einem vornehmen Zivilisten gekauft ... Dieser Tisch wurde ergattert, als der Eisenbahninspekteur seinen Haushalt aufgab ... Dieses Davenport[sofa] wurde erworben, als der Richter mit seiner Ruhestandspension das Land verließ.«[69] Welches Ideal die britischen Familien auch haben mochten, die Verwestlichung gelang nur teilweise.

Bei der einheimischen Elite kamen ab Mitte des 19. Jahrhunderts immer mehr europäische Güter und Möbel über die Hausschwelle, schafften es aber häufig nur bis ins Empfangszimmer. Dem Kaufmann Gooroo Churn Singh aus Kalkutta gehörten mehrere zweistöckige Steinhäuser, die mit einer Albert-Couch, einem Brüsseler Teppich und einem zwölfarmigen Kronleuchter aus geschliffenem Glas mit matten, gravierten Schirmen ausgestattet waren.[70] Jenseits des Empfangszimmers befand sich in den Häusern von Hindu-Kaufleuten jedoch ein der Familie vorbehaltener Bereich. Diese Doppelgleisigkeit des Lebensstils war die Fortsetzung einer kulturellen Anpassungsfähigkeit, die bis ins 18. Jahrhundert zurückreichte: Schon damals hatten die Angehörigen der Kaste der Kathris aus Benares Paläste unterhalten und in der Öffentlichkeit Mogulschmuck und persische Kleidung getragen, während sie privat einfache Dhotis und Stadthäuser aus Lehm vorzogen.

Der wachsende Zustrom westlicher Güter drang dort am tiefsten in die Kolonialgesellschaften ein, wo die rassischen und kulturellen Barrieren am niedrigsten waren, wie in Ceylon, wo in der Zeit der niederländischen Kolonialherrschaft viele gemischte Ehen geschlossen wurden und es eine prosperierende Gemeinde indischer Kaufleute gab. Die örtliche Elite trug Hosen zu indischen Jacken und steckte ihre Kinder in Matrosenanzüge. Ihre Häuser waren voller Polstermöbel, Gemälde und Kronleuchter. In der Belvedere genannten Residenz von W. A. Peiris, »einem der feinsten und bestausgestatteten Landsitze der Westlichen Provinz«, entsprach die Inneneinrichtung »der neuesten englischen Mode«. Die Materialien für die Wand- und Fußbodenmosaiken waren eigens aus

England eingeführt worden (siehe Abbildung 16). Peiris war auch von der damaligen englischen Leidenschaft fürs Radfahren erfasst worden und war Kapitän der Moratuwa Cyclists' Union. Nicht weit von ihm entfernt wohnte die aus Indien stammende Familie des Zimt- und Kokosplantagenbesitzers N. E. de Croos. Er war Mitglied des Stadtrats von Negombo, »eine Säule des Katholischen Klubs« und Präsident des Kricketklubs. »Er spielte Tennis und Fußball und ist in jüngster Zeit zum eifrigen Reiter geworden.« Sein Stadthaus »Barbeton« war »eine der vornehmsten Residenzen in der Westlichen Provinz«. Sein Salon war mit Kerzenleuchtern, Gemälden und Fotos, Teppichen und Matten sowie Sesseln und einem Klavier ausgestattet. Von seinem Leibfotografen ließ sich de Croos im Cutaway samt Zylinder ablichten.[71]

Die Entdeckung des Konsumenten

In Europa erreichte der Konsum in der Ära des Hochimperialismus im letzten Viertel des 19. Jahrhunderts ungeahnte Ausmaße. Dies lag zum Teil an der schnell fortschreitenden globalen Integration der Märkte, wie sie Dampfschiffe, koloniale Expansion und Handelsliberalisierung ermöglichten. Der Preis von Weizen, Zucker, Rindfleisch, Speiseöl und vielen anderen Produkten stürzte regelrecht ab. Kühltechnik und Dosenverpackung brachten argentinisches Steak und kanadischen Lachs auf Esstische in Bordeaux oder Bristol. Auch Kleidung wurde billiger. Gleichzeitig wurde die Arbeit sowohl in Europa als auch in Amerika dank der Fabrikfertigung und neuer Technologien produktiver, was den Export befeuerte und die Löhne in die Höhe trieb. 1899 besaß ein britischer Arbeiter eine doppelt so hohe Kaufkraft wie fünfzig Jahre zuvor. Amerikaner erhielten sogar noch höhere Löhne.[72] Den Europäern und ihren Abkömmlingen in der Alten wie in der Neuen Welt war es noch nie so gut gegangen.

Der sich rasch ausweitende Konsum hatte gleichermaßen bedeutsame kulturelle und politische Folgen. Wachsende Kaufkraft und Warenströme lenkten die Aufmerksamkeit darauf, dass der Konsum Normen, Beziehungen und Identitäten prägte. Wie die Menschen Geld ausgaben, wurde genauso wichtig wie die Art, wie sie es verdienten. Mit der Kaufmacht ihrer Geldbeutel hatten die Verbraucher eine Waffe für soziale Gerechtigkeit in der Hand. Intellektuelle und Aktivisten entdeckten »den Konsumenten« und begannen ihn in ihre Überlegungen einzubeziehen, da sie seinen Beitrag zur Verteilung von Reichtum und Wohlfahrt erkannten. Langsam, aber sicher begriffen sich Europa und Amerika als Konsumgesellschaften.

Die neue Bedeutung des Konsums bildete einen Aspekt eines tiefergreifenden mentalen Wandels in den Industriegesellschaften. In den Jahren nach der Französischen Revolution von 1789 hatte der anfängliche Optimismus einer Betonung natürlicher Grenzen Platz gemacht. Die Dinge mochten sich dank kluger Politik und Verhaltensweisen verbessern, aber, da waren sich die Nationalökonomen einig, die Entwicklung würde letztlich an eine Obergrenze stoßen. Je tiefer man nach Kohle graben musste und je weniger fruchtbar der Boden wurde, den man unter den Pflug nahm, desto weiter würden die Kosten steigen und die Erträge sinken. Dies war das Gesetz der sinkenden Profitrate. Ab der Mitte des 19. Jahrhunderts erkannte man in Großbritannien und Amerika jedoch, dass man diese Obergrenze durchstoßen hatte. Andere Industrieländer folgten. Man befand sich jetzt in unbekanntem Gebiet, ökonomisch ebenso wie politisch und moralisch. Das Wachstum erschütterte die bisherigen Annahmen über die Sozialordnung, das Wesen des Reichtums, seinen Ursprung, seinen Gebrauch und seine Verteilung. War Armut Schicksal oder war sie menschengemacht, das Ergebnis von Politik und Institutionen? Wenn Letzteres zutraf, wie viel des Reichtums sollte an die Armen gehen? Übermäßige Zurschaustellung und Schulden lösten immer noch Alarmsirenen aus. Boden und Produktion wurden als Quelle des Reichtums nicht außer Acht gelassen. Doch das Schwergewicht verlagerte sich. Im späten 19. Jahrhundert nahmen Ökonomen, Radikale und soziale Bewegungen den Faden auf, wo die Aufklärung ihn fallen gelassen hatte. Alle redeten plötzlich vom Konsumenten.

Der Aufstieg des Begriffs des Lebensstandards ist ein gutes Beispiel für die Hoffnungen und Befürchtungen, die mit der wachsenden Kaufkraft einhergingen. Haushaltsbudgets wurden erstmals in der Mitte des 17. Jahrhunderts in Frankreich und England genauer unter die Lupe genommen. Zwei Jahrhunderte später wurden solche Untersuchungen zum Hauptinstrument einer in zunehmendem Maß globalen Sozialforschung. Bis 1930 waren von Boston über Bombay und Shanghai bis Rom und St. Petersburg mehrere Tausend Studien erschienen, in denen haarklein aufgeführt wurde, wie viel Haushalte mit unterschiedlichem Einkommen für Lebensmittel, Kleidung und »Verschiedenes« ausgaben. Jeder Sozialreformer, der etwas auf sich hielt, hatte eine Haushaltsstudie im Gepäck.

Eine treibende Kraft auf diesem Gebiet war Ernst Engel, der Direktor des Königlich-Sächsischen und ab 1860 des Königlich Preußischen Statistischen Büros. Die beiden folgenden Generationen sozialpolitischer Experten durchliefen sein Forschungsseminar, das weltweit erste seiner Art. Engel brachte eine erfrischende statistische Präzision in Staatsverwaltung und Wissenschaft ein. Sein Ziel war es, die Statistik zu einer eigenständigen Wissenschaft mit sozialem Anliegen zu machen. In den 1840er Jahren hatte er an der Pariser École des Mines bei Frédéric Le Play studiert, nach dessen Ansicht, die er in 36 Bänden über Budgets europäischer Arbeiter untermauert hatte, Patriarchat und Religion durch materielle Verbesserungen unterminiert wurden. Engel war ein leidenschaftlicher Liberaler und ein ständiges Ärgernis für den Eisernen Kanzler. Zwanzig Jahre lang versuchte Bismarck, den Störenfried, der regelmäßig nachwies, dass seine Politik häufig mehr auf Phantasie und Rückschlüssen als auf harten Fakten beruhte, aus dem Amt zu werfen, bis es ihm 1882 endlich gelang. Nach Auffassung von Männern wie Engel machte die Statistik die »soziale Frage« nicht nur greifbar, sie hielt auch einen Teil der Antwort bereit. Haushaltsstudien konnten soziale Konflikte entschärfen, indem sie dokumentierten, dass es den Menschen schrittweise besserging. Bei steigendem Einkommen sank der Anteil der Ausgaben für Lebensmittel. Dieses Engel'sche Gesetz, wie es genannt wird, war das erste durch induktive Ableitung gewonnene ökonomische Gesetz. Freigewordene Mittel gingen in bessere Bildung, Gesundheitsvorsorge und Erholung. In guten Zeiten, glaubte Engel, würde die Arbeiterklasse sich aus schlechten Angewohnheiten, Elend und revolutionärer Versuchung selbst herausheben und auf ein Mittelschichtniveau von Komfort, Ordnung und Verbesserung der eigenen Lage gelangen. Er war keineswegs ein naiver Utopist. Gegen Ende seines Lebens – er starb 1896 – verglich er seine eigenen Studien mit

Daten aus den Vereinigten Staaten und Belgien. Dabei erkannte er, dass eine stete, schrittweise Anhebung ebenso wichtig war wie der Lohnanstieg an sich. Geschah er zu abrupt, konnte er einen moralischen Rückschritt bewirken, wie in Belgien, wo Arbeiter in den 1850er Jahren den Lohnanstieg direkt in Alkohol umgesetzt hatten. Doch Engel war überzeugt, dass die Menschen ihre Lage verbessern wollten und dies, wenn sie die Chance dafür erhielten, auch tun würden. Er sehnte die Zeit herbei, in der man 80 Prozent des Haushaltseinkommens für Lebensnotwendigkeiten ausgeben müsste und 20 Prozent zur freien Verfügung hätte. Damals war dies eine großzügige Annahme. 1857, als Engel seine bahnbrechende Studie verfasste, gab ein sächsischer Mittelstandshaushalt 85 Prozent des Einkommens für Lebensmittel, Kleidung, Miete und Brennstoff aus; bei armen Arbeitern waren es bis zu 95 Prozent.[73]

Haushaltsstudien rückten den Konsum stärker ins Rampenlicht. Ihnen war zu entnehmen, dass das Wohlbefinden nicht nur vom Verdienst abhing, sondern auch von der Kunst des Ausgebens. Politisch wurde der Lebensstandard dadurch zu einem zweischneidigen Schwert. Wozu seien höhere Löhne gut, wenn sie für Alkohol und Tabak ausgegeben werden, fragten Kritiker. Eine größere Kaufkraft könne die gesamte Wirtschaft aus den Angeln heben. So überzeugte eine Haushaltsanalyse von 43 Familien den Ausschuss für Lebenshaltungskosten von Massachusetts 1910 davon, dass eine zunehmende »Verschwendung von Einkommen«, die aus einer »nationalen Vorliebe für Extravaganz« resultiere, die Ursache des damaligen Preisanstiegs war. Andererseits gaben die Haushaltsstudien auch Reformern und Gewerkschaftern neue Munition im Kampf für einen Lohn oberhalb des Existenzminimums in die Hand. Die britische Studie *Round about a Pound a Week* von 1913 und ähnliche Untersuchungen in anderen Ländern widerlegten die These, der Alkohol sei die Ursache der Armut. In den Vereinigten Staaten begannen die organisierten Arbeiter für einen »amerikanischen« Lebensstandard zu kämpfen. Man könne nicht von ihnen erwarten, wie irische Bauern oder russische Leibeigene zu leben, verkündeten sie.[74] 1919 untersuchte man nicht mehr nur, welche Lohnanteile für Lebensmittel, Miete und Erholung ausgegeben wurden, sondern bestimmte auch ein elementares Konsumniveau, bis hinunter zur genauen Anzahl von Hemden, Schuhen und Strümpfen. Dem Bureau of Municipal Research von Philadelphia zufolge waren für einen »angemessenen Lebensstandard« für Männer zwei neue Anzughemden, sechs waschbare Kragen und ein Anzug (mit fünfzigprozentigem Wollanteil) und für Frauen ein Rock, neun Paar Baumwollstrümpfe, ein Korsett und anderthalb Hüte pro Jahr nötig. Diese Garderobe hätte für ihn 78 Dollar und für sie 66 Dollar gekostet; damals verdiente man in der Textilindustrie zwischen 350 und 600 Dollar im Jahr; eine erfahrene Druckerin bekam einen Wochenlohn von 16 Dollar.[75]

In vielen Fällen widersprachen die Ergebnisse der damaligen Untersuchungen dem Engel'schen Gesetz. So erhöhten portugiesische und chinesische Arbeiter in Hawaii 1910, als ihr Lohn angehoben wurde, den Anteil der Lebensmittelausgaben. Gleiches galt für europäische Bauern. Eine Kritik, mit der die Theorie schon seit ihrer Formulierung zu kämpfen hatte, war der Einwand, dass der Lebensstandard kein universaler, objektiver Maßstab sei. Die Auffassungen darüber, was eine hohe Lebensqualität ausmache, würden sich von Kultur zu Kultur unterscheiden. Bei einer Untersuchung in Shanghai wurde festgestellt, dass sogar die Ärmsten bis zu einem Drittel ihres Einkommens für Feste, Freizeit, Drogen und Ähnliches ausgaben, mehr als europäische Arbeiter mit einem höheren Lohn. Welcher von beiden Gruppen ging es besser? Dennoch setzte sich die Vorstellung eines universalen Maßstabs durch; erst in den letzten beiden Jahrzehnten wird das Wohlbefinden wieder häufiger in einer subjektiven und kulturspezifischen Perspektive betrachtet. Um 1900 wirkte der Begriff des Lebensstandards aber gerade deshalb so anziehend, weil er den Reformern einen Maßstab dafür bot, inwieweit eine Gesellschaft bereits das mit einer modernen Lebensweise assoziierte materielle Wohlbefinden erreicht hatte.

Typisch hierfür ist ein Bericht über Fabrikarbeiter in Bombay aus dem Jahr 1923. 97 Prozent der Familien wohnten in einem einzigen Zimmer. Die Hälfte von ihnen war bei Geldverleihern verschuldet. Trotzdem gaben sie 19 Prozent ihres Lohns für Likör, Tabak, Betelnüsse und Haarschnitte aus. Hochzeiten, Beerdigungen und laufende Kosten trieben sie noch weiter in die Schulden. Eine Hochzeit kostete 214 Rupien, einen halben Jahresverdienst. Dieses Verhalten sei offensichtlich falsch, bemerkte der Verfasser der Studie. Die Menschen müssten von alten Gebräuchen

Die jährlichen Anforderungen an eine angemessene Kleidung, Philadelphia, 1919

Herrenanzüge, aus dem Herbst- und Winterkatalog 1918/19 der kanadischen Kaufhauskette Simpsons.

Frühjahrsmode für Frauen, aus einem Katalog der amerikanischen Kaufhauskette Sears, Roebuck & Company von 1920.

aus: William C. Beyer, Rebekah P. Davis und Myra Thwing, *Workingmen's Standard of Living in Philadelphia*, S. 67.

und irrationalen Ausgabegewohnheiten abgebracht werden. Sie seien in einem Teufelskreis aus Faulheit und Genussmittelgebrauch gefangen; ihnen fehle der Antrieb, Dinge anzusammeln. Um bessere Arbeiter zu werden, müssten sie erst einmal eine moderne Konsumethik annehmen: »Kluges Geldausgeben könnte man als die Crux des ganzen Arbeiterproblems ansehen ... Sobald die Arbeiter unbefriedigte Wünsche nach etwas anderem als Müßiggang haben, befinden sie sich auf dem Weg zur Tüchtigkeit, auf dem jeder Schritt den nächsten einfacher macht.«[76]

Diese Vorstellung, dass materielle Wünsche die Menschen arbeitsamer machen, war, wie wir sahen, schon im 18. Jahrhundert ein Gemeinplatz. Aber erst jetzt, im späten 19. Jahrhundert, begann sich eine ökonomische Theorie des Konsums herauszubilden. Adam Smith hatte über die bereits zitierte Bemerkung »Ziel und Zweck aller Produktion ist der Verbrauch« hinaus so gut wie nichts über das Thema zu sagen. Für seine Nachfolger David Ricardo und John Stuart Mill standen Boden und Produktion im Mittelpunkt. In den 1840er Jahren hob in Frankreich der extreme Liberale Frédéric Bastiat in seinem Kreuzzug für den »freien Tausch« die Fahne für den Konsumenten hoch. Auf dem Sterbebett soll er gesagt haben, man müsse »lernen, alles vom Standpunkt des Konsumenten aus zu betrachten«. Doch auch dies war noch lange keine Theorie, da alles dem freien Markt überlassen bleiben sollte. Mill, der herausragende öffentliche Moralist der viktorianischen Ära und ein Vorkämpfer für soziale Gerechtigkeit, repräsentative Regierung und ökonomische Vernunft, sorgte dafür, dass solche Laissez-faire-Lehren im Keim erstickt wurden. Konsum, dekretierte er 1844, sei kein eigenständiger Zweig der ökonomischen Analyse.[77] Damit war die Frage erledigt. Jedenfalls hatte es bis in die 1870er Jahre den Anschein.

»[D]ie Theorie der Wirtschaft [muss] mit einer richtigen Verbrauchslehre beginnen«, verkündete William S. Jevons 1871 in seiner *Theorie der politischen Ökonomie*.[78] Die Anhänger von Ricardo und Mill seien einem grundlegenden Irrtum aufgesessen. Er, Jevons, habe sein Leben der Aufgabe gewidmet, den »Inkubus von schlechter Logik und schlechter Philosophie, den Mills Arbeiten uns aufgebürdet haben«, abzuwerfen.[79] Zu dieser Haltung trug sicherlich bei, dass er als junger Dozent gezwungen war, Mills Theorie zu lehren, während seine eigenen Frühschriften nicht beachtet wurden – von seinem ersten Buch über die Logik wurden in den ersten acht Monaten gerade einmal vier Exemplare verkauft. Gleichwohl gehörten Ethik und Ökonomie wie schon für Mill auch für Jevons zusammen. Das Ziel der Maximierung des Genusses wurde durch eine unitarische Verpflichtung, Gutes zu tun, ausbalanciert. Die Nachfrage quantitativ zu erfassen, die Konsumenten zu schützen und die Arbeitsbedingungen junger Mütter zu verbessern, dies alles gehörte zusammen.

Nach Ricardos und Mills Auffassung wurde der Preis von den Kosten bestimmt: Ein Mantel war so viel wert wie der Stoff und der Schweiß, den seine Anfertigung gekostet hatte. Jevons drehte die Perspektive um. Der Preis, erklärte er, werde nicht vom Produzenten, sondern vom Konsumenten bestimmt. Was ein Mantel wert sei, hänge davon ab, wie sehr jemand ihn sich wünsche. Und dieser Wunsch sei veränderlich. Ein Laib Brot sei lebenswichtig, ein zweiter vielleicht wünschenswert, aber ein dritter sei überflüssig. Der Nutzen verhalte sich nicht proportional zu den Gütern; jede zusätzliche Menge habe weniger Nutzen als die vorher vorhandene, weil sie weniger intensiv gewünscht werde. Auf dem Kontinent gelangten Carl Menger und Léon Walras unabhängig voneinander zu einem ähnlichen Schluss. Mit dem Begriff des »Grenznutzens« wurde eine völlig neue Perspektive ans Wirtschaftsleben angelegt, durch die der Konsument in den Mittelpunkt rückte. Jevons, der die von Benthams Schülern geschaffene University College School absolviert hatte, spannte Benthams Lehre mit der Infinitesimalrechnung zusammen. Genuss und Schmerz seien die »Federn des menschlichen Handelns«. Ihr Verhältnis verändere sich jedoch im Lauf des Konsums, wie im Fall des ersten, zweiten und dritten Brotlaibs. Und dieser Verlauf könne gemessen werden. Die Ökonomie wurde zu einer mathematischen Wissenschaft.[80]

Im 20. Jahrhundert sollte dieser Ansatz »neoklassische Revolution« genannt werden. Angesichts des folgenden Triumphs mathematischer Formeln in der Ökonomie ist es verlockend, die 1870er und 1880er Jahre als Entstehungszeit der Ideale von Konsumentensouveränität, Wahlmöglichkeit und freien Märkten zu betrachten, deren Einfluss ein Jahrhundert später seinen Höhepunkt erreichen sollte. Dies wäre irreführend und teleologisch. Im späten 19. Jahrhundert blies der Wind in die entgegengesetzte Richtung: Man wandte sich dagegen, alles den Märkten zu überlassen, und glaubte, Konsumenten hätten öffentliche Hilfe und Schutz verdient.

Jevons und seine Zeitgenossen betrachteten die Wahlmöglichkeit und den nutzenmaximierenden Konsumenten nicht als Allheilmittel. »Wenn das Muster eines Kleides demjenigen, der es zu tragen beabsichtigt, gefällt, ist die Sache erledigt«, stellte Jevons fest; »kein Regierungsinspektor kann es zu etwas Unerfreulichem machen.« Aber so einfach war es häufig nicht, Risiken, Ignoranz und natürliche Monopole, wie Gas und Wasser, lauerten überall. »Wer die grünsten Pickles auswählt, weiß möglicherweise nichts von dem Kupfer, das ihnen die attraktive Farbe gibt.«[81] Diese Sätze stammen aus Jevons' letztem, 1882 erschienenen Buch *The State in Relation to Labour.* Im August dieses Jahres fuhr er mit Frau und Kindern in die Nähe von Hastings an die englische Küste. Dort ging er im kalten Meer schwimmen und ertrank im Alter von 46 Jahren; wahrscheinlich war es Selbstmord.

Mit ihm versanken seine geplanten *Principles of Economics*. Der Ökonom Lionel Robbins bemerkte später, Jevons habe »keine Schule begründet« und »kein System geschaffen«.[82] Dies blieb Alfred Marshall vorbehalten, der nicht nur in den 1890er Jahren die Ökonomie als eigenständiges Studienfach in Oxford etablierte, sondern der »trostlosen Wissenschaft« auch etwas von ihrem schlechten Ruf nahm, indem er Pflichtgefühl und Fürsorglichkeit in den vorhandenen Katalog von egoistischen Motiven einfügte. Er knüpfte an Jevons' Kernidee an: Auch für ihn war es letzten Endes der Konsument, der die Nachfrage bestimmte. Doch er ging einen evolutionären Schritt weiter. Jevons hatte sich auf die Bedürfnisse konzentriert. Nach Marshalls Ansicht war dies zu statisch. »[W]ährend bei den niederen Lebewesen die Bedürfnisse das Leben regieren, finden wir den Schlüssel zum Verständnis der Geschichte des Menschen in den wechselnden Formen der Bemühungen und wirksamen Tätigkeit.« Marshalls Argument war so brillant wie einfach. Menschliche Bedürfnisse und Wünsche, schrieb er, seien »gewöhnlich begrenzt und befriedigungsfähig. Der unzivilisierte Mensch hat allerdings nicht viel mehr als das rohe Tier ...« Der Fortschritt vergrößere aber sowohl ihre Vielfalt als auch die Anstrengungen, sie zu befriedigen. Materielle Zufriedenheit werde von einem natürlichen Drang zur Selbstverbesserung geleitet oder, um einen viktorianischen Begriff zu benutzen, geadelt. Freizeit »wird immer weniger als Gelegenheit zum bloßen Nichtstun betrachtet«, Faulheit und Trinkerei würden in zunehmendem Maß durch Sport und Reisen ersetzt. Der Konsum sei wie eine Leiter mit immer höher steigenden Geschmäckern und Fähigkeiten, wobei jede Aktivität neue Kraft freisetze, mit der man auf die nächste Sprosse gelangen könne. Es war eine den zeittypischen Vorstellungen über eine gesellschaftliche Evolution entsprechende optimistische Perspektive. Mit der »neoklassischen« Entdeckung des Konsumenten ging auch eine soziokulturelle Kritik des ungezügelten Massenkonsums einher. »Es wäre in der Tat besser«, erklärte Marshall, »wenn jeder weniger und einfachere Dinge kaufte, aber mehr Wert auf eine gediegene Auswahl legte; ... man kaufe aber lieber weniger, und gute, wohlbezahlte Arbeit, anstatt viele schlechte Ware, deren Herstellung niedrig gelohnt wird.«[83]

Der Konsum weckte in zunehmendem Maß die Aufmerksamkeit von Ökonomen aller Art, aber man war sich völlig uneins darüber, was er genau war. Die einen wollten ihn auf physische Dinge beschränken, andere schlossen Dienstleistungen, Geschmack und Erfahrung ein, und manche vertraten sogar Jean-Baptiste Says Konzept eines »reproduktiven« oder »technischen« Konsums, das auch Kohle und in Fabriken verbrauchte Materialien einschloss. Die Ökonomen der Historischen Schule sahen im Konsum ein Merkmal nationaler Macht. Insbesondere deutsche Autoren standen der individuellen Wahl skeptisch gegenüber. Am Vorabend des Ersten Weltkriegs unterstellte Karl Oldenberg dem Konsum, er habe mit dem Überfluss auch die Zivilisationskrankheiten des Rauchens und Trinkens mit sich gebracht. Neue Wünsche würden Altgewohntes zersetzen. Bauern wollten weiches Weißbrot anstelle des soliden deutschen Roggenbrots, und in den Städten verursache der »Fleischkult« Arteriosklerose, Rheumatismus und nervöse Verdauungsstörungen. Gleichwohl trug der Konsum, laut Oldenberg, wesentlich dazu bei, die Nation auf eine höhere Zivilisationsstufe zu heben. Rein egoistische Wunschbefriedigung gebe es nur auf der niedrigsten Zivilisationsstufe. Darüber würden Nation und Familie ihre Kraft zum kollektiven Nutzen verwenden. Im Unterschied zum liberalen Marshall nahm Oldenberg jedoch keine nur aufwärts führende und stets friedliche Entwicklung an. Stattdessen sprach er von einem Kampf zwischen auf- und absteigenden Nationen. Die Ressourcen seien begrenzt. Zwei Arten von Nationen würden überleben, spekulierte er: diejenigen, deren wachsende Bedürfnisse große Energie erzeugten, und die genügsamen, die kaum Bedürfnisse hätten. Nationen mit mittleren Bedürfnissen würden untergehen.[84]

Die erste umfassende Darstellung einer Überflussgesellschaft kam aus dem Land mit dem höchsten Lebensstandard, den Vereinigten Staaten. 1889 verkündete Simon N. Patten den Anbruch einer »neuen Konsumordnung«.[85] Patten war Direktor der Wharton School of Business und wie so viele amerikanische Wissenschaftler seiner Generation von der deutschen Historischen Schule beeinflusst; er hatte in Halle studiert. Nach seiner Auffassung war die Wirtschaft kein zeitloses System universaler Gesetze, sondern ein Produkt der historischen Entwicklung und in das gesellschaftliche und politische Leben verwoben. Was ihn fesselte, war die

Tatsache, dass die modernen Gesellschaften zum ersten Mal mehr produzierten, als für die Sicherung der Grundversorgung nötig war. Die Aufgabe bestand jetzt darin, den Reichtum auf eine Weise zu organisieren, dass das Wohlbefinden aller maximiert wurde. Die Menschen hätten ein Recht auf Freizeit. Bibliotheken und Parks würden die Liebe zur Schönheit und zur Natur pflegen. Zölle und Steuern auf Tabak und andere Dinge würden »schlechte« Bedürfnisse zügeln. Der Kampf gegen die »Sünde« werde jedoch nicht durch Beschränkungen gewonnen, sondern durch größeres Wohlbefinden und Vergnügen. Die Gesellschaft sei »erst sicher, wenn die heutigen Vergnügen stärker sind als ihre Versuchungen«.[86]

Die materiellen Wünsche hatten einen neuen Prediger gefunden. Um einen Eindruck davon zu gewinnen, wie die frohe Botschaft klang, sei aus einer Rede zitiert, die Patten 1913 in einer Kirche in Philadelphia hielt: »Ich sage meinen Studenten, sie sollen alles ausgeben, was sie haben, sich Geld leihen und auch das ausgeben ... Es ist kein Beweis einer lockeren Moral, wenn eine Stenographin, die acht oder zehn Dollar in der Woche verdient, in Kleidern erscheint, die sie fast ihre gesamten Einkünfte gekostet haben.« Ganz im Gegenteil sei es »ein Zeichen ihrer fortschreitenden moralischen Entwicklung«. Es signalisiere ihrem Arbeitgeber ihren Ehrgeiz. Eine »gutgekleidete arbeitende Frau ... ist das Rückgrat vieler glücklicher Haushalte, die unter dem von ihr ausgeübten Einfluss prosperieren«. Das war nicht gerade das, was die Spring Garden Unitarian Church gewohnt war zu hören. Aus dem Publikum kamen Zwischenrufe: »absolut falsch«. Wie könne Patten so naiv sein, fragte ein Zuhörer. »Die Generation, zu der Sie reden, steckt zu tief in Verbrechen und Ignoranz ... um ihren Rat zu beherzigen.«[87] Ob sie wollten oder nicht, an jenem Tag im Jahr 1913 waren die Menschen in jener Kirche in Philadelphia Zeugen eines historischen Ereignisses: Der Überfluss hatte begonnen, seine eigene Moral zu schaffen.

Die intellektuelle Entdeckung des Konsumenten war die Schaumkrone auf einer ansteigenden Welle sozialer Aktivitäten in den Industriegesellschaften an der Wende zum 20. Jahrhundert. Traditionell betrachtet man die Entwicklung des Staatsbürgers als stufenartigen Prozess, angefangen mit den bürgerlichen Freiheiten in der frühen Neuzeit über das politische Recht zu wählen im 19. Jahrhundert bis zu den vom Sozialstaat in der Mitte des 20. Jahrhunderts eingeführten sozialen Rechten.[88] In dieser Darstellung fehlt jedoch ein entscheidendes Stadium: dasjenige des staatsbürgerlichen Konsumenten. Die 1890er und 1900er Jahre waren nicht nur die große Zeit des Kaufhauses und des Einkaufens als Vergnügen, sondern auch eine Zeit, in der soziale Bewegungen die Konsumenten für die Reformierung der Gesellschaft zu mobilisieren begannen. Anstatt diese Periode als eine von egoistischem Materialismus geprägte Zeit abzutun, sollte man erkennen, dass sich individuelle Ausgaben und staatsbürgerliches Engagement gegenseitig vorantrieben. Mit jedem neuen Kaufhaus entstand eine Gruppe ethischer Käufer, welche die Ausbeutung der Verkäuferinnen anprangerte. Solche Organisationen reichten in Großbritannien von der Genossenschaftsbewegung, in der Millionen von Arbeitern organisiert waren, bis zur Christian Social Union mit sechstausend Mitgliedern, die ausbeuterische Schneider in Oxford boykottierten. In Frankreich gründeten reformerische bürgerliche Katholiken 1902 die Ligue Sociale d'Acheteures, und auch anderswo schossen Käuferbünde aus dem Boden.

Der ethische Konsumismus war im doppelten Sinn eine urbane Angelegenheit, zum einen, weil ihm überwiegend europäische und amerikanische bürgerliche Städterinnen anhingen, und zum anderen, weil seine Ursachen in den Städten lagen. Hatten Konsumenten ihre moralische Kraft bei früheren Boykotten gegen das Leid von Sklaven gerichtet, so wandten sie sich jetzt gegen die Ausbeutung der Lohnarbeiter. Darin lag mehr als nur ein wenig Ironie, denn mitfühlende Konsumenten betraten in Paris, London und Berlin just in dem Augenblick die Bühne, als Imperialismus und Globalisierung auf Hochtouren liefen und mit der billigen Einfuhr von Palmöl, Baumwolle, Kaffee und Gummi aus Kolonien und überseeischen Plantagen den Massenmarkt erst ermöglicht hatten.

Wenn nicht der Produzent, sondern der Konsument die Wirtschaft lenke, fragten Liberale, Sozialisten und Feministen, wieso werde er dann als eine Art Leibeigener und nicht als König behandelt? Die Konsumenten müssten sich erheben, ihren rechtmäßigen Platz in der Mitte der Gesellschaft einnehmen und die Macht ihres Geldbeutels für staatsbürgerliche Zwecke einsetzen. Was dies in der Praxis bedeutete, hing von den nationalen Traditionen und der jeweiligen politischen Kultur ab. Drei allgemeine Ziele kann man dennoch ausmachen, ein individuelles – ein bewusster Käufer zu sein –, ein kollektives – die Konsumenten zu organisieren – und ein politisches – die Forderung an den Staat, den Konsumenten Rechte zu gewähren und sie zu schützen.

»Das 19. Jahrhundert«, erklärte Charles Gide, der Führer der französischen Genossenschaftsbewegung, 1898 vor Studenten, »ist das Jahrhundert der Produzenten gewesen, hoffen wir, daß das 20. Jahrhundert das der Konsumenten sein wird ... Möge ihr Königreich kommen!«[89] Gide mischte in seiner Vision einer neuen Sozialordnung republikanische Ideen mit christlichen Werten und der genossenschaftlichen Vorstellung eines Sozialismus kleiner Gruppen. Danach drehte sich das gesamte gesellschaftliche Leben um den Konsum. Bringe das gemeinsame Essen die Menschen nicht zusammen? Der Konsum sei besser geeignet, Solidarität zu schaffen, als die Produktion, insbesondere unter den Bedingungen der modernen Arbeitsteilung. Konsument sei jeder. In der Gegenwart hätten jedoch Fabrikanten und Kaufhäuser das Heft in der Hand und würden »falsche Bedürfnisse« wecken. Die Konsumenten müssten das Joch des »kommerziellen Feudalismus« abwerfen, in Genossenschaften eintreten und verantwortungsbewusst einkaufen. Sobald sie den Großhandel kontrollierten, würden sie auch die Produktion und den Boden übernehmen. Die Konsumenten besäßen die Macht, soziale Harmonie zu schaffen und die Lage der Arbeiter zu heben.[90]

Die Genossenschaften wurden von Männern geleitet, aber letztlich waren es die »Frauen mit den Körben«, die einkauften und die Vorhut des ethischen Konsumismus bildeten. Wohlhabende Frauen entdeckten ihre arbeitenden Schwestern. 1891 wurde in New York eine Consumers' League ins Leben gerufen, die sich den Kampf gegen ausbeuterische Betriebe auf die Fahnen schrieb und bis 1914 unter dem Vorsitz von Florence Kelly zu einem landesweiten Verband mit fünfzehntausend Mitgliedern anwuchs.[91] Die ersten »White Label« wurden auf Unterwäsche zertifizierter Hersteller geklebt (siehe Abbildung 38). Jetzt konnte die achtbare Frau erkennen, dass ihre Kleidung nicht mit dem Blut von Fabrikarbeiterinnen besudelt war. Boykotte von Gütern, die unter ausbeuterischen Bedingungen hergestellt worden waren, folgten. Über Florence Kelleys Tante, die Quäkerin und Sklavereigegnerin Sara Pugh, bestand eine Verbindung zu den früheren Boykotten gegen von Sklaven angebaute Produkte.

In Paris, Antwerpen, Rom, Berlin und Bern gründeten sich ebenfalls Käuferverbände. Internationale Ausstellungen machten die harten Realitäten von Heim- und Kinderarbeit bekannt. »Konsumenten-Macht und Konsumenten-Moral«, erklärte eine deutsche Aktivistin, »ist die Uhr, welche das Verhältnis der Arbeitgeber und Arbeitnehmer, des Verkäufers zum Käufer regelt.« Da diese Uhr »von Selbstsucht, Eigennutz, Gedankenlosigkeit, Habsucht und Geiz« getrieben werde, müssten »viele Tausende unserer Mitmenschen dauernd in Druck und Elend leben«.[92] Aufgrund ihrer Liebe zur Mode und der Verfügungsgewalt über die Haushaltskasse trügen Frauen eine besondere Verantwortung, Ladenbesitzer und Handwerker nicht zu übervorteilen. Käuferverbände forderten ethische Käufer mit Hilfe von Checklisten auf, früh mit den Weihnachtseinkäufen zu beginnen, nicht nach 20 Uhr einkaufen zu gehen und kleine Händler sofort bar zu bezahlen. Außerdem warben sie dafür, die Geschäfte sonntags zu schließen. Verbände in Amerika und der Schweiz kämpften außerdem für einen Mindestlohn und das Recht auf kollektive Tarifverträge.[93]

Manche dieser Aktivitäten waren kaum mehr als ein Wohltätigkeitshobby der örtlichen Elite. Die Vorsitzende des 1907 gegründeten Deutschen Käuferbunds war die Ehefrau des preußischen Innenministers und künftigen Reichskanzlers Theobald von Bethmann Hollweg. Wer konnte Frauen, die ihre Pflichten als fürsorgliche Mütter und Hausfrauen erfüllten, widersprechen? »Zu leben heißt zu kaufen. Kaufen ist Macht. Macht ist Pflicht«, lautete 1908 das Motto der ersten internationalen Konferenz von Käuferverbänden.[94] Aber beim ethischen Konsumismus ging es auch um Rechte. Der zunehmenden Zahl gebildeter, reformerischer, ehrgeiziger Frauen bot er eine Gelegenheit, öffentlich ihre Stimme zu erheben. Auf beiden Seiten des Atlantiks sahen Suffragetten eine Symmetrie zwischen materieller und politischer Wahl. Wenn Hausfrauen mit knappem Budget Tag für Tag auf dem Markt kluge Entscheidungen treffen konnten, wieso sollten sie dann nicht auch kompetent genug sein, alle paar Jahre ein Kreuz auf einem Wahlzettel zu machen? Der Konsum lehrte Frauen den Beruf des »Schatzmeisters«. In Großbritannien bildeten 14 Frauen 1883 eine eigene Women's Co-operative Guild (WCG), der zwanzig Jahre später schon zwanzigtausend Mitglieder, insbesondere aus ärmeren Arbeitervierteln, angehörten. Genossenschaften waren kleine

Demokratien, in denen die Mitglieder die Prozeduren staatsbürgerlicher Teilhabe erlernten: Beratung, Abstimmung und Repräsentation. In der Vergangenheit hatten Radikale die »Kunst der Vereinsbildung« gepriesen, weil sie rechtschaffene, selbstbewusste Ernährer hervorbrachte, die keine Ansprüche an den Staat stellten. Die WCG untermauerte nun den Anspruch der Frauen auf politische und soziale Rechte, einschließlich derjenigen auf staatliche Unterstützung für die Wochenbettpflege und einen Mindestlohn.[95]

Einflussreichste Fürsprecherin der feministischen und sozialistischen Forderung nach einer Konsumentenrevolte war Teresa Billington-Greig, eine britische Suffragette, die einem Ordner einen Hieb mit einer Reitgerte versetzt hatte, weil er sie aus einer Versammlung der Independent Labour Party verwiesen hatte, und die auch schon einmal im Gefängnis Holloway gesessen hatte. Sich über kapitalistische Profiteure zu beklagen, sei müßig, erklärte sie. »Wir alle sind mehr oder weniger Profiteure.« Die Vorliebe der Konsumenten für billige Güter impliziere niedrige Löhne und soziale Ungerechtigkeit: »Wir sind ein schäbiges Volk.« Besonders Frauen würden, weil sie in ihrem Zuhause eingesperrt seien, zu schlechtem Geschmack und konservativer Untätigkeit neigen. Der Kapitalismus habe den Mann zum Produzenten gemacht, der das öffentliche Leben beherrsche. 1912, als Billington-Greig dies schrieb, hatte sich der Anstieg des Lebensstandards nach drei Jahrzehnten stetiger Aufwärtsentwicklung abgeschwächt. Die Gewerkschaften, befand sie, hätten versagt und insbesondere die Frauen enttäuscht. Als eine der wenigen Aktivistinnen in der jungen Independent Labour Party wusste sie, worüber sie sprach. Frauenemanzipation und Konsumentenreform des Kapitalismus waren ein und derselbe Kampf. Wenn die Frauen sich als Konsumenten organisierten, würden sie sich sowohl von Erniedrigung als auch vom Kult des Billigen befreien. Genossenschaften reichten nicht mehr aus. Die Konsumenten müssten zu direkten politischen Aktionen übergehen, sich mit den Gewerkschaften verbünden und einen Konsumentenrat bilden, um für hochwertigere Güter und bessere Arbeitsbedingungen zu kämpfen.[96]

Die Entdeckung des Konsumenten wirkte als Katalysator der Idee der sozialen Staatsbürgerlichkeit. Politische Rechte, hatte Simon Patten betont, setzten das Recht auf Freizeit voraus. Durch ein paralleles ökonomisches Argument wurde sichergestellt, dass dies keine leere Phrase war. Wenn die modernen Nationen vom Mangel zum Überfluss fortgeschritten waren, bedeutete dies, dass sie einen Überschuss produzierten. Woher kam dieser Überschuss, und wohin ging er? Die progressive Antwort auf diese Frage gab J. A. Hobson, der entschiedenste Radikale einer neuen Generation. Schon 1889 hatte er zusammen mit seinem Freund, dem Geschäftsmann und Bergsteiger A. F. Mummery, die orthodoxe Auffassung, Produktion schaffe stets die eigene Nachfrage (das berühmte Gesetz von J.-B. Say), in Frage gestellt. Die Reichen, führten sie aus, könnten nie ihr gesamtes Einkommen verbrauchen. Die Folgen dieses »Minderkonsums« seien Überinvestition, Überproduktion und Wirtschaftskrise. Als Mummery sechs Jahre später im Himalaya umkam, machte Hobson, vom Establishment geschnitten, allein weiter. 1899 reiste er als Sonderkorrespondent des *Manchester Guardian* nach Südafrika, um über den Burenkrieg zu berichten. Er kehrte mit dem Buch *Der Imperialismus* zurück, das die Bedingungen der politischen Debatte revolutionierte, und dies ganz buchstäblich, denn Lenin bediente sich großzügig bei Hobson, fügte allerdings seinen eigenen revolutionären Anspruch hinzu.

Hobsons Grundthese lautete, dass Aggression nach außen mit »Minderkonsum« im Innern zusammenhänge. Die Armut, erklärte er, bestehe nicht aufgrund natürlichen, malthusianischen Drucks weiter, sondern weil der Reichtum ungerecht verteilt sei. Die Produktivität nehme stetig zu. Die Profite gingen jedoch an eine kleine Clique von Investoren. »Die Finanzen dirigieren die imperiale Maschine«, stellte Hobson fest. Ständig suchten sie nach Anlagemöglichkeiten, wenn nötig, wie in Südafrika, mit Gewalt. Doch das Heilmittel sei zu Hause zu finden, denn »wenn das konsumierende Publikum in unserem Lande seinen Konsumtionsstandard derartig steigern würde, dass er mit jeder Steigerung der Produktivkräfte Schritt hielte, dann könnte es gar keinen Überschuss an Waren, könnte es gar kein Kapital geben, das laut nach dem Imperialismus ruft, damit er ihm Absatzmärkte verschaffe«.[97] Daheim wartete ein riesiger unerschlossener Markt; die Briten sehnten sich nach besseren Lebensmitteln, besseren Wohnungen und besseren Städten.

Hatten die Aufklärer im Kaufmann einen Agenten des Friedens gesehen, so zählte Hobson nun auch den Konsumenten dazu. Wie Marshall glaubte er, die Menschen würden nicht nur mehr, sondern auch besser konsumieren. Glücksspiel, Pferderennen und »funkelnde Varietés« seien kulturelle Nebenprodukte von Imperialismus und Ungleichheit. Die niederen Schichten ahmten das Gehabe von Finanziers und Aristokraten nach. Hobson war ein Bewunderer des amerikanischen Ökonomen Thorstein Veblen, der den luxuriösen Lebensstil der reichen Amerikaner als eine Form sozialer Verschwendung anprangerte, und lernte ihn 1925 in Washington persönlich kennen. Soziale Wohlfahrt und Freihandel würden die Luft reinigen, hoffte Hobson. Gewöhnliche Briten würden beginnen, »bessere Waren« zu verlangen, die »feiner, besser verarbeitet und harmonischer« seien. Das Vergnügen würde sich steigern, »ohne ... das Lager [der Natur] zu erschöpfen«. Eine größere Wertschätzung der Qualität würde ihrerseits das Interesse daran wecken, wie die Dinge hergestellt wurden, und dem »antisozialen Wettbewerb« ein Ende bereiten. Je höherwertiger der Konsum werde »und je mehr jeder Einzelne auf der Befriedigung seines speziellen Geschmacks besteht, desto geringer wird die Wahrscheinlichkeit sein, dass die Wünsche zweier Personen miteinander kollidieren und sie um den Besitz derselben Ware streiten«. Dies war ein progressives Gegenargument zum sowohl von Konservativen als auch von Marxisten erhobenen Einwand, der Freihandel setze eine Abwärtsspirale von Minderwertigkeit, Materialismus und Apathie in Gang. Stattdessen würden die Konsumenten in einer Gesellschaft mit mehr Gleichheit »in zunehmendem Maß auch die Qualität des Lebens achten« und sich mehr um die Dinge, die Menschen, die sie herstellten, und ihre Gemeinde kümmern. Hobson vereinte zwei Rollen, die zuvor getrennt waren: Staatsbürger und Konsument.[98]

Die Regierungen schenkten Konsumfragen immer noch wenig Beachtung, mit der beschränkten Ausnahme der Sicherung von Volksernährung und Volksgesundheit. Um die Jahrhundertwende herum war jedoch ein Sinneswandel zu bemerken. Das Konzept eines anständigen Lebensstandards erweiterte die politische Arena, da Millionen von Menschen gegen Zolltarife und hohe Lebensmittelpreise zu kämpfen begannen. Dies war ein wahrhaft globaler Augenblick, denn die Protestbewegung reichte, der weltweiten Vernetzung des Nahrungsmittelsystems entsprechend, von Wien bis Santiago.[99] Während Dampfschiffe Weizen und Rindfleisch über die Meere brachten, gewöhnten sich die Menschen an mehr und besseres Fleisch und eine billige Tasse Kaffee. In den 1890er Jahren stieß dieser Trend auf ein Hindernis. Viele Produzenten und Bauern erlebten die Globalisierung als Bedrohung ihrer Existenz. Mit Ausnahme Großbritanniens errichteten alle Staaten Handelsbarrieren, was zu einem Preisanstieg führte. Damit verhalf die Handelspolitik der Frage des Lebensstandards zu neuer politischer Dringlichkeit.

Wie viel Raum in diesen Kämpfen dem Konsumenten eingeräumt wurde, hing von den Traditionen und der sozioökonomischen Lage der einzelnen Länder ab. In Deutschland startete die SPD einen Kreuzzug gegen den »Wucher- und Hungertarif«. Das Vokabular war dasjenige des Klassenkampfs. Hier war es nicht das konsumierende Publikum, sondern die Arbeiterklasse, der die Zölle die hartverdiente Wurst vom Brot nahmen. Die Möglichkeiten der deutschen Sprache strapazierend, warnten Zeitgenossen vor dem »Nurkonsumentenstandpunkt«.[100] In einer Unternehmenskultur, in welcher der Produzent und die berufliche Identität an erster Stelle standen, schien der Konsument einer Randgruppe anzugehören, bestenfalls als Büroangestellter, schlimmstenfalls als müßiger Rentier. In Frankreich förderten die sozialen Hierarchien und die große Zahl kleiner Werkstätten ebenfalls eine gespaltene Identität. Henriette Brunhes' Ligue Sociale d'Acheteurs betrachtete Handwerker und Verkäuferinnen als Arbeiter, nicht als Mitkonsumenten.[101] In den Vereinigten Staaten dagegen war der Konsum aufgrund des gleichzeitigen Vormarschs von Lohnarbeit und Massenfabrikation ein allgemeines Interesse. Buchstäblich jeder Amerikaner kaufte seine Kleidung von seinem Lohn. Progressive sahen in den Konsumenten eine vereinigende Kraft im Kampf gegen Trusts und Plutokratie. Sie würden »unsere gegenwärtige Dualität von glänzender Plutokratie und grob ineffizienter Demokratie durch eine einzige, allgemeine, intelligente, sozialisierte, siegreiche Demokratie« ersetzen, verkündete Walter Weyl, ein Schüler Pattens und Mitgründer der Zeitschrift *New Republic*.[102]

Seine Apotheose erlebte der Konsument in Großbritannien, das im Unterschied zu den Vereinigten Staaten, die hohe Zölle erhoben, seit 1846 dem Freihandel treu geblieben war. Die viktorianische Politik stützte diese Einstellung vor allem in Gestalt des Konsumenten als Steuerzahler, der in Stadträten und im Parlament vertreten war. Durch die leidenschaftliche Verteidigung des Freihandels nach 1903, als Joseph Chamberlain und die Tariff Reform League diesen angriffen und abschaffen wollten, gelangte der Staatsbürger-Konsument zu beispielloser Bedeutung. Anfangs nur auf billiges Brot gerichtet, häuften sich im Lauf der Kampagne immer mehr Produkte in seinem politischen Einkaufskorb. In den Hauptstraßen erteilten die Schaufenster Lektionen über den Lebensstandard, indem sie Markenartikel wie Colman-Senf sowie Hüte und Jacketts aus England neben kostspieligeren Waren aus dem protektionistischen Deutschland ausstellten. Dass es ein schiefer Vergleich war – Amerikaner und Australier lebten besser hinter Handelsschranken –, nahm der Botschaft nichts von ihrer Wirksamkeit. Großbritanniens höherer Lebensstandard wurde als Beweis für die Überlegenheit seiner liberalen Institutionen und seiner hohen Wertschätzung des Konsumenten gepriesen. Industrielle, Genossenschaftler, Gewerkschafter, Feministen und das Schatzamt stellten sich hinter »die wichtigste Person«. Der Konsument war von nationalem Interesse.[103]

Wertschöpfung

Für Radikale wie J. A. Hobson gingen die Sorge um das Konsumentenwohl und Imperialismuskritik Hand in Hand. Seither wurde eine buchhalterische Debatte über Kosten und Vorteile des Empires geführt: Wie viel Kapital schickte Großbritannien in seine Kolonien? Welche Auswirkungen hatte das Empire auf Investitionen und Wohlstand daheim? Die knappe Antwort von Wissenschaftlern, die Investitionen in Eisenbahnen und Wertpapiere untersucht haben, lautet, dass Investitionen in den Kolonien, insbesondere in Nord- und Südamerika, mehr einbrachten als Anlagen im Mutterland.[104] Mit anderen Worten, das Empire zog Geld an, das andernfalls möglicherweise in Schulen, Straßen und Kraftwerke in Großbritannien investiert worden wäre. Investitionen im Empire konkurrierten jedoch wiederum mit noch attraktiveren Anlagen jenseits seiner Grenzen. Es war die Ära des Finanzimperialismus, und die große Frage, die alle beschäftigte, lautete, ob der Kolonialismus den Kapitalismus am Leben erhielt. Es gibt jedoch keinen Grund, die Debatte auf Kapitalinvestitionen zu beschränken. Der Kolonialismus wirkte sich ganz allgemein auf den Güterstrom aus. Die »sichtbaren« Güter, die als kulturelle Symbole fungierten, spielten eine größere Rolle als der »unsichtbare« Export von Pfund und Wertpapieren. Deshalb muss man neben den Handels- auch die Konsumbedingungen betrachten, die sich je nach Gruppe, Produkt und Region unterschieden. Wir haben bereits gesehen, dass das Empire die gesellschaftliche Ordnung veränderte. Doch es definierte auch den Wert des Ortes neu.

Ironischerweise unternahm Hobson seine Attacke auf das Empire ausgerechnet in der großen Zeit des Freihandels, als es für das Wohlergehen der Briten weniger wichtig war als jemals zuvor. Die – manchmal freiwillige, manchmal zwangsweise – Liberalisierung des Handels und die Dampfschiffe erschlossen den spätviktorianischen Konsumenten die Welt. Sie kamen in den Genuss von argentinischem Rindfleisch, portugiesischem Sherry und brasilianischem Zucker. Die zweite Welle der Industriellen Revolution in Frankreich, Deutschland und den Vereinigten Staaten schuf neue Märkte für Fertigwaren, die wiederum außerhalb des Empires lagen. Die meisten Kolonien verzeichneten ein Wirtschaftswachstum, während ihr Marktanteil in der Metropole schrumpfte: So war der Anteil der britischen Importe von den Westindischen Inseln zwischen 1805 und 1855 von 25 auf 5 Prozent gesunken. Erst als sich die Weltwirtschaft in der Zwischenkriegszeit im freien Fall befand, entdeckten die Briten den Wert ihrer Kolonien wieder – mit Empire-Shopping-Wochen, »Kauft britisch!«-Aufrufen, Vorführungen, bei denen kenianischer Kaffee geröstet wurde, und Wettbewerben um den größten Empire-Weihnachtspudding.[105] Im großen Ganzen waren in der Freihandelsära die tropischen Kolonien vom Empire-Zentrum abhängig, nicht umgekehrt. Am Vorabend des Ersten Weltkriegs bezog Jamaika 44 Prozent seiner Importe aus Großbritannien, die Goldküste sogar 89 Prozent.

Radikale fürchteten naturgemäß die Auswirkungen des Imperialismus auf die soziale Gleichheit. Auch in dieser Hinsicht muss man eine langfristige Perspektive anlegen. Kolonialreiche wirkten sich stets auf

Status und Einkommen aus, manche jedoch mehr als andere. Das merkantilistische Kolonialreich war ein riesiger Selbstbedienungsladen für Aristokraten, Plantagenbesitzer und Monopolhändler. Gewiss brachte es auch einige positive Nebeneffekte für regionale Wirtschaften mit sich, die in den Kolonialhandel einbezogen waren, wie die Wollwirtschaft in West Riding in Yorkshire oder die Glas- und Kupferwarenproduktion in Liverpool. Aufs Ganze gesehen, war es jedoch ein einseitiger Handel: Die Konsumenten bezahlten die Marine, und die Elite strich die Profite ein. Das Empire des 18. Jahrhunderts vergrößerte die soziale Ungleichheit sowohl in Großbritannien als auch in den Kolonien, dort sogar noch stärker. Jamaikanische Plantagenbesitzer häuften riesige Vermögen an. Um 1800 war der durchschnittliche Weiße in Jamaika über fünfzigmal reicher als der durchschnittliche freie Amerikaner. Der Konsum vereinte die weiße Herrenklasse. Koloniale Grundbesitzer waren berühmt für ihre aufwendigen Vergnügungen und ihre Gastlichkeit, ihre Tanz- und Teegesellschaften, den französischen Kognak und die eingelegten Krabben, die es bei ihnen gab.[106] Mit dem Ende der Sklaverei und der Zölle verschwand die Kluft zwischen Arm und Reich nicht, aber nach 1846 waren die Kosten des Empires gerechter verteilt als zuvor, da der Staat den britischen Konsumenten eine große Steuerlast von den Schultern nahm.

Das nach 1850 immer offener werdende globale Handelssystem veränderte die Grundlagen des kolonialen Konsums. Die britische Vorliebe für gesüßten Tee ist vielleicht das beste Beispiel für den Zusammenhang von Empire und Konsum. Die Teetasse verband Konsumenten in London und im schottischen Hochland mit Sklavenplantagen auf Jamaika und Barbados. Nach den 1840er Jahren verlegten die Briten den Teeanbau von China in ihr indisches Reich. Tee war ein wichtiger Bestandteil des britischen Lebens, von heimischen Ritualen über die Teegeschäfte, die in den 1880er Jahren aus dem Boden schossen, bis zur Witwe Twankay in der Pantomime *Aladdin*, einer beliebten musikalischen Komödie, deren Name auf »Twankay-Tee«, überreifen grünen Tee, anspielt. Tee und andere exotische Produkte »machten sowohl koloniale Sinngehalte als auch den Kolonialhandel im Alltagsleben heimisch«.[107] Der Zucker, so Sidney Mintz, »stärkte und stabilisierte das Empire und die Klassen, die dessen Politik bestimmten«.[108] Für das 18. Jahrhundert traf dies zu, aber in Bezug auf das

19. Jahrhundert kann man auch das Gegenteil sagen: Das britische Empire wurde umso mächtiger, je mehr die Bedeutung seiner tropischen Kolonien für die Konsumenten im Mutterland abnahm.

Im 17. und 18. Jahrhundert hatten Kolonialreiche exotischen Produkten den Weg geebnet, allerdings zu deftigen Preisen. Steuern regten den Schmuggel an. Als 1745 die Abgaben auf Tee herabgesetzt wurden, verdreifachte sich der legale Verkauf von Tee in Großbritannien schlagartig.[109] Auch in Frankreich linderte der Schmuggel ein wenig die Auswirkungen von Steuern und Restriktionen auf den Konsum. Um die Abgaben an den Generalpächter der Tabaksteuern zu vermeiden, führten die Händler Tabak aus Virginia über holländische Häfen und das Elsass ein, wo er mit heimischem Tabak verschnitten wurde.[110] Doch dieser Konterbandenhandel konnte nur einen Teil der Nachfrage befriedigen. Auch andere Kolonialreiche hatten ihre liberalen Momente, in denen der Konsum sprunghaft anstieg, aber sie waren in der Regel begrenzt und dauerten nicht lange an. So senkte Spanien in den 1770er Jahren die Abgaben in Guayaquil (Ecuador) und führte eine koloniale Zollzone ein. Das Auseinanderbrechen des spanischen Kolonialreichs nach den napoleonischen Kriegen stellte sich, was den Handel betraf, als Rückschritt heraus, denn Venezuela und die anderen unabhängig gewordenen Staaten errichteten Barrieren und Exportzölle, um sich zu finanzieren. Die Schlussfolgerung liegt auf der Hand: Auf lange Sicht war der Merkantilismus nicht reif für den Massenkonsum. Es war die Leistung des seit den 1840er Jahren eingeführten Freihandels, dies zu ändern.

Die enorme Verbreitung tropischer Güter in der zweiten Hälfte des 19. Jahrhunderts wurde von zwei Kräften vorangetrieben: der Liberalisierung des Handels und einem massiven Anstieg des Anbaus von *cash-crops*. Im Gegensatz zum Zucker widersetzte sich der Kakao einem industrieartigen Anbau. Er gedieh im Schatten und brauchte andere Pflanzen als Schutz vor Wind und Krankheitsbefall. Große Plantagen existierten kaum. Es gab zwar Sklaven – die Portugiesen setzten auf Sao Tomé und Príncipe, ihren Kakaoinseln vor Westafrika, welche ein, während die Deutschen es in Kamerun mit wenig Erfolg mit »wissenschaftlichem« Anbau und Zwangsarbeit versuchten –, im Allgemeinen aber war Kakao eher etwas für Kleinbauern, obgleich zur Erntezeit auch eine Mischung aus Tagelöhnern und Sklaven arbeitete. Der Kakao profitierte direkt vom Ende der Sklaverei, das zu einem Anstieg der Zahl von Kleinbauern auf Landsuche führte. Im brasilianischen Amazonasgebiet konnten sich nach dem »Cabanagem«-Aufstand von 1835 bis 1840 Kleinbauern gegenüber großen Plantagenbesitzern behaupten. In Kolumbien wurde befreiten Sklaven nach dem Verbot der Sklaverei im Jahr 1851 Land zugeteilt. Kaffee dagegen gedieh auf Sklavenplantagen. Unberührte Wälder, lange Eisenbahnstrecken und Sklavenarbeit (bis zum Ende der Sklaverei im Jahr 1888) machten Brasilien zum größten Kaffeeproduzenten der Welt. 1914 verbrauchte die Welt fünfzigmal so viel Kaffee wie ein Jahrhundert zuvor. Kolonien lieferten nur einen kleinen Teil der Bohnen.[111]

Merkantilistische Kolonialreiche waren nie ganz vom Außenhandel abgeschnitten. Ein guter Teil des aus den Kolonien bezogenen britischen Zuckers und Kaffees wurde über Rhein und Donau ins europäische Binnenland exportiert. Aber der britische Freihandel war von einer neuen epochalen Qualität: Er war in erster Linie das Schmiermittel für den globalen Handel, und räumte den kolonialen Gütern keinen Vorrang mehr ein. Was jetzt zählte, war der Preis, nicht die Herkunft. In den 1880er Jahren enthielt in Großbritannien ein Löffel Zucker nur noch einige wenige koloniale Körner. Den größten Teil lieferten brasilianisches Zuckerrohr und osteuropäische Zuckerrüben. Aus globaler Sicht war die britische Verknüpfung von Tee, Kolonialreich und Massenkonsum eher die Ausnahme, wie das Beispiel der anderen großen europäischen Teenation, Russland, zeigt. 1914 bezogen die Europäer nahezu ihren gesamten Kaffee aus Brasilien. Die Kaffeeernten in den deutschen Kolonien waren winzig, und sogar die französischen Westindischen Inseln füllten nur 3 Prozent der Pariser Kaffeetassen.[112] Auch Schokolade kam immer weniger aus den Kolonien. Es war eine dramatische Schicksalswende.

Dem direkten Einfluss kolonialer Produkte auf metropolitane Befindlichkeiten nachzuforschen bedeutet daher nichts anderes, als den Wald vor lauter Bäumen nicht zu sehen. Das liberale Reich des Konsums war keine Einbahnstraße. Es umfasste sowohl umgekehrte Güterströme in die Kolonien als auch Nebenstraßen und Umgehungen, über die Güter Gesellschaften ohne Kolonien erreichten. Die Macht des Freihandels-Empires bestand gerade darin, alle Produzenten, einschließlich der tropischen Kolonien, dazu zu bewegen, sich an der globalen Nachfrage zu orientieren. Kolonialwaren wurden weiter verbreitet und gleichsam unsichtbar. Manchmal war die Verbindung zu ihrer kolonialen Herkunft völlig gekappt. In den 1880er Jahren wurde der meiste Zucker aus Jamaika nicht in London und Liverpool verbraucht, sondern in Chicago und Boston. Die Niederländer hatten Java, aber Kakaohersteller wie van Houten mochten den faden Geschmack der dort angebauten Bohnen nicht, und so wurde ein Großteil in die USA exportiert. In Deutschland hatten sich sogenannte Kolonialwarenläden auf Produkte aus den erfolgreicheren Kolonialreichen der Nachbarländer spezialisiert. Waren Kolonien in der merkantilistischen Welt eine notwendige Voraussetzung des Konsums gewesen, so war es dem Massenkonsum in einer liberalen Weltwirtschaft egal, woher die Güter kamen.

Ein Beispiel ist die globale Spitze der Kaffeetrinker am Vorabend des Ersten Weltkriegs. Die Niederländer tranken immer noch mehr Kaffee – der jetzt überwiegend aus Brasilien stammte – als alle anderen, aber die Norweger, Dänen, Schweden und Schweizer waren ihnen dicht auf den Fersen. Und der Verbrauch war nicht auf die europäischen Zentren beschränkt. Die Kubaner tranken mehr Kaffee (aus Costa Rica) als Franzosen und Deutsche, Chilenen im Durchschnitt doppelt so viel wie Spanier und Italiener.[113] Der »Süden« war, was oft übersehen wird, nicht nur Produzent, sondern auch Konsument.

Die jeweilige Politik und Klassenkultur bestimmten, wer was wo trank. Nach der amerikanischen Unabhängigkeit versperrte Großbritannien den Vereinigten Staaten den Zugang zu den Westindischen Inseln und verbot amerikanischen Schiffen den Transport von Kolonialwaren. Es war ein schwerer Schlag für den amerikanischen Reexport. Thomas Jefferson reagierte darauf, indem er die amerikanische Politik auf Frankreich und dessen karibische Kolonien ausrichtete. Der Handel und Konsum von Kaffee wurden zu einem patriotischen Akt. Nach den 1820er Jahren dehnten die USA ihren Horizont weiter nach Süden aus, nach Brasilien. Um 1880 verbrauchten die Amerikaner nahezu eine Viertelmillion Kilogramm Kaffee im Jahr.[114] Man muss sich jedoch vorsehen, keine nationalen Karikaturen zu zeichnen. Die Nationen waren keine Monokulturen. Die amerikanischen Revolutionäre hatten britischen Tee boykottiert,

Der weltweite Kaffeeverbrauch im Jahr 1913

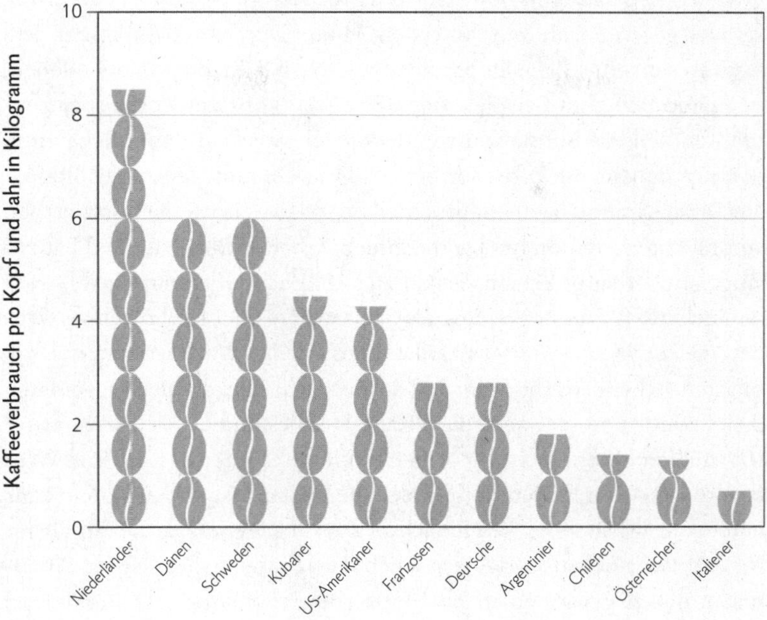

aus: Ernst Neumann, *Der Kaffee*, S. 69, 151.

aber im 19. Jahrhundert war Tee in den USA fast genauso beliebt wie Kaffee. Japaner tranken traditionell Tee, aber aus Brasilien zurückkehrende Migranten brachten auch eine Vorliebe für Kaffee mit; das erste brasilianische Café in Tokio eröffnete 1908. Die Briten waren ein Volk von Teetrinkern, aber nie ausschließlich. Um 1900 tranken sie ebenso viel Kakao wie die Spanier, was die Annahme einer Trennlinie zwischen einem nüchtern-rationalen protestantischen Norden und einem ausschweifenden katholischen Süden Lügen straft.

Warenbiographien können einen triumphierenden Unterton haben, wenn ein exotisches Nahrungsmittel alle anderen aus dem Feld schlägt. Vom Sieger geschriebene Geschichte neigt dazu, die Zähigkeit vieler lokaler und schichtspezifischer Vorlieben zu übersehen. Soziale Nachahmung kann konterkariert werden durch die ebenso starke Einstellung, dass jede Schicht bei ihren eigenen Speisen bleiben sollte. Solche Normen erwiesen sich häufig als Puffer sowohl gegen nationale Homogenisierung als auch gegen globale Verschmelzung. Hinter Durchschnittsangaben verstecken sich erhebliche Disparitäten zwischen Schichten und Regionen. In Frankreich zum Beispiel stieg der Zuckerkonsum, wofür aber zum größten Teil das Bürgertum verantwortlich war. Laut einer Schätzung von 1873 musste ein Pariser Arbeiter mit 10 Gramm – zwei Teelöffeln – am Tag auskommen, einem Bruchteil dessen, was britische Naschkatzen verbrauchten. Im übrigen Land nahmen Arbeiter, Bergleute und Bauern zumeist überhaupt keinen Zucker zu sich. Wenn überhaupt, dann wurde Zucker wie Pfeffer und Salz als Speisewürze oder Heilmittel verwendet. 1906 stellte ein Pariser Krankenhaus in einer Umfrage fest, dass die meisten Arbeiter keine Süßigkeiten mochten; Zucker, hieß es, verderbe den Appetit und schwäche die Vitalität. Süßes und Gebäck seien etwas für müßige Eliten, nicht für Arbeiter, die rotes Fleisch, Käse und Wein bevorzugten, um bei Kräften zu bleiben. Deshalb ist zu bezweifeln, dass ein schon vorhandener Geschmack an Zucker das europäische Einfallstor für exotische Lebensmittel war. Auch dem Kaffee fiel es schwer, Arbeiter für sich zu gewinnen. In Paris hatten die Sansculotten schon während der Französischen Revolution den Kaffee für sich entdeckt, und er wurde auch in von Arbeitern besuchten Cafés ausgeschenkt. Außerhalb von Paris stieß er auf weniger Gegenliebe. In einer Kantine in Lyon wurden 1896 tausend Gerichte ausgegeben, aber nur 37 Tassen Kaffee.[115]

In der ersten Industrienation waren Tee und Zucker weiter verbreitet, aber darin einen Kausalzusammenhang zu sehen, wäre irreführend. Die Industrialisierung brauchte weder Saccharose noch Koffein. Mit Bier und Wein kam sie genauso gut voran. Belgien, Frankreich und Deutschland industrialisierten sich, während die dortigen Arbeiter immer noch sehr wenig Zucker zu sich nahmen. Tatsächlich lebten die größten Leckermäuler am Ende des 19. Jahrhunderts auf der anderen Seite der Welt, im agrarischen Queensland, dessen Bewohner rund 60 Kilogramm Zucker im Jahr verbrauchten. Der allgemeine Erfolg des Kaffees als nüchternes, der Arbeitsamkeit förderliches Getränk war eher eine Folge der Industrialisierung als deren Stimulans.

Auf dem europäischen Kontinent begann der steile Aufstieg in den

1870er und 1880er Jahren, als Brasilien immer mehr Wälder abholzte und die Preise sanken. Ein Inspektor aus Düsseldorf bemerkte: »Caffee wird bei den arbeitenden Classen durchgehend dreimal täglich getrunken.«[116] Industrieunternehmen und Sozialreformer eröffneten Kantinen und Kaffeehütten. Die Koffeinaufnahme wird jedoch leicht überschätzt. 1909, nach zwanzigjähriger Tätigkeit, schenkte der Verein für Volkskaffeehallen an Hamburger Arbeiter zwar 75 000 Tassen Bohnenkaffee, aber auch zwei Millionen Tassen koffeinfreien Ersatzkaffee aus. Zu Hause versetzten viele die Kaffeebohnen mit billigerer Zichorie.[117] Temperenzvereine warben für Kaffee als Alternative zum Alkohol. Ob ihre Propaganda ankam, ist fraglich. Hafenstädte wie Hamburg waren nicht nüchtern. Tatsächlich bot der Verein für Volkskaffeehallen auch alkoholische Getränke an. In Frankreich tranken Arbeiter ihren Kaffee mit Weinbrand, in Deutschland und den Niederlanden mit Schnaps oder Rum. Der Aufstieg der Industriegesellschaft bedeutete nicht nur mehr Kaffee, sondern auch mehr Alkohol. Krupp servierte seinen Arbeitern siebenmal so viel Bier wie Kaffee.[118]

Bis 1914 hatten Zucker, Kaffee und Kakao auch jene Regionen erobert, in denen sie anfangs nur zögerlich aufgenommen worden waren. Die nationalen Ernährungskulturen und Essens- und Trinkgewohnheiten glichen sich stärker an. Im Gegensatz zur frühen Luxusphase, als Jesuiten, Kaufleute und Gelehrte die Vorhut bildeten, waren in der späteren Massenphase Wirtschaft, Staat und Ernährungswissenschaft die treibenden Kräfte. Exotische Getränke wurden nicht mehr als anspruchsvolle Wahl von wenigen betrachtet, sondern als wesentliche Nahrungsmittel starker Industrieländer präsentiert. Unternehmen rationalisierten ihre Arbeitszeitpläne, um Kraft und Konzentration der Arbeiter zu erhöhen. Statt einer langen Unterbrechung in der Tagesmitte führten sie kürzere Frühstücks- und Mittagspausen ein. Manche gaben anstelle von Trinkwasser kostenlosen Kaffee aus. Zusätzlichen Auftrieb erhielt der Kaffee durch Staat und Wissenschaft. In Deutschland setzten Krankenhäuser und Gefängnisse in den 1870er Jahren Kaffee auf die Liste der Grundnahrungsmittel.[119] Ein neues Bündnis aus Heer, Ernährungsexperten und Zuckerrübenwirtschaft bildete sich heraus. Die Energie des Zuckers, predigten sie, mache ihn für die Stärkung der Nation unentbehrlich. 1876 fügte Frankreich Zucker und Kaffee zur Tagesration seiner Soldaten hinzu. Ungefähr zur gleichen Zeit entwickelten die Niederländer die Technik für die Gewinnung der Kakaobutter und erschlossen damit das Potential der Schokolade als Massenkonsumgut. Das Kakaopulver und der Schokoriegel waren geboren. Im Unterschied zu Tee und Kaffee besaß die Schokolade einen Nährwert. Sie schüttelte die Assoziation mit müßigen Damen und Priestern ab und wurde neu etikettiert als »fleischbildender« und »wärmegebender« Energydrink für Polarforscher, Sportler, Arbeiter und vielbeschäftigte Hausfrauen. In einer Cadbury-Reklameanzeige schwor »Schwimmprofessor« Frederick Cavill, der Kakao dieser Firma sei »das beste Kraftgetränk, das er beim Schwimmen über den Ärmelkanal trinken« könne.[120] Als »Motor der Gesundheit« angepriesen und durch Aussagen von Medizinern sowie der Medizinzeitschrift *Lancet* gefördert, wurde Kakao zur Babynahrung. Danach war der Kindergaumen nicht mehr derselbe wie zuvor.

Um 1900 war der Nationalismus ein mindestens so starker Antrieb für den Massenkonsum wie der Imperialismus. Viele kleine Staaten ohne Kolonien machten ihr Volk über ihre Armeen mit der Schokolade bekannt. In der Schweiz begann die Firma Suchard in den 1870er Jahren »Militärschokolade« in die Kasernen zu schicken und Schokolade in Form von Patronen zu verkaufen. Die ersten Soldaten, die sie probierten, spuckten sie aus, aber bald gehörte sie zur Standardration. Manche Rekruten aßen das trockene Kakaopulver pur.[121] Die einstige »Götternahrung« der Azteken hatte sich in Volksnahrung verwandelt, ein in Massenproduktion hergestelltes Nationalgut.

Die Dinge reisten nun immer weiter, die Warenkette hatte sich bis 1900 in ungeahnte Länge gedehnt. Schon im späten 17. Jahrhundert überquerten jedes Jahr fast 150 000 Tonnen Getreide die Ostsee, das zum großen Teil in die Bäuche holländischer Bürger gelangte.[122] In der zweiten Hälfte des 19. Jahrhunderts sanken aufgrund einer liberalen Politik, schnellerer Dampfschiffe und besserer Kühltechnologie die Preise, was die Lieferkette enorm verlängerte. Waren der Weizen und das Mehl der Londoner in den 1830er Jahren aus einer Entfernung von knapp 4000 Kilometern gekommen, legten sie in den 1870er Jahren eine fast doppelt so lange Strecke zurück. In dieser Zeit wurden viele Nahrungsmittel »Fernreisende«. Waren Butter, Käse und Eier der Londoner früher aus einem Umkreis von einigen Hundert Kilometern gekommen, hatten sie in den 1870er Jahren im Durchschnitt eine Fahrt von über 2000 Kilometern hinter sich.[123]

Zusammengenommen veränderten liberales Empire und Massenkonsum die Sichtbarkeit und den Wert des Ursprungsorts. Manche Güter erlitten eine geographische Entwurzelung. Dem Kaffee erging es im späten 19. Jahrhundert wie den Reisezielen im späten 20. Jahrhundert. Wenn jeder an exotische Orte fliegen kann, verlieren sie ihren Charme. Die Überwindung der Distanz wurde erschwinglich und diese damit entwertet. Für Konsumenten um 1900 zählte, dass Kaffee anregend wirkte und billig war, nicht wie für frühere Genießer, woher er kam. Einige wenige Orte bewahrten ein Interesse am Orient, beispielsweise im maurischen Stil eingerichtete Rauchsalons in Berlin, aber im Allgemeinen verlor sich das exotische Flair, je mehr Güter auf den Massenmarkt kamen. Wenn Kaffeebohnen in Europa gemischt oder andere Lebensmittel weiterverarbeitet wurden, bedeutete dies nun, dass Wert hinzugefügt wurde. Kaffee war zwar kein heimisches Produkt, aber Image, Verpackung und Geschmack waren europäisch. Am Anfang des 20. Jahrhunderts tranken die meisten Briten eine Bohnenmischung aus Mysore (für den Körper), Kenia (für die Säure) und Mokka (für das Aroma).

In Bezug auf Rauschmittel war das Zeitalter des Massenkonsums erstaunlich konservativ. Die Europäer des Fin-de-siècle tranken mehr Kaffee und Tee als jemals zuvor, aber sie hatten weitgehend die Neugier auf unbekannte ausländische Substanzen verloren, die ihre Vorfahren im früheren Zeitalter des Luxus und der Entdeckungen dazu gebracht hatte, mit Kaffee, Tabak und Kakao zu experimentieren. Der Gaumenkitzel hatte sich verflüchtigt. Nachdem koffeinhaltige Getränke sich etabliert hatten, fiel es neuen Stimulantien schwer, sie zu verdrängen. In Wien oder Paris eröffneten um 1900 keine Khat-Häuser, und es entstand keine Vorliebe für das Betelkauen. Dafür gab es praktische und ästhetische Gründe: Khatblätter, die das Amphetamin Cathin enthalten, verlieren beim Transport ihre anregende Wirkung und können außerdem zu Verstopfung führen, das Betelkauen färbt den Speichel rot und greift die Zähne an.[124] In früheren Jahrhunderten hatten schwarze Zähne und Qualm die Verbreitung des Tabakrauchens jedoch nicht verhindert. Entscheidend war die kulturelle und ideologische Voreingenommenheit;

immerhin hätte Khat seit den 1950er Jahren leicht mit dem Flugzeug aus Ostafrika importiert werden können, doch stattdessen haben die meisten westlichen Länder es verboten. Tee und Kaffee haben eine Kultur der Höflichkeit gefördert, die das Spucken untersagt. Das Khatkauen ist eine langsame, entspannte Angelegenheit, schafft also das genaue Gegenteil der zweckgerichteten Atmosphäre, die in einem Kaffeehaus des 18. Jahrhunderts herrschte. Darüber hinaus sprach die neu gewonnene Vormachtstellung Europas gegen tropische Produkte wie das Khat. Im Gegensatz zum arabischen Kaffee und chinesischen Tee im 17. Jahrhundert assoziierten die Europäer um 1900 Khat mit ostafrikanischen Kolonialvölkern, die sie für rassisch minderwertig hielten – was manche heute noch tun. Im Khatkauen sahen sie keine nachahmenswerte zivilisierte Angewohnheit, sondern etwas Barbarisches. Deshalb wurde Khat im Westen als gefährliches Rauschmittel verdammt.[125] Bei exotischen Rauschmitteln, denen der Durchbruch gelang, wurde die Herkunft verschleiert, im Fall der Kolanuss durch die Auflösung in einem Erfrischungsgetränk, das als uramerikanisch verkauft wurde. In Bezug auf Rauschmittel war die Ära des Freihandels also paradoxerweise weniger aufgeschlossen und dynamisch als das Zeitalter des Merkantilismus.

Der Wert folgte der Macht. Seit ungefähr 1850 trugen exotische Güter immer öfter den Stempel eines neuen Rassismus und Nationalismus. Kolonialreiche und Nationen begannen Güter für ihre Untertanen zu authentifizieren, indem sie bestimmte Herkunftsorte hervorhoben und andere löschten. Viktorianer bezeichneten chinesischen Tee als »langsames Gift« von nicht vertrauenswürdigen »Heiden«, das dem Vergleich mit den neuen Assam-Blättern von kolonialen Plantagen, die sich fest in britischer Hand befanden, nicht standhielt. Die Herkunft aus dem Kolonialreich wurde zu einem rassischen Gütesiegel. Fachleute bezweifelten zwar, dass die Färbung von grünem Tee schädlich war, aber Reklameanzeigen und Zeugenaussagen waren voller Horrorgeschichten, vom Fund von Zehennägeln in chinesischem Tee bis zu der Behauptung (von 1851), er sei eine »Mischung aus Teestaub mit Schmutz und Sand, die mit einer höchstwahrscheinlich aus Reis hergestellten gummiartigen Masse verklumpt ... und zuletzt getrocknet und gefärbt wird ... entweder mit Grafit, wenn es schwarzer Tee sein soll, oder mit Preußischblau, Gips oder Gelbwurz, wenn es grüner Tee sein soll«.[126] 1884 wurde auf einer Gesundheitsausstellung, die über vier Millionen Besucher anzog, die Überlegenheit der indischen Plantagenverwaltung durch »erfahrene Engländer« vorgeführt.[127] Zwei Jahre später präsentierte die Colonial and Indian Exhibition einen indischen Teehof, der dreihunderttausend Tassen Tee ausschenkte. Im Lauf des nächsten Jahrzehnts überflügelte der indische Tee die chinesische Konkurrenz. Wo es imperialen Zwecken diente, spielten Herkunft und Lieferkette immer noch eine Rolle.[128]

Die Manipulationen gingen nicht nur vom Zentrum aus, sondern auch von lokalen Akteuren. Das indische Teesyndikat, zu dem sich Firmen wie die Assam Tea Company zusammengeschlossen hatten, nutzte die Ausstellungen in Großbritannien, um ihre Kolonialwaren unter Umgehung von Kaufleuten direkt an die Konsumenten zu vermarkten. Ganz ähnlich setzten in Frankreich die Weinbauern und *négociants* (Weinkelterer und -händler) an der Marne durch, dass ausschließlich ihr Schaumwein weltweit als echter Champagner verkauft werden darf.[129] Der nationalistische Glaube an den einzigartigen Charakter der Heimaterde wurde in die Vorstellung der *terroir* umgemünzt, die Konsumenten, die ihre eigenen Trauben und Käsesorten zu unterscheiden lernen sollten, einen nationalen Beigeschmack vermittelte. Die Festlegung der *appellation d'origine* der Champagne kündigte den Beginn einer neuen Ära lokalpatriotischer Herkunftsbezeichnungen an, die uns den Chianti Classico, Lübecker Marzipan und die Melton-Mowbray-Fleischpastete beschert hat. Lokale Authentifizierung war ein Aspekt der Markenexpansion in den Vorkriegsjahren, die ihrerseits eine Reaktion auf den wachsenden Massenmarkt für die Vielzahl fabrikmäßig gefertigter Lebensmittel und die Furcht vor Verfälschungen darstellte. Zwischen 1894 und 1914 wurden allein in Deutschland für Lebensmittel, Getränke und Tabak 75000 Marken angemeldet.[130]

Die Wertschöpfung verlagerte sich zwar in die fortgeschrittenen westlichen Konsumgesellschaften, hatte aber auch einen Bumerangeffekt. Sobald Wein und Kaffee mit überlegener europäischer Kultur assoziiert wurden, übernahmen die Eliten in Übersee sie. Die frühere Raumlogik des Luxus kehrte sich um: Während es für Konsumenten in Boston, Paris oder London weniger eine Rolle spielte, wie weit Güter gereist waren, war es für die Eliten in Santiago und Buenos Aires, die ihre Einkäufe direkt in London oder beim Kaufhaus Bon Marché in Paris bestellten, umso wichtiger. Chile und Argentinien, von denen man allgemein glaubte, sie seien für den britischen Export kaum von Bedeutung, entwickelten sich zu einem rasch wachsenden Markt für britische Baumwollstoffe. 1880 führte der Südkegel zehnmal so viel Baumwollstoff ein wie 1815. Aber die südamerikanischen Konsumenten waren keine willenlosen Schafe. »Haben Sie wirklich angenommen«, fragte ein Kaufmann aus Bahia 1814 einen britischen Textilhändler, »die Portugiesen wären, nur weil Sie [die Stoffe] verschifft haben, verpflichtet, sie zu kaufen? Tatsache ist, dass ihre Güter nicht zu jedem Preis verkauft werden können ... Wir können die Menschen nicht zwingen, Güter zu kaufen, die sie nicht wollen.«[131] Die Menschen wollten Halstücher im neuesten Stil und Muster, und die britischen Kaufleute beeilten sich, modische Kollektionen zusammenzustellen.

Schon in den 1820er Jahren fiel Reisenden auf, wie weit das Verlangen nach britischen Gütern ins kolumbianische Inland vorgedrungen war. So galt bei der örtlichen Elite das »Ale, welches aus England selbst gekommen war ... für etwas ganz Außerordentliches«. Ein Kaufmann hatte ein Klavier aus England bis nach Popayán im Valle del Cauca bringen lassen; auf dem letzten Wegstück hatten Träger es auf dem Rücken über die Berge tragen müssen. Als John Potter Hamilton, Großbritanniens erster Beauftragter für den neuen Staat Kolumbien, ein Landgut in dem abgelegenen Tal besuchte, war er erstaunt über die »Nettigkeit« seiner Unterkunft: »Die Betten waren nach französischer Art eingerichtet und ihre Vorhänge mit künstlichen Blumen verziert«, und auf dem Nachttisch fand er Eau de Cologne, Windsorseife, Bittermandelcreme und Zahnbürsten.[132] Ein großer Teil der englischen Güter wurde über Jamaika nach Kolumbien geschmuggelt. In Chile gingen die Mateeinfuhren aus dem benachbarten Argentinien zurück, da die Elite zu Kaffee und Tee aus dem fernen Indien wechselte. Das lokale fermentierte *chicha* galt als ordinär. Wer etwas auf sich hielt, servierte in nach französischer Art gestalteten Häusern mit französischen Fenstern Wein nach französischer Art. Von den 1850er Jahren an wurden in Chile Cabernet Sauvignon und andere französische Rebsorten angebaut.[133]

An der Peripherie der Kolonialreiche zählte die Herkunft mehr denn je. Für Siedler in Kanada, Australien und anderen Teilen der angelsächsischen Welt bedeutete eine Dose Bristol Tripe oder eine Flasche Worcester-Sauce ein Stück Heimat.[134] Dieses Gefühl reichte über die weiße Siedlerelite hinaus. In Britisch-Honduras (heute Belize) hinterließ das Empire Feinschmecker, die geräucherte Zunge, Brandy und Zitronenlimonade über lokale Spezialitäten stellten. Wenn Sklaven und ihre Nachkommen englische Speisen aßen, beanspruchten sie zugleich Respekt und Gleichheit, ähnlich wie die emanzipierten Sklaven in Sansibar, wenn sie westliche Kleidung trugen. Dieses Verlangen nach Luxusgütern aus weiter Ferne stärkte ein Entwicklungsmodell, das auf dem Export von Rohstoffen, wie Salpeter aus Chile oder Mahagoni aus Britisch-Honduras, beruhte, für die im Gegenzug bearbeitete Lebensmittel und Fertigprodukte importiert wurden. Britisch-Honduras importierte sogar Maniok aus dem Mutterland. Dies verlieh Gütern eine eher unerwartete Bedeutung im Wechselspiel von kolonialer Macht und Widerstand. Einerseits untermauerte die Vorliebe für schottischen Whiskey, Horlicks-Malzmilch und Oxford Sausage die Vorherrschaft des imperialen Gaumens. Andererseits machte dieser Transfer koloniale Konsumenten eigensinniger und weniger geneigt, auf Wünsche des imperialen Zentrums einzugehen. Das Handelsbilanzdefizit von Britisch-Honduras war eine direkte Folge der Nachfrage nach britischen Gütern und eine schwere Belastung für Westminster. Nachdem sich der imperiale Geschmack einmal herausgebildet hatte, war kaum noch zu erwarten, dass die Menschen auf Bitten, lokal einzukaufen, reagierten, wie das britische Kolonialministerium in den Zwischenkriegsjahren erkennen musste.[135]

In der Ära des »neuen Imperialismus« in den 1880er und 1890er Jahren wurden in der Werbung vermehrt imperiale Symbole und Slogans verwendet. Der Wirbel um den Afrikaforscher Henry Morton Stanley (berühmt für seine Worte »Dr. Livingstone, nehme ich an«) war der Traum jedes Werbefachmanns. Stanley erschien in Annoncen für Seife und Bovril, ein Fleischextrakt, und trank mit Emin Pascha in dessen Zelt in Kavalli am Südufer des Albertsees Tee: »Stanley: ›Nun, Emin, alter Kumpel, diese Tasse Tee der United Kingdom Tea Company vertreibt alle Sorgen.‹ Emin: ›So ist es, mein Junge.‹« Was hätte Emin Pascha sonst auch sagen sollen?

In einer bahnbrechenden Studie hat der Literaturwissenschaftler Thomas Richards die These vertreten, diese imperialen Reklameanzeigen zeigten die »homogenisierende Kraft der Waren«.[136] Auf Anzeigen für Bovril und Pear's-Seife waren afrikanische Szenerien zu sehen, und sie wiesen den indigenen Gruppen auf der ganzen Welt die gleiche Stellung zu: die eines dankbaren Empfängers zivilisierender Güter. Im 19. Jahrhundert fand, wie Anne McClintock in einer einflussreichen Studie über Rasse und Geschlecht ausführt, ein Wechsel vom wissenschaftlichen Rassismus zum »Warenrassismus« statt. Ausstellungen, Reklamen und Warenmarken bedeuteten, dass »der heimische, bereits domestizierte Raum rassifiziert und der koloniale Raum domestiziert wurde«.[137] Die Reklame für Pear's-Seife war ein klassisches Beispiel: Auf ihr schrubbte ein weißer Junge einen schwarzen zu weißer Reinheit und weißem Fortschritt.

Doch wenn man Reklameanzeigen und Zeitungen der damaligen Zeit durchsieht, ist es weniger bemerkenswert, dass es rassistische Bilder gab; erstaunlicher ist vielmehr, dass es weit weniger sind, als man erwartet hätte. Das Bild eines grinsenden, Kakao servierenden »Sambo« war ungewöhnlich selten. Im Gegenteil, Güter wurden immer öfter in nationalem Rahmen präsentiert. 1881 zeigte die Cadbury-Werbung immer noch die gesamte Nahrungskette des Kakaos, von den afrikanischen Erntearbeitern über die Röstung und die Kühlkammern bis zu den Verpackungsmaschinen im Hauptwerk in Bournville bei Birmingham.[138] Am Anfang des 20. Jahrhunderts waren Afrika und Afrikaner völlig aus der Werbung verschwunden. Cadbury bewarb seinen Kakao jetzt als »das beste Geschenk der Natur an die Menschheit«, ohne ein Wort über seine Herkunft zu verlieren. Cadburys Kakao war nun ein »englisches Spitzenprodukt«, der »Kakao von Good Old England«, der »typische Kakao englischer Herstellung«.[139] Wenn Menschen gezeigt wurden, dann weiße englische Wissenschaftler in Testräumen und weiße Arbeiterinnen in Bournville, die Cadburys »echte« Qualität garantierten, die den Kakao zu einem »perfekten Nahrungsmittel« mache, das von »fremden Substanzen« frei sei. »Frische Luft, gesunde Tätigkeit und helle Umgebung«, erklärte eine Annonce, sorge für gesunde Arbeiter, was wiederum sicherstelle, dass »jeder Mitarbeiter den Willen hat, zur Einhaltung der strengen Reinheitsmaßstäbe beizutragen, die von allem, was den Namen und die Marke von Cadbury Bournville trägt, verlangt werden«.[140] Es wäre verständlich, wenn britische Konsumenten geglaubt hätten, Cadburys Kakao werde in Bournville angebaut.

Cadbury war kein Einzelfall. Auch die Milchschokolade trug zur europäischen Vereinnahmung exotischer Güter bei. Die Firma Tobler machte aus der Schokolade ein Schweizer Produkt, symbolisiert von einem Bären auf einem Alpenfelsen, während Milka mit glücklichen Milchmädchen und alpinen Kühen warb. Koloniale und orientalische Assoziationen verschwanden allerdings nie ganz: Karl Hofers Plakat für Kaffee-Messmer von 1900 zeigte ebenso wie mehrere Kaffeegeschäfte in Berlin und Wien einen »Mohren«, der türkischen Kaffee trank. In Frankreich war auf der Reklame der Cafés du Comptoir des Colonies ein schwarzes Paar zu sehen – er im Lendenschurz, sie im bunten Rock und mit einem Sonnenschirm –, das an Kaffeesäcken aus den französischen Kolonien Martinique und Guadeloupe sowie aus Java (einer niederländischen Kolonie) lehnte (siehe Abbildung 17). Sicherlich hatten solche Darstellungen auch mit der besonderen Situation Frankreichs zu tun, wo die Dritte Republik koloniale Vorlieben für Kaffee, Kakao und eine Vielzahl von Gewürzen förderte. Kolonialwaren waren hier unter anderem deshalb deutlicher zu erkennen, weil der Staat sie als solche behandelte: Für Kaffee aus französischen Kolonien mussten pro 100 Kilogramm 78 Francs Zoll gezahlt werden, während für ausländische Bohnen das Doppelte verlangt wurde. Minstrel Shows und afrikanische Straßenhändler, die Schokolade verkauften, trugen das ihre dazu bei, rassische Assoziationen wachzuhalten.[141] In den 1930er Jahren warb die Firma Hava für ihren echten »café du Bresil«, indem sie seine Reise von den Plantagen bis nach Le Havre abbildete. Am auffälligsten waren rassische Bilder in der Reklame für Banania, ein Getränk aus Kakao, Rohrzucker und Bananenpulver. Aber auch in diesem Fall wurden die wahre Herkunft und die wahren Produzenten letztlich aus dem Bild gedrängt. Das Originalrezept stammte aus Nicaragua, wurde aber auf die Französischen Antillen zurückgeführt. Im Ersten Weltkrieg ersetzten die Reklamefachleute die Frauenfigur von den Antillen auf der Verpackung durch einen *tirailleurs sénégalais*, einen (im Dienste Frankreichs stehenden) senegalesischen Soldaten. In Deutschland sahen die Käufer auf den Kaffeepackungen eher Abbildungen des Rheins als Palmen. Schwarze tauchten nur in 3 Prozent der deutschen Kaffeereklamen auf. Eine Firma vertrieb, um dem Kaiser zu gefallen, eine Marke mit ausschließlich kolonialen Bohnen, aber dies war eine Ausnahme.

Verkaufsfördernd war nicht das Exotische, sondern das Bekannte – Regionalstolz und nationale Besitztümer. Man kaufte »Rheinland-Kaffee« oder »Arminius-Kaffee«. Auf der Weltausstellung in Chicago im Jahr 1893 errichtete der Süßwarenhersteller Stollwerck aus knapp 14 Tonnen Schokolade einen 11,5 Meter hohen Germaniatempel. Die Franzosen hatten »Jeanne d'Arc«-Schokoladenriegel.[142] In den Vereinigten Staaten wurde Kaffee als aus New Orleans kommend beworben, der Ankunftshafen ersetzte den Herkunftsort. Den Höhepunkt dieser durch die europäische Kontrolle über Güter, ihre Verarbeitung und ihr Marketing ermöglichten Neuverortung bildete die weltweite Verbreitung von »italienischem« Kaffee seit den 1950er Jahren.[143]

Um 1900 hielten die Europäer und ihre Cousins in Übersee die Zügel der globalen Konsumkultur fester in der Hand als jemals zuvor. Industrie und Einkommen hoben die Nachfrage in ungeahnte Höhen. Der Aufstieg des Massenmarkts war jedoch weit mehr als nur eine westliche Angelegenheit. Ergänzt wurde er durch den Imperialismus, der eine neue materielle Hierarchie zwischen Europa und der übrigen Welt, Konsumenten und Kulis errichtete. Erst in der liberalen Atmosphäre des 19. Jahrhunderts übernahmen die Europäer wirklich das Kommando über den globalen Konsum. Macht weitete sich von Waren auf Wissen, Markenbildung und Wert aus. Es war der Westen, der »den Konsumenten« willkommen hieß. Dass die Kolonialherren eine immer stärkere Abneigung gegen die indigene Bevölkerung entwickelten, die offensichtlich ihren Lebensstil nachahmte, löschte deren Hunger nach Gütern natürlich nicht aus. Sie rechtfertigte lediglich, dass sie den Afrikanern niedrige oder gar keine Löhne zahlten – oder, wirtschaftswissenschaftlich gesprochen, ihre Kaufkraft unterdrückten. Die Förderung des Konsumenten im Westen und seine Demontage in Afrika bildeten zwei Seiten der Medaille der wirtschaftlichen Entwicklung, im Zuge derer sich die geopolitische Spaltung verstärkte. Das globale Kolonialsystem drängte den kolonialen Produzenten aus der Welt der Güter, so wie sie dargestellt, vermarktet und genossen wurde, heraus. Darin trat vielleicht am deutlichsten zutage, wie sehr es die Bedingungen des Konsums verändern konnte.

4 Städte

Städte konsumieren. Sie ernähren sich aus ihrer Umgebung und bringen neue Güter und Geschmäcker hervor. Vor hundert Jahren charakterisierte der große Kapitalismushistoriker Werner Sombart die Metropolen des 16. und 17. Jahrhunderts, wie Paris, Madrid und London, als konsumierende Städte par excellence. Sie seien so dominant gewesen, weil sie die beiden größten Konsumenten der damaligen Zeit beherbergten: die Königshöfe und die Kirche.[1] Die Luxusversorgung habe diese Städte zu Motoren des modernen Kapitalismus gemacht. Aus Sombarts Sicht erlebte die Konsumstadt im Jahrzehnt nach der Französischen Revolution ihren Niedergang, da der Hof aufgelöst und die Kardinäle geflohen waren. Gewiss gebe es Seebäder und Pensionärssiedlungen, aber die Zukunft gehöre Industrie- und Hafenstädten wie Manchester und Marseille. Sombarts Zeitgenosse Max Weber sah die Konsumentenstadt ganz ähnlich durch ihre »unproduktive« Klientel definiert, durch Rentiers, die von Wertpapierzinsen und Dividenden lebten, oder die Ruheständler in einem »Pensionopolis« wie Wiesbaden.[2]

Die strikte Trennung von konsumierender und produzierender Stadt hatte jedoch eine Schwachstelle. Alle Einwohner konsumierten, einschließlich der Arbeiter, Händler, Hausfrauen und Dienstmädchen. Und im 19. Jahrhundert taten sie es in den europäischen sowie nord- und südamerikanischen Städten in zunehmendem Maß. In diesem Jahrhundert vertiefte sich die Kluft zwischen sich urbanisierenden und enturbanisierenden Regionen. 1800 lebten rund 12 Prozent der Europäer in Städten; 1910 waren es 41 Prozent. In Lateinamerika war ein bescheidener Anstieg auf 20 Prozent zu verzeichnen, während in China eine umgekehrte Entwicklung stattfand. Hier verringerte sich der Anteil der Städter von 12 Prozent um 1600 auf 6 Prozent an der Wende zum 20. Jahrhundert.

Afrika blieb von der Urbanisierung weitgehend ausgenommen, aber auch dort gab es Boomstädte wie Kairo, dessen Einwohnerzahl zwischen 1859 und 1914 von zweihundertfünfzig- auf siebenhunderttausend stieg.[3] In der Zeit zwischen 1850 und 1920 fand eine tiefgreifende Umwälzung statt. Die Städte wurden nicht nur größer, sondern konsumierten auch mehr und schneller. Am einfachsten betritt man diese Geschichte durch die großen Türen der Kaufhäuser. Aber dies hieße, mitten in der Geschichte zu beginnen, denn zusätzlich zum Shopping und neuen Formen des Spektakels veränderte die Stadt die gesamte Infrastruktur des Konsums und damit die alltäglichen Abläufe, Bedürfnisse und Berechtigungen. Was ein »zivilisiertes« Leben ausmachte, wurde auf unumkehrbare Weise neu bestimmt.

Fluss und Unterbrechung

> »Mitten im Herzen der Stadt erscheint ein goldener Punkt, ein anderer hier, ein dritter dort, ein vierter – es ist nicht zu sagen, wie rasch sie sich folgen, sie sind nicht mehr zu zählen ... Man kann sich nichts Schöneres denken, und doch kommt nun erst das Schönste. Aus den Punkten bilden sich Linien, aus den Linien Figuren; Funken reiht sich an Funken, und so weit das Auge reicht, erblickt es endlose Lichteralleen. Einige, die durch die Thalniederung gehen, erscheinen wie die reichsten Guirlanden aus funkelnden Blumen; andere, welche die Höhen bekränzen, gleichen den Umrissen phantastischer Architekturen ...«

Paris hatte seine Lichter eingeschaltet. *La ville lumière* verzauberte ihre Besucher. Die Beleuchtung machte die Verlockungen unwiderstehlich. Paris war »Circe's Zauberschloß mit strahlenden Sälen voll Musik und lieblicher Frauen ... mit Straßen voll Glanz, mit Passagen voll funkelnder Juwelen (nämlich in den Schaufenstern) und funkelnder Augen dahinter, voll sehnsüchtiger Augen davor ...«[4]

Um 1800 genügten Paris und London ein paar Tausend Öllampen. Die meisten Viertel versanken nachts in tiefes Dunkel. 1867, als die zitierte

Beschreibung erschien, wurde Paris von rund 20 000 Gaslampen beleuchtet; 1907 waren es 54 000. London hatte zu diesem Zeitpunkt schon 77 000 Straßenlampen, die meisten von ihnen mit einem Glühstrumpf ausgestattet; jede von ihnen verbrauchte 140 Liter Gas in der Nacht.[5] Bei Ausbruch des Ersten Weltkriegs war Paris bei Nacht siebzig Mal heller als zur Zeit der Revolution von 1848. Die berühmte Klage des britischen Außenministers Edward Grey, in ganze Europa gingen die Lichter aus, war im August 1914 so zutreffend, wie sie drei Generationen zuvor bedeutungslos gewesen wäre.

Gas, Wasser und Transportmöglichkeiten veränderten den emotionalen und physischen Raum der Stadt und mit ihm den Rhythmus des urbanen Lebens. Straßen und Viertel und deren Bewohner waren vernetzt durch Rohre, Gasleitungen, Omnibusse und Straßenbahnen. Die Elektrizität sollte eine weitere Schicht hinzufügen, aber bis 1920 wurde sie hauptsächlich für den Betrieb von Straßen- und Eisenbahnen genutzt. In der zweiten Hälfte des 19. Jahrhunderts war jede Stadt, die etwas auf sich hielt, bemüht, solche Netze anzulegen. In den 1870er Jahren besaß Buenos Aires mit seinen 180 000 Einwohnern 268 Kilometer Gasrohre. In Tokio wurden 1874 im Bezirk Ginza die ersten Gaslaternen in Betrieb genommen. In den meisten entwickelten Regionen Europas wurden selbst in kleineren Städten solche Netzwerke errichtet; so wurden in Yeovil im englischen Somerset und Hamilton in Schottland jeweils fast dreitausend Haushalte mit Gas versorgt. Britische Unternehmen engagierten sich besonders im Export von Know-how und Kapital heimischer Boomstädte in Städte im Ausland, ein Imperialismus von Gas und Wasser, dessen Reich sich von Rosario in Argentinien bis nach Sydney in Australien erstreckte.[6]

Diese Systeme waren erst in der Entstehung begriffen und funktionierten noch nicht perfekt. Stadtplaner und Ingenieure verglichen ihre Schöpfungen gern mit dem Herzen und Arterien. Doch die Stadt war kein organischer, zirkulärer Körper. Kilometer von Rohren bedeuteten Kilometer von aufgerissenen Straßen. Es gab Wasserrohrbrüche und Gasexplosionen. Wasser und Gas waren natürliche Monopole mit riesigen Anfangskosten. Netzwerke entfachten Konflikte darüber, wer sie betreiben und wer sie bezahlen sollte. Und sie kollidierten mit hergebrachten

Alltagsabläufen. Der Strom von Gas und Wasser brachte Grundsatzdebatten über das Wesen des Konsums mit sich. Waren Bäder und Wasserklosetts Grundbedürfnisse oder Luxus? Über Tausende von Jahren hinweg hatten Menschen ohne Gas und fließend Wasser gelebt. Sie ließen sich nicht mit einem Fingerschnippen einführen.

Der Gas- und Wasserverbrauch stieg im Lauf des 19. Jahrhunderts drastisch an. Anfangs war die Industrie der Hauptabnehmer. Gas wurde erstmals in den 1790er Jahren in Fabriken benutzt, und bis in die 1870er Jahre blieb die Wirtschaft der größte Gasverbraucher, gefolgt von den Städten. Viele Anbieter verlangten von Kleinabnehmern überzogene Preise, um ihre Großabnehmer aus der Wirtschaft bei Laune halten zu können. Liverpool umwarb in den 1840er Jahren als eine der ersten Städte Haushalte und kleine Geschäfte mit Preisabschlägen für »Dauernutzer«. Im großen Umfang zog Gas jedoch erst in den 1880er und 1890er Jahren in private Haushalte ein, wozu unter anderem steigende Einkommen, niedrigere Preise und der Münzgaszähler beitrugen. Letzterer war ideal für Mieter aus der Arbeiterklasse, die ein knappes, veränderliches Budget hatten und häufig umzogen. 1913 gab es in Leeds 112 000 Gaskunden, doppelt so viele wie dreißig Jahre zuvor; fast die Hälfte von ihnen hatte einen Münzzähler, und 15 Prozent besaßen einen Gasherd. Neue Gasöfen mit einer doppelt so großen Strahlungswärme wie die älteren Heißluftmodelle sorgten für Wärme und Komfort. In Zürich wurde 1908 das meiste Gas nicht mehr für die Beleuchtung verwendet, sondern fürs Kochen und Heizen. Drei Viertel der Wohnungen verfügten über einen Gasanschluss. Der jährliche Gasverbrauch lag bei nahezu 30 Millionen Kubikmetern und hatte sich damit innerhalb von zehn Jahren fast verdreifacht. In London wurden am Vorabend des Ersten Weltkriegs erstaunliche 1,5 Milliarden Kubikmeter verbraucht. Lateinamerikanische Städte wie São Paulo standen dem kaum nach.[7]

In derselben Zeit entstand der moderne Wasserdurst der Städte. 1802 genügten dem durchschnittlichen Pariser Schätzungen zufolge fünf Liter Wasser am Tag. Am Ende des Jahrhunderts brauchte er zehnmal so viel. Wer denkt, hoher Wasserverbrauch sei ein neueres Problem, sollte einen Blick auf die Vereinigten Staaten in dieser Zeit werfen. Amerikanische Städte entwickelten sich rasch zu *Über*verbrauchern, und je größer die Stadt, desto größer ihr Durst. Einwohner neuenglischer Kleinstädte verbrauchten in den 1860er Jahren zwischen 130 und 170 Liter am Tag. In Boston, Chicago und anderen Großstädten lag der tägliche Pro-Kopf-Verbrauch bei 230 bis 380 Litern. In Atlanta waren es sogar 850 Liter, zehnmal so viel wie in Berlin und Madrid.[8] Wachsende Städte brauchten größere Reservoirs, Aquädukte und Quellen, die immer weiter entfernt lagen. Brunnen und Wasserträger machten Wasserleitungen Platz. Der Bedarf kam anfangs nicht von Privathaushalten, sondern von der Wirtschaft, von Fabrikbesitzern und kommerziellen Verbrauchern, die die Stadtverwaltungen beherrschten und auf eine bessere und umfangreichere Versorgung ihrer Unternehmen drängten. Die Entdeckung, dass manche Krankheiten durch Wasser übertragen wurden, unterstrich zudem den Bedarf an ausreichend sauberem Wasser für alle. Öffentliche Wasserspender und kostenloses Wasser für Schulen wurden Dinge, auf die man als Bürger stolz war.

Wie beim Gas trat auch beim Wasser im letzten Viertel des 19. Jahrhunderts der private Verbrauch in den Vordergrund. Eine breite Front von Gesundheitsreformern, Philanthropen und Wirtschaftsvertretern drängte die Menschen, mehr Wasser zu verbrauchen. Dass Sauberkeit gleich nach Gottesfurcht kam, war in Europa und Nordamerika nicht neu, aber im 18. Jahrhundert hatte man damit eine gepflegte Erscheinung und ordentlich Kleidung gemeint.[9] Erst im folgenden Jahrhundert verlagerte sich das Schwergewicht auf den Körper. Sich zu waschen, hoben die Reformer hervor, sei sowohl für das bürgerliche Leben als auch für die öffentliche Gesundheit von entscheidender Bedeutung. Solange die Bessergestellten nach Riechsalz griffen, wenn sie an einem Angehörigen der »großen ungewaschenen Masse« vorbeikamen, seien soziale Konflikte unvermeidlich. Aber nicht nur die Armen waren unsauber. Drei Jahrzehnte nachdem nachgewiesen worden war, dass die Cholera durch Wasser übertragen wurde, betonte der Londoner Arzt John Simon in seinem Hygienehandbuch ausdrücklich, dass auch viele Wohlhabende noch keine »hohe Schmutzempfindlichkeit« entwickelt hätten.[10]

Epidemiologie, Keimtheorie und sanitäre Reformen hatten sozialdemokratische Implikationen. Infektionskrankheiten konnten die Klassengrenzen überspringen. Wenn nicht alle sauberer wurden, war niemand sicher. Dies betraf Behörden, Wasserversorger, Bauherren und Vermieter ebenso wie Privatleute. Regelmäßiges Waschen bedeutete Selbstachtung und Respekt für andere. In Grundschulen wurden Sauberkeitsprüfungen durchgeführt, um neue Gewohnheiten zu fördern. In Frankreich wurde den Schülern in Übungen der Zusammenhang von Hygiene, Anstand und Liebe eingebläut. Eine Mutter wolle einer Tochter mit einem schmutzigen Gesicht keinen Kuss geben, hieß es in einem Diktat aus den 1890er Jahren. Nett und fleißig zu sein mache das Schmutzigsein nicht wett, hieß es in einem anderen; Freunde würden sich voll Abscheu abwenden. Eine andere Aufgabe lautete: »Konjugiere: Ich kenne meine Pflicht. Ich wasche mir die Hände.«[11] Schmutz hatte also nicht nur Krankheiten zur Folge, sondern auch sozialen Ausschluss. Das Badezimmer war der Übungsraum kleiner Staatsbürger, mit Seife und fließend Wasser als Lehrmitteln ihrer staatsbürgerlichen Erziehung.

Um 1900 waren Wasserhahn und Gaslicht ebenso Symbole urbaner Modernität wie Museen und Kaufhäuser. Die Wassermenge, die in städtische Wohnhäuser gepumpt wurde, vergrößerte sich drastisch. Durch Wasserklosetts und Badezimmer erhöhte sich der Verbrauch exponentiell; mit jeder Spülung flossen 7,5 bis 11 Liter Wasser das Toilettenbecken hinunter. Ein Londoner Ingenieur fand heraus, dass bei einem Bad, ob nun in einer öffentlichen Badeanstalt oder zu Hause, 340 bis 450 Liter Wasser verbraucht wurden.[12] Die Dauerversorgung wurde in London in den 1870er bis 1890er Jahren erreicht. Statt Wasser zu bestimmten Zeiten in Zisternen oder Tanks zu pumpen, gingen die Städte dazu über, rund um die Uhr Wasser mit hohem Druck in die Häuser zu leiten. Die Dauerversorgung versinnbildlichte den universalen Anspruch des vernetzten Konsums: Das Fließen sollte für jeden zur 24-Stunden-Realität werden. 1913 wurden in London jeden Tag und jede Nacht 760 Millionen Liter Wasser in die Wohnungen der sieben Millionen Einwohner gepumpt. Den 480 000 Einwohnern von Leeds wurden durch 820 Kilometer Rohre täglich 98,5 Millionen Liter zur Verfügung gestellt. Der Wasserversorger von Alexandria in Ägypten lieferte den 400 000 Einwohnern jeden Tag 19 Millionen Liter Nilwasser.

Angesichts solcher Triumphe der Ingenieurskunst sollte man jedoch die Grenzen und Fehlschläge nicht vergessen. In den meisten Städten blieb die Dauerversorgung die Ausnahme. Am Vorabend des Ersten Weltkriegs kam zwar jeder Londoner in ihren Genuss, aber nur jeder fünfte Pariser. Ausländischen Studenten, die Paris besuchten, wurde geraten, Wasser mindestens eine Viertelstunde abzukochen. In Hamburg wurde Wasser ungefiltert der Elbe entnommen, was 1892 zur Verbreitung der Cholera beitrug. In Shanghai, einer Stadt mit einer Million Einwohnern, versorgte das Wasserwerk nur dreißigtausend Gebäude; in Tausenden von Elendshütten gruben sich die Bewohner eigene Wasserlöcher. In Hangzhou, der Großstadt am Südende des Kaiserkanals, wurde erst 1931 ein Wasserwerk errichtet; zwanzig Jahre später hatte nicht mehr als 1 Prozent der Bevölkerung einen Wasseranschluss. Sogar im Europa der Zwischenkriegszeit war fließend Wasser ein Unterscheidungsmerkmal zwischen Stadt- und Landbewohnern, und in vielen Städten fehlte ein komplementäres Abwassersystem. In Italien hatten noch in den 1950er Jahren zwei Drittel der Haushalte kein fließend Wasser.[13]

Um die sich verändernden urbanen Konsummuster zu verstehen, darf man das Netzwerk nicht nur vom Zentrum aus sehen, wie Ingenieure und Stadtplaner es häufig tun. Man muss es auch aus der umgekehrten Perspektive betrachten, das heißt vom Standpunkt der Frauen, Männer und Kinder, die einen Wasserhahn öffnen, zur Wasserpumpe gehen oder ein Bad nehmen. Die Gesamtnachfrage entstand aus vielen verschiedenen Alltagshandlungen. Es gab die typische vernetzte Stadt nicht, ebenso wenig wie es einen universalen Konsumenten gab.

Städte, Stadtbezirke und sogar benachbarte Straßen hatten nicht den gleichen Zugang zu Wasser. Lage, soziale Schicht und Haustyp spielten eine Rolle. Um 1900 hatten beispielsweise Arbeiter, die in einem Hinterhaus der Berliner Luisenstadt lebten, deren Vorderhäuser bereits ans Wassernetz angeschlossen waren, eine doppelt so große Chance, fließend Wasser zu haben, wie ihre Kollegen, die anderswo in der Stadt wohnten. In manchen Städten, wie Liverpool, London, Boston und New York, nahm die Zahl der Wasserklosetts seit den 1860er Jahren rasch zu. In anderen belasteten Toiletten ohnehin schon überforderte Systeme zusätzlich, so dass die Behörden mancherorts von ihrem Einbau abrieten oder ihn sogar verboten, wie in Manchester. In den 1880er Jahren entleerten die meisten Amerikaner ihr Abwasser immer noch in eine Jauchegrube. In Tampere, der ersten finnischen Industriestadt, gab es bis weit ins 20. Jahrhundert überwiegend Plumpsklos. Der Stadtrat von Shanghai verfügte 1905 in der »Auslandsbauverordnung 76«, es dürfe »keine Verbindung zu irgendeinem Abfluss, öffentlichem wie privatem, hergestellt werden, durch die Kot in selbigen gelangt«. Er behielt sich jedoch das Recht vor, eine Sondererlaubnis für ein »erprobtes Wasserklosettsystem« zu erteilen, wenn der Inhalt aller Jauchegruben zu Kosten, die er für angemessen hielt, entfernt wurde. In britischen Armenvierteln gab es in den 1950er Jahren in den Häusern zwar Fernsehgeräte und Staubsauger, aber weder eine Innentoilette noch warmes Wasser. Ein separates Badezimmer war bis in die 1960er Jahre überall in Europa ein Luxus.[14]

In Asien wurden die ersten Wasserleitungen in den Vertragshäfen gelegt – kleinen Kolonialstaaten, in denen Europäer und Japaner Handelsprivilegien und extraterritoriale Souveränität besaßen. In Tianjin (Tientsin), nahe der Bohai-Bucht, begann ein britisches Unternehmen 1899 britische Siedler mit fließend Wasser zu versorgen. Vier Jahre später nahm die Tientsin Native City Waterworks Company den Betrieb auf. Nur wenige chinesische Einwohner hatten das Geld oder die nötigen Einrichtungen für einen Wasseranschluss im Haus. Stattdessen baute dieses chinesisch-westliche Joint Venture ein Netz von Straßenhydranten. Um ihre Eimer an einem von ihnen füllen zu können, mussten die Menschen in »Wassergeschäften« einen Bezugsschein kaufen; in Peking gab es ein ähnliches System. Anstatt mit Tausenden von individuellen Kunden umgehen zu müssen, kassierte das Wasserwerk bei den fünfhundert konzessionierten »Wassergeschäften« ab. Weder das britische noch das einheimische System bewirkte jedoch einen klaren Bruch mit hergebrachten Gewohnheiten. Die britische Elite hatte zwar Wasserzuleitungen ins Haus, aber keine Abwasserrohre. Den gut organisierten Wasserträgern widerstrebte es verständlicherweise, nur Schmutzwasser einzusammeln. Die Hydranten indes eröffneten ihnen ein neues Geschäftsfeld. Sie füllten ihre Eimer an ihnen zur Hälfte, füllten sie mit Flusswasser auf und verkauften das Gemisch arglosen Kunden als Werkswasser.[15] Mit anderen Worten, die Netzwerke waren porös und nicht geschlossen und selbstregulierend. Es gab einen Austausch zwischen importierten modernen und etablierten lokalen Systemen, und die meisten Menschen nutzten beide.

In Europa und Nordamerika verschwanden Wasserträger aus dem Straßenbild, doch das fließende Wasser floss keineswegs immer ungehindert. Viele Arbeiterfamilien teilten sich einen Wasserhahn im Hof. Der Wasserdruck schwankte oder fehlte ganz. In Philadelphia ließ ein angesehener Ingenieur zum Erstaunen eines zu Besuch weilenden englischen Kollegen Wasser in Kannen ins Bad bringen.[16] Und die Dauerversorgung brachte neue Probleme mit sich. Nicht nur erwarteten Mieter jetzt rund um die Uhr fließend Wasser, auch die Vermieter verließen sich darauf. Zisternen mussten gewartet werden und nahmen kostbaren Platz weg. Daher dachten sich die Vermieter in ärmeren Vierteln wie dem Londoner East End, es sei besser, sie ganz abzubauen, und fanden dafür auch die Unterstützung der kommunalen Behörden, die potentielle Verschmutzungs- und Krankheitsquellen ausmerzen wollten. Als in den 1890er Jahren eine Reihe von Frosteinbrüchen und Trockenperioden das Wassersystem in die Knie zwang, waren die Wasserwerke gezwungen, die Versorgung im Sommer wieder zeitlich zu begrenzen. Die Bewohner des East End stürzten in ein stinkendes Chaos, da sie es kaum einrichten konnten, zu Hause zu sein, wenn Wasser bereitgestellt wurde, ganz zu schweigen davon, dass sie ihre Toiletten spülen konnten (siehe Abbildung 26).[17]

Die Ausbreitung der Gas- und Stromnetze verlief ähnlich ungleichmäßig. Wie Wasser versprach Gas, das Zuhause zu zivilisieren. Auf Reklamen für frühe Gasöfen waren Hausfrauen zu sehen, die voller Freude aus der schmutzigen Hölle der Kohle ins Paradies des reinen Brennstoffs Gas hinübersprangen. Manchmal wurden auch Männer aufgefordert, sich von der zeitaufwendigen Prozedur des Heizens ihres Badewassers mit Briketts oder Holzkohle zu verabschieden. Was fließend Wasser für Wasserklosett, Bad und später die Dusche war, war Gas für Toaster, Bügeleisen und andere Haushaltsgeräte. Das Heim verwandelte sich in eine »Schnittstelle des Konsums«.[18] Mit Gas oder Strom betriebene arbeitssparende Geräte eroberten die amerikanischen Haushalte in größerem Ausmaß erst in den 1920er Jahren; Europa und Asien folgten nach dem Zweiten Weltkrieg. Als der französische Chansonnier Georges Brassens 1944 in Paris ins 14. Arrondissement umzog, gab es in dem Haus in der Impasse Florimont weder Gas noch Strom oder fließend Wasser.[19] Noch 1949 hatten in

Shanghai nur 2 Prozent der Einwohner einen Gasanschluss. Die Grundlagen aber waren durch Gasnetze schon fünfzig Jahre zuvor gelegt worden. Aus Sicht von Sozialreformern brachte Gas Glück ins Heim und Sicherheit in die Straßen. Der Münzgaszähler verhalf Armen zu einem helleren und damit glücklicheren Zuhause. Temperenzler begrüßten im Münzgasofen den größten Feind der Gastwirte. Für einen Penny könne man nun ein gesundes Mahl kochen. Anstatt zum Essen und für ein bisschen Wärme in den Pub zu laufen und sich dort schließlich zu betrinken, würden die Ehemänner zu Hause bleiben. Wirtschaft, Familienleben und öffentliche Moral hätten den Nutzen davon, und sogar die Frauenemanzipation werde gefördert. Deren Vorkämpferinnen hoben hervor, dass das Gas die Hausfrauen von der Notwendigkeit befreie, zu Hause zu bleiben und ein Feuer zu unterhalten. Und auf den Straßen, so hoffte man, würde das Gaslicht Dieben und Prostituierten ihre dunklen Verstecke nehmen.[20]

Doch Licht und Dunkelheit prallten voneinander ab. Die Beleuchtung war unvollständig und hatte paradoxe Auswirkungen. Am eindrucksvollsten war das Gaslicht in der spektakulären Atmosphäre von Orten, die der Unterhaltung gewidmet waren. Der zitierte Parisreisende war nicht umsonst so eingenommen von den mit Gaslampen erhellten Schaufenstern und Restaurants. Das Gaslicht vergrößerte das Repertoire magischer Illusionen. In Buenos Aires schaltete das Teatro Argentino im Zentrum der Stadt 1856 erstmals die Lichter an. Bibliotheken verlängerten ihre Öffnungszeiten, obwohl das Gas in der Regel verunreinigt war und bei seiner Verbrennung Schwefelsäure entstand, die den unangenehmen Nebeneffekt hatte, wertvolle Bücher zu zerstören.[21] Bei den Menschen daheim wurde der vielbeschworene soziale Nutzen der Beleuchtung durch die Befürchtung konterkariert, das verbrannte Gas würde die Organe überreizen und Blutgerinnsel hervorrufen. Für Innenarchitekten kaum weniger furchterregend war die Auswirkung auf Wandbehänge und Polstermöbel; sie präferierten elektrisches Licht. In Bürgerwohnungen in Paris fand sich Gaslicht in den 1880er Jahren hauptsächlich in Fluren und Vorzimmern; im Esszimmer und anderen Wohnräumen bevorzugte man Kerzenlicht, das angeblich die Gesichter der Gäste besser beleuchtete.[22]

Der Schriftsteller Jun'ichirō Tanizaki befürchtete, die Straßenbeleuchtung würde die Wertschätzung des Schattens in der japanischen Ästhetik zerstören.[23] Aber auch in den Straßen blieb die Beleuchtung Stückwerk. Die meisten Städte, selbst große, hinkten weit hinter dem Pariser Ideal einer mit Lichtergirlanden bekränzten nächtlichen Stadt her. Beirut führte 1889 Gaslaternen ein, aber nur an den Straßenecken. Abends signalisierten Polizisten Fußgängern an der nächsten Ecke mit Pfiffen, wann sie im Dunkeln liegende Straßen überqueren konnten.[24] In Tokio verfügten zwar Kabukitheater seit den 1870er Jahren über Gaslicht, aber kaum eine Straße in der armen Unterstadt. Sogar London mit seinen Zehntausenden Laternen war als »am besten und schlechtesten beleuchtete Stadt der Welt« bekannt. 1911 fiel es Belichtungsmessern schwer, das spärliche Licht in den ärmeren Vierteln einzufangen.[25] Ein häufiger Grund zur Klage war die mittige Aufstellung von Straßenlaternen, die bewirkte, dass aus Bussen aussteigende Passagiere ins Dunkle sprangen und Gefahr liefen, mit Fußgängern zusammenzustoßen. In Städten, in denen viel mit Kohle geheizt wurde, wurde das Licht der Gaslaternen manchmal tagelang vom Smog verschluckt. Ein Londoner Ingenieur bemerkte 1910, er habe vom Fuß des Laternenmasts das Licht nicht gesehen, obwohl dieser nur fünfeinhalb Meter hoch gewesen sei. Und wo Licht ist, ist auch Schatten. In der City of London, dem Epizentrum der Weltwirtschaft, ließen die Laternen in der Cannon Street dreieckige Flächen im Dunkeln, die gefährliche Zufluchtsorte für »anrüchige Personen« waren.[26] Je mehr eine Stadt beleuchtet wurde, desto mehr Furcht und Faszination rief die Dunkelheit hervor. Für jedes zusätzliche Watt entstand eine neue Horrorgeschichte über urbane Schattenwelten.[27]

Gas und Wasser stellten die Städte vor beispiellose Herausforderungen. Eine war die Entscheidung darüber, wer beides liefern sollte. Massive Investitionen waren erforderlich. Anfangs wurden sie im Austausch für gesicherte Monopole mit Preisgarantien für mehrere Jahrzehnte von Privatunternehmen getragen. Doch diese Vereinbarungen waren Quelle ständiger Konflikte über faire Preise, Qualität und Versorgung. Aktionäre hatten wenig Interesse daran, entlegene Viertel an die Netze anzuschließen oder Wasser aus weit entfernten Gebirgen oder Flüssen zu holen. Seit den 1860er Jahren übernahmen immer mehr Städte selbst die Versorgung ihrer Einwohner. 1880 gab es in britischen und amerikanischen Städten mehr öffentliche als private Wasserwerke. In Schweden waren die Versorgungsbetriebe 1913 fest in kommunaler Hand, was auch für die meisten Städte in Frankreich galt. Paris bezog sein Wasser allerdings weiter von der Compagnie Génerale des Eaux. Spanien bildete die einzige Ausnahme von diesem Trend, zum Teil, weil die Kommunalbehörden hier traditionell wenig Macht hatten. In London mit seiner fragmentierten Kommunalverwaltung verzögerte sich die Übernahme der Wasserversorgung durch die Kommune bis 1902.[28]

Diese Bewegung ist unter der Bezeichnung »Kommunalsozialismus« bekannt geworden, obwohl die sozialistischen Parteien, die sich noch in den Kinderschuhen befanden, keine große Rolle in ihr spielten. Hauptfaktoren waren das urbane Wachstum und die natürlichen Grenzen. Im Unterschied zu Lebensmitteln und Kleidung wurde Wasser im späten 19. Jahrhundert teurer. Die Ausbreitung der Städte bedeutete längere Rohrleitungen in die Vorstädte und weiter entfernte, kostspieligere Quellen. Die Privatunternehmen, denen schon früh gesetzliche Preisobergrenzen vorgeschrieben worden waren, hatten wenig Anreiz zu investieren, so dass die Städte gezwungen waren, die Aufgabe zu übernehmen. Solange sie genug Wasser für ihre Fabriken bekamen, waren viele Unternehmer froh darüber. Beim Gas galt die umgekehrte Logik. Im Gegensatz zum Wasser war Gas dank technologischer Innovationen hoch profitabel. Insbesondere für neue, expandierende Städte ohne starke Steuerbasis war es eine attraktive Geldquelle. Laut einem Historiker müsste man eigentlich von »Kommunalkapitalismus« sprechen.[29] Mit den Gasprofiten konnten Städte zu bedeutenden Anbietern von öffentlichem Konsum werden, von Parks über Bibliotheken bis zu Spielplätzen und Schwimmbädern.

Weniger Beachtung fand, dass die Herausforderung für die Konsumenten ähnlich schwierig war. Wasser und Gas warfen beunruhigende Fragen über das Wesen des Konsums selbst auf. War Wasser ein »Gottesgeschenk« oder eine Ware? Wenn Letzteres, welchen Preis sollte es haben und wie konnte man die Menschen dazu bringen, ihn zu zahlen? Ab wie viel Litern hörte der Verbrauch auf, »notwendig« zu sein, und wurde zum »Luxus«? Von den 1850er Jahren an stritten sich viele Städte in einer langwierigen Auseinandersetzung über diese Fragen. Im Rahmen dieser Kämpfe taten sich Bürger erstmals in »Konsumentenvereinen« zusammen. Manche Hausbesitzer und Geschäftsinhaber, die sich von ihren privaten Monopolanbietern ausgenommen fühlten, gründeten eigene Verbände, wie 1879 die Union des Consummateurs de Gaz Parisien. In den 1890er Jahren versuchten kleine Händler und Restaurantbesitzer in Marseille und mehreren Provinzstädten ohne großen Erfolg den Preis zu drücken, indem sie die Gasgesellschaften boykottierten. Auf der anderen Seite des Ärmelkanals gründeten wütende Londoner die South London Gas Consumers' Mutual Association.[30] Die Haushalte ärgerten sich über häufig flackerndes Licht und Gaszähler, die den Verbrauch übertrieben – daher die viktorianische Redewendung »Du lügst wie ein Gaszähler«. Andererseits rauften sich Ingenieure die Haare, weil die Menschen die Gaszähler falsch ablasen – die mittlere Skalenscheibe drehte sich entgegen dem Uhrzeigersinn –, sie mit Magneten manipulierten oder, schlimmer noch, kleine Gasöffnungen mit Hilfe eines örtlichen Klempners auf gefährliche Weise vergrößerten. Gas und Strom konnten nicht kiloweise verkauft werden. Was also kauften die Menschen: elektrische Spannung, Energie oder Lichtstärke? Ließ die Spannung nach, wurde das Licht dunkler, aber der Zähler drehte sich weiter. In Paris wurde die Compagnie Parisienne de l'Air Comprimé 1893 verklagt und verlor ihr Monopol, weil sie regelmäßig eine zu geringe Spannung lieferte.[31]

Die Auseinandersetzungen über das Wasser hoben den Ärger auf ein neues Niveau. Wasser konnte wie Brot und Zucker kiloweise verkauft werden, wie es Wasserverkäufer schon immer getan hatten. Als sich die Wasserleitungsnetze ausbreiteten, änderte sich dies jedoch. Mit Großabnehmern wurde weiterhin nach dem gemessenen Verbrauch abgerechnet, aber bei den Millionen kleiner Privathaushalte war dies nicht zweckmäßig. Wasserzähler waren teuer und verbreiteten sich erst ab den 1880er Jahren. Stattdessen griffen die Wasserwerke auf Daumenregeln zurück. In manchen Ländern richtete sich die Höhe der Rechnung nach der Zahl der Haushaltsangehörigen. In den Vereinigten Staaten nahm man die Hausfassade als Basis für die Schätzung der Zahl der Bewohner und des von ihnen in Anspruch genommenen Komforts. In Großbritannien zahlten Vermieter einen Wasserabschlag, der sich nach ihrer Grundsteuer richtete, und legten einen Pauschalbetrag auf die Mieten auf. Ein allein lebender Junggeselle, der in einer großen Villa wohnte, zahlte mehr als sein Nachbar, der mit einer vielköpfigen Familie in einem kleineren Haus lebte.

Gerade als Hygienereformen die frühviktorianische Krise der öffentlichen Gesundheit zu lösen begannen, entbrannten neue Konflikte über die Rechte und Interessen von Konsumenten, als Erstes über den Wasserabschlag. Manche forderten rundheraus ein »Wasserparlament«, andere hielten sich ans Recht und Konsumentenanwälte. In den frühen 1880er Jahren entstand in London ein Netz von »Konsumentenschutzvereinen«, die Rechtsberatungsstellen einrichteten, in denen den Menschen erklärt wurde, dass die privaten Versorger überhöhte Zahlungen von ihnen verlangten und wie sie sich dagegen wehren konnten. Eine zweite Front entstand durch den Kampf ums Bad. In den 1850er Jahren waren die Wasserunternehmen gesetzlich verpflichtet, Wasser für den »heimischen« Verbrauch zu liefern. Das Problem war nur, dass sich die Maßstäbe des häuslichen Lebens im Fluss befanden. Die Mittelschicht baute in ihren Wohnungen Bäder und Wasserklosetts ein. Nach Ansicht der Wasserunternehmen gehörten sie nicht zum »wesentlichen« oder »heimischen« Bedarf, sondern stellten wie Gärten »Extras« dar, die zusätzlich abgerechnet werden müssten – 8 Shilling pro Einrichtung, um genau zu sein, für ein Londoner Haus mit einem Mietwert zwischen 100 und 200 Pfund. Die Mittelschicht war wütend. Der Bürgermeister von Sheffield sagte, »wenn es kein heimischer Bedarf sei, seine Haut zu waschen und sich sauber zu halten, wisse er nicht, was dann«. Seine Stadtratskollegen gründeten eine Bath Defence Association und boykottierten Extragebühren. Manche zogen im Innern ihrer Badewanne eine rote Linie, um zu beobachten, wie viel Badewasser sie tatsächlich verbrauchten, und forderten, entsprechend veranlagt zu werden. Vor Gericht kamen sie damit jedoch nicht durch; die Richter bestätigten die aktuellen Abschläge.

Konsum und Politik hatten sich schon bei den früheren Boykotten von Tee und Sklavenzucker überschnitten, und sie sollten es bei Kampagnen gegen ausbeuterische Fabriken wieder tun. Bemerkenswert an der Wasserverbraucherbewegung war, dass anfangs nicht Käuferinnen, sondern begüterte Männer, die Häuser besaßen und Steuern zahlten, an der Spitze standen. Es war ihre Stellung in der Gemeinschaft, die diese geachteten Viktorianer veranlasste, sich der Konsumentenbewegung anzuschließen. Soweit es sie anging, kämpften sie ebenso für ihre bürgerlichen Rechte wie für billigeres Wasser für ihre Häuser. Wasserrechnungen beruhten auf Steuern und dem Wert der Häuser (und nicht auf dem tatsächlichen Verbrauch), und dies mag erklären, warum diese Bewegung in Großbritannien so nachdrücklich in Erscheinung trat. Die Aktivisten kämpften ebenso für ihre bürgerlichen Rechte als Steuerzahler mit Wahlrecht wie für billigeres Wasser für den privaten Gebrauch. So wurde der Konsument von begüterten männlichen Steuerzahlern auf die politische Bühne gehoben. Man sollte diese Aktivisten nicht romantisieren. Die Städte waren gespalten. Viele respektable Stadträte vertraten eine kurzsichtige Auffassung: Warum sollte eine Stadt das schwerverdiente Geld der Steuerzahler für größere Wasserwerke oder andere Verbesserungen zum Nutzen der Massen verwenden, die überhaupt keine Steuern zahlten?[32] Aber man darf ihre Rolle bei der Einführung der Konsumentenrechte in die Politik auch nicht ignorieren.

Die Dürren der 1890er Jahre eröffneten die dritte und letzte Phase der Wasserkriege. Inzwischen waren die Londoner an die Dauerversorgung gewöhnt, weshalb trocken bleibende Wasserhähne umso ärgerlicher waren. Jetzt kamen die Attacken auf die Wasserunternehmen sowohl von Arbeitern und Frauen, progressiven Liberalen und Sozialisten als auch von begüterten Schichten.[33] In den Mittelpunkt der Debatte rückten nun »die Konsumenten«, auch weil die Wasserunternehmen ihnen die Schuld an Knappheit und hohen Preisen gaben. Vorkämpfer der Konsumenten sprachen von deren Rechten, aber was war mit deren Verantwortung? Nicht die Leitungen, Ingenieure und Aktionäre seien dafür verantwortlich, sondern die »verschwenderischen« Konsumenten. Überall waren Zeitgenossen Gefangene einer simplen Leitannahme: dass Fortschritt ein höheres Konsumniveau beinhalte, ja erfordere. »Nach der Einführung von Eisenrohren und Hochdruckpumpen«, schrieb der Rechtsanwalt und Vorkämpfer der Londoner Konsumentenvereine Archibald Dobbs 1890, »wurde wesentlich mehr Wasser verbraucht. Die Erfordernisse von Hausbesitzern sind *naturgemäß und richtigerweise stets im Anstieg begriffen*: Der Komfortstandard verbessert sich ständig.«[34] Ein Jahrzehnt später kam in New York, obwohl man gleichzeitig überlegte, was man angesichts der nahezu erschöpften Kapazität des Croton River tun sollte, ein Bericht zu dem Schluss: »Wasser sollte in unbegrenztem Überfluss bereitgestellt werden, und anstatt seine Verwendung einzuschränken, solle mit allen

Anreizen zu größerem, verschwenderischerem Verbrauch als dem heutigen angeregt werden.«[35] Die Einwohner aufzufordern, sparsamer zu sein, war undenkbar. Es blieb der Verbrauch als einziges Ziel.

Die Literatur wimmelte von Verbrauchszahlen pro Kopf, die man jedoch mit Vorsicht aufnehmen muss. Die Städte wussten nicht, was der Einzelne verbrauchte. Sie verzeichneten, wie viel in die Leitungen gepumpt wurde, aber nicht, wie viel durch geborstene Rohre und tropfende Hähne floss. Bei einer Anhörung in Großbritannien entspann sich 1892 folgender Wortwechsel zwischen Mitgliedern der Königlichen Kommission zur städtischen Wasserversorgung und dem herausragenden Ingenieur und Vorstandsvorsitzenden der East Surrey Water Company, Frederick Bramwell: »Die Bevölkerung von London ist ... daran gewöhnt, große Mengen von Wasser zu verbrauchen«, begann die Kommission, um schließlich zu fragen, »glauben Sie nicht, dass es überaus schwerfiele, den Verbrauch zu verringern?« »Mit Verlaub, ich möchte Einspruch gegen das Wort ›Verbrauch‹ einlegen«, entgegnete Bramwell. »Einen Moment. Wir haben das Wort ›Verbrauch‹ verwendet, weil wir es für das allgemeinste hielten, das wir nehmen können.« Bramwell widersprach; er ziehe »Versorgung« vor.[36] Was konsumiert wurde, hing von der Perspektive ab: War es nur das zum Waschen, Kochen und Trinken verbrauchte Wasser oder auch die vielen Liter, die durch tropfende Wasserhähne verlorengingen? Oder waren vielleicht sogar sämtliche Verluste durch Lecks im Rohrleitungsnetz eine Art unsichtbarer Verbrauch?

Die Zeitgenossen waren unterschiedlicher Meinung, und dies aus gutem Grund. Mancherorts überstiegen die Verluste den persönlichen Verbrauch. In Shoreditch, nördlich der City of London, wurden 1882 täglich 140 Liter pro Kopf bereitgestellt. Durch den Einsatz von Wasserinspektoren und verbesserten Armaturen konnte der Verbrauch halbiert werden. Im benachbarten, etwas wohlhabenderen Finsbury Park stellten Inspektoren im Juni 1882 fest, dass die Einwohner tagsüber 70 Liter verbrauchten, nachts aber 400, weil sie »die Schläuche im Garten die ganze Nacht laufen ließen«.[37] Wenn Dauerversorgung und moderner Komfort etwas bewirkten, dann solche Praktiken. Wäsche wurde unter laufendem Wasser gewaschen, um Seife zu sparen, die Toilettenspülung ständig laufen gelassen, um Becken und Rohre sauber zu halten. In Newark in New

Jersey drehten die Einwohner in den harten Wintern zwischen 1895 und 1898 nachts die Wasserhähne auf, damit die Rohre nicht einfroren, was die Wasserwerke an die Grenze ihrer Kapazität brachte. Man kann aber mit Fug und Recht annehmen, dass europäische Städte um 1880, also vor der allgemeinen Verwendung von Wasserzählern, zwischen einem Viertel und der Hälfte des eingeleiteten Wassers verloren. Lecks, die durch mangelhaft verlegte Rohre und abgenutzte Armaturen entstanden, und nicht willkürliche Verschwendung waren hierfür vor allem verantwortlich; es sei also keinesfalls so, dass die Mieter ihre Vermieter »berauben«, wie es in der umfassendsten Untersuchung der Wasserverbrauchsmessung hieß.[38]

Je höher die Häuser in den Himmel gebaut wurden, desto weniger Wasser wurde verschwendet. Neben der größeren Zahl von Bädern und WCs war dies der zweite Grund für den erstaunlich hohen Verbrauch in den Vereinigten Staaten. Neue amerikanische Städte waren weniger kompakt als alte europäische, und mehr Einfamilienhäuser bedeuteten mehr Armaturen und längere Rohrleitungen. 1890 versorgte in Berlin jeder Versorgungsstrang siebzig Haushalte, in Detroit dagegen nur eine Handvoll. Anders ausgedrückt, wenn 30 Prozent des Wassers durch Lecks verlorengingen, waren es in Berlin 20 Liter pro Kopf und Tag, in Detroit 280 Liter. Aufgrund dieser Faktoren muss man die Verbrauchszahlen nach unten korrigieren, was indes nichts an der Dreiklassenhierarchie ändert, die sich bis 1900 herausgebildet hatte, mit deutschen Städten am unteren Ende (19 bis 115 Liter pro Kopf und Tag), britischen in der Mitte (65 bis 150 Liter, mit Glasgow dank der schottischen Vorliebe für Toilettenspülungen mit je 11 Litern ganz vorn) und amerikanischen an der Spitze (115 bis über 380 Liter). In Manhattan, wo der private Wasserverbrauch damals noch nicht mit Zählern gemessen wurde, legten 1903 genommene Stichproben den Schluss nahe, dass im Durchschnitt 115 Liter pro Kopf tatsächlich verbraucht wurden, während mindestens 190 Liter durch Lecks versickerten oder auf nicht nachvollziehbare Weise verlorengingen; weitere 190 Liter wurden von der Wirtschaft oder der Stadt selbst verbraucht. Diese Zahlen verschleiern allerdings die Klassenunterschiede in der Stadt. Ingenieure stellten fest, dass Mieter in Brooklyn nach Abzug des Leitungsverlusts im Durchschnitt 150 Liter am Tag verbrauchten. Bewohner teurer Apartmenthäuser an der Upper West Side kamen auf das Fünffache.[39]

Durstige Städte: Wasserverbrauch, 1870–1904

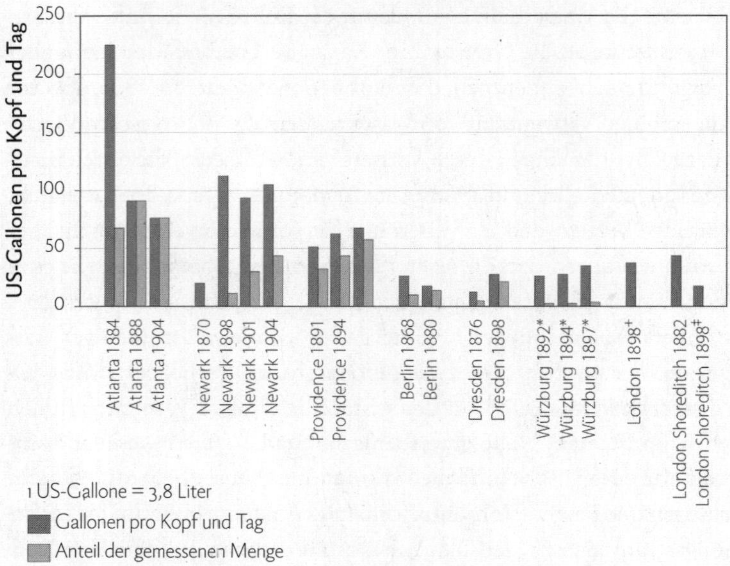

* Nur privater Verbrauch, ohne Fabriken und öffentlichen Verbrauch; für 1892 und 1894 angepasst.
† Im Gebiet der New River Company (Nordlondon) mit einer für London repräsentativen Gebäudemischung.
‡ Nach Abwasserinspektion und Einbau von Installationen durch die New River Company.

aus: J. H. Fuertes, *Waste of Water in New York*; *Royal Comission on Water Supply* (1990), Cd. 25; E. Grahn (Hg.), *Die städtische Wasserversorgung im Deutschen Reiche sowie in einigen Nachbarländern*; J. T. Fanning, *A Practical Treatise on Hydraulic and Water-Supply Engineering.*

Zwischen den Städten fand ein reger Austausch von Wissen und Technologien statt. In Liverpool konnte man mit Hilfe des Deacon-Abwasserzählers Lecks ausfindig machen, indem man nachts in ausgewählten Bezirken strategisch wichtige Hauptleitungen beobachtete und die Messdaten dann mit dem Durchfluss am Tag verglich. Der Zähler wurde in Boston und kurzzeitig auch in Yokohama und Frankfurt am Main ausprobiert; in Boston wurde der Verbrauch 1883/84 mit seiner Hilfe um ein Drittel verringert. In Newark mussten Tausende von Wasserverschwendern Zähler einbauen lassen. Berlin führte, von amerikanischen Kommunen bewundernd verfolgt, eine umfassende Wasserverbrauchsmessung ein. Es gibt keine genauen Zahlen für die Auswirkungen der Zähler auf den individuellen Verbrauch; in Berlin maß man den Verbrauch der

Mietshäuser insgesamt, nicht der einzelnen Mieter. Bekannt sind jedoch die Netzanteile, die mit Zählern versehen waren. Dies erlaubt einen groben, aber aussagekräftigen Vergleich. In Atlanta reduzierten heimische Wasserzähler den Verbrauch erheblich. In Newark und Providence hatten sie dagegen kaum Auswirkungen. Nachdem großen Verschwendern Zähler aufgezwungen worden waren, erbrachten weitere Zähler nur noch eine geringe zusätzliche Ersparnis. In Deutschland gab es neben Erfolgsgeschichten wie derjenigen von Berlin auch Fehlschläge, wie etwa in Dresden, wo der Wasserverbrauch trotz Wasserzählern anstieg. Würzburg und viele andere Städte lehnten Zähler weiterhin ab. In den Vereinigten Staaten führten bis 1920 zwei Drittel der Städte Wasserzähler ein.

Die Ausnahme bildete Großbritannien, wo nur in Kleinstädten wie Abingdon oder Malvern Wohnhäuser mit Zählern ausgestattet wurden. Aus heutiger Perspektive mag dies als typisches Beispiel britischer Absonderung und Laissez-faire-Missachtung der Umwelt erscheinen. Man darf jedoch nicht vergessen, dass damals der Wasserzähler nirgendwo als Instrument zur Veränderung des Lebensstils betrachtet wurde. Mit seiner Hilfe sollte nicht der Verbrauch, sondern der Leitungsschwund verringert werden. Tatsächlich hielten sich die Vorkämpfer der Verbrauchsmessung etwas darauf zugute, dass die Mieter, indem sie die Vermieter zur Reparatur der Leitungen und Armaturen veranlassten, öfter baden könnten. Eine New Yorker Untersuchung kam 1906 zu dem Schluss, dass »die Schuld an den gegenwärtigen Zuständen ... nicht bei den Hunderttausenden von Wasserverbrauchern [liegt], sondern bei den relativ wenigen Eigentümern, die die Instandhaltung ihrer Rohrleitungen vernachlässigen«.[40] In Großbritannien konzentrierte man sich auf diese Wenigen. Mit Deacon-Zählern bewaffnet, spürten Wasserinspektoren nachlässige Vermieter auf und zwangen sie, von dem Wasserunternehmen geprüfte und zertifizierte Anlagen einzubauen. In Manchester fanden allein 1905 vierzigtausend Inspektionen statt. In manchen Bezirken wurde der Verbrauch dadurch um die Hälfte verringert.[41] In keiner britischen Stadt gab es jedoch eine Verschwendung von solchem Ausmaß wie in Detroit oder Atlanta. Der Londoner Verbrauch war zu bewältigen, ebenso der Berliner. Dass London und andere britische Städte es im Unterschied zu Berlin nicht für nötig hielten, den Verbrauchern genau das in Rechnung zu stellen, was sie tatsächlich verbrauchten, war auch in den politischen Werten und Umständen begründet. Nach preußischem Vorbild alle Vermieter zu behelligen, kam für das liberale Großbritannien nicht in Frage. »[W]enn von 100 Personen, die versorgt werden, 10 Wasser verschwenden und 90 nicht«, erklärte Bramwell vor der Königlichen Kommission, »hält man sich einfach an die 10, die es verdienen.«[42] Wie wirkten sich Wasserhähne und fließend Wasser auf die Gewohnheiten der Menschen aus? Eine von Michel Foucault angeregte Vermutung lautet, dass die Menschen sich physisch und geistig nach innen wandten. Toiletten seien geschlossene private Räume. Hygiene und fließend Wasser hätten dazu beigetragen, die vom Liberalismus geforderte Selbstdisziplin durchzusetzen, indem sie die Menschen gelehrt hätten, sich zu beherrschen. Die »liberale Regierbarkeit« wurde durch Rohrleitungen vermittelt.[43] In Wirklichkeit waren Räume und Tätigkeiten weniger abgeschlossen und privat, als man denken könnte. Wie bereits gesehen, schuf der Zusammenschluss von Haushalten zu ineinandergreifenden Netzwerken auch öffentliche Verbindungen. Technologien verbreiteten sich langsam und ungleichmäßig, je nach schichtspezifischen räumlichen Möglichkeiten und Gewohnheiten. In den 1890er Jahren war ein Badezimmer mit einer Dusche selbst in wohlhabenden Londoner Haushalten etwas derart Neues, dass Gastgeber sie mit ihren Abendgästen besichtigten. In Berlin kam auf 79 Einwohner eine Badewanne, und noch 1954 hatte nur jeder zehnte französische Haushalt ein Badezimmer.[44]

Wasserklosetts verbreiteten sich schneller. Bis 1913 waren sie in London ebenso wie in Leipzig oder Lille die Norm. Aber für die meisten waren sie keine völlig privaten Räume. 1904 wurde bei einer Inspektion des 5. Arrondissement im Süden von Paris festgestellt, dass nur jede fünfte Wohnung eine eigene Toilette hatte. Die übrigen teilten sich WCs im Flur oder Erdgeschoss; private Wasserhähne waren ebenso selten.[45] Persönliche Hygiene und Nachbarbeziehungen und -konflikte blieben eng verknüpft. In Hannover teilte jede dritte Familie das Klo mit mindestens einem Dutzend Personen, häufig auf einem gemeinsamen Hof. Ein Zeitzeuge erinnerte sich nach dem Ersten Weltkrieg an den Gestank nach menschlichen Ausscheidungen und Küchenabfällen.[46] In den Arbeitervierteln von Barcelona achteten besorgte Eltern in den 1930er Jahren darauf, dass ihre jugendlichen Söhne die Toilettentür offenstehen ließen, um sie von sündigen Handlungen abzuhalten.

Die persönlichen Hygieneprozeduren unterschieden sich weiterhin stark. Sogar dort, wo ein Badezimmer mit heißem Wasser vorhanden war, war man noch weit von der täglichen Dusche entfernt. Nach eigener Zählung ließen Mittelschichtfamilien in Sheffield nur 62-mal im Jahr ein Bad ein – für den gesamten Haushalt. Lehrer predigten Reinlichkeit, aber in den 1920er Jahren hatte die Hälfte der französischen Schulen noch nicht einmal einen Waschraum, und die meisten Lehrer hatten in ihren Wohnungen noch kein fließend Wasser. Für viele war Reinlichkeit ein öffentliches Ritual – in Schulduschen, im örtlichen Fluss oder in städtischen Schwimmbecken, die gebaut wurden, um die Freude am Wasser als gemeinsames, sozialdemokratisches Gut zu feiern. In Helsinki planschten Männer und Frauen an abwechselnden Tagen nackt im städtischen Schwimmbad. Auch in Asien waren Badeanstalten Orte sowohl der privaten Reinlichkeit als auch von Tratsch und Geselligkeit. Angesichts der Arbeit, die es machte, ein Bad vorzubereiten, wenn man kein fließend Wasser hatte – was für die meisten zutraf –, unterschieden sich die Badegewohnheiten erheblich. Manche nahmen sonnabends ein wöchentliches Bad, andere wuschen sich jeden Abend am Abfluss. Manche Kinder teilten sich die Badewanne, andere nicht, während die Mütter für eine Wannenfüllung nach der anderen Wasser kochten. Eine 1897 geborene Frau, die als Kind eines Eisenbahningenieurs in einer achtköpfigen Familie aufgewachsen war, erzählte, sie hätten ein »geräumiges Badezimmer« mit einer »großen Zinkwanne« gehabt, aber das Wasser habe man auf einem Gasofen in der Küche kochen müssen. Sie und ihre drei älteren Schwestern hätten einmal in der Woche am Sonnabendnachmittag gebadet. Ihre beiden Brüder gingen stattdessen ins Schwimmbad: »Dort konnten sie regelmäßig duschen. Wir kamen also ganz gut zurecht.«[47]

Einkaufen

Peking, die neue Hauptstadt der Republik China (1911–1928), war eine quirlige Stadt mit vielen Geschäften und Vergnügungsstätten. Durch die Revolution von 1911, die die Qing-Dynastie gestürzt hatte, waren die Märkte weggebrochen, die den Hof und dessen Eunuchen versorgt hatten.

Ein Flickenteppich von Geschäften entstand. An der Peripherie überlebten Tempelmärkte. In Wangfujing im Südosten, wo viele Ausländer wohnten, öffneten Kaufhäuser ihre Tore. Doch der größte Markt entstand im Südwesten: Tianqiao, »die Himmelsbrücke« (siehe Abbildung 23). Die neue republikanische Regierung war darauf bedacht, die Innenstadt zu säubern. Das Transportnetz wurde ausgebaut, und Tianqiao hatte Glück: Es wurde zum Endpunkt einer Trolleybuslinie. Straßen wurden verbreitert, Sumpfgebiete trockengelegt. Binnen einer Generation verwandelte sich das einstige Moordorf in einen lebhaften Treffpunkt für jeden, der ein Geschäft machen oder ein bisschen Spaß haben wollte. Marktbesucher konnten zwischen dreihundert Geschäften wählen, von denen ein Viertel Seide und andere Stoffe und ein weiteres Viertel gebrauchte Kleidung verkauften. Sieben Geschäfte boten ausländische Fertigwaren an, eines westliche Anzüge. 116 Essensstände und 37 Restaurants konkurrierten um hungrige Besucher. Kaum ein Bedürfnis konnte auf dem Markt nicht befriedigt werden. Es gab Fotostudios, Lebensmittelhändler, Rauschgifthöhlen und ein Bordell. Akrobaten, Sänger und Zauberer unterhielten die Käufer. 1918 wurde ein hochmoderner Freizeitkomplex hinzugefügt, der Südstadt-Vergnügungspark. Von 11 bis 23 Uhr konnten Studenten und Mittelschichtangehörige für 30 Cent bowlen, Rollschuh laufen und ins Theater oder ein Tanzlokal gehen. Wer ein bisschen mehr ausgeben wollte, konnte ein »ausländisches Mahl« in einem der Restaurants verspeisen. Tianqiao war eine Attraktion für Arme und Wohlhabende gleichermaßen. Die Hauptfigur in Lao Shes berühmtem Roman *Rikscha-Kuli* von 1936 vermochte die Stadt nicht hinter sich zu lassen, so stark war ihre Anziehungskraft.[48]

Das republikanische Peking passt nicht recht ins herkömmliche Bild einer »modernen Stadt«. Einerseits waren gewisse Trends zu beobachten, die als typisch für den Massenkonsum gelten können. Andererseits gab es neben Kaufhäusern einen ebenso dynamischen oder sie sogar überflügelnden Sektor kleiner Geschäfte und Verkaufsstände. Hier gab es keine festen Preise; es wurde verhandelt, gefeilscht und getäuscht. Die Geschäfte waren als »Tigerkäfige« bekannt, mit dem Besitzer als Tiger und den Kunden als Beute. Die Südstadt hatte einen Anflug von Coney Island, während im Hauptmarkt Schauspiel- und Akrobatikgruppen Straßen und Bühnen beherrschten. Aber auch sie entsprachen nicht mehr dem traditionellen Bild. Die *Laozi*, Lotussänger, hatten ihre provinzielle Herkunft abgestreift und waren zu kommerziellen, professionell organisierten Entertainern mit Künstlernamen und Zeitungsrangliste geworden. Weit davon entfernt, primitive Sitten und Gebräuche zu pflegen, war Tianqiao eine pulsierende Quelle von Neuheiten, einschließlich weiblicher Künstler und Schaukämpfen. Straßenentertainment und Freizeitpark in großem Stil entwickelten sich nebeneinander.

Sowohl im Westen als auch im Osten fand in den hundert Jahren nach den 1820er Jahren eine Einkaufsrevolution statt. Eingekauft hatten die Menschen seit der Antike,[49] aber in dieser Zeit beschleunigte sich die Entwicklung. Einkaufen wurde zu einer beliebten Freizeitbeschäftigung, zu einem Selbstzweck, der nicht mehr nur dem Erwerb von Gütern diente. Man begann von »Käufern« zu sprechen. Vom urbanen Wachstum und steigenden Reallöhnen angeregt, vermehrten sich die Geschäfte, wobei die Lohnsteigerungen seit den 1860er Jahren insbesondere in Europa sowie Nord- und Südamerika zu beobachten waren. Diese Geschichte ist häufig anhand des Aufstiegs der Kaufhäuser erzählt worden, verkörpert durch das 1852 gegründete Pariser Bon Marché. Paris war, um den Kulturkritiker Walter Benjamin zu zitieren, die Hauptstadt des 19. Jahrhunderts, die Verkörperung der auf ihrem Höhepunkt befindlichen bürgerlichen Modernität. Walter Sombart sah in den Kaufhäusern die Kinder des modernen Kapitalismus.[50] Noch in den 1960er Jahren besaß diese Auffassung eine gewisse intuitive Logik, da Kaufhäuser weiterhin ihren Marktanteil vergrößerten. Seither neigt sich die Waage jedoch auf die andere Seite: Die Riesen sind unter dem Druck von Discountern und einer Renaissance des Straßenhandels in die Krise geraten. Peking ist deshalb ein guter Eingang in die Welt des Kaufens, weil es von Anfang an unseren Blickwinkel weitet: Die vielen unterschiedlichen Einzelhandelsräume und -praktiken, die sich nebeneinander entwickelten, werden so miteinbezogen. Auch in Europa und Amerika nahm die Modernität alle möglichen Größen und Formen an. Innovation darf, kurz gesagt, nicht mit Größe und Konzentration verwechselt werden. Dies bedeutet nicht, dass man das Kaufhaus ignorieren darf – weit gefehlt. Vielmehr muss man es neben Hausierer, Markthalle und Genossenschaftsladen betrachten, die ebenso Reaktionen auf die wachsende Nachfrage der Stadtbevölkerungen darstellten.

Die historischen Ansichten über das Kaufhaus gehen weit auseinander. Vor einer Generation betrachtete man es als Scheitelpunkt des Wechsels vom höfischem zum Massenkonsum. Das Bon Marché und seinesgleichen hätten, indem sie neue Wünsche entfachten und die menschliche Interaktion ausschalteten, eine soziale und psychologische Revolution ausgelöst. »Die von diesen Orten ausgeübte betäubende Hypnose«, schrieb eine Historikerin, »ist eine Form der Geselligkeit, die für den modernen Massenkonsum ebenso typisch ist, wie es die Geselligkeit des Salons für den Konsum der vorrevolutionären Oberschicht war.«[51] Das Kaufhaus habe Menschen, die es gewohnt waren, nichts zu haben, in eine Welt der Wünsche katapultiert. Das ist zu stark formuliert. Die frühmoderne Ära war, wie gesehen, kein vorkonsumistisches dunkles Zeitalter.

In jüngerer Zeit wird eine ausgewogenere Auffassung vertreten. Das Kaufhaus, erklären diese Autoren, habe keine neue Ära eingeläutet. Alle seine Neuerungen ließen sich in frühere Zeiten zurückverfolgen. Sehen und Gesehenwerden waren bereits im 17. Jahrhundert Merkmale der Geschäftsgalerien in Antwerpen, Paris und London. Dass diese Galerien zuerst ein materielles und dann sexuelles Verlangen entfachten, darüber habe sich schon Pierre Corneille 1632 in seiner Komödie *La Galerie du palais* lustig gemacht. Ungefähr zur gleichen Zeit gab es in den Basaren von Istanbul mehr als zehntausend Geschäfte und Verkaufsstände.[52] Bereits im 18. Jahrhundert sahen sich die Kunden um und verglichen Güter und Preise, und Geschäftsinhaber versuchten mit Spiegeln, Oberlichtern und Auslagen eine verführerische Atmosphäre zu schaffen. Um 1800 zeigten viele Lebensmittelhändler Tee und andere Artikel mit festen Preisen auf Ladentischen und Regalen und warben mit Handelskarten. In Newcastle versah der Textilhändler Brainbridge seine Stoffe schon 1830 mit festen Preisen, um dem Einkaufen die Anspannung zu nehmen. Textilhändler waren es auch, die zu einem Geschäftsmodell mit großem Warenumschlag und niedrigen Gewinnspannen wechselten, indem sie »Emporien«, *magasins de nouveautés* und *»monster-shops«* mit großen Verkaufsräumen eröffneten, in denen Hunderte von Verkäufern hochwertige Güter zu Großhandelspreisen gegen Bargeld anboten.

In den 1840er Jahren begann glatteres und durchsichtigeres Flachglas die Hauptstraßen in Phantasiewelten zu verwandeln. Das Kaufhaus stellte also keinen radikalen Neubeginn dar, sondern bildete den Höhepunkt einer längeren Evolution des Einzelhandels.[53]

Dennoch erlebten Zeitgenossen im späten 19. Jahrhundert das Kaufhaus als Verkörperung einer neuen Gesellschaft. Seine vergessenen Vorgänger machten das Erlebnis nicht weniger intensiv. Das Kaufhaus brachte unter einem riesigen, von einer massiven Stahlkonstruktion getragenen Glasdach verschiedene Innovationen zusammen. Die größten unter ihnen drückten der urbanen Szenerie ihren Stempel auf wie zuvor nur Kirchen, Rathäuser und Herrscherpaläste. Das 1846 errichtete Kaufhaus A. T. Stewart in New York wurde »Marmorpalast« genannt. Das Pariser Bon Marché bedeckte eine Fläche von 53 000 Quadratmetern (siehe Abbildung 19). Flachglasscheiben ermöglichten vom Gehweg bis zur Decke reichende Schaufenster. Manche Gebäude waren architektonische Schmuckstücke, wie das von Victor Horta entworfene Art-nouveau-Kaufhaus À l'innovation in Brüssel (1901) oder das Pariser Printemps von René Binet (1907). Kaufhäuser waren häufig Spielfeld technologischer Pionierleistungen. So führte das Marshall Field in Chicago 1882 die elektrische Beleuchtung ein. Das Gebäude von Muir & Mirrielees war das erste Haus in Moskau mit einem Fahrstuhl (1908). Im Budapester Corvin war der Fahrstuhl eine derartige Attraktion, dass das Kaufhaus sich entschloss, für seine Benutzung Geld zu verlangen.[54]

Kaufhäuser waren selbstbewusste und in zuvor unbekanntem Ausmaß globale Institutionen, die mit den anderen damaligen Globalisierungskräften zusammenwirkten: der Weltausstellung, dem Dampfschiff, dem Postdienst und der Migration. Die Great Exhibition von 1851 in London, die Exposition universelle von 1867 in Paris und spätere Ausstellungen präsentierten Güter aus aller Welt in einer Weise, die die Trennlinie zwischen Kultur und Ware verwischte. Umgekehrt glichen Kaufhäuser Museen, in denen die Menschen in Gestalt einer Sammlung von sorgfältig unter Glas ausgestellten Gütern die Welt besichtigen konnten. William Whiteley betrachtete sein Kaufhaus im Londoner West End als direkten Nachfolger der Weltausstellung, der Güter aus aller Welt für jeden Käufer erreichbar machte.[55] Das Warenhaus Tietz in der Leipziger Straße in Berlin wurde von einem Globus von viereinhalb Metern Durchmesser gekrönt, der nachts von innen beleuchtet wurde. Die Kaufhäuser bildeten eine globale Familie, die vom transnationalen Fluss von Kapital, Wissen und Geschmack zusammengehalten wurde. Das Bon Marché regte zum Bau von gleichnamigen Häusern in Brixton und Liverpool an. 1912 eröffnete Harrods eine Dependance an der exklusiven Calle Florida in Buenos Aires. Doch der Fluss führte nicht nur von europäischen Städten ins Ausland, sondern wirkte auch seitwärts und regte einheimische Unternehmer an. Das Kaufhaus Gath y Chaves in Buenos Aires war eine gemeinsame Gründung des Kreolen Lorenzo Chaves und des britischen Einwanderers Alfredo Gath. Ma Ying, der 1917 das vierstöckige Sincere Company in Shanghai eröffnete, war von den festen Preisen und dem Kundendienst von Anthony Horderns Einkaufspalast in Sydney beeindruckt gewesen.[56]

Der globale Anspruch zeigte sich im breiten Spektrum der feilgebotenen Güter. Das Londoner Kaufhaus Whiteley bezeichnete sich selbst als den »universalen Versorger«. Die Kaufhäuser konzentrierten sich auf Textilien und Möbel, boten aber darüber hinaus eine beeindruckende Bandbreite von Gütern und Dienstleistungen an. Im *Harrod's Catalogue* von 1895 findet sich alles Mögliche, von Cambric Knickers (»mit breiten Musselinrüschen besetzt, Knopflochrand, Handarbeit« oder, etwas billiger, maschinell gefertigt), Teekesseln und Kuckucksuhren über Japanlacktoilettenschränke und eine Wahrsagerin (»im Zigeunerkostüm«, zwei Stunden für 2 Pfund, 2 Shilling) bis zu Beerdigungen, komplett mit Sarg, Grabstein (aus verschiedenen Materialien), Leichenwagen, Kutschen sowie Dienern und Kutschern.[57] Das Kaufhaus Selfridges führte eine Kinderetage und einen Kindertag ein. In den neuen Konsumpalästen konnte man von der Wiege bis zur Bahre einkaufen.

Der Schlüssel zum Erfolg war der Fluss von Menschen und Gütern. Niedrige Preise erforderten einen großen, raschen Warenumschlag, was sowohl die Atmosphäre im Kaufhaus als auch seine Beziehung zum städtischen Umfeld tiefgreifend beeinflusste. Im Vergleich zu frühmodernen Geschäften war das Kaufhaus extrovertiert. Statt einen exklusiven, halbprivaten Raum für elitäre Kunden zu schaffen, öffnete es sich zur Stadt hin, um die Massen zu erreichen und in sich hineinzuziehen. In den

1890er Jahren wurden große Schaufenster zur Bühne für den neuen Beruf des Schaufensterdekorateurs, auf denen immer ehrgeizigere Phantasietableaus präsentiert wurden. So verwandelte Arthur Fraser die gesamte Fassade von Marshall Field in Chicago in ein Herrenhaus des 17. Jahrhunderts. Provinzkaufhäuser stellten Schlachtschiffmodelle aus Draht oder Modelle der St. Paul's Cathedral aus Taschentüchern aus. Selfridges ließ von acht Uhr abends bis Mitternacht das Licht im Haus brennen, um abendliche Schaufensterbummler anzuziehen. Geschäfte bauten Arkaden, um ihre Auslagen auf die Straße hinaus zu erweitern. Es war schwer festzustellen, wo der kommerzielle Raum endete und der öffentliche begann.

Im Innern der Kaufhäuser setzte sich die Sogwirkung fort. Bei Harrods wurde 1898 eine »bewegte Treppe« in Betrieb genommen, die viertausend Menschen pro Stunde auf und ab trug.[58] Fließbänder transportierten Waren. Mitteilungen rauschten durch Rohrpoströhren. Schneller Umschlag war oberstes Gebot. Abverkäufe gab es bereits seit mehr als hundert Jahren. Doch die Kaufhäuser verwandelten sie in ein wiederkehrendes saisonales Ritual. Muir & Mirrielees veranstaltete Abverkäufe im März für Handschuhe, im April für Parfüm und im August für Teppiche. In allen Kaufhäusern gab es »weiße Wochen«, zumeist im Januar, sowie »Sonderpreis«- oder »95-Pfennig«-Wochen. Während der Abverkäufe konnte sich die Kundenzahl vervierfachen, wie im Bon Marché auf siebzigtausend am Tag, und die Kaufhäuser leerten ihre Lager sechsmal im Jahr. Die Abverkäufe waren ein Ereignis, das Cartoonisten und Moralreformer ebenso in Erregung versetzte wie Käufer. Im *Prejudiced Guide to London Shops* von 1906 wird »Sale« als »magisches Wort« bezeichnet,

> »das in London regelmäßig zweimal im Jahr unsere Garderobe aufstockt, unsere Geldbörse leert, unseren Alltag durcheinanderbringt, uns fasziniert, abstößt, erfreut, enttäuscht ... Die Ethik des Schlussverkaufs ist so verstörend, in einem Augenblick moralisch und eindeutig gut, im nächsten unverkennbar enttäuschend und schlecht, dass, glaube ich, keine Frau mit einem rundum guten Gefühl an ihn denkt.«[59]

Es war die Geburt des totalen Einkaufens. Kaufhäuser veranstalteten Konzerte, richteten Bildergalerien und Bibliotheken ein und stellten Tee- und Rauchsalons zur Verfügung. Eröffnungen und Werbewochen verwandelten die Verkaufsflächen in magische Bühnenräume. Niemand hat die Atmosphäre in den Kaufpalästen besser eingefangen als Émile Zola, der nach Recherchen im Bon Marché das gesamte letzte Kapitel seines 1883 veröffentlichten Romans *Das Paradies der Damen* einer Weißwarenausstellung in einem Kaufhaus widmete: »Nichts als Weiß, alle weißen Artikel aus sämtlichen Rayons, eine Schwelgerei in Weiß, ein weißes Gestirn, dessen stetiges Strahlen zunächst blendete ...« Die Galerie für Kurz- und Wirkwaren zeigte »weiße Bauten aus Perlmuttknöpfen, eine große, aus kurzen weißen Strümpfen zusammengesetzte Dekoration, einen ganz mit weißem Molton ausgeschlagenen, von einem fernen Lichtstrahl erhellten Saal«. In der Hauptgalerie glitzerten weiße Seide und Bänder in hellem Licht. Die Treppen waren »mit weißen Behängen geschmückt, einander abwechselnden Draperien aus Piqué, die sich die Geländer entlangzogen und die Hallen bis zum zweiten Stockwerk hinaus umgaben«. Dieses »aufsteigende Weiß bekam Flügel, drängte sich zusammen und verlor sich wie eine Schar ziehender Schwäne. Dann fiel das Weiß von den Wölbungen herab. Daunen ergossen sich, eine breite schneeige Bahn aus großen Flocken ...« Über der Seidenabteilung in der Haupthalle befand sich

> »das Wunderbarste, der Altar für diesen Kult des Weiß ... ein Zelt aus weißen Vorhängen, die von dem Glasdach hernieder hingen. Die Musseline, die Gazestoffe, die kunstvollen Gipüren flossen als ein leichtes Gewoge herab, während sehr reich gestickter Tüll und Stücke orientalischer, mit Silber durchwirkter Seide den Hintergrund dieser riesigen Dekoration bildeten, die etwas von einem Tabernakel und zugleich von einem Alkoven hatte. Man hätte meinen können, ein großes weißes Bett harre hier wie im Märchen in seiner jungfräulich unberührten Riesenhaftigkeit auf die weiße Prinzessin, die eines Tages allmächtig im weißen Brautschleier daherkommen sollte. ›Oh, ganz außerordentlich!‹, sagen die Damen immer wieder. ›Unerhört!‹«

In der Parfümabteilung hatten die Verkäufer weiße Porzellangefäße und weiße Glasphiolen zusammengestellt, in deren Mitte ein silberner Springbrunnen in Gestalt einer auf einer Blumengarbe stehenden Schäferin die Aufmerksamkeit auf sich zog. Doch am größten war das Gedränge der Kunden in der Abteilung für Spitzen: »Die große Weißwarenausstellung feierte hier ihren Triumph mit ihren zartesten und kostspieligsten weißen Dingen. Dies war die grausamste Versuchung, der Wahnwitz der Begierde, die alle Frauen zerrüttete.«[60]

Zola hat in seinem Roman, dem erfolgreichsten des neuen Genres des Kaufhausromans, unter soziale Beobachtungen moralische Befürchtungen gemischt. In seinem Kaufhaus kollidiert ein Traum von jungfräulicher Unschuld, für die das weiße Bett und die Schäferin stehen, mit animalischer Begierde. Zola beschreibt Frauen, die »bleich vor Begierde« und von dem »unwiderstehlichen Verlangen« erfüllt waren, sich in den »Katarakt« aus Samt und Seide »hineinzustürzen und darin unterzugehen«. Das Kaufhaus ist als Mikrokosmos des sozialen Bösen an die Stelle der satanischen Fabrik getreten. Mouret, der Direktor des fiktiven Paradieses der Damen, ist der Nachfolger des mitleidlosen Fabrikanten in früheren viktorianischen Romanen. »Wenn er sein Vermögen und sein Vergnügen aus ihnen [den Frauen] gezogen habe, würde er sie haufenweise auf die Straße werfen ...« Zola beschreibt das Kaufhaus als rücksichtslose »Maschine« mit dem Zweck, Frauen zu verführen und zu erobern. Während der Abverkäufe verwandelt sich der »Menschenstrom« im Kaufhaus in ein »Meer«, das alle und alles mit sich reißt.[61]

Das Paradies der Damen ist ein Katalog zeitgenössischer Ängste. Eine von ihnen war, dass die »Kathedrale des Kommerzes« die wahre Kirche und die Anbetung der Güter die Anbetung Gottes ersetzen könnten. Kleine Einzelhändler und Konservative fürchteten, das Kaufhaus würde Familiengeschäfte und mit ihnen das soziale Gleichgewicht und die nationale Stärke zerstören. In Zolas Roman wirft sich ein Ladenbesitzer aus Verzweiflung vor einen Omnibus. Nach Ansicht von Kritikern nahmen die Kaufhäuser Millionen von Einzelhändlern ihr täglich Brot. Die Gesellschaft werde in zwei Gruppen gespalten, eine kleine von Geschäftsleuten und eine große von Konsumenten. Familie, Religion und Moral gingen zugrunde. Bis in die 1890er Jahre lebten viele Verkäufer am

Arbeitsplatz, und es war ihnen verboten zu heiraten. Liebe sei schlecht fürs Geschäft, bemerkte Zola. Andererseits war Sex verkaufsfördernd, und die Zeitungen waren voller Behauptungen, denen zufolge die Kaufhäuser Prostituierte anzogen oder selbst gutaussehende Verkäufer einstellten, um das schwache Geschlecht zu verführen. Der 1926 erschienene Roman *Das große Warenhaus* des Schweden Sigfrid Siwertz beginnt mit einer Sexszene in der Bettenabteilung; Schweden war schon immer einen Schritt voraus. Überall stand das Kaufhaus im Kreuzfeuer der Kritik. In Spanien wurde das Einkaufen für den Niedergang eines einst großen Weltreichs verantwortlich gemacht,[62] und in Deutschland glaubte man, im jüdischen Besitz befindliche Kaufhausketten würden einem aufsteigenden Reich die Kraft rauben.

In Wirklichkeit schmälerten die Kaufhäuser den Umsatz der kleinen Einzelhändler nur wenig. Sie schufen neue Arbeitsplätze für spezielle Berufe und zogen mehr Käufer in die Stadtzentren, was manche kleinen Geschäftsinhaber bald zu schätzen lernten. Dennoch wurden die angeführten Befürchtungen durch mehrere wichtige Trends bestärkt: die größere Sichtbarkeit von Frauen im städtischen Leben, die Auswirkungen der Urbanisierung auf die religiösen Überzeugungen und ein aggressiver werdender Nationalismus. Manche prophezeiten eine sexuelle und nationale Krise. Im London des 18. Jahrhunderts hatte man »macaronis« – geckenhafte Männer mit einer Vorliebe für italienische Lieder und Federn an den Hüten – vorgeworfen, sie würden die Nation schwächen,[63] und über ähnliche feminine Züge bei amerikanischen Siedlern machten sich auch britische Soldaten während des Siebenjährigen Krieges (1756–1763) in der ursprünglichen Version von »Yankee Doodle« lustig, bevor die neue Republik das Lied im patriotischen Sinn umdeutete.

Aber Geschäfte waren nicht notwendigerweise voller moralischer Gefahren. Jane Austen ließ in ihrem Roman *Emma* (1816) Harriet Smith vor einem Regen in ein Textilgeschäft fliehen, wo sie den honorigen Mr. Martin kennenlernte, ohne einen Anflug von Gefahr oder Verdorbenheit. Im wirklichen Leben spazierten sowohl Mittelschicht- als auch Arbeiterfrauen unbegleitet durch die Straßen.[64] Am Ende des Jahrhunderts hatte sich die Atmosphäre verändert. Da die Emanzipation der Frauen und ihre berufliche Tätigkeit zunahmen, wurden unbegleitete

Mittelschichtfrauen zum Blitzableiter für allgemeinere Befürchtungen. Das Kaufhaus schien in ansonsten ehrenhaften Damen das leidenschaftliche Tier zu entfesseln. Häufig waren es Frauen mit gut gefüllter Börse, die beim Ladendiebstahl ertappt wurden, wie Zolas Madame de Boves, die an einer »Neurose« litt, »die ihre einst ungestillte Luxusgier durch die ungeheuren und rücksichtslosen Verlockungen der großen Warenhäuser in ihr erzeugt hatte«.[65] Die Begierde nach Dingen stieg tief aus dem weiblichen Körper empor. Laut Kriminologen hatten viele Kleptomaninnen zur Tatzeit ihre Tage.

Hinter diesen sexuellen Befürchtungen lauerte die Angst vor dem Verlust von Selbstkontrolle und Individualität. Das Kaufhaus zog an und stieß gleichzeitig ab, weil es eine neue Massengesellschaft in sich zu bergen schien. Ein Zeitgenosse verglich es mit einem Ozeandampfer, auf dem die Klassen vorübergehend zusammengeworfen worden waren.[66] Der deutsche Soziologe Georg Simmel hob 1900 zwei komplementäre Prozesse hervor. Der eine betraf die Auswirkungen von Geld und Großstadt auf das Verhältnis des Individuums zu Gegenständen. Die Harmonie zwischen Dingen und Menschen war verlorengegangen. In der Großstadt war die Beziehung zu Dingen laut Simmel falsch und künstlich geworden. Mode, Neuheit und Reklame beschleunigten und diversifizierten sich im Kampf um die Aufmerksamkeit der Menschen. »Die Erweiterung der Konsumtion aber«, erklärte Simmel, »hängt an dem Wachsen der *objektiven* Kultur, denn je sachlicher, unpersönlicher ein Produkt ist, für desto mehr Menschen ist es geeignet.« Die Dinge verlören ihren persönlichen Bezug. Einst individuelle Kunstwerke, seien sie jetzt austauschbare Massenprodukte. Der zweite Prozess betraf die Beziehung zwischen Einzelnen und gesellschaftlichen Gruppen. Das Großstadtleben entfremdete Simmel zufolge die Menschen von ihrer Gemeinschaft und Klasse. In früheren Zeiten hatte es geheißen: »Stadtluft macht frei«, aber die Freiheit war jetzt nur noch eine kostspielige Illusion. Die Menschen mochten frei sein, sich zu bewegen und zu kaufen. Aber, so Simmel, sie bildeten eine »graue« Masse. Als Kunden geschätzt, waren sie als Individuen entwertet. Verkäufer unterschieden nicht mehr zwischen hochdekorierten Offizieren und einfachen Soldaten, bloßen Studenten und Herrn Professor Dr. Simmel; solange sie Geld besaßen, das sie ausgeben konnten, wurden alle gleich behandelt. In der modernen Stadt vollzog sich die gleichzeitige »Entfärbung« von Dingen und Individuen.[67]

In den 1930er Jahren erreichte dieses entmenschlichte Bild des modernen Käufers in den Schriften des deutschen Philosophen und Essayisten Walter Benjamin neue melancholische Tiefen. Benjamin nahm sich am 10. Oktober 1940 an der französisch-spanischen Grenze das Leben, um der Deportation nach Deutschland zu entgehen. Er hinterließ ein legendäres Archiv fragmentarischer Gedankensplitter über das Paris des 19. Jahrhunderts, das sogenannte *Passagen-Werk*, das seither die Geisteswissenschaftler verzückt. Benjamin mischte Marx mit Proust und einer Prise Freud. Die Realität war aus seiner Sicht nicht, was sie zu sein schien. Im 19. Jahrhundert sei Europa in einen Traum gefallen. Deshalb sei der Kapitalismus keines natürlichen Todes gestorben und werde es auch nicht tun. Um seine Zeitgenossen aufzuwecken, übernahm Benjamin selbst die Rolle des historischen Therapeuten und deutete den Aufstieg des »Zeit-traums« im Paris des 19. Jahrhunderts.[68]

Im Unterschied zu Max Weber glaubte Benjamin nicht, dass die Modernität die Welt entzaubert hatte. Ganz im Gegenteil: Geschäfte, Neuheiten und Reklamen seien die neuen Götter. Die Einkaufspassagen der 1820er bis 1840er Jahre seien kollektive »Traum-Häuser«,[69] Passagen in die Vergangenheit. Sie lägen in den Großstädten »wie Höhlen mit den Fossilien eines verschollenen Untiers: der Konsumenten aus der vorimperialen Epoche des Kapitalismus, des letzten Dinosauriers Europas«.[70] Mit ihren Geschäften und Promenaden seien die überdachten Passagen der Lebensraum einer neuen Figur: des Flaneurs. Während er ziellos die Stadt durchstreife, lege er wie eine Kamera ein Album privater Eindrücke vom öffentlichen Leben an. Sein Zuhause sei die Menschenmenge. Durch Georges-Eugène Haussmanns Umbau von Paris in den 1860er Jahren sei er verdrängt worden. Die großen Boulevards brächten die Passanten dazu, sich in regelmäßigen Strömen zu bewegen. Nur die Kaufhäuser seien noch als Orte des mäandernden Flanierens geblieben. Aber auch hier würde die Freiheit durch Gleichförmigkeit und Überwachung eingeschränkt. Im Kaufhaus würden sich die Konsumenten »[z]um ersten Mal in der Geschichte ... als Masse fühlen«.[71] Ob es ihm nun gefiel oder nicht, der Flaneur war selbst zum Ausstellungsstück geworden.

Diese pessimistischen Interpretationen haben einen langen Schatten über das 20. Jahrhundert geworfen. Sie müssen heute in ihren historischen Kontext gestellt werden. Bei aller Brillanz sagen sie mehr über die Verfasser aus als über die Realität des Einkaufens im späten 19. Jahrhundert. Benjamin schrieb mit dem Nationalsozialismus im Rücken. Nach seiner Ansicht führte eine direkte Linie vom Kaufhaus zu Adolf Hitler. Totalitäre Staaten hätten »die Masse« als Modell aufgegriffen: »Die Volksgemeinschaft sucht alles aus den einzelnen Individuen auszutreiben, was ihrer restlosen Einschmelzung in eine Kundenmasse im Wege steht.«[72] Aber an der Jahrhundertwende gab es keine Nationalsozialisten. Für viele Zeitgenossen führte das Einkaufen nicht automatisch zu Massenkonformität und moralischem Verfall. Immerhin endete Zolas *Paradies der Damen* mit der Hochzeit der Verkäuferin Denise mit dem Kaufhausbesitzer Mouret – einem Meisterstreich der sozialen Versöhnung, die Kommune und Kommerz, Moral und Mammon, den anständigen Kleinbürger und den Neureichen vereinte. Im wirklichen Leben verteidigten viele das Einkaufen, weil es Frauen den Zugang zu öffentlichen Räumen eröffnete. Es müsse nicht anrüchig sein, versicherte die Lady Guide Association, als sie 1888 Touren durch London zu organisieren begann. Mit Zwischenstopps in Museen und an Sehenswürdigkeiten machten diese Einkaufstouren Frauen zu rationaleren Konsumenten und lehrten bürgerliche Pflicht und imperialen Stolz. Nach Ansicht von Gordon Selfridge, der sein Kaufhaus in der Oxford Street 1909 eröffnete, verschmolzen beim Einkaufen Erholung und Emanzipation; er trat für das Frauenwahlrecht ein.[73]

Im liberalen England wurde das Kaufhaus nachdrücklicher verteidigt als auf dem Kontinent, aber auch dort war die Gegnerschaft, obwohl es mehr kleine Einzelhändler gab und sie besser organisiert waren, nicht so groß, wie sie häufig dargestellt wird. Die Sondersteuern für Kaufhäuser, die in Deutschland, Ungarn und einigen südamerikanischen Staaten vorübergehend erhoben wurden, waren gering und bei kaum mehr als 1 Prozent des Umsatzes nicht sehr wirkungsvoll. Manche Zeitgenossen erhofften vom Kaufhaus einen kulturellen Aufschwung. Einen dieser Handelstempel zu betreten, schrieb ein deutscher Autor 1907, sei zu einem »frohen Akt, zu einem Genuss, einem Fest« geworden. Wenigstens habe jetzt auch das »einfachere Volk« eine Chance, an diesem »Reichtum und all dieser Schönheit« teilzuhaben, »ohne Aufwendung eines Pfennigs«, und so reicher zu werden »an Schönheitsgefühl, Schönheitsfreude und dadurch an innerem Glück überhaupt«.[74] Modernistische Künstler feierten den Hedonismus der neuen Frau. In dem 1914 gedrehten Film *Ditja bolschowo goroda* (*Kinder der Großstadt*) des russischen Regisseurs Jewgeni Bauer ist die hübsche, verwaiste Näherin Manja ganz hingerissen vom Kaufhaus und wird zum Vamp, der auf Kosten seiner Verehrer ein Leben führt, das aus Tango, Bars und Glamour besteht. Die Korrumpierung unschuldiger Mädchen durch die Großstadt war ein literarisches Klischee, doch Bauer stellte die moralische Konvention auf den Kopf, indem er Manja nicht als Opfer, sondern als Heldin zeigte. Am Ende ist es Viktor, einer ihrer Verehrer, der Selbstmord begeht, weil er unfähig ist, von seinem bourgeoisen Phantasiebild von ihr als Objekt der Begierde zu lassen und sie als die Frau zu sehen, die sie wirklich ist.[75]

Die Gleichförmigkeit der »Massengesellschaft« wurde zum Teil deshalb übertrieben, weil das Kaufhaus als typisch bürgerliches und städtisches Phänomen idealisiert wurde. In Wirklichkeit unterschieden sich die Kaufhäuser in Größe, Kundenstamm und Verkaufspraktiken. Die meisten hatten wenig mit dem palastartigen Bon Marché gemein. In Deutschland eröffneten die späteren Kaufhausketten Wertheim, Tietz und Karstadt ihre ersten Häuser in Stralsund, Gera und Wismar, Städten mit weniger als dreißigtausend Einwohnern; im Bon Marché hätten 25 dieser Provinzkaufhäuser Platz gehabt. In Großbritannien bestanden viele Kaufhäuser aus mehreren benachbarten Gebäuden. Während das Bon Marché das Bürgertum bediente, waren andere Kaufhäuser weniger exklusiv. Arbeiterfamilien, deren verfügbares Einkommen gestiegen war, bildeten einen wachsenden Teil der Kundschaft und waren ein Grund für den raschen Aufstieg der Kaufhäuser im späten 19. Jahrhundert. Die erste Filiale der Wertheim-Brüder in Berlin war ein »Billigbasar« im Arbeiterbezirk Kreuzberg, und auch nach dem Umzug in die prestigeträchtigere Leipziger Straße im Jahr 1897 hing es weiterhin von Arbeitern und Pendlern als Kunden ab. Dufayel versorgte in den Außenbezirken von Paris eine ähnliche Kundschaft. Viele Kaufhäuser bemühten sich, ihre frühe Verknüpfung mit billigem Schund vergessen zu machen.

Die Kundschaft eines deutschen Kaufhauses im Jahr 1900

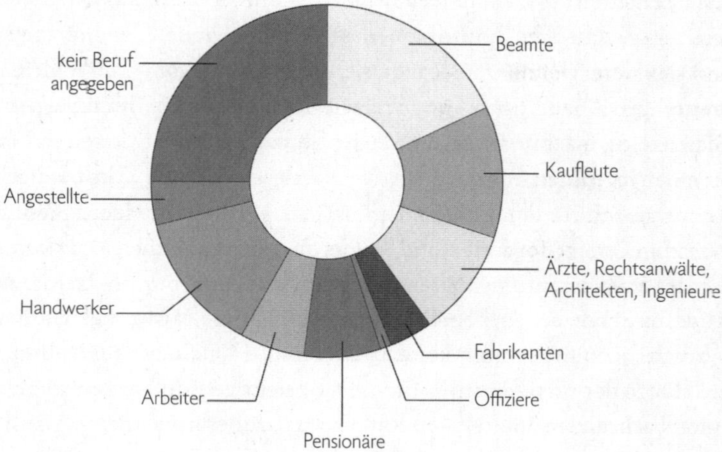

aus: Julius Hirsch, »Das Warenhaus in Westdeutschland«, S. 26.

Wohlsituierte Damen, so wurde in München erzählt, baten im Kaufhaus Tietz darum, ihre Einkäufe in braune Papiertüten zu packen, so dass es aussah, als hätten sie für ihre Dienstboten eingekauft. Es ist unmöglich, genaue Aussagen über die soziale Zusammensetzung der Kaufhauskundschaft zu machen. Laut der Kartei des Lieferdiensts eines Kaufhauses im Rheinland, in der die Berufe der Kunden verzeichnet wurden, machten Handwerker, Angestellte und Arbeiter zusammen ein Drittel der Kundschaft aus. Die meisten Käufer verließen die Geschäfte nicht mit Paketen beladen; der durchschnittliche Einkauf hatte einen Wert von weniger als einer Mark, bei einem Durchschnittslohn von Arbeitern von 60 Mark im Monat.[76]

Auch Männer gingen einkaufen. Harrods hatte für den anspruchsvollen Herrn hundert verschiedene Bruyèrepfeifen im Angebot. Kaufhäuser warben für Konfektionsanzüge für jede Saison und druckten in ihren Katalogen Maßtabellen ab. Lewis's in Liverpool war ursprünglich ein Herrenausstatter gewesen. In den 1890er Jahren erhielten Männer ihren eigenen New Look: ein sportliches Outfit, komplett mit tailliertem

Jackett, gepolsterten Schultern und Korsett zur Betonung der Taille. Die erste Zeitschrift für den modebewussten Mann, schlicht *Fashion* betitelt, erschien 1898. Keine Spur davon, dass sich eine graue Gleichförmigkeit herausbildete; vielmehr löste man sich schrittweise vom immer gleichen dreiteiligen Anzug. Sport- und Freizeitkleidung begann ihren Siegeszug. Gleichzeitig machte die Zunahme der Büroarbeit Investitionen in Mode zu einer legitimen Ausgabe für die Karriereförderung. Ein modischer Anzug sprach für den Ehrgeiz seines Trägers. »Maßschneidern Sie Ihren Weg zum Erfolg«, forderte Royal Tailors die amerikanischen Männer auf.[77] Andere Stilelemente gelangten gleichsam von der Straße in die Männermode, da Schneider sich bei Dandys und im Varieté Anregungen holten.[78]

Auch die Frauen waren keine passive Beute. Bei Selfridges stellten sie die Hälfte der privaten Investoren. Der gelehrige Käufer konnte sich in einer wachsenden Vielfalt von Ratgebern darüber informieren, wie man Qualität bestimmte, einen guten Preis erzielte und es vermied, über den Tisch gezogen zu werden. In einem frühen *Lady's Shopping Manual* hieß es warnend: »[D]rei Viertel der männlichen Verkäufer im Handel wissen nichts von den Artikeln, die anzubieten ihre Aufgabe ist. Ihr Ziel ist es allzu oft, *mit allen Mitteln* etwas zu verkaufen.«[79] In Kaufhäusern wurde zumeist bar bezahlt, aber in kleineren und spezialisierten Geschäften wurde häufig weiterhin Kredit gewährt. Rechtlich waren Frauen ökonomisch nicht unabhängig, aber das »Gesetz der Notwendigkeit« gab ihnen das Recht, für »notwendige« Güter den Kredit ihres Ehemannes zu nutzen – und was notwendig war, hing von Konvention und gesellschaftlicher Stellung ab. Ein modischer Hut, der für eine Wäscherin ein Luxus war, konnte für eine Kaufmannsfrau ein notwendiges Accessoire sein. Indem sie vorgaben, mehr zu sein, als sie waren, häuften manche Frauen eine Vielzahl von Krediten an, ohne je die Absicht gehabt zu haben, sie abzubezahlen. Für Einzelhändler war dies ein Alptraum, denn nach Ansicht der Gerichte hatten sie keinen Anspruch auf die Begleichung »unnötiger« Schulden, die Frauen ohne Einwilligung ihrer Männer gemacht hatten.[80] Neben Glanz und Magie gehörte zum Einkaufen also auch ein Katz-und-Maus-Spiel zwischen Einzelhändler und Käufer, in dem beide Seiten zu vermeiden versuchten, von der anderen betrogen zu werden.

Das Varieté feierte das Shopping als kostenloses Vergnügen für Paare in den Flitterwochen. In einem Lied hieß es:

»Shopping als Zeitvertreib ist einfach wunderbar,
Nichts auszugeben, aber eine gute Zeit zu haben,
Jede hübsche Sache anzusehen, die der Verkäufer höflich zeigt.
›Das sieht gut aus! Schrecklich gut! Einfach süß!‹
›Wieviel kostet es? Danke, wir kommen wieder.‹«[81]

Tatsächlich gab es alle möglichen Hindernisse fürs Stöbern, vom Flanieren ganz zu schweigen. Viele Kaufhäuser beschäftigten Aufseher und Türsteher, um sogenannte *palpeuses* und »tabbies« – Personen, die die Waren nur berührten, ohne sie zu kaufen – aufzuhalten. Als Gordon Selfridge seine Londoner Konkurrenz begutachten wollte, wurde ihm auf seine Auskunft, er wolle sich nur einmal umschauen, gesagt, er solle »weitergehen«. Auch das Einkaufen war nicht so einfach. In deutschen Kaufhäusern gab es in jeder Abteilung eine eigene Kasse, und die Kunden mussten sich an ihr anstellen, um ihren Einkauf zu bezahlen, bevor sie in eine andere Abteilung gehen durften. Gleichzeitig klagten Einzelhändler, deutsche Käufer seien hilflos; ihnen fehle die Eigenständigkeit ihrer französischen Pendants.[82]

Glasvitrinen und Auslagen unter Glas schufen eine neue Nähe zwischen Konsument und Gütern. Glas hat, laut einem Historiker, »vielleicht mehr als jedes andere Medium das Verlangen demokratisiert, während es den Zugang zu Gütern demokratisierte«.[83] Dies bedeutet jedoch nicht, dass menschliche Beziehungen aus den Geschäften verschwanden. Verkäufern und Verkäuferinnen wurde beigebracht, höflich und neutral aufzutreten und alles zu unterlassen, was Anstoß erregen könnte: kein grelles Make-up, kein dummes Lachen, keine persönlichen Bemerkungen. Dennoch war Inhabern von Provinzkaufhäusern klar, dass es wichtig war, einen treuen Kundenstamm aufzubauen. In Buffalo im Staat New York, einer Stadt mit einer halben Million Einwohner, pflegte der Geschäftsführer des Kaufhauses Adam, Meldrum and Anderson im Morgenmantel am Eingang zu stehen und seine weiblichen Kunden mit Namen zu begrüßen. In der Spielzeugabteilung prägten sich die Verkäufer die

Namen der nächsten Käufergeneration ein. Die Kaufhäuser bemühten sich nach Kräften, den Ruf eines entmenschlichenden Ungeheuers loszuwerden, und beteiligten sich aktiv am Gemeindeleben, indem sie etwa Veteranenparaden organisierten oder Hausfrauen lehrten, wie man Spanferkel röstete.[84]

Man vergisst leicht, dass es auch in anderen Teilen der Welt Kaufhäuser gab. In Ägypten, mit seiner vielfältigen Mischung aus Religionen, Bräuchen und Sprachen, hielten die Verkäufer in Notizbüchern die Vorlieben ihrer Kunden fest und bauten eine persönliche Beziehung zu ihnen auf. Verschleierte Muslimas mussten anders behandelt werden als jüdische oder christliche Kundinnen. In Kairo beschäftigte das Kaufhaus Orosdi-Back sowohl Muslime als auch Griechen, Italiener, Franzosen, Russen, Engländer, Spanier und sephardische Juden als Verkäufer. Die ägyptische Feministin Huda Sha'arawi, die in einem Harem groß wurde, erinnerte sich an ihre ersten Ausflüge in Geschäfte in der Zeit um die Jahrhundertwende. Sie liebte die Besuche in den Kaufhäusern von Alexandria, ihr Eunuch, Said Agha, nicht. Jeder geplante Ausflug löste im Haushalt eine tagelange »hitzige Diskussion« aus:

> »Sie sahen mich an, als hätte ich vor, das religiöse Gesetz zu brechen oder irgendein anderes Verbrechen zu begehen ... Sie bestanden darauf ... dass Said Agha und meine Mädchen mich begleiteten ... Wenn ich das Chalon betrat, waren Mitarbeiter und Kunden sichtlich abgestoßen von dieser verschleierten Geistererscheinung und ihrem Gefolge, vorneweg Said Agha, der in die Gesichter der Umstehenden starrte und sie schweigend aufforderte, woanders hinzuschauen ... Der Eunuch hielt direkt auf den Kaufhausmanager zu und verlangte den Ort barsch für den Harem. Man führte uns in die Abteilung für Frauenkleider und hinter zwei Wandschirme, die man hastig aufgestellt hatte, um mich vor fremden Blicken zu schützen.«[85]

Auch wenn Huda Sha'arawi hinter Wandschirmen verborgen war, gewann sie beim Einkaufen doch an Selbstbestimmung: »Nicht nur musste man aus einem breiten Angebot an Gütern auswählen, man konnte auch durch kluges Ausgeben Geld sparen.« Sie überredete ihre Mutter, sie zu begleiten, und schließlich erlaubte man ihr, allein einkaufen zu gehen.

Was der Telegraph für die Kommunikation tat, bewirkten Kaufhaus und Postversand fürs Einkaufen: eine Komprimierung von Zeit und Raum. Natürlich sind die ländlichen Gebiete nie eine kommerzielle Wüste gewesen. Sombart erkannte die revolutionäre Rolle von Hausierern, denen lange vorgeworfen wurde, sie würden die Bauernfrauen mit modischen Dingen verführen, von denen sie vorher noch nie gehört hatten.[86] Mitte des 19. Jahrhunderts waren die meisten Bauern in Europa und Nordamerika Teil eines Geldzusammenhangs, da sie auf dem Markt kauften und verkauften. Dies traf nicht nur für das hochentwickelte Westeuropa zu. In Russland durchbrachen Leibeigene seit den 1820er Jahren, eine Generation vor ihrer Befreiung im Jahr 1861, die Grenzen der Selbstversorgung und begannen auf Wochenmärkten und nahegelegenen Messen Güter zu kaufen und zu verkaufen. Zu den gehandelten Gütern gehörten Tabak, Leinenbekleidung, Wein, Senf und Honig ebenso wie Särge. Die Leibeigene Awdotja Jefremow hinterließ, als sie 1836 in Woschtschaschnikowo starb, fünf farbige Kleider, drei französische Kopftücher in Rosa, Blau und Schwarz, zwei Nachthemden mit Baumwollärmeln, einen Mantel mit Zobelbesatz und Winterstrümpfe, ferner mehrere Ringe und Ohrringe sowie eine Perlenkette. Hinzu kam ihre Aussteuer: drei Tischdecken, eine Baumwolldecke, eine Serviette, ein Federbett, ein Paar grüne Vorhänge, mehrere Handtücher (eines mit Spitzenborte) und zwei Samoware (ein kupferner und ein eiserner). Eine ihrer leibeigenen Nachbarinnen besaß eine silberne Kaffeekanne und ein vierzigteiliges silbernes Teeservice.[87]

Im Allgemeinen gab es zwei Transmissionsriemen, die neue Geschmäcker und Produkte in ländliche Gebiete brachten: Landwirtschaftsmessen und Kriege. In der Mitte des 19. Jahrhunderts gab es auf dem zentralen Jahrmarkt von Illinois Stände, an denen hochwertige Uhren, Sportartikel, Perücken und Parfüms verkauft wurden. Heimkehrende Bauern brachten aus dem Bürgerkrieg eine Vorliebe für Konfektionskleidung und andere Neuheiten mit.[88] Kaufhauskataloge verstärkten solche Strömungen zu einem reißenden Strom. Im Jahr 1900 verschickte beispielsweise das Kaufhaus Eaton's in Toronto 1,3 Millionen Exemplare seines zweihundertseitigen Katalogs – jeder fünfte Kanadier hatte ihn in seinem Briefkasten.[89] Die Stadt kam zur Blockhütte.

Laut Karl Marx ist die gesamte ökonomische Geschichte der Gesellschaft in der Veränderung des Verhältnisses von Stadt und Land zusammengefasst.[90] Sein Interesse galt vor allem der Arbeitsteilung, aber der Strom von Konsumgütern und Geschmäckern war ebenso wichtig. Die kulturelle Grenze zwischen Stadt und Land wurde immer durchlässiger. Harrods Versanddienst erstreckte sich von Argentinien bis Zypern. Das Moskauer Muir & Mirrielees lieferte bei einem Mindestbestellwert von 50 Rubeln ins gesamte russische Reich, von Polen bis Wladiwostok. 1894 verteilte das Bon Marché 1,5 Millionen Kataloge, davon die Hälfte in der Provinz und weitere 15 Prozent im Ausland, und es versandte jedes Jahr Waren im Wert von 40 Millionen Franc in Provinzstädte und Dörfer.[91] Artikel städtischer Mode und Bequemlichkeit waren Tausende Kilometer von der Metropole entfernt zu haben. Als Anton Tschechow sich in den späten 1890er Jahren in Jalta von der Tuberkulose erholte, bekam er seine Hüte, Kragen, Gardinen und Öfen weiterhin von Muir & Mirrielees.[92]

Amerikanische Autoren, von der Vorstellung des Schmelztiegels beeinflusst, haben die Rolle des Kaufhauses bei der Herausbildung einer gemeinsamen nationalen Identität hervorgehoben. Global gesehen, wirkten den vereinigenden Kräften jedoch soziale und ethnische Unterschiede entgegen. Das Kaufhaus pflegte einen übernationalen Stil, der nationalen Eliten eine Gelegenheit bot, ihre Modernität zu demonstrieren und sich von »traditionellen«, »niedrigeren« sozialen und ethnischen Gruppen abzuheben. Die Zentren dieses Modenetzwerks waren Paris und London. In São Paulo kauften die Töchter der Kaffeebarone ihre französischen Kleider im Kaufhaus Mappin, bevor sie sich zum Fünfuhrtee in dessen Salon zurückzogen. Das Kairoer Au Petit Louvre – ein von den Brüdern Chemla aus Tunis errichteter Marmorpalast mit Säulen im Louis-seize-Stil – hatte die neuesten Hüte aus Paris im Angebot und warb mit eigenen französischen Hut- und Korsettmachern. Straßenhandel und Feilschen verachtete man als etwas für Einheimische und Bauern.[93]

In Wirklichkeit war es unmöglich, eine scharfe Trennlinie zwischen modernem und traditionellem Einkaufen zu ziehen. Aristide Boucicant, der Gründer des Bon Marché, hatte als Gehilfe eines Hausierers begonnen. Als Haussmann das alte Paris einebnen und Boulevards statt Barrikaden errichten ließ, schuf er die Bühne für die großen Kaufhäuser, aber dieser Umbruch war ziemlich einzigartig. Sogar in Kairo, wo man seinem Beispiel am getreuesten zu folgen versuchte, fanden kleine Geschäfte und Straßenhändler im neuen Innenstadtviertel Ismailia ihre Nische. Die Boulevards wurden von den großen Kaufhäusern beherrscht, die westliche Kleidung verkauften, aber in den winzigen Gassen zwischen ihnen gingen Hunderte von Schneidern, Schmuckverkäufern und Lebensmittelhändlern, die Nüsse und Gewürze in offenen Säcken ausstellten, ihren Geschäften nach. In der Fu'ad-Straße boten unlizenzierte fliegende Händler weiterhin ihre Waren an. Die meisten Einwohner wechselten zwischen diesen Räumen, die akademische Trennung von Tradition und Moderne kümmerte sie wenig. Sie gingen zu besonderen Anlässen ins Kaufhaus, kauften ihre westlichen Schuhe bei einem der billigen kleinen Schuhmacher und gönnten sich unterwegs ein paar Süßigkeiten aus Damaskus. Kurz, sie waren Parallelkäufer.[94]

Es ist verlockend, in der weltweiten Verbreitung des Kaufhauses ein Zeichen für dessen fortschreitende Dominanz zu sehen, aber das ist eine optische Täuschung. Die Welt des Einkaufens dehnte sich im späten 19. Jahrhundert in alle Richtungen aus. Die großen Kaufhäuser erhöhten ihre Umsätze, aber dies galt auch für eine ganze Reihe ihrer Konkurrenten, von Hausierern bis zu Genossenschaftsläden. In Westeuropa lag der Anteil der Kaufhäuser am Einzelhandel bei weniger als 3 Prozent; in den Vereinigten Staaten war er geringfügig größer.[95] Bei Kleidung und Möbeln erreichten die Kaufhäuser selten einen Marktanteil von 10 Prozent. Die Konkurrenz schlief nicht. Die Zahl kleiner Geschäfte vervielfachte sich. In Hamburg zum Beispiel gab es 1910 21 000 Geschäfte, eins auf 44 Einwohner; ein halbes Jahrhundert zuvor war die Geschäftsdichte nur halb so groß gewesen. In Familienbesitz befindliche Geschäfte überall in Europa gaben Millionen Menschen Arbeit, insbesondere Frauen. Und ihre zunehmende Zahl war der Grund sowohl ihrer Angst vor neuer Konkurrenz als auch ihrer Bereitschaft, im Kampf um Kunden neue Mittel einzusetzen. Kleine Geschäfte waren die Vorreiter bei Reklame, Verpackung und Warenauslage und nahmen als Erste Kolonial- und Fertigwaren ins Angebot.[96]

Das städtische Wachstum, mobile Arbeitskräfte und ein steigender Lebensstandard eröffneten auch Hausierern Chancen. Weit davon entfernt, aussterbende Überreste des Mittelalters zu sein, passten sich die fliegenden Händler den veränderlichen Bedürfnissen der Stadt bemerkenswert gut an. Da viele Straßenhändler nicht registriert waren, sind die britischen Zensusdaten unzuverlässig, aber Fachleute schätzen, dass sich ihre Zahl in der zweiten Hälfte des 19. Jahrhunderts im Einklang mit dem Bevölkerungswachstum auf rund siebzigtausend verdoppelte. In Preußen war ihre Zahl trotz diverser Steuern und Einschränkungen doppelt so hoch.[97] In Hamburg verkauften rund dreitausend Straßenhändler alles Mögliche, von Obst und Gemüse bis zu Groschenromanen. In den Städten und auf dem Land vertrieben Hausierer anstelle von handgefertigten Körben und Geschirr nun immer öfter Fabrikwaren aus Massenproduktion. Die früher im Jahrhundert erfolgte Auflösung der Zünfte und Ausweitung der Handelsfreiheit hatte auch Billighändlern den Weg geebnet, sogenannten Wanderlagern, einer Art mobilen Outlet-Centern, die Kleinstadtkunden in für wenige Wochen angemieteten Räumlichkeiten Restposten, Billigkleidung, Delikatessen und Teppiche aus Konkursverkäufen anboten. 1910 gab es in Deutschland tausend dieser Wanderlager.[98]

Die radikale Alternative zum Kaufhaus waren die Genossenschaftsläden (siehe Abbildung 21). Wie die Kaufhäuser versuchten sie durch die Ausschaltung von Zwischenhändlern die Preise zu senken, aber sie gingen noch einen Schritt weiter und verwandelten das Geschäft in ein Gemeinschaftsunternehmen, das den Käufern selbst gehörte. Gewinne gingen als Dividende an sie zurück. In England begannen in den 1760er Jahren einige Hilfsvereine auf Gegenseitigkeit Lebensmittel zum gemeinsamen Nutzen zu verkaufen; in Japan praktizierten die Mujin-Gesellschaften schon im 13. Jahrhundert die genossenschaftliche Finanzierung. Den eigentlichen Startschuss der Bewegung gab jedoch eine Gruppe von Flanellwebern, die, vom Frühsozialismus Robert Owens inspiriert, Ende 1844 in Rochdale einen Genossenschaftsladen gründete. Die Rochdale Pioneers wurden zu Stars des internationalen Radikalismus, deren Projekt Bewunderer aus so weit entfernten Ländern wie Russland und Japan anzog. Es war Rochdales welthistorischer Augenblick. Als nach dem Scheitern der

Revolutionen von 1848 ein Vorbehalt gegen die »wildere Art« von Sozialreformern, wie der führende Genossenschaftler Georg Jacob Holyoake sie nennen sollte, zurückblieb, schienen die Genossenschaften das akzeptable Gesicht der sozialen Verbesserung zu sein.[99] Anstelle des gewaltsamen Umsturzes bemühten sich die Genossenschaften, die gnadenlose kapitalistische Bestie zu zähmen, indem sie ihr tugendhafte Zellen von Gutwilligkeit, Gegenseitigkeit und Selbsthilfe einpflanzten. Ihnen beizutreten bedeutete neben preiswerten Lebensmitteln das Versprechen einer besseren Welt.

Der Exporterfolg dieses Modells hing davon ab, welche Alternativen es vor Ort gab, und insbesondere davon, wie groß die lokalen sozialistischen Parteien waren und welche Haltung sie einnahmen. In Dänemark zum Beispiel glaubten die Sozialdemokraten, Genossenschaften würden die Lebensumstände der Menschen nicht verbessern, sondern verschlechtern, indem sie kleine Ladenbesitzer in den Ruin trieben. Im Großbritannien des späten 19. Jahrhunderts dagegen entwickelte sich die Genossenschaftsbewegung, mangels einer starken Labour Party, zur größten Sozialbewegung der Zeit. Bis 1910 traten rund drei Millionen Briten oder rund ein Viertel der Haushalte – unter ihnen die meisten Arbeiterfamilien – den 1400 Konsumgenossenschaften bei. Besonders stark waren die Genossenschaften in mittelgroßen Städten im industrialisierten Nordwesten, der zuvor eine Einzelhandelswüste war. Am Vorabend des Ersten Weltkriegs hatten sie mit 8 Prozent einen dreimal so großen Anteil am britischen Einzelhandelsumsatz wie die Kaufhäuser und lagen knapp vor den Einzelhandelsketten. In Deutschland hatten die Genossenschaften 1,6 Millionen Mitglieder, in Frankreich eine Million und in Italien eine halbe Million (die im Norden konzentriert war); in Japan entstand in der Zwischenkriegszeit eine Genossenschaftsbewegung. In Skandinavien schlossen sich Bauern zusammen.

Genossenschaftsläden verkauften hauptsächlich Grundnahrungsmittel. In den belgischen Maisons du Peuple machte Brot die Hälfte des Umsatzes aus. Doch das Angebot vergrößerte sich. Die Genossenschaften entwickelten eigene Marken und Reklamestrategien. Die Geschäfte begannen Schmuck und Möbel anzubieten und ihre Schaufenster zu dekorieren. Die »Grundbedürfnisse« vermehrten sich. Die Genossenschaften wollten sowohl die materielle als auch die kulturelle Armut überwinden. Um eine kultiviertere Persönlichkeit und einen gemeinschaftsorientierten Lebensstil zu schaffen, bedurfte es nicht weniger als einer Geschmacks- und Freizeitrevolution. Die Genossenschaften entwickelten eine Arbeiterklasseversion des totalen Shoppings mit gutem Gewissen. Wie die Kaufhäuser veranstalteten Genossenschaftsläden Konzerte, Teegesellschaften und Kochkurse und richteten Bibliotheken und Lesesäle ein. In Ausstellungen zeigten sie eine Welt der Güter en miniature, nur dass sie nicht die neueste Pariser Mode vorführten, sondern gesundes Mehl, Stiefel, Besteck und andere Dinge aus der Produktion von Partnern aus der 1893 gegründeten International Co-operative Alliance.[100]

Den Aufstieg des Einkaufens als Niedergang des öffentlichen Raums zu sehen wäre daher zu einfach. Das Einkaufen beschnitt öffentliche Räume, Geselligkeit und Sensibilität, schuf aber auch neue Räume und Möglichkeiten. Die Städte waren Kampfzonen konkurrierender Vorstellungen von Raumordnung. Stärker als alle anderen gerieten die Straßenhändler ins Kreuzfeuer der Kritik; ihr Schicksal zeigt, wie kommunale Behörden den Fluss von Gütern und Menschen zu regulieren versuchten, aber auch, wie schwierig dies war. Zunächst einmal weitete sich die Hygienerevolution auf die Straße aus. Hausierer galten als Krankheitsüberträger und Unruhestifter, als schwer zu kontrollieren und nicht zu fassen. Wenn sie mit ihren Karren an Straßenecken standen und laut rufend ihre Waren anpriesen, waren sie jedem Bürgermeister, der etwas auf sich hielt, und jedem Gesundheitsinspektor ein Dorn im Auge. Überall auf der Welt errichteten Städte Markthallen, um sie unter Kontrolle zu bringen (siehe Abbildung 22). Diese Hallen waren eine zusätzliche Attraktion für die Stadtbevölkerung. Sie erleichterten es, Händler zu konzessionieren und Qualität und Preise zu kontrollieren. Und sie versprachen auch Menschen und Verhalten zu regulieren. Das Verbot des Straßenhandels, Hygienereformen und die Errichtung von Markthallen gingen Hand in Hand. Der fast 6000 Quadratmeter großen Markthalle in Bolton mussten nahezu zweitausend Slumhütten weichen. Unerwünschten Besuchern wurde der Zutritt versagt, in der Halle war es verboten, zu spucken, zu fluchen oder zu schreien. Markthallen zeigten, von welchem Geist eine Stadt war. Kirkgate Market in Bradford war ein achteckiger Pavillon mit einem Dach aus Glas und Eisen und gold- und bronzefarben gestrichenen schmiedeeisernen Verzierungen. Zur Eröffnung der Markthalle von Derby im Jahr 1866 wurde eine große Prozession von Würdenträgern der Stadt veranstaltet, und ein sechshundertköpfiger Chor führte den *Messias* auf.[101] Für ihre Verfechter waren diese Hallen wahre Schulen des Fortschritts. Sie lehrten die unteren Schichten bessere Manieren und versorgten sie dank Großeinkäufen, Kühlschränken, hygienischer Lagerung und Gesundheitsinspektionen mit billigeren und gesünderen Lebensmitteln.

Die Einkaufsräume und Einkaufsgewohnheiten umzugestalten erwies sich jedoch als schwieriger, als die Reformer gedacht hatten. In Berlin füllten Lebensmittel- und Blumengroßhändler die Markthallen, während kleine Einzelhändler sie verließen. 1911 begannen Beobachter ihre »zunehmende Bedeutungslosigkeit« für gewöhnliche Menschen zu konstatieren.[102] Mehrere Hallen schlossen ihre Tore. Es konnte billiger sein, bei einem Straßenhändler einzukaufen, der keine Standgebühren zahlen musste. Darüber hinaus gewährten kleine Geschäfte Kredit, während in Markthallen nur Bargeld zählte. Vielen Hallen fehlte der Glanz des Kirkgate Market. In Shanghai zum Beispiel gab es 14 städtische Märkte. Derjenige in der Elgin-Straße war ein von Stützen aufrecht gehaltener »alter Holzbau«, derjenige in der Purdon-Straße bestand zwar aus Stein, aber der erste Stock war nur zur Hälfte belegt. Der Wuchow-Markt war wegen der vielen Händler, die gekochte Speisen feilboten, schwer zu säubern. Im Maloo-Markt hinter dem Rathaus machte die chinesische Abteilung gute Geschäfte, während die ausländische Sektion verwaist war. In der Tsitsihar-Straße blieben die Marktstände leer, während der Straßenhandel florierte. Wenn zu Städten das gehört, was Henri Lefebvre, ein Pionier der Beschäftigung mit dem Alltagsleben, »Raumkonsens« genannt hat,[103] machten sich die Kommunalbehörden von Shanghai kaum Illusionen darüber, ihn jemals erreichen zu können: »Die riesige Zahl von Lebensmittelhausierern in der Ansiedlung ist eine ständige Sorge; selbst mit Hilfe der Gesundheitspolizei hat es sich als unmöglich herausgestellt ... diesen Bereich des Handels zu kontrollieren.« Die Händler würden Lebensmittel in ihren Schlafzimmern lagern oder als Kühlmittel etwas benutzen, »das als Natureis bekannt ist, aber korrekter als gefrorenes Abwasser zu beschreiben ist«.[104]

Die schlichte Tatsache war, dass man bei Straßenhändlern billig und flexibel einkaufen konnte. Kaum hatte ein Geschäft seine Jalousien heruntergelassen, erschien ein Hausierer an der Straßenecke. Sie waren überall. Um in einer Markthalle einzukaufen, musste man häufig einen langen Fußweg oder die Extraausgabe für eine Straßenbahnfahrkarte auf sich nehmen. Zentralisierung hatte offensichtliche Grenzen, die in Darstellungen der von Boulevards und Kaufhäusern geprägten modernen Stadt häufig übersehen werden. An der New Yorker Lower East Side und in anderen Städten mit mobilen Einwanderergemeinden blieben Verkaufskarren und -stände ein gewohnter Anblick. In Köln florierten Wochenmärkte ebenso, wie sie in Quito und São Paulo überlebten.[105] Sogar in Großbritannien waren Städte genötigt, früher erlassene Vorschriften aufzuheben, da sich herausgestellt hatte, dass Markthallen nicht in der Lage waren, eine wachsende Bevölkerung mit mehr verfügbarem Einkommen zu versorgen. An der Wende zum 20. Jahrhundert wurden Straßenhandel und Freiluftmärkte, nachdem sie ein halbes Jahrhundert lang unterdrückt worden waren, wieder zugelassen.[106]

Auch ließen sich die Straßenhändler nicht herumstoßen. Die mexikanische Provinzstadt Morelia ist ein gutes Beispiel für die gewundene Geschichte der Raumpolitik. Modernität kehrte dort im Jahr 1888 mit dem elektrischen Licht ein. Ein Kaufhaus eröffnete, Port of Liverpool genannt. Kaufleute und Kommunalbeamte taten sich zusammen, um die öffentlichen Räume zu säubern und eine attraktive Einkaufsumgebung zu schaffen. Geschäfte stellten Glasschaukästen auf. Doch diese glitzernde neue Szenerie wurde durch Straßenhändler verschandelt, die, laut dem Bericht einer Untersuchungskommission von 1913, nicht nur das Stadtbild störten, sondern den anständigen Geschäften auch noch Kunden abspenstig machten. Anstatt in die Geschäfte zu gehen, würden die Käufer draußen herumschlendern, wo Verkaufsstände von Schuhen bis Eiscreme alles Mögliche anböten. Außerdem würden auch noch Kioske errichtet. Die Straßenhändler müssten weg. Der Platzverweis hatte allerdings unerwartete Folgen: Anstatt ihre Sachen zu packen und sich zu zerstreuen, vereinigten sich die Händler und gründeten eine Gewerkschaft, und 1917 während der Revolution kehrten sie zurück.[107]

Wir haben gesehen, wie Vorhandenes und Neues ihren Beitrag geleistet haben zur Konsumstadt, deren Geschichte eher eine der Diversifizierung als eine der Homogenisierung ist. Nach den Räumen des Einkaufens wollen wir uns jetzt seinem Rhythmus zuwenden. Viele Autoren haben behauptet, in der modernen Stadt sei die Bewegung reguliert, diszipliniert und anonymisiert worden. Konsumenten würden in gesteuerten Strömen wie betäubt Boulevards entlangtrotten und sich durch Kaufhäuser schieben. Lefebvre verglich Modernität mit Dressurreiten; die Menschen würden wie Pferde darauf trainiert, eine Folge automatischer, sich wiederholender Bewegungen auszuführen. Freiheit sei eine Illusion: »[D]ie Menschen können nach rechts oder links gehen, aber ihr Gang, der Rhythmus ihres Gehens ... verändert sich bei all dem nicht.«[108] Man könnte einwenden, dass Routine sowohl befreien als auch schwächen kann,[109] aber hier stellen wir nur die Frage, ob das moderne Stadtleben tatsächlich ein herzloser monotoner Kreislauf war.

In Wirklichkeit beeindruckte die moderne Stadt viele Zeitgenossen durch die Vielfalt ihrer Rhythmen. Der Journalist George Sims hat der britischen Metropole 1904 in einer Panoramatour durch *Living London* den Puls gefühlt. Ihm fiel auf, dass sich die Einkaufsviertel »nicht nur in der allgemeinen Erscheinung, sondern auch in den Methoden, im Verhalten und in der Sprache« unterschieden, »so als würden sie zu verschiedenen Städten gehören«. Die Westbourne Grove, wo sich das Kaufhaus Whiteley befand und die Damen über »Preise, Schnäppchen, Kataloge und solche Dinge« plauderten, besaß kaum Ähnlichkeit mit dem East End, wo geschäftstüchtige Ladenbesitzer »inmitten von zu Gruppen zusammengestellten Linoleum- und Teppichrollen wie Laienpriester in Tempelruinen« Möbel und Geschirr anpriesen und »Kunden haltmachten, um mit den Verkäufern zu feilschen«. Am Samstagabend blieben in der Whitechapel Road Schneider, Textil- und Spielzeuggeschäfte und viele andere Läden geöffnet, während sich am Rinnstein Karren von Straßenhändlern drängten. Ein Backkartoffelhändler ging hin und her, »einen Funkenregen aus dem großen schwarzen Behälter auf seinem Karren hinter sich her ziehend. Die Schänken sind voll; der Bürgersteig wimmelt von Männern, Frauen und Kindern, gutgekleideten, schäbigen und verruchten, die einkaufen oder gemütlich promenieren.« Wenn die Menschen aus den Theatern strömten, veränderte sich der Fluss erneut.[110]

Auch neue Räume wie die Markthalle waren voller Rhythmen. An Wochentagen strömten die Menschen hinein, um ein gutes Stück Fleisch oder ein Grammophon zu ergattern. Spucken verboten. An Sonnabenden waren viele Märkte bis Mitternacht geöffnet. Für junge Leute waren sie ein Ort zum Schlendern und Flirten. Andere blieben stehen, um Holzschuhtänzern zuzuschauen oder sich wiegen zu lassen. Es wurde auch wieder gefeilscht. Teestuben boten Platz zum Entspannen und Erfrischungen. Wer es eilig hatte, konnte sich an einem Imbiss oder Eisstand etwas kaufen. Jongleuren, Akrobaten und anderen Straßenkünstlern wurde wieder der Zutritt gewährt. Im Bazaar in Glasgow gab es einen Schießstand. Abgesehen von den Secondhandläden unterschieden sich die Markthallen kaum von Tianqiao in Peking.[111]

Unterhaltungsstätten

Raum ist, wie Lefebvre hervorhebt, als physische Zusammenballung von Straßen und Gebäuden nicht einfach nur da. Er ist sozial, ein Produkt von Kommunikation, Tätigkeit und Austausch.[112] Er umfasst die Sinne. Der persönliche Raum wird immer in Beziehung zur Umgebung wahrgenommen. In der modernen Stadt erfuhr das Raumgefühl einen Umbruch, der ebenso bemerkenswert war wie die physischen Veränderungen durch Wasserleitungen und Fensterglas. Neben den Strömen von Gütern und Menschen kanalisierten Städte Gefühle. Gewiss blieben sie Räume der Arbeit, und Brot und Spiele hatten die Städte schon seit der Antike geboten. Aber in der Zeit zwischen den 1880er und den 1920er Jahren vermehrte sich die Zahl der kommerziellen Unterhaltungsstätten dramatisch, von Varietés und Kinos über Vergnügungsparks bis hin zu Stadien. Von heute aus gesehen, mag die Lage arbeitender Menschen damals miserabel gewesen sein, aber die meisten hatten mehr Geld und Freizeit zur Verfügung als jemals zuvor. Manche Städte machten Vergnügungen zu ihrem Hauptgeschäft. Der Badeort Blackpool hatte 1893 vier Millionen Gäste. Viele Fabrikarbeiter verbrachten dort ihren ersten »Tagesurlaub«.

Auch Sigmund Freud war zweimal dort zu Gast und paddelte auf der Irischen See.

Das zwiespältige Verhältnis zur Stadt war tief in der europäischen Kultur verwurzelt. Der Romantiker William Wordsworth warnte 1800, ihre vielen Reize würden eine »fast wilde Benommenheit« hervorrufen. Ein Jahrhundert später wurde diese Diagnose durch neue Raum- und Zeiterfahrungen bestätigt. Die Zeit tickte nicht mehr wie eine Uhr, sondern floss wie ein Strom in ständigem Auf und Ab. Modernistische Schriftsteller dehnten sie oder komprimierten Jahre und kehrten den Zeitverlauf sogar um.[113] Man hatte weithin das Gefühl, dass sich das Leben unter dem urbanen Druck beschleunigte und fragmentierte. Von stabilisierenden Normen und Ordnungen – dem, was Max Weber »Lebensführung« nennt – gelöst, wurde der Einzelne hin und her geschleudert. Tempo und Dynamik machten die Stadt zum Schmelztiegel einer neuen Geisteshaltung, der »Blasiertheit«, die, wie Georg Simmel im immer noch einflussreichsten Aufsatz über die Metropole ausführte, eine Folge der »rasch wechselnden und in ihren Gegensätzen eng zusammengedrängten Nervenreize« sei. In der Großstadt seien zwei große Kräfte am Werk, ein »maßloses Genussleben«, das »die Nerven so lange zu ihren stärksten Reaktionen aufregt, bis sie schließlich überhaupt keine Reaktion mehr hergeben«, und ein Bombardement des Geistes mit so vielen Reizen, dass ihre schiere Vielzahl, wie klein und harmlos sie im Einzelnen auch sein mochten, die Nerven erschöpfe. Das Ergebnis sei die »Unfähigkeit, auf neue Reize mit der ihnen angemessenen Energie zu reagieren ... eben jene Blasiertheit, die eigentlich schon jedes Kind der Großstadt im Vergleich mit Kindern ruhigerer und abwechslungsloserer Milieus zeigt«. Sie sei durch Abstumpfung und einen Verlust an Tiefe gekennzeichnet. Die Stadt sei ganz Kopf und ohne Herz. Städter würden den seelenlosen Geist einer Rechenmaschine erwerben, die dem städtischen Zwang zu Pünktlichkeit, Genauigkeit und Koordination entspreche. Letzten Endes seien Städter eine einsame Menge von Pseudoindividuen. Dem »Blasierten«, resümierte Simmel, erscheine alles »in einer gleichmäßig matten und grauen Tönung«.[114]

Zur Verkörperung der städtischen Überreizung, Erschöpfung und Nivellierung wurde das Kino mit seinen schnell wechselnden Bildern.

»Die Filme sind der Spiegel der bestehenden Gesellschaft«, erklärte Siegfried Kracauer 1927 in einem Essay über das Kinopublikum in der *Frankfurter Zeitung*, deren Film- und Theaterkritiker er war. »Die blödsinnigen und irrealen Filmphantasien sind die *Tagträume der Gesellschaft* ...«, sie spiegelten einen für die Großstadt typischen »Massengeschmack« wider. Kracauers Porträt war weit entfernt von einer etablierten, elitären Kulturkritik der Massen. Das Kino hatte sein Interesse gepackt, da es ihm die wahre Traumwelt der Moderne aufblitzen ließ, von eskapistischen Romanzen, in denen arme Mädchen reiche Männer heirateten, bis zur Architektur der Kinos selbst; die barocke Anmutung des Berliner Gloria-Palasts sei typisch für den »[g]epflegten Prunk der Oberfläche«. In den Kleinstädten sei das Kino etwas für die Unterschicht, während das Bürgertum sich von ihm fernhalte. In Berlin sauge der Strudel des Großstadtlebens alle an, auch die Wohlhabenden und Gebildeten, ein »homogenes Weltstadt-Publikum ... von der Diva bis zur Stenotypistin«. Für Kracauer war klar, wer diese großstädtische Masse verkörperte – sein Essay war überschrieben mit: »Die kleinen Ladenmädchen gehen ins Kino«.[115]

Kritische Interpretationen des Kinos hatten erheblichen Einfluss, und es ist leicht zu verstehen, warum. Wir wissen, was folgte: der totalitäre Gebrauch von Film und Unterhaltung sowie die Allgegenwart von standardisierten Hollywoodproduktionen. Im Rückblick übersieht man jedoch leicht, was vorher war. Die Vorstellung einer homogenen »Massengesellschaft« ist leicht irreführend, da sie zeitunabhängig einen universalen, passiven Konsumenten voraussetzt, so als wäre ein Kinobesuch immer ein und dasselbe gewesen. Als Kracauer den »Kult der Zerstreuung« beschrieb, feierte das Kino bereits seinen zweiunddreißigsten Geburtstag, und im Erwachsenenalter unterschied es sich erheblich von seiner Kindheit.

Das erste Kinetoskop eröffnete 1894 in einem umgebauten Schuhgeschäft am Broadway in New York. Seine Bilder konnte man durch ein Guckloch sehen. In der ersten Zeit war die Vorführung laufender Bilder jedoch selten eine separate Unternehmung, sondern meistens Teil eines bestehenden Unterhaltungskomplexes. Sie wurden in Varietés und Schwimmbädern, auf Messen und in Missionshallen gezeigt. Wanderkinos tourten durch Kleinstädte und Landgemeinden und waren entscheidende

Verbreiter der Vorliebe für das neue Medium. In den Niederlanden beispielsweise erreichten sie eine Million Zuschauer. Im Utrechter Tivoli-Park gab es ein eigens für Wanderkinos bestimmtes Zelt. 1904 lockte ein typisches örtliches Varietékino mit seinen Vorführungen wöchentlich siebzigtausend Zuschauer an. Manche Wanderkinos waren wahre Paläste auf Rädern, mit 13 Meter hohen Spiegeln, vergoldeten Dekorationen, einer Orgel, Hunderten von Glühbirnen und seidenbezogenen Sitzen in der ersten Reihe. Sie boten siebenhundert Menschen bequem Platz. Ein typisches Wanderkino war das von Guido Seeber. Seine Vorstellungen begannen 1904 mit einem Konzert, dem ein Kurzfilm über den Gordon-Bennett-Cup folgte, das erste internationale Autorennen, das 1903 stattgefunden hatte. Anschließend wurden die Zuschauer auf einen Spaziergang durch den Londoner Zoo und zu einem Stierkampf in Madrid mitgenommen. Die Vorstellung endete mit *Schneewittchen* und einer Reise zum Holzhandel in Kanada – und das alles für 40 Pfennig.[116]

Ab 1906 wurden die Kinos sesshaft. In den Vereinigten Staaten und Westeuropa gab es bald in den meisten Städten, ob groß oder klein, ein Kino. In London war das Balham Empire mit tausend Sitzplätzen das erste. Die 25 000 Einwohner von Lexington, Kentucky, konnten zwischen zwei Kinos wählen. In den nächsten Jahren erlebte die Branche ein phänomenales Wachstum. 1914 gab es in Großbritannien 3800 Kinos, allein in London fast 500 mit insgesamt 400 000 Sitzplätzen, damit überflügelten sie die Varietés. Innerhalb eines Jahrzehnts war das Kino zur dominierenden Unterhaltungssparte geworden. 1913 gingen in London jeden Tag 250 000 Menschen ins Kino. In New York lag die wöchentliche Besucherzahl fast bei einer Million; nahezu ein Drittel waren Kinder. Vergnügen war noch nie billiger gewesen. Einen Nickel für ein Nickelodeon hatte so gut wie jeder übrig. In Großbritannien bekamen Kinder häufig zwei Penny Taschengeld, einen für die Eintrittskarte und einen für Süßigkeiten.[117]

Das frühe Kino war keineswegs ein plötzlicher Schock für die blankliegenden Nerven unschuldiger Zuschauer; vielmehr bediente es sich einer Reihe bekannter Techniken der Verzauberung. In seinen Wanderjahren schloss es sich den Jahrmärkten an. In Varietés wechselten sich Kurzfilme mit Liedern und komischen Einlagen ab. Es gibt kaum Belege dafür, dass die erste Zuschauergeneration das Kino entnervend fand. Die Laterna magica und das Panorama hatten Zuschauer aus allen Schichten auf die Sensation laufender Bilder und vorgespiegelter Realität vorbereitet, im ländlichen Irland ebenso wie im Zentrum von Paris. Panoramen gab es schon seit den 1790er Jahren. Sie ließen die Betrachter in Landschaften und Schlachtszenen eintauchen, die auf riesige, häufig mehr als 200 Quadratmeter große Leinwände gemalt waren. Die nächste Generation fügte das Diorama und das bewegte Panorama hinzu. 1889 gab es in Paris 17 dieser Attraktionen. Das Panorama La Touraine war ein Dampfermodell in Originalgröße, in dem Arbeiter und Bauern, die den Atlantik noch nie gesehen hatten, eine Schiffsreise die französische Küste entlang erleben konnten, mit Wellen, Stränden und Hotels auf sich bewegenden Leinwänden. Es zog über eine Million Besucher an. Eine andere simulierte Reise brachte die Pariser in weniger als einer halben Stunde von Venedig nach Konstantinopel, Meeresgeruch und Wellenbewegungen inklusive. Auch nach ihrem Einzug in feste Häuser führten Kinos häufig nicht nur Filme vor. Das Hippodrome in Paris, das 1907 zum »größten Kino der Welt« umgebaut wurde, wollte gewissermaßen ein Gesamtspektakel bieten. Es war eine kreisförmige Halle, in deren Mitte Pferde und später auch Elefanten bestaunt werden konnten, ein großes Orchester fand ebenfalls Platz. Am Eröffnungsabend wurden den Zuschauern nicht nur 18 Kurzfilme geboten, sondern auch Chorgesang und ein Boxkampf.[118]

Das Publikum verhielt sich keineswegs passiv. Helden wurden bejubelt, Bösewichter ausgebuht. Für die Filmemacher war die Lautstärke des Beifalls ein Maßstab für den Erfolg eines Stars. Manchmal war das Publikum selbst die Hauptattraktion. Vorführungen wurden regelmäßig unterbrochen. Ein Londoner erinnerte sich, dass er 1910 als Kind ein kleines Kino mit dreißig Plätzen besucht hatte, wo die Kinder ganz vorn saßen. Jedes Mal, wenn der Kurzfilm stehenblieb, zog »eine beleibte Frau, die immer auf einem Polsterstuhl am Eingang saß ... an einer dünnen Kette, die von einer Gaslampe neben der Tür herabhing«. Schlagartig sei der Saal hell erleuchtet gewesen; »die Geschäftsführung hatte gelernt, dass man eine Gesellschaft von Kindern nicht im Dunkeln sitzen lässt, ohne ihre Aufmerksamkeit zu fesseln«. In einem »stattlicheren Vergnügungspalast« gingen braun uniformierte Angestellte »von Zeit zu Zeit die Gänge entlang und versprühten Deodorant über unseren Köpfen«.[119] Kinos beschäftigten Erzähler und Musiker, die Szenen in ihrem eigenen, individuellen Stil ausschmückten. In vielen Kinos liefen Filme ununterbrochen von morgens bis Mitternacht. Die Menschen kamen und gingen, wie es ihnen gefiel. Ein strukturiertes Vorführformat mit einem Publikum, das während des Trailers kommt und nach dem »Ende«, »The End« oder »Fin« geht, entwickelte sich erst langsam in den 1930er Jahren. Bis 1909 waren die Streifen höchstens 300 Meter oder 16 Minuten lang. In den folgenden Jahren waren *Quo Vadis?* und *Les Miserables* die ersten ununterbrochenen zweistündigen Filme. Die ersten Reaktionen waren skeptisch und vermitteln einen Eindruck von den vorherrschenden Sehgewohnheiten. Der Herausgeber des französischen *Ciné-Journal* bemerkte im Oktober 1911:

> »[D]as Publikum kommt und geht mitten in der Vorstellung ... Unsere Zuschauer sind in der Regel Menschen, die für eine Stunde ins Kino gehen, um diverse Gefühle zu erleben und ihre Neugier zu befriedigen. Sie lieben kurze Dramen und nette Komödien. Sie schätzen die Wochenschau und Filme über ferne Länder, exotische Stämme und Naturgeschichte. Wie könnten wir da unsere Programme mit einem langen Film eröffnen, der das ganze Programm ausmacht?«[120]

Die Abfolge der Genres, die in einem Programm gezeigt wurden, erforderte ein Publikum, das rasch zwischen Stimmungen und Tempi wechseln konnte. Keine gute Voraussetzung für eine Massenhypnose.

Nach Simmels Ansicht hatte der Geist zwei Bereiche. Tiefe Gefühle und emotionale Beziehungen würden in den »unbewussteren Schichten der Seele« wurzeln und »am ehesten an dem ruhigen Gleichmaß ununterbrochener Gewöhnungen« wachsen, wie sie das Landleben kennzeichneten. Ort des Verstandes seien dagegen die »durchsichtigen, bewußten, obersten Schichten unserer Seele«.[121] Das Großstadtleben, glaubte Simmel, leerte den unteren Bereich und erschöpfte gleichzeitig den oberen. Was er nicht erkannte, war, dass der Film auch neue Fähigkeiten zu entwickeln half. Lokale Filme, ans Fabriktor projiziert, gaben Arbeitern die

Möglichkeit, sich selbst auf der Leinwand zu sehen. Zuschauer begrüßten es mit Freudenrufen, wenn sie sich selbst oder Freunde erkannten. Natur- und Reisefilme riefen das Gefühl hervor, sich frei durch Zeit und Raum zu bewegen. »Ich liebe den Kinematographen«, gestand ein Franzose 1907. »Er befriedigt meine Neugier ... Ich umrunde die Welt und halte an, wo es mir gefällt, in Tokio oder Singapur. Ich folge den verrücktesten Reiserouten«, etwa von den Rocky Mountains zu den Wasserfällen des Sambesi.[122]

1914 gingen die meisten amerikanischen und westeuropäischen Städter regelmäßig ins Kino. Doch dies machte sie nicht automatisch zu einem homogenen Publikum. Geschmack und Gewohnheiten waren von Schichtzugehörigkeit, Bildung, Geschlecht und Ethnie geprägt. Für Frauen der Arbeiterklasse war das Kino befreiend. Anstatt den Sonnabend allein zu Hause zu verbringen, gingen sie wie ihre Ehemänner aus. Mädchen besuchten weniger das Kino als Jungen, die freier über ihre Zeit und ihr Geld verfügen konnten. Einwanderergemeinden hatten ihre eigenen Spielstätten. Das jüdische Kino auf New Yorks Lower East Side mischte Varieté mit Filmen über biblische Themen. Für italienische Einwanderer waren Importe aus Italien ebenso wichtig wie Filme über den amerikanischen Lebensstil, und es spricht einiges dafür, dass viele Sizilianer erst durch die Verfilmung von Dantes *Göttlicher Komödie* (drei Teile, 1909–1911) zu Italienern wurden. In Chicago gingen Afroamerikaner in das Kino auf der South Side. Für wohlhabende Käufer gab es Kinos neben Kaufhäusern, die speziell für sie Nachmittagsvorstellungen anboten. Um 1910 existierten in Städten jeder Größe Kinos, die Zuschauer aus allen Schichten anzogen.[123]

Das differenzierteste Bild besitzen wir vom deutschen Kinopublikum der 1910er Jahre. Die Doktorandin Emilie Altenloh hatte 1913 für ihre Dissertation über die »Soziologie des Kinos«, die erste akademische Studie dieser Art, Kinogänger in Mannheim beobachtet. Mannheim hatte damals zweihunderttausend Einwohner und ein Dutzend Kinos. Die Sitzplätze waren unterteilt; während Arbeiter auf den billigen Plätzen für 50 Pfennig saßen, zahlte die örtliche Elite das Zehnfache für Logenplätze und erschien in Abendkleidung. Zwischen diesen beiden Gruppen saßen Offiziere, Ingenieure und Kaufleute. Akademiker gingen am seltensten ins Kino. Der Geschmack der Zuschauer unterschied sich stark,

1 Toskanische Hochzeitstruhe (*cassone*) mit Figuren in burgundischer Mode (Mitte des 15. Jahrhunderts).

2 Majolikateller. Teil eines Services mit 178 Teilen, das 1559 für die Hochzeit von Jacopo di Alamano und Isabella Salviati (aus der Florentiner Bankiersfamilie) angefertigt wurde.

3 Porzellanflasche aus Jingdezhen (ca. 1590–1620) mit der Darstellung eines Gelehrten.

4 Einfacher Steingutkrug aus dem Rheinland (um 1600) mit unvollendeter kobaltblauer Verzierung.

5 Wedgwood-Teekanne aus Jasperware (um 1790).

6 *links:* Jacke und Unterrock (England, 1770er Jahre) aus in Indien bemalter und getrockneter Baumwolle.

7 *rechts oben:* Geblümter Baumwollfetzen, den eine arme Mutter 1747 im Londoner Findelhaus mit ihrer Tochter zurückließ.

8 Modepuppe, wahrscheinlich französisch (66 Zentimeter groß, 1760er Jahre), in einem Baumwollkleid mit Leinenunterwäsche und einem Halsband aus rosa Seide.

9 *oben:* Trinkschokolade wird in Europa zu einem gesellschaftlichen Brauch: *la xocolatada* in Spanien (1710).

10 *links:* Matetasse und *bombilla* (Trinkhalm) aus Silber, südamerikanisch (19. Jahrhundert).

11 *oben:* Nicht immer ein Ort von Nüchternheit und Vernunft: eine satirische Darstellung von Kaffeehausbesuchern (England, 1710).

12 *links:* Eine alte Frau beim Teekochen: W. R. Bigg, *Cottage Interior* (1793).

13 Junge Suahelifrau in einem modischen, in Afrika bedruckten *kanga*-Baumwollstoff (Sansibar, um 1900).

14 Eine Mischung aus europäischer und afrikanischer Kleidung in der Kumase-Mission in Aschanti (Ghana, 1903).

15 *oben:* Englische Glasschale mit einem Aufruf zu ethischem Konsum im Kampf gegen von Sklaven geerntetem Zucker (1820er Jahre).

16 *rechts:* Leben wie die Engländer: der Kokospalmenplantagenbesitzer William Augustine Peiris und seine Familie in Ceylon.

17 *links:* Reklameplakat für Kaffee aus französischen Kolonien und Niederländisch-Ostindien von Edward Ancourt (um 1890).

18 *unten:* Das »Paula-Mädchen« (1926), das seit 1920 in traditioneller Sääksmäki-Tracht für »finnischen Kaffee« der Firma Paulig warb.

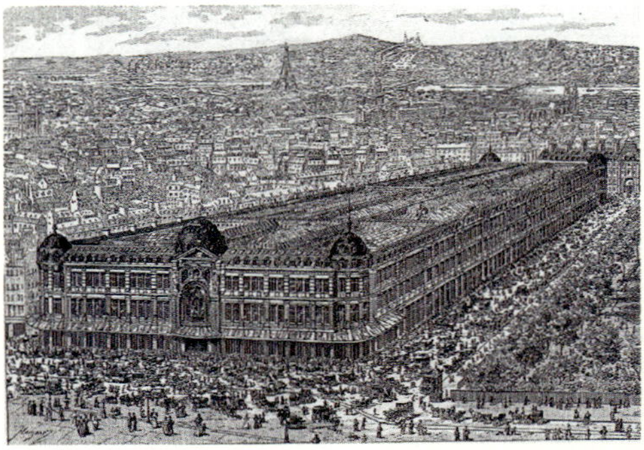

19 *oben:* Le Bon Marché in Paris (1887).

20 *rechts:* Die große Halle des Bon Marché, frühe 1920er Jahre.

21 *unten:* Genossenschafts-geschäft in Newmarket (1899).

auch innerhalb der Unterschicht. Wie Altenloh herausfand, mochten Industriearbeiter Humor und Liebesgeschichten. Kleinbürger begeisterten sich für Geschichtsdramen und Kriegsfilme. Handwerker zogen Natur- und Bildungsfilme vor; für sie musste Unterhaltung einen praktischen Wert haben. Es ist jedoch unmöglich, die soziale Voreingenommenheit der Autorin ganz aus diesen Ergebnissen herauszulösen. Altenloh war überzeugt, dass das Proletariat kulturell verarmt war und eine Vorliebe für Indianer und Räuber hatte, aber alles ablehnte, was eine tiefere Beschäftigung erforderte. Dennoch lassen ihre Interviews die Vielfalt kultureller Vorlieben erkennen, die in Darstellungen eines homogenen Massenkonsums nicht zur Kenntnis genommen wird. »Ich besuche fast alles«, berichtete ein fünfzehnjähriger Maschinenschlosser. »Montags geht's ins Kino, Dienstag bleibt's zu Haus, Mittwoch geht's ins Theater, freitags hab ich Turnen ... sonntags gehe ich mit meinem Nachbarmädchen in den Wald spazieren.«[124] Besonders gefielen ihm Liebesgeschichten und Indianer- und Fliegerfilme. Aber er bewunderte auch Wagner und Schiller. Der Geschmack von Arbeitern vor hundert Jahren dürfte vielschichtiger gewesen sein als häufig angenommen. Cowboys und der Erzschurke Fantômas verdrängten Lohengrin nicht von der Bühne.

Warnungen vor kinematographischer Überreizung gehörten in den Rahmen allgemeinerer Befürchtungen in Bezug auf die Freizeit. Versuche, die Erholung zu regulieren und plebejische Vergnügungen aus dem öffentlichen Raum zu vertreiben, reichten bis ins 17. Jahrhundert und weiter zurück. Durch die Industrialisierung erhielten sie jedoch neuen Auftrieb. Die Industrie erforderte Disziplin und weniger Alkohol und Freizeit am Arbeitsplatz. Als Arbeit und Freizeit sich dann als zwei getrennte Sphären entwickelten, verwandelte sich die Freizeit in ein soziales Problem, das noch mehr Disziplin verlangte. Was war, wenn die Menschen ihre Freizeit anstatt zur Selbstverbesserung für unmoralische und verdummende Ablenkungen verwendeten? Viktorianer unternahmen einen wahren Kreuzzug für »vernünftige Erholung«.[125] Städte, Kirchen und Unternehmen gründeten Bibliotheken, christliche Vereine, Arbeiterklubs und Sportvereine. Die Besorgnis war Ausdruck einer tieferen Beunruhigung über die Wahlmöglichkeit von Konsumenten: Konnte man dem Einzelnen zutrauen, die richtige Freizeitbeschäftigung zu wählen? Die gleichzeitige Zunahme von Freizeit und Kaufkraft setzte ein beängstigendes Wachstum kommerzieller Verlockungen in Gang. In den 1850er Jahren arbeiteten Industriearbeiter in den Vereinigten Staaten fast siebzig Stunden in der Woche. Bis 1890 sank die Arbeitszeit auf sechzig Stunden, und 1918 lag sie bei 54 Stunden. Das gesamte Gefüge des nationalen Lebens schien sich im Umbruch zu befinden. Das »Land der Arbeit« verwandle sich in eine »Nation von Müßiggängern«, warnte der Präsident der Colgate University im Staat New York. Amerika befinde sich auf dem Weg des antiken Rom; es amüsiere sich zu Tode. Kommerzielle Freizeitangebote seien so gefährlich, weil sie bisher durch die Arbeit sublimierten Instinkten freien Lauf ließen. Sie seien »billig, aufreizend und depravierend«, sie führten zu »moralischem und geistigem Verfall«.[126] Auf der anderen Seite des Atlantiks waren ähnliche Sorgen über die verderbliche Wirkung von Kinos, Spielhallen und Tanzdielen verbreitet. Ein militaristisches Klima verstärkte die Befürchtung, der Volkskörper könnte durch solche Art des Zeitvertreibs geschwächt werden.

Die zunehmende Bedeutung von Kindern und Jugendlichen als Konsumenten verlieh diesen Befürchtungen einen neuen generationsübergreifenden Aspekt. Die Forderung, dass junge Leute die »Pseudobedürfnisse« des Stadtlebens abzuwerfen hätten, war sowohl von Friedrich Nietzsche als auch von zahlreichen Jugendorganisationen zu vernehmen. Bemerkenswerterweise definierte der amerikanische Psychologe Granville Stanley Hall in dieser Zeit, 1904, Adoleszenz als separaten Lebensabschnitt, eine zu Perversion und Sünde neigende Sturm-und-Drang-Phase.[127] Aufmüpfige Jugendliche waren nichts Neues in der Geschichte, aber jetzt wurden sie als eigenes Problem angesehen: als jugendliche Delinquenten. Weiter angefacht wurde die moralische Panik von der Wahrnehmung der zunehmenden Eigenständigkeit der Jugend sowohl in finanzieller Hinsicht als auch in Bezug auf ihre Mobilität. Indem sie Blechdosen, Flaschen, Papier und alte Möbel sammelten und an Altwarenhändler verkauften, gewannen Jugendliche neue Freiheiten als Konsumenten. Steigende Löhne befreiten junge Arbeiter von elterlicher Kontrolle. Ein deutscher Fürsorgebeamter betrachtete die Einführung des Achtstundentags kurz nach dem Ersten Weltkrieg als gemischten Segen. Die Jugendlichen hätten jetzt so viel Geld und Zeit, dass sie jedem Vergnügen nachgingen, um ihre Langeweile zu vertreiben. Sie würden »besonders zu einem Lebenswandel [verführt], der dem jungen, sich entwickelnden Körper die schwerste Schädigung zufügt«.[128]

Brennpunkte des Kampfs um die Freizeit waren die Straße und die Tanzlokale. Amerikanische Reformer wie Jane Addams hatten das Gefühl, ständig gegen den Strom zu schwimmen. Das Kino und Süßwarengeschäfte waren weit anziehender als Reformschulen. In New York spielten 95 Prozent der Kinder auf der Straße. 1909 wurden auf der Lower East Side, einem Gebiet von nicht mehr als rund 85 Hektar, 188 Süßwarengeschäfte und -stände, 73 Soda Shops, 9 Tanzlokale und 8 Kinos gezählt. Außerdem gab es neun Synagogen und Kirchen, ein Polizeirevier und keinen einzigen Spielplatz. Wenn der Saloon der »Klub des armen Mannes« war, dann waren der Süßwarenladen und die Eisdiele »Klubs der Jugendlichen«. Hier trafen sie sich und trieben Unfug. In Süßwarengeschäften gab es Spielautomaten und Lotterielose. Jugendschutzbehörden warnten davor, dass Süßigkeiten und Glücksspiel Kinder dazu verleiteten, zu stehlen und ihre Schulbücher zu versetzen. Die Straße war ein Treibhaus für Straftaten; erst in den 1920er Jahren sollten die Autos von ihr Besitz nehmen, und die Zeitungsjungen verschwanden aus den Stadtzentren. Schuld an dieser Art Straßenleben hatte zum Teil die Übervölkerung. Das Heim war nicht mehr »traut«, sondern eine bloße »Schlafbox und Esshöhle«, wie der Sekretär des New Yorker Kinderfürsorgeausschusses es ausdrückte.[129] Heranwachsende suchten ihren Spaß auf der Straße.

Delinquenz war freilich kein Monopol der Armen. Die Freizeit war gerade deshalb derart umstritten, weil Jugendliche aus gutsituierten Familien nun vor Gericht landeten. In einer Untersuchung über Gesetzesübertretungen von Kindern aus Familien mit sozialen Aufstiegsmöglichkeiten in Cleveland heißt es: »Ihr jüngst erlangter Wohlstand hat ihren Kindern plötzlich Zugang zu Komfort, Geld und Freizeit verschafft.« Solche Jugendlichen hätten die »patriarchale Vorstellung von Familienkontrolle« abgeworfen. »Der einzige Maßstab, den sie an ihre Stelle gesetzt zu haben scheinen, ist der, bei ›der Menge‹ eine gute Figur zu machen. Sie ... verkörpern eine sich herausbildende soziale Energie, der man freien Lauf gelassen hat.« Die häufigste Verfehlung bestand darin, abends draußen zu bleiben. Straßengangs entstanden. Mädchen gingen ohne Begleitung aus.

Man fand heraus, dass Mädchen aus Familien mit gutem Einkommen zwei bis fünf Stunden täglich mit Hausarbeit verbrachten, aber an Schultagen viereinhalb und am Wochenende sieben Stunden an Straßenecken und in Kinos, wo sie sich »häufig mit Jungen treffen«. Siebtklässlerinnen gingen mit Jungen Rollschuh laufen und hatten Sex. Manche endeten in Anstalten. Das untersuchte Viertel in Cleveland sei ein »gutes« Viertel, wurde in dem Bericht betont, aber es offenbare auch einen »der schlimmsten Misserfolge bei der Entwicklung einer gesunden Nutzung der Freizeit«.[130]

Die Tanzverrücktheit brachte neue Gefahren mit sich. In den ersten Jahren des 20. Jahrhunderts wurde das Tanzen, gleich nach dem Lesen, zu einer der beliebtesten Freizeitbeschäftigungen. Tanzlokale und Tanzschulen schossen aus dem Boden und machten junge Mädchen zwischen 16 und 21 Jahren mit etwas älteren jungen Männern bekannt. Sechs Gruppenstunden kosteten einen Dollar. 1919 gab es in Cleveland, einer Stadt mit 800 000 Einwohnern, 115 Tanzlokale. Die beiden im Luna Park und im Euclid Beach Park verkauften jede Woche mehr als 120 000 Eintrittskarten. In gut geführten Tanzschulen war »grobes Tanzen« verboten, womit »Umarmen, Verrenken, ›Quatschen‹« gemeint waren.[131] Im Tanzlokal im Euclid Beach Park galten »strenge Anstandsregeln«. Erlaubt waren nur Schottisch, Walzer und Two-Step. Paare, die glaubten, einen Extraschwenk einfügen zu können, wurden von der Tanzfläche verwiesen. Das Problem waren eher die vielen Tanzlokale, in denen Alkohol und Körper sich allzu frei bewegten. In Manhattan wurde in der Hälfte der Tanzlokale Alkohol ausgeschenkt. Viele Tanzschulen vermieteten ihre Säle für Veranstaltungen, bei denen ihre Regeln nicht galten. »Besonders unerwünscht« waren diejenigen, zu denen eine »Mischung aus abgebrühten Frauen und verdorbenen Männern zusammen mit den Arglosen, die zum ersten Mal mit solchen Leuten in Kontakt kommen«, eingeladen wurden. Die Zahl der Zufallsbekanntschaften nähme zu. Um diese »unerwünschte Praxis auf ein Mindestmaß« zu beschränken, forderten die Freizeitexperten in Cleveland mehr Inspektoren und »aufmerksame, kluge Aufseher«, die nicht nur den Tanzboden, sondern auch die Bürgersteige und Straßen der Umgebung im Auge behalten sollten.[132]

Die Bemühungen um eine saubere Freizeitgestaltung von Jugendlichen schlugen zwei Hauptrichtungen ein. Die eine war die Flucht aus der Stadt. Die Pfadfinder, der Wandervogel und andere Jugendorganisationen unternahmen Ausflüge in Wälder und Gebirge, um Körper und Geist ihrer Mitglieder zu reinigen. Wenn man tanzte, dann Volkstänze oder im Lendenschurz um einen Baum. Die andere Hauptrichtung zielte auf die Verbesserung der Freizeit in der Stadt. Jugendschutzbehörden kämpften gegen »Schmutz und Schund in Wort und Bild«. In Hamburg stellten Lehrer und Pastoren Positivlisten anständiger Literatur auf und organisierten Boykotte von Buchhandlungen, die Kinder und Jugendliche mit Krimis und Indianergeschichten verdarben. Jugendzentren zeigten an Sonntagnachmittagen für gut befundene Filme und veranstalteten Märchenlesungen und Aufführungen von Kasperletheatern.[133] Doch damit erreichten sie nie mehr als eine kleine Minderheit der Bevölkerung.

Bedeutsamer waren die neuen kommunalen Freizeiträume. In der Mitte des 19. Jahrhunderts hatten europäische Städte gegen den Widerstand einiger Vertreter des Bürgertums begonnen, botanische Gärten für die Allgemeinheit zu öffnen. In Amerika wurde diese Initiative auf eine neue Stufe gehoben, zum Teil als defensive Maßnahme, um militanten Arbeitern den Wind aus den Segeln zu nehmen. Das städtische Arbeitsleben war belastend, und da war es besser, Arbeitern Vergnügungsmöglichkeiten zu geben, als abzuwarten, bis ihre Frustrationen zu revolutionärem Aufbegehren führten. Angesichts der vielen Streiks hatten frühe Kritiker bereits das Kino als Ventil akzeptiert.

Es gab aber auch eine Wertschätzung der Rolle des Spiels in der menschlichen Entwicklung. Sich vergnügen zu wollen sei ein »normaler Impuls«, erklärte der Sekretär des New Yorker Erholungsausschusses 1912. Die Psychologie lehre, »dass Freude eine Macht ist; dass richtige Erholung nicht bloß gesund, sondern entwicklungsfördernd ist«.[134] Das Problem sei nicht die Freizeit, sondern dass es den Städten nicht gelinge, ihre Nutzung in gesunde Bahnen zu lenken. Tanzlokale und Süßwarenläden müssten nicht geschlossen, sondern überwacht und reguliert werden. Vor allem müssten die Städte selbst mehr Freizeitmöglichkeiten anbieten. Deshalb wurden Parks angelegt und Schwimmbäder eröffnet. Um 1890 zog der Lake Park in Worcester in Massachusetts täglich zwanzigtausend Besucher an, rund ein Fünftel der Bevölkerung. In Köln wurde 1892 der erste städtische Sportplatz gebaut; zwanzig Jahre später waren im Bezirk

Poll ein Leichtathletikplatz, fünf Fußballfelder, ein Hockeyfeld und zehn Tennisplätze hinzugekommen. In Manchester kaufte die Stadt 1908 Platt Field und verwandelte den früheren Landschaftspark in einen kommunalen Freizeitkomplex mit 46 Tennisplätzen, 13 Fußball- und 9 Cricketfeldern, einem See zum Bootfahren und einem Schwimmbecken. Amerikanische Städte bauten Spielplätze mit Sportgeräten. »Sollen wir einen Spielplatz errichten? Oder das Gefängnis vergrößern?«, fragte ein Flugblatt. 1910 legte Worcester zum ersten Mal ein Sommerspielprogramm auf. Die Stadt bezahlte fünfzig Mitarbeiter und bot an zwanzig Orten Leichtathletik, Gesang, Spiele und Nähkurse an. Annähernd siebentausend Kinder nahmen täglich daran teil.[135] Nach dem Ersten Weltkrieg stiegen die Investitionen in öffentliche Freizeit- und Erholungseinrichtungen weiter. Zwischen 1925 und 1935 verdoppelten sich die entsprechenden Budgets. 1935 gab es in den Vereinigten Staaten fast zehntausend Spiel- und achttausend Softballplätze.[136] Kommerzielle und öffentliche Erholungsangebote vermehrten sich gleichzeitig. Die städtische Freizeitbranche war eine Mischwirtschaft.

Die größten Einrichtungen waren Vergnügungsparks in Großstädten oder deren Umgebung. 1843 eröffnete das berühmte Tivoli in Kopenhagen mit einem Karussell, einer Gebirgsszeneriebahn (eine Vorform der Achterbahn) und orientalischen Gebäuden. Um 1900 herum kam eine Vielzahl neuer Parks hinzu. Auf Coney Island entstanden Dreamland, Steeplechase und Luna Park. Letzterer allein nahm eine Fläche von 14,5 Hektar ein und besaß einen 60 Meter hohen Electric Tower, Reflexionsbecken und Wasserrutschen; von Jules Verne inspiriert waren eine »Mondreise« und eine U-Bootfahrt. Es war ein Märchenland mit 1200 Türmen, Kuppeln und Minaretten. 200 000 Lampen erhellten den Nachthimmel (siehe Abbildung 27). Solche Parks vermischten Nostalgie mit Technologie, Entspannung mit Erregung, Karneval mit Kuriositäten. Auf ihrem Rundgang konnten die Besucher eine waghalsige Achterbahnfahrt machen, eine Monstrositätenschau besuchen, flirten und ein Inuitdorf besichtigen.

Welche Wirkung hatte dieser Cocktail auf die Städter? Nach einer These vermengte die kommerzielle Freizeitunterhaltung verschiedene Einwanderungskulturen zu einer homogeneren Masse. Tatsächlich zog Coney Island in den ersten Jahren die unterschiedlichsten Besucher an, aber man darf die soziale und kulturelle Vermischung nicht überbewerten, informelle Schranken blieben erhalten. In den 1920er Jahren hatte sich die Elite von Coney Island abgewandt, und gut verdienende Arbeiter entdeckten die respektablere Küste von New Jersey für sich. In anderen Weltteilen nahmen die Vergnügungsparks ihr eigenes Gepräge an, in dem sich die soziale und kulturelle Mischung ihrer jeweiligen Umgebung widerspiegelte. Blackpool, der größte britische Badeort mit einem Vergnügungspark, dem Pleasure Beach, an dem sich an einem Feiertag bis zu einer Viertelmillion Besucher amüsierten, hielt sich etwas auf seinen demokratischen Charakter zugute. Die *Blackpool Times* schrieb 1904, der Badeort bringe »den Kaufmann und den Mechaniker, die modebewusste Dame und das Fabrikmädchen ... den Mächtigsten und den Mittelmäßigsten« zusammen.[137] Im Vergleich mit Coney Island war das Publikum von Blackpool jedoch schon immer homogener, eine protestantische Menge aus demselben industriellen Hinterland, das die Vorliebe für anständiges, ordentliches Vergnügen teilte. Dennoch war der Badeort durch eine Klassenschranke geteilt, und die Stadtväter achteten darauf, dass der Rummel vom gutbürgerlichen Viertel North Shore fernblieb. Im kolonialen Singapur wurde 1923 der Vergnügungspark New World eingeweiht. Ein zuvor abgetrennter öffentlicher Raum wurde für alle Schichten und Rassen geöffnet. Von sechs Uhr früh bis Mitternacht konnte man Boxkämpfe sehen, sein Glück beim Spielen versuchen, in ein Kino oder Theater gehen und in einem der Restaurants essen. Das Cabaret besaß den längsten Tanzboden der Malaiischen Halbinsel. Der Erfolg der New World beruhte allerdings weniger auf einer Vermischung als vielmehr auf der Bandbreite der kulturellen Genres, die sie den verschiedenen Ethnien im Publikum anbot. So führte neben einer *bangsawan*, einer malaiischen Oper, eine chinesische Truppe chinesische Opern auf. Zu den beliebten Tänzen gehörten neben dem malaiischen *ronggeng* auch europäische Tänze, bis hin zum Flamenco. In den Theatern wechselten sich Stücke von Shakespeare mit niederländischen Dramen und Märchenspielen in Hindustani ab.[138]

1914 besaßen Städte in Industrienationen Netze aus Gas-, Wasser- und Kommunikationsleitungen, und ihre Einwohner pflegten einen materiellen Lebensstil, der sich grundlegend von demjenigen auf dem Land unterschied. Im Sommer beobachteten die Einwohner von Kleinstädten und ländlichen Gebieten, die ihr Wasser in der Regel mit Eimern aus Brunnen schöpften, beklommen die Ankunft von Touristen aus der Stadt, die an Bäder und fließend Wasser gewöhnt waren. Gleichzeitig verbreiteten Kaufhäuser, Discounter, Reklame und Versandkataloge städtischen Geschmack und die neueste Mode in der Provinz. Die Konsumkultur machte nicht an den wenigen verbliebenen Stadtmauern halt. In diesem Sinn begann die Stadt etwas von ihrer Besonderheit zu verlieren.[139] Man musste nicht mehr in Paris wohnen, um wie ein Pariser auszusehen. Ebenso wichtig wie diese allgemeinen Entwicklungen war die Vielfalt in den Städten und zwischen ihnen. Großstädtische Modernität besaß keine Grundform. Neuerung und Anpassung überlappten sich. Städte boten vielen und vielem Platz: Kaufhäusern und Straßenhändlern, Kinos und öffentlichen Spielplätzen, fließend Warmwasser in privaten Badezimmern und Wasserstellen in Straßen und Höfen. Anstelle von Monotonie und Blasiertheit gab es in den Städten eine große Vielfalt von Aktivitäten, Rhythmen und Konsumräumen. Diese Zeit lediglich als Übergangsphase von Gewohnheit und Gemeinschaft zu Kommerz und Individualismus zu betrachten führt nicht weit. Die Städte und ihre Einwohner wurden nicht passiv von einem Tsunami aus Gütern und Wünschen mitgerissen. Während Geschäfte wie Pilze aus dem Boden schossen, formten sich in den Städten neue Gemeinschaften durch den Konsum.

5 Die Konsumrevolution kehrt heim

Bruno Taut hasste das Durcheinander. Als einer der führenden modernistischen Architekten der Weimarer Republik war er für beispielhafte Wohnungsbauprojekte wie die Hufeisensiedlung in Berlin-Britz (1925–1933) verantwortlich, eine Anlage aus einem 350 Meter langen, hufeisenförmigen dreistöckigen Hauptgebäude und mehreren Hundert, um dieses herum angeordneten Reihenhäusern mit Gärten. Ziel der Modernisten war es, neue, bessere Wohnungen bereitzustellen, um neue, bessere Menschen zu schaffen. Die Wohnungen in der Hufeisensiedlung verfügten, was damals revolutionär war, über separate Badezimmer und Küchen. Modernisten priesen Flachdächer, schmucklose Fassaden sowie die funktionalen Materialien Stahl und Glas. Aber der Verzicht auf äußere Schnörkel war nur das halbe Programm. Die Reform hatte auch im Innern anzusetzen. Tauts 1924 erschienenes Buch *Die neue Wohnung*, das er »allen Frauen« widmete, war eine Kriegserklärung an jeglichen Krimskrams: »Bilder aller Art, Spiegel, Decken und Deckchen, Vorhänge über Vorhängen, Kissen über Kissen, Teppiche, Vorleger, Uhren, aufgestellte Photos und Souvenirs, Nippes über Nippes auf Etageren, Konsolen und dgl. mehr‹. Dass kultivierte Eliten den Geschmack der breiten Masse beklagten, war nichts Neues, aber nach Tauts Ansicht reichte das Problem tiefer: Die Menschen hätten eine abergläubische Angst davor entwickelt, ihre kostbaren kleinen Besitztümer zu verlieren. Sie seien nicht mehr Herren ihrer Burgen, sondern Leibeigene von Dingen.[1]

Diese »Tyrannei des Leblosen« zersetzte, wie Taut meinte, nach und nach die familiäre Harmonie und vor allem die Hausfrau selbst. Frauen – »die eigentlichen Schöpfer des Heimes« – seien Sklavinnen des Staubwischens geworden. Die Befreiung der Frau erfordere die Befreiung von »Kinkerlitzchen«. Tauts Manifest für die Einfachheit speiste sich aus mehreren

Quellen. Neben der sozialreformerischen Atmosphäre der Weimarer Jahre stützte er sich auf Christine Frederick, die amerikanische Prophetin der heimischen Effizienz, deren Bewegungs-Zeit-Studien gezeigt hatten, wie viel Kraft Hausfrauen in einer rationeller gestalteten Küche sparen konnten. Tauts eigentliche Leidenschaft aber galt Japan und den einfachen, klaren Linien japanischer Einrichtungen; nach Hitlers Machtantritt im Jahr 1933 floh er als Jude und »Kulturbolschewist« nach Takasaki in Japan. Deutsche Wohnungen, verkündete er schon in den 1920er Jahren, müssten japanischer werden. Nippes, Troddeln und Fransen, kleine Handwerksarbeiten von Kindern: All dies müsse verschwinden, zusammen mit überschüssigen Stühlen und »billigem Warenhausschund«. Ob es sich um Gegenstände im Jugendstil oder aus dem Biedermeier handelte, kümmerte Taut wenig. Ihn störte der Kult des »Ensembles«, die scheinbar endlose Kombination von Dingen, die nicht zusammengehörten. An ihre Stelle sollten Einbauschränke und funktionale Möbel treten und die körperliche und geistige Gesundheit der Hausfrau wiederherstellen (siehe Abbildung 31). Den Menschen müsse die falsche Sentimentalität, die sich von all dem Plunder nähre, aberzogen und eine authentische Wertschätzung von Kulturobjekten beigebracht werden. »Gehirnhygiene« sei ebenso wichtig wie körperliche Sauberkeit. Die Europäer sollten wie Japaner ihre Bilder und anderen Dinge in einer Truhe verwahren und nur herausholen, wenn sie sie betrachten wollten. Im Unterschied zu anderen Modernisten war Taut jedoch kein reiner Funktionalist. Er gestattete verschiedene Farbkombinationen – die Haustüren in der Hufeisensiedlung waren gelb, rot oder grün gestrichen –, aber ansonsten sollten die Wände kahl sein.

Tauts Programm einer heimischen Revolution war in der Weimarer Republik von besonderer Bedeutung, da das Projekt des Demokratieaufbaus Architektur und Design zu hochpolitischen Angelegenheiten machte.[2] Das Heim als Ort des Konsums war jedoch überall in Europa, Nordamerika und Japan Gegenstand der Selbsterforschung. Hatten sich im späten 19. Jahrhundert die Befürchtungen (und Hoffnungen) in Bezug auf die gesellschaftlichen Auswirkungen des Konsums auf die Stadt und den öffentlichen Raum konzentriert, richteten sie sich in der ersten Hälfte des 20. Jahrhunderts in zunehmendem Maß auf den privaten Raum. In den Wohnungen der europäischen Eliten und Mittelschicht hatte die Trennung der privaten von den öffentlichen Räumen schon im 17. und 18. Jahrhundert begonnen und ein neues Ideal von separaten männlichen und weiblichen Sphären hervorgebracht. Mit der größeren Privatheit entstand eine neue Kultur der Bequemlichkeit, deren Inbegriff Polsterstühle und später Sofas waren. Um 1900 gewann diese langfristige Entwicklung eine neue Bedeutung. Die Industrialisierung hatte den Auszug bezahlter Arbeit aus den Wohnungen erheblich beschleunigt und das Heim als *den* wesentlichen Konsumraum hinterlassen, eine materielle Zufluchtsstätte, die von der Hausfrau geführt wurde und darauf wartete, mit Besitztümern, neuer Technik und Freizeitaktivitäten gefüllt zu werden.

Wir betreten die Ära der Wohnzimmersuite, der Waschmaschine, des Radios und des Hausbesitzes. Massengefertigte Güter brachten den Menschen standardisierten Komfort. Gas und Strom füllten die Wohnungen mit Maschinen. Das Radio und das Grammophon öffneten sie einer neuen Welt der Unterhaltung und des Klangs. Und schließlich wurde das Heim selbst zu einem wertvollen Besitz.

Bei dieser Invasion der Güter ging es um mehr als die Frage, wie viel Zeug jemand besaß. Sie gestaltete die Grundfesten des Alltagslebens um, seinen Rhythmus und seine Routinen. Würden die Maschinen die Menschen von Plackerei und Abhängigkeiten befreien und eine reichere Persönlichkeit hervorbringen und dadurch Familie und Gesellschaft stärken? Oder würden sie eine Abhängigkeit von immer mehr Komfort und Konsum schaffen und einen selbstsüchtigen Materialismus und Rückzug aus der Welt fördern? Wie alle Revolutionen besaß auch diese keine unausweichliche Richtung, die sie einschlagen musste, und kein von vornherein feststehendes Ziel oder Ergebnis. Hauswirtschaftler, Fabrikanten, Politiker, Designer und Romanciers konkurrierten miteinander um die Vorherrschaft im Heim. Letztlich wurde es jedoch durch die Menschen, die in ihm lebten, sowie durch lokale Normen und Konventionen gestaltet.

Trautes Heim, Glück allein

Was für die einen eine Geschmacksverirrung war, war für andere ein großes Geschäft. Im letzten Drittel des 19. Jahrhunderts erlebte die Möbelbranche in ganz Europa und Nordamerika einen Boom. Die Einkommen stiegen und mit ihnen die Ausgaben für das Heim. Es waren goldene Jahre für Raumausstatter, in Boston und London ebenso wie in Paris und Berlin. Die aufstrebende Mittelschicht bemühte sich, durch eine geschmackvolle Einrichtung ihrer Wohnungen ihre gesellschaftliche Stellung und Identität zu festigen. Jungen Paaren, die einen eigenen Hausstand gründeten, wurde nahegelegt, das Wohnzimmer als »wichtigen Agenten der Lebensbildung« zu betrachten, wie es in dem 1881 erstmals erschienenen beliebten Ratgeber *The House Beautiful* hieß.[3] Die Einrichtung drückte das kulturelle Niveau einer Familie aus, und man schrieb ihr langfristige Auswirkungen auf deren Mitglieder zu. Die Verbreitung von Tapeten steht stellvertretend für den Einrichtungskult. 1874 stellten britische Produzenten 32 Millionen Rollen her, sechsmal so viele wie nur eine Generation zuvor.[4] In Mittelschichtwohnungen drängelten sich Porzellanmöpse und Messingpfauen vor japanischen Heizungsblenden.

Auch bessergestellte Arbeiterfamilien erweiterten und erneuerten ihr Mobiliar, insbesondere in den Vereinigten Staaten, dem Land mit den höchsten Reallöhnen. Für Zeitgenossen waren Teppiche der Lackmustest heimischen Komforts. Sie waren einer der Maßstäbe, die 1874 in einer bahnbrechenden Untersuchung in Massachusetts angelegt wurden. Die Familie eines Mechanikers verfügte über ein Jahreseinkommen von knapp über 1000 Dollar. Die Hälfte davon wurde für Lebensmittel ausgegeben; dennoch lagen in allen sechs Zimmern ihres Hauses Teppiche. In der Hälfte der für die Studie besuchten Häuser lag zumindest im Wohnzimmer ein Teppich.[5] In vielen Wohnungen gab es eine Nähmaschine und eine Orgel oder ein Klavier, den ultimativen Beweis der Wohlanständigkeit.

In Europa und Asien konnten die meisten Industriearbeiter von solchem Komfort nur träumen. In St. Petersburg besaßen zwar einige verheiratete Arbeiter Kissen und Bettbezüge, aber alleinstehende Saisonarbeiter, sogenannte Sommermieter, schliefen in überfüllten Wohnungen auf nackten Holzbrettern und hatten keinen Platz für persönliche Dinge.[6] Dennoch waren auch außerhalb der Vereinigten Staaten Zeichen des Wandels zu entdecken. In Europa erwarben Bergarbeiter Klaviere im Ratenkauf. Das Wohnzimmer wurde geradezu heilig und mit den »überflüssigen« Dingen geschmückt, die Sozialreformer so hassten. Arbeiter kauften sogar Gegenstände, die zu benutzen sie sich nicht leisten konnten, etwa ein Kamingitter aus Messing, das dann in einem verschlossenen Zimmer aufbewahrt wurde.[7] Auch in Skandinavien, das sich erst spät entwickelt hatte, genossen Facharbeiter immer mehr Wohnkomfort. In Christiania, dem heutigen Oslo, musste eine Textilarbeiterfamilie zwar weiterhin die Küche mit ihren Nachbarn teilen, aber jetzt besaß sie ein eigenes Wohnzimmer (von 3,5 mal 4,5 Metern) mit »zwei Fenstern mit schmalen Spitzengardinen vor dem oberen Teil ... einem für eine Person bezogenen Bett; einem Holzsofa oder Kanapee, das als Bettstelle genutzt werden kann; einem Tisch, einem Schrank, einer Uhr, Bildern, Blumen«.[8]

Die schiere Größe des neuen Massenmarkts für Wohnungseinrichtungen löste eine dreifache Angst aus: dass Leben und Kultur standardisiert, künstliche Wünsche erzeugt und Frauen in einem goldenen Käfig eingesperrt würden. In der Regel wurden diese Befürchtungen in ein und demselben Atemzug geäußert. Typisch dafür war Tauts Klage, Wohnzimmer würden zunehmend wie internationale Hotelzimmer aussehen, gleichförmig und überladen; die Völker würden daran gehindert, einen eigenen Lebensstil zu entwickeln.[9] Für den kreativen Künstler mögen billigere Stühle und Anrichten eine Bedrohung gewesen sein, für den Konsumenten aber waren sie ein Segen. Versuche, sich diesem Trend entgegenzustemmen, wie es das englische Arts and Crafts Movement tat, erreichten häufig das Gegenteil: Die künstlerisch gestalteten Tapeten und Teppiche wurden letztlich ebenfalls in Massen produziert.

Im späten 19. Jahrhundert fand ein lebhaftes Wechselspiel zwischen dem Einzigartigen und dem Massenprodukt statt, in dem sich Individualisierung und Vereinheitlichung gegenseitig vorantrieben. Ihren Höhepunkt erreichte dieser Wettstreit in den Wohnungen der Pariser Bourgeoisie. Empfangszimmer und Flure füllten sich mit Kopien und Imitationen, die durch neue Materialien und Methoden der massenhaften Reproduktion möglich geworden waren. Vor allem Gummi war daran nicht ganz unschuldig. Anfangs nur für medizinische Zwecke benutzt, revolutionierte der *caoutchouc* seit den 1860er Jahren den Kunstmarkt. Plötzlich konnte man Hartgummifiguren zu Tausenden herstellen und dekorative Vasen, Bilderrahmen und geprägte Fotoalben billig produzieren. Aluminium, Linoleum und Zelluloid vergrößerten das Ausmaß der Massenproduktion weiter. Die Vulkanisierung brachte Kunstblumen und Miniaturgewächshäuser. Mit Hilfe der Galvanisierung war es möglich, Zink und Messing wie Bronze aussehen zu lassen. In Ferdinand Barbediennes legendärer Gießerei in Paris waren Hunderte von Arbeitern damit beschäftigt, Armeen von falschen Bronzestatuen, die David mitsamt geschulterter Schleuder oder Mozart mitsamt Violine darstellten, in allen möglichen Größen aus ihren Formen zu schälen. Das Bürgertum war der »Statuomanie«, wie man damals sagte, erlegen. Was Gummi und falsche Bronze für Statuen, war die Lithographie für Gemälde. Das Maison Legras bot 1870 in seinem Katalog zweitausend verschiedene Reproduktionen an, vom Stillleben bis zur Landschaft. Man musste nicht mehr den Louvre besuchen. Für 20 Franc bekam man berühmte Kunstwerke ins Haus geliefert.[10]

Die Furcht, in flachen Konformismus zu verfallen, löste eine fieberhafte Betonung des individuellen Geschmacks aus. Im späten 19. Jahrhundert war das bürgerliche Heim zu einem Heiligtum des privaten Selbst geworden. Zum Teil war es tatsächlich ein Rückzugsort im ganz konkreten physischen Sinn, ein Rückzugsort vor der revolutionären Gefahr der Straße. Aber seit Mitte des Jahrhunderts trat die Privatisierung auch immer deutlicher im Verhältnis der Menschen zu Dingen zutage. Sicherheit bedeutete mehr als ein Schloss an der Eingangstür. Schränke, Tische, Garderoben, Schachteln und viele andere persönliche Besitztümer wurden von geschäftstüchtigen Handwerkern mit Schlössern versehen. Persönliche Dinge mussten vor dem Zugriff von Dienstboten, aber auch von Familienangehörigen und Bekannten gesichert werden. Teppiche und Gardinen wurden dicker, um einen Kokon der Stille zu errichten. Verstärkt wurde das Sicherheitsverlangen durch das Bemühen, mit Hilfe von Dingen individuelle Bequemlichkeit, Kontrolle und Ordnung zu schaffen. Die zunehmende Fixierung auf persönliche Reinlichkeit in diesen Jahren weitete sich auf die Besitztümer aus. Mit Staubwedeln,

Desinfektionsmitteln und speziellen »Chinapudern« brachte das Bürgertum seine materielle Welt auf den Stand seiner persönlichen Hygiene. Wahrer *confort*, ein Begriff, den die Franzosen in den 1840er Jahren aus dem Englischen übernommen hatten, betraf nicht nur die »Zufriedenheit des Körpers« und noch nicht einmal des Geistes, wie ein Ratgeber betonte, sondern »mehr noch jene des Herzens«.[11] Mit *drapes artistique* über Stühlen, Tagesdecken und einem Harlekin auf einem Beistelltisch zeigte man seinen individuellen Geschmack und Charakter. *Le Journal des demoiselles* und ähnliche Wohnzeitschriften dieser Zeit veröffentlichten Artikel über das »traute Heim« und gaben Ratschläge, wie man seiner Wohnung eine persönliche Note verleihen konnte. In Großbritannien, so wurde vielfach behauptet, ermutigte der Liberalismus die Menschen, einen eigenen Einrichtungsstil zu entwickeln,[12] aber einen ähnlichen Trend gab es auch in Ländern ohne eine solche liberale Atmosphäre. Überall in Europa wurde die Wohnung zum Tempel des Selbst.

1914 konnten Mittelschichtfamilien aus Tausenden von verschiedenen Stühlen, Sofas, Betten und Beistelltischen auswählen. Das Londoner Kaufhaus Liberty begann mit Lebensstilreklame zu experimentieren, indem es Käufern, die sich vom »gemeinen« Geschmack absetzen wollten, Möbel im maurischen Stil und orientalische Gefäße anbot.[13] Zugleich löste die Produktion von Neuem ein gesteigertes Interesse an Altem aus. Schon im frühmodernen Paris hatte es einen profitablen Handel mit »demi-luxe«-Möbeln gegeben, die finanziell klamme Aristokraten über Polsterer an aufstrebende Bürger verkauften.[14] Aber im Allgemeinen war die Nachfrage nach Altem begrenzt geblieben. Bei einer Untersuchung der Wohnungen von Pariser Kaufleuten, Bankiers und Ladenbesitzern wurde festgestellt, dass in den 1830er bis 1850er Jahren Antiquitäten völlig fehlten. In den 1890er Jahren waren die Wohnungen nun voll von ihnen. In Paris und London gab es einen Antiquitätenboom. Die Zahl von Kuriositätenhändlern, Antiquitätengeschäften und Gebrauchtmöbelläden nahm sprunghaft zu.[15] Besonders beliebt waren Louis-seize-Konsolen und Rokokostühle. Für Liebhaber von Accessoires gab es Monatszeitschriften wie *La Curiosité* (1886) und *Le Bibelot* (1907). Antiquitäten zu sammeln wurde zu einem verbreiteten Zeitvertreib des Bürgertums. Das Verlangen nach Authentischem war breit gefächert, von asiatischen Vasen und türkischen Teppichen bis zu Spinnrädern aus Großbritannien, die gleichsam ein Band zwischen dem Pariser Bürgertum und einer idealisierten bäuerlichen Vergangenheit woben. Anstatt das Alte und »Authentische« zu zerstören, erhöhte die Ausbreitung des Massenkomforts den Wert solcher Gegenstände, was ein nahezu archäologisches Interesse an allem Vergangenen, dem Gewöhnlichen wie dem Elitären, auslöste. Die Menschen fahndeten nach alten Möbeln, ließen sie reparieren oder zerlegen und mit neuen Teilen wieder zusammensetzen. Für Polsterer war es eine goldene Zeit.

Dieser Trend war zwar weltweit zu beobachten, in den Vereinigten Staaten aber besonders ausgeprägt. Es war kein Zufall, dass der Mann, der am meisten für die Rationalisierung der Massenproduktion am Fließband getan hat, Henry Ford, der Vater des Model T, auch zu den Vorreitern des Sammelns von gewöhnlichen Dingen gewöhnlicher Menschen gehörte. Er begann 1906, Alltagsgegenstände zu sammeln. Bis 1929 war seine Sammlung zu einem Museum herangewachsen, einer Art Smithsonian Institution des gemeinen Mannes, das in Dearborn am Rand von Detroit heute noch besichtigt werden kann. Auch Edith Roosevelt, die Frau von Präsident Theodore Roosevelt, war eine »Ramschjägerin«. In dieser Zeit vollzog sich, um einen führenden Experten auf dem Gebiet des Sammelns zu zitieren, die »Transsubstantiation von Ramsch«.[16] Der Hofverkauf wurde geboren. Im 16. und 17. Jahrhundert war das Sammeln von kostbaren Gegenständen aus der Ferne ein Zeichen für die globale Macht von Herrschern gewesen.[17] Um 1900 war das kosmische Königtum demokratisiert. Jeder konnte Sammler sein.

Dies war eine der Ursachen von Tauts Verzweiflung. Im Gegensatz zu vielen späteren Kritikern des »Konsumismus« sah er das Problem nicht in einer »Wegwerfgesellschaft«. Ihn störte vielmehr, dass die Menschen nichts oder nicht genug wegwarfen. Des einen Dachboden wurde zum Wohnzimmer eines anderen.

Um 1900 nahm die Verbreitung von Gütern hergebrachten Statuskennzeichen die Wirkung. Die Anhäufung und Zurschaustellung von Dingen waren eine Möglichkeit, gesellschaftliche Hierarchien zu festigen. 1899 prägte der Chicagoer Ökonom Thorstein Veblen für dieses Phänomen den Begriff des »Geltungskonsums«. In seiner *Theorie der feinen*

Leute beschäftigte er sich vor allem mit den Superreichen und ihren kostspieligen Vergnügungen und Kunstwerken, mit denen sie sich von »denen da unten« absetzen wollten. In einer Zeit, in der Güter für viele erschwinglich wurden, griff die Elite auf traditionelle Bedienstete zurück, um ihre gesellschaftliche Sonderstellung hervorzuheben. Im Gegensatz zum direkten Verbrauch von Gegenständen handelte es sich hierbei um »stellvertretenden Konsum«, der sich beispielsweise im »Tragen von Livreen und in der Einrichtung von besonders bequemen Wohnräumen für die Dienerschaft« manifestierte.[18] Hauptfigur in diesem Wettstreit war die Dame des Hauses. Mit ihrer Muße, ihrem Schmuck und einer geschmackvollen Wohnungseinrichtung konnte sie den guten Ruf der Familie demonstrieren.

Wie Veblen gezeigt hat, war vieles davon bloße Fassade. Die Dame des Hauses war nicht notwendigerweise untätig. Hausarbeit wurde einfach versteckt, um den Anschein der Muße aufrechtzuerhalten. Wirklicher Komfort und Muße, so Veblen, seien nie das eigentliche Ziel gewesen, und wenn sie einmal erreicht worden seien, dann durch »reinen Zufall«. All diese Praktiken folgten dem, was er das »große ökonomische Gesetz der Verschwendung« nannte. Anstatt Ressourcen einer produktiven Verwendung zuzuführen, verschwende der Geltungskonsum sie für Anhäufung, Zurschaustellung und Imitation. Veblens schärfste und zynischste Bemerkungen richteten sich zwar gegen die neue amerikanische Elite, aber er hatte auch die Mittelschichten im Auge, bei denen »die Pflichten der stellvertretenden Muße und des stellvertretenden Konsums allein auf der Frau lasten«. Ihre Aufgabe sei es, den Abstand ihrer Familie von der schmutzigen Arbeitswelt aufzuzeigen. Der Kult von Komfort und Schicklichkeit zwinge alle Frauen zum »demonstrativen Konsum wenigstens einiger Güter, und zwar um das Ansehen des Haushalts und seines Vorstandes willen«.[19]

In einem Zeitalter des Fortschritts war dies keine sehr erfreuliche Lektüre. Veblen war kein Darwin oder Spencer. In seinen Augen verlief die gesellschaftliche Evolution regressiv. Der Konsum sei bloß das neueste Kettenglied in der Versklavung der Frau durch den Mann. Einst »Sklavin, Packesel, Hab und Gut des Mannes« und Produzentin der Güter, »die er konsumierte«, sei die Frau jetzt diejenige, »die aus Gründen der

Konvention die Güter konsumiert, die der Mann produziert«.[20] Feministische Reformerinnen wie Charlotte Perkins Gilman fanden in Veblen eine autoritative Stütze, obwohl er als notorischer Schürzenjäger, der ständig versuchte, seine Studentinnen und die Frauen seiner Kollegen zu verführen, bekannt war; seine eigene Frau ließ sich schließlich von ihm scheiden. Da Frauen als »Dienerinnen des Hauses« auf dieses beschränkt seien, erklärte Gilman, würden sie sich mit dem Einrichten und Nippes beschäftigen. Das Heim sei ein materielles Ungeheuer, »es wächst durch seine Nahrung« und halte Frauen davon ab, einen Beitrag zur realen Welt zu leisten. Dieser »sinnlosen Verschwendung« scheine nur durch die »Zahlungsfähigkeit des Mannes« eine Grenze gesetzt zu sein.[21]

Das Verlangen, sich zu unterscheiden, war schon seit der Antike Stoff für Satiren. Veblens Originalität bestand darin, dass er es zum Motor eines ganzen Gesellschaftssystems machte. Die Einfachheit seiner These ist der Schlüssel zu ihrer anhaltenden Anziehungskraft, aber auch ihre größte Schwäche. Für Veblen war die menschliche Natur im Grunde eine Konstante. Güter betrachtete er als Instrumente gesellschaftlicher Reputation und Macht. Nach seiner Ansicht ging es den Menschen, wenn sie Bilder an die Wand hängten oder Möbel kauften, weniger um ihr eigenes Vergnügen als darum, andere zu beeindrucken. Der Nutzen von Dingen sei mehr nach außen als nach innen gerichtet. Wer wie Veblen und Taut für einen klaren Lebensstil eintritt, ignoriert oder schmälert jedoch die häufig mit Dingen verknüpften Gefühle, Bedeutungen und Erinnerungen. Taut mokierte sich über den emotionalen »Fetischismus« der Hausfrau, die nicht von einer kleinen Bastelarbeit ihres Sohns lassen wolle: »Das hat unser lieber Willy gebastelt, weisst du noch, Männe, als er gerade –«[22]

Während mancher Konsum ostentativ war (und geblieben ist), wandten sich Veblens Zeitgenossen in zunehmendem Maß Besitztümern und Hobbys zur Selbstverwirklichung zu. Zum Teil kompensierten sie damit eine zunehmende Regulierung der Arbeitswelt. Um 1900 wurden Hobbys als Mittel gegen Langeweile und nervöse Erschöpfung angepriesen. Außerdem boten sie die Möglichkeit, die materiellen Dimensionen des Selbst zu erkunden und zu bestätigen.

Die Verbesserung des Heims war eine Verbesserung des Selbst. Dieses Glaubensbekenntnis wurde selten besser erfasst als von George und Weedon Grossmith in *The Diary of a Nobody*, der größten Satire des Vorstadtlebens in englischer Sprache, die zuerst 1888/89 in der Zeitschrift *Punch* erschienen ist. Die Geschichte handelt von Mr Pooter und seiner Frau Carrie, die soeben eine »Villa« in einer der neuen Vorstädte im Norden Londons bezogen haben, eine Sechszimmer-Doppelhaushälfte ganz in der Nähe das heutigen Standorts des Stadions des Fußballklubs Arsenal. Pooter wird augenblicklich vom Virus der Heimverbesserung befallen. Nichts in seinem Leben ist ganz so, wie er es sich vorstellt: Das Haus liegt in einer guten Gegend, aber hinter dem Garten verläuft eine Eisenbahnstrecke, was ihm allerdings eine Mietersparnis von 2 Pfund einbringt. Er ist entschlossen, einen Ausgleich zu schaffen. Sein Motto lautet »Trautes Heim, Glück allein«, und in dessen vier Wänden findet er sein Ventil. Teppiche müssen verlegt und Gardinen aufgehängt werden. Pooter ist nicht aufzuhalten. Nachdem er einige Blumentöpfe im Garten rot angestrichen hat, malt er auch Waschtisch, Handtuchhalter und Kommode des Hausmädchens an. In seinen Augen ist es »eine außerordentliche Verbesserung«; dass das Hausmädchen es anders sieht, tut er als »Beispiel für die Ignoranz der Unterschicht« ab. Die Meinung anderer kümmert ihn wenig; ihn treibt vielmehr ein Hochgefühl über das Erreichte an. Ein Vorhaben zieht das nächste nach sich. Er besorgt mehr roten Emaillelack – »rot ist in meinen Augen die schönste Farbe« – und verschönert die Kohlenschütte und die Buchrücken seiner Shakespeare-Ausgabe. Sogar die Badewanne malt er rot an – »erfreut über das Resultat. Schade, dass Carrie es nicht ist; tatsächlich hatten wir deswegen einen kleinen Disput.« Am Ende wird er für seine Narrheit bestraft: Entsetzt springt Pooter zwei Tage später aus der Wanne, weil er für einen Moment glaubt, Blut würde von seinen Händen herabfließen.[23]

Die Dinge sind wir

Solche Satiren sind nicht nur amüsant, sie enthalten auch einen wahren Kern, der uns zwingt, ein immer noch einflussreiches Bild der Jahre um 1900 zu überdenken. Veblen und Taut haben den Aufstieg der Dinge aus unterschiedlichen Blickwinkeln heraus als befremdlich betrachtet. Damit standen sie in einer Tradition, die bis zu Marx und Rousseau zurückreicht und in die sich viele Sozialisten und Verbraucherschützer bis ins 20. Jahrhundert hinein einreihten. Sie besaßen keine gemeinsame Ideologie, teilten aber den instinktiven Argwohn, dass der Konsum die Menschen von ihrem wahren Selbst entfremde. Nach ihrer Ansicht zerstörte die Modernität eine organische Einheit zwischen Menschen, Dingen und Natur. Die Menschen würden von den Produkten ihrer eigenen Hände, Wissenschaft und Vernunft, von Natur und Gefühl getrennt, die männliche Öffentlichkeit würde sich von der weiblichen Privatsphäre abspalten. Das Ergebnis seien Ernüchterung, Ungleichheit und Streit.

Max Webers Schrift *Die protestantische Ethik und der Geist des Kapitalismus* (1904/05) enthält eine einflussreiche Version dieser Geschichte. Der moderne Mensch sei der Welt entfremdet und in einen »versachlichten ökonomischen Kosmos« verstrickt, der durch den Tausch und das Verlangen nach Gütern geprägt sei. In diesem Kosmos, bemerkte Weber an anderer Stelle, verliere er die authentische, volle Lebenserfahrung, die der Bauer und der Soldat noch hätten. Der Bauer könne »lebenssatt« sterben, nachdem er den vollen Kreislauf seines Seins erfüllt habe. Die moderne Zivilisation bringe so viele Kulturgüter hervor, dass man stets nur einen Bruchteil erfahren könne. Um dieser »Entwertung« entgegenzuwirken, hätten die Menschen die Beschäftigung mit Kultur zu einem Beruf gemacht. Aber mehr Kultur erzeuge mehr Güter und größeren Komfort. Es sei ein Teufelskreis. Der moderne Mensch, resümierte Weber, könne bestenfalls hoffen, »lebensmüde« zu sterben.[24]

Viele Historiker, die über das späte 19. und frühe 20. Jahrhundert schrieben, haben ihre Darstellung als weiteren Beleg für die wachsende Kluft zwischen dem Selbst und den Dingen in dieses Schema eingefügt.[25] In seiner brillanten Studie über das sich ändernde Image des Überflusses im modernen Amerika stellt T. J. Jackson Lears diese Zeit als höchste Stufe der »Entdinglichung des Verlangens« dar, die Menschen hätten sich vollständig von den Gütern gelöst. Die Werbung habe die Rastlosigkeit genährt. Ständig sei ein anderes neues Produkt aufgetaucht, das mehr Selbstverwirklichung versprach. Kaum sei etwas Neues ausgepackt gewesen, habe der Käufer es auf seiner nie endenden Reise zu sich selbst hinter sich gelassen. So gesehen, vollendete die Konsumkultur das mit

Descartes verknüpfte Projekt der Aufklärung: die Schaffung eines von der physischen Welt geschiedenen Selbst, das deren Herr ist.[26] Es ist lohnend, sich klarzumachen, dass die »Entzauberung der Welt« (Max Weber) eine Interpretation der neueren Geschichte ist, die auf Annahmen über das Wesen des Menschen beruht. Wie die Menschen tatsächlich mit der materiellen Welt umgehen, beschreibt sie nicht. Schaut man sich diesen Umgang näher an, stößt man auf eine andere Geschichte. Statt einer andauernden Entdinglichung fand in den 1890er bis 1920er Jahren eine Renaissance des »materiellen Selbst« statt, Dinge wurden als fester Bestandteil menschlicher Identität und menschlichen Handelns erkannt. Die Aufklärungsgeschichte setzte sich fort, wenn auch in anderer Tonlage. Die Sprache der Leidenschaften, der Geselligkeit, Verfeinerung und Sympathie, machte einer praktischeren, privateren Beziehung zu den Dingen Platz. Mr Pooter, das Sammeln, Handwerk und Wohnungseinrichtung: Dies alles waren Elemente einer neuen Wertschätzung der Rolle von Dingen in der Entwicklung des Selbst. Das Selbst war nicht von der materiellen Welt abgeschottet. Es wurde von den Dingen berührt und geformt, während die Dinge ihrerseits von Charakter und Kultur des Individuums geprägt wurden. Artefakte wurden jetzt als Verbindungen zum Selbst betrachtet.[27] In Skansen auf der Stockholmer Insel Djurgården konnte man seit 1891 im ersten Freiluftmuseum der Welt Häuser und Bauernhöfe voller Altertümer aus mehreren Jahrhunderten besichtigen. In Neuengland begannen Museen Geschichte zum Anfassen auszustellen, indem sie Haushalte aus der Kolonialzeit wiederbelebten. In anthropologischen Ausstellungen wurden Tableaus indigener Gruppen gezeigt. In der Politik fiel Zeitgenossen auf, dass Fahnen, Plakate und Abzeichen emotionale Bindungen schufen, die über das, was man vom nüchternen, vernünftigen Staatsbürger erwarten durfte, hinausgingen.[28] Unterdessen hoben Kindheitsforscher die Bedeutung von Spielzeug für die kognitive Entwicklung hervor. Die Gesellschaften befanden sich mitten in einer materiellen Wende, die auch Literatur, Psychologie und Philosophie erfasste.

Im Amerika der 1890er Jahre hatte diese Entwicklung einen Nachnamen: James, und zwei Vornamen: Henry und William. Die James-Brüder hatten ihren Finger am Puls der Konsumleidenschaft. Der 16 Monate jüngere Henry hatte sich als Dramatiker versucht, bevor er als Romancier reüssierte. In seinem 1897 erschienenen Roman *Die Schätze von Poynton* erkundete er einfühlsam die Macht der Dinge, indem er die Sammelwut der Epoche zum Gegenstand nahm. Poynton ist mehr als nur ein Haus, es ist ein von der Witwe Adela Gereth über Jahre hinweg sorgfältig aufgebauter Tempel. Ihr Leben und ihre Identität haben sich im Lauf der Zeit untrennbar mit ihrer Sammlung verknüpft. »Ja, es ist eine Geschichte von Schränken und Stühlen und Tischen«, räumte James ein, aber sie seien nicht »auf großartige Weise passiv«. Sie besäßen vielmehr eine »innere Macht«, die ein Sammler beim ersten Anblick verspüre. Dinge zu besitzen, anzuschauen und zu berühren, erwecke über die Jahre hinweg diese früheren »Leidenschaften« und »Fähigkeiten« wieder.[29] Mrs Gereth ging es nicht um »Geltungskonsum«. Wäre es doch nur so gewesen, denn Poynton zerstörte als Objekt der privaten Hingabe die intimsten Beziehungen in ihrer Umgebung. Die Verlobte ihres Sohns, Mona, schätzte den Wert von Poynton hoch genug ein, um die Übergabe des Hauses zu einer Bedingung der Heirat zu machen. Gegenüber der Seele der Dinge war sie jedoch blind. Für Mrs Gereth waren ihre Besitztümer aber so etwas wie ihre Kinder. Sie war mit ihnen aufgewachsen, und sie mit ihr. Sie Mona zu übergeben wäre, als würde man seine Liebsten in die Obhut von Fremden geben. Mrs Gereth hintertreibt die Heirat ihres Sohnes, indem sie die ästhetisch empfindsame Fleda als Konkurrentin aufbaut. Um die »Schätze« von Poynton entbrennt ein erbittert geführter, zerstörerischer Kleinkrieg zwischen den Romanfiguren. Am Ende geht Poynton in Flammen auf.

Henry James legte die Psyche des Konsumenten als Sammler bloß. In seinem Porträt von Adela Gereth nimmt er viele der grundlegenden psychologischen Erkenntnisse über Verdrängung und Verschiebung vorweg, zu denen Sigmund Freud wenig später gelangte. Als Fetische besitzen Güter eine erotische Qualität. Mrs Gereths Liebe und Verlangen richten sich nicht auf Menschen, sondern allein auf Dinge. Darüber hinaus beschreibt James deren Anhäufung als organischen Prozess physischen Umsorgens. Die Witwe habe auf ihre Schätze »gewartet, für sie gearbeitet, immer wieder alles gesichtet und aufeinander abgestimmt, damit sie im Niveau zueinander und zum Haus passten, sie gehegt und gepflegt, sie geliebt und mit ihnen gelebt«.[30] Mit ihnen hat sie ihre Persönlichkeit geschaffen. Und indem sie sich um sie gekümmert und sie in Beziehung zueinander gesetzt hat, hat sie ihnen Leben eingehaucht und Wert verliehen.

Adela Gereth ist ein pathologischer Fall, aber was Henry James auf brillante Weise skizzierte, war eine materielle, auf Besitz gerichtete Weltsicht, die das konventionelle Bild eines konsumierenden Selbst, das scheinbar von den Dingen getrennt ist, überstieg. Das Verlangen war hier mehr als die kurzlebige Fixierung auf den Erwerb einer weiteren Neuheit. Sammlungen verlangen, je größer sie werden und je länger sie erweitert und gepflegt werden, wachsendes emotionales Engagement. Es fiele schwer, zwischen Adela Gereths Identität und ihren Besitztümern eine klare Trennlinie zu ziehen. Der Unterschied zu der Art, wie Rousseau oder Marx Dinge betrachteten, hätte kaum größer sein können. In den Händen von Mrs Gereth, Mr Pooter oder irgendeinem anderen gewöhnlichen Menschen konnten sie nicht nur dazu benutzt werden, ihren Zusammenhang mit der Arbeit zu verbergen, sondern auch dazu, eine soziale Identität und soziale Beziehungen aufzubauen.

Die *Schätze von Poynton* ersetzten das *Kapital* nicht, aber sie erfassten die sich erweiternde Empfindungswelt der Zeitgenossen. Nur weil die Menschen sich nicht mehr mit dem abfanden, was sie hatten, sprangen sie nicht automatisch unbekümmert von einem neuen Gegenstand zum nächsten. Ein gegenläufiger Trend gewann ebenfalls an Boden. Die Menschen fanden sich in zunehmendem Maß in den Dingen wieder. Der Beginn dieser Entwicklung, der Schaffung von Wert nicht durch Produktion, sondern durch Konsumtion, wird häufig mit dem Übergang von der Industrie- zur Konsumgesellschaft seit den 1950er Jahren verknüpft, doch sie hatte sich schon im späten 19. Jahrhundert herausgebildet.

Als Henry James 1893 die Idee zu seinem Roman kam, hatte sein älterer Bruder William gerade seine zweibändigen *Principles of Psychology* (1890) vollendet. Der Harvard-Professor war eine intellektuelle Größe in Amerika und einer der Begründer des Pragmatismus. Er beschäftigte sich mit großen Themen: Wahrheit, Religion und der Beziehung zwischen Geist und Materie. Studiert hatte er neben Medizin auch Malerei, und dies hat vermutlich, zusammen mit wiederholten depressiven Schüben, sein Interesse am Gefühlsstrom zwischen Menschen und Dingen geweckt.

Eines von beidem, Geist oder Materie, zu bevorzugen, war nach seiner Ansicht ebenso töricht wie unnötig; beides könne nicht voneinander getrennt werden. Diese Auffassung hatte der deutsche Idealist Friedrich Schelling vertreten, und James' Zeitgenosse Charles Sanders Peirce hatte sie aufgegriffen. Das Selbst und die materielle Welt gingen, von Gefühlen und Erfahrungen verbunden, ineinander über. »Des Menschen Selbst ist die Gesamtsumme all dessen, was er sein Eigen nennen *kann*«, bemerkte James. Dies umfasse »nicht nur seinen Körper und seine psychischen Kräfte« oder seine Familie, Arbeit und Reputation, sondern auch »seine Kleidung und sein Haus ... seine Ländereien und Pferde, seine Yacht und sein Bankkonto«. All dies flöße dem Individuum »die gleichen Gefühle ein. Wenn sie wachsen und gedeihen, fühlt es sich großartig; wenn sie schwinden und absterben, fühlt es sich niedergeschlagen.« Die Menschen hätten sowohl ein soziales und geistiges als auch ein »materielles Selbst« und ein reines Ego.

Treibhaus dieses »materiellen Selbst« war das Heim. »Seine Szenen sind Teil unseres Lebens«, erklärte James, und es rufe die »zärtlichste Zuneigung« hervor. Diese Aussage könnte von jedem Autor stammen, der über häusliche Harmonie geschrieben hat. Doch James ging weiter, indem er behauptete, die Menschen hätten einen »blinden Trieb«, ein Heim zu finden und es zu verbessern. Ein »ebenso instinktiver Trieb« lasse sie Dinge sammeln, die zum »Teil unseres empirischen Selbst« würden. Dies erkläre »unsere Niedergeschlagenheit, wenn wir Besitztümer verlieren«; es fühle sich an »wie eine teilweise Verwandlung unseres Selbst in ein Nichts«. Dies war genau das, was Adela Gereth fürchtete.[31]

Mit dem materiellen Selbst ging die Betonung von Gewohnheit und Tun einher. Die Welt war kein Ort des reinen Gefühls, sondern einer des Handelns. William James, der nach allem, was man weiß, ein außerordentlich fürsorglicher Vater und hochherziger Lehrer war, verachtete Rousseau als »schlappen Schwärmer und Träumer«, der sein Leben in einem »wogenden Meer von Empfindsamkeit und Gefühl« verbracht habe, während er seine Kinder in ein Findelhaus gab.[32] Ein Großteil des gewöhnlichen Konsums verberge sich in den Gewohnheiten. Es gebe »keinen elenderen Menschen als denjenigen, der nur eine Gewohnheit hat, die Unentschlossenheit«, und für den »das Entzünden einer Zigarre, das Trinken jeder Tasse« eine Frage der Überlegung und Entscheidung sei. Daher sei es von grundlegender Bedeutung, schlussfolgerte James, so früh wie möglich so viele »nützliche Handlungen« wie möglich zu automatisieren und zur Gewohnheit zu machen. Je mehr Bestandteile des täglichen Lebens »der anstrengungslosen Obhut des Automatismus« übergeben würden, desto mehr würden die »höheren Geisteskräfte« für weiterreichende Aufgaben freigesetzt.[33] Allerdings bräuchten die Menschen für ihr Überleben auch die »Fähigkeit der Anstrengung«, indem sie beispielsweise freiwillig auf etwas verzichteten; dies sei eine »Versicherungspolice« für schlechte Zeiten. James etablierte eine neue Wertschätzung des gewöhnlichen Konsums.

Den James-Brüdern schwebte eine größere Einbeziehung des Alltäglichen in die Kultur des frühen 20. Jahrhunderts vor. Nur wenige Philosophen würden es wagen, Martin Heidegger, den dunklen Prinzen der Philosophie des 20. Jahrhunderts, in einem Atemzug mit William James zu nennen; tatsächlich hielt Bertrand Russell es für am besten, ihn überhaupt nicht zu erwähnen.[34] Zwischen den philosophischen Ansätzen und der politischen Einstellung der beiden Denker bestanden grundlegende Unterschiede. James war Pragmatiker, Heidegger Existentialist; zudem hat seine Verbindung mit dem Nationalsozialismus in den 1930er Jahren einen dunklen Schatten auf seine Ideen geworfen. James' Denken war von einem radikalen Empirismus geprägt, Heidegger glaubte an die verborgene Weisheit altdeutscher Worte. Schon das Wort »Ding«, bemerkte er, stamme von dem althochdeutschen Wort »thing« ab, das eine Versammlung zur Behandlung eines Streitfalls bezeichnet habe.[35] William James war wie sein Bruder »Transatlantiker«, er reiste ein Dutzend Mal nach Europa. Sein Haus in Cambridge in Massachusetts war eine komfortable Villa mit ausreichend Sesseln für seine vielen Gäste. Von Heideggers abgelegener Hütte im Schwarzwald aus, die den Blick auf einen Bauernhof und weidende Kühe freigab, sah die Welt völlig anders aus.[36]

Dennoch gibt es in Bezug auf die Wertschätzung der Dinge interessante Parallelen zwischen beiden Denkern. Wie James versuchte Heidegger die Welt ins Selbst zurückzuholen, was ihn dazu brachte, ebenfalls die Bedeutung gewöhnlicher Dinge für den menschlichen Geist hervorzuheben. In seinem 1927 veröffentlichten Buch *Sein und Zeit* erhielt die

Handhabung gewöhnlicher Gegenstände geradezu spirituelle Kraft; Heidegger hatte anfangs neben Philosophie Theologie studiert. Das authentische Selbst erfordere ein authentisches Leben oder »Dasein«, erklärte er. Die wahre Person komme nicht fertig zusammengesetzt ins Sein, sondern entstehe durch das »In-der-Welt-Sein«. Der Mensch sei in einer Welt von Alltagsgegenständen verwurzelt. Durch ihre Handhabung entdecke sich ihm die Welt. Zum Dasein gehöre unsere Sorge um Dinge, durch ihren richtigen Gebrauch könne sich die Kluft zwischen ihnen und uns schließen. Einen Hammer zu benutzen schaffe eine tiefere, authentischere Beziehung zum Gegenstand, als ihn nur anzuschauen, was Heidegger in typischer sprachlicher Überspanntheit »Zuhandenheit« nennt, im Gegensatz zum »Vorhandensein«.[37]

William James und Heidegger zeigen, wie breit das Spektrum von Denkern des frühen 20. Jahrhunderts war, die eine neue Wertschätzung der Dinge wahrnahmen: Die Dinge sind wir. Natürlich ist Heideggers Philosophie zutiefst männlich geprägt, es ist eine des Hämmerns und nicht des Nähens; als Junge hatte Heidegger für seinen Vater, einen Böttcher, Fässer gehämmert. Dennoch legt er mit dem Gedanken, dass Dinge Gefühle und Fürsorge umfassen, den Schluss nahe, dass es nicht weiterführt, die emotionale Geschichte von Dingen allein als Domäne von Frauen zu betrachten oder die symbolischen von den funktionalen Eigenschaften des Konsums zu trennen. Was Heidegger von William James unterscheidet, ist die Frage, wie die Dinge das Selbst bereichern oder ihm schaden. Der Philosoph aus dem Schwarzwald vertrat ein einfaches, intensives und ganzheitliches Leben mit den Dingen, während sein Kollege vom Ufer des Charles River eine vielschichtige Existenz im Sinn hatte. Manche Dinge sollten als Hilfen für Routineaufgaben genutzt wurden, so dass andere für die Ausübung emotionalerer und kreativerer Fähigkeiten verwendet werden konnten. Diese beiden Positionen sollten in den gesellschaftlichen Debatten über das Wohl und Wehe neuer Technologien, von der Waschmaschine bis zum Computer, ein ums andere Mal wieder auftauchen.

In Heideggers Welt waren neue Technologien gefährliche Eindringlinge. Kühlschränke und andere Haushaltsgeräte würden unseren Geschmacks- und Tastsinn schmälern, indem sie uns der uralten Erfahrungen des Seins in der Natur, des Nahrungssammelns und Feuermachens beraubten.[38] Hinter dieser Diagnose der technologischen Entzauberung verbarg sich ein tiefreichender Pessimismus. Nach Heideggers Ansicht förderte die öffentliche Meinung im Gegensatz zur Auffassung von Aufklärern wie Immanuel Kant nicht das kritische Denken, sondern Konformität. Die meisten Menschen seien wie eine Herde, die dem folge, was »man« möge und tue. Die Tyrannei des »Man« führe zu einer Kultur der Durchschnittlichkeit, die blind sei für die unterschiedlichen Eigenschaften der Dinge.[39] Philosophisch stellte Heideggers Suche nach der ursprünglichen Bedeutung des »Seins« einen Bruch mit der gesamten westlichen Philosophie seit Platon dar. Politisch führte sie zu dem gefährlichen Gedanken, das authentische »Sein« könnte in der »rassereinen« Gemeinschaft des Nationalsozialismus gedeihen. Heute hört man allenthalben, dass wir Dingen mehr Wertschätzung entgegenbringen sollen, um eine nachhaltigere Lebensweise zu erreichen. Heidegger ist ein Warnzeichen dafür, dass eine solche Wertschätzung nicht automatisch gutartig ist. Die Kehrseite der Sympathie für Dinge kann eine hässliche Gleichgültigkeit gegenüber den Menschen sein.

Die Hausbesitzerdemokratie

Um ein Heim einzurichten, bedarf es eines solchen. Das ist zwar selbstverständlich, muss aber dennoch betont werden. Bewohner von Barackensiedlungen im heutigen Südafrika haben eine andere Einstellung zu Konsumgütern als jene, die in feste Häuser umgezogen sind. Bei Letzteren besteht ein Trend zur Konformität, weil man zeigen will, dass man zur modernen Welt gehört. In den Barackensiedlungen dagegen sind die Menschen aufgrund ihrer begrenzten Privatsphäre und weitgehenden Sichtbarkeit und aus Angst vor Gerede und Ausgrenzung wenig geneigt, neue Dinge nach Hause zu bringen; manche lagern sie sogar bei Verwandten ein.[40] Außerstande zu sein, ein Heim zu verschönern, hat direkte Auswirkungen darauf, was die Menschen kaufen. Dies ist einer der Gründe, weshalb afrikanische Bergarbeiter in Broken Hill in Nordrhodesien (heute Kabwe in Sambia) in den 1930er Jahren kaum Geld für Möbel, aber fast 60 Prozent ihres schwerverdienten Lohns für Kleidung ausgaben: Sie war ein beweglicher Besitz, der es den Menschen erlaubte, ihren Status buchstäblich auf dem Rücken zu tragen.[41]

Es wäre daher falsch, anzunehmen, die Dinge, die Menschen in ihren Wohnungen aufstellen, seien freischwebende Objekte. Einen Teil ihrer Bedeutung erhalten sie vom Mörtel und den Mauersteinen, von denen sie umgeben sind. Diese Beziehung erfuhr im Lauf des 20. Jahrhunderts eine grundlegende Veränderung, da ganze Nationen sich von Mietern zu Haus- oder Wohnungseigentümern wandelten. Das Eigenheim wurde zum größten einzelnen Konsumgut. Diese Entwicklung verlief ungleichmäßig, je nach der Art des Steuer- und Finanzsystems, deren Darstellung hier den Rahmen sprengen würde. Jedenfalls war in Westeuropa bis 1980 ein Stand erreicht, auf dem die meisten Wohnhäuser nicht mehr gemietet waren, sondern den Bewohnern gehörten; nur in den Niederlanden, Schweden und Westdeutschland lag die Eigentumsquote noch knapp unter 50 Prozent.[42] In unserem Zusammenhang relevant ist der Wandel in der Haltung zum Heim als Konsumgut.

Die Geschichte des Hausbesitzes ist im Wesentlichen eine sich über längere Zeit hinziehende »Verhaltensänderung«. Der Wunsch, ihr Heim auch zu besitzen, war den Menschen nicht angeboren. Mr Pooter war wie jeder seiner Zeitgenossen im 19. Jahrhundert damit zufrieden, zur Miete zu wohnen. Im 20. Jahrhundert wurde das Eigentum zur Norm und kein Wohneigentum zu besitzen zum Stigma, zuerst in den Vereinigten Staaten und in Großbritannien, später auch anderswo. Durch das Eigentum wurde das Heim auch zum Spargroschen, was eine neue Vorsicht im privaten Finanzgebaren und die Bereitschaft, eine langfristige Verpflichtung einzugehen, erforderte. Und es förderte eine tiefere, intimere Liebesbeziehung zum Heim und dessen Einrichtung, durch die es mehr als »unseres« erscheint.

Die Wurzeln dieses Ideals reichen in die Zwischenkriegsjahre zurück. Der Erste, der das Hauseigentum als politische Mission betrachtete, war Herbert Hoover. Zu den Grundelementen des Programms, mit dem er in seiner Amtszeit als Handelsminister in den 1920er Jahren Amerika modernisieren wollte, gehörten der Bau von mehr Eigenheimen, die Erhöhung ihres Komforts und die Standardisierung ihrer Konstruktion und Ausstattung. Hoovers Ansehen wurde durch seine unglückliche

Präsidentschaft während der Weltwirtschaftskrise von 1929 bis 1932 beschädigt, zuvor aber war er als progressiver Geschäftsmann zu großem Ansehen gelangt. Hoover hatte eine Nase für Gold; seine internationale Karriere als Bergbauingenieur hatte 1897 damit begonnen, dass er in Australien Gold fand. Sein Charakter hatte nichts gemein mit dem von Veblen verspotteten »demonstrativen Konsumenten«. Er war zurückhaltend, stets unauffällig gekleidet, ein Mann der Tat, nicht der Erscheinung. 1874 als Kind von Quäkern in Iowa geboren und mit neun Jahren zur Waise geworden, hatte er eine ernste Lebensauffassung. Für ihn war das Leben Dienst: an sich selbst, an anderen und an Gott. Diese Werte hatten schon viele Quäker (und andere) vor ihm gehabt. Das Außergewöhnliche an Hoover war, dass er sie in ein Programm des materiellen Komforts und bescheidenen Luxus für alle ummünzte: den amerikanischen Traum.

Hoover legte seine Weltanschauung in der Schrift *American Individualism* (*Das Wesen Amerikas*) dar, einem schmalen, im Schatten des Ersten Weltkriegs geschriebenen Buch, das 1923 erschien. Der Krieg hatte ihm ein weites Feld eröffnet, auf dem er seine soziale Einstellung in die Tat umsetzen konnte, zuerst in der Kommission für das Belgische Hilfswerk und später auf der Pariser Friedenskonferenz als Berater von Präsident Woodrow Wilson in Bezug auf den Wiederaufbau Europas. Außerdem hatte er ihn davon überzeugt, dass die Vereinigten Staaten eine eigenständige materielle Zivilisation besaßen. Der europäische Krieg und die anschließenden Revolutionen waren seiner Ansicht nach das Ergebnis einer rückständigen hierarchischen Gesellschaftsordnung, von Autokratie und Klassenspaltung. Im Gegensatz zu deren Teufelskreis aus Armut, Unterdrückung und Fanatismus habe Amerika einen Tugendkreis aus individueller Freiheit, sozialer Mobilität und Demokratie entdeckt. »Fortschrittlicher Individualismus« sei unter anderem ein Mittel, die Leistungskraft zu erhöhen. Wenn man Arbeitern die Chance gebe, ihre Lage zu verbessern, seien sie produktiver. Und eine größere Standardisierung der Produktion wiederum würde die Kosten senken, so dass, ohne die Löhne anzuheben, mehr Güter für alle hergestellt werden könnten.

Doch Hoover war ebenso sehr Quäker wie Geschäftsmann. Amerika könne »keinen besseren Tagen entgegengehen, solange es nicht seine Inspiration von geistigen Faktoren empfängt«. In jedem Herzen gebe es einen »göttlichen Funken«. Um ihn freizusetzen, müsse man den Lebensstandard erhöhen. Letztes Ziel größerer Effizienz sei ein glückliches Heim. Nach Hoovers Ansicht waren Eigentum und Komfort die »wahren Befruchter des Bodens, aus dem die feineren Blüten des Lebens erwachsen«. Regierungen dürften sich nicht mehr nur mit Grundnahrungsmitteln und Bildung beschäftigen. Sie müssten bessere Wohnungen, Kleidung und »Nebensächlichkeiten« fördern. Man müsse Mieter zu ihrem eigenen Besten und zum Wohl des Landes zu Hauseigentümern machen. Das »Eigentumsrecht« rege die individuelle Initiative an, nicht nur »weil darin ein Anreiz für das Individuum selbst liegt, persönliche Bequemlichkeit, Sicherheit im Leben und Schutz für seine Familie zu schaffen, sondern auch weil persönliches Besitztum eine Grundlage für die Auswahl zur Führerschaft ist«.[43] Menschen mit einem Anteil an der Gemeinde seien bessere Eltern, Nachbarn und Staatsbürger.

Wie neu war Hoovers amerikanischer Traum? Manche Historiker haben seine Gegenüberstellung eines dynamischen, individualistischen Amerika und eines in Klassen gespaltenen, notleidenden Europa aufgegriffen.[44] Dies ist zu grob. In Wirklichkeit war Europa, wie wir gesehen haben, ebenfalls dynamisch. Auch der Gedanke, Besitz und Komfort würden den Charakter fördern und den Reichtum von Gottes Schöpfung feiern, war seit dem 17. Jahrhundert verbreitet. Neu an Hoovers Vorhaben war die demokratische Orientierung: Jeder sollte zum Hausbesitzer werden und einen steigenden Lebensstandard genießen.

Manche Autoren betrachten diese Jahre als ein weiteres Kapitel der seit Rousseau von Denkern mit Gemeinsinn geführten Auseinandersetzung zwischen Konsumismus und Bürgertugend.[45] Für Hoover gab es einen solchen Konflikt nicht. Er bezeichnete seine Philosophie als »progressiven Individualismus«, aber man könnte sie genauso gut »staatsbürgerlichen Konsumismus« nennen. Hoover pfropfte Konsumverlangen und Güteranhäufung auf das Ideal des grundbesitzenden, aktiven Staatsbürgers. Durch den Besitz eines Eigenheims würden die Menschen einen Anteil an der Gemeinde erhalten, und zugleich würde sich ihnen die Tür zu mehr Besitztümern, Badezimmern und elektrischen Geräten öffnen. Ein komfortables Heim zu besitzen würde ihnen wiederum die Selbstsicherheit geben, in Bürgervereine einzutreten und sich für das Gemeinwohl zu engagieren. Das Bild des patriotischen Konsumenten ist hier wesentlich weiter gefasst als in den späteren Aufrufen, beim Einkaufen auf das Wohl der Nation zu achten. Immobilieneigentum sollte zu staatsbürgerlichem Engagement führen – wie es, was Hoover nicht wusste, schon in den viktorianischen Wasserkriegen tatsächlich geschehen war.

In solchen Vorstellungen drückte sich die Überzeugung aus, dass Hausbesitzer gefestigter seien und sich stärker um die Gemeinschaft kümmerten. Dies betraf zwar vor allem die Mittelschicht, war aber für Reformer, die nach größerer sozialer Gleichheit strebten, ebenso anziehend. Der afroamerikanische Bürgerrechtler W. E. B. Du Bois zum Beispiel vertrat in seiner bahnbrechenden Studie *The Philadelphia Negro* (1899) die Auffassung, dass die Sklaverei ein »richtiges häusliches Leben« zerstört habe. Deshalb würden Afroamerikaner so viel Geld für auffallende Kleidung ausgeben und so viel Zeit in Kirchen und Vergnügungseinrichtungen verbringen: Ihnen müsse »beigebracht werden, das Heim heilig zu halten, es zum Mittelpunkt des sozialen Lebens und moralischer Wachsamkeit zu machen«.[46] Nach Du Bois' Ansicht setzten diejenigen, die Bauvereinen beitraten, ein Zeichen der Hoffnung. »Hausbesitz«, schrieb die Ökonomin Hazel Kyrk 1929, »ist ein weithin anerkanntes Symbol der Sparsamkeit sowie des Fleißes und Erfolgs einer Familie.« Er stehe für »Ordnung, Wohlanständigkeit, Prosperität, gutes Wohnen«.[47]

In der Praxis war der Aufbau einer Hausbesitzerdemokratie nicht so einfach. Hypotheken wurden selten vergeben, und die Anzahlungsbeträge waren hoch. Banken boten zwar seit den 1870er Jahren Immobilienkredite an, aber hauptsächlich für Großkunden. In Chicago beispielsweise stieg die Zahl derjenigen, die in eine eigene Wohnung in einer der neuen Vorortsiedlungen umzogen, erst nachdem die Mieten nach dem großen Brand von 1871 in die Höhe geschossen waren. Polen und andere Einwanderer misstrauten dabei jedoch den Banken und borgten sich das Geld lieber bei Verwandten und Freunden. Seit den 1880er Jahren wurden von Bauträgern Zahlungspläne angeboten, mit 10 Prozent Anzahlung, auf die monatliche Zahlungen folgten, »genau wie die Miete«. Ein Haus mit zwei Schlafzimmern, einem Wohnzimmer und Küche in der Nähe des Chicagoer Hafens war für den Preis von 1000 Dollar zu haben, obwohl der neue Eigentümer sowohl den Keller als auch den Dachboden selbst fertigstellen und sich in vielen Fällen damit abfinden musste, dass es weder eine Innentoilette noch eine Abwasserleitung gab; beides sollte erst in den 1920er Jahren eingebaut werden. Ein Arbeiter verdiente 1890 rund 590 Dollar im Monat.[48]

Der allgemeine Trend ist dennoch beeindruckend. In den Vereinigten Staaten wurden allein 1925 eine Million Eigenheime gebaut. 1930 wurde fast jedes zweite Einfamilienhaus (48 Prozent) vom Eigentümer bewohnt.[49] In den meisten Großstädten war der Anteil der Mieter größer, aber auch hier war das Wohneigentum auf dem Vormarsch. 1920 wohnten 87 Prozent der New Yorker und 61 Prozent der Bewohner Philadelphias zur Miete. Zehn Jahre später lagen die Zahlen bei 80 beziehungsweise 42 Prozent.

Regierung und Wirtschaft arbeiteten Hand in Hand daran, den bürgerlichen Konsumismus zu fördern. Eines der führenden Unternehmen dabei war die Aladdin Company, die ein 6,7 mal 9,1 Meter großes, zweistöckiges »Standardhaus« anbot. Ein neues Haus schuf einen neuen Menschen. »Der größte Flegel«, hieß es in einem Werbetext von 1921, »würde es nicht wagen, seine schmutzigen Arbeitsschuhe auf einen polierten Mahagonitisch zu legen oder auf einen wertvollen Teppich zu spucken. Aber hätte dieselbe Person in einer armseligen Hütte … irgendwelche Skrupel, die Füße auf eine Tonne zu packen und auf Sägemehl zu speien?« Ein gutes Heim würde »auf unmerkliche Weise Glück und Verfeinerung bewirken«. Dass Wohneigentum Familien- und Gemeinsinn fördern sollte, wurde wörtlich genommen: Aladdin veranstaltete für seine ausgedehnte »Familie« von Hauskäufern Fotowettbewerbe und gab die Geburt von Kindern in Aladdin-Häusern öffentlich bekannt.[50]

Hausbesitz schuf neue Kunden für Hauseinrichtungen. Was bisher gut genug war, wirkte im neuen Heim plötzlich fehl am Platz, der Wunsch, die Inneneinrichtung zu verbessern, kam auf. In den 1920er Jahren bedeutete dies vor allem eine »moderne« Ausstattung von Bad und Küche. Mit ihren nahezu zweitausend Ortskomitees förderte die Kampagne »Better Homes in America« überall im Land das ideale Heim. 1930 sponserte die Kampagne sechstausend Hausausstellungen. Drei Millionen Menschen besichtigten das Modellhaus im Cape-Cod-Stil, das über fließend Wasser, ein Badezimmer und eine standardisierte Küche mit

Kühlschrank und Elektroherd verfügte. Das Haus bot sowohl nationale Zugehörigkeit, einen Anteil an dem, was Hoover als »amerikanischen Lebensstandard« bezeichnete, als auch Sauberkeit und Bequemlichkeit. Die Kohler Company errichtete in Riverside in Wisconsin ein angelsächsisches Modelldorf, das eine einfache Botschaft verbreitete: Moderne Bäder und Küchen verwandeln Einwanderer in Amerikaner. Walter Kohler, der selbst österreichischer Herkunft war, hatte dies sofort begriffen. Gleichzeitig mäßigte der staatsbürgerliche Konsumismus Innovation durch Tradition. Kohlers Cape-Cod-Einfamilienhaus wartete mit neuen Badarmaturen auf, während im Wohnzimmer neokoloniale Möbel mit Erbstücken gemischt wurden, um die Kontinuität des Familienlebens über Generationen hinweg zu betonen.[51] Indem man das Eigenheim zum Dreh- und Angelpunkt der nationalen Kultur machte, gab man dem Konsum eine neue Rechtfertigung, Vergangenheit, Gegenwart und Zukunft miteinander verbindend. Anstatt eine Bedrohung für Familie und gesellschaftliche Stabilität darzustellen, erschien der Konsum jetzt als deren Fundament. Künftigen Konservativen sollte diese Botschaft nicht entgehen.

Aber nicht jeder pflichtete ihr bei. Die Verbreitung standardisierter Häuser rief auch die Furcht vor flacher Konformität hervor, wie sie am eindrücklichsten in Sinclair Lewis' 1922 erschienenem Roman *Babbitt* ausgedrückt ist. Das Buch war ein enormer Erfolg; allein in den ersten vier Monaten wurden sagenhafte 140 000 Exemplare verkauft.[52] Henry Louis Mencken, der seinerzeit führende amerikanische Literaturkritiker, lobte den Roman dafür, dass er das »wahre Amerika« zeige. Lewis war in Minnesota aufgewachsen, dem Nachbarstaat von Kohlers Wisconsin, und zeigte anhand der im Mittleren Westen gelegenen fiktiven Stadt Zenith die Schattenseite des Hausbesitzes. Er erzählte die Geschichte des Immobilienmaklers George F. Babbitt, der in der Vorstadtsiedlung Floral Heights wohnt, wo nur drei Häuser älter als ein paar Jahrzehnte sind. Ihre Beschreibung liest sich manchmal wie ein typischer Hauskatalog:

> »In einer Ecke am Vorderfenster stand ein großes Schrankgrammophon. (Acht Neuntel aller Häuser von Floral Heights besaßen ein Schrankgrammophon.) Unter den Bildern, die an jeder grauen

> Wand genau in der Mitte hingen, befanden sich eine Imitation einer englischen Jagdszene in Rot und Schwarz, ein etwas blass geratener Nachdruck einer Boudoirszene mit französischer Unterschrift, deren Moralität Babbitt stets etwas verdächtig gewesen war, und ein handkoloriertes Foto, das ein Zimmer aus der Kolonialzeit darstellte: grober Teppich, spinnendes Mädchen, sittsame Katze vorm weißen Kamin. (Neunzehn von zwanzig Häusern in Floral Heights besaßen entweder eine Jagdszene, einen Madame-fait-la-toilette-Druck, ein koloriertes Foto eines Neuenglandhauses, ein Foto von den Rocky Mountains oder alle vier.)«

Das Zimmer war, wie Babbitts Leben im Allgemeinen, komfortabler als das seiner Kindheit. »Und wenn auch in dem Zimmer nichts Interessantes war, so war darin auch nichts Abstoßendes. Es war genauso sauber und nichtssagend wie ein Block Kunsteis.« Auf dem Klavier spielte allein seine jüngere Tochter, die Bücher auf dem Tisch »lagen fleckenlos und in genauen Parallelen«. Die Kaminböcke vor dem Kamin glichen »Musterstücken in einem Laden, alles herrenlose unerwünschte, leblose Waren«.[53]

Im Schlafzimmer gab es zwei Betten mit einem Tisch dazwischen, auf dem eine »elektrische Standardnachttischlampe« stand und ein »übliches Nachttischbuch mit farbigen Illustrationen« lag, das noch nie aufgeschlagen worden war. »Die Matratzen waren fest, aber nicht hart, triumphale moderne Matratzen, die ein gutes Stück Geld gekostet hatten ...« Der Heizkörper hatte exakt die für das Zimmer nötige Standardgröße. »Es war das reinste Prachtstück von Schlafzimmer, regelrecht aus dem Katalog ›Hübsche moderne Häuser für mittlere Einkommen‹. Es hatte nur nichts mit den Babbitts zu tun noch mit sonst jemand.« Das Haus war fünf Jahre alt und mit den »neuesten Einrichtungen« ausgestattet. Es war ein Tempel der Elektrizität, mit Steckdosen für Lampen, Staubsauger, Klavierlampe, Elektroventilator sowie, im Esszimmer, für Kaffeemaschine und Toaster. »Das Haus der Babbitts besaß wirklich nur einen Fehler: es war kein Zuhause.«[54]

Es ist unwahrscheinlich, dass Heidegger oder Taut den Roman gelesen haben, aber er drückte die Sorgen vieler aus. Zu einem wahren Heim gehörte nicht nur die Anhäufung von Dingen, sondern auch die Kunst des Wohnens. Babbitt kümmern die Dinge, von denen er umgeben ist, nicht, weil er sie nicht benutzt. Sie haben ihre Eigenständigkeit verloren. Sogar Bücher sind auf ein Standardmaß geschrumpft. In seiner Jugend träumte Babbitt davon, Rechtsanwalt zu werden. Doch dann begann er mit der rastlosen Jagd nach gesellschaftlicher Anerkennung, und je mehr Erwartungen er im Lauf des Romans erfüllt, desto mehr Besitztümer häuft er an und desto weiter entfernt er sich vom Glück und von sich selbst. Am Ende stellt er fest, dass er niemand ist, ein leere Hülle.

Dies ist die Haupthandlung, aber Lewis war ein viel zu guter Romancier – als erster Amerikaner erhielt er den Literaturnobelpreis –, um nicht auch einige der positiven Einstellungen zur Standardisierung wiederzugeben. Babbitts Collegefreund, der radikale Anwalt Seneca Doane, empört sich über das »ewige Gejammer über die Standardisierung«. Nach seiner Ansicht ist sie per se eine »ausgezeichnete Sache«. William James hätte eifrig zugestimmt. Und die Standardisierung schuf eine gemeinsame Kultur und nationale Identität. Als Doane während eines Londonaufenthalts auf einer Zahnpastareklame ein Foto einer amerikanischen Vorstadt sah, empfand er Heimweh: »Es gibt kein anderes Land in der Welt, das so schöne Häuser hat. Und mir ist es verdammt egal, ob die nun standardisiert sind. Das ist einfach ein fabelhafter Standard!«[55]

Im wirklichen Amerika wurde Babbitts Immobilienmaklerkollegen die Arbeit durch Wohnungsknappheit und Mietenkontrolle wesentlich erleichtert. Ein Grund für die Zunahme des Hausbesitzes war die Tatsache, dass Mietshäuser vom Mietmarkt genommen und in profitablere Verkaufsobjekte umgewandelt wurden. Bei einer Umfrage unmittelbar nach dem Zweiten Weltkrieg wurden tausend Amerikaner gefragt, warum sie ein Eigenheim erworben hatten: 24 Prozent betrachteten den Kauf als Investition; für 11 Prozent war der »Wunsch nach Unabhängigkeit« der Grund gewesen, und jeder Fünfte gab das »Ideal des Hausbesitzes« als Motiv an. Jedoch hatte sich ebenfalls jeder Fünfte einfach deshalb zum Hauskauf genötigt gesehen, weil er kein Mietobjekt finden konnte. Viele beklagten sich darüber, dass die Mieten derart in die Höhe schossen, so dass es letzten Endes billiger sei, ein Haus zu kaufen.[56] Einerseits mochte es die Menschen auf den Immobilienmarkt ziehen, aber sie wurden mindestens ebenso sehr dazu gedrängt, sich auf ihm umzusehen.

Die Zunahme des Hausbesitzes war kein ausschließlich amerikanisches Phänomen. »So klein es ist, es ist mein trautes Heim«, lautete eine Zeile der japanischen Fassung von »My Blue Heaven«, einem populären Jazzsong der 1930er Jahre.[57] Mittlerweile wurden in der Londoner Oxford Street Eigenheime in Originalgröße ausgestellt wie jedes andere Konsumgut. Tatsächlich profitierten die Briten von einem liberaleren Hypothekenmarkt als die Amerikaner, mit niedrigen Raten, bis zu dreißigjähriger Laufzeit und einem Kreditanteil von bis zu 95 Prozent des Kaufpreises. Der große Unterschied zwischen der Weltwirtschaftskrise von 1929 und der jüngsten Krise von 2008 besteht darin, dass eine leichtfertige Hypothekenvergabe in den 1930er Jahren Großbritannien aus der Krise befreite, anstatt es in sie hineinzustoßen. Das »billige Geld« machte Häuser für Angestellte und Arbeiter erschwinglich. Mit Hilfe einer Hypothek und einer Anzahlung von 20 Pfund konnte man ein Haus mit drei Schlafzimmern, Bad und Küche im Wert von 400 Pfund kaufen. 1938 besaß jede fünfte Arbeiterfamilie ein Haus.[58]

Obwohl Miete oder Hypothekenraten einen wesentlichen Teil des Haushaltsbudgets ausmachten, wissen wir kaum etwas über ihre Auswirkung auf das Kaufverhalten der Menschen. In englischen Städten beispielsweise hinkten im späten 19. Jahrhundert die Löhne den steigenden Mieten hinterher, was für den Konsum von Arbeitern einen Einschnitt bedeutet haben muss. Eine gewisse Erleichterung brachte die Einführung von Mietkontrollen während des Ersten Weltkriegs, die jedoch bald schon wieder eingestellt wurden. Die vermehrte Gründung von Mietervereinen und die Vielzahl von Mietstreiks waren Ausdruck einer zunehmenden Wut. Die einzelnen Länder ergriffen unterschiedliche Maßnahmen, um die Wohnsituation zu verbessern. In Belgien sah sich die Regierung 1889 durch Streiks genötigt, die Notenbank zu ermächtigen, in bessere Häuser für Arme zu investieren; in Frankreich wurde 1896 ein ähnliches Gesetz beschlossen. Britische Städte entschieden sich für die Säuberung von Elendsvierteln. Die Ergebnisse waren gemischt. Nach Ansicht zeitgenössischer amerikanischer Beobachter waren die britischen Vorkehrungen für die Neuansiedlung der Vertriebenen völlig unangemessen.

In Belgien und Frankreich waren Immobiliendarlehen in Kleinstädten effektiver als in Großstädten; der Bau von Boulevards in Paris und die Verschönerung Wiens machten in beiden Städten viele der neuen Häuser für arme Einwohner unerreichbar.[59]

Im Allgemeinen wurden die Eigenheime im 20. Jahrhundert größer, sauberer und komfortabler, aber auch teurer. Auch für die ersten Sozialwohnungen wurden hohe Mieten verlangt. Wenn englische Arbeiter in eine der neuen kommunalen Vorstadtsiedlungen zogen, erhöhte sich ihre Miete häufig um ein Drittel oder mehr. 1928 befand sich in Liverpool ein Drittel der Mieter von städtischen Wohnungen mit den Mietzahlungen im Rückstand – und dies vor den Verheerungen durch die Weltwirtschaftskrise. In den 1930er Jahren gaben Arbeiter 20 bis 25 Prozent ihres Lohns für Miete und Brennstoff aus; bei denjenigen, die eine Hypothek abbezahlten, war der Anteil etwas größer.[60] In Österreich gab es schon in den 1920er Jahren einige Initiativen mit dem Ziel, erschwinglichen Wohnraum zu schaffen, aber im Allgemeinen wurde erst durch den Ausbau des Sozialstaats nach dem Zweiten Weltkrieg in Form von öffentlichem Wohnungsbau, strengerer Mietkontrolle und umfangreicheren sozialen Transfers ein tragfähiger Boden für arme Konsumenten geschaffen; wie heikel solche Transfers für wohlhabende Gesellschaften waren, wird in einem späteren Kapitel behandelt. Seit den 1970er Jahren nimmt, zumindest in Westeuropa, der Anteil der Wohnkosten am Haushaltsbudget wieder zu.[61]

Bessere Häuser hatten also widersprüchliche Auswirkungen. Steigende Mieten bedeuteten weniger Geld zum Ausgeben. Eine Liverpoolerin erzählte, dass sie 1927 mit Ehemann und Kind in eine der neuen Vorstadtsiedlungen gezogen sei, um dem Zusammenleben mit ihrer Mutter, Tante und Cousine in einem Reihenhaus mit zwei Schlafzimmern zu entkommen. Es sei ein großer Unterschied gewesen, und es habe »das Leben viel einfacher gemacht, im Haus waschen zu können und Strom zu haben ... [und] Warmwasser.« Allerdings besaß die kleine Familie keine Schränke und musste die Kleidung »auf Bügeln an der Tapetenleiste aufhängen ... weil man es sich nicht leisten konnte, Dinge zu kaufen, nachdem man eingezogen war und zusehen musste, wie man die hohe Miete aufbrachte«.[62]

Wohnstandard in amerikanischen Eigenheimen und gemieteten Häusern mit Küchen, 1950–1952

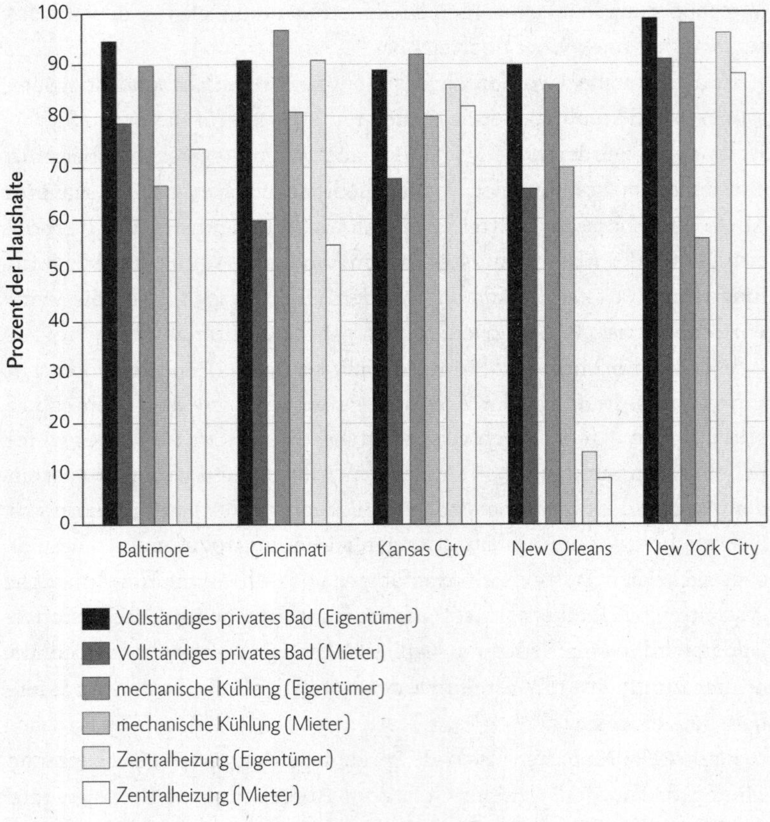

aus: *Monthly Labor Review*, 1954.

Hohe Mieten überzeugten weitere Arbeiterfamilien, eine Hypothek aufzunehmen, aber der Hausbesitz hatte zwiespältige Folgen. Manche empfanden es als befreiend, die Schlüssel ihres eigenen Hauses in der Hand zu halten. Sie gaben mehr Geld für häusliche Annehmlichkeiten aus. Amerikanische Umfragen aus den 1950er Jahren zeigen, dass es in Eigenheimen häufiger ein privates Bad, einen Kühlschrank, eine Klimaanlage und eine Zentralheizung gab als in gemieteten Häusern.[63] Andere, weniger glückliche Haushalte mussten dagegen erkennen, dass die finanzielle Belastung größer war als erwartet. Im Großbritannien der Zwischenkriegszeit stellten manche Arbeiterfamilien, die in eine Vorstadt umgezogen waren, die Heizung und sogar die Lampen aus, um für die nächste Hypothekenrate zu sparen. Hausbesitz konnte den Konsum also sowohl anregen als auch schmälern.

Auch in anderen europäischen Ländern wurde der Immobilienbesitz immer beliebter. 1960 wohnte jeder zweite Finne, Belgier und Italiener im eigenen Haus; in Großbritannien waren es 42 Prozent der Bevölkerung. Heute ist das Wohneigentum überall in der Europäischen Union fast so hoch wie in Großbritannien (69 Prozent); mittlerweile liegen die Vereinigten Staaten (58 Prozent) in dieser Hinsicht hinter Belgien, Italien und Spanien (mit jeweils rund 80 Prozent).[64] Belgische und deutsche Bergarbeiter haben seit Generationen eine starke Neigung zum Hausbesitz. Selbst dort, wo weiterhin viele zur Miete wohnten, wurde in der Mitte des Jahrhunderts das Einfamilienhaus zur bevorzugten Wohnform. In den Niederlanden waren 71 Prozent der Häuser Einfamilienhäuser, von denen allerdings nur 27 Prozent den Bewohnern gehörten.

In ganz Europa sangen Konservative, Bauunternehmer und christliche Reformer Variationen der Grundmelodie des staatsbürgerlichen Konsumismus: Eigenheimbesitzer hätten einen Anteil an ihrem Land, und dies mache sie zu aufrechten, loyalen Staatsbürgern, zu Säulen des Familienlebens und der Freiheit im Kampf gegen den Kollektivismus. Tatsächlich war selbst Stalins Sowjetunion nicht immun gegen diesen Sirenengesang. Der Spätstalinismus lockte seine neue Elite mit dem Ideal des eigenen komfortablen Heims. In einem typischen Beispiel von Gebrauchsliteratur aus dem Russland des Jahres 1950 sinniert der Held, Dimitri, über seine neue Stellung im Leben: »Hausbesitzer! Wie sich der Sinn dieser Welt verändert hat! Die Hausbesitzer in Rudnogorsk waren jetzt die besten Akkordarbeiter und Ingenieure, arbeitende Menschen. Dimitri hätte sich gern mit Marina ihr neues Heim angeschaut, aber es war zu spät am Abend. Seine Träume trugen ihn zusammen mit ihr in ihr eigenes Haus, in dem sie ihr gemeinsames Leben beginnen würden.«[65]

Modern leben

Hausbesitz war Teil eines größeren Traums von modernem Leben. Ein modernes Heim versprach seine Bewohner von Tradition, Verschwendung und Erschöpfung zu befreien. Diese Vision besaß für Progressive, Mittelschichtangehörige und Sozialreformer in Kairo und Tokio ebenso wie in Chicago und Berlin enorme Anziehungskraft. In ihrem Mittelpunkt stand die Hausfrau als wissenschaftlich geschulte Managerin, aber es ging um mehr: Das gesamte Familienleben sollte umgestaltet werden. Das moderne Leben hatte drei Hauptideale: erstens Komfort und Sauberkeit; zweitens individuelle Privatheit innerhalb der Familie – jedes Familienmitglied sollte ein eigenes Zimmer haben –; und drittens sollten, wie in der Fabrik, die Trennung der Zimmer nach ihrer Funktion und ihre Ausstattung mit Maschinen zur Maximierung der Effizienz führen. Wie weit diese Ideale verwirklicht wurden, hing von materiellen Ressourcen ab, wie der Kaufkraft und dem Hausangebot, aber auch von kulturellen Traditionen und Gebräuchen. Die Verbreitung von Haustechnologien verlief zwangsläufig ungleichmäßig, aber wenn man die Chronologie ein wenig lockert, werden interessante Anpassungs- und Widerstandsmuster sichtbar. Der Triumph der Modernität war nicht vollständig, das Ergebnis war vielmehr eine Mischung aus Altem und Neuem.

Unser Bild vom modernen Leben ist derart von der Waschmaschine und anderen langlebigen Konsumgütern geprägt, dass betont werden muss, dass sich mehrere Grundelemente bereits vor der Elektrifizierung des Heims herauszubilden begannen. Die Trennung von Privatsphäre und öffentlichem Raum sowie von Konsum und Produktion wurde bereits bei der Umgestaltung der Mittelschichthäuser im 17. und 18. Jahrhundert vollzogen, als die offene Halle dem Salon, Arbeitszimmer und anderen Privaträumen Platz machte. Privatzonen waren nicht nur etwas für Reiche. Sozialreformer sahen die Ursache vieler Probleme der Armen in mangelnder Privatheit. Eines der ersten Projekte, das die physische Trennung der Familienmitglieder ermöglichte, war das in den 1770er Jahren von dem Architekten John Wood entworfene Dreizimmerhaus, in dem es zwar keine völlig getrennten Schlafzimmer, wenigstens aber Schlafnischen gab, die eine gewisse Privatheit boten.[66] Bis 1919 hatte sich der Ein-Zimmer-pro-Person-Standard zumindest bei amerikanischen Staatsdienern durchgesetzt. Für eine »typische Familie« aus zwei Erwachsenen und drei Kindern betrachtete die Abteilung für Arbeitsstatistik im US-Arbeitsministerium eine Küche mit Essplatz, ein Wohnzimmer und zwei »große, gut belüftete und helle Schlafzimmer« als »nicht zu unterschreitendes Minimum für ein anständiges, gesundes Leben«.[67] Familien, betonten Sozialreformer, hätten ein Recht auf Komfort und angenehme Lebensumstände.[68] Sogar in Stalins Sowjetunion wurde die raue Wirklichkeit der Gemeinschaftswohnungen durch das Bestreben aufgelockert, den Sinn für Privatheit und Selbstbeherrschung zu pflegen, den man brauchte, um rückständige Menschen in moderne Sowjetbürger zu verwandeln. Eine der ersten Maßnahmen von Ehefrauen aus der sowjetischen Elite, die sich im Rahmen der 1936 ins Leben gerufenen Obschtschestwennizy-Bewegung am Aufbau einer »guten Gesellschaft« beteiligten, bestand darin, Stockbetten in Arbeiterbaracken durch getrennte Einzelbetten zu ersetzen.[69]

Die sich verbreitende Komfortkultur brachte zwei widerstreitende Ideale mit sich, welche durch die beiden in der Mitte des 19. Jahrhunderts wichtigsten amerikanischen Haustypen fassbar werden. Der eine versuchte Komfort durch die ästhetische Einheit von Bewohnern, Geist und materieller Umgebung zu erreichen. Für Architekten wie Andrew Jackson Downing war die Veranda sowohl ein Schutzraum vor den Elementen als auch ein Ort, an dem die Familie zusammensitzen konnte. Bei dem anderen Haustyp stand die Zweckmäßigkeit im Vordergrund. Dies war der Ansatz von Catherine Beecher, einer Vorkämpferin der Frauenbildung. Nach ihrer Ansicht war ein komfortables Haus nicht durch einen Vorbau zum Herumsitzen gekennzeichnet, sondern durch eine zweckmäßig gestaltete Küche.[70]

Die Vereinigten Staaten bildeten die Speerspitze der Industriellen Revolution im Haushalt. In den 1920er Jahren erlebten neue Haushaltstechnologien einen rasanten Aufschwung. Am Ende des Jahrzehnts waren 18 der 27 Millionen Haushalte des Landes ans Stromnetz angeschlossen, 15 Millionen besaßen ein elektrisches Bügeleisen, 7 Millionen einen Staubsauger und 5 Millionen eine Waschmaschine. In der obersten Einkommensschicht hatten 92 Prozent ein Bad, 63 Prozent ein Radio und

83 Prozent ein Auto. Viele Facharbeiter kauften jetzt die Dinge, die sie in Massenproduktion herstellten. Jeder Ford-Mitarbeiter beispielsweise besaß eine Waschmaschine und ein Auto.[71] Dennoch existierten weiterhin scharfe Unterschiede. Mitte der 1930er Jahre zum Beispiel gab es in jedem zweiten afroamerikanischen Haushalt ein Bad, aber nur 19 Prozent besaßen ein Radio und 17 Prozent ein Auto.[72]

Im Vergleich dazu verbreiteten sich arbeitssparende Geräte in Europa, Japan und Kanada nur langsam. Elektrische Bügeleisen und Staubsauger gab es schon vor dem Zweiten Weltkrieg, aber die meisten Familien gaben ihr Geld lieber für ein Radio oder neue Möbel als für eine Waschmaschine aus. In Westeuropa waren Kühlschränke und Waschmaschinen bis in die späten 1950er Jahre fast ausschließlich in Mittelschichthaushalten zu finden; 1957 besaßen nicht einmal 5 Prozent der Briten und Franzosen einen Kühlschrank, während es in den USA 27 Prozent waren.[73] Worauf war dieser Unterschied zurückzuführen? Einer der Gründe war das Geld. Kein europäischer Arbeiter bekam auch nur annähernd so viel Lohn, wie etwa Ford aufgrund der frühen Massenfertigung und einer herausragenden Produktivität zahlen konnte. 1924 kostete eine durchschnittliche Waschmaschine 125 Dollar; zehn Jahre später war sie für höchstens 50 Dollar zu haben, was der Durchschnittsamerikaner, der 300 Dollar im Monat verdiente, problemlos aufbringen konnte. In Frankreich dagegen verschlang die Anschaffung eines standardmäßigen Mors-Staubsaugers den gesamten Monatslohn eines Facharbeiters.[74]

Zusätzlich zum nötigen Geld sowie zum Strom- und Wasseranschluss mussten die Menschen überzeugt sein, dass es sinnvoll war, ihr Geld in Haushaltsgeräte zu investieren, anstatt es für Vergnügungen, traditionelle Feste oder neue Kleidung auszugeben. Denn letztlich sparten sie, wie zeitgenössische Hauswirtschaftler und spätere Historiker nachgewiesen haben, weit weniger Zeit, als Hersteller und Reklame versprachen. Die Attraktivität von Gütern wie der automatischen Waschmaschine war alles andere als selbstverständlich. In den 1950er Jahren gaben die Unterschichten ihr schwerverdientes Geld lieber für ein Fernsehgerät aus, anstatt für arbeitssparende Maschinen; 1957 besaß jeder zweite britische Haushalt mit geringem Einkommen einen Fernseher.[75] Das moderne Heim, wie wir es kennen, entstand auf einem verschlungenen Weg voller Hindernisse, ökonomischer und infrastruktureller ebenso wie kultureller.

Moderne Konsumtechnologien hingen in erster Linie von modernen Anschlüssen ab. Gesellschaften und sogar einzelne Haushalte lebten häufig in mehreren einander überlappenden materiellen Epochen gleichzeitig. Wie gesehen, wurden Gas, Elektrizität und fließend Wasser nicht zusammen eingeführt, sondern im Abstand von bis zu drei Generationen. Die Vereinigten Staaten bildeten in dieser Hinsicht keine Ausnahme. Das städtische Amerika entwickelte rasch eine Vorliebe für neue Energien. Zum Zeitpunkt des Börsencrashs von 1929 hatten drei Viertel der amerikanischen Haushalte Strom, und jeder zweite kochte mit Gas.[76] Modernität in Form von Wasser- und Abwasserleitungen lernten sie erst später kennen. Als Robert und Helen Lynd 1925 für ihre berühmte Sozialstudie *Middletown* die Lebensumstände in Muncie in Indiana untersuchten, stellten sie fest, dass es in zwei Dritteln der Haushalte kein Badezimmer gab und ein Viertel nicht einmal fließend Wasser oder eine Abwasserleitung hatte, es gleichzeitig aber »nicht unüblich« war, dass diese Familien »ein Automobil, eine elektrische Waschmaschine, ein elektrisches Bügeleisen und einen Staubsauger benutzten«.[77] Dies entsprach in etwa den Zuständen im ganzen Land. Zwischen sozialer Realität und idealem Komfort- und Sauberkeitsstandard, wie er in der Formel »ein Zimmer pro Person« zusammengefasst wurde, klaffte eine erschreckende Diskrepanz. In den 1920er Jahren teilten sich in Texas in 20 Prozent der weißen und 43 Prozent der schwarzen Familien mindestens zwei Personen ein Zimmer. In New York gab es zwar fast überall Strom und Gas, aber auch 290 000 Zimmer ohne Fenster.

Ein Gas-, Wasser- und Stromanschluss bedeutete nicht automatisch ein modernes häusliches Leben. In Paris und Birmingham gab es Ende der 1950er Jahre in einem Drittel der Haushalte noch kein separates Badezimmer. Die Verbreitung von Gas und Strom verlief sowohl im Ländervergleich als auch in den Ländern selbst höchst ungleichmäßig, etwa zwischen Stadt und Land. Gesellschaften, die sich wie die britische früh ans Gas gewöhnt hatten, zögerten später nicht, Elektrogeräte zu benutzen. 1938 gab es in britischen Haushalten beispielsweise eine Million Elektroherde, 125 000 mehr als im Deutschen Reich, wo allerdings ein beachtliches

Drittel in den Küchen von Handwerkern und Facharbeitern stand.[78] Es heißt oft, die Stromanbieter hätten mit ihren sich ausdehnenden Netzen ihre eigene Nachfrage geschaffen.[79] Dies war jedoch alles andere als einfach oder zwangsläufig. Da ihre Kraftwerke außerhalb der industriellen Hauptverbrauchszeit nicht ausgelastet waren, bemühten sich die Stromanbieter nach Kräften, den häuslichen Verbrauch anzuregen, indem sie etwa mit Nachtspeicheröfen oder Preisabschlägen bei mehr Verbrauch warben. Außerhalb der USA überwand die neue, saubere Energie die Hausschwellen nur langsam. Bis in die 1950er Jahre hinein nutzten die meisten europäischen Haushalte Strom fast ausschließlich für die Beleuchtung.

Zusammengenommen bildeten Preis und Gewohnheiten ein erhebliches Hindernis. Elektrische Stecker und Schalter waren den Menschen nicht vertraute, mysteriöse Neuheiten. In einem deutschen Ratgeber aus dem Jahr 1928 wurde erklärt: »*Schalter haben lediglich die Aufgabe, den elektrischen Strom ein- und auszuschalten.* Diese Bemerkung klingt sehr selbstverständlich und überflüssig, ist es aber nicht! Manche Hausfrau meint, der Schalter sei auch ein angenehmer Stützpunkt für den Besenstiel oder ein Halter für das Marktnetz. Auch Hausherren gibt es, die ihren Hausrock, ihren Schirm oder gar ihren schweren Mantel am Schalter aufhängen ...« Schalter könnten sich erhitzen. Es folgte eine Liste von zehn Verboten, unter anderem: »8. Vermeide es, Lampen, Geräte usw. zu stark zu erschüttern oder gar zu werfen! 9. Unterlasse es, Glühlampen unter Strom einzuschrauben; sie können Schaden nehmen – und Du auch!«[80] Während des Wiederaufbaus von Europa nach dem Zweiten Weltkrieg waren es häufig die Konsumenten, die Baufirmen und Energieversorger überreden mussten, ihnen eine bessere elektrische Anlage und mehr Strom zur Verfügung zu stellen, nicht umgekehrt. 1964 wurde bei einer Umfrage in Westdeutschland festgestellt, dass es in 41 Prozent der Wohnungen nur eine einzige und in 4 Prozent überhaupt keine Steckdose gab. Außerdem waren die häuslichen Stromkreise häufig mangelhaft. »Ist das ›Komfort‹, wenn man das Radio abstellen muss, um ein Bügeleisen anschließen zu können«, fragte ein Zeitgenosse.[81]

Ähnlich sprunghaft verlief die Modernisierung überall auf der Welt. In Shanghai zum Beispiel förderte der Stadtrat im Jahr 1920 die Anschaffung von Elektroherden und -heizkörpern durch Vorführungen in einem

Ausstellungsraum in der Nankingstraße und durch spezielle Mietkonditionen. Was die Gesamtnachfrage in Kilowattstunden anging, befand sich Shanghai auf einer Stufe mit europäischen Städten. Wohlhabende fanden den elektrischen »Kochapparat« in zunehmendem Maß »zuverlässig, trotz der falschen Benutzung, die er manchmal von Seiten einheimischer Bediensteter auszuhalten« hatte.[82] Was in den Haushalten der Mehrheit vor sich ging, stand auf einem anderen Blatt. Die meisten *li*, Häuser in Seitengassen, im internationalen Teil der Stadt wurden von Vermietern und Mietern gleichermaßen in ein unentwirrbares Durcheinander aus Auf- und Unterteilungen, Dachverschlägen und zusätzlichen Geschossen verwandelt, um mehr Menschen unterzubringen und die höchstmögliche Miete herauszuschlagen. 1935 wohnten in Häusern, die für eine einzige Familie entworfen worden waren, im Durchschnitt 24 Personen, denen jeweils 2,8 Quadratmeter Wohnfläche zur Verfügung standen. Es überrascht nicht, dass in diesen beengten Verhältnissen auch die Küche als Wohnraum vermietet wurde. Statt funktionaler Trennung bedeutete Modernität hier die Auflösung der Küche.[83]

Selbst dort, wo funktionaler Komfort möglich war, stieß er häufig auf Widerstand und wurde umgeformt. Wie Gas- und Elektrizitätsgesellschaften und Gerätehersteller rasch lernten, war der Vorteil von Gas und Strom sowie der Geräte, die mit ihnen betrieben wurden, nicht offensichtlich. Sie mussten beworben werden. Die erste elektrische Küche wurde 1893 auf der Weltausstellung in Chicago gezeigt. Im Europa der Zwischenkriegszeit gab es in manchen Städten »transparente Restaurants«, in denen die Gäste sehen konnten, wie eine solche Küche funktionierte.[84] Das Meisterwerk modernen Designs war die 1926 von Margarete Schütte-Lihotzky, der ersten Österreicherin, die ein Architekturstudium abschloss, entworfene Frankfurter Küche. In dieser genau 1,9 mal 3,44 Meter großen Minifabrik war alles funktional, vom Elektroherd über die durchgehende Arbeitsfläche bis zu den in der Höhe angepassten Hängeschränken. Zur Aufbewahrung dienten Aluminiumschütten, die es der Hausfrau ersparten, Türen und Behälter öffnen zu müssen, um Zucker oder Mehl herauszuholen; nur die Mehlschaufel bestand aus Eichenholz, weil dessen Gerbsäure Würmer fernhielt. Ein Bügelbrett stand flach zusammengeklappt an der Wand. Eine bewegliche Pendellampe sorgte für Licht.[85] Wie die modernen Küchen, für welche die japanische Liga für die Reform des Alltagslebens warb, hatte die Frankfurter Küche nur eine einzige Funktion: Sie war ausschließlich fürs Kochen gedacht, das Essen und das gesellschaftliche Miteinander mussten anderswo stattfinden. Kein Zentimeter blieb ungenutzt. Alles hatte seinen standardisierten Platz und Zweck, angepasst an die durchschnittliche Hausfrau, die ihre Bewegungen wissenschaftlichen Studien zufolge in einem vorhersehbaren Ablauf vollführte.

Das Problem war nur, dass Hausfrauen keine Roboter waren. Sie lebten unter verschiedensten Umständen und hatten die unterschiedlichsten Vorstellungen davon, wie eine Küche auszusehen hatte. Emaillierte Spülen, erklärte der Niederländische Hausfrauenverband Stadtplanern in Den Haag, seien besser als stählerne, und Bügelbretter sollten mobil sein.[86] Auch konnten sich Bauherren, Hersteller und Verfechter des idealen Heims nicht auf einen gemeinsamen Entwurf einigen. Die moderne Küche, für die man in den 1920er Jahren in Shanghai warb, sah völlig anders aus als die Frankfurter Küche. Sie war geräumig und besaß einen freistehenden Elektroherd, aber weder eine durchgehende Arbeitsplatte noch Hängeschränke. Im London der Zwischenkriegszeit warben Ausstellungen zum idealen Haushalt für arbeitssparende Geräte aus Amerika, aber auch hier fehlte eine durchgehende Arbeitsplatte. Die erste L-förmige Küche tauchte erst 1949 auf. Sogar in Kalifornien verbreiteten sich zusammenhängende Tresen nur langsam. In Paris stellten die Organisatoren des jährlich veranstalteten Salon des Arts Ménagers fest, dass purer Funktionalismus bei der Bourgeoisie nicht gut ankam. Deshalb stellten sie neben modernen Küchen Salons und Esszimmer im Louis-quinze-Stil aus.[87]

Die Frankfurter Küche bildete den Höhepunkt modernen funktionalistischen Designs. Im Leben der Menschen spielte sie kaum eine Rolle. Nur knapp zehntausend solcher Küchen wurden eingebaut. Für die große Mehrheit der Menschen (und Wohnungsbaugesellschaften) war diese Luxusküche unerreichbar; ein durchschnittlicher Frankfurter Arbeiter hätte einen Jahreslohn für sie hinblättern müssen. Noch 1968 gab es in Westdeutschland nur in jedem dritten Haushalt eine standardisierte Einbauküche. Auch die Idee der Küche als eines Orts von Schönheit und Geselligkeit stieß auf erheblichen Widerstand. 1963 beharrte Grete Meyer-Ehlers, die erste Professorin für »Hauswerk und Kunsterziehung« in Berlin, auf der deutschen Haustechnikausstellung »Informa« darauf, dass die Küche in erster Linie ein »Arbeitsraum« sei. Sie konnte sich nur schwer vorstellen, dass eine Hausfrau im Angesicht von Edelstahl- und Plastikoberflächen Leberknödel oder Kartoffelpuffer kochen könnte.[88]

Für Arbeiterfamilien der 1930er Jahre typisch war der Haushalt der Berliner Familie Mann, die sich mit vier anderen Familien eine Wohnung teilte. Um in ihr Schlafzimmer zu kommen, mussten das Ehepaar und ihre beiden Töchter einen gemeinsamen Korridor überqueren. Die Toilette teilte man sich mit den anderen Familien ebenso wie die Reinigung des Korridors, was zu endlosem Streit führte. Die Familie Mann besaß eine eigene Küche mit Wasserhahn und Gasanschluss mit Zähler, aber keinen Kühlschrank. »Alles, was gekauft wurde, wurde sofort gegessen, nichts konnte verderben«, erzählte Hilla Mann, eine der Töchter, später. Die Küche diente nicht nur zum Kochen, sondern war zugleich der Hauptwohnraum. Es war das einzige beheizte Zimmer, in dem auch ein Bett stand, mit einem von Hillas Mutter bestickten Kissen und einem »Wandschoner« mit Vögeln und Blumen darauf: »... das sah gemütlich aus.« Gegenüber den mit Gardinen versehenen Fenstern stand ein vom Vater gebauter Tisch mit einer Spülschüssel darunter. Daneben stand ein weißer Küchenschrank mit Glastüren oben, um das gute Service für Gäste zu zeigen, und Holztüren unten, um Aluminiumtöpfe und das bei Kaiser's Kaffee für Rabattmarken gekaufte Gebrauchsgeschirr mit Zwiebelmuster vor fremden Blicken zu verbergen. Eine Petroleumlampe sorgte für die Beleuchtung. Wie die Inventarliste zeigt, bestand die Wohnungseinrichtung gewöhnlicher Menschen aus gekauften und selbst hergestellten Dingen. Das Wohnzimmer der Familie Mann, die Stube, war mit einem runden Tisch mit drei selbstgeflochtenen Korbstühlen, einer Spiegelkommode, einem Kleiderschrank sowie einem Doppel- und einem Kinderbett möbliert; an der Wand hing neben Familienfotos und vom Vater gemalten Landschaftsbildern eine Rembrandt-Reproduktion, und neben Büchern gab es auch ein selbstgebautes Grammophon mit dazugehörigen Schallplatten; hörte die Musik auf, klopfte die Nachbarin an die Wand und rief: »Weiter.«[89]

Nicht nur in Berlin wurden moderne Konsumgüter mit der lokalen Kultur vermischt. Im frühen 20. Jahrhundert war die Anziehungskraft neuer Güter überall auf der Welt zu beobachten. In Kairo wurde das bürgerliche Heim als Mikrokosmos einer neuen Nation angepriesen, welche die traditionelle Kultur und Polygamie hinter sich ließ. Ratgeber warben für Möbel im westlichen Stil und warnten vor orientalischen Teppichen als Krankheitsüberträgern. Überfüllte und übermäßig dekorierte Foyers waren out, bequeme Stühle in. Modernität bedeutete nicht zwangsläufig Sparsamkeit. Louis-quatorze-Möbel und englische Teeservice galten als schick. Wandschirme und andere Gegenstände, »die für gewöhnlich an der Tür zum Harem stehen«, waren dagegen unbedingt zu vermeiden. In der Wirklichkeit ergänzten viele Mittelschichtfamilien die westliche Orientierung durch einen osmanischen Anklang. Die Kleider folgten der Pariser Mode, wurden aber nicht aus gekräuselter britischer Wolle, sondern aus glänzendem, glattem »orientalischen Stoff« geschneidert. Die Klaviere, auf denen die Mittelschichttöchter spielten, waren reich mit Perlmutteinlegearbeiten und Mahagonischnitzereien geschmückt und manchmal mit einem zusätzlichen Pedal für Mandolinenklang ausgestattet.[90]

Auch in den afrikanischen Gesellschaften verbreiteten sich westliche Güter wesentlich weiter, als man allgemein annimmt. Südlich der Sahara gaben die Duala, eine Händlerelite in Kamerun, die in der Zwischenkriegszeit viele Mitarbeiter der französischen Kolonialverwaltung stellte, erhebliche Summen für Häuser, Autos und Motorräder aus.[91] Rooiyard, ein 840 Quadratmeter großer Slum in Johannesburg, der längst geschleift worden ist, war in den 1930er Jahren ein Ort mit einer im Umbruch befindlichen materiellen Kultur. Je länger die Menschen dort gewohnt hatten, desto mehr westliche Güter besaßen sie: von Betten, Anrichten, Tischen und Stühlen über Klaviere, Grammophone, Chintzgardinen und Linoleumfußböden bis zu gerahmten Filmstarfotografien, die an tapezierten Wänden hingen. Die meisten Familien besaßen entweder ein Grammophon, ein Fahrrad, eine Nähmaschine oder mehrere dieser Dinge. Bei Frauen war Sticken eine beliebte Freizeitbeschäftigung. Junge Mädchen trugen Lippenstift. Die Männer tranken Bier. Wie die Menschen saßen, schliefen, aßen und aussahen, veränderte sich. Holzmörser und Stößel wurden durch Töpfe und Pfannen für »fertig vorbereitete Maisgerichte« verdrängt. Die Anthropologin Ellen Hellmann, die als erste Frau an der Universität von Witwatersrand promoviert wurde, hörte von den Einwohnern von Rooiyard immer wieder, dass die »europäische Art des Kochens eine große Verbesserung gegenüber der einheimischen Zubereitung von Fleisch« sei. Neue Güter und Gewohnheiten wurden in einem täglichen Kampf um Geld finanziert. Kaum jemand sparte. Die meisten gaben, was sie von ihrem spärlichen Wochenlohn entbehren konnten, für den Ratenkauf eines Grammophons oder Möbelstücks aus. Ein Paar aus Soto verwendete für Ratenzahlungen genauso viel Geld wie für die Miete. Es ist verlockend, dies als weiteres trauriges Zeichen für den Kampf zwischen traditioneller Kultur und westlichem Konsumismus zu sehen. Doch Hellmann widerstand dieser Versuchung. Ihrer Ansicht nach wurde nicht einfach die westliche Kultur übertragen, vielmehr entstand eine »neue Mischkultur«. Die Hälfte der Familien hatte Kinder auf dem Land und hielt den Kontakt dahin aufrecht, indem sie Kleidung und Möbel nach Hause schickte. Bei den armen Johannesburgern wurden wie bei den wohlhabenden Kairoern Teile der Konsumkultur in die lokale Kultur eingepasst, wodurch sich eine Mischung aus alten und neuen Werten und Verhaltensweisen herausbildete.[92]

Die sanitäre Stadt schuf durch die Verbreitung einer Kultur von Hygiene und Sauberkeit eine günstige Umgebung für neue Haushaltstechnologien. Dies ist ein Beispiel dafür, wie der private Konsum durch öffentliche Reformen verändert werden konnte. In Ausstellungen und Vorführungen priesen Hersteller Waschmaschinen und Elektroherde als saubere Technologien, die es Hausfrauen ermöglichten, ihre Rolle als Hüter der privaten und öffentlichen Gesundheit zu erfüllen. Langlebige Konsumgüter sprachen direkt die Vorstellung an, dass das Heim und sein Inhalt privat seien und vor Verschmutzung von außen geschützt werden müssten. Dies trat in der zunehmenden Aversion zutage, seine schmutzige Wäsche außer Haus zu geben oder mit Familie und Nachbarn einen kollektiven Waschtag abzuhalten. »Meinen eigenen Schmutz halte ich noch aus«, erklärte eine amerikanische Hausfrau 1934, »aber nicht den von jemandem, den ich noch nie gesehen habe.«[93] Am Ende des Jahrzehnts war die Waschfrau, die nur eine Generation zuvor noch ein vertrauter, beeindruckender Anblick gewesen war, in den Vereinigten Staaten so gut wie verschwunden. In der nächsten Generation ereilten die kollektiven Wascheinrichtungen in Arbeiterwohnblocks in Europa das gleiche Schicksal. »Es ist besser, seine schmutzige Kleidung bei sich zu Hause zu waschen«, erklärte eine Turinerin 1956.[94] Schwer zu waschende Stücke und die schiere Zunahme der Garderobe der Menschen boten eine Überlebenschance für Wäschereien, aber persönliche Wäsche wurde nun selten außer Haus gegeben. Wäschereien wurde oft vorgeworfen, sie würden Erbstücke zerstören, die Lieblingsbluse ausbleichen und so weiter. Umgekehrt hoben Wäschereien hervor, welche Gefahren die neuen Maschinen für Leib und Leben mit sich brachten. Ganz gleich, ob sie voll- oder halbautomatisch waren, ohne praktische Aufmerksamkeit funktionierten die frühen Maschinen nicht. Schläuche mussten gewechselt und die Drehbewegung im Auge behalten werden. Die Wäschereien führten warnende Beispiele von Frauen an, die skalpiert worden waren oder einen Stromschlag erlitten hatten.[95] Ende der 1960er Jahre wurden in Kanada immer noch mehr Bottichwaschmaschinen als Automaten verkauft. Die Kanadierinnen wollten Langlebigkeit und misstrauten komplizierten Maschinen mit mehreren Arbeitszyklen.[96]

In Japan rieten Verbraucherzeitschriften anfangs von der Anschaffung einer Waschmaschine ab: Die meisten Menschen besäßen nicht genügend Kleidung, um eine Trommel zu füllen, weshalb die wenigen Stücke sich bloß an Wasser reiben und nicht sauber werden würden. In Städten gab es viele Waschfrauen, deren Dienste man für wenig Geld in Anspruch nehmen konnte. Auf dem Land stießen Verkäufer von elektrischen Haushaltsgeräten auf alle möglichen Hindernisse. Sie mussten nachweisen, dass Elektrizität ungefährlich war. Zudem war es üblich, die Kleidung von Männern und Frauen sowie Oberbekleidung und Unterwäsche getrennt zu waschen. So gelangten die Unternehmen zu dem Schluss, dass sich erst der Lebensstil ändern müsse, bevor es einen Markt für ihre Waschmaschinen geben würde.[97]

Der ausschlaggebende Faktor dürfte eine Neubewertung der Hausarbeit gewesen sein. Um arbeitssparende Geräte zu kaufen, musste man überzeugt sein, dass es die Arbeitsersparnis wert war. Die Knochenarbeit des Waschtags war seit langer Zeit ein Merkmal des Lebens von Frauen. Warum dies ändern? In Südafrika bestehen viele Frauen heute noch, trotz Farbfernseher und Kühlschrank, darauf, ihre Pflicht als Frau zu erfüllen, indem sie mit der Hand waschen. Waschmaschinen lehnen sie als Versuchung für Mädchen und Schwiegertöchter ab, die sich dadurch angeblich zu Faulheit und Respektlosigkeit verführen lassen.[98] Neue Technologien setzten die Bereitschaft voraus, Arbeit, die bisher von Hand erledigt wurde, Maschinen zu überlassen. Sie verlangten von den Menschen, das Heim etwas mehr wie William James und etwas weniger wie Martin Heidegger zu sehen. Dies bedeutete auch, anzuerkennen, dass eine Hausfrau mehr wert war als ihre physische Arbeit. Kritiker wandten ein, trotz langlebiger Haushaltsgeräte blieben die Frauen versklavt – »heimliche Dienerinnen«, wie John Kenneth Galbraith es ausdrückte.[99] Streng genommen trifft diese Einschätzung zu, aber sie übersieht eine grundlegende Veränderung der Art dieser Unterordnung durch den Wechsel der Frauen von körperlicher Arbeit zum Haushaltsmanagement.

Die Attraktivität des modernen Heims ging einher mit dem Aufstieg der modernen Frau. Da wir daran gewöhnt sind, den Haushalt als Ort der Unterordnung der Frau zu betrachten, vergessen wir leicht, dass frühere Generationen nach mehr Teilhabe und Befreiung innerhalb wie außerhalb des Haushalts strebten. Die vielen neuen Frauenzeitschriften, die in dieser Zeit erschienen, warben ebenso für das moderne Heim wie für Kosmetik und Leinwandstars. Sie verfolgten alle den gleichen Traum von einer freieren, konsumistischeren Modernität.

Die Kampagne mit dem Ziel, das Los der Hausfrau zu erleichtern, begann vor der Erfindung der Waschmaschine. 1907 kam das Waschmittel Persil auf den Markt. In den nächsten Jahrzehnten baute dessen deutsche Muttergesellschaft Henkel ein internationales Imperium auf, das für die »selbsttätige« Kraft des Waschmittels warb (siehe Abbildung 32). Anstatt endlos zu schrubben, ließ man die Wäsche über Nacht in einer Waschlauge liegen, die man am nächsten Tag aufkochte; anschließend spülte man die Wäsche zuerst in warmem und dann in kaltem Wasser aus, und *voilà*, schon war die bisher gefürchtete Weißwäsche erledigt. Bessere Waschmittel und Seifen sparten nicht nur kostbare Zeit, sondern auch Geld, da die Stoffe keinem groben Schrubben mehr ausgesetzt waren – das Konkurrenzprodukt Sunlight des englischen Konzerns Lever Brothers leistete, der Werbung zufolge, das Gleiche. Unglücklicherweise widersprach die Prozedur komplett den gewohnten Abläufen. Verkäufer beklagten sich unablässig über die falsche Anwendung und die »Vorurteile«, denen sie begegneten. Die Kunden mussten »aufgeklärt« werden, zum Beispiel Frau Meier aus Köln, die sich darüber beschwerte, dass Persil ihre Wäsche grau gefärbt habe. Andere schrubbten trotz des neuen Waschmittels weiter und gaben dann Persil die Schuld an den Löchern in ihren Taschentüchern.[100] Um das Wäschewaschen als Vergnügen anzupreisen, gehörte mehr dazu, als für das Ergebnis der Weißwäsche zu werben. Damit neue Haushaltsmittel wie Persil ihre Wirkung entfalten konnten, mussten die Frauen lernen, ihre Hände weniger zu benutzen und Sauberkeit nicht mehr als Ergebnis einer Anstrengung zu betrachten, sondern als Produkt einer Technik zu akzeptieren. Eine neue Praktik musste sich durchsetzen.

In der Zwischenkriegszeit wuchs das Persil-Imperium auf das Dreifache an; 1938 wurden über 100 000 Tonnen des Waschmittels produziert.[101] Henkel führte einen Bekehrungsfeldzug von missionarischen Ausmaßen. Das Unternehmen hatte sich vorgenommen, alle Hausfrauen davon zu überzeugen, dass sie ein Recht auf Freude hätten und sie auch haben könnten, sofern sie auf Persilart wuschen. Es stellte modische junge Frauen an Waschbottichen auf die Bühne. Auf Haushaltsausstellungen war Henkel mit einem eigenen Pavillon vertreten, vor dem ein riesiger Springbrunnen Schaumblasen in die Luft blies. Auf der Gesolei-Ausstellung für Gesundheitspflege, soziale Fürsorge und Leibesübungen von 1926 zog man damit drei Millionen Besucher an. Waschberaterinnen reisten durchs Land und führten in Geschäften, Gaststätten und Schulen vor, wie man mit Persil wusch; in Kleinstädten gingen sie von Haus zu Haus und in Wohnblocks von Tür zu Tür. 1928 gründete Henkel zusammen mit dem Pudding- und Backpulver-Riesen Dr. Oetker eine eigene Schule, in der Hausfrauen kostenlos einen zwölfstündigen Kurs über modernes Waschen und Kochen besuchen konnten, in dessen Verlauf sie auch die Gelegenheit bekamen, moderne Hausgeräte auszuprobieren. Für Kinder wurde Puppenkleidung hergestellt, die diese waschen konnten. Henkel ließ sogar die UFA, die führende deutsche Filmgesellschaft, einen Film über die Kunst des Einweichens drehen, der schätzungsweise 19 Millionen Hausfrauen erreichte. Ein Hauptaspekt der Kampagne war der Zusammenhang zwischen Waschen und Hygiene; so zeigten Tabellen, dass Waschpulver die Kindersterblichkeit verringerte. Zur Bekämpfung von Keimen brauche die Hausfrau ein modernes Waschmittel: »Wäsche, Waschen, Wohlergehen«, verkündeten die Lautsprecher von Reklamewagen. Die Kampagne hatte ein universales Ziel: Alle Hausfrauen, ob arm oder reich, jung oder alt, Städterin oder Landbewohnerin, sollten ins moderne Zeitalter geführt werden. In Ländern wie Griechenland, wo die Haushalte nicht genug Kleidung für eine volle Persil-Weißwäsche besaßen, hielten es Firmenvertreter für klüger, sich auf die Kaltwäsche anspruchsvoller Woll- und Seidenkleidung zu konzentrieren. Im Allgemeinen war der Fortschritt jedoch in allen Kulturen möglich, von Algerien und Westafrika bis in die zerklüfteten Berge von Sardinien, wo einheimische Frauen angeblich ihre Freude über das Zauberpulver kaum zu zügeln vermochten: »Unsere Wäsche ist jetzt weißer als der Schnee auf dem Gennargentu!«[102]

Es sei eine Revolution ohne Klassenkampf, die Schwerarbeit in Freude verwandle. Nach einem Waschtag sei die Hausfrau nicht mehr erschöpft und reizbar, sondern entspannt und glücklich und könne sich freudig Ehemann und Kindern widmen: So stellten sich Werbefachleute den modernen Haushalt überall in der entwickelten Welt vor. In Wirklichkeit fiel die Hausarbeit weiterhin an, allerdings war die Grenze zwischen Produktion und Konsumtion verwischt. Das Waschen besitze einen gewissen Reiz, schwärmten Haushaltsratgeber. Frauen hätten ein Recht auf Muße im Haushalt. Aus diesem Grund unterstützten viele Hauswirtschaftlerinnen, so skeptisch sie dem Versprechen der Zeitersparnis gegenüberstanden, die Industrielle Revolution im Haushalt. Zusammen mit größerem Komfort und besserer Planung trüge eine »wirtschaftliche Ausstattung« dazu bei, das Heim »den Bedürfnissen und Wünschen *aller* Familienmitglieder« anzupassen, und führe zu »verträglicheren gegenseitigen Beziehungen und gegenseitiger Hilfe«. Sie bilde »ein Ventil für den Geist des Dienstes, der die Grundlage eines glücklichen Heims« sei.[103]

Überall ging die Befreiung von traditionellen Normen mit der neuen Fürsorgeverantwortung einher, einen modernen Haushalt zu schaffen.

Technischen Hindernissen die Schuld an Schwierigkeiten der Vergangenheit zu geben sei zu einfach, erfuhren Hausfrauen auf Hausausstellungen. Sie müssten sich »als Kundin und Konsumentin« auch an die eigene Nase fassen, weil sie die neuen Maschinen und Schulungen nicht optimal genutzt hätten.[104] Die Hausfrau wurde zu einer Art Superminister für Gesundheit, Ernährung und Kultur erhöht.

In Japan spiegelte sich diese »Beförderung« im Bedeutungswandel des Wortes *shufu* wider. Hatte es ursprünglich eine Geschäftsfrau bezeichnet, bedeutete es am Anfang des 20. Jahrhunderts »Hausfrau«. In Japan verhalf die neue Wissenschaft von Hygiene und Ernährung, wie anderswo auch, der Haushaltsführung zu öffentlicher, wissenschaftlicher Autorität. Hausfrau zu sein wurde zu einem Beruf. Ein sauberes Heim und nahrhaftes, zu Hause gekochtes Essen schützten die Menschen vor Schmutz, Krankheit und Trunksucht und erhielten Familie und Nation gesund.[105]

Die japanische Neudefinition der Rolle der Frau war ein gemeinsames Projekt von Hausfrauen, zivilgesellschaftlichen Organisationen und Staat. Die vier beliebtesten Frauenzeitschriften hatten zusammen über eine Million Leserinnen, unter ihnen berufstätige Frauen ebenso wie Frauen, die ausschließlich im Haushalt arbeiteten. 1920 schrieb eine Leserin an die Zeitschrift *Fujin koron*, es sei an der Zeit, den »altmodischen Lebensstil« aufzugeben und die »ungeheure Verschwendung um uns herum« zu beenden. »Von den vielen Dingen, die wir vom Lebensstil amerikanischer Familien lernen sollten«, fuhr sie fort, »ist meiner Meinung nach das wichtigste, dass die Hausfrau die Pflicht hat, das Zuhause zu einem glücklichen, schönen Ort zum Leben zu machen.«[106] Das Heim wurde neu bestimmt als Ort wissenschaftlichen Managements und familienzentrierten Glücks (siehe Abbildung 37).

Der Anstoß zum modernen Leben kam sowohl von der Politik und der immer stärker verbürgerlichten Gesellschaft als auch von Frauengruppen. Schon am Ende der Meiji-Zeit (1868–1912), als Japan sich der Modernisierung öffnete, war Hauswirtschaft ein Schulfach für Mädchen. Während des Ersten Weltkriegs wurde sie zu einer Säule der nationalen Politik. 1919 gründete sich die Liga für die Reform des Alltagslebens (*Saikatsu kaizen dōmeikai*). Die Initiative dazu war vom Innenministerium ausgegangen und von Mädchenschulen, Architekten und Mittelschichtreformern unterstützt worden. Nach Ansicht der Liga ruhte die nationale Stärke auf den Säulen Sparsamkeit und Gesundheit. Das traditionelle Leben mit seinen komplizierten Zeremonien, Geschenken und Kleiderordnungen müsse einem einfacheren Leben weichen. »Die Reform des Heims beginnt mit der Küche«, verkündeten die Plakate und Handzettel der Liga den Städtern. Anstatt in einer dunklen, schmutzigen Küche zu knien, die von Ruß bedeckt und für die Umgebung offen war, stand die moderne Hausfrau in einem sauberen, abgeschlossenen Raum mit elektrischem Strom, fließend Wasser und durchgängigen Arbeitsflächen. Von dort sollte sich der moderne Geist des rationalen, familienzentrierten Lebens verbreiten. Auf einem Plakat mit dem Titel »Familientreffen statt Antiquitätenbasteln« war zu sehen, wie sich traditionell gekleidete Männer, die ihren Hobbys nachgingen, in fürsorgliche Väter und Ehemänner in westlichen Anzügen verwandelten. Die Liga beschäftigte sich mit allen Aspekten des Wohnens. Sie setzte sich für die Benutzung von Stühlen ein und bekämpfte jede Art von Verzierung. Gärten sollten nicht dekorativ gestaltet sein, sondern praktischen Zwecken dienen. Ihr Motto lautete »Gesundheit und Sicherheit«, aber sie forderte auch eine grundlegende geistige Erneuerung. »Das Alltagsleben ist Ausdruck des Denkens der Nation«, erklärte der Sozialpolitiker Tago Ichimin.[107]

Zum modernen Leben gehörte eine neue Art der Arbeitsteilung. Im 19. Jahrhundert hatten in japanischen Haushalten beide Eheleute sowie Bedienstete Aufgaben erfüllt. In den 1920er Jahren war der gesamte Haushalt allein Sache der Frau. Zugleich hatte sich in Mittelschichthaushalten, wie anderswo auch, die Zahl der Dienstboten verringert. Den meisten *shufu* standen weiterhin ein oder zwei Dienstmädchen zur Seite, aber insgesamt war der Haushalt zu einer abgeschlossenen Kerneinheit geschrumpft. Die Hausfrau erhielt innerhalb der vier Wände ihres Heims eine zuvor unbekannte Autorität. Sie hing zwar weiterhin von ihrem Ehemann ab, unterstand aber nicht mehr ihren Schwiegereltern und war weder an den traditionellen Festkalender gebunden noch zu rituellen Ausgaben verpflichtet. Die Verbreitung des Haushaltsbuchs in dieser Zeit war ein Zeichen dafür, dass die japanische Hausfrau zu einer eigenständigen Konsumentin geworden war, die für die Familienausgaben verantwortlich war.

Heutzutage mögen Frauen sich wundern, wo all die versprochene Freizeit geblieben ist. Und schon in den 1920er Jahren haben Hauswirtschaftler dies getan. So fragte Amy Hewes 1929 eine repräsentative Gruppe von Studentinnen des Mount Holyoake College, welche elektrischen Haushaltsgeräte ihre Familien angeschafft hatten. 1919 hatten die meisten Familien entweder gar keines oder nur ein oder zwei besessen, zumeist ein elektrisches Bügeleisen. Zehn Jahre später gab es in den meisten Haushalten mindestens fünf Geräte; am verbreitetsten waren Kühlschränke, Waschmaschinen, Waffeleisen, Toaster und Kaffeemaschinen. Danach wurden die Studentinnen nach Veränderungen im Tagesablauf ihrer Familien gefragt. Mehr als ein Drittel berichtete, dass mehr gewaschen und gebügelt wurde als vorher. Und auch gebacken und genäht wurde häufiger. Nur ein Fünftel gab an, Zeit für Aktivitäten außer Haus gewonnen zu haben. Im Vergleich mit den Versprechungen der Verkäufer von Elektrogeräten war der tatsächliche Zeitgewinn eindeutig »unbefriedigend«. Allerdings, fügte Hewes hinzu, sei es häufig so, »dass der Horizont von Frauen durch jegliche Aktivität außer Haus enorm geweitet« werde. Da Haushaltsgeräte dies ermöglichten, wenn auch nur in geringem Ausmaß, seien sie für Hausfrauen und Familien gleichermaßen wünschenswert.[108]

Hier sehen wir die Rolltreppe des Konsums in Betrieb. Mehr Besitztümer und Haushaltstechnologien führten zu neuen Aktivitäten und erhöhten Standards und Ansprüche, was wiederum die Tür zu weiteren Technologien öffnete. Zu konsumieren war, wie der Ökonom Alfred Marshall erkannt hatte, als würde man eine unendliche Leiter hinaufsteigen, nur dass in diesem Fall Aktivitäten nicht zu edleren Aktivitäten führten, sondern der Leiter Sprossen aus Dingen hinzufügten. Sauberkeit und Stolz auf das eigene Heim waren keine fixen Zustände, sondern unendlich dehnbar.[109] Unternehmen begriffen dies. Es gab immer noch eine Steigerung, »weißer als weiß«, um den Reklamespruch von Persil zu zitieren. Es ist viel über »eingebaute Obsoleszenz« als Konsummotor diskutiert worden. Ähnlich wichtig war die eingebaute Verschärfung von Normen und Praktiken durch neue langlebige Konsumgüter. Ein Staubsauger und eine Waschmaschine sparten, wie zeitgenössische Studien feststellten, zwei bis neun Stunden pro Woche. Aber dieser Ertrag wurde durch häufigeres Staubsaugen und Waschen und höhere Sauberkeitsmaßstäbe zunichte gemacht. Bettwäsche und Kleidung wurden häufiger gewechselt und gewaschen. Innerhalb einer Generation veränderte die Waschmaschine das Sauberkeitsgefühl grundlegend: 1966 wechselten nur 5 Prozent der deutschen Männer täglich die Unterwäsche; zwanzig Jahre später waren es 45 Prozent.[110] In manchen Kulturen begannen Frauen Unterwäsche zu bügeln. Mit der Nähmaschine konnte man nicht nur mit geringer Anstrengung Kleidung nähen, sie regte auch dazu an, mehr Kleider zu schneidern und sie durch verschiedene Muster, mehr Rüschen, Abnäher und Borten zu personalisieren. Hausfrauen hatten ihren Stolz auf die Familie und ihre Fürsorge für sie schon seit langem durch den Zustand ihres Heims ausgedrückt. Mehr Güter und Geräte vervielfachten die Anforderungen an sie. Statt ihre Kraft darauf zu verwenden, die Türschwelle zu bleichen, indem sie sie mit weichem Kalkstein schrubbten, wetteiferten Arbeiterfrauen darum, wer die glänzendste Küche, das sauberste Bad und das ordentlichste Wohnzimmer hatte. Der grausame Widerspruch war, dass neue Haushaltsgeräte versprachen, die Hausarbeit zu einer Freizeitbeschäftigung zu machen, Frauen aber in einer Kultur aufgewachsen waren, in der Untätigkeit als unweiblich angesehen wurde. Jede Zeitersparnis wurde daher für nochmaliges Staubsaugen verwendet.

In einem späteren Kapitel werden wir uns die Veränderung des Wesens der Freizeit näher anschauen. Hier interessieren insbesondere die Auswirkungen neuer Haushaltsgeräte auf die Hausarbeit von Frauen. Nach Ansicht der Historikerin Ruth Schwartz Cowan, die mit ihren einflussreichen Arbeiten dort ansetzte, wo frühere Hauswirtschaftler aufgehört hatten, bedeutete die Haushaltsrevolution »mehr Arbeit für Mutter«. Im Amerika der 1920er Jahre nahm die Hausarbeit in den Städten 48 und auf dem Land 61 Stunden pro Woche in Anspruch. 1965 waren es laut einer Umfrage 53 Stunden, von denen 25 Stunden der Kinderbetreuung gewidmet wurden. Neue Aufgaben fraßen umgehend jede Zeitersparnis auf.[111] Streng genommen trifft dies zu, aber solche Gesamtsummen sind nur begrenzt aussagefähig. Neben der Quantität muss auch die Qualität der Zeit ins Kalkül gezogen werden. Hausarbeit ist nicht gleich Hausarbeit. Die meisten Frauen sagten, sie würden lieber kochen als Kinder betreuen. Ironischerweise verbringen Amerikanerinnen insbesondere seit dem Zweiten Weltkrieg mehr Zeit mit ihren Kindern als am Herd. Es fand also eine Umverteilung der zu Hause verbrachten Zeit statt, während gleichzeitig die Zeit zunahm, in der die Frauen einer bezahlten Arbeit außer Haus nachgingen. Hinzu kam, dass Aufgaben anders koordiniert wurden. Radio zu hören, während man wäscht und gleichzeitig die Kinder im Auge behält, ist etwas anderes, als eine einzige Aufgabe zu erledigen oder die anstehenden Arbeiten nacheinander auszuführen, auch wenn der totale Zeitaufwand der gleiche ist. Die Haushaltsrevolution war für die Herausbildung neuer simultan durchgeführter Arbeitspraktiken vielleicht ebenso bedeutend, wie sie es für einen neuen Umgang mit der Zeit war.

Auch schichtenspezifische und regionale Unterschiede werden von Gesamtsummen nicht wiedergegeben. Die Untersuchungen zur Vorbereitung auf Hoovers Eigenheim- und Haushaltskonferenz von 1923 offenbarten überall in den Vereinigten Staaten große Unterschiede. Städterinnen wandten halb so viel Zeit fürs Wäschewaschen auf wie Landfrauen, aber doppelt so viel für »Familienfürsorge«. Landfrauen waren auf sich allein gestellt, während Städterinnen 27 Stunden in der Woche Hilfe hatten. Außerdem wirkte sich der Einsatz arbeitssparender Geräte bei Mittelschicht- und Arbeiterfrauen unterschiedlich aus. Ein Grund, aus dem die für den Haushalt aufgewandte Zeit konstant zu bleiben schien, bestand darin, dass die Ausgangszahlen mittelschichtslastig waren. Natürlich nahm die für den Haushalt aufgewandte Zeit in der Mittelschicht nicht ab, da diese ihre Dienstboten verlor. Für Arbeiterfrauen traf aber das Gegenteil zu: Die Waschmaschine sparte Zeit, Schweiß und Tränen. »Sie können mir mein Bett wegnehmen«, erklärte eine von ihnen 1950, »aber lassen Sie mich bloß nicht ohne diese automatische Waschmaschine zurück.«[112] Diesen Klassenunterschied hatten schon die Lynds 1925 bei ihren Forschungen für *Middletown* bemerkt. Wenn arbeitssparende Geräte die »Doppelbelastung« auch nicht beendeten, so legen die seither erhobenen Daten doch nahe, dass sie diejenige von arbeitenden Frauen wenigstens verringerten.[113]

Im Allgemeinen waren die Auswirkungen von Haushaltsgeräten wahrscheinlich geringer, als häufig angenommen wird. Die jüngste Analyse der zur Zeitnutzung im Amerika des 20. Jahrhunderts vorhandenen Daten zeigt, dass ihre Einführung Frauen kaum dazu veranlasste, eine Arbeit außer Haus anzunehmen. Von den 1930er bis zu den 1960er Jahren nahm die Hausarbeit von Frauen zu, aber dies hatte weniger mit Staubsaugern und Waschmaschinen zu tun als vielmehr damit, dass immer mehr Frauen in eigenen Wohnungen lebten und nicht mehr in Pensionen oder bei ihren Familien.[114] Es gibt keinen einfachen Kausalzusammenhang zwischen dem, was zu Hause getan und was auf dem Markt gekauft wurde. Sicherlich wurde weniger gekocht, seit es Fertiggerichte und die Mikrowelle gibt, aber in anderen Bereichen des häuslichen Lebens ergänzten sich beide Bereiche: Die Menschen geben zwar mehr Geld für Kinderbetreuung, Spiele und Unterhaltung aus, aber sie verbringen auch mehr Zeit mit ihren Kindern.

In mancher Hinsicht brachten Haushaltsgeräte eine indirekte Stärkung der Frauen mit sich. Als relativ arme ägyptische Familien in den 1970er und 1980er Jahren begannen, langlebige Konsumgüter zu erwerben, taten sie es zum Teil, um ihren Status in ihrem Viertel zu demonstrieren. Aber es stärkte auch die Kontrolle der Frauen über die Familienfinanzen. Denn wenn das zusätzlich verfügbare Geld für den Ratenkauf eines Fernsehgeräts oder einer Waschmaschine benötigt wurde, konnte es weder einem bedürftigen Nachbarn noch einem Cousin, der wegen Hochzeitsausgaben oder einer Arztrechnung um Hilfe bat, gegeben werden. Langlebige Konsumgüter waren eine Geldanlage, die ihre Besitzer vor den Forderungen der traditionellen Gegenseitigkeit schützte. Und wenn sich die Gelegenheit zu einer sozialen Verbesserung ergab, wie der Umzug in eine bessere Wohnung oder die Bildung eines Kindes, konnten sie verkauft werden, um das festgelegte Kapital neu zu nutzen.[115] Größere Haushaltsgeräte stellten ein Sparkonto dar, das Hausfrauen eine Dividende größerer Kontrolle einbrachte. Diese Art von Konsum, über die in herkömmlichen Darstellungen und Medienkommentaren nicht gesprochen wird, förderte sowohl eine größere Autonomie als auch die Fürsorge für die engere Familie. Moderne Dinge konnten den Ausstieg aus der erweiterten Familie und Gemeinde, in die man hineingeboren war, bedeuten.[116]

Nach wie vor verwandten Männer weniger Zeit auf Hausarbeit als Frauen, aber auch sie erlebten ihre Haushaltsrevolution, allerdings nicht in der Küche, sondern in Hobbykeller, Garage und Garten. Frau Sauber bekam

Gesellschaft von Herrn Heimwerker. Männer und Frauen kamen aus verschiedenen Richtungen zum modernen Heim. Aus Sicht der Frauen kam die Industrie ins Heim und wertete ihre heimische Rolle zu der einer wissenschaftlichen Leiterin auf. Für Männer waren Heim und Garten Rückzugsorte aus der Welt der Industriearbeit. Mehrere Entwicklungen kamen zusammen. Der Wechsel vom Handwerk zum Dasein als Fabrikarbeiter oder Büroangestellter löste Ängste in Bezug auf die Männlichkeit aus. Denn was leistete der moderne Mann noch, nachdem er kein *homo faber* mehr war? Hobbys und Heimwerken boten eine Möglichkeit, den männlichen Stolz wieder aufzurichten. Außerdem hielten sie, in einer Zeit wie den 1930er Jahren, als zur wachsenden Freizeit die »unfreiwillige« Freizeit der Arbeitslosigkeit hinzukam, eine moralische Rechtfertigung privater Muße und Erholung bereit. Werkzeuge wurden zu Konsumgütern. In der Jahrhundertmitte begann das Kaufhaus Macy's Motorsägen und andere elektrische Werkzeuge zu verkaufen; Black & Decker nahm 1946 die erste Handbohrmaschine ins Programm auf.

So wie die an die moderne Hausfrau gerichtete Reklame für Haushaltsgeräte sollte die auf den männlichen Heimwerker-Konsumenten abzielende Werbung sowohl den Verstand als auch das Gefühl ansprechen. Das Heimwerken wurde als ebenso sparsame wie eigenständige Tätigkeit angepriesen. Tatsächlich hätten die meisten Geld gespart, wenn sie sich einen Stuhl gekauft hätten, anstatt ihn selbst anzufertigen. Für sie zählte jedoch weniger das Endresultat als die Befriedigung des Selbermachens: »Ich sitze auf einem selbstgebauten Stuhl ... [und] der größte Lohn, den ich erhalten habe, war die Freude, die ich empfand, als ich ihn mit meinen eigenen Händen gebaut habe.«[117]

Eine andere, immer beliebter werdende Möglichkeit, die Früchte der eigenen Arbeit zu genießen, war das Gärtnern. Mit Hilfe sowohl der Wirtschaft als auch der Gewerkschaften entdeckten Industriearbeiter Kleingärten und Blumenkästen. Durch den Ersten Weltkrieg erhielten Kleingärten besondere Bedeutung, aber ihre Beliebtheit ließ auch nach seinem Ende nicht nach. In der Zwischenkriegszeit wuchs die französische Société d'horticulture et des jardins ouvriers de la region du Nord gleichsam vom Setzling zu einer mächtigen Eiche heran, um die sich siebenhunderttausend Mitglieder scharten. Für 8,5 Franc im Jahr erhielt ein französischer Arbeiter fünfzig Samenpäckchen, alle zwei Monate eine Zeitschrift, Gärtnerkurse und die Chance, in Wettbewerben zu glänzen und in einer Tombola zusätzliche Samen zu gewinnen. Solchen Organisationen zufolge verhalf der »Eigenverbrauch« Arbeitern dazu, moralische und materielle Wurzeln in einer wettbewerbsorientierten, kommerziellen Welt zu schlagen. Was Eigenheim und Heimwerken für die Mittelschicht, sollte der Gemüsegarten für die Arbeiter sein: ein Anteil am Land und eine Möglichkeit, »einen Fußabdruck im Erdboden« zu hinterlassen. Sich um Pflanzen zu kümmern, fördere »Sorgfalt, Ordnung und Familiendisziplin«, erklärten Gartenzeitschriften ihren Lesern aus der Arbeiterklasse.[118] In Krisenzeiten war das Gärtnern darüber hinaus eine wichtige Überlebensstrategie, was nirgendwo deutlicher zu beobachten war als im Deutschland der NS-Zeit und der unmittelbaren Nachkriegsjahre. Mitte der 1930er Jahre kamen rund 10 Prozent des im Deutschen Reich verbrauchten Obsts und Gemüses aus Kleingärten. Ende der 1940er Jahre hätten viele Deutsche ohne die eine Million Kleingärten nicht überlebt.[119]

Für die meisten Angestellten blieb eine Werkstatt zu Hause ein ferner Traum. Das Werken in der Freizeit war vor allem etwas für Arbeiter in der Fabrik und die Mittelschicht. Doch das allgemeine Phänomen verdient Beachtung. Amerikanische Schulen gründeten Hobbyklubs, Großunternehmen eigene Handwerkervereine. In Manhattan richtete das Museum of Modern Art eine Holzwerkstatt für Väter und Söhne ein, die nicht über einen Hobbykeller verfügten. In Europa erledigten Ehepaare das Tapezieren und Streichen immer öfter zusammen.[120] Im Heim herrschte zwar immer noch keine Geschlechtergleichheit, aber es war vermehrt zu einem gemeinsamen Projekt geworden. Männer verbrachten 1945 etwa doppelt so viel Zeit für häusliche Aufgaben und Reparaturen wie 1900.[121]

Es wäre also zu einfach, die Konsumkultur als passiv und entqualifizierend abzutun. Ein guter Teil der Zunahme des Konsums entstand durch Käufe für die Schaffung und Verbesserung des Heims. Mit eigenen Zeitschriften, Geschäften und Messen schöpfte der Heimwerker- und Gärtnereimarkt einen beachtlichen Teil der Konsumausgaben ab. Der Konsumismus förderte ebenso oft neue Fähigkeiten, wie er alte vernichtete. Männer wurden in eine aktivere, heimzentrierte Kultur hineingezogen. In den 1930er Jahren konnten die meisten besser mit einem Hammer umgehen als ihre Großväter. Vielleicht hätte sich Heidegger weniger Sorgen machen sollen. Nicht nur Maschinen drückten dem Heim ihren Stempel auf, sondern auch die Hände seiner Bewohner. Ironischerweise entpuppte sich der *homo consumens* als Stütze des *homo faber.*

Wie ist die Haushaltsrevolution in der langen Geschichte des Konsums einzuordnen? In einer Hinsicht kann man das elektrische Bügeleisen und die Waschmaschine als Vollender einer bis ins 18. Jahrhundert zurückreichenden Entwicklung ansehen: Dinge übernahmen die Rolle von Dienstboten und Hauspersonal. Die Haushalte verringerten ihren Mitarbeiterstab und verbesserten ihre materielle Ausstattung. In anderer Hinsicht kann man dies auch als Rückgang von der handfesten Betätigung mit Dingen zum schlichten Kauf betrachten. Im 18. und 19. Jahrhundert fand ein Wechsel vom Anfertigen zum Kaufen von Dingen statt. Um 1900 kauften amerikanische Städter ihre Kleidung, statt sie selbst zu nähen. Von entlegenen Berggegenden wie den Appalachen abgesehen, machten das Brotbacken, Einmachen, Beizen, Seifemachen und Arzneimischen billigeren, praktischeren und stark beworbenen Wirtschaftsgütern Platz.[122] Manche begannen zu befürchten, dass das Heim zu einer leeren Hülle wurde. Was wäre noch übrig, wenn sich das Leben der Menschen allein um den Erwerb und ums Geldausgeben auf dem Markt drehte? Das 20. Jahrhundert hat gezeigt, dass solche Befürchtungen unbegründet waren. Es ist falsch, anzunehmen, mehr Konsum führe automatisch zu weniger Haushaltsführung. In der kommerziellsten Konsumkultur der Welt, der amerikanischen, blieb die für den Haushalt aufgewandte Zeit von rund 52 Wochenstunden unverändert.[123] Dies hat zwei Gründe: Erstens waren Häuser und Wohnungen größer geworden, zugleich lebten nun häufiger weniger Menschen in ihnen. Die zu pflegende Fläche pro Person hatte sich einfach vergrößert. Der zweite Grund war der Einzug von Haushaltsgeräten. Waschmaschine, Bohnermaschine, elektrisches Bügeleisen und Entsafter, Handbohrmaschine und Nähmaschine: Sie alle ersetzten Tätigkeiten entweder ganz oder führten völlig neue ein. Der Konsum wurde produktiver.

Sich einstimmen

Die Konsumrevolution im Heim war ebenso eine des Ohres wie der Hand. Insbesondere westliche Kulturen hatten lange das Sehen als bedeutendsten Sinn betrachtet, und in früheren Epochen war der Konsum vor allem durch visuelle Stimulantien verbreitet worden, durch Mode, Schaufensterdekorationen und die Lichter der Stadt. Grammophon und Radio fügten den auditiven Reiz hinzu. Sie öffneten den Menschen buchstäblich die Ohren. So wie sich der Kult von Sauberkeit und Hauswirtschaft nach innen richtete, öffnete das Radio die Perspektive nach außen und brachte neue Traumwelten in die Wohnzimmer der Menschen.

Ursprünglich waren Grammophon und Radio nicht als Apparate für die heimische Unterhaltung gedacht. Der Phonograph, den Thomas Alva Edison 1877 der Öffentlichkeit präsentierte, und andere frühe Grammophone dienten verschiedenen Zwecken; man benutzte sie zum Diktieren, zur Aufnahme von Zeugenaussagen, und um die Stimmen seiner Liebsten zu konservieren. 1890 warb die Columbia Phonograph Company damit, dass ihre Apparate Komponisten auf neue Ideen bringen würden, da sie mit ihrer Hilfe Musik rückwärts abspielen könnten. Das französische Unternehmen Pathé stellte Musikautomaten auf, an denen man für 15 Centime ein Lied hören konnte. Die britische Gramophone Company und die amerikanische Victor Talking Machine Company (Victor Records) hatten schon 1903/04 in Singapur und Mexiko Schallplattenstudios eröffnet. Claude Debussy war von dem Versprechen auf Unsterblichkeit so beeindruckt, dass er im Pariser Studio Auszüge aus seiner Oper *Pelléas et Mélisande* aufnahm. In Massen produzierte Schallplatten begannen schon vor dem Ersten Weltkrieg die Wachszylinder zu verdrängen. Aber noch 1918 konnten nicht mehr als drei Oktaven aufgenommen werden.

Der Durchbruch kam in den 1920er Jahren. 1927 wurden in den Vereinigten Staaten 104 Millionen Schallplatten verkauft. Startenor Enrico Caruso allein spielte Victor 2,5 Millionen Dollar ein. Manche Künstler befürchteten, der heimische Plattenspieler bedeute das Ende des öffentlichen Musiklebens. Tatsächlich passierte das Gegenteil. Grammophon und Radio stärkten die Nachfrage nach Livemusik, indem sie Lust auf

Charleston, Black Bottom und andere Modetänze machten, die man zu Hause üben konnte. In Malaya nutzte die Schallplattenindustrie Großveranstaltungen, um für die enorm beliebte Miss Soelami zu werben, die »unbestrittene Keronchong-Meisterin von ganz Java«.[124]

Die Verwandlung des Radios von einem Bastelgerät für Jungen in einen Unterhaltungsapparat für die ganze Familie war noch dramatischer. Zwischen 1901, als Guglielmo Marconi erste Funksignale über den Atlantik schickte, und dem Ersten Weltkrieg beschäftigten sich Jungen zu Tausenden mit dem Bau von Einkreis-Geradeausempfängern und sendeten Morsesignale. 1920 gelang es dem fünfzehnjährigen Harold Robinson, aus seinem Elternhaus in New Jersey ein Signal nach Schottland zu senden. Anfang der 1920er Jahre war ein Radio ein selbstgebauter Detektor mit Kopfhörer. Es war ein Hobby für Funkamateure und Schullehrer. Jungen sparten, um sich im örtlichen Billigkaufhaus die nötigen Teile zu kaufen. 1922 gab es in den Vereinigten Staaten rund sechshunderttausend Radiobastler.[125] Amerikanische Kinder betrieben schätzungsweise zwanzigtausend Sender im Niederfrequenzbereich. In Göteborg und anderen europäischen Städten gab es Radioklubs mit Tausenden von Mitgliedern. In vielen Schulen auf beiden Seiten des Atlantiks wurde eifrig gesendet. In Preußen beteiligte sich fast die Hälfte der Schulen am Schulfunk, der Schülern ein recht ausgewogenes Programm mit Musik, Literatur, Geographie und Sprachen nahebrachte; die Empfangsgeräte gehörten häufig den Lehrern.[126] In den USA boten Universitäten und Agrarhochschulen »Radiocolleges« an. Das Radio sei ein konkurrenzloser Lehrer, erklärte der amerikanische Bildungskommissar John J. Tigert 1924. Es wecke nicht nur das Interesse an der Welt, sondern erteile »Lektionen in Sparsamkeit, Handwerksarbeit und Wissenschaft, die auch die besten Lehrer im Land mit Neid erfüllen« könnten.[127]

Eine Heimwerkerseite in einer Luxemburger Zeitschrift für Radiofreunde aus dem Jahr 1932 vermittelt einen Eindruck davon, welcher Fähigkeiten und Selbstsicherheit es bedurfte, um einen Empfänger mit drei Röhren und Lautsprecher zu bauen. Um abends die Sender Straßburg und Rom hören zu können, brauchte man eine mindestens 25 Meter lange und 10 Meter hohe Außenantenne mit mindestens 120 Volt. War die Lautstärke zu gering, wurde empfohlen, Bleistift oder Radiergummi zu benutzen, um Graphit zu den Widerständen der Niederfrequenzstufen hinzuzufügen oder von ihnen zu entfernen. Wie man in dem Laurel-und-Hardy-Film *Panik auf der Leiter* von 1930 sehen kann, war allein schon die Errichtung einer Antenne voller Tücken. Aus batteriebetriebenen Radios sickerte regelmäßig Säure auf Anrichten und Teppiche. Erst in den späten 1920er Jahren kamen ans Stromnetz anschließbare Modelle auf den Markt, wie 1927 das Radiola 17, und wurden externe Kabel, Röhren und Lautsprecher in einem polierten Mahagonigehäuse wie dem des Telefunken Super 653 von 1931 zusammengeführt (siehe Abbildung 33). In dieser glänzenden Hülle stand das Radio jetzt neben anderen Einrichtungsgegenständen und ermöglichte mit seinen einfach zu bedienenden Reglern der ganzen Familie ein bequemes Hörvergnügen. Das Bastelobjekt von Knaben und Männern war bereit, vom Dachboden ins familiäre Wohnzimmer umzuziehen.[128]

Das Ausmaß der Radioexplosion in diesen Jahren ist kaum zu übertreiben. 1925 gab es in Dänemark und den Niederlanden jeweils weniger als 25000 Empfänger. 1936 waren es 660000 beziehungsweise 940000. Das war fast ein Apparat pro Haushalt, ähnlich wie in den Vereinigten Staaten, wo auf sechs Personen ein Apparat kam; in Argentinien besaß 1938 jeder zehnte Einwohner ein Radio.[129] Nach einer Anfangszeit des individuellen Hörens wurde das Radio gesellschaftsfähig. Im Mittelpunkt des Gemeinschaftserlebnisses stand die Familie, und je mehr Mitglieder sie hatte, desto mehr Stunden wurde täglich Radio gehört.[130] Aber das Radiohören blieb nicht aufs Wohnzimmer beschränkt. Ganz im Gegenteil: In den späten 1920er Jahren warben Ozark und andere Hersteller für tragbare Geräte: »Zelten, angeln, jagen, wandern mit Radio. Machen Sie den Urlaub vollkommen.«[131]

Vor allem die Nachbarschaftsbeziehungen wurden durch das Radio und kollektives Hören gestärkt. Radiohörer wurden aufgefordert, ihren Apparat zu Nachbarn oder ins Büro mitzunehmen: »Wo ein Radiola ist, gibt es keine Einsamkeit.« Heinrich Weber aus Hildesheim erinnerte sich, wie sein Vater ihm Anfang der 1930er Jahre, als er noch ein kleiner Junge war, den Auftrag gab, das Radio ins Fenster zu stellen, damit die Nachbarn mithören konnten. In South Carolina sorgten die ersten Radiobesitzer für die Unterhaltung ganzer Städte.[132]

Grammophon und Radio bewirkten überall auf der Welt eine Umwälzung der Klanglandschaften und eine neue Lärmempfindlichkeit. Man brauchte bloß den Einschalter zu betätigen, und schon waren Stille und Einsamkeit verschwunden. Neben geteilter Freude bedeutete das Radio aber auch schlaflose Nächte. 1934 verbot der Stadtrat von Singapur, nach Mitternacht Grammophon- oder Radiomusik zu hören, es sei denn, es war von der Polizei erlaubt worden.[133] Aber auch die andere Seite konnte stören. Die damaligen Transformatoren waren so empfindlich, dass der Empfang beeinträchtigt werden konnte, wenn ein Nachbar ein elektrisches Gerät einschaltete. Zeitgenössischen Untersuchungen zufolge wurde ein Drittel der vielen Tausend gemeldeten Empfangsstörungen von Privathaushalten verursacht. Manche Nachbarn führten mit ihren neuen elektrischen Waffen einen regelrechten Lärmkrieg. Dänemark erließ als eines der ersten Länder 1931 ein Gesetz zum Schutz von Radiohörern. In Deutschland wurden natürlich Bußgelder für Leute eingeführt, die absichtlich Bügeleisen oder Staubsauger einschalteten, um Nachbarn in ihren Hörgewohnheiten zu stören.[134]

Das Radio veränderte das Alltagsleben in einer Weise, die alles überstieg, was frühere Revolutionäre mit Kleiderreformen und anderen von oben verfügten Maßnahmen zu erreichen gehofft hatten. Die Menschen passten ihren Tagesablauf an, um ihre Lieblingssendungen zu hören. Vergeblich riefen Geistliche zum Boykott von Sonntagabendsendungen auf.[135] Öffentliche Rundfunkanstalten wie die 1922 gegründete British Broadcast Corporation (BBC) führten Kinderstunden ein, um die künftigen Staatsbürger heranzubilden. Da das Radiohören leicht mit häuslichen Arbeiten einhergehen konnte, brachte es etwas Freude in den Alltag. »Bei munterer Jazzmusik«, schrieb eine Frau 1925, »erscheint das Geschirrspülen nicht mehr als Plackerei und geht viel flotter von der Hand.«[136] Insbesondere für Menschen mit geringer Bildung und niedrigem Einkommen wurde das Radiohören zur beliebtesten Freizeitbeschäftigung. Aber auch nahezu die Hälfte aller amerikanischen Frauen mit Collegeabschluss hörte abends mindestens zwei Stunden Radio. Frühe Zuhörerumfragen in den USA ergaben, dass Frauen fast den ganzen Tag das Radio laufen ließen: »Oh, ich sag Ihnen, es ist Gesellschaft für mich – jemand, der die ganze Zeit bei mir im Haus ist.«[137] Männer hörten hauptsächlich beim Frühstück und am Abend Radio. Kinder lagen nachts wach und grübelten über das nach, was sie tagsüber gehört hatten. Manche berichteten von Alpträumen, aber die meisten Eltern billigten die Hörgewohnheiten ihrer Kinder. Das Radio schien sowohl zu bilden als auch das häusliche Leben interessanter zu machen. Für viele war dies einer der Hauptvorzüge des Radios; es entspannte Konflikte, füllte die Stille und brachte die Familie zusammen: »Wenn wir es nicht hätten, hätten wir keine Familie.«[138]

Kritik am Radio kam vor allem von der anderen Seite des Atlantiks, von wo sie der emigrierte jüdische Intellektuelle und Musiktheoretiker Theodor W. Adorno mitbrachte. Adorno hatte in New York beim Radioforschungsprojekt der Columbia University Zuflucht gefunden, das von der Rockefeller Foundation finanziert und von einem anderen Emigranten, dem Wiener Paul Lazarsfeld, geleitet wurde. Hier festigte sich Adornos Auffassung vom »sozialen Autoritarismus« des Radios.[139] Es ist eine aufschlussreiche Episode unserer Geschichte, und dies nicht nur, weil Adornos Ideen zu einem Grundpfeiler der marxistischen Kritik der Kulturindustrie werden sollten, die nach 1945, über das nach Frankfurt am Main zurückgekehrte Institut für Sozialforschung vermittelt, eine neue Generation von Gesellschaftskritikern maßgeblich beeinflusste. Darüber hinaus zeigt sie auch, dass der marxistische Fokus auf die Produktion zusammen mit einem tiefsitzenden europäischen Elitebewusstsein einen herausragenden Denker wie Adorno derart in die Irre führen konnte, dass er ein neues Medium der Konsumkultur völlig missverstand.

Für Adorno war Kultur eine ernste Sache, für Spaß blieb da wenig Platz. Wahres Zuhören bedeutete eine allumfassende kritische Beschäftigung mit der Musik als Gesamtkunstwerk. Alles andere war nur passive Unterhaltung. Es ging um mehr als nur schlechten Geschmack. In Adornos Augen war leichte, populäre Musik Bestandteil der kapitalistischen Strategie, allen Lebensbereichen einen kommerzialisierten Warencharakter aufzuzwingen und jegliche Kreativität und Freiheit auszutreiben. Von Massenware wie dem Gassenhauer »Yes, We Have No Bananas« war es aus seiner Sicht nur ein kleiner Schritt zum Faschismus.

In Adornos Fall stimmten Biographie und Theorie überein. Er war 1903 als Sohn der korsisch-italienischen Sängerin Maria Calvelli-Adorno, die unter anderem am Hof-Operntheater in Wien aufgetreten war, und des jüdischen Weinhändlers Oscar Wiesengrund geboren worden. In seinem Elternhaus in Frankfurt am Main drehte sich alles um das Klavier. »Teddie«, das einzige Kind, spielte Duette, lernte Geige zu spielen, besuchte das Konservatorium und komponierte Streichquartette und Klavierstücke. Schüchtern und frühreif, wie er war, legte er sich die Maske des intellektuellen Künstlers zu – statt am Handgelenk trug er seine Uhr an einer Kette in der Hemdentasche. In seinen ersten Äußerungen als Musikschriftsteller mischte sich jugendliche Überheblichkeit mit der Überzeugung, nur wahre Kunst, die von bürgerlicher Sentimentalität unberührt sei, könne die Menschheit vor dem Untergang retten. Sogar Strawinsky ging ihm nicht weit genug; dessen *Geschichte vom Soldaten* verriss er als »tristen Bohèmeulk«.[140] Einzig die Zwölftonmusik versprach Rettung. 1925 ging er nach Wien, um bei Alban Berg zu studieren. Kurz, Adorno war das marxistisch gewendete musikalische Pendant zu Bruno Taut: Kommerzieller Tand und bourgeoiser Zierrat mussten verschwinden.

Das Radio, stellte Adorno fest, sei das »narkotische« Sprachrohr des bourgeoisen Systems. Es sei Teil »retrogressiver Tendenzen des Hörens, der Lawine des Fetischismus, welche die Musik überwältigt und unter der Moräne der Unterhaltung begräbt«. Solcher Snobismus irritierte Adornos Chef in New York, Lazarsfeld, derart, dass er sich zu der Frage hinreißen ließ, ob der wahre Fetischismus nicht vielleicht sein Hang zu grandiosen lateinischen Worten sei. Adorno war die Vorstellung zuwider, eine Bauersfrau könnte beim Abwaschen Beethoven hören. Das Radio zerstöre die Symphonie als Kollektiverlebnis. Es privatisiere das Musikhören und verwandle die Musik in eine Art Möbelstück. Klassische Musik werde »trivialisiert«, indem sie in wiedererkennbare Titelsongs aufgebrochen werde, die wie jedes andere »vorgefertigte Stückwerk ... mit einem Minimum an Anstrengung genossen werden können«. Im selben Maß wie die Kluft zwischen ernster und populärer Musik vergrößere sich der Abstand der Menschen von wahrem Bewusstsein und Freiheit. Was für Marx die Religion, war für Adorno die kommerzielle Kultur: Opium des Volks. Mit populärer oder, wie er sie nannte, »vulgärer« Musik, einschließlich des Jazz, lulle die bürgerliche Gesellschaft die Menschen ein und mache sie gefügig.[141]

Adorno war Theoretiker und kein empirischer Forscher. Im Rückblick am interessantesten ist vielleicht die Tatsache, dass seine Analyse ihrerseits Konformität hervorbrachte, die es vielen Angehörigen der nächsten Generation ermöglichte, vorgefertigte Urteile über die Konsumkultur wiederzukäuen. Deshalb ist es wichtig, hervorzuheben, wie weit er von der Wirklichkeit entfernt war. Wie amerikanische Forscher in den 1930er Jahren feststellten, waren Radiohörer überaus aktiv. Insbesondere bei Männern entfachte das Radio eine Liebe zur Musik. »Ich mochte Musik schon immer«, erklärte ein italienischer Schuhmacher, »aber ich konnte nie viel gute Musik hören und sie deshalb auch nicht richtig genießen. Aber dann begann ich Radio zu hören, und jetzt kenne ich die meisten der großen Werke. Ohne das Radio hätte ich sie nie so sehr genossen.« Zwar spielten manche nun weniger Klavier, weil ihnen ihre »eigenen Fehler jetzt zu deutlich bewusst« waren.[142] Im Allgemeinen erhielt das Musikmachen durch Radio und Grammophon jedoch großen Auftrieb; neue Stilrichtungen des Jazz verbreiteten sich schneller, und die Zahl der Orchester nahm zu. Manchmal wurden Schallplatten auch im Kampf gegen politische Machthaber eingesetzt, wie in Indien, wo die Nationalisten 1905 während der Trennung von Bengalen die Menschen zum Boykott britischer Waren aufriefen. Statt der häufig befürchteten Gleichförmigkeit bot das Radio diversen Genres und Hörergemeinschaften, darunter viele Minderheiten, ein Forum. Ein in Norwegen arbeitender schwedischer Maschinist war tief bewegt, wenn er abends im Radio »Stockholm-Motola-Jönköping« einstellte und ein in seinem Kindheitsdialekt gesungenes Lied hörte. Viele Sender strahlten Regionalprogramme im jeweiligen Dialekt aus, bis der schwedische Staat sie 1935 übernahm.[143] In Japan hielt das Radio traditionelle Instrumente und Erzählformen am Leben, in Malaya bewahrte es die Keronchong-Musik. In den Vereinigten Staaten verbreitete es den Blues und popularisierte Hillbilly- und rustikale Folkmusik. In den 1930er Jahren konnten schwarze Familien von schwarzen DJs aufgelegte schwarze Musik hören.[144] Amerikanische Sender strahlten in einer einzigen Woche über dreißigtausend Stunden Musikprogramme aus.[145] Das Radio förderte keine Gleichförmigkeit, sondern eine Fülle an Geschmacksrichtungen.

Wie und was die Menschen konsumierten, folgte keiner vorgegebenen Massenproduktionslogik. Adorno ließ außer Acht, was das Radio in der Seele der Menschen bewirkte. Radiohören war eine neue emotionale Erfahrung. Insbesondere Männern eröffnete es eine Welt der Gefühle. Manche frühe Hörer schalteten das Licht aus, um den Eindruck zu vergrößern. Die meisten hörten in der bequemen heimischen Umgebung zu, aber in jeder anderen Hinsicht war das Radio alles andere als privat. Kommentatoren, die in den späten 1920er Jahren voraussagten, seine Anziehungskraft sei auf »isolierte Personen wie Farmer, die Blinden und diejenigen, die nahezu taub sind«, beschränkt, wurden eines Besseren belehrt.[146] Das Radio regte die soziale Vorstellungskraft an. Eine frühe Untersuchung der Radiopsychologie verglich die Hörer von Radioserien mit Menschen, die als Sehende lernen mussten, sich blind zu stellen und sich anhand des Gehörten ein Bild von der Welt zu machen. Ohne ein Orchester oder eine Gruppe von Schauspielern zu sehen, mussten sich die Zuhörer die Akteure und die Szenerie vorstellen. Diese Visualisierung stelle »in Erwachsenen etwas von der Lebendigkeit der Bilderwelt wieder her, die seit ihrer Kindheit verblasst ist«.[147]

Serien waren das neue Format des Radios. Wer tagsüber Serien höre, tue dies nicht wegen einer »Leere« in seinem Leben, stellte die Soziologin Herta Herzog, die zweite Ehefrau von Paul Lazarsfeld, fest; es gebe keinen Beleg dafür, dass Radiohörer aufhörten, in Klubs oder zur Kirche zu gehen. Vielmehr sei das Heim jetzt der Eingang zu einer virtuellen Welt. Das Radio schaffe ein Gefühl der Gemeinschaft mit Tausenden anderen, die sich dieselbe Sendung anhörten. Für manche seien Serien wie *The Goldbergs* – eine in den 1930er und 1940er Jahren täglich ausgestrahlte fünfzehnminütige Seifenoper über eine arme jüdische Familie in der Bronx – eine Flucht aus ihrer realen Familie. Für andere seien sie ein Trost; es sei erleichternd, zu wissen, »dass andere Menschen auch Probleme haben«. Die Figuren würden zu Freunden, sogar besseren als die wirklichen: »Freunde sind so unberechenbar ... Aber Radiofiguren sind verlässlich.«[148] Viele meinten, sie würden aus diesen Sendungen etwas über das Leben lernen, von gesellschaftlicher Etikette über Kindererziehung bis zu den Gründen, warum Ehemänner schlechtgelaunt von der Arbeit nach Hause kamen.[149]

Im 18. Jahrhundert hatte man dem »Beobachter« eine zentrale Rolle bei der Entwicklung der Höflichkeit zugeschrieben. Sich in einen anderen hineinzuversetzen sollte das Mitgefühl stärken. Man sollte sich selbst beobachten und seine Wirkung auf andere einschätzen. Beim Radio ging es nicht um Höflichkeit. Aber man könnte es als eine dem 20. Jahrhundert entsprechende Form des Beobachtens ansehen, als einen kulturellen Nachfolger von Tagebuch und Konversationsklub. In ihrer vom Radio erzeugten Vorstellung knüpften die Menschen neue soziale Solidaritätsbande und spielten soziale Rollen. Das Radiohören weitete den Horizont des Einzelnen, der die Freude und den Schmerz anderer, weit entfernter Menschen zu teilen lernte.

Die Vorstellung der alten Griechen vom Heim war der *oikos*, ein Haushalt, der Produktion und Konsumtion, Familie und Bedienstete vereinte. Noch lange nachdem er verschwunden war, übte er als Ideal weiterhin Einfluss auf die moderne Vorstellungswelt aus. Der Aufstieg von Industrie und Handel und die widerstreitenden Anforderungen der privaten und der öffentlichen Sphäre lösten eine Identitätskrise aus. Das Heim sollte mehr sein als nur ein Ort zum Verbrauch von Dingen. Edward Bellamy hat in seinem 1888 erschienen utopischen Roman *Das Jahr 2000. Ein Rückblick auf das Jahr 1887* eine sozialistische Antwort gegeben. Der Held fällt in Schlaf, und als er wieder aufwacht, befindet er sich im Jahr 2000. Seine Heimatstadt Boston ist sozialistisch geworden, und das Heim hat sich grundlegend verändert. Es gibt keine Hausarbeit mehr. Das Kochen und Wäschewaschen erledigen städtische Fachleute. »Wir suchen uns keine größeren Häuser aus, als wir nötig haben, und richten sie so ein, dass es möglichst wenig Mühe macht, sie in Ordnung zu halten.«[150] Als in den 1950er Jahren Wissenschaftler eine der neuen Vorstädte von Toronto untersuchten, gewannen sie ein völlig anderes Bild: Das Heim war gänzlich vom individualistischen Konsumismus übernommen worden; es war ein Schlafplatz mit Freizeiträumen und Ausstellungsflächen für Dinge. Der Kult des persönlichen Besitzes spaltete die Familie »in eine Ansammlung von Personen mit kaum einem Grund oder einer Motivation, zusammen zu sein«, auf.[151]

In Wahrheit war die Geschichte des Heims banaler und paradoxer als diese beiden Extreme. Die Produktion ist nicht ausgezogen. Vielmehr haben sich Konsum und Hauswirtschaft gegenseitig verstärkt. Die

Anschaffung und Benutzung von Einrichtungsstücken, einschließlich des Radios, wurden mit ihrem praktischen Nutzen gerechtfertigt. Im Lauf des 20. Jahrhunderts haben die Menschen mehr materielle und emotionale Ressourcen für das Heim aufgebracht als jemals zuvor, obwohl die Hälfte der Bevölkerung (die Frauen) nun weniger Zeit in ihm verbrachte. Sammlungen, Bilder, Souvenirs und andere Gegenstände sind zu wichtigen Familienbanden geworden, die einst von gemeinsamer Arbeit geschaffen wurden.[152]

Sogar das dystopische Bild der kaufsüchtigen Vorstadt wurde durch die Tatsache Lügen gestraft, dass die Sozialforscher in den 1950er Jahren in neuen Häusern alte Möbel vorfanden: Geerbte Sofas, gebrauchte Esstische und altes Silberbesteck gaben Familien das Gefühl einer stabilen Identität.[153] In der Küche stellten die Menschen Geselligkeit über Funktionalität. Moderne Gestaltung stieß auf erhebliche Hindernisse in Gestalt von Bräuchen und Gewohnheiten. In Finnland verwandelten Arbeiterfamilien und Landbewohner ihre funktionalen Küchen in den Familienraum, den sie gewohnt waren. Wenn britische Arbeiterfamilien in den 1940er Jahren in neue Häuser einzogen, gingen sie umgehend daran, neben der neuen, kleinen Küche mit temporären Trennwänden einen Essplatz abzutrennen. Sie wurden nur beiseitegeräumt, wenn der Mietkassierer vorbeikam. »Moderne« Möbel fehlten völlig.[154] Für designbewusste Mittelschichtbeobachter waren die Wohnzimmersitzgruppe und Hochflorteppich abscheuliche Auswüchse von Konformität und Geschmacklosigkeit. Die Menschen, die mit diesen Dingen lebten, hatten jedoch das starke Gefühl, einen eigenen Geschmack zu besitzen und sich mit ihrem Heim von ihren Nachbarn abzuheben.[155] Wichtig waren das Arrangement der Dinge und die vielen kleinen Gegenstände, die sagten: »So sind wir.« Es ging dabei in erster Linie nicht um Nachahmung, vielmehr waren die Dinge Zeichen von Identität und Respekt.

Im Kampf konkurrierender Vorstellungen von Komfort hatten Gefühle den Vorrang vor rationaler Effizienz. Komfort bedeutete das Gefühl, zu Hause zu sein. Möbel auf Kredit zu kaufen war eine gerechtfertigte Ausgabe und »guter« Konsum. »Wir sind nicht verschwenderisch, aber wir haben es gern bequem«, erklärte eine britische Familie in den 1980er Jahren. »In bequemen Möbeln fühlt man sich behaglich.

Andere Leute kaufen billige Sachen, um Geld zu sparen für ... Dinge, die wir als dumm bezeichnen würden. Sie kümmern sich nicht um ein behagliches Heim und eine nette Couch. Die Dinge sind nicht für Leute, die herkommen und sehen, was wir haben, sondern damit man sich wirklich behaglich fühlt. Sie sind keine Notwendigkeiten, aber auch kein Luxus.«[156]

6 Das Zeitalter der Ideologien

Heidi Simon war gerade 19 geworden und freute sich des Lebens. Sie war im Jahr von Hitlers Machtantritt geboren. Ihre Heimatstadt Frankfurt am Main gehörte zu den Städten, die am schwersten von alliierten Bombenangriffen getroffen worden waren. Den Angriffen von 1944 waren Tausende von Menschen zum Opfer gefallen, die Hälfte der Bevölkerung war obdachlos geworden. Jetzt, 1952, war Heidi eine der Gewinnerinnen eines Amateurfotowettbewerbs zur Feier des Marshallplans. Der Wiederaufbau hatte gerade erst begonnen. Die Einsendungen spiegelten die harte Wirklichkeit im Nachkriegseuropa wider: »Brot für alle«, »Wir brauchen nicht mehr Hunger«, »Neue Wohnungen« hießen die Fotografien. Heidi gewann einen der Spitzenpreise, eine Vespa plus Preisgeld. Ihre Reaktion dürfte die Vertreter des Bundesministeriums für den Marshallplan überrascht haben. Sie freue sich zwar, gewonnen zu haben, schrieb sie, aber um ehrlich zu sein und ohne »unverschämt« klingen zu wollen, frage sie sich, ob sie nicht anstelle einer Vespa eine Lambretta 123cc, das erste Modell mit eleganter Verkleidung von Beinschild und Motor, haben könne. Sie wünsche sich schon seit einem Jahr »sehnlichst« eine Lambretta. Doch das Ministerium blieb hart und schickte ihr die Vespa.[1]

Diese im deutschen Bundesarchiv aufbewahrte Momentaufnahme macht deutlich, wie die großen historischen Kräfte mit dem materiellen Leben und den Träumen normaler Menschen zusammenstießen. Der Marshallplan war ein entscheidender Faktor für den Wiederaufbau Europas und den aufkommenden Kalten Krieg zwischen Ost und West, aber seine Empfänger waren keineswegs passiv. Dass sich Heidi Simon inmitten der Kriegstrümmer einen besonders modischen Konsumartikel wünschte, widerspricht zudem der hergebrachten Meinung, die Konsumgesellschaft sei erst das Produkt rasanten Wachstums in der

Wohlstandsära von der Mitte der 1950er Jahre bis 1973. Und sie kollidiert mit der manchmal instinktiven Annahme, die Menschen würden sich Gütern als Mittel von Identitätsstiftung, Kommunikation und Vergnügen erst zuwenden, *nachdem* sie ihre Grundbedürfnisse nach Nahrung, Unterkunft, Sicherheit und Gesundheit befriedigt haben. Es ist kein Zufall, dass sich das Modell einer »Bedürfnispyramide«, das der amerikanische Psychologe Abraham Maslow 1943 vorgestellt hatte, ausgerechnet in der Zeit durchsetzte, als sich der Wohlstand zu verbreiten begann. Dieser Theorie zufolge hätte Heidi Simon nicht um einen anderen Motorroller, der ihr besser gefiel, bitten dürfen, sondern die Vespa gegen Ziegelsteine und Mörtel eintauschen müssen.

Während des Kalten Krieges wurde die Konsumgesellschaft ein amerikanisches Markenzeichen. Konsumismus, Demokratie und Kapitalismus wurden als Gesamtpaket beworben. Man mochte seine Verbreitung als Export der Freiheit gutheißen oder als Festigung des seelenlosen, egoistischen Materialismus verurteilen, aber über eines waren sich alle einig: Die Konsumgesellschaft war so amerikanisch wie *apple pie*. In dieser Zeit wurden zum ersten Mal allgemeine Modelle der Konsumgesellschaft entwickelt, vor allem dasjenige von John Kenneth Galbraith, dessen Bestseller *Gesellschaft im Überfluss* 1958 erschien. Demnach hatte sich in den Vereinigten Staaten eine neue Art von Gesellschaft herausgebildet, deren Mitglieder gezwungen waren, auf Kosten des Allgemeinwohls, der Umwelt und ihres eigenen Glücks immer mehr zu konsumieren, um den Produktionsmotor am Laufen zu halten. Dieses Modell hat seither das Denken und die Diskussion über den Konsum geprägt. Auch heute noch liegt es der Weltanschauung vieler Denker zugrunde, die die Gefahren des Konsumismus auf eine nach 1945 entstandene Abhängigkeit vom Wachstum zurückführen. Die Neoliberalen der 1990er Jahre erzählten eine ähnliche Geschichte, feierten aber den Sieg von Angebot und Markt. Das Ende unserer eigenen Wohlstandsära seit der Wirtschaftskrise 2008 und der Niedergang Amerikas sind ein geeigneter Augenblick, um einen breiteren Blickwinkel einzunehmen.

In der goldenen Zeit von den 1950er Jahren bis zum Anfang der 1970er Jahre – der Zeit von *Wirtschaftswunder*, *il miracolo* und *les trente glorieuse* – lag das jährliche Wirtschaftswachstum in Westeuropa bei bis dahin beispiellosen 5 Prozent im Jahr. Zuvor hatte jedoch, zusammengedrängt in die Zeitspanne einer einzigen Generation, eine Reihe ebenso außergewöhnlicher Umwälzungen stattgefunden: ein totaler Krieg (1914–1918), eine Weltwirtschaftskrise (1929–1931), der Aufstieg totalitärer Regime und ein weiterer, noch brutalerer Weltkrieg (1939–1945). Die Zusammenhänge zwischen diesen Ereignissen zu erkunden bedeutet nicht, eine einfache Kontinuität anzunehmen. Die Beliebtheit von Cremetorten und Coca-Cola in den 1950er Jahren kann als unmittelbare Reaktion verstanden werden, als Befreiung von Rationierung und Sparsamkeit. Aber auch längerfristige Trends waren am Werk. Die 1950er und 1960er Jahre trugen in Politik, Kultur und im Leben gewöhnlicher Menschen noch Zeichen der 1930er Jahre. Junge Eltern, die in den 1950er Jahren ein Heim aufbauten und ihren ersten Fernsehapparat und ihr erstes Auto kauften, waren als Kinder der Weltwirtschaftskrise aufgewachsen. Auch der Faschismus warf einen langen Schatten auf die Zeit nach seiner Niederlage; Angehörige der Eliten fürchteten weiterhin, der Massenkonsum könnte ihn wiederbeleben. Die Zwischenkriegszeit war eine prägende Zeit für die zunehmende Macht des Konsums sowohl im öffentlichen als auch im privaten Leben.

Die schweren Zeiten gebaren Träume von einem besseren Leben, in der Politik, im Kino und in örtlichen Versammlungsräumen. Die 1930er Jahre waren eine goldene Zeit für Konsumaktivisten. In der viktorianischen Epoche hatte der Konsument seine Stimme gefunden. Jetzt, in von Krieg, Inflation und Wirtschaftskrise zerrütteten Ländern, begannen alle ihn zu umwerben – Regierungen, Sozialreformer und Werbefachleute. Alle Massenideologien versprachen ihren Anhängern ein besseres Leben und entwickelten Strategien, um den Konsum für ihre Zwecke einzuspannen: der progressive New Deal ebenso wie der Nationalsozialismus und der Stalinismus, der koloniale Nationalismus ebenso wie der Imperialismus des frühen 20. Jahrhunderts. Auch wenn sie ihre Versprechen nur in begrenztem Maß einhielten, fanden die Menschen doch Gefallen daran, mehr zu haben. Selbst Regierungen in von geringem Wachstum, Entbehrung und kolonialer Ausbeutung gekennzeichneten Ländern trugen zum Aufschwung des Konsums bei.

Moderne Gesellschaften waren mit einem Ideal getrennter Sphären ins 20. Jahrhundert eingetreten. Kultur war von Kommerz getrennt zu halten, das private vom öffentlichen Leben, die männliche von der weiblichen Welt, Vernunft vom Gefühl. Die verschiedenen Gesellschaftsschichten unterschieden sich in Ernährung, Kleidung und Vergnügungsformen. Als sich der Fluss der Dinge und Geschmäcker beschleunigte, ließen sich diese Trennungen jedoch immer schwerer aufrechterhalten. Dies machte den Überfluss in den 1950er und 1960er Jahren zu einem Schlachtfeld. Gesellschaften, die es gewohnt waren, mit zu wenig auszukommen, machten sich plötzlich Sorgen darüber, dass sie zu viel hatten. Doch sobald das Ideal der Freiheit mit dem persönlichen Lebensstil verknüpft worden war, war keine Sphäre mehr immun. Konsum war als befreiender Prozess der Selbstfindung, der allen offenstand, gerechtfertigt. Dass dieser tiefgreifende Zusammenstoß von Werten nicht zu Klassenkampf oder Konterrevolution führte, sondern zu Übereinstimmung und Anpassung, war eine der erstaunlichsten Entwicklungen des 20. Jahrhunderts. Den Menschen war in unterschiedlichen ideologischen Dialekten ein besseres Leben versprochen worden. Jetzt nahmen sie ihre Führer beim Wort: Hatte nicht jeder das Recht auf einen Fernseher, neue Kleidung und Zufriedenheit? Ein intensiverer materieller Lebensstil wurde zum gemeinsamen Ziel, in Ost wie West. Regierungen mochten Panzer auffahren lassen, aber keine wagte es, den Konsum einzuschränken. Statt von Eliten kontrolliert zu werden, gewann der Konsum die Kontrolle über Kultur und Politik. In den 1980er Jahren sah es fast so aus, als wäre das, was laut Adam Smith »Ziel und Zweck aller Produktion« ist, Ziel und Zweck des Lebens.

Kampf der materiellen Kulturen

Für Konsumenten in ganz Europa brachte der Erste Weltkrieg eine grundlegende Umwälzung mit sich. Vor dem Krieg war das Konsumentenengagement auf liberale Vereine und Mittelschichtgruppen wie die Käuferbünde auf beiden Seiten des Atlantiks beschränkt. Der totale Krieg machte den Konsum nun überall zu einer Angelegenheit des nationalen Überlebens. Sämtliche Kriegsteilnehmer standen bei der Lebensmittelversorgung vor beispiellosen Problemen. Deutschland und seine Verbündeten mussten mit einer Seeblockade fertig werden, Großbritannien mit dem Verlust von Frachtschiffen voller Getreide durch U-Bootangriffe und alle Kriegsparteien mit den inneren Verwerfungen durch die Aushebung, Ernährung und Vernichtung von Armeen. Mangel entfachte Inflation und Aufruhr. Menschen, die sich bisher als Arbeiter oder Angestellte betrachtet hatten, entdeckten, dass auch sie Konsumenten waren. Ob es den Regierungen nun gefiel oder nicht, sie waren gezwungen, etwas einzuführen, was Zeitgenossen »Kriegssozialismus« nannten, das heißt, sie mussten die Wirtschaft leiten, Preise festlegen und die Ressourcenverteilung regeln. Ein Tauziehen entwickelte sich zwischen immer besser organisierten Konsumenten auf der einen und Regierungen, die immer mehr Genügsamkeit und Aufopferung verlangten, auf der anderen Seite.

In der Hitze des Krieges wurde – insbesondere in Mitteleuropa – eine neue Konsumentenidentität geschmiedet. In Deutschland wurde im Dezember 1914, gerade einmal vier Monate nach Kriegsbeginn, ein Kriegsausschuss für Konsumenteninteressen gegründet, der sieben Millionen Haushalte und damit über ein Viertel der Bevölkerung vertrat. Ähnliche Organisationen entstanden sowohl in Wien, Prag und Budapest im verbündeten Habsburgerreich als auch in den neutralen Ländern Schweiz und Luxemburg. Dem deutschen Ausschuss gehörten nicht nur Genossenschaften und Hausfrauenorganisationen an, sondern auch Gehaltsempfänger wie Eisenbahner und christliche Gewerkschafter.[2] Durch die Inflation wuchs die Figur des Konsumenten aus der hergebrachten Rolle des weiblichen Käufers heraus: Auch Arbeiter, befanden nun viele, waren Konsumenten. Blieben als Feinde eine kleine Bastion reicher Unternehmer und Kartelle und deren »Produzenteninteresse« übrig. Nicht alle Gruppen waren froh über diese Abkehr vom durch Arbeit und Berufsidentität bestimmten Status. Beamte wahrten ebenso wie Ärzte und Richter lieber eine gewisse Distanz. Doch die Ansprüche »des Konsumenten« ließen sich nicht mehr so leicht als egoistisches Partikularinteresse abtun.

Der deutsche Ausschuss verlieh dem neuen Zutrauen in den Konsumenten als Quelle nationaler Stärke Ausdruck. 1917 gab es fast zweihundert Organisationen, die gegen Kriegsgewinnler und für mehr

Selbstversorgung kämpften. Sie boten alles Mögliche an, von Kochvorführungen bis zu Beratungen über Wiederverwertung und die Abwehr von Betrügern. Sie verteilten schwarze Listen von Kriegsgewinnlern und Hamsterern, richteten Beschwerdestellen ein und führten stichprobenartige Inspektionen in Geschäften durch, um Preise, Qualität und Verfügbarkeit von Gütern zu vergleichen. Sie setzten damit die Maßstäbe für Testorganisationen, die in den nächsten beiden Generationen überall entstanden, wie die Consumers' Union, Stiftung Warentest, Which? und Que Choisir. Unter ihrer Regie sollte sich die stärkere Beachtung von Preis, Qualität und Sicherheit in zunehmendem Maß auf das individuelle Wohlergehen ausrichten. Im Ersten Weltkrieg dagegen bildeten individuelle und kollektive Interessen noch die beiden Seiten einer Medaille. Robert Schloesser, führender Verfechter einer Verbrauchervertretung, erklärte 1917, der Krieg habe eine neue kollektive Mentalität geschaffen. Die Konsumenten würden nicht mehr nur einen guten Kauf im Sinn haben, sondern sich auch um die Anhebung der Lebensbedingungen der Unterschicht sorgen. Und sie würden das Land stärken, »damit Deutschland nie wieder gezwungen ist, wenn ein äußerer Feind ihm droht, auch gleichzeitig den inneren Feind, die Ausbeutung von Deutschen durch Deutsche, erwarten zu müssen«.[3]

Die Tinte, mit der diese Worte niedergeschrieben worden waren, war kaum getrocknet, als Schloessers optimistische Vision auch schon mit vernichtendem Ergebnis auf die Probe gestellt wurde. Nachdem 1918 der Durchbruchsversuch an der Westfront misslungen war, verlor Deutschland auch den Kampf an der Heimatfront. Anstatt das Land zu einen, vergrößerte das staatliche Rationierungssystem die Spannungen und riss einen immer tiefer werdenden Graben zwischen Anrechten und einem Gefühl der Ungerechtigkeit, in dem das alte Regime schließlich untergehen sollte.[4] Arme Konsumenten beklagten sich über die »unberechtigten« Sonderrationen für Frauen und Mütter von Soldaten.

Für die neuen Konsumentenorganisationen war, zumindest auf kurze Sicht, der Frieden weniger förderlich als der Krieg. Dies galt für Sieger und Verlierer gleichermaßen. In Russland und Mitteleuropa bildeten sich keine Verbraucher-, sondern revolutionäre Arbeiter- und Soldatenräte. In Großbritannien wurde der im Innern gespaltene und nach außen wirkungslose Consumers' Council 1920 aufgelöst. Die Regierung sah keinen Grund, ihn am Leben zu erhalten. Mit dem Ende der Kriegswirtschaft hatte er seine Raison d'Être verloren. Die Soldaten kehrten an ihre Arbeitsstellen zurück, und der Streik wurde wieder zur Hauptwaffe bei der Verteidigung ihres Lebensunterhalts. Im Deutschland der Weimarer Republik entsandten die Verbraucher 1921 zwar einige Vertreter in den neuen Reichswirtschaftsrat, aber diese wurden von der Unternehmerseite rasch ausmanövriert. Im Kohlenrat vertraten bezeichnenderweise weder Hausfrauen noch Mieter die Verbraucherinteressen, sondern industrielle Nutzer und Kohlehändler.[5]

Dennoch hatte der Krieg eine beachtliche Hinterlassenschaft. In Russland nutzte das Sowjetregime den Kriegssozialismus für seine eigenen Zwecke. Die Bolschewiki zogen konsequent und mit grauenhaften Folgen die Lehren aus den Erfahrungen der zentralisierten Kontrolle von Wirtschaft und Gesellschaft. Mit der Revolution von 1917 begann für Ladenbesitzer und Konsumenten gleichermaßen eine brutale Achterbahnfahrt. Nach anfänglicher Rationierung und Unterdrückung privater Geschäfte (1917–1921) wurde offenes Kaufen und Verkaufen gefördert (1922–1928), bevor den Geschäften erneut der Krieg erklärt wurde (1929–1935). Die Rationierung wurde erst 1935 aufgehoben. 1930 befanden sich nur noch weniger als 6 Prozent des Einzelhandels in privater Hand. Einzukaufen bedeutete jetzt, in ein staatliches Geschäft zu gehen, privat etwas zu tauschen oder sich auf dem Schwarzmarkt umzusehen. 1932 nahmen die meisten Arbeiter in Schlüsselindustrien ihre Hauptmahlzeit in staatlichen Kantinen ein. All dies hatte katastrophale Auswirkungen auf den Lebensstandard, der im folgenden Jahr unter dem Niveau zur Zeit der Oktoberrevolution lag.[6]

Am Konsum konnte man die Stellung einer Person in der sozialistischen Ordnung ablesen. Güter als Unterscheidungsmerkmale waren nichts Neues. Unter den Bolschewiki konnte jedoch der Staat, da er die Verteilung der Güter kontrollierte, die Unterschiede manipulieren. In der Rationierungshierarchie rangierten Arbeiter und Ingenieure an der Spitze, Hausfrauen und Angestellte mit halb so großen Zuteilungen in der Mitte und Bauern, die nichts erhielten, am unteren Ende. Die Eingänge von Geschäften und Lokalen wurden überwacht. Bauern zum

Beispiel durften staatliche Läden, die niedrigere Preise verlangten als private Geschäfte, nicht betreten. Sogar die Speisekarte von Kantinen spiegelte die Rangordnung im Arbeiterstaat wider: 1933 kostete Arbeiter ein Mittagessen 84 Kopeken, Ingenieure zahlten zweieinhalbmal so viel.[7] Wie allgemein bekannt, ging das Sowjetregime mit aller Kraft daran, die Landwirtschaft zu kollektivieren und die Industrie zu verstaatlichen. Aber auch im Alltagsleben spielte der Staat eine bedeutende Rolle. Die Kleidung, welche die Menschen sich leisten (oder nicht leisten) konnten, die Preise, die sie für Güter zu zahlen hatten, die Frage, ob sie Dinge in einem staatlichen Geschäft erhielten oder von einem Schwarzmarkthändler erwarben: Das Leben der Menschen als Konsumenten wurde von ihrem Verhältnis zum Staat bestimmt.

Der Mangel stärkte die Staatsmacht. Zu den Ersten, die dies erkannten, gehörte Leo Trotzki. Als er 1928 emigrierte, war es üblich, dass sich vor staatlichen und genossenschaftlichen Geschäften Schlangen von Menschen bildeten, die auf die Lieferung von Gütern warteten, um sich einige von ihnen zu sichern und sie anschließend weiterzuverkaufen. Auf Russisch wurde das Schlangestehen *otscherednitschestwo* genannt. Gute Beziehungen zu haben war lebenswichtig. In seiner 1936 im mexikanischen Exil geschriebenen Schrift *Verratene Revolution* beschrieb Trotzki den Mangel als »Ausgangspunkt« der sowjetischen Staatsmacht: »Wenn genug Waren im Laden sind, können die Käufer kommen, wann sie wollen. Wenn die Waren knapp sind, müssen die Käufer Schlange stehen. Wenn die Schlange sehr lang wird, muss ein Polizist für Ordnung sorgen.« Auf diese Weise wachse die Macht der Sowjetbürokratie. »Sie ›weiß‹, wem sie zu geben, und wer zu warten hat.«[8] Aber auch in Ländern, die staatliche Kontrollen abbauten, blieb der Konsum auf der politischen Tagesordnung. Während des Krieges waren Verbrauchergenossenschaften aus dem Boden geschossen. Hausfrauenklubs, patriotische Bünde und Abfallräte unterwiesen Millionen von Menschen in der Kunst des Sparens. Regierungspropaganda und öffentliche Meinung forderten die Menschen auf, beim Kaufen und Verbrauchen die Folgen für die Allgemeinheit zu bedenken. Um das Vaterland zu retten, versprachen Könige, Fisch statt Fleisch zu essen. Soziale Bewegungen lehrten die Jugend, wie man Blechdosen wiederverwendete. Hier bildete sich ein Reservoir künftiger Anforderungen an den Konsum als kollektive Anstrengung heraus.

Die Menschen hatten das Gefühl eines sozialen Arrangements zwischen Staat und Konsumenten aus dem Krieg mitgenommen. Den Konsum als gesellschaftliches Projekt aufzufassen stärkte das Anspruchsdenken. Die Konsumenten erwarteten, vor Mangel und Profitmachern geschützt zu werden. Als die Inflation Mitte der 1920er Jahre stabilen Verhältnissen Platz machte, zeigte sich, dass die Regierungen nicht bereit waren, gegen Kartelle und Preisabsprachen vorzugehen. Dennoch konnte weder die britische noch die deutsche Regierung die Forderung ignorieren, mit Hilfe staatlicher Überwachung eine gerechte Preisbildung zu erreichen. Manche haben darin eine Rückkehr zur älteren »moralischen Wirtschaft« des 18. Jahrhunderts gesehen, in der Behörden auf Hungerrevolten reagierten, indem sie vorübergehend für die Wiederherstellung »gerechter Preise« sorgten.[9] Es war aber mehr als das. Ein gerechter Preis wurde zum Bestandteil sozialen Staatsbürgerseins. Die Mietenkontrolle in der Weimarer Republik war ein Beispiel dafür. Während des Krieges unternommene Experimente ermutigten Sozialdemokraten und progressive Liberale, nach Möglichkeiten zu suchen, Preise auf Dauer zu stabilisieren und die Lebensmittelversorgung zu regulieren.

Auch das Repertoire der politisch aktiven Verbraucher erweiterte sich. Ein Blick auf die Hamburger Konsumentenkammer, die wie einige andere lokale Organisationen bis zum Machtantritt der Nationalsozialisten bestehen blieb, vermittelt einen Eindruck von der Ausweitung dieses Betätigungsfeldes. Neben dem Kampf gegen den »Preisterror« von Innungen und Kartellen sowie der Unterstützung von städtischen Markthallen setzte sich die Kammer beispielsweise für Verkaufsautomaten ein, an denen man außerhalb der gesetzlichen Geschäftsöffnungszeiten Zigaretten, Schokolade oder heiße Wurst kaufen konnte. In deutschen Städten gab es 1929 200 000 solcher Automaten; die Hamburger Polizei hatte allerdings wiederholt die Genehmigung, Automaten in der Stadt aufzustellen, verweigert. Die Süßigkeitenautomaten der Firma Trumpf, so argumentierte die Kammer, böten den Menschen die »Annehmlichkeit«, einkaufen zu können, wann sie es wollten. Nachdem der Konsument jahrelang als »Objekt« behandelt worden sei, müsse er nun zum »Subjekt« des

Wirtschaftslebens werden. Der Staat sollte mit seinen Diensten, etwa im Transportwesen oder bei der Stromversorgung, auf die Wünsche der Öffentlichkeit eingehen. Hätten die Bürger der Freien und Hansestadt Hamburg nicht dasselbe Recht, in Zügen mit bequemen, gepolsterten Sitzen zu fahren wie die Einwohner anderer Großstädte?[10]

Nachdem deutsche Gewerkschafter in Amerika mit eigenen Augen den Fordismus begutachtet hatten, lehnten sie neue Konsumwünsche nicht mehr als Ressourcenverschwendung ab, sondern verteidigten sie als Wachstumsmotor.[11] Dass die Befriedigung von Bedürfnissen neue Bedürfnisse weckte, befand man für gut. Die große Frage in der Zwischenkriegszeit war nur, wie lange die Expansion weitergehen konnte. Durch die Weltwirtschaftskrise von 1929 bis 1931 geriet sie ins Stocken. Die Fragen waren zum Teil ökonomischer Art: Ausgaben in welcher Höhe konnte sich der Staat leisten? Musste Reichtum nicht erst produziert werden, bevor er konsumiert wurde? Darunter lag ein tieferer moralischer Konflikt: Was, wenn mehr Güter nicht den Staatsbürger stärkten, sondern rücksichtslose Einzelne ohne Seele und Rückgrat hervorbrachten? Solche Befürchtungen reichten bis zu Rousseau und noch weiter zurück, durch die Zwischenkriegskrise des Kapitalismus und den Aufstieg des Totalitarismus erhielten sie nun neuen Aufschwung. Um zu verstehen, wie diese Spannungen gelöst wurden, muss neben der Expansion von kommerziellen Freizeitangeboten und Konsumentenpolitik auch die Weltwirtschaftskrise in den Blick genommen werden.

Die Zwischenkriegsjahre waren eine prekäre Zeit, aber auch eine mit sich erweiternden Horizonten, in Europa ebenso wie in den Vereinigten Staaten. Die Europäer gingen insgesamt besser genährt, rund zweieinhalb Zentimeter größer und mit einem besseren Einkommen als ihre Eltern in den Zweiten Weltkrieg, wobei ironischerweise ausgerechnet die »arische Herrenrasse« nicht gewachsen war. Natürlich waren diese Zugewinne über Schichten, Regionen und Generationen ungleichmäßig verteilt. Was das Einkommen betraf, stand der durchschnittliche Europäer jüngsten Schätzungen zufolge um 25 Prozent besser da als seine Eltern.[12] Am Wachstum der 1950er und 1960er Jahre gemessen, mag dies bescheiden aussehen, aber Zeitgenossen konnten ihre Lebensbedingungen nur mit der Vergangenheit vergleichen, nicht mit der Zukunft. Für viele war der Zugewinn mit Händen zu greifen: in Form einer besseren Wohnsituation sowie von schickerer Kleidung, Kinobesuchen, Radios und Fotoapparaten. Die Weltwirtschaftskrise bedeutete einen Rückschritt in dieser langsamen Vorwärtsbewegung. Amerikaner zum Beispiel gaben 1929 9 Milliarden Dollar für Autos aus. Vier Jahre später waren es nur noch 4 Milliarden. Der Verkauf von Möbeln sank im selben Zeitraum auf ein Drittel und derjenige von Musikinstrumenten auf ein Fünftel.[13]

Alte Industrien traf es besonders schwer. Ganze Gemeinden verloren die Arbeit. 1932 begab sich ein Team um Paul Lazarsfeld und seine erste Frau, die Sozialpsychologin Marie Jahoda, in die Arbeitersiedlung Marienthal in Gramatneusiedl bei Wien, um herauszufinden, wie arbeitslose Familien über die Runden kamen. Die Bewohner von Marienthal hatten ihren Teil vom Auf und Ab in den 1920er Jahren erlebt. Sie hatten am landesweiten Streik von 1925 teilgenommen und waren danach von Arbeitslosigkeit bedroht. Der anschließende Aufschwung hatte sich als kurzlebig erwiesen. 1932 waren über zwei Drittel der 478 Familien ohne Arbeit. Anstatt wie früher mit Spielzeug und modischer Kleidung von Tagesausflügen nach Wien zurückzukehren, grübelten Mütter darüber nach, wovon sie Schuhe kaufen sollten. Die Wirtschaftskrise war in der Tat eine Depression, die der Stadt das Leben vergällte und einen bisher lebendigen Ort in eine »müde Gemeinschaft« verwandelte.[14] Der Lebensrhythmus hatte sich verändert. Freizeit, zuvor ein Segen, war zu einem Fluch geworden. Arbeitslose Männer waren nicht mehr in Eile, sondern schlugen die Zeit tot, indem sie sich durch den Tag treiben ließen.

Was die Konsumgewohnheiten betraf, reagierten die Familien erstaunlich unterschiedlich auf den Einkommensverlust. Die einen verkauften ihre Radios und ihr feines Besteck, bestellten die Zeitung ab und wurden zu Selbstversorgern, die Gemüse anbauten und Kaninchen züchteten. Andere hielten verzweifelt an den Freuden besserer Zeiten fest. Manche pflanzten in ihren Schrebergärten nicht nur Kartoffeln, sondern auch Rosen und Tulpen. »Man kann doch nicht nur vom Essen leben«, lautete die Erklärung, »etwas muss man doch auch fürs Gemüt haben.« Eine Fünfzigjährige, die von der Notstandsunterstützung lebte, kaufte sich eine Lockenschere auf Kredit. Eine andere auf Fürsorge angewiesene Familie erwarb ein »Pappedeckelbild von Venedig«. Viele Mütter sparten sich

Schokolade und Krapfen für ihre Kinder buchstäblich vom Mund ab. Solches Verhalten schien Ausdruck einer »irrationalen Wirtschaftsführung« zu sein, war aber nur allzu verständlich. Die Menschen waren mittlerweile an eine wachsende Güterwelt gewöhnt. Kinder bezeugten ungeschminkt die Spannungen zwischen harter Realität und steigenden Erwartungen. Die meisten strichen ihre Weihnachtswunschliste für ihre armen Eltern zusammen, träumten aber weiter von neuer Kleidung, Bilderbüchern, Spielzeug und Sportutensilien. »Ich bekam nichts«, schrieb ein elfjähriges Mädchen, »ich bekam nur Augengläser. Ich wollte einen Atlas und einen Zirkel.« Viele Weihnachtsbriefe waren im Konjunktiv geschrieben: »Wenn die Eltern nicht arbeitslos wären ...«[15]

Das Niveau von Wohlstand und Entbehrung war in Europa und den Vereinigten Staaten regional unterschiedlich, aber überall wuchsen die Ansprüche. In Kriegs- und Krisenzeiten fielen die Menschen nun nicht mehr in die Verhaltensweisen früherer Mangelzeiten zurück. Maurice Halbwachs kam bei seiner Untersuchung der Reaktionen von Arbeitern in Frankreich, Deutschland und den Vereinigten Staaten zu ähnlichen Ergebnissen wie Lazarsfeld und Jahoda. Die Menschen sparten bei Grundbedürfnissen, um jüngst erworbenen Luxus zu bewahren. Der Lebensstandard war nicht einfach nur eine Funktion des Einkommens oder der biologischen Bedürfnisse. Vielmehr wurde er durch Gewohnheiten und Erwartungen geprägt.[16] Trotz des starken Rückgangs der Ausgaben in der Wirtschaftskrise ist eine bemerkenswerte Kontinuität der Konsumgewohnheiten zu beobachten. Die Menschen hörten nicht auf, Dinge zu kaufen, sondern suchten nach billigeren Wegen, ihren Lebensstil aufrechtzuerhalten. In amerikanischen Städten mussten exklusive Cafés schließen. Die Menschen gingen zwar weiterhin auswärts essen, jetzt aber in einfacheren Lokalen. Sie kauften sich weiterhin neue Kleidung, nur eben preiswertere. Der Modezyklus wurde nicht gestört; Frauenkleider und -hüte veränderten sich ebenso rasch wie vor der Krise. Auch der Trend, das Heim mit elektrischen Geräten auszustatten, blieb ungebrochen. Zwar ging der Verkauf von Toastern zurück, aber die Amerikaner kauften 1932 viermal so viele elektrische Kühlschränke wie 1929.[17] Genauso wenig veranlasste die Krise die Menschen dazu, ihre Autos aufzugeben; sie behielten ihr altes Modell nun lediglich etwas länger. In

Muncie in Indiana stellten Robert und Helen Lynd sogar einen leichten Anstieg der Autoanmeldungen fest: Das Auto war ein »Muss« geworden.[18] Für Tankstellen und Naherholungsgebiete war der Abschwung ein Segen, denn die Menschen setzten sich in ihre Autos und besuchten Nationalparks. Selbst dem schrecklichsten Schicksalsschlag, der Hauspfändung, konnte Unterhaltungswert abgewonnen werden, denn zeitlich perfekt abgepasst kam ein neues Brettspiel auf den Markt: Monopoly.

Inmitten der Dunkelheit gab es auch Licht. Wer Arbeit hatte, dessen Lebensumstände verbesserten sich deutlich. Wie bereits erwähnt, waren gut verdienende Arbeiter in die Reihen der Hausbesitzer und Radiohörer eingetreten. Es gab jetzt wachsende Inseln von Komfort und Unterhaltung, die insbesondere von Arbeitern in neuen Branchen wie der Elektrotechnik, Personen mit festem Gehalt, die vom Preisverfall profitierten, und jungen Leuten bewohnt wurden. 1930 besaßen junge britische Arbeiter eine beachtliche Kaufkraft; ihr Lohn hatte sich im Lauf einer Generation mehr als verdoppelt. Die meisten gaben die Hälfte des Lohns ihren Eltern, wonach immer noch eine Menge für ihre eigenen Vergnügungen blieb. Junge Frauen schlossen sich dem neuen Heer von Büroangestellten, Schreibkräften und Verkäuferinnen an; sie verdienten zwar weniger als ihre Brüder, genossen aber dennoch eine beispiellose Unabhängigkeit.[19] Diese jungen Leute bildeten den Kern der Besucher von Kinos und Tanzlokalen, sie waren die Käufer von modischer Kleidung, Lippenstift und Brillantine. Der Triumph dieser neuen kommerziellen Traumwelten war nicht vollkommen; ältere Formen der Freizeitbeschäftigung, wie Straßenkunst und die sogenannte *monkey parade* – abendliches Promenieren von jungen Frauen und Männern zum Zweck des gegenseitigen Kennenlernens –, waren in den 1930er Jahren weiterhin verbreitet.[20] Ihr Aufstieg war gleichwohl atemberaubend. 1930 ging jeder zweite Jugendliche aus der Arbeiterklasse mindestens einmal pro Woche ins Kino; junge Mädchen nur geringfügig seltener. Der Konsumismus war eine Frage des Lebensabschnitts, die Angehörige derselben Schicht und sogar eines Haushalts voneinander trennte. Junge Männer kauften neue Anzüge und Hemden, während ihre Eltern sich beschieden und ihre Kleidung flickten. Zumeist bedeutete der erste Schrei des ersten Kindes das Ende des unbeschwerten Geldausgebens.

Während europäische Gesellschaften als Ganze betrachtet einige Sprossen unterhalb des hohen Lebensstandards in den Vereinigten Staaten standen, stiegen manche Gruppen in ihnen rasch die Leiter hinauf und entwickelten Vorlieben und Begierden, die denjenigen der bessergestellten Amerikaner glichen. Kein Ort war in dieser Hinsicht prägender als das Kino. Dessen Auswirkungen auf die Selbststilisierung sind einer Untersuchung über 2000 amerikanische Schüler und Studenten, die zwischen 1929 und 1932 befragt wurden, zu entnehmen. Eine Neunzehnjährige hatte Mary Pickford studiert, um die Kunst des Schminkens zu erlernen. Eine Schülerin im dritten High-School-Jahr war begeistert von Clara Bows ärmellosem Trägerkleid in *The Wild Party* (1929): »Da war nichts zu machen. Meine Mutter musste mir genau so eins kaufen.« Für immer selbstbewusstere Teenager waren Spielfilme eine Art Benimmbuch. »Wie man jemanden anredet, sich bei Tisch verhält und so weiter, das habe ich aus Filmen gelernt«, berichtete ein Schüler im zweiten High-School-Jahr. Junge Frauen ahmten Greta Garbo nach, nicht immer erfolgreich: »Als ich ihren Gang nachzuahmen versuchte, wurde ich gefragt, ob ich weiche Knie hätte. Wie beleidigend manche Leute doch sind!« Viele Mädchen übten sich in Pola Negris stechendem Blick. Rudolph Valentino lehrte eine ganze Generation, wie man umarmt und geküsst wurde. Eine andere Neunzehnjährige erzählte, dass sie mit elf Jahren angefangen hatte, Parfüm hinter die Ohren zu tupfen, wie sie es bei der Stummfilmdiva Norma Talmadge gesehen hatte.[21]

Spielfilmen wird oft vorgeworfen, sie würden die Menschen mit eskapistischen Märchen einlullen und Tagträume von »prächtiger Garderobe, schönen Häusern, importierten Automobilen, Jachten und zahllosen gutaussehenden Verehrern« speisen, wie es ein Mädchen ausdrückte. Deshalb ist es wichtig, zu betonen, dass sie auch eine befreiende Wirkung hatten. Häufig bekomme er aus Filmen »eine Idee davon, wie viel Freiheit ich haben sollte«, bemerkte ein schwarzer High-School-Schüler, denn die Figuren auf der Kinoleinwand würden »die besten Sachen tragen, viel Geld machen, so gut wie überall hingehen, wohin sie wollten ... und allen Luxus genießen, den man sich vorstellen kann«.[22] Insbesondere Mädchen wurden durch Spielfilme ermutigt, sich elterlichen Vorschriften zu widersetzen und mehr Freiheiten zu fordern, was das Ausgehen und den Besuch von Freunden zu Hause anbelangte.

Europäern führten Filme den amerikanischen Lebensstil und einen höheren Lebensstandard vor Augen. Dies bedeutete keine völlige Neuorientierung. Die meisten jungen Frauen aus der Arbeiterklasse wollten nicht wie Vamps aussehen. Vielmehr sprachen die Zelluloidträume das Ideal einer »adretten« Erscheinung an. »[Sie] zeigen mir«, schrieb eine britische Bankangestellte, »dass die einfache Art, sich anzuziehen, die beste Art ist, denn sie ist adrett und schafft gleichzeitig ein formvollendetes Erscheinungsbild.« Eine Privatsekretärin erinnerte sich, dass in den frühen 1920er Jahren, als sie 17 war, ihr damaliger Freund von den »kleinen Füßen« einer Filmdiva und den »schönen Schuhen«, die sie immer trug, geschwärmt hatte. Danach habe sie »stets die hübschesten Schuhe und Strümpfe, die ich mir leisten konnte, gekauft«, und Schuhe seien bis in die Zeit der kriegsbedingten Rationierung ihr »Lieblingsluxus« geblieben.[23] Solche Sehnsüchte führten unweigerlich zur Unzufriedenheit mit der materiellen Wirklichkeit. Eine junge britische Stenotypistin, die viermal in der Woche ins Kino ging, berichtete, dass sie sich beim Anblick all der »phantastischen Orte«, die sie dort sah, wie New York und Kalifornien, »ganz elend und unglücklich« gefühlt habe. Schließlich habe sie »den ganzen Tag in einem stickigen kleinen Büro« gesessen, wo sie mit niemandem sprechen konnte, außer sich selbst – »was ich nicht getan habe« –, und »in ein Haus heimzukehren, das man schon vor fünf Jahren hätte abreißen sollen«.[24] Solche Gefühle waren nicht nur negativ. Filme regten die Menschen auch an, nach einem besseren Leben zu streben. In Gesellschaften, die durch Klassen-, Rassen- und Geschlechterunterschiede gekennzeichnet waren, hatten größere Erwartungen sowohl öffentliche als auch private Folgen. Das Kino weckte nicht nur den Wunsch, zu reisen und Dinge zu besitzen, sondern auch das Verlangen nach größerer Chancengleichheit. Die Menschen ergaben sich nicht mehr so leicht ihrem Schicksal. Die meisten Kinobesucher wussten, dass sie auf der Leinwand ein glorifiziertes Ideal von Amerika sahen und kein Abbild der Realität, aber dies tat weder seiner Anziehungskraft als einer weniger von Klassenschranken geprägten Gesellschaft noch den Ängsten, die dies bei den Eliten auslöste, Abbruch.

Dass gute Zeiten die Menschen sorglos machten, hatten Sozialreformer schon seit langem beklagt. Es war ein Leitmotiv der Untersuchungen von Haushaltsbudgets, die nachzuweisen versuchten, dass der Lebensstandard steigen könnte, wenn die Menschen sich nur weniger dem Alkohol und dem Glücksspiel hingäben. In den 1920er Jahren verstärkten sich die Befürchtungen innerhalb der Eliten. Dafür gab es drei Gründe: Erstens stiegen die Forderungen der Menschen an den Staat gerade zu dem Zeitpunkt, als dieser die vom Krieg verursachten gewaltigen Kosten schultern musste. Der zweite Grund war das allgemeine Wahlrecht – wenn die Menge nun den Kopf verlor, was dann? Und drittens war da das Beispiel der Vereinigten Staaten, das für eine auf Massenkonsum und individuellem Vergnügen beruhende Zukunft warb. Es existierte jedoch keine einfache Trennung zwischen europäischen »Traditionalisten« und amerikanischen »Modernisten«; auch in Frankreich, Deutschland und Großbritannien gab es Modernisten.[25] Dennoch argwöhnte man weithin, amerikanische Autos und Spielfilme würden Europäer in den moralischen und finanziellen Bankrott treiben. Sogar Verbrauchervertretungen wie die Hamburger Konsumentenkammer machten sich Sorgen über die steigende Zahl von Kleider-, Möbel- und Uhrenkäufen auf Kredit. Aus New York oder Chicago zurückkehrende Experten mochten sagen, was sie wollten; die amerikanischen Bedingungen seien nicht auf Europa übertragbar, wurde ihnen entgegengehalten. Die Kaufkraft sei zu gering, und Ratenzahlungen schmälerten sie nur noch weiter.[26]

All dies dürfte dazu beigetragen haben, dass sich während der Wirtschaftskrise Bücher, welche die Europäer vor dem Übel des Überflusses warnten, besonders gut verkauften. Georges Duhamels *Scènes de la vie future* (*Spiegel der Zukunft*, 1930) erlebte 187 Auflagen. Der amerikanische Traum, schrieb der französische Schriftsteller, sei ein Alptraum. Massenproduktion und Massenkonsum hätten die Menschen in materialistische Sklaven verwandelt. Die Amerikaner hätten ihre Freiheit gegen einen Kühlschrank und ein Automobil eingetauscht.

Dass Amerika als Bedrohung empfunden wurde, lag weniger an der Realität in Detroit oder Hollywood als vielmehr am tiefsitzenden Argwohn der europäischen Eliten gegenüber der Massengesellschaft. Viele ihrer Angehörigen hatten weder Frauen noch besitzlose, ungebildete Männer für bereit gehalten, das Wahlrecht auszuüben. Jetzt wurden diese Frauen und Männer von materiellen Wünschen in Versuchung geführt, die zu beherrschen ihnen angeblich die Selbstdisziplin und das Wissen fehlten. Der Massenkonsum stellte die Funktion der geistigen Elite als Wächter der Zivilisation in Frage. Besonders scharf wurde dies in jenen Teilen Europas ausgedrückt, wo sich die Elite, wie in Spanien, selbst eine Hauptrolle bei der nationalen Erneuerung zugewiesen hatte, mit dem kuriosen Resultat, dass der Überfluss ausgerechnet dort zur größten Gefahr erklärt wurde, wo man noch am weitesten von ihm entfernt war. Und kaum jemand brachte eine solch donnernde Kritik an der »Epoche des ›selbstzufriedenen jungen Herrn‹« vor wie der spanische Philosoph José Ortega y Gasset in seinem 1930 erschienenen Buch *Der Aufstand der Massen*, das in den 1950er Jahren eine zweite Blüte erleben sollte. Ortega unterstützte den Sturz der Monarchie im Jahr 1931, war aber mehr gegen den König als für die Demokratie. Nach dem Ausbruch des Bürgerkriegs floh er nach Buenos Aires. Er war Modernist, aber was die Kultur betraf elitär bis auf die Knochen. »Masse«, schrieb er, »ist der Durchschnittsmensch ... Wer nicht ›wie alle‹ ist ... läuft Gefahr, ausgeschaltet zu werden.« Das Kino fülle die Köpfe der Arbeiter mit der Vorstellung einer »gewaltigen Machtvollkommenheit«, indem es eine »unbefangene Gewissheit« schaffe, »dass das Leben leicht, reichlich, ohne schicksalsbestimmte Grenzen ist«. Überfüllung sei der Feind der Zivilisation. Die Masse sei das »verzogene Kind ... der menschlichen Geschichte«, das von Dingen, Tempo und sofortiger Befriedigung besessen sei. Für die menschliche Entwicklung sei der Mangel weit besser gewesen, denn der Charakter werde von Herausforderungen und Selbstbeherrschung geformt. Überfluss führe zu »Missbildungen ... der menschlichen Materie« und mache die Menschen böse und falsch.[27]

Überall in Europa manövrierten sich Kultureliten fast instinktiv in die einst von der Kirche eingenommene Position des Verteidigers des Geistes gegen die Versuchungen des Fleischs. Der große niederländische Historiker Johan Huizinga, um ein Beispiel aus dem liberalen Nordwesten anzuführen, attackierte 1935 den »Kult des Lebens« und »Puerilismus« der Moderne, einen »Geisteszustand ... permanenter Pubertät«. Die Moral werde durch den Materialismus in die Zange genommen: auf der einen Seite durch den Marxismus mit seiner Fixierung auf die Klasse und auf der anderen durch den Freudianismus mit seiner Besessenheit von der Sexualität. Nach Huizingas Ansicht waren beide, Marxismus und Freudianismus, Symptome einer tieferliegenden Störung. Die Weltwirtschaftskrise habe enthüllt, dass die Welt aus dem Gleichgewicht geraten sei. Geistige und materielle Werte hielten sich nicht mehr die Waage. »Ein bis zur äußersten Vollkommenheit und Zweckmäßigkeit ausgestalteter Produktionsapparat bringt täglich Erzeugnisse hervor und Wirkungen zustande, die niemand wünscht, die niemand brauchen kann, die jedermann fürchtet, die viele verachten als unwürdig, unsinnig, unverwendbar.« Künstler und Schriftsteller seien nicht besser. Überall würden die Maßstäbe sinken, was zu kultureller Unordnung führe, die aus ästhetischer Sicht als »Stilverlust« zutage trete. »Ernst« und »Spiel« hätten sich gegenseitig kontaminiert. Es herrschten Schlagworte und Werbeslogans. Anstand und Respekt würden sich auflösen. Das Radio könne die Menschen nicht so das Denken lehren, wie es noch das gedruckte Buch getan habe. Der einzige Bereich der Konsumkultur, über den Huizinga Gutes zu sagen hatte, war der Film: Das Happyend bewahre wenigstens eine »solide und volkstümliche Moral«.[28]

Aus dieser Midlifecrisis ging der Konsum letztlich gestärkt hervor. Am Ende wurden die Konsumenten nicht mehr als Ursache des Problems angesehen, sondern als Heilmittel. In gewissem Maß kann diese Entwicklung als Triumph von John Maynard Keynes betrachtet werden, der Staatsausgaben rechtfertigte und die frühere Verherrlichung der Sparsamkeit verurteilte. Seiner *Allgemeinen Theorie der Beschäftigung, des Zinses und des Geldes* von 1936 war eine Reihe leicht verständlicher Aufsätze vorausgegangen, in denen er seine Zeitgenossen aufforderte, ihre Moral auf den Kopf zu stellen. 1931, während der Rezession aufgrund der Weltwirtschaftskrise, schrieb er, dass Sparen von Übel sei: »Ich wage zu behaupten, dass Sie bei jeder Ersparnis von fünf Shilling einen Mann für einen Tag arbeitslos machen.« Daher sollten »vaterlandsliebende Hausfrauen« zu den »wundervollen Ausverkäufen« gehen und sich damit nicht zuletzt selbst »etwas Gutes« tun.[29] Auch Regierungen müssten ausgeben, anstatt zu sparen. Doch Keynes war kein rückhaltloser Hedonist. Im Gegensatz zu seinem Lehrer Alfred Marshall glaubte er nicht, dass Bedürfnisse unstillbar seien. In dem 1930 veröffentlichten Aufsatz »Wirtschaftliche Möglichkeiten für unsere Enkelkinder« entwarf er eine Zukunft, in der die »unbedingten Bedürfnisse« erfüllt wären und die Menschen ihre Kraft nichtmateriellen Zwecken widmen würden: »Wir werden wieder ... jene köstlichen Menschen [ehren], die zu einem unmittelbaren Genuss der Dinge fähig sind, die Lilien des Feldes, die sich nicht mühen und die nicht spinnen.« Vorläufig sprach sich Keynes für Konsumausgaben aus. Auf lange Sicht hoffte er jedoch auf eine Rückkehr zu »einigen der sichersten und gewissesten Grundsätze der Religion und herkömmlichen Tugend ... dass Geiz ein Laster ist ... die Liebe zum Geld verächtlich ...«[30] Angesichts des seither ständig gestiegenen Konsumniveaus drängt sich der Schluss auf, dass Keynes eher kurz- als weitsichtig war.

Keynes war nur eine Stimme in einem größeren Chor neuer Konsumbefürworter. In den 1930er Jahren wurde der Konsument zu einem ständigen Bezugspunkt. Französische Genossenschaften begannen von »Konsumenten von Gesundheitsdiensten« zu sprechen, britische Lehrer von der »Konsumentenansicht über Erwachsenenbildung«, andere von »Kunstkonsumenten«. Der in Südafrika lehrende britische Ökonom und klassische Liberale William Harold Hutt prägte den Begriff der »Konsumentensouveränität«. Die Konsumenten, so seine These, wüssten nicht immer, was am besten für sie sei, aber in einer Marktwirtschaft würden sie durch ihre Nachfrage für eine breitere Verteilung der Macht sorgen, so dass weder der Staat noch die Wirtschaft sie monopolisieren könne. Auf diese Weise würden die Konsumenten zur gesellschaftlichen Harmonie beitragen.[31] In Genf erwarteten die Internationalisten des Völkerbunds, dass der Konsument die Überschussproduktion aufnehmen und die Weltharmonie wiederherstellen würde. Auf politischer Ebene markierte der New Deal in den Vereinigten Staaten die kapitalistische Apotheose dieser Entwicklung, die jedoch nicht zu verstehen ist, wenn man sie für sich allein betrachtet. Sämtliche Ideologien entdeckten den Konsum. Kulturpessimisten und ältere Eliten hatten angenommen, Güter würden einen Kult des Selbst hervorrufen. Massenideologien hatten weit weniger Probleme mit der Massengesellschaft. Aus ihrer Sicht musste das Verlangen nach Dingen einfach in ein Instrument der kollektiven Stärke verwandelt werden. Mitte der 1930er Jahre wurden düstere Voraussagen von einem Chor der »Freude« übertönt, der offen materielle Vergnügungen feierte.

In Amerika veränderte der Machtwechsel vom Republikaner Hoover zum Demokraten Franklin Delano Roosevelt im Jahr 1933 die Diagnose der Krisenursache von Überproduktion zu Minderkonsumption. Neue Voraussagen führten zu neuen Maßnahmen. Roosevelts New Deal machte den Konsumenten zu einem integralen Bestandteil des demokratischen Staatsaufbaus. Freiheit sei »nichts Halbes«, erklärte er 1936 auf dem Parteitag der Demokraten. »Wenn den Bürgern gleiches Recht an der Wahlurne zusteht, so müssen sie auch gleiches Recht auf dem Marktplatz genießen.«[32] Dafür brauchte man einen starken Staat. Mister und Misses Konsument machten sich auf den Weg nach Washington. Im Sommer 1933 wurde die National Recovery Administration (NRA) gegründet, zu der ein Consumer Advisory Board gehörte, dessen Aufgabe es war, die Öffentlichkeit vor ungerechten Preisen, schlechter Qualität und irreführender Etikettierung zu schützen. Auch in der Agricultural Adjustment Administration und anderen Teilen des New-Deal-Staatsapparats gab es Verbraucherberatungsstellen. Die Federal Housing Administration und die Tennessee Valley Administration boten preiswerte Unterkünfte und billigen Strom an.

Da die Verbraucherinteressen zersplittert und diffus ausfielen, war es in der Praxis schwer, Standards und Preise für Düngemittel, Unterwäsche und die anderen fünfhundert von der NRA vertriebenen Artikel zu finden. Fortschritte beim Verbraucherschutz wurden nur schrittweise erreicht und waren bruchstückhaft. Roosevelt selbst verfolgte eine Doppelstrategie, indem er mal auf die politische Macht der Konsumenten und mal auf ihre Kaufkraft einging.[33] In den 1930er Jahren zeigte sich, dass es Regierungen weit schwerer fiel, Institutionen zu ändern, als die Ausgaben zu erhöhen, worauf sie sich dann auch hauptsächlich verlegten. Dennoch hob der New Deal den politischen Einfluss des Konsumenten auf eine neue Ebene. Er erneuerte den Einklang zwischen Staat und Konsumenten, wie er sich während des Ersten Weltkriegs erstmals herausgebildet hatte. Darüber hinaus machte er Konsumenten zu Instrumenten der Sozialpolitik.

So wie Konsumenten nach Washington gingen, wurden sie umgekehrt von Washington ermutigt, den New Deal bei sich zu Hause zu verwirklichen. Über eine Million Freiwillige gingen von Tür zu Tür und überzeugten Hausfrauen davon, einen Blue-Eagle-Aufkleber an ihrer Haustür anzubringen und damit zu versprechen, ausschließlich in Geschäften einzukaufen, die ihren Angestellten wenigstens den Mindestlohn zahlten. Im Radio lehrte die Sendung *Consumer Time* die Kunst des staatsbürgerlichen Ausgebens. Der New Deal bestärkte Käufer darin, selbst gegen hohe Preise in den Kampf zu ziehen und Profitmacher zu boykottieren. Im FrühJahr 1935 mussten allein in New York mehrere Tausend Fleischereien aufgrund von Boykotten schließen.[34] Anstatt einen Wohlfahrtsstaat aufzubauen, setzte der New Deal auf die Konsumenten, die durch ihr Handeln das Einkommen umverteilten und die Kaufkraft von Arbeitern und Farmern stärkten. Wie die Nachkriegsjahre zeigen sollten, war dies ein wackliges Fundament der Wohlfahrtspolitik.

Der New Deal bildete den Höhepunkt einer allgemeinen Wertschätzung des Konsumenten als Staatsbürger. Die National Consumers' League hatte seit den 1890er Jahren mehrere Kampagnen für die Einführung eines Mindestlohns, den Schutz von Frauen und eine Regulierung der Kinderarbeit durchgeführt. In den 1920er Jahren trat eine neue Generation von Skandalreportern an ihre Seite, die minderwertige Güter und betrügerische Reklame an den Pranger stellten. 1927 wurde die private Testorganisation Consumers' Research gegründet, um die Position der Konsumenten durch bessere Informationen zu stärken. Der Druck der Wirtschaftskrise machte den Gedanken der Selbsthilfe noch anziehender. Warum sollte man für einen Markennamen oder eine besondere Verpackung mehr bezahlen? Die Bulletins und Produktlisten, die Consumers' Research alle zwei Monate veröffentlichte, waren ein Schutzschild gegen den Ansturm von Werbung und Vertretern. Die beiden Gründer der Organisation, Stuart Chase und Frederick J. Schlink, entstammten einer kommunitaristischen Tradition, die Gütern und Wünschen skeptisch gegenüberstand. Auf Veblens Spuren wandelnd, erklärte Chase die Anschaffung von elektrischen Mixern und vielen anderen Geräten schlechthin für Geldverschwendung.[35] Gleichzeitig erhöhte die Wirtschaftskrise die soziale Bedeutung des Ausgebens. Für ein auf Arbeit und Selbstdisziplinierung beruhendes Wertesystem war Massenarbeitslosigkeit ein schierer Schock. Mitte der 1920er Jahre hatte Präsident Calvin

Coolidge noch verkündet, nationale Stärke und Wohlfahrt beruhten auf den einfachen Tugenden Fleiß und Sparsamkeit.[36] So gesehen, war Konsum etwas, das man sich verdienen musste. Der Konsument kam nach dem Arbeiter. Für Chase dagegen waren diese Werte veraltet. Hohe Produktivität bedeutete mehr Freizeit und weniger Beschäftigung. In den Vereinigten Staaten hatte die Mangelgesellschaft der Wohlstandsgesellschaft Platz gemacht. Der moralische Zusammenhang zwischen Arbeiten und Ausgeben war verlorengegangen. In einer »Überflusswirtschaft« gab es, laut Chase, keine »messbare Beziehung mehr ... zwischen Arbeitsbeitrag und Güterkonsum«. Die Wirtschaftskrise zeige, dass die Gesellschaft für den »ungehinderten Fluss von Gütern zu Konsumenten« sorgen müsse, »was auch das Recht auf einen Mindestlebensstandard umfasst, unabhängig von der geleisteten Arbeit – wenn es keine Arbeit gibt«.[37] Die Menschen sollten nicht weniger, sondern mehr ausgeben; Dividenden und größere Kaufkraft sollten auf alle verteilt werden. Kurz, auch Konsumenten waren produktive Staatsbürger. Wohlstand und Stabilität ruhten auf ihren Schultern.

Unternehmen und Werbung unterstützten die Konvergenz von Konsum und Staatsbürgerlichkeit. Um dem Monopolvorwurf entgegenzutreten, stellten sich amerikanische Firmen als Minidemokratien dar. In einer Reklame von 1921 bezeichnete sich der riesige Telefonkonzern AT&T, Abraham Lincolns Ansprache in Gettysburg zitierend, als »Demokratie ... des Volkes, durch das Volk, für das Volk«. General Electric verglich den Kauf von Haushaltsgeräten mit dem Wahlrecht. Roosevelts vom Radio verbreitete Kaminplaudereien waren Meisterkurse des Marketings, die Werbefachleute, deren Aufgabe es war, in einer unternehmensfeindlichen Atmosphäre den guten Ruf der Konzerne wiederherzustellen, mit Sorge und Neid erfüllten. Die Werbung stellte demokratische Konsumenten diktatorischen Politikern gegenüber: Im »privatwirtschaftlichen Kapitalismus ist der Konsument, der Bürger, der Boss«, während im »Staatskapitalismus ... der Politiker der Boss« sei, wie es 1937 in einer Anzeige der Werbeagentur J. Walter Thompson hieß.[38]

Das immer beliebter werdende Klischee vom Kunden als König hatte etwas Heuchlerisches: Privat betrachteten Werbefachleute Käufer als irrational, dumm oder leicht abzulenken – weibliche Stereotypen, die jetzt auch auf Männer angewandt wurden.[39] Es spiegelte jedoch eine wichtige politische Hinwendung zur Wahlfreiheit in der amerikanischen Kultur wider. In der Zwischenkriegszeit stand die Wahlmöglichkeit für mehr als Individualismus und Märkte. Sie war auch ein Mittel, um die Staatsbürgerlichkeit zu festigen. Zusätzlich zur Stärkung der Position gegenüber Staat und Wirtschaft wollten Progressive die demokratische Einstellung der Menschen festigen. Standardisierte Güter drohten individuellen Geschmack und unterscheidbare Identität durch Konformität und Anonymität zu ersetzen. Die Weltwirtschaftskrise verstärkte den Eindruck, dass die Menschen von einem Wirtschaftssystem gebeutelt wurden, das zu komplex war, als dass sie es hätten verstehen können. Ein Heilmittel war die Vereinfachung, die Rückkehr auf den Bauernhof, die mittlerweile jedoch nur noch Stoff für literarische Nostalgie und kein praktikabler politischer Kurs mehr war. Ein anderer Weg war, intelligentere Bürger heranzuziehen. Dafür setzten sich der Philosoph John Dewey und die Hauswirtschaftsbewegung ein.

Dewey war zwischen den Weltkriegen der bekannteste öffentliche Intellektuelle Amerikas. Seine Anliegen reichten von der Bildungsreform über die Frauenrechte bis zur Verteidigung Trotzkis gegen die in den stalinistischen Schauprozessen erhobenen Vorwürfe. Nach seinem Ausscheiden aus der Columbia University setzte er sich 1931 für eine dritte Partei ein, die den Konsumenten mehr Gehör verschaffen wollte. Später kritisierte er Roosevelt, weil dieser in seinen Augen eine zu inflationäre Politik verfolgte und nicht genug für die Armen tat; einer der vielen Widersprüche des New Deal war seine Finanzierung durch Verbrauchssteuern.[40] Diese Scharmützel brachten nicht viel ein. Deweys Hauptwirkung aber lag tiefer. An William James anknüpfend, verwandelte er den Pragmatismus in ein Instrument demokratischer Freiheit. Der Kern dieser Idee war einfach: Denken und Persönlichkeit entstünden durch Erfahrung. Im Leben gehe es ums Werden, nicht darum, ein bestimmtes Ziel zu erreichen. Indem der Mensch Entscheidungen treffe und über sie nachdenke, lerne er, die Konsequenzen seines Handelns ins Kalkül zu ziehen, so entwickle er eine demokratische Einstellung. Es war eine Philosophie des gewöhnlichen Menschen mit radikalen Implikationen. Ihr Einfluss auf die progressive Erziehung war enorm; im Mittelpunkt stand das Learning by Doing. Konsumenten stärkte Dewey ebenso den Rücken. Statt einer Regulierung von oben sollte eine Veränderung von unten stattfinden. Dewey vertraute darauf, dass die Menschen fähig waren, intelligente Entscheidungen zu treffen. Wünsche sollten nicht unterdrückt, sondern durch kritische Reflexion unterfüttert werden.[41] Wahlfreiheit bedeutete daher mehr als ein bloßes gegenseitiges Abwägen von Kosten und Nutzen. Dewey entwickelte eine nahezu spirituelle Vision, eine säkulare Aufarbeitung christlicher Vorstellungen; er selbst war in Vermont als Mitglied einer kongregationalistischen Gemeinde aufgewachsen. Handlungen, erklärte er, seien nicht nach innen, sondern nach außen gerichtet und verbänden den Einzelnen mit seiner Gemeinde und letztlich dem Universum. Bis in die 1940er Jahre hatten seine Ideen Hunderttausende von jungen Amerikanern erreicht, die in Schulen, Universitäten und Gemeinden an Hauswirtschaftskursen teilnahmen. Beim Konsum, lehrten Hauswirtschaftler, gehe es ebenso um Moral wie um praktische Haushaltsführung. Die Schlüsseltexte waren von Dewey beeinflusst. So betonte die führende Hauswirtschaftlerin Hazel Kyrk, der Konsument sei mehr als ein Käufer. Kluger Konsum suche nicht nur das beste Angebot, sondern stelle sich auch der »Frage nach den Motiven, Werten und Zwecken«.[42] Solche sozialethischen Vorstellungen waren es, die der Wahlfreiheit in den 1930er Jahren mehr Gewicht verliehen. Sie konnte ein Werkzeug nicht nur des nutzenmaximierenden Einzelnen, sondern auch des Staatsbürgers sein. Dies markierte einen grundlegenden Wertewandel. Der älteren republikanischen Tradition zufolge lockten Güter und Wünsche die Menschen vom staatsbürgerlichen Engagement fort. Jetzt stärkte die Wahl am Markt den Staatsbürger.

Der Eindruck, Amerika sei mit einem Bündnis von Freiheit und Überfluss gesegnet, in dem beide Kräfte sich gegenseitig verstärkten, wurde durch die totalitäre Herausforderung aus dem Ausland verstärkt. Die Konsumenten, so schien es, retteten Amerika vor Führern und Kommissaren gleichermaßen. Der in New York lebende Philosoph Horace Kallen, Sohn eines Rabbiners, der 1887 aus Schlesien geflohen war, entwickelte aus der Annahme, dass der Mensch »von Natur aus Konsument und aus Notwendigkeit Produzent« sei, eine ganze Weltanschauung. Faschismus und

Kommunismus seien lediglich die neuesten Manifestationen einer unterwürfigen Mentalität, die aus der Arbeitsteilung, die dem Produzenten den Vorrang einräume, hervorgegangen sei. Der Konsument dagegen sei, so Kallen, eine ganzheitliche Person, welche die »falsche Spaltung der Menschen« in widerstreitende Rollen überwunden habe.[43] Wahre Freiheit sei in den Konsumgenossenschaften zu finden. Diese Verknüpfung von Freiheit und Konsum sollte in Amerikas Selbstverständnis immer weiter in den Mittelpunkt rücken.[44] Doch es war nicht die einzige Paarung. Auch die totalitären Regime entdeckten den Konsum.

In Deutschland präsentierten sich die Nationalsozialisten bewusst als Alternative zu Sparsamkeit predigenden bürgerlichen Politikern. Für Hitler war der Lebensstandard eine der Fronten im Kampf gegen Juden und Kommunisten. Ein einfaches Leben war etwas für primitive Völker. Der »arischen Herrenrasse« stand Besseres zu. Jeder Deutsche sollte, wie die Amerikaner, die soziale Leiter hinaufsteigen können. Das Problem war nur, dass Deutschland nicht Amerika war: Es besaß eine niedrigere Produktivität, geringere Kaufkraft und weniger Ressourcen. Hitlers Antwort waren kriegerische Eroberungen, die diese Mängel beheben sollten. Fürs Erste saugte jedoch die Wiederaufrüstung Ressourcen von Konsumbranchen wie der Textilindustrie ab. Das grundlegende Dilemma bestand darin, dass die NS-Führung (anders als die Generäle) entschlossen war, das private Konsumniveau aufrechtzuerhalten, und die Bevölkerung nicht auffordern wollte, den Gürtel enger zu schnallen. Mit Schrecken erinnerte sie sich an den Zusammenbruch der Heimatfront im Jahr 1918. Urlauber sollten weiterhin sorglos durch den Schwarzwald wandern. Die Kosmetik- und Spielzeugproduktion wurde bis zur Niederlage von Stalingrad im Jahr 1943 aufrechterhalten.[45]

Folgerichtig war die NS-Politik voller Widersprüche. Einerseits prophezeiten die Nationalsozialisten den Anbruch einer Ära des Überflusses, sobald die »arische Rasse« die Gelegenheit erhielt, sich auszubreiten; Ressourcenverschwendung wurde als Merkmal rassischer Überlegenheit gefeiert. Andererseits konnte das Regime nur mit Mühe die Mittel für die Einfuhr knapper Ressourcen aufbringen und versuchte mit Hilfe des 1936 beschlossenen Vierjahresplans – mit bescheidenen Ergebnissen –, die Verwendung einheimischer Rohstoffe zu fördern. Ein beispielloses Autobahnnetz wurde gebaut, aber die Politik der Selbstversorgung beschränkte die Treibstoffeinfuhr und damit auch die Nutzung der neuen Straßen. Die Nationalsozialisten versprachen Luxus für die Massen und lancierten Symbolgüter wie den sogenannten Volksempfänger, dessen Verkauf durch Kartellabsprachen und feste Preise gefördert wurde. Frisch verheiratete Paare konnten für die Einrichtung ihres Heims Sonderkredite erhalten, wenn die Braut ihre Arbeit aufgab. Gleichzeitig verschlang die Rüstung gewaltige Mittel – zum Nachteil des Konsums. Das Regime konnte den materiellen Wohlstand der Deutschen nicht einfach dadurch sichern, dass es den Feind zahlen ließ. Die »Arisierung« jüdischen Eigentums und die Plünderung besetzter Gebiete waren brutal und gewalttätig, verringerten die fiskalische Last der Kriegführung aber nur geringfügig.[46]

Das NS-Regime war gezwungen, den Zeithorizont des Verlangens zu dehnen. Häufig wird angenommen, beim »Konsumismus« gehe es ausschließlich um sofortige Gratifikation. Dabei werden jedoch die öffentlich genährten Phantasien übersehen, insbesondere diejenigen von Regimen, deren Zeitplan tausend Jahre umfasst. Der Konsum wurde zunehmend von einer Freude des Sehnens angetrieben, die der Soziologe Colin Campbell bis zur »romantischen Einbildungskraft« zurückverfolgt hat.[47] In diesem zukunftsorientierten Modus entspringt das Vergnügen dem Erträumen von Dingen. Der Augenblick, in dem man sie schließlich erwirbt, kann enttäuschend sein. Dann beginnt mit der Antizipation von etwas Neuem der Kreislauf von vorn. Das NS-Regime bemühte sich nach Kräften, die Menschen dazu zu bringen, ihre materiellen Wünsche in die Zukunft zu verschieben. Je weniger es in der Lage war, Güter zu liefern, desto größer wurden seine Versprechungen für die Zukunft. Während des Krieges wurden Sparern Zinsen von 15 Prozent und mehr versprochen, 80 Milliarden Reichsmark wurden in der Folge auf die hohe Kante gelegt. Die erstaunliche Zahl von 340 000 gutverdienenden Deutschen zahlte bis Kriegsende in das von der Deutschen Arbeitsfront beziehungsweise deren für die Freizeit zuständigen Unterorganisation Kraft durch Freude (KdF) aufgelegte Volkswagen-Sparprogramm für den Erwerb des sogenannten KdF-Wagens ein – des Vorläufers des VW-Käfers –, ohne jemals ein Auto, oder auch nur Zinsen, zu bekommen.[48] Werbeanzeigen priesen weiterhin Zigarettenmarken und Waschmittel an, die es immer seltener zu kaufen gab.

Das Wohlstandsversprechen des NS-Regimes drückte sich schon in der Organisationsbezeichnung »Kraft durch Freude« aus. In dieser Hinsicht gab es Parallelen zum Amerika der Zeit nach der Wirtschaftskrise, wenn auch in anderer ideologischer Prägung. Privates Vergnügen und nationale Macht sollten sich gegenseitig verstärken. Sogar das Autarkiestreben wurde in diesen Rahmen gestellt. Um keinen Chesterkäse mehr importieren zu müssen, wurde der »samtige« Schmelzkäse Velveta als Delikatesse propagiert. Mit ein wenig Nivea Creme, wurde jungen Frauen gesagt, würden sie beim Sonnenbaden die perfekte Bräune erzielen. 1937 startete Henkel einen eigenen »Zweifrontenkampf gegen den Verderb« in Produktion und Konsum. Die Menschen sollten achtsamer mit den Gütern umgehen, nicht weniger konsumieren. Marktforscher der deutschen Gesellschaft für Konsumforschung sahen ihre Aufgabe darin, die Konsumenten auf ein höheres kulturelles Niveau zu heben.[49] Im Unterschied zum individualistischen Materialisten in den Vereinigten Staaten, erklärten sie, sei der Deutsche ein in der Gemeinschaft verwurzelter »Kulturmensch«. 1938 machten fast neun Millionen Deutsche KdF-Urlaub. Pauschalreisen sollten Arbeiter befrieden und für den bevorstehenden kollektiven Kampf abhärten. Außerdem waren sie eine billige Möglichkeit, zu zeigen, dass die Rassenzugehörigkeit die Klassenspaltung aufhob. Kreuzfahrtschiffe wie die *Wilhelm Gustloff* führten ein, was in jüngster Zeit Billigfluggesellschaften perfektioniert haben: die klassenlose Kabine. Das Freizeitangebot war minimal; an Bord vergnügten sich die Urlauber mit Sackhüpfen. Manche hatten das Glück, eine Woche an einem der beiden gefragtesten Reiseziele, Norwegen oder Madeira, verbringen zu können.

In gewisser Weise festigte der Tourismus den Rassenstaat. Fotoalben belegen, dass Reisende beim Besuch norwegischer Fjorde die Rassenmerkmale »unseres nordischen Brudervolks« hervorhoben.[50] Allerdings war das Vergnügen, allen Theorien einer »Massengesellschaft« zum Trotz, etwas zutiefst Privates. Einmal angestachelt, neigte es dazu, einem gleichförmigen »Massengeschmack« zu entfliehen. Indem das NS-Regime den Hedonismus förderte, schuf es zwangsläufig Räume für persönliche Befriedigung und Flucht. KdF-Reisen waren berüchtigt für Trinkgelage und sexuelle Ausschweifungen. Auf Mittelmeerfahrten suchten Frauen, zum Schrecken der Sicherheitskräfte, erotische Abenteuer mit Einheimischen. Zudem ließen die Reisenden, kaum hatte das Schiff den Hafen verlassen, den Hitlergruß fallen.[51]

Der Kult des Heims vertiefte diese Widersprüche zusätzlich. 1937 besichtigten eine Million Besucher der Ausstellung »Schaffendes Volk« Modellhäuser und moderne Haushaltsgeräte. Eröffnet wurde sie passenderweise von Hermann Göring, der im Jahr zuvor zum Bevollmächtigten für den Vierjahresplan ernannt worden war und die Neigung zum Wohlleben verkörperte; die Organisatoren ließen eigens seinen Lieblingskuchen, die Sachertorte der Wiener Konditorei Demel, einfliegen. Die Modellhäuser spiegelten die für den nationalsozialistischen Konsumismus typische Mischung aus Tradition und Modernität wider. Neben neuester Technik waren rustikale Balken und bestickte Gardinen zu sehen. Henkel war mit einem eigenen Pavillon und Modellhaus (mit Kino im Keller) vertreten, in denen das Unternehmen neue leicht zu verwendende Farben vorstellte. Sie seien, wie die Besucher erfuhren, nicht mehr nur für gelernte Maler bestimmt. Mit ihnen könne jeder seine vier Wände selbst anstreichen. Neue Produkte erfüllten das Autarkieziel der ausschließlichen Verwendung »rein deutscher Werkstoffe«. Gleichzeitig stärkten sie eine private Kultur von Komfort und Vergnügen.[52]

Es mag selbstverständlich erscheinen, dass Massenideologien wie der Faschismus empfänglicher für den Massenkonsum waren als ihre bürgerlichen Vorläufer, aber man sollte weder die natürliche Affinität übertreiben noch einen klaren Bruch mit älteren Werten voraussetzen. In den 1930er Jahren wurden in Deutschland weiterhin amerikanische Spielfilme gezeigt, während der Swing, der sich zu einer jugendlichen Protestkultur entwickelte, unterdrückt wurde. Auch bedeutete der KdF-Tourismus nicht das Ende der alten Reisekultur der Mittel- und Oberschicht. Normale Reisende verachteten die Pauschalreisegruppen, während diese sich häufig über die schlechte Verpflegung und Unterkunft an ihren Urlaubsorten beklagten. Trotz ihres volkstümlichen Namens präsentierte die Ausstellung »Schaffendes Volk« von 1937 Häuser, die für einen bürgerlichen Lebenszuschnitt entworfen waren, mit Zimmern sowie separaten Küchen und Esszimmern für Dienstboten.

Das paradoxe Verhältnis zwischen Massenideologie, Massenkonsum und bürgerlichen Lebensgewohnheiten trat nirgendwo deutlicher zutage als in Stalins Sowjetunion. In den 1920er Jahren konzentrierten sich die Bemühungen um die Schaffung eines neuen Sowjetmenschen darauf, kleinbürgerliche durch proletarische Verhaltensweisen zu ersetzen. Laut Stalin war die Losung des Marxismus: »Alles für die Masse.« Der Anarchismus dagegen sei auf den Einzelnen ausgerichtet.[53] Mitte der 1930er Jahre war die proletarische Lederjacke durch Kleider aus Crêpe de Chine ersetzt. Zwei sowjetische Spielfilme, die im Abstand von nur fünf Jahren in die Kinos kamen, spiegelten diesen Wandel wider. *Odna – Allein*, 1929 bis 1931 von den berühmten Filmemachern Grigori Kosinzew und Leonid Trauberg gedreht, war einer der ersten sowjetischen Filme, die mit Ton experimentierten; nach dem Drehen wurden das Klappern einer Schreibmaschine und öffentliche Verlautbarungen hinzugefügt; Dmitri Schostakowitsch schrieb die Musik.[54] Am Anfang des Films sieht man die junge Lehrerin Jelena Kusmina, die ihr Studium gerade erst beendet hat, zuerst in ihrer modern ausgestatteten Leningrader Wohnung, dann beim Einkaufen mit ihrem Verlobten, um die Möbel für ihr künftiges Heim auszusuchen. Diese kleinbürgerlichen Hoffnungen platzen, als sie ihre erste Stelle in einem abgelegenen Dorf im Altai erhält. Weder Schamanen noch Kulaken oder der korrupte Dorfälteste können sie von ihrer Mission abbringen, den »rückständigen« asiatischen Brüdern und Schwestern Bildung zu vermitteln. Lenin, der davon überzeugt war, dass die asiatischen »Horden« zivilisiert werden müssten, wäre stolz auf sie gewesen. Als sie den Behörden einen illegalen Schafhandel melden will, wird sie in der Schneewüste ausgesetzt. Am Ende retten die Dorfbewohner sie vor dem Tod, und sie wird mit einem Flugzeug in Sicherheit gebracht. Es war das filmische Pendant zum typischen sowjetischen Bildungsroman: Der Protagonist wuchs zum Genossen heran, indem er lernte, für die sozialistische Sache seine persönliche Bequemlichkeit zu opfern.

Mitte der 1930er Jahre waren Filme wie *Odna* aus den Kinos verschwunden. An ihre Stelle waren Glamour, Unterhaltung und Melodrama getreten. *Zirk* (*Zirkus*) von 1937 – mit der schillernden Ljubow Orlowa in der Hauptrolle – handelt von einer amerikanischen Artistin und ihrem schwarzen Baby, die beim gastfreundlichen Sowjetvolk Liebe und Anerkennung finden. Der Film vermengte Propaganda mit Varieté, Paraden, billigen Witzen und Sentimentalität; Vertreter verschiedener Sowjetvölker singen das Baby mit Liedern in ihrer jeweiligen Sprache in den Schlaf.

Der Wechsel von *Odna* zu *Zirk* war Teil einer zweiten Revolution. In den 1920er Jahren hatte das Sowjetregime alle Kräfte angespannt, um die politischen und ökonomischen Institutionen umzugestalten. Jetzt wandte man sich dem Einzelnen zu. Mitte der 1930er Jahre bemühte sich Stalin, die Saat einer neuen materiellen Kultur auszubringen. Wie im Amerika des New Deal und im nationalsozialistischen Deutschland war es auch in Stalins Sowjetunion nicht der Markt, sondern der Staat, der den Konsum antrieb. Materielle Wünsche würden den Kommunismus voranbringen. »Es lebt sich jetzt besser, Genossen. Es lebt sich jetzt froher«, verkündete Stalin 1935.[55] Dieser Slogan wurde von Kaufhäusern, auf dem Rummel im Moskauer Gorki-Park und in Schlagern verbreitet. Nach jahrelangen Entbehrungen wurde den Genossen und Genossinnen empfohlen, Tennis zu spielen, Seidenstrümpfe zu tragen und der Jazzmusik von Antonin Ziegler und seiner tschechischen Kapelle zu lauschen. Offiziere der Roten Armee lernten Tango zu tanzen. Arbeiterhelden, die Stachanowiten, erhielten ein Grammophon und einen Abendanzug (Männer) oder ein Kleid aus Crêpe de Chine (Frauen). In Moskau öffnete 1936 auf der Flaniermeile Kusnezki Most ein sowjetisches Haus der Mode seine Pforten, und die Sowjetunion setzte sich das Ziel, Frankreich in der Parfümproduktion zu übertreffen. Neuheiten wurden gefördert. Schokolade- und Wursthersteller wetteiferten darin, ihre Produktpalette zu erweitern. 1937 stellte die Moskauer Süßwarenfabrik Roter Oktober über fünfhundert Schokolade- und Bonbonsorten her. Von Moskau bis Wladiwostok fanden Ausstellungen statt, auf denen Radios, Fotoapparate, modische Schuhe und sogar eine sowjetische Waschmaschine gezeigt wurden. Die alte Kampagne für ein einfacheres häusliches Leben wurde aufgegeben. Stattdessen wurden Hausfrauen aufgefordert, Strickkurse zu besuchen und ihre Wohnräume individuell zu gestalten. Durch die Stalin-Verfassung von 1936 erhielt persönlicher Besitz den offiziellen Segen des Sowjetstaats.[56]

Die Kampagne für *kulturnost*, ein kultiviertes Leben, betraf sämtliche Bereiche des Alltags, sie reichte von der persönlichen Hygiene und

Erscheinung bis zu Buttercremetorte und Gesellschaftstanz. Der rote Konsumismus verwischte die Trennlinie zwischen Bedürfnissen und Wünschen. Luxus galt nicht mehr als dekadent. Er war die sozialistische Zukunft, die allen zugutekommen sollte. Darin kann man eine spezielle sowjetische Variante der von allen Zwischenkriegsregimen betriebenen »Produktivitätspolitik« sehen. Armbanduhren und Plattenspieler dienten als Anreiz, um die Arbeiter zu größeren Anstrengungen zu bewegen. »Wir wollen ein kultiviertes Leben führen«, erklärte der Bergarbeiter Miron Djukanow seinen Genossen aus der Stachanow-Bewegung 1935, »wir wollen Fahrräder, Klaviere, Grammophone, Schallplatten, Radios und viele andere Kulturgüter.«[57] Eine größere Produktivität wiederum würde es dem Sozialismus ermöglichen, den Kapitalismus zu übertreffen und zu zerschmettern. Der Stalinismus hatte eine extreme Form der »Fleißrevolution« im Blick. Harte Arbeit würde gewöhnliche Menschen in eine neue materielle Ära katapultieren, wie etwa E. M. Fedorowa, die in der Leningrader Textilfabrik »Rotes Banner« arbeitete und als Belohnung für die Übererfüllung ihrer Arbeitsnorm neben den Werken von Lenin und Stalin eine Armbanduhr, eine Tischdecke, einen elektrischen Samowar, ein elektrisches Bügeleisen, ein Grammophon und Schallplatten erhielt.[58]

Stalins Konsumismus hatte einen paternalistischen Zug: Der »Vater des Volks« kümmerte sich um die Arbeiter. Gleichzeitig wurden alle aufgefordert, sich aktiv an ihrer persönlichen Neugestaltung zu beteiligen. Es war eine sozialistische Version des »Zivilisationsprozesses«, den der Soziologe Norbert Elias bis zur frühmodernen höfischen Kultur zurückverfolgt hatte.[59] Spiegel und Seife würden die Selbstdisziplin fördern. Geputzte Schuhe, ein sauberes Hemd und ein rasiertes Gesicht würden von anderen ebenso wie von einem selbst wahrzunehmende innere Reinheit bewirken. Sich um persönliche Besitztümer zu kümmern würde die Achtsamkeit bei der Arbeit stärken. Sauberkeit kam jetzt nicht gleich nach der Gottesfurcht, sondern nach dem Sozialismus.

Im Rückblick bemerkenswert ist, wie weit das sowjetische Ideal der materiellen Kultur im bürgerlichen Orbit kreiste. Gepriesene Güter waren Abendanzüge, Seidenstrümpfe, Grammophone, Uhren, Vasen und Schokolade. Zur Zivilisierung des sozialistischen Selbst gehörte ein allen gemeinsames Ensemble von Gütern und Lebensgewohnheiten, und keine Differenz. Jeder sollte die gleiche Leiter des kulturellen Fortschritts hinaufsteigen, mit den Stachanowiten an der Spitze. Der Schampanskoje würde für alle Arbeiter fließen. Jüngsten Forschungen zufolge verringerte sich der Abstand zwischen Arbeitern und Eliten in den 1930er Jahren ein wenig, wofür jedoch kaum Luxusgüter, sondern in erster Linie bessere Lebensmittel und bessere Kleidung verantwortlich waren. Ganz Leningrad musste 1940 zur Feier des Jahrestages der Oktoberrevolution mit 25 000 Flaschen Schaumwein auskommen.[60] Die Klassen verschwanden jedoch nicht. Vielmehr ließ das Streben nach materiellem Aufstieg eine neue kommunistische Elite entstehen. Im Leningrader Kirow-Werk forderten 1935 einige Arbeiter, das »Vollstopfen« der Manager zu beenden.[61] Mitte der 1930er Jahre war weithin eine Inflation von Rängen, Auszeichnungen, Orden und Medaillen zu beobachten, von denen viele erhebliche finanzielle Vorteile mit sich brachten. Der Stalinismus verwandelte sich in eine Mischung aus bürgerlichen Verhaltensweisen und zaristischen Hierarchien.

Dies kann als Verrat an revolutionären Idealen verstanden werden. die Situation vieler Konsumenten wurde jedoch verbessert. Eine kultivierte Lebensweise erforderte kultiviertes Kaufen. Auch Sowjetbürger hatten ein Recht darauf, höflich behandelt zu werden. Nur kritische Konsumenten konnten sich in dem Überfluss, den der Sozialismus bringen würde, zurechtfinden und den Einzelhandel zu größeren Anstrengungen zwingen. Theoretisch erhielten die Konsumenten durch den fehlenden Wettbewerb also nicht weniger, sondern mehr Gewicht. Sowjetische Reformer, die von Reisen in amerikanische und westeuropäische Städte zurückkehrten, berichteten begeistert vom Kundendienst und den Annehmlichkeiten, die sie dort kennengelernt hatten. In Berlin äßen die Menschen Eis aus Pappbechern und Würste von Papptellern, die leicht zu entsorgen seien. Genial! Bei Macy's in New York würde gutaussehendes, höfliches Verkaufspersonal Kunden beraten, welche Kleidung ihnen stehe; es würde ihnen sogar zeigen, wie man Tennis oder Golf spiele. Das Kaufhaus habe einen Lieferdienst, und es gebe einen Friseur und ein Postamt im Haus. Großartig! Den westlichen Kaufhäusern gehörte die Zukunft, nicht den traditionellen russischen Genossenschaftsläden.

Nach Hause zurückgekehrt, regten die Reformer die Herstellung von sowjetischen Hamburgern, Cornflakes und Speiseeis an. Auch eine Kampagne zur Umgestaltung des Einkaufserlebnisses wurde in Gang gesetzt. Die Öffnungszeiten wurden verlängert und die Geschäfte aufgefordert, die Auslagen zu verschönern und Pflanzen sowie Stühle für erschöpfte Kunden aufzustellen. Das Verkaufspersonal wurde instruiert, sich die Hände zu waschen und die Regale sauber zu halten. Beschwerdebücher wurden eingeführt und als Mittel sozialistischer Kritik angepriesen; manche Geschäfte hielten sie allerdings versteckt. 1936 begann eine Reihe von Verbraucherkonferenzen, auf denen Hausfrauen ermuntert wurden, dem Handel wie den Herstellern zu sagen, was sie brauchten, was funktionierte und was nicht; einige warfen Verkäufern und Verkäuferinnen ziemlich offen die Zurückhaltung knapper Güter und unfreundliches Verhalten vor.[62] Konsumenten waren also für den Aufbau des Sozialismus ebenso wichtig wie Arbeiter. Die Parallele zum New Deal ist offensichtlich. In der Sowjetunion wie in den Vereinigten Staaten versuchte ein expandierender Staatsapparat die Konsumenten einzuspannen, um sein jeweiliges gesellschaftliches Projekt voranzubringen.

Der Erfolg der sowjetischen Initiativen war begrenzt. Zwischen 1932 und 1937 verachtfachte sich die Zahl der verkauften Radios auf 195 000 im Jahr; bei Grammophonen stieg sie auf 700 000 Stück. Es gab 328 Gastronomieausstatter, die in vierzig Regionen tätig waren. Angesichts einer Bevölkerung von 150 Millionen Menschen waren dies jedoch niedrige Zahlen. Viele Modeartikel und Elektrogeräte besaßen eher Symbolcharakter und waren jenseits des Leningrader Newski-Prospekts und außerhalb des Moskauer Zentralen Kaufhauses (ZUM), dem einstigen Muir & Mirrielees, wo die zaristische Elite eingekauft hatte, kaum zu bekommen. Von Macy's trennten das typische sowjetische Geschäft Welten. In Odessa zum Beispiel war das Problem nicht, dass die Schaufensterauslagen langweilig waren, sondern dass es keine Schaufenster gab. Das Glas fehlte ebenso wie Geschäftsschilder; auch Verpackungsmaterial gab es nicht, und manche Geschäfte hatten weder Gewichte noch eine Waage.[63] Ländliche Regionen waren nicht völlig von der Konsumkultur abgeschnitten. Es gab Wanderkinos, und die Hälfte der Radios wurde in Geschäften auf dem Land verkauft. Aber die meisten Läden hatten keinen Platz, um Güter zu lagern, und häufig fehlte es an Seife. *Kulturnost* war leichter gesagt als getan.

Der Stalinismus war eine Art innerer Imperialismus. Das Regime versuchte bei sowjetischen Arbeitern und Bauern das Gleiche, was europäische Imperialisten bei der kolonialen Bevölkerung versucht hatten: ihnen mit Hilfe der Selbstkontrolle sauberer Hemden und Körper eine äußere staatliche Herrschaft aufzuzwingen. In den Zwischenkriegsjahren wandten Nationalisten in den Kolonien diesen »Zivilisationsprozess« gegen ihre Herren. Von Ägypten bis Indien und China wurden bei Demonstrationen ausländische Güter verbrannt. Da der Zugriff auf die staatliche Macht fehlte, verbreiteten sich Boykotte. Güter waren Ziele, die ohne Gewehre und Armeen angegriffen werden konnten. Kleidung stand ganz oben auf der Liste. Sie verbindet Privates und Öffentliches, materielles Selbst und globale Produktionsketten. Kleider sind eine Erweiterung des Körpers und signalisieren, wer ihr Träger ist, spiegeln aber auch Mode und Gruppenidentität wider. In Gesellschaften mit hoher Analphabetenrate und begrenzter Freiheit waren Kampagnen für eine nationale Kleidung ein beliebtes Mittel, die nationale Identität zu fördern. Wenn Kleider Leute machen, dann machen neue Kleider neue Staatsbürger. Imperien mochten die Ein- und Ausfuhren kontrollieren, aber welche Kleidung die Menschen trugen, entzog sich ihrem Zugriff, auch wenn die Briten in Indien versuchten, die Gandhi-Kappe zu verbieten. Als Kennzeichen von Differenz wie von Uniformität warfen Güter für koloniale Nationalisten indes auch knifflige Fragen auf. Bestand das Ziel darin, die Kolonialherren hinauszuwerfen und die Güter zu behalten? Oder waren die Güter selbst zu sehr von kolonialer Macht durchdrungen?

Mohandas Karamchand Gandhi war ein Kleidungsfundamentalist. Als junger Mann hatte er auf seine erste Englandreise einen sorgfältig verpackten weißen Flanellanzug mitgenommen, nur um bei der Ankunft zu seinem Leidwesen festzustellen, dass er von einem Meer dunkler Anzüge umgeben war. In den nächsten Jahrzehnten legte er die westliche Kleidung nach und nach ab, als würde er Schichten imperialer Zivilisation entfernen. In Südafrika zog er 1913 die Trauerkleidung von Vertragsarbeitern an, um gegen die Erschießung indischer Arbeiter zu protestieren.

Einige Jahre später machte er, wieder in Indien, eine veränderte, leichte Kaschmirmütze zu einem neuen nationalen Symbol. 1921 entschied er sich für das traditionelle Beinkleid indischer Männer, den Dhoti, den er bis zum Ende seines Lebens tragen sollte.[64]

Bei einem Boykott britischer Waren im Jahr 1905 wegen der Teilung Bengalens hatten Demonstranten Dhotis getragen; und in den 1760er Jahren hatten amerikanische Revolutionäre selbsthergestellte Kleidung angelegt. Gandhi verknüpfte diese Traditionen mit geistiger und politischer Emanzipation. Raue Stoffe signalisierten den Bruch mit einer ungerechten Gesellschaft, eine dem Hungerstreik ähnliche Weigerung zu konsumieren. Sie waren für den Einzelnen eine Möglichkeit, sich selbst zu reinigen. Schon 1909 hatte sich Gandhi in seinem Plädoyer für die Selbstregierung, *Hind Swaraj*, einer schmalen Schrift, die er nach seiner Rückkehr aus London in Südafrika geschrieben hatte, mit dem Thema des materiellen Besitzes beschäftigt. Früher seien die Menschen durch Zwang zu Sklaven gemacht worden, heute dagegen seien es »die Verlockungen des Geldes und der dafür erhältlichen Luxusartikel, durch die sie versklavt werden«. Die moderne Zivilisation habe jede Beschränkung der Genusssucht aufgehoben. Die Menschen seien unersättlich geworden. All dies untergrabe die Gemeinschaft, den Geschmack und die Selbstbeherrschung. Politische Selbstregierung und Selbstkontrolle seien auf demselben Weg zu erreichen: durch die Rückkehr zur »richtigen Betätigung unserer Hände und Füße«.[65] Es war, als hätten Rousseau, Marx und Christus sich zusammengetan. Indien sei arm, weil das britische Empire es seiner Ressourcen beraube – mit dieser Behauptung folgte Gandhi früheren indischen »Abflusstheoretikern« –, aber auch, weil die Begierde nach Dingen Ungleichheit und Egoismus schaffe. In Gandhis Augen war es ebenso Sünde, sich importierte Kleidung zu wünschen, wie die Frau seines Nachbarn zu begehren. Koloniale Ausbeutung sei von Selbstausbeutung und der Missachtung anderer unterfüttert. Konsumenten seien gewalttätige Kreaturen.

Gandhis Antwort war der Khadi. Indem die Inder diesen rauen, ungebleichten Baumwollstoff mit eigenen Händen spännen und webten, würden sie sich selbst befreien. Wie die Mogulherrscher imperiale Netze aufbauten, indem sie prächtige Kleidergeschenke verteilten,[66] wollte Gandhi mit Hilfe des Khadi die nationalistische Elite mit den Armen vereinigen. Der Khadi sei die »Seele Indiens«.[67] Die Bewegung für einheimische Güter Swadeshi, was Selbstgenügsamkeit bedeutet, entstand. Sie wollte die Gesellschaft nach dem Vorbild eines idealen Dorfs umbauen. In Swadeshi-Hochzeitsliedern wurde das von ausländischen Stoffen verursachte Leid beklagt. Sobald Spinnen, Weben und Schneidern wieder vereint seien, werde der Gemeinschaftsgeist wieder aufleben. Anstatt immer mehr haben zu wollen, würden die Menschen nur haben wollen, was auch alle anderen hätten. Dies war der Ausgangspunkt für künftige Bewegungen mit dem Ziel eines einfachen Lebens. Gandhis Genie bestand darin, dass er eine Ökonomie der Autarkie in eine Ethik globaler Brüderlichkeit überführte. Wer Khadi trage, zeige sein »Gemeinschaftsgefühl mit allen Menschen auf der Welt«, indem er alles ablehne, was anderen schade.[68] Gandhi eignete sich das Motto der Freihandelsbefürworter an und stellte es auf den Kopf: Bei jeder »Drehung des Spinnrads entstehen Frieden, Wohlwollen und Liebe«.[69]

Das Rad sollte sich sehr langsam drehen. Zuerst verwechselte Gandhi selbst den Webstuhl mit dem Spinnrad, und als er 1917 in den Satyagraha-Ashram in der Präsidentschaft Bombay einzog, um Khadi zu weben, befand sich das nächste Spinnrad Hunderte Kilometer entfernt. 1920 stellte sich der Indische Nationalkongress hinter die Swadeshi-Bewegung und die Kampagne der Nichtkooperation, im Zuge derer sich Millionen Menschen in einem Akt von zivilem Ungehorsam weigerten, Steuern zu bezahlen. Vier Jahre später beschloss er die »Spinnrad-Wahlberechtigung«: kein Khadi, kein Wahlschein. Jedes Mitglied musste ein Spinnrad im Haus und gut 1800 Meter selbstgesponnenen und gewebten Khadi vorzeigen. Khadi wurde zum antikolonialen Uniformstoff.

Nur wenige Angehörige der nationalistischen Elite und der Gesellschaft insgesamt waren jedoch bereit, sich Gandhis fundamentalistischer Revolte gegen die Dinge anzuschließen. Gandhi selbst zwang sich zu mindestens einer halben Stunde Spinnen am Tag. Innerhalb der Kongresspartei übernahmen viele führende Repräsentanten der Mittelschicht den Khadi bereitwillig als Symbol, ohne grundsätzlich etwas gegen Mode zu haben. Die Dichterin Sarojini Naidu, die 1925 Präsidentin des Nationalkongresses war, liebte ihre schicken Kleider, und Jawaharlal Nehru ließ sich selbst ins Gefängnis feinsten Zwirn bringen. Andere bezweifelten, dass das Spinnen und Weben mit eigener Hand tatsächlich das Mittel war, um der Armut zu entkommen. In der Bevölkerung stieß der Khadi sowohl mit der Kasten- als auch mit der Klassenkultur frontal zusammen. In Madras wurden raue weiße Kleider traditionell von am Rand der Gesellschaft lebenden Witwen getragen. Mütter beschwerten sich, dass es in solch hässlichem Stoff unmöglich sei, ihre Töchter unter die Haube zu bringen. Bis zur Mitte der 1920er Jahre war das Khadi-Ideal verwässert, was zum großen Teil dem Geschäftssinn von Gandhis Neffen (zweiten Grades) Maganlal Khushalchand Gandhi zu verdanken war. Farbenfrohe Muster, Regionalstile und extravagante Gewebe kamen auf den Markt (siehe Abbildung 40). Ausstellungen wurden veranstaltet, Plakate aufgehängt und Öffentlichkeit geschaffen. 1930 warb die Swadeshi-Bewegung für massenproduzierte Textilien aus indischen Fabriken.[70] Es war nicht mehr nötig, in einer Selbstversorgergemeinde mit der Hand zu spinnen und zu weben. Ein Hemd oder einen Sari mit einem ansprechenden Design zu kaufen war in Ordnung, solange sie ein zertifiziertes Etikett trugen. Selbstgenügsamkeit war nun käuflich.

Überall auf der Welt stellten sich Nationalisten letzten Endes auf die Seite der konsumistischen Modernität, die zwar mit patriotischen und in zunehmendem Maß auch ethnischen Obertönen aufgeladen wurde, aber verbraucherfreundlich blieb. Dafür gab es gute historische Gründe. Nationalismus und Marketing hatten sich parallel herausgebildet, und beide hatten Gemeinschaft stiftende Ikonen benutzt – von Washington bis zu Bismarck und Garibaldi –, die kultisch verehrt wurden. Gandhis Konsumfeindlichkeit war mit ihrem Bezug auf europäische Kritiker der Industriegesellschaft eher untypisch; er hatte die Ideen von John Ruskin und Lew Tolstoi aufgesogen. Anderswo strebten Nationalisten nach der Kontrolle über die Konsumindustrie, denn sie hatten im Gegensatz zu Marx erkannt, dass Güter nicht nur entfremdeten, sondern auch vereinen konnten. Nach dem ersten Opiumkrieg von 1842 hatte China durch den Vertrag von Nanking die Möglichkeit verloren, eigene Handelsbarrieren zu errichten, Konsumentenboykotte stellten einen attraktiven Ersatz dar: Die Menschen sorgten selbst dafür, dass ausländische Produkte nicht ins Land kamen. 1905 boykottierten chinesische Gemeinden in ganz Asien als Reaktion auf die Aussperrung chinesischer Arbeiter in den Vereinigten Staaten amerikanische Güter. Das Gefühl »nationaler Demütigung« wurde durch die Übertragung der deutschen Rechte für das Pachtgebiet Kiautschou in Shandong auf Japan während des Ersten Weltkriegs weiter verstärkt. Im Dezember 1919 zogen rund tausend Studenten durch den chinesischen Teil von Shanghai, durchsuchten Geschäfte und verbrannten alles, was ihrer Meinung nach japanischer Herkunft war.[71] 1925 wurden aus Protest gegen die Tötung chinesischer Studenten durch britische Soldaten in Shanghai britische Waren boykottiert. In Ägypten hatte die Verhaftung von wafdistischen Nationalisten im Jahr 1921 eine ähnliche Boykottwelle ausgelöst. 1932 verbrannten Rechtsstudenten der Kairoer Universität in großen Feuern westliche Anzüge: »Die Seidenkleidung stammt von eurem Feind, zieht sie aus und tretet darauf. Entzündet ein Feuer und verbrennt seine alten Kleider darin.«[72]

Auf der Asche dieser Feuer sollten einheimische Produkte ihren Siegeszug antreten. Ausstellungen, auf denen sie gezeigt wurden, zogen massenweise Besucher an – diejenige am Westsee bei Hangzhou rund 18 Millionen. Frauen wuchs eine neue staatsbürgerliche Rolle zu. Wie die Soldaten auf dem Schlachtfeld, so kämpften sie auf dem Marktplatz um das Überleben der Nation.[73] In Ägypten wurden Käufer aufgerufen, sich patriotisch zu verhalten und »Ägyptens ökonomische Moschee« zu errichten. Einheimische Produkte zu kaufen bedeutete, einer Werbeanzeige von 1933 zufolge, dass das »was Sie aus Ihrem privaten Budget ausgeben, ins Budget der Nation (Ihrer erweiterten Familie) zurückfließt«.[74]

Nationale Produkte vereinten Konsumenten und Produzenten. Aber wodurch wurden Socken oder Kleider »national«? In China spannte die Bewegung für nationale Produkte Mode und Hygiene für sich ein, indem sie den Chinesen empfahl, die einheimische Drei-Sterne-Zahnpasta zu benutzen und Drei-Sterne-Eau-de-Cologne in ihr Badewasser zu geben. In Modeschauen wurden Anzüge und Hochzeitskleider im westlichen Stil vorgeführt. In halbkolonialen Gesellschaften wie der ägyptischen war nationale Kleidung eine Mischung aus westlicher und lokaler Modernität. Wenn es so etwas wie ein nationales Kleidungsstück gab, dann war es der Tarbusch (Fez). Die rote Filzkappe stand im Mittelpunkt des Piasterplans, im Zuge dessen patriotische Studenten und Geschäftsleute in den 1930er Jahren Mitbürger baten, einen Piaster – ein Hundertstel des ägyptischen Pfunds – für den Aufbau einer nationalen Tarbuschfabrik zu spenden. Der Tarbusch war eine moderne Schöpfung, die Militärreformer in den 1820er Jahren eingeführt hatten, nachdem Sultan Mahmud II. den Turban verboten hatte. Ein Jahrhundert später trugen ihn Mittelschichtmänner zu einem zweiteiligen Anzug und Oxfordschuhen. Die Unterstützung nationaler Produzenten war durchaus mit der Werbung etwa für Socken und Seidenstrümpfe im europäischen Stil vereinbar. Ägyptische Strumpffabrikanten präsentierten sich als Nachfahren der Pharaonen und ließen junge Männer mit einer ägyptischen Fahne und einem Paar Socken in den Händen vor den Pyramiden von Gizeh posieren. Kunstseide wurde mit einem ägyptischen Markennamen versehen. Die territoriale Herkunft zählte mehr als der Nationalstil. Entscheidend war nicht der Schnitt eines Anzugs, sondern, wo er geschneidert worden war.

Anfangs unterstützten in europäischem oder jüdischem Besitz befindliche Kaufhäuser wie das Kairoer Cicurel den Trend zu einheimischen Produkten. In den 1940er Jahren mussten jedoch die Geschäfte selbst »national« sein. Die Waren mussten nicht mehr nur von ägyptischen Händen aus ägyptischen Materialien hergestellt sein, sondern auch von muslimischen Ägyptern verkauft werden. Ägyptischer Besitz konnte sogar wichtiger sein als die Herkunft des Produkts. Das Kaufhaus al-Bayt al-Misri vermarktete sich als ägyptischen Einkaufstempel, obwohl es auch Schuhe und Hemden aus England im Angebot hatte. Während des Aufruhrs in Kairo am 26. Januar 1952, dem »Schwarzen Samstag«, der ausbrach, nachdem britische Besatzungssoldaten ägyptische Polizisten getötet hatten, und die Entwicklung beschleunigte, die zu Nassers Militärputsch im Juli desselben Jahres führte, wurden die in jüdischem Besitz befindlichen Kaufhäuser Cicurel und Orosdi-Back sowie britische Geschäfte, Hotels und Bars in Brand gesteckt.[75]

Im gegenwärtigen Zeitalter des »Fairtrade« ist es verlockend, organisierte Konsumenten als wohlwollende Agenten des Internationalismus zu sehen, die armen Produzenten in fernen Ländern Hilfe leisten. In der Vergangenheit war ihr Beitrag zum Nationalismus jedoch mindestens genauso bedeutsam. Konsumentenboykotte hatten sowohl eine ethnische als auch eine ethische Seite. Nationale Produkte waren Vehikel einer exklusiveren Nationalität, da sie neben kolonialen Eindringlingen auch Landsleute ausschlossen, die nicht die richtige ethnische Herkunft oder den richtigen Glauben hatten. Auch waren sie nicht immer antiimperialistisch. Kolonialreiche griffen zu den gleichen Mitteln, indem sie die Konsumenten im »Mutterland« aufforderten, Kaffee und Obst aus den Kolonien zu kaufen, um die »imperiale Rasse« zu stärken. Solche Kampagnen waren auch dort besonders beliebt, wo imperialen Gruppen die Hilfe von Zöllen verweigert wurde, wie im Großbritannien der 1920er Jahre. Während Empire-Kaufwochen, bei Weihnachtstorten-Wettbewerben und an Ständen, an denen man kenianischen Kaffee kosten konnte, wurden britische Hausfrauen gedrängt, mit ihrem Einkaufskorb ihre Schwestern und Brüder in den Kolonien zu unterstützen. Warum Sultaninen kaufen, die von »dreckigen« Türken zertrampelt worden waren, wenn man »saubere«, süße Trockenfrüchte kaufen konnte, die von christlichen Cousins in Australien geerntet, getrocknet und verpackt worden waren?[76] Der Konsum umfasste in der Tat eine staatsbürgerliche Verantwortung, aber dies konnte neben demokratischer Bürgertugend auch imperiale oder nationalistische Verbrüderung bedeuten.

Freunde gewinnen

Der Kalte Krieg war eine zweite Runde im ideologischen Kampf um den Überfluss. Die Niederlage des Nationalsozialismus hatte die Spielregeln in zwei Bereichen verändert. Zum einen in geopolitischer Hinsicht. Zwei rivalisierende Blöcke lagen nun im Wettstreit darüber, wer die überlegene materielle Kultur besaß, Amerika oder die Sowjetunion. Und da beide Seiten versuchten, die jeweils andere in Produktion und Konsum zu übertreffen, beschleunigte sich das materielle Rennen ständig. Der zweite Bereich war die innere Entwicklung. Die Europäer mussten nicht nur mit dem Eisernen Vorhang zurechtkommen, sondern auch mit einer hohen Wachstumsrate. Nach dem Krieg wurde der sprichwörtliche Kuchen binnen 14 Jahren doppelt so groß. So etwas hatte es noch nie gegeben. War ein solches Turbowachstum aufrechtzuerhalten?, fragten sich die Europäer. War das überhaupt wünschenswert? Nach dem Untergang des NS-Regimes waren vielerorts Konservative und Liberale wieder an die Macht gekommen, die den Massenkonsum schon immer verachtet hatten. War der Nationalsozialismus nicht die unvermeidliche Folge eines teuflischen Materialismus gewesen? Die Wirtschaftswunderjahre waren eine Zeit des Konflikts und der Angst.

Die Geschichte war in jeder Hinsicht dramatisch. Die Entwicklung in Frankreich vermittelt einen Eindruck davon, wie schnell sich Konsumgüter verbreiteten. 1954 besaßen immer noch nur 7 bis 8 Prozent der Haushalte einen Kühlschrank oder eine Waschmaschine, und nur 1 Prozent hatte einen Fernsehapparat. 1962 gab es in jedem dritten Haushalt Kühlschrank und Waschmaschine und in jedem vierten einen Fernseher. 1975 lagen die Zahlen bei 91, 72 und 86 Prozent. Osteuropa hinkte etwas hinterher, aber nur um wenige Jahre.[77] In entwickelten Ländern wuchs der Konsum zwischen 1952 und 1979 jährlich um rund 5 Prozent, in Japan etwas schneller (8 Prozent), in Großbritannien etwas langsamer (3 Prozent).[78] Die sowjetischen Zahlen für die 1960er und 1970er Jahre sind ähnlich (rund 6 Prozent),[79] allerdings gehen sie von einem niedrigeren Niveau aus. Zudem gab es mehr Freizeit, in der die steigenden Einkommen ausgegeben werden konnten. In Westdeutschland verdoppelten sich in den 1960er Jahren die Löhne, und die Freizeit verlängerte sich um eine Stunde auf 3 Stunden und 40 Minuten pro Tag, bei arbeitsfreiem Samstag und einer Verlängerung des bezahlten Urlaubs von 14 auf 20 Tage.[80] Auf der anderen Seite des Eisernen Vorhangs, in der sozialistischen DDR, mussten die Menschen länger arbeiten, aber auch sie erhielten schließlich zwischen 1974 und 1985 eine Stunde mehr Freizeit pro Tag, wodurch sie auf 4:12 Stunden stieg. Das Reisen, die Mobilität und die Kommunikation nahmen sprunghaft zu. Anfang der 1950er Jahre starteten die ersten Charterflüge nach Spanien und Korsika. Gleichzeitig begann die Demokratisierung des Autos. 1950 besaßen weniger als 5 Prozent der Westeuropäer ein Auto; dreißig Jahre später verfügte fast jede Familie über eines.[81]

Nur erahnen lassen diese Statistiken, wie dynamisch diese Entwicklung war. Dem Erwerb ging häufig die Sehnsucht voraus. Der italienische Spielfilm *Susanna süß wie Sahne* von 1957, eine kitschige Komödie darüber, was passiert, wenn die Lust auf Frauen und die Lust auf Cremetorte zusammenstoßen, beginnt mit einer Szene, in der die wohlgeformte

Tochter des örtlichen Konditors (Marisa Allasio) – in einer Zeit, als nur wenige Italiener über Badeschaum oder heißes Wasser verfügten – aus einer schaumbedeckten Badewanne steigt. Später folgt sie einer Familie von Kleinkriminellen zu ihrer armseligen Wohnung, in der es jedoch, sorgfältig vor neugierigen Nachbarn versteckt, einen Kühlschrank, einen Elektroherd und ein Fernsehgerät gibt. Selbst in den ärmsten Gegenden Europas, etwa in Kalabrien, schauten die jungen Leute Filme wie diesen.[82] Damals besaßen nur 5 Prozent der Westdeutschen einen Kühlschrank, aber er stand bei allen auf der Wunschliste ganz oben.[83] In der Sowjetunion stärkten Zeitschriften, wie anderswo auch, das Mode- und Stilbewusstsein: Welches Hemd passt am besten zu welchem Anzug?[84] Der Mascara herrschte. Es konnte nie genug Parfüm oder Stöckelschuhe geben.

Besonders dramatisch war die Umwälzung des Alltagslebens auf dem Land. In Douelle am Lot, einer typischen französischen Landgemeinde, gab es am Ende des Zweiten Weltkriegs bereits in 50 der 163 Häuser ein Radio, aber in nur zwei oder drei einen Kühlschrank, einen Elektroherd oder Zentralheizung, und in keinem stand eine Waschmaschine; eine Innentoilette besaßen nur zehn Häuser. 1975 hatte fast jedes von ihnen alle diese Dinge.[85]

Dies ist der Kontext einer sich verändernden Sprache, mit Hilfe derer die Zeitgenossen über diese Entwicklung diskutierten. Zu konsumieren war nicht mehr nur eine Aktivität unter anderen, sondern eine, die ein ganzes Gesellschaftssystem bestimmte. Es war eine Lebensweise: eine »Konsumentengesellschaft«, eine »Massenkonsumgesellschaft«, eine »Freizeitgesellschaft«.

In den 1950er Jahren standen die Linke und die Rechte, was ihre Reaktion auf diese Entwicklung anging, nicht nur einander gegenüber; sie waren auch in sich gespalten. Auf der Linken markierten zwei Schriften die beiden Enden des Spektrums: Galbraiths *Gesellschaft im Überfluss* von 1958 und Anthony Croslands *The Future of Socialism* von 1956. Galbraiths Buch war eines aus einer ganzen Reihe von amerikanischen Bestsellern – wie *Die einsame Masse* von David Riesman, Nathan Glazar und Reuel Denney und *Die geheimen Verführer* von Vance Packard –, die die transatlantische Debatte über die zerstörerischen Folgen des Konsumismus bis heute prägen. Unsere Abhängigkeit von Gütern, so Galbraiths Gedankengang, stehe im Mittelpunkt einer neuen Gesellschaftsordnung, der »Überflussgesellschaft«, die auf Wachstum und Produktion geeicht sei. Anhaltendes Wachstum habe den Deckel von der Wirtschaft genommen, gleichzeitig aber eine neue soziale Krankheit hervorgerufen. Produktion befriedige keine realen Bedürfnisse mehr. Diese würden jetzt durch Reklame und ein Wertesystem, das gutes Leben mit persönlichem Besitz gleichsetze, künstlich geschaffen und manipuliert. Dieser Kreislauf stütze sich auf einen »seiner Natur nach unstabilen Prozess der Bedarfsweckung«, der zugleich ein Prozess der Verbraucherverschuldung sei. Ein Warnzeichen sei die zunehmende Neigung der Amerikaner, Autos auf Raten zu kaufen. Vor allem aber werde das öffentliche Leben untergraben. Überfluss schaffe eine »Atmosphäre privaten Reichtums und öffentlicher Misere«. Dieser Zusammenhang bildete den Kern von Galbraiths Argumentation. Die Hinwendung zu privaten Gütern und Freizeit war in seinen Augen eine Abwendung von der Gemeinde. Privater Reichtum führe zur Vernachlässigung des Allgemeinwohls. Mit vorausweisendem Sinn für Umweltgefahren schrieb Galbraith, die amerikanische Durchschnittsfamilie, die in ihrem »lilakirschroten, automatisch geschalteten, automatisch gebremsten, mit raffinierter Luftheizung und -kühlung ausgestatteten Auto« einen Ausflug unternehme, fahre »durch Orte mit schlecht gepflasterten und ungepflegten Straßen«, um schließlich »am Ufer eines verdreckten Flusses die köstlichen Konserven aus der transportablen Kühlbox« zu genießen. »Soll das wirklich der Genius Amerikas sein?«, fragte Galbraith.[86]

In *The Future of Socialism* entwarf der britische Labour-Politiker Anthony Crosland einen optimistischeren Ausblick. Als er sein Buch schrieb, endete für Großbritannien gerade die Zeit der Entbehrungen, und er verkündete, Wachstum und Güter würden die soziale Demokratie nicht zerstören, sondern stärken: »[M]ehr persönlicher Konsum muss aus fundamentalen egalitären Gründen Teil jeder Erklärung über das sozialistische Ziel sein.« Wenn mehr Menschen Güter erwerben könnten, würden die Klassenschranken durchlässiger werden. Die Reichen, spekulierte Crosland mit Blick auf die Vereinigten Staaten, würden erkennen, dass der materielle Wettstreit als Mittel, sich von der Menge abzuheben, keinen Sinn mehr mache. Anstelle der Zurschaustellung ihres materiellen Besitzes würden sie sich in einer Art »auffälligem Minderverbrauch« der Wohltätigkeit und Bildung zuwenden. Auch wenn der Wohlstand das durchschnittliche Maß an Unglück in der Bevölkerung nicht verringere, bringe er öffentliche und private Vorteile mit sich. Es sei wesentlich besser, wenn Sorgen personalisiert werden, anstatt zum Zündstoff gesellschaftlicher Konflikte anzuwachsen. Und ein steigender materieller Standard vergrößere »die Wahlfreiheit des Einzelnen und vermehre seine kulturellen Möglichkeiten«. Wahre Sozialisten müssten eher »anarchistisch und libertär« als »pedantisch und prüde« sein. Dies richtete sich gegen die antihedonistische Strömung in der Labour Party, die von den Fabianern Sidney und Beatrice Webb repräsentiert wurde, deren Begeisterung für Recherche und parlamentarische Blaubücher ihnen keine Zeit für Konzert- oder Theaterbesuche ließ. Eine bessere Gesellschaft, erklärte Crosland, werde »nicht auf Abstinenz und einem guten Ablagesystem« aufgebaut. Die Menschen verdienten es, Spaß zu haben. Crosland sprang sogar den Teddy Boys, den Teds, zur Seite. Diese dandyhaften Teenager in ihren Kurzmänteln und eng zulaufenden Hosen seien alles andere als Straftäter oder Barbaren, vielmehr stünden sie für das »erste Erwachen eines echten Arbeiterklasseninteresses an eleganter Kleidung« und einer »echten« Jugendkultur, des Jazz. Größerer Wohlstand brauche größere Toleranz gegenüber der individuellen Wahl, einschließlich der Abkehr von Zensur, ungerechten Scheidungs- und Abtreibungsgesetzen und »veralteten Strafen für sexuelle Normabweichungen«.[87]

Unterstrichen wurden die unterschiedlichen Diagnosen von den unterschiedlichen Persönlichkeiten der beiden Autoren. Crosland war in London aufgewachsen und aus dem Krieg, in dem er als Fallschirmspringer in Italien und Frankreich eingesetzt worden war, als Liebhaber von Essen und Trinken – von Letzterem vielleicht etwas mehr – zurückgekehrt. Er lebte seine Ideen, hörte Jazz und ging in Nachtklubs. Galbraith dagegen war auf einer Farm im Süden von Ontario groß geworden. Hinter seinem Unbehagen am Stadtleben mit seinen Bars und sonstigen Versuchungen verbarg sich die nostalgische Sehnsucht nach einem einfacheren Leben. In *Gesellschaft im Überfluss* beklagte er, dass die Schulen mit den glanzvollen Attraktionen einfach nicht konkurrieren könnten: »Nicht die

Lehrerin, sondern die höchst zweifelhaften Filmhelden und -heldinnen sind die Idole der Jugend.«[88] Er selbst hatte eine ländliche Einklassenschule besucht; auch Vance Packard, der andere große Konsumkritiker, war auf einer Farm aufgewachsen, in Pennsylvania.

Es ist vielleicht eine Ironie, dass Galbraiths Buch, das selbstbewusst als Herausforderung des vorherrschenden Denkens beworben wurde, selbst zum Teil dieses Denkens wurde. Crosland indes fand die Zeit, sein Buch zu schreiben, weil er in der Wahl von 1955 seinen Parlamentssitz verloren hatte. Viele Linke hielten den Wohlstand für gefährlich, weil er die Armen verletzlicher mache als jemals zuvor. Der Weg zum Neuen Jerusalem konnte unmöglich mit Kühlschranken und Fernsehapparaten übersät sein. Die Funktionäre der Labour Party hatten während der gesamten 1950er Jahre den Kontakt zu einer neuen Wählergeneration verloren, was einer der Gründe für die langen Oppositionsjahre der Partei war.[89] Croslands Zeit sollte erst mit der Befreiung der Sexualität und des Genusses in den 1960er Jahren kommen.

Auf Galbraiths Diagnose haben sich Kritiker des »Konsumismus« dagegen bis heute ständig bezogen. Seine charakteristische Mischung aus Klarheit und Zuversicht war derart verführerisch, dass man leicht vergisst, dass *Gesellschaft im Überfluss* keine nüchterne empirische Studie ist, sondern ein Plädoyer für mehr öffentliche Ausgaben. Auf kurze Sicht war seine Forderung, zur Finanzierung von Sozialleistungen eine Konsumsteuer zu erheben, erfolglos. Obwohl Berater von John F. Kennedy, blieb sein Einfluss auf die Regierungspolitik gering. Seine Wirkung auf die öffentliche Debatte war jedoch enorm, und seine Ideen trugen zur Steigerung der staatlichen Gesundheits- und Bildungsausgaben unter Kennedys Nachfolger Lyndon B. Johnson bei.[90] Als historische Quelle sagt uns sein Buch jedoch mehr über das Unbehagen am Wohlstand als über diesen selbst. Bezeichnenderweise unterschied Galbraith zwischen »recht primitiven Vergnügungen«, zu denen er sowohl Sport, gutes Essen und das eigene Haus als auch Autos und Sex zählte, und »höhergesteckten Bedürfnissen«, wie Musik, die schönen Künste und »bis zu einem gewissen Grad auch Reisen«. Erstere erforderten »keinerlei besondere Voraussetzungen, um ein Höchstmaß an Genuss zu sichern«, und bildeten daher »das Schwergewicht der modernen Bedarfsschöpfung«. Letztere seien dagegen individuellerer Art und müssten gepflegt werden.[91] Dies entsprach dem klassischen Mittelschichtklischee vom Gegensatz zwischen Massenkultur und gebildetem Geschmack. Die neue Generation von Gesellschaftskritikern begriff nicht, wie es William James schon ein halbes Jahrhundert zuvor getan hatte, dass Menschen ein »materielles Selbst« besaßen, und sahen auch nicht, wie viel Vorbereitung und Raffinesse ihre Zeitgenossen dem Essen, dem Heim und auch dem Sex widmeten.

Galbraiths Sorge über das Ende der Sparsamkeit zum Trotz legten Amerikaner in den 1950er Jahren nicht weniger, sondern mehr als in der Zwischenkriegszeit auf die hohe Kante.[92] 1957 lag die persönliche Sparrate bei 10 Prozent – eine atemberaubend hohe Zahl, wenn man an den heutigen Schuldenstand denkt. Der Anteil der öffentlichen Ausgaben am Bruttoinlandsprodukt nahm mit wachsendem Wohlstand nicht ab, wie Galbraiths Modell es erwarten ließ, sondern zu.[93] Dies lässt sich zwar teilweise mit seinen Gedanken versöhnen, aber eben nur zum Teil. Staatliche Hypothekendarlehen und Autobahnbauprogramme förderten sowohl einen vorstädtischen, konsumistischen Lebensstil als auch die Rassentrennung.[94] Mit Recht kritisierte Galbraith mangelhafte kommunale Dienstleistungen, überfüllte Schulen und verdreckte Straßen. Falsch lag er jedoch mit der Annahme, dies seien Anzeichen eines Niedergangs. Fünfzig Jahre zuvor war der Abfall von New York noch in den Hudson gekippt worden. Erst das Wachstum von Wohlstand und Bevölkerung hatte die Städte veranlasst, Parks anzulegen, bessere Schulen zu bauen und eine funktionierende Abfallwirtschaft einzuführen. Man könnte Galbraiths Buch selbst als besten Beleg dafür heranziehen, dass privater Überfluss die Menschen dazu brachte, bessere öffentliche Schulen, Krankenhäuser und Erholungsgebiete zu fordern.

Der Erfolg von Büchern wie *Gesellschaft im Überfluss*, die sich millionenfach verkauften, war darin begründet, dass sie einen Nerv trafen, und dies in Europa sogar noch mehr als in den Vereinigten Staaten. Der Zweite Weltkrieg hatte die Klassen-, Geschlechter- und Rassenhierarchien erschüttert und die Konsumkultur zum Blitzableiter für alle möglichen Ängste gemacht. Amerikaner waren schon 1948 über den Niedergang des Glücks besorgt. Neben farbenfrohen Werbeanzeigen für

Supermärkte und Westinghouse-Gefrierkombinationen fand sich in der Zeitschrift *Life* eine Diskussionsrunde, in welcher der Psychoanalytiker Erich Fromm davor warnte, dass die Menschen die Freizeit nutzen würden, um vor der Realität zu fliehen. Er selbst, gestand er ein, lese Kriminalromane. Andere Teilnehmer befürchteten eine »moralische Anarchie« und beklagten einen angeblichen Anstieg von Trunksucht, Kriminalität, Scheidungen und Geisteskrankheiten. Mit seinen falschen romantischen Vorstellungen gefährde das Kino »die Aufrechterhaltung einer gesunden demokratischen Gesellschaft«.[95]

Die meisten Europäer hatten nichts gegen Amerika. Laut einer Umfrage von 1953 betrachteten nur 4 Prozent der Franzosen die Vereinigten Staaten als kulturelle Bedrohung.[96] Kultureliten sahen jedoch im Überfluss das Ergebnis einer amerikanischen Invasion und das Vorzeichen einer dunklen Zukunft, die kein Vergleich mit der glorreichen nationalen Vergangenheit sein werde. Nur wenige mochten den Ausblick, und in den 1950er Jahren waren die warnenden Stimmen besonders schrill. Der britische Schriftsteller John Boynton Priestley fürchtete, Großbritannien könnte sich in ein »Südkalifornien« verwandeln, mit seinen »Fernseh- und Filmstudios, seiner automobilen Lebensweise (man kann essen und trinken, Filme anschauen, Liebe machen, ohne jemals aus dem Auto zu steigen), seinem faden Kosmopolitismus ... und seinen falschen Religionen«.[97] Für die Franzosen waren die Amerikaner *les grands enfants*, von technischem Spielzeug faszinierte Kinder; ganz Lebensstandard, keine Seele. Der kommunistische Dichter Louis Aragon bezeichnete die Vereinigten Staaten als »Zivilisation von Badewannen und Kühlschränken«.[98] Der Vorwurf war überall in Europa der gleiche: Die Konsumgesellschaft führe zu flacher Konformität und zerstöre nationale Traditionen und Gemeinsinn. In Frankreich befürchteten manche, der amerikanische Aktivitätskult würde den Franzosen die Neigung zu *flânery* und Müßiggang austreiben. In Deutschland beklagte man das Zurückweichen von tiefem Denken und Spiritualität vor leerer Genusssucht. *Reader's Digest* trete an die Stelle von Voltaire, Goethe und Dante.

In den Augen christlicher Konservativer stellte der Materialismus in den unmittelbaren Nachkriegsjahren eine größere Gefahr dar als der Bolschewismus, denn er brachte womöglich einen neuen Faschismus hervor.

Wie sollte Europa als christliche Zivilisation wiederaufgebaut werden, wenn eine neue Generation immer tiefer im Morast der Konsumkultur versank? Nach Ansicht mehrerer Mitgründer der deutschen Christlich Demokratischen Union war der Nationalsozialismus ein Beweis dafür, dass Säkularismus zu Materialismus und Zerstörung führe. Angesichts der Tatsache, dass das NS-Regime offen materielle Wünsche förderte, war diese Auffassung nicht ganz von der Hand zu weisen. Im Radio wurden gläubige Christen zu Genügsamkeit aufgefordert.[99] Aber nicht nur Katholiken hegten Befürchtungen. Der Liberale Wilhelm Röpke, der 1933 vor den Nationalsozialisten in die Schweiz geflohen war, glaubte zwar an den freien Markt, fand Ratenkäufe von Konsumgütern aber besorgniserregend. Der von Crosland aufs Korn genommene Paternalismus war tief verwurzelt und weit verbreitet. Öffentliche Wohlfahrt war ein großartiges Ideal, aber waren die Menschen dafür bereit? Viele Progressive waren sich da unsicher. »Um den Wohlfahrtsstaatsgedanken zu erfüllen, müssen wir Fernsehen plus Hund und Garten zur Verfügung stellen. Aber wenn dem so ist, was soll man dann mit neuen Vergnügungen, die erfunden werden, tun?«, fragte der britische Liberale Gilbert Murray 1955. Wohlstand bilde eine gefährliche Spirale, da er Gewerkschaften dazu verleite, immer höhere Löhne zu fordern und so die Stabilität zu untergraben.[100]

Der relative Niedergang des organisierten Christentums vergrößerte solche Befürchtungen. In Bezug auf die Wirtschaftswunderzeit wird manchmal gesagt, die Europäer hätten Gott gegen Güter eingetauscht. Das ist zu drastisch ausgedrückt. In Großbritannien befand sich die Zahl der Kirchgänger schon in den Zwischenkriegsjahren im freien Fall. Und genau das war ein Grund, warum die Zeitgenossen so beunruhigt waren. Traditionelle Institutionen wankten, und es bedurfte nur noch eines kleinen Stoßes, um sie umzustürzen. Der Industrielle, Philanthrop und Sozialforscher Seebohm Rowntree fand heraus, dass der Anteil der Kirchgänger an der Bevölkerung zwischen 1901 und 1948 von 35 auf 13 Prozent geschrumpft war. Der Niedergang der Religion schien mit dem Aufstieg der Ladendiebstähle in Zusammenhang zu stehen; in einem Londoner Geschäft wurden 5000 Kleidungsstücke im Jahr gestohlen. Rowntree fasste die sich verbreitende Einstellung in dem knappen Satz zusammen: »Ich sehe, ich will, ich nehme.« Anständige Leute würden von amerikanischen Spielfilmen, die Reichtum und Luxus als Selbstzweck propagierten, verführt, das Fernsehen läute ein neues dunkles Zeitalter ein. Wenn Fernsehzuschauer das Licht dämpften, würden »nicht nur geistige Beschäftigungen wie das Lesen, sondern auch Handarbeiten wie das Stricken und Stopfen unmöglich«.[101]

Der Kalte Krieg verlieh diesen inneren Besorgnissen welthistorische Bedeutung. Frühere Supermächte wie das Britische Empire hatten Gütern zuzeiten eine zivilisierende Wirkung beigemessen, die Vereinigten Staaten aber waren die erste, die ihre Ziele mit dem Export einer Lebensweise verknüpfte, in deren Mittelpunkt erklärtermaßen Konsumgüter standen. Die Historikerin Victoria de Grazia hat Amerika ein »Marktimperium« genannt.[102] Vertreter nahmen den Platz von Missionaren ein, der Kühlschrank denjenigen der Bibel. Handelsmessen und Hausausstellungen wurden zu den neuen Kirchen einer Außenpolitik des Wohlstands. Im September 1952 wurden im amerikanischen Pavillon auf der Dritten Deutschen Industrieausstellung in Berlin, die unter dem Motto »Lebensstandard der freien Welt« stand, eine elektrifizierte Küche, ein Fernsehapparat, ein Auto in einem Carport und ein Heimwerkergeschäft mit elektrischen Werkzeugen gezeigt. Fast eine halbe Million Deutsche sahen diese Dinge und hatten die Möglichkeit, in einem Katalog des Versandhauses Sears zu blättern. Unter Dwight D. Eisenhower, der am Anfang des folgenden Jahres ins Weiße Haus einzog, wurden solche Ausstellungen zu einem wesentlichen Instrument der US-Politik. Ein spezieller Fonds für Kulturprogramme wurde geschaffen, an dem sich auch private Spender beteiligten. Bis 1960 fanden 97 offizielle Ausstellungen in 29 Ländern statt, von Leipzig bis Zagreb, von Bangkok bis Damaskus. Rund 60 Millionen Besucher nutzten die Gelegenheit, amerikanische Ausstellungshäuser zu besichtigen und zu erfahren, warum separate Badezimmer eine Sache von »elementarer Würde« waren und Waschmaschinen die Freiheit brachten.

Ambivalente Einstellungen zur Konsumkultur wurden durch den Kalten Krieg geglättet. Jean-Paul Sartre beispielsweise war 1946 mit einer recht differenzierten Meinung über die amerikanische Lebensweise aus den Vereinigten Staaten nach Frankreich zurückgekehrt. Bis 1953 gelangte er aufgrund des Koreakriegs und der Hinrichtung von Ethel und

Julius Rosenberg wegen Spionage zu der Überzeugung, dass Amerika die »Tollwut« hatte. Französische Kommunisten forderten mit Unterstützung der Winzer, wenn auch vergebens, ein Coca-Cola-Verbot. Marshallplan-Ausstellungen stießen besonders bei französischen Gewerkschaften auf Ablehnung. Anderswo waren die Gewerkschaften aufgrund von Niederlage und Ruin empfänglicher.[103] Nach der Befreiung vom Nationalsozialismus fiel es den Deutschen schwer, Amerika als Reich des Bösen zu betrachten. In ihren Augen versprach die Konsumkultur Sicherheit, Demokratie und freie Gewerkschaften.

Als Erste machten die Konservativen ihren Frieden mit dem Überfluss. Christdemokraten konnten nicht gleichzeitig für das atlantische Bündnis eintreten und die amerikanische Konsumkultur verurteilen. Ende der 1950er Jahre waren Zweifel an deren seelenlosem Materialismus dem Lobpreis der Konsumentendemokratie gewichen. »Euch ist es noch nie so gut gegangen«, lautete Harold Macmillans Slogan im britischen Wahlkampf von 1959. Anstatt sich um Christus zu sorgen, entdeckten die Konservativen die Vielfalt der Auswahl. Damit stellten sie die Konsumentenpolitik auf den Kopf. Bisher waren die Genossenschaften, die enge Verbindungen zur Labour Party hatten, die Vorkämpfer des Konsums gewesen, während die Konservativen Bauern und Geschäftsleute vertraten. Jetzt wandten sie sich mit dem Versprechen des Wohlstands für alle auch an Hausfrauen und Arbeiter. Von Skandinavien und Japan einmal abgesehen, befand sich die Genossenschaftsbewegung in den 1960er Jahren im Niedergang. Sie wurde von einem stärker wettbewerbsorientierten Individualismus an den Rand gedrängt, wie er sich zum Beispiel in Testorganisationen, die neue Produkte verglichen und bewerteten, ausdrückte.

Auf der Wahl der Konsumenten ließen sich Familie und Nation neu aufbauen. Anstatt die christlichen Werte und den Gemeinsinn zu zerstören, würden die elektrifizierte Küche und der Fernsehapparat das Familienleben stärken. Dies hofften zumindest der italienische Finanzminister Ezio Vanoni und der westdeutsche Wirtschaftsminister Ludwig Erhard. Letzterer, der Architekt der sozialen Marktwirtschaft, war ein beleibter Mann mit einer Vorliebe für dicke Zigarren und einfache Linsensuppe mit Würstchen. Schon 1950 schlug er vor, eine Ausstellung über den Lebensstandard zu veranstalten. Die Änderungen ihres Mottos spiegelten ihre zunehmende programmatische Bedeutung wider. Ursprünglich sollte die sogenannte Große Rationalisierungsausstellung von 1953 unter dem Motto stehen: »Wir können alle besser leben«; dies wurde zu »Wir wollen alle besser leben« und schließlich zu »Alle sollen besser leben«.[104] Das Ausstellungsplakat zeigte den Vorteil der Produktivität: eine pralle Lohntüte. Die Ausstellung zog 1,4 Millionen Besucher an. Ein Pavillon war der zentralen Rolle des Konsumenten in der Gesellschaft gewidmet. Zum ersten Mal, verkündeten die Organisatoren stolz, seien die Konsumenten nicht nur Besucher, sondern selbst Ausstellungsgegenstand. Die Deutschen würden sich nach einem »Platz an der Sonne« sehnen. Die Verwendung dieser von Wilhelm II. geprägten Phrase in diesem Kontext verdeutlichte, ob nun absichtlich oder nicht, wie sehr sich das Ziel der Deutschen gewandelt hatte: Es ging ihnen nicht mehr um Kolonien in Übersee, sondern um ein komfortables Heim.[105]

Bei diesem Familienkonsumismus kam den Frauen eine Hauptrolle zu. Mit Hilfe langlebiger Konsumgüter würden die Familien mehr Zeit zusammen verbringen können. Die katholische Kirche hoffte, das häusliche Leben würde sie derart in Anspruch nehmen, dass sie gegen den Kommunismus gefeit wären. Sogar Ratenkäufe fanden kirchlichen Segen. Leasingarrangements wie der Abzahlungskauf seien gut für die Gesellschaft, befand die Kirche von Schottland 1957; regelmäßige Zahlungen würden die Menschen lehren, vorauszuplanen.[106]

Der souveräne Verbraucher und die fürsorgliche, ans Heim gefesselte Hausfrau sollten zwei Seiten ein und derselben Medaille sein. Diese Vorstellung hegte man sowohl in Amerika als auch in Westeuropa. Den Männern kam die Aufgabe zu, mehr zu verdienen, damit ihre Familien mehr ausgeben konnten. Das Erwerbsstreben konnte ins Familienleben übergreifen. Eine Amerikanerin berichtete, welche Veränderungen sie und ihr Ehemann erlebt hatten, während aus einem jungen Paar, das in einer kleinen Mietwohnung lebte, eine Familie mit fünf Kindern und einem Haus mit acht Zimmern an einem See wurde. Das Gehalt ihres Mannes habe sich nahezu verdoppelt, auf 25 000 Dollar im Jahr. Sie besäßen ein Boot und ein Pferd, die Kinder hätten teure Musikinstrumente. Ihr Mann kaufe ständig neue Dinge: »Ich habe das Gefühl, er versucht uns alle in der Familie zu sehr zu besitzen.«[107] Die Suburbanisierung erreichte neue Höhen, und amerikanische Studentinnen strebten in der Regel nicht mehr, wie die Generation zuvor, eine eigenständige Berufslaufbahn an; ihr Ziel war es vielmehr, zu heiraten und Kinder großzuziehen.

Viele Historiker haben die Nachkriegszeit als Neuanfang betrachtet. Aus größerer Entfernung gesehen, sollte man die 1950er Jahre jedoch eher als konservative Restaurationszeit bezeichnen, in der frühere Entwicklungen fortgeführt und verstärkt wurden. Der Kult des Heims und der familienzentrierten Freizeitgestaltung machte den Überfluss akzeptabel, war aber keineswegs neu. Es gab direkte biographische Verbindungen zwischen den 1930er und den 1950er Jahren. Im kalifornischen Oakland begleiteten Forscher Anfang der 1920er Jahre geborene Kinder durch die Weltwirtschaftskrise bis ins Erwachsenenalter nach dem Krieg.[108] Jungen, die sich in den 1930er Jahren durch Zeitungsverkauf oder Handwerksarbeiten etwas Geld verdienten, neigten als Erwachsene in den 1950er Jahren weit mehr zum Sparen als Jungen ohne Einkommen und Mädchen ohne Taschengeld. Bei Männern gab es eine starke Korrelation zwischen Entbehrungen in der Kindheit und späterer Fixierung auf die Arbeit. Ihre Erwerbskraft ermöglichte es ihnen, ihren Kindern die materielle Bequemlichkeit und Sicherheit zu geben, die ihnen selbst gefehlt hatten. Dass Kinder der Wirtschaftskrise plötzlich Großverdiener waren, war ein Grund für den Babyboom der Nachkriegszeit.[109]

Ähnlich wie der Slogan, der in Großbritannien und Amerika vor dem Ersten Weltkrieg in Umlauf war, als die Kaufkraft mit dem Frauenwahlrecht verknüpft wurde, umwarb Ludwig Erhard in Westdeutschland die Frauen als »Wirtschaftsminister ihrer Familie«. Der Kauf von langlebigen Konsumgütern konnte, wie schon unter Hitler, von der Steuer abgesetzt werden; Erhard hatte im »Dritten Reich« in einem Marktforschungsinstitut gearbeitet. Was sich verändert hatte, war das gesellschaftliche Projekt: Die Hausfrau wurde jetzt nicht eingespannt, um einen Rassenstaat, sondern um einen demokratischen Staat aufzubauen. Als staatsbürgerliche Konsumentin hatte sie nicht nur Pflichten, sondern auch Rechte, an erster Stelle das Recht der Auswahl.[110]

Auch in allgemeinerer Hinsicht war der Konsument der Dreh- und Angelpunkt. In den 1950er Jahren wurden sogar öffentliche Verwaltungen und Schulen als Verbraucher bezeichnet. In Freizeitmagazinen, die deutsche Unternehmen für ihre Mitarbeiter herausgaben, wurden Artikel aus *Reader's Digest* abgedruckt, in denen erklärt wurde, dass die gesamte Wirtschaft von glücklichen Verbrauchern abhänge.[111] Nicht der Boss, sondern der Konsument bestimmte Arbeit und Löhne. Die Verbraucherzufriedenheit erfüllte ein gemeinsames Ziel von Boss und Arbeiter: Wachstum ohne soziale Konflikte.

Die konservative Restauration steckte jedoch voller Widersprüche. Einerseits predigte sie die Wahlfreiheit, andererseits sollten die Menschen an traditionellen Rollenmodellen festhalten. Es kann kaum überraschen, dass dies zu Konflikten mit einer Gruppe führte, die mehr als jede andere Güter und Mode zur Identitätsstiftung benutzte: der Jugend. Die 1950er Jahre wurden von einer Welle von Jugendunruhen erschüttert. Silvester 1956 lieferten sich in der Kungsgatan, der Hauptstraße im Zentrum von Stockholm, mehrere Tausend Jugendliche eine Straßenschlacht mit der Polizei. 1957 gab es Unruhen in Wien. In Mailand (1957) und Hamburg (1958) gingen Veranstaltungsorte von Rock'n'Roll-Konzerten zu Bruch. In Deutschland kam es 1958 fast jeden zweiten Tag zu Zusammenstößen zwischen Jugendlichen und der Polizei. In Paris verbreiteten die *blousons noir* Angst und Schrecken, und im 15. Arrondissement bekämpften sich verschiedene Gangs gegenseitig. In Moskau flanierten junge Männer in extralangen Jacketts, engen Schlaghosen und Plateauschuhen, die bis zu zweieinhalb Kilogramm wiegen konnten, auf der linken Seite der Gorkistraße – die sie Broadway oder kurz Brod nannten – auf und ab. Beiderseits des Eisernen Vorhangs waren Behörden, Journalisten und Vertreter der Kulturelite von der gleichen moralischen Panik erfasst: Die Jugend befinde sich in der Krise.[112]

Die Konfrontationen besaßen jeweils einen besonderen lokalen Zuschnitt. In Westdeutschland zum Beispiel fragte man sich, wie man mit jungen Rebellen eine neue Armee aufbauen sollte. Zunächst ist es jedoch hilfreich, sich die allgemeinen Tendenzen anzusehen. Wie der Konsum die Generationen neu definierte, wird in einem späteren Kapitel eingehender untersucht. Hier ist vor allem interessant, was die Sorge über die rebellische Jugend einerseits über diese und andererseits über die beunruhigten Eliten aussagte. Im Vergleich mit der Mehrheit der

Jugendlichen, die sich artig den Pfadfindern anschlossen, für ihre Aussteuer sparten oder sich in einem Schrebergarten betätigten, war die Zahl der Jugendlichen, die in den 1950er Jahren Gangs angehörten und sich an Krawallen beteiligten, gering. Auch war die Besorgnis über einen moralischen Verfall schon vor Mopeds und Jeans verbreitet. Bereits 1952 legte eine niederländische Kommission einen Bericht über die »Verwilderung der Jugend« vor. Sie hatte eine gefährliche Mischung aus Ausschweifung und Ziellosigkeit entdeckt. Die vierzehnjährigen Zwillinge Gerard und Piet zum Beispiel kehrten von einer Familienfeier mit ihren Eltern um vier Uhr nachts »sturzbetrunken« zurück. Die Jugend spiegle eine »formlos« gewordene Welt wider.[113] Beim Boogie-Woogie-Tanzen wirbelten sie wie wild herum. In dem Amsterdamer Vorort Buiksloot gäben siebzehnjährige Arbeiter den größten Teil ihres Lohns für Kleidung, Kinobesuche und Zigaretten aus. Wenn sie nicht irgendwo auf der Nieuwendijk tanzen gingen, würden sie an den Straßenecken »herumhängen«. Wo solle das alles bloß enden? Tatsächlich ging die Hälfte der jungen weiblichen Büroangestellten nie tanzen. Aber die Kommission hatte offenbar den Eindruck gewonnen, dass Eltern und Jugendorganisationen an Autorität verloren: Die meisten Jungen und Mädchen würden nach zehn Uhr abends nach Hause kommen, und die Mitgliederzahl in Jugendorganisationen schrumpfe.[114] In vieler Hinsicht beanspruchte die Jugend in den 1950er Jahren die Straße und einige der Freiheiten zurück, die ihre Großeltern im Zuge des Vorgehens gegen Jugendkriminalität zu Beginn des Jahrhunderts verloren hatten. Das Establishment fragte sich angesichts des Verhaltens der »wilden« Jugendlichen jedoch besorgt, ob vom Krieg zerrissene Gesellschaften sich jemals wieder regenerieren konnten.

Während die Flut der Güter in den 1950er und 1960er Jahren stieg, wirkte die kulturelle Autorität immer mehr wie eine von der Brandung gefährdete Sandburg. Güter und Bilder versetzten Jugendliche in die Lage, eine eigene Identität und eigene Rituale und Verhaltensregeln zu formen. Im folgenden Jahrzehnt fächerte sich die Subkultur weiter auf. Rock'n'Roll und Denim, ursprünglich Domäne und Kennzeichen proletarischer und ethnischer Randgruppen, verbreiteten sich auf Mittelschichtkinder. Konsumstile waren deshalb derart umstritten, weil in ihnen zwei rivalisierende Lebensphilosophien aufschienen und aufeinanderprallten.

Das bürgerliche Modell hatte Selbstdisziplin und Selbstverbesserung gepriesen. Vergnügen setzte Einschränkung, Bildung und Arbeit voraus: »Im Schweiße deines Angesichts sollst du dein Brot essen« (1 Mose 3,19). In der Jugendkultur ging es dagegen um den ungehinderten Gefühlsausdruck und intensive Körperlichkeit. Sie verlangte sofortige Befriedigung. Ihr Motto war Schweiß, Tempo und Sex. Sie wollte Rock'n'Roll, die schwingenden Hüften von Elvis the Pelvis oder der italienischen *urlatori*, »Schreihälse«, wie der junge Adriano Celentano, der aufgrund seines Tanzstils *il molleggiato*, der Federnde, genannt wurde. Die literarische Ikone war Françoise Sagan, die im zarten Alter von 18 Jahren ihren Erfolgsroman *Bonjour Tristesse* geschrieben und ihre katholische Erziehung gegen Whisky und einen Aston Martin eingetauscht hatte, den sie 1957, von großem Medienrummel gefolgt, zu Schrott fuhr. Kritiker beklagten das »animalische« und ekstatische Verhalten der Jugend. In einer Lehrerzeitschrift war 1956 zu lesen, der Rock'n'Roll sei Ausdruck einer »Philosophie des Hässlichen«.[115]

Der erste Reflex der Regierungen bestand darin, die kulturelle Autorität zu stützen. Strengere Jugendschutzvorschriften wurden beschlossen, um Jugendliche unter 18 Jahren aus Tanzlokalen und Kinos fernzuhalten. Viele Radiosender verbannten Elvis aus ihren Programmen. Aber die öffentliche Nachfrage war zu groß. Die Konsumräume dehnten sich aus und waren immer leichter zu erreichen. In den Niederlanden gab es 1960 eine Million Mopedbesitzer; in dieser Zeit kam der Diebstahl von Autos, Motorrädern und Motorrollern auf die Liste der »jugendspezifischen Delikte«. Wurden Songs im Radio nicht gespielt, gab es immer noch die Jukebox in der Eisdiele. Die Jugendlichen waren den Zensoren immer einen Schritt voraus; eine Untersuchung in Paris und Amiens ergab, dass die Hälfte der Jungen und Mädchen einen Weg fand, mit einer Altersbeschränkung versehene Filme zu sehen.[116]

Hinzu kam, dass die Kaufkraft von Jugendlichen zunahm. In den Vereinigten Staaten hatte die Werbung schon in den 1920er Jahren modebewusste Studenten als Zielgruppe entdeckt. Westeuropa erlebte den großen Sprung in den 1950er Jahren, als sich die eigenständigen Ausgaben von Teenagern verdoppelten. In den Vereinigten Staaten gaben 1964 22 Millionen Teenager rund 12 Milliarden Dollar aus; weitere 13 Milliarden wandten ihre Eltern für sie auf. In Westdeutschland verfügten die Zehn- bis Fünfzehnjährigen über 180 Millionen D-Mark. Dies bedeutete eine Menge Schallplatten, Anzüge und Kleider. Ein zwanzigjähriger Klempner erzählte über seine Kindheit in den 1940er Jahren im Londoner East End: »Ich glaube, ich hatte nur einen neuen Anzug ... für gewöhnlich trug ich gebrauchte Sachen aus der Brick Lane.« Im Lauf der 1950er Jahre habe sich die Situation verändert: »Die Dinge schienen einfach viel besser zu werden. Wir fingen an, neue Sachen zu kaufen.«[117] Heranwachsende wie er hatten rund 9 Pfund pro Woche zur freien Verfügung; eine Single kostete damals ein Drittel Pfund (6 Shilling 8 Pence).

Die Expansion des Schulsystems vertiefte die Trennung der Generationen. Peergroups gaben den Ton an. 1937 besuchten 80 Prozent der amerikanischen Teenager die High School. In Frankreich ging 1962 die Hälfte der Elf- bis Siebzehnjährigen zur Schule.[118] Es ist kaum überraschend, dass sich seit den 1940er Jahren der Begriff »Teenager« verbreitete. Cliquen gaben durch Kleidung und Accessoires zu erkennen, wer »in« und wer »out« war. Bessergestellte Cliquen gingen zum Bowling, ärmere liefen Rollschuh. Die Kultur der Gleichaltrigen war durch Wettstreit und Erwerbssinn gekennzeichnet. Laut einer Studie über High-School-Schüler im amerikanischen Mittelwesten bestand der Wert des Geldes für einen Jungen typischerweise darin, »es zur Befriedigung seines Verlangens nach Vergnügen auszugeben; er braucht Geld, um irgendwohin zu gehen und etwas zu tun. Mädchen müssen Kleider, Hüte, Strümpfe, Schuhe, Mäntel, Handtaschen ... Parfüm, Kosmetik und die ›richtige‹ Frisur haben.«[119] Diese Jugendlichen waren die Zielgruppe der neuen Jugendzeitschriften, von *Seventeen* (1944) in den Vereinigten Staaten, *Bravo* (1956) in Deutschland, *Salut des copians* (1962) in Frankreich, *Ciao amici* (1962) in Italien und *Jackie* (1964) in Großbritannien.

Auch die internationale Verbreitung von Gütern und Moden nahm zu, was zu nicht geringem Teil den Bewegungen der Armeen im Zweiten Weltkrieg und auch noch nach dessen Ende zu verdanken war. In Westeuropa entstanden Mischstile aus einheimischen und amerikanischen Zutaten; in Jugendcliquen wurde aus »Pierre« oder »Heinz« plötzlich »Bob«. Dieses Phänomen schlüpfte auch unter dem Eisernen Vorhang hindurch. Im Prag der 1950er Jahre pinnten *pásek*-Teenager Etiketten amerikanischer Zigarettenmarken an eintönige Krawatten aus tschechischen Geschäften.[120] In der Sowjetunion waren Tarzanfilme, nachdem 1951 der erste in die Kinos gekommen war, ungemein beliebt, und junge Männer bemühten sich, Johnny Weissmüllers Frisur zu kopieren. Auch italienische und deutsche Filme waren populär. In der georgischen Hauptstadt Tiflis stand 1947 das Leben still, als der im letzten Kriegsjahr gedrehte UFA-Film *Die Frau meiner Träume* mit der glamourösen ungarischen Sängerin und Tänzerin Marika Rökk in der Hauptrolle gezeigt wurde. Auch Zeichen einer neuen altersspezifischen Unterhaltungskultur jenseits der Anforderungen von Arbeit und Politik waren im Ostblock zu erkennen. In einer russischen Untergrundpublikation rechnete ein Autor mit der älteren Generation ab: »Ihr wollt, dass man auf die Operette spuckt, nur den *Anti-Dühring* [von Friedrich Engels] studiert? Und über Politik diskutiert? Was für langweilige Ideale ihr doch habt ... Wie kann jemand ohne Jazz, lustige Lieder, Tanz und Lachen leben?«[121]

Die moralische Entrüstung über junge Konsumenten war deshalb so scharf, weil sie mit der Furcht vor sexueller Promiskuität und einer Lockerung der Klassen- und Geschlechterhierarchien einherging. Sexualität werde zu einer »obsessiven Handlung«, zur »rein animalischen Befriedigung«, schrieb Seebohm Rowntree 1951.[122] Solche Besorgnisse wurzelten in einer früheren Verknüpfung von Versuchungen des Fleisches mit dem Verlangen nach Dingen, insbesondere beim »schwachen Geschlecht«. 1917, in einer früheren Kampagne gegen »Delinquenz«, lernte ein Forscher in Cleveland eine aufs Ausgehen und Tanzen versessene junge Frau kennen, die behauptete, 18 Jahre alt zu sein: »Was sie wolle, sagte sie, sei eine gute Zeit; es sei ihr egal, wie sie sie bekomme. Wenn der Preis sei, mit einem Mann in ein Hotel zu gehen, dann sei sie bereit, es durchzuziehen.«[123] Diese jungen Frauen wollten »Spaß« haben. Der Aufschrei über die »wilde Jugend« in den 1950er Jahren dehnte diese Befürchtungen auf Männer aus. Und er war Ausdruck von Klassenkampfängsten.

Streng genommen fand in den 1950er Jahren kein Generationen-, sondern ein Klassenkonflikt statt. Die meisten Jugendlichen hatten kein Problem mit ihren Eltern, dafür aber mit den gesellschaftlichen Konventionen anderer Schichten. In Frankreich fühlten sich 1958 drei Viertel der Jugendlichen sehr oder einigermaßen glücklich und fanden nicht, dass sich ihre Generation von derjenigen ihrer Eltern unterschied.[124] Die als »Delinquenten« abgestempelten Rocker, *blousons noirs* und »Halbstarken« stammten überwiegend aus der Arbeiterklasse. In Haft gerieten hauptsächlich Jugendliche aus dem Bodensatz der Gesellschaft, die kaum Bildung genossen hatten. Lederjacken und wilde Schreie waren nicht nur für Ältere, sondern auch für deren bürgerliche Söhne und Töchter bedrohlich, deren höhere Stellung auf Manieren beruhte, die man ihnen am Lyzeum beigebracht hatte. Eine junge Deutsche erklärte 1960, sie bevorzuge Partys, bei denen man »Cola oder auch Sirup« trinke, »Tango oder Fox« tanze und Musik höre, »aber nicht so ein Gebrüll« wie den Rock'n'Roll.[125] Der *Jailhouse Rock* konnte das *Wohltemperierte Klavier* übertönen. Bei frühen Rockkonzerten achteten Studenten und Einserschüler als freiwillige Ordner darauf, dass Mechaniker und ungelernte Arbeiter nicht in den Gängen tanzten.[126]

Es wäre jedoch zu einfach, den Aufstieg der Jugendkultur als Geschichte einer Rebellion von unten darzustellen. Es gab auch Ermunterung von oben. Durch die Anerkennung der Souveränität des Konsumenten hatten die Konservativen die Büchse der Pandora geöffnet. Wenn die Wahl auf dem Markt Demokratie bedeutete, wie konnten Hunderttausende Käufer der letzten Elvis-Platte dann falsch liegen? Die Verkaufszahlen sprachen für sich, erklärten Jugendzeitschriften und deren Leser einhellig. Die Behörden wechselten ihren Kurs, sie ersetzten die scharfen Verbote und versuchten nun die Jugendlichen mit Zugeständnissen zu gewinnen. In Deutschland war der Spielraum für Verbote wegen der Notwendigkeit, mit der NS-Vergangenheit zu brechen, sowieso eingeschränkt; in der westdeutschen Bundeswehr sollte Jazz erlaubt sein. Wenn es unmöglich war, das staatsbürgerliche Leben abzuschotten, konnte man der kommerziellen Kultur vielleicht eine Prise Staatsbürgerlichkeit beimengen. In Großbritannien strömten Kinder zum Sonntagvormittagsklub ins örtliche Odeon, wo sie, bevor die Show begann, die Nationalhymne singen und schwören mussten: »Ich gelobe, die Wahrheit zu sagen, anderen zu helfen und meinen Eltern zu gehorchen.«[127] Mit staatlicher und kommunaler Unterstützung wurden Filmklubs, Jugendfreizeitstätten und Jugendklubs eröffnet. Als Treibhäuser der Staatsbürgerlichkeit gedacht, erwiesen sie sich als zusätzliche Tanz- und Vergnügungsstätten und Verbreitungskanäle kommerzieller Musik. Anfang der 1960er Jahre fanden sogar in Kirchen Beatgottesdienste statt.

Die meisten Akademiker standen der Konsumgesellschaft kritisch gegenüber. Sie traten damit in die Fußstapfen früherer Kritiker, die zufälligerweise überwiegend ebenfalls Akademiker waren. Man sollte ihre Bedeutung nicht überschätzen. Was die 1960er und 1970er Jahre von früheren Zeiten unterschied, war eine zunehmende Akzeptanz der Konsumkultur. Ein Anstoß dafür war die Wahlmöglichkeit, ein anderer die Selbstdarstellung durch Mode, Tanz und Musik, der nun neue Möglichkeiten gegeben wurden. Kritiker der »Überflussgesellschaft« übernahmen den Vorwurf ihrer Vorgänger, Massenkonsum würde zu Konformität führen. Rock'n'Roll, hieß es, mache die Beine biegsam und die Köpfe leer, so dass die Jugendlichen für den Totalitarismus anfällig seien. Dieses Argument hatte schon immer auf schwachen Füßen gestanden. Denn nicht zuletzt stellten die Jugendlichen mit ihren Subkulturen den konformistischen Lebensstil der Älteren in Frage, einschließlich desjenigen der intellektuellen Elite.

Güter versetzten die Menschen in die Lage, sich selbst zu finden. Wie oben ausgeführt, blühten im späten 19. Jahrhundert Vorstellungen von einem »materiellen Selbst«. In den 1950er und 1960er Jahren erhielten diese Ideen durch Technologie, Werbung und eine neue Generation kultureller Leitfiguren Auftrieb. Elektrische Gitarren (und später Synthesizer) ermöglichten es Teenagern, die nie eine Musikstunde genommen hatten, Musik zu machen und kreativ und innovativ zu sein – was einer der Gründe für den schnellen Wechsel und die Vielfalt der Musikstile seither ist. Die Wirtschaft hatte die Gegenkultur von Anfang an gehegt und gefördert. Werbung und Marketing trugen dazu bei, jugendliche Nonkonformität zum vorherrschenden Idiom zu machen. Alle und alles wurden in einen Akt kreativer Selbstdarstellung verwandelt, vom Kauf von Gin der Marke Booth's – ein »Protest gegen die steigende Flut der Gleichförmigkeit« – bis zur Anschaffung eines Motorrads von Suzuki mit der »Macht zu befreien«. Die Werbefachleute, die in den 1960er Jahren in der New Yorker Madison Avenue anfingen, hatten ihren Galbraith und Packard gelesen und gaben sich bewusst als Agenten der Unangepasstheit.

Männer wurden aufgefordert, ihre grauen Anzüge abzulegen und durch modischere, buntere Kleidung ihre Individualität auszudrücken.

Ende der 1960er Jahre wuchs der Markt für Herrenbekleidung in Amerika fast genauso schnell wie derjenige für Frauenmode.[128] Sich für einen VW zu entscheiden zeigte, dass man nicht zur Herde gehörte, sondern ein kritischer, verantwortungsbewusster Autofahrer war, der sich durch Heckflossen und andere Mätzchen geplanter Obsoleszenz nicht täuschen ließ. Anti-Werbung verwandelte ein schlechtes Gewissen wegen des »Konsumismus« in einen Grund, mehr zu kaufen.

Neue Ansätze der Selbstdarstellung schufen zugleich eine Brücke zwischen Kommerz und Kunst. Schauspieler hatten wie Intellektuelle erhebliche Vorbehalte gegenüber der Reklame gehabt. Ende der 1950er Jahre traten jedoch ernsthafte Künstler in der italienischen Fernsehwerbeshow *Carosello* auf, wie Vittorio Gassman und Anna Maria Ferrero, die in einem Werbesketch für Baci-Schokolade mitspielten, der sich eben über solche hochkulturelle Überheblichkeit lustig machte.[129] Ältere Kritiker wie Marcuse (geb. 1898), Adorno (geb. 1903) und Galbraith (geb. 1908) wurden von einer neuen Generation öffentlicher Intellektueller abgelöst, die gegenüber der Welt der Güter eine ausgewogenere Haltung einnahmen. 1964 fand die Massenkultur in Umberto Eco (1932–2016) einen neuen Verteidiger. Wir alle lesen in einem Augenblick vielleicht ein Gedicht von Ezra Pound und in einem anderen einen Schundroman. Manchmal, erklärte Eco, verbreite die Massenkultur Gefühlsklischees und stütze den Konformismus, aber ein andermal werfe sie soziale Fragen auf. Sie befriedige ein echtes Bedürfnis nach Unterhaltung. Zudem sei sie demokratisch, erweitere den Zugang zu Kultur und Weltgeschehen und verringere den Einfluss von Klasse und Kaste. Die Massenmedien, unterstrich Eco, hätten den antikolonialen Kampf in Algerien unterstützt.[130]

Guru dieser positiveren Einstellung war der Marktforscher Ernest Dichter. Auch er ein Emigrant aus Wien – seine psychoanalytische Praxis hatte sich gegenüber von Freuds Wohnhaus befunden –, war 1937 zuerst nach Paris gegangen, wo er, in die Fußstapfen seines Vaters tretend, als Vertreter gearbeitet hatte, bevor er sich 1938 in den Vereinigten Staaten niederließ. Bei einem seiner ersten Aufträge von Werbeagenturen, einer Befragung gewöhnlicher Amerikaner über Seife, stieß er auf die Grundannahme der Motivationsforschung: dass Produkte eine »Persönlichkeit« besitzen, die tiefere psychologische Bedürfnisse anspricht.

Gegenstände seien mehr als nur nützlich. Sie hätten »echte Ausdruckskraft«, sogar eine »Seele«.

Dichter war mit seiner Mischung aus Populärpsychologie und Marketingjargon, die er mit einer Prise Freudianismus würzte, eher cleverer Entertainer als origineller Denker. Berühmt wurde er als Angriffsziel von Vance Packards Buch *Die geheimen Verführer* (1957). Interessant war jedoch die Antwort, die er seinen Kritikern gab. »Die Kultivierung des Lebens«, erklärte er in seinem 1960 erschienenen Buch *Strategie im Reich der Wünsche*, »lässt sich darstellen als eine immer größer werdende Vielfalt von Gegenständen, mit denen wir in Berührung kommen und laufend vertrauter werden«. Dinge haben zu wollen sei nicht leichtfertig. Immerhin gehe es um Selbsterfüllung. Dieser Gedanke vereinte Anklänge an die Aufklärung mit neueren psychologischen Theorien der Selbstverwirklichung. Doch Dichter ging darüber hinaus, indem er den Überfluss von Besitztümern als Weg zur Befreiung des Menschen betrachtete. Nach seiner Ansicht ähnelten Marktforscher Therapeuten, die den Menschen beibrachten, »unsere Urschuld, die Erbsünde, [zu] vergessen«. Auf dem Höhepunkt des Kalten Krieges erhielt diese psychologische Verteidigung des Rechts zu kaufen zusätzliche Bedeutung: »Wir befinden uns inmitten eines kalten Krieges – äußerlich spielt er sich mit der Sowjetunion ab, aber im Innern tobt er gegen unsere überholten Denkmodelle.« Bekämen die Kritiker ihren Willen und würde der Konsum auf »reinen Zweckkonsum« beschränkt, würde nicht nur die Wirtschaft »über Nacht ein jähes Ende« finden, es würde auch die amerikanische Psyche schwächen. »Die wahren Verteidiger einer positiven Lebensanschauung, die echten ›Reisenden in Prosperität‹ und damit der Demokratie sind all jene Menschen, die ihr Recht, sich einen neuen Wagen, ein neues Haus, ein neues Radio zu kaufen, vertreten.«[131]

Feministinnen wandten ein, die Motivationsforschung würde durch die Verherrlichung der Hausarbeit die ungleiche Stellung der Geschlechter verfestigen.[132] Dichter war jedoch kein bloßer Verteidiger der bestehenden Ordnung. Wie Crosland glaubte er, die Verbreitung des Wohlstands würde das durch Konkurrenz hervorgerufene Statusstreben dämpfen. Statt mit den Nachbarn mithalten zu wollen, würden die Menschen mehr Kraft darauf verwenden, ihre »inneren Nachbarn« zu entwickeln, früher in Rente gehen, ihr Brot selbst backen und ihre eigene, individuelle Kleidung und Wohnungseinrichtung entwerfen. Durch den Aufbau einer genussvollen Beziehung zu materiellen Gütern würden wir sie zu »unseren Werkzeugen« machen und uns »von der Tyrannei der Dinge befreien«. Dichters *Handbuch der Kaufmotive* von 1964 führte die Leser von Nahrung und Unterkunft weiter zu Dingen »höherer Ordnung«, wie Kunst, Patriotismus und Pflanzen. Dies entsprach seiner Vision eines persönlichen Fortschritts »vom Menschen als *Ding*wesen zum Menschen als *Denk*wesen«.[133] In dieser Hinsicht gab es Berührungspunkte mit den europäischen Christdemokraten, die Güter und Haushaltsgeräte ebenfalls als Instrumente betrachteten, mit denen der grobe Materialismus, den man dem Kommunismus unterstellte, überwunden werden konnte. Dichters Plädoyer für einen neuen Hedonismus stand nicht unter dem Motto »Kauf jetzt, sorge dich später«. Die Freude auf die Freizeit würde die Menschen vielmehr veranlassen, vorauszuplanen und zu sparen, glaubte er – allzu optimistisch, wie sich im Fall von Amerika herausstellen sollte.

Nach der totalitären Manipulation der Massen und inmitten der während des Kalten Krieges geführten Debatten über Bewusstseinskontrolle waren Werbung und Marketing aufgrund der Allgegenwart von Reklame und der Verwendung psychologischer Techniken heftig umstrittene Themen. Die von der Werbung erschaffenen Traumwelten schienen sich ein für alle Mal in die menschliche Psyche eingeprägt zu haben. Herbert Marcuse resümierte 1964 in seinem populären Buch *Der eindimensionale Mensch:* »[D]ie bloße Abwesenheit aller Reklame und aller schulenden Informations- und Unterhaltungsmedien würde das Individuum in eine traumatische Leere stürzen, in der es die Chance hätte, sich zu wundern, nachzudenken, sich ... und seine Gesellschaft zu erkennen.« Dies sei, hatte Marcuse vorausgeschickt, »ein (leider phantastisches) Beispiel«.[134]

Es gibt zwei klassische Narrative über den Aufstieg des Marketings. Das erste behandelt die Nachkriegszeit als neue Ära, in der ein homogener Massenmarkt durch Differenzierung aufgebrochen und segmentiert wurde. Das zweite erzählt davon, wie Reklame- und Marketingtechniken über den Markt hinausgriffen und alle Lebensbereiche durchdrangen.[135] Für diese Sichtweise begann das Marketing Gesellschaft und Politik zu kolonialisieren, indem es den Staatsbürger als Konsumenten neu definierte: Die Reklamewelle des Nachkriegswohlstands bereitete den neoliberalen 1990er Jahren den Boden.

Beide Narrative sind zu einfach. Die Marktsegmentierung und die Bemühung, zwischen den Konsumenten zu differenzieren, waren in den Vereinigten Staaten seit der Zwischenkriegszeit im Gang. Der »Massenmarkt« war nie monolithisch. Schon vor dem Ersten Weltkrieg hatte der Versandhausgigant Sears seine Kunden klassifiziert. Nach dem Krieg begannen Kaufhäuser mit »Kundenkontrolle« zu experimentieren. Entwickelt wurde diese Technik von Kreditabteilungen, die Ordner über inaktive Kunden anlegten und sie dann direkt ansprachen, um sie für das Warenhaus zurückzugewinnen. Den Managern war bekannt, dass Kunden, die Kredite nutzten, dazu neigten, mehr zu kaufen. Die Warenhäuser führten Karteikarten mit Angaben darüber, ob ein Kunde Hüte oder Schuhe gekauft hatte, zu welchem Preis und Zeitpunkt und in welcher Filiale er es getan hatte und ob er verheiratet oder alleinstehend war. Anstatt einfach das Konto zu prüfen, gingen Kreditmanager dazu über, die Verkäufe anzukurbeln. In den 1930er Jahren wurden die Lochkarte und die Datenverarbeitung eingeführt, die es Geschäften erlaubten, ihre Kunden in Einkommensgruppen einzuteilen. In Großbritannien unterschied die Marktforschung Menschen danach, welche Zeitung sie lasen: Für die *Times* gab es ein A, für *Good Houskeeping* ein D. Der personalisierte Verkauf war auf dem Massenmarkt angekommen.[136]

Nach Krieg und Sparsamkeit wuchsen die Werbungsausgaben rasch, zumal in den 1950er und 1960er Jahren ein phänomenales Wachstum zu verzeichnen war. Betrachtet man jedoch einen längeren Zeitraum, zeigt sich, dass es irreführend wäre, den Wohlstand der Nachkriegszeit als Ergebnis eines Sprungs aus dem Stand zu betrachten. In den Vereinigten Staaten lagen die Werbungsausgaben in der Zwischenkriegszeit durchwegs bei über 2 Prozent des BIP; den Höchststand von 3 Prozent erreichten sie Anfang der 1920er Jahre. Ein solches Niveau wurde in den 1950er und 1960er Jahren, trotz des Glamours, der heute mit Werbefachleuten verbunden wird, nie erreicht. Allerdings änderte sich die Art der Werbung, und es wurden andere Güter beworben. Um 1900 wurde überwiegend mit Zeitungsannoncen oder per Post geworben; wichtigste Produkt-

Werbeausgaben in den Vereinigten Staaten, 1920–2005

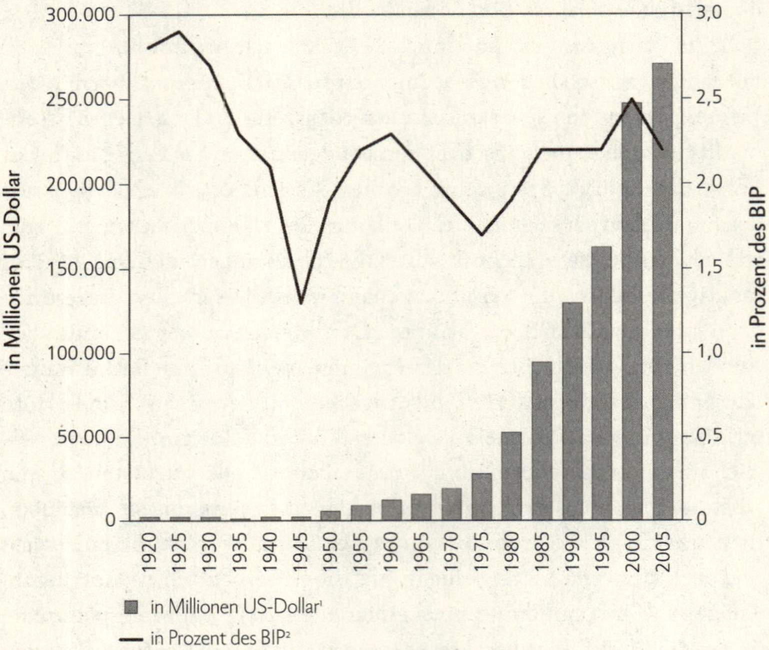

[1] Daten aus Robert Coen, »Structured Advertising Expenditure Dataset«.
[2] Daten aus »U. S. Annual Advertising Spending Since 1919«.
aus: *http://www.galbithink.org.*

kategorie waren geschützte Arzneimittel. In den 1970er Jahren flossen fast genauso viele Mittel in die Fernsehwerbung wie in Zeitungsanzeigen, und die wichtigsten Produkte waren Autos, Toilettenartikel, Lebensmittel, Bier und Schnaps.

Auch verdrängten kommerzielle und populärpsychologische Techniken nicht alles, was vorher war. In ihren frühen Jahren wurde der Reklame weithin vorgeworfen, sie würde den ästhetischen Geschmack der Menschen verderben und die Landschaft verschandeln. Im deutschen Kaiserreich der Vorkriegszeit warf man Werbefachleuten vor, sie würden »jüdische« Techniken fördern und wären amerikanisch und vulgär. Der große Historiker des Kapitalismus, Werner Sombart, hielt Werbung sowohl für

Geldverschwendung als auch für betrügerisch und schädlich für den guten deutschen Geschmack. Kommunalbehörden beklagten, grelle Plakate und Lichtreklamen würden Stadt und Land verunstalten. Um ihre Stellung zu stärken, holten sich Werbeleute Unterstützung aus Kunst und Design. In Köln arbeiteten sie mit dem Deutschen Werkbund zusammen. In der Werbung, hielten sie ihren Kritikern entgegen, gehe es um mehr als nur Profit: Sie erziehe die Massen zur Kultur.[137] An amerikanischen Universitäten wurde Marketing im Jahr 1900 zum Lehrfach. Dennoch gelang es nie wirklich, es auf eine wissenschaftliche Grundlage zu stellen. Die meisten Fachleute waren Praktiker und keine Psychologen. Vieles wurde durch Probieren erreicht. Amerikanische Agenturen entwickelten innovative Techniken, die jedoch, wenn sie in Europa übernommen werden sollten, an die örtlichen Verhältnisse angepasst werden mussten. Ein großer Teil der Erkenntnisse war ortsspezifisch. In J. W. Thompsons Londoner Niederlassung musste man erkennen, dass man für einen Markt arbeitete, in dem die Klassenzugehörigkeit wichtiger war als entlang der Madison Avenue. Dichter selbst eröffnete 1957 ein Büro in London, stellte allerdings fest, dass seine Techniken in England nicht funktionierten. Trotz wachsenden Wohlstands, klagte er, seien die Briten puritanisch und nutzten Dinge nicht zur Selbstdarstellung. Die meisten Unternehmen vertrauten der »Motivationsforschung« nie ganz und standen allem, was nach unterschwelliger Manipulation roch, weiterhin offen ablehnend gegenüber.[138]

Marketing wirkte nicht nur in einer Richtung – vom Markt auf die Gesellschaft –, vielmehr beruhte sein Erfolg auf der Wechselbeziehung mit Staat und Gesellschaft. Glaubwürdig wurde Marktforschung, weil gleichzeitig eine ganze Reihe von ähnlichen Formen der Sozialforschung an Anerkennung gewann: Massenbeobachtung, Meinungsumfragen, die Untersuchung von Lebenshaltungskosten, Publikumsforschung und auch direkte Versuche des Staates, seine Bürger genauer kennenzulernen, um gesunde oder einheimische Produkte besser fördern zu können. Das amerikanische Handelsministerium startete 1929 eine eigene Marktforschungsreihe. In Großbritannien gab es Marketingausschüsse für Milch und Kolonialwaren, die Untersuchungen durchführten, um das Kaufverhalten besser zu verstehen und beeinflussen zu können. Zwischen Regierungsstellen und Werbeagenturen herrschte ein reger Austausch. Es war ein kommerziell-staatlich-sozialwissenschaftlicher Forschungskomplex.[139] Es ist bemerkenswert, wie unterschiedlich die Werbung in ähnlich wohlhabenden Gesellschaften weiterhin in Erscheinung trat. Intensität und Sichtbarkeit variierten erheblich. 1980 wurde in den Vereinigten Staaten pro Person doppelt so viel für Werbung ausgegeben wie in Japan und Deutschland und viermal so viel wie in Italien. Interessanterweise kamen die Schweiz und Finnland dem amerikanischen Niveau am nächsten.[140] Auch bei der Wahl des Werbemediums blieben die Unterschiede bestehen. In den Vereinigten Staaten, Australien und Großbritannien entfiel in den 1990er Jahren ein Drittel der Werbeausgaben auf das Fernsehen. In den skandinavischen Ländern waren es nur 14 Prozent. Insgesamt wurde in Europa nördlich der Alpen überwiegend in Zeitungen geworben, im Süden dagegen im Fernsehen. Dies mag mit den unterschiedlichen Anteilen öffentlicher und privater Sender zu tun haben, dürfte aber auch darin begründet sein, dass Nordeuropäer in der Freizeit mehr lesen und (noch) eine lebendigere Zeitungslandschaft besitzen.[141]

Um sich zu verbreiten, müssen Güter Grenzen überqueren können. Indem Werbung, Marktforschung und Jugendkulturen das Schwergewicht auf Vergnügen und Erlebnis legten, überschritten sie eine innere, psychologische Grenze, die ebenso wichtig war wie die äußeren, territorialen Grenzen. Der Konsum wurde jetzt als Mittel, um tief in jemandes Identität und auch Libido vorzudringen, anerkannt und sogar gefördert. Nach Ansicht mancher Autoren aus jüngerer Zeit leben wir in einer neuen »Erlebnisgesellschaft«. Dinge seien nicht mehr in erster Linie deshalb wichtig, weil sie etwas tun, sondern weil sie ein Gefühl hervorrufen. Turnschuhe und Brillengestelle in allen Formen und Farben seien gute Beispiele dafür. Dieser Interpretation zufolge war der Wohlstand ein historischer Bruch mit einem von den Grundbedürfnissen beherrschten System; vor dem Wirtschaftswunder der Nachkriegszeit sei es den Menschen in erster Linie um Nützlichkeit gegangen und erst danach um Gefühle.[142]

Dies ist eine fragwürdige Darstellung. Sie lässt die weiterbestehende Bedeutung der Materialität außer Acht; Smartphones und Skateboards müssen sich nicht nur gut anfühlen, sondern auch funktionieren. Zudem wird die lange Geschichte emotionaler Bedürfnisse ignoriert. Ungeachtet aller Blindstellen erkannte Dichter (wie der Anthropologe Bronislaw

Werbeausgaben pro Kopf im Jahr 1980, in US-Dollar

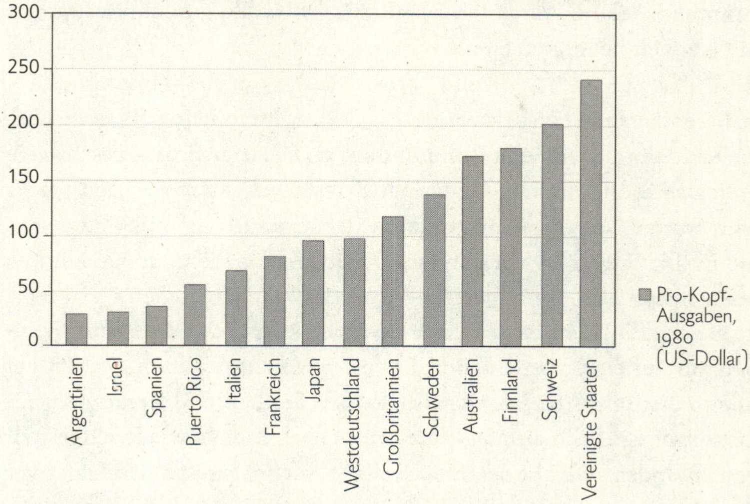

aus: Starch Inra Hooper Group and International Advertising Association, *Sixteenth Survey of Advertising Expenditures Around the World*, 1982.

Malinowski und der Soziologe Leonard Trelawny Hobhouse vor ihm), dass alle Gesellschaften, reiche wie arme, emotionale Beziehungen zu Dingen aufbauten. Auch frühe Ökonomen hatten die Rolle von Gefühlen nicht völlig ignoriert. Hermann Heinrich Gossen zum Beispiel formulierte 1854 seine Gesetze des Genusses aus der Erkenntnis heraus, dass das menschliche Handeln zum großen Teil nicht dazu dient, den Bauch zu füllen, sondern die Langeweile zu vertreiben.[143] Neben »defensiven« Gütern wie Brot, die sofortigen Genuss verschaffen, gebe es »kreative« Güter wie Musik oder das Reisen, denen die Menschen sich in der Vorfreude auf künftigen Genuss zuwenden. Dies seien »Erlebnisgüter«. Jeder Genuss hat, laut Gossen, eine optimale Frequenz, die durch mehr oder weniger Wiederholungen erreicht wird. In den 1950er und 1960er Jahren, könnte man Gossens Argumentation fortführen, wurde das Frequenzfeld ausgeweitet. Auf der einen Seite beschleunigte sich der Wechsel, wie in der Herrenmode. Auf der anderen Seite entstanden neue Gewohnheiten. In den späten 1950er Jahren schalteten die Italiener fast vier Jahre lang jeden Abend die gleiche Fernsehsendung ein: *Lascia o raddoppia?*. Die amerikanische Show *The Price Is Right* lief von 1956 bis 1965, die westdeutsche Sendung *Was bin ich?* hielt sogar bis 1989 durch. Bekanntheit und Neuheit bedingten einander.

In dieser längeren Perspektive gesehen, erscheint 1968 in der Geschichte des Konsums als Höhepunkt und nicht als scharfer Bruch, geschweige denn als Revolution. Das »materielle Selbst« war gewachsen und wuchs noch weiter. Vergnügen wurde zum Recht, und Kleidung, Autos und Popmusik wurden zu Mitteln, es auszuüben. Manche Gruppen lehnten den Konsum als unterschwellige Waffe der kapitalistischen Herrschaft ab, welche die Menschen, indem sie ihnen künstliche Bedürfnisse einpflanzte, auf eine passive Zuschauermasse reduzierte. Nach Ansicht der Situationistischen Internationale konnten Freiheit und Kreativität nur durch spontane »Situationen« und ironische Aktionen wiederhergestellt werden, indem man beispielsweise als Weihnachtsmann verkleidet vor Spielwarengeschäften Teddybären verschenkte. Im Mai 1968 verkündete ein Plakat in der Pariser Sorbonne, die Konsumgesellschaft müsse »eines gewaltsamen Todes sterben ... Phantasie an die Macht!«[144] Für die große Mehrheit der jungen Leute war die Konsumgesellschaft jedoch kein drängendes Problem.[145] Sogar englische *drop-outs*, niederländische *provos* und deutsche Gammler – kleine Gruppen, die ihre Lehrstellen gegen die Freiheit eingetauscht hatten – beharrten auf dem Recht, Alkohol, Drogen und die neuesten Schallplatten zu genießen,[146] einige Kommunen forderten ihre Sympathisanten zum Ladendiebstahl auf. Es war eher ein Boykott der Registrierkasse als von Konsumgütern.

Der gewalttätigste Angriff fand in Frankfurt am Main statt. Am 2. April 1968 explodierten in zwei Warenhäusern zwei mit Zeitzündern versehene Brandsätze und zerstörten ein paar Spielzeuge und Sportartikel. Doch selbst dies gilt es in die richtige Perspektive zu rücken. Im Vergleich mit dem Brand in Kairo von 1952, als Nationalisten sechs Kaufhäuser und 700 Geschäfte, Tanzlokale und andere Einrichtungen in Brand setzten, war es ein geringfügiger Vorfall. Der deutsche Bombenanschlag stand im Kontext von amerikanischem Imperialismus und dem Vietnamkrieg. Ein Jahr zuvor, am 22. Mai 1967, waren bei einem Brand im Brüsseler Kaufhaus À l'innovation 322 Menschen ums Leben gekommen. Die Ursache war vermutlich durch einen elektrischen Kurzschluss verursacht worden, aber da er während einer amerikanischen Modenschau und während einer Demonstration gegen den Vietnamkrieg vor dem Haus ausbrach, lag der Verdacht eines politisch motivierten Anschlags nahe. In Berlin verteilte die Kommune I, die im Januar 1967 gegründete erste politische Wohngemeinschaft, Flugblätter, auf denen das Unglück als »neuer Gag in der vielseitigen Geschichte amerikanischer Werbemethoden« bezeichnet wurde; man sei jetzt auf die Idee verfallen, den Konsumenten selbst zu verbrennen. Wann wohl, fragten sich die Kommunarden, werde sich jemand »diskret eine Zigarette in der Ankleidekabine« anzünden und das KaDeWe oder Woolworth in Flammen setzen, so dass man in Berlin »jenes knisternde Vietnamgefühl (dabeizusein und mitzubrennen)« teilen könne?[147]

Die wirklichen Bomben, die ein Jahr später in Frankfurt explodierten, entfachten keine breite Debatte über die Konsumkultur. Stattdessen scheinen sie dazu beigetragen zu haben, diese Debatte zu ersticken. Die nachfolgende Gerichtsverhandlung wurde zu einem selbstzerstörerischen Kräftemessen zwischen Staat und Terroristen. Die Bombenleger, Andreas Baader und Gudrun Ensslin, verstanden sich als Kämpfer gegen den »Konsumterror«: »Der Konsumzwang terrorisiert euch, wir terrorisieren die Waren.« Mit ihrer Einstellung zu Gütern und ihrem Einsatz von Gewalt, hätten sie Gandhi nicht ferner sein können. »[M]ir gefallen auch Autos, mir gefallen auch alle Sachen, die man in den Kaufhäusern kaufen kann«, erklärte Ensslin. »Aber wenn man sie kaufen muss, damit man nicht zu Bewusstsein kommt, dann ist der Preis zu hoch.«[148] Konsum war in Ordnung, solange man als Radikaler nicht dafür zu bezahlen brauchte. Ensslin erschien in einer roten Lacklederjacke zur Gerichtsverhandlung. Baader, der sich nach dem Vorbild des französischen Schauspielers Jean-Paul Belmondo stylte, liebte Nachtklubs und exklusive Kleidung; während seines Aufenthalts im Haus von Hans Werner Henze in Rom bediente er sich ausgiebig an dessen Seidenhemden. Als er schließlich gefasst wurde, saß er am Lenkrad eines Iso Revolta 300; zuvor hatte er unter anderem einen weißen Mercedes 220 SE und einen Ford Fairlane (mit Heckflossen) gefahren. Er stand Dichters amerikanischem Konsumenten näher als Maos Bauern.

Ensslin war die Tochter eines schwäbisch-pietistischen Pfarrers und ein typisches Beispiel für den Zusammenstoß zwischen Jugendkultur und herrschenden Hierarchien. Antiautoritäre Politik arbeitete eher mit der Konsumkultur zusammen als gegen sie. Privater Genuss wurde zu einem revolutionären Prinzip, oder, wie Dieter Kunzelmann von der Kommune I es ausdrückte, der Orgasmus zählte mehr als Vietnam. Über die Auswirkungen des Lebensstils auf die Produzenten hatten die *soixante-huitards*, die 68er, kaum etwas zu sagen. Bei aller Kritik an der »Konsumgesellschaft« billigten sie Wahlfreiheit und Selbstdarstellung und bestärkten sie sogar. Manche Radikale hatten Angst vor einem »Ausverkauf« und forderten Einfachheit. Aber die meisten betrachteten Popmusik und bunte Kleidung als Mittel der Selbstverwirklichung. Für eine Jugendbewegung war dies ein grundsätzlicher Richtungswechsel. Um 1900 waren organisierte Jugendliche in die Wälder und ins Gebirge gezogen, um kommerziellen Freizeitangeboten und Reizen zu entkommen. Jetzt griffen sie nach beidem als Mittel der Befreiung.

Konsumkultur und radikale Kultur lebten offen zusammen. In Berlin zog das Model Uschi Obermaier in die Kommune I ein, trank Cola und rauchte Reyno; revolutionäre Schriften interessierten sie nicht, wie sie eingestand. Exotische Mode war ein Element der Politik gegen das Establishment. Zu Gerichtsverhandlungen erschienen 68er, frisch aus dem Internat kommend, in grünen Jacketts und hellblauen Hosen. Dass Mode und Musik radikalen Zwecken dienen konnten, erschütterte die marxistische Auffassung, die Kulturindustrie sei ein Werkzeug von Entfremdung und Herrschaft, in den Grundfesten. Auf den Bücherborden von Aktivisten mochten Marcuse und Adorno stehen, aber ihr Lebensstil strafte die These Lügen, die »technologische Gesellschaft« habe einen »eindimensionalen Menschen« hervorgebracht, der durch von Unterhaltung, Werbung und Komfortillusionen geschaffene »repressive Bedürfnisse« ruhiggestellt sei.[149] Der Glaube an die Selbstverwirklichung implizierte die Überzeugung, dass der Einzelne in der Lage sei, die angebotenen Güter zu beurteilen und seine eigene Wahl zu treffen. In radikalen Zeitschriften erschienen Werbeanzeigen von Auto- und Getränkeherstellern. In der Literatur der Gegenkultur trat Donald Duck neben Mao.[150]

Das Potential solcher Affinitäten blieb den Unternehmen nicht verborgen. Kaum ein Jahr nach den Revolten von 1968 hingen in den Kaufhäusern gegenkulturelle Hemden und Kleider. Die *soixante huits* mochten in der Familie und im Bildungssystem antiautoritäre Erfolge erzielt haben, doch was ihren materiellen Appetit anging, machten sie dort weiter, wo ihre Eltern aufgehört hatten. Bärte sparten ein paar Rasierklingen. Wohngemeinschaften verwandelten Orangenkisten in Regale. Manche Feministinnen verbrannten ihre BHs, und frühe Hippies verschenkten ihre Uhren. Doch insgesamt war die neue Generation hungrig nach Ressourcen und Dingen. In New York taten sich junge Familien zu Kommunen zusammen, behielten aber ihre persönlichen Staubsauger und privaten Duschen, und die Klimaanlage lief ständig.[151] In Westdeutschland stellte eine Forscherin erstaunt fest, dass es in »alternativen« Gemeinschaftswohnungen mehr Fernseher, Stereoanlagen sowie Waschmaschinen und Wäschetrockner gab als in konventionellen Haushalten, und manche Wohngemeinschaften verfügten über drei Autos.[152] Gemeinsame Benutzung bedeutete also nicht automatisch ein einfaches Leben. Vielmehr konnte sie den gegenteiligen Effekt haben und die Anschaffung von mehr Geräten rechtfertigen, um Streits über ihre Benutzung zu vermeiden.

Zum Zeitpunkt der Ölkrise im Jahr 1973 war die Konsumkultur fest verankert. Die kritischen Stimmen verstummten jedoch nicht. Der italienische Dichter und Filmemacher Pier Paolo Pasolini klagte darüber, dass Fernsehen und Autos Gebräuche und Klassen eingeebnet und in ein und dieselbe Monokultur eingebunden hätten; die »Konsumwut« habe zu einem »neuen Faschismus« geführt, der das italienische Volk weit mehr erniedrige als zu Mussolinis Zeiten – womit Pasolini allerdings die Manipulation der Freizeit unter dem »Duce« unterschätzte.[153] In Frankreich entwickelte Jean Baudrillard eine neue Kritik der Konsumgesellschaft als eines totalen Zeichensystems, in dem die Menschen unter einer Art Zauberbann leben und Güter nicht mehr wegen ihrer Nützlichkeit auswählen, sondern aufgrund der Bilder und Botschaften, deren Träger sie sind. Da diese unendlich seien, generiere das System ein ständiges Verlangen nach mehr: »Die Opulenz, der ›Überfluss‹ ist in der Tat nur die Akkumulation der *Zeichen* des Glücks.«[154] 1972 veröffentlichte der Club of Rome – eine Gruppe von Wissenschaftlern, Geschäftsleuten und Freiberuflern – seinen ersten Bericht, um davor zu warnen, dass es in einer Welt mit endlichen Ressourcen Wachstumsgrenzen gebe. Auch im

Sowjetblock gab es Skeptiker. Alexander Solschenizyn, der den Bericht gelesen hatte, forderte die sowjetische Führung 1974 auf, den selbstzerstörerischen Pfad von Gier und Fortschritt zu verlassen und zu Kleinstädten, Gärten und Stille zurückzukehren.[155]

Wie nobel solche Anschauungen auch waren, sie drangen nicht mehr durch, weder im Westen noch im Osten. Das politische Gravitationszentrum hatte sich verlagert. In den vorangegangenen Jahrzehnten hatten Konservative ihren Antimodernismus zugunsten eines familienorientierten Konsums aufgegeben. Sogar Charles de Gaulle hatte, trotz seiner Antipathie gegenüber Amerika, das er als geschichtslos betrachtete, eine »einheimische Amerikanisierung« gefördert, wie es ein Historiker bezeichnet hat.[156] Sozialdemokraten akzeptierten schließlich, wie widerstrebend auch immer, dass Arbeiter neben Arbeit und Wohlfahrt auch privaten Komfort wollten. Weiter links entdeckten europäische Intellektuelle Amerika mit seinen verschiedenen Lebensstilen und diversen Kulturen erneut als Vorhut der Revolution.[157] Anstatt die Konsumkultur als Unterdrückungsinstrument zu verurteilen, stellten Mitte der 1970er Jahre Autoren wie Michel de Certeau Einkaufen und Essen als Alltagshandlungen dar, bei denen die kleinen Leute durch Schlauheit, »Gebrauchsweisen« und »Finten« eine gewisse Kontrolle über ihr Leben gewinnen konnten. Im folgenden Jahrzehnt begannen die Anthropologin Mary Douglas und der Historiker Simon Schama den Konsum als integralen Bestandteil des Sozialsystems und der Schaffung von Bedeutung, Solidarität und Identität zu würdigen, während Vertreter der Gender Studies die Käuferinnen vor der Vergessenheit retteten.[158]

Bei amerikanischen Bürgerrechtlern war eine ähnliche Öffnung zu beobachten. Hatte Martin Luther King in den 1950er Jahren noch erklärt, große Autos würden Afroamerikaner von Gott ablenken, predigte er im nächsten Jahrzehnt etwas anderes: Das Böse sei die Armut inmitten von Überfluss. Arme Weiße und Afroamerikaner müssten sich die Hände reichen. King hatte erkannt, dass seine Anhänger materielle Wünsche hatten, und zwar aus staatsbürgerlichen wie aus persönlichen Gründen: Mit einem großen Auto erlange man Respekt. Jeder wolle sich von der Masse abheben. Gefährlich werde dies jedoch, wenn der »Tambourmajor-Instinkt« nicht »gezügelt« werde, sondern das Ruder übernehme, die Menschen in einen Kaufrausch treibe, um »die Joneses zu übertreffen«, und sie dazu bringe, zu prahlen und zu lügen, und dabei zu Snobs werden lasse.[159]

Für diejenigen, die am Rand der Gesellschaft standen, bedeutete die Erreichbarkeit von Gütern Zugehörigkeit und Würde. Ende der 1960er Jahre gingen in den Vereinigten Staaten Tausende von Sozialhilfeempfängern auf die Straße, um für ihr Recht auf Kreditkarten zu kämpfen.[160] Einer älteren Moralität am nächsten kam von allen Machthabern US-Präsident Jimmy Carter während der Ölkrise. »Wir haben gelernt«, sagte er im Juli 1979 in einer Fernsehansprache, »dass die Anhäufung materieller Güter die Leere eines Lebens, das weder Zuversicht noch Ziele kennt, nicht füllen kann.«[161] Aber selbst Carter sah die Lösung nicht darin, den Konsum einzuschränken. Seine beiden Hauptschlussfolgerungen lauteten vielmehr, dass Amerika Vertrauen brauche und dass ein höherer Energiebedarf in Zukunft durch einheimische Ressourcen gedeckt werden sollte; so sollten bis zum Jahr 2000 20 Prozent des Stroms aus Sonnenenergie gewonnen werden. Das erste Ziel erreichten die Amerikaner, das zweite nicht. 2014 lieferte die Sonnenenergie lediglich 0,5 Prozent des Stroms.[162]

Eine positive Einstellung zum Überfluss darf nicht mit blindem Optimismus oder Markteuphorie verwechselt werden. Vielmehr ist sie Ausdruck einer ausgewogeneren Haltung zu den Dingen. Niemand hat dieses neue Gleichgewicht besser illustriert als Jean Saint-Geours in seinem Buch *Es lebe die Marktwirtschaft* von 1971. Saint-Geours war Establishment pur. Aus sozialistischem Milieu stammend, fungierte er 1954/55 als Chargé de mission unter Pierre Mendès France, bevor er Generalinspekteur der Finanzen wurde. Als er sein Buch schrieb, war er Generaldirektor der Bank Crédit Lyonnais. Als Gründungsmitglied des Club of Rome wusste er um die Gefahren von Umweltverschmutzung, Armut und Urbanisierung. Das Wachstum müsse verlangsamt und gesteuert werden, erklärte er. Dennoch wäre es dumm zu denken, man könne irgendwelche Fortschritte erzielen, indem man den Konsum aufgebe. Die Welt der Güter habe sowohl kollektive als auch individuelle Freiheiten mit sich gebracht. Die Menschen empfänden bei der Benutzung von Dingen echte Befriedigung; mit Hilfe des »Heiligenscheins«, den man der Arbeit verliehen habe, sei ihnen dies bisher versagt worden. Statt zu Entfremdung zu führen, wie die Marxisten Lefebvre und Marcuse meinten, hebe die Konsumgesellschaft die Menschen aus Ignoranz und ihrer Abhängigkeit von Kirche und Eliten heraus. Die Ausgaben für Bücher hätten sich seit den 1950er Jahren verdreifacht, und Repression sei größerer sexueller Freiheit gewichen.

Saint-Geours' Denken war eine unverkennbar französische Art, mit dem Überfluss seinen Frieden zu machen. Die Konsumgesellschaft sei keine soziale Krankheit. Sie habe die Kultur nicht zerstört, sondern lediglich demokratisiert. Der kreative Geist sei am Leben und wohlauf. Saint-Geours war einer der Ersten, die das Bild einer »postindustriellen Gesellschaft« entwarfen, in der neue Erfahrungen im Mittelpunkt von Vergnügen und Freiheit stehen würden. Er konnte, anders als Galbraith 15 Jahre zuvor, sehen, dass Überflussgesellschaften immer mehr Geld für Gesundheit und Bildung ausgaben: Anfang der 1960er Jahre machten die entsprechenden öffentlichen Ausgaben in Frankreich 36 Prozent des BIP aus, in Großbritannien 33 Prozent und in Westdeutschland 35 Prozent. Ende der 1970er Jahre lag der Anteil in allen drei Ländern bei 46 Prozent. Dies war, laut Saint-Geours, kein Zufall. Der *homme de consommation* sei mehr als ein privater Hedonist. Überfluss erlaube es den Menschen, sich für kollektive Bedürfnisse wie die Gesundheitsversorgung und eine saubere Umwelt einzusetzen. Privater Konsum und gesellschaftlicher Fortschritt seien miteinander verknüpft. Herzschrittmacher haben zu wollen, aber keine Autos, sei unmöglich. Saint-Geours demonstrierte an sich selbst, dass der Mensch seine Existenz erst »im Komplizentum mit den erschaffenen und vorhandenen Dingen ... finden kann«. Er möge sein Auto und fühle sich sogar als »Verbündeter und Komplize all derer, die es geschaffen haben«. Ja, das Auto verschmutze die Umwelt, aber es sei auch befreiend, denn es eröffne den Zugang zur Landschaft und zu einer ganzen Welt von Erlebnissen. Er erfreue sich »an den Konturen des Wagens«; es in Bewegung zu sehen, bereite ihm »ästhetischen Genuss«. Mit dem Auto habe der Mensch ein wahrhaft magisches Objekt geschaffen. Schöne Autos erinnerten ihn an »Fische oder Vögel«.[163] Konsumgüter standen hier auf einer Ebene mit der Natur.

Ausverkauf

Trotz aller Befürchtungen von Priestern und Philosophen ist es den westlichen Gesellschaften gelungen, die Herausforderung des Überflusses zu meistern. Kein Regime brach unter der Last der Dinge zusammen. Eine zerstörerische Wirkung hatten materielle Wünsche nur im sozialistischen Osteuropa. Sich nach der Diskussion des Überflusses dem Sowjetblock zuzuwenden bedarf der Rechtfertigung. Immerhin war der dortige Mangel legendär, und es gab allenfalls eine begrenzte Wahlmöglichkeit. Dennoch wäre es ein Fehler, im Gefühl des Sieges eine selektive Geschichte der Konsumkultur zu schreiben, so als wäre sie gleichbedeutend mit dem Aufstieg des Marktliberalismus. Der Sozialismus war eine Konsumgesellschaft eigener Art, und die in ihr lebenden Menschen entwickelten einen Hunger nach Dingen, der weit über das hinausging, was in den Geschäften angeboten wurde. Heute ist es verlockend, den Materialismus als eine Krankheit kapitalistischer Gesellschaften mit ihren verschwenderischen Konsumenten, allgegenwärtigen Werbebotschaften und überquellenden Warenhäusern zu betrachten. Das sozialistische Experiment hat gezeigt, dass auch das Umgekehrte möglich ist: Wenn Güter schwer zu haben sind, wird ihre Attraktivität nicht geringer, sondern größer. Darüber hinaus bedeutete die mangelnde Auswahl nicht, dass die Menschen keine Dinge besaßen. Aus der Perspektive jeder beliebigen Gesellschaft vor dem 20. Jahrhundert waren die sozialistischen Gesellschaften des Ostblocks überaus begütert. In den 1960er und 1970er Jahren erlebten sie ein spektakuläres Wachstum. In der Sowjetunion nahm die Zahl dauerhafter Konsumgüter jährlich um 8 Prozent zu. 1976 besaß in Ungarn, Ostdeutschland, der Tschechoslowakei und der Sowjetunion jede Familie einen Fernseher, ein Radio und einen Kühlschrank; Bulgarien und Rumänien hinkten hinterher. Auch Freizeit und Tourismus wuchsen sprunghaft. Entbehrung ist, wie Wohlstand auch, ein relativer Begriff. Im wohlhabenden Westen litten arme Konsumenten zusätzlich unter sozialer Ausgrenzung. Das Problem der sozialistischen Gesellschaften bestand darin, dass die Ansprüche am höheren und weiter steigenden Niveau des Westens gemessen wurden.

Im Mai 1960 kündigte der sowjetische Partei- und Regierungschef Nikita Chruschtschow in einer Rede vor dem Obersten Sowjet an, dass die Sowjetunion in »allernächster Zukunft« das Konsumniveau der Vereinigten Staaten erreichen werde. »Danach«, fügte er hinzu, »werden wir gleichsam auf die offene See hinausschwimmen, auf der uns im Wettlauf mit dem Kapitalismus nichts behindert.«[164] Zwei Jahre später versprach die ungarische Regierung der Bevölkerung für die folgenden drei Jahre 610 000 Fernsehapparate, 600 000 Waschmaschinen und 128 000 Kühlschränke. Der »Kühlschrank-Sozialismus« (»Frigidaire-socialism«) war geboren.

Was trieb die sozialistische Konsumkultur voran? Auf der einen Seite gibt es die Ansicht, dass sie ein westlicher Import war. Gewiss besaßen Jeans und westlicher Jazz und Rock eine enorme Anziehungskraft; in den späten 1960er Jahren gingen litauische Hippies in die Bibliothek der dortigen Akademie der Wissenschaften, um die *Vogue* zu lesen. Sozialistische Werbung, soweit vorhanden, orientierte sich am westlichen Vorbild. Aber der Ostblock hatte auch seine eigene Dynamik. Wie im Fall der Amerikanisierung kamen die Anregungen sowohl von der Peripherie als auch vom Zentrum. Die Sowjetunion bezog massenproduzierte Möbel aus der Tschechoslowakei. Sozialistische Bruderländer veranstalteten gemeinsame Mode- und Musikfestivals.[165]

Nach einer anderen, zynischeren Lesart wurde der Konsumismus als Herrschaftsinstrument benutzt. Die Führungen hätten mit Gütern inneren Frieden erkauft. Die Lehre aus den Aufständen von 1953 in Ostdeutschland und 1956 in Ungarn lautete, dass Dinge hergestellt werden mussten, die die Menschen haben wollten. Dem Prager Frühling im Jahr 1968 und den Unruhen in Polen 1970 folgte jeweils das Versprechen von mehr Gütern und mehr Offenheit gegenüber der Jugendkultur. Diese Auffassung trifft zwar teilweise zu, sagt aber wenig darüber, wie Güter das Alltagsleben in diesen Gesellschaften veränderten. Sozialistischer Konsum war ein Produkt sowohl von inneren Spannungen als auch von äußeren Anregungen.

Amerikanische Güter verwandelten den Eisernen Vorhang in ein löchriges Netz. Bis zum Bau der Berliner Mauer konnten Ostdeutsche, nicht zuletzt aufgrund eines subventionierten Umtauschkurses für ihr Geld, jederzeit Ausstellungen im Westen besuchen oder in einem der grenznahen Kinos amerikanische Filme anschauen. Im Juni 1956 nutzten polnische Arbeiter die internationale Handelsmesse in Poznán, auf der neben der allgegenwärtigen modernen Einbauküche auch eine amerikanische Modenschau zu sehen war, für antisowjetische Proteste.[166]

Das Problem der sozialistischen Regime war sowohl der Mangel an Visionen als auch die schlechte Wirtschaftslage. Unfähig, einen alternativen, »einfacheren«, weniger von Dingen abhängigen Lebensstil zu entwickeln, traten sie eins nach dem anderen in das nach westlichen Bedingungen ablaufende Wettrennen um materiellen Wohlstand ein. Am intensivsten war die Nachahmung im Auge des Sturms: im geteilten Deutschland. 1953 führte das ostdeutsche Regime einen »neuen Kurs« ein, der mehr Gewicht auf Konsumgüter legte.[167] Wie in der stalinistischen Sowjetunion der 1930er Jahre versuchte man, eine freundlichere, attraktivere Verkaufskultur zu schaffen.

Was technische Spielereien betraf, waren die sozialistischen Entwickler nicht zu übertreffen. Der Purimix zum Beispiel war ein erfindungsreiches Gerät, das sowohl staubsaugen als auch, mit den richtigen Aufsätzen, Gemüse schneiden und Kaffeebohnen mahlen konnte. Bereits 1952 hatte das Institut für Bekleidungskultur, 1957 in Deutsches Modeinstitut der DDR umbenannt, die Tore geöffnet. Heinz Bormann, der »rote Dior«, orientierte sich an den neuesten westlichen Entwürfen.[168] 1958 wurde in Ostdeutschland die Lebensmittelrationierung aufgehoben, und SED-Chef Walter Ulbricht kündigte an, dass die DDR ihren kapitalistischen Nachbarn in puncto Versorgung mit Konsumgütern und Pro-Kopf-Einkommen binnen drei Jahren überholen werde.[169] Inzwischen gab es einen Versandkatalog, und man trieb die Eröffnung von Selbstbedienungsläden voran. Kredite ermöglichten es DDR-Bürgern, Waren im Wert von bis zu 20 Prozent ihres Jahreseinkommens auf Raten zu erwerben; besonders beliebt waren Möbel und Radios.

All diese Initiativen stießen auf das gleiche Problem. Es hatte einen Grund, dass sozialistische Regime Konsumgüter zugunsten der Schwerindustrie vernachlässigten: Die zentralisierte Großindustrie war die Quelle politischer Macht. Außerdem lag das Hauptaugenmerk des Tauschsystems im Sowjetblock auf Lebensmitteln und Rohstoffen, was zum Nachteil für technologische Innovationen war. Die höher entwickelten Mitglieder, wie die DDR und die Tschechoslowakei, wurden doppelt bestraft. Sie mussten ihre unterbewerteten Industrieprodukte gegen überbewertete Lebensmittel und Rohstoffe tauschen.[170] Das Gesetz des komparativen Nutzens war auf den Kopf gestellt. Da das ostdeutsche Regime nicht in der Lage war, große Haushaltsgeräte zu liefern, verlegte es sich auf die »tausend kleinen Dinge des täglichen Bedarfs«, wie Schrauben, Nähnadeln und Ersatzteile. Delegationen fuhren nach Schweden und Westberlin, um sich über die Trockenreinigung und Do-It-Yourself-Entwicklungen zu informieren.[171] Wenn die sozialistischen Konsumenten Dinge haben wollten, würden sie lernen müssen, sie zu reparieren.

Das materielle Rennen war also schon in vollem Gange, als der damalige amerikanische Vizepräsident Richard Nixon am 24. Juli 1959 auf der Amerikanischen Nationalausstellung in Moskau die berühmte Küchendebatte vom Zaun brach. Das hier ausgestellte, voll eingerichtete Sechszimmer-Modellhaus koste 14 000 Dollar. Jeder amerikanische Arbeiter könne sich das leisten, forderte er Chruschtschow heraus. Doch so leicht ließ sich der Sowjetführer nicht aus der Fassung bringen; immerhin hatte man zwei Jahre zuvor den Sputnik ins All geschossen. In der Sowjetunion seien alle neuen Häuser so ausgestattet, entgegnete er. Vielfalt werde überbewertet: Wozu brauche man verschiedene Modelle, wenn es ein gut funktionierendes Gerät gebe? Die sowjetischen Medien zeigten Bilder von amerikanischen Slums und Mülldeponien, als wollten sie Galbraiths Thesen untermauern. Rund 2,7 Millionen Menschen besuchten die Ausstellung im Sokolniki-Park – dreimal so viele, wie die gleichzeitige sowjetische Schau im New York Coliseum anzog –, und viele mehr begutachteten auf parallel stattfinden Konkurrenzveranstaltungen in Moskau Fernsehapparate und Haushaltsgeräte aus eigener Produktion (siehe Abbildung 43). In der amerikanischen Modellküche wurden für die Zuschauer, die staunend miterlebten, wie binnen weniger Minuten Pommes frites oder Püree serviert wurden, insgesamt rund 7250 Kilogramm Tiefkühlkost zubereitet. Manche Moskauer schüttelten über Geräte wie den Toaster den Kopf: Warum sollte man bereits gebackenes Brot rösten? Doch die Konsumgüter waren unwiderstehliche Magneten. Amerikanische Models wurden von Besuchern belagert, die wissen wollten, wie sie lebten, wie viel ihre Kleider kosteten und ob falsche Wimpern nachts abgenommen werden mussten.[172]

Sozialistische Führer waren mit Marx' Vision einer Zukunft aufgewachsen, in der die Trennung von Arbeit und Freizeit, Privatem und Öffentlichem aufgehoben sein würde. Im Kommunismus würden die Menschen Freizeit und privaten Komfort nicht mehr als Zuflucht vor der Arbeit nutzen. Da Arbeit kein Zwang mehr wäre, würde die Freizeit lediglich die »allseitig entwickelte« sozialistische Persönlichkeit komplettieren. Wie erwähnt, wurden in den 1930er Jahren produktive Arbeiter mit feiner Kleidung und Konsumgütern belohnt. Während des Kalten Kriegs wurde die Freizeit zu einem zentralen Schlachtfeld zwischen Sozialismus und »kapitalistischem Imperialismus«. Rock'n'Roll, Jeans und Fernsehromanzen waren Waffen der »ideologischen Diversion«, durch die der Klassenfeind die Aufmerksamkeit vom Aufbau des Sozialismus ablenken wollte.[173] Sie waren Mittel zur Schaffung »falscher Bedürfnisse«.

In Wahrheit war dieser Druck ebenso sehr selbst geschaffen wie importiert. Schon lange vor der Aufhebung des offiziellen Banns gegen das »Westfernsehen« hatte sich das ostdeutsche Regime an der Herausbildung eines stärker privatisierten Lebensstils mitschuldig gemacht. In mancher Hinsicht befand es sich in einer ähnlichen Zwickmühle wie zuvor das NS-Regime: Wohnzimmer waren trotz aller Anstrengungen, Kinder zur Denunziation ihrer Eltern zu bewegen, schwer zu überwachen. Im Zuge des Tauwetters seit Mitte der 1950er Jahre verstärkte sich der Trend zur Privatisierung. Überall im Ostblock entstanden Selbstbedienungsgeschäfte und Supermärkte. Chruschtschow hatte sich für sozialistische Konsumnormen eingesetzt, aber Vielfalt und der private Hang zu einem bisschen Luxus fanden darin kaum Platz. Die Konsumgüterproduktion musste weiterhin zugunsten der Schwerindustrie zurückstecken. Nach 1964, unter Chruschtschows Nachfolger Leonid Breschnew, schlug die Sowjetunion einen anderen Kurs ein. Fabriken mussten in direkten Kontakt mit Geschäften treten, um zu erfahren, ob ihre Produkte Anklang fanden. Agenten beobachteten Märkte, und Konferenzen beschäftigten sich mit der Frage, wie die Verteilung verbessert werden konnte. Zwischen 1966 und 1970 nahm die Konsumgüterproduktion um die Hälfte zu. Dieser Entwicklung kam zugute, dass die Ölkrise die Nachfrage nach sowjetischem Erdöl steigerte und demgemäß mehr Güter zu niedrigeren Preisen importiert werden konnten. Die Moskauer Straßen wurden verbraucherfreundlicher; sie boten mehr Abwechslung, und es gab mehr Selbstbedienungsgeschäfte. 1972 besaßen zweihundert Moskauer Geschäfte ein eigenes Café. Die Parteizeitung *Prawda* propagierte die neue Linie mit Artikeln, in denen das Motto »Der Kunde hat immer recht!« verbreitet und »Waren für die Menschen« gefordert wurden.[174]

Von außen gesehen, signalisierten kilometerlange Reihen von brutalistischen Wohnblocks dröge Gleichförmigkeit. Im Innern war man jedoch bemüht, seine Wohnung individuell zu gestalten. 1960 begann eine polnische Zeitschrift eine Artikelserie mit dem Titel »Mein Hobby ist meine Wohnung« zu veröffentlichen, die Beispiele dafür zeigte, wie man mit alten und neuen Möbeln, Dekorationen und Besitztümern einen persönlichen Stil schaffen konnte.[175] Designer predigten funktionale Modernität, doch ihre Verzweiflung über die Wiederkehr von Nippes und »bourgeoiser« Einrichtung sprach Bände. In der Sowjetunion wurden 1975 zehnmal so viele Möbelgarnituren hergestellt wie ein Jahrzehnt zuvor. Das Heim übte in den sozialistischen Ländern eine enorme Anziehungskraft aus und regte eine wahre Jagd nach Neuheiten, Mode und Modernisierung an. In der Sowjetunion waren in den späten 1960er und den 1970er Jahren Kristallwaren und Tafelgeschirr, die häufig in der DDR gekauft wurden, besonders beliebt. In Ostdeutschland eroberten der Teppichboden und die Rundumtapezierung die Wohnungen. Marktforscher des Regimes fanden außerdem heraus, dass die Menschen in der Regel Sofas und Wohnzimmereinrichtungen nicht mehr mit dem Gedanken kauften, dass die Möbel ein Leben lang halten sollten, sondern sie diese in den vergangenen zehn Jahren ausgetauscht hatten.[176] Als Forscher 1979 Jugendliche nach ihren Wünschen fragten, stand sowohl bei Jungen als auch bei Mädchen die Einrichtung einer schönen Wohnung an erster Stelle, weit vor jährlichen Urlaubsreisen, modischer Kleidung, Plattenspielern oder einem Auto.[177]

Die hybride Natur der sozialistischen Wirtschaften brachte sowohl Wünsche als auch Enttäuschungen hervor. Güter des Grundbedarfs, wie Wohnung, Bildung, Elektrizität, Schul- und Fabrikessen, wurden vom Staat zu stark subventionierten Preisen bereitgestellt. Im Gegensatz dazu waren Konsumgüter teuer und nur nach langer Wartezeit zu bekommen. Es entstand eine große Schattenwirtschaft; in Polen wurde

Anfang der 1980er Jahre rund ein Viertel des privaten Einkommens auf dem Schwarzmarkt ausgegeben.[178]

Häufig werden die günstigen öffentlichen Dienstleistungen als positives Gegengewicht zu den vielen Mängeln beim privaten Konsum angeführt. Dabei wird übersehen, dass Defizite im einen Sektor Probleme im anderen verstärkten. Ostdeutsche steckten ihr Geld und Herzblut unter anderem deshalb in die Innenausstattung, weil es der einzige Aspekt des Wohnbaus war, den sie selbst bestimmen konnten. Der Wohnungsbestand bot ein trostloses Bild. 1971 waren die Wohnungen in der DDR im Durchschnitt sechzig Jahre alt. Zwei Drittel von ihnen besaßen weder ein Bad noch eine Innentoilette, und in 29 Prozent gab es kein fließend Wasser. Laut einer internen Untersuchung befanden sich 20 Prozent des Wohnungsbestands in einem »völlig unzumutbaren« Zustand.[179] In Schweden und Westdeutschland wurden mehr als doppelt so schnell neue Wohnungen gebaut. Aber das Problem war nicht nur die Zahl der Wohnungen, sondern auch ihre Größe. In der DDR hatte die Durchschnittswohnung bei 53 Quadratmeter Wohnfläche ein oder zwei Zimmer, während es im Westen auf 79 Quadratmeter drei oder vier waren. Selbst nach Honeckers Bauprogramm in den 1970er Jahren standen beispielsweise in Saßnitz mit seinen 10 000 Einwohnern 944 verheiratete Paare auf der Warteliste für ihre erste eigene Wohnung, und 128 geschiedene Paare waren gezwungen, weiterhin zusammenzuwohnen. In anderen Bereichen des öffentlichen Konsums, einschließlich des viel gelobten Kinderbetreuungssystems, traten ähnliche Mängel auf; so wartete in Zwickau, der Heimat des Trabants, der mit seinem Zweitaktmotor und der Kunststoffkarosserie zum Symbol des Lebens im Sozialismus wurde, 1980 mehr als die Hälfte der Kinder auf einen Kindergartenplatz.[180] Der Sozialismus war enorm verschwenderisch. Wohnungen waren derart billig, dass es keinen Grund gab, eine einmal gefundene große Wohnung aufzugeben, nachdem die Kinder ausgezogen waren. Bei Festen wurde das Bier unter (spottbilligem) fließendem Wasser in der Badewanne gekühlt. Der Sozialismus war gekennzeichnet durch private Entbehrung und öffentliche Misere.

Billige öffentliche Güter förderten private Ansprüche und die soziale Schichtenbildung. In Anbetracht der Entbehrungen, die sie selbst in der Kindheit erlebt hatten, entsprach es in den Augen sozialistischer Führer einer einfachen moralischen Logik, dass Mieten allenfalls einen symbolischen Obulus darstellten, während ein Fernsehapparat einen Monatslohn von 1500 Mark oder mehr kostete. Wohnungen waren ein »Grundbedürfnis«, Letzterer ein »Luxusgut«. Luxussteuern und -gesetze waren natürlich nichts Neues, aber in der Geschichte hatten sie dazu gedient, Hierarchien abzustützen, nicht dazu, sie einzureißen. Es war eine kontraproduktive Mixtur. Das Regime subventionierte praktisch eine neue Konsumentenschicht. Aufgrund der billigen Wohnungen verfügten gut verdienende Akademiker und Eliten über ein großes freies Einkommen. Das Ergebnis war ein konsumistisches Treibhausklima, da Gutverdiener miteinander um alles Mögliche konkurrierten, von Autos über Kühlschränke bis zu Duschköpfen. In den 1950er Jahren hatten Kollektivierung und Bildungsreform (und die Flucht von Angehörigen des Bürgertums) die soziale Gleichheit vergrößert, doch schon im folgenden Jahrzehnt war in der Konsumsphäre die soziale Schichtung zurückgekehrt.

Da in der DDR eine Diktatur herrschte, zudem eine sehr deutsche, kann man diesen Prozess recht gut nachverfolgen. Das Regime gründete ein eigenes Marktforschungsinstitut und führte penibel Buch. Im »Arbeiter-und-Bauern-Staat« waren es die Eliten, die Manager und Angestellten, die Waschmaschinen besaßen, zu Hause ein warmes Bad nehmen konnten und an der Spitze der Wartelisten für Autos standen. Die meisten Haushaltsgeräte gab es in Haushalten mit zwei Verdienern. Alleinstehende Mütter hinkten hinterher. Rentner konnten glücklich sein, wenn sie über ein »Trockenklosett« verfügten. Während manche dieser Unterschiede im Lauf der Zeit kleiner wurden – der Bedarf an Fernsehapparaten und anderen neuen technischen Geräten konnte besser gedeckt werden –, rissen sofort neue Lücken auf. Die Einführung der Fünftagewoche im Jahr 1967 und freiere Reisemöglichkeiten innerhalb des Ostblocks lösten einen Tourismus- und Campingboom aus. Wie man das Wochenende verbrachte, ob man überhaupt in Urlaub fuhr und ob man auf einer Luftmatratze entspannen konnte, dies alles wurde zu einem neuen Statusmerkmal. Angestellte fuhren häufiger in Urlaub als Industriearbeiter. Vor allem Mitglieder der Elite verfügten über eine Campingausrüstung. Die Wohlhabenden hatten Hobbys, die Armen nicht.[181]

Hinzu kamen die Trennlinien zwischen den Geschlechtern und Generationen. Menschliche Erfüllung durch Freizeit war eines der Kernziele des Sozialismus. In sozialistischen Ländern nahm der Anteil der Frauenarbeit drastisch zu, in einer Mangelwirtschaft bedeutete dies aber letztlich, dass noch mehr Druck auf den Frauen lastete, da sie noch immer diejenigen waren, die die Einkäufe erledigten. Die wirklichen Nutznießer der kürzeren Arbeitswoche waren ihre Ehemänner. Ostdeutsche Zeitnutzungsdaten zeigen, dass die wöchentliche Freizeit von Männern zwischen 1965 und 1971 von 37 auf 48 Stunden stieg, während Frauen nur eine einzige Stunde dazugewannen (von 26 auf 27 Stunden). Während sich dieser Unterschied im Westen verringerte, war er im Osten größer als je zuvor: 1965 erledigten Frauen 80 Prozent der Einkäufe, des Putzens und Kochens, 1970 79 Prozent.[182] Viel Zeit verwendeten sie aufs Nähen, Stricken und Flicken. Die Hälfte ihrer Röcke und Kleider war selbst geschneidert, da sie in den Geschäften nicht die gewünschten Größen, Farben und Muster fanden. Sogar bei den Spitzenverdienern saß jede dritte Frau regelmäßig an der Nähmaschine. Ein großer Teil des Konsums wurde durch Selbstversorgung, Geschenke, Wiederverwertung und – insbesondere bei Kinderkleidung – Weitergabe gedeckt. Trotz verschiedener Pläne zur Verbesserung von Quantität und Qualität des Angebots trug noch 1980 die Hälfte der Jungen und Mädchen Gebrauchtkleidung.[183] Ende der 1960er Jahre versuchte das Regime die Lage zu verbessern, indem es die Ladenöffnungszeiten verlängerte. Doch es vertiefte die Frustration nur, wenn Frauen am Sonnabend auf der Suche nach einem Kleid vergeblich die Geschäfte der Umgebung durchstöberten.[184]

Die Jugendkultur bereitete sozialistischen Regimen stets Kopfschmerzen. Ulbrichts öffentliche Lobpreisung der Wechselbeziehung zwischen Arbeit und Freizeit wurde von einem internen Bericht über die Freizeitaktivitäten von 8000 Lehrlingen, Studenten und Teenagern – »Freizeit '69« – Lügen gestraft.[185] Nach diesem Bericht besaß jeder zweite Jugendliche in der DDR ein Kofferradio, jeder dritte ein Moped und jeder fünfte eine Lederjacke. Eine aktive Bikerszene bildete sich heraus. Das Lebensziel der meisten Jugendlichen war es, Geld zu verdienen, um sich Dinge kaufen zu können, und frei und mobil zu sein. Weit mehr, als ihre Zeit in der Jugendorganisation der Partei, der Freien Deutschen Jugend (FDJ), zu verbringen, liebten sie es, Musik zu hören, ins Schwimmbad zu gehen oder einfach herumzuhängen. Insbesondere Arbeiterkinder lehnten die FDJ ab. Zuerst versuchte das Regime, die Beatmusik zu verbieten und den Alkoholkonsum zu verfolgen: Sex, Drogen und Rock'n'Roll seien ein Affront gegen die sozialistischen Ideale. Doch damit erreichte man nur, dass die Jugendkultur in den Untergrund abtauchte. Viele Jugendklubs blieben bestehen. Manche veranstalteten Trinkwettbewerbe. Die Mauer schloss die Menschen im Land ein. Aber Funkwellen, Jeans und illegal gepresste Schallplatten draußen zu halten erwies sich als schwieriger. 1971 gab das XI. Parlament der FDJ offen zu, dass die »bürgerliche Konsumkultur« in der DDR Fuß gefasst hatte. Nach Honeckers Machtantritt im Mai 1971 fand ein Kurswechsel zu mehr Toleranz gegenüber langen Haaren und Jeans statt, bis hin zur staatlichen Förderung von Rockbands.[186] Es ist schwer vorstellbar, dass das Regime etwas anderes hätte tun können, dennoch war es das Eingeständnis einer Niederlage. Das Ideal einer uniformen sozialistischen Kultur war an der Wirklichkeit zerschellt.

In einer Hinsicht bewirkte die Konsumkultur im Osten das Gleiche wie im Westen: Sie zersetzte den Monopolanspruch einer »legitimen Kultur«. Der entscheidende Unterschied bestand darin, dass sozialistische Regime auf der Annahme einer Symmetrie zwischen Politik und Kultur, Öffentlichem und Privatem beruhten. Die Verbreitung privater Lebensstile höhlte diese Annahme aus. Auch die Toleranz vermochte die Herzen und Köpfe nicht zurückzugewinnen. Ende der 1970er Jahre hatten selbst die am stärksten »gesellschaftlich« engagierten jungen Arbeiter bestenfalls zwei Stunden im Monat für die FDJ übrig, während sie fast eine Stunde am Tag (zumeist West-)Fernsehen schauten. Discobesuche und Gartenarbeit waren ihnen wichtiger als FDJ-Klubs. Welche Kleidung man trug, wurde vom persönlichen Geschmack und von der Cliquenzugehörigkeit bestimmt, nicht von Parteidirektiven. Jeder fünfte Jugendliche trug Anstecker mit der US-Fahne oder westlichen Markenlogos an der Kleidung.[187] In Ungarn wurden Jugendshows veranstaltet, in denen wie westliche Rockmusiker ausstaffierte Jugendliche auftraten. In der Sowjetunion stellten Soziologen fest, dass die Jugendlichen nicht mehr kommunistische Führer werden oder in die Intelligenzija aufsteigen wollten; stattdessen wollten sie Geschäftsleiter werden, um Zugang zu

Gütern zu haben.[188] Ende der 1970er Jahre war die sozialistische Kultur zu einer Minderheitsangelegenheit geworden.

Dieser »Kulturkampf« fand im gesamten Ostblock statt. In Ungarn wurde Anfang der 1960er Jahre eine lebhafte Debatte über die Folgen des Konsumismus geführt. Fundamentalisten warnten davor, dass privater Besitz politische Apathie bewirke. Weit gefehlt, entgegneten Revisionisten. Um erfolgreich zu sein, müsse der Sozialismus den Lebensstandard heben. Zu konsumieren sei eine sozialistische Tugend. Wenn Besitz unsozialistisch wäre, erklärten einige, wären »afrikanische Buschleute«, die außer einem Lendenschurz kaum etwas besäßen, die revolutionärsten Menschen auf der Welt.[189] In Polen bemerkten Beobachter, dass privater Besitz für die Menschen Stabilität bedeutete – *ideał małej stabilizacji*. Als Einwohner von Łódź 1968 gefragt wurden, welche Rolle materielle Güter im Leben spielten, antworteten die meisten, sie würden der Bequemlichkeit und dem Vergnügen dienen. Kaum jemand machte sich Sorgen über negative Nebenwirkungen. So unrealistisch die vielen Versprechungen, mehr Güter bereitzustellen, die sozialistische Führer wie der polnische Parteichef Edward Gierek in den 1970er Jahren machten, auch waren, sie förderten eine materialistische Einstellung. Junge polnische Arbeiter strebten nach einer schnellen Verbesserung des Lebensstandards, und für Studenten bedeutete Glück materiellen Komfort.[190] Viele Dissidenten hegten eine Abneigung gegen den »Konsumismus«, die in einer früheren, bis zu Heidegger zurückreichenden Technikkritik wurzelte. Eine bemerkenswerte Ausnahme war der tschechische Schriftsteller Václav Havel, der meinte, die jungen Leute, die sich um einen Plattenspieler scharten, um Undergroundmusik zu hören, hätten sich für das »Leben in Wahrheit« entschieden und würden das »unabhängige Leben der Gesellschaft« gegen die Lügen und Übergriffe des Totalitarismus verteidigen.[191]

In den 1970er und 1980er Jahren verstärkte eine größere Offenheit gegenüber dem Westen die Schichtenbildung. Ihre Ursache war sie jedoch nicht. In Ostdeutschland öffneten in den 1960er Jahren die ersten Luxusgeschäfte ihre Türen. »Exquisit«-Geschäfte verkauften Kleidung, »Delikat« Gin, Oliven und Westzigaretten, alles zu gepfefferten Preisen. Es entstand eine Art Luxusfieber, das durch einen freieren Fluss von Geschenken und harter Währung weiter angefacht wurde. Dazu trugen auch die Ausstrahlung des westdeutschen Fernsehens über die Mauer hinweg und die Pakete bei, die Westdeutsche ihren Verwandten im Osten schickten. Wie wir an den Beispielen von Mittelamerika und China noch sehen werden, können Heimatüberweisungen von ausgewanderten Arbeitern eine Spirale von Rivalität und Nachahmung auslösen, die bestehende Hierarchien in ihren Grundfesten erschüttert.[192] Honeckers DDR war ein Experimentierfeld für einen auf solchen Zuwendungen beruhenden Konsum in nationalem Ausmaß. Mitte der 1970er Jahre bestand die Kundschaft der ursprünglich für Ausländer geschaffenen Intershops, in denen ausschließlich mit Devisen eingekauft werden konnte, überwiegend aus DDR-Bürgern. Ein Drittel der Jugendlichen trug Kleidung, die sie von »Westverwandten« geschenkt bekommen hatten. Ostdeutschland teilte sich in zwei Nationen auf, in eine, die über D-Mark verfügte, und eine, die ohne sie auskommen musste. Statt der offiziellen marxistischen Formel »Jeder nach seinen Fähigkeiten, jedem nach seinen Leistungen« war die neue Realität von dem Satz »jeder nach dem Wohnsitz seiner Tante« geprägt, wie es der regimekritische Liedermacher Wolf Biermann ausdrückte.[193]

Für das Regime war es ein Teufelskreis. Die eigene Wirtschaft war einfach nicht in der Lage, mehr private Geschmäcker zu befriedigen und gleichzeitig mehr Neubauwohnungen zu errichten. Orangen wuchsen nicht in Leipzig; sie mussten importiert und mit Exporten bezahlt werden. Dies hatte zur Folge, dass eine ohnehin schon schwache Konsumgüterindustrie mit noch weniger Investitionen auskommen musste. Und das Defizit wuchs unaufhörlich. Die DDR lebte über ihre Verhältnisse. Westliche Kredite boten eine vorübergehende Erleichterung, aber um sie zu bedienen, musste das Regime Devisen beschaffen. Eine Möglichkeit war, den DDR-Bürgern zu erlauben, einen VW Golf und andere teure Güter zu kaufen, sofern sie Westverwandte fanden, die die erforderlichen D-Mark-Beträge überwiesen. Das Regime hing am Tropf des Westens, und um sich zu halten, ermunterte es seine Bürger, mehr haben zu wollen.

Es war ein selbstzerstörerischer Weg. Die ständigen Spannungen wegen des Konsums führten zu einer wachsenden Entfremdung zwischen Bürgern und Führung. Das Regime unterhielt ein umfangreiches Eingabesystem, das dem Einzelnen die Möglichkeit bot, sich mit seinen

Beschwerden direkt an die Parteiführer zu wenden. Geschaffen, um die Stimmungslage der Bevölkerung zu erkunden und Proteste durch Individualisierung der Klagen im Zaum zu halten, hatte es den gegenteiligen Effekt: Es politisierte das Alltagsleben. In den 1980er Jahren wurden jedes Jahr über eine halbe Million Eingaben eingereicht. Die Menschen machten ihrer Wut als frustrierte Konsumenten Luft, stellten damit aber zugleich die Gerechtigkeit und Legitimität des Regimes selbst in Frage. Die schlechte Wohnungssituation stand im Mittelpunkt der Klagen. Manche führten die Mängel der öffentlichen Versorgung auf den parallel laufenden Tauschhandel mit privaten Gütern zurück und warfen dem Regime vor, nichts zu unternehmen, um ihn zu beenden. Wie könne es sein, beschwerte sich ein Erfurter bei der Parteiführung, dass man in Zeitungen offen annoncieren könne: »Tausche neuen Heizkessel gegen PKW«. Kein Wunder, dass Bauarbeiter ihre Aufträge nicht fertigstellen könnten. »Hier stimmt etwas nicht.«[194] Nur jedes fünfte Auto wurde legal verkauft. Viele betrachteten minderwertige Produkte, fehlende Ersatzteile und mangelnden Kundendienst als Zeichen von Geringschätzung. Sieben oder zehn Jahre auf ein Auto warten zu müssen schuf verständlicherweise eine tiefe Beziehung zwischen Besitzer und Produkt. Der Trabant, wenig mehr als ein Moped mit Bakelithülle, wurde gewissermaßen zu einem Familienmitglied, dem man häufig auch einen Spitznamen gab. Wenn die stolzen neuen »Väter« ihr Auto abholten und sich herausstellte, dass es die falsche Farbe hatte oder sofort kaputtging, ohne Aussicht, die nötigen Ersatzteile zu erhalten, empfand man es verständlicherweise als persönliche Kränkung; besonders grausam traf es jene, deren Auto gestohlen wurde und die sich ganz unten auf der Warteliste wiederfanden.

Mangel und ungleichmäßige Verteilung untergruben die soziale Solidarität. Einige stellten die Fähigkeit des Regimes, zu entscheiden, was »Luxus« und was ein »Grundbedürfnis« war, offen in Frage. Richard Henning, ein Antragsteller, hatte 1975 das Geld für einen Lada hinterlegt und seinen Namen auf die Warteliste setzen lassen, zehn Jahre später aber immer noch kein Auto erhalten. Der Lada sei kein Luxus, betonte er in seiner Eingabe. Seine Frau brauche ihn, um von der Nachtschicht nach Hause fahren zu können. Es sei »unvorstellbar«, warum DDR-Bürger so lange auf ein Auto warten müssten.[195] Der Anblick westlicher Automodelle verstärkte den Eindruck, dass das Regime manche Gruppen gegenüber anderen bevorzugte. Neid, Korruption und Intrigen verbreiteten sich. Ein anonymer Schreiber warf dem Leiter der Fabrik, in der er arbeitete, vor, drei Autos zu besitzen: eines für seine Frau, eines für Sonnen- und eines für Regentage.[196] Dass auf den Straßen von Berlin VWs und Mazdas zu sehen waren, verletzte den Regionalstolz und das Gerechtigkeitsgefühl von DDR-Bürgern aus anderen Bezirken. Waren Berliner etwa besser als Leipziger? »Ich bin jetzt 58 Jahre alt«, beklagte sich ein Bautzener 1986, »habe 40 Jahre für unsere Republik gearbeitet, 40 Jahre habe ich geholfen, den Staat zu bauen, welcher er heute ist. Ist das nicht lange genug, um endlich Anspruch auf einen zweiten und sicherlich letzten fabrikneuen PKW zu haben.« Er erinnerte den Ministerrat daran, dass die DDR durch die Verfassung zur Gleichheit verpflichtet sei.[197] Der Konsum warf einen Berg von Fragen zum Thema Gerechtigkeit auf: Warum bekamen neue Nachbarn einen Telefonanschluss, während mit Auszeichnungen dekorierte »Brigaden der Arbeiterklasse« auch nach Jahren noch darauf warteten? Wie sollte ein schwer arbeitender Vater seinen Kindern erklären, dass andere Familien Dinge besaßen, die sie nicht hatten? Was für eine sozialistische Gerechtigkeit war das?

In den 1970er und frühen 1980er Jahren steigerte das Regime die Produktion von Autos und Kühlschränken, allerdings auf Kosten der Qualität. Die Beschwerden über nicht erhältliche Auspuffe, Heizplatten und Fahrradschläuche häuften sich. Der Begriff »langlebige Konsumgüter« wurde ad absurdum geführt. Das Kombinat Haushaltsgeräte wurde von Beschwerden wütender Kunden überschwemmt, deren Waschmaschinen nach weniger als einem Jahr nicht mehr funktionierten. Auch im Westen gingen Güter kaputt, aber hier verteilten sich die Klagen auf Firmen und Institutionen. Die Verantwortlichkeit war geteilt. In der DDR bündelte das Eingabesystem die Beschwerden und leitete sie ins Zentrum des Regimes. Örtliche Funktionäre berichteten, dass es ihnen angesichts der alltäglichen Frustration schwerfalle, die sozialistische Moral aufrechtzuerhalten. »Glaubt mir Genossen«, schrieb ein alter Dresdener Parteifunktionär 1981 an den für die Wirtschaft zuständigen Sekretär des ZK der SED, den cholerischen Günter Mittag, »ich kann den Werktätigen auch die kompliziertesten internationalen Fragen erläutern ... aber die Erfahrungen, die unsere Werktätigen mit den tausend kleinen Dingen des Alltags machen, strapazieren das Bewusstsein aller und stellen manches ... in Frage.« Er führte das Beispiel einer Mutter mit drei Kindern an, die einen Tag frei nahm, um Kleidung für ihren heranwachsenden Sohn – »Selbstverständlichkeiten ... eine strapazierfähige Hose, Strümpfe, Halbschuhe« – sowie Kaffeefilter und eine Packung Spinat fürs Abendessen zu kaufen. »Das Ergebnis war Null!! Und das in einer Großstadt mit vielfältigen Einkaufsmöglichkeiten ... Der Tag ... war, so hart es klingen mag, ihr gestohlen worden.« Müsse das Einkaufen wirklich so schwer sein? »Wo bleibt die bedarfsgerechte Produktion?«[198] Das Regime war in eine Legitimitätskrise geraten. Sein Ende war nur noch eine Frage der Zeit.

Als 1989 die Mauer fiel, war die sozialistische Konsumkultur unübersehbar gespalten. Einerseits hatten das Anstehen und das Warten auf Dinge dazu geführt, dass man an eine ältere Kultur des Sparens anknüpfte, die Langlebigkeit, Reparatur und Konservierung in den Vordergrund stellte. Der erste Kühlschrank und der erste Fernsehapparat wurden geschätzt und gepflegt und eher repariert als entsorgt. Ihre Anschaffung prägte sich, wie die Geburt eines Kindes, tief in die Biographie der Menschen ein.[199] Andererseits untergrub die emotionale Bindung an Güter die Identität von Arbeitern als Produzenten. Hochwertige westliche Güter machten ihnen den geringen Wert ihrer eigenen, sozialistischen Produkte schmerzlich bewusst. Ein Physiker und Reserveoffizier zum Beispiel, der in einer Fabrik arbeitete, die Schreibmaschinen und Drucker herstellte, fand es tieftraurig, dass die ostdeutschen Produkte in jeder Beziehung hinter die westlichen zurückgefallen waren, vom Design bis zur Funktionalität. In seiner 1986 verfassten Eingabe widmete er eine ganze Seite den Mängeln des seit einem Jahrzehnt produzierten Plattenspielers Granat. Im Gegensatz zu seinem Namen sei er ein »eintöniger schwarzer Plastikkasten«, der so schlecht durchdacht sei, dass die Nadel über die Schallplatte rutsche, wenn man die »typisch schwergängigen Tasten« drücke, »da die eingebaute Federung der Füße unter Missachtung physikalischer Grundgesetze ungedämpft« sei. Er wage »die Behauptung, dass jeder engagierte Funkamateur diese elementaren Fehler nicht gemacht hätte«. Überall würde der Tatendrang sozialistischer Arbeiter durch altmodische oder nicht funktionierende Technologien ausgebremst. Es sei keine Überraschung, dass sie zu spät und ohne große Lust zur Arbeit erschienen.[200]

Es war eine große Ironie der modernen Geschichte, dass der Marxismus, der mit dem Ziel angetreten war, die Entfremdung zu überwinden und die Menschen wieder mit ihrer Arbeit zu versöhnen, letztlich den Stolz von Arbeitern auf die Produkte ihrer eigenen Hände zerstörte. Statt des *homo faber* schuf der Sozialismus eine eigene Art des *homo consumens.* Für Güter wie den Trabant hielt die Revolution von 1989 ein grausames Schicksal bereit. Tausende ihrer Besitzer ließen sie einfach wie Abfall an der nächsten Straßenecke stehen.[201]

7 Im Überfluss

Der kapitalistische Westen hielt sich etwas zugute auf seine Überlegenheit gegenüber dem sozialistischen Osten. Doch die historisch beispiellose Ausbreitung des Wohlstands in den 1950er und 1960er Jahren wurde nicht von allen gefeiert. Ganz im Gegenteil löste der materielle Reichtum auch eine intensive Selbstbefragung darüber aus, wie sich dieser auf die moralischen Werte und den gesellschaftlichen Zusammenhalt auswirkte. Im Rückblick, und aus der Distanz eines halben Jahrhunderts, können wir die inneren Prozesse in diesen zu Wohlstand gelangten Gesellschaften nochmals durchleuchten. Drei Auffassungen waren vorherrschend. Nach der ersten hat der Überfluss seit den 1950er Jahren die Prioritäten des Konsums vom Materiellen zum Symbolischen verschoben, was sich in der Umschichtung der Ausgaben vom Essen zur Kommunikation bemerkbar macht. Nach der zweiten Auffassung bedeutete die massenhafte Verbreitung von Fernsehern, Autos und Urlaubsreisen das Ende der Klassengesellschaft. Die Ungleichheit blieb zwar bestehen, aber an die Stelle der Klassengeschmäcker traten allgemein geteilte Träume und Sehnsüchte. Die dritte Auffassung wurde als Amerikanisierungsthese bekannt, der zufolge die Konsumkultur zur Konvergenz und Homogenität tendiere, da sie auf Kosten nationaler Traditionen ein amerikanisches Idiom verbreite. Wie viel davon trifft jeweils zu?

Überflussbudgets

Ausgaben sind nicht alles, aber wenn man nicht weiß, wie die Menschen ihr Geld ausgeben, bleibt das Bild des Konsums unvollständig. Ein Grundmerkmal der Nachkriegsjahrzehnte war die starke Verringerung des Anteils von Lebensmitteln am Haushaltsbudget der Europäer. Mitte der 1950er Jahre gaben Norweger ebenso wie Franzosen noch 45 Prozent ihres Einkommens für Lebensmittel und Getränke aus. 1973 war es nur noch ein Viertel, und 2007 lag der Anteil bei knapp über 10 Prozent.[1]

Es gab regionale und soziale Unterschiede und Verzögerungen. So hingen auf Sizilien noch 1959 vier Millionen Menschen von Lebensmittelpaketen und Suppenküchen ab. Auch heute noch können sich Arme kaum eine angemessene Ernährung leisten, und in Großbritannien, Spanien und anderen vom Sparkurs betroffenen Ländern entstehen immer mehr Tafeln, die Lebensmittel an bedürftige Menschen ausgeben. Die Stoßrichtung war jedoch überall die gleiche. Anfang der 1990er Jahre gaben griechische Familien etwas mehr als 15 Prozent ihres Einkommens für Lebensmittel aus. Für das Leben der Europäer bedeutete dies einen revolutionären Wandel, der noch dramatischer war als der Rückgang der Lebensmittelpreise im späten 19. Jahrhundert. 1958 mussten Arbeiter für ein Pfund Kaffee vier Stunden schwitzen; 1993 waren es nur noch 18 Minuten. Die Menschen begannen weniger Kartoffeln und mehr Fleisch zu essen und anstelle von Milch zunehmend Softdrinks zu trinken. Heute trinken Skandinavier zehnmal so viel Wein und Softdrinks wie vor fünfzig Jahren.[2] Die Gesellschaften machen sich nun weniger Sorgen über die Sicherung der Ernährung als über übermäßiges Essen.

Wohin fließt das freigesetzte Geld? Nach einer Auffassung, die von der postmodernen Interpretation des Konsums als Universum von Zeichen gestützt wird, hat ein Paradigmenwechsel stattgefunden: von physischen Bedürfnissen zu kulturellen und symbolischen Erlebnissen. Dies ist irreführend, wie ein kurzer Blick auf Frankreich und Norwegen zeigt. Tatsächlich haben sich die Ausgaben für Erholung und Kultur im letzten halben Jahrhundert verdoppelt – es werden mehr Bücher gedruckt als jemals zuvor. Doch dies gilt auch für die Ausgaben für das Wohnen. In dem halben Jahrhundert nach 1950 hat sich der Einkommensanteil der privaten Ausgaben für Unterkunft, Instandhaltung, Gas und Strom in Norwegen verdoppelt (von 15 auf 30 Prozent) und in Frankreich verdreifacht (von 7,5 auf 23 Prozent). Zusammengenommen machen Wohnung, Mobilität und Ernährung im Jahr 2007 denselben Anteil am Haushaltsbudget aus wie 1958: 60 Prozent.[3] Dies ist ein Anzeichen dafür, wie stark noch in der

Wohlstandsgesellschaft der »gewöhnliche« den auffälligen Konsum überwiegt.[4] Mehrausgaben für das Zuhause sind Ausdruck eines gestiegenen Komforts, wärmerer Räume und fließenden Warmwassers; in Frankreich bekamen die meisten Häuser erst in den 1970er und 1980er Jahren eine Zentralheizung. Es gibt also eine merkwürdige Disparität zwischen den realen Ausgabentrends und den Äußerungen von Theoretikern, die den Konsumenten als einen Käufer darstellen, der Berge von Markenartikeln anhäuft. Dies ist wahrscheinlich unter anderem darin begründet, dass viele Beobachter ihre Anregungen aus Veblens *Theorie der feinen Leute* beziehen, einem Buch, das in einer Zeit (1899) geschrieben wurde, als die Menschen noch mehr Geld für ihre Kleidung als für ihre Wohnung ausgaben.

Klasse und Status

Im Mittelpunkt der zweiten Debatte stehen die Auswirkungen des zunehmenden Wohlstands auf die Schichtung der Gesellschaft. Rein zahlenmäßig drängt sich ein einfacher Trend auf, den die Franzosen *moyennisation* nennen. Die Untersuchung von Haushaltsbudgets zeigt, dass die Ausgabenprofile an der Spitze und am Boden der Gesellschaft nicht mehr zu unterscheiden sind. In den 1960er und 1970er Jahren begannen Arbeiter einen größeren Anteil ihres Lohns für Freizeit und Kultur auszugeben, während der Einkommensanteil dieser Ausgaben bei *cadres supérieurs* kleiner wurde.[5] Was Essen und Trinken angeht, hat sich der Abstand zwischen Elite und übriger Gesellschaft verringert, da sowohl Akademiker als auch Arbeiter Geschmack fanden an neuen Rezepten, Produkten und daran, außer Haus essen zu gehen. Die kulturelle Kluft öffnete sich jetzt weiter unten auf der sozialen Leiter und schloss die Armen vom dynamischeren Lebensstil der Mehrheit aus.[6]

Schwieriger ist die Frage, ob ein Abend vor dem Fernseher oder der Besuch einer kulturellen Veranstaltung für einen Arbeitnehmer und seinen Chef dasselbe bedeuten. Es wäre schön, wenn es eine einfache Antwort darauf gäbe, aber zusätzlich zu den unterschiedlichen Sozialstrukturen der einzelnen Länder hat man es mit der Schwierigkeit zu tun, dass Wissenschaftler diese Frage durch die Brille nationaler Klassenvorurteile betrachtet haben. Frühe amerikanische Forscher setzten als selbstverständlich voraus, dass die Konsumkultur eine einzige prosperierende Mittelschicht schaffe; immerhin war dies der Kern des amerikanischen Traums. Ernest Dichter und der Psychologe George Katona, auch er ein Emigrant, untersuchten ebenso wie ihre feministischen Kritiker fast ausschließlich Mittelschichthaushalte. Dagegen war der Blick britischer Forscher einseitig auf die Arbeiterklasse und ihre vermeintliche Bestimmung, die soziale Demokratie aufzubauen, gerichtet. Zerstörten Fernseher und materielle Wünsche die Solidarität?, fragten sie. In Frankreich lag der Fokus stärker auf der Hochkultur und der Frage, wie die Elite Opernbesuche, Gemälde und Tischmanieren in soziales Kapital umwandelte.

In frühen amerikanischen Studien verschmolzen Mittelschicht und Vorstadtmilieu. Schon in den 1930er Jahren stellten Wissenschaftler fest, dass sich in den Vorstädten ein stärker von materiellem Wettstreit geprägter Lebensstil herausbildete, bei dem es darum ging, mit seinen Nachbarn Schritt zu halten. Gefragt, was sie tun würden, wenn sie zusätzliche 1000 Dollar zur Verfügung hätten, stellten die Mitglieder eines Eltern-Lehrer-Vereins in Westchester County im Bundesstaat New York Reisen an erste Stelle, gefolgt vom »Wunsch nach materiellen Gütern und Dienstleistungen«, wie einem besseren Auto und »hübscher Kleidung«.[7] Erst danach kamen – in einer Zeit, in der das Land immer noch unter den Folgen der Wirtschaftskrise litt – das Sparen und die Möglichkeit, eine bessere Schule für die Kinder bezahlen zu können. Die Suburbanisierung verstärkte auch den Trend, die Freizeit zu Hause zu verbringen, was eine der Ursachen der konservativen Restauration in den mittleren Jahrzehnten des 20. Jahrhunderts war. War der Berufspendler von seiner Büroarbeit in der Stadt zurückgekehrt, blieb er in der Regel zu Hause. Vorortfamilien legten zusammen Puzzles und spielten Brettspiele. Die physische Abgeschiedenheit und das Angewiesensein auf ein Auto hatten zur Folge, dass sie gemeinsam ins Kino gingen. In Westchester County stellten die Forscher fest, dass die Familie die »stabilste Kerngruppe von Erholungsaktivitäten in der Vorstadt« bildete.[8]

Mitte des 20. Jahrhunderts waren gesellschaftliches Leben und Vergnügungen für wohlhabende amerikanische Vorortbewohner in zunehmendem Maß ein und dasselbe. »Wir konzentrieren uns immer mehr darauf, Spaß zu haben«, bemerkte die Bewohnerin eines Vororts in Westchester County 1923. »Die neueren Mitglieder ... interessieren sich mehr für Bridge, Tees ... und Kosmetikkurse als dafür, die Gemeinde zu unterstützen.« Vorstädtische Frauenklubs waren Verbreitungsforen neuer Produkte, Geschmäcker und Rezepte, die man zu Hause ausprobieren konnte.[9] Von ihnen war es nur noch ein kleiner Schritt zu den Tupperwaren-Partys der 1950er Jahre, die das Wohnzimmer in einen Verkaufsraum verwandelten. 1954 gehörten über 20 000 Frauen zur »Tupperwaren-Familie«. Tupperdosen waren ein Symbol des familienorientierten Konsums. Sie waren nützlich, sparten Geld und bewahrten Reste auf. Sie lehrten Kinder, ihr Essen »auf ordentliche und gefällige Weise« zu sich zu nehmen. Zudem boten die Partys Hausfrauen einen Weg aus Isolation und Selbstentsagung. Die Vizepräsidentin von Tupperware Home Parties, Brownie Wise, forderte ihre Anhängerinnen auf, »alles zu benutzen«: Anstatt ihre kostbaren Dessous wegzulegen, sollten sie diese im Alltag tragen und sich etwas gönnen.[10]

Begünstigt wurde die häusliche Freizeit durch Klimaanlagen. Als der Schriftsteller Henry Miller 1945 vor dem *Klimatisierten Alptraum* warnte, war die Klimatisierung weitgehend auf Kinos, Warenhäuser und Büros beschränkt. Erst in den 1950er Jahren wurden Klimaanlagen in Mittelschichthaushalten üblich; 1957 begann die Federal Housing Administration, die Mittel für den Bau und Kauf von Häusern vergibt, Klimaanlagen nicht als Sonderposten, sondern als Teil der Hypothek zu behandeln. Familien, die eine Klimaanlage besäßen, verkündete die Werbung, würden mehr Zeit zu Hause mit ihren Kindern verbringen.[11] Europa erlebte trotz fehlender Klimaanlagen ebenfalls eine Wendung nach innen. Der Krieg hatte die Bedeutung des Heims als sicherer Ort gestärkt. »Das Haus von morgen«, hieß es in einem populären Ratgeber für Hausbesitzer von 1954, »ist Bollwerk gegen die feindliche Welt« und mache »den Familienverband von außen unangreifbar«.[12]

Vorstädte, resümierten die Forscher, brächten eine neue, durch Geselligkeit, Ansprüche und Aufwärtsmobilität gekennzeichnete Art von Amerikanern hervor. Sie verwechselten allerdings Ursache und Wirkung. Materielle Ansprüche und ein hyperaktives gesellschaftliches Leben waren nicht Folge des Vorstadtlebens, sondern das Ergebnis des Wohlstands der Mittelschicht. Arbeiterfamilien teilten diese Eigenschaften nicht. Laut einer Mitte der 1950er Jahre verfassten Studie über Arbeiter bei Ford, die in einen Vorort im Norden von San Jose gezogen waren, feierten sie weder häufiger Partys, noch gingen sie öfter aus. Viele wussten nicht, was ein Cocktail war. Die meisten gehörten keinem Klub oder Verein an. Die Konsumkultur löschte nicht automatisch ein lebendiges Vereinsleben aus. Aber die meisten Arbeiter hatten nicht viel für Vereine übrig. Auch wurden sie durch den neugewonnenen heimischen Komfort nicht in eine gesellschaftliche Tretmühle gezogen. Arbeiter hofften, ihre Jobs zu behalten, und träumten nicht von sozialem Aufstieg, um ihre Nachbarn übertrumpfen zu können.[13]

Ende der 1950er Jahre verdienten amerikanische Arbeiter rund 4000 Dollar im Jahr. Ihr Lohn hatte in den vorangegangenen zwei Jahrzehnten einen spektakulären Anstieg auf das Zehnfache erlebt. Und doch hatten sich Arbeiterfamilien ihre eigenen materiellen Erwartungen bewahrt. Der Überfluss schuf keine klassenlose Monokultur. Eine zeitgenössische Studie verglich die Einstellung zu Geld und Gütern von Hausfrauen der Mittelschicht und Arbeiterklasse in Chicago, Louisville und Trenton.[14] Für die Mittelschicht war die materielle Begierde von der Erwartung einer besseren Zukunft unterfüttert. »Solange ich Dinge will und nicht ganz zufrieden bin mit dem, was ich habe, werde ich weiterhin glücklich sein«, erklärte eine Mittelschichtfrau. »Ich will immer etwas mehr oder anderes oder neues.« Im Gegensatz dazu litten Familien aus der Arbeiterklasse unter einer »Krisenphobie«. Obwohl die Löhne zwei Jahrzehnte lang gestiegen waren, waren Arbeiterklassefrauen überzeugt, dass ihre Männer in Zukunft nicht besser verdienen würden. Dies waren nicht die optimistischen, selbstsicheren Konsumenten aus den Studien über die Mittelschicht. Moderne Kochtöpfe, Spielzeuge für die Kinder und andere Spontaneinkäufe lösten Schuldgefühle aus. Die meisten mussten Ratenkäufe abbezahlen, betrachteten solche Käufe aber zugleich auch als »nahezu unmoralische Genusssucht«. Der Überfluss vertrieb nicht die in der Arbeiterklasse verbreitete Sorge darüber, wie man über die Runden kommen sollte. Güter wurden nach ihrer Nützlichkeit beurteilt – ob beispielsweise ein großes Sofa in ein Bett verwandelt werden konnte –, nicht nach ihrem Aussehen. Ausgaben für Freizeitaktivitäten waren eine leichtfertige Verschwendung von Geld, das man besser für »wichtige« Dinge verwenden sollte. Warenhäuser im Stadtzentrum betrachtete man mit Argwohn; sie waren der eigenen Art des Einkaufens fremd, die auf Bekanntem und Lokalem beruhte. Man kaufte im Laden an der Ecke oder in Läden, die einem Freunde und Bekannte empfohlen hatten.

Dass solche Klassenkulturen im prosperierenden Amerika überlebten, kann auch als Mahnung verstanden werden, sich mit der Rede von nationalen Konsumstilen zurückzuhalten. George Katona und seine Kollegen stellten der zukunftsorientierten Mentalität von Amerikanern eine konservative deutsche Haltung gegenüber: »Während die Amerikaner sich überlegen, wie das Einkommen von morgen auszugeben sei, beschäftigen sich die Deutschen noch damit, die Ersparnisse von gestern zu disponieren.«[15] Das Problem ist nur, dass es keinen durchschnittlichen nationalen Konsumenten gibt. Wenn man die Mittelschicht als Norm betrachtet, verschleiert man sowohl die sozialen als auch die regionalen Unterschiede. Norditaliener zum Beispiel geben weiterhin einen größeren Teil ihres Einkommens für Freizeit und Sport aus als ihre Landsleute im Süden, und im Unterschied zu ihren Mittelschichtnachbarn waren amerikanische Arbeiter nicht viel optimistischer als Europäer. Der Gegensatz zwischen amerikanischen Kreditsüchtigen und europäischen Sparern sollte nicht übertrieben werden. Auch Europäer, insbesondere junge Industriearbeiter, ließen sich auf Ratenkäufe ein. In den 1960er und 1970er Jahren war die private Sparrate in den Vereinigten Staaten nur geringfügig niedriger als in Westeuropa.[16]

Besonders viel Aufmerksamkeit widmete man der Verbürgerlichungsthese im Mutterland der Arbeiterklasse: in Großbritannien. Der Wirtschaftssoziologe Ferdynand Zweig stellte 1952 auf einer Studienreise in die Vereinigten Staaten verblüfft fest, dass ihm Arbeiter auf die Frage, wer die Mittelschicht sei, antworteten: »Wir. Wir sind das.« Im Lauf des nächsten Jahrzehnts fand er heraus, dass die britischen Arbeiter den gleichen Weg einschlugen.[17] Eine von Arbeit und Nachbarschaft geprägte Gemeinde brach in erwerbsorientierte Einzelne auseinander. Anstatt über den Klassenkampf nachzudenken, hatten Arbeiter eine Checkliste dessen im Kopf, was sie sich als Nächstes anschaffen wollten. Was ihre Ansprüche und ihren Lebensstil anging, nahmen sie sich nicht mehr ihre Väter und Kumpel zum Vorbild, sondern sozial Bessergestellte. Den daraus resultierenden Zusammenstoß der Werte hat Alan Bennett in seinem Theaterstück *Enjoy* (1980) dargestellt, das in einem der letzten Reihenhäuser mit gemeinsamer Rückwand in Leeds spielt, das kurz vor dem Abriss steht. »Ich will keine Liebe«, verkündet das Callgirl Linda ihren Eltern. »Ich will Konsumgüter!«[18] Die neue »Erwerbsgesellschaft«, warnte Zweig, sei selbstzerstörerisch, da sie nicht mehr von den alten Werten der Beschränkung und der Selbstaufopferung gezügelt werde. Eine inflationäre Spirale werde den Wohlfahrtsstaat in den Abgrund reißen.

Zweigs These – die der Marktforscher Mark Abrams seinerzeit aufgriff – zog bald die Kritik von Soziologen auf sich, die sie für unzulänglich befanden. Mitte der 1960er Jahre nahmen John Goldthorpe und seine Kollegen 250 bessergestellte Arbeiter in der Maschinenbau- und Automobilstadt Luton nördlich von London unter die Lupe.[19] Dass Arbeiter mehr Geld nach Hause brachten, bedeutete nicht, dass sie sich dem Bürgertum anschlossen. Arbeiter, stellten die Soziologen fest, würden zwar die Gemeinschaft von Arbeit und Nachbarschaft zugunsten einer Welt des privaten Komforts aufgeben. Was jedoch Freunde und Freizeitaktivitäten angeht, gäbe es kaum eine Überschneidung mit den Angehörigen der Mittelschicht. Gleichzeitig blieb die Unterstützung für die Gewerkschaften und die Labour Party groß. Während Arbeiter den traditionellen Kollektivismus zugunsten eines neuen Individualismus aufgäben, würden Angestellte ihren gewohnten Individualismus durch die pragmatische Unterstützung von Tarifverhandlungen ergänzen. Was sie teilten, sei eine Orientierung auf Geld und Besitztümer. Ansonsten würden sie weiterhin ihre Distanz voneinander wahren. Die Auswirkungen des Wohlstands seien begrenzt. Zwar konvergierten die materiellen Ansprüche, aber die sozialen Hierarchien blieben erhalten.

Schaut man ein halbes Jahrhundert später auf diese Debatten zurück, kann man nicht umhin, sich darüber zu wundern, wie stark die Diskussion über den Konsum von einer übergeordneten Sorge über die Zukunft der Labour Party geprägt wurden. Man fürchtete, der private Konsum würde die eng verbundenen traditionellen Gemeinden sprengen, die auf

Solidarität und Gerechtigkeit gründeten und keine egoistischen Vergnügungen kannten. Zweig verglich sie mit einem »Kokon«.[20] Historisch gesehen, war es eine merkwürdige Sorge, denn der Aufstieg der Arbeiterparteien und der kommerziellen Freizeitangebote fand gleichzeitig statt, im späten 19. und frühen 20. Jahrhundert. In Wirklichkeit waren Arbeitergemeinden schon immer durch Geschlecht, ethnische und regionale Herkunft und Konfession gespalten. Auch den Arbeiterkonservatismus gab es schon vor dem Wohlstand, und soziale Netzwerke und Klassenbewusstsein koexistierten auch weiterhin mit dem neuen privaten Komfort. Geld war nicht alles. Die Arbeiter in Luton verstanden soziale Ungleichheit als althergebrachte Mischung aus Macht und Geld: »gewöhnliche Menschen wie wir« gegen »Mayfair Johnnies«, die ihr Geld geerbt haben.[21] Auch müssen die Aussagen über materielle Begierden in den 1950er und 1960er Jahren im besonderen Kontext der damaligen Zeit mit ihrem hohen Wachstum und der niedrigsten Arbeitslosigkeit in Friedenszeiten im gesamten Jahrhundert gesehen werden. Als die Umstände wieder härter wurden, wechselten Arbeiterfamilien zurück zur Sorge, wie man über die Runden kommen solle. Eine Forscherin, die sich in der düsteren Mitte der 1980er Jahre – als die Arbeitslosenquote bei 14 Prozent lag – neuerlich mit Luton beschäftigte, fand eine Vielzahl sozialer Netzwerke vor. Wohlhabende Arbeiter sahen fern, trafen sich aber auch mit Verwandten, Nachbarn und anderen Arbeitern. Auch die Geschlechtertrennung wurde durch den Wohlstand nicht aufgehoben. Zwar beteiligten sich Männer mehr am häuslichen Leben, aber sie hatten weiterhin ihre Außenwelt, die vor allem aus Kneipe und Fußball bestand.[22]

Ein Element der britischen Debatte war die neue Erkenntnis, dass »wohlhabende Arbeiter« ihre Identität und ihr Selbstwertgefühl mehr aus den Dingen bezogen, die sie besaßen und benutzten, als aus denjenigen, die sie herstellten. Aber wie genau hingen die Vorlieben der Menschen mit der sozialen Ungleichheit zusammen? Die ehrgeizigste Darstellung des Zusammenhangs zwischen Klasse und Kultur unternahm der französische Soziologe Pierre Bourdieu in den 1960er Jahren; veröffentlicht wurde sie schließlich 1979 unter dem Titel *La Distinction (Die feinen Unterschiede)* – die »bedeutendste Monographie der Nachkriegssoziologie weltweit«, wie britische Wissenschaftler 2009 urteilten.[23] Der Erfolg im englischen Sprachraum war derart groß, dass der Begriff »distinction« als Bezeichnung der Art, wie wir Dinge benutzen, um zu signalisieren, wer wir sind, Eingang in die Alltagssprache fand. Für Bourdieu bedeutete er weit mehr. Der Begriff bildet den Mittelpunkt eines sozialen Universums, die Sonne, um die die Klassen sich drehen. Die Gravitationskraft ist dabei der Geschmack. Er differenziert in zweierlei Hinsicht: indem er Gruppen voneinander trennt und indem er die Menschen vermittels dessen unterscheidet, »was sie wesentlich besitzen. Der Geschmack ist die Grundlage alles dessen, was man hat – Personen und Sachen –, wie dessen, was man für die anderen ist, dessen, womit man sich selbst einordnet und von den anderen eingeordnet wird.« Der Zusatz »Personen und Sachen« ist entscheidend, denn nach Bourdieus Auffassung besitzt jede Klasse ihr eigenes, unterscheidbares Geschmacksregime: »Der Geschmack paart die Dinge und Menschen, die zueinander passen, die aufeinander abgestimmt sind, und macht sie einander verwandt.« Vorlieben und Lebensstile, was Menschen gefällt und wie sie Dinge konsumieren, bilden eine Einheit, die in einem entsprechenden »Habitus« zum Ausdruck kommt und durch ein hierarchisches Bildungssystem sozialisiert wird.[24]

Mit Interviews, Umfragen, Theorien und komplizierten Diagrammen zeichnete Bourdieu eine kulturelle Karte der französischen Gesellschaft. An der Spitze stand eine gebildete Elite, die ihr Monopol über die »legitime Kultur« verteidigte und einen »überlegenen« Unterschied für sich beanspruchte. Ein typisches Beispiel war S., ein fünfundvierzigjähriger Rechtsanwalt, der in die Pariser Großbourgeoisie hineingeboren worden war. Er wohnte in einer 300-Quadratmeter-Wohnung im XVI. Arrondissement und besaß ein Landhaus in Burgund. Sein Leitprinzip im Leben war kultivierter Genuss. Er verachtete Leute, die sich nicht kaufen, »was ihnen gefällt, sondern was einen bestimmten Wert hat«. Ihm gefielen sowohl Matisse als auch Botticelli. Kochen sei eine »geistige Einstellung«. Um genießen zu können, müsse man »entspannt« sein: »Störeier, eine bestimmte russische Küche, das ist wirklich schmackhaft.« S. trank gern Bordeaux; er hatte noch ein Dutzend Flaschen von 1923. Guten Wein zu trinken erfordere »eine gewisse Liturgie ... die man nur mit bestimmten Personen begehen kann, die fähig sind, in derselben Weise zu genießen«.[25]

Diese Elite interessierte Bourdieu am meisten. Sie benutzte Geschmack, um soziale Hierarchien zu rechtfertigen und aufrechtzuerhalten. Die Schichten darunter hatten ihre eigenen Lebensstile, die sich an der »legitimen Kultur« orientierten und deren Überlegenheit anerkannten. So legten Kleinbürger eine Schallplatte mit Ravels *Bolero* auf, um ihren »Bildungseifer« zu demonstrieren. Sie lebten »über ihre Verhältnisse« und richteten in ihren Wohnungen Nischen und Ablagen ein, um einen entsprechenden Eindruck zu erwecken. An Dingen war ihnen zuerst und vor allem die Funktionalität wichtig, nicht der Genuss, den sie bereiteten, oder ihre ästhetische Wirkung. Beim Essen ging es um Kalorien, nicht um eine gute Küche. Kleidung musste praktisch sein. Bourdieu fand heraus, dass Arbeiterfrauen wesentlich weniger Geld für Mode und Kosmetik ausgaben als ihre bürgerlichen Vorgesetzten. Mit seinem hart verdienten Geld eine Bach-Schallplatte zu kaufen galt als ebenso »verrückt« oder »angeberisch«, wie 2 Millionen (alte) Franc für eine Uhr auszugeben. »Kultur« war etwas für die Elite.[26]

Bourdieus Buch stellte einen gewaltigen Fortschritt dar. Marxistische Abhandlungen über den »Massenkonsum« charakterisierten Konsumenten als passive Tölpel einer Kulturindustrie, was die Erklärung von Entwicklungen erschwerte. Bourdieu dagegen betrachtete sie als an der Reproduktion des Klassensystems beteiligte Akteure. Und er ging über die seinerzeit modische Ausrichtung auf Zeichen und Diskurse hinaus, indem er sich sowohl damit beschäftigte, was die Menschen konsumierten, als auch damit, *wie* sie es taten. Seine Kritik am Festhalten der Elite an der »legitimen Kultur« hatte einen französisch-republikanischen Hintergrund: Politische Demokratie erforderte kulturelle Demokratie.[27]

Es bleibt allerdings die Frage, ob dieser Schnappschuss der Situation im Frankreich der 1960er Jahre zu einem allgemeineren Panorama aufgeblasen werden kann. Sind Klassen getrennte Inseln mit eigenem uniformen Geschmack und Habitus? Dies ist selbst für das Frankreich der 1960er Jahre zweifelhaft. Bourdieu interessierte sich vor allem für die Hochkultur, die die Elite von der Arbeiterklasse trennte, und ließ gruppenübergreifende Verhaltensweisen wie das Fernsehen außer Acht. Er berücksichtigte weder Geschlechterunterschiede noch Einwanderergemeinden, was einer gewissen Ironie nicht entbehrt, hatte er doch seinen Ruf als Soziologe mit einer bahnbrechenden Studie über die Geschlechterfrage in Algerien begründet. Fraglich ist auch, ob Menschen kohärente klassenspezifische Geschmäcker haben. Es sei nur an den jungen Mannheimer Maschinenschlosser von 1913 erinnert, der sowohl Wagner als auch Cowboy-und-Indianer-Filme mochte.[28] Der Soziologe Bernard Lahire hat französische Daten über kulturelle Aktivitäten aus der Zeit seit den 1970er Jahren durchforstet und herausgefunden, dass »Dissonanz« wesentlich weiter verbreitet ist als irgendein kohärenter Klassengeschmack. Die Menschen stellen ihre eigenen Geschmacksportfolios zusammen, in denen sich die Genres mischen und überlagern. Ein Familienmitglied liebt TV-Spielshows, während ein anderes sie verabscheut. Der »feine Unterschied« ist eher eine persönliche Leistung als eine Klasseneigenschaft. Laut Lahire tobt ein »Krieg« zwischen »oben« und »unten«, »vornehm« und »vulgär«, »kultiviert« und »geschmacklos«, aber seine Schlachten finden nicht zwischen sozialen Klassen oder Schichten statt, sondern im Innern jedes Einzelnen.[29]

Statt zu einer klassenspezifischen Vereinheitlichung hat die Verbreitung von Massenmedien, Fernsehapparaten und Musikanlagen zu größerer Vielfalt geführt. Dies liegt zum einen daran, dass Radio, Fernsehen und in jüngster Zeit das Internet den Zugang zu den verschiedensten Genres eröffnet haben; zum anderen hat die Bedeutung häuslicher Freizeitvergnügen zugenommen. Die Teilnahme an »hoher« oder »niedriger« Kultur ist als öffentliche Aktion sichtbar gewesen. Im Fernsehen können alle Klassen jede Art von Sendungen sehen, ohne befürchten zu müssen, ihren Status zu verlieren. Dies bedeutet indes nicht, dass die Klasse keine Rolle mehr spielt. Vielmehr hat sie ihr Wirkungsfeld gewechselt, vom Geschmack zum Maß der Teilhabe. Eine der gründlichsten Untersuchung über den Kulturkonsum, die zwischen 2003 und 2005 in Großbritannien durchgeführt wurde, offenbarte quer durch alle Gruppen ähnliche Vorlieben für Musikgenres, Sport und Fernsehen; eine Ausnahme war die bildende Kunst.[30] Nur für eine kleine Managerelite spielte Hochkultur noch eine Rolle als Kapital. Der Geschmack hat sich demokratisiert. Die Haupttrennlinie verlief jetzt zwischen denjenigen, die an Kunst und Musik teilhatten, und denjenigen, die es nicht taten. Insbesondere Arbeiter besuchten seltener Konzerte, Theater oder Museen oder betrieben einen Sport; sie verbrachten ihre Freizeit eher zu Hause oder mit Freunden.

Der Wohlstand hat also dem Zusammenstoß der Klassenkulturen ein Ende gesetzt, wenn auch aus anderen Gründen, als pluralistische Reformer wie Anthony Crosland vorausgesagt haben. Arbeiter stehen der Hochkultur nicht mehr ehrfürchtig gegenüber. Gleichzeitig haben sie keine eigene Kultur mehr. Heute ist jeder ein Fußballfan. Die Labour Party hat eine eigenständige Kultur der Produzenten aufgegeben, während die Mittel- und Oberschicht von snobistischem Elitarismus zu kulturellem Wildern übergegangen ist. Die neue Unterscheidungsstrategie besteht nicht mehr darin, Barrieren zum Schutz der eigenen Klasse vor dem gemeinen Volk zu errichten, sondern darin, zu einem »Allesfresser« zu werden und so viele Stile wie möglich zu mischen – sich Bands aus der Arbeiterklasse und Weltmusik ebenso anzuhören wie Streichquartette; sich im Fernsehen Seifenopern ebenso anzuschauen wie Shakespearestücke im Theater. Paradoxerweise hat also der Abschied von der eigenen Kultur der Mittelschicht geholfen, ihr Überlegenheitsgefühl zu festigen.[31]

Wie wirkte sich der Konsum in Gesellschaften, in denen die Klasse nicht das dominante Merkmal war, auf die sozialen Identitäten aus? Afrikanische Städte sind ein interessantes Beispiel; hier traf die traditionelle, ethnisch geprägte Identität der zugewanderten Arbeiter auf Unterhaltungsangebote, neue Geschmäcker und Produkte. In der ghanaischen Hauptstadt Accra etwa gab es in den 1950er Jahren acht große Kinos, die amerikanische Spielfilme, Musicals ebenso wie Thriller, aber auch Safarifilme zeigten. Es existierten zwanzig afrikanische Tanzkapellen und zahlreiche Vereine. Der Konsum konnte die ethnischen Spaltungen vertiefen; der Indo-Ghana Club ließ beispielsweise nur Inder zu. Aber er stellte auch Hierarchien in Frage, koloniale wie lokale. In Brazzaville, der Hauptstadt des damaligen Französisch-Äquatorialafrika, wurde Fußball zu einer Herausforderung der Kolonialherren, wenn erfolgreiche einheimische Mannschaften sich weigerten, ihre Schuhe auszuziehen und barfuß zu spielen. Gleichzeitig hebelten europäische Hüte, Hemden und Kleider die traditionellen Kleidervorschriften aus, sie eröffneten der Jugend und den Armen einen Weg, sich vom strengen Kleiderregime der Ältesten zu befreien. Junge Paare tanzten Rumba und Walzer.[32]

Es gibt eine Tendenz, den Konsum als allmächtiges Lösungsmittel sozialer Gemeinschaften zu betrachten. Deshalb muss betont werden, dass er gelegentlich auch als Zement funktioniert, der soziale Gruppen festigt. Die Xhosa, die in den 1950er Jahren in die südafrikanische Stadt East London zogen, behielten dort die Spaltung in »Rote« (*abantu ababomvu*), wegen der traditionellen Körperbemalung mit Rötel auch Beschmierte (*amaqaba*) genannt, und »Schulleute« (*abantu abasesikolweni*) bei. Die Roten standen der Konsumkultur skeptisch gegenüber. Kredite und Freizeitausgaben lehnten sie ab. »Kälber auf dem Postsparbuch sterben nicht«, lautete eines ihrer Sprichwörter. Die Roten wohnten in Gemeinschaftsunterkünften, kochten gemeinsam, fanden sich nach der Arbeit zu *iseti*, Trinkgruppen, zusammen und unterhielten sich über die Heimat. Die Schulleute dagegen kamen bereits als Christen und mit Schulbildung in die Stadt und übernahmen die Konsumkultur vorbehaltlos. Die meisten traten in Sportvereine ein und besuchten Tanzböden, Bars und Kinos. Nach Ansicht der Roten hatte die Gewohnheit, ins Kino zu gehen, die Schulleute zu Dieben gemacht. Wenn möglich, zogen Schulleute in eine eigene private Wohnung, kauften Konsumgüter und richteten sich mit Möbeln und Zierrat im westlichen Stil ein. Der konsumistische Lebensstil war ein Weg, ihre Distanz von den Roten zu bewahren und gleichzeitig einer bisher im Grunde klassenlosen Agrargesellschaft ihre eigenen Abstufungen aufzuzwingen. Letzten Endes war aber nicht die Konsumkultur für diese Entwicklung verantwortlich, sondern die Stadtplanung und die Zwangsumsiedlung der Xhosa in neue Satellitenstädte.[33]

Amerikanisierung?

Die Amerikanisierungsthese kann als geographische Erweiterung der These betrachtet werden, dass die Konsumkultur Unterschiede einebne. Dass den Vereinigten Staaten eine solche Standardisierungskraft unterstellt wird, ist nicht überraschend. Das Zeitalter des Überflusses fiel mit ihrem Aufstieg zur neuen Großmacht nach 1945 zusammen. Supermärkte, amerikanische Reklame und Hollywood-Traumpaare: Dies alles konnte von skeptischen Europäern leicht als Vorbote einer imperialistischen Monokultur eingeordnet werden. Heute ist angesichts des Niedergangs Amerikas als Supermacht ein geeigneter Zeitpunkt, um zurückzuschauen und zu fragen, in welchem Ausmaß sich die Lebensstile wirklich angeglichen haben. Um eine Antwort darauf geben zu können, muss man sowohl Handlungen als auch Produkte beleuchten, also untersuchen, was die Menschen getan und was sie gekauft haben.

Der Supermarkt symbolisiert das Amerika, das die amerikanische Historikerin Victoria de Grazia als »unwiderstehliches Imperium« bezeichnet hat. Er versprach Auswahl, Komfort und erschwingliche Preise. Mit seinen neonbeleuchteten Gängen, Kühlregalen, verpackten Lebensmitteln und seiner Klimatisierung war der Supermarkt eine Ikone futuristischer Modernität. Sein Ursprung lag allerdings in der düsteren Zeit der Weltwirtschaftskrise in den 1930er Jahren. Größere Verkaufsflächen und Selbstbedienung erlaubten das Warenangebot bei verringerten Allgemeinkosten zu vergrößern, Rabatte zogen zudem preisbewusste Käufer an. 1939 floss ein Viertel der Lebensmittelausgaben der Amerikaner in die Kassen von Supermärkten. Zwanzig Jahre später waren es 64 Prozent. Inzwischen war die Selbstbedienung zu einer Art Selbstverwirklichung geworden. Durch pastellfarbene Ausstattung, beruhigende Hintergrundmusik und farbenprächtige Verpackungen sollten die Kunden dazu gebracht werden, Neues auszuprobieren und den Besuch im Supermarkt als Selbstentdeckungsreise zu erleben.[34]

In Europa suchten sich die Amerikaner Italien und Belgien als erste Brückenköpfe aus. Mit Hilfe zinsgünstiger staatlicher Kredite eröffnete Nelson Rockefellers International Basic Economy Corporation (IBEC) 1959 in Mailand den ersten ihrer Supermarkets Italiani. Es war jedoch keineswegs ein kommerzieller D-Day. Amerikanische Verkaufstechniken ließen sich nicht eins zu eins übertragen. So waren die Einkaufswagen, wie ein Marktleiter klagte, für Amerikaner entworfen, die ihre Einkäufe in Cadillacs luden, während die meisten Italiener sich nicht einmal einen Fiat 500 leisten konnten.[35] Ohne Kühlschränke mit Gefrierfach zu Hause machte Tiefkühlkost im Supermarkt keinen Sinn. Überall in Europa gab es zudem eine Vielzahl von Hindernissen, von restriktiven Bauvorschriften über zu kleine Gebäude und strenge Ladenschlussgesetze bis zum politischen Einfluss von kleinen Ladenbesitzern und Genossenschaften. Die Supermärkte konnten sich deshalb nur langsam und ungleichmäßig durchsetzen. 1971 gab es in Großbritannien 3500 von ihnen, während in ganz Italien nur 600 existierten, die zudem überwiegend im Norden angesiedelt waren. Ein Jahrzehnt später kauften die Italiener immer noch nur 3 Prozent ihrer Lebensmittel in Supermärkten; in Frankreich lag der Anteil bei 14 Prozent. In Großbritannien, den Niederlanden und Deutschland ging die Verbreitung der Supermärkte schneller vonstatten; dort wurde der Lebensmittelmarkt Anfang der 1990er Jahre zu rund 60 Prozent von Supermarktketten beherrscht.

Die große Konzentrationswelle kam in den 1980er und 1990er Jahren in Gang, aber lief selbst dann selten in freien Bahnen. Sie traf auf eine Reihe von Hindernissen, die die Verbreitung von Supermärkten erschwert hatten. In Dänemark zum Beispiel war es Ketten, die keine Eigenproduktion betrieben (wie die Genossenschaften es taten), 1966 verboten worden, in einer Gemeinde mehr als eine Filiale zu eröffnen. Und die gesetzlichen Öffnungszeiten wurden erst 1994 bis 20 Uhr verlängert. Als sich Discountermärkte zu etablieren begannen, machten die dänischen Genossenschaften das Beste daraus. In Frankreich wurde 1973 durch das sogenannte Loi Royer lokalen Kommissionen aus Geschäftsinhabern und Kommunalpolitikern die Entscheidung über die Neueröffnung und Erweiterung von Verkaufsflächen übertragen, um die Ausbreitung von Supermärkten zu verlangsamen. Infolgedessen expandierten französische Ketten ins Ausland und eröffneten Filialen in Spanien und Lateinamerika; Carrefour verdient sein Geld zur Hälfte außerhalb Frankreichs.[36]

Außerdem war der kommerzielle Austausch kein einseitiger Export aus Amerika in alle Welt. Innovationen oszillierten und zirkulierten. So betrieb die Schweizer Genossenschaft Migros nicht nur städtische Großmärkte, sondern war auch ein Vorreiter beim Betrieb kleiner Selbstbedienungsgeschäfte und mobiler Verkaufsstellen, die vor allem in der Türkei und Brasilien Nachahmung fanden. Migros führte auch als erstes Unternehmen elektronische Kassen ein, die das Interesse amerikanischer Ketten weckten. Deren Supermärkte in Europa wiederum mussten vor Ort modifiziert werden, um sie den lokalen Räumlichkeiten und Gewohnheiten anzupassen. Das Resultat waren Mischformen. Schweizer Supermärkte beispielsweise legten mehr Wert auf Qualität als auf eine breite Auswahl. Anstatt 4000 Artikel anzubieten, wie amerikanische Supermärkte es taten, führten sie ein ausgewähltes Sortiment. Lokale Vorlieben und Marken hielten die Standardisierung in Grenzen. Bücherecken verliehen eine Aura von kultureller Seriosität.[37] Südlich der Alpen, in Italien, stellten Betreiber von Supermärkten fest, dass es einfacher war, vorhandene Gewohnheiten auszunutzen, als fremde zu importieren. Mit täglichen Lotterien, Werbegeschenken und der Auslage von frischen, unverpackten Lebensmitteln passten sie sich den Italienern an, die eher täglich als wöchentlich einkauften. Im Unterschied zu amerikanischen Ketten mussten Supermärkte in der Schweiz und Italien ihre Versorgungskette von Grund auf neu aufbauen, was schließlich dazu führte, dass sie viele ihrer Produkte selbst herstellten oder direkt importierten.[38]

Die Amerikanisierungsängste knüpften an ältere Befürchtungen in Bezug auf die Rationalisierungsfolgen für Arbeit, Gesellschaft und Freiheit an. Kleine Läden und Handwerksbetriebe standen für eine lebendige Gesellschaft, große Selbstbedienungsgeschäfte für seelenlose Anonymität. In Luciano Bianciardis Roman *Das saure Leben* von 1962 wird der Supermarkt als vom Nachkriegsaufschwung hervorgebrachtes entmenschlichendes Übel beschrieben. Als normale Kunden verkleidet mischen sich Angestellte unter hypnotisierte Frauen und ermuntern sie, ihre Einkaufswagen zu füllen. Alle kaufen das Gleiche. Niemand sagt ein Wort. Die Fleischtheke ähnelt einem Fließband, an dem Frauen mechanisch Fleischstücke und Aufschnitt in Zellophan verpacken. Die Kassiererinnen wirken wie Automaten, auf dem Kopf »eine blaue Mütze mit dem Namen des Supermarkts, nie klappern sie mit den Augendeckeln, ihre geweiteten Pupillen lassen nicht von den Zahlen ab, und jeden Tag haben sie ein ausgezehrteres Gesicht ... eine noch fahlere Farbe, einen noch welkeren Hals; wie kleine Schildkröten sehen sie aus.«[39]

Die Erfahrungen gewöhnlicher Käufer sahen anders aus. Nachdem man sich an die Benutzung von Einkaufskörben und -wagen gewöhnt hatte, fanden die meisten Gefallen an den Supermärkten und erlebten sie sogar als befreiend. Das warme, freundliche Gefühl in kleinen Geschäften war häufig eher Illusion als Realität. Bei Begegnungen im Nachbarschaftsladen spielten oft Klassenzugehörigkeit, Abhängigkeiten und manchmal auch Demütigungen eine Rolle. Arbeiterfrauen kamen lieber mit einem Fleischstück, das größer war, als sie es verlangt hatten und sie es sich eigentlich leisten konnten, aus der Fleischerei, als den Nachbarn gegenüber das Gesicht zu verlieren. Klatsch und Tratsch blühten: Warum kaufte die alleinstehende junge Frau von nebenan plötzlich doppelt so viel ein? Neben Bequemlichkeit und langen Öffnungszeiten boten Supermärkte auch eine demokratische Atmosphäre, die insbesondere arbeitende Frauen, Singles und ethnische Minderheiten ansprach. Außerdem fanden sich Männer in ihnen leichter zurecht, Produktneuheiten vermittelten ihnen zusätzlich ein Kompetenzgefühl; in den 1960er Jahren stellten sie ein Drittel der Kundschaft. Supermärkte präsentierten sich selbst als Stützen der Demokratie, wie beispielsweise die italienische Kette Esselunga mit ihrem Motto: »Jeder hat die Wahl.« Die Einzigen, die anfangs die Nase rümpften, waren die Bessergestellten. Immerhin trat ihre höhere gesellschaftliche Stellung darin zutage, dass man sich persönlich um sie und ihre Wünsche kümmerte. In Großbritannien beschimpfte die Frau eines Richters den Vorstandsvorsitzenden der Supermarktkette Sainsbury's, Alan Sainsbury, aufs Übelste, als sie bei der Eröffnung einer der ersten Filialen herausfand, dass sie als ihre eigene Verkäuferin fungieren sollte. Die Selbstbedienung kippte das uralte Machtgleichgewicht zwischen Kunde und Einzelhändler.

Dennoch sollte man daraus nicht den Schluss ziehen, der Supermarkt habe einen revolutionären Wechsel von menschlichen Begegnungen zu anonymen Warenbergen vollzogen. Selbst dort, wo sich die Selbstbedienung am schnellsten verbreitete, in Großbritannien, entwickelten die meisten ein paralleles Kaufverhalten, indem sie manches in Supermärkten und anderes in kleinen Geschäften einkauften. Nach Jahren des Niedergangs gab es in Frankreich in den 1980er Jahren – die Bäckereien nicht mitgezählt – immer noch 600 000 kleine Geschäfte. In Finnland stieg die Zahl der Eckkioske sogar an. Abgesehen von der Lebensmittelbranche sind kleine Einzelhändler in den meisten europäischen Ländern weiterhin gut im Geschäft. Zudem waren nicht alle Ketten notwendigerweise seelenlos. Schon in der Frühzeit der Supermärkte erkannte man, dass man die Anmutung von kalter Anonymität überwinden musste, und führte als Gegenmittel die persönliche Begrüßung von Kunden und den Thekenverkauf ein. Mündliche Aussagen von Dutzenden britischen Verbrauchern über ihre ersten Erfahrungen mit der Selbstbedienung legen den Schluss nahe, dass Kunden – wenigstens in kleineren Supermärkten und kleineren Orten – häufig ein persönliches Verhältnis zu Verkäufern aufrechterhielten. Eine Frau erinnerte sich: »Wenn man die Leute noch kennt, gibt es auch noch Geplauder ... so, wie es beim Thekenverkauf war.«[40] In großen städtischen Supermärkten war dies schwieriger. Doch dadurch wurden sie nicht automatisch zu Orten voller einsamer Einzelner. Bis heute bringen Kunden Gesprächigkeit und Gemeinschaftssinn in die Geschäfte mit. In Supermärkten in China werden Werbedurchsagen vom Gesprächslärm einkaufender Paare übertönt. In Taipeh, Seoul und Hongkong haben Teenager McDonald's-Filialen in Jugendzentren verwandelt, in denen sich sogar ihre Leseklubs treffen.[41]

Bemerkenswert ist nicht, dass die Vereinigten Staaten ihre Produkte über die Welt verbreiten, sondern wie unterschiedlich ihr Einfluss ist. Die Dominanz von Hollywood wird ausgeglichen durch die Widerstandsfähigkeit lokaler Musikkulturen in vielen Teilen der Welt, was angesichts der Tatsache, dass Musik zu hören die beliebteste Form des Kulturkonsums ist, eine gewisse Aussagekraft besitzt. Das Maß ist wichtig. Es kostet weit weniger, eine Schallplatte zu produzieren als einen Film. In den Niederlanden und Deutschland dominiert englischsprachige Musik den Markt, aber in Frankreich, Griechenland, Norwegen und Italien haben nationale Stile, Künstler und Plattenverkäufe einen bedeutenden Anteil behauptet. Überall in Europa haben amerikanischer Jazz und später der Rock'n'Roll zu Innovation und Diversifikation geführt. In den 1950er Jahren mischte der italienische Sänger Domenico Mudugno (*Volare*) Einflüsse aus Südapulien und Sizilien mit Crooning und Swing (siehe Abbildung 45). 1959 war Georges Brassens (*La mauvaise réputation*) bei französischen Jugendlichen beliebter als der kanadische Sänger Paul Anka, der mit Titeln wie *Diana* die amerikanischen Charts beherrschte.

Zum Wiederaufbau nach dem Zweiten Weltkrieg gehörte auch der Wiederaufbau der Kultur. Regionaler Musik und Folklore wurden eigene Radio- und Fernsehsendungen gewidmet. Hamburg bekam seine Haifischbar, Neapel sein neapolitanisches Songfestival. Hinzu kamen übergreifende nationale Festivals wie dasjenige von Sanremo, das seit 1951 für Entzücken und Aufregung sorgt. Diese Veranstaltungen waren Vehikel neuer nationaler Kulturen, insbesondere in stark regionalisierten Gesellschaften. Der Grand Prix Eurovision de la Chanson, der heutige

Eurovision Song Contest, folgte diesem Vorbild. Sanremo ist ein Beispiel für jene Art von Austausch, die durch die ausschließliche Fokussierung auf die Amerikanisierung aus dem Blickfeld gerät. Auf dem Festival traten auch ausländische Künstler auf, wie Louis Armstrong 1968, aber der Siegersong desselben Jahres war der italienisch-brasilianische Hit *Canzone per te* von Sergio Endrigo und Roberto Carlos, der eine romantische Standardformel auf den Kopf stellte: »Die Einsamkeit, die du mir beschert hast,/ ich pflege sie wie eine Blume.« Der Militärputsch in Brasilien im Jahr 1964 hatte einen Exodus von Künstlern zur Folge. Gilberto Gil ging nach London, Chico Buarque nach Rom. Letzterem verdankte Lucio Dallas Song *4/3/1943* seinen portugiesischen Anklang, und er machte ihn später unter dem Titel *Minha história* auch zu einem Hit in Brasilien und Japan. In den 1960er Jahren betrat der *cantautore* die Bühne, eine neue Art von Singer-Songwriter (Tenco, Giorgio Gaber, Fabrizio de André, Gino Paoli), die von den französischen Chansonniers Georges Brassens und Charles Aznavour ebenso beeinflusst war wie von Nat King Cole und Bob Dylan.

Lateinamerikanische Einflüsse reichten bis an den Polarkreis, wo Finnen, von Wandermusikern angeregt, eine eigene Tangovariante in Moll entwickelten, die argentinische Rhythmen mit einer folkloristisch-nostalgischen Sehnsucht nach Natur und Landleben verband (siehe Abbildung 46). Mit eigenen Stars, Festivals und Wettbewerben um die Titel von Tangokönig und Tangokönigin ist sie zu einem ebenso wichtigen Element der finnischen Kultur geworden wie die Sauna. In den 1960er Jahren verstand man die Konkurrenz zwischen Pop und Tango als Kampf um die finnische Seele und für die Wiederbelebung einer ländlichen Lebensweise. Hintergrund war die zunehmende Urbanisierung: Zwischen 1950 und 1980 stieg der Anteil der Finnen, die in Städten lebten, auf fast das Doppelte, von 32 auf 60 Prozent. Die Popmusik wurde von britischen Bands wie den Beatles und den Rolling Stones dominiert; amerikanische Einflüsse hatten weniger Bedeutung; erst 1966 erreichte mit Nancy Sinatras *These Boots Are Made for Walkin'* ein US-Hit Platz 5 der finnischen Charts. Verteidiger des finnischen Tangos befürchteten angesichts langhaariger Musiker und Fans einen moralischen Verfall und eine Geschlechterverwirrung. Tangotexte zeichneten die Stadt als kalten, einsamen Ort. Umgekehrt schmähten Popmusiker den Tango als rückständige Lieblingsmusik von Bauern, die von der Modernität abgeschnitten waren. »Ich halte jede Band für mutig«, erklärte ein finnischer Musiker 1967, »die es wagt, über Jyväskylä [in Mittelfinnland] hinaus nach Norden zu fahren, wenn ihr Repertoire nicht zu 90 Prozent aus Tangos besteht ... In Österbotten wurde eine Band mit einem Messer bedroht, weil sie nicht genügend Tangos spielte.«[42] Seither hat sich die Lage entspannt, und der Tango hat auch im urbanen Süden, in Helsinki und Turku, Bewunderer gefunden. Ganz allgemein ist die Verschmelzung unterschiedlicher Stile vorangeschritten, zum Beispiel beim post-punkigen Suomi-Reggae eines Jukka Poikas und dessen unnachahmlichem Hit *Hän haluaa huussin* (»Er will ein Trockenklo«).[43]

In manchen Fällen wurden die Widerstandskraft und Vitalität nationaler und regionaler Musikstile durch staatliche Schutzmaßnahmen unterstützt. Frankreich ist ein gutes Beispiel dafür. Dort sind gemäß dem Loi Léotard von 1986 40 Prozent der Radioprogramme französischen Songs und Regionalsprachen vorbehalten. Öffentliche Fernsehsender sind verpflichtet, mindestens 2,5 Prozent ihres Budgets für die Produktion französischer Spielfilme zu verwenden und bei den von ihnen ausgestrahlten Filmen zu 40 Prozent französische Produktionen zu berücksichtigen. Bis heute weigert sich Frankreich, sich amerikanischem Druck zu beugen und seine nationalen Musik- und Filmproduktionen in Freihandelsabkommen einzubeziehen.[44]

Man könnte einwenden, dass der Überfluss, auch wenn die Menschen in der entwickelten Welt verschiedene Musik, Ernährung und so weiter bevorzugen, in Bezug auf die Art und Weise, wie sie konsumieren, einen einheitlichen Lebensstil verbreitet hat. Dies ist tatsächlich ein knifflige Angelegenheit, da die Forschung über Amerikanisierung und Globalisierung sich vor allem mit den Gütern beschäftigt hat und nicht damit, wie die Menschen sie benutzen. Einige Hinweise kann man jedoch Zeitnutzungsdaten entnehmen, die einige Länder in den 1960er Jahren zu erheben begannen. Ein Forscherteam hat anhand nationaler Daten die Ess- und Lesegewohnheiten in den Vereinigten Staaten, Frankreich, Großbritannien, den Niederlanden und Norwegen miteinander verglichen. Überall nahm zwischen 1970 und 2000 die Häufigkeit, mit der man auswärts aß, zu, allerdings mit signifikanten Zeitunterschieden. Am Ende des Untersuchungszeitraums verbrachten Briten und Amerikaner im Durchschnitt 25 beziehungsweise 30 Minuten am Tag damit, auswärts zu essen. Norweger gingen dagegen selten in Restaurants oder Imbisse (14 Minuten am Tag). Franzosen gingen öfter essen – und tun es weiterhin –, verbrachten aber auch gut anderthalb Stunden pro Tag am häuslichen Esstisch, während Amerikaner dafür nur noch weniger als 40 Minuten aufbrachten. Der Überfluss hat also nicht zu einer Angleichung der täglichen Gewohnheiten und Lebensrhythmen geführt. Franzosen, Schweizer und Italiener finden sich zum Essen zusammen und lassen sich Zeit. Amerikaner nehmen, häufig allein, Snacks zu sich, während sie andere Dinge tun.[45]

Dies sind natürlich Durchschnittswerte, und als Nächstes wäre die Frage zu stellen, wie Verhaltensweisen über die Bevölkerung verteilt sind. Nutzen die Menschen die Freizeit in zunehmend gleicher Weise, um fernzusehen, Sport zu treiben, zu lesen und so weiter? Vor der Verbreitung des Überflusses unterschieden sich die Gewohnheiten deutlich. 1946 zum Beispiel gingen zwei Drittel der Briten regelmäßig ins Kino, während ein Drittel es nie tat. Laut Amerikanisierungsthese hätte der steigende Lebensstandard zu einer immer einheitlicheren Monokultur führen müssen. Erhebungen zu den Lesegewohnheiten haben jedoch ein komplexeres Bild ergeben. In Norwegen und den Niederlanden bleibt die Lektüre von Büchern und Zeitschriften eine von den meisten geteilte Freizeitbeschäftigung. In den Vereinigten Staaten andererseits ist das Lesen ein Minderheitenzeitvertreib geworden; allerdings lesen diejenigen, die ihm nachgehen, immer mehr; 1998 waren es 87 Minuten am Tag (während Norweger und Briten 47 Minuten dem Lesen widmeten).[46] Es ist fraglich, ob das Internet und andere neue Medien das Lesen als Freizeitbeschäftigung verdrängen. Die Lektüre von Zeitschriften hat abgenommen, aber Bücher sind beliebter denn je. In den Niederlanden und Großbritannien neigen ausgiebige Internetnutzer dazu, mehr zu lesen, nicht weniger.[47]

Diese Momentaufnahme der Lesegewohnheiten legt eine interessante Hypothese nahe: Es könnte sein, dass die Freizeitgewohnheiten in Mitteleuropa konvergieren, während sie in den Vereinigten Staaten (und in geringerem Ausmaß in Großbritannien) divergieren. Mit anderen Worten, der Überfluss hat Amerikaner zu Spezialisierern und Europäer zu Verallgemeinerern gemacht. In Amerika liest man viel, oder man liest gar nicht; man treibt viel Sport, oder man tut es gar nicht. In den Niederlanden und Norwegen tun dagegen die meisten etwas von beidem. Freizeitaktivitäten sind breiter verteilt. Wenn die Amerikanisierung eine besondere Dynamik besitzt, dann ist es möglicherweise die innere Diversifizierung, nicht die Konformität. In Amerika leben deutlich mehr Menschen auf ihrer je eigenen Lebensstilinsel als auf dem europäischen Kontinent. Ein Grund für den Gegensatz der Entwicklungen in Amerika und Europa könnte darin liegen, dass der Wohlstand in Kontinentaleuropa trotz zunehmender Armut von einer stärker ausgebildeten sozialen Demokratie geprägt ist, in der die Ungleichheit weniger krass und die Bildung homogener ist und der Staat sich als Kulturförderer etabliert hat. Großbritannien liegt bezeichnenderweise im Atlantik, gleichsam auf halbem Weg zwischen diesen beiden Konsumzonen. Ob die Konvergenz der Divergenz vorzuziehen ist, ist eine andere Frage.

8 Asien konsumiert

Handelte die Geschichte des Konsums bisher davon, immer mehr zu verbrauchen, so ist im Asien der Gegenwart aus diesem Mehr das Meiste geworden. Der Boom, der 1955 in Japan einsetzte, war die erste von mehreren Wellen, die in den 1970er Jahren Taiwan und Südkorea, seit 1979 China und in jüngster Zeit Indien erfassten. Laut Weltbank sind zwischen 1990 und 2002 1,2 Milliarden Menschen der Armut entkommen, unter ihnen fast 1 Milliarde Asiaten. Seit 2012 hat sich das Wachstum verlangsamt. Dennoch haben sich noch nie zuvor so viele Menschen in so kurzer Zeit in die Reihen der Käufer begeben. In der westeuropäischen Wirtschaftswunderzeit nach dem Zweiten Weltkrieg dauerte es 10 bis 15 Jahre, ehe die Hälfte der Haushalte einen Fernsehapparat besaß, und 20 bis 25, ehe sie über einen Kühlschrank verfügten. Südkorea gelang dies in den 1970er Jahren innerhalb eines Jahrzehnts, China in den 1980er Jahren sogar noch schneller. Waschmaschine, Stereoanlage und Videorekorder – Güter, die im Westen im Lauf von Jahrzehnten nacheinander aufgetaucht waren – hielten in chinesischen Haushalten gleichzeitig Einzug, und zwar in armen wie in reichen.[1]

Insbesondere in Bezug auf China greift man schnell zu Superlativen. 2009 wurde das Land zum größten Umweltverschmutzer und Automarkt der Welt, und der Bevölkerungsanteil der Besitzer von Wohneigentum war nirgendwo größer.[2] Die globalen Folgen von Chinas Aufstieg sind häufig kommentiert worden. Es bestand jedoch eine merkwürdige Diskrepanz zwischen der Aufmerksamkeit, die man der Produktion, und derjenigen, die man dem Konsum zollte; eine Diskrepanz zwischen einer verbreiteten Sorge über ausbeuterische Arbeitsbedingungen und den ökologischen Kollaps einerseits und einem sehr viel engeren Fokus auf den »Konsumismus«, der Luxusmalls und die Mitglieder des Porscheklubs von Shanghai ins Visier nimmt, andererseits.

Die Geschichtsschreibung besitzt keine Kristallkugel, aber sie kann die gegenwärtigen Umwälzungen in eine längere Perspektive stellen und zum Verständnis dessen beitragen, wie und warum asiatische Gesellschaften dazu kamen, so zu konsumieren, wie sie es tun. Wenn man die Entwicklung in Japan, China und Indien mit der stetigen Ausweitung des Konsums vergleicht, die wir bisher nachvollzogen haben, fällt sofort ein großer Unterschied ins Auge: die Komprimierung mehrerer Entwicklungsstufen zu einer einzigen. Der Aufstieg der Mittelschicht, eine Kultur häuslichen Komforts, die Urbanisierung, die Zunahme der frei verfügbaren Kaufkraft und des Wohneigentums: In Europa und den Vereinigten Staaten hatten diese aufeinander folgenden Prozesse insgesamt vier Jahrzehnte in Anspruch genommen. Dagegen liefen sie in den boomenden Gesellschaften von Japan in den 1950er bis 1980er Jahren sowie von China und Indien in den folgenden Jahrzehnten alle mehr oder weniger parallel ab.

Ein zweiter, nicht weniger wichtiger Unterschied betrifft den Platz des Konsums in der Abfolge des historischen Wandels. Als Tee, Porzellan und Baumwolle in den hochentwickelten Niederlanden und Großbritannien ihren Siegeszug antraten, geschah es in bereits urbanisierten Gesellschaften. Die Industrielle Revolution folgte später. Hinzu kam, dass sich die Konsumentenmacht, wie wir wiederholt gesehen haben, in vielen Teilen des Westens auf eine staatsbürgerliche Tradition stützte, die auf politische Rechte pochte. Die Entwicklung in Asien erinnert daran, dass Geschichte sich selten in einer gleichförmigen Abfolge von Schritten vollzieht. In China und Japan wurde sie gar umgekehrt: Beide Länder begannen als überwiegend ländliche Gesellschaften mit der Industrialisierung. Sie waren modern, bevor sie urban wurden. Die jüngste Konsumwelle gehörte in den Zusammenhang einer großen Wanderungsbewegung, in deren Verlauf Hunderte von Millionen in Städte zogen, die häufig von Grund auf neu errichtet worden waren. Dies musste tiefgreifende Folgen haben, nicht zuletzt für den Stellenwert des Heims. Auch die Entwicklung der Staatsbürgerlichkeit verlief umgekehrt. Im Westen wurden zuerst politische Recht eingeführt und dann auf soziale Rechte ausgedehnt. Im Fernen Osten übersprang man die erste Stufe. Staatsbürgerlichkeit umfasste nach dortigem Verständnis Pflichten und keine

Rechte. Im Gegenzug für Sicherheit und eine gewisse soziale Fürsorge hatten Staatsbürger die Pflicht, den Staat zu unterstützen. Dies schuf ein völlig anderes politisches Umfeld, als man es im liberalen Westen kannte, wo Staatsbürger-Konsumenten die Forderung nach Bürgerrechten mit derjenigen nach Sozialfürsorge verbanden. Indien folgte einem demokratischen Weg, aber auch hier verlangte der soeben unabhängig gewordene Staat von seinen Bürgern, sich als Produzenten zu verstehen und ihre persönlichen Wünsche dem kollektiven Interesse einer unabhängigen Nation unterzuordnen.

Wie bisher bieten auch die folgenden Seiten keine enzyklopädische Länderdarstellung, noch soll ein einförmiges Bild eines Gegensatzes von Ost und West gezeichnet werden. Vielmehr wird mit Hilfe ausgewählter thematischer Vergleiche versucht, die grundlegenden Entwicklungen nachzuvollziehen und sowohl Unterschiede als auch Parallelen aufzuzeigen. Da die entscheidenden Entwicklungen in den einzelnen Ländern nicht gleichzeitig stattfanden, müssen manchmal unterschiedliche Zeiten nebeneinandergestellt werden, beispielsweise das Japan der 1950er bis 1980er Jahre und das China der 1990er und 2000er Jahre.

Drei Hauptfragen gilt es zu beantworten. In welchem Ausmaß war der jüngste materielle Sprung nach vorn ein Bruch mit der Vergangenheit? Steuert eine wirtschaftlich schnell wachsende Gesellschaft wie die chinesische auf einen amerikanischen »Wegwerflebensstil« zu, wie manche Chinaexperten befürchten?[3] Die dritte Frage betrifft schließlich die Politik. In Großbritannien, Frankreich und den Vereinigten Staaten war der Aufstieg des Konsums mit dem Aufstieg von Zivilgesellschaft, Staatsbürgerlichkeit und sozialer Demokratie verknüpft. Wie wird aber der Konsum außerhalb eines liberalen, republikanischen Umfelds in Ländern, die durch einen starken Staat und schwache Bürgerrechte gekennzeichnet sind, politisch eingebunden?

Crescendo

In jeder Geschichte bestimmt der Ausgangspunkt die Moral. Das Wachstum des Bruttoinlandsprodukts von 10 Prozent pro Jahr in Japan (1955–1973) und China (1979–2011) und nicht viel weniger in Indien (8,7 Prozent 2003–2008) war so außergewöhnlich, dass es nicht verwundert, dass die meisten Kommentatoren das japanische Wunder, Deng Xiaopings Öffnung von China beziehungsweise Indiens liberale Reformen von 1991 zum Ausgangspunkt nehmen. Und zweifellos wurde der Masseneinkauf von Fernsehern, Autos, Klimaanlagen und vielem anderen durch ein phänomenales Wirtschaftswachstum, einen Anstieg der Kaufkraft und größere Produktauswahl ermöglicht.[4]

Die Frage ist jedoch, ob das Drama, das sich in jüngster Zeit abgespielt hat, auch in einer längeren Perspektive als scharfer Bruch mit der Vergangenheit gesehen werden kann. denn tatsächlich stellten der Maoismus in China und Nehrus Vision für Indien eine kurze, wenn auch weitreichende Abschweifung von einer längerfristigen Wirtschaftsentwicklung dar. Mao machte Händler und Käufer wieder zu Bauern. Als die Volksrepublik China 1949 gegründet wurde, gab es zum Beispiel in Peking 10 000 Restaurants und Imbisse. 1979 waren davon gerade noch 656 übrig. Der Mangel betraf aber nicht nur Güter, sondern beeinträchtigte auch die für ihre Erhaltung nötigen Dienstleistungen. Geschäfte verschwanden ebenso aus dem Straßenbild wie Messerschärfer und Fahrradmechaniker.[5] Zuvor schon hatte Indien am 14. August 1947 um Schlag zwölf Uhr nachts sein Stelldichein mit dem Schicksal gehabt, als es sich von der Welt abwandte. Nehrus Vorstellung von Unabhängigkeit bedeutete Selbstversorgung, das heißt den Aufbau von Fabriken und Kraftwerken, einkaufen zu gehen war nicht vorgesehen. Konsum trug den Makel des Empires. Der Indische Ozean, einst ein Knotenpunkt des globalen Austauschs, war fast leergefegt. Indiens Anteil am Welthandel sank zwischen 1947 und 1990 von 2,4 auf 0,4 Prozent.[6] Die 1991 folgende Liberalisierung ist als Rückkehr zu einer älteren historischen Entwicklungslinie zu verstehen.

Etwas zu erwerben und Geld auszugeben sind also keine fremden Verhaltensweisen, die erst jüngst aus dem »modernen« Westen in einen sparsamen, »traditionellen« Osten importiert wurden. Die Vorstellung von Überfluss hatte auch hier tiefe Wurzeln. Das *Arthashastra*, das zwischen etwa 300 v. Chr. und 150 n. Chr. verfasste altindische Gegenstück zum *Wohlstand der Nationen*, bezeichnet jenen König als weise, der »sich bei seinem Volk beliebt macht, indem er es bereichert und ihm Gutes tut«.[7] *Dharma* (spirituelles Wohlbefinden) und *kama* (Vergnügen) hängen dem *Arthashastra* zufolge gleichermaßen vom materiellen Wohlbefinden ab. Solange sie nicht aus dem Ruder laufen, ist weder am Überfluss noch am Vergnügen etwas falsch. Im Chinesischen sind die Worte für »Knabe« und »Fisch« Glückssymbole, weil sie genauso klingen wie der Begriff »Überfluss an Dingen«. Wir haben bereits gesehen, dass Mode und häuslicher Komfort im China der späten Ming-Zeit und im kolonialen Indien nicht unbekannt waren. Um 1900 fand mit der Einfuhr von Markenwaren und neuen Technologien, die ein modernes Leben versprachen, ein Entwicklungssprung statt. Einige dieser Neuheiten, wie deutsches Bier, Besteck aus Sheffield und schwedische Zündhölzer, kamen direkt aus dem Westen. Andere waren lokale Produkte, wie Double-Pearl-Zahnpasta aus China und Kaiser-Bier aus Japan, mit dem man der allgemeinen Vorliebe für fermentiertes Bier nach deutscher Brauart gegenüber dem schalen englischen Ale Rechnung tragen wollte.

Am bereitwilligsten aufgenommen wurde die moderne Konsumkultur in Japan. Geschäfte, Restaurants und Accessoires wie Kämme und Fächer waren bereits im Edo des 18. Jahrhunderts verbreitet. Nach der Öffnung des Landes durch Commodore Matthew Perry im Jahr 1854, die eine Revolution des Transport- und Kommunikationswesens auslöste, beschleunigte sich die Innovation. Neue Stile begannen sich schneller und weiter zu verbreiten als zuvor. Zum Modernisierungswillen des Staats kam das Bestreben hinzu, den Lebensstil zu reformieren. Japan suchte sich das Beste des Westens heraus: amerikanischen Baseball und deutsches Bier. Die Faszination für die deutsche Industrie- und Militärmacht der 1890er und 1900er Jahre hinterließ ihre Spuren im japanischen Geschmack. Armeeoffiziere, Studenten und Geschäftsleute kehrten mit großem Bierdurst aus Berlin zurück. Um modern zu sein, musste man trinken und denken wie ein Deutscher – eine wirkmächtige Mischung. In Kyoto warben Professoren für gezapftes Bier, und bei den Treffen des »Berliner

Biervereins« in Tokio soll jedes Mitglied mehr als drei Liter getrunken haben, eine auch nach deutschen Maßstäben beeindruckende Menge.[8]

Westliche Güter und Vorlieben wurden jedoch selten vollständig übernommen, sie wurden vielmehr einheimischen Moden und Gewohnheiten angepasst. Die Modernität entstand vor Ort. Der Kimono beispielsweise hatte zum ersten Mal im 18. Jahrhundert durch die Hinzufügung von breiten Schärpen (*obi*) eine modernere Form erhalten. Um 1900 kamen mit Seide-Baumwolle-Gemischen neue Stoffe in Gebrauch, und man begann leichte Schals und Übermäntel über dem Kimono zu tragen. In der Zwischenkriegszeit fügten manche Frauen einen Fuchspelzkragen hinzu, andere schneiderten sich aus unbenutzten Kimonos Kleider im westlichen Stil. Männliche Angestellte begannen auf der Arbeit westliche Anzüge zu tragen, gaben ihnen aber mit Anstecknadeln und anderen Accessoires einen nationalen Anstrich. Zu Hause wechselten viele den Anzug gegen traditionelle japanische Kleidung. Westliche Produkte wie Seife und Aspirin, aber auch Curryreis und andere importierte Mischlebensmittel eroberten einen festen Platz in japanischen Haushalten. Spätestens in den 1920er Jahren waren Restaurants westlicher Art, Bierhallen und Baseballplätze gewohnte Einrichtungen geworden.

Man darf die Größe dieser Transformation allerdings nicht übertreiben. Sie geschah schrittweise und je nach Schicht und Region lückenhaft und uneinheitlich. Der »moderne Lebensstil« wurde häufiger besprochen als wirklich ausgeübt. 1925 stellte der Architekturprofessor Kon Wajiro bei einer Befragung Hunderter von Frauen im Tokioter Vergnügungsviertel Ginza fest, dass nur eine Handvoll von ihnen westliche Kleider trug. Das »Flatterkleid« war überwiegend ein Phantasiebild. Im ländlichen Norden hatten die Menschen kaum irgendwelche Besitztümer, von ausländischen ganz zu schweigen; sie besaßen nicht einmal einen Futon zum Schlafen. Dennoch wuchsen die persönlichen Konsumausgaben zwischen 1904 und 1939 um 2 bis 3 Prozent im Jahr, was zwar weit langsamer war als in den 1950er und 1960er Jahren (8 Prozent), aber für die Zeit immer noch beachtlich. Dieses Wachstum bedeutete mehr Fleisch auf dem Tisch und eine abwechslungsreichere, hochwertigere Ernährung. Weißer Reis, einst ein städtischer Luxus, wurde zu einem dreimal täglich servierten Grundnahrungsmittel. Ein größerer Teil des verfügbaren Geldes wurde auch für Alkohol, Süßigkeiten, Möbel und Unterhaltungsangebote wie Tanzveranstaltungen und Kinobesuche ausgegeben. Die Taschenuhr wurde von einem aus der Schweiz importierten Sammlerstück zu einem verbreiteten, in Japan von Seikosha und der Osaka Watch Company in Massenproduktion hergestellten Accessoire. Ende der 1930er Jahre gab es in jedem dritten japanischen Haushalt ein Radio, und der Anteil der Lebensmittelausgaben am Haushaltsbudget war unter die 50-Prozent-Marke gesunken. Diese Veränderungen reichten über die Akademikerelite hinaus. 1927 fanden Statistiker heraus, dass Angestellte und Arbeiter gleichermaßen 7 Prozent ihres Gehalts für Alkohol, Tabak und Süßigkeiten sowie weitere 11 Prozent für Erholung und Feiern ausgaben. Arbeiter konnten es sich ebenso wie die Professoren in Kyoto leisten, Bier anstelle von Sake zu trinken.[9]

Am sichtbarsten war der Wandel überall in Asien in den Großstädten wie Tokio und Hongkong und auf Shanghais Nankingstraße. Neonlichter und Tanzmädchen machten Shanghai zum Paris des Ostens. Symbol von Stil und Zuversicht war die in Romanen, Spielfilmen und Kalendern gefeierte »moderne Frau« (siehe Abbildung 48).[10] Eileen Chang, die Autorin von *Love in a Fallen City* (1943), kaufte sich von ihrem ersten Honorar einen Lippenstift.

In der Zwischenkriegszeit sickerte etwas von dieser großstädtischen Konsumkultur in die Provinzstädte und ihre ländliche Umgebung durch. Im indischen Punjab besaß Besteck aus Solingen höheres Ansehen als einheimisches, und Pears-Seife war beliebter als die einheimische *desi*-Seife.[11] Im chinesischen Sichuan handelten Hausierer mit japanischen Spiegeln und österreichischen Emaillewaren. Bauern begannen Anzüge, Lederschuhe und Hüte westlicher Art zu tragen.[12] Olga Lang, die China am Vorabend von Maos Revolution beobachtete, hatte den Eindruck, dass auf dem Land eine tiefgreifende Umwälzung stattfand. Reiche Bauern, berichtete sie, besäßen »Wand- und Armbanduhren, waschen sich mit Seife westlicher Art [und] trocknen sich mit türkischen Handtüchern ab«. An den Wänden hingen Fotografien und Kalender mit Abbildungen von Markengütern. In den Häusern von Grundbesitzern fanden sich »ausländische Spiegel, Rasierer und Haarspangen und manchmal sogar Batterieradios«.[13] Jeder trug Galoschen. Häufig wurden westliche Güter für den heimischen Gebrauch umgearbeitet, wie die allgegenwärtigen Standard-Oil-Fässer, die zu Eimern, Öfen und Dächern wurden. Eine Vorreiterrolle spielten Kosmetika, Medikamente und Hygieneprodukte. Die Gesichtscreme *Baixue* (weißer Schnee) und das Peacock-Zahnpulver versprachen Konsumenten in Stadt und Land gleichermaßen Gesundheit und Schönheit. In China erhielt diese Kosmetikrevolution durch die politische Revolution von 1911 einen besonderen Schub, denn sie hob die Luxusgesetze auf, die unter anderem Make-up verboten hatten. Das Phänomen war jedoch allgemeiner Art; in ihm kam die Anziehungskraft eines modernen Konsumideals zum Ausdruck, das persönliche Hygiene und Selbstdarstellung mit dem Versprechen rationaler Effizienz verband. Auch Bauern hatten das Recht auf ein Stück Seife und etwas Rouge. In den 1930er Jahren entstand der Traum, in China »vierhundert Millionen Kunden« von westlichen Waren gewinnen zu können.[14]

Die Verwirrung darüber, was beim Übergang von traditionellen zu modernen Konsumgesellschaften geschah, rührt zum Teil von einem einfachen Missverständnis her. Man unterstellt, dass traditionelle Konsumenten genügsam seien, ihre fixen Grundbedürfnisse befriedigen und etwas für schlechte Zeiten zurücklegen. Von ihren modernen Nachfolgern glaubt man dagegen, sie hätten unbegrenzte Bedürfnisse und würden ihr frei verfügbares Budget und ihr künftiges Einkommen (mit Hilfe von Krediten) zwanghaft für immer mehr Dinge ausgeben. Nur der »moderne Konsument«, erklärte ein bedeutender Ökonom, verwende »überschüssiges Einkommen, um neue Bedürfnisse zu befriedigen«; der »traditionelle Konsument neigt eher dazu, entweder zu sparen oder seinen Extrareichtum in die Freizeit zu stecken«, das heißt weniger zu arbeiten.[15] Diese klare Gegenüberstellung lässt sich bis zur Aufklärung und deren Überzeugung zurückverfolgen, dass materielle Wünsche die Menschen aus fauler Selbstzufriedenheit herausreißen würden. Sie hat Wissenschaftler veranlasst, ihren Schwerpunkt auf die Frage zu legen, wie Menschen dazu gebracht wurden, ihre bescheiden-genügsame Welt zu verlassen und sich ins Hamsterrad von Erwerb und Ausgeben (und Schuldenmachen) zu begeben. Aber wir haben bereits gesehen, dass es nicht unbedingt überschüssiger Mittel bedarf, um wachsende Bedürfnisse zu haben. Im 18. Jahrhundert kauften gewöhnliche Briten, obwohl sie unter sinkenden Löhnen litten, mehr Güter; dafür arbeiteten sie einfach länger. Die Einwicklung in Asien im 20. Jahrhundert bietet weiteres Anschauungsmaterial dafür, wie irreführend dieses Schwarzweißmodell ist, wenn man verstehen will, wie Menschen dazu kommen, mehr zu konsumieren.

Wie »traditionell« waren asiatische Konsumenten vor den Wirtschaftswunderjahren? Aus statistischen Angaben von 1934 ergibt sich ein faszinierender Schnappschuss vom Alltagsleben von Arbeitern in Shanghai.[16] Ihr Lohn und ihre materiellen Lebensumstände unterschieden sich scharf von denjenigen wohlhabender Arbeiter in den Vereinigten Staaten. So gaben sie 53 Prozent ihres Lohns für Lebensmittel aus; bei amerikanischen Arbeitern lag dieser Anteil bei 38 Prozent. Viele lebten am Rand des Hungers. Und doch verwandten sie ein Viertel ihres Verdiensts für »sonstige« Dinge, genauso viel wie ihre amerikanischen Kollegen und weit mehr als Arbeiter in London, Paris und Berlin. »Sonstiges« war eine Auffangkategorie, unter der alles erfasst wurde, was weder Nahrung, Unterkunft noch Kleidung war. Die durchschnittliche Shanghaier Arbeiterfamilie gab dafür 112 Dollar im Jahr aus. Die größten Posten waren Wein und Zigaretten (19 Dollar) sowie Geschenke (10 Dollar). Religiöse Spenden verschlangen weitere 5, Hygiene- und Kosmetikausgaben, einschließlich Friseurbesuchen und Zahnputzpulver, 8 Dollar. 2,40 Dollar wurden für Theater und Glücksspiel ausgegeben. Die im Kampf gegen »abergläubische Praktiken« stehenden Forscher irritierte besonders die ihrer Ansicht nach irrationale Verteilung dieser Ausgaben. Shanghaier Arbeiter hungerten eher, als dass sie ihre Ausgaben für Hochzeiten und Begräbnisse kürzten. Gleichwohl verhielten sie sich nicht mehr »traditionell«. Anstatt weniger zu arbeiten oder für schwere Zeiten zu sparen, gaben sie zusätzliche Einnahmen für Wein, Zigaretten und Vergnügungen aus. Die Forderungen des Alten und die Verlockungen des Neuen zogen sie zusammen immer tiefer in Schulden. Keiner von ihnen lebte entsprechend seinen Verhältnissen. Die durchschnittliche Familie zahlte im Jahr 8 Dollar Zinsen an Pfandleiher und Kredithaie. Kurz, die Shanghaier Arbeiter waren sowohl herkömmliche Verbraucher als auch moderne Konsumenten.

Herkömmliche und neue Ausgabegewohnheiten konnten sich zusammen in die Höhe schrauben. Dies scheint besonders in ländlichen Gebieten der Fall gewesen zu sein, in denen sich die Lebensbedingungen verbesserten, wie in den 1920er Jahren im Punjab, Indiens Kornkammer. Malcolm Darling, ein in Eton ausgebildeter Sohn eines anglikanischen Geistlichen, der durch seine Arbeit als Beamter einer Genossenschaft 10 000 Bauern aus dem Punjab kennenlernte, stellte fest, dass das Dorfleben »von einem neuen Geist erfüllt« war. Überall würden sich die Lebensbedingungen verbessern. Der Komfort steige ebenso wie die Ansprüche. In den Kanalkolonien im westlichen Punjab würden Silberornamente durch goldene verdrängt. »Früher«, berichtete Darling weiter, »waren selbst unter den Wohlhabenden viele Frauen froh, die abgelegten Schuhe ihres Mannes zu bekommen. Heute sind manche erst zufrieden, wenn sie in einem Paar modischer Slipper durch die *zenana* [die innere Wohnung eines muslemischen Hauses] trippeln können.« Nur eine Generation zuvor hätten viele nicht einmal ein Hemd besessen. Jetzt trüge fast jeder »einige maschinell gefertigte Kleidung, und alle seien mit Hemd, Weste, Tschador und Mantel bekleidet. Früher mussten sich Männer mit zwei Mahlzeiten am Tag zufriedengeben, heute haben sie drei. Die Strohhütten ihrer Väter ... sind durch saubere, lehmverputzte Häuser ersetzt.« Eine Hochzeit habe einst 50 Rupien gekostet; jetzt sei es nicht unüblich, 3000 Rupien für die Feier und weitere 2000 Rupien für Schmuck auszugeben.[17]

Anstatt einem scharfen Bruch zwischen »traditionellem« und »modernem« Konsum fallen die starken Verbindungen zwischen beiden Sphären ins Auge. Neben den Ausgaben für gesellschaftliche Anlässe wie Feste und Rituale wuchsen auch diejenigen für persönlichen Besitz und Komfort. Vorangetrieben wurde diese Entwicklung von den Rajputen, einem stolzen alten Kriegerstamm, der einen Statusverlust erlitten hatte und dessen Mitglieder in auffälligem Konsum ein Mittel sahen, ihre *izzat* (gesellschaftliche Stellung) zu behaupten. Sie nutzten die neuen billigen Kredite aus Amerika und dem Fernen Osten; im Zentralpunjab lag der Zinssatz bei nach lokalen Maßstäben niedrigen 6 bis 12 Prozent. Während in Shanghai Schulden ein Zeichen von Armut waren, standen sie im Punjab für steigende Ansprüche. Die Bauern im Punjab begannen nicht, mehr auszugeben, weil sie mehr verdienten, sondern weil ihre Bedürfnisse, durch billige Kredite und Standeswettstreit angefacht, zunahmen. Der Wunsch nach einem besseren Haus und die Ausrichtung immer größerer Hochzeitsfeiern führten dazu, dass viele ihr Land verpfändeten. Die Punjabbauern der 1920er Jahre standen den überschuldeten Amerikanern der 2000er Jahre näher als den »traditionellen« Konsumenten.

Japan war Vorreiter eines neuen Modells: sparen *und* ausgeben. Im Rückblick auf das 20. Jahrhundert zeigt sich, dass sparen zu lernen für das globale Wirtschaftswachstum wahrscheinlich genauso wichtig war, wie ausgeben zu lernen, das heißt mehr haben zu wollen. Für das japanische Wunder nach 1955 war es ebenso entscheidend wie für das südkoreanische und singapurische seit den 1970er Jahren. Das Sparen bildete die Grundlage der für die Industrialisierung nötigen Investitionen.

Die Fundamente waren in den Jahrzehnten vor dem Zweiten Weltkrieg gelegt worden. In Japan war bereits 1875 nach britischem Vorbild eine Postsparbank gegründet worden. In der Zwischenkriegszeit weitete sich die Förderung des Sparens sowohl in Japan selbst als auch in dessen koreanischer Kolonie zu einem ehrgeizigen Programm zur Reform der Lebensweise der Menschen aus. Hört auf, sagte man den Hausfrauen, Geld für luxuriöse Feste zu verschwenden, und führt stattdessen ein Haushaltsbuch, plant voraus, setzt bei den Ausgaben für häuslichen Komfort Prioritäten und spart für die Zukunft. Gleichzeitig führten Einzelhändler und Unternehmen die Ratenzahlung ein, um den Erwerb ihrer Waren zu erleichtern. In den 1930er Jahren wurden fast 10 Prozent der Käufe in Raten bezahlt. Japan entwickelte sich zu einer »Ratenkaufnation«.[18] Aber es wurde auch zu einem Land der Sparer. Konsum galt nur so lange als akzeptabel, wie er »rational« war, das Ergebnis von persönlicher Disziplin und finanzieller Vorausschau.

Das Sparen war nicht selbstverständlich – in den 1920er Jahren war die Sparquote gering gewesen –, sondern ein Produkt von Geschichte und Politik.[19] Innerhalb von zwanzig Jahren (1955–1975) stieg die Haushaltssparquote von 11 auf 23 Prozent. Japanische Familien sparten zum einen deshalb mehr, weil ihr Einkommen schneller wuchs, als sie es ausgeben konnten. Zum anderen hatte der Krieg Häuser und Vermögenswerte vernichtet, so dass sie beim Sparen neu anfangen mussten. Aber sie standen auch unter erheblichem moralischen Druck von Seiten einer Phalanx aus Regierung, Wirtschaft, Medien und zivilen Organisationen. 1952 nahm ein von der Bank von Japan finanzierter Zentralrat zur Förderung des

Sparens seine Tätigkeit auf. Die Menschen waren kaum aus den Trümmern des Krieges herausgekommen, als man sie schon vor »übermäßigem Konsum« warnte. Banken für Kinder wurden gegründet, und Frauen bildeten in ihren Vierteln vom Staat unterstützte Modellspargruppen. Vor dem Krieg hatte sich die Kampagne zur »Lebensverbesserung« vor allem gegen alte Sitten und Gewohnheiten gerichtet. Nach dem Krieg konzentrierte man sich darauf, für japanische Produkte zu werben.

In Westeuropa war der »Luxus« im 18. Jahrhundert zu etwas Normalem erklärt worden. Durch die Betonung des »unschuldigen«, gemäßigten Charakters des Komforts hatte man der moralischen Kritik am Übermaß den Wind aus den Segeln genommen. Im Nachkriegsjapan lebte die Verurteilung des »Luxus« mit aller Macht wieder auf, aber gleichzeitig propagierten landesweite Werbefeldzüge die neuesten Annehmlichkeiten und Technologien. In den 1960er Jahren, als Japan immer noch unter einem Handelsbilanzdefizit litt, waren ausländische Produkte Gegenstand von Anti-Luxus-Kampagnen. Für späte Modernisierer bildete der Nationalismus eine moralische Ausgangsbasis, die weit größere Konsequenzen haben sollte, als es bei früheren Konsumentenpatrioten wie den amerikanischen Revolutionären der 1760er und 1770er Jahre der Fall gewesen war. Die Forderung, national einzukaufen, hatte die volle Rückendeckung des Staats. Seit 1958 setzte sich der Japanische Verbraucherverband für einen »tugendhaften Konsum« (*shōhi wa bitoku*) ein, womit beispielsweise der Kauf von japanischen Fernsehapparaten gemeint war. Bezeichnenderweise war der Verband eine Idee des Japanischen Produktivitätszentrums (JPC) und des Ministeriums für Internationalen Handel und Industrie (MITI). Seine Raison d'être war die Stärkung der Nachfrage. Ähnliche Kampagnen fanden später auch in Südkorea statt, das japanische Institutionen übernommen hatte, und auch dort gelang es in den 1970er und 1980er Jahren, die Sparquote zu verdoppeln. Zusätzlichen Rückhalt erhielt der koreanische Kreuzzug für einen »gesunden Konsumlebensstil« von Presbyterianern, die sich über materielle Auswüchse und moralische Verderbnis Sorgen machten.

Kampagnen zur Förderung des Sparens und nationaler Produkte waren natürlich nicht auf Asien beschränkt. Und auch die Mahnung an die Konsumenten, sich als patriotische Käufer zu erweisen, gab es anderswo.

Während des Ersten Weltkriegs hatte man in Deutschland und Österreich die Verbraucher angehalten, entscheidende Ressourcen zu sparen. In der Zwischenkriegszeit hatten von Ägypten bis China nationalistische Demonstranten die Kleidung ihrer Kolonialherren verbrannt. Neu war in Japan und Korea jedoch das Ausmaß. Als Erste machten diese Länder das gleichzeitige Sparen und Ausgeben zu einer langfristigen Strategie staatlich gelenkter Entwicklung in Friedenszeiten. In Europa waren es bezeichnenderweise späte Modernisierer wie Finnland, die in den 1960er Jahren einen ähnlichen Kurs einschlugen. Durch »Zielsparen« wurden hier Löhne angezapft und frei verfügbares Einkommen für die Anschaffung von Fernsehern und Waschmaschinen reserviert.[20]

Sparen und Konsum waren nationale Wachstumsmotoren, die kostbares Kapital privater Haushalte in einheimische Unternehmen pumpten. 1960 besaß jeder zweite japanische Haushalt einen Fernseher und eine Waschmaschine, die zumeist auf Kredit gekauft worden waren. Die einheimische Konsumnachfrage war für das japanische Wirtschaftswachstum weit wichtiger, als in manchen Modellen einer exportgestützten Entwicklung angenommen wird. Exporte trugen nur 11 Prozent zum japanischen Bruttoinlandsprodukt bei, halb so viel wie in Westeuropa während der Wirtschaftswunderjahre.

Eine solche Konsumnachfrage anzufachen war nicht einfach. 1955 kostete ein Fernsehapparat 140 000 Yen, fast so viel wie ein bescheidenes Haus in einer Großstadt. Krieg und Armut hatten ihre Spuren hinterlassen, und die meisten Japaner litten unter Mangelernährung und schlechten Wohnbedingungen. Doch fünf Jahre später besaß fast jeder zweite japanische Haushalt einen eigenen Fernseher. Dieses Anpassungstempo war das Ergebnis sowohl von Schub- als auch von Sogkräften. Die Familien hatten mehr Geld zur Verfügung, da die Einkommen stiegen und die Steuern sanken. Ebenso wichtig war die Vorstellung eines »heiteren Lebens« (*akurai seikatsu*). Die großen Unternehmen bemühten sich gemeinsam mit den Elektrizitätsgesellschaften, die Menschen davon zu überzeugen, dass Elektrogeräte der »Schlüssel zum Glück« waren, wie der Titel einer Ausstellungsserie im Jahr 1960 lautete. Langlebige Konsumgüter zu erwerben, erklärten sie, sei vernünftig und spare Familien Geld und Zeit. Eine Hausfrau, die in einem Holzzuber wasche, verbrauche ein Drittel mehr Kalorien als ihre Nachbarin, die mit einer elektrischen Maschine wasche. Daher müsse sie mehr Geld für Lebensmittel ausgeben, und würde nichts einsparen. Darüber hinaus sei es ein Kennzeichen der Zivilisation, Ehefrauen mehr Freizeit zu geben. In diesen Jahren stiegen die Werbeausgaben auf das Fünfzehnfache. Bei Matsushita Electric flossen 9 Prozent des Umsatzes in die Werbung; außerdem gründete das Unternehmen, wie andere auch, eine Tochterfirma für Teilzahlungskredite. 1960 war es üblich, dass Familien 10 Prozent ihres Budgets für die Rückzahlung solcher Kredite verwandten.

Ohne zwei einflussreiche Helfer wären die Rattenfänger der Unternehmen weit weniger erfolgreich gewesen: Frauengruppen und Sumō-Ringer. Örtliche Vorführungen von Haushaltsgeräten – bei denen manchmal auch Glühbirnen und andere kleine Artikel verschenkt wurden – fanden häufig unter der Schirmherrschaft von Frauenorganisationen statt. Während des Krieges und in der Nachkriegszeit hatten sie gegen Inflation und Schwarzmärkte gekämpft. Jetzt halfen sie, den Konsum als Feind der Verschwendung anzusehen und ihn zu etwas Normalem zu machen. Elektrische Reiskocher wurden nicht als sinnlos abgetan, sondern als vernünftig gerechtfertigt. Die Rechtfertigung für den Erwerb eines Fernsehapparats lieferte die Liebe zum Sport. Sumō-Kämpfe zogen riesige Menschenmengen vor öffentliche Leinwände und Fernsehbildschirme. In dem Spielfilm *Ohayo* (*Guten Morgen*) von 1957 treten zwei Jungen aus einer Mittelschichtfamilie in einen Schweigestreik, um ihre Eltern zu zwingen, einen Fernseher zu kaufen, damit sie Sumō-Kämpfe anschauen konnten. In der Realität wurden die Vergnügungen des einen Familienmitglieds meist durch die Sparsamkeit anderer erkauft. Es war in den Familien wie bei den Nationen: Anschaffungen wurden durch eine Kultur von Fürsorge, Kindespflicht und Opfer erleichtert. Anstatt das Geld für sich selbst auszugeben, legte Hanada Mitsue Monat für Monat einen Teil ihres bescheidenen Verdiensts zurück, so dass ihr kranker Vater in einem auf Raten gekauften Fernseher seine geliebten Sumō-Kämpfe verfolgen konnte: »Ich dachte, es wäre eine große Freude für ihn, sie zu Hause anzusehen.«[21]

Von den neuen Technologien brachte das Fernsehen die größte Umwälzung mit sich. Es übermittelte die Vorstellung von einem neuen

Lebensstil in durch Entfernung und Sitten getrennte Gemeinden. So viel ist offensichtlich. Ohne diesen Guckkasten ist das rasche Eindringen der Konsumkultur ins Landleben undenkbar. Weit weniger gewürdigt wurde bisher die Rolle des Staats bei der Vorbereitung von Landgemeinden auf die Konsumkultur. Kurz gesagt, man muss den Staat (ebenso wie den Markt) als einen der Architekten der heutigen Welt der Güter anerkennen. Dies gilt, wenn auch auf unterschiedliche Weise und manchmal im Zuge unbeabsichtigter Folgen, sowohl für Indien als auch für China unter und kurz nach Mao.

Das ländliche Indien erreichten die Güter in drei Wellen: Familienplanung, grüne Revolution und Elektrifizierung. Der Bundesstaat Kerala in Südindien ist heute als Modell hoher Bildung und sozialer Gleichheit bekannt. Die Grundbedürfnisse wurden hier gesichert, indem man neue Wünsche weckte. Eine Voraussetzung für die Entwicklung war die Kleinfamilie. Reformer appellierten an die materiellen Ansprüche von Eltern und setzten somit in die Praxis um, was Malthus anderthalb Jahrhunderte zuvor als Erster zu denken gewagt hatte. In den 1960er und 1970er Jahren führten Mitarbeiter des Familienplanungsprogramms der armen ländlichen Bevölkerung vor Ort Konsumgüter vor, um zu zeigen, was durch eine verantwortungsvolle Familienplanung erreicht werden konnte. Sie verteilten kostenlos Armbanduhren, Radios und Edelstahltöpfe. In einem mit Auszeichnungen bedachten Aufsatz beschrieb eine Frau »Die Familie, von der ich träume«, indem sie deren Besitztümer aufzählte: Radio, elektrischer Ventilator, elektrisches Bügeleisen, Druckkochtopf und Frisierkommode. Was einst ein Luxus von wenigen war, würde durch Selbstbeherrschung und Sterilisation für alle erreichbar.[22] Ironischerweise war es dennoch häufig die Großfamilie, die den wenigen Glücklichen Kühlschränke und Autos brachte: als Mitbringsel von »Golfarbeitern« auf Heimaturlaub.[23] Eine kleine Familie war gut, aber eine große Familie mit einem Cousin in Kuwait war besser.

Konsumgüter wurden seit dem späten 19. Jahrhundert in den ländlichen Gebieten Indiens verkauft. In den 1950er Jahren verdienten wohlhabende Bauern genug, um fast 40 Prozent ihres Einkommens für Kleidung, Möbel, Feste, Vergnügungen und andere nicht Ernährung oder Unterkunft betreffende Dinge auszugeben. Aber solche Bauern gab es überwiegend im Norden, und auch dort ernährten sich die meisten vor allem von Getreide. Im ärmeren Orissa und Westbengalen schrumpfte der Güterstrom zu einem Rinnsal. Die meisten Inder lebten am Rand des Hungers, ohne jede Berührung mit der Konsumkultur. 1959 ernährte sich die Hälfte der indischen Landbewohner von selbst angebautem Getreide; in den Städten stammten allerdings nur 2 Prozent der Lebensmittel aus eigenem Anbau.[24] Die Hungersnöte von 1965 und 1966 forderten einen schrecklichen Zoll.

Aus der Abhängigkeit von Lebensmittelhilfen befreit wurde Indien durch die »grüne Revolution« seit den späten 1960er Jahren, die zugleich die Fluttore für neue Geschmäcker, Gewohnheiten und Lebensstile öffnete. Staatliche Hilfen – in Form von Preissubventionen, Zöllen und ertragreichen Getreidesorten aus Mexiko – ließen die Reihen der bäuerlichen Konsumenten anschwellen. Im Lauf der 1970er und 1980er Jahre sank der Bevölkerungsanteil der Armen von 60 auf 40 Prozent.[25] In einer überwiegend ländlichen Gesellschaft war diese staatlich gesteuerte Entwicklung vermutlich ebenso entscheidend für den Durchbruch des Konsums wie die liberalen Reformen nach 1991. Bäuerliche Selbstversorger verwandelten sich in aufstrebende Konsumenten. Sie begannen Speiseöl, Tee und Zucker zu kaufen, mehr Milch zu trinken und mehr Fleisch zu essen, häufiger Kleidung von der Stange zu tragen und sich die Haare mit Shampoo zu waschen, das in kleinen Päckchen für 1 Rupie verkauft wurde. Schon 1989, am Vorabend der liberalen Reformen, wurden über 70 Prozent der in Indien verkauften Radios, Fahrräder, Schuhe und Armbanduhren von Landbewohnern erworben. Jede Sekunde wurde ein Tonbandgerät, ein Deckenventilator, eine Packung Kekse oder ein Seifenstück an eine Familie vom Land verkauft.[26]

Das indische Dorf veränderte sich. Allerdings blieb die Gesamtzahl der Besitztümer bescheiden. Die meisten Familien besaßen nicht mehr als zwei oder drei Basisprodukte, wie ein Radio, einen Ventilator und eine Uhr; aber der Aufwärtstrend war unverkennbar, und der offenere Markt nach 1991 beschleunigte die Entwicklung. Eine größere städtische Nachfrage hatte mehr Verkäufe, Investitionen und Kaufkraft auf dem Land zur Folge. In Datia beispielsweise, einem Bezirk in Madhya Pradesh in Zentralindien, besaßen 2011 35 Prozent der Haushalte einen Fernsehapparat, 20 Prozent ein Radio und je 10 Prozent ein Auto beziehungsweise einen Motorroller. Während Konsumgüter die Kluft zwischen Stadt und Land verkleinerten, verschärften sie die sichtbare Trennung zwischen Wohlhabenden und Habenichtsen auf dem Land. Die Hälfte der ländlichen Haushalte in Datia besaß weder ein Radio noch einen Fernseher, ganz zu schweigen von einem motorisierten Fahrzeug.[27] In indischen Dörfern lebten nun zwei Nationen nebeneinander.

Die Konsumrevolution auf dem Land hatte zwei Verbündete: Banken und Elektrizität. Tatsächlich war es die ungleichmäßige Verbreitung dieser beiden Kräfte, die zu einem guten Teil den ungleichen Vormarsch der Güter erklärt. Wir haben bereits gesehen, dass ein Jahrhundert zuvor im Punjab eine großzügige Kreditvergabe auffälligen Konsum angeregt hatte. Die jüngste Ausweitung des Bankennetzes in Südasien hat diese Wirkung vervielfacht. Allein in Indien wurden in den 1980er und 1990er Jahren 300 000 Filialen von Post-, Genossenschafts- und Landwirtschaftsbanken eröffnet. Wer Land und Vermögenswerte besaß, konnte zu günstigeren Bedingungen Kredite aufnehmen. Für die vielen, die keines von beidem besaßen, hatte die »Tyrannei der Sicherheiten« zur Folge, dass sie weiterhin von der Hand in den Mund lebten. Im ständigen Kampf um Bargeld waren sie der Gnade von Wucherern ausgeliefert, da sie für die Anschaffung kostspieliger Güter weder auf Ersparnisse noch Kredite zurückgreifen konnten.[28]

Elektrischer Strom war nicht weniger wirkmächtig. In nicht einmal einem Jahrzehnt (1998–2006) stieg die Zahl der Haushalte, die über Elektrizität verfügten, um die Hälfte auf 120 Millionen. 2005 überholten die Haushalte die Industrie als größter Stromverbraucher. Zu einem erheblichen Teil waren dafür Klimaanlagen und Kühlschränke in den Städten verantwortlich. Familien in Westbengalen verbrauchen nur ein Viertel so viel Strom wie Familien in Neu-Delhi. Im Süden des Landes warten viele Dorfbewohner immer noch auf den Anschluss ans Stromnetz. Dass indische Bundesstaaten ein Dorf bereits für elektrifiziert erklären, wenn 10 Prozent der Häuser ans Netz angeschlossen sind, spricht Bände.[29] Trotz solcher Einschränkungen waren die Auswirkungen der Elektrifizierung auf das Landleben gewaltig. Beispielhaft dafür war die Entwicklung in Bangladesch.[30] Zwischen 1978 und 2001 stieg die Zahl der ans Stromnetz angeschlossenen Haushalte aufgrund der Anstrengungen lokaler Genossenschaften und internationaler Entwicklungshilfe auf mehr als das Tausendfache. Ursprünglich hatte man Bauern lediglich den Betrieb von Bewässerungspumpen ermöglichen wollen. Doch die Auswirkungen auf das häusliche Leben waren ebenso tiefgreifend: Nachdem die Haushalte einmal über elektrischen Strom verfügten, nahmen sie städtische Gewohnheiten an. Sie sparten mehr als ihre Nachbarn, investierten mehr in die Bildung ihrer Kinder und kauften mehr Konsumgüter. Elektrisches Licht und Ventilatoren hatten zur Folge, dass die Familien mehr Zeit gemeinsam zu Hause verbrachten und in der Lage waren, nach Sonnenuntergang zu lernen und zu arbeiten oder sich zu entspannen. Fernseher und Kassettenrekorder boten Unterhaltung und weckten zugleich die Neugier auf die weite Welt. Sie verbreiteten eine Vorstellung von modernem Leben und persönlicher Hygiene, die sich in der zunehmenden Benutzung von Seife und sauberen Toiletten niederschlug. Landgeschäfte mit Stromanschluss begannen Kühlschränke aufzustellen und ein größeres Sortiment anzubieten, was wiederum die Erwartungen an Vielfalt und Auswahl steigen ließ. Dies alles war im Grunde nichts Neues. Unternehmen und Stromerzeuger hatten schon lange auf die zivilisierende Wirkung der Elektrifizierung in den Vereinigten Staaten, Japan und Europa hingewiesen. Elektrizität war ein integraler Bestandteil der »Lebensverbesserung«, wie die Japaner es nannten. Aber die Gesellschaften dieser Länder betrachteten sich selbst als Champions der Modernität. In einem armen Land, das die moderne Geschichte anscheinend vergessen hatte, war es etwas Neues. Entwicklungshilfe und Fernsehen trafen zusammen ein, als internationale Organisationen den Stab im Rennen um die Modernisierung des Heims übernahmen.

Noch spektakulärer war, falls das überhaupt möglich ist, die Entwicklung auf dem Land in China nach Mao. Zwischen 1979, als den Bauern wieder erlaubt wurde, ihre Produkte auf Märkten zu verkaufen, und 1984 sank die Zahl der armen Landbewohner um die Hälfte, während der Konsum sich verdoppelte.[31] In der ersten Phase wurde die chinesische Konsumrevolution von der ländlichen Nachfrage und privatem Unternehmertum vorangetrieben. Erst in den 1990er Jahren übernahm der Staat die Kontrolle des Wachstums, räumte der Urbanisierung Vorrang ein und beschnitt die Sozialausgaben; er zerbrach die »eiserne Reisschüssel« und gab das Versprechen eines Lebens in garantierter Sicherheit auf. Unter Mao hatten sich die Wünsche auf die »vier Muss« – Radio, Fahrrad, Uhr und Nähmaschine – gerichtet; nach 1979 wurden sie unter Deng Xiaoping durch die »acht Großen« abgelöst: Farbfernseher, Kühlschrank, Hifi-Anlage, Fotoapparat, Motorrad, elektrischer Ventilator, Waschmaschine und Möbel. Die meisten ländlichen Haushalte erwarben mindestens fünf von ihnen, trotz der Verlagerung des Wachstums in die Städte und der zunehmenden Ungleichheit seit den 1990er Jahren. 2007 stand in 94 Prozent der ländlichen Haushalte ein Farbfernseher, jeder zweite besaß ein Motorrad und jeder fünfte einen Kühlschrank.[32]

Ermöglicht wurden diese Anschaffungen durch die Zunahme des frei verfügbaren Einkommens. Aber welche Rolle spielte das Verlangen? Den Anschaffungen war eine lange Geschichte steigender Ansprüche und eines zunehmenden privaten Materialismus vorausgegangen. Hsiao-Tung Fei war 1936 erstaunt über die umfassende »kulturelle Kontrolle des Konsums‹, die er auf dem Land im Jangtsetal vorfand:

> »Mit einem einfachen Leben zufrieden zu sein gehört zur frühen Erziehung. Extravaganz wird durch Sanktionen verhindert. Ein Kind, das Vorlieben beim Essen oder bei der Kleidung äußert, wird verhöhnt und geschlagen ... Lässt eine Mutter zu, dass ihr Kind beim Essen einen eigenen Geschmack entwickelt, wirft man ihr vor, sie würde es verhätscheln. Sogar reiche Eltern kleiden ihre Kinder nicht in gute, teure Kleider, denn damit würden sie die bösen Geister herausfordern, ihr Unwesen zu treiben.«[33]

Außer für Hochzeiten und andere Feste war Verschwendung verpönt. »Etwas wegzuwerfen, das nicht richtig benutzt wurde, verärgert den Himmel ... Kleider werden von Generationen getragen, bis sie verschlissen sind.‹ Der Konsum war eine Angelegenheit der Großfamilie (*jia*), nicht des Einzelnen. Das war Welten entfernt von den heutigen, mit Spielzeug, Geld und westlichem Fastfood überhäuften »kleinen Kaisern«. Doch der Wandel war bereits damals am Horizont erkennbar. Olga Lang spürte in den 1940er Jahren die ersten Erschütterungen. Die Ermahnung, Kinder nicht zu verwöhnen, galt zwar immer noch, und Körperstrafen waren bis zum Alter von 15 Jahren weiterhin üblich. Aber es gab auch Anzeichen dafür, dass der Gehorsam der Kinder nachließ und sie ein Gespür sowohl für Rechte als auch für Pflichten entwickelten. »Viele arbeitende Jungen und Mädchen«, stellte Lang fest, »beginnen ihren Verdienst als ihren eigenen und nicht mehr als Eigentum ihrer Familien zu betrachten.« Besonders bei Studenten war die Veränderung zu bemerken. Gewiss wollten alle Frieden und Glück befördern und einen »großen Beitrag zu Gesellschaft und Nation« leisten, aber viele verbanden diese altruistischen Ziele jetzt mit dem Wunsch nach »Komfort bei meiner eigenen Kleidung, Ernährung und Wohnung«.[34] Die Schlüsselworte waren »meiner eigenen«.

Paradoxerweise agierte Mao als Diener des Konsumismus. In bloßen Zahlen ausgedrückt, zeigte seine Politik freilich genau in die entgegengesetzte Richtung. In den 1960er und 1970er Jahren flossen die Wachstumseinnahmen nicht in den Konsum, sondern in Investitionen. Der Mao-Anzug und ein gleichförmiges Leben waren weiterhin an der Tagesordnung. Gleichzeitig nahm Mao die Familie ins Visier, in seinen Augen eine überlebte feudale Institution. Frauen und Jugendliche wurden gegen ihre bisherigen Respektspersonen mobilisiert und erhielten ein völlig neues Selbstgefühl. Sie sollten ihre Loyalität von ihren Ehemännern und Vätern aufs Kollektiv übertragen. Als die Kollektive in den 1970er Jahren dann auseinanderzubrechen begannen, blieb eine Generation mit einem radikalen Verständnis von individueller Autonomie. Mao initiierte also tatsächlich eine Kulturrevolution, allerdings nicht die von ihm beabsichtigte. War in Japan das Sparen staatlich gesteuert, war es in China die Individualisierung.

Yunxiang Yan, der vom Bauern zum Anthropologen wurde und heute in Los Angeles an der University of California lehrt, lebte in den 1970er Jahren im Dorf Xiajia in der Provinz Heilongjiang in Nordostchina und ist seither häufig dorthin zurückgekehrt. Unter Mao waren Geselligkeit und Unterhaltung eine kollektive Angelegenheit. In der Kollektivierungszeit (1956–1980) besaßen Brigaden in Dörfern und Städten eigene Show- und Theatertruppen, Tanzparaden, Basketballturniere und Radiosendungen; die Auftretenden wurden vom Kollektiv bezahlt. Gleichzeitig stärkte die Revolution eine Kultur privater Intimität. Nicht mehr die Eltern bestimmten, wer wen heiratete, sondern das Gefühl. In den 1950er und 1960er Jahren waren Romanzen en vogue, und man machte sich den Hof; in den 1970er Jahren wurde vorehelicher Sex zur Normalität. Auch wenn weiterhin arrangierte Ehen geschlossen wurden, hatten sich die Paare häufig selbst gefunden, bevor ihre Familien ins Spiel kamen. Da ein beträchtlicher Teil des Konsums, der im Lauf des Lebens anfiel, in Form von Brautpreisen, Geschenken und Festen auf Hochzeiten konzentriert war, hatte die romantische Revolution erhebliche Auswirkungen auf die Konsumkultur. Junge Frauen bekamen plötzlich eine Stimme und Wahlmöglichkeiten. Der Paternalismus wich dem Individualismus. Waren die Geschenke bisher von den Eltern arrangiert worden – und erreichten zumeist auch die Eltern –, begannen Hochzeitspaare in den frühen 1970er Jahren eigene Geschenkelisten aufzustellen. Für Brautleute wurde die Einkaufstour in die Provinzhauptstadt, wie etwa Harbin, zu einem Ritual. Dort kauften sie ihre Hochzeitskleidung und persönliche Dinge, ließen professionelle Verlobungsfotos anfertigen und genossen einige Nächte allein in einem Hotel.

Ungeachtet der offiziellen Politik war der Brautpreis in den vorangegangenen zwei Generationen immer wichtiger geworden. Traditionell wurden mit ihm die Verpflichtungen der Familie des Bräutigams gegenüber derjenigen der Braut abgegolten. Inzwischen diente er jedoch in zunehmendem Maß privaten Wünschen – nach einem Fernseher, Möbeln oder in jüngerer Zeit einer Waschmaschine und einem Auto, kurz: nach Dingen, mit denen ein Paar sein gemeinsames Leben beginnen wollte. Junge Leute verlangten von ihren Eltern mehr Taschengeld und verlegten sich, wenn sie es nicht bekamen, auf kleine Diebstähle, um sich zu beschaffen, was ihnen nach ihrer Ansicht zustand. Auch im Heim trat der Trend zum Individualismus zutage. Ende der 1970er Jahre stattete man neue Häuser mit etwas privatem Raum im oberen Stockwerk aus. Das Schlafzimmer wurde vom Wohnraum getrennt. Ein Jahrzehnt später erhielten Kinder ein eigenes Zimmer. Die Familien begannen in getrennten Zimmern mit eigenen Fernsehern ihre Lieblingssendungen zu sehen. Das Leben, erklärten chinesische Dörfler, drehe sich darum, »tun zu können, was man will« (*xiang gansha jiu gansha*).[35]

Sucht man nach Gegensätzen zwischen »Ost« und »West«, entdeckt man natürlich Alleinstellungsmerkmale. Aber neben den Unterschieden gibt es auch erstaunliche Parallelen. Eine Gemeinsamkeit ist die asymmetrische Aufnahme von Konsumtechnologien. Im Japan der späten 1960er Jahre kauften Familien zwar einen Fernseher, kamen aber ohne Wasserklosett aus. Damit unterschieden sie sich kaum von vielen armen britischen Familien in den 1950er Jahren, und auch der Unterschied zu amerikanischen Familien im späten 18. Jahrhundert, die, wie gesehen, bequeme Möbel und Kristallgläser dem Einbau von Sanitäreinrichtungen und einer Wärmedämmung vorzogen, war nicht allzu groß.[36] In indischen Häusern findet man heute alle möglichen Annehmlichkeiten, während es in den Städten weder eine stete Wasserversorgung noch ein Abwassersystem gibt.[37] Dies galt vor hundert Jahren auch für viele französische Städte. Mit anderen zusammen in einem Lokal fernzusehen war für europäische Landbewohner in den 1950er und 1960er Jahren die Vorstufe zum Besitz eines eigenen Fernsehapparats, auch wenn Italiener im Gegensatz zu den Japanern Spielshows mit großen Preisen schweren Männern im Lendenschurz (*mawashi*) vorzogen. Um es zu wiederholen: Dass viele Kosmetikartikel erst verkauft wurden, nachdem man sie in kleine Portionen abgepackt hatte, ist nicht auf einen spezifisch indischen Charakterzug zurückzuführen.[38] Im Europa des frühen 20. Jahrhunderts wurden Schokolade und andere kleine Luxusgüter in den ersten Verkaufsautomaten in ähnlichen Kleinpackungen verkauft. Dies sind Merkmale vieler sich entwickelnder Massenmärkte, wo sich die Armen eines wachsenden, aber begrenzten frei verfügbaren Einkommens erfreuen.

Ähnlich irreführend wäre es jedoch, die vorhandenen Parallelen für Anzeichen einer Konvergenz zu halten. Der Einzelhandel weist nach wie vor enorme Unterschiede auf. Europäische Einzelhandelsketten haben in Asien gemischte Erfolge erzielt und mussten sich dort den hohen Erwartungen an den Kundendienst anpassen. 1995 eröffnete die französische Supermarktkette Carrefour ihre erste 6000 Quadratmeter große Filiale in China. 21 Jahre später betreibt die Kette im »Reich der Mitte« 228 sogenannte Hypermärkte und 13 Bedarfsartikelgeschäfte – in einem Land mit 1,3 Milliarden Verbrauchern. Man stelle sich vor, in Frankreich gäbe es nur ein Dutzend dieser Märkte; man würde dies kaum als ein Zeichen von Dominanz betrachten.[39] Die Kaufgewohnheiten sind unterschiedlich geblieben. Ein Chinese verbringt neun Stunden in der Woche damit, hier und dort einzukaufen und auf dem Weg mit Verwandten und Nachbarn zu plaudern; ein Amerikaner versorgt sich bei einem einzigen Stopp mit allen Lebensmitteln. Lediglich 10 Prozent des chinesischen Biermarkts befinden sich in ausländischer Hand. Lokale Einzelhändler haben ihren Einsatz erhöht. In Indien hat sich die Zahl traditioneller kleiner Familienverkaufsstände seit den liberalen Reformen erhöht. In Neu-Delhi strömen am Wochenende Tausende in die glitzernden Malls in Gurgaon, wie Globus und Lifestyle, während Millionen ihren Bedarf weiterhin in kleinen Geschäften decken, wie dem Fancy Boot House, dem Self Choice – The Flavour of Fashion, Kadrix & Sons Jewellers, einem Sexologen (und Goldmedaillenträger) und zahllosen weiteren Lebensmittelständen, Elektronik- und Haushaltswarenläden in Sangham Vihar oder anderen lokalen Märkten, die sich an großen Durchgangsstraßen wie der Mehrauli-Badarpur Road kilometerweit entlangziehen (siehe Abbildung 49). 2012 kappte die Regierung die Investmenthindernisse, um ausländische Ketten anzuziehen. Bisher haben jedoch nur wenige Filialen eröffnet.

In Asien haben sich deutlich verschiedene nationale Konsumstile herausgebildet. Ein großer Unterschied zwischen der Frühphase des Massenkonsums in Japan (1955–1973) und der Konsumentwicklung in China seit 1979 besteht darin, dass das Wachstum in Japan mit Gleichheit einherging, während China zu den Ländern mit dem größten Maß an sozialer Ungleichheit gehört. In Singapur erreichte der Staat Gleichheit, indem er alle zu Wohneigentümern machte und die steigende Einkommen durch ein System obligatorischer Sparfonds, die nur für den Hauskauf angezapft werden konnten, in den Immobilienerwerb lenkte. Wiederum war es der Staat, der den Konsum gestaltete.

Die Wirtschaftskrise von 1989/90 hatte in Japan eine neue Spaltung zwischen Sparern und Ausgebern zur Folge. In den 1990er Jahren, dem ›verlorenen Jahrzehnt‹, trat *kakusa shakai*, eine Gesellschaft der Unterschiede, an die Stelle der Gleichheit. Um die Nachfrage anzukurbeln, wechselten Japan und Südkorea von der Förderung des Sparens zur Krediterleichterung. Die Kreditkartenkäufe explodierten, während die Spareinlagen in den Keller sackten. Im Jahr 2000 wurde ein Viertel aller Käufe in Japan mit Plastikgeld bezahlt. Südkorea unterstützte den Kreditkartenkauf sogar mit einem Steuernachlass. Die Verschuldung der koreanischen Haushalte erreichte, als Anteil am BIP gemessen, amerikanisches Niveau. Tausende von Japanern begingen wegen ihrer Verschuldung Selbstmord. Bis 2003 sank die Sparquote in Japan auf 6 Prozent, in Südkorea sogar auf 3 Prozent, weit unterhalb der beachtlichen 11 Prozent in Frankreich, Deutschland und Italien.[40] So viel zum Schwarzweißbild von sparenden Asiaten und ausgabefreudigen Westlern. Unterdessen blieben die schnell wachsenden Wirtschaftsnationen Indien und China ungerührt auf Sparkurs.

Die asiatische Krise von 1989 hinterließ ein merkwürdiges Paradox. Ausgerechnet jene Länder, die am härtesten von ihr getroffen wurden, waren gezwungen, dem Konsum Vorschub zu leisten. Neben leichter Kreditvergabe verfolgte Japan eine Politik der »Preiszerstörung« (*kakaku hakkai*), indem es die Lebensmittelpreise drückte und die Vormachtstellung der kleinen Einzelhändler brach. Discounter betraten den Markt, und die Öffnungszeiten wurden verbraucherfreundlicher. Gerade als sie den Gürtel enger schnallen mussten, kamen japanische Konsumenten in den Genuss einer beispiellos großen Auswahl und ebenso einmalig niedriger Preise.[41] Im boomenden China dagegen war der Konsum weniger wichtig. Der Kuchen wurde zwar größer, aber die Stücke, die bei den Menschen ankamen, wurden kleiner. Gewiss hat sich der Konsum in den 1990er Jahren verdoppelt, doch die Sparquote hat sich auf offiziell 23 Prozent verdreifacht. Motor der chinesischen Wirtschaft ist die Investition, nicht der Konsum – im Gegensatz zu Indien, wo die Haushalte ähnlich viel sparen, die Investitionen aber gering sind. Natürlich kaufen 1,3 Milliarden Menschen viel ein, doch 2005 gaben Chinesen im Durchschnitt weniger aus als Albaner oder Sudanesen.[42] Im Vergleich zu anderen Schwellenländern machen Privatdarlehen weiterhin nur einen Bruchteil der von Banken vergebenen Kredite aus. Brasilianer beispielsweise sind mit viermal so hohen Konsumkrediten belastet. Es ließen sich weitere Fakten und Zahlen anführen, aber das Argument ist deutlich geworden. Es gibt heute wahrscheinlich nur wenige Nationen, auf die das Bild des verschwenderischen Konsumenten weniger zutrifft als auf die Chinesen.

Der Grund dafür ist einfach und führt uns zurück zur zentralen Rolle des Staates. Als die Kommunistische Partei 1997 begann, die Zahl der Staatsbediensteten zu verringern und die Sozialfürsorge zu kürzen, verlagerte sie die Last auf die privaten Haushalte. Gesundheit, Bildung und Wohnung – alles einst kostenlos – mussten jetzt bezahlt werden und bereiteten Sorgen. Ein immer größerer Teil des »privaten Konsums« wird von diesen drei Bereichen verschlungen. Es ist nicht ungewöhnlich, dass ein Geschäftsmann ein Viertel seines Einkommens für die Ausbildung seiner Kinder ausgibt.[43] Hinzu kommt, dass junge Paare mit dem sogenannten 4-2-1-Phänomen konfrontiert sind: Sie müssen sich um vier Elternteile kümmern und haben selbst nur ein Kind, das sich in der Zukunft um sie kümmern wird. Das ermuntert zum Sparen. Im Vergleich zur Zukunftsplanung ist der Erwerb von Dingen im Hier und Jetzt relativ unwichtig.

2004 verkündete der chinesische Ministerpräsident Wen Jiabao, dass die Inlandsnachfrage zur Grundlage der Entwicklung Chinas werden müsse. Das war leichter gesagt als getan, und solange Löhne sowie staatliche Gesundheits- und Bildungsausgaben nicht erheblich steigen, ist auch kaum absehbar, wie dieses Ziel erreicht werden soll. Die Krankenversicherung (seit 2007) ist bis heute nur rudimentär vorhanden. Im zweiten Teil dieses Buchs werden wir sehen, dass der private Wohlstand im Westen seit den 1950er Jahren vom »öffentlichen Konsum« angeregt wurde, von gestiegenen Staatsausgaben für Wohnungsbau, Sozialfürsorge und Freizeiteinrichtungen. Wie China Ersteren ohne Letzteren erreichen will, ist unklar. Heute ist das »Reich der Mitte« unverändert weit sowohl von einer Konsumgesellschaft wie der amerikanischen als auch von Europa und Japan entfernt. Im letzten Jahrzehnt ist der Anteil des Konsums (der Haushaltsausgaben für Güter und Dienstleistungen) am BIP von 42 auf 35 Prozent geschrumpft, auch wenn amtliche Statistiken Sonderausgaben für das Heim herunterspielen.[44] In den USA ist er doppelt so groß. Im übrigen Asien liegt er bei rund 50 Prozent, was in etwa dem Stand in anderen entwickelten Ländern entspricht. Die Chinesen sind nicht konsumistisch, sofern man »Konsumismus« als eine Kultur der sofortigen Gratifikation definiert, in der die privaten Ausgaben die Wirtschaft vorantreiben und das tägliche Leben beherrschen.

Traditionell modern

Die aufgezeigten Entwicklungen vermitteln einen Eindruck von der Veränderung der Konsumlandschaft. Sie zeigen allerdings noch nicht, wie Asiaten sie erlebten. Letzten Endes geht es beim Konsum ums Tun und Besitzen, um Praktiken und Identitäten. Ein paar mehr Yen, Yuan oder Rupien ausgeben zu können ist das eine. Etwas anderes sind die Auswirkungen größerer Ausgaben auf Lebensstil und Besitz. Wie fühlt es sich an, ein japanischer, chinesischer oder indischer Konsument zu sein? Sind ältere Bräuche, Hierarchien und Mentalitäten für eine anonymere, globale Konsumkultur, in der Status und Identität vom eigenen Geschmack und Besitz bestimmt werden, beiseite gewischt worden?

Heute wird in Asien vor allem von einer Gruppe gesprochen: der Mittelschicht. Für nationale Regierungen und ausländische Investoren gleichermaßen ist sie das Maß des Erfolgs: Je größer sie ist, desto moderner die Gesellschaft. In Wirklichkeit hat es sich jedoch als schwierig herausgestellt, diese Schicht einzugrenzen. Untersuchungsergebnisse weichen stark voneinander ab, je nachdem, ob die »Mitte« als statistischer Durchschnitt, nach ihren Besitztümern, als Schicht zwischen hungernden Armen und Superreichen oder als Produkt von Bildung, Einkommen und Lebensstil definiert wird. In Indien reichten Schätzungen der Größe dieser Schicht in den 1990er Jahren von 100 bis 500 Millionen Menschen. Bei einer Umfrage der chinesischen Akademie der Sozialwissenschaften zählte sich fast die Hälfte der Befragten zur Mittelschicht, obwohl nur 3 Prozent von ihnen über die der amtlichen Definition entsprechenden Güter und Einkommen verfügten.[45]

Solche Verwirrung ist weder spezifisch asiatisch noch bisher unbekannt. Auch in Brasilien entzieht sich die Mittelschicht dem Zugriff. Und bis ins 19. Jahrhundert benutzten Europäer eine Reihe unterschiedlicher Begriffe wie Rang, Stand und Ordnung. Die britische *»middle sort«* fand erst im Zuge des Kampfs um das Wahlrecht ihre Stimme als *»middle class«*, als sie sich als Verkörperung von konstitutionellem Gleichgewicht und sozialer Stabilität präsentierte. Das Neue in Asien seit den 1980er Jahren ist, dass die Rede von einer neuen Mittelschicht hauptsächlich von Regierungen und Unternehmen kommt und nicht von einer politischen

Bewegung. In China ist der Begriff weiterhin von Maos Angriffen auf die Bourgeoisie belastet. Regierungsvertreter ziehen es vor, im engeren Sinn von einer »mittleren Einkommensgruppe« oder »neuen besitzenden Mittelschicht« (*xinzhongchan jieceng*) zu sprechen. Dies sind ökonomische Kategorien, denen das Gefühl einer gemeinsamen Identität und Lebensweise fehlt, wie sie es im Europa des 19. Jahrhunderts noch transportierten. Das gesamte Pariser Bürgertum von 1900 fühlte sich derselben Konsumkultur zugehörig; es teilte die Vorliebe für bestimmte Besitztümer und für Freizeitaktivitäten wie das Sammeln, Malen und Theaterbesuche. In Shanghai dagegen stellten Forscher im Jahr 2000 fest, dass Menschen mit ähnlichen Einkommen, Ausbildungen und Berufen stark voneinander abweichende Lebensstile pflegten.[46]

In einem Land, in dem die Macht von der Kommunistischen Partei ausgeht, wird die gesellschaftliche Stellung nicht durch auffälligen Konsum, sondern durch die Nähe zur Partei bestimmt, die den Zugang zu Land und Besitz kontrolliert. Die chinesische Gesellschaft ist also weder soziologisch noch ökonomisch eine Konsumgesellschaft im klassischen Sinn. Jeder hat mehr oder weniger die gleichen Dinge. Die krasse Ungleichheit wird durch die Tatsache verschleiert, dass Arm und Reich Fernsehapparate besitzen.[47] Jahrhundertelang galten soziale Nachahmung und der Drang, es seinen Nachbarn gleichzutun, als die Ursachen von übermäßigem Konsum. Im heutigen China wirkt ein anderer Mechanismus. Es ist eine von großer Ungleichheit geprägte Gesellschaft, in der ironischerweise mit Protz kaum etwas zu gewinnen ist. Ein exzessiver Lebensstil wird von der Partei bestraft. Es spricht einiges dafür, dass der Autoritarismus in China mehr dafür getan hat, auffälligen Konsum einzudämmen, als alle Appelle, ein einfaches Leben zu führen, im demokratischen Westen.

Bei genauerem Hinsehen entpuppt sich die Mittelschicht als amorphe Menge. Im China des Jahres 2003 lagen Welten zwischen den 3-Millionen-Yuan-Millionären (120 000 Dollar) und den obersten 20 Prozent der städtischen Haushalte, die ein verfügbares Einkommen von 2000 Dollar im Jahr vorwiesen. Für die meisten Menschen sowohl in China als auch in Indien und ganz Asien bedeutet die Zugehörigkeit zur Mittelschicht nicht, in Malls einkaufen zu gehen. sondern vielmehr den täglichen

Kampf darum, die Rechnungen von Schulen und Krankenhäusern zu bezahlen, und ständig am Rand des Zusammenbruchs zu leben.

In Südasien waren ähnliche Konsumbeschränkungen erkennbar. Von 1999 bis 2006 beobachteten Forscher Büroangestellte und höhergestellte Berufsgruppen in Kalkutta und Siliguri, einer Stadt im Norden des indischen Bundesstaats Westbengalen. Die meisten erfreuten sich steigender Einkommen und besaßen einen Fernseher und einen Kühlschrank. Sie begrüßten die Einführung des Kabelfernsehens und werteten das Einkaufen als fortschrittlich und sogar emanzipierend: »Warum soll ich, nur weil ich eine Frau bin, den ganzen Tag zu Hause bleiben und kochen und saubermachen? Ich kann ausgehen und ein bisschen einkaufen. Das sieht man doch im Fernsehen, das Einkaufengehen ... Es ist das Symbol der neuen, modernen Frau.« Gleichzeitig zwangen steigende Preise zu Genügsamkeit. Man sparte bei Kino- und Restaurantbesuchen, putzte sich die Zähne mit Babool statt mit Colgate und nutzte die Bibliothek. Lokale Süßigkeiten ersetzten Markenriegel.[48]

Viele verließen sich in ihrem Bemühen, die Fassade des Mittelschichtkomforts aufrechtzuerhalten, weiterhin auf Geschenke, Darlehen und ein bisschen Glück. Dem großen Theoretiker des Kapitalismus, Karl Marx, wäre dieses Verhalten nur allzu vertraut gewesen. Werfen wir einen Blick in die Wohnung eines Angestellten einer Werbeagentur im Sri Lanka der frühen 1990er Jahre. Im Wohnzimmer stehen eine Couch, zwei Sessel und ein Esstisch; an der Wand hängt die Lithographie einer burmesischen Dorfszene. Es gibt ein Telefon, ein Radio, einen 13 Jahre alten Schwarzweißfernseher der Marke National und ein noch älteres kaputtes Tonbandgerät. Nichts davon hat sich der Bewohner selbst gekauft. Der Fernseher ist das Geschenk eines Europäers aus der Zeit, als er noch als Fahrer arbeitete. Das Tonbandgerät hat er von einem anderen Arbeitgeber erhalten. Die Möbel stammen von Verwandten und Freunden. Von einem Nachbarn, der zur Fortbildung in China ist, hat er sich vorübergehend eine Waschmaschine geborgt. Das Einzige, was er sich selbst gekauft hat, sind die billigen Vorhänge vor den Fenstern. Von seinem Gehalt bleibt nicht viel übrig, nachdem er Lebensmittel, Arzneien für seine Frau und das Schulgeld für seine Kinder bezahlt hat.[49] Vor diesem Hintergrund rätselten Marktanalysten darüber, warum der Markt für Gebrauchtwaren in einem armen Land wie Indien so klein war; lediglich 8 Prozent der auf dem Lande verkauften Radios waren gebrauchte Apparate.[50] Dies mag einerseits einer Wirtschaft der gegenseitigen Unterstützung und privaten Weitergabe von gebrauchten Gütern, andererseits aber auch dem Glauben geschuldet sein, dass Neues am besten sei.

In der modernen Geschichte ist das Heim die Energiezelle der Konsumkultur gewesen. Dort wird Komfort geschaffen, dort bewahren Familien ihre Erinnerungen auf und dort formen Einzelne ihre Identität durch Dinge. Was sich im Westen Schritt für Schritt entwickelte, vollzog sich in China als Revolution. In weniger als einem Jahrzehnt wurde hier eine Nation von Hausbesitzern geschaffen. Im Vergleich dazu waren Herbert Hoover und Margaret Thatcher, die Vorkämpfer der Hausbesitzerdemokratie in den Vereinigten Staaten und Großbritannien, Amateure. 1998/99 privatisierte die chinesische Regierung innerhalb von 18 Monaten im Staatsbesitz befindliche Häuser im Wert von 2,5 Billionen Yuan – ein beispielloser Transfer von Reichtum. Die meisten Arbeitseinheiten (*danwei*) verkauften Wohnungen zu einem künstlich niedrig gehaltenen Preis an ihre Mitglieder. Die Immobilienprivatisierung erwies sich als fast so großer Stimulus wie der New Deal im Jahr 1933 in den USA.[51] Hätten die Käufer Marktpreise zahlen müssen, wären die Konsumausgaben in den Keller gesackt.

Die Privatisierung verschob die Lebensorientierung von der Arbeitseinheit aufs Zuhause. Bis in die 1990er Jahre war die *danwei* eine Minigesellschaft gewesen, in der man sich rund um die Uhr aufhielt. Essen und Spielen, Arbeit und Geselligkeit: Das gesamte Leben wurde von ihr organisiert und spielte sich in ihrem Rahmen ab. Wer eine Reise unternehmen oder ein Hotelzimmer buchen wollte, musste es von der Arbeitseinheit genehmigen lassen. Sie verteilte Uhren, Kleidung und andere rationierte Güter. Und sie wies die Unterkunft zu. In diesem System war das Heim kaum mehr als ein Unterschlupf, noch dazu ein miserabler. Was den Wohnstandard betraf, hatte der Industrialisierungsimpuls des Großen Sprungs nach vorn (1958–1961) einen großen Rückschritt zur Folge. Da Stahl und Zement knapp waren, kam der moderne Wohnungsbau zum Erliegen. Bauherren und Städte mussten mit den vor Ort vorhandenen Materialien auskommen und errichteten in den 1960er Jahren einfache

Häuser aus gepresster Erde. Das Gesamtbild war von Mangel, Übervölkerung und dem Fehlen von Privatsphäre geprägt. 1985 stellte man bei der ersten allgemeinen Erfassung der Wohnsituation fest, dass die Chinesen im Durchschnitt weniger als vier Quadratmeter für sich allein hatten. Viele Familien kochten in Korridoren und teilten Toilette und Wasserhahn mit anderen. Zwei Jahre später trug die Partei das Ideal des Kollektivlebens offiziell zu Grabe. »Jede Einheit«, lautete jetzt die Planungsdevise, »muss ein eigenes Haus besitzen, das keinen gemeinsamen Eingang mit einem anderen hat. Es sollte einen Schlafraum, eine Küche, ein Badezimmer und einen Lagerraum haben.«[52] In Shanghai entsprachen 2002 neun von zehn Häusern diesem Muster. Die private Familieneinheit hatte gewonnen. War der Raum bisher nach »Schlaftypen« bemessen worden, akzeptierte das Regime jetzt, dass das Heim ein Ort zum Leben und nicht nur zum Schlafen war. Es musste getrennte Räume für Erholung, Geselligkeit und Studium haben. Und es musste wachsen, damit Fernseher, Einbauküche, Dusche und Waschmaschine Einzug halten konnten. Innerhalb eines Jahrzehnts vergrößerten sich städtische Wohnungen auf die doppelte Fläche.

Der Bauboom gab Millionen Menschen die Chance, sich in eine Privatwelt zurückzuziehen. Bewachte Wohnkomplexe schossen aus dem Boden. Ein 33-jähriger Ingenieur, der in die Vanke Garden City in Shanghai gezogen war, erklärte 2004: »Wo ich aufgewachsen bin, wussten die Nachbarn, wie ich in der Schule war; ob meine Familie neue Möbel gekauft hatte, und selbst, was wir zum Abendessen kochten. Jetzt, in meiner eigenen Wohnung, muss ich mich nicht mit lästigen Nachbarn auseinandersetzen, die mich ständig nach meinem Privatleben ausfragen.«[53] Millionen neuer Wohnungen wurden im Rohbauzustand verkauft, ohne Küchen- und Badezimmerausstattung und elektrische Leitungen, so dass ihre stolzen Besitzer ein wirklich eigenes Zuhause gestalten konnten. Im Jahr 2000 gaben viele Shanghaier mehrere Jahresverdienste für die Einrichtung ihrer Wohnungen aus. 1998 hatte IKEA in Shanghai seine erste chinesische Filiale eröffnet. 2006 wurden in China Heimtextilien im Wert von 20 Milliarden US-Dollar verkauft.[54] Zahlreiche Zeitschriften und Innenausstatter begannen den Traum vom »vornehmen, eleganten Lebensgenuss« zu bedienen, ob nun mit schlicht-modernen italienischen

Designersofas oder mit »englischer Nostalgie« in Gestalt von schweren Eichentischen und Klubsesseln.[55] 2006 brachte die Zeitschrift *Better Homes and Gardens* eine chinesische Ausgabe auf den Markt.

Die Soziologin Deborah Davis hat in den letzten beiden Jahrzehnten Einwohner chinesischer Städte und ihre Wohnungen beobachtet. Für viele wurde die Wohnungsgestaltung gleichsam zum zweiten Beruf. Sie besuchten in der Mittagspause Ausstellungsräume oder gingen in Heimwerkergeschäfte, kauften nach der Arbeit Möbel und Material und begutachteten am Wochenende Handwerker. Viele wohnten monatelang in einem einzigen Zimmer, während ihre Wohnung hergerichtet wurde, und fragten sich hinterher, ob sie nicht vielleicht zu extravagant gewesen waren. Andere waren enttäuscht, dass sie sich nicht leisten konnten, was sie in den Hochglanzzeitschriften sahen. Doch aufs Ganze gesehen, stellte Davis in ihren Interviews eine echte Zufriedenheit damit fest, dass man seine private Wohnung selbst aussuchen und gestalten konnte. Die Mehrzahl der Interviewten war zwischen 1948 und 1956 geboren. Die Kulturrevolution hatte sie ihrer Kindheit und Jugend beraubt. Sie hatten auf dem Land arbeiten, auf Bürgersteigen schlafen oder sich den Raum mit einer anderen Familie teilen müssen. Sie waren ohne Privatsphäre aufgewachsen. Verglichen mit diesen schrecklichen Erinnerungen war die Enttäuschung darüber, ein Konsument mit nur beschränkten Mitteln zu sein, vernachlässigbar. Für sie zählte, dass sie in der Lage waren, ihren eigenen privaten Raum zu gestalten. Das war es wert, auf dem Fußboden zu schlafen und beim Aufwachen auf eine schlecht gestrichene Wand zu schauen. »Ich hatte das Heim, das ich wollte«, erklärte eine Braut im Rückblick. »Die Renovierung hat uns sehr glücklich (*kaixin*) gemacht.«[56] Das Leid einer ganzen Generation während der Kulturrevolution ist ein Grund dafür, warum die wachsende Ungleichheit, die mit der Ausbreitung der Konsumkultur einherging, das Regime nicht ins Wanken brachte. Privatheit und Stabilität glichen die relative Zurücksetzung aus. Die Frage ist, was geschehen wird, wenn eine neue Generation auftritt, die an den privaten Komfort gewöhnt ist, und die bösen Erinnerungen an die 1960er Jahre verblassen.

Die Furcht, dass ausländische Güter die lokale Identität zersetzen, ist so alt wie der Handel selbst. Der interkulturelle Austausch von Dingen und

Bildern hat in der modernen Zeit exponentiell zugenommen. So viel ist offensichtlich. Weniger klar ist, wie lokale Kulturen darauf reagiert haben. Hat der Zustrom kollektive Identitäten wie Kaste oder Nation fortgespült und eine »flache Welt« geschaffen?[57]

»Wo findet man noch ein nicht amerikanisiertes Japan?«, fragte der Schriftsteller Murobuse Takanobu schon 1929. »Ich wage zu behaupten, dass Amerika die Welt geworden ist. Japan ist heute nichts anderes als Amerika.«[58] Eine neue, nicht auf militärischer Macht, sondern auf einer materiellen Zivilisation der Güter und Träume beruhende Weltordnung schien Gestalt anzunehmen. Die Faszination, die die amerikanische Kultur ausübte, hatte jedoch heimische Wurzeln und war weniger ein Hollywoodimport als vielmehr ein Modernisierungsmittel. Sie überlagerte sich mit einem Interesse an den materiellen Grundlagen des Alltagslebens: Kleider und Kino machten Leute. Solche Ideen waren zum Teil von Marx und Heidegger inspiriert, aber in Japan erhielten sie eine andere Ausrichtung. Statt darüber zu klagen, dass moderne Dinge die Authentizität zerstören würden, feierten viele japanische Autoren Spielfilme, Bars und moderne Wohnungen als Vehikel der Emanzipation von feudalen Bräuchen. Für Kon Wajiro, einen frühen Ethnographen, war der Konsum eine Quelle der Subjektivität.[59] Kleider- und Verhaltensvorschriften verloren ihre Gültigkeit, und die Menschen konnten selbst bestimmen, wie sie sich darstellen wollten.

Durch die amerikanische Besatzung nach dem Zweiten Weltkrieg vervielfachte sich die Menge amerikanischer Dinge. 1949 veröffentlichte die Zeitung *Asahi* den ersten »Blondie«-Comicstrip, der japanischen Hausfrauen einen Eindruck vom amerikanischen Lebensstil vermittelte. Kaugummi, Jazz und wenig später Rockabilly fanden neue Fans. Roppongi, ein Viertel in Tokio, in dem in den 1950er Jahren der amerikanische Militärstützpunkt lag, war ein Magnet für trendige japanische Jugendliche, die *Roppongi-zoku.* Städtische Wohnungen erhielten eine standardisierte westliche Grundform, das sogenannte LDK-Format aus Wohnzimmer, Essplatz und Küche (Living-Dining-Kitchen). Im Innern wurden diese Räume jedoch dem einheimischen Geschmack angepasst. Die meisten Familien richteten ein mit Tatami ausgelegtes Zimmer im japanischen Stil ein oder bauten Alkoven (*tokonoma*), in denen sie Antiquitäten,

Blumen oder Schriftrollen präsentierten. Das japanische Zimmer diente einerseits der Entspannung und war andererseits Ort religiöser Feste. Hier zeigte man, inmitten einer Wohnung im westlichen Stil, weiterhin seinen japanischen Geschmack.

Auch die Technik wurde auf japanische Weise umgeformt. Japanische Firmen vermarkteten Fernseher und Haushaltsgeräte als Mischung aus Tradition und Modernität. In einer Matsushita-Werbung aus den späten 1960er Jahren wurde ein japanischer Maler mit den Worten zitiert: »Der entmenschlichte Mechanismus des Westens kam nach Japan und entwickelte sich zu etwas, das zur Wärme der menschlichen Haut passt. Dieses Ding ist der National-Farbfernseher.« Nur ein japanischer Farbfernseher könne die wahren »japanischen Farben« wiedergeben, versprachen Reklameanzeigen. Musiktruhen und Fernseher wurden mit japanischen Designelementen versehen. So war es möglich, Baseballspiele anzusehen und sich gleichzeitig mit der imperialen Vergangenheit verbunden zu fühlen. Matsushita kleidete sogar einen seiner Kühlschränke in ein Teakholzgehäuse und nannte ihn Kiso, nach einem Tal in den japanischen Alpen, das im frühen 14. Jahrhundert Kaiser Go-Daigo als Rückzugsort gedient hatte.[60]

Dass die Amerikanisierung in asiatischen Ländern unverhältnismäßig viel Aufmerksamkeit erregt hat, lag weniger am Ausmaß amerikanischer Importe als an der Furcht vor kultureller Überfremdung.[61] Immerhin kaufen Singapur und seine Nachbarn auch viele japanische Güter, ohne sich über eine Japanisierung Sorgen zu machen. Japanische Produkte werden nicht als Träger fremder Viren, sondern als nützliche Gegenstände betrachtet. 1992 begann der japanische Fernsehsender Fuji sonntagabends die Talentshow *Asia Bagus!* auszustrahlen, eine Koproduktion mit Singapur, Malaysia und Indonesien; Taiwan schloss sich zwei Jahre später an. Für jede Staffel meldeten sich eine halbe Million Möchtegern-Entertainer, die darauf hofften, zum nächsten asiatischen Superstar zu werden. Präsentiert wurde die Show von einem japanischen und zwei singapurischen Gastgebern, die abwechselnd Japanisch, Malaiisch und Mandarin sprachen.[62] Solche Asianisierung ist heute wahrscheinlich bedeutsamer als die Amerikanisierung. Die japanische Popmusik ist ein wichtiger Exportartikel, auch wenn sie in Südkorea bis 1998 verboten war. In den 1990er

Jahren war Japan die Zukunft, nicht Amerika. In vielen panasiatischen Spielfilmen wird als Zeichen der Modernität der Tokyo Tower gezeigt. In der Zwischenzeit haben die Koreanische Welle (*hallyu*) und der Erfolg des Kantopop aus Hongkong und des Mandopop aus Taiwan in der Volksrepublik China die zunehmende Bedeutung dieses panasiatischen Kreises unterstrichen. Dass die südkoreanische Regierung den K-Pop (Korea-Pop) mit einem Investmentfonds von einer Milliarde Dollar unterstützt, ist ein weiteres Beispiel für die große Rolle des Staates.[63] In ähnlicher Weise haben Muskat und Dubai auf dem indischen Subkontinent mindestens so viel Einfluss auf das moderne Leben wie Paris und New York. In den Golfstaaten lernten Wirtschaftsmigranten aus Südasien Klimaanlagen und andere Haustechniken kennen und kamen mit Freizeitaktivitäten wie dem Essen außer Haus in Berührung.

In Indien sorgte das koloniale Erbe für ein schwieriges Verhältnis zwischen Konsumismus und Nationalismus. Durch das Empire war der Konsum in Verruf geraten. Mode, ausländische Güter und das Bestreben, sich zu unterscheiden, galten als imperialistische Mittel, mit denen Inder niedergehalten werden sollten. Die nationale Identität wurde als Gegenbild zum britischen Empire entworfen. Da das Empire seine modernen Güter zur Schau stellte, musste man, um sich als freier Inder betrachten zu können, Asket sein. Die historische Ironie bestand darin, dass diese antikoloniale Einstellung noch nach dem Ende des Empire fortfuhr, dessen Arbeit zu tun, indem sie die Idee einer zweigeteilten Welt aufrechterhielt, in der nur wenige das Privileg des Komforts genossen, während die große Mehrheit zur Arbeit verdammt war.

Die liberale Öffnung seit 1991 setzte dieser Dichotomie ein Ende. Plötzlich bedeutete modern zu sein, Konsument zu sein. »Wir sind Gandhi sehr verbunden«, erklärte eine junge Frau aus Kerala, die der zweitrangigen Hindukaste Nair angehörte, »aber ich glaube nicht, dass wir seine Ideen in die Tat umsetzen. In meiner Familie mögen wir Dinge von anderen Orten.«[64] Es gibt nicht mehr viele Anhänger von Gandhis Überzeugung, dass die Reichen einfacher leben müssten, damit die Armen einfach leben können. »Ich halte den Materialismus für gut«, bekannte sich eine IT-Spezialistin unumwunden zur neuen Lehre. »Es ist erbärmlich, wie wir denken. Sie wissen schon: ›Ich brauche keinen Kühlschrank. Ich haben einen Schwarzweißfernseher.‹ Ich meine, hören Sie mal! Das ist alles Mist … Irgendwo auf dem Weg haben wir aus unserer Armut eine Tugend gemacht, und ich denke, es ist Zeit, damit aufzuhören.«[65] Als die Hindunationalisten der Bharatiya Janata Party (BJP) Ende der 1990er Jahre Swadeshi wiederentdeckten, wurde die Selbstgenügsamkeit nun sowohl nationalistisch als auch global ausgelegt.

Mit der Genügsamkeit wurde allerdings nicht die indische Identität über Bord geworfen. Modern zu sein bedeutet in Indien, globale Produkte zu kaufen, aber nicht, eine globale Identität anzunehmen. Der Individualismus wird weiterhin durch die Bindung an Familie und Gemeinde gezügelt. In Baroda zum Beispiel, Gujarats »goldenem Korridor«, vollführt die Mittelschicht einen heiklen Balanceakt, indem sie einerseits Autos und Haushaltsgeräte anschafft und ihre Häuser gut einrichtet, andererseits aber traditionelle Werte zu bewahren versucht. Im Jahr 2004 werteten Vertreter dieser Schicht ihren neuen Lebensstil im Vergleich mit der idealisierten Dorfgemeinschaft ab und zeichneten ihn in ungünstigem Licht. Ausgaben für sich selbst, für Mode und auffälligen Konsum wurden als moralische Bedrohung von Tradition, Familie und Status gesehen. Der Konsum ist also, während er realiter zunimmt, für die Gruppenidentität derjenigen, die am meisten von ihm haben, paradoxerweise marginal geblieben. Zumindest in Baroda orientiert sich die Mittelschicht nicht an der globalen Konsumkultur, sondern an lokalen Moral- und Gemeinschaftsvorstellungen.[66] Anderswo lassen sich aus dem Ausland zurückgekehrte IT-Experten und Geschäftsleute nieder, damit ihre Kinder im Respekt für Familie und Sitten und Bräuche ihres Heimatlandes aufwachsen können.

Weit davon entfernt, die indische Identität zu zersetzen, hat die Konsumkultur neue Gelegenheiten geschaffen, sie auszudrücken. IT-Spezialistinnen gehen mit traditionellen Frisuren und im traditionellen Salwar Kamiz zur Arbeit. Als sich nach 1991 ausländische Unternehmen in Indien ansiedelten, ermöglichte dies indischen Firmen, sich hervorzutun, indem sie ihre eigenen, ausgeprägt indischen Werte betonten. Und welches Etikett war besser geeignet als dasjenige indischen Essens? Die Textilmarke Indian Terrain warb für ihre Freizeithemden mit dem Slogan »Ich habe die Pizza nach Tandoori gebracht«, vorgetragen von einem modisch gekleideten modernen Inder mit gegelten Haaren, dessen Konsumphilosophie folgendermaßen lautete:

> »Schon mal vom Gemüsehamburger gehört? Oder von Masalatee? Oder Tandooripizza? Alles Schöpfungen, die von meiner Weigerung inspiriert sind, zu essen, was alle Welt isst. Denn die Lebensmittelketten haben diese Botschaft (oder diejenige ihrer Registrierkassen) verstanden und ein völlig neues Menü nach meinem Geschmack kreiert.«[67]

Klassen und Kasten beruhten auf der jeweiligen Hierarchie im Produktionssystem. Hat der Aufstieg des Konsumismus sie erodieren lassen? Der indischen Elite eröffnete das Ende von Nehrus bürokratischem »Genehmigungsraj« neue Statusquellen. Für ein ausländisches Unternehmen zu arbeiten hatte plötzlich mehr Gewicht als ein Posten im Staatsapparat. Die Liberalisierung weckte unweigerlich die Befürchtung, die indische Elite werde »westoxisch« verseucht und opfere ihre nationale Seele und die Sorge um die Armen auf dem Altar des globalen Materialismus.[68] In Wirklichkeit sind IT-Manager und Akademiker recht konservative Konsumenten. Ihre Prioritäten bleiben diejenigen ihrer Eltern: ein Haus zu erwerben, die Familie zu unterstützen und in die Bildung der Kinder zu investieren.[69] Als Statussymbole sind ein schickes Auto oder ein Flachbildfernseher kein Ersatz für das Diplom einer bedeutenden technischen Hochschule oder einer ausländischen Universität. In mancher Hinsicht hat das Wirtschaftswunder die Ungleichheit zwischen und innerhalb der Schichten verschärft. Im ländlichen Indien haben Großgrundbesitzer und Rentiers ihren Anteil am Konsum vergrößert, während derjenige von Kleinbauern geschrumpft ist, da sie keine Zuschüsse mehr erhalten und der Gnade von Geldverleihern ausgeliefert sind. In Städten haben Besitzer und Manager im Einzelhandels- und Dienstleistungssektor gewonnen, während ungelernte Arbeiter anteilmäßig weniger ausgeben.[70]

Die Spitzenpositionen in Wirtschaft und akademischen Berufen gehen weiterhin an Hindus der oberen Kasten. Es gibt jedoch Anzeichen dafür, dass sich das Kastensystem aufweicht. Ein Anthropologe, der zwischen 2001 und 2006 mit jungen Männern in Bangalore »herumhing«, stellte fest, dass diese Kleider, Zigaretten und Motorräder miteinander teilten, ohne auf Kaste oder Einkommen zu achten.[71] In Uttar Pradesh, außerhalb von Neu-Delhi, ist es auch bei Dalits üblich geworden, sich mit einer Markenzahnpasta die Zähne zu putzen, statt auf Ästen des lokalen Niembaums zu kauen. Für niedere Kasten sind Konsumgüter lange Zeit ein Mittel der Selbstbehauptung gewesen; dies reicht mindestens bis ins frühe 20. Jahrhundert zurück, als Dalits, die das Glück hatten, ein Stück Land erwerben zu können, Kunstseidesaris zu tragen begannen. An der Spitze des Kastensystems begannen Brahmanen zum Essen nicht mehr im Dhoti, sondern in einem Hemd zu erscheinen, Fleisch zu essen und Alkohol zu trinken.[72] Dies bedeutet jedoch nicht, dass die Kasten verschwunden sind. In Kerala donnerten sich Angehörige der niederen Kaste der Pulayas in den 1990er Jahren mit roten Seidenhemden, Turnschuhen und Frisuren wie Filmstars auf. Das Kastensystem wurde dadurch aber nicht erschüttert. Die Angehörigen der über den Pulayas stehenden Arbeitergruppe der Eshava fanden solche Zurschaustellungen schrill und dumm. Für sie bedeutete Respektabilität, sein Geld für ein Haus, Möbel und Goldschmuck auszugeben.[73] Beim Konsum geht es weiterhin nicht um die Nachahmung von Höherstehenden, sondern darum, von der eigenen Gruppe anerkannt zu werden.

Niedere Kasten sind arm, was jedoch nicht bedeutet, dass sie alle gleich leben. Manche konsumieren mehr als andere. 1993 untersuchte das indische Arbeitsamt die Arbeitsbedingungen von »Kastenzeitarbeitern« in Indore. Laut ihren Ergebnissen aßen Familien, die Schuhe herstellten, mehr Fleisch und tranken mehr Milch als Straßenkehrer und Müllmänner, wahrscheinlich weil der Umgang mit Leder die rituelle Ablehnung von Tierprodukten verringerte. Doch Straßenkehrer und Müllmänner hatten mehr Besitztümer. Viele von ihnen besaßen einen Fernseher, einen elektrischen Ventilator, ein Fahrrad und eine Armbanduhr; einige hatten eine Nähmaschine, einen Plattenspieler und einen Kühlschrank; einer besaß sogar einen Fotoapparat. Im Gegensatz dazu waren die Wohnungen der Schuhmacher kahl.[74]

Angehörige oberer Kasten, die sich heute am unteren Ende der Einkommensskala befinden, besitzen fast zehnmal häufiger einen Fernseher, einen Kühlschrank und ein Auto als ähnlich arme Angehörige niederer

Kasten. Die Kastenzugehörigkeit spielt also eine Rolle, erklärt allein aber noch nicht alles. Sie ist verbunden mit einer materiellen Spaltung zwischen Stadt und Land; Angehörige oberer Kasten leben eher in der Stadt und haben daher die besseren Ausgangsbedingungen.[75] Bei Angehörigen niederer Kasten, die zu Wohlstand gelangt und in eine Stadt gezogen sind, entspricht der Besitz von Fernsehern und anderen technischen Geräten eher demjenigen von Angehörigen höherer Kasten. Bezeichnenderweise ist die Kluft zwischen den Kasten in den ärmsten Regionen am größten.

Westliche Kommentare setzen derart häufig Konsumismus mit Individualismus gleich, dass Ausgaben für die Familie hier besondere Beachtung verdienen. In Indien war die Kleinfamilie schon vor dem jüngsten Boom die Norm, und dennoch fließen weiterhin Rupien in die Großfamilie. Ein Jahrhundert lang sind Sozialreformer mit ihrer Polemik gegen aufwendige Hochzeiten und Beerdigungen auf taube Ohren gestoßen. Es spricht einiges dafür, dass die Ausgaben für Familie und Bräuche im Zuge des Aufstiegs der Konsumkultur nicht gesunken, sondern gestiegen sind. 1994 eroberte der Spielfilm *Hum Apake Hain Koun ...!* (Was bin ich für dich?) Indien im Sturm. In dieser Lifestyleromanze, die Familie, Liebe und häuslichen Komfort miteinander verknüpft, sind die neue Küche und die prächtige Einrichtung ebenso wichtig wie die modisch gekleideten Stars. Der von Salman Khan gespielte Frauenschwarm Prem hat sogar einen Hund, Tuffy, das ultimative Zeichen eines Mittelschichtlebensstils. Besiegelt wurde der Erfolg des Films jedoch dadurch, dass die Liebesgeschichte durch eine harmonische Großfamilie eingerahmt wird, bis hin zu Neffen, entfernten Verwandten und glücklichen arrangierten Ehen. Das Publikum sah in dem Film den Beweis dafür, dass es möglich war, mehr Dinge zu besitzen und doch dem Ideal der Großfamilie treu zu bleiben.[76] Im wirklichen Leben sind Liebe und Heirat weiterhin Demonstrationen von Familienloyalität und Reziprozität. Der Wert von Aussteuern, Hochzeitsfeiern und Geschenken ist in die Höhe geschnellt. Ein indisches Hochzeitskleid kann so viel wie ein Auto kosten. Heute heiraten die meisten indischen Paare aus Liebe. Dennoch würden sie eher abwarten und nicht heiraten, als es ohne Einwilligung ihrer Eltern zu tun. Unter Programmierern werden immer noch zwei Drittel der Ehen förmlich arrangiert, auch wenn das Paar bereits zueinander gefunden hat.

Überall in Asien prägt die Familie weiterhin das Konsumverhalten. Die Waschmaschinen für Cousins, die Schulgebühren und andere Gelder, die von im Ausland arbeitenden Angehörigen heimgeschickt werden, zeigen, wo die Prioritäten liegen: auf den familiären Verpflichtungen, nicht auf dem persönlichen Luxus. Was sich ändert, wenn langlebige Konsumgüter über die Hausschwelle gelangen, ist eher die Ausrichtung des Familienlebens als die Familientreue als solche. Der Soziologe Ronald Philip Dore, der 1951 in einem Viertel im Zentrum von Tokio wohnte, erlebte eine Gesellschaft im Übergang. »Gibt es irgendeinen Haushaltsartikel«, fragte er Hausfrauen, »den Sie gern besitzen würden, wenn Sie ihn sich leisten könnten?« Die Antworten waren gespalten. Fast die Hälfte der Frauen hätte gern mehr Kleider oder bessere Möbel gehabt. Eine etwas größere Gruppe wünschte sich eine Waschmaschine, einen Staubsauger, eine Stereoanlage oder einen Toaster. Die Antworten spiegelten den teilweisen Zusammenbruch des alten Statussystems wider. Früher hatten die am besten gehüteten Dinge dazu gedient, den Status zu behaupten. Bauern zogen für besondere Feiern ihre besten Kleider an und tischten ihr bestes Geschirr auf, um ihre Nachbarn und Gäste zu beeindrucken. Nach der Feier wurden wieder Lumpen und angeschlagene Tassen hervorgeholt. Die erste Gruppe der von Dore befragten Tokioter Hausfrauen war noch dieser Mentalität verhaftet. Sie wünschten sich mehr des Gleichen und hatten Kleider von höherer Qualität im Blick. Es war normal, die Bequemlichkeit der Familie hinten anzustellen, um andere zu beeindrucken. Eltern sparten an Lebensmitteln, um mit den Nachbarn mithalten und ihren Söhnen Taschengeld geben zu können. In der zweiten Gruppe machte sich eine neue Orientierung bemerkbar. Hier richteten sich die Wünsche auf Neuheiten, die durch Unterhaltung, größeren Komfort und Ersparnis von Zeit und Mühe zuerst und vor allem familiäre Zufriedenheit versprachen. In den wachsenden Städten lockerten sich die Gemeindebande, und dies, erklärte Dore, habe zur Folge, dass der »Status und somit das Ansehen, das an materielle Besitztümer geknüpft wurde, an Bedeutung verlor«.[77] Auffälliger Konsum starb nicht aus, wurde aber durch Fürsorge für die Familie gezügelt und in andere Bahnen gelenkt, so wurden nun elektrische Ventilatoren, Fernsehapparate und andere Haushaltsgeräte gekauft, die man auch Gästen und Freunden voll Stolz vorführen konnte.

In Japan war größerer Konsum seit den 1950er Jahren durch zwei recht unterschiedliche Ideale gerechtfertigt: nationale Stärke und soziale Gleichheit. Zu konsumieren war in Ordnung, solange die Käufer die lokalen Bauern, kleinen Einzelhändler und Fabrikanten nicht vergaßen, die derselben Nation angehörten. Ein bisschen mehr für japanischen Reis zu zahlen war der Preis nationaler Solidarität. Gleichzeitig weckte der Überfluss neue Sorgen. In den 1970er Jahren begann man in Japan über den eigenen Lebensstil nachzudenken. In alljährlichen Erhebungen fragte die Kanzlei des Ministerpräsidenten die Menschen: »Haben Sie das Gefühl, dass Ihr Lebensstil sich verbessert hat?« 1974 kippte die Waage ins Negative, und dort ist sie seither stehengeblieben.[78]

Heute erinnert man sich an die 1980er Jahre als goldenes Jahrzehnt steigender Einkommen, modischer Teenagercliquen und *Gucci on the Ginza*, wie der Titel eines englischsprachigen Bestsellers von 1989 über die neue japanische Konsumentengeneration lautete. Einstellungsumfragen in der Mitte der 1980er Jahre ergaben, dass die meisten Menschen ihre persönliche Zufriedenheit an oberste Stelle setzten. Die Konsumkultur schien eine Nation von Individualisten zu schaffen. In Wirklichkeit war es ein kurzes Aufleuchten. Schon bevor die Blase 1989 platzte, hatte sich der Trend herausgebildet, »sich von Dingen zu lösen« und »Dinge, die keine Dinge sind« (*mono igai no mono*) zu genießen.[79] Die postmaterielle Suche nach authentischen Erfahrungen und glücklichen Beziehungen hinterließ auch im Einzelhandel ihre Spuren. Technologischer Neuheiten müde, entdeckten Konsumenten die Nostalgie. Seibu-Warenhäuser richteten »Wiedergeburtspavillons« und Pflanzenmedizinstände ein. Die nachfolgende tiefe Rezession des »verlorenen Jahrzehnts«, der 1990er Jahre, verstärkte diesen Trend, da die Kunden den Gürtel enger schnallen mussten und Großunternehmen Skireisen und Spesenkonten zusammenstrichen. Die Familie wurde wieder wichtiger. Verkäufer verbrachten ihre Abende nicht mehr mit Kollegen in Bars, sondern zu Hause mit ihren Frauen, auch wenn sie sich weiterhin selten zum gemeinsamen Essen zusammenfanden. 1992 versprach Ministerpräsident Miyazawa Kiichi, Japan zu einer »Lifestyle-Supermacht« zu machen, die weniger gestresst und deutlich entspannter sei.[80] Zu diesem Zeitpunkt wirkte *Gucci on the Ginza* wie ein Relikt eines vergangenen Zeitalters. Statt einer Individualisierung befürchteten Einzelhandelsanalysten jetzt, dass die Japaner sich einander anglichen.[81] Seit 1989 sind die Prioritäten wieder dieselben wie vor dem Boom der 1980er Jahre: Gesellschaft und Nation.[82]

Auch in Südkorea wurde ein auffälliger Lebensstil in den 1980er und 1990er Jahren als soziale Krankheit betrachtet. 1993 hielten 93 Prozent der Südkoreaner »übermäßigen Konsum« (*kwasobi*) für ein »ernstes gesellschaftliches Problem«, obwohl nur wenige mit dem Finger auf sich selbst zeigen wollten.[83] Die Ausgaben für Schule, Freizeit sowie die üblichen Gratulations- und Kondolenzgeschenke standen im Fokus der Kritik. Angeprangert wurden insbesondere Frauen. Die südkoreanischen Medien brachten Horrorgeschichten über junge gebildete Frauen, die »zu schnell zu reich« und zu Shoppingsklavinnen geworden seien. Von Studentinnen an Seouls privater Elite-Frauenuniversität Ewha ging das Gerücht, sie würden eine halbe Million Won, damals rund 700 US-Dollar, für einen Slip ausgeben. Vorreiter der gegen den Luxus gerichteten Kampagne waren zwei Kräfte: Presbyterianer und der Staat. Schon in den 1980er Jahren hatte die YMCA von Seoul großen Wohlstand verteufelt. Der »gesunde« Lebensstil, warnte der christliche Verein, mache einer Vergnügungswirtschaft aus Discos, Alkohol und Sex Platz. Private Extravaganz trete an die Stelle gemeinsamen Opfergeists.

Ein Jahrhundert zuvor hatten in Europa und Amerika Reformer, die befürchteten, kommerzielle Freizeitangebote würden das kommunale Leben sowie Körper und Geist verderben, in ähnlicher Weise Alarm geschlagen. Es gab jedoch einen großen Unterschied: In Südkorea hatten diese Stimmen die volle Unterstützung des Staats. Von einem Tag auf den nächsten verschwanden ausländische Boutiquen aus den Warenhäusern. Man munkelte, gegen Käufer ausländischer Autos würde wegen des Verdachts auf Schmuggel und Währungsbetrug ermittelt. In den Augen der Regierung war »Übermaß« gleichbedeutend mit ausländischen Produkten. Grapefruits aus den Vereinigten Staaten wurden boykottiert. Auf dem Preisschild ausländischer Güter musste neben dem deftigen Verkaufspreis der geringe Importwert angegeben werden, damit die Kunden erkannten, dass sie ihr Geld verschleuderten, wenn sie eine amerikanische Videokamera oder eine italienische Handtasche kauften, die im jeweiligen Herkunftsland nur einen Bruchteil des hier zu bezahlenden

Preises wert waren.[84] Es sagt einiges über die Stärke nationaler Gefühle aus, dass die Regierung keine Angst zu haben schien, die Preisschilder könnten die Wut der Konsumenten auf den Staat lenken, der immerhin für einen Großteil des Preisaufschlags verantwortlich war.

Ungeachtet solcher Kampagnen lässt sich kaum übersehen, dass asiatische Gesellschaften – im Gegensatz zu europäischen – im Konsum kaum eine moralische Herausforderung sahen. Die meisten Moralpredigten und Bestseller, die den Konsumismus beklagen, stammen aus den Vereinigten Staaten und Europa, nicht aus Japan, Indien oder China. Asiatischen Debatten über den Luxus fehlen die emotionale Aufgeregtheit und schrille Paranoia der westlichen Polemiken. Reichtum und Besitztümer tragen für Buddhisten und Hindus nicht dieselben Stigmata wie für Christen. Nationalismus und soziale Solidarität bieten eine gemeinsame moralische Grundlage. Solange die Konsumenten sich verantwortungsvoll verhalten, ist Überfluss kein Problem.

Die Sorge um Familie und Gemeinschaft ist daher eine wesentliche Voraussetzung der positiven Aufnahme des Konsums in Asien. Und diese Haltung geht über die menschliche Gemeinschaft hinaus und umfasst auch die Gemeinschaft der Dinge. Weiter oben haben wir die Ansicht kritisiert, die Zivilisation des modernen Westens sei objektfeindlich und subjektzentriert. Tatsächlich haben westliche Denker und Autoren anerkannt, dass das Selbst materiell ist. Die viktorianische Literatur hat Kinder gelehrt, wenn sie sich um ihre Spielzeuge kümmerten, würden diese sie zurücklieben. In asiatischen Gesellschaften ist die Überzeugung, dass Dinge eine Seele besitzen, besonders stark. Im Buddhismus befinden sich sowohl Objekte als auch Erfahrungen ständig im Fluss und können zur Befreiung fortschreiten. Im Shintō besitzen Objekte magische Kräfte. Laut Karl Marx stand der Westen an der Spitze des Kapitalismus, weil er den Objekten geschickt die Seele austrieb, so dass sie zu abstrakten Waren wurden, mit denen man um des Gewinns willen Handel treiben konnte. Diese These will nicht so ganz zum asiatischen Wirtschaftswunder der letzten Jahrzehnte passen. Der Animismus – der Glaube, dass Tiere und Dinge beseelt sind – hat den Konsumkapitalismus im Osten offensichtlich nicht behindert. Dass Dinge eine Seele haben, bedeutet nicht, dass man sie nicht kaufen, verschenken, wünschen und tauschen kann.

Japan ist ein typisches Beispiel. Der Architekt Bruno Taut, der in der Zwischenkriegszeit einen genügsamen Osten idealisierte, wäre entsetzt über die vielen Verzierungen, Geschenke und Souvenirs, die heutzutage japanische Wohnungen schmücken. In der Vergangenheit diente das *kura*, das Lagerhaus, dazu, den wechselnden Anforderungen der Jahreszeiten zu genügen. Güter zirkulierten. Heute sind kleine Wohnungen voller ständiger Lagereinheiten, in denen die Kleidergarnituren für die verschiedenen Jahreszeiten aufbewahrt werden. In einer Geschenkegesellschaft wie Japan haben der steile Anstieg des frei verfügbaren Einkommens, das vermehrte Reisen, die Kommerzialisierung alter Feste und das Aufkommen neuer, wie des Valentinstags, die Wohnungen mit Dingen geradezu überschwemmt. Sie wegzuwerfen könnte jedoch Unglück bringen. Auch können Geschenke und Souvenirs bis zum heutigen Tag nicht einfach weitergegeben werden, es sei denn, der neue Besitzer verspricht, gut auf sie achtzugeben. So hasste beispielsweise eine Hausfrau die Figuren der drei Weisen, die ihr Mann aus China mitgebracht hatte, traute sich aber aus Furcht, einen Fluch (*tatari*) auf sich zu ziehen, nicht, sie wegzuwerfen. Auch Haushaltsgeräte sollten nicht einfach ausgesondert werden, wenn sie noch funktionierten und voller Leben waren. Um der Materiallawine Herr zu werden, haben japanische Haushalte drei Strategien entwickelt: Die erste besteht darin, Vitrinen anzuschaffen und Alkoven einzurichten, in denen Figuren, Blumen und Geschenke angemessen untergebracht und zur Schau gestellt werden können. Die zweite ist, sich für Geschenke zu entscheiden, die aufgebraucht werden können, insbesondere Süßigkeiten und kleine Snacks, wie *tsukemono*, aber auch Waschpulver. Schließlich gibt es Spendenbasare, auf denen man unbenutzte Dinge zurücklassen kann, ungefähr so, als würde man ein Kind vor einem Waisenhaus aussetzen.[85]

Zu konsumieren kann, anders ausgedrückt, ein spiritueller Akt sein. Es ist möglich, mehr Güter zu besitzen *und* gut zu sein. Mit der Ausbreitung der Welt der Güter haben in Südostasien Sekten und Geisterbeschwörung Auftrieb erhalten.[86] In China hat die Kommunistische Partei Konfuzius wiederentdeckt und bringt an seinem Geburtstag Opfer dar. Die allgemeine Wiederbelebung der Religion deutet darauf hin, dass der Neokonfuzianismus mehr als nur das Produkt eines Staats auf der Suche nach einer nationalen Ideologie nach Mao ist. Tempel werden renoviert, der religiöse Tourismus blüht.[87] Der Konfuzianismus verkündet ein Ideal der Harmonie und des Respekts für andere, das autoritären Herrschern zupasskommt, aber er ist auch eine Richtschnur (*li*) zu tugendhaftem Verhalten im Alltag. Er ist für alle attraktiv, die über Habsucht und Gier besorgt sind, zugleich aber durch Geschenke sowie Erwerb und Ausgaben soziale Netzwerke (*guanxi*) knüpfen wollen, um im Leben voranzukommen.

In Gesellschaften mit einer gemischten Geschenk- und Warenkultur, in denen der Konsum zudem an Rituale und Gegenseitigkeit gebunden ist, müssen die Einzelnen einen Drahtseilakt zwischen Großzügigkeit und Eigeninteresse, Reziprozität und Korruption vollführen. In der Religion finden sie eine moralische Balancierstange. Die Wiederbelebung des Konfuzianismus mag ein Grund für den Niedergang der Mentalität des »Arbeite hart, werde reich« sein, den Gallup-Umfragen zwischen 1994 und 2004 offenlegten. *Ren*, die Selbstkultivierung in dem Bestreben, die volle Menschlichkeit herauszubilden, ist ein zentrales Element des Konfuzianismus. Im Gegensatz zur verbreiteten Meinung sind die Chinesen nicht besessen von Arbeit. Ihre Werte haben sich in Richtung Selbstausdruck, persönlicher Geschmack, Unterhaltung und Kommunikation verlagert. Ein Zeichen dafür ist der rasante Siegeszug von DVDs und Handys: Beides besaßen 1994 nur 7 Prozent der Haushalte, während es zehn Jahre später 52 beziehungsweise 48 Prozent waren. Waschmaschine und Kühlschrank hatten sich zuvor weit langsamer verbreitet. 2013 gab es in chinesischen Haushalten im Durchschnitt zwei Handys.[88] Dieser Wechsel von funktionalen zu emotionalen Gütern ist zwar in allen entwickelten Ländern zu beobachten, aber in Asien ist er besonders ausgeprägt.

Halb Gott, halb Staatsbürger

Es war nicht ganz das, was auf dem Etikett stand. 1993 nahmen Dorfbewohner in Shanxi in Nordchina auf dem Frühlingsfest einen tiefen Schluck aus Flaschen mit der Aufschrift »Langes Leben und doppeltes Glück«. Für 27 von ihnen war es das letzte Fest, denn der Likör war mit giftigem Methylalkohol versetzt gewesen. Schon den Viktorianern waren solche Tragödien vertraut, und sie wiederholten sich in sich entwickelnden Gesellschaften ein ums andere Mal. Eine steigende Nachfrage und neue Produkte schaffen immer sowohl Vergnügungen als auch Risiken. Dies war der Hintergrund der Debatten über Verbraucherrechte und Verbraucherschutz, von frühen Gesetzen gegen das Panschen im Europa des späten 19. Jahrhunderts bis zu John F. Kennedys Verbraucherrechtsgesetz von 1962, in dem das Recht auf Sicherheit, freie Wahl, Anhörung, Information und respektvolle Behandlung verankert ist. In den Vereinigten Staaten und einem großen Teil Westeuropas entwickelte sich die Verbrauchergesetzgebung parallel zur demokratischen Politik. Die Konsumenten forderten, als Staatsbürger anerkannt zu werden. In Asien war die Entdeckung des Konsumenten ebenso dramatisch wie das Wirtschaftswachstum. Japan, Indien und China haben eigene Verbrauchergesetze beschlossen. Bis 1997 war das Verbrauchergesetz für Chinesen, einer Umfrage zufolge, wichtiger als das Arbeits- und das Strafrecht.[89] Heute wird der Konsument überall als wichtige Person anerkannt. Die Frage ist, was für ein Wesen er ist und wer seine Eltern sind. Ist er ein politisches Wesen, ein selbstbewusster Marktteilnehmer oder, wie die Chinesen ihn sehen, ein »Gott«?

In Indien hatte der Verbraucherschutz alte Wurzeln. Das oben erwähnte *Arthashastra* beschäftigt sich in weiten Teilen mit den vielen Gefahren des Alltags, von betrügerischen Spielern bis zu Waschfrauen, die die Kleider ihrer Kunden anziehen. Kaufleute seien allesamt Diebe, die ihre Kunden betrügen wollten. Eine andere Gefahr sei ein übereifriger Staat. Die Litanei der Klagen hat sich im Lauf von zwei Jahrtausenden kaum geändert – Geschäftemacherei, Preisabsprachen, Verfälschung, betrügerischer Gebrauch von Gewichten und Messlatten, falsche Angaben und Betrug –, auch wenn heutige Verbraucherschützer, was die Bestrafung der Übeltäter angeht, kaum so weit gehen würden wie das *Arthashastra*. Ein Kaufmann, der falsche Angaben über die Qualität eines Produkts machte, sollte, dem antiken Text zufolge, ein Bußgeld in Höhe des achtfachen tatsächlichen Werts zahlen, und ein illegal arbeitender Goldschmied stand vor der Wahl, 200 Panas zu zahlen oder zwei Finger zu verlieren; der niedrigste Staatsbeamte verdiente 60 Panas im Jahr.[90]

Das unabhängige Indien brauchte einige Zeit, bis es ein eigenes Verbraucherrecht beschloss, doch als man sich dazu aufraffte, machte man Furore. In den 1950er Jahren wurde eine Reihe von Gesetzen verabschiedet – gegen Rauschgift und »magische Heilmittel«, Lebensmittelverfälschung und die unberechtigte Verwendung von Handels- und Warenmarken –, die jedoch rein präventiver Art waren und den Konsumenten keine Entschädigung zusprachen. Dieser Anspruch wurde erst durch das Verbraucherschutzgesetz von 1989 eingeführt, ein bemerkenswertes Regelwerk, das Indien an die Spitze der globalen Konsumentenpolitik katapultierte. Neben Schutz und Information erhielten die Inder das Recht, vor Gericht zu klagen und eine Entschädigung zu verlangen. Seither sind bei den 35 Staats- und gut sechshundert Distriktverbraucherforen über drei Millionen Klagen eingereicht worden.[91]

Rechte allein bedeuten natürlich nicht automatisch Konsumentenmacht. Zwanzig Jahre nach Verabschiedung des Gesetzes sind sich die meisten Inder immer noch nicht ihrer Rechte bewusst. Eine Klage zu erheben kostet Zeit und Geld und erfordert häufig die Hinzuziehung eines Rechtsanwalts. Die meisten scheuen diese Mühen. Indien bleibt ein Schattenreich von Monopolen. Konsumenten besitzen das Recht, an Verhandlungen vor der Monopolkommission teilzunehmen, aber für jedes zur Strecke gebrachte Monopol bildet sich umgehend ein neues. In Jaipur diktieren Kabelfernsehgesellschaften den Menschen ihre Bedingungen; Schulen zwingen Schüler, ihre Bücher und Schuluniformen in bestimmten Geschäften zu kaufen; und Friseure und Betelhändler sprechen wie eh und je ihre Preise ab.[92] In vieler Hinsicht ist Indien weiterhin ein Land, in dem nicht der Kunde König ist, sondern die Produzenten und Händler. Das Ministerium für Verbraucherangelegenheiten bemüht sich trotz seines knappen Budgets nach Kräften, mit Hilfe von im Fernsehen, in Postämtern und Bahnhöfen ausgestrahlten Videoclips unter dem Motto *Jago Grabak Jago!* (Wach auf, Verbraucher, wach auf!) und Radiosendungen in Hindi und Regionalsprachen den Wissensstand der Menschen zu heben. Die Parallelen zur staatlich finanzierten Medien- und Aufmerksamkeitskampagne für den New Deal in den Vereinigten Staaten während der 1930er Jahre sind unübersehbar – aber es gibt auch einen gravierenden Unterschied: In Amerika flankierte die Kampagne eine größere

Staatsintervention, während sie in Indien Teil einer ökonomischen Liberalisierung und der Zurückdrängung des Staats ist.

Dass die Marktreform in Indien einen Handlungsspielraum für Verbraucherpolitik öffnete, bedeutet nicht, dass sie eine Sache des Markts geblieben ist. Hinter ihr stand auch ein politischer Impuls. 1994 entschied der Oberste Gerichtshof Indiens in einem Streit über einen Hausbau gegen die Lucknow Developing Authority zugunsten des Beklagten M. K. Gupta. Es war eine Grundsatzentscheidung. Die Interessen eines Konsumenten, hieß es in der Begründung, beträfen »nicht nur die alltäglichen Kauf- und Verkaufsaktivitäten gewöhnlicher Menschen, sondern auch Aktivitäten, die ansonsten nicht kommerzieller Art sind«, aber einen gewissen Vorteil für beispielsweise den Hausbau und die Grundstücksentwicklung mit sich bringen. Staatliche Aufgaben, wie der öffentliche Wohnungsbau, seien ein »Dienst an den Bürgern«, der ebenso geschützt werden müsse wie der Kauf von Gütern in einem Geschäft.[93] Seither beschweren sich Verbraucher beim Staat, wenn die Stromversorgung und die Telekommunikation versagen. Interessanterweise betreffen die meisten Klagen nicht defekte Produkte, sondern mangelhafte Dienstleistungen.[94] Der Verbraucherschutz schlug eine Brücke zwischen den privaten Kümmernissen der Menschen auf dem Markt und ihren öffentlichen Interessen als Staatsbürger. 2005 gab das Gesetz über das Informationsrecht Konsumenten eine zusätzliche Waffe an die Hand. Aktivisten und Gerichte haben das Verbraucherrecht genutzt, um mehr Verantwortlichkeit durchzusetzen. Im Fall von ärztlichen Kunstfehlern hat der Oberste Gerichtshof beispielsweise unterstrichen, dass die Verbraucherforen nicht nur dafür da seien, Schäden zu quantifizieren, sondern auch dazu, »eine qualitative Veränderung der Einstellung der Dienstleistungsanbieter« herbeizuführen.[95] Mehr Verantwortlichkeit und gute Regierungsarbeit sind ebenso wichtig wie Produktsicherheit.

In mancher Hinsicht entsprechen diese Urteile der Agenda der »Bürgercharta«, die der britische Premierminister John Major 1991 verkündete. Nach diesem Plan sollten Krankenhäuser, Schulen und andere Bereiche des öffentlichen Diensts Nutzern gegenüber mehr Verantwortung übernehmen. Tatsächlich haben einige indische Beamte die Idee am britischen Beamtencollege in Sunningdale Park aufgeschnappt. In einem

Land wie Indien, wo die meisten Konsumenten arm und von der Politik ausgeschlossen waren (und sind) und wo die Korruption weit verbreitet ist, nahm sie allerdings einen radikaleren Klang an. Verbraucherrechte, Staatsbürgerlichkeit und Menschenrechte gingen Hand in Hand. Der Neoliberalismus wurde vom Schatten Gandhis gedämpft. Einerseits traten Wahlmöglichkeit und Konkurrenz die Herrschaft an. So gesehen, sind Gandhis Vorstellungen von Selbstgenügsamkeit und Asketismus tot. Andererseits lassen sich Verbraucheranwälte weiterhin vom Mahatma anregen, wenn es um Fragen der gesellschaftlichen Inklusion geht. Staatliche Plakate forderten 2007: »Schließe dich einer Revolution an«, und erklärten: »Für uns ist die Zeit gekommen, wieder für unsere Rechte zu kämpfen.« Dazu wurde ein Bild abgedruckt, auf dem Gandhi an der Spitze eines Demonstrationszugs von Armen zu sehen ist, die 1930 gegen die britische Salzsteuer protestierten.

Die indische Regierung unterstützt über 7000 Verbraucherklubs in Schulen, wo Kinder in Straßentheateraufführungen (*nukkat nakat*) die Dilemmas von Konsumenten durchspielen und über die Ethik des Kaufens nachdenken. »Wenn man ein Produkt kauft«, hieß es in der Schülerkolumne einer Klubzeitschrift, »sollte man sich fragen: ›Brauchst du dieses Produkt wirklich? ... Wird es so lange halten, wie du es möchtest?‹« Welchen »Gesundheitsnutzen« habe es, und wie wirke es sich auf die Umwelt aus? Als Verbraucher müsse man »beim Konsum Zurückhaltung üben, um verantwortlich zu konsumieren«. Zugleich sei es nicht mehr möglich, eine universelle Sparsamkeitsnorm aufrechtzuerhalten. »Jedes Segment hat sein eigenes Konsumentenprofil« und müsse ein eigenes Verantwortungsgefühl entwickeln.[96] In einem armen Land mit einer reichen Moralgeschichte bleibt der individuelle Exzess für Mittelschichtstudenten ein wunder Punkt. Die Wahlmöglichkeit des Konsumenten ist gut, sollte aber die Sorge um die Armen einschließen, was ein Vorkämpfer des Verbraucherschutzes so ausdrückte: »Vielleicht sollten wir ein ›gut‹ (good) ausmachen zwischen ›Gott‹ (God) und den ›Gütern‹ (goods), ähnlich dem Mittelweg von Buddha oder der goldenen Mitte von Aristoteles.«[97] Gelegentlich wird die nationale Geschichte zurechtgebogen, um diesem Zweck zu dienen. Gandhi wird von Regierungsstellen als Verbraucherfreund präsentiert, der die prophetische Gabe besessen habe, den

Konsumenten als »wichtigsten Besucher in unserem Haus«, den Zweck jeder Arbeit und das Element, von dem alles andere abhänge, zu erkennen.[98] Adam Smith hatte im *Wohlstand der Nationen* Ähnliches gesagt. Ob es Gandhi gefallen hätte, als indisches Sprachrohr von Smith herzuhalten, ist fraglich.

Bereits 1915 gründeten mit dem Transportwesen unzufriedene Fahrgäste einen Verband, um ihren Beschwerden öffentlich Ausdruck zu verleihen. Ein halbes Jahrhundert später wurde die thematisch umfassendere Consumer Guidance Society of India ins Leben gerufen. In den 1980er und 1990er Jahren erhöhte sich die Zahl der Verbrauchergruppen sprunghaft von 80 auf 1500. Dieses Element blühender Zivilgesellschaft ist einer der auffallendsten Züge des indischen Wegs in die Konsumwelt. Von allen asiatischen Gesellschaften kommt Indien damit dem parallelen Wachstum von Güterwelt und Verbandsleben in den Vereinigten Staaten und Westeuropa in früheren Jahrhunderten am nächsten. Eine der aktivsten Organisationen ist die CUTS, die Consumer Unity and Trust Society. 1983 in einer Werkstatt in Rajasthan gegründet, ist sie zu einer weltweit agierenden NGO herangewachsen, die sich mit dem Handel, Frauenrechten und ländlicher Armut beschäftigt. Es gibt im Westen nicht viele Verbrauchergruppen, die es mit dem Fachwissen und dem dreihundertköpfigen Mitarbeiterstab der CUTS aufnehmen können. Indien ist nicht mehr nur Importeur von Politikformen, es exportiert sie auch. So hat CUTS beispielsweise Pläne für den Verbraucherschutz in Ghana, Südafrika und Vietnam ausgearbeitet. In den 1990er Jahren, als viele soziale Bewegungen gegen die Globalisierung kämpften, verband CUTS den Freihandel mit der Erfüllung der Grundbedürfnisse aller und führte ein weitreichendes Programm in ländlichen Regionen durch. Darin kann man einen Nachklang des britischen Kreuzzugs für billige Lebensmittel und Freihandel ein Jahrhundert zuvor erkennen. Aber das Verhältnis zwischen privaten und öffentlichen Dienstleistungen hat sich nahezu komplett umgekehrt. Wurden im London des 19. Jahrhunderts Verbrauchergruppen von wohlhabenden Hausbesitzern gegründet, die gegen private Monopole bei der Gas- und Wasserversorgung kämpften, so richtete sich im Indien der 1980er und 1990er Jahre die Verbraucherpolitik gegen schlechte öffentliche Dienstleistungen. Ein Grund, warum die Möglichkeit der Wahl als

Instrument der Sozialfürsorge so attraktiv erschien, bestand darin, dass die meisten Armen von staatlichen Schulen und Stromnetzen vernachlässigt wurden. Pradeep Mehta, der kämpferische CUTS-Direktor, hat die Ausgabe von Schulgutscheinen angeregt, so dass arme Eltern die Schule ihrer Wahl aussuchen können, statt ihre Kinder in Klassenzimmer ohne jede Lehrkraft schicken zu müssen.

In den 1990er Jahren wurde dem Neoliberalismus weltweit vorgeworfen, er würde das öffentliche Leben beeinträchtigen. Die Privatisierung, hieß es, reduziere gemeinnützig denkende Staatsbürger zu selbstbezogenen Konsumenten. Diese Argumentation war jedoch das Privileg von im Überfluss lebenden Nationen, deren Angehörige zu Bett gingen, ohne sich darüber Sorgen machen zu müssen, ob sie am nächsten Morgen fließend Wasser und Strom haben würden. In sich entwickelnden Ländern wie Indien gab es in den meisten Häusern keine durchgängige Grundversorgung. Bauern erhielten Strom zwar kostenlos oder zu subventionierten Preisen, aber das Netz war, unter anderem deshalb, völlig überlastet und brach ständig zusammen. Die Privatisierung weckte einerseits Befürchtungen, eröffnete andererseits aber auch neue Chancen. Es ist hier nicht möglich, der komplexen Wirklichkeit aller Regionen und Dienstleistungen gerecht zu werden, aber zwei interessante Entwicklungen seien herausgehoben – die eine betrifft arme Landbewohner, die andere die städtische Mittelschicht.

Für viele arme Landbewohner war es ein Zeichen der Anerkennung, wenn man sie als Konsumenten bezeichnete: Es hob sie auf eine höhere Stufe, auf der sie nicht mehr als passiv Abhängige behandelt wurden oder überhaupt erst Zugang zur Grundversorgung erhielten. Armut und schlechte Versorgung waren in einem Teufelskreis miteinander verbunden. Weil sie nicht zahlen konnten, standen sie bei den Versorgungsunternehmen in der Kreide. Schnitt man sie von der Versorgung ab, begannen sie Wasser und Strom zu stehlen. Den Unternehmen ihrerseits fehlten die Einnahmen, um eine anständige Versorgung zu gewährleisten. Die Lichter in den Häusern erloschen, und auf den Feldern trockneten die Wasserpumpen aus. Ein 2002 begonnenes Projekt im Bundesstaat Rajasthan durchbrach diesen Teufelskreis, indem es Dorfbewohner in zahlende Verbraucher verwandelte. In Piplod im Distrikt Jhalawar, wo die Stromtransformatoren sechzehn Mal im Monat durchbrannten, taten sich die Dorfältesten zusammen und beschlossen, den Stromdiebstahl zu beenden und manipulationssichere Kabel zu verlegen. Im Gegenzug investierte das Stromunternehmen in einen besseren Transformator, so dass die Dorfbewohner mehrere Stunden am Tag Strom bekommen konnten, ohne einen Spannungsabfall befürchten zu müssen. Ein Haushaltskomitee (*vidyut sudhar samiti*) sollte die Verbesserungen überwachen. Bald gab es in allen Dörfern der Gegend ein solches Komitee. Im indischen Kontext bedeutete die Anpassung an kundenspezifische Anforderungen nicht nur, Bauern dazu zu bewegen, für ihre Versorgung zu zahlen, sondern auch, ihnen einen Anteil an der lokalen Infrastruktur zu geben. Der Neoliberalismus bekam sozialdemokratische Züge. Tatsächlich wurden die Reformen in Jhalawar von indischen Verbrauchergruppen mit Hilfe der sozialdemokratischen Friedrich-Ebert-Stiftung durchgeführt.[99]

In den 1980er Jahren begann die Mittelschicht in indischen Städten Zäune um ihre Wohnviertel zu errichten. In den Vereinigten Staaten stehen solche bewachten Wohnanlagen für Privatheit. In Indien wird die Mittelschicht durch den prekären Zustand der Grundversorgung ins öffentliche Leben hineingezogen und zur Zusammenarbeit mit Kommunalbehörden genötigt, die in einer Stadt wie Neu-Delhi weiterhin die Wasserversorgung und andere Dienstleistungen in der Hand haben. Daraus sind als Mischung aus zivilgesellschaftlicher Teilhabe und kontrollierter Gemeinschaftlichkeit sogenannte Bewohner-Fürsorgevereine (RWA, Resident Welfare Association) entstanden.[100] Einerseits bieten die RWAs Zuflucht vor den Gefahren der Straße und unerwünschten Außenseitern. Privatleben und Freizeitgeselligkeit sind sicher. Die Bewohner organisieren ihre eigenen nationalen und religiösen Feste, Tanzwettbewerbe und Verbrauchermessen. Andererseits werden die Bewohner aber allein schon dadurch, dass sie den Schwerpunkt auf ein Leben in Komfort und Sicherheit setzen, aus ihrer privaten Schale herausgezogen und müssen direkt mit den Kommunalbehörden zusammenarbeiten. Viele RWAs bieten eine sichere Wasser- und eine rund um die Uhr verfügbare Notstromversorgung, was in einer Stadt, in der Unterbrechungen die Norm sind, keine geringe Anziehungskraft besitzt. Während man anderswo mit Stromausfällen zurechtkommen muss, können die Bewohner von RWA-Anlagen fernsehen, die Waschmaschine laufen lassen und ihre Computer benutzen. Der Stadtregierung, die ihre Dienstleistungen unbedingt verbessern möchte, kommt es zupass, dass diese Nachbarschaftsvereine Verbraucher mit einem starken Interesse an einer problemlos gewährleisteten Versorgung organisieren. Seit 2001 haben die Stadtverwaltung von Neu-Delhi und die RWAs eine Art öffentlich-private Partnerschaft gebildet. In Workshops und Sitzungen kommen RWA-Bewohner mit Abgeordneten, Polizeibeamten und Vertretern der Wasserwerke zusammen, um Lösungen für lokale Probleme zu finden. Im Rahmen des Bhagidari-Systems besprechen über hundert Vereine mit den Behörden von Neu-Delhi alle möglichen Fragen, von der Müllvermeidung bis zum Auffangen von Regenwasser. RWA-Bewohner helfen sogar beim Kassieren von Wasser- und Stromrechnungen. Wenn Kritik geäußert wird, dann allenfalls daran, dass die RWAs nicht mehr Macht haben, Missetäter zu bestrafen, und nicht mehr Möglichkeiten, zu privaten Dienstleistern zu wechseln.[101]

Die Gründungszeit von Verbraucherbewegungen in Japan waren die Jahre unmittelbar nach dem Zweiten Weltkrieg. Nihon Shufurengōkai (Gesamtjapanischer Hausfrauenverband), besser bekannt als Shufuren, wurde 1948 gegründet. Der regionale Kansai Shufuren (Kansai-Bund der Hausfrauen) folgte im Jahr darauf, Chifuren, eine umfassendere, wirtschaftsfreundliche Gruppe, im Jahr 1952. Die amerikanische Besatzung und Förderung der liberalen Demokratie stärkte das Vereinsleben. Shufuren zog im ersten Jahr allein in Tokio eine halbe Million Mitglieder an. Wie in Deutschland war auch in Japan die Weltsicht der ersten Generation von Verbraucheraktivisten durch Krieg und Mangel geprägt. Ihre Hauptsorge war weniger die Vielfalt, als vielmehr das Überleben. Shufuren wählte die Reisschaufel (*shamoji*) als Symbol und kämpfte für eine gerechtere Rationierung, ein Ende des Schwarzmarkts und vor allem die Lebensmittelsicherheit. 1951 enthüllte die Organisation mit ersten Testeinrichtungen, dass eingelegte Radieschen einen karzinogenen Farbstoff enthielten. Der Fall erregte großes Aufsehen und veranlasste die Regierung, die Substanz zu verbieten. Die Lebensmittelverfälschung wurde zum Staatsfeind Nummer eins.

War die Verbraucherpolitik in Indien das Produkt eines schwachen

Staats und einer relativ starken Zivilgesellschaft, so wurde sie in Japan durch einen starken Staat und ökonomischen Nationalismus geprägt. Wie stark Hausfrauenorganisationen auch werden mochten, der Staat und die Produzenten waren stärker. Das politische System begünstigte die Produzentengruppen. Querelen zwischen verschiedenen Verbrauchergruppen erschwerten die Arbeit zusätzlich. Erst 1970 bildeten sie für einen Boykott überteuerter Farbfernseher eine Einheitsfront; das japanische Ministerium für Internationalen Handel und Industrie gab schließlich nach. Letztlich hatte die relative Schwäche der japanischen Verbände ideologische Gründe. Um eine Wirkung zu erzielen, müssen Verbraucher sich wie andere Gruppen auch gegen einen Feind profilieren. In Großbritannien und den Vereinigten Staaten waren in der Regel die Produzenten der Feind, manchmal auch der Staat; in diesen Marktgesellschaften hatten Zünfte, genossenschaftliche Einstellungen und die Abhängigkeit von lokalen Produzenten schon früh an Einfluss verloren. Dagegen waren die Identitäten in Japan, wie zuvor schon im kaiserlichen Deutschland, weniger ausdifferenziert. Das Ideal war *seikatsusha*, der persönliche Einklang zwischen den Interessen von Verbraucher, Bauer und Produzent.

Eine schwache Tradition bürgerlicher Rechte begrenzte den Verbrauchereinfluss zusätzlich. Konsumenten hatten Pflichten, keine Rechte. Als die Regierung 1968 das Grundgesetz zum Verbraucherschutz verabschiedete, wurden die Konsumenten zum ersten Mal als einzigartige und verletzliche Gruppe anerkannt, eine aktive Teilhabe aber wurde ihnen nicht ermöglicht; sie sollten sich vielmehr von einem paternalistischen Staat helfen lassen. Der Staat wurde ermächtigt, Sicherheitsstandards festzulegen, einen fairen Wettbewerb zu gewährleisten und die Bürger mit relevanten Informationen zu versorgen. Die Rolle des Konsumenten bestand darin, »selbstbewusst und rational« am Markt zu agieren. Im folgenden Jahrzehnt erweiterte der Staat sein Betätigungsfeld durch die Verbraucherbildung – zuvor das Feld von Hausfrauenverbänden – und knüpfte ein eigenes Netzwerk aus gut finanzierten lokalen Verbraucherzentren, Testeinrichtungen und Lebensstilberatern. Rechte spielten bis dahin kaum eine Rolle; formal anerkannt wurden sie erst im revidierten Grundgesetz zum Verbraucherschutz von 2004.[102] Seither hat die Politik den

»Staatsbürger-Konsumenten« immer wieder ins Rampenlicht gerückt; sein Alltagsverhalten war nach Ansicht des japanischen Kabinettsbüros der Schlüssel zu »einem fairen Markt, sozialem Wert und einem größeren Maß an spirituellem Reichtum«.[103] Im Westen ist man geneigt, solche Äußerungen als neuartiges Produkt neoliberaler Märkte und Gouvernementalität, die von den Menschen verlangen, sich selbst zu regieren, zu betrachten.[104] Der japanische Fall legt nahe, dass sie auch mit staatlichem Paternalismus vereinbar sind.

Ein extremes Beispiel der Symbiose von Konsumismus und Autoritarismus ist das kommunistische China. Dort zieht die größere Auswahl in der Shopping-Mall – abweichend von der angelsächsischen demokratischen Entwicklungskurve – keineswegs die Forderung nach Alternativen an der Wahlurne nach sich. China hat die Fähigkeit des Staats bewiesen, den Konsumenten für sich einzunehmen. Verbraucherpolitik hat in China die Form eines stabilen Nichtangriffspakts angenommen. Das Regime garantiert seinen Untertanen größeren Komfort und Verbraucherschutz; dafür kanalisieren die Konsumenten im Gegenzug ihre Wut auf betrügerische Ladenbesitzer und Immobilienspekulanten und verpflichten sich, nicht in die von der Partei beherrschte politische Domäne einzudringen. Zementiert wird das Bündnis von beiden Seiten durch die Furcht vor Unruhen.

Die Verbraucherbewegung in China ist ein Geschöpf des Staats. Das ist an sich nicht so sonderbar, wie es liberalen Lesern erscheinen mag. Selbst im Westen gab es Fälle wie das Deutsche Kaiserreich, wo der Staat in dem Bemühen, nationale Ressourcen für den Krieg zu mobilisieren, der Verbraucherbewegung Leben eingehaucht hat. Was China unterscheidet, ist – neben dem Fehlen parlamentarischer Institutionen –, dass der staatlich geförderte Konsumentenaktivismus keine kriegsbedingte Notmaßnahme ist, sondern ein normaler Bestandteil der Politik in Friedenszeiten. Der verantwortungsbewusste, sich zu Wort meldende Verbraucher ist zum Partner eines autoritären, auf rasches Wirtschaftswachstum erpichten Staats geworden. In westlichen Ländern mussten soziale Bewegungen über viele Generationen hinweg Druck erzeugen und Kampagnen starten, bis Verbraucherrechte in Gesetze gegossen wurden. In China nahmen sich Parteiführer einfach ihrer an und setzten sie von oben in

Kraft. Am 31. Oktober 1993 billigte der Achte Nationale Volkskongress das Gesetz über den Schutz der Rechte und Interessen von Verbrauchern. Mit seiner Verabschiedung übernahm der Staat die Aufgabe, »legitime Rechte und Interessen von Verbrauchern zu schützen« (§ 5). Ihr Schutz obliegt allen Bereichen der Gesellschaft (§ 6). Konsumenten haben ein Recht auf die Sicherheit ihrer Person und ihres Eigentums, auf korrekte Informationen, eine Qualitätsgarantie und zutreffende Maßangaben sowie darauf, Güter und Dienstleistungen selbst auszuwählen (§ 7–10). Ferner haben sie ein Anrecht auf Entschädigung sowie das Recht, sich zu organisieren, um ihre »legitimen Interessen« durchzusetzen.[105]

Nachdem der Konsument (*xiaofeizhe*) während der Kulturrevolution aus dem chinesischen Wortschatz verschwunden war, feierte er in den 1990er Jahren seine große Wiederauferstehung. In der Parteizeitung *Renmin Ribao* (Tageszeitung des Volkes) wurde er jetzt häufiger erwähnt als »der Arbeiter«. Verbraucher erhielten in Fernsehen (*Fokus*) und Radio (*Der Konsumentenfreund*) eigene Sendungen. Es ist verlockend, dies als späten Anschluss an den vielgepriesenen Triumph des Konsumenten im Westen zu betrachten. Doch die Unterschiede bleiben. Das kommunistische China hat es bisher vermieden, den Konsumenten auf den Endverbraucher zu reduzieren, wie es heutzutage für den liberalen Westen typisch ist. Die Verbraucherrechte gelten für Landbewohner ebenso wie für Städter. Um die Produktion zu steigern, haben Regierungsstellen Hunderttausende Rechtshandbücher an Bauern verteilt, in denen sie über ihr Verbraucherrecht auf gute Samen und Werkzeuge aufgeklärt wurden. Bauern haben Sammelklagen wegen mangelhafter Dünger angestrengt. In diesem Sinn hat China teilweise eine alte Tradition bewahrt, die den Konsum allgemein als Verbrauch von Ressourcen versteht, vom Rohstoff bis zum fertigen Produkt.

Der Aktivismus hat zwei Formen angenommen: Sammelklagen und staatlich geförderte Kampagnen. Eine neue Klagekultur ist entstanden. 1994 verklagten dreihundert Pekinger Konsumenten sechs Warenhäuser und Großhändler, nachdem sie festgestellt hatten, dass die von ihnen erworbenen Mao-Gedächtnis-Uhren entgegen der Werbung nicht aus Gold und Diamanten bestanden. Ein Bezirksgericht in der Hauptstadt forderte daraufhin in einer Zeitungsannonce alle, die sich betrogen fühlten, auf, sich zu melden. Am Ende wies das Gericht die Geschäfte an, den Kaufpreis zurückzuerstatten und zusätzlich als Entschädigung und Ersatz für Rechtskosten pro Uhr 3000 Yuan zu zahlen. Paragraph 49 des Verbraucherrechtsgesetzes legt die Höhe von Entschädigungen auf das Doppelte des Kaufpreises fest. Fälschungen aufzuspüren wurde ein lukratives Geschäft. Der Pekinger Kleinhändler Wang Hai wurde durch die Entdeckung einer Reihe von gefälschten Sony-Kopfhörern und Designertaschen zu einer Medienberühmtheit. 1998 arbeitete ein Dutzend Fälschungsjäger für ihn. Aber Chinas Antwort auf Ralph Nader nahm sich weder korrupte Institutionen vor, noch wurde er zu einem politischen Querdenker. Er wurde zum Liebling des Staats. Die kommunistische Führung lud ihn zu einem Treffen mit US-Präsident Clinton ein und feierte ihn als neuen kommunistischen Helden, der bewies, dass es möglich war, gleichzeitig zum Wohl der Gesellschaft tätig zu sein und Geld zu machen.[106]

Wachhund des Regimes ist der chinesische Verbraucherverband (Zhongguo Xiaofeizhe Xiehui, China Consumers' Association, CCA). Der 1984 gegründete CCA hat die Oberaufsicht über Verbraucheraufklärung und -schutz und agiert als lokaler Whistleblower und Anwalt des Volks. Er führt im Lokalfernsehen Lebensmittelprüfungen durch, lehrt Schüler Verbraucherlieder, organisiert »grüne Einkaufstage« und listet alljährlich die »Top 10« der ärgerlichsten Beschwerden auf. 2012 belegten Haushaltselektronik, einschließlich des Service nach dem Kauf, und Kleidung die ersten Plätze. Zudem berät er Konsumenten, die betrogen wurden. In den ersten zwanzig Jahren seines Bestehens hat der CCA über acht Millionen Beschwerden bearbeitet. Die Spannbreite der behandelten Fälle ist atemberaubend, von den vierhundert stolzen Pekinger Wohnungsbesitzern, die beim Einzug in ihr Eigentum feststellten, dass es geschrumpft und der versprochene Garten aus dem vereinbarten Entwurf verschwunden war, bis zu den vierzig Elternpaaren, die sich von einer privaten Nachhilfeschule betrogen fühlten, die damit geworben hatte, dass sie ihren Kindern mit etwas Privatunterricht und 20 000 Yuan einen Platz auf einer Eliteuniversität sichern könnte. Bis 1997 war die Zahl der für den CCA arbeitenden »Freiwilligen« auf über 100 000 gestiegen, unter ihnen viele Kommunalbeamte, aber auch Angestellte von Unternehmen und Warenhäusern, die abgestellt worden waren, um Probleme am Ort ihrer Entstehung zu behandeln.[107]

Das Regime war aus zwei Gründen so erpicht darauf, die Verbraucher zu mobilisieren. Der erste ist die Produktivität. In einem Land mit niedrigen Produktstandards erfüllen Klage führende Konsumenten die Aufgabe von Qualitätskontrolleuren. Niemand will Schuhe haben, die sich beim Tragen auflösen, oder ein Auto mit ständig ausfallendem Motor fahren. Für ein Regime, das auf die Verbesserung der Wertschöpfungskette abzielt, macht es Sinn, den Verbrauchertag mit einem Scheiterhaufen aus Fälschungen zu begehen. Mit DVD-Raubkopien und gefälschten Rolex-Uhren wird ein Land nicht reich. Der CCA lobt nicht nur aufmerksame Käufer, sondern arbeitet auch mit Unternehmen und staatlichen Stellen wie dem Amt für Qualitätsinspektion zusammen, um die Standards anzuheben und Beschwerden vorzubeugen. Mangelhafte ausländische Produkte lassen das Herz nationalistischer Konsumenten höher schlagen; 2002 bis 2004 schoss sich die Öffentlichkeit besonders auf den in Südkorea produzierten Kleinbus Istana MB 100 und den schlechten Service einer japanischen Fluggesellschaft ein. Durch den Eintritt Chinas in die Welthandelsorganisation (WTO) im Jahr 2001 erhielt der Verbraucherschutz zusätzliches Gewicht. Da die Zugangshindernisse für ausländische Produkte fallen mussten, gewannen andere Mittel der Unterstützung einheimischer Produkte an Bedeutung. Es ist Teil der Strategie, anspruchsvolle Käufer zu erziehen, die chinesische Produkte auswählen. Die kommunistische Führung handelt heute im Geist eines Konsumnationalismus, dessen Wurzeln bis zu den Massenboykotten ausländischer Güter im frühen 20. Jahrhundert zurückreichen.[108] Die Methoden mögen sich gewandelt haben – so verfolgt das Regime heute eine eigene Markenpolitik, mit einem Regierungsausschuss, der über hundert Unternehmen leitet –, aber das Ziel ist dasselbe geblieben: die Menschen dazu zu bringen, »chinesisch zu kaufen«.

Der zweite Grund, die Verbraucher zu mobilisieren, ist die Stabilität. Eine staatlich geführte Bewegung entschärft potentielle Konflikte. Sie positioniert den Staat als Freund der hilflosen Käufer im Kampf gegen Betrüger und Beutelschneider. Bezeichnenderweise wurde 2014 durch ein neues Verbrauchergesetz die Möglichkeit der Sammelklage eingeführt, zugleich aber insoweit eingeschränkt, dass solche Klagen vom CCA erhoben werden müssen. Indem sie eine Organisationsstruktur und einen begrenzten Raum für Proteste bieten, verhindern die Verbraucherschutz- und Hausbesitzerverbände auch, dass entstehende Spannungen zu groß werden und außer Kontrolle geraten könnten. Insbesondere im Grabenkrieg mit Spekulanten und Unternehmen für Landerschließung ist dies von Bedeutung. Während die Verbraucherpolitik im liberalen Westen die Asymmetrie der Macht in den Fokus rückt, wirkt sie in China an ihrer Verschleierung mit. Frustration und Verärgerung werden auf einen unvollkommenen Markt zurückgeführt, nicht auf ein unvollkommenes politisches System. Insofern federt die Verbraucherpolitik die Härte des Schlagstocks ein wenig ab.

Die Demokratie wurde im Westen nicht über Nacht erreicht, und man sollte sich an westliche Ausbrüche von autoritärer Reaktion und Repression erinnern, bevor man China vorwirft, dass es keine schnelleren Fortschritte macht. Historisch betrachtet, unterscheidet sich China von anderen nichtdemokratischen Systemen durch die souveräne Art, in der das autoritäre Regime den Konsum als Instrument politischer Macht benutzt. Im 18. Jahrhundert hatte die herrschende Elite in Großbritannien Konsumenten als minderwertige Wesen behandelt, die man durch Steuern und Vorschriften in die Schranken weisen musste. Sozialistische Regime im 20. Jahrhundert betrachteten sie als selbstsüchtige Feinde, die ausgemerzt werden mussten, oder bestenfalls als Objekte der Umerziehung, die der starken Hand des Staats bedurften. Das kommunistische China herrscht mit den Konsumenten, nicht gegen sie. Das ist neu. Man gestattet den Menschen ihre privaten Vergnügungen und Annehmlichkeiten und erwartet im Gegenzug von ihnen, »wissenschaftliche« und »zivilisierte« Verbraucher zu werden. Das heißt, sie müssen dem Glücksspiel, der Pornographie und anderen ungesunden Angewohnheiten abschwören und lernen, Körper und Geist im Gleichgewicht zu halten, die Umwelt zu respektieren und sich »aktiv an der sozialen Aufsicht zu beteiligen«, ob sie nun gegen schlechten Dünger protestieren oder Raubkopien von Videos verbrennen. Nur auf diese Weise könne China, so die offizielle Sicht, »Marktordnung« und »soziale Harmonie« herstellen.[109]

Die ständigen Appelle an die Konsumenten und seit 2005 an eine »harmonische Gesellschaft« sind mehr als nur Rhetorik. Sie zielen auf eine Verhaltensänderung ab; es handelt sich also um eine ins 21. Jahrhundert verpflanzte Version der ein Jahrhundert zuvor entstandenen japanischen Bewegung zur Reform des Alltagslebens. Wie damals in Japan bestand das Ziel darin, die Menschen von alten Gewohnheiten abzubringen und anspruchsvoller, effizienter und selbstbewusster zu machen. Sie sollten allerdings nicht einfach die von Ökonomen so geliebten rationalen Marktteilnehmer werden. China legt größeren Ehrgeiz an den Tag. Es will die sozialen und moralischen Eigenschaften kultivieren, die für ein friedliches Zusammenleben in einer neuen, materiellen Welt aus neuen Städten und Vierteln, Annehmlichkeiten und Enttäuschungen, Gefahren und Versuchungen nötig sind. Im frühmodernen Europa lehrten Benimmbücher die Mittelschicht das richtige höfliche Verhalten. In China ist die Zivilisierung ein gemeinsames Projekt von Staat und Wirtschaft. Partei, Unternehmen der Landerschließung und Hauseigentümer haben Maos Vorhaben, einen neuen Menschen zu schaffen, übernommen. Offizielle Ratgeber erklären etwa: »Wie man ein netter Shanghaier wird«, und geben Empfehlungen für fast alles, von der angemessenen Kleidung und Gastlichkeit bis zum Verhalten auf öffentlichen Toiletten. Freiwillige führen vor, wie man eine Warteschlange bildet. In neuen Städten und Vororten gestalten Bauunternehmer Mikrokosmen sozialer Harmonie. In Chengdu in der Provinz Sichuan – der Heimat der Pandas – wird beispielsweise ein eigenes »Lebensstilbüro« (*shenghuo fangshi ban*) betrieben. Es stellt nicht nur den Kontakt zwischen Bewohnern und Reisebüros her und vermittelt Veranstaltungskarten, sondern organisiert auch kollektive Freizeitaktivitäten. Anderswo in der Stadt, in einem gerade erst auf einer ehemaligen Müllhalde entstandenen Park, werden ein Jahr lang Veranstaltungen ausgerichtet, um Hauskäufer von Anfang an in die Gestaltung der richtigen Wohnumgebung einzubeziehen. Von den Konsumenten wird erwartet, ihren Teil zum Aufbau einer Gemeinschaft mit hohem *suzhi*, niveauvollem Lebensstil, beizutragen.[110] Tatsächlich ist ihr Mitwirken entscheidend, wenn neue urbane Räume und das von den Arbeitseinheiten hinterlassene kulturelle Vakuum mit der Sicherheit, Geselligkeit und Wohlanständigkeit, die nötig sind, um die Freuden der Privatheit genießen zu können, gefüllt werden sollen. Chinesische Konsumenten mögen keine Staatsbürger im demokratischen Sinn sein, aber sie sind auch nicht nur Konsumenten im kommerziellen Sinn. Ihre offizielle Erhebung zum »Gott« entspricht da schon eher der Wahrheit. Immerhin wird von ihnen erwartet, ihr eigenes Konsumparadies zu schaffen.

China, Indien, Japan und Südkorea sind heute Konsumgesellschaften, die sich deutlich voneinander unterscheiden, von der Ausgabeneigung bis zur Rechteausübung. Daher ist es irreführend, von *dem* »asiatischen Konsumenten« zu sprechen oder zu erwarten, wie es Marktgurus gerne tun, dass die Geschichte sich selbst wiederholt, wenn die Kaufkraft quer über den Kontinent zunimmt. Gleichwohl weist die Entwicklung in diesen Ländern auch Ähnlichkeiten auf, die sie gemeinsam vom Westen unterscheiden, insbesondere von Großbritannien und den Vereinigten Staaten. Im Fernen Osten waren der Staat und der Nationalismus die treibenden Kräfte der Expansion. Die Wirtschaft war ein Juniorpartner. Der Staat trat als Lehrmeister einer neuen Konsumentengeneration auf, indem er sie zu sparen und auszugeben lehrte. Erwerben und Ausgeben wurden durch ihren Bezug zu nationaler Stärke und sozialer Solidarität legitimiert. In keinem westlichen Land waren Konsum, Staatsaufbau und Entwicklung derart eng miteinander verknüpft.

Auch das Eigentum funktionierte anders. Liberale Marktgesellschaften im Westen verfochten ein Reich der Dinge, das privaten Genuss und Komfort privilegierte. Die Menschen strebten nach der Herrschaft, weniger über Menschen als vielmehr über Dinge. Dies stärkte eine mehr nach innen gerichtete materielle Kultur, in der die Aufmerksamkeit in zunehmendem Maß privaten Besitztümern galt und weniger sozialen Netzwerken. Dass diese Entwicklung nie in Reinform und idealtypisch auftrat, sollte nicht dazu verleiten, die Augen vor dem Aufstieg dieses materiellen Privatismus zu verschließen. Einzigartig an der Entwicklung sowohl in Ostasien als auch in Indien ist, dass die dortigen Gesellschaften die Dinge aufgenommen haben, ohne die Menschen fallen zu lassen. Traditionelle Feste haben neben den Besitztümern ihre Bedeutung behalten. Wo im Westen verschlingen Hochzeiten und Beerdigungen das Vielfache eines Jahreseinkommens? Luxus ist in diesen neureichen Gesellschaften ein Massenmarkt, weil Markenhandtaschen und Designerlabel nicht der Unterscheidung, sondern der Zugehörigkeit dienen. Gewiss befindet sich der Privatismus in Japan, China und Indien im Vormarsch, aber er wird weiterhin durch Ausgaben für soziale Netzwerke, die Großfamilie und Geschenke für Freunde und Vorgesetzte abgemildert. Die große Frage, auf die erst künftige Historiker werden antworten können, lautet, ob der Konsum bei gleichzeitiger Zunahme von Reichtum und Ungleichheit weiterhin als gesellschaftlicher Kitt fungieren wird oder ob er nicht vielmehr das soziale Gewebe dieser Länder auflösen wird.

Teil II

Vorwort

Am Ende des 20. Jahrhunderts hatte der Konsum sowohl, was das materielle Ausmaß, als auch, was die globale Verbreitung betraf, ein in der Geschichte beispielloses Niveau erreicht. In den vorangegangenen Kapiteln haben wir die Dynamik dieser Transformation durch die Zeiten verfolgt, von der Renaissance bis ins China des beginnenden 21. Jahrhunderts. Dabei haben wir gesehen, welch entscheidenden Beitrag neben Märkten und Geld Staaten und Reiche, Kriege und Ideologien geleistet haben. Und wir haben beobachtet, wie Besitztümer, Komfort und Unterhaltung die moderne Stadt, das Zuhause und die Politik geprägt haben. Warum also nicht an dieser Stelle aufhören? Es wäre ein durchaus präsentables Geschichtswerk. Aber die Geschichte ist nicht zu Ende. Der Konsum ist zu einem zentralen Element von Wirtschaft, Gesellschaft, Politik, Öffentlichkeit und Privatleben geworden. Nicht alles mag sich heute um den Konsum drehen, aber er ist zweifellos den meisten Aspekten unseres Lebens inhärent, was sich nicht zuletzt in der Bandbreite der hitzigen Diskussionen widerspiegelt, in deren Mittelpunkt er steht.

Konsum ist als grundlegende Bedrohung von Wohlstand und Wohlbefinden kritisiert worden. Als die Wirtschaftskrise von 2008/09 ausbrach, hieß es, die Menschen seien von Konsumentenkrediten abhängig geworden. Man gab Kauflust, Materialismus und Luxusfieber die Schuld an längeren Arbeitszeiten, Stress und Zeitmangel, zunehmender Ungleichheit und Selbstsucht sowie einer Abnahme von Bürgersinn und politischem Engagement. Und als sei dies alles noch nicht genug, fügten manche hinzu, Güter seien der Tod Gottes. Aus Sicht der Kritiker womöglich noch schlimmer sind die Folgen für den Planeten. In der Überflussgesellschaft pflege man Dinge nicht mehr, sondern werfe sie einfach fort. Nach Ansicht vieler hat sich die Welt einem neoliberalen Diktat der individuellen Wahl und der Märkte untergeordnet. Aber wo bleibt dabei der Konsum, der nicht individuell gewählt wird, sondern kollektiver Art ist und wie die Sozialfürsorge außerhalb der Märkte stattfindet? Andere betonen den emanzipatorischen Effekt des Konsums, der alte Klassen- und Geschlechtsbarrieren niederreiße und die Jugend aus hergebrachten Hierarchien befreie. Ganz Optimistische erhoffen vom Konsumenten, dass er uns durch den Kauf von fair gehandelten, nachhaltigen Produkten aus der moralischen, ökonomischen und ökologischen Krise herausführen werde.

Wie viel Wahrheit steckt in diesen Vorwürfen beziehungsweise Hoffnungen? In den folgenden Kapiteln werden einige Antworten darauf gegeben. Im Unterschied zum ersten Teil, in dem wir dem Gang der Geschichte gefolgt sind, nehmen wir im zweiten Teil die umgekehrte Richtung. In jedem der folgenden Kapitel wird zunächst die aktuelle Debatte betrachtet, um dann zurückzuschauen und die gegenwärtigen Entwicklungen und Befürchtungen in einen größeren historischen Zusammenhang zu stellen, mit dem Ziel, ein klareres Bild unserer gegenwärtigen Situation und dessen, was die Zukunft für uns bereithalten könnte, zu gewinnen. Die Hauptthemen, die behandelt werden müssen, sind Kredit und Sparen, Tempo und Qualität von Leben und Freizeit, die Auswirkungen auf die Generationen, der Konsum außerhalb des Markts, die Bewegung von Gütern und Menschen und deren Auswirkungen auf Ethik und Identität, die Auswirkungen auf das religiöse Leben und schließlich der Abfall und das, was mit den Dingen am Ende ihres Lebens geschieht.

9 Kauf jetzt, zahl später

Die Diagnose »Affluenza« – eine Wortbildung aus »affluence« (Wohlstand) und Influenza, die Konsumkritiker in den 1990er Jahren populär machten – identifiziert den Virus des Konsumentenkredits als entscheidenden Überträger eines maßlosen Lebensstils. Nur wenige Themen rufen derart starke Reaktionen hervor. Nach einer verbreiteten Auffassung geschah in den 1990er und 2000er Jahren Folgendes: Die Menschen wurden von Krediten abhängig, die sie sich nicht leisten konnten, um Dinge zu kaufen, die sie nicht brauchten.[1] Leicht verfügbare Kredite hätten mit verheerenden Folgen einen Kult von Neuheit und Luxus gespeist. Die Devise »Kauf jetzt, zahl später« habe die Menschen kurzsichtig und egoistisch gemacht; sie seien leichte Beute von Reklame geworden, die ihnen die Illusion vorgaukelte, mehr Dinge würden mehr Selbstachtung mit sich bringen. In Verfolgung sofortiger Befriedigung hätten sie die hergebrachte Selbstbeschränkung abgeworfen. Die Depression – im psychologischen wie im ökonomischen Sinn – sei vorprogrammiert gewesen. Die Einzelnen gerieten genauso aus dem Gleichgewicht wie ganze Wirtschaftssysteme. Als 2008/09 die weltweite Rezession eintrat, lag es insbesondere in der angelsächsischen Welt nahe, mit dem Finger auf leichtfertig aufgenommene und leichtfertig vergebene Hypotheken und Kreditkartenschulden zu zeigen. In den Worten einer Beobachterin: »Das Hauptübel unserer Zeit ist die Extravaganz.«

Tatsächlich stammt dieses Zitat der amerikanischen Autorin und Hauswirtschaftlerin Lydia Child aber aus dem Jahr 1832,[2] und es stößt uns sofort auf ein Problem: Die Warnung vor Krediten und dem Verlust der Selbstbeschränkung ist so alt wie das Wirtschaftsleben selbst. Schon Platon träumte in seinem *Staat* davon, den Kredit ganz abzuschaffen. Habsucht, mahnte der frühchristliche Apostel Paulus, sei »die Wurzel aller Übel«

(1 Timotheus 6,10). Um eine Vorstellung davon zu geben, was Geldverleiher im Jenseits erwartete, wurde im Mittelalter das Fegefeuer erfunden. Im 14. Jahrhundert verdammte Dante in seiner *Göttlichen Komödie* Wucherer zusammen mit Sodomiten und Gotteslästerern in den siebenten Kreis der Hölle, wo ihre Geldsäcke sie in den brennenden Sand zogen und auch ihre feinen Kleider – ein Zeichen ihrer Gier nach materiellen, weltlichen Gütern – keinen Schutz gegen den Feuerregen boten.[3]

Solche moralische Entrüstung hinterließ ihre Spuren in den europäischen Sprachen: So enthält das deutsche Wort »Schulden« passenderweise die Schuld. Seit dem 16. Jahrhundert wurde die christliche Kritik zusätzlich vom republikanischen Ideal des freien, unabhängigen Staatsbürgers gestützt: Schulden machten einen zum Sklaven eines anderen. »Borgen bringt Sorgen«, konstatierte Benjamin Franklin 1732 in der ersten Ausgabe von *Richard's Almanack*, einem Weltbestseller, der vom kolonialen Amerika bis zum kaiserlichen Japan zur Bibel von Sparsamkeitsaposteln wurde. Eitelkeit und das Verlangen nach Dingen seien schlimm genug, schrieb Franklin später, aber ein noch größerer »Wahnsinn« sei es, »sich für solche Oberflächlichkeiten in Schulden zu stürzen ... bedenke, was du tust, wenn du dich in Schulden stürzt«, wandte er sich direkt an den Leser. »Du gibst einem Andern Macht über deine Freiheit ...« Am Ende weiche der Schuldner dem Gläubiger aus, verliere nach und nach seine Aufrichtigkeit und sinke, »regelrecht lügend«, auf den moralischen Grund hinab. »Das zweite Laster ist die Lüge, das erste die Verschuldung. Die Lüge reitet auf dem Rücken der Schuld.«[4] Die Viktorianer schworen auf die Trinität von Zivilisation, Kommerz und Christentum und verabscheuten Schulden, Schmutz und den Teufel. »Ein verschuldeter Mensch«, schrieb eine britische Sozialreformerin 1896, »ist bestenfalls ein halber Mensch; ihm gehört seine Zukunft nicht selbst.« Und für einen Arbeiter war es noch weit schlimmer. Mit wöchentlichen Besuchen des Schuldeneintreibers konfrontiert und gezwungen, die Kleidung seiner Familie abwechselnd zu versetzen und auszulösen, »hat er sich in die Sklaverei verkauft, aus der es keinen anderen Ausweg gibt als die Flucht«. Ein solcher Mensch versinke, seine Familie mit sich ziehend, unweigerlich in Verzweiflung und Gleichgültigkeit. Besonders beunruhigend sei der Ratenkauf. Solche Angebote verlockten die Menschen zu Impulskäufen von Möbeln und Nähmaschinen, die sie dann, weil sie die Zahlungen nicht leisten könnten, wieder zurückgeben müssten, bevor sie etwas von ihnen gehabt hätten. Diese »vorübergehenden Besitzer sind wie verwöhnte Kinder mit zu vielen Spielzeugen, die immer etwas anderes wollen«.[5] Von derartigen Warnungen vor einem Lebensstil mit dem Motto »Kauf jetzt, zahl später« gab es vielzählige weitere, doch die zitierten Beispiele sollten genügen, um uns in Bezug auf den vermeintlichen plötzlichen Zusammenbruch der Selbstbeschränkung in den letzten Jahrzehnten skeptisch zu machen. Wenn es den Menschen schon in früheren Zeiten an Selbstbeherrschung mangelte, können sie ihre Zurückhaltung nicht erst in den 1930er, 1960er oder 1990er Jahren verloren haben. Ein weiteres Problem ist die Verknüpfung von Schulden und Exzess. Vom antiken Rom bis heute assoziieren Kritiker der »Affluenza« Schulden mit Extravaganz, Überflüssigem und falschen Bedürfnissen. Durch Kredite, so fürchtete man, würden unsere tierischen Empfindungen die Oberhand gewinnen über die kritischen Einwände von Vernunft und Vorsicht, von denen unser moralischer Charakter und unser Wohlbefinden abhängen. Dies ist ein Grund dafür, warum Frauen als das sogenannte »schwache Geschlecht« in den Äußerungen der moralischen Panik über Kreditexzesse schon immer eine herausragende Rolle gespielt haben. Bis heute stehen die kritischen Stimmen in dieser moralischen Tradition, die selbst ein interessantes historisches Thema darstellt.[6] Wenn man die sich verändernde Wirklichkeit des Konsumentenkredits verstehen will, bringt sie uns jedoch nicht viel weiter, da sie weniger darüber aussagt, wie viel und warum die Menschen sich leihen, als darüber, wie sie sich nach Meinung der Beobachter verhalten sollten. Extravagant sind in der Regel immer die anderen. Wie wir bereits gesehen haben, sind Exzess und Überfluss relativ. Es gibt keine fixe Trennlinie zwischen Bedürfnissen und Wünschen. Was dem einen als »falsches Bedürfnis« erscheint, empfinden andere vielleicht als echt und authentisch. Dies gilt auch für Gesellschaften. Als die Furcht vor »übermäßigem Konsum« in den frühen 1990er Jahren Südkorea erreichte, machte man, noch weit vor der Mode und Elektronikgeräten, die hohen Nachhilfekosten als Hauptschuldigen aus.[7]

Kredite und Schulden waren schon lange vor der Erfindung der Kreditkarte ein normaler Teil des Lebens. In Marktgesellschaften, in denen

Bargeld knapp und Finanzinstitutionen noch in den Kinderschuhen steckten, bildete das Leihen einen wesentlichen Bestandteil der alltäglichen Haushaltsführung. In England hinterließ um 1700 jeder zweite Haushaltsvorstand bei seinem Tod unbeglichene Schulden, und jeder vierte hatte Schulden, die seinen Kredit und den Wert seiner beweglichen Güter überstiegen.[8] Über seine Verhältnisse zu leben, war in den besten Kreisen üblich. John Crakanthorp, ein Geistlicher aus Cambridgeshire, dessen detaillierte Rechnungsbücher aus dem frühen 18. Jahrhundert sich erhalten haben, gab regelmäßig mehr Geld aus, als er hatte, und blieb dennoch im größten Haus des Orts wohnen. Aufgrund seiner Stellung besaß er in der Gemeinde Kredit. Darlehen wurden von Angesicht zu Angesicht gewährt und beruhten auf Vertrauen. Man musste »Charakter« beweisen. In England profitierten geachtete Schuldner bis ins 19. Jahrhundert von ihrer eigenen Wohltätigkeit und konnten sich in bestimmten Gefängnissen, wo sie vor ihren Gläubigern sicher waren, mit Alkohol und Tanz die Zeit vertreiben. Schulden galten eher als vorübergehendes Unglück denn als Zeichen einer Sorglosigkeit, die, um ein Exempel zu statuieren, streng bestraft werden musste. Zur moralischen Schande wurden sie erst, als man sie stärker mit den Armen zu assoziieren begann.

Um 1900 war Barzahlung in Geschäften überall in Europa nicht die Regel, sondern die Ausnahme. Arm und Reich kauften gleichermaßen auf Kredit. Bei den Schneidern der Stadt Jena bezahlte beispielsweise nur jeder vierte Kunde bar oder beglich seine Rechnungen innerhalb von drei Monaten. Studenten waren berüchtigt dafür, die Rückzahlung von Krediten hinauszuzögern, »bisweilen auf Jahre hinaus«; allerdings achteten sowohl ihre Eltern als auch die Burschenschaften darauf, dass die Schulden schließlich beglichen wurden.[9] Für arme Menschen war das Geldleihen eine unerlässliche Überlebensstrategie. Wie ihre Vorgesetzten nutzten sie Kredite, um vorübergehende Lücken zwischen Verdienst und Ausgaben zu überbrücken. Aber im Gegensatz zu ihnen besaßen Arbeiter weder die Vermögenswerte noch den »Charakter«, um besonders kreditwürdig zu sein. Für sie konnte die Geldlücke eine Sache auf Leben und Tod sein. Ihre Arbeit war unsicher und schlecht bezahlt, ihr Verdienst unvorhersehbar. Plötzliche Arbeitslosigkeit, Krankheit, Geburten und Todesfälle: Dies alles konnte sie in den Abgrund stürzen. Ihre Familie durchzubringen, war für Hausfrauen der Arbeiterklasse ein wöchentlicher, wenn nicht sogar täglicher Drahtseilakt. Arm zu sein und dringend einen Sofortkredit zu benötigen, um über die Runden zu kommen, bedeutete exorbitante Zinsen.

Eine 1934 durchgeführte Befragung von 305 Arbeiterfamilien in Shanghai vermittelt einen Eindruck davon, wie prekär das Leben sein konnte. Die Lohneinnahmen der Familien betrugen im Durchschnitt 417 Dollar im Jahr; um durchzukommen, mussten sie sich jedoch zusätzlich 148 Dollar leihen, zum großen Teil von *hui*-Fonds, einer Art Kreditgesellschaft auf Gegenseitigkeit, und in Form des berüchtigten »Briefmarkengelds« (*yin-tse-chien*) von kleinen Geldverleihern, »zumeist Gangster oder indische Polizisten«. Drei von vier Familien brachten regelmäßig Dinge zum Pfandleiher, von denen es drei verschiedene Kategorien gab. Die großen, erstklassigen »Kungtien« nahmen 2 Prozent Zinsen pro Monat, beschränkten sich aber auf hochwertige Güter. Die Armen mussten jedoch zu den kleinen, drittklassigen »Ya-pu« gehen, die 9 Prozent pro Monat verlangten, aufs Jahr gerechnet also stolze 181 Prozent. Für die meisten war es ein Teufelskreis. Die Löhne reichten kaum aus, um die Hälfte des Pfands auszulösen. »Man kann sich vorstellen, welch elendes Leben die durchschnittliche Arbeiterfamilie führen muss, wenn sie gezwungen ist, von Darlehen zu leben, die sie nicht zurückzahlen kann, und Quittungen für verpfändete Dinge anhäuft, die sie nicht auslösen kann.«[10] Die Shanghaier Tageszeitungen waren voller Berichte über Schuldner, die Selbstmord begangen oder ihre Kinder verkauft hatten.

Amerikanische und europäische Arbeiterfamilien verkauften ihre Kinder nicht, um ihre Rechnungen bezahlen zu können. Gleichwohl war ihre Lage ähnlich. Nur wenige kamen ohne den regelmäßigen Besuch beim »Onkel« über die Runden (siehe Abbildung 24). Pfandhäuser waren die Banken des einfachen Mannes, der im Sommer seinen Wintermantel versetzte, um Lebensmittel kaufen und die Miete bezahlen zu können. Im spätviktorianischen London tätigten Pfandhäuser 30 Millionen Transaktionen im Jahr. Allein in Liverpool, Englands inoffizieller Kredithauptstadt, gab es im Jahr 1925 1380 *registrierte* Geldverleiher, unter ihnen viele Frauen, die ihr »Geschäft in Nebenstraßen und von ihrem eigenen Haus aus« führten. In der Regel verlangten sie für einen Shilling einen Penny pro Woche, was nicht viel zu sein scheint, aber aufs Jahr hochgerechnet 433 Prozent ergibt. Eine Liverpooler Reformerin legte in einer Sitzung eines Parlamentsausschusses einen Schuldschein vor, um zu zeigen, dass er, was ihrer Meinung nach typisch war, »einfach aus einer Reihe von Leerstellen« bestand.[11] Einem »Briefmarkengeld«-Verleiher aus Shanghai wäre dies, selbst wenn er weder Krimineller noch indischer Polizist war, nur allzu bekannt vorgekommen, denn auch er ließ die Stelle, wo der Kreditbetrag hätte stehen müssen, gern frei. Auf diese Weise erschien der Zinssatz eher als vertretbar.

Die Schuldendemokratie

Dieses alte Kreditwesen verschwand nie ganz, wurde im Lauf des 20. Jahrhunderts jedoch langsam, aber sicher von einem neuen Regime in den Schatten gestellt. So wie man sehen muss, dass Schulden und Kredite eine lange Geschichte haben, muss man auch erkennen, dass sie sich nach 1900 zu etwas qualitativ und quantitativ Neuem entwickelten. Der Konsumentenkredit erlebte eine Revolution, die nicht weniger dramatisch war als die Industrielle Revolution, die billige Massenprodukte verfügbar machte. Tatsächlich war es in nicht geringem Umfang die wachsende Zahl von »Kauf jetzt, zahl später«-Möglichkeiten, die für die Masse den Traum von Besitztümern erst zur greifbaren Realität machten. In mehreren einander überlagernden Wellen verbreiteten sich neue Kreditformen, angefangen mit Ratenkäufen und Hypotheken über Kundenkarten und Privatkredite bis zu Kreditkarten und der Immobilienbeleihung.

Der Kredit verlieh dem Konsumkapitalismus neue Kraft. In den Zwischenkriegsjahren wurden in den Vereinigten Staaten und Westeuropa bereits 2 bis 6 Prozent der Konsumausgaben in Raten abbezahlt. 2006 machten »ungesicherte« Konsumentenkredite in den USA 25 Prozent des verfügbaren Einkommens aus, in Großbritannien 24, in Deutschland und Österreich 16 und in Italien 9 Prozent.[12] Diese Zahlen umfassen Darlehen, Kreditkartenzahlungen, Ratenkäufe und Versandhausbestellungen – was wir, um der Kürze willen, in dem Begriff des Konsumentenkredits zusammenfassen. Aber die Menschen kaufen nicht nur Dinge, sondern auch Immobilien, und wenn man die Hypotheken mit einbezieht, erscheint die Kreditrevolution sogar noch dramatischer. 2007 lag die Gesamtverschuldung der Haushalte als Anteil am verfügbaren Bruttoeinkommen in Großbritannien bei 180 Prozent, in den USA bei 140, in Japan bei 130 und in Frankreich und Deutschland bei 96 Prozent.[13]

Ebenso wichtig wie das Ausmaß der durch Kredite gewonnenen zusätzlichen Kaufkraft war deren neuer sozialer Zweck und moralischer Wert. Unter dem alten Regime waren Kredite eine persönliche Angelegenheit. Für die meisten ähnelten sie einer Drehtür, die sie zwar zum Pfandleiher führte, aber selten dazu, dass sie aus ihrer Misere herauskamen. Im neuen System glich der Kredit eher einer Rolltreppe: Er gab den Menschen eine Chance, Güter zu erwerben und in der Welt aufzusteigen. Das Schuldenmachen wurde nicht mehr als Fehler des Charakters – ein Mangel an Vorsicht und ein Verhalten, dass um der Gegenwart willen die Zukunft opfert –, sondern als Zeichen von Rechtschaffenheit verteidigt: als kluge Investition in eine Zukunft voll Wohlstand und Glück. Schrittweise wurde der Kredit von der persönlichen Überwachung, durch die man im Auge behielt, was die Menschen mit dem geliehenen Geld machten, gelöst. An die Stelle der Charakterprüfung traten Mechanismen zur Beurteilung der Kreditwürdigkeit, an diejenige des örtlichen Pfandleihers, der die Familiengeschichte seiner Kunden kannte und seine Klientel über Generationen hinweg aufbaute, traten anonyme Finanzinstitute.

Selbstverständlich war dies kein glatter und geradliniger Übergang. Jedes Land entwickelte seine eigene, je nachdem eher liberale oder paternalistische Kreditkultur. In den angloamerikanischen Ländern hat man heute eine Vorliebe für Kreditkarten, in Deutschland für Ratenkäufe und in Frankreich für persönliche Darlehen. Zudem gibt es innerhalb der Länder sparsame und weniger sparsame Haushalte. Auch die Größe und das Tempo der Kreditrolltreppe variieren: Manche Länder lassen immer noch nicht zu, dass jeder sie betreten kann, während andere sämtliche Zugangsbeschränkungen beiseitegeräumt haben. Pfandleiher und Verleiher von Kurzzeitkrediten sind nicht ganz verschwunden, wurden bis zum Ende des 20. Jahrhunderts aber an den Rand der Gesellschaft gedrängt. Die Demokratisierung des Kredits war weder vollständig noch schmerzlos, aber ihre Grenzen sollten nicht von ihrer revolutionären Kraft ablenken.

Am Anfang des 19. Jahrhunderts hatte das New Yorker Möbelhaus Cowperthwaite and Sons den Ratenkauf eingeführt. Das Pariser Kaufhaus Dufayel folgte in den 1860er Jahren. Bis 1900 hatte Dufayel ein landesweites System entwickelt: Kunden konnten monatliche Ratenzahlungsgutscheine erwerben, mit denen sie dann in teilnehmenden Geschäften einkaufen konnten. Fast jeder zweite Pariser nutzte diese Möglichkeit. Auch in anderen Ländern entstanden Kreditnetzwerke, in Großbritannien der Scheckhandel, in Deutschland die im Rahmen des Königsberger Systems gegründete Kundenkreditbank. Die Grundidee war bei allen nationalen Besonderheiten überall die gleiche: Geschäfte wollten Kunden, ohne sich die Mühe machen zu müssen, deren Kreditwürdigkeit zu prüfen, vom Schuldeneintreiben ganz zu schweigen. Dies erledigten Kreditbanken, die dafür Zinsen verlangten. 1930 wurde die Hälfte der in Deutschland verkauften Möbel und Elektrogeräte auf Raten gekauft.[14] Seinen Höhepunkt hatte der Ratenkaufboom in den Vereinigten Staaten. 1881 hinkten die Amerikaner bei Konsumentenkrediten noch der Entwicklung anderswo hinterher. In den meisten Ländern hatte es Gesetze gegen den Wucher gegeben, die in Europa jedoch spätestens in den 1850er Jahren aufgehoben worden waren. Mit dem Aufkommen des Ratenkredits stürmten die Vereinigten Staaten an die Spitze. 1936 ergab eine Untersuchung, dass die Amerikaner Ratenschulden in Höhe von 408 Millionen Dollar hatten. Die Kredite fügten zu jedem ausgegebenen Dollar 10 Cent hinzu. Das Nationaleinkommen gewann 2 Prozent. Der größte Teil des Geldes wurde für Autos ausgegeben (60 Prozent), gefolgt von Haushalts- und Küchengeräten (25), Radios (10) und Möbeln (5).[15] Hätten die Amerikaner beschlossen, ihre Autos bar zu bezahlen, hätten sie im Durchschnitt fünf Jahre sparen müssen. Mit einem Ratenkredit konnten sie, nachdem sie 20 Prozent angezahlt hatten, sofort in den Sonnenuntergang fahren, und die Restschuld war über die kommenden Jahre verteilt.

Nicht alle Fahrer und Hersteller von Autos waren auf Anhieb vom Ratenkredit überzeugt. In den 1920er Jahren zahlte immer noch jeder dritte Autokäufer in bar. Doch sie gehörten zu den wenigen Reichen. Nach Henry Fords Vorstellung sollten die Kunden durch wöchentliche Einzahlungen Geld ansparen, bevor sie sich hinters Lenkrad setzten. 1926, nach nur drei Jahren, musste er dieses Finanzierungsmodell aufgeben. Die Zukunft gehörte Konkurrenten, die – wie General Motors vermittels einer eigenen Acceptance Company – Kredite anboten.[16] Auch europäische Firmen begannen Teilzahlungspläne anzubieten. Philips gründete 1933 Radio Fiduciaire. In Frankreich fanden sich 1953 Elektrounternehmen und Banken in der Cetelem (Compagnie pour le financement des équipements électro-ménagers) zusammen, und bald wurde jeder zweite Fernsehapparat im Land auf Raten gekauft.[17] Ratenkredite verwandelten die Massenproduktion in Massenkonsum. Ökonomen heben hervor, dass Kredite die »Glättung« des Konsums über die Lebenszeit ermöglichen, indem sie den Menschen erlauben, auf künftige Einnahmen vorzugreifen. Ebenso wichtig ist, dass die Ratenzahlung die Produktion »glättet« und so die Hersteller von der Sorge über ungenutzte Kapazitäten befreit.

Der rasche Aufstieg des Kreditsystems in den Vereinigten Staaten beruhte auf einer einfachen ökonomischen Tatsache. Zwischen den 1870er und den 1920er Jahren stieg das Einkommen der Amerikaner jedes Jahr um rund 1 Prozent. Sie verfügten also nicht nur über hohe Einkünfte, sondern begannen auch damit zu rechnen, in Zukunft noch höhere Löhne zu erhalten. Dies schuf eine günstige mentale Voraussetzung für ein Kaufverhalten nach dem Motto »Kauf jetzt, zahl später«. Wachstum, steigende Einkommen, Kredite und Konsum trieben sich gegenseitig voran. In Westeuropa sollten solch günstige Bedingungen erst in den Boomjahrzehnten der 1950er und 1960er Jahre eintreten. Eine liberale Kreditvergabe profitierte von liberaler Politik. Die Räder der amerikanischen Kreditmaschine wurden durch eine demokratische Kultur und staatliche Unterstützung geölt. Was die Vereinigten Staaten von Europa unterschied, waren neben den hohen Einkommen die politische Kultur und die institutionelle Steuerung.

Um Menschen Geld anzuvertrauen, muss man erst einmal den Menschen vertrauen. In den Vereinigten Staaten gewann man dieses Vertrauen schneller als in den europäischen Klassengesellschaften. Im frühen 20. Jahrhundert entstand ein neuer Chor von Stimmen, der Schulden nun nicht mehr als Schandfleck darstellte, sondern Kredite vielmehr als den Weg zu Selbstverwirklichung und Staatsbürgerlichkeit pries. Kredite wurden alltäglich. »Wir vertrauen den Menschen – überall«, verkündete die Spiegel House Furnishing Company 1905, die in mehreren Geschäften und im Versandhandel Möbel und anderes zum Ratenkauf anbot.[18] Sozialreformer unterstützten diese Entwicklung, indem sie die Amerikaner in der neuen Kunst des Kreditnehmens unterwiesen. Ziel von Sparvereinen wie der 1894 gegründeten Provident Loan Society, der größten Organisation ihrer Art, war es, Arbeiter aus den Zähnen der Kredithaie zu befreien. Im Zuge ihrer Kampagne für legale Darlehen legten sie letztlich jedoch die Fundamente für ein neues Massenkreditsystem. Sie boten nicht nur Kredite mit einem niedrigen Zinssatz von 12 Prozent an, sondern veränderten auch das Aussehen der Kredite. Wie der Name der Provident Loan Society besagt, erfolgte die Kreditvergabe »fürsorglich«, und nicht rücksichtslos. Es handle sich nicht einmal um Kredite, erklärte der Verein, sondern eher um eine Art Miete. Zudem würden die Armen durch die regelmäßige Rückzahlung wichtige Fähigkeiten erlernen – Sparen, Disziplin und Planung. Statt ihr frei verfügbares Geld für Alkohol (Männer) oder Tand (Frauen) auszugeben, würden die Familien es zur Seite legen, um den Kredit für eine größere, »vernünftigere« Erwerbung abzubezahlen. Solche Hilfsvereine entstanden auch in Großbritannien, wo die Provident Clothing and Supply Company Kunden einen »Scheck« im Wert von einem Pfund anbot, der in zwanzig Wochenraten von einem Shilling bezahlt werden konnte, zuzüglich einem Shilling Zinsen. In den 1930er Jahren hatte die Company eine Million Kunden, die ihre »Schecks« in 14000 Geschäften einlösten.[19] Der Unterschied bestand darin, dass die amerikanischen Hilfsvereine in der Zwischenkriegszeit wesentlich größeren Finanzverwaltungsfirmen den Weg ebneten. Die Zahl offizieller Geldverleiher vervielfachte sich. Geschäfte gaben metallene »Zahlungsschilder« aus, eine Vorform der Kreditkarte (siehe Abbildung 52). In den 1940er Jahren boten viele Geschäfte Revolvingkredite an (mit einem Zinssatz von 12 Prozent im Jahr), die Kunden in die Lage versetzten, einkaufen zu können, ohne vorher einen bereits bestehenden Kredit zurückzahlen zu müssen.

Überall war die traditionelle Betonung von Sparsamkeit und Unternehmertum für die Mittelschicht ein Instrument gewesen, um ihre Stellung einerseits gegenüber den »kraftlosen« Armen und andererseits gegenüber der »ausschweifenden« Elite zu unterstreichen. Die Mittelschicht war produktiv, die anderen waren es, nach ihrer Meinung, nicht. Doch jetzt propagierte sie den Kredit als Vehikel sowohl des persönlichen Komforts als auch des Landeswohls. In einem Auto herumzufahren und das eigene Heim mit – auf Kredit gekauften – Gütern anzufüllen, galt plötzlich nicht mehr als verschwenderisch, sondern als produktiv, als Lebensstil, den jeder übernehmen sollte. Der Konsum verlor eine weitere Schicht seines Negativimages. Eine Waschmaschine auf Raten zu kaufen, zerstöre den Reichtum nicht, erklärten die Konsumverfechter. Es sei eine Investition, die bis zum Verschleiß der Maschine einen jahrelangen Vorteil verschaffe, da sie in dieser Zeit Dienstboten und Waschdienste »spare«. Langlebige Konsumgüter waren, in der Sprache der Ökonomen, Investitionsgüter.

In seiner Verteidigung des Ratenkaufs erklärte der an der New Yorker Columbia University lehrende Ökonom Edwin R. A. Seligman, dass solche Käufe nicht nur den Lebensstandard der Menschen anhöben, sondern sie auch zu besseren, produktiveren Staatsbürgern machten. Kredite verstärkten ihren Wunsch nach einem besseren Leben: »Je vielseitiger, feiner und empfindlicher sein Geschmack ist ... desto größer wird auch seine Einsicht, seine Tatkraft und seine Fähigkeit zu wirklichem Zusammenarbeiten sein.«[20] Dies nutze dem ganzen Land. Damit griff Seligman das Argument von David Hume und anderer Aufklärer auf, die zwei Jahrhunderte zuvor einen »bescheidenen Luxus« befürwortet hatten, weil er die Menschen zu mehr Fleiß und Geselligkeit anrege.[21] Damit diese Idee in die Wirklichkeit übertragen wurde, bedurfte es der Hochlohnwirtschaft und demokratischen Kultur in den Vereinigten Staaten der Zwischenkriegszeit. »Sich für Luxusgüter zu verschulden, ist falsch«, betonte ein Amerikaner 1926 in einer Umfrage. »Aber Ratenkäufe helfen Familien mit kleinem Einkommen, ihren Lebensstandard zu erhöhen.«[22] Durch die Demokratisierung des Kredits wurde die Demokratisierung des Luxus vollendet.

Für Befürworter wie Seligman waren Kreditfreiheit und Wahlfreiheit zwei Seiten ein und derselben Medaille. In einem »Zeitalter der Freiheit« war es nur natürlich, dass auch der Kredit von paternalistischer Kontrolle befreit wurde.[23] In Wirklichkeit war der amerikanische Staat jedoch alles andere als unbeteiligt. Der New Deal spielte eine entscheidende Rolle bei der Expansion des Privatkreditmarkts. Die Weltwirtschaftskrise von 1929 bis 1931 hatte die Hypotheken und die gesamte Wohnungsbauwirtschaft abgewürgt. Roosevelt reagierte darauf mit zwei Maßnahmen. Zum einen wurde über die Home Owners' Loan Corporation Menschen, die vor der Zahlungsunfähigkeit standen, direkt geholfen. Bis zu ihrer Auflösung im Jahr 1936 unterstützte die Gesellschaft zehn Prozent der amerikanischen Hypothekenschuldner. Auf lange Sicht bedeutsamer war die zweite Maßnahme, die Gründung der Federal Housing Administration (FHA) im Jahr 1934. Die FHA verlieh selbst kein Geld, sondern fungierte als Versicherer für Kreditgeber, der die Rückzahlung von Hypotheken garantierte. Sie war ein Lebensretter. Die Hypothekenkrise war durch die geringe Größe des Privatbankensektors verschärft worden, und die Banken zeigten Privatkunden in der Regel die kalte Schulter. Die FHA verringerte nun schlagartig das Risiko von privaten Darlehen und Hypotheken, und bis zum Ende des ersten Jahres ihres Bestehens hatten bereits über 8000 Banken ihre Mitarbeit zugesagt. Ein Jahrzehnt später war fast die Hälfte aller Hypotheken bundesstaatlich abgesichert.[24]

Dieser goldene Handschlag zwischen Banken und Staat war für die Ausweitung des Privatkreditmarkts von historischer Bedeutung. Zunächst einmal war ein Eigenheim weit kostspieliger als ein Radio oder Kühlschrank. Deshalb machten Hypotheken einen wesentlich größeren Teil der Privatschulden aus als »ungesicherte« Konsumentenkredite. Zum Zweiten besteht in modernen Kreditgesellschaften ein enger Zusammenhang zwischen Hypothekenschulden und anderen Konsumentenkrediten: Je größer Erstere, desto größer in der Regel auch Letztere.[25] Wichtiger als der Hausbesitz als solcher sind die Hypotheken. Griechenland und Italien haben heute eine größere Hauseigentumsquote als die Vereinigten Staaten, aber die Menschen dort erben Wohneigentum häufiger und nehmen weniger Kredite in Anspruch.[26] Durch Hypotheken werden Haushalte an die Aufnahme großer Schulden gewöhnt, und sie dienen zugleich als Sicherheit, die es Haushalten ermöglicht, noch mehr Geld für andere Zwecke zu leihen. Hypotheken hoben also die Hochwassermarke der Konsumentenkredite generell an. Schließlich erschloss der Eintritt der Banken auf den Privatkreditmarkt eine ungenutzte Kapitalquelle. Vor dem New Deal waren die meisten Darlehen von Finanzgesellschaften vergeben worden, doch bis 1940 hatten Geschäftsbanken ihnen den Rang abgelaufen.[27]

Man darf jedoch keine Karikatur von ausgabefreudigen Amerikanern und genügsamen Europäern zeichnen. Wir sprechen hier von Abstufungen und Tendenzen, und nicht von einem Absolutum. Nicht alle Amerikaner billigten den Konsumentenkredit. Noch 1930 glaubten renommierte Vertreter der Bundesbank, der Ratenkredit fördere die »Genusssucht« der Amerikaner und habe die Wirtschaftskrise verursacht.[28] Nach dem Zweiten Weltkrieg befürchteten Galbraith und andere weiterhin, dass Amerika von Schulden überschwemmt werden könnte. Trotz der Demokratisierung des Kredits stand er nicht allen in gleicher und gerechter Weise zur Verfügung. In den 1920er Jahren war die Wahrscheinlichkeit des Ratenkaufs von Möbeln bei Afroamerikanern doppelt so hoch wie bei weißen, die häufiger »anschreiben« ließen. Da es nur wenige afroamerikanische Händler gab, konnten schwarze Familien nur selten Zahlungskarten und Kundenkredite nutzen.[29] 1969 berichtete die Federal Trade Commission über ähnliche Unterschiede zwischen den ethnischen Gruppen. Auch in Europa reagierte man vielschichtig auf die Entwicklung. In Großbritannien wurden allein 1936 sieben Millionen neue Mietkaufverträge geschlossen.[30] In Deutschland verurteilten die Nationalsozialisten zwar den Konsumentenkredit als »undeutsch«, aber auch sie konnten seine Verbreitung nicht aufhalten. Nach dem Krieg explodierte der Kreditkauf in Westdeutschland förmlich und machte bald 15 Prozent des Einzelhandelsumsatzes aus. In den 1970er Jahren wuchs der Umfang der Konsumentenkredite auf mehr als das Vierfache an.[31]

Gewöhnliche Europäer hegten also keineswegs eine natürliche Abneigung gegen das Geldleihen. Eingeschränkt wurde die Kreditaufnahme vielmehr von den Regierenden. In Italien beschränkte ein 1936 unter Mussolini erlassenes Bankengesetz die Zahl von Bankfilialen und Kreditanbietern.[32] Wenn es kaum Geldverleiher gibt, ist es schwierig, ein Darlehen aufzunehmen. Ganz ähnlich legte der französische Conseil National du Crédit nach dem Krieg die Zahl der Kreditinstitute fest. 1966 musste ein Franzose, der einen Fernseher auf Raten kaufen wollte, einen Eigenanteil von 25 Prozent des Kaufpreises auf den Tisch legen. Deutsche mussten 10 und Briten nur 5 Prozent aufbringen; Letztere hatten zudem ein halbes Jahr länger Zeit, um die letzte Rate zu zahlen. Kein Wunder, dass in Frankreich vergleichsweise wenige Fernsehapparate und andere langlebige Güter verkauft wurden.[33] Alte christliche Ängste vor Wucher hallten in Frankreich länger nach als in Amerika oder Großbritannien, bis hin zum Neiertz-Gesetz von 1989, das eine Zinsobergrenze von 20 Prozent festlegte. Währenddessen überschüttete die deutsche Bundesregierung Sparer mit Begünstigungen. So mussten sie auf Zinseinnahmen von bis zu 600 D-Mark keine Einkommensteuer entrichten. Als 1993 die automatische Einbehaltung der Steuer auf Zinserträge eingeführt wurde, stieg der Freibetrag auf 6000 D-Mark.[34] In Japan gab es ähnliche Steuerabschläge. Dagegen konnten Maßnahmen zur Regulierung der Kreditvergabe in den Vereinigten Staaten nur vorübergehend durchgesetzt werden. Die Verordnung, durch die 1942 die Dauer von Revolvingkrediten auf 18 Monate begrenzt und eine Obergrenze für Anzahlungen eingeführt wurde, war ein Jahrzehnt später, nach intensiver Lobbyarbeit des Einzelhandels, schon wieder Geschichte.

Wie viel mehr hätten sich Europäer unter kreditfreundlicheren Umständen geliehen? Eine Menge, wie die vorhandenen Hinweise vermuten lassen. Als in Großbritannien die Regulierung des Mietkaufs zwischen 1958 und 1960 aufgehoben war, schoss die Zahl der Kredite steil in die Höhe.[35] Fast überall in Europa wurde der Zugang zu Krediten erst durch die Liberalisierung der Finanzdienstleistungen und die niedrigeren Zinsen der 1980er und 1990er Jahre erleichtert. Noch 1995 wurde in Italien jeder zweite Kreditantrag abgelehnt. 2002 bekamen neun von zehn Antragstellern den gewünschten Kredit.[36] Mehr Bankfilialen und Geldverleiher bedeuteten billigere und leichter zu erhaltende Kredite.

Der europäischen Vorsicht und Kontrolle lagen drei Faktoren zugrunde: Inflationsangst, soziale Wohlfahrt und Klassensnobismus. In den 1950er Jahren war es die oberste Priorität der Regierungen von Frankreich und Westdeutschland, zu verhindern, dass die Inflation das Wirtschaftswunder erstickte. Zu viele Kredite drohten Kapital aus dem Investitionssektor abzuziehen. Außerdem fürchtete man eine Verschärfung sozialer Konflikte. Die Konsumenten, insbesondere die anfälligsten Schichten, mussten vor sich selbst geschützt werden. Das westdeutsche Modell der sozialen Marktwirtschaft zielte auf Harmonie im Wachstum ab und stellte das

Sparen über das Leihen. Leicht zu erhaltende Kredite hätten die Haushalte nur dazu verführt, ihr schwer verdientes Geld zu verschleudern. Stattdessen sollten sie mit staatlicher Förderung von Bausparen und Vermögensbildung ermuntert werden, auf ein Eigenheim zu sparen, was zugleich die soziale Gleichheit stärken würde.

Der Anstieg der Zahl der Ratenkredite in den frühen 1950er Jahren löste eine moralische Panik aus. Zeitungen berichteten von Arbeitern, die bis über beide Ohren in Schulden steckten und am elften Tag des Monats die Werkzeuge aus der Hand legten und sich krank meldeten, um zu verhindern, dass ihr Lohn an ihre Gläubiger ging; Krankengeld konnte laut Gesetz nicht gepfändet werden. Vieles davon war Sensationsmache. Laut einer Untersuchung kam nur 1 Prozent der Ratenkäufer in derartige Zahlungsschwierigkeiten, dass ihr Lohn gepfändet wurde.[37] Die Panik war Ausdruck von Paternalismus, Klassenvorurteil und Nationalstolz. War Preußen nicht durch Sparen groß geworden? Deutschland, fürchtete man, lief Gefahr, zu einer Nation von Schuldnern und Schwächlingen zu verkommen, und das war das Letzte, was man nach der demütigenden Niederlage brauchte. Anders als bei der amerikanischen Mittelschicht hinterließ die Kreditaufnahme bei vielen deutschen Bürgern einen bitteren Nachgeschmack, und je gebildeter sie waren, umso schwerer fiel es ihnen, sich damit abzufinden, dass auch gewöhnliche Leute sich Geld leihen konnten. Das Bildungsbürgertum hielt die Unterschicht kaum für fähig, aus zusätzlichen Ausgaben echtes, zivilisiertes Vergnügen zu ziehen. In einer der originellsten Untersuchungen des Luxus, der 1912 erschienenen Schrift *Luxus und Kapitalismus* von Werner Sombart, einem Bildungsbürger und Patrioten par excellence, wird den Neureichen eine natürliche Extravaganz unterstellt. Ihre Protzerei sei eine Konstante der Geschichte. Ihr Luxus offenbare ihre »Unfähigkeit ... dem Leben andere Freuden als materielle abzugewinnen«.[38] Solche Klassenvorurteile warfen einen langen Schatten weit in die Wirtschaftswunderjahre hinein. Öffentlich trat die Mittelschicht für Genügsamkeit ein. Privat stand sie indes an der Spitze der Kreditnehmer. Verfügbaren Daten von Kreditinstituten ist zu entnehmen, dass Beamte einen unverhältnismäßig großen Anteil ihrer Kundschaft ausmachten.[39] Man kommt kaum umhin, zu folgern, dass der paternalistische Drang des Bürgertums, die »gewöhnlichen« Konsumenten vor sich selbst zu schützen, wenigstens zum Teil dem eigenen Klasseninteresse entsprang, den Kredit für sich selbst zu reklamieren und den Plebs auf Abstand zu halten.

Wo der Kredit beschränkt war, nutzte dies älteren, informelleren Kreditnetzwerken. Das Beharrungsvermögen umherziehender Geldverleiher und die Stärke des Versandhandels waren Zeichen dafür, dass sich das Privatkundengeschäft der Banken im Nachkriegseuropa nur langsam ausweitete. Gewiss vergaben die französische Crédit Lyonnais, die britische Midland Bank und deutsche Banken ab 1958/59 Privatkredite, doch mit diesem Angebot erreichten sie nur eine winzige Klientel. Noch ein Jahrzehnt später besaß nur jeder fünfte Franzose ein Girokonto, und die meisten britischen Arbeiter erhielten ihren Lohn immer noch bar ausbezahlt. Nur ein kleiner Teil der Konsumentenkredite kam von Banken; in Großbritannien war es 1966 rund ein Drittel. Wer sich Geld für einen Autokauf leihen wollte, wandte sich eher an eine Finanzierungsgesellschaft. Kredite für Möbel und Kleidung kamen von Geschäften und Versandhändlern.

Der Kreditmarkt war also weder transparent noch umkämpft, sondern segmentiert.[40] Dies war einer der Gründe, warum Europäer sich weniger Geld liehen. Besonders auf große Summen wirkten sich die Beschränkungen aus. Man sah sich kaum nach dem Kredit mit den besten Bedingungen um, und wenn man von einem Geldverleiher abgewiesen wurde, stellte man die Suche nach einem Darlehen meist ein und legte den Plan für die nächste große Anschaffung auf Eis. Bei kleineren Summen sah es anders aus. Was in den Vereinigten Staaten das Vorortwarenhaus war, war in Großbritannien der Versandhandel: die Grundschule des Konsumentenkredits. Arbeiterfamilien eröffnete er den Zugang zur Welt der Güter im bequemen Rahmen des eigenen Zuhauses. Banken waren etwas für feine Pinkel, Versandhäuser fürs Volk. In Nachkriegsneubauvierteln sicherten Klasse, Gemeinde und persönliche Beziehungen den Kredit ganz ähnlich, wie es ein Jahrhundert zuvor bei den Straßenverleihern der Fall war. 1970, auf ihrem Höhepunkt, beschäftigten Versandhäuser drei Millionen lokale Vertreter, überwiegend Frauen, deren etwas höhere gesellschaftliche Stellung ihnen Achtbarkeit verlieh und ihren Lebensstil als nachahmenswert erscheinen ließ. »Jeden Freitagabend«, erinnerte sich eine solche Sammelbestellerin, »kamen Nachbarinnen und Freundinnen zu mir, und wir saßen in der Küchen, tranken Tee, blätterten noch einmal im Katalog – [und] sie bezahlten ihre Rechnungen.«[41]

Sparen und Ausgeben

Es ist verlockend, Kreditnahme und Sparen als Gegensätze zu betrachten, aber für die meisten Haushalte in modernen Gesellschaften sind es komplementäre Strategien. Was sich verändert hat, sind ihre relative Funktion und die Balance zwischen ihnen. Wie der institutionelle Kredit ist auch das Sparen eine moderne Erfindung. Und wie der Privatkredit wurde das Sparen anfangs von Sozialreformern propagiert, bevor sich der Staat der Sache annahm. Auf beiden Seiten des Atlantiks öffneten die ersten Sparkassen im frühen 19. Jahrhundert ihre Tore. Gegründet wurden sie von Philanthropen, die Arbeitern und kleinen Geschäftsleuten die Vorzüge von Sparsamkeit, Nüchternheit und Unabhängigkeit nahebringen wollten. Das Sparen, hofften sie, würde den Teufelskreis von Verschwendung und Armut durchbrechen und die Armen dazu bewegen, einen von Fleiß und Selbstvervollkommnung bestimmten Weg einzuschlagen. Im späten 19. Jahrhundert verbanden Postspardienste diese lokalen Initiativen zu landesweiten Netzwerken. Durch die beiden Weltkriege gelangte schließlich der Staat ans Ruder. Kriegsanleihen und Sparmarken wurden zu einer Angelegenheit des nationalen Überlebens. Wie die neuen Kreditformen wurde auch das Sparen durch ein übernationales Netzwerk von Austausch und Nachahmung vorangebracht. In den 1870er Jahren orientierten sich japanische Reformer am belgischen und britischen Postsparbuch. Ein Jahrhundert später exportierte Japan die Sparförderung nach Südkorea, Singapur und Malaysia. Überall auf der Welt deponierten Schulkinder bei wöchentlichen Sparparaden ihre Pennies und Groschen bei ihren Lehrern. Doch die japanischen Sparkampagnen blieben ohnegleichen. Nach dem Zweiten Weltkrieg beteiligten sich acht Millionen Schüler an Kinderbanken (*kodomo no ginkō*). In den 1970er Jahren belohnten japanische Postsparbanken ihre Sparer mit ermäßigten

Preisen für Schwimmbäder, Hotelzimmer und Hochzeitssäle. Zu diesem Zeitpunkt lag die Sparquote japanischer Haushalte bei 23 Prozent.[42]

Zweifellos gehörten diese Werbefeldzüge für das Sparen zu den umfangreichsten staatlichen Kampagnen zur Verhaltensveränderung der Neuzeit. Ebenso klar ist ihr Beitrag zu Krieg und Frieden. Die Ersparnisse ölten die Kriegsmaschine sowohl der späteren Sieger als auch der Verlierer. Zu Beginn des Zweiten Weltkriegs sparten die meisten Amerikaner überhaupt nicht, an seinem Ende hielten sie alle US-Staatsanleihen. In den 1950er bis 1970er Jahren spielten die Ersparnisse nicht nur in Japan und Südkorea, sondern auch in anderen sich schnell industrialisierenden Ländern wie Finnland eine entscheidende Rolle, da sie Kapital aus privaten Haushalten in die Industrie lenkten. Die Frage ist jedoch, in welchem Ausmaß diese Kampagnen tatsächlich neue »Gewohnheiten« und »nachhaltige Sparsamkeitskulturen« schufen, wie ein Historiker jüngst geschrieben hat, und inwieweit sie erklären, warum »Amerika ausgibt, während die Welt spart«.[43]

Diese Formulierung übertreibt sowohl die Gewohnheitsnatur des Sparens als auch die Kluft zwischen kurzsichtigen, verschwenderischen Angelsachsen und dem vermeintlich vorausschauenden, sparsamen Rest der Menschheit. Gewohnheiten sind regelmäßig wiederholte Verhaltensweisen, die eine eigene unterbewusste Kraft erlangen. Dass Sparkampagnen die Sparsamkeit zu einer Gewohnheit gemacht hätten, ist nicht bewiesen. Ganz im Gegenteil: Die historischen Belege sprechen eher dafür, dass die Neigung zum Sparen launenhaft ist. Haushalte ändern ihr Verhalten, je nach Belastung und Anregung, häufig auf dramatische Weise. Genau deshalb bedurfte es patriotischer Appelle oder Zwangsmaßnahmen, um die Menschen zum Sparen zu bewegen. In Singapur war man so ehrlich, das Verfahren, nach dem 50 Prozent des Bruttolohns von Arbeitern in den 1955 gegründeten Central Provident Fund eingezahlt werden mussten, »Zwangssparen« zu nennen. Der Anteil wurde 1986 auf 36 Prozent verringert und ist bis heute auf diesem Stand geblieben, wobei der Arbeitnehmer 20 und der Arbeitgeber 16 Prozent beisteuert.[44]

Im faschistischen Italien war das freiwillige Sparprogramm derart unbeliebt, dass es 1931 beendet wurde. Mehrere Jahrzehnte aggressiver Werbung konnten auch in Japan und Südkorea nicht verhindern, dass

22 *oben:* Zentralmarkthalle in Berlin, nahe dem Alexanderplatz; eine der vielen überdachten Markthallen, die im späten 19. Jahrhundert überall errichtet wurden.

23 *links:* Ein Kraftprotz demonstriert auf dem Tianqiao-Markt die wundersame Wirkung des von ihm verkauften Allheilmittels (Peking, ca. 1933–1946).

24 *unten:* Pfandleihe »Uncle Paul«, Augusta, Georgia (um 1899).

25 Das erste elektrische Bogenlicht 1882 in Ginza-dōri, Tokio (Stich von Utagawa Shigekiyo, 1883).

26 Ehemänner holen mit Eimern Wasser im Londoner East End während der »Wassernot« von 1898, als die ständige Wasserversorgung zusammengebrochen war.

27 Der Luna-Park auf Coney Island, New York, am Abend. Links ist die Wasserbahn (»Shoot the Chute«) zu sehen (1904).

28 Die »Flugmaschinen« von Blackpool (um 1910).

29 Einfachster Wohnkomfort – eine Familie in einer Einzimmerwohnung in der New Yorker Thompson Street bei der Herstellung von Kunstblumen (1912).

31 Die von Bruno Taut gepriesenen klaren Linien modernen Wohnens, beispielhaft präsentiert im Atelier Berssenbrugge in Den Haag (1921).

30 Die Art von überladener bürgerlicher Einrichtung, die der Architekt Bruno Taut und andere Modernisten so verabscheuten, auf einer Fotografie aus Radautz in Österreich-Ungarn (dem heutigen Radevits in der Ukraine). Der handschriftliche Hinweis auf den elektrischen Betrieb der Lampe stammt von dem stolzen Besitzer.

32 Reklame für das Henkel-Waschpulver Persil (Deutschland, 1914).

33 Das Radio Telefunken Super (Deutschland, 1933).

34 *oben links:* Reklamewagen für Gasbadeöfen (Norwich, Ostermontag 1908).

35 *oben rechts:* Elektrizitätsausstellung in Deutschland (1953).

36 *links:* Das Ehepaar Pickens mit ihrem ersten Elektroherd (Norwalk, Kalifornien, 1938).

37 *unten:* Japanisches Brettspiel, das die Vorzüge von Gas darstellt (ca. 1925–1943).

38 *oben:* White Label für von der National Consumers League geprüfte Waren, hier für einen Badeanzug (USA, 1910er Jahre).

39 *links:* Karikatur eines den Westen nachäffenden indischen *baboo*, gezeichnet von Gaganendranath Tagore (1917).

40 In den 1930er Jahren wurde Gandhis genügsame Vision der Selbstversorgung von einer farbenfroheren *swadeshi*-Mode verdrängt, wie sie hier abgebildet ist.

41 Urlaubsprogramm der NS-Freizeitorganisation »Kraft durch Freude« (1938).

42 Sowjetische Reklame: »In Amerika steht auf jedem Restauranttisch und im Regal jeder Hausfrau eine Flasche Ketchup«.

43 Sowjetische Haushaltsgeräte auf einer Moskauer Ausstellung (1959).

am Ende des 20. Jahrhunderts die Sparquoten abstürzten: von 12 beziehungsweise 24 Prozent 1990 auf unter 1 Prozent im Jahr 2007. Dieselben Schulkinder, die gewohnheitsmäßig Woche für Woche, Jahr für Jahr ihre Yen in Sparpläne gesteckt hatten, begannen in ihren mittleren Jahren, als die wirtschaftliche Stagnation eintrat und Kredite leichter zu bekommen waren, Geld aufzunehmen und großzügiger auszugeben.[45] Es ist zu bezweifeln, dass Sparkampagnen eine vorausschauende Kultur des vernünftigen Haushaltens schufen. Das Finanzverständnis ist, laut OECD, in Japan und Südkorea nicht größer als in Großbritannien. Als Südkorea 2004 das amerikanische Insolvenzrecht übernahm, erklärten sich atemberaubende 8 Prozent der Bevölkerung für zahlungsunfähig, ein Anteil, der zwanzigmal so groß war wie in den Vereinigten Staaten.[46]

Die große Zahl von Sparkonten in Europa sagt nichts darüber, wie oft und wie viel Geld auf ihnen deponiert wird. In Großbritannien verwaltete die Postsparkasse in den 1930er Jahren zwar 14 Millionen Konten, aber auf vielen von ihnen fanden nach ihrer Einrichtung keinerlei Aktivitäten mehr statt. Regelmäßiges Sparen passte weder zur Brieftasche noch zur Mentalität der arbeitenden Menschen. Sparkampagnen in Kriegszeiten hatten kaum eine längerfristige Wirkung. Die britische Sozialforschungsorganisation Mass-Observation stellte nach dem Zweiten Weltkrieg fest, dass gewöhnliche Briten weiterhin eine zyklische, kurzfristige Sparhaltung einnahmen, die an den »Jahreszyklus und seine Teile« gebunden war, an »Frühjahrsputz, Sommeranzug, Herbstferien, Weihnachtsfeier«. Beim Sparen ging es darum, ein paar Shilling für einen bestimmten, kurzfristigen Zweck zusammenzubekommen, und nicht um einen schrittweisen Vermögensaufbau. Diese Tradition, bemerkte der Berichterstatter, werde »zu einem Problem, wenn große Summen angespart werden müssen. Sparen ist eine Sache von Shillingen, Ausgeben eine von Pfunden«.[47]

»Überwundene Versuchung« und »belohnte Hoffnung«, so fasste Samuel Smiles, der viktorianische Vorkämpfer der Selbsthilfe, die »praktische Weisheit« der Sparsamkeit zusammen.[48] In den 1950er Jahren lockte die Sparwerbung – mit voller Unterstützung des Staats – die Menschen immer öfter mit Autos, Fernsehapparaten und Urlaubsreisen. Selbstbeherrschung bedeutete jetzt, den kleinen Versuchungen zu widerstehen, um sich größere Güter leisten zu können. In Westeuropa, das noch kaum aus den Trümmern des Krieges herausgekommen war, arbeiteten Sparkassen eng mit Unternehmen zusammen, um Sonderaktionen anbieten zu können, die es Familien beispielsweise ermöglichten, ein Sofa auf Raten zu kaufen, wenn sie ein Drittel der Kaufsumme angespart hatten.[49] Die Sparkampagnen bauten auf die neue Kreditkultur, die den Konsum in Investition umbenannt hatte. Dauerhafte Konsumgüter zu kaufen, war keine Ausgabe, sondern eine Investition. Diese Sprachregelung war besonders in Ländern mit schnellem Wirtschaftswachstum wie Finnland wichtig, wo in der Zeitspanne von etwas mehr als einer Generation Bauern zu Industriearbeitern wurden. Das Sparen stülpte einem ländlichen Sparsamkeitsethos eine neue städtische Konsumkultur über. 1952 stellte Ministerpräsident Urho Kekkonen in einem Buch die Frage, ob die finnische Nation die Geduld habe, zu prosperieren. Hohe Inflation und niedrige Zinsen bedeuteten, dass altmodisches Sparen kaum Sinn machte. Stattdessen wurden die Finnen gedrängt, in ihre Häuser und deren Ausstattung zu investieren. Der neue Nationalheld war der »Zielsparer«, der jeden Monat einen Teil seines Lohns für ein Radio, Möbel oder eine Parisreise zurücklegte.[50] In Gesellschaften, die eine rasche Modernisierung durchliefen, waren Sparkampagnen das Trojanische Pferd der Welt der Güter (siehe Abbildung 54).

Die entscheidende Veränderung zwischen den ersten beiden Dritteln und dem letzten Drittel des 20. Jahrhunderts betraf mehr die Kehrtwende des staatlichen Handelns als einen Wandel der Gewohnheiten der Staatsbürger. Einfach ausgedrückt: Das Sparen verlangte von den Staaten ein »Projekt«, wie einen Krieg oder eine Modernisierung. In den 1970er und 1980er Jahren verloren die Staaten diese Zielgerichtetheit und damit zugleich den Willen, ihre Bürger zum Sparen zu zwingen. Das neue Mantra lautete, man müsse sie als Erwachsene behandeln und es ihnen überlassen, ob sie ihr Geld sparen oder ausgeben wollten. Ein britischer Parlamentsausschuss drückte 1971 die neue Lehre unumwunden aus: »[U]nsere allgemeine Auffassung ist, dass der Staat sich so wenig wie möglich in die Freiheit der Verbraucher einmischen sollte, ihr Wissen über den Konsumentenkreditmarkt zu ihrem Besten und gemäß ihrer Einschätzung dessen, was in ihrem besten Interesse ist, zu nutzen.« Der Staat mochte mit »Überredung« versuchen, »die Werteskala zu beeinflussen, die ihr Ausgabeverhalten impliziert«, aber es bleibe »ein Grundpfeiler einer freien Gesellschaft, dass die Menschen selbst bestimmen, was zu ihrem materiellen Wohlbefinden beiträgt«. Ihre Freiheit einzuschränken, um »eine kleine Minderheit, die in Schwierigkeiten gerät«, zu schützen, wäre der falsche Weg.[51] Dies war *in nuce* die Rechtfertigung der Kreditliberalisierung, und das 15 Jahre bevor Margaret Thatcher die Tore der Finanzmärkte mit ihrem »großen Knall« weit aufstieß.

Der Rückgang der Sparneigung, der in den 1970er Jahren einsetzte und sich dann in den 1990er Jahren verschärfte, war keine spezifisch amerikanische oder angelsächsische Krankheit. Beispielsweise Finnen und Dänen haben seit den 1970er Jahren stets weniger gespart als Briten und Amerikaner. In Deutschland und Belgien lag die Sparquote in den 2000er Jahren hartnäckig zwischen 9 bei 13 Prozent. Gleichzeitig sank die Sparneigung in Japan, Italien und den Niederlanden mindestens so drastisch wie in den Vereinigten Staaten, Kanada und Großbritannien.

Sparen Dänen und Italiener nun zu wenig oder Deutsche und Belgier zu viel? Eine Antwort darauf findet man nur, wenn man das Sparen vor dem Hintergrund von Kredit, Einkommen und Vermögen betrachtet. Für Familien, die über keinerlei Sicherheiten verfügen, mag es verrückt sein, nichts beiseitezulegen, während es für andere, die eine Hypothek mit niedrigem Zinssatz und einen Rentenfonds haben, weit weniger unvorsichtig ist. Für Familien mit wachsenden Einkommen und Immobilienwerten sind steigende Kreditkartenabrechnungen vernachlässigbar. In Großbritannien beispielsweise sank die Bruttosparquote zwischen 1992 und 2007 von 11 auf 2 Prozent, während der »mittlere« ungesicherte Konsumentenkredit auf 10 000 Pfund gestiegen war, als 2009 die Finanz- und Wirtschaftskrise spürbar wurde (das heißt, für jeden Haushalt, der mehr als 10 000 Pfund schuldete, gab es einen, der mit um dieselbe Summe weniger als 10 000 Pfund in der Kreide stand). Viele Hypotheken lagen bei 100 000 Pfund. Dies sind große Zahlen, aber sie werden relativiert, wenn man das durchschnittliche Haus- und Pensionsvermögen in Betracht zieht, das immerhin mehr als 200 000 Pfund beträgt.[52]

Ökonomen führen in der Regel zwei Modelle an, um die Entwicklung des Sparens zu erklären: die Lebenszyklus- und die permanente Einkommenshypothese. Beide Modelle wurden in den 1950er Jahren entworfen,

Haushaltssparquote (Prozentanteil der Sparsumme am verfügbaren Einkommen), 1970–2014

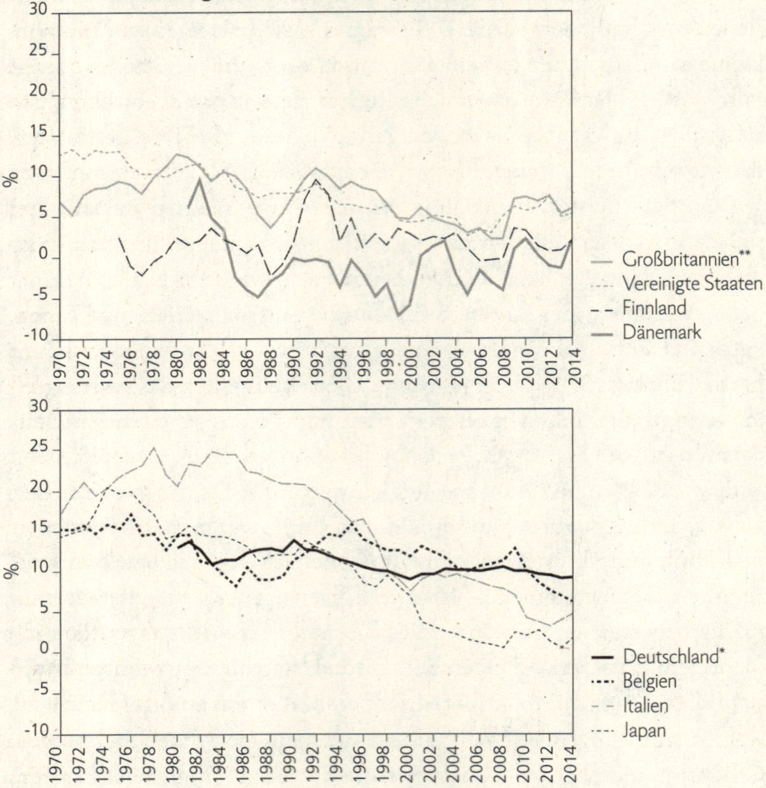

* Die deutschen Zahlen für 1980–1990 sind diejenigen für Westdeutschland.
** Die britischen Zahlen geben die Bruttosparquote wieder.

aus: OECD Dataset, *Economic Outlook*, Nr. 96 (November 2014), OECD Annual Projections; für die deutschen Zahlen 1980–1990: Statistisches Bundesamt, Fachserie 18, Volkswirtschaftliche Gesamtrechnungen, Reihe 1.2, Konten und Standardtabellen 1996, Vorbericht.

das Erstere von Franco Modigliani, das Letztere von Milton Friedman.[53] Nach Keynes' Ansicht war das Hauptmotiv des Sparens ein fast irrationaler Stolz: der Nachwelt ein Vermächtnis zu hinterlassen. Die zusammengetragenen Daten zeigten jedoch, dass dies nicht mit der Wirklichkeit übereinstimmte. Die Menschen würden für ihre eigene Zukunft sparen, nicht für die ihrer Nachkommen, wandte Modigliani ein. Sie würden ihr Konsumverhalten im Lauf der Zeit ändern, um das Beste aus ihrem Leben zu machen (um, wie es die Ökonomen ausdrücken, eine stabile Nutzenfunktion zu maximieren): Sie würden sparen, wenn sie jung seien und wenig besäßen, in den Jahren ihres besten Einkommens ein Vermögen aufbauen und dann im Alter »entsparen« und Vermögenswerte verkaufen. Friedman hob in ähnlicher Weise hervor, dass die Menschen langfristig dächten. Wie viel sie konsumierten, hänge nicht vom gegenwärtig frei verfügbaren Einkommen ab, sondern davon, wie viel sie in Zukunft zu verdienen erwarteten.

Beide Modelle setzten voraus, dass die Menschen in der Lage waren, Vermögen aufzubauen, und in Bezug aufs Sparen, Leihen und Ausgeben rationale, langfristige Entscheidungen trafen. Das Lebenszyklusmodell hätte für frühere Generationen, die in einer finanziellen Drehtür feststeckten und von der Hand in den Mund lebten, wenig Sinn gemacht. Seit den 1970er Jahren sind einige Einwände gegen diese Hypothese erhoben worden, etwa, dass das Vermächtnismotiv nicht ganz vernachlässigt werden dürfe.[54] Gleiches galt für das Vorsorgemotiv. In Deutschland sparten alte Menschen weiter wesentlich mehr, als nach dem Lebenszyklusmodell zu erwarten war, während amerikanische Arbeiter erstaunlich wenig für den Ruhestand sparten.[55] Die permanente Einkommenshypothese dagegen traf für die langfristige Perspektive im großen Ganzen zu, hatte aber über kurzfristige Fluktuationen des Konsums wenig zu sagen. Unterschiede zwischen einzelnen Ländern stellten ein weiteres Problem dar. Die Lebenszyklushypothese erklärte den Zusammenhang zwischen Wachstum und Sparen: Ausgehend von der Annahme, dass der Konsum nicht vom gegenwärtigen Einkommen, sondern vom Lebenseinkommen abhängt, wird in Wachstumsphasen, in denen die jungen Leute wohlhabender werden als ihre Eltern, der Sparanteil steigen. Der Rückgang der Sparquote seit den frühen 1970er Jahren entsprach im großen Ganzen dem Modell, aber es war ein Rätsel, warum die Vereinigten Staaten bei einem jährlichen Wachstum von 2 Prozent zwischen 1960 und 1985 – so dass Dreißigjährige annehmen konnten, ein doppelt so hohes Lebenseinkommen zu haben wie ihre Eltern – das gleiche altersmäßige Konsumprofil aufwiesen wie Japan, wo das Wachstum doppelt so groß war und ein junger Erwachsener damit rechnen konnte, im Alter viermal so wohlhabend zu sein.[56]

Das Problem bei der permanenten Einkommenstheorie ist nicht, dass die Menschen ihr künftiges Einkommen nicht ins Kalkül ziehen, sondern dass sie nicht immer das ganze noch vor ihnen liegende Leben im Blick haben.[57] Sie schauen bei ihren Entscheidungen häufig nur auf die nächste Lebensphase. Die Zukunft wird mittelfristig in kleinen Abschnitten betrachtet. Und ob sie rosig oder düster aussieht, hängt von den prägenden Jahren zuvor ab. Bei einer großangelegten Untersuchung deutscher Sparer zwischen 2003 und 2007 wurde festgestellt, dass die zwischen 1966 und 1975 geborenen Probanden weit mehr sparten als die um ein Jahrzehnt älteren.[58] Diese Generation betrat Mitte der 1990er Jahre den Arbeitsmarkt, genau zu der Zeit, als das Rentensystem reformiert wurde. Die Unsicherheit über die Absicherung der Zukunft, die durch gering bezahlte Teilzeitjobs verstärkt wurde, veranlasste diese jungen Leute, den Gürtel enger zu schnallen und es auch dabei zu belassen; selbst dann, als sich die Bedingungen, objektiv betrachtet, verbesserten. Solche Kohorteneffekte bilden einen wichtigen Aspekt des deutschen Sparrätsels.

Weltweit stürzte die Sparquote in den 1980er und 1990er Jahren jedoch ab, da billigere Kreditinstrumente angeboten wurden und die Menschen in Bezug auf die Absicherung ihrer Zukunft über das Sparen hinausschauten. Warum stehen bleiben und sparen, wenn man doch auf die Kreditrolltreppe steigen und aufwärtsfahren konnte, indem man sich mit seinem künftigen Einkommen als Sicherheit Geld lieh? Im Vergleich zu Rentenplänen, Aktien und Schuldverschreibungen und insbesondere den steigenden Immobilienpreisen verlor das Sparen an Bedeutung.[59] Die Bewegungen der Aktienkurse und Immobilienpreise, für die sich einst nur eine kleine Elite interessierte, wurden zur Frühstückslektüre der Mittelschicht. Die Zahl der Finanzprodukte vervielfachte sich sprunghaft. Anfang der 1980er Jahre wurden in Australien 36 Hypothekenarten angeboten; 2004 konnte ein angehender Hausbesitzer zwischen 3000 Varianten wählen.[60] Für viele trat die Hypothek an die Stelle des Sparkontos.

In dieser Zeit begannen Private Banking und Kreditkarten sich in der gesamten Bevölkerung zu verbreiten. Die Konsumentenkreditrolltreppe nahm Tempo auf und wurde belebter. Dafür war, wie es im Französischen treffend heißt, die *bancarisation* der Menschen erforderlich. 1966 besaßen weniger als zwei von zehn Franzosen ein Girokonto; zehn Jahre später waren es neun von zehn. In früheren Zeiten hatten Geldverleiher den Charakter ihrer Kunden und den geplanten Verwendungszweck des Darlehens einer moralischen Prüfung unterzogen. Bis zu den 1980er Jahren war dieser Paternalismus verschwunden. »Von NatWest erhalten Sie einen Privatkredit für Ihre Einkäufe – alles andere ist Ihre Sache«, warb die britische National Westminster Bank im neuen Geist der persönlichen Wahl.[61] Steigende Einkommen und Deregulierung ermunterten zur Kundenakquisition. In Großbritannien verdreifachte sich zwischen Mitte der 1970er und Mitte der 1990er Jahre die Zahl der Menschen mit Kreditrahmen.

All dies bedeutete nicht automatisch, dass Amerikaner und Briten zu sparen vergaßen. Die Frage ist nur, wie man es misst. Nach einer Schätzung stieg die Sparquote der Amerikaner, unter Einbeziehung von Dividenden sowie Zins- und Mieteinnahmen, in den 1990er Jahren von 5 auf 10 Prozent. Genauso wenig bedeutet der Drang, immer mehr zu konsumieren, dass die Menschen weniger sparen. In Großbritannien sank zwischen 2000 und 2008 nicht nur die Sparquote, sondern, da der BIP-Anteil des verfügbaren Einkommens schrumpfte, auch der Anteil des Konsums am BIP.[62]

Das populäre Symbol dieser evolutionären Umwälzung war die Kreditkarte, in welcher Farbe auch immer: Gold, Silber, Platin oder Rot (zum Zeichen der Unterstützung des Kampfs gegen Aids und Malaria). Der Revolvingkredit – das heißt die Möglichkeit, Geld zu leihen, ohne das Darlehen am Monatsende in voller Höhe zurückzahlen zu müssen – verbreitete sich in der angelsächsischen Welt am schnellsten. In den Vereinigten Staaten führte die Citibank diese Kreditform 1961 ein, gefolgt von American Express; aber dieses Angebot galt nur für eine Elite. Die Kreditbeschränkung durch Klassen- und Rassenvorbehalte blieb die Regel. Erst in den 1990er Jahren richteten sich Kreditkartenangebote auf der Grundlage risikoorientierter Preissysteme an alle und jeden, einschließlich Geringverdienern und »Kindern, Hunden, Katzen und Mäusen«, wie Alan Greenspan im Jahr 2000 bei seiner Anhörung durch den Bankenausschuss des US-Senats vor der Ernennung zum Notenbankchef erklärte. 1970 besaßen nur 17 Prozent der Amerikaner eine Kreditkarte; dreißig Jahre später waren es 70 Prozent. In Großbritannien stieg die Zahl der Kreditkarten in den 1990er Jahren von 12 auf 30 Millionen.[63]

Der Revolvingkredit war insofern wichtig, weil das Einkaufen mit »Plastikgeld« das Kaufverhalten veränderte. Schon in den 1950er Jahren war amerikanischen Warenhausmanagern aufgefallen, dass Kundenkarten die Menschen dazu brachten, öfter einzukaufen, wobei sie jedoch pro Einkauf nicht mehr ausgaben als Kunden mit einem 30-Tage-Zahlungsziel.[64] Kreditkarten verstärkten diese Dynamik. In Großbritannien stieg der Anteil ausstehender Konsumentenkredite an den Konsumausgaben in den 1990er Jahren von 8 auf 15 Prozent. Es liegt nahe, einen Zusammenhang zwischen Kredit und vermehrten Käufen anzunehmen. Doch die Kreditkarte wurde ungleichmäßig aufgenommen. 2004 hatten fast neun von zehn Briten, Schweden und Dänen eine Kreditkarte, aber nur jeder zweite Italiener. Es sei auch darauf hingewiesen, dass eine große Zahl von Kreditkarten nicht nur mit einer höheren Kaufneigung zusammenhängt, sondern auch mit einem allgemein größeren Zugang zu Banken und Vermögen. Briten, denen häufig eine Art Kreditrausch nachgesagt wird, besitzen gleichzeitig mehr Lebensversicherungen, private Rentenversicherungen, Schuldverschreibungen und verzinsliche Konten als der durchschnittliche Europäer.[65]

Kreditkarten werden manchmal als charakteristisches Merkmal angeblich verschwenderischer Angelsachsen angeführt, denen man genügsamere Kulturen gegenüberstellt. Dies ist eine entstellte Auslegung der vorhandenen Belege. Die Demokratisierung des Konsumentenkredits und die steigenden Privatschulden in den 1990er und 2000er Jahren waren ein weltweites Phänomen. In allen entwickelten Gesellschaften erreichten die Privatschulden Rekordhöhen. Manche starteten einfach auf einem niedrigeren Niveau als andere; eine Ausnahme ist Japan, wo die Haushalte mit einer großen Schuldenlast begannen und sie auf gleicher Höhe hielten. Das »Plastikgeld« macht jedoch nur einen geringen Teil der Konsumentenkredite aus; selbst in den Vereinigten Staaten entsprach die Höhe der Kreditkartenschulden im Jahr 2008 auf dem Höhepunkt des Kreditbooms nur 8 Prozent der für den Hauskauf geliehenen Summe. Dass Franzosen, Deutsche und Japaner Kreditkarten seltener benutzen

Haushaltsverschuldung in Prozent des verfügbaren Nettoeinkommens, 1995–2013

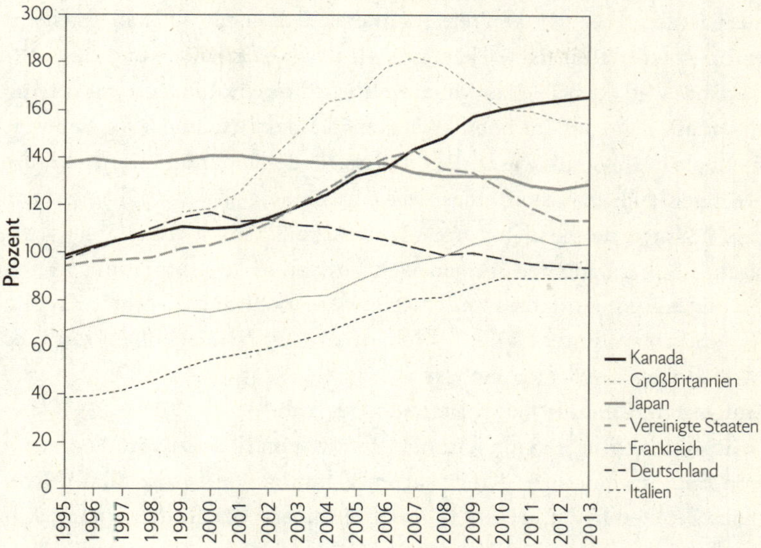

aus: OECD National Accounts at a Glance, 2014, *http://data.oecd.org/hha/household-debt.htm*.

als Amerikaner, Briten und selbst Holländer und Schweden – und wenn sie es tun, ihre Schulden in der Regel am Monatsende in voller Höhe begleichen –, bedeutet nicht, dass sie sich kein Geld leihen. Sie nutzen einfach andere Kreditformen, wie Privatkredite (Frankreich), Ratenkäufe (Deutschland) oder Vorauszahlung und Darlehen von *shinpan kaisha*, Konsumentenkreditgesellschaften (Japan).[66]

Der interessante Unterschied zwischen den Ländern findet sich nicht in der Zusammensetzung der Privatschulden, sondern in ihrer Entwicklung. Als Anteil am verfügbaren Einkommen gemessen, verdoppelte sich die private Gesamtschuld in Dänemark und den Niederlanden zwischen 1995 und 2007 und erreichte damit ein Niveau, das amerikanische Haushalte als geradezu zurückhaltend erscheinen ließ; Dänen waren rund zweimal so hoch verschuldet wie Amerikaner, allerdings nahezu ausschließlich durch Hypotheken. In Großbritannien und Deutschland war die für Güter und Dienstleistungen verwendete Kreditsumme höher; in

Polen und Österreich lag sie bei 40 Prozent der gesamten Privatschulden. Es waren Hypotheken, die den Großteil der Konsumentenkredite ausmachten, aber sie taten dies in unterschiedlichem Ausmaß. Es ist ein verbreiteter Irrtum, dass in Ländern wie den Niederlanden und Deutschland, nur weil dort viele zur Miete wohnen, die Hypothekenschuld gering sein muss. Land und Immobilien kosten in Maastricht und München weit mehr als in Missouri, was bedeutet, dass Niederländer und Deutsche, die ein Eigenheim erwerben, eine unverhältnismäßig große Schuldenlast auf sich nehmen müssen. Der große Unterschied zwischen der angelsächsischen Sphäre und der übrigen Welt bestand in den 1990er und frühen 2000er Jahren darin, dass in Letzterer der Anteil ungesicherter Kredite (Kreditkarten, Ratenkäufe, Darlehen) an den Privatschulden sank. Es bedurfte der Kreditklemme von 2008 bis 2011, dass dies auch in den Vereinigten Staaten und Großbritannien geschah.[67]

Schulden existieren nicht isoliert, sondern im Kontext von Wohlstand und Einkommen. Eine Kreditkartenrechnung von 1000 Dollar dürfte einen Prinzen kaum jucken, während sie einen Sozialhilfeempfänger in Panik versetzt. Wie viel Vermögen ein Haushalt besitzt, lässt sich leider nicht so einfach sagen, was viele schmerzlich erkennen mussten, als 2008/09 die Kreditblase platzte und sich herausstellte, dass ihre Häuser stark überbewertet worden waren. Die Kreditrolltreppe geriet ins Stocken. Hinter der globalen Rezession lauerten zwei größere Ungleichgewichte. Das eine resultierte aus einer historischen Neugewichtung von privaten Schulden und Einkommen, am stärksten in den Vereinigten Staaten. Ein Jahrhundert lang, etwa von den 1870er bis zu den 1970er Jahren, liehen sich die Amerikaner zwar immer mehr Geld, aber sie taten es auf der Grundlage von steigenden Einkommen und wachsenden Vermögen. Der starke Anstieg von Ratenkäufen und Barkrediten in den 1930er Jahren wurde von einem Nettoanstieg der Vermögen und sogar der Ersparnisse ausgeglichen.[68] In den 1950er und 1960er Jahren war Zahlungsunfähigkeit kein Problem. Dies änderte sich durch die Stagnation der Löhne seit den 1970er Jahren. In dieser Zeit entwickelten sich die Vereinigten Staaten zu einer »Schuldnernation«.[69]

Das zweite Ungleichgewicht war globaler Art und bestand zwischen Ländern wie den Vereinigten Staaten und Großbritannien, deren Bewohner gern auf Kredit kauften, einerseits und Ländern wie Deutschland und China andererseits. Diese Länder verkauften mit Vergnügen Autos und Kleidung, verzichteten aber im Gegenzug darauf, etwas zu kaufen, und schlossen stattdessen ihre Einnahmen als Ersparnisse weg. Es ist eine interessante Frage, ob es dümmer ist, zu viel oder zu wenig zu konsumieren. Dass die Japaner mehr ausgeben und weniger sparen müssten, war in den 1980er Jahren ein Hauptanliegen der amerikanischen Diplomatie. Dass das globale Ungleichgewicht 2009 eine Krise auslöste, lag daran, dass Schulden inzwischen weltweit gehandelt wurden. Banken kanalisierten überschüssige Ersparnisse von einer Seite der Welt in Subprime-Hypotheken auf der anderen. Das war, als würde man Öl ins Feuer gießen.

Trotz der Schwere der weltweiten Wirtschaftskrise ist es wichtig, die Geschichte der Schulden in der längerfristigen Perspektive der Vermögensbildung zu betrachten. Von den 1980er bis zu den frühen 2000er Jahren – das heißt bis zum Ausbruch der Subprime-Immobilienkrise – war ein Nettoanstieg der Vermögen zu verzeichnen. 2001 besaßen britische und japanische Haushalte sechsmal so große Vermögenswerte wie Verpflichtungen; in Deutschland waren sie fünfmal, in den Vereinigten Staaten viermal so groß.[70] Die Krise von 2009 bis 2011 mag die überzogenen Gewinne einiger Jahre vernichtet haben, aber nicht den längerfristigen Anstieg von über Jahrzehnte hinweg aufgebauten Vermögenswerten. Privatschulden stand weiterhin privater Reichtum gegenüber, und dies umso mehr, je reicher ein Land war. Dem entspricht, dass im *European Social Survey* von 2004/05 festgestellt wurde, dass britische, deutsche und skandinavische Haushalte weniger unter Finanzschwierigkeiten litten als ihre ärmeren Nachbarn in Portugal, Griechenland und Osteuropa.[71]

Am weitesten ging die Privatkreditrevolution in der angelsächsischen Welt mit der Einführung von Zweithypotheken und der Immobilienbeleihung in den 1990er und 2000er Jahren. Das Eigenheim wurde in einen Geldautomaten verwandelt. Historisch betrachtet, war dies eine radikale Folgerung aus der Entwicklung im 20. Jahrhundert, in deren Verlauf private Konsumenten mit Geschäftsgläubigern auf eine Stufe gestellt wurden. Und es war nicht so, dass lediglich der Anteil der Privatkredite am gesamten Kreditvolumen wuchs. Die Konsumenten wurden auch in zunehmendem Maß als eine Art Miniunternehmer behandelt, denen das Recht und die Möglichkeit eingeräumt wurde, ihre Vermögenswerte zu beleihen, um andere Vorhaben zu finanzieren. Die Ausdehnung der ökonomischen Theorie auf Ehe, Scheidung und Kindererziehung – den berühmtesten Beitrag dazu lieferte in den 1960er Jahren der Nobelpreisträger Gary Becker – und die Behandlung von Haushalten als Produktions- und Konsumtionseinheiten war ein wichtiger Aspekt dieser breiteren Umwälzung.[72] Uralte Unterscheidungen zwischen fixem und mobilem Reichtum wurden über Bord geworfen. Warum sollten Ziegel und Mörtel anders behandelt werden als, sagen wir, Autos oder Schmuck? Warum Konsumenten daran hindern, das von ihnen erworbene Immobilienvermögen anzuzapfen, um das Geld für etwas anderes auszugeben? Jahrhundertelang hatten republikanische Autoren das Heim als Anker von Staatsbürgerlichkeit und Gemeinsinn in einer Welt des rastlosen Kommerzes idealisiert. Im angelsächsischen Raum wurde die Kette dieses Ankers jetzt gekappt. Das Heim wurde von einem internationalen Kredit- und Schuldenmarkt aufgesogen. Nach den Anfängen in den 1970er Jahren erhielt die Refinanzierung von Wohneigentum durch Ronald Reagans Steuerreform von 1986, die Zweithypotheken Steuervorteile gewährte und gleichzeitig alle anderen Kreditformen von ihnen ausschloss, enormen Auftrieb. Damit war das Eigenheim zum billigsten Geldautomaten geworden. Dagegen behielt es in Kontinentaleuropa fast überall seinen eigenen rechtlichen und materiellen Bereich. Anstatt den leichten Fluss von einer Kreditsphäre in eine andere zu fördern, ließen Frankreich, Deutschland und Italien die Mauern zwischen ihnen unangetastet. Für Hypotheken mussten weiterhin beträchtliche Anzahlungen von 20 bis 40 Prozent geleistet werden, was ein Grund dafür war, dass die Menschen in diesen Ländern so viel sparten. Flexible Hypotheken und leichte Refinanzierung blieben ihnen fremd.

Das »Flüssigmachen« des Heims war der Kulminationspunkt der Kreditrevolution. Aus der Immobilie wurde ein Teil des Werts herausgelöst, um etwas anderes zu finanzieren. 2003 machten amerikanische Haushalte auf diese Weise 139 Milliarden Dollar flüssig, den Gegenwert von 6 Prozent ihres verfügbaren Einkommens. In Australien machten solche Darlehen 2 bis 3 Prozent zusätzlichen Konsum möglich.[73] Im originalen keynesianischen Modell kommen solche Sonderinjektionen in die Wirtschaft vom Staat. Durch das Beleihen steigender Immobilienpreise verwandelte sich dieses Modell in einen »privatisierten Keynesianismus«.[74] Vielleicht ebenso wichtig wie die direkten Transfers war der indirekte Zusammenhang zwischen dem Hauspreis und der Fähigkeit und Bereitschaft, Geld auszugeben. Ökonomen haben die Wirkung von finanziellem Wohlstand und Wohneigentum auf die Konsumneigung in verschiedenen Ländern verglichen und erhebliche nationale Unterschiede festgestellt. Ein Anstieg der Aktienkurse hatte in den USA, Japan und der Eurozone nahezu dieselbe Wirkung: Die Menschen gaben pro Dollar, um den sich ihr Vermögen vermehrte, 6 Cent mehr aus. Bei den »Vermögenseffekten« des Wohneigentums lagen indes Welten zwischen ihnen. Wenn in Amerika der Wert eines Hauses um beispielsweise 100 000 Dollar stieg, gab dessen Eigentümer 5000 Dollar mehr aus, während Japaner und Europäer bei einer entsprechenden Wertsteigerung nur für 1500 Dollar mehr konsumierten. Steigende Immobilienpreise regten zwar in allen Ländern den Konsum an, aber in den einen weit mehr als in anderen. Neben den angelsächsischen Ländern war die Wirkung auch in Finnland, Schweden und den Niederlanden größer als anderswo. Dies lag wiederum nicht nur am Anteil des Wohneigentums, sondern auch daran, wie leicht Haushalte aus ihrem Heim liquide Mittel herausziehen und den steigenden Wert ihrer Immobilie dank Beleihung, flexibler Hypothek und leichter Refinanzierung zu Geld machen konnten.[75]

Bankrottgehen

Wohin floss das viele Geld? Als 2009 die Rezession spürbar wurde, waren sich viele Kommentatoren über die Antwort einig: Die steigenden Privatschulden seien ein Zeichen von rücksichtslosem »Konsumismus«, von Kaufsucht und einem Leben über die eigenen Verhältnisse. Der britische Premierminister Gordon Brown forderte die Menschen sogar auf, ihre Kreditkartenschulden zu begleichen; danach hätten sie vermutlich deutlich weniger ausgegeben, was die Krise nur noch verschärft hätte. Dieser Antwort lag die Annahme zugrunde, dass die Menschen, wenn sie weniger leichtfertig mit ihrem Geld umgingen, sowohl auf persönlicher als auch auf ökonomischer Ebene zu einem vernünftigen Gleichgewicht zurückkehren würden.

Wenn es doch nur so einfach wäre. Die Wirklichkeit war jedoch komplexer, als moralische Standpunkte es sind. Weder die Immobilienbeleihung noch Kreditkarten waren ausschlaggebend für leichtsinniges Ausgabeverhalten. Zugegeben, in Kalifornien schätzten Autohändler, dass jedes dritte Auto mit einem Immobiliendarlehen finanziert wurde.[76] Aber ein Auto, könnte man einwenden, ist im größten Teil der Vereinigten Staaten eher eine Notwendigkeit als ein Luxus. Auf jeden Fall wurde nur ein kleiner Teil solcher Darlehen für den Autokauf verwendet. Ein Drittel des aufgenommenen Geldes wurde für den Um- und Ausbau des Eigenheims genutzt, im Grunde also für Investitionen. Und mit der Hälfte des Geldes wurden Schulden zurückgezahlt oder andere Vermögenswerte erworben. Nur 16 Prozent wurden für Konsumausgaben verwendet. In Australien und Großbritannien sah es ähnlich aus, während die Konsumausgaben in Neuseeland höher waren. Wie die Untersuchungen zeigen, verwendeten die Haushalte Immobiliendarlehen keineswegs für unsinnigen Luxus, sondern im Wesentlichen dafür, über schwierige Umbruchsituationen in ihrem Leben hinwegzukommen. Besonders eifrige Immobilienbeleiher sind zum einen Familien mit kleinen Kindern – die auf diese Weise vorübergehende Verdienstausfälle kompensieren – und zum anderen Geschiedene sowie frisch von Arbeitslosigkeit Betroffene.[77]

Die Assoziation von Krediten mit Einkaufszentren und »unnötigen« Dingen beruht auf einem schlichten Missverständnis. Nationale Daten erfassen den Umfang ungesicherter Konsumentenkredite, ohne deren Verwendung durch die Haushalte zu berücksichtigen. In ähnlicher Weise bezeichnet der Begriff des privaten Konsums sämtliche Haushaltsausgaben, Arzneimittel und Bildungskosten ebenso wie Kleidung und Urlaubsreisen. Es ist ein Trugschluss, anzunehmen, dass jeder, der einen Kredit aufnimmt, einem spontanen Kaufrausch erliegt und das Geld für einen Flachbildfernseher oder ein weiteres Paar Designerschuhe ausgibt. Ein Grund für das Ausmaß der Privatkredite in Großbritannien und Amerika besteht darin, dass mit ihnen Bildungs- und grundlegende Lebenshaltungskosten – und in den Vereinigten Staaten diejenigen von Krankheitsfällen – finanziert werden. Und die Kosten in diesen Bereichen steigen. In Großbritannien war 2007 das durchschnittliche Studentendarlehen doppelt so hoch wie ein Autokredit. Im selben Jahr wurde in den Vereinigten Staaten ein Drittel aller Ratenkredite für Bildungsausgaben verwendet.[78] Es überrascht nicht, dass amerikanische Studenten ihr Studium mit einem Mühlstein von Schulden um den Hals abschließen – im Durchschnitt 20000 Dollar –, während ihre dänischen Kommilitonen nicht nur keine Gebühren zahlen müssen, sondern auch noch ein monatliches staatliches Stipendium erhalten. In den 1990er und 2000er Jahren – einer Zeit stagnierender Löhne und zunehmender Ungleichheit – war die Kreditkarte für viele Amerikaner ein privater Ersatz für den fehlenden Sozialstaat, mit dessen Hilfe sie in Perioden der Arbeitslosigkeit Arztrechnungen beglichen und Lebensmittel und Unterkunft bezahlten. Daher ist das Ausmaß ungesicherter Konsumentenkredite in der angelsächsischen Welt zum Teil eine optische Täuschung. Mit Darlehen wurden Güter und Dienstleistungen bezahlt, die anderswo der Staat zur Verfügung stellt.

Dies wirft die faszinierende Frage auf, inwieweit die amerikanische Wirtschaft tatsächlich darniederlag. Zwischen den 1960er und den 1990er Jahren stieg die Konsumtionsquote der Haushalte (der Anteil ihres Konsums am BIP) von 69 auf 77 Prozent. Doch darin waren die Gesundheitsausgaben enthalten, die in diesem Zeitraum sprunghaft anstiegen. Rechnet man sie heraus, lässt sich in diesen Jahrzehnten keine Veränderung des Konsumprofils feststellen. Mit anderen Worten, Amerikaner wurden nicht zu verschwenderischen Shopaholikern – wenigstens nicht alle. Sie gaben einfach mehr für Tabletten, Zähne und Arztbesuche aus. Bezeichnenderweise war die verstärkte Konsumneigung insbesondere bei Älteren festzustellen. Am größten war der Ausgabenanstieg bei den 60- bis 80-Jährigen. 1990 konsumierten sie um die Hälfte mehr als ihre Vorgänger in den 1960er Jahren.[79] Aus diesem Blickwinkel erscheinen der Rückgang der Sparneigung und die Zunahme der Konsumentenkredite in einem etwas anderen Licht als im Schein der üblichen »Affluenza«-Moralität. Hätten die Alten um einer größeren Ausgewogenheit der Wirtschaft willen weniger konsumieren sollen?

Einander überlagernde Trends prägten die Expansion des kreditfinanzierten Konsums und die Unterschiede *zwischen* den Ländern. Wie die vorangegangenen Beobachtungen nahelegen, sind die Unterschiede *innerhalb* der Länder genauso ernst zu nehmen. Es ist ein merkantilistischer Fehler, sich eine Nation als größeren Haushalt vorzustellen. Dass die Sparquote in Deutschland unverändert hoch ist, bedeutet nicht, dass alle Deutschen hartnäckige Sparer sind. Hinter nationalen Durchschnittswerten verbirgt sich eine Vielzahl von Mikrokulturen. Bezieht man sie stärker in die Rechnung ein, muss man die schrille Verurteilung des rücksichtslosen Konsumenten deutlich mäßigen. Eine detaillierte Untersuchung des Finanzgebarens der Briten zwischen 2006 und 2009 ergab, dass nur 4 Prozent der Kreditschuldner mit den Ratenzahlungen um zwei oder mehr Monate in Verzug waren. Die große Mehrheit hatte keine Schwierigkeiten mit ihren Abzahlungen; der Anteil der Raten für ungesicherte Kredite am Einkommen lag bei zwei Dritteln der Schuldner unter 10 Prozent. Die Ersparnisse waren gering; gleichwohl hatten 41 Prozent mehr als 5000 Pfund auf der hohen Kante.[80] Einige Jahre zuvor jonglierte nur einer von zwanzig Haushalten mit Kreditkarten, um die Schulden auf ihnen gegenseitig auszugleichen. Nur 7 Prozent beschlossen »aus einer Augenblickslaune heraus«, etwas auf Raten zu kaufen; die Mehrheit plante ihre Einkäufe »lange vorher«.[81] Selbst in den Vereinigten Staaten glichen 40 Prozent der Kreditkartenbesitzer ihr Konto regelmäßig aus. Der von der US-Notenbank herausgegebene *Survey of Consumer Finances for* 2007 vermittelt einen ausgezeichneten Eindruck von der Vielfalt der Familienbudgets in den Vereinigten Staaten: 6 Prozent der Befragten gaben an, für gewöhnlich mehr auszugeben, als sie verdienten; bei 16 Prozent war die Bilanz ausgeglichen; 42 Prozent sparten regelmäßig, und die übrigen 36 Prozent legten vor allem für den Ruhestand etwas zurück.[82]

Der Vergleich nationaler Untersuchungen kann trügerisch sein, aber die Verlockung, die Zahlen für das »verschwenderische« Amerika und das »übersparsame« Deutschland nebeneinanderzustellen, ist denn doch zu groß. Im selben Jahr, 2007, sparten 49 Prozent der deutschen Haushalte regelmäßig – 2003 waren es noch 59 Prozent –; interessanterweise sparte nahezu jeder zweite junge Haushalt. Die meisten sparten jedoch nur einen kleinen Teil ihres Einkommens. Was Deutschland von den USA unterschied, war nicht die allgemeine Sparsamkeit, sondern die Tatsache, dass eine winzige reiche Minderheit (8 Prozent) atemberaubende 30 Prozent ihres Einkommens sparte.[83]

Trotz der Millionen von Kreditkarten und auf Raten gekauften Fernsehapparate blieb die Einstellung zum Kredit bemerkenswert konstant. 1979 waren 31 Prozent der Briten der Ansicht, dass Kredite »nie eine gute Sache« seien. 2002, nach einem zwanzigjährigen Kreditboom, hatte sich diese Zahl um keinen Deut verändert. In beiden Jahren betrachtete nur einer von sieben Befragten die Kreditfinanzierung als »vernünftige Art des Kaufens«. Andere hielten sie für bequem. Im Großbritannien der Zwischenkriegszeit wurden auf Raten (als »Mietkauf«) erworbene Möbel mit einem neutralen Lastwagen ausgeliefert, um das Ansehen der betreffenden Familie nicht zu beschädigen.[84] Dass solche Tricks, die in den 1960er Jahren noch angewandt wurden, heute nicht mehr üblich sind, bedeutet nicht, dass man sich offen als Schuldner präsentiert. Viele empfinden das Schuldenmachen weiterhin als moralischen Makel.

Bisher haben wir gesehen, dass mehr Konsumentenkredite mehr Konsum ermöglichten. Aber was ist mit dem umgekehrten Fall? Trieb ein größeres Verlangen nach Dingen die Menschen dazu, sich tiefer zu verschulden? Der Vorwurf, dass übermäßiger Konsumismus für übermäßige Schulden verantwortlich sei, ist alt. Arbeiter würden aufgrund ihres gesteigerten Einkommens Gelüste auf Champagner entwickeln, beklagten Sozialreformer um 1900. Ein Jahrhundert später löste die steigende Zahl von Privatinsolvenzen mitten in einem Kreditboom überall in der entwickelten Welt eine ähnliche Gewissensprüfung aus. 1992 meldeten in den Vereinigten Staaten knapp eine Million Menschen Privatinsolvenz an. Sechs Jahre später waren es 1,4 Millionen. In Kanada stieg die Zahl der Privatinsolvenzen in den 1990er Jahren jedes Jahr um 9 Prozent. In Japan gingen 2005 217 000 Menschen bankrott.[85] Überschuldung war ein globales Problem. Internationale Vergleiche sind jedoch schwierig; die Insolvenzregeln und die Definition der Überschuldung sind in jedem Land anders und haben sich zudem im Lauf der Zeit geändert. Ein Grund für den drastischen Anstieg der Insolvenzen war, dass es Schuldnern überall durch Gesetzesreformen leichter gemacht wurde, Insolvenz zu beantragen. Das britische Insolvenzgesetz wurde 1986 verabschiedet. In den 1990er Jahren folgten viele europäische Länder mit ähnlichen Schuldenanpassungs- und Insolvenzgesetzen. Japan schloss sich 2005 an.[86] In Finnland waren nach Expertenschätzung zwischen 1999 und 2004 rund 2 Prozent der Haushalte überschuldet, in Frankreich 3, in den Niederlanden 4 und in Großbritannien und Deutschland 7 Prozent. In den Vereinigten Staaten erklärten sich 2004 1,7 Prozent der Haushalte für insolvent. Der Anteil der überschuldeten Haushalte lag wahrscheinlich bei etwa 12 Prozent.[87]

Wie kamen die Menschen in eine derart prekäre Lage? Von Deutschland bis zu den Vereinigten Staaten gelangte eine Studie nach der anderen zum selben Schluss: Die Faktoren, die in die Insolvenz führen, sind Arbeitslosigkeit, Niedriglohn, Krankheit und Scheidung. Besonders gefährdet sind Alleinerziehende, vor allem Mütter mit geringem Einkommen. Nur bei einer Minderheit spielen schlechte Haushaltung oder ein exzessiver Lebensstil eine Rolle. Der Abstieg amerikanischer Mittelschichtfamilien in die Insolvenz hatte weniger damit zu tun, dass sie zu viel Geld in Malls trugen, sondern vielmehr mit den laufenden Kosten für Bildung und Wohnen.[88]

Die Demokratisierung des Kredits war weder vollständig noch egalitär. In den 1980er und 1990er Jahren erleichterte sie es Armen und Minderheiten, Kredite und Hypotheken aufzunehmen. Aber sie war nicht nur Segen. Während die einen die Rolltreppe betraten, wurden andere, die bereits Schwierigkeiten hatten, ihre Schulden zurückzuzahlen, immer tiefer in den Abgrund gestoßen. Wie in der Vergangenheit wurden die ganz Armen von der Doppelgeißel von niedrigem Einkommen und hohen Zinsen getroffen. Finanzieller und sozialer Ausschluss hängen weiterhin eng zusammen. Schaut man sich die Lage von Bankfilialen an, erhält man ein gutes Bild der Ungleichheit. Zwischen 1975 und 1995 eröffneten die Banken in den Vereinigten Staaten insgesamt 30 Prozent mehr Filialen. Gleichzeitig wurden in armen Vierteln 21 Prozent der Niederlassungen geschlossen. Das entstehende Vakuum füllten Verleiher von Kurzzeitkrediten und Scheckinkassobüros. In Großbritannien leben heute 7 Prozent der Bevölkerung völlig außerhalb der etablierten Finanzwelt – ohne Bankkonto, Ersparnisse, Rente, Versicherungen und Kreditkarten. Im Lauf des Lebens zahlen Familien ohne Bankkonto schätzungsweise allein 15 000 Dollar Gebühren an Kurzzeitverleiher. Die üblichen Zinssätze britischer Geldverleiher liegen zwischen 100 und 500 Prozent.[89] Das bedeutet der Spruch »Arme zahlen mehr«. Es überrascht kaum, dass britische Forscher »bei Menschen am Rand der Finanzwelt einen verbreiteten Widerwillen gegenüber der Nutzung von Konsumentenkrediten« feststellten, »gepaart mit der Erkenntnis, dass ›Ausgabenbrocken‹ nicht ohne sie getätigt werden können«.[90] Kredite waren ein letztes Mittel, zu dem man Zuflucht nahm, um Schuhe für die Kinder oder ein paar Weihnachtsgeschenke zu kaufen.

Diese Zahlen sind aus zwei miteinander zusammenhängenden Gründen interessant. Erstens legen sie den Schluss nahe, dass nicht die Unfähigkeit, materiellen Wünschen zu widerstehen, sondern die Armut die häufigste Ursache von Kreditausfällen ist. Zweitens erinnern sie daran, dass Überschuldung trotz eines langsamen Aufwärtstrends seit den 1980er Jahren in entwickelten, auf Kredit beruhenden Konsumgesellschaften nur bei einer kleinen Minderheit auftritt und es sogar noch weniger Menschen sind, die sich gezwungen sehen, Insolvenz zu beantragen. In England und Wales meldete 2004 nur jeder Tausendste Insolvenz an. Die große Mehrheit ist mit einem wachsenden Kreditvolumen zurechtgekommen, ohne zahlungsunfähig zu werden. Das Bild einer nüchternen, genügsamen Vergangenheit gehört ins Reich der Mythen und hat mit der Wirklichkeit nichts zu tun. Um 1900 stapelten sich bei Gerichten von Preußen bis England Klagen wegen Kreditausfällen in einem Umfang, der für heutige Leser (und Richter) unvorstellbar ist. Dass es überall auf der Welt Insolvenzgesetze gibt, zeigt, dass die Überschuldung in allen Wohlstandsgesellschaften, einschließlich derjenigen mit sozialer Marktwirtschaft und Wohlfahrtsstaat, ein Problem darstellt. In der Art und Weise, wie man mit ihm umgeht, offenbaren sich jedoch weiterhin unterschiedliche Ansichten darüber, welchen Platz der Konsum in der Gesellschaft einnimmt.

Gesellschaften mit liberaler Haltung zu Krediten haben auch eine liberale Einstellung zur Insolvenz. Die Leichtigkeit, mit der Amerikaner die Liquidation von Schulden erreichen können, spiegelt die zentrale Rolle des kreditfinanzierten Konsums in der amerikanischen Gesellschaft wider. Sie erfordert anstelle ewiger Schande eine schnelle Rehabilitation. Ein exkommunizierter Schuldner ist ein verlorener Konsument. Besser ist es, ihm einen »Neustart« zu ermöglichen. Ziel der Insolvenzgesetzgebung ist hier zuerst und vor allem das reibungslose Funktionieren der Märkte und weniger der Schutz oder die Erziehung anfälliger Staatsbürger. Schulden können leicht abgeschrieben werden, zu leicht, wie manche finden, die schätzen, dass bis zu 15 Prozent der Amerikaner, die Insolvenz beantragen, stattdessen einen Abzahlungsplan hätten schultern können. 2010 beantragten 1,5 Millionen Amerikaner den Erlass von Schulden in Höhe von 450 Milliarden Dollar. Amerikaner erhalten mehr Geld durch Schuldenerlass als durch Arbeitslosengeld.[91] Dies ist ein weiteres Beispiel dafür, dass Konsumenten Vorteile erlangt haben, die einst Geschäftsleuten vorbehalten waren. Marktorientierte Gesellschaften wie die britische haben sich dem amerikanischen Modell, in dem der Bankrott die Märkte reguliert, am weitesten angenähert.

Sozialen Marktgesellschaften, in denen sich einige Kreditbeschränkungen erhalten haben – wie zum Beispiel in Deutschland, wo für Konsumentenkredite eine Zinsobergrenze von 23 Prozent gilt –, fällt es schwerer, eine paternalistische Haltung ganz fallenzulassen. 1999 eröffnete ein neues Gesetz Konsumenten die Möglichkeit, ihre Schuldenlast abzuwerfen, aber erst nach einer Schuldenberatung und nachdem sie sechs Jahre ein gutes Verhalten an den Tag gelegt haben. Wäre es nach dem Willen der SPD gegangen, hätten sie darüber hinaus drei Jahre lang ihr Einkommen so weit abgeben müssen, das nur das pfändungsfreie Existenzminimum verblieben wäre; die früheren Kommunisten, denen dies zu wenig war, forderten, allerdings vergeblich, hierfür eine Frist von fünf Jahren.[92] Überschuldete Deutsche waren also nicht mehr zu lebenslanger Verschuldung und Schattenexistenz verdammt, aber im Unterschied zu ihren amerikanischen Pendants wurden sie nicht von der ganzen Last befreit. Im Gegensatz zu den Regelungen der meisten US-Bundesstaaten, die insolventen Bürgern Eigentum im Wert von Tausenden von Dollar ließen (in Texas durften sie sogar ihr Eigenheim behalten), enthielt das deutsche Gesetz schärfere Freistellungsbestimmungen für privaten Besitz. Geschützt wurde lediglich eine »bescheidene Lebensführung«: So konnte ein Farbfernseher gepfändet werden, wenn er durch ein Schwarzweißgerät ersetzt wurde. Am weitesten gingen skandinavische Wohlfahrtssysteme in der Behandlung der Überschuldung als soziales Problem, das sozialen Schutz erfordert. Finnland führte 2003 ein »Sozialdarlehen« ein, um hochverschuldeten Bürgern einen Ausweg aus dem Teufelskreis von hohen Schulden und hohen Zinsen zu bieten. Anstelle eines Schuldeneintreibers bekommen sie Besuch von einem Sozialarbeiter.[93]

Ungleichheit

Überschuldung am unteren Ende der sozialen Leiter ist ein Anzeichen der zunehmenden Ungleichheit, die seit den 1980er Jahren in den meisten Gesellschaften für Unruhe sorgt, von den angelsächsischen Ländern bis nach Deutschland und Schweden. Die andere Seite dieser Entwicklung ist der spektakuläre Anstieg der Zahl der Millionäre und Milliardäre. In den Vereinigten Staaten gab es 2005 doppelt so viele Millionäre wie 1995. In den angelsächsischen Ländern verfügten am Anfang des 21. Jahrhunderts die reichsten 10 Prozent der Bevölkerung über 30 bis 43 Prozent aller Einkommen. Eine solche Konzentration hatte es seit den 1930er Jahren nicht mehr gegeben.[94] Am deutlichsten war die Ungleichheit an der Spitze. Superreiche waren zu Megareichen geworden. Zwischen 1995 und 2007 wuchs das Vermögen der vier reichsten Amerikaner auf mehr als das Doppelte; zusammengenommen besaßen sie über eine Billion Dollar.

Die genauen Ursachen dieser neuen Ungleichheit sind umstritten. Als Hauptkandidaten werden häufig technologische Entwicklungen, die gestiegene Zahl der Einpersonenhaushalte, schlecht bezahlte und unsichere Teilzeitanstellungen und eine weniger effektive Steuerumverteilung angeführt. Die umfangreiche Literatur zeigt, dass Ungleichheit schlecht ist fürs Wohlbefinden, für die geistige Gesundheit, das zivile Leben und die Toleranz.[95] Hier interessiert uns, ob sie auch für Überkonsum verantwortlich ist. Manche Kommentatoren glauben es. Nach ihrer Ansicht sind Kreditrausch und ein ungesundes Verlangen nach Dingen (»Materialismus«) Symptome ein und derselben Krankheit: der zunehmenden Ungleichheit. Wachsender Reichtum und größere Boni, erklären sie, hätten ein »Luxusfieber« ausgelöst.[96] Die neuen Reichen lebten in einer »unabhängigen Welt« materiellen Übermaßes – »Richistan«, wie Robert Frank vom *Wall Street Journal* sie genannt hat. »Heute gibt es ...

so viele Richistani, die so viel Geld ausgeben können, dass sie eine völlig neue Ebene des Konsums geschaffen haben. Nie war es schwieriger, ein wirklich demonstrativer Konsument zu sein, denn um dasselbe Statussymbol balgen sich Millionen Millionäre. Hinzu kommt eine noch größere Zahl betuchter Konsumenten, die Luxuswaren kaufen, um das Verhalten der Elite nachzuahmen.«[97] Eine einst stolze 30-Meter-Jacht sah plötzlich armselig aus, wenn eine 140-Meter-Jacht neben ihr festmachte. Um mit den jeweils neuesten Reichen Schritt zu halten, nahmen Autos, Anwesen und Schmuck Riesenausmaße an. Solche Exzesse, wird argumentiert, treten eine Ausgabelawine los – von den Superreichen zu den bloß Reichen und von diesen über die Mittelschicht weiter nach unten, wobei jeder fieberhaft versucht, mit den sozial unmittelbar über ihm Stehenden gleichzuziehen. Psychologen, die über die von der Ungleichheit verursachten geistigen Störungen beunruhigt sind, haben in jüngster Zeit Erich Fromms Gegensatzpaar von Haben und Sein bemüht: Die Menschen, sagen sie, definierten sich zu sehr durch das, was sie besitzen, und zu wenig durch das, was sie sind.[98]

Diese Diagnose spricht unser Gerechtigkeitsgefühl an, hat aber schwere Mängel. Zunächst bemühen sich alle Darstellungen in dieser Richtung kaum darum, herauszuarbeiten, was die spezifischen Eigenheiten der Entwicklung der letzten Jahrzehnte der Ungleichheit und des Luxus waren. Schließlich hat Fromm schon in den 1950er und 1960er Jahren – einer Zeit zunehmender Gleichheit – einen Anstieg des Besitzdenkens beklagt. Zwei Jahrhunderte zuvor hatte Jean-Jacques Rousseau das Luxusfieber als über die Zeiten hinweg vorhandene Konstante der Marktgesellschaft betrachtet. In seiner *Abhandlung über den Ursprung und die Grundlagen der Ungleichheit unter den Menschen* (1754) drückte er es drastisch aus: »Der wilde Mensch lebt in sich selbst; der gesellschaftliche Mensch hingegen lebt immer außerhalb seines Selbst ...«[99] Letzterem gälten die Erscheinung und die Meinung anderer alles. Luxus, Ungleichheit – und Sklaverei, hätte Rousseau hinzugefügt – trieben sich gegenseitig voran. Heutige Luxuskritiker schreiben im langen Schatten dieser Gedanken, weshalb es ihnen schwerfällt, den gegenwärtigen Luxus anders als durch die Brille dieser alten Moralität zu sehen. Genauer gesagt, es bleibt unklar, wie die Superreichen den Lebensstil der übrigen Menschheit beeinflussen sollen, wenn sie gleichsam auf einem anderen Planeten leben. Die meisten Menschen können vermutlich nicht einmal fünf Superreiche mit Namen nennen, und wir alle wissen kaum etwas darüber, wie sie leben. Zum Vergleich: Seit 2010 hat es das spanisch-portugiesische Hitvideo *Danza Kuduro*, in dem Don Omar seinen Kumpel Lucenzo in einem BMW Z4 abholt und sich auf einer Viking Sport Cruiser V52 (einer »bloß« 20 Meter langen Motorjacht) den Wind um die Nase wehen lässt, auf rund 570 Millionen Klicks gebracht.[100] In einer Mediengesellschaft ist Berühmtheitskult als Auslöser materieller Wünsche wirkungsvoller als ein Bankier oder Unternehmenschef.

In den Vereinigten Staaten war die Verlagerung des kulturellen Schwergewichts von den Reichen zu Filmstars und Boulevardschönheiten schon in der Mitte des 20. Jahrhunderts im Gang. Der Soziologe C. Wright Mills brachte es 1956 auf den Punkt, als er erklärte, auf dem Titelblatt der Zeitschrift *Life* sei keine einzige Debütantin abgebildet worden, dafür aber »178 Filmschauspielerinnen, Photomodelle, Starmannequins usw.«[101] Bezeichnenderweise waren die von zunehmender Gleichheit geprägten Nachkriegsjahrzehnte bis in die 1970er Jahre hinein sowohl in den Vereinigten Staaten als auch in Europa zugleich die Zeit des großen Konsumbooms. In den 1950er Jahren wurden die Heckflossen länger und die Häuser größer, lange bevor in den 1990er Jahren in den Vororten protzige »McMansions« aus dem Boden schossen. Tatsächlich nahmen sich die Superreichen in den 1950er und 1960er Jahren zurück. Ein luxuriöses Anwesen in Newport nach dem anderen wurde aufgegeben, um ein »normaleres« Leben zu führen. Interessanterweise hörte das Größerwerden amerikanischer Häuser in den 2000er Jahren auf – trotz Schwindel erregender Boni und wachsender Ungleichheit.

Viele Beobachter beziehen ihre Inspiration weiterhin von Thorstein Veblen, dem großen Kritiker des »auffälligen Konsums« in Amerika an der vorletzten Jahrhundertwende. Veblens moralische Empörung über die Verschwendung der müßigen Elite machte ihn jedoch blind gegenüber der einfachen Tatsache, dass die Konsumkultur nach oben wie nach unten ausstrahlen kann. Sobald Auto, Eigenheim, Fernsehapparat und Kühlschrank allgemeine Bezugspunkte waren, verlor der Elitengeschmack viel von seiner Autonomie. Das »Standardpaket«, wie David Riesman es 1955

Der Einkommensanteil des reichsten Prozents der Bevölkerung

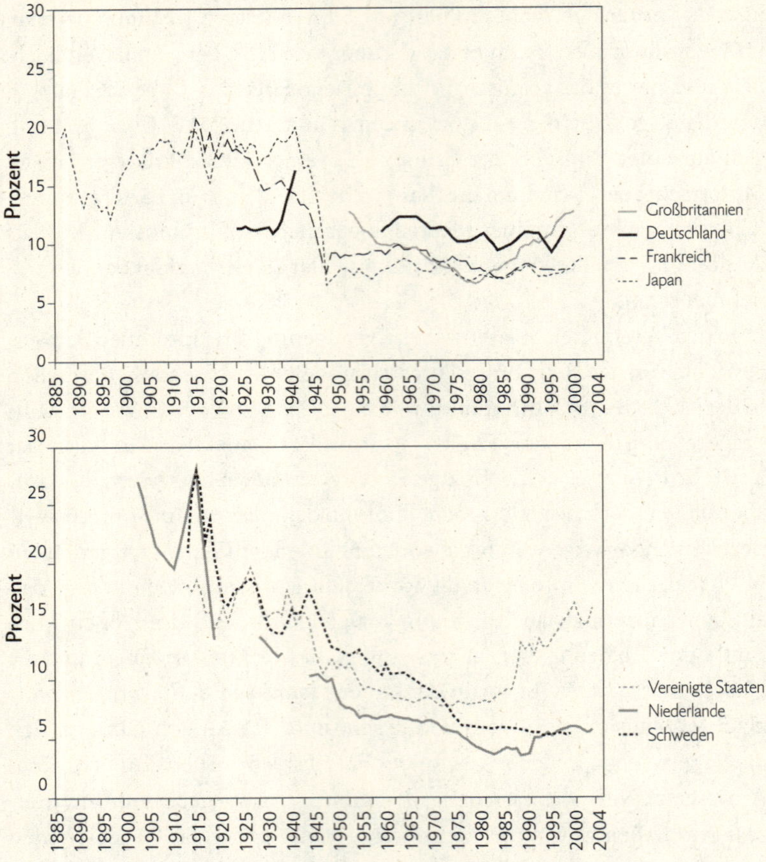

aus: Andrew Leigh, »How Closely Do Top Income Shares Track Other Measures of Inequality«, in: *The Economic Journal* 117, Nr. 524 (2007), S. 589–603.

genannt hat, wirkte in der Oberschicht als »Begrenzung, als eine Art von Komment des Aufwands«. Anstatt anderen ihren Geschmack aufzudrängen, wurde die Elite in den Hauptstrom des Mittelschichtgeschmacks hineingezogen. Ihre Angehörigen begannen den von der Geschäftsetikette vorgeschriebenen Lincoln zu fahren (anstelle eines extravaganten roten Jaguars) und die im College üblichen Jeans zu tragen (anstelle einer hochindividualisierten Bohemekleidung).[102]

Der Einkommensanteil der reichsten 10 Prozent der Bevölkerung

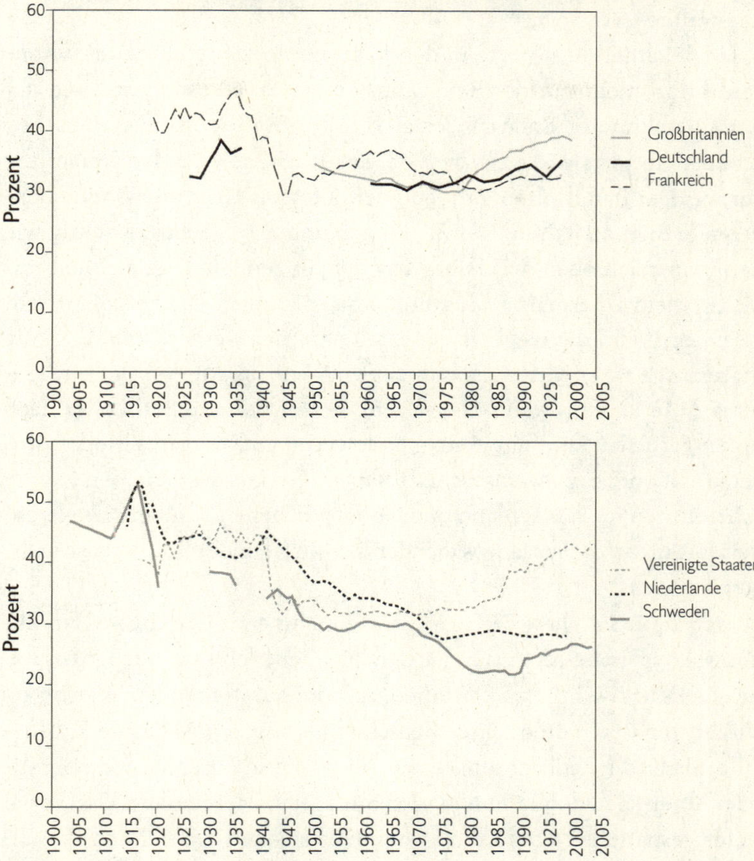

aus: Andrew Leigh, »How Closely Do Top Income Shares Track Other Measures of Inequality«, in: *The Economic Journal* 117, Nr. 524 (2007), S. 589–603.

Wie in den vorangegangenen Kapiteln gezeigt, wäre es töricht, anzunehmen, dass die Klassenzugehörigkeit für den Geschmack nicht mehr prägend wäre. Reiche mögen Popmusik hören, aber sie gehen auch weiterhin in die Oper. Dennoch hat sich die Auswahl akzeptabler Stile, aus der sich jeder für seine Identität bedienen kann, im letzten halben Jahrhundert erheblich vergrößert. Trennlinien verlaufen in alle Richtungen – seitwärts, abwärts ebenso wie aufwärts. Der zunehmende

Pluralismus der Geschmäcker hat den Einfluss der Reichen als Stilikonen weiter verringert.[103]

Ungleichheit resultierte in den letzten Jahrzehnten aus einer Konzentration nicht nur des Reichtums an der Spitze, sondern auch der Armut am unteren Ende der sozialen Leiter. Statusbewusste Menschen schauen abwärts wie aufwärts; sie versuchen, sowohl den Vorsprung vor weniger Bemittelten aufrechtzuerhalten als auch mit Wohlhabenderen Schritt zu halten. Der Blick nach unten ist genauso wichtig wie derjenige nach oben, wird aber von denjenigen, die Ungleichheit mit materiellem Übermaß in Zusammenhang bringen, häufig außer Acht gelassen. Wenn die weniger Bemittelten ärmer werden, müsste es die Statussorge ihrer Mittelschichtnachbarn verringern. Warum ein teureres Auto kaufen, wenn diejenigen, die auf der sozialen Leiter nach unten gerutscht sind, ihr Auto gerade gegen ein billigeres Modell eingetauscht oder es ganz abgeschafft haben? Genau dies ist in den letzten Jahrzehnten in Deutschland und China geschehen: Größere Ungleichheit hat nicht zu Ausgabeeskapaden geführt, sondern dazu, dass mehr gespart wird.

Man kann die These vertreten, dass zunehmende Gleichheit Nachahmungskonsum besser erklärt als Ungleichheit, denn sie erzeugt zusätzlichen Druck, Güter zu erwerben, um die aufstrebenden »Verfolger« auf Abstand zu halten. Diese Schlussfolgerung zog Alexis de Tocqueville, als er die Beobachtungen auf seiner Reise durch das demokratische Amerika in den Jahren 1831/32 mit seinem Heimatland, dem sozial tiefer gespaltenen Frankreich, verglich: »Ist die Ungleichheit das allgemeine Gesetz einer Gesellschaft, so fallen die stärksten Ungleichheiten nicht auf; ist alles ziemlich eingeebnet, so wirken die geringsten Unterschiede kränkend. Deshalb wird der Wunsch nach Gleichheit umso unersättlicher, je größer die Gleichheit ist.«[104] Es ist kein Zufall, dass Gesellschaften, die in jüngerer Zeit einen egalitäreren Lebensstil förderten, auch diejenigen waren, in denen Konsumgüter für die Unterscheidung am meisten zählten. Vielleicht finden in der südkoreanischen Gesellschaft Luxusgüter nicht trotz der Tatsache, dass die Gesellschaft eine der egalitärsten der entwickelten Welt ist, so viel Anklang, sondern gerade weil sie es ist.

In den Vereinigten Staaten scheint man heute die These vom nicht egalitären Luxus als Norm zu betrachten, aber die Konsumkultur ist in verschiedenen Gestalten aufgetreten. Was die heutigen kapitalistischen Gesellschaften betrifft, findet man extreme Privatverschuldung nicht nur in Ländern, die durch große Ungleichheit und wenig Sozialfürsorge gekennzeichnet sind, sondern auch in jenen, die sich durch große Gleichheit und einen Wohlfahrtsstaat auszeichnen, wie etwa Dänemark. Der Unterschied besteht darin, dass Dänen sich mit ihren Schulden wohlfühlen – sie nehmen in internationalen Umfragen nach dem persönlichen Glücksgefühl den ersten Platz ein. Sie können in dem Wissen schlafen gehen, dass der Staat ihnen zu Hilfe kommen wird, falls ihnen am nächsten Morgen das Geld ausgehen sollte. Angelsächsische Beobachter berichten häufig, dass auffälliger Konsum in Skandinavien unbekannt sei, doch dies hat wahrscheinlich mehr damit zu tun, dass sie lokale Codes nicht zu lesen vermögen, als mit deren tatsächlicher Abwesenheit. Das Geld wird eher für Sommerhäuser, Inneneinrichtung und High-End-Skier als für Uhren oder SUVs ausgegeben. Das »Luxusfieber« ist keine spezifische, von angelsächsischer Ungleichheit verursachte Krankheit. Frankreich gehört beispielsweise zu den wenigen Ländern, denen es bisher gelungen ist, eine Vergrößerung der Einkommensungleichheit zu vermeiden. Gleichwohl geben hochkarätige französische Millionäre 30 000 Dollar im Jahr für Luxusgüter aus, 8000 Dollar mehr als ihre amerikanischen Pendants.[105] Nach der Ungleichheitsthese müsste es umgekehrt sein.

Wenn man von Luxus spricht, hat man es tatsächlich mit mehreren Märkten zu tun. Der High-End-Markt umfasst Porsches und Tiffany und folgt dem Auf und Ab der Börse.[106] Luxushandtaschen und Luxusuhren gehören zu einem zweiten, diffuseren Markt mit eigener Logik. Die Nachfrage nach Luxusaccessoires entsteht nicht mehr durch Nachahmung der Superreichen, sondern aus dem Gefühl heraus, zu einer globalen »modernen« Mittelschicht zu gehören. Sie wird also mehr durch vertikale Inklusion als durch hierarchische Unterscheidung bestimmt. Dies ist einer der Gründe für die Beliebtheit von Luxusmarken auf asiatischen Märkten, einschließlich des chinesischen, trotz der hohen Sparquoten. Die Markenhandtasche und Markensonnenbrille geben Millionen städtischer Sekretärinnen, die mit ihnen zur Arbeit gehen, das Gefühl, Teil der modernen Welt zu sein. In der Europäischen Union waren 2006 schätzungsweise drei Viertel der Luxustaschen Fälschungen. In Italien allein wurden in diesem Jahr 89 Millionen gefälschte Artikel beschlagnahmt.[107] Wie der Konsum und der Geschmack allgemein hat auch der Luxus von der relativen Lockerung der Zwangsjacke des Klassengeschmacks seit den 1950er Jahren profitiert. Früher ging es bei Luxusgütern um Prestige: Sie signalisierten die soziale Stellung ihres Besitzers. Beim »neuen Luxus«, wie ihn Marktanalytiker nennen, geht es mehr um das Erlebnis als um den Besitz als solchen.[108] Er verspricht Selbstdarstellung und Zugehörigkeit. Man könnte ihn fast als demokratisches Recht bezeichnen: Jeder hat ein Anrecht auf seine eigene Form des Luxus. Dies ist der Hintergrund des phänomenalen Wachstums von Luxusproduzenten wie LVMH (Moët Hennessy Louis Vuitton) in den letzten Jahren. LVHM nahm 2010 20 Milliarden Dollar ein, ein Drittel davon in Asien. Es bedeutet keinen geschäftlichen Selbstmord mehr, wenn exklusive Marken ihre Produkte an ein Massenpublikum verkaufen. Größere Gleichheit würde daran wohl kaum etwas ändern.

Wenn man heute auf die Entwicklung des Konsumentenkredits im vergangenen Jahrhundert zurückblickt, fällt ins Auge, wie erfolgreich die meisten Menschen das wachsende Kreditvolumen bewältigt haben. Um 1900 waren sich die Beobachter darin einig, dass Schulden moralische Verderbnis, sozialen Verfall und Bankrott bedeuteten. Auch in jüngerer Zeit vertreten manche immer noch die Ansicht, der Überfluss habe die angeborene Selbstbeschränkung zersetzt, so dass die Menschen nicht mehr in der Lage seien, sich des ständigen Stroms von Neuheiten zu erwehren.[109] Auf den Kredit trifft dies kaum zu. Im großen Ganzen haben die Menschen ihre moralischen Kritiker eines Besseren belehrt. Auf jeden gepfändeten Gegenstand kamen Tausende von Autos, Fernsehern und Eigenheimen, die getreulich abbezahlt wurden. Der Kredit richtete den Blick der Menschen auf möglichen Besitz. Die Monatsraten für eine Hypothek oder den Kreditkauf eines Produkts zahlen zu müssen, klärt den Blick. Die Zahl derjenigen, die der Gnade von Kredithaien und Verleihern von Kurzzeitkrediten mit ihren Wucherzinsen ausgeliefert sind, ist heute wesentlich kleiner als vor einem Jahrhundert. Doch für diejenigen, die von der Kreditrolltreppe ausgeschlossen sind oder heruntergestoßen wurden, ist der fehlende Zugang zu regulären Krediten heute weit schwerer zu verkraften als früher, weil so viele Aspekte des heutigen Alltags von der Kreditwürdigkeit abhängen. Dies ist eines der ersten Anzeichen einer Polarisierung, die für die gegenwärtige Konsumkultur charakteristisch ist.

10 Nicht so schnell!

1990 wurde in Klagenfurt der Verein zur Verzögerung der Zeit gegründet. Dieser verdient, neben seinem anregenden Namen, unsere Aufmerksamkeit auch wegen seiner phantasievollen Versuche, eine Verhaltensänderung zu erreichen. Seine Aktivisten bauten in Stadtzentren »Tempofallen« auf, um den Fußgängerverkehr zu verlangsamen. Vorbeieilende Menschen wurden beiseitegenommen und erhielten eine symbolische Strafe: Sie mussten eine Spielzeugschildkröte fünfzig Meter weit steuern, bevor sie weitereilen durften. Es war nicht die einzige einfallsreiche Aktion, mit der die Anhänger der Entschleunigung die alltägliche Hast unterbrachen; so stellten sie Hunderte von Liegestühlen für eine kollektive Siesta auf.[1] Dies entbehrt nicht einer gewissen Ironie, meint man doch gemeinhin, dass österreichische Städte weniger eine Ent- als vielmehr eine Beschleunigung gebrauchen könnten. Ein Forscher, der weltweit die Gehgeschwindigkeit gemessen hat, fand heraus, dass Österreicher langsamer sind als fast alle anderen Europäer.[2]

Die Schildkröte ist seit langem das Symbol einer klugen, maßvollen Lebensweise. Ende der 1830er Jahre führten Flaneure in den Galerien von Paris lebendige Exemplare mit sich, um das Vergnügen des ziellosen Schlenderns zu demonstrieren.[3] Die Wiederkehr des Schildkrötensymbols in den 1990er Jahren war Ausdruck einer größeren, weltweiten Besorgnis über das Tempo des Lebens, die am Ende des 20. Jahrhunderts immer lauter geäußert wurde. Ein Jahrhundert, das mit den Versprechungen von zeitsparenden Geräten und Muße im Überfluss begonnen hatte, endete mit der Angst vor einem »Zeithunger«. 1900 bedeutete Geschwindigkeit Modernität und Vitalität.[4] Filippo Tommaso Marinetti und andere futuristische Künstler glorifizierten sie. Langsamkeit war etwas für Bauern. Heute wird die Geschwindigkeit als unzivilisiert betrachtet. Das »schnelle« Leben gerät in allen Bereichen unter Beschuss: Essen, Mode, Design, Reisen, Musik, Sexualität. 2005 unternahm der Künstler Ohad Fishof einen »langsamen Gang« über die London Bridge, um »Longplayer« zu feiern, eine Musikschleife, die bis zum Ende des Jahrtausends abgespielt werden wird. Der Gang dauerte 9 Stunden, 43 Minuten und 25 Sekunden.

Die Entschleunigungsbewegung reicht von den vielen Tausenden von »Aussteigern« in den USA und Kanada, die der Devise »Take Back Your Time Day« folgen, bis zu den Hunderten von Mitgliedern des Sloth Club in Japan. Slow Food, die größte Gruppe dieser Bewegung, wurde 1989 als Reaktion auf die Errichtung des goldenen McDonald's-Bogens an der Spanischen Treppe in Rom gegründet. Seither hat sie ihr ursprüngliches Anliegen, genussvolles Essen, zu einer »ökogastronomischen« Politik von Nachhaltigkeit und verantwortungsvollem Konsum ausgeweitet. Sie hat derzeit 100 000 Mitglieder in 153 Ländern. Ihre Partnerorganisation Cittàslow entstand 1999 und zählt derzeit 228 Städte zu ihren Mitgliedern, von Goolwa in Australien bis Mungia in Spanien. Ihr Symbol ist eine Schnecke.[5] Die Philosophie und, könnte man hinzufügen, das Geschichtsverständnis dieser Gruppen ist ziemlich geradlinig; mit den Worten des Gründungsmanifests von Slow Food: »Die Industriegesellschaft hat zuerst die Maschine erfunden und nach ihr das Leben modelliert. Mechanische Geschwindigkeit und rasende Beschleunigung werden zur Fessel des Lebens ... Aber der Homo sapiens muss sich von einer ihn vernichtenden Beschleunigung befreien und zu einer ihm gemäßen Lebensführung zurückkehren.«[6]

Es ist kaum zu bestreiten, dass in moderner Zeit eine beispiellose Beschleunigung des Lebens stattgefunden hat. Dieser Prozess begann nicht erst im 20. Jahrhundert. Friedrich Nietzsche beobachtete 1874 besorgt eine »allgemeine Hast und zunehmende Fallgeschwindigkeit«, begleitet vom »Aufhören aller Beschaulichkeit und Simplizität«.[7] Damit reihte er sich in eine lange Reihe von Denkern ein. Zwei Generationen vor ihm war Tocqueville in Amerika aufgefallen, dass »der Bewohner der Vereinigten Staaten« immer in Eile war: »[E]r hat es so eilig, die ihm greifbaren [Dinge] zu fassen, dass man meinen könnte, er befürchte jeden Augenblick zu sterben, ehe er sich ihrer erfreut habe.«[8]

Vorangetrieben wurde und wird die Beschleunigung von drei Hauptkräften. Die erste ist die technologische Innovation: Dampfmaschine, Eisenbahn, Flugzeug, Automobil, Internet. Nach einer konservativen Schätzung vergrößerte sich die Geschwindigkeit der Kommunikation im 20. Jahrhundert um das 107-Fache.[9] Die zweite Kraft ist kultureller Art: Wir haben das Gefühl, dass die Welt sich schneller dreht. Es ist verlockend, anzunehmen, dieses Beschleunigungsgefühl sei eine Folge des technologischen Wandels, aber vielleicht funktioniert es auch andersherum. Mit der Entdeckung des Fortschritts im 18. Jahrhundert empfand man in modernen Gesellschaften die Zeit nicht mehr als Rad, auf dem sich Vergangenheit, Gegenwart und Zukunft im Kreis drehen, sondern als Pfeil, der in eine offene, unvorhersehbare Zukunft schießt. Drittens schließlich wirkt die Gesellschaft selbst beschleunigend, insbesondere im letzten halben Jahrhundert, in dem Arbeitsstellen und Partner immer öfter gewechselt wurden und mit ihnen unser Selbstbild.[10]

Die Frage zu beantworten, wie genau diese drei Kräfte zusammenwirken, würde den Rahmen dieses Buchs sprengen. Hier interessiert lediglich, welchen Einfluss unser Konsumverhalten auf unsere Zeitnutzung und unser Zeitgefühl hat. Grob ausgedrückt: Ist Zeitarmut der Preis, den wir dafür zahlen, reich an Dingen zu sein? Auf diese Frage sind zwei leicht unterschiedliche bejahende Antworten gegeben worden. Die erste lautet, dass die Zeit hektischem Konsum zum Opfer falle. Überflussgesellschaften würden aus jeder Arbeitsstunde immer größeren Gewinn pressen, damit aber zugleich auch jede Mußestunde, am entgangenen Einkommen gemessen, immer wertvoller machen. In der Folge würden die Menschen versuchen, mehr aus ihrer Freizeit herauszuholen, indem sie mehr Dinge schneller und oberflächlicher konsumierten. Aktivitäten, die Zeit und Fertigkeiten erforderten, würden durch einen immer größeren Berg von Dingen ersetzt, die Neuheit und sofortige Befriedigung versprächen. Nennen wir diese These das Kind-im-Süßwarenladen-Syndrom. Die zweite Antwort geht einen Schritt weiter: In einer Konsumgesellschaft, in der man mit Gütern Status erkauft und Werbung allgegenwärtig ist, seien die Menschen derart daran gewöhnt, mehr zu wollen, dass sie Freizeit gegen zusätzliche Arbeitsstunden eintauschten, um ihre wachsenden materiellen Wünsche zu finanzieren. Es handle sich um eine

Art Selbstversklavung. Darunter leide sowohl die Quantität als auch die Qualität der Freizeit. Die Menschen müssten schneller und länger laufen, um ihr Konsumentenselbst zufriedenzustellen. Dies ist das Hamsterrad-Syndrom. Wie nah kommen diese Thesen aber der Wirklichkeit?[11]

Die Freizeitrevolution: Work in Progress

Ein in den 1840er Jahren geborener Brite kam in einem typischen vierzigjährigen Arbeitsleben auf 124000 Arbeitsstunden. Sein Ururenkel, der 1981 nach einem ebenso langjährigen Arbeitsleben in Rente ging, hatte nur noch 69000 Stunden gearbeitet. Außerdem konnte er sich darauf freuen, zwanzig Jahre länger zu leben. Während sein Vorfahr die Hälfte seiner wachen Zeit gearbeitet hatte, waren es bei ihm nur noch 20 Prozent gewesen.[12] Diese Verringerung der Arbeitszeit ist derart beeindruckend, dass man sich fragt, wie jemand bezweifeln kann, dass im 20. Jahrhundert eine Freizeitrevolution stattfand. Dennoch sind die Art dieser Revolution und selbst ihre Realität Gegenstand einer heftigen Debatte gewesen, und es dürfte kaum überraschen, dass das, was mit der Arbeit und der Freizeit geschah, in der ersten Überflussgesellschaft – den Vereinigten Staaten – am leidenschaftlichsten diskutiert wurde.

Optimisten können auf die von Angus Maddison, einem Pionier der quantitativen Geschichtsschreibung, gesammelten Arbeitszeitdaten verweisen. 1900 arbeitete ein amerikanischer Arbeiter 2700 Stunden im Jahr. In den 1980er Jahren waren es 1600. 1991 sprach Juliet Schor für die Pessimisten, nach deren Auffassung Amerikaner, anstatt immer mehr Freizeit zu genießen, seit den 1960er Jahren immer länger arbeiteten und sich immer gestresster fühlten. Schors These war eine Form des Hamsterrad-Szenarios mit einem besonderen Dreh: Die Kultur der langen Arbeitszeit habe ihre Wurzeln in der Macht amerikanischer Kapitalisten, für die Vollzeitarbeitskräfte leichter auszubeuten und zu kontrollieren seien als flexible oder Teilzeitarbeiter. Wer lieber mehr Freizeit gehabt hätte, sei mit höherer Entlohnung gekauft worden. Im Lauf der Zeit seien die Arbeiter in einen konsumistischen Kreislauf von Arbeiten und Ausgeben geraten und dort gefangen gewesen.

Zeitnutzungsforscher, die diese pessimistische These genauer unter die Lupe nahmen, wiesen auf einige Mängel hin. John Robinson und Geoffrey Godbey haben gezeigt, dass die Arbeitszeit zwischen 1965 und 1985 weiter geschrumpft ist: um sieben Stunden für Männer und um sechs Stunden für Frauen. 1985 hatten amerikanische Erwachsene im Durchschnitt 40 Stunden Freizeit in der Woche. Auch die von den Pessimisten konstatierte »Freizeitlücke« konnten sie nicht entdecken. Frauen jonglierten keineswegs mit einer Doppel- oder Dreifachlast – Küche, Kinder, Arbeit –, damit ihre Ehemänner ihre Freizeit genießen konnten. Vielmehr begann sich, wie Robinson und Godbey feststellten, eine »androgyne Gesellschaft« herauszubilden, in der Männer und Frauen ihre Zeit in zunehmendem Maß auf ähnliche Weise verbringen.[13]

Wem soll man nun glauben? Die widerstreitenden Interpretationen resultieren in nicht geringem Maß aus unterschiedlichen Untersuchungsmethoden. Schor geht von subjektiven Einschätzungen aus. Danach *fühlen* sich Amerikaner immer stärker überarbeitet, und zweifellos ist in den Vereinigten Staaten und den entwickelten Gesellschaften insgesamt die Zahl derjenigen, die sich gehetzt fühlen, seit den 1970er Jahren gestiegen.[14] Unser subjektives Gefühl ist jedoch bekanntermaßen ein schlechter Zeitmesser. »Je glücklicher die Zeit, desto kürzer«, bemerkte Plinius der Jüngere vor zweitausend Jahren.[15] Es überrascht nicht, dass den Befragten die Arbeitszeit umso länger erschien, je gestresster sie waren. Ihre Angaben über ihren Tagesablauf summierten sich regelmäßig auf mehr als 24 Stunden. Eine gebräuchlichere Methode ist es, die Probanden zu bitten, ihre Tätigkeiten in einem Zeitnutzungstagebuch festzuhalten. Solche Tagebücher werteten Robinson und Godbey aus; sie stellen einen nützlichen Realitätscheck dar, denn wie sich herausstellte, arbeiteten die Menschen weniger, als sie selbst dachten.

Neben der Zeitdauer sollte man auch berücksichtigen, wessen Freizeit beobachtet wird. Daten wie diejenigen von Maddison zeigen die Zunahme der Freizeit aus Sicht der einzelnen Arbeiter. Das ist großartig, sofern man zufälligerweise ein typischer männlicher Erwachsener mit einer bezahlten Arbeit ist. Weniger aufschlussreich sind die Daten, wenn man weiblich, arbeitslos, unter 14 oder über 65 ist. Darüber hinaus sind Arbeit und Freizeit keine individuellen Erfahrungen. Die meisten Menschen leben (noch) in Haushalten, unter deren Angehörigen bezahlte Arbeit, unbezahlte Arbeit und Freizeit ungleich verteilt sind. Wenn John Smith am Freitag eine Stunde früher aus dem Büro nach Hause käme, hätte es kaum eine Auswirkung auf die Summe der Freizeit, sofern seine Frau eine zusätzliche Stunde damit zubringt, sein Essen zu kochen. Die Freizeit des einen kann Arbeit für einen anderen bedeuten. Aber sie muss es nicht. Mr. Smith mag beschließen, seiner Frau beim Abwasch zur Hand zu gehen (30 Minuten), in welchem Fall sie beide eine halbe Stunde Freizeit gewinnen würden – sowie ein unmessbares Quantum an ehelicher Harmonie. Die Verteilung der Freizeit ist ebenso wichtig wie ihr Umfang. Es gibt also gute Gründe dafür, die Perspektive von der des einzelnen Arbeiters auf die Gesellschaft als Ganze auszuweiten, bevor wir ein Urteil über die Freizeitrevolution fällen.

Dank der beiden Ökonomen Valerie Ramey und Neville Francis haben wir eine umfassende Analyse der Zeitnutzung zur Hand, die es erlaubt, die Veränderung des Verhältnisses von Arbeit und Freizeit im Lauf des 20. Jahrhunderts nachzuvollziehen.[16] Sie berücksichtigt neben bezahlter auch unbezahlte Arbeit (Haus- und Care-Arbeit, das heißt Kochen, Saubermachen, Sichkümmern usw.) und Ausbildung. Außerdem schließt sie Heranwachsende und Alte sowie Staatsangestellte, wie Soldaten und Lehrer, ein. Die Zahlen belegen mehrere faszinierende langfristige Trends. Männliche Arbeiter haben seit den 1930er Jahren tatsächlich immer weniger bezahlte Arbeit geleistet, während Frauen mehr arbeiteten. Zusammengenommen arbeiteten 25- bis 54-jährige Männer und Frauen im Durchschnitt im Jahr 2005 genauso viel wie 1910: 31 Stunden pro Woche. Was die Freizeit betrifft, ist das Bild gemischt. Amerikaner insgesamt (ab 14 Jahre) hatten 2005 vier Stunden mehr Freizeit in der Woche als ihre Vorfahren ein Jahrhundert zuvor. Aber manche Generationen gewannen mehr als andere. Die Jungen (14- bis 17- und 18- bis 24-Jährige) hatten fünf Stunden mehr Freizeit, bei den Alten (ab 65 Jahre) waren es sogar ganze 14 Stunden mehr. Gewinner waren alle, außer den 25- bis 54-Jährigen, die 2005 fast genauso viel Freizeit hatten wie 1900. Schaut man genauer hin, bemerkt man einen interessanten Punkt. Auch die Jahrgänge in den mittleren Jahren erlebten eine Freizeitrevolution, nur dass sie seit den 1980er Jahren zurückgenommen

Durchschnittliche wöchentliche Zeit für Arbeit und Freizeit von Amerikanern über 14 Jahren, 1900–2005

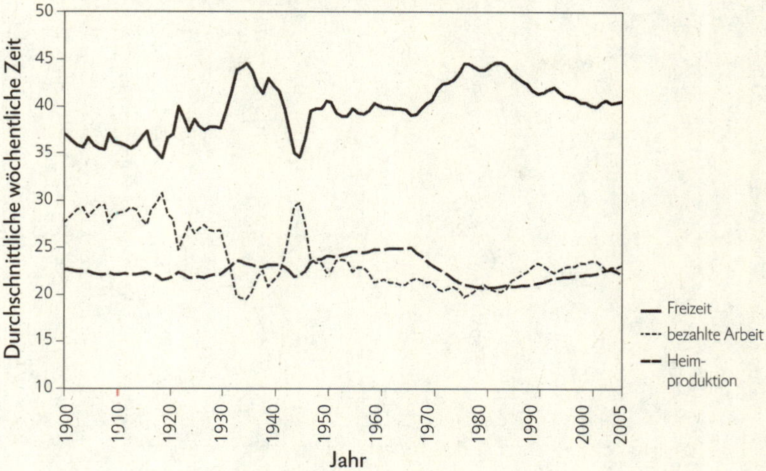

aus: N. Francis und V. A. Ramey, »A Century of Work and Leisure«, in: *American Economic Journal: Macroeconomics* 1, Nr. 2 (2009), S. 189–224.

wurde. Für sie war 1980 die Spitze der Freizeitkurve erreicht: fünf zusätzliche Stunden im Vergleich zu 1910, ebenso viele wie die Gruppe der Jungen. Doch im Unterschied zu dieser gingen ihnen die zusätzlichen Stunden zwischen 1980 und 2005 wieder verloren.

John Maynard Keynes hatte 1930 in eine Kristallkugel geschaut und eine Zukunft vorausgesehen, in der die Menschen dank größerer Produktivität bis zum Jahr 2030 20 Stunden mehr Freizeit erhielten. Von dieser Utopie sind wir noch weit entfernt. Gleichzeitig wäre es völlig falsch, zu denken, dass es keine Freizeitrevolution gab, oder zu unterstellen, Arbeiter hätten in den 1930er Jahren im Tausch für Güter und höhere Löhne Freizeit aufgegeben.[17] Bis in die 1970er Jahre genossen Amerikaner jedes Alters mehr Freizeit und leisteten weniger bezahlte Arbeit. Es ist ein Irrtum anzunehmen, mehr Konsum setze weniger Freizeit voraus. Während des größten Teils des 20. Jahrhunderts ist das Gegenteil der Fall gewesen.

Beweist die gegenläufige Entwicklung seit den 1970er Jahren dann, dass die Pessimisten recht haben? Nicht ganz. Amerikanerinnen (zwischen 25

Durchschnittliche wöchentliche Zeit für Freizeit amerikanischer Männer nach Altersgruppen, 1900–2005

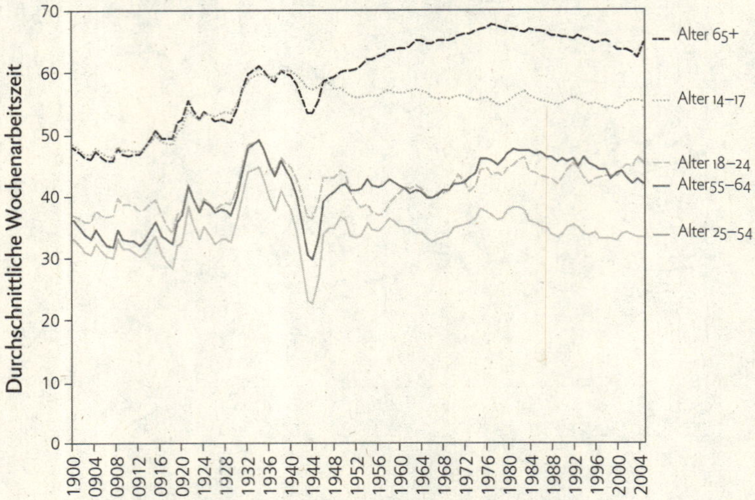

aus: N. Francis und V. A. Ramey, »A Century of Work and Leisure«, in: *American Economic Journal: Macroeconomics* 1, Nr. 2 (2009), S. 189–224.

und 54 Jahren) leisteten im Jahr 2000 11 Stunden mehr bezahlte Arbeit als 1970. Darunter, sollte man meinen, würde die Freizeit leiden. Doch bemerkenswerterweise verringerte sie sich nur um die Hälfte dieser zusätzlichen Arbeitszeit. Mit anderen Worten, die Freizeit erwies sich als relativ beständig. Frauen tauschten ihre Freizeit nicht eins zu eins gegen einen höheren Verdienst ein. Da ein Tag nur 24 Stunden hat, stellt sich die Frage, wo die fehlenden Stunden herkamen, nachdem Frauen begonnen hatten, ins Büro zu gehen? Zum überwiegenden Teil wurden sie gewonnen, weil die Frauen die Gummihandschuhe auszogen und Mopps und Staubtücher beiseitelegten. Die von Frauen für unbezahlte Haus- und Familienarbeit aufgewandte Zeit ist seit 1960 um 11 Stunden gesunken. Einen Teil des Ausfalls übernahmen ihre Ehemänner und Partner. Seit 1970 hat der durchschnittliche amerikanische Mann mittleren Alters fünf Wochenstunden mehr für die Hausarbeit geopfert. Dies erklärt zum Teil, warum die Freizeitrevolution für Männer im arbeitsfähigen Alter zum Stillstand kam; und zufälligerweise waren dies genau die Jahre, in denen

Durchschnittliche wöchentliche Zeit für Freizeit amerikanischer Frauen nach Altersgruppen, 1900–2005

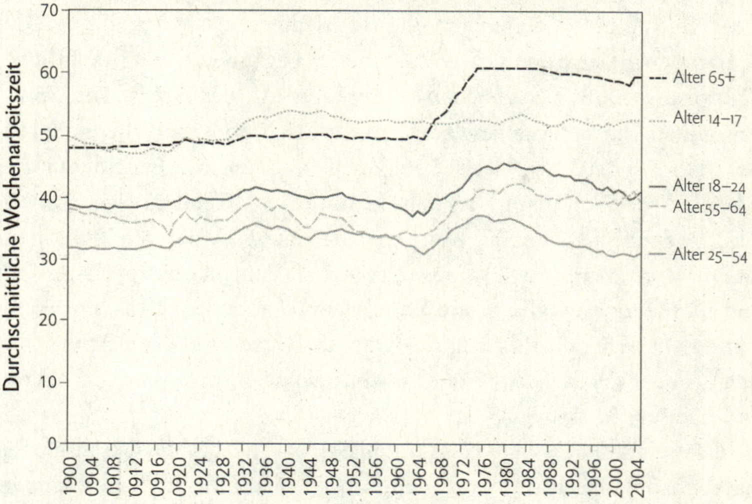

aus: N. Francis und V. A. Ramey, »A Century of Work and Leisure«, in: *American Economic Journal: Macroeconomics* 1, Nr. 2 (2009), S. 189–224.

die Klagen über zunehmenden Stress aufkamen. Viele Männer nutzten die durch kürzere Arbeitszeiten frei gewordenen Stunden nicht als Freizeit, sondern für Hausarbeit. Zur Arbeit zu gehen, bewirkte also, was Staubsauger, Waschmaschinen und andere Haushaltsgeräte versprochen, aber nicht geliefert hatten: eine Zeitersparnis für Frauen.[18] Anzumerken ist, dass zwar weniger Zeit fürs Kochen und Saubermachen aufgewandt wird, dafür aber mehr für die Kinderbetreuung.

Sich einen direkten Ersatz von Haushaltsarbeit durch auf dem Markt gekaufte Güter und Dienstleistungen vorzustellen, wie manche Ökonomen es tun, ist zu einfach.[19] Während Doppelverdienerfamilien Essen eher kaufen als selbst kochen, haben sie doch nicht sämtliche Hausarbeit, einschließlich der Kinderbetreuung, aufgegeben. Die bemerkenswerte Tatsache ist, dass amerikanische Haushalte im Jahr 2000 genauso viele Wochenstunden für die Haus- und Care-Arbeit aufwenden wie 1900, nämlich 22, obwohl sie weniger Kinder haben. Kleinere Haushalte bedeuten zunehmend mehr Arbeit, da die Aufgaben schlechter verteilt werden können. Anstatt das eine durch das andere zu ersetzen, kaufen Haushalte mehr Güter und Dienstleistungen *und* halten an der Hausarbeit fest. Würden diejenigen, die sie erledigen, dafür bezahlt, würde heutzutage in den Vereinigten Staaten die Hausarbeit allein beachtliche 22 Prozent des BIP ausmachen; zusammen mit der Arbeit von Spülmaschinen und anderen langlebigen Konsumgütern würde dieser Anteil auf 30 Prozent steigen.[20] Es ist kein Zufall, dass der Rückgang der unbezahlten Arbeit seit den 1970er Jahren von einem Trend zu legerer Kleidung und zum Essen außer Haus begleitet wurde. Wenn die Menschen bereit wären, noch mehr unbezahlte Arbeit dem Markt zu überlassen und ein niedrigeres Niveau von Komfort und Sauberkeit zu akzeptieren, käme es der Freizeit sehr zugute. Kurz, die Haus- und Care-Arbeit hat sich als ebensolche Bremse der Freizeitrevolution erwiesen wie Arbeit und Löhne.

In diesen Entwicklungen die Anfänge einer »androgynen Gesellschaft« zu sehen, dürfte etwas verfrüht sein. Gegenwärtig tragen Frauen immer noch zwei Drittel der Hausarbeit, und Männer kümmern sich eher um den Hund als um die Kinder. Dennoch ist, was die Zeitnutzung betrifft, die Kluft zwischen amerikanischen Männern und Frauen schmaler geworden, und eine ähnliche Annäherung ist auch in Kanada und ganz Europa festzustellen.[21]

Dieser Demokratisierungstrend wird von neuen Klassentrennungen durchkreuzt. In den 1950er Jahren fiel Beobachtern erstmals auf, dass gewöhnliche Amerikaner weniger arbeiteten und ein größeres Verlangen nach Freizeit äußerten als ihre Bosse. Gleichzeitig demonstrierten Manager ihre Wichtigkeit durch lange Arbeitstage und mehrere Telefone auf dem Schreibtisch. Geschäftigkeit signalisierte Status. Seither belegen Zeitnutzungstagebücher, dass sich der Graben zwischen den beiden Kulturen von Arbeit und Freizeit verbreitert. Bildung ist ein gutes Kennzeichen. Je gebildeter ein Amerikaner, desto weniger Freizeit hat er. Highschool-Absolventen erhielten zwischen 1965 und 1985 fast sieben zusätzliche Freizeitstunden, während Akademiker hier auf der Stelle traten. Hochgebildete Männer und Frauen leisteten unverhältnismäßig oft Überstunden. Die Bildungslücke spiegelte sich in einkommensabhängigen Zeitungleichheiten wider. Großverdiener hatten vier Stunden weniger Freizeit als Arbeiter mit geringem Lohn. Die Armen waren die neue Freizeitklasse, die Reichen die neue Klasse der Arbeitenden.[22]

In Theorien der Konsumgesellschaft werden Freizeit und Arbeit häufig als Nullsummenbeziehung dargestellt: Je wichtiger die eine wird, desto unwichtiger die andere. Doch der Gewinn an Freizeit, so bescheiden er auch war, ging einher mit einer Zunahme der Bedeutung der Arbeit als Quelle des Reichtums. 1900 bedeutete, reich zu sein, ein Landhaus zu besitzen oder eine Erbschaft gemacht zu haben. Heute hängt Reichtum weit mehr von Gehalt und Qualifikationen ab; daher die Anziehungskraft von Bonuszahlungen und die Ausbreitung von Universitätsabschlüssen. Im Lauf des 20. Jahrhunderts stützte sich der Erfolg in zunehmendem Maß aufs Humankapital.[23] Überstunden sind ein Weg, um es anzusammeln. Die Muße fällt dem Karriereplan zum Opfer.

»Extreme Emsigkeit«, schrieb Robert Louis Stevenson 1877, sieben Jahre, bevor er mit der *Schatzinsel* berühmt wurde, »in Schule oder College, in Kirche oder Marktplatz, ist ein Zeichen mangelnder Lebenskraft, und eine Eignung zum Müßiggang spricht für einen allumfassenden Appetit und einen starken Sinn für die eigene Identität.«[24] Die Vorstellung, dass Müßiggang zum Aufbau der Persönlichkeit beiträgt, dürfte den meisten heutigen Lesern verdreht erscheinen. Zugegeben, Stevenson selbst gelang es, zwischen seinen müßigen Momenten dreizehn Romane, sechs Reisebücher, Essaysammlungen und Gedichte zu verfassen, zu komponieren – er spielte Flageolett, eine frühe Flötenform – und nach Nordamerika und Samoa zu reisen, wo er Land erschloss und ein Haus baute: alles in der kurzen Lebensspanne von 44 Jahren. Auch Keynes hielt nicht viel von der Arbeit. Nach seiner Ansicht waren Reiche, soweit sie überhaupt arbeiteten, von Habgier getrieben, während die Armen arbeiteten, um zu überleben. Dass Arbeit eine Quelle von Vergnügen und Stolz sein kann, entging ihm.[25] In postindustriellen Gesellschaften verbringen Manager, Akademiker und Angehörige höherer Berufe mehr Stunden im Büro als ihre Kollegen zwei Generationen zuvor. Sie tun dies zum Teil deshalb, weil ihre Arbeit heute befriedigender ist – *»le bonheur du travail«*, wie die Franzosen sagen.[26]

Der Gegensatz zwischen hart arbeitenden Amerikanern und müßigen Europäern ist heute fast zum Klischee geworden. 2006 verwies der

Finanzgigant UBS auf längere Arbeitszeiten, die angeblich erklärten, warum die amerikanische Wirtschaft schneller wuchs als die europäische;[27] durch die Finanz- und Wirtschaftskrise dürfte sich dieses Argument mittlerweile erledigt haben. Auf den ersten Blick scheinen die Zahlen für sich selbst zu sprechen. Laut OECD arbeiteten Amerikaner 2005 im Durchschnitt 1800 Stunden, während Briten 1680, Franzosen 1550 sowie Niederländer, Deutsche und Skandinavier rund 1400 Stunden arbeiteten.[28] Das Sahnehäubchen war die Einführung der 35-Stunden-Woche in Frankreich im Jahr 2000. In Deutschland stieg die Zahl der bezahlten Urlaubstage von 23 in den 1970er Jahren bis 2010 auf 31; ein amerikanischer Arbeitnehmer kann sich glücklich schätzen, wenn er nach 20 Jahren Arbeit 19 Tage Jahresurlaub erhält. Worin ist dieser Unterschied begründet? Manche verweisen auf das in Amerika tiefverwurzelte puritanische Arbeitsethos. Doch diese These ist zweifelhaft. In den 1950er Jahren befürchtete ein scharfer Beobachter wie David Riesman, dass Amerika eine »antipuritanische Revolution« erlebte, in deren Verlauf die Freizeit, einst ein »Randnutzen«, »die Arbeit selbst an den Rand des Bewusstseins und der Sinnhaftigkeit zu drängen« drohte.[29] Bis in die 1980er Jahre waren Amerikaner müßiger als Europäer. Dass sich dieses Verhältnis seitdem umgekehrt hat, ist zum großen Teil stärkeren Gewerkschaften, besseren öffentlichen Dienstleistungen und einer sozialdemokratischen Politik in der Alten Welt zu verdanken.

Gegensätze zwischen Nationalcharakteren verschleiern mehr, als sie enthüllen. Amerikaner, heißt es, würden Einkommen und Konsum der Freizeit vorziehen, während Europäer sich dafür entschieden, etwas ärmer zu sein, dafür aber mehr Zeit zu haben. Es hängt vom eigenen Standpunkt ab. Für australische Aborigines, deren einfachere Lebensweise nur drei oder vier Arbeitsstunden am Tag erfordert, wären die angeblichen Gegensätze lediglich unterschiedliche Versionen ein und desselben modernen Zeitregimes.[30] Sobald man unter den nationalen Stereotypen zu graben beginnt, treten die Parallelen zutage. 1941 nannten nur 3 Prozent der 65-jährigen Amerikaner die Freizeit als Hauptgrund für ihr Ausscheiden aus dem Arbeitsleben. In den 1980er Jahren tat es jeder zweite.[31] Amerikanische Senioren unterscheiden sich also gar nicht so sehr von europäischen. Im Gegenteil, viele Europäer folgen Trends, die sich in den Vereinigten Staaten herausgebildet haben. Ungeachtet kürzerer offizieller Arbeitszeiten, befanden sich auch in Europa Geschäftigkeit und Überstunden im Vormarsch und machten eine saubere Unterscheidung zwischen Arbeitswoche und freiem Wochenende immer schwieriger. In Deutschland hat sich der Anteil derjenigen, die abends arbeiten, seit 1995 von 23 auf 30 Prozent vergrößert; im Jahr 2007 arbeiteten 40 Prozent regelmäßig am Samstag und 20 Prozent am Sonntag.[32] In den Niederlanden hat die bezahlte Arbeitszeit in der Zeitspanne der letzten Generation um fast vier Wochenstunden zugenommen, während die Freizeit in gleichem Maß abnahm.[33] Der Geschlechterunterschied in Bezug auf Freizeit und unbezahlte Arbeit ist geringer geworden, obwohl er in Italien und Spanien weiterhin sehr ausgeprägt ist.[34] Ein Grund für die längeren Arbeitszeiten in den Vereinigten Staaten ist zunächst einmal, dass in Frankreich und Deutschland weniger Menschen einer bezahlten Arbeit nachgehen. Dies bedeutet nicht unbedingt, dass diese über unendlich viel Freizeit verfügen. Vielmehr kochen sie beispielsweise regelmäßiger. Zählt man unbezahlte Arbeit mit, ist die durchschnittliche Arbeitszeit in den Vereinigten Staaten nur um 10 Prozent länger.[35] Die bezahlte Arbeitszeit von Spaniern entspricht derjenigen von Amerikanern.

Vor allem aber hat in Europa eine ähnliche Schichtenpolarisierung der Zeit stattgefunden wie in den Vereinigten Staaten. In Deutschland arbeitet heute mehr als die Hälfte der Menschen in »gehobener Position« über 40 Stunden pro Woche, und jeder Fünfte kommt auf mehr als 48 Stunden. In unteren Positionen sind 35 oder weniger Stunden üblich. Ganz ähnlich die Entwicklung in Großbritannien: 1961 hatten Männer mit geringem Humankapital weniger Freizeit als ihre besser ausgebildeten Mitbürger; vierzig Jahre später hatten sie mehr. Britische Manager verzichten im Durchschnitt auf vier Urlaubstage im Jahr.[36]

All dies bedeutet, dass Bildung, Geschlecht und Haushaltszusammensetzung die Freizeit stärker prägen als die Tatsache, ob jemand in den Vereinigten Staaten, Schweden oder Frankreich lebt. Ein Spitzenmanager in Stockholm oder Paris hat, was die Freizeit angeht, mit seinen New Yorker Pendants mehr gemein als mit dem örtlichen Postboten. Kinder sind im Allgemeinen schlecht für die Freizeit, zumal für diejenige von Alleinerziehenden. Die sozialen Rollen bestimmen weitgehend, ob jemand arm oder reich an Zeit ist. Nationale politische Regelungen spielen dabei weniger eine Rolle.

Eine Gruppe von Sozialwissenschaftlern hat sich die Frage gestellt, wie viel Freizeit die Menschen hätten, wenn sie gerade genug arbeiteten, um oberhalb der Armutsgrenze zu bleiben, und zu Hause nicht mehr als das Nötigste täten.[37] Ähnlich dem »frei verfügbaren Einkommen«, stellten sie fest, gibt es auch »frei verfügbare Zeit«, eine versteckte Reserve, welche die Menschen anzapfen können. Bei den einen ist sie größer als bei anderen. Ein alleinstehender Erwachsener ohne Kinder gewinnt rund 11 Stunden frei verfügbare Zeit, wenn er den Bund fürs Leben schließt und das Paar sich die Hausarbeit teilt. Nach der Geburt des ersten Kindes verliert ein Doppelverdienerpaar zwischen 7 (Schweden) und 13 Stunden (USA). Durch eine spätere Scheidung verliert eine Finnin 23 und eine Amerikanerin 33 Stunden. Wie kaum anders zu erwarten, ist die Zeitarmut in skandinavischen Wohlfahrtsstaaten weniger hart als im liberalen Amerika. Allerdings zeigen die Zahlen auch, dass Franzosen sogar noch weniger potentielle Freizeit haben.

Im wirklichen Leben ist die Zeit freilich nicht derart »verfügbar« wie etwa Geld. Man erhält und besitzt sie nicht in klar umrissenen Mengen von Dollars, Euro oder Pfund; vielmehr ist sie an Gewohnheiten, aufeinanderfolgende Tätigkeiten und alle möglichen Koordinationsakte gebunden. Einfach die Stunden zu zählen, ist problematisch. Gleichwohl ermöglicht es der Begriff der frei verfügbaren Zeit, zwischen denjenigen, die freiwillig Freizeit aufgeben, und denjenigen, die es gezwungenermaßen tun, zu unterscheiden. Doppelverdiener klagen darüber, ständig in Eile zu sein, aber wenn sie wollten, könnten sie morgen schon Keynes' Traum wahrmachen. Auch wenn sie nicht vollständig Herren ihres Schicksals sind, fällt es dennoch schwer, sie als Opfer von Zeitarmut zu betrachten. In unserem Zusammenhang interessant ist, dass Europäer – ganz gleich, ob sie nun im wohlfahrtsstaatlichen Schweden oder im korporatistischen Frankreich leben – genauso schlecht darin sind, verfügbare Zeit in Freizeit umzuwandeln, wie Amerikaner. Schweden könnten 85 Stunden mehr Freizeit in der Woche haben und würden immer noch oberhalb der Armutsgrenze leben. Tatsächlich begnügen sie sich mit gerade einmal 30 Stunden. Amerikaner, Deutsche und Franzosen verschenken jeweils 46 Wochenstunden zusätzlicher Freizeit. Der Gegensatz zwischen Freizeit liebenden Europäern und viel arbeitenden Amerikanern sollte also nicht übertrieben werden.

Die meisten Angehörigen von Überflussgesellschaften wollen indes nicht nur knapp oberhalb des Existenzminimums leben. Weniger zu arbeiten, ist ein Minderheitentrend.[38] Auch ein erhebliches Maß an zusätzlicher Freizeit ist kein Anreiz, wenn man dafür eine schlechtere Wohnung, ältere Kleidung und Möbel in Kauf nehmen und das Auto, die neuesten Elektrogeräte und Fernreisen aufgeben muss. Aber ist dies die richtige Wahl? Oder sorgt diese Zeitverteilung dafür, dass die Menschen weniger glücklich sind, als sie es andernfalls wären? Letztlich geht es also darum, was man als Wohlbefinden betrachtet und wie man es misst. In jüngster Zeit sind in einer Vielzahl von Veröffentlichungen der konventionelle ökonomische Maßstab des Bruttoinlandsprodukts (BIP) in Frage gestellt und alternative Messlatten des Wohlbefindens vorgeschlagen worden.[39] Wir können dieser umfangreichen Literatur hier unmöglich gerecht werden und nur auf einige Folgen für die Zeitnutzung hinweisen. Anfangs lag der Schwerpunkt der Forschung auf dem heiklen Zusammenhang zwischen Einkommen und Glück in Wohlstandsgesellschaften. 1974 bemerkte Richard Easterlin in einer bahnbrechenden Studie, dass reiche Amerikaner zwar glücklicher seien als ihre armen Nachbarn, die Amerikaner insgesamt 1970 aber nicht glücklicher als 1946 waren, obwohl sie, am Realeinkommen gemessen, um 60 Prozent reicher waren. Wenn die Grundbedürfnisse gedeckt seien – wofür 1974 15 000 Dollar im Jahr nötig waren –, bewirke zusätzliches Einkommen keine Steigerung des Glücksgefühls mehr.[40]

Spätere Forscher waren optimistischer und haben darauf hingewiesen, dass reiche Länder in der Regel tatsächlich glücklicher sind als ärmere. Dänen sind heute reicher *und* glücklicher als vor vierzig Jahren. Auch die Annahme einer grundlegenden Schwelle, jenseits derer man mit Geld kein Glück mehr kaufen kann, ist in Zweifel gezogen worden. Nach einer Gallup-Umfrage von 2007 beispielsweise gaben Amerikaner an, dass mehr Geld ihr Wohlbefinden steigere.[41] Dass in der entwickelten Welt insgesamt das Glück trotz des allgemeinen Geldregens nicht wächst und gedeiht, sollte nicht überraschen. Ein neues Auto oder eine neue Küche vergrößert unser objektives Wohlbefinden, erhöht aber auch unsere Erwartungen. Unser subjektives Wohlbefinden – das bei den meisten Studien gemessen wird – bleibt dann unverändert. Dies ist die sogenannte Zufriedenheitstretmühle. Man muss aber auch hervorheben, was manchmal vergessen wird: dass die Daten nämlich nicht zeigen, dass Überfluss uns *weniger* glücklich macht.

Es ist sinnvoll, die Menschen zu fragen, wie glücklich sie sich insgesamt fühlen. Der Alltag aber besteht aus vielen mehr oder weniger angenehmen Tätigkeiten. Man erfährt daher eine Menge, wenn man die Menschen außerdem fragt, wie befriedigend oder störend sie bestimmte Tätigkeiten an einem bestimmten Tag finden, und dann prüft, wie viel Zeit sie für sie aufgewandt haben. Dies ist, grob definiert, die von dem Psychologen und Nobelpreisträger Daniel Kahneman entwickelte Tagesrekonstruktionsmethode. Mit ihrer Hilfe führten Kahneman, sein Kollege Alan Krueger und vier andere Fachleute eine neuartige Untersuchung der Zeitnutzung und des Wohlbefindens in den Vereinigten Staaten und Frankreich durch. Das Team interviewte 2005 achthundert Frauen im Mittleren Westen der USA (Columbus, Ohio) und eine ähnliche Stichprobengruppe in Frankreich (Rennes).[42] Das Ergebnis war ein »U-Index«, der den Anteil der Zeit misst, in dem ein Proband sich unwohl fühlte (U wie »unpleasant state«, Unwohlsein). Es gab viele Ähnlichkeiten. So fanden Amerikanerinnen ebenso wie Französinnen Sex, Sport und Essen weit angenehmer als Arbeit und Kinderbetreuung. Das Fernsehen war für sie genauso vergnüglich wie Beten und Gespräche und erheblich angenehmer als Schlafen und Einkaufen. Aber es gab auch deutliche Unterschiede. Französinnen beschäftigten sich tendenziell mehr mit den angenehmen Dingen, wie Essen und Sex, und weniger mit Unangenehmem wie Hausarbeit und bezahlter Arbeit. Und sie fanden Kinderbetreuung weniger entnervend als amerikanische Mütter, was wahrscheinlich der Tatsache geschuldet war, dass sie dank besserer Betreuungsangebote und in der Nähe wohnender Großeltern weniger durch sie belastet waren.

Insgesamt sind die Unterschiede jedoch nicht gravierend. Frauen in Columbus verbrachten 5 Prozent mehr Zeit mit unangenehmen Tätigkeiten als ihre Pendants in Rennes.[43] Dies könnte jedoch zu gering ange-

Zeit und Wohlbefinden

A. Zeitanteile verschiedener Aktivitäten in den Vereinigten Staaten und Frankreich, 2005

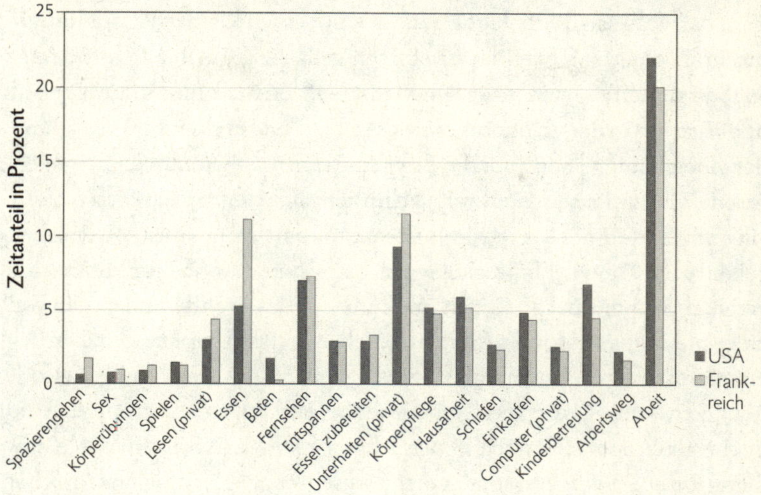

B. U-Index nach Aktivitäten in den Vereinigten Staaten und Frankreich, 2005

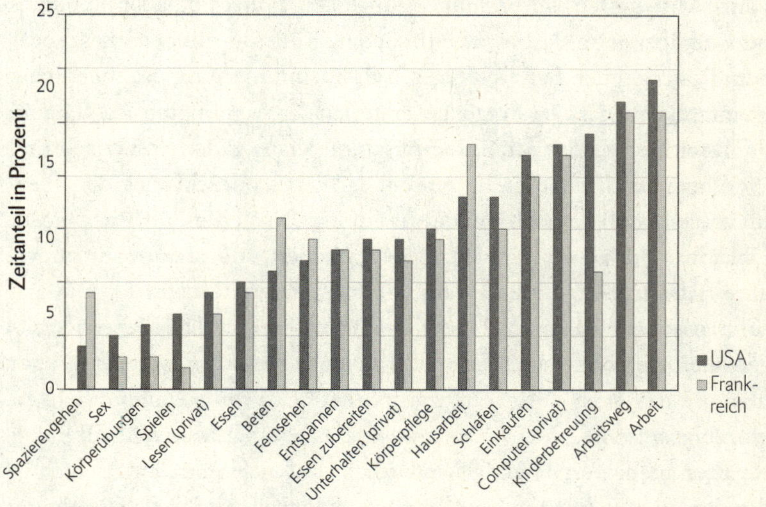

* Der U-Index misst das Unbehagen. Je niedriger er ist, desto weniger unwohl ist einem bei einer Aktivität.

aus: Krueger et al., »Time Use and Subjective Well-Being in France and the US«, Tab. 3.

setzt sein, da die Daten Urlaubsreisen nicht einbezogen; wer verreist war, konnte nicht interviewt werden. Die Forscher hielten dies für vernachlässigbar, da Reisen, aufs Jahr gerechnet, nur einen kleinen Zeitraum ausmachten. Dies ist sicherlich zu einfach gedacht. Urlaub ist ein integraler Bestandteil der Identität der Menschen. Er wird im Voraus geplant und nachher in der Erinnerung genossen. In den Ferien nimmt das Familienleben häufig einen anderen Rhythmus an. Man widmet dem Spielen, Essen, Zusammensein und wahrscheinlich auch dem Sex mehr Zeit, was alles auch dann noch zu spüren ist, wenn man zurück ins Alltagsleben gekehrt ist. Die vielen geschossenen Fotos und aufgestellten Souvenirs erzählen von der nachhaltigen Wirkung auf das Wohlbefinden, die von einer Methode, die von Probanden lediglich verlangt, einen normalen Tag zu rekonstruieren, ungenügend erfasst wird.

Die Forschung, die vergleicht, wie Gesellschaften Zeit nutzen und erleben, befindet sich noch in den Kinderschuhen. Noch sind viele Probleme offen. Was, wenn nun manche Gesellschaften einfach mürrischer als andere sind oder an ganz anderen Tätigkeiten Vergnügen haben? Lange Mittagessen mögen Franzosen glücklich machen, aber heißt dies notwendigerweise, dass es auch für andere Kulturen gilt oder diese sogar dem französischen Beispiel folgen sollten? In unserem Zusammenhang ist interessant, dass der Vergleich zwischen den Vereinigten Staaten und Frankreich auf einen paradoxen Zusammenhang zwischen Freizeit und Wohlbefinden hindeutet, der uns zu der Kritik zurückführt, die Überflussgesellschaft sei im Grunde »freudlos«.[44] Nach dieser These fördert Überfluss billige Unterhaltungstechnologien und andere »Komfortgüter«, die im Gegensatz zu wahrhaft anregenden »relationalen Gütern« sofortiges, aber nur kurzlebiges Vergnügen bereiten. Die Menschen sitzen allein da und schauen fern, statt sich mit Freunden zu treffen. Stuft man die täglichen Tätigkeiten nach dem Grad ihrer Annehmlichkeit ein, zeigt sich, dass diese These zu simpel ist. Manche Konsumgüter verschaffen mehr Vergnügen als andere; sowohl in Frankreich als auch in den Vereinigten Staaten liegt das Fernsehen weit vor der Beschäftigung mit dem PC. Wichtiger ist jedoch, dass Franzosen insgesamt mehr *joie de vivre* empfinden: Sie schauen mehr fern *und* haben mehr Sex. Ob Konsumgüter zeitaufwendige Freizeitbeschäftigungen und relationale

Güter wirklich verdrängt haben, sollte als offene Frage und nicht als von vornherein feststehende Tatsache betrachtet werden. Auf der Suche nach einer Antwort müssen wir uns jetzt der konkreten Nutzung der Freizeit zuwenden.

Work hard, play hard

Die Muße war eine Entdeckung der alten Griechen. In Jäger-und-Sammler-Gesellschaften waren Arbeit und Spiel zu einem organischen Ganzen verschmolzen. Erst die Griechen rissen beides auseinander. Aristoteles betrachtete Muße neben Weisheit und Glück als einen der Zwecke des Lebens. Muße vollendete die Persönlichkeit. Sie erlaubte sowohl passive Kontemplation als auch gesellschaftliches Handeln und beinhaltete die Freiheit, einen desinteressierten Blick auf die Welt zu werfen. Es ist kein Zufall, dass in den Worten »school«, »Schule« und »scuola« das griechische Wort für Muße – *scholé* (σχολή) – nachklingt, auch wenn die heutige Bildungsrealität von diesem Ideal weit entfernt ist. Anders als in der Moderne war Muße für die Menschen in der Antike rein und unteilbar. Aristoteles wäre erstaunt gewesen, wenn man ihm gesagt hätte, dass man sie in Stunden und Minuten messen oder mehr oder weniger von ihr haben konnte. Muße und Arbeit waren einander ausschließende Seinsweisen. Das Privileg, Erstere zu haben, setzte die völlige Freiheit von Letzterer voraus. Die Muße der Wenigen beruhte daher auf der Sklaverei der Vielen. Dies war der Grund, weshalb Muße in viktorianischer Zeit in schlechtem Ansehen stand und die »müßige Klasse« ein Schimpfwort war. Ein Mann mit einem Jahreseinkommen von 200 000 Pfund, bemerkte der viktorianische Historiker und Moralist Thomas Carlyle scharf, lebe von der Arbeit von 6666 Männern und tue nichts, außer Rebhühner zu schießen.[45]

Die Industrialisierung brachte enorme Produktivitätssteigerungen, die es erlaubten, Arbeitern Freizeit zu gewähren. Bevor diese aber genossen werden konnte, musste zunächst ihr guter Ruf wiederhergestellt werden. Bis ins frühe 20. Jahrhundert erschien Muße als Gefahr. Würden Arbeiter mit freier Zeit etwas anzufangen wissen? Oder würden sie diese bei Glücksspiel und blutigen Hundekämpfen verplempern? Die Lösung war, folgte man Mittelschichtreformern, »vernünftige Erholung« wie Lektüre, ernste Unterhaltung und Leibesübungen. Anfang des 20. Jahrhunderts war der Krieg um die Freizeit gewonnen. Alle Gesellschaften – demokratische, faschistische und sozialistische – förderten die Freizeit als Mittel, stärkere Staatsbürger zu schaffen, auch wenn diese Stärke unterschiedlichen Zwecken dienen sollte.

Neben der Quantität der Freizeit drehte sich der Streit daher um ihre Qualität. Befürworter der Muße empfahlen selten das Nichtstun. Zum »ersten Mal in der Geschichte des Menschen«, bemerkte ein amerikanischer Beobachter 1942, »verfügen fast alle Schichten über die Muße für Erholung und die Künste. Anstatt die Muße als gefährlich zu betrachten, sollten wir sie als Mittel der Abrundung unserer Persönlichkeit nutzen ... Wir sollten dem Spielen und kreativen Tätigkeiten mehr Aufmerksamkeit widmen.«[46]

Die Muße zu definieren, war alles andere als einfach. Sie erfordert die Fähigkeit, etwas auszuwählen und etwas um seiner selbst willen zu tun. 1976 zählten britische Statistiken auch Tätigkeiten im Arbeitsumfeld, wie Firmensportvereine und -klubs, zur Freizeit. Bezahlter Urlaub erschien dagegen in der Kategorie der Anstellung, bevor er 1988 der Freizeit untergeordnet wurde.[47] International ist es seither üblich, freie Zeit von bezahlter Arbeit und Hausarbeit einerseits und von persönlicher Pflege andererseits zu unterscheiden. Die harmonisierte europäische Zeitnutzungsstudie (HETUS) behandelt Geselligkeit, Unterhaltung, Lektüre, das Ausruhen und Hobbys als Freizeit. Gärtnern, Handarbeiten und Einkaufen werden unter Hausarbeit verbucht, zusammen mit Kinderbetreuung und Saubermachen, während das Essen zur persönlichen Pflege gezählt wird. Natürlich verzerren solche strengen Unterscheidungen die Realität. Wir alle müssen essen, um zu überleben, aber manche essen aus Vergnügen und lieben es, mit Stil zu dinieren. Würde das Essen zum Teil als Freizeit gewertet, würde sich die Freizeitlücke zwischen Amerikanern und Europäern weiter vergrößern.[48] Auch das Gärtnern, Stricken und Heimwerken sind zu Freizeitaktivitäten geworden. Auf den folgenden Seiten müssen wir daher flexibel sein. Andernfalls erhalten wir ein Zerrbild der Auswirkungen des Überflusses auf die Freizeit.

Ein letztes zur Vorsicht gemahnendes Wort über einen ebenso einfachen wie grundlegenden Unterschied: Aus Sicht von Ökonomen entspricht der private Konsum dem Geld, das jemand ausgibt. Soziologen meinen mit Freizeit die Zeit, die jemand für einen bestimmten Zweck aufwendet. Diese Sichtweisen sind nicht austauschbar. Mr. Jones mag ein neues Auto kaufen, aber wenn er es vor allem benutzt, um zur Arbeit zu fahren, würde es in einem Zeitnutzungstagebuch als Transportmittel zur Arbeit auftauchen. Freizeit kann mehr oder weniger Konsum beinhalten. Eine aktive Skiläuferin verbraucht mehr Geld und Ressourcen als ihre Nachbarin, die lieber zu Hause bleibt und liest. Ob Freizeit das Gegenteil von mehr Konsum ist – wie etwa beim Stereotyp von müßigen Europäern und konsumistischen Amerikanern –, ist eine Frage, die nach empirischer Verifikation verlangt.

1927 fragte Lydia Lueb 2000 westfälische Textilarbeiterinnen, wie sie ihre Freizeit verbrachten. Im Durchschnitt arbeiteten sie 54 Stunden in der Woche, einschließlich des Samstagvormittags. Hinzu kamen rund zwei Stunden Hausarbeit am Tag. Nach ihren Lieblingsaktivitäten in der Freizeit gefragt, gaben die meisten Ausruhen an (41 Prozent). Ein Viertel nannte Nähen, Stricken und Hausarbeit, in einigem Abstand gefolgt von Lesen (8 Prozent), Radfahren und Sport allgemein (3 Prozent) und Unterhaltung (2 Prozent). Die Frauen hatten eine Woche Urlaub im Jahr; die Hälfte verbrachten sie zu Hause mit Handarbeiten oder im Garten. Nur jede fünfte unternahm eine Kurzreise. Eine winzige Minderheit verbrachte den Urlaub mit Wandern. Während der Arbeitswochen gingen manche schwimmen, aber »Sport am Wochenende ist im Allgemeinen den Arbeiterinnen so gut wie unbekannt«. Einige lebten in Pensionen und Fabrikunterkünften, wo abends und an Sonntagen getanzt oder Gesellschaftsspiele gespielt wurden, aber auch Koch- und Nähkurse stattfanden. In den Wintermonaten organisierte die Gewerkschaft für ihre Mitglieder Theater- und Liederabende. Die Sonntage verliefen bei den meisten immer gleich: morgens der Kirchbesuch, dann Hausarbeit und Mittagessen; am Nachmittag ging man spazieren oder besuchte Verwandte oder Freunde. Einige übten ein Musikinstrument oder probten für eine Theateraufführung. Andere unternahmen einen Ausflug mit ihrem Gesangsverein. Am meisten schätzten sie jedoch die Möglichkeit, zu schlafen und sich auszuruhen.[49]

Freizeitbeschäftigungen von europäischen Männern zwischen 20 und 74 Jahren, 1998–2002

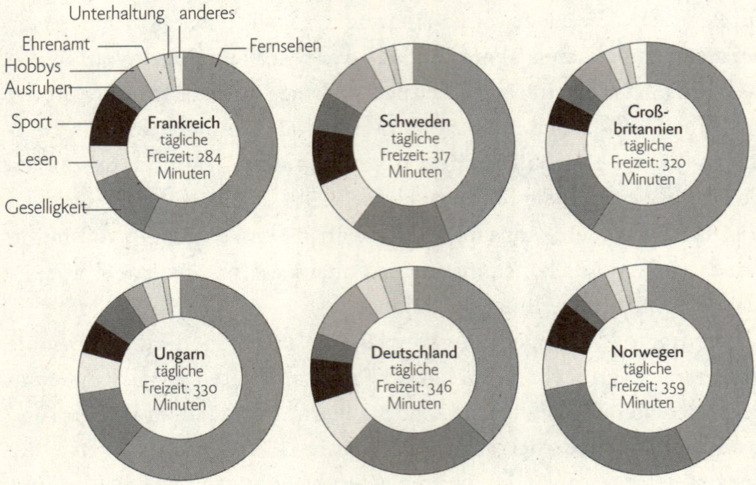

aus: Eurostat, 2004.

Spult man vor ins Jahr 2000, so betritt man eine andere Zeitzone. Deutsche Frauen genossen jetzt fünf Stunden Freizeit am Tag, Norwegerinnen fast sechs, wie eine Eurostat-Studie feststellte. Männer hatten im Durchschnitt eine halbe Stunde mehr. Rund zwei Stunden am Tag wurde ferngesehen, was in Deutschland ein Drittel und in Ungarn mehr als die Hälfte der Tagesfreizeit ausmachte. Dies ist die größte einzelne Verschiebung bei der Freizeitnutzung. Was das Ausruhen für die westfälischen Textilarbeiterinnen war, ist für zeitgenössische Europäer das Fernsehen. Andere Aktivitäten komplizieren allerdings das Bild. Auch das Lesen ist beliebt geblieben, insbesondere in Nordeuropa. Ein Viertel der Europäer verwandte eine halbe Stunde am Tag auf Sport und Spazierengehen. Kulturelle Aktivitäten rangierten an letzter Stelle (5 bis 14 Minuten), was jedoch als zu gering angesetzt erscheint, da Zeitnutzungstagebücher den täglichen Durchschnitt erfassen und die Menschen nicht jeden Tag ins Theater oder in ein Museum gehen. 10 bis 30 Minuten widmete man dem Garten, eine halbe Stunde dem Einkaufen.[50]

Freizeitbeschäftigungen von Europäerinnen zwischen 20 und 74 Jahren, 1998–2002

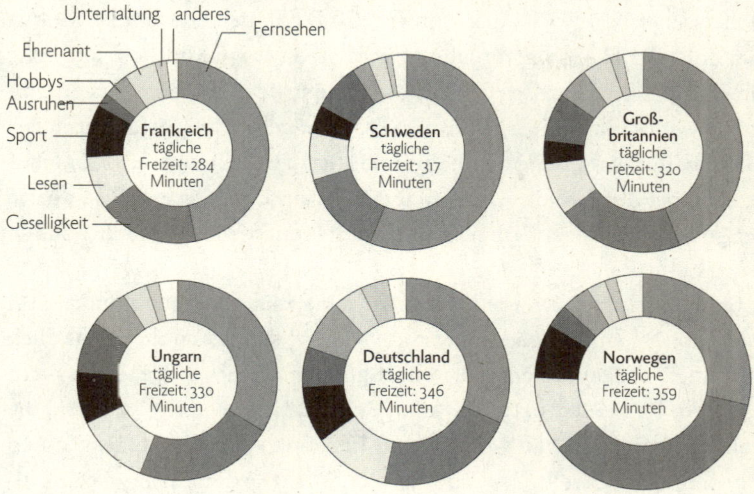

aus: Eurostat, 2004.

Natürlich erlauben die beiden Untersuchungen keinen strengen Vergleich, schon weil die ältere auf Arbeiterinnen beschränkt war und keinen Bevölkerungsquerschnitt erfasste. Landesweite Zeitnutzungsumfragen gibt es erst seit den 1960er Jahren. Hält man beide Untersuchungen nebeneinander, zeigen sich gleichwohl erhebliche Veränderungen der Qualität der Freizeit, von Rhythmus, Tempo und Dichte. Erstens war es in den 1920er Jahren noch üblich, Haus- und Handarbeit zur Freizeit zu rechnen; tatsächlich nannte jede vierte Frau sie als ihre Lieblingsbeschäftigung. Im Jahr 2000 waren diese Tätigkeiten in die Rubrik der unbezahlten Arbeit verschoben. Zweitens gingen die westfälischen Arbeiterinnen entweder schwimmen oder trieben gar keinen Sport. Ihre Urenkelinnen konnten zwischen Fußball, Volleyball, Tennis, Judo, Indoor-Skifahren und anderen Sportarten wählen. Der größere Umfang der Aktivitäten hängt, drittens, mit größerer Mobilität zusammen. Abgesehen von gelegentlichen Spaziergängen oder Wandertouren, hatte die Freizeit in den 1920er Jahren einen festen Ort: das Zuhause oder eine Pension. Heute verbringen Europäer zwei Drittel ihrer Freizeit zu Hause; aber sie sind seit den 1960er Jahren immer ruheloser geworden: 1961 verbrachte ein erwachsener Brite 87 Minuten am Tag mit Einkaufen oder anderen Aktivitäten außer Haus; vierzig Jahre später waren es 136 Minuten. 1973 ging ein Drittel der Franzosen abends überhaupt nicht aus; eine Generation später war es nur noch ein Fünftel.[51] Essen zu gehen war etwas, was westfälische Textilarbeiterinnen nicht kannten; sie aßen entweder zu Hause oder bei der Arbeit – ihre anderthalbstündige Mittagspause dürfte den meisten heutigen Arbeitern, von den Franzosen abgesehen, ähnlich unvorstellbar erscheinen.

Schließlich hat sich die Dichte der Aktivitäten selbst verändert. Im Jahr 2000 sahen Europäer nicht nur viel fern, sie füllten ihren Tag auch mit einer Vielzahl anderer Beschäftigungen, die ihre Vorfahren nicht kannten. Das Lesen hatte etwas an Beliebtheit verloren,[52] während die Zahl derjenigen, die in Museen und ins Freie strömten, zugenommen hatte. Und die Geselligkeit, obwohl nicht mehr so dominant wie ein halbes Jahrhundert zuvor, blieb ein bedeutender Teil des Alltagslebens. In der Vergangenheit gab es weniger Freizeit, und diejenige, die man hatte, wurde in vorhersehbare aufeinanderfolgende Abschnitte eingeteilt: Auf den Kirchgang folgten Hausarbeit, Mittagessen und Nachmittagsspaziergang. Heute hat man mehr Freizeit, die jedoch weniger strukturiert ist und vielfältigeren Tätigkeiten gewidmet wird, von denen jede ihre eigenen Anforderungen an Zeit und Raum stellt. Der Besuch im Fitnessstudio muss mit dem Transport der Kinder zur Musikstunde und einem Einkauf im Supermarkt abgestimmt werden. Europäer sind heute länger für Freizeitzwecke unterwegs, als sie sich auf dem Arbeitsweg befinden.[53] Zusammengenommen bedeuten die Zunahme der Mobilität und die Abnahme vorgegebener kollektiver Rhythmen, dass Haushalte immer mehr tun müssen, um ihren Alltag zu synchronisieren. Freizeit erfordert wie jede Zeit, Ordnung in eine zersplitterte Realität zu bringen. Was einst Kirchenglocke und Fabriksirene erledigten, wird heute in zunehmendem Maß dem Familienzeitplan überlassen. Die Informationstechnik ermöglicht es, Zeit zu versetzen – zum Beispiel Filme aufzunehmen oder Vorführungen zu unterbrechen –, doch dies geht auf Kosten der Pausen, da die Zeit zwischen verschiedenen Tätigkeiten für andere Aktivitäten frei wird. Wie die bezahlte Arbeit – bei der Pausen seit den 1960er Jahren so gut wie verschwunden sind[54] – ist auch die Freizeit heute sowohl flexibler als auch turbulenter. Dies ist ein Grund für das zunehmende Gefühl der Hast.

Kann man noch einen Schritt weitergehen und dieses Gefühl der Hast auf die Hektik des Konsums selbst übertragen? Laut dem konservativen Ökonomen und ehemaligen schwedischen Handelsminister Staffan B. Linder kann man es. Mit seinem Buch *Das Linder-Axiom oder Warum wir keine Zeit mehr haben* vertrat er eine Variante des oben beschriebenen Kind-im-Süßwarenladen-Syndroms. Wir seien reicher denn je, schrieb Linder in den 1970er Jahren, aber anstatt in einem harmonischen Arkadien zu leben, werde das Leben »immer hektischer«. Diesem Paradox des Überflusses liege eine »zunehmende Zeitknappheit« zugrunde. Der Konsum erforderte außer Geld auch Zeit. Da die Produktivität den relativen Preis der Arbeit erhöhe, verteuere sie zugleich die Freizeit. Auf einer Bank zu sitzen und Vögel zu beobachten, sei weniger attraktiv, wenn es möglich sei, in der gleichen Zeit gutes Geld zu verdienen. Hinzu komme, dass die Produkte immer billiger würden. Die natürliche Reaktion auf diese Entwicklung, so Linder, bestehe darin, von zeitaufwendigen langsamen kulturellen Aktivitäten zu billigen Gütern, die sofortige Befriedigung versprächen, zu wechseln. Der Konsum, sagte er voraus, werde das »Volumen der Verbrauchsgüter pro Zeiteinheit des Verbrauchs« stetig steigern.[55]

Vierzig Jahre später ist es möglich, Bilanz zu ziehen. Sicher waren Schränke und Garagen noch nie so voller Güter und Apparate. Aber Linders These betraf nicht nur die Anschaffungsquote. Sie prophezeite vielmehr, dass Konsumgüter zeitaufwendige Freizeitaktivitäten verdrängen würden. Gewiss wird in allen Überflussgesellschaften seit den 1980er Jahren weniger gelesen, auch wenn es zwischen Ländern und Altersgruppen erhebliche Unterschiede gibt. Skandinavier sind doppelt so eifrige Leser wie Südeuropäer geblieben. In Frankreich lesen 55- bis 64-Jährige heute mehr als vor zehn Jahren, und auch in Großbritannien befand sich das Lesen in den letzten Jahrzehnten im Aufwind.[56]

Eine Vielzahl von Belegen deutet darauf hin, dass die Freizeit in Überflussgesellschaften nicht völlig dem Turbomaterialismus zum Opfer gefallen ist. Immerhin wird sie zu einem großen Teil vor dem Fernseher verbracht. Werbespots mögen heute schneller und häufiger aufeinanderfolgen als vor einem halben Jahrhundert, und es gibt Verkaufssender und das Zappen, aber an sich ist das Fernsehen nicht besonders »verbrauchsgüterintensiv«. Der Apparat wird alle paar Jahre ausgetauscht, man veranstaltet Fernsehabende, und manche Sendungen machen Lust auf die Außenwelt, aber ansonsten sind die zwei täglichen Stunden vor der »Glotze« zwei Stunden, die für andere, »verbrauchsgüterintensive« Aktivitäten verloren sind. Darüber hinaus umfasst das Fernsehen häufig zeitaufwendige Geselligkeit. Herr W., ein 56-jähriger Baggerführer im Ruhestand, sagte 1980 deutschen Forschern, dass er, wenn Fußball gezeigt werde – er war Borussia-Dortmund-Fan –, bis zu sechs Stunden am Tag fernsehe, aber nicht glaube, dass es seinem Sozialleben schade. Er schaue oft mit Nachbarn zusammen, und manchmal spielten sie auch nebenbei Spiele.[57]

Die Fernsehgewohnheiten in Europa bleiben uneinheitlich. Die wohlhabenderen Skandinavier und Deutschen verbringen einen geringeren Teil ihrer Freizeit mit Fernsehen (rund 33 Prozent) als Ungarn und Osteuropäer (über 50 Prozent). Interessanterweise tun es Erstere häufiger in Gesellschaft als Letztere. Nach der These von der hastigen Gesellschaft hätte man das genaue Gegenteil erwartet. In manchen Ländern, wie den Niederlanden, hat die Geselligkeit zwar abgenommen, aber insgesamt haben sich Besuche und Gespräche als Freizeitaktivitäten bemerkenswert gut gehalten – trotz materialistischer Versuchungen und der Tatsache, dass heute mehr Frauen arbeiten gehen. Amerikaner haben heute weniger Kontakt mit ihren Nachbarn, aber dafür verbringen sie mehr Zeit mit ihrer Familie und Freunden. In Großbritannien ist die Geselligkeit seit den 1970er Jahren stabil geblieben. In Deutschland könnte sie sogar zugenommen haben. Und Familien widmen ihren Kindern mehr Zeit. Ironischerweise und trotz des Aufstiegs von Fastfood und des Trends zum Essen außer Haus wird heute in Überflussgesellschaften öfter zu Hause gegessen als jemals zuvor. Deutsche verbrachten im Jahr 2000 mehr Zeit mit Essen als 1990, und sie taten es zumeist in den eigenen vier Wänden.[58]

Das Sozialleben mag sich beschleunigt haben, aber es wäre falsch, anzunehmen, dass es vor einem Jahrhundert eine Oase der Ruhe war. Das *Week-End Book* erschien 1924 zum ersten Mal, um die britische Mittelschicht mit passendem Material für »Stunden der geselligen Entspannung« zu versorgen. Es wurde ein Dauererfolg und erschien in vielen Neuausgaben. In der Ausgabe von 1931 nahmen Gedichte 213 Seiten ein, 116 Seiten umfassten Spiele und Lieder, einschließlich desjenigen über die »Eton Boys«, das »mit Gefühl und einer nasalen Cockneyaussprache« gesungen werden sollte. Entspannung im Wohnzimmer wurde jedoch durch Tempo in der Küche erreicht. »Da die Zeit für gewöhnlich die Hauptsorge ist«, erklärten die Autoren, »sind die Gerichte nach ihrer schnellen Zubereitung zusammengestellt.« Eine gute Gastgeberin, rieten sie, solle »ungewöhnliche Gerichte, an die man sich erinnern wird«, servieren, aber es sei in Ordnung, »Dosenlebensmittel« zu verwenden und »zu verbergen«. Ein »schnell zubereitetes« Gericht waren beispielsweise Kalbsschnitzel mit einem Nuss-Oliven-Salat und »frittierten Kartoffelstreifen«. War die Zeit allzu knapp, gab es immer noch die »sehr schnelle« Zubereitung von kalten Hammelfleischscheiben, gefolgt von »Backpflaumenkompott in Rotwein – 10 Minuten Zubereitungszeit«. Wobei man sich offenbar nicht beeilen sollte, waren die Getränke. Aufgeführt wurden sieben Cocktailrezepte: »Wenn möglich, sollten *alle Cocktails* mindestens eine halbe Stunde auf Eis stehen, bevor sie geschüttelt und ausgeschenkt werden.«[59]

Schnelles Kochen und langsames Mixen der Getränke waren die Kennzeichen der Wochenenden der Zwischenkriegszeit. In einer Neuausgabe des *Week-End Book* von 1955 war die Liste schneller Gerichte um Rührei und warme Sandwiches ergänzt worden und »schnelle Süßspeisen« wie »bei niedriger Hitze gebratene« Dosenananas mit Honig hinzugekommen. Und Gott sei Dank hatte man inzwischen auch den Espresso für England entdeckt. Kaffee, erklärte der Ratgeber, müsse kein »Spülwasser« sein.[60] Der ernstzunehmende Gastgeber wurde aufgefordert, sich eine teure Maschine von Gaggia zuzulegen oder fürs Erste wenigstens in Espressobars seinen Geschmack zu schulen. Bis 2006 hatte der Kaffee sich verbessert, aber sowohl die Gedichte (ein Hinweis auf die aussterbende Gewohnheit des lauten Vorlesens) als auch die Notenseiten (ein Zeichen für den Niedergang der Hausmusik und die Verbreitung von Stereoanlagen und CD-Spielern) waren aus dem *Week-End Book* verschwunden. Dafür war die Zahl der Cocktails von sieben auf vierzig gestiegen, was auf die häufiger gewordenen Reisen an exotische Ziele und das größere Spektrum kultureller Einflüsse hinwies. Auch die aufgeführten Lebensmittel und Kochstile waren vielfältiger als jemals zuvor. Die Gerichte reichten von Jakobsmuscheln in der Schale bis zu altmodischen Kutteln mit Zwiebeln. Schnelligkeit spielte interessanterweise keine besondere Rolle mehr.[61]

Die erste Auflage des *Week-End Book* erschien in einer Zeit, die mit dem Aufstieg des Massenkonsums assoziiert wird. Seither hat eine erstaunliche Zahl von zeitaufwendigen Aktivitäten dem Ansturm billiger Fertigprodukte widerstanden: Hobbys und Handwerk, Sport, das Gärtnern, das Gassigehen mit dem Hund, das Musikmachen und die Teilnahme am Kulturleben. Zugegeben, manche dieser Aktivitäten haben einen relativen Niedergang erlebt. So ist der Anteil der Amerikaner, die Handarbeiten ausführen, in den 1980er Jahren von einem Drittel auf ein Viertel geschrumpft.[62] Gleichwohl präsentieren heute immer noch stolze fünf Millionen, ungeachtet ökonomischer Modelle, regelmäßig ihre Handarbeiten in der Öffentlichkeit. Für jeden Rückgang lässt sich leicht ein Aufschwung, Beharren oder Wiederaufleben finden. Insbesondere laienkulturelle Aktivitäten haben zugenommen. In Frankreich ist es heute dreimal so wahrscheinlich, dass eine Frau ein Instrument spielt oder in einem Chor singt, als 1973. Jede Dritte beschäftigt sich in ihrer Freizeit mit Malerei, Tanz, belletristischem Schreiben oder einer anderen Kunstgattung; eine Generation zuvor war dieser Anteil halb so groß.[63] In Neuseeland lesen 71 Prozent der Menschen regelmäßig, 50 Prozent beschäftigen sich mit Gartengestaltung und 12 Prozent singen oder erzählen Geschichten. Zum Vergleich: 28 Prozent spielen Computerspiele. In den Vereinigten Staaten fand parallel zum Boom des Zuschauersports seit den 1960er Jahren ein nicht weniger beeindruckender Anstieg der Besuche von Theater, Oper und nichtkommerziellen Kulturveranstaltungen statt. In Überflussgesellschaften treiben heute weit mehr Menschen Sport und gehen ins Museum als in der Zeit, in der Linder sein Axiom aufstellte, nicht weniger.[64]

Es gibt viele Gründe, warum das Kind-im-Süßwarenladen-Modell nicht die ganze Realität des Konsums in der reichen Welt erfasst. Ein Fehler ist die Annahme eines einfachen Transfers zwischen Freizeit und Arbeit, so als würde der Hausarbeit, dem Sozialleben oder der Bildung keine Zeit gewidmet. Die Zeit mag knapp sein, aber Zeitgenossen sparen sie beim Kochen und Saubermachen ein, um mehr Zeit für den Garten oder ihre Sammelalben zu haben. Sport, Museumsbesuche und andere zeitaufwendige Aktivitäten profitieren außerdem von staatlicher Unterstützung. Es ist kein Zufall, dass die kulturelle Teilhabe in Belgien und Deutschland hoch ist, während sie in Osteuropa abgenommen hat, wo die Regierungen nach dem Sturz des Kommunismus die Subventionen zusammengestrichen haben. In Polen ist das Publikum von Theatern und Varietés in den 1990er Jahren fast auf die Hälfte geschrumpft.[65] Der grundlegende Fehler des Modells aber ist vielleicht, dass der Konsum als kurzzeitige Begegnung behandelt wird, bei der ein mehr oder weniger passiver Konsument Befriedigung aus einem standardisierten Gut zieht, um dann zum nächsten zu greifen. Anthropologen haben gezeigt, dass Menschen selbst an Massenprodukten nachhaltiges Vergnügen haben können, indem sie etwas Eigenes aus ihnen machen, sie sorgfältig auswählen, mit anderen Besitztümern zusammenfügen und im Zuge dessen ihre Identität schaffen.[66] Für viele sind ihre Besitztümer eine Lebensaufgabe. Schnelle, »verbrauchsgüterintensive« Ablenkung ist dabei keine Abkürzung. Würden Ökonomen öfters Henry James lesen, wüssten sie dies.[67] Die aktive Rolle der Konsumenten als Schöpfer von Neuem erstreckt sich auch auf das Gebiet von Innovation und Fähigkeiten, durch die sowohl neue Freizeitbeschäftigungen angeregt als auch alte am Leben erhalten werden. Das Gärtnern, Nähen, Heimwerken und ähnliche Hobbys besitzen die Eigenschaft, die Menschen vor neue Aufgaben zu stellen, indem sie neue Fertigkeiten und Erwartungen schaffen.[68] Paradoxerweise waren zeitsparende Produkte wie Akkubohrschrauber und Stecksysteme für Rohrleitungen Katalysatoren für mehr zeitaufwendige Freizeitbeschäftigungen.

Innovation ist auch ein Grund dafür, warum billigere Produkte nicht das Ende für kulturelle Aktivitäten bedeuteten. Die Möglichkeit, Musik zu reproduzieren, hat deren Anziehungskraft und Zugänglichkeit erheblich vergrößert. Wir haben dies schon bei der Einführung des Radios im frühen 20. Jahrhundert gesehen.[69] Kassettenrekorder und MP3-Player haben die Geschichte bis in unsere Zeit getragen. Ein wichtiger Unterschied zwischen dem Radiozeitalter und der Gegenwart besteht darin, dass die heutige Technik modularer ist und dem Konsumenten die Möglichkeit gibt, selbst zum Produzenten zu werden und ein eigenes Video oder einen eigenen Song zu schaffen oder seine Digitalfotos zu bearbeiten.[70] Das Handy und digitale soziale Netzwerke haben diese Entwicklung auf die Geselligkeit ausgedehnt. Das Handy ist ein gutes Beispiel dafür, wie Nutzer ein Gerät, das ursprünglich für Geschäftskontakte gedacht war, in ein Instrument verwandelt haben, mit dessen Hilfe sie mit Verwandten und Freunden in Kontakt bleiben. Anstatt die Freizeit zu beschleunigen, könnte es durchaus den Zeitdruck vermindert haben, indem es den Menschen eine beispiellose Flexibilität bei der Koordination ihres Zeitplans, der Nutzung von Pausen und der Abfolge von Verpflichtungen ermöglicht hat. Australische Forscher, die 2007 Telefondaten, Tagebücher und Fragebogen verglichen, stellten fest, dass regelmäßige Handybenutzer keinen größeren Zeitdruck verspüren. Genauso wenig gab es, entgegen der verbreiteten Meinung, ein signifikantes Ausgreifen der Arbeit in die Freizeit. Nur 1 Prozent der Befragten berichtete davon, dass das Handy die Freizeitaktivitäten oder die Hausarbeit störte. Die meisten Handyanrufe (74 Prozent) und Textnachrichten (88 Prozent) gingen an Familie und Freunde.[71]

Seither haben Smartphones die Kanäle und die Arten der Kommunikation zwischen Arbeit und Freizeit vervielfacht. 2011 besaßen etwa jeder dritte Amerikaner und Europäer ein Smartphone. Zu messen, wofür genau die Menschen es benutzen, ist äußerst schwierig. Doch die verfügbaren Daten geben einen Eindruck davon, wofür sie hauptsächlich verwendet werden. In den Vereinigten Staaten wurden Smartphones 2010 vor allem für die Versendung von SMS (68 Prozent), zum Fotografieren (52 Prozent), zum Lesen von Nachrichten (40 Prozent), als Zugang zu sozialen Netzwerken (25 Prozent) und zum Spielen (23 Prozent) benutzt. Nur 31 Prozent verschickten mit dem Handy E-Mails. In Europa ergab 2009 eine breit angelegte Umfrage, dass die Smartphonenutzung in den einzelnen Ländern stark voneinander abweicht. In Italien nutzten nur 8 Prozent ihr Handy für die Versendung von E-Mails, während es in Frankreich 20 und in Großbritannien 26 Prozent waren. In Frankreich hörten 41 Prozent mit dem Handy Musik, in Spanien und Großbritannien nur 20 Prozent.[72] Diese Zahlen deuten darauf hin, dass das Smartphone vorwiegend für die persönliche Kommunikation und Freizeitzwecke benutzt wird. Sicherlich ist die Grenze zwischen Arbeit und Freizeit durch smarte Technologien durchlässiger geworden, aber es spricht einiges dafür, dass es Freizeit und Privatleben sind, die in zunehmendem Maß ins Gebiet der Arbeit eindringen. Arbeitnehmer mit Kindern oder anderen Pflegeverpflichtungen nutzen ihre privaten Handys, um am Arbeitsplatz erreichbar zu sein. Informations- und Kommunikationstechnologien haben die zunehmende Erwartung geschaffen, dass die Menschen für ihre Freunde jederzeit erreichbar sein müssen, auch bei der Arbeit; verschiedene E-Mail-Konten und Textnachrichten sind Mittel, um diese Invasion zu bewältigen.[73] Dank browser-basierter Onlinesoftware können Spiele zu jeder Zeit auf dem Bürocomputer gespielt werden.[74] Wie viele Arbeitnehmer schrecken davor zurück, am Arbeitsplatz ihr Facebook-Konto zu checken?

Der Konsum nimmt also nicht nur Zeit in Anspruch, sondern hat mit Hilfe hochentwickelter Produkte und Technologien auch neue Arten der Zeitnutzung geschaffen. Um digitale Fotos zu bearbeiten, braucht man sowohl eine Digitalkamera oder ein Handy als auch einen Computer und die richtige Software. Dank Handy ist es so einfach wie noch nie, einen privaten Film zu drehen. In Frankreich hat sich die Zahl der Menschen, die einen Film oder ein Video aufnehmen, zwischen 1997 und 2008 verdoppelt.[75] 2012 wurden häufiger iPhones als Digitalkameras benutzt. Der Umfang, in dem Fotos geschossen und mit anderen geteilt werden, hat mit der Ausbreitung von sozialen Netzwerken und Mikroblogging-Plattformen, die es Nutzern ermöglichen, Multimediadateien hochzuladen und zu teilen, enorm zugenommen. 2012 waren einer Schätzung zufolge auf Facebook zehntausendmal mehr Fotos gepostet, als sich im Besitz der amerikanischen Kongressbibliothek befanden. Auf YouTube werden jeden Tag eine Milliarde Videos angeschaut, von denen der größte Teil mit Handys aufgenommen wurde. Allein in Deutschland wurden 2011 14,5 Millionen Handys verkauft; hinzu kamen 7,5 Millionen Digital- und eine Million Spiegelreflexkameras. Weltweit gingen in diesem Jahr 140 Millionen Kameras über den Ladentisch.[76] Und mit den neuen digitalen Technologien kamen neue

Nutzungen und Produkte. Fotos werden nicht mehr einfach abgezogen oder ausgedruckt, sondern bearbeitet und manipuliert sowie auf persönliche Leinwände, Kalender, Halstücher und sogar Bettbezüge übertragen. Kurz, statt die Freizeit mit einer Flut billigen Krams zu überschwemmen, sind innovative Produkte und neue, zeitaufwendige Aktivitäten gemeinsam gewachsen. Die erstaunliche Geschichte der Freizeit im späten 20. Jahrhundert erzählt nicht von Niedergang, sondern von Symbiose.

Wir haben oben gesehen, dass die Jungen und die Alten den größten Freizeitanteil haben. Aber auch die Art der Freizeitnutzung ist ungleich verteilt, wobei vor allem Bildung und Klassenzugehörigkeit eine Rolle spielen. Je gebildeter die Menschen sind, desto aktiver verbringen sie ihre Freizeit. Das ist letztlich auch der Grund dafür, warum zeitaufwendige Aktivitäten nicht verschwunden sind. Klavier spielen zu lernen, braucht Zeit. Ein Pianola würde dieses Problem lösen: Es spielt von allein. Und doch steht in den Häusern der gebildeten, aufwärtsmobilen Schichten für gewöhnlich kein Pianola, sondern ein Klavier. In Deutschland verbringen Zehn- bis Achtzehnjährige immerhin eine Stunde am Tag damit, Musik zu machen oder sich auf andere Weise künstlerisch zu betätigen.[77] Warum unschuldige Ohren quälen, wenn es zugleich möglich ist, Kinder mit billigen, leicht herunterzuladenden aktuellen Hits zufriedenzustellen? Die kurze Antwort lautet: »Das ist Soziologie, Dummkopf!« Von dem Vergnügen abgesehen, das Musik bereitet, hat die Zeit, die man darauf verwendet, ein Instrument spielen zu lernen, eine erzieherische Wirkung: Sie schult die Disziplin, lehrt wie man Herausforderungen überwindet und sich neue Fähigkeiten aneignet, vor allem aber pflegt sie einen »überlegenen« Geschmack. Die Wertschätzung für Bach und Berg ist eine Art kulturelles Kapital. Dem *Wohltemperierten Klavier* zu lauschen, in die Oper zu gehen und Kunstgalerien zu besuchen, sind Freizeitaktivitäten, die Zeit, Bildung und Geld erfordern, und daher Kennzeichen einer hohen gesellschaftlichen Stellung. Ökonomisches Kapital lässt sich nicht direkt in kulturelles Kapital ummünzen. Entscheidend ist die Bildung. Kultiviert zu sein, ist für Freiberufler in Medien und Künsten wichtig, während es für Manager und Ingenieure mit einem vergleichbaren Einkommen bestenfalls ein kleines Unterscheidungszeichen ist. In Frankreich war 2008 die Wahrscheinlichkeit, dass ein Freiberufler ein Konzert klassischer Musik besuchte, doppelt so hoch wie bei einem Geschäftsmann. Solche Statusunterscheidungen spiegeln sich, ungeachtet der wachsenden Beliebtheit des Musikmachens, darin wider, wer ein Instrument spielen kann. Ein Instrument zu beherrschen, ist bei einem französischen Professor (16 Prozent) doppelt so wahrscheinlich wie bei einem Facharbeiter oder Unternehmer (7 Prozent).[78]

Der private Geschmack hat öffentliche Konsequenzen. Ein explosives Thema ist, ob die am höchsten Gebildeten auch am meisten von der Unterstützung der Künste profitieren. Finanzieren die gewöhnlichen Steuerzahler das kulturelle Kapital der Höherstehenden und damit obendrein ihre eigene Unterordnung? Die Belege sind nicht eindeutig. Laut einer westdeutschen Untersuchung von 1973 war es für Oberschichtangehörige siebenmal so wahrscheinlich, dass sie am Wochenende ins Theater, in ein Konzert oder eine Lesung gingen, als für ihre sozial niedriger stehenden Mitbürger.[79] Im Gegensatz dazu stellte man in Neuseeland dreißig Jahr später fest, dass der kulturelle Beteiligungsgrad quer durch die Gesellschaft nahezu gleichmäßig verteilt war. Die Klassenzugehörigkeit spielte bei der Auswahl des Genres eine Rolle, aber nicht bei der Frage, ob man es aktiv oder passiv genoss. Die Armen waren nicht allesamt Stubenhocker. Sie zogen es einfach vor, zu singen, und mochten Volksmusik mehr als Oper und Ballett.[80]

Nun sind die Neuseeländer ein ungewöhnlich aktives Volk. Einfluss hat die Bildung jedoch auf die Bandbreite und Häufigkeit der Aktivitäten, und in dieser Hinsicht passen sie in ein internationales Muster. Akademiker gehen in Rockkonzerte und Restaurants *und* besuchen Museen, Theater, Kinos und Fitnessstudios.[81] Und sie tun es öfter als Arbeiter. Sie sind auch häufiger Mitglied von Klubs und Vereinen. Sie verkörpern die aktive Freizeit. Im Gegensatz zu einem verbreiteten Vorurteil über Stress und »Burnout« gibt es Hinweise darauf, dass diese typischen höhergebildeten Gruppen mit hohem sozialen Status ihre temporeiche, komplexe Freizeit genießen, und zwar mehr als Menschen mit einem einfacheren Lebensstil die ihre.[82] Wie französische Daten zeigen, sind diese Hyperaktiven auch diejenigen, die die größte audiovisuelle Ausrüstung, die meisten tragbaren Geräte sowie die meisten CDs, Kassetten und LPs besitzen, was die symbiotische Beziehung zwischen zeit- und güteraufwendiger Freizeitbeschäftigung

Freizeitkulturen nach Bildungsstand in Frankreich, 1997

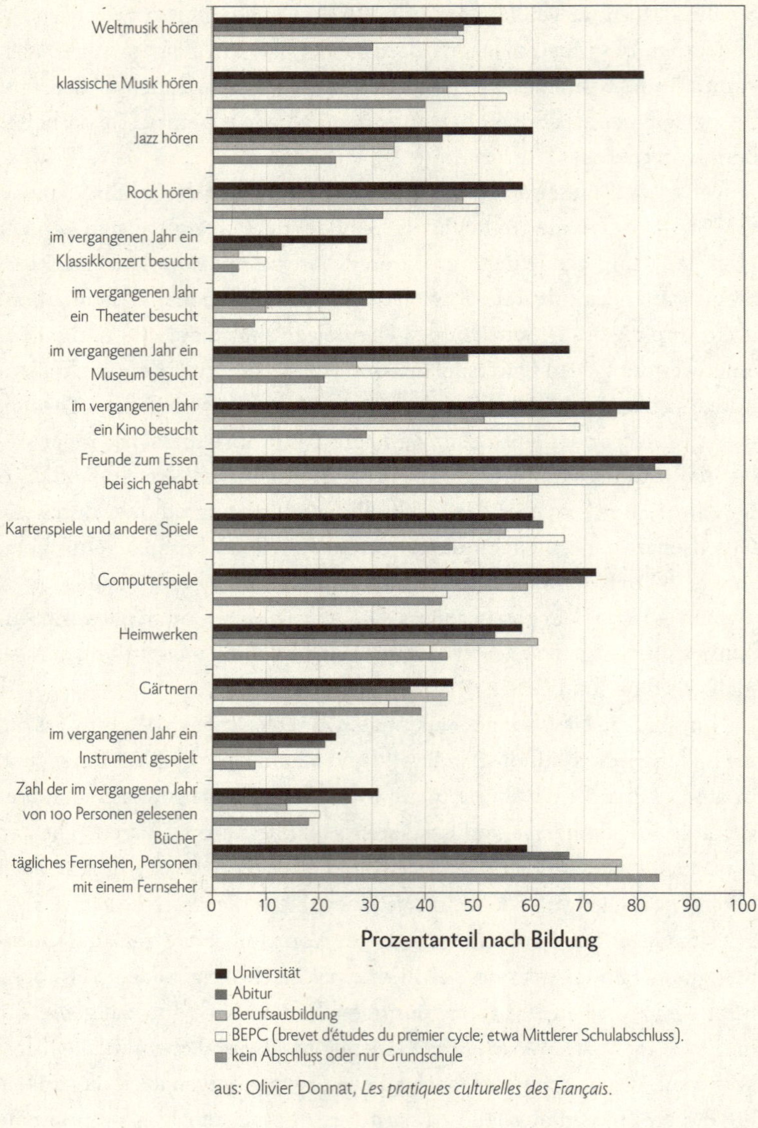

aus: Olivier Donnat, *Les pratiques culturelles des Français*.

belegt; bezeichnenderweise war die Kluft bei den 45er-Vinyl-Popsingles am kleinsten.[83] »Work hard, play hard« war schon in den 1950er Jahren ein verbreitetes Motto in den Vereinigten Staaten. Der Kult der Geschäftigkeit in Unternehmen und freien Berufen hat seither in Amerika, aber auch in Teilen Europas die Freizeit zusätzlich unter Strom gesetzt. Es gibt Hinweise darauf, dass dies die Freizeitlücke zwischen den Gesellschaftsschichten erheblich vergrößert hat. Trotz seines schlechten Rufs war das Fernsehen in der Anfangszeit eine radikale, demokratisierende Kraft. Bis 1970 besaßen die meisten Haushalte in den entwickelten kapitalistischen und sozialistischen Ländern einen Fernsehapparat und verbrachten ungefähr gleich viel Zeit vor ihm. 1974 sahen in Frankreich Akademiker 54 Minuten am Tag fern, nur zwanzig Minuten weniger als frühe Schulabgänger. 25 Jahre später waren es bei Letzteren mehr als zwei Stunden, während Erstere gerade einmal halb so lange vor dem Bildschirm saßen.[84] Dieser größer werdende Abstand steht beispielhaft für die Polarisierung der Freizeit. Wenn Gebildete weniger Zeit vor dem Fernseher verbrachten, bedeutete dies, dass sie sowohl mehr Zeit in Theatern, Museen und Sportstudios als auch mehr Zeit mit Computerspielen verbrachten.[85] Natürlich ist nicht jeder Arzt oder Autor derart aktiv. Man darf keine absolute Trennung zwischen aktiven Akademikern und passiven Arbeitern annehmen. Sogar in Frankreich hat die Hälfte der akademischen Elite nie einen Fuß in ein Opernhaus oder eine Konzerthalle gesetzt, ob nun zu einem Klassik- oder Popkonzert, auch wenn die meisten schon einmal im Theater gewesen sind. Wir haben es mit aktiven Elementen zu tun, die in manchen Schichten jedoch größer sind als in anderen. Nur eine winzige Minderheit der Facharbeiter hat jemals den Weg in eine der genannten Kulturstätten gefunden, und im Fall der Klassikkonzerte ist ihre Zahl ständig zurückgegangen.[86]

Die Polarisierung von Arbeit und Freizeit in Überflussgesellschaften im späten 20. Jahrhundert beinhaltet also zwei einander überlagernde Spaltungen. Die eine betrifft die Quantität und die Verteilung der Zeit zwischen Arbeit und Freizeit. Hochgebildete Akademiker sind die neue arbeitende Klasse mit langer Arbeitszeit und wenig Freizeit, während gewöhnliche Arbeiter die neue müßige Klasse bilden. Überlagert wird dies von der zweiten, ebenso wichtigen Spaltung in Bezug auf die Qualität der Freizeit. Akademiker mögen weniger Freizeit haben, aber sie nutzen sie intensiver und jonglieren mit einer weit größeren Zahl von regelmäßig ausgeübten Aktivitäten als weniger Gebildete.[87] Ihr Freizeitverhalten entspricht ihrer Berufstätigkeit. Während die Massen Freizeit und Urlaub in der Sonne gewannen, verlor müßiger auffälliger Konsum für die Elite seinen Charme. Die privilegierten Wenigen erhöhten den Einsatz und versuchten, sich durch anspruchsvollere Aktivurlaube, Kulturreisen und persönliches Fitnesstraining abzuheben. An die Stelle fauler Tage an der Riviera trat die Besteigung des Kilimandscharo. Da sich ihre Hyperaktivität in zeitaufwendigen Aktivitäten ausdrückt, für die man aus dem Haus gehen muss und die zusätzliche Mobilität und Koordination benötigen, ist es verständlich, dass die privilegierten Wenigen zugleich diejenigen sind, die sich am stärksten gehetzt fühlen. Alle ihre Aktivitäten in 24 Stunden zu quetschen, ist nicht einfach.

Letzten Endes geht es bei der »Zeitarmut« nicht um Quantität, sondern um Qualität. Aktive Arten des Zeitvertreibs mögen erfüllend sein, aber sie setzen voraus, dass man zum richtigen Zeitpunkt am richtigen Ort ist. Je größer ihre Frequenz, desto größer die Herausforderung ihrer Synchronisierung. Freizeit ist kein Spaß mehr, wenn sie ständig unterbrochen wird. Frauen leiden jeden Tag unter diesem Problem. Männer genießen schätzungsweise drei Stunden mehr an reiner, ungestörter Freizeit als Frauen, die sie mit Kinderbetreuung und Hausarbeit in Einklang bringen müssen.[88] »Turbulenz im Alltag ist offenkundig weiblich«, konstatierte das Statistische Bundesamt 2004.[89]

Das Stressgefühl spiegelt auch die veränderten Erwartungen an die Freizeitnutzung wider. So erleben französische Mütter mit Universitätsausbildung ihre Freizeit völlig anders als Mütter aus der Arbeiterklasse. Für Letztere bedeutete ein »total freier Tag« einer Studie zufolge idealerweise die Beschäftigung mit den Kindern. Freizeit war für sie eine von dem Gedanken an Arbeit und Geldverdienen befreite Familienangelegenheit. Sich um die Kinder zu kümmern, war nicht so schlimm. Für Akademikerinnen war Kinderbetreuung dagegen keine Freizeit, sondern Arbeit. Sie erschien ihnen als Last. Individuelle Freizeit bedeutete für sie weniger eine Befreiung von bezahlter Arbeit als vielmehr ihr Äquivalent. Bezeichnenderweise betrachteten diese Mütter Familienfreizeit als Teil der Hausarbeit.[90]

In vieler Hinsicht stehen diese beiden Gruppen für die alternativen Ideale von Freizeit, die im Lauf des 20. Jahrhunderts die Plätze getauscht haben: Das eine herrschte am Anfang des Jahrhunderts vor, das andere an dessen Ende. Um 1900 diente Freizeit in erster Linie der Erholung von der Arbeit; es war eine Zeit, in der man ausspannte und neue Kraft tankte. Das Schlüsselwort war Erholung. Kulturelle Aktivitäten waren eine Zugabe, mit Hilfe derer die Arbeiter von Alkohol, Glücksspiel und anderen Versuchungen ferngehalten werden sollten. Bis 2000 hatte die Freizeit eine aktive Umbewertung erfahren. Sie bedeutete jetzt in erster Linie nicht mehr die Freiheit von Arbeit, sondern die Freiheit, etwas zu erreichen und in verschiedensten Aktivitäten Fähigkeiten zu erwerben und diese zu demonstrieren. Es war einfach unbezahlte Zeit. Die in Mode gekommenen Extremsportarten, Schreib- und Kochkurse und Theatergruppen sind nur die Spitze des Eisbergs intensiverer Freizeitgestaltung. Für viele ist die Freizeit ein ernstes Geschäft. Es ist kein Zufall, dass der Aufstieg von beruflicher Geschäftigkeit, aktiver Freizeit und »Qualitätszeit« im späten 20. Jahrhundert zusammenfiel, als in westlichen Überflussgesellschaften der Übergang von einer industriellen zu einer wissensbasierten Gesellschaft begann. Nachdem man jahrhundertelang versucht hatte, aus der Welt der Arbeit auszubrechen, ist die Freizeit heute dabei, deren Rhythmus anzunehmen. Es ist zu früh, vorauszusagen, ob in einer postindustriellen Gesellschaft Arbeit und Freizeit wieder zu einem organischen Ganzen verschmelzen werden; die Nutzung sozialer Medien weist jedenfalls in diese Richtung. Wenn sie es tun, wird sich das Ergebnis indes wohl kaum durch die in der Antike geschätzte Kontemplation und Interesselosigkeit auszeichnen.

Slow Food, Cittàslow und ähnliche Bewegungen wollen der Beschleunigung des Alltags entgegenwirken. Angesichts des oben Dargestellten sind ihre Erfolgsaussichten gering. Die Intensivierung der Freizeit ist die Schaumkrone einer Welle von sozialen, technologischen und kulturellen Veränderungen. In Slow-Food-Restaurants zu essen, mag örtlichen Bauern helfen, aber eine solche Intervention ist viel zu speziell, um das Lebenstempo insgesamt zu entschleunigen. Die 150 000 Besucher des alle zwei Jahre stattfindenden Salone del Gusto kommen nicht zu Fuß oder auf einem Eselsrücken nach Turin. Wenn die Beschleunigung vor allem daher rührte, dass Produkte schneller konsumiert werden, bestünde Hoffnung. Sie resultiert jedoch hauptsächlich aus einer Zunahme der Aktivitäten und dem Druck ihrer Koordination. Geschmack an lokalen Lebensmitteln zu entwickeln, kann als Versuch gedeutet werden, kulturelles Kapital anzusammeln und ästhetische Kennerschaft zu demonstrieren. Es ist nicht klar, ob sich dies auf die Zahl anderer Aktivitäten, ihre Häufigkeit oder die immer schwierigere Planung ihrer Abfolge auswirkt. Möglicherweise vergrößert es diese nur. In einem Aufruf zu einer langsamen Lebensweise heißt es: »Multitasking ist eine moralische Schwäche.«[91] Handys, E-Mails und andere Kommunikationsmittel erhöhen die Flexibilität ihrer Nutzer bei der Planung ihrer Tätigkeiten. Es ist unwahrscheinlich, dass die Menschen in großer Zahl ihre Facebookseiten schließen und aufhören werden, zu twittern, während sie arbeiten oder in Gesellschaft sind, wenn nicht einmal Bewegungen wie Slow Food ohne diese Mittel auskommen. Ganz ähnlich steht die freiwillige Hinwendung zur Einfachheit vor dem Problem, dass es, wie sehr wir sie auch anstreben mögen, für den Einzelnen extrem schwierig ist, seine Lebensweise zu vereinfachen, wenn die Welt um ihn herum weiterhin einem anderen Rhythmus folgt. Freiwillige Verfechter der Einfachheit befinden sich in einer ähnlichen Lage wie ein Schichtarbeiter, dessen Tagesablauf nicht demjenigen seiner Umwelt entspricht.[92]

Vielversprechender sind kollektive Veränderungen des Alltagsrhythmus. 2010 wurden in Hamburg, Bern und Paris (an einem Uferabschnitt der Seine) autofreie Sonntage wiederentdeckt, wie man sie aus Zeiten der Ölkrise von 1973 kennt. In Frankreich machte die im Jahr 2000 eingeführte 35-Stunden-Woche den Samstag für familiäre und sportliche Aktivitäten frei. Aber es vergrößerte auch die Zahl derjenigen, die eine Wochenendreise unternahmen.[93] Sogar kollektive Interventionen stoßen in einer Ära personalisierter Zeitplanung und der von E-Mails und Drahtlostechnologien ermöglichten Simultanität von »zeitloser Zeit« an Grenzen.[94] Schnellere physische und virtuelle Kommunikation hat das »lange Wochenende« geschaffen. Das französische Eisenbahnnetz ermöglicht es mehr Menschen, am Donnerstag abzureisen und am Dienstag zurückzukehren. Kein Gesetz kann einen solchen Rhythmuswechsel aufhalten. Wollte man den Trend zu Zweitwohnsitzen und Ferienhäusern umkehren, wäre der gleichzeitige Zusammenbruch des TGV-Zugsystems, von Billigflügen und den mobilen Netzwerken nötig.

Müssen wir also verzweifeln? Die Beschleunigung des Lebens hat ihren Preis, etwa in Form des Burn-outs. Doch dies wirft die Gesellschaft nicht aus der Bahn, wie manche Beobachter befürchten. Menschen sind ausgesprochen flexibel und anpassungsfähig, und zwar in höherem Maß, als ihnen manchmal zugetraut wird. William James bemerkte in den 1890er Jahren, die Menschen nähmen Gewohnheiten und Prozeduren an, um den Geist für andere, bewusstere und direktere Aktivitäten freizubekommen. Das Großartige an aller Erziehung bestehe darin, dass sie »unser Nervensystem, anstatt zu unserem Feind, zu unserem Verbündeten ... und möglichst viele nützliche Handlungen so früh wie möglich automatisch und zur Gewohnheit« mache.[95] Das 20. Jahrhundert war eine lange Übung in solcher Gewöhnung. Frühe Hörer schenkten dem Radio ihre volle Aufmerksamkeit. Ende der 1920er Jahre erklärten schwedische Werbespots die Banane zum idealen Snack beim Radiohören.[96] Nach und nach lernten die Menschen, beim Radiohören zu frühstücken, sich zu unterhalten und Zeitung zu lesen. Ähnliche Koordinationsleistungen erbrachten sie beim Autofahren, beim Fernsehen, am Computer, am Handy und wahrscheinlich auch bei der Benutzung künftiger neuer Technologien. Ein Akt des Konsums dient als Plattform für den nächsten. Was als schnell oder langsam empfunden wird, ändert sich also, ohne dass es eine feste Schwelle zwischen beidem gäbe, und nichts spricht dafür, dass diese Entwicklung zum Stillstand gekommen ist.

Die Freizeit war, wie erwähnt, eine westliche Erfindung, und im industrialisierten Europa und Amerika wurde zuerst um ihre Quantität und Qualität gerungen. Für nichtwestliche Gesellschaften sind die Daten spärlicher. Dennoch lohnt es sich wenigstens kurz darüber nachzudenken, inwieweit die westliche Geschichte der Freizeit im 20. Jahrhundert stellvertretend für allgemeine Trends steht. Außerhalb des Wohlstandskerns lautet die Antwort wahrscheinlich »nicht sehr weit«. In Afrika haben die Kolonialherren ständig über die »Faulheit« der Eingeborenen geklagt. Dieser Vorwurf wurde vom Rassismus verschärft, war aber auch ein Zeichen dafür, dass die Zeit unterschiedlich tickte. So waren beispielsweise viele der Afrikaner, die nach Brazzaville im Kongo kamen, an eine Vier-Tage-Woche gewöhnt, und sie ließen sich nicht so einfach an eine durchgehende koloniale Arbeitswoche mit wenigen Stunden strukturierter Freizeit heranführen. Die unbegründete Abwesenheit grassierte. Vor der Einführung von Fußball und Tanzlokalen verbrachten die Männer ihre Zeit mit Kartenspielen, oder sie schlenderten müßig herum. Dagegen galt eine Frau, die offensichtlich über Zeit verfügte, als schlechte Hausfrau oder Prostituierte. Noch in den 1980er Jahren fiel es Sozialarbeitern im ländlichen Kongo schwer, Frauen davon zu überzeugen, dass Erholung nichts Unehrenhaftes sei.[97]

Das kommunistische China erlebte seine eigene Zeitrevolution. Mao befahl den Arbeitern, mitten am Arbeitstag zu schlafen. Ein dreistündiger Mittagsschlaf war die Normalität; er war das Gegenteil intensiv genutzter Freizeit und zugleich eine Intervention, die westliche Versuche der Entschleunigung geradezu kläglich erscheinen lässt.[98] Heute sehen Chinesen genauso lang fern wie die intensivsten europäischen Nutzer – täglich zwei Stunden und sechs Minuten –, aber ihr Tag hat in vieler Hinsicht einen eigenen Rhythmus behalten. Chinesen verbringen weniger Zeit mit Kochen, Saubermachen und Einkaufen. Und 40 Prozent halten zwischen 13 und 14 Uhr Mittagsschlaf, bei dem aber vermutlich nur wenige von Mao träumen; in Europa gönnen sich weit weniger Menschen eine Siesta.[99] Doch Maos China war kaum ein Beispiel für eine kommerzielle Freizeit. In dieser Hinsicht ist ein Blick über das Meer nach Japan aufschlussreicher.

Die kreative Nutzung von Freizeit wird in Japan seit langem als Pfad zur Selbsterkenntnis gepriesen. Die Kunst hatte in der späten Heian-Periode (794–1185) die buddhistische Idee der Selbstkultivierung übernommen. Die Beherrschung von Flöte und *kin*, einem Streichinstrument, war ein Maß des Werts einer Person und ein Hauptaspekt der Elitenkultur und -identität, wie sie in dem Roman *Die Geschichte vom Prinzen Genji* aus dem 11. Jahrhundert, der vom Leben und den Liebesabenteuern eines Kaisersohns erzählt, beschrieben wird: »Genji brachte die viele, freie Zeit, die ihm ... zur Verfügung stand, mit Musikfesten zu.« Er veranstaltete nächtliche Tänze und forderte Prinzen und andere Adlige auf, ihr Lieblingsinstrument zu nehmen und ins Spiel der Berufsmusiker einzustimmen. Als sie »prachtvoll das Stück ›Oh, wie erhaben!‹ [spielten] ...

da erschien selbst niederen und sonst gar nicht so feinsinnigen Leuten das Leben plötzlich wieder voll Sinn. Sie drängten sich zwischen Pferden und Wagen, die eng aneinandergeschoben am Tore standen, und lauschten mit strahlenden Gesichtern.«[100]

Japans Öffnung für den Westen im späten 19. Jahrhundert hatte eine dramatische Freizeitrevolution zur Folge. In Edo war die Freizeit eine Gemeinschaftsangelegenheit gewesen; man hatte sie auf Tempelfesten oder in der »fließenden Welt« (*ukiyo*) mit ihren Puppentheatern, Spielen und Liedern verbracht. Die Verwestlichung brachte nun kommerzielle Unterhaltungsangebote mit sich. Und sie zersetzte die Kontrolle der Elite über die Freizeit. Die Kampfkunst (*budō*), einst den Samurai vorbehalten, wurde zum Massensport. Um 1900 wurde eine Reihe neuer Traditionen geboren, wie das Judo mit seinen eigenen Graden und Wettkämpfen; auch Frauen waren zugelassen. Bars und Kinos verbreiteten Träume von Modernität.

Vom Anfang des 21. Jahrhunderts aus gesehen, ist der Einfluss westlicher Ideen und Praktiken auf die japanische Freizeit kaum zu leugnen. Freilich war es keine einfache Abfolge des einen auf das andere, sondern eher eine Durchdringung, bei der neue Praktiken Kraft aus überkommenen Bräuchen und Idealen zogen. Neue Produkte und Gewohnheiten wurden in eine existierende Freizeitkultur eingefügt. Die Japaner sprachen in Bezug auf zu Hause verbrachte Freizeit von »Zeit totschlagen« (*hima tsubushi*). Eine Hauptaktivität war das »Herumliegen« (*gorone*). Nach der Einführung des Fernsehens wechselte man zu *terene*: dem Sichhinlegen, um fernzusehen.[101] In den 1960er Jahren wurde Pachinko, ein Geldspielautomat, der wie eine Art senkrechter Flipper funktioniert, zum nationalen Freizeitvergnügen. Auf dem Höhepunkt der Pachinkowelle in den 1980er Jahren soll das Spiel 5 Prozent zum japanischen BIP beigetragen haben, und auch nach einem Rückgang in jüngster Zeit steckt jeder siebte Japaner regelmäßig Münzen in Pachinkoautomaten, 2013 insgesamt 19 Billionen Yen (175 Milliarden Dollar).[102] Die besonders bei jungen Erwachsenen mit niedrigem Einkommen beliebten Automaten bieten eine Fluchtmöglichkeit aus der Plackerei des Alltags (siehe Abbildung 50). Wie in der Edo-Zeit schaffen sie zudem öffentliche Unterhaltungsräume.

In Japan hat in den letzten Jahrzehnten wie im Westen ein Wandel von passiver zu aktiver Freizeitgestaltung, von Entspannung und Erholung zur Arbeit am Selbst stattgefunden. Die Betonung einer aktiven Nutzung der Freizeit knüpft an eine ältere Tradition des kreativen Spielens und der Selbstkultivierung an. Wandern, Angeln und andere aktive Freiluftaktivitäten (*asobi*) gelangten in den 1970er Jahren zu neuer Popularität. Freizeitparks begannen Bildung und Vergnügen zu mischen. In Arita kann man eine Kopie des Dresdner Zwingers bewundern und etwas über Porzellan lernen, und im Themenpark Huis Ten Bosch, dem Nachbau einer holländischen Stadt auf einer Fläche, die doppelt so groß ist wie das Tokioter Disneyland, kann man Windmühlen bestaunen und in einem Hightech-Diorama-Video die gewaltige Kraft einer Flut erleben.[103] Im internationalen Vergleich sind Freizeit und Urlaub in Japan, ungeachtet der Anstrengungen der Regierungen seit den 1990er Jahren, die Arbeitszeit zu verkürzen, weiterhin Opfer einer Kultur langer Arbeitstage. Dennoch fühlen sich Japaner weniger gestresst als Amerikaner, auch wenn sie weniger schlafen. Als ein Grund dafür wird häufig angeführt, dass sie besser darin sind, Zeitblöcke fürs Essen, für Hobbys und für Gespräche abzugrenzen.[104] Die japanische Teestunde stellt, ähnlich wie das lange Mittagessen in Frankreich, einen getrennten Zeitabschnitt dar, in dem man sich entspannen kann. »Herumnaschende« Amerikaner haben dieses Zeitgefühl verloren.[105]

Der Ruhetag

Ein Sonntag in einem Arbeiterhaushalt in Südlondon im Jahr 1949. Zum Haushalt gehören die vierundzwanzigjährige Hausfrau Stella, ihr zweijähriger Sohn Steven, ihre jüngere Schwester Joan (Büroangestellte) und ein Hund. Stellas Mann ist bei der Armee. Der Tagesablauf:

8.45 Uhr	Stella steht auf … macht eine Kanne Tee, trägt ein Tablett mit der *Sunday Pictorial* ins Schlafzimmer …
9.30 Uhr	Stella kommt wieder im Nachthemd in die Küche … Fängt an, Fritters und gebratenes Brot zu machen, geht Steven holen [und füttert ihn].

10 Uhr	Macht sich noch einen Tee ... liest die Zeitung.
10.30 Uhr	Joan steht auf ... Sie essen am Tisch ...
11 Uhr	Stella bereitet Pudding fürs Mittagessen ...
13 Uhr	Stella kocht. Steven spielt. Joan zupft vor dem Küchenspiegel ihre Augenbrauen. Die beiden Frauen reden über die Künstler, über die man gerade in der BBC-Radiosendung »Family Favorites« etwas erfährt.
14 Uhr	Alle essen Mittag ... das Menü: Braten, gekochte Kartoffeln, Rosenkohl, *Suet pudding* mit Zuckerrübensirup – eine Kanne Tee. Im Hintergrund läuft das Radio.
15 Uhr	Stella wäscht ab ... dann gesellt sie sich zu Joan und spielt mit Steven. Sie reden. Joan macht eine Kanne Tee.
15.30–18 Uhr	Beide Frauen ... lesen. Stella *Red Star Weekly*, *Women's Own* und *Sunday Pictorial*, Joan *American Comics*. Steven spielt mit Karten. Der Hund schläft. Im Hintergrund läuft das Radio – Unterhaltungssendung. Zwischendurch Gespräche und Stricken.
18 Uhr	Stella macht Tee ...
20–22 Uhr	Wie am Nachmittag.
22.30 Uhr	Bibliotheksbücher (Romane) aufgeschlagen, aber sie unterhalten sich ... Der Hund wird für ein paar Minuten in den Garten geschickt.
0.30 Uhr	Sie gehen schlafen.[106]

Diesen Tagesablauf eines normalen Sonntags in Großbritannien verdanken wir der Organisation Mass-Observation, die seit 1937 freiwillige Beobachter aussandte, um das britische Alltagsleben zu erfassen. Er ist ein guter Ausgangspunkt der letzten Etappe unserer Erkundung der sich verändernden Natur der Freizeit. Bisher sind wir der Zeit in verschiedener Gestalt begegnet: als Uhrzeit, die die Stunden zählt, als Tempo und als Zeit in mehr oder weniger dichter Form. Aber Zeit besitzt auch einen Rhythmus. Der Sieben-Tage-Zyklus mit einem Ruhetag nach einer Arbeitswoche ist weit verbreitet, aber weder natürlich noch allgemeingültig, sondern eine menschliche Erfindung, ein mathematischer Behelf mit Wurzeln im Judentum und der Astrologie. Nicht alle Kulturen haben sich nach ihm gerichtet. 1929 unternahm die Sowjetunion den letzten ernsthaften Versuch, ein alternatives Zeitmuster einzuführen, indem sie eine »ununterbrochene« Arbeitswoche (*neprerywka*) einführte und den gemeinsamen Ruhetag abschaffte. Doch das Experiment verursachte derart viele Probleme, dass es zwei Jahre später wieder aufgegeben wurde.[107]

Den meisten Lesern wird der leicht gekürzte sonntägliche Tagesablauf von Stella so fremd erscheinen wie das Leben einer fernen indigenen Gemeinschaft. Doch er ist nur sechzig Jahre alt und stammt aus einer der am weitesten entwickelten Gegenden der Welt. Obwohl Großbritannien noch dabei war, sich von Krieg und Entbehrung zu erholen, gehörte es zur Vorhut der Konsumkultur. Stellas Tagesablauf ist dies nicht anzusehen. Gewiss kochte sie eine beeindruckende Menge Tee, und sonntags wurde die Familie mit einem reichhaltigen Mahl verwöhnt. Man verbrachte viel Zeit damit, Zeitungen und Zeitschriften zu lesen; viele Briten holten sich am Sonntag drei oder mehr Zeitungen. Am erstaunlichsten ist jedoch, dass niemand aus der Familie, als Stella um 0.30 Uhr ins Bett ging, einen Fuß vor die Tür gesetzt hatte, nicht einmal, um mit dem Hund Gassi zu gehen. Was es an Konsum gab, vollzog sich innerhalb der eigenen vier Wände. Es war, als gäbe es keine öffentlichen Orte, Geschäfte und Unterhaltungsstätten.

Der Grund war natürlich, dass die meisten dieser Einrichtungen am Sonntag geschlossen hatten. Im puritanischen Schottland wurden sonntags sogar die Schaukeln in Parks unbrauchbar gemacht, auch wenn Geschäfte öffnen durften. Selbstverständlich blieb nicht jeder Brite den ganzen Tag zu Hause. Jeder siebte ging in die Kirche; einige mehr zog es in die Pubs, die um 11 Uhr öffneten. Manche Väter gingen mit ihren Kindern in einen Park oder an einen Springbrunnen. Auch Unterhaltungsangebote fehlten nicht ganz. Im Londoner Arbeitervorort Hammersmith gab es eine Badeanstalt, einige Tennisplätze, zwei Kinos und Theater, eine Konzerthalle und ein Lyons-Teehaus. Laut Mass-Observation war das »nicht viel« für 100 000 Menschen. Insbesondere für Jugendliche sah es am Sonntag trübe aus. Hier und da hatte eine Spielhalle oder Rollschuhbahn geöffnet, doch das waren Oasen in einer Wüste. Ein großer Teil der Unterhaltung war daher selbstgemacht. So verwandelten die 14- bis 18-jährigen Mitglieder der White City Racers ein brach liegendes Grundstück in eine

Fahrradrennstrecke und amüsierten Ortsbewohner mit ihren Kunststücken und Kunstlederuniformen. Im übrigen Land blieb man sonntags überwiegend zu Hause. Eine winzige Minderheit (5 Prozent) unternahm motorisierte Ausflüge. Im industrialisierten Norden waren die Stadtzentren menschenleer, und auf dem Land spazierten die Menschen selten über den Dorfanger hinaus. Näher sind Briten dem »langsamen Leben« nie gekommen. In den Pubs nippten die Gäste langsamer an ihrem Bier, um die leeren Stunden herumzubringen. »Der Sonntag ist ein öder Tag«, erklärte die Frau eines Metallarbeiters. »Alle sind erledigt.« Eine 15-jährige Schülerin drückte es etwas freundlicher aus: »Es passiert zwar nie etwas Ungewöhnliches, aber langweilig würde ich es trotzdem nicht nennen.«[108]

Ein Tag in der Woche war abgegrenzt, er war das glatte Gegenteil der überreizten Ereignisfülle, die man mit dem Konsum assoziiert. Diese Tatsache verdient mehr Beachtung, als sie bisher erhalten hat. Denn den Sonntag zur Auszeit zu erklären, versteht sich keineswegs von selbst, nicht einmal in christlichen Gesellschaften. Zwar mussten im kolonialen Nordamerika Siedler, die am Sabbat handelten, ein Bußgeld zahlen. Die Spanier aber sorgten, als sie im 16. Jahrhundert die Sieben-Tage-Woche nach Lateinamerika brachten, dafür, dass Sonntagsmärkte stattfanden. Der Sonntag war ein Tag für Kirche und Handel, Gebet und Spiel. Noch 1857 befürchtete der Stadtrat von Ambato in Ecuador, dass ein großer Teil der Bevölkerung der Messe fernbleiben würde, wenn man den Sonntagsmarkt verbot. »Es ist ein Fehler, zu glauben«, erklärte er, »es wäre der religiösen Praxis und öffentlichen Moral förderlich«, wenn man den Sonntag »der Sünde und dem vollständigen Nichtstun« überlasse.[109] Im Gegenteil erleichtere es die Seelenrettung, wenn man den Menschen erlaube, auf dem Weg zur Kirche zu handeln. Der Stadtrat hatte recht. Als der Sonntag in den 1860er Jahren ausschließlich dem Gottesdienst vorbehalten wurde, fiel die Zahl der Kirchgänger in den Keller.

Ecuador wurde von einer breiteren Bewegung mitgerissen, die sich in der Mitte des 19. Jahrhunderts in christlichen Marktgesellschaften im Aufwind befand. Vorangetrieben wurde sie zum einen von spezifischen lokalen Kräften: Hinter dem Verbot des Sonntagmarktes in Ecuador stand ein strenggläubiger katholischer Magnat, während die Einhaltung der Sabbatruhe in Großbritannien von Evangelikalen unterstützt wurde, die jede Freizeitaktivität und Arbeit am Sonntag als sündig verbieten wollten. Andere Faktoren waren allgemeinerer Art: So wurde es aufgrund von Verbesserungen im Transportwesen für Güter und Menschen leichter, an anderen Tagen zu Marktplätzen zu gelangen. In England beschränkte das Biergesetz von 1830 die sonntägliche Öffnungszeit von Pubs auf 13 bis 15 und 17 bis 22 Uhr. Zwanzig Jahre später wurden Jahrmärkte verboten. Die vollständige Herrschaft über den Sonntag gewann der Herr jedoch nicht. Als sich die Sabbatarianer 1855 mit den Temperenzlern vereinigten und ein Verbot des Sonntagshandels zu erreichen versuchten, nachdem sie ein Jahr zuvor schon die Stunden des legalen Alkoholausschanks verringert hatten, brachen im Londoner Hyde Park Unruhen aus. Karl Marx glaubte, die englische Revolution habe endlich begonnen. In Wirklichkeit endete der revolutionäre Kampf der Briten mit dem Gewinn von zweieinhalb zusätzlichen Stunden zum Trinken am Sonntag.[110]

Die Geschäftsöffnungszeiten in England blieben flexibel, bis das Ladengesetz von 1911 allen Angestellten das Recht auf einen halben freien Tag gewährte und die Geschäfte verpflichtete, an einem Tag der Woche früh zu schließen. In Kanada war der Sonntag vier Jahre zuvor durch das Gesetz über den Tag des Herrn zum wöchentlichen Ruhetag bestimmt worden. Bis in die 1930er Jahre war der Sonntagshandel in der Nation der Ladenbesitzer nahezu zum Erliegen gekommen. Briten, die sich außer Haus amüsieren wollten, konnten Fahrrad oder Boot fahren oder ins British Museum gehen, das seit 1896 auch sonntags seine Tore öffnete. Ein Gesetz von 1932 erlaubte Konzerthallen, Zoos und einigen Kinos zu öffnen, aber die meisten anderen Freizeitaktivitäten hatten noch Jahrzehnte zu kämpfen, bevor sie die sabbatarianische Zwangsjacke abwerfen konnten. Amateurfußballspiele preschten 1960 vor; Profispiele gab es erst ab 1974. Pferderennen und Wetten mussten eine weitere Generation warten. Auch auf dem Kontinent zogen Geschäfte bis weit ins 20. Jahrhundert am Sonntag die Rollläden nicht herunter. Bismarcks Berlin war ein Einkaufsparadies. Sonntags öffneten viele Geschäfte um 6 Uhr früh und schlossen erst um 23 Uhr. Die Geschäftsinhaber wollten die lukrativen Kunden nicht verlieren, die im Zuge des Kirchgangs oder um sich zu amüsieren in die Stadt kamen. 1892 wurde die Sonntagsöffnungszeit im Deutschen Reich auf fünf Stunden begrenzt; einen vollen Ruhetag erhielten die meisten Geschäftsinhaber und ihre Mitarbeiter erst 1919. An »besonderen Sonntagen« und am Heiligabend durften die Geschäfte allerdings weiterhin öffnen.[111]

Die teilweise Schließung an Sonntagen in den hundert Jahren nach 1850 war in mancher Hinsicht kurios. Im selben Augenblick, als die Gesellschaften größere Kaufkraft und breiteren Zugang zu Massenkonsumgütern gewannen, verloren sie wertvolle Zeit fürs Einkaufen und Geldausgeben. Dies erinnert daran, dass entwickelte Gesellschaften nicht nur nach dem Rhythmus der Ladenkassen tanzen. Seit den 1870er Jahren stiegen die Reallöhne, und in den 1920er Jahren boomte die Konsumkultur, aber beides geschah in vorwiegend industriell geprägten Gesellschaften. Und so blieb es bis in die 1960er Jahre. Dass Geschäfte am Sonntag schließen mussten, war zwar teilweise auf den Einfluss der Kirche, in bedeutend stärkerem Maß jedoch auf die Macht der Gewerkschaften zurückzuführen. Die Gesetze wurden in einer Zeit verschärft, als die Zahl der Kirchgänger sank. Die Stimmen verstreuter Konsumenten gingen im Chor organisierter Arbeiter unter, und deren Augenmerk lag auf kürzeren Arbeits- und nicht auf längeren Einkaufszeiten.

Eine weitere Ironie war der Rollentausch, der zwischen ansonsten offeneren und stärker reglementierten Gesellschaften stattfand. Marktgesellschaften werden häufig generell für offener, flexibler und konsumentenfreundlicher gehalten als jene, in denen Staat, Produzenten und Händler sich auf Privilegien und Restriktionen stützen. Daher kann man heute am Sonntag in einer amerikanischen Mall oder einem britischen Supermarkt einkaufen, während man in Deutschland in der Regel vor verschlossenen Türen steht. Diese heutigen Positionen sind jedoch nicht naturgegeben. In den 1880er Jahren standen Berliner Hausfrauen sonntags mindestens so viele Geschäfte offen wie Londonerinnen. Sie hätten die begrenzten Öffnungszeiten, die ein Jahrhundert später in angelsächsischen Städten üblich waren, entschieden wenig liberal gefunden.

Die sonntägliche Geschäftsschließung war keine Grundeigenschaft der Konsumgesellschaft, sondern das historische Resultat von jeweils landesspezifischen Kräften und Umständen. Die heutige Situation zeichnet sich durch eine bemerkenswerte Vielfalt aus. An einem Ende der Skala stehen Österreich und Deutschland, wo nur Geschäfte in Bahnhöfen und

Flughäfen sonntags öffnen dürfen. Am anderen Ende befindet sich Finnland, wo kleine Geschäfte am Wochenende rund um die Uhr und größere von 12 bis 18 Uhr, im Dezember bis 21 Uhr, für Kunden offen stehen dürfen. Dazwischen liegt eine beeindruckende Bandbreite von Kompromissen. In Spanien wurde Geschäften in den 1980er Jahren erlaubt, sonntags zu öffnen, und dieses Recht im folgenden Jahrzehnt wieder eingeschränkt. Heute öffnen die meisten spanischen Geschäfte jeweils am ersten Sonntag des Monats. In Norwegen ist der Sonntagsverkauf auf den Dezember, in Frankreich und Belgien auf höchstens fünf Tage im Jahr beschränkt. In Mittelmeerländern sind Touristengebiete in der Regel von solchen Restriktionen ausgenommen. In England und Wales wurde kleinen Geschäften durch das Sonntagshandelsgesetz von 1994 erlaubt, sonntags zu öffnen; für größere Geschäfte mit mehr als 280 Quadratmetern Verkaufsfläche wurde die Öffnungszeit auf sechs zusammenhängende Stunden zwischen 10 und 18 Uhr begrenzt. In Schottland gibt es bis heute keine derartigen Einschränkungen; allerdings dürfen Geschäfte ihre Angestellten nicht zwingen, am Sonntag zu arbeiten.[112]

In den Vereinigten Staaten begann die Deregulierung schon früh. 1961 verboten 34 Bundesstaaten den Sonntagshandel. 1985 galt das Verbot nur noch in 22 von ihnen. Discounter erklärten, Sonntagsgesetze, die einen christlichen Ruhetag vorschrieben, würden gegen den ersten Verfassungszusatz verstoßen, der Gesetze, die eine Rangordnung der Religionen beinhalten, verbiete. In einer Reihe von Gerichtsverfahren wurden Sonntagsgesetze auf ihre rationale Haltbarkeit abgeklopft: Welchen Sinn hatte es, den Verkauf von Filmen zu erlauben, denjenigen von Fotoapparaten aber zu verbieten? Kalifornien, Florida und andere Bundesstaaten im Westen und Mittleren Westen gingen voran, indem sie ihre Sonntagsgesetze, außer für den Alkoholverkauf, ganz aufhoben. Andere Bundesstaaten behielten bestimmte Einschränkungen bei. In New Jersey, wo die Sonntagsschließung schon 1978 abgeschafft worden war, mussten Bingohallen, Friseure und Schönheitssalons sonntags weiterhin geschlossen bleiben.[113] Kanada begann 1985 mit der Deregulierung. Es wäre jedoch falsch, die Sonntagsöffnung als Ziel eines angelsächsischen neoliberalen Kreuzzugs zu betrachten. In Europa war das sozialdemokratisch regierte Schweden 1971 der Vorreiter, gefolgt von Belgien und Spanien, während

Margaret Thatcher, die Priesterin des Neoliberalismus, eine denkwürdige Niederlage erlitt, als sie 1986 die Ladenöffnungszeiten zu liberalisieren versuchte.

In England und Wales herrschte ein heilloses Durcheinander. Das Verbot des Sonntagshandels wurde nach dem Zweiten Weltkrieg auf recht willkürliche Weise durchlöchert. So durften Eckläden zwar Gin und Essen zum Mitnehmen verkaufen, aber weder Milchpulver noch Fish and Chips, und an Zeitungskiosken konnten Konsumenten Pornos kaufen, aber keine Bibel. Das Gesetzesvorhaben von 1986 sah einen klaren Schnitt vor. Aber es spaltete die öffentliche Meinung und interessanterweise auch die Einzelhändler.[114] In der einen Ecke standen die Herausforderer – eine Gruppe von Einzelhändlern, Unternehmern und Konsumentenanwälten, die sich im Shopping Hours Reform Council zusammengefunden hatten –, in der anderen die Mitglieder der Keep Sunday Special Campaign, ein Bündnis von Gewerkschaftern und Bischöfen, das bemerkenswerterweise von der Modekette C&A, der Supermarktkette Iceland und Genossenschaften unterstützt wurde. Beide Seiten behaupteten, ihr Anliegen stärke Familie und Wohlstand. Die Liberalisierungsgegner befürchteten, die Sonntagsöffnung würde die Muße für Familienessen, Gottesdienst und Erholung stören, während die Befürworter hervorhoben, Sonntagsjobs würden Frauen unabhängig machen. Ein konservativer Unterhausabgeordneter zitierte eine seiner Wählerinnen aus Bristol, die nur sonntags arbeitete:

> »Ich arbeite am Sonntag, weil ich das Beste für meine Kinder will ... Sie bekommen viel mehr Extras und Urlaube, Kleidung und Ausflüge ... Wenn ich am Sonntagmorgen aus dem Haus gehe, tue ich es in dem guten Gefühl, dass mein Mann sich um sie kümmern wird und dass sie alle eine gute Zeit zusammen haben werden. Außerdem bekomme ich eine dringend benötigte Pause von Kindern und Haushalt ... Ich freue mich auf meine eigene, unabhängige Zeit.«[115]

Die Befürworter der Liberalisierung beteuerten, die Deregulierung würde sowohl Familien mehr Freiheit bringen als auch Arbeitsplätze und Wohlstand schaffen. Die Gegenseite verwies auf Marks and Spencer, den archetypischen britischen Einzelhändler, der die Sonntagsöffnung mit dem

Argument ablehnte, sie würde bloß das Sechs-Tage-Geschäft auf sieben Tage verteilen. Die Anhänger der Liberalisierung unterlagen. Es war eine historische Ironie, dass es der Eisernen Lady, die die mächtigen Gewerkschaften zermalmte und die Finanzwelt deregulierte, nicht gelang, die Geschäftstüren sonntags aufzustoßen. Dies sollte erst 1994 geschehen.

Lässt sich in der vielfältigen Landschaft des Sonntagshandels ein Muster ausmachen? Wohlstand allein genügt offenbar nicht, den Sonntag für Geschäfte zu öffnen. Immerhin ist Deutschland reicher als Großbritannien, Frankreich reicher als Finnland. Religion ist ein Faktor, aber nicht im Sinn eines direkten religiösen Engagements. In den Vereinigten Staaten verbreitete sich der Sonntagshandel trotz einer religiösen Wiederbelebung, während hingegen der Kirchenbesuch überall in Europa abnahm; unter Thatcher besuchten in Großbritannien nur noch 10 Prozent der Menschen regelmäßig den Gottesdienst. Religion wirkte eher als Bollwerk in Gesellschaften, wo sie dank starker christdemokratischer Parteien in der politischen Landschaft verankert war. In Deutschland war die Sonntagsöffnung ein Tabu, bis Berliner Kaufhäuser 1999 ihre Kunden offen aufforderten, zivilen Ungehorsam zu leisten und als »Touristenartikel« gekennzeichnete Dinge zu kaufen. Solch Druck von Seiten des Einzelhandels stieß auf weit stärkere politische Gegenwehr als anderswo. Der ehemalige CDU-Vorsitzende Wolfgang Schäuble sprach in Bezug auf die Sonntagsöffnung von einer Gefahr für die jüdisch-christliche Zivilisation.[116] Die Reformbemühungen für längere Öffnungszeiten blieben stecken.

Ausschlaggebender Faktor dürfte der Strukturwandel der Wirtschaft in Kombination mit der Rolle von Frauen als Arbeitskräfte sein. In Großbritannien folgte die Sonntagsöffnung dem Wandel von der Industrie- zur Dienstleistungsgesellschaft, die dem Einzelhandel und Gewerkschaften mit Verkäuferinnen als Mitgliedern größeres Gewicht verlieh als in Deutschland und Frankreich. Die britische Dienstleistungsgewerkschaft (USDAW) wechselte, um Arbeitsplätze zu sichern, von der Ablehnung zur Befürwortung einer Teilderegulierung. Der Einzelhandel war der Vorreiter bei Teilzeitarbeit, und der Frauenanteil war unter seinen Arbeitnehmern unverhältnismäßig hoch. Da Frauen den größten Teil der Einkäufe erledigen, erhielt die Forderung nach flexiblen Öffnungszeiten immer mehr Nachdruck, je mehr Frauen eine bezahlte Arbeit annahmen. Es ist schwierig, gleichzeitig zu arbeiten und einzukaufen. Bezeichnenderweise sind die Länder, die Vorreiter bei der Sonntagsöffnung waren (Schweden, Finnland und Großbritannien), auch diejenigen mit der höchsten Frauenarbeitsquote in Europa.[117]

Wie wirkte sich die Sonntagsöffnung auf den Tagesablauf und den Konsum allgemein aus? Beide Lager übertrieben häufig ihre Argumentation. Der Sonntag war nie ein reines nichtkommerzielles Idyll gewesen, nicht einmal in der Zeit nach dem Zweiten Weltkrieg. In England und Wales galten die Einschränkungen damals zwar für Kaufhäuser und größere Geschäfte, aber nicht für kleine Eckläden. Die Menschen wurden daran gehindert, große Dinge zu kaufen, nicht aber am Einkaufen an sich. Hinzu kam, dass die Vorschriften im selben Maß missachtet wurden, wie die Einkaufsmöglichkeiten begrenzt waren. In Cardiff erledigten die Menschen in den 1980er Jahren 3 Prozent ihrer wöchentlichen Einkäufe am Sonntag. Fast die Hälfte ihrer Lebensmitteleinkäufe war illegal und umfasste die gesamte Bandbreite der verbotenen Artikel, von Obstkonserven bis zu Tiefkühlgerichten.[118] Die Sonntage sind ein gutes Beispiel dafür, wie sich Veränderungen der Freizeit aufs Kaufverhalten auswirken. In Großbritannien gerieten die Öffnungszeiten in den 1980er Jahren zusätzlich unter Druck, als die Gärtnerei und Handwerkerei sich großer Beliebtheit erfreuten. Gartenzentren und Heimwerkergeschäfte beschlossen, sonntags zu öffnen. Kurz vor der Verabschiedung des Gesetzes von 1994 hatten bereits schätzungsweise 40 Prozent der englischen Geschäfte am Sonntag geöffnet. Das Klingeln der Kassen glich eine mögliche Strafzahlung mehr als aus.

Längere Öffnungszeiten machten das Wochenende erneut zu einer Haupteinkaufszeit, ganz wie es zwei und mehr Jahrhunderte zuvor aufgrund der Sonntagsmärkte schon einmal gewesen war. In Großbritannien sind Samstag und Sonntag die lebhaftesten Handelstage der Woche. 10 Prozent der Käufer erledigen ihren Haupteinkauf am Sonntag. Längere Öffnungszeiten bedeuten geringere Stückkosten und weniger Stau auf den Straßen. Dadurch sammelten sich im Jahr 2001 Einsparungen von schätzungsweise 1,4 Milliarden Pfund an, 64 Pfund pro Haushalt. Anderswo verlief die Entwicklung weniger rasant. In Schweden verringerten sich die

Preise aufgrund längerer Öffnungszeiten nur um 0,3 Prozent. Der australische Produktivitätsausschuss bezweifelte, dass Konsumenten überhaupt von ihnen profitierten. Genauso wenig ließ sich Shopping als Freizeitaktivität einfach vom Samstag auf den Sonntag ausdehnen. Die meisten Schweden kaufen sonntags allenfalls Lebensmittel ein.[119]

Gravierender sind die Auswirkungen auf die Arbeit. Wie erwähnt, erhöhte die vermehrte Arbeitstätigkeit von Frauen den Druck auf die Geschäftsöffnungszeiten. Aber umgekehrt verstärkte der Sonntagshandel auch den Trend zu mehr Teilzeitarbeit, insbesondere von alleinstehenden Müttern. In den Niederlanden seitdem dürfen Geschäfte seit 1996 in der Woche bis 22 Uhr und am Sonntagnachmittag geöffnet haben. Zeitnutzungsdaten zeigen, dass die Niederländer seitdem an Sonntagen und abends mehr einkaufen, aber auch mehr arbeiten, insbesondere Frauen und alleinstehende Männer. Bezeichnenderweise kauften in einer Partnerschaft lebende Männer zwar mehr ein, arbeiteten aber weniger.[120] Dies alles ist Welten von dem Londoner Sonntag, den Stella am Anfang dieses Abschnitts verbrachte, entfernt. Damals, in der Nachkriegszeit, bedeutete der Sonntag eine Runde Kochen, Putzen und Abwaschen nach der anderen. »Es ist der schwerste Tag der Woche«, bekannte die 40-jährige Frau eines Taxifahrers 1949.[121] Männer nutzten den Sonntag häufig für ein langes Nickerchen. Die Sonntagsöffnung hat die jahrhundertealte Ungleichheit der Geschlechter nicht aufgehoben. Aber die Tür der Familienwohnung wurde aufgestoßen, ihre Bewohner auseinandergetrieben und die Frauen dadurch von einem Teil der kollektiven Last auf ihren Schultern befreit.

Für gut ein Jahrhundert, das etwa von den 1860er Jahren bis in die 1960er Jahre reichte, hielten sich Autoritäten und Gesellschaften der entwickelten Welt in Bezug auf die Zeit an einen ausgeklügelten Pakt. Das Leben der Menschen wurde immer mehr von materiellen Gütern und Wünschen beherrscht. Städte wurden zu Reklamebühnen für Konsumgüter, und Regierungen wetteiferten darum, wie man den Lebensstandard am besten steigerte. Im Gegenzug wurde der Sonntag als Tabuzone vom Konsum ausgenommen. Seit den 1960er Jahren wird dieser Pakt gebrochen. Mehrere Überflussgesellschaften haben ihn bereits aufgekündigt; in anderen steht er auf der Kippe. Heute mag es lachhaft erscheinen, dass

Behörden die Art eines Tages gesetzlich bestimmen wollen, aber noch vor wenigen Generationen wurde dies weithin akzeptiert. In kaum mehr als zwei Jahrzehnten sind die Anstrengungen eines Jahrhunderts beiseitegeschoben worden.

Die Verbreitung des Internets seit den 1990er Jahren hat dem Einkaufen eine völlig neue virtuelle Dimension hinzugefügt, in der Geschäftsöffnungszeiten keine Rolle spielen. In Kontinentaleuropa überdenken historische Städte mit kleinen Geschäften in verkehrsberuhigten Zentren gegenwärtig ihre bisherige Ablehnung der Sonntagsöffnung. Denn warum sollte noch jemand in die Straßen aus Kopfsteinpflaster kommen, wenn die realen Geschäfte geschlossen haben und man auf seinem Tablet ein virtuelles Geschäft besuchen kann? Der Aufschwung des Interneteinkaufs sollte jedoch nicht überschätzt werden. Prophezeiungen, die den Tod des alten Einzelhandels voraussagten, haben sich bisher als nicht zutreffend erwiesen. In Europa und den Vereinigten Staaten, wo das Internet und mobile Geräte heute allgegenwärtig sind, erledigen die meisten Menschen den Großteil ihrer Einkäufe weiterhin in physischen Geschäften. Die größten europäischen Onlinekäufer sind die Briten, die 2014 1071 Pfund pro Person online ausgaben, was sich zu fast 15 Prozent des Einzelhandelsumsatzes summierte. In Italien und Polen machte der Onlinehandel nicht einmal 3 Prozent aus. Die größten Anteile hat das Internet bei Kleidung und Reisen erobert. 2008 haben 21 Prozent der europäischen Internetnutzer einen Onlinekauf getätigt; 2012 waren es schon 32 Prozent. Jeder vierte hatte Bücher gekauft. Aber bei vielen anderen Produkten und Dienstleistungen bleibt des Internet marginal. 2012 kaufte nur jeder zehnte Europäer Lebensmittel im Internet, in Großbritannien allerdings jeder Fünfte. Möbel und andere schwere Produkte werden selten mit einem Klick gekauft. In der Schweiz, dem Land mit der größten Handydichte (85 Prozent der Schweizer besitzen eines), ermöglichten 2013/14 Smartphones die Nutzung von einer Million neuen Shoppingseiten. Jenseits der Alpen, in Italien, kauften über zwei Drittel der Menschen überhaupt nicht online ein.[122]

Einer der Hauptgründe für das Überleben herkömmlicher Geschäfte ist, dass die Menschen nicht einfach nur Dinge kaufen, sondern sie auch berühren und probieren wollen. Ein weiterer Grund ist, und das entbehrt nicht einer gewissen Ironie, dass die meisten das Internet als zu langsam empfinden. Sie wollen ein Produkt sofort haben; leichte Rückgabe, Vertrauen und ein niedrigerer Preis sind zusätzliche, aber weniger wichtige Faktoren. Onlinehandel und Smartphones haben den herkömmlichen Einzelhandel revolutioniert, aber wie eine weiterhin laufende Schweizer Untersuchung zeigt, ist das Ergebnis nicht die Ablösung des realen durch den virtuellen Handel, sondern eine Mischform. Es gibt zwar einige Händler, die ausschließlich online verkaufen, insbesondere in den Bereichen Touristik und Musik, aber in vielen anderen Sparten geht die Entwicklung hin zu einer Symbiose aus Alt und Neu: Physische Einzelhändler starten eigene Websites, und Onlineshops eröffnen reale Ausstellungs- und Verkaufsräume.[123]

Die Abschaffung des Ruhetags bildete den Höhepunkt der Freizeitrevolution. Wie so viele Revolutionen hat auch diese ihre Versprechen nicht erfüllt. Der Zugewinn an Freizeit im 20. Jahrhundert war geringer und ungleicher verteilt, als Reformer und Visionäre es sich vorgestellt hatten. Ein Hauptgrund dafür war, dass die frühe Freizeitutopie von einem sehr eng gefassten Arbeitsverständnis ausging, demjenigen von männlichen Lohnarbeitern. Idyllische Vorstellungen von müßigen Sonntagen mit üppigen Familienessen, an denen Bergarbeiter und Bankangestellte einen wohlverdienten Tag voller Ruhe und Entspannung genießen, lassen häufig außer Acht, dass dies nur durch einen enormen Arbeitsaufwand ihrer Frauen möglich wird. Freizeit bleibt durch Alter, Klasse und Geschlecht gespalten. Junge und Alte haben die meiste Freizeit. Für die mittleren Jahrgänge ist sie dadurch begrenzt, dass immer mehr Frauen einer bezahlten Arbeit nachgehen und Männer immer mehr Hausarbeit übernehmen. Die wirkliche Revolution hat sich seit den 1960er Jahren anderswo abgespielt: Es war die qualitative Umgestaltung und Polarisierung der Freizeit. In Stunden und Minuten mag sich die Freizeitlücke zwischen den Geschlechtern verringert haben, aber Frauen können ihre Freizeit seltener am Stück genießen, sie präsentiert sich ihnen als zeitlicher Flickenteppich. Schließlich hat die Demokratisierung das unbeabsichtigte Resultat einer neuen Zeitungleichheit hervorgebracht. Während sich für die große Masse die Tür zu müßiger Freizeit öffnete, verlor Freizeitkonsum für die privilegierten Wenigen ihren Wert als Unterscheidungsmerkmal. Seither stecken die Gebildeten ihre Kraft in ein neues, mit Aktivitäten vollgepacktes Freizeitregime. Diese Hyperaktivität hat paradoxe Auswirkungen auf den Konsum, allerdings nicht diejenigen, welche Kritiker des Überflusses vorausgesagt haben. Erfolg bedeutet, mehr zu kaufen und mehr zu tun. Die alte Trennlinie zwischen denjenigen, die Freizeit haben, und denen, die keine haben, ist durch eine neue ersetzt worden, die sich danach richtet, wie viel man in der Freizeit unternimmt. »Zeitarmut« ist heute der Preis für das Privileg, Flexibilität und Aktivität kombinieren zu können.

11 Von der Wiege bis zur Bahre

Konsum formt unsere Identität. Wie wir uns kleiden und essen, wo wir einkaufen, ob wir einen SUV oder ein Elektroauto fahren, in die Oper oder ins Fußballstadion gehen: All dies kündet davon, wer wir sind und wie wir von anderen wahrgenommen werden wollen. Der Konsum markiert unseren Platz in der gesellschaftlichen Ordnung und hilft uns, zu verstehen, wie sie zustande gekommen ist und reproduziert wird. Besonders wirkmächtig sind Klassen- und Geschlechtsidentitäten, denen wir auf den vorangegangenen Seiten schon verschiedentlich begegnet sind, von Mittelschichtsidealen von materiellem Komfort und Befürchtungen über weibliche Kaufsucht in der Vergangenheit bis zur Bedeutung von Freizeit und Geschmack für die soziale Stellung in der Gegenwart. Jetzt wollen wir uns einem weiteren Teil der Identität zuwenden: demjenigen des Alters. Man kann mit Recht behaupten, dass in dieser Hinsicht in den vergangenen hundert Jahren eine beispiellose Entwicklung stattgefunden hat. Sie ist häufig als Aufstieg des Teenagers beschrieben worden – ein Begriff, mit dem Jugendliche erstmals in den 1940er Jahren bezeichnet wurden. Sie gilt es selbstverständlich zu beachten, dabei sollten aber nicht alle anderen aus dem Bild gedrängt werden. Die Jugend ist nicht der einzige Lebensabschnitt. Der Teenager war nur eine der Figuren einer umfassenderen Evolution, die im 20. Jahrhundert Fahrt aufnahm und immer weitere fein abgestufte, durch Aussehen, Besitz und Lebensstil unterschiedene altersspezifische Gruppen entstehen ließ. Als Erste bildete sich diejenige der kindlichen Konsumenten heraus. Am Ende des Jahrhunderts kam die Generation 50plus, die »Golden Agers«, hinzu. Durch den Anspruch und die Fähigkeit zu konsumieren, wurden das Bild und die Realität des Alters transformiert. Man kann sagen, dass der Konsum für diese Generation, mehr als für jede andere, wahrhaft revolutionär war.

Der kindliche Konsument

Kaum ein Thema lässt heute in der reichen Welt derart viele Alarmsirenen schrillen wie das Bild von Kindern, die von einer Lawine aus Kommerz, Reklame und Marken überrollt werden. Es folgt eine kurze Aufzählung von Gefahren, die man einer Vielzahl von Büchern und Artikeln besorgter Beobachter entnehmen kann: Dreijährige erkennen heutzutage den goldenen McDonald's-Bogen, bevor sie sich ihren eigenen Nachnamen merken können. Mit zehn Jahren kennen britische Kinder 350 Markennamen, aber nur zwanzig Vogelarten. Mattel brachte eine interaktive Puppe auf den Markt, Diva Starz, die 6- bis 11-Jährige mit der Shoppingtherapie bekannt machte, indem sie ihnen sagte: »Ich fühle mich schlecht. Lass uns shoppen gehen.« In Nottingham wurde eine 8-Jährige mit im Voraus genehmigten Kreditkartenangeboten bombardiert. In den Vereinigten Staaten sind Kinder in der Schule Reklame und Werbegeschenken ausgesetzt. Pfadfinderinnen lernen nicht mehr nur, wie man ein Lagerfeuer entfacht, sondern können auch einen »Modeabenteuer«-Gutschein für einen Ausflug in eine Mall und den Besuch in einem Bekleidungsgeschäft für Kinder unter 11 Jahren gewinnen. Auf beiden Seiten des Atlantiks arbeiten 7- bis 11-Jährige Marktforschern zu, denen sie sagen, welche Spielzeuge sie gut finden. 1994 stellte der Modeschöpfer Jean-Paul Gaultier ein nach Zitrone und Minze duftendes Kinderparfüm vor. Andere Modelabel folgten mit Sprays und Eau de Toilettes für Babys. Mädchen im Vorschulalter tragen T-Shirts mit aufgedruckten *Playboy*-Bunnies. Wie die Viktorianer, die es einst in Bezug auf die Käuferinnen unterstellten, befürchtet man heute, dass Sex und Shopping Hand in Hand gehen. Kinder werden um des Profits willen »gestalkt« und »umgarnt«. Neben Fettsucht werden Bulimie und Selbstmord als soziale Marketingkrankheiten diagnostiziert. Nach Ansicht mancher Autoren ist die Kindheit heute »vergiftet«. Andere haben ihren »Tod« verkündet.[1]

Die Fieberkurve dieser Befürchtungen spiegelt die finanziellen Summen wider, um die es geht. Nie zuvor in der Geschichte verfügten Kinder über eine solche Kaufkraft. In Großbritannien gaben 2008 unter 19-Jährige 12 Milliarden Pfund aus – fast 1 Milliarde davon für Snacks, Süßigkeiten und Softdrinks. Addiert man den Betrag, den Eltern für ihre Kinder ausgeben, steigt diese Zahl auf 99 Milliarden Pfund im Jahr. In den Vereinigten Staaten hat der von Kindern beeinflusste Markt angeblich einen Wert von 670 Milliarden Dollar, und für Werbung und Marketingaktionen, die auf Kinder abzielen, werden über 15 Milliarden Dollar ausgegeben.[2] Kurz, die kleinen Engel sind Großkunden, und diese Kluft zwischen Ideal und Wirklichkeit ist es, die der moralischen Panik und Unruhe zugrunde liegt.

Gewiss gibt es viele Aspekte, die Beachtung verdienen und ein Handeln erfordern. Dies ist eine Sache für Aktivisten, Politiker und Behörden. Die Geschichtsschreibung ist für andere Dinge zuständig, die indes nicht weniger nützlich sind. Sie kann vor einer denkfaulen nostalgischen Sehnsucht nach einem goldenen Zeitalter schützen, in dem Kinder rein, unschuldig und vom Markt unberührt waren. So wie die für das zielgruppenorientierte Marketing ausgegebenen Dollar, Pfund und Euro sind auch die zeitgenössischen Vorstellungen über die Kindheit das Produkt einer Entwicklung. Die Frage ist also, wie die Kindheit überhaupt derart in Produktwahl und Geldausgeben verstrickt wurde. Dies ist eine längere Geschichte, in der Erzieher, Eltern, Ärzte und Politiker eine ebenso wichtige Rolle spielten wie Unternehmen, und auch die Kinder sind dabei nicht nur passive Objekte.

Noch in den 1970er Jahren behandelten Historiker die Kindheit als eine Erfindung der bürgerlichen Moderne. Erst im 17. und 18. Jahrhundert hätten Brutalität und emotionale Distanz einer gefühlvollen, kinderorientierten, permissiven Kultur Platz gemacht. In jüngerer Zeit ist diese These einer empfindsamen bürgerlichen Revolution jedoch ins Wanken gebracht worden.[3] Auch für frühere Jahrhunderte lassen sich für West und Ost viele Belege für Liebe und Kummer, Spiel und Spielzeug finden. Was jedoch neu war und das Jahr 1900 als Wendepunkt kennzeichnete, war die Tatsache, dass die Kindheit einen eigenständigen Platz auf dem Markt erhielt. Kinder hatten immer konsumiert, aber jetzt begann man sie als eigenständige Konsumenten mit eigenen altersspezifischen Bedürfnissen und Moden und bald auch mit eigenem Geld zu behandeln.

Die Verbreitung altersspezifischer Kleidung in den Vereinigten Staaten zeigt, wie schnell diese Entwicklung vonstattenging. Vor dem Ersten

Weltkrieg wurde Kleidung nach Artikelart und Größe sortiert, nicht nach Altersgruppe. Strümpfe für Kinder lagen neben denjenigen für ihre Eltern. Bis zum Zweiten Weltkrieg war Kinderkleidung in eine eigene Etage und oftmals in ein eigenes Geschäft umgezogen. Saks Fifth Avenue und andere Kaufhäuser richteten Stockwerke für junge Leute ein, in denen die Artikel für unterschiedliche Altersgruppen farbig gekennzeichnet waren. 1929 gab es über tausend Geschäfte für kleine und größere Kinder. Zwei Jahrzehnte später waren es schon sechstausend. Die Ware kam aus einer wachsenden Zahl von Fabriken, die Kinderkleidung herstellten. Kaufhäuser begannen Babypreisausschreiben und Babywochen zu veranstalten, mit denen für schon fertig zusammengestellte Säuglingsausstattungen geworben wurde. In den 1930er und 1940er Jahren verfeinerte sich die Altersabstufung: Mode für 6- bis 14-jährige Mädchen wurde getrennt von derjenigen für ihre 3- bis 6-jährigen Schwestern angeboten, und auch Kleinkinder erhielten eine eigene, von den Säuglingen unterschiedene Konsumentenrolle. Das Verkaufspersonal wurde angewiesen, auf die sich herausbildende Persönlichkeit der Kleinen einzugehen und ihren individuellen Stil zu fördern. Universelle »unförmige Pumphosen von gestern« wurden durch modische Kleider für beide Geschlechter ersetzt – »anmutige Pastelltöne« für Mädchen und »figurbetonte« Kleidung für Jungen. Niemand verkörperte diesen neuen Stil besser und popularisierte ihn stärker als der Hollywood-Kinderstar Shirley Temple, die mit ihrem Hängerkleid ohne Gürtel und sonstigen Besatz außer einer Stoffbandschleife für Furore sorgte. Ihre Berühmtheit machte sie zur perfekten Botschafterin des neuen Looks, der unter ihrem Namen vermarktet wurde.[4]

Geschäfte, Kinos und die Werbung verbreiteten die neue, altersspezifische Mode, aber wenn nicht mehrere größere Entwicklungen zusammengelaufen wären, wäre es ihnen kaum so leicht gefallen, die Portemonnaies der Eltern zu plündern. Zu diesen Entwicklungen gehörten ein Wandel im Verhältnis von Arbeit und Konsum sowie eine veränderte Auffassung über die Kindererziehung. Ersteres bedeutete, dass Kinderkleider seltener selbst angefertigt und häufiger gekauft wurden. Abgesehen von gelernten Schneiderinnen mit genügend Zeit, hatten sich nur wenige Mütter darauf eingelassen, für ihren Nachwuchs altersspezifische Kleider zu nähen. Über den Schnitt von Kinderkleidung entschieden also nicht mehr die Mütter, sondern die Kräfte des Markts. Doch dies stellte nur eine günstige Voraussetzung dar. Was Eltern zu ergebenen Konsumenten machte, waren die ihnen vom Verkaufspersonal vermittelten Ansichten von Experten und Autoritäten über die Persönlichkeit von Kindern. Im frühen 20. Jahrhundert begannen Autoren, die sich mit der Erziehung beschäftigten, zu betonen, dass Kinder Rechte hätten. Eltern wurde geraten, der Perspektive der Kinder und ihren sich verändernden Begierden und Wünschen mehr Aufmerksamkeit zu schenken.

1929 veranstaltete US-Präsident Herbert Hoover im Weißen Haus eine Konferenz über Kindergesundheit. Sie führte zur Verabschiedung einer Kindercharta, in der »das Verständnis und der Schutz« der Persönlichkeit von Kindern als deren »kostbarstes Recht« bezeichnet wurde.[5] Frauenzeitschriften gingen noch einen Schritt weiter, indem sie verkündeten: »Ihr Kind hat ein Recht auf Schönheit.« Und da sich die Persönlichkeit in dieser Phase herausbildete, mussten die Eltern mit der Entwicklung Schritt halten. Die Werbung wandte die Entdeckung von Entwicklungsstufen auf altersspezifische Produktkategorien an: Von 4- bis 6-Jährigen hieß es, sie würden ihre Vorstellungskraft entwickeln, was sie zu idealen Konsumenten von Spielzeug, das die Phantasie anregt, machte; bei 7- bis 9-Jährigen vereine sich Enthusiasmus mit Zielgerichtetheit, was sie zu Sammlern machte.[6] Die Freud'sche Psychologie ermunterte Eltern, stärker auf die materiellen Wünsche ihrer Kinder einzugehen. Auf der Konferenz im Weißen Haus wiesen Erziehungsexperten darauf hin, dass das Kind häufig »ein Fremder in seinem Zuhause« sei.[7] Stühle, Tische und Teller seien zu groß, und es würde zu wenig auf seine Bedürfnisse und die richtigen Spielzeuge geachtet. Das Kind in eine erwachsene Umwelt zu pressen, führe zu einer Verzögerung der moralischen und physischen Entwicklung. Extreme Sparsamkeit unterdrücke unerfüllte Bedürfnisse, was später gefährliche Folgen haben könne. Besitztümer seien für die Entwicklung der Persönlichkeit und die geistige Gesundheit lebenswichtig.

Verbunden wurde diese doppelte Transformation von Arbeit und Mentalität durch den Rollenwechsel von Kindern auf dem Markt. Sie hörten auf, Arbeiter zu sein, die zum Familieneinkommen beitrugen, und wurden nun als Konsumenten angesprochen. Je nutzloser Kinder ökonomisch wurden, bemerkte die Soziologin Viviana Zelizer, desto »kostbarer« wurden sie emotional.[8]

Als die Kinder ihre Werkzeuge aus der Hand legten und stattdessen zu Schulbüchern griffen, wurde ihr Verdienst durch Zuwendungen ersetzt. Bereits im 19. Jahrhundert hatten bürgerliche Familien ihre Kinder mit Hilfe von Taschengeld an Sparsamkeit und finanzielle Disziplin gewöhnt. In den 1930er Jahren erhielten die Kinder jeder zweiten amerikanischen Akademikerfamilie Taschengeld; bei ungelernten Arbeitern gab es eine solche Zuwendung nur in jeder vierten Familie. Den Kindern wurde aber nicht nur die Kunst des Sparens gelehrt, sondern auch jene des Geldausgebens. In einem Lehrbuch für Kinderstudiengruppen von 1932 hieß es, das Schwergewicht liege »stets auf dem Geldsparen, aber mit der vermehrten Gelegenheit und Notwendigkeit, beim Kauf von Waren mit Geld umzugehen, wird es immer unumgänglicher, dass Kinder sich im Geldausgeben üben ... Das moderne amerikanische Leben ... glorifiziert die Idee des Ausgebens.« Deshalb sei es notwendig, die Kinder zu lehren, wie man es tue.[9]

Das Taschengeld führte zu einem neuen Gleichgewicht zwischen den Generationen: Kinder erhielten die Mittel, sich ihre Wünsche selbst zu erfüllen, während die Eltern über ihr Portemonnaie wachten. Dass Kinder Konsumentenrechte besaßen, war besonders für Bevölkerungsgruppen wichtig, die gegen Diskriminierung zu kämpfen hatten, denn es demonstrierte, dass sie eine gewisse Unabhängigkeit und Wahlmöglichkeit hatten. Die afroamerikanische Zeitung *Chicago Defender* organisierte für ihre jungen Leser Partys, auf denen Spielzeug und Süßigkeiten gewonnen werden konnten. Die zunehmende Akzeptanz der Stellung der kindlichen Konsumenten in der Familie spiegelte die Anerkennung des Konsums als positive Kraft in der Gesellschaft insgesamt wider, zuerst im Amerika der Zwischenkriegszeit. Als 1936 erneut im Weißen Haus eine Konferenz über Gesundheit und Schutz von Kindern stattfand, war das Taschengeld als selbstverständliches Anrecht künftiger Staatsbürger-Konsumenten anerkannt. Als autonome Personen, erklärten Fachleute, stehe Kindern natürlich eine demokratische Stimme bei der Entscheidung über die Verwendung des Familienbudgets zu. Die Kinder selbst verinnerlichten die neue Einstellung schnell, wie eine zeitgenössische Umfrage zeigte. Auf die Frage, was sie als künftige Eltern tun würden, antworteten viele, sie würden eine wöchentliche Familienkonferenz über die Ausgaben abhalten.[10]

Die Arbeit verschwand jedoch nie ganz aus dem Leben der Kinder, nicht einmal in den Überflussgesellschaften. Das Bild der Kindheit und damit auch die Vorstellungen darüber, was Kinder mit ihrer Zeit und ihrem Geld anfangen sollten, wurden jedoch in zunehmendem Maß von Spiel und Spaß geprägt. Die Spielzeuge verkörperten den Wandel. In Europa spielten Kinder schon in frühmoderner Zeit mit Holzbaukästen. Individuell gestaltete Papierpuppen gab es in Großbritannien und Deutschland seit dem Ende des 18. Jahrhunderts, als die ersten Spielzeuggeschäfte ihre Türen öffneten. Die meisten Spielzeuge verfolgten jedoch einen erzieherischen Zweck; die Kinder sollten, wie von John Locke gefordert, durch Spielen lernen oder direkt auf die handwerklichen und wirtschaftlichen Anforderungen der Arbeitswelt vorbereitet werden. Seit dem Ende des 19. Jahrhunderts wurden diese Gepflogenheiten von einem neuen Geschäft mit Phantasie und Wünschen verdrängt. Weihnachten, einst ein Gemeinschaftsfest, das man mit Nachbarn und Bediensteten zusammen beging, schrumpfte zu einer Familienfeier. Für die kindlichen Sehnsüchte und das kindliche Staunen hielt das Mittelschichtideal intimer Häuslichkeit einen besonderen Platz bereit. Die Wunschlisten wurden immer länger.[11] Der Erfolg von Walt Disneys Zeichentrickfilm *Schneewittchen und die sieben Zwerge* (1937) war ein Zeichen der Akzeptanz des Spiels um des Spiels willen. In den Vereinigten Staaten durchschlug der Spielzeugumsatz zwischen 1899 und 1929 jede Decke: Er stieg von 8 auf 103 Millionen Dollar. In den ersten beiden Jahrzehnten nach dem Zweiten Weltkrieg verdoppelte er sich erneut.

Diese Entwicklung war nicht auf die Vereinigten Staaten begrenzt. Auch Japan gehörte zur Vorhut. Zum Comicbuch *Die Abenteuer von Seichan* wurden schon 1924 Spielkarten und Hüte angeboten. Seither ist der Markt für Märchengestalten und Superhelden mit übermenschlichen Kräften ständig gewachsen. Eltern waren dabei entscheidende Mithelfer. In der Mitte des 20. Jahrhunderts hatten sie nicht nur ihren Frieden mit der neuen Spielkultur gemacht, sondern auch begonnen, an ihr teilzunehmen, indem sie sich an ihr eigenes »inneres Kind« erinnerten.[12]

Die Kommerzialisierung der Kindheit war also eine zutiefst paradoxe Entwicklung. Altersunterschiede wurden zugleich geschärft und verwässert. Was als Bewegung zur Durchsetzung der eigenständigen Bedürfnisse und Rechte von Kindern begann, wurde zu einem kommerziellen Phänomen, das die Kindheit zu einem für alle offenen Ort der Phantasie machte, an dem das biologische Alter keine Rolle spielt.

Durch das Fernsehen wurden Kinder in zuvor unbekanntem Maß mit Werbung konfrontiert. In den 1980er Jahren saßen amerikanische Kinder im Durchschnitt vier Stunden am Tag vor dem Fernseher. Im Verlauf eines Jahres waren sie dabei 20000 Werbespots ausgesetzt. Bis 2004 war diese Zahl, laut der American Academy of Pediatrics, auf 40000 gestiegen.[13] Es ist nicht zu leugnen, dass Kinder mehr denn je von kommerziellen Bildern bombardiert werden und dass die Werbung in zunehmendem Maß ausgeklügelte Techniken anwendet, wie etwa Werbespiele. Schwieriger ist es, die genannten Zahlen zu interpretieren. Nach Ansicht mancher Experten ist die Werbung direkt für die zunehmende Fettleibigkeit und Gewalttätigkeit verantwortlich. Andere konstatieren nur eine indirekte und begrenzte Wirkung, die kaum mehr beeinflusst als die Entscheidung zwischen Produktmarken.[14] Wieder andere sehen in der Werbung ein für das Aufwachsen in einer mediengesättigten Warenwelt unerlässliches Bildungsinstrument, eine Art kommerzielle Grammatik. Bisher hat nur Schweden die Ausstrahlung von Werbung während und unmittelbar nach Kinderprogrammen verboten; auch die Verwendung von Figuren aus Kindersendungen in der Werbung ist untersagt.

Viel hängt davon ab, für wie verletzlich oder klug man Kinder hält. Eines hat die Forschung über die Werbung klargemacht: Allgemeine Aussagen über »die Kinder« sind nicht hilfreich. Die Fähigkeit, zwischen Werbung und Fernsehprogramm zu unterscheiden, ist je nach Alter sehr verschieden. Manche Kinder sind sich schon mit drei Jahren des Unterschieds bewusst. 1985 stellten Forscher jedoch fest, dass dies nur auf 10 Prozent der unter 5-Jährigen zutraf. Bei 5- bis 6-Jährigen stieg dieser Anteil auf 62 Prozent. Doch noch mit acht oder neun Jahren waren 15 Prozent der Kinder nicht in der Lage, die Absicht, Produkte bekannt zu machen, zu erkennen. Je älter die Kinder wurden, desto leichter verloren sie das Interesse und nahmen eine skeptische Haltung ein.[15] Von

Kontakt und Wahrnehmung ist es freilich noch ein weiter Weg bis zum Kauf. Als in der kanadischen Provinz Quebec 1980 ein Gesetz beschlossen wurde, das auf Kinder abzielende Werbung verbot, fanden Forscher heraus, dass englischsprachige Kinder in Montreal, der größten Stadt der Provinz, mit Zugang zum Programm von US-Fernsehsendern mehr Cornflakes und andere Frühstücksflocken kauften als ihre französischsprachigen Nachbarn.[16] Kritiker haben eingewandt, dass dies auch mit unterschiedlichen Frühstücksgewohnheiten zu tun haben könnte. Werbung hat einen gewissen Einfluss darauf, was Kinder kaufen, aber sie ist nur einer von mehreren Faktoren. Alter, Erziehung, die Rolle der Peergroup, Einkommen und Familienleben sind mindestens genauso wichtig. Was die Fernsehwerbung tatsächlich erreicht, ist, dass sie vorhandene Wünsche nach Dingen verstärkt.

Die Furcht vor dem Verlust der Kindheit beruht häufig auf einem Ideal innerer Reinheit und Unschuld, das durch von außen einwirkende wirtschaftliche Gier verdorben zu werden droht. Diese Vorstellung bringt nicht weiter. Immerhin war es unter anderem der Markt, der die Kinder zuerst als eigenständige Personen anerkannte. Kinder sind verletzlich, aber nicht passiv. Sie haben die Welt von Arbeit und Tausch nie ganz verlassen. Auch heute wachsen sie nicht außerhalb, sondern innerhalb der Wirtschaft auf.[17] Hausarbeit, bezahlte Arbeit, Geschenke und Tausch bleiben gewöhnliche Aspekte des Lebens von Kindern. In den späten 1980er Jahren stammte das Einkommen amerikanischer Kinder zu 21 Prozent aus Hausarbeit und zu 10 Prozent aus bezahlter Arbeit; 45 Prozent machte das Taschengeld aus, und die restlichen 24 Prozent waren Geschenke. 1997 arbeiteten in Amerika 9- bis 12-Jährige über sechs Stunden pro Woche im Haushalt.[18] In England wurde bei einer großangelegten Befragung von 13- und 14-Jährigen festgestellt, dass jeder Vierte vier Stunden in der Woche einer bezahlten Arbeit nachging; acht von zehn halfen bei der Hausarbeit.[19]

In den Vereinigten Staaten trugen arme Kinder große Verantwortung für den Einkauf von Lebensmitteln und Kleidung. Im Gegenzug erhielten sie unverhältnismäßig hohe Taschengelder. Trotz all dem Markenlärm und Druck zu nachahmendem Geldausgeben, dem sie ausgesetzt waren, bewiesen die meisten dieser Kinder bei der Abstimmung ihrer materiellen Wünsche mit ihren finanziellen Möglichkeiten eine bemerkenswerte Disziplin. Ärmere Kinder sparten genauso viel wie wohlhabendere Gleichaltrige, mit dem Unterschied, dass sie ihr Geld nicht auf die Bank brachten. Laut einer deutschen Studie legten Kinder ein »finanzwirtschaftlich rationales Konsumverhalten« an den Tag. Eine repräsentative Stichprobe von tausend 10- bis 17-Jährigen zeigte, dass die meisten im Rahmen ihrer Mittel blieben. Lediglich 6 Prozent waren bei Gleichaltrigen verschuldet, hauptsächlich, um Geld für Fastfood, fürs Ausgehen und für Kleidung zu haben. Interessanterweise waren diese »Exzesse« sowohl bei reichen wie auch bei armen Kindern anzutreffen.[20] In den meisten Fällen waren die Schulden jedoch gering; im Durchschnitt lagen sie bei 72 Euro und waren damit geringer als ihr monatliches Taschengeld. Mehr als drei Viertel der Befragten waren sicher, ihre Schulden binnen eines Monats zurückzahlen zu können. Es klingt daher ein wenig hohl, wenn Erwachsene sich darüber empören, dass Kinder von der glitzernden Welt der Güter verführt werden. Was Schulden und Kredit angeht, verhält sich die große Mehrheit der Kinder und Jugendlichen verantwortungsvoller und zurückhaltender als ihre Eltern.

In den frühen 1990er Jahren untersuchte die Anthropologin Elizabeth Chin, wie afroamerikanische Kinder in New Haven in Connecticut mit Geld und Gütern umgingen. Sie gab den Teilnehmern an ihrer Studie 20 Dollar, die sie nach Belieben ausgeben durften. Was taten sie damit? Eine 10-Jährige nutzte den unverhofften Geldregen, um sich selbst ein Paar billige Denimsandalen, ihrer Mutter als Geburtstagsgeschenk ein Paar goldene Slipper, ihrer Großmutter Lockenwickler sowie eine Tüte Kaugummis zu kaufen, die sie mit ihrer Schwester teilte. Das zeugte wohl kaum von egoistischem Materialismus und auffälligem Konsum. In vielerlei Hinsicht haben Kinder im öffentlichen Diskurs den Platz eingenommen, den früher Arme und Frauen besetzt hatten: Man unterstellt ihnen, dass sie mit ihrem vermeintlichen Hang zur Ausschweifung und ihrer Unfähigkeit, ihre Begierden im Zaum zu halten, die moralische und soziale Ordnung gefährden. Dies dürfte, wie schon in der Vergangenheit, freilich mehr über die Ängste der Mittelschicht als über Kinder, Frauen oder Arme aussagen. In Wirklichkeit gibt es in Bezug auf finanzielle Disziplin wohl kaum einen besseren Lehrmeister als den Zwang, mit knappen Mitteln auskommen zu müssen. Die meisten von Chin beobachteten Kinder kannten den Wert ihrer Weihnachtsgeschenke bis auf den letzten Penny und wussten, dass manche ihrer Wünsche einfach die Mittel ihrer Familie überstiegen. Die Einführung der Barbie-Puppe führte keineswegs zu einer kompletten Kapitulation vor der Konsumkultur des Mainstream. Den Mädchen war bewusst, dass Barbie »doof« war und letztlich ein Stereotyp bediente. Manche verspotteten, wenn sie mit ihr spielten, die Normen der weißen Mittelschicht. Andere machten sich die Puppe zu eigen, indem sie deren blonden Locken zu afroamerikanischen Frisuren flochten.[21]

Von heute aus gesehen, können wir den Aufstieg des kindlichen Konsumenten als Teil einer historischen Aushandlung zwischen Kindern und der Erwachsenenwelt erkennen. Kinder erlangten kommerzielle Macht und Wahlmöglichkeiten, übergaben dafür aber einen gewissen Teil ihrer Autonomie der Kontrolle und Regulierung durch Erwachsene. Anstatt im frühen 20. Jahrhundert durch die Straßen und Tanzlokale der Städte zu ziehen und sich unter die Erwachsenen zu mischen, waren sie auf »sichere« Erziehungsorte, das Zuhause und eingezäunte Spielplätze beschränkt. In der letzten Generation haben digitale Medien und Internetspiele dieses Arrangement in zunehmendem Maß ausgehöhlt. Die wachsende elterliche Furcht vor einem Verlust der Kindheit spiegelt diesen Kontrollverlust wider.

Yu-Gi-Oh! ist eine in verschiedenen Medien verbreitete japanische Comicserie über einen Oberschüler mit den übernatürlichen Kräften eines ägyptischen Pharaos. Diese Märchenwelt steht beispielhaft für die sich herausbildenden Formen des kindlichen Konsums.[22] Ein Aspekt ist die symbiotische Beziehung zwischen alten und neuen Medien. *Yu-Gi-Oh!* erschien zunächst 1996 als Mangaserie in der Zeitschrift *Shonen Jump*, bevor eine Anime-Fernsehserie und ein Playstation-Spiel hinzukamen. Ihr digitaler Erfolg beruhte auf der Beliebtheit dazugehöriger Spiel- und Sammelkarten. Laut einer Umfrage aus dem Jahr 2000 besaß in Kyoto jeder Grundschüler solche Karten. In der *Yu-Gi-Oh!*-Welt ist das Machtgleichgewicht zwischen Kindern und Erwachsenen ausgehebelt, da kindliche Spieler mit Hilfe von Monstern und Magie übernatürliche Kräfte erhalten.

Eine weitere Konsequenz ergibt sich für die Kreativität und die geistigen Fähigkeiten, die mit dem Konsum im digitalen Zeitalter einhergehen. *Yu-Gi-Oh!* verkörpert in vieler Hinsicht das Stereotyp des Konsumismus als Tretmühle: Je intensiver Kinder es spielen, desto mehr neue Karten wollen sie kaufen, um ihr Blatt zu verbessern, desto größer werden die Optionen und desto mehr Karten werden wiederum angeboten. Doch ungeachtet der kommerziellen Interessen zeigt *Yu-Gi-Oh!* auch, dass diese Art von Spielen die alte Kritik am »Massenkonsum« überholt hat.[23] Während die Kinder ihre eigenen Figuren erschaffen, werden sie zu gewieften Händlern und Diplomaten, die sich durch Verhandlungen einen Weg durch ein Gewirr aus leidenschaftlich diskutierten Regeln bahnen. Internetseiten und digitale Spiele bieten ernsthaften Spielern weitere Zugangsportale zu Phantasiewelten. Schließlich gehören diese Welten nicht nur den realen, sondern auch den virtuellen Kindern. Vor einem Jahrhundert gab es Erwachsene, die in der Phantasie zu Cowboys und Indianern wurden, heute haben die digitalen Medien und sozialen Netzwerke den Ausstieg in eine Phantasiewelt in beispiellosem Umfang und mit völlig neuer Anerkennung der Kindheit ermöglicht. In Japan wird ein Drittel der Fantasyprodukte von Erwachsenen gekauft. Diese Invasion der Kinderwelt durch Erwachsene bringt ihre eigenen Gefahren mit sich, nicht zuletzt eine Sexualisierung der Kindheit. Aber sie hat auch eine befreiende Wirkung, da sie Erwachsene von dem in der Industriegesellschaft vorherrschenden Ideal einer disziplinierten, zweckgerichteten »vernünftigen Freizeit« entlastet und etwas von dem Spaß am Spiel zurückbringt, den unsere Vorfahren in früheren Zeiten genossen.

Angesichts der Aufmerksamkeit, die der kindliche Konsument heute erfährt, muss darauf hingewiesen werden, dass Kinder wie jede andere Altersgruppe sehr verschieden sind. Sicher haben gewisse Entwicklungen die Unterschiede weltweit verringert. Taschengeld, Geburtstagspartys und Fastfood mit Spielzeugbeigaben gibt es nicht nur in Los Angeles, sondern auch in Peking oder Taipeh. Doch selbst wenn man die über hundert Millionen Kinder (bis 14 Jahre) abzieht, die zu arm sind, um zur Schule gehen zu können, und sich auf die mehr oder weniger reichen Länder konzentriert, wird das Leben von Kindern weiterhin von verschiedenen kulturellen Einstellungen zu Kindheit und Geld bestimmt.

Beispielsweise tätigten 1990 in Taiwan – ähnlich wie in den Vereinigten Staaten – Kinder ab fünf Jahren unabhängig Einkäufe. Allerdings waren darin auch ihre eigenen Schulsachen enthalten. Das Geldausgeben wurde durch moralische Spar- und Erziehungsregeln gesteuert. Bezeichnenderweise sparten taiwanesische Kinder mehr von ihrem Taschengeld als Kinder anderswo auf der Welt.[24] Zudem wurden sie für Hausarbeit nicht bezahlt; sie erledigten sie einfach.

Hinzu kommt, dass die Macht von Kindern über ihre eigenen und die familiären Ausgaben leicht übertrieben wird. Die erwähnte deutsche Untersuchung von 10- bis 17-Jährigen von 2005 ergab, dass nur in 11 Prozent der Familien die Kinder völlig frei darüber entscheiden konnten, was sie sich kauften. Ein Drittel der Eltern beriet ihre Kinder, und fast die Hälfte entschied für sie, wenn es um größere Ausgaben ging; Hauptstreitpunkt waren Ausgaben für Handys. Umgekehrt hatten nur 14 Prozent der Kinder Einfluss auf größere Anschaffungen der Familie. Kinder mögen seit den 1960er Jahren viele Freiheiten erworben haben, aber in Finanzangelegenheiten werden sie, wenigstens im wohlhabenden Deutschland, weiterhin »an der kurzen Leine« gehalten.[25]

Der Wandel der Beziehung zwischen Kinder- und Erwachsenenwelt war nirgendwo dramatischer als in China nach Mao. In der Vergangenheit mögen sich Erwachsene an die Lieblingsspeisen ihrer Kindheit erinnert haben, aber noch 1979 enthielten Wörterbücher keinen Eintrag für »Kindernahrung«. Abgesehen von »altem Reismehl«, das ausschließlich für sie bestimmt war, aßen Kinder dasselbe wie Erwachsene. Mittlerweile sind chinesische Städte voll von Filialen amerikanischer und einheimischer Fastfoodketten, die Supermarktregale voller Baby- und medizinischer Kindernahrung (*ertong yaoshan*), und überall hängen Plakate, die auf Spaß liebende Kinder abzielen. Der 11-jährige Peng aus der muslimischen Minderheit der Hui gab 1997 zu Protokoll, was er an einem typischen Tag aß:

8 Uhr	eine Flasche Soda, ohne Preis. Eine Packung Chips, 1 Juan (ca. 15 US-Cent).
12.30 Uhr	ein Sandwich mit gekochtem Rindfleisch, von seinem Vater zubereitet. Drei Stücke Schokolade, aus dem Familienschrank. Ein Eis, bei einem Straßenhändler gekauft.

17 Uhr	eine weiteres Eis, bei einem Straßenhändler gekauft. Eine Banane, ohne Preis.
19 Uhr	gebratene Aubergine und Spiegelei, in einem Restaurant in der Nähe gekauft, 11 Yuan.
20.30 Uhr	eine weitere Tüte Chips, 1,30 Yuan.[26]

In China war der kindliche Konsument durch mehrere Kräfte in eine neue Zeit katapultiert worden: durch einen Anstieg des verfügbaren Einkommens, die Ein-Kind-Politik, die Verlegung der Freizeit vom staatlich kontrollierten Arbeitsplatz in die Familie und ihr Heim sowie eine Gegenbewegung zu den Entbehrungen der Kulturrevolution. In den späten 1990er Jahren gab es rund 65 Millionen Ein-Kind-Haushalte. Die Verkleinerung der Familien bewirkte, dass sich die Aufmerksamkeit stärker auf das eine Kind konzentrierte. In den sogenannten 4-2-1-Familien waren aller Augen auf das Kind gerichtet, jedenfalls weit mehr als in Familien, in denen Kinder mit mehreren Geschwistern um Aufmerksamkeit konkurrieren mussten. Aber es spricht einiges dafür, dass der Konsumdruck nicht zu Hause durch das Fehlen von Geschwistern, sondern in der Schule erhöht wurde. Auf jeden Fall wurden Spielzeuge, neue Snacks und Produkte in der Peergroup zu allmächtigen Kennzeichen von Identität, Zugehörigkeit und Status. Forscher, die 1995 zwei Grundschulen im Pekinger Bezirk Haidan besuchten, waren erstaunt darüber, wie wichtig Güter und Markenwissen für *panbi,* »Aufstieg und Vergleich«, waren. Kinder ohne angesagte Snacks wurden ausgegrenzt oder gar zusammengeschlagen. Für Eltern waren die Snacks und das Geldausgeben zum Teil eine Kompensation für ihre eigene verlorene Kindheit während der Kulturrevolution. Aber sie waren auch ein Instrument, mit dem sie Kontrolle ausüben, Anreize geben und das Verhalten ihrer Kinder in einer von Konkurrenz geprägten Umwelt belohnen konnten. Nach jahrzehntelanger Konformität wollten Eltern vor allem, dass ihre Kinder »besonders« waren und herausstachen. Deshalb konnten sie ihnen schwerlich die neueste Mode und die neuesten Snacks vorenthalten.[27]

Der Teenager

1914 begann die Collegiate Special Advertising Agency mit Werbebildern auf Jugendliche als Konsumenten von Zigaretten und Autos abzuzielen. In Europa hatte die Buchbranche bereits altersspezifische Werbung betrieben. Jetzt erhielten amerikanische Jugendliche per Post Reklame für den Collegelook. In den 1920er Jahren gab es spezielle Werbeaktionen mit kostenlosem Tabak und Billardkursen. Die Knox Hat Company bildete als erste Textilfirma einen eigenen Beratungsausschuss für den Universitätsstil. Als Mitglieder wurden Studenten sowohl der Eliteuniversitäten an der Ostküste als auch großer Staatsuniversitäten wie derjenigen von Michigan angeworben. Sie kamen zweimal im Jahr in New York zusammen, um der neuen Mode ihren Segen zu geben. »Diese Männer kennen den Stil«, versicherte Werbematerial den Kunden. »Diese Frühlingshüte sind für den jungen Mann und den jung gebliebenen Mann entworfen worden.«[28]

Noch sprach niemand vom »Teenager«, aber schon in den 1920er Jahren hatten amerikanische Unternehmen und Marktforscher den Jugendmarkt für sich entdeckt. Budgetstudien von 1929 enthüllten, dass Töchter über 15 Jahre in reichen und armen Familien gleichermaßen die größten Konsumenten waren. 18- bis 30-jährige Amerikaner beherrschten bei Kleidung, Schallplatten, Feinstrumpfhosen und sogar Möbeln den Markt. Der Fokus auf Collegestudenten war kein Zufall. Ihre Kleiderschränke quollen über. In den 1920er Jahren besaß ein typischer Harvardstudent 7 Hemden, 8 Halstücher, 6 Stück Unterwäsche, 12 Taschentücher, 12 Paar Socken und 3 Paar Schuhe. An der University of Pennsylvania ergänzten Studentinnen ihre Garderobe jedes Jahr um 7 Kleider, 5 Pullover, 3 Röcke, 3 Hüte, 4 Paar Schuhe, 3 Handtaschen, 25 Feinstrumpfhosen und 12 Dessous.[29] Das war viel in einer Zeit, in der für Männer zwei Anzughemden und drei Krawatten und für Frauen ein Rock und neun Paar einfarbige Baumwollstrümpfe als »anständiger« Standard galten.[30]

Doch amerikanische Studenten waren den jugendlichen Konsumenten anderswo nur um wenige Schritte voraus. In den 1950er Jahren entdeckten Briten, Deutsche und Franzosen ihre eigenen Teenagermärkte.[31] Mehr als jemals zuvor bedeutete ein Jugendlicher zu sein, Spaß zu haben und Geld auszugeben. Anfangs auf Großstädte und Universitäten beschränkt, breitete sich die Jugendkultur in den 1940er Jahren auf Kleinstädte und ländliche Gebiete aus. Eine Untersuchung mehrerer dänischer Generationen zeigt, wie tiefgreifend die Veränderung der Adoleszenz in diesem Zeitraum war. Vor 1900 geborene junge dänische Näherinnen, Verkäuferinnen und Landarbeiterinnen erwähnen in ihren Erinnerungen die Freizeit nicht ein einziges Mal. Für die in den 1930er Jahren geborene Generation waren das Kino, Ausflüge und durchtanzte Wochenendnächte ein wesentlicher Teil ihrer Jugend. Dies heißt nicht, dass diese Altersgruppe aufhörte zu arbeiten, sondern vielmehr, dass ihre Identität in zunehmendem Maß von der Freizeit bestimmt wurde. Im Gegensatz zu früheren Generationen übergab nur noch eine kleine Minderheit den Eltern ihren Lohn.[32]

Zur Entstehung des Teenagers trugen mehrere Faktoren bei. Erstens hatten junge Frauen und Männer mehr Geld; während des Ersten Weltkriegs und danach schossen die Löhne in die Höhe. Zweitens lebten sie aufgrund einer längeren Schulzeit in größerem Maß ein eigenes Leben, in dem Cliquen und Peergroups an Bedeutung gewannen. Drittens reagierten sie schließlich auf einen von den Älteren geförderten Jugendkult. Dieser war zum Teil kommerzieller Art, da Unternehmen und Werbung begannen, den Jugendmarkt zu umwerben. Doch die neue Generationenidentität wurde auch von der Politik genährt. Der Beitrag von Romantizismus und Nationalismus zu einem Ideal der Jugend ist bekannt. Ebenso bedeutsam waren jedoch die politischen Anstrengungen, nach den Schrecken des Zweiten Weltkriegs eine neue Art von Staatsbürgern heranzuziehen. Auf jede kommerzielle Milchbar und Tanzhalle kam im Nachkriegseuropa ein staatlich finanzierter Jugendklub. In Frankreich organisierte der Staat hauswirtschaftliche Schülerwettbewerbe; 1949 wurde Denise Chicault aus Dijon zur »Haushaltskönigin« gekrönt. In den 1960er Jahren besuchten über 300 000 Jugendliche die *maisons des jeunes*, die von Tischtennis über die bildenden Künste bis zu Vorträgen alles Mögliche anboten. Für ihre Organisatoren waren diese Jugendzentren ganz im Sinne Tocquevilles Nährböden der Staatsbürgerlichkeit.[33] Außerdem waren die 1950er Jahre die goldene Zeit der Jugendherbergen, auch wenn deren Geschichte bis ins frühe 20. Jahrhundert zurückreicht.

Dies alles will nicht so recht zu dem verbreiteten, von James Dean berühmt gemachten Bild des jugendlichen Rebellen passen, das nach den Rock'n'Roll-Unruhen in europäischen Städten in den späten 1950er Jahren eine moralische Panik auslöste. Für die Anerkennung der besonderen Stellung der Jugend waren vielmehr die offiziellen Bemühungen um sie von großer Bedeutung, die dafür sorgten, dass es um mehr als Sex und Shopping ging. Dies dürfte ein Grund gewesen sein, weshalb so wenige bereit waren, in den von vielen gefürchteten Generationenkrieg zu ziehen. Wie im sechsten Kapitel ausgeführt, sahen die meisten Teenager zu ihren Eltern auf, schätzten die Arbeit und sparten Geld für ein Moped oder die Gründung einer Familie. Es sei daran erinnert, dass in den 1960er Jahren in Westeuropa jede zweite Ehe von einem Mann unter 25 Jahren eingegangen wurde.[34] Beobachter wie Richard Hoggart, einer der Gründerväter der Kulturwissenschaft in Großbritannien, empörten sich über die »Zuckerwattewelt«,[35] übersahen dabei aber, dass der Hedonismus häufig mit einem starken staatsbürgerlichen Engagement einherging. Nicht zuletzt waren es die Jungen, die in diesen Jahren für Frieden, Bürgerrechte und Umwelt auf die Straße gingen.

Der Teenagerkult hat die Illusion einer einzigen, homogenen Generation heraufbeschworen. In Wirklichkeit war diese Altersgruppe genauso gespalten wie die übrige Gesellschaft. Gewiss verlangte es junge Leute nach Neuheit, Abwechslung und Mobilität. Aber viele arme Teenager konnten sich diese Dinge nicht leisten. Forscher, die 1975 eine Siedlung in Südostengland untersuchten, erfuhren von einer Gruppe von 13- bis 15-jährigen Mädchen, die sie nach ihrer Freizeitbeschäftigung fragten: »Wenn es regnet, hören wir in unserem Zimmer Radio ... oder wir stehen im Durchgang [zwischen Häuserreihen]. Wenn es nicht regnet, gehen wir in den Park oder spazieren.«[36] In den örtlichen Jugendklub durften nur die über 15-Jährigen. Einige der Mädchen hatten nicht einmal die 5 Pence für eine Kinokarte, und der Preis für die Busfahrt schloss Ausflüge in die Stadt aus.

Die Figur des Teenagers ließ so viele Alarmsirenen schrillen, weil man befürchtete, eine ganze Generation entferne sich immer weiter von den Älteren. Aber traf dies zu? Bildeten die Teenager der 1970er Jahre eine einheitlichere, fester umrissene Generation als ihre Wegbereiter einige

Jahrzehnte zuvor? Der amerikanische Soziologe August B. Hollingshead hatte die Jugend von Elmtown, einer Kleinstadt im amerikanischen Mittelwesten, 1941/42 zum ersten Mal beobachtet, und als er dreißig Jahre später in die Stadt zurückkehrte, stellte er fest, dass sich das Generationenmuster in Bezug auf die Freizeit kaum verändert hatte. Die Kluft zwischen dem, was Erwachsene als gut einschätzten und was Jugendliche sich wünschten, hatte sich zwar nicht verkleinert. Aber sie war auch nicht größer geworden. »Aktivitäten und das Verhalten der gegenwärtigen Generation der Heranwachsenden«, schrieb Hollingshead 1973, »unterscheiden sich nur geringfügig von denjenigen ihrer Eltern, als diese jung waren.«[37] Einige rauchten Marihuana, aber im Großen und Ganzen schlugen die Teenager nur wenig über die Stränge, vielleicht war auch die Gemeinde gut organisiert und konnte so verhindern, dass die Grenzen des Anstands überschritten wurden. In den 1940er Jahren war die Kleidung ein ständiger Streitpunkt zwischen Jung und Alt gewesen. Jetzt schrieb die Highschool eine strenge Kleiderordnung vor. Jungen und Mädchen mussten stets Socken oder Strumpfhosen tragen. Kleider mit obszönen Aufschriften waren verboten. Jungen durften sich keinen Bart wachsen lassen, und Mädchen mussten »angemessene« Unterwäsche tragen, und ihre Röcke mussten bis mindestens siebeneinhalb Zentimeter unterhalb des Hinterteils reichen; wer dies nachmaß, erwähnt Hollingshead nicht. Die Freizeitaktivitäten variierten je nach sozialer Stellung und Alter. Die meisten Jugendlichen übernahmen die Gewohnheiten ihrer Eltern.

Natürlich war auch in Elmtown die Zeit nicht stehengeblieben. 1973 hatte das Kino seine zentrale Stellung bei der Massenunterhaltung verloren; nur ein einziges hatte überlebt. Andererseits wurde ein großer Teil der Freizeit weiterhin von Kirchen, Gewerkschaften sowie örtlichen Frauen- und Bauernvereinen organisiert. Die Kommerzialisierung hielt sich in Grenzen. In vielerlei Hinsicht waren die Nachkriegsjahrzehnte die goldene Zeit lokaler, selbst organisierter Shows und Feste. Elmtown hatte 1949 sein erstes »Maisfest« veranstaltet. 1972 war es der Höhepunkt des Herbstkalenders. Diese Ereignisse waren Familienfeste, an denen die Teenager beteiligt waren. Aus tausend Familien waren ein oder mehr Mitglieder wochenlang damit beschäftigt, Dekorationen und Stände anzufertigen – eine beachtliche Zahl für einen Ort mit 14 211 Einwohnern. Schüler der Highschool dekorierten Schaufenster. Am Umzug waren 135 selbstgebaute Festwagen, eine Festkönigin und 27 Musikgruppen beteiligt. Ein Footballspiel fand statt, und es gab eine Rollschuhbahn für Hunderte von Teenagern. Den Höhepunkt bildete das Schweinecatchen auf dem örtlichen Flugplatz, bei dem Wagemutige gegen eingeölte halbausgewachsene Schweine antraten. Der Abend endete mit Rockmusik und Tanz.

Nicht nur in Elmtown waren Teenager keineswegs passive Opfer der vorherrschenden kommerziellen Star-Kultur. Subkulturen rebellischer Jugendlicher hatte es von den Scuttler-Gangs im Manchester der 1890er Jahre über die *blousons noirs* im Paris der 1950er Jahre bis zu den Mods und Rockern der 1960er Jahre gegeben (siehe Abbildung 56). Es wäre jedoch falsch, die Teenager in zwei einander gegenüberstehende Gruppen einzuteilen, die Konformisten hier und die Abweichler dort. Junge Leute haben auf verschiedenste Weise ihre eigenen Moden geprägt. Subkulturen waren nicht nur eine Domäne von Aufsässigkeit, Maskulinität und Adrenalin. Im Japan des »verlorenen Jahrzehnts« der 1990er Jahre flüchteten sich junge Mädchen in eine ganze Reihe neuer Stile und Identitäten. Einer der ersten Modetrends unter Oberschülerinnen in dieser Zeit waren heruntergeschobene, weite faltige weiße Kniestrümpfe. 1996 boten Geschäfte 35 Sorten solcher sogenannter Loose Socks an. Mitte der 1990er Jahre wurde der Kogal-Look durch den Faltenrock erweitert. Es folgte der Ganguro-Style mit dunkel gebräuntem Teint, gebleichten Haaren, kurzen Hosen und Plateauschuhen. Jugendliche Konsumenten wurden zu Modeschöpfern, die sowohl neue Märkte schufen als auch auf sie reagierten. Manche Looks spalteten sich in Unterstile auf, wie die Mamba-Mode, aus der einerseits der von *Lolita* angeregte Lomamba-Stil und andererseits der vom Label Cocolulu vertretene Cocomba-Stil hervorging. Die Gothic Lolitas, die viktorianische Elemente mit solchen des Gothic verbanden, hätten die Scuttlers aus Manchester kaum beeindruckt, aber sie waren bei der Schaffung ihres eigenen Stils aus Elementen der Konsumkultur nicht weniger verspielt und eigenständig als die Scuttlers gut hundert Jahre zuvor. Wichtig ist zudem, dass Stars und Prominente kaum Einfluss auf die Herausbildung dieser japanischen Moden hatten. Bei einer Umfrage der japanischen Modezeitschrift *Popteen* im Jahr 1999 schaffte es nicht eine einzige Berühmtheit unter die ersten fünf der beliebtesten Rollenmodelle. Stattdessen orientierten sich die Teenager an Oberschülerinnen und Verkäuferinnen, die als Amateurmodels auftraten und eine Schlüsselrolle bei der Entwicklung neuer Trends spielten.[38]

Aus dem Schaukelstuhl

1936 gründete der Bradenton Kiwanis Club im Manatee County in Florida einen Wohnwagenpark, auf dem binnen 15 Jahren über tausend Plätze belegt waren. Die meisten Gäste blieben sechs oder sieben Monate in Bradenton, legten gemütliche Terrassen oder Veranden und manchmal auch wie auf Zeltplätzen dauerhafte Konstruktionen an. Im Unterschied zu Zeltplätzen waren die Bewohner des Wohnwagenparks aber ausnahmslos ältere Leute, der Durchschnitt betrug 69 Jahre; manche der regelmäßigen Gäste waren sogar 90 Jahre alt. Der Park war eine der ersten Rentnergemeinden, auch wenn einige der Bewohner weiterhin einer Teilzeit- oder Saisonarbeit nachgingen. Es war ein selbstbewusstes Experiment mit einem neuen Lebensstil des aktiven Altwerdens. Anfangs kamen viele wegen des warmen Klimas, blieben dann aber wegen der Geselligkeit und der angenehmen Atmosphäre in dem Park. Der wöchentliche Veranstaltungsplan ließ keine Zeit für Einsamkeit oder Langeweile. Montags gab es Bingo, dienstags Square-Dance-Kurse und den Starclub. Mittwochs fanden für die Gläubigen Bibelstunden und für die anderen Filmvorführungen statt. Der Donnerstag war dem Hobbyklub vorbehalten. Am Freitag konnte man zwischen Chorsingen und Gesellschaftstanz wählen. Samstags wurde wiederum Bingo angeboten; außerdem erhielten die Bewohner Gelegenheit zu Gruppenaufführungen. Die Woche endete am Sonntag mit einem Gottesdienst und einer Familienstunde. Der Park war gut ausgestattet: Es gab 19 Shuffleboardfelder und acht Anlagen zum Hufeisenwerfen mit kleinen Tribünen für die wöchentlich veranstalteten Turniere. Der Kartenspielraum war täglich von acht Uhr früh bis zehn Uhr abends geöffnet.[39]

Der Wohnwagenpark von Bradenton war ein frühes Anzeichen der vielleicht dramatischsten Transformation, die eine Altersgruppe im

20. Jahrhundert erlebte. Der Konsum definierte das Alter neu. Waren die Alten am Beginn des Jahrhunderts überwiegend arm und von anderen abhängig, wurden sie an dessen Ende als aktive, wohlhabende und lebenslustige Konsumenten umworben.

Alte gab es schon immer. Es ist ein verbreiteter Irrtum, das Alter als Erfindung des 20. Jahrhunderts zu betrachten. Im italienischen Arezzo war im Jahr 1427 jeder sechste Einwohner über sechzig Jahre alt. Anderswo waren es weniger, aber Alte waren in frühmodernen Gesellschaften ein gewohnter Anblick. Was sich im 20. Jahrhundert tiefgreifend änderte, waren der Anteil, die Langlebigkeit und die Stellung alter Menschen. In den 1880er Jahren machten die über 60-Jährigen überall in Europa und in den Vereinigten Staaten einen Bevölkerungsanteil von 5 bis 10 Prozent aus. Ein Jahrhundert später hatte sich ihr Anteil verdoppelt. Und immer mehr von ihnen erfreuten sich eines längeren Lebens. 1953 gab es in Westdeutschland 825000 Menschen von über 85 Jahren. Fünfzig Jahre später waren es fast sechs Millionen.[40] Ein längeres Leben und bessere Gesundheit waren Voraussetzungen eines aktiven Alterns. Obwohl es Krankheit, körperliche Beeinträchtigungen und Einsamkeit weiterhin gibt, ist es leichter, das Alter zu genießen, wenn man ein Hörgerät, dritte Zähne und eine gute Brille hat, als »ohn' Augen, ohne Zahn, Geschmack und alles«, wie es in Shakespeares *Wie es euch gefällt* (II/7; 1600) heißt. Die physiologische Transformation ging Hand in Hand mit einer Revolution der materiellen Ressourcen und Kulturideale des Alters.

Wie bei den Kindern gewannen die hinter dieser Veränderung stehenden Kräfte zuerst in den Vereinigten Staaten an Schwung. Vorsorgepläne erleichterten es nicht nur, in den Ruhestand zu treten, sondern ermöglichten es darüber hinaus auch, seine Unabhängigkeit zu behalten. Noch 1880 arbeiteten drei Viertel der über 66-jährigen amerikanischen Männer. Bis 1930 schrumpfte dieser Anteil auf 55 und bis 1990 auf rund 20 Prozent. Obwohl nach heutigen Maßstäben bescheiden, war die von der US-Army gezahlte Rente – die um 1900 rund 21 Prozent der 65- bis 69-jährigen Männer erhielten – ein frühes Anzeichen des engen Zusammenhangs zwischen Renten und der Entscheidung, mit der Arbeit aufzuhören: Bei Armeeveteranen war die Wahrscheinlichkeit, dass sie in Rente gingen, doppelt so hoch wie bei ihren Landsleuten. Sie erhielten

Geld vom Staat. Den ersten privaten Rentenfonds legte 1875 American Express auf. 1930 war jeder zehnte amerikanische Arbeiter durch einen privaten Pensionsplan abgesichert. Mit anderen Worten, wenn alte Menschen weiterarbeiteten, dann taten sie es nicht freiwillig, sondern aus Notwendigkeit. Ein Vorsorgeplan öffnete ihnen die Tür zu Freizeit und Unabhängigkeit.[41]

Es bedurfte jedoch zusätzlicher kultureller und politischer Kräfte, um die Alten über diese Schwelle zu bringen. Renten untergruben die Macht von Familie und Arbeit. Im 19. Jahrhundert bedeutete die Stellung als Haushaltsvorstand, dass man zu arbeiten hatte. Hörten Alte und Gebrechliche auf zu arbeiten, zogen sie bei ihren Kindern ein. In der Mitte des 20. Jahrhunderts war es möglich, Rentner zu sein und trotzdem eigenständig zu leben. 1970 lebten weniger als 30 Prozent der im Ruhestand befindlichen Amerikaner bei ihrer erweiterten Familie. Für manche endete dies freilich in Einsamkeit, und zurecht kann das Alleinleben als Wohlstandskrankheit betrachtet werden. Für viele bedeutete der Wohlstand jedoch eine größere Unabhängigkeit. Im Zuge dieser Entwicklung verlor die Arbeit viel von ihrer Bedeutung als Essenz des Lebens.

Die Zuwendung zur Freizeit anstelle der Arbeit ging nicht automatisch vonstatten. Unternehmen, Ärzte, Regierungen und Interessengruppen waren allesamt beteiligt. In den 1940er Jahren gaben 3 Prozent der älteren Amerikaner, die Sozialleistungen erhielten, eine Vorliebe für Freizeit als Hauptgrund ihres Ausstiegs aus der Arbeit an. Jedoch blieb die Freizeit zunächst ein Privileg wohlhabender Senioren. Erst in den 1950er bis 1970er Jahren kam auch der Rest in seinen Genuss. 1982 erklärten 48 Prozent der Rentner, sie hätten vor allem wegen der Freizeit aufgehört zu arbeiten.[42] Unternehmen und Versicherungen begannen Arbeiter auf den Ruhestand vorzubereiten und gründeten Hobbyklubs. Die Versicherung Prudential führte 1949 ein Vorruhestandsprogramm ein, und in Bridgeport in Connecticut begann General Electric, seine Arbeiter fünf Jahre vor dem Ausscheiden zu beraten; außerdem bot es Vorsorgeuntersuchungen in der Zeit danach an.[43] In den Händen der Finanzbranche verlor der Ruhestand den bitteren Geschmack einer »Fehlanpassung« und wurde unter dem Slogan »Das Beste des Lebens steht noch bevor« neu geboren.[44] Plötzlich war das Alter etwas, worauf man sich freuen konnte. Die 1955 gegründete American Association of Retired Persons begann das Bild des lebensfrohen, unabhängigen Senioren zu verbreiten und vertrat die Interessen der Menschen im Ruhestand. Zehn Jahre später wurde im Rahmen von Präsident Lyndon B. Johnsons »Great Society«-Programm der Older American Act verabschiedet, durch den alten Menschen nicht nur im Fall von Bedürftigkeit und gesundheitlichen Beeinträchtigungen staatliche Hilfe, sondern auch Unterstützung beim »Bemühen um sinnvolle Beschäftigung« zugesagt wurde.[45]

Die allgemeine Transformation des Alters ist ein Thema, das den Rahmen dieses Buchs übersteigt. Zwei an ihr beteiligte Kräfte müssen jedoch näher ins Auge gefasst werden, wenn man den Aufstieg des aktiven Alterns nachvollziehen will. Die erste resultierte aus einem Wandel der kulturellen und medizinischen Einstellungen, wie sie beim Vergleich zweier kanonischer Texte zum Thema, Granville Stanley Halls *Senescence* von 1922 und Robert James Havighursts und Ruth Albrechts *Older People* von 1953, deutlich wird.

Nachdem er sein Berufsleben der Erforschung der Kindheit gewidmet hatte, beschäftigte sich der amerikanische Psychologe Granville Stanley Hall nach seiner Pensionierung mit der Vergreisung. Das ihr gewidmete Buch – *Senescence* – ist von der ersten bis zur letzten Seite eine deprimierende Lektüre. Es beginnt mit dem persönlichen Bekenntnis Halls, dass die Pressemitteilungen über seine Pensionierung in ihm das Gefühl eines »vorweggenommenen Todes« hervorgerufen hätten, und endet mit einem Kapitel über den eigentlichen Tod. Dazwischen wird das Leben im Alter als eine Reihe von unangenehmen Defekten beschrieben: Alte Menschen riechen, haben Probleme mit dem Stuhlgang, sind betulich, pedantisch, immer launisch und höchst wetterempfindlich. Die Verknüpfung von Alter und Krankheit hatte sich im späten 19. Jahrhundert mit der Entdeckung der »Senilität« und altersbedingter Erkrankungen wie der senilen Lungenentzündung herausgebildet. Alt zu sein, war bei Hall kein Vergnügen, und wo es ein solches hätte sein können, schloss er es aus. Sex höre mit dem »Ende der Jagdzeit« nicht auf, gestand er ein. Aber man sollte ihm nicht frönen. Es würde nur zu »Narrheiten« führen und die wenige Lebenskraft, welche den Alten geblieben sei, aufzehren. Hall riet, »alle Anzeichen auf diesem Feld rigoros zu ignorieren und zu unterdrücken … vollständige Keuschheit psychischer und somatischer Art sollte das Ideal der Alten sein«. »Einfach nur zu leben« und »die Natur zu beobachten«, sei Vergnügen genug. Dies bedeute jedoch nicht, dass sich die Alten vollständig aus der Gesellschaft zurückziehen sollten, sondern lediglich, dass es ihre wahre Mission sei, als konservative, stille Kraft zu wirken, die Weisheit verbreite und die Jugend zügele. Alte und Junge seien entgegengesetzte Pole, und die Aufgabe der Ersteren sei es, ein Gegengewicht zu Letzteren zu bilden. Hall verglich dies mit dem Morgen und dem Abend des Lebens, die sich nicht glichen. Nur die Kindheit sei lebhaft und heiter.[46]

In den 1930er Jahren ließen sich erfreulichere Stimmen vernehmen. *Who Says Old!*, wer spricht von Altsein, hielt Elmer Ferris, ein Professor im Ruhestand, 1933 seinen Zeitgenossen entgegen. Das Alter sei ebenso wie die Jugend eine Chance. Ferris' Rat lautete, sich fit zu halten, indem man acht Kilometer am Tag spazieren ging, um Appetit zu bekommen, gutes Essen und täglich eine Zigarre zu genießen, Baseball zu schauen und »extrovertierter« zu werden. Vor allem aber empfahl er, in die neueste Mode zu investieren, denn »stilvoll gekleidet zu sein, bedeutet, dass man dazugehört«. Sich für jeden Anlass angemessen zu kleiden, bereite einem »ein tägliches Gefühl der Auffrischung«.[47] Trotz solcher Ratgeber war die vorherrschende Meinung der Wissenschaft weiterhin, dass das Alter einen fortschreitenden Rückzug aus der Welt des Handelns bedeute.

In den 1950er Jahren nahm die Sozialgerontologie ihre Arbeit auf, und Psychologen ersetzten die Disengagement-Theorie, also die Vorstellung vom Rückzug aus dem gesellschaftlichen Leben, durch das Konzept des aktiven, »erfolgreichen Alterns«. Havighurst und Albrecht zeichneten in *Older People* ein völlig neues, positiv gestimmtes Bild. »Manchen Lesern«, räumten sie ein, werde ihr Buch »mit seinen Berichten über das Glück und die ökonomische Sicherheit der Mehrheit alter Menschen zu optimistisch erscheinen«, aber es sei die Wahrheit. Die Alten seien »eher zu beneiden als zu bedauern«.[48] Die alten Menschen, die sie in Prairie City befragt hätten, seien weder passiv noch gelangweilt und elend. Es sei falsch, einen biologischen Bruch zwischen aktiver und passiver Lebensweise anzunehmen. Zwar sei ein Drittel der Befragten passiv, und das

Ausmaß der Freizeitaktivitäten nehme im Alter generell ab, aber in der Stichprobe seien beträchtliche Unterschiede vorhanden. Die Lust an Spiel und Vergnügen sei eine persönliche Eigenschaft, welche die Menschen aus den mittleren Jahren ins Alter mitgenommen hätten. Zum Teil sei sie von der sozialen Stellung abhängig; Menschen mit niedrigerem Status seien passiver, reisten und läsen weniger und gingen seltener ins Kino. Zu den Alten gehöre der »wohlsituierte« pensionierte Akademiker, der mit seiner Frau im Winter nach Florida reise, verschiedenen Hobbys nachgehe und Unterhaltungsangebote wahrnehme, ebenso wie der Bauer, dessen ganze Identität durch die Arbeit definiert werde und der sich im Ruhestand wertlos und abgeschnitten fühle. Mit anderen Worten, die Alten erfreuten sich der Freizeit nicht weniger als die Jungen, zumindest diejenigen, die ihre goldenen Jahre bei einigermaßen guter Gesundheit verleben konnten.

Ein Grund für das anhaltende Interesse an der Freizeit im Alter besteht nach Ansicht von Havighurst und Albrecht darin, dass die Gesellschaft als Ganze sich immer mehr als Freizeitgesellschaft verstehe. Das Spielen werde nicht mehr negativ definiert – als Freiheit von Arbeit –, sondern positiv gesehen und auf eine Stufe mit der Arbeit und manchmal auch über sie gestellt: »Jemand, dessen Hobby das Tischlern oder Töpfern ist oder der ›einfach zum Vergnügen‹ Golf oder Bridge spielt oder Reisen unternimmt, zieht dieselben Werte aus dem Spiel wie aus einer Arbeit, die er aus purer Freude ausführt.«[49] Freizeit bringe Unterhaltung, Wissbegier, Selbstachtung und soziales Ansehen mit sich. Havighurst und Albrecht sprechen vom »Prinzip des Gleichgewichts von Arbeit und Spiel«. Viele Befragte waren voller Tatkraft und Lebenslust. Manche empfanden die Freizeit als mindestens gleichwertige Entschädigung für den Verlust der Arbeit. Welchen Sinn habe es zu leben, fragte einer der Rentner, wenn man keine Gelegenheit habe, den Reichtum des Lebens zu genießen?

Havighurst und Albrecht waren nicht naiv. Ihnen war durchaus bewusst, dass die Freizeit für viele Alte alles andere als ein Paradies war. »Was als Erholung betrachtet wird, ist häufig nur Sitzen«, und viele Alte »laufen Gefahr, geistig passiv zu werden«.[50] Dennoch waren ihre Darstellung erfolgreichen Alterns und der von ihnen festgestellte Zusammenhang zwischen aktiver Freizeit und Glück eine Offenbarung. Der

Ruhestand musste nun nicht mehr den sozialen Tod bedeuten. Freizeit und Erholung gaben ihm Sinn und Zweck. Die Aufgabe bestand jetzt darin, die Menschen dazu zu bewegen, ihre Freizeit stärker und besser zu nutzen. Obwohl die Disengagement-Theorie weiterhin vertreten wurde, gehörte die Zukunft der Sozialgerontologie dem aktiven Altern.[51]

Die zweite Kraft, die zur Anerkennung des aktiven Alters beitrug, war die Politik. Die Wurzeln hierfür reichten in die Krise der Mitte des 20. Jahrhunderts mit ihrer Sorge über die Zukunft der Demokratie zurück. Der erste Golden Age Club in Chicago wurde 1940 von Oskar Schulze gegründet, einem deutschen Emigranten, der miterlebt hatte, wie anfällig alte Menschen, nachdem die Hyperinflation von 1923 ihre Renten wertlos gemacht hatte, für extreme politische Ansichten waren. Arme, einsame und unzufriedene Senioren waren leichte Beute für die Feinde der Demokratie. Ein reiches Kulturprogramm, erklärte Schulze, trage dazu bei, »ihr Interesse an der Gemeinde und nationalen Angelegenheiten« wachzuhalten, »so dass sie sich nicht ausgeschlossen fühlen«.[52] In dem Klub wurden Halma und Karten gespielt, er veranstaltete Picknicks und Bootsfahrten; außerdem konnte man dort seinen Geburtstag oder die goldene Hochzeit feiern. Bis 1946 hatte sich ein ganzes Netzwerk herausgebildet, allein in Cleveland gab es 16 solcher Klubs. Ähnliche Begegnungsstätten entstanden im ganzen Land. Die Freizeitaktivitäten von alten Menschen waren wichtig für eine demokratische Gesellschaft, denn sie führten die Generationen im Geist gegenseitigen Vertrauens und gemeinschaftlichen Handelns zusammen. »Im Lauf seines Lebens hat der alte Mensch seinen Beitrag geleistet«, stellte Harry Levine, der Gründer der Hodson-Zentren, 1952 fest. »Wir schulden ihm die Gelegenheit, seine Nützlichkeit ... auf das Leben um ihn herum auszudehnen und zu verlängern.« In New York eröffneten 12 Tagesstätten für Senioren ihre Tore – mit Schwimmbecken, Tanz, Kostümfeiern und sogar Hochzeitsfesten. In dieser demokratischen Vision traten Wahlmöglichkeiten und eine »Anregung zum Tun« an die Stelle von Wohltätigkeit und Abhängigkeit. Levine betrachtete es als grundlegend, dass die Klubs eine Auswahl anboten, denn diese erhalte »Erfahrung und Wachstum«. Anstatt sie in umnebelte Isolation versinken zu lassen, müssten Senioren angeregt werden, kreativ zu sein und eine Rolle in der Gemeinde zu spielen.[53] Diese Seniorenklubbewegung war ein weiterer Beweis für den Einfluss von John Deweys Mischung aus Pragmatismus, Demokratie und Vielfalt.[54] Nach dem Zweiten Weltkrieg und dem Koreakrieg fünf Jahre später galten auch in Washington alte Mitbürger als wertvoller als jemals zuvor. Die erste Nationalkonferenz über das Altern trat auf Bitten von Präsident Truman zwischen Mai 1950 und August 1951 zusammen. Oscar Ewing, der Chef der Federal Security Agency, erklärte, die Vereinigten Staaten seien »keine Nation junger Leute mehr«. Fast 12 Millionen Amerikaner waren über 65 Jahre alt, einschließlich des Präsidenten, der gerade 66 geworden war. Diejenigen, die das sechsundsechzigste Lebensjahr erreichten, wurden im Durchschnitt 78 Jahre alt. Anstatt diese Altersgruppe als Last zu empfinden, forderte Ewing, sollte man sie als »großen nationalen Schatz« betrachten. Ihr Wohlergehen sei Sache aller und für die Stärke der »einzelnen Gemeinden und der Nation insgesamt« von großer Bedeutung. Die Vorstellung, dass alte Menschen Anstrengungen vermeiden sollten, sei widerlegt. Senioren würden Softball spielen und Zelten gehen. Sie besäßen noch eine Menge Lebenskraft. In jedem von ihnen stecke ein »genialer Funken«. Durch Freizeitaktivitäten könnten bisher unbekannte Talente entwickelt und der »Wille, etwas zu tun«, neu belebt werden. Der »Impuls, etwas zu tun«, sei es, der Menschen neue Aktivitäten ausüben und neue Beziehungen eingehen lasse. So gesehen, fördere aktive Freizeit sowohl die Demokratie als auch das persönliche Weiterkommen. Da die Jungen im Koreakrieg kämpften, könnten es sich die Vereinigten Staaten nicht leisten, das Potential seiner alten Bürger verkümmern zu lassen.[55]

Das waren klare Worte. Aber wie sah es mit der Wirklichkeit aus? Was kam zuerst, der Begriff des aktiven Alterns oder die Lebensweise selbst? Einerseits verdeckte das Klischee der riechenden, gelangweilten, senilen Alten die vielen gesunden und tatkräftigen Senioren. Das Adjektiv »alt« wurde und wird meistens auf andere und selten auf sich selbst angewandt. Havighurst und ihm gleichgesinnte Forscher haben die vielen Ruheständler sichtbar gemacht, die bereits ein aktives Leben führten, die reisten, Sport trieben und gesellig waren. Und der neue Diskurs des aktiven Alterns vermehrte wiederum unverkennbar die Gelegenheiten für Freizeitaktivitäten und stärkte den Wunsch, aber auch den Zwang, im Alter aktiv zu bleiben.

1929 bezeichnete die US-Behörde für Arbeitsstatistik Untätigkeit als ernstes Problem in Altersheimen. Viele »Insassen« verweigerten sogar leichte Pflichten. Manche Heime griffen zu den Mitteln jener Beschäftigungstherapie, die verwundeten Soldaten nach dem Ersten Weltkrieg geholfen hatte. Doch insbesondere Männer sträubten sich widerspenstig gegen die Teilnahme. Sie seien im Heim, um sich auszuruhen, nicht um zu arbeiten, erklärten sie.

Im Lauf des 20. Jahrhunderts schrumpfte der Raum für Ruhepausen und Muße zusehends. Die Freizeit wurde unter Strom gesetzt. In den 1940er und 1950er Jahren schossen in den Vereinigten Staaten Golden-Age- und Sunshine-Clubs, »Oldtimer«- und »Live long and like it«-Gruppen aus dem Boden und übertrumpften sich gegenseitig mit Festen und Ausflügen. Es war die Geburtszeit der Golden Age Hobby Show. Die erste zog 1945 in Cleveland 200 Aussteller und 4000 Besucher an. Neben praktischen Anleitungen für das Weben und die Herstellung von Spielzeug gab es Auftritte von Alten für Alte; in Chicago und New York führten Senioren Varietéshows und Komödien auf.[56] Krankenschwestern und Pflegerinnen nahmen dies vermehrt zur Kenntnis. 1955 lobte das *American Journal of Nursing* die ABC-Gruppen (Always Be Cheerful – immer heiter sein), die Partys, Ausflüge und Rhythmusbands organisierten. Unterhaltung, »ein hübsches Kleid« und »das Wissen der Krankenschwester um die persönlichen Wünsche der Bewohner« wurden als zentrale Therapieelemente genannt, die ebenso wichtig seien wie Komfort und Sicherheit. Das Alter mochte die physische Leistungskraft verringern, aber nicht die Fähigkeit und das Recht, seiner bevorzugten Art des Zeitvertreibs zu frönen.[57]

Natürlich ging es nicht bei allen Aktivitäten ums Vergnügen. Es gab auch Vorträge über Konzentrationslager und andere ernste Themen. Gleichwohl nahmen Zahl und Bandbreite der Freizeitangebote rasant zu. So boten einer Untersuchung von 34 Altersheimen in Cook County in Illinois zufolge die meisten Einrichtungen Musicalaufführungen, Feiertagsfeste sowie organisierte Einkaufsausflüge und Kinobesuche an; ein Drittel besaß eigene Säle, in denen Filme vorgeführt werden konnten. Mit einer Ausnahme handelte es sich um privat geführte Heime. Die Hälfte besaß Hobby- und Nähräume. Im jüdischen Altersheim war der Veranstaltungskalender besonders mit Geburtstags- und Feiertagsfesten, Bingopartys und Binokelturnieren (ein Kartenspiel) gefüllt. In jedem Zimmer gab es ein Radio. Die Bewohner trafen sich zu »Partys in ihren eigenen Zimmern, wann immer sie wollten«.[58] So viel Glück hatten jedoch nicht alle. Vier Altersheime im Cook County hatten außer einer Kapelle nichts zu bieten, und die Bewohner verließen hier fast nie ihre Zimmer. Für Afroamerikaner gab es nur drei kleine Heime. Gleichwohl blieb kaum eine Gruppe vom allgemeinen Trend zu aktiver Freizeitgestaltung gänzlich unberührt. Nach dem Zweiten Weltkrieg richteten Städte Sommerlager für alte Afroamerikaner ein. Baltimore ging 1953 voran, indem es 40 Kilometer außerhalb der Stadt eine solche Einrichtung eröffnete. Ein Fürsorgebeamter, der mit Rentnerklubs zusammengearbeitet hatte, warb die erste Gruppe von 46 Sommerfrischlern an; ihr Durchschnittsalter lag bei 73 Jahren; einer war sogar 105 Jahre alt. Neben Kirchengesang hatten sie die Möglichkeit, zu angeln und zu wandern; es fanden Halmaturniere, Partys und ein Wettschießen für Männer statt. »Die alten Mitbürger«, bemerkte ein Betreuer, »erwiesen sich als weit weniger gebrechlich, als erwartet.« Das einzige aufgetretene Unwohlsein sei auf »übermäßiges Essen« zurückzuführen gewesen.[59]

Bevor wir die Freizeitentwicklung im Alter weiter nachvollziehen, seien zwei allgemeine Beobachtungen eingefügt. Erstens fiel das Interesse an der Erholung der Alten chronologisch mit dem Aufstieg des Teenagers zusammen. Dass dies bisher nicht mehr Aufmerksamkeit fand, ist der einfachen Tatsache geschuldet, dass der Teenager in kulturwissenschaftlichen Studien eine herausragende Rolle spielte, während die Alten allenfalls auf den Seiten gerontologischer Zeitschriften beachtet wurden. Wenn man beide Altersgruppen nebeneinanderstellt, erkennt man indes, dass der konsumierende Teenager, anstatt ein einzigartiger Pionier zu sein, Teil einer größeren historischen Entwicklung war, in deren Verlauf die Generationen neu definiert wurden. Zweitens war die Wende zu einer aktiven Freizeitgestaltung eine der Kräfte, die den oben besprochenen Aktivitätskult vorantrieben. Es wäre zu einfach, ausschließlich Werbeagenturen, Unternehmen und materialistischen Käufern die Schuld an der allgemeinen Eile und Hektik zu geben. Aktive Freizeit wurde auch von Ärzten, zivilen Aktivisten, Sozialarbeitern und Rentenberatern gefördert, und sie hat erhebliche Bedeutung für das gestiegene Ansehen und Wohlergehen von Ruheständlern. So belastend die allgemeine Hektik und Rastlosigkeit auch sein mag, wäre es naiv, ein »langsames« Leben als Allheilmittel zu betrachten. Untätigkeit, erinnern uns die Alten, hat auch ihren Preis.

Für europäische Senioren, die ein wenig Spaß und Trubel suchten, gab es nach dem Zweiten Weltkrieg nur wenige Orte. Eine Studie über Merseyside, einen Bezirk in Nordwestengland, zeichnete ein düsteres Bild des Lebens alter Menschen. Für Alte gab es nur wenige Vergünstigungen; zwar war in Bootle die Nutzung der Plätze zum Spielen von Bowls (ein britisches Kugelspiel ähnlich dem französischen Boule) kostenlos, aber schon sechs Kilometer weiter südlich in Liverpool musste man mit 2,5 Penny fast den vollen Preis bezahlen. Urlaubsreisen waren den alten Bewohnern von Merseyside so gut wie unbekannt; vor dem Krieg war ganzen fünfzig Bewerbern eine Fahrt in die Hoylake-Pension ermöglicht worden. Es gab nur zwei Klubs; in einem, dem Rendezvous, gab es einige Sessel, aber keine Küche, die Atmosphäre soll »fröhlich und freundlich« gewesen sein. Die Old Age Pensions Association organisierte Vorträge, Diashows, wöchentliche Aufführungen und Teestunden, bei denen es jedoch nur manchmal tatsächlich Tee gab.[60] Lediglich zwei Prozent der Alten lebten in Altersheimen. In London wohnten die meisten in kleinen, überfüllten Wohnungen oder unmöblierten Zimmern. Ihre Zeit verbrachten sie fast ausschließlich im Haus und allein. Laut einer Studie von 1954, die mehr als hundert über 70-jährige Einwohner von Hammersmith erfasste, ging fast die Hälfte keinerlei Aktivitäten außerhalb des Hauses nach; nur jeder achte besuchte regelmäßig einen Pub, ein Kino oder eine Kirche. Zwar verbrachten Paare mehr Zeit damit, zu lesen, aber für viele war das Leben öde, monoton und kalt.[61] Es ist nicht leicht, mit der Welt in Kontakt zu bleiben, wenn man kein Geld hat, um sich ein Radio zu leisten, eine Kinokarte zu bezahlen, sich fein zu machen und auszugehen oder sich in einem Pub mit anderen zu treffen.

In den 1950er Jahren waren die Samen für einen stärker konsumorientierten Lebensstil der Senioren dann ausgesät. Doch sie keimten weltweit unter sehr unterschiedlichen Bedingungen, da überall verschiedene

Wohlstandsniveaus, Fürsorgesysteme und Einstellungen gegenüber den Alten vorzufinden waren. Folgerichtig verlief der Aufstieg des konsumierenden Rentners stockend und ungleichmäßig. Ein Vergleich zwischen Europa und Nordamerika im Jahr 1960 ergab, dass zwar in »allen diesen Ländern eine aktive, kreative Freizeitgestaltung alter Menschen respektiert«, in Wirklichkeit aber erwartet wurde, dass sie »zufrieden damit sind, wenn sie ›die Dinge leichtnehmen‹ können«.[62] Die Situation war von Land zu Land sehr verschieden. In den Vereinigten Staaten, Großbritannien und Skandinavien war eine aktive Freizeitgestaltung am ausgeprägtesten. In Schweden gab es in Sozialämtern spezielle Hobbyräume, in denen beeindruckende 40 Prozent der 68- bis 73-jährigen Männer und Frauen mehr Zeit auf ihre Hobbys verwandten, als sie es vor dem Ruhestand getan hatten. In Frankreich und den Niederlanden führten Alte dagegen ein eher passives Leben. In Den Haag betrieb die katholische Kirche mehr als zwanzig Klubs und versuchte, Senioren an kulturelle Aktivitäten heranzuführen, »aber meistens sind die Mitglieder nicht sehr daran interessiert. Sie pflegen zu sagen: ›Wir sind zum Vergnügen hier, nicht, um etwas zu lernen oder wirklich aktiv zu sein.‹« Sie mochten sich zum Karneval verkleiden, aber klassische Musik und Kulturfilme waren »nicht sehr beliebt«.[63] Die Senioren unterhielten sich lieber oder spielten Karten; einige strickten gern. In Deutschland, resümierte eine Studie, werde von alten Menschen nicht erwartet, aktiv zu sein und neue Freizeitaktivitäten zu entdecken oder auszubilden. Im Ruhrgebiet hielten ehemalige Bergarbeiter ein oder zwei Ziegen und gärtnerten ein wenig, doch damit hatte es sich auch schon. Kultur und Unterhaltung fehlten fast völlig. Sogar das Radiohören war eine Minderheitenbeschäftigung.[64]

Bis zum Ende der 1980er Jahre hatte sich das Seniorenleben derart verändert, dass es kaum wiederzuerkennen war. Zugegeben, manche gingen keinerlei Freizeitaktivitäten nach und waren depressiv, aber sie waren jetzt in der Minderheit. Die meisten Briten in den Sechzigern, Siebzigern und Achtzigern waren nun, wie Forscher feststellten, überaus aktiv und zufrieden; nur jeder fünfte der über 85-Jährigen war pflegebedürftig. Besonders beliebt waren das Tanzen und Gärtnern. Viele, auch Witwen, gingen in Klubs und genossen die Geselligkeit. Die Mehrheit war mit ihrem Aussehen zufrieden; wichtig war, »smart« und gepflegt zu bleiben.

Die meisten fühlten sich, was ihre Gesundheit anging, wohl. Beeinträchtigungen und Krankheiten standen nicht im Mittelpunkt ihres Selbstbildes. Vielmehr sahen sie sich als aktiv, tatkräftig und sogar jugendlich, genauso wie andere Mitglieder der Gesellschaft. Wenn sie etwas nicht mochten, dann bevormundet zu werden.[65] Auch eine Studie über fünfhundert alte Berliner aus den 1990er Jahren belegt ein bemerkenswert hohes Aktivitätsniveau. Über die Hälfte der 70- bis 84-Jährigen reiste, unternahm Ausflüge und ging auswärts essen. Bei den über 85-Jährigen war es immer noch ein Drittel. Es überrascht kaum, dass die Alleinlebenden besonders aktiv waren, aber erstaunlicherweise unternahm auch ein Viertel der Bewohner von Altersheimen Ausflüge oder besuchte Restaurants.[66] Zum Altern gehörte eine schrittweise Veränderung der Art der Aktivitäten, aber kein abrupter Rückzug von der Welt. Wenn Französinnen auf Mitte siebzig zugingen, hörten manche von ihnen auf, Fahrrad zu fahren und Gymnastik zu treiben; dafür spielten sie mehr Scrabble oder lösten Kreuzworträtsel. Interessanterweise hörten die meisten 75-Jährigen Musik und besuchten Museen und Kinos ebenso oft, wie sie es mit sechzig getan hatten.[67]

Die Bereicherung des Ruhestands ging einher mit einer beträchtlichen Verbesserung der Finanzlage von Senioren. Um 1900 waren die Alten ebenso arm wie alle anderen. Bis zur Mitte des Jahrhunderts machten Lohnsteigerungen für die Arbeitenden einerseits und begrenzte Sozialleistungen für Rentner andererseits das Alter zum Inbegriff der Armut. 1970 war jeder zweite britische Haushalt, der unterhalb der Armutsgrenze lag, ein Rentnerhaushalt. Dreißig Jahre später war dieser Anteil auf ein Viertel geschrumpft. In den Vereinigten Staaten sind die Alten seit 1980 nicht mehr ärmer als die übrige Bevölkerung. Inzwischen gehen die Niederländer, Italiener, Franzosen und Deutschen früher in den Ruhestand als die Amerikaner, während die Skandinavier weiter in Arbeit bleiben. 2005 ging weniger als ein Drittel der 55- bis 64-jährigen Italiener und Belgier einer bezahlten Arbeit nach; in Deutschland waren es 41 Prozent, in Dänemark und Schweden hingegen 62 Prozent.[68] In Deutschland waren 2003 Rentnerhaushalte von Ehepaaren im Durchschnitt 200 000 Euro wert. Zur selben Zeit war in Japan das Vermögen von Seniorenhaushalten (65 plus) viermal so groß wie das ihrer jüngeren Nachbarn.[69] Überall in der entwickelten Welt waren die 1960er bis 1990er Jahre für Senioren eine goldene Zeit, auch wenn sich Witwen und Alleinstehende weiterhin leicht in der Armutsfalle wiederfanden. Renten wurden von einer Wohlfahrtsleistung zu einem Lohn- oder Gehaltsersatz, durch den Reichtum von den Jungen zu den Alten umverteilt wurde. Europäische Wohlfahrtsregime erkannten das Recht auch von Altersheimbewohnern an, wenigstens über etwas Geld für persönliche Ausgaben zu verfügen.

Unter den Bedingungen des Überflusses erweiterte sich die Definition der Grundbedürfnisse. In Deutschland sollte das »Grundtaschengeld« 1964 die Befriedigung der einfachsten Bedürfnisse ermöglichen: Sozialhilfeempfängern wurden ein halbes Stück Seife, 80 Gramm Nudeln und drei Flaschen Bier im Monat zugestanden. 1980 erhielten die meisten Empfänger im Rentenalter neben dem Grundbetrag von 90 D-Mark zusätzlich 66 D-Mark. Als die Regierung 1982 diese Zusatzzahlung kürzen wollte, gab es einen Aufschrei der Empörung. Die zuständige Ministerin, Antje Huber, wurde mit Beschwerden von Altersheimen bombardiert. Die Partei der Grauen Panther demonstrierte in der Bundeshauptstadt Bonn. Eine Boulevardzeitung machte mit der Meldung auf, dass die Kürzungen eine Großmutter in den Selbstmord getrieben haben. Was die Protestierenden vereinte, war einfach: Um in einer Überflussgesellschaft anständig altern und mit seiner Umwelt in Kontakt bleiben zu können, reichten ein halbes Stück Seife und drei Flaschen Bier nicht aus. Alte Menschen hatten ein Recht auf ihre kleinen Freuden und auf etwas Unterhaltung und Zerstreuung – den monatlichen Gang zum Friseur, einen Kinobesuch, eine hübsche Bluse, eine Schallplatte und Geschenke für die Enkel. Ein empörter Wohlfahrtsfunktionär listete für die Ministerin auf, was Altersheimbewohner für ihre »Grundbedürfnisse« und die Teilhabe am gesellschaftlichen Leben ausgaben; auf seiner Liste standen eine monatliche Pediküre, zehn Zigaretten am Tag, Blumen und Zeitschriften sowie Restaurant- und Theaterbesuche. Das Taschengeld müsse verdoppelt werden, erklärte er, nicht gekürzt. Am Ende gab die Regierung nach und stimmte einem Kompromiss zu. Die Zusatzzahlung wurde gekürzt, dafür aber das Grundtaschengeld von 90 auf 120 D-Mark erhöht und in »Geld für den persönlichen Gebrauch« umbenannt. Heimbewohner, die mit ihrer Rente zu den Unterbringungskosten beitrugen, erhielten weitere

5 Prozent. Überall im Land atmeten Friseure und Konditoren erleichtert auf.[70]

Die Lebensbedingungen von Senioren näherten sich immer weiter denjenigen der übrigen Bevölkerung an. Mitte der 1990er Jahre erreichten in Finnland und Großbritannien die Konsumausgaben älterer Ehepaare – ohne die Ausgaben für die Wohnung – 81 beziehungsweise 85 Prozent derjenigen ihrer jüngeren Landsleute. In Deutschland, Japan und Neuseeland übertrafen sie die Jungen sogar. Das aktive Altern drückte sich in Yen und Euro aus. Japanische Seniorenpaare beispielsweise gaben im Vergleich zu jüngeren Paaren 132 Prozent für Freizeitaktivitäten und Kultur aus; bei älteren deutschen Paaren waren es 115 Prozent.[71] Diese Zahlen belegen einen historischen Wandel: Das Arbeitseinkommen war nun nicht mehr der entscheidende Schlüssel zur Welt des Konsums.

Besitztümer, Reisen und Schönheit – alles signalisierte die Apotheose des älteren Konsumenten. Im London der 1950er Jahre kamen die meisten über 70-Jährigen mit wenigen alten Kleidern und Stühlen sowie einer kleinen Sammlung von Fotos und persönlichen Besitztümern aus. Insbesondere alleinstehende alte Männer und Witwen führten materiell ein äußerst bescheidenes Leben. In der Studie über Hammersmith von 1954 wird ein alleinstehender Mann erwähnt, der »nur einmal in der Woche kochte, was dann länger reichte, weil er abends nur eine Kartoffel aß ... Er trug immer noch Kleider, die er seit 1914 besaß, und sie und seine Möbel befanden sich in sehr schlechtem Zustand.«[72] Viele Alte besaßen außer Puschen keine Schuhe. Seit 1947 waren britische Behörden verpflichtet, bevor sie jemanden in ein Altersheim aufnahmen, dessen Besitztümer zu registrieren. Diese Inventarien sind eine traurige Lektüre. Peter Townsend gab sie 1962 in einer bahnbrechenden Untersuchung über viele Seiten lang wieder; da war beispielsweise zu lesen: »eine kaputte Wanduhr; zwei Holzstühle, einer mit einem lockeren Fuß; eine Rolle vergilbte Tapete«; ferner ein Karton voller »zerbrochenem Zierrat, Haarnadeln, rostigen Schrauben, einer kaputten Schere«.[73]

Anfangs gelangten Fernsehapparate, Telefone und andere dauerhafte Konsumgüter nur langsam in die Haushalte der Alten. Doch bis 1990 hatten die britischen Senioren aufgeholt. Ein Jahrzehnt später besaßen mehr 65- bis 74-Jährige als 25- bis 34-Jährige jenen wertvollsten Besitz: Wohneigentum.[74] Statt in beengten Zimmern und Sozialwohnungen wohnten sie jetzt überwiegend in den eigenen vier Wänden. Ähnlich verlief die Entwicklung auch anderswo. Laut einer schwedischen Untersuchung von 2004, die über 100 000 Haushalte erfasste, hatten 30- bis 59-Jährige »Zugang« zu 5,5 der folgenden acht Dinge: Zweitwohnung, Auto, Boot, Wohnmobil, Videorekorder, Spülmaschine, Tageszeitung, Urlaubsreise. Die 70-Jährigen verfügten immer noch über fünf dieser Dinge und lagen damit knapp vor der in den Zwanzigern stehenden Gruppe. Selbst die über 80-Jährigen konnten sich mindestens an vier dieser Dinge erfreuen.[75]

Dem zunehmenden Besitz lagen zwei Entwicklungen zugrunde. Die eine war einfach, dass eine neue Jahrgangsgruppe das Rentenalter erreichte. Die während des Babybooms nach 1945 Geborenen, die als Jugendliche die Zeit des Überflusses erlebt hatten, setzten ihren materiellen Lebensstil nun im Alter fort. Dieser sogenannte »Kohorteneffekt« zeigt sich zum Beispiel in einem unverhältnismäßig hohen Besitzanteil bei Videorekordern, bei deren Erwerb die Babyboomer Trendsetter gewesen waren. Betrachtet man jedoch Fernseher, Telefone und Haushaltsgeräte allgemein, findet man bei allen Kohorten ein steigendes Besitzniveau, bei den in den 1920er und 1930er Jahren Geborenen ebenso wie bei den in den 1940er und 1950er Jahren Geborenen – was für einen »Generationeneffekt« spricht.

Die Haupterkenntnis aus diesen Entwicklungen besteht darin, dass Senioren in gleicher Weise an der Konsumgesellschaft teilhaben wie die Jüngeren. Mit der teilweisen Ausnahme des Autobesitzes, hat der Übergang ins Rentnerdasein kein Ausscheiden aus der Welt der Dinge mehr zur Folge.[76] Und mit der Gleichheit kamen größere Unabhängigkeit und mehr persönliche Wahlmöglichkeiten. Auch zuvor hatten Alte nicht ohne Güter gelebt, aber sobald sie aus der Arbeitswelt ausgeschieden waren und ihren Lebensunterhalt nicht mehr selbst bestreiten konnten, waren sie abhängige Konsumenten, die, was Brot, Feuerholz und ein Bett angeht, der Gnade ihrer Kinder oder der Gemeinde ausgeliefert waren. Im 18. Jahrhundert wurde in England, dem Land mit dem großzügigsten Fürsorgesystem, ein großer Teil der Hilfe in Sachleistungen gewährt, auch wenn manche Kirchengemeinden armen Alten auch Geld auszahlten. In den 1770er Jahren erhielt beispielsweise die in Puddletown in Dorset lebende Witwe Judith Biles, die in den Siebzigern stand, Brennstoff und ein Nachthemd im Jahr sowie eine »Abführmixtur« und medizinische »Tropfen«.[77]

Die jüngste Welle des Besitzens hat jedoch nicht alle Alten gleichermaßen erreicht. Altersheime und geriatrische Kliniken sind nicht das Gleiche wie Privathäuser, und die Minderheit, die in Ersteren lebt – in Spanien und Italien sind es 3 und in Frankreich, den Niederlanden und Irland 12 Prozent –, muss weiterhin mit wenigen persönlichen Dingen auskommen.

In der Nachkriegszeit sprachen sich westliche Gerontologen dafür aus, dass alte Menschen Besitztümer haben sollten. Man gelangte vermehrt zu der Erkenntnis, dass Dinge einen Anker von Persönlichkeit und geistiger Gesundheit darstellen. In den 1950er Jahren hoben Forscher die psychologischen Schäden hervor, die Insassen von Konzentrationslagern durch den Verlust ihrer persönlichen Besitztümer erlitten hatten. Im folgenden Jahrzehnt konstatierte man in der Langzeitpflege eine ähnliche »Entpersönlichung«. Kanadische Fürsprecher der Alten begannen sich für das Recht der Senioren auf Eigentum und Individualität starkzumachen. Ihnen ihre Besitztümer zu nehmen, bedeute, ihnen einen Teil ihrer Identität zu rauben. 1961 stellten Psychiater beim Vergleich dreier Nervenkliniken in Großbritannien eine Korrelation zwischen einem hohen Maß an klinischem Eingreifen und einem geringen Umfang von persönlichen Besitztümern und Freizeitaktivitäten fest. In einer der Kliniken besaßen fast alle Patientinnen mit Schizophrenie-Diagnose ein eigenes Nachthemd, Make-up, Kamm, Spiegel und Schmuck, während in einer anderen Klinik, die deutlich »unruhiger« war, nur eine Minderheit persönliche Dinge besaß.[78] Ein Jahrzehnt später gab das Gesundheitsministerium Richtlinien zu Mindestanforderungen hinsichtlich der Kleidung für geriatrische Kliniken heraus. 1988 verpflichtete das Gesundheitsamt von Yorkshire die Altersheime, ihren Bewohner die Gelegenheit zu geben, wenigstens in gewissem Umfang die Unabhängigkeit, Wahlmöglichkeiten und Individualität zu genießen, die sie in einer eigenen Wohnung hätten. Ungeachtet solcher Vorschriften wurden nur sehr langsam Fortschritte erreicht. Ende der 1980er Jahre zeigten sich zwei britische Psychiater »entsetzt« darüber, dass, eine Generation nachdem die Presse die institutionelle Misere enthüllt hatte, vielen von ihnen besuchten Alzheimerpatienten immer noch »persönliches Eigentum in einem Ausmaß verwehrt wird, das in mancher Hinsicht den Bedingungen in den Konzentrationslagern nahekommt und grundlegende Menschenrechte (wie die eigene Unterwäsche zu tragen) verletzt.«[79]

Das letzte halbe Jahrhundert war von einer beispiellosen Mobilität von Jung und Alt geprägt. Auch das Reisen ist zu einem selbstverständlichen Teil des aktiven Alterns geworden. 1957 begann das für Freizeit und Erholung zuständige Amt von Long Beach »Golden Tours« für über 50-Jährige zu organisieren. Angeboten wurden Ausflüge ins Disneyland, in den Yellowstone-Nationalpark, nach Las Vegas und Santa Monica, zumeist für 2,25 Dollar. Das Reisen hörte auf, ein Luxus zu sein. In sechs Jahren kamen die Golden Tours auf insgesamt mehr als 386 000 zurückgelegte Kilometer, was, wie ein Mitarbeiter bemerkte, weiter war als eine Reise zum Mond. »See Earth First!«, lautete das Motto der Veranstalter.[80] 1980 ergab eine Untersuchung dreier US-Unternehmen, dass der Anteil der Arbeitnehmer, die regelmäßig verreisten, nach deren Wechsel ins Rentnerdasein stark anstieg.[81] Schon 1959 hatte das auf ältere Menschen ausgerichtete britische Unternehmen SAGA begonnen, Reisen für über 50-Jährige anzubieten; 2003 machte es einen Umsatz von 383 Millionen Pfund.

Aus dem Spaß am Reisen wurde der Wunsch nach einem dauerhaften Platz an der Sonne. In den Vereinigten Staaten begann die Wanderung von Alten in den sonnigen Süden in den 1930er Jahren. In den 1970er Jahren lebte jeder vierte über 65-jährige Amerikaner in einem von drei Bundesstaaten: Florida, Kalifornien oder New York. In St. Petersburg – der »Sunshine City« in Florida – war jeder dritte Einwohner über 65, in Miami sogar jeder zweite, obwohl St. Petersburg den Vorzug besaß, den größten Shuffleboard-Klub der Welt zu beherbergen.[82] Für andere wurde das Unterwegssein zur Definition des »Ruhestands«. Wohnwagen waren seit den 1930er Jahren ein Teil der amerikanischen Landschaft, aber zu Anfang waren sie vor allem eine billige, mobile Unterkunft für Arme und Wanderarbeiter. In den 1960er Jahren gingen zunehmend Senioren auf große Fahrt und gründeten Trailerklubs. 1991 waren in den Vereinigten Staaten über acht Millionen Wohnmobile angemeldet. »Meine Frau und ich haben, seit wir Rentner sind, unseren Lebensstil völlig verändert«, erklärte ein ehemaliger Buchhalter, der mit sechzig in Frührente gegangen war, 1972. In den ersten Jahren waren sie im Land herumgereist. Dann hatten sie sich dem Wally Byam Caravan Club International angeschlossen und neue Freunde gefunden. Im Sommer fuhren sie mit ihrem Zehn-Meter-Wohnmobil Angehörige besuchen und sahen sich auf dem Weg Sehenswürdigkeiten an. Im November begaben sie sich nach Melbourne in Florida, wo sie »den ganzen Winter über Squaredance tanzen und feiern« konnten.[83] In Ermangelung eines eigenen Floridas entschieden sich Briten für die nächstbesten Ziele und zogen an die englische Südküste, nach Spanien oder Australien. 1981 machten Rentner in zehn Städten an der englischen »Costa Geriatrica« ein Drittel der Bevölkerung aus. Im Lauf eines Jahrzehnts verdoppelte sich in Spanien die Zahl britischer und deutscher Einwohner. Viele von ihnen waren Senioren. Die Royal British Legion hat an der Costa del Sol über tausend Mitglieder. Die Deutschen hatten schon im Rennen um Kolonien in den 1890er Jahren versucht, sich einen eigenen »Platz an der Sonne« zu sichern. Noch mal würden sie sich nicht geschlagen geben: Mallorca erreichte die erste Welle von Wintertouristen im November 1962, nachdem Luis Riú eine Vereinbarung mit einer Charterfluggesellschaft getroffen hatte und sein Hotel den Winter über geöffnet ließ. 2005 beherbergte der Club Schwalbe auf Mallorca 4000 Senioren. Der deutsche Generalkonsul in Málaga schätzte, dass bis zu einer halben Million über 60-jährige Deutsche einen guten oder den größten Teil des Jahres in Spanien verbrachten; weitere 100 000 haben sich für Südafrika entschieden.[84]

Begünstigt wurde dieser Zug in die Sonne durch billigere Reisemöglichkeiten, bessere Gesundheit und – im Fall von Westeuropa – dem möglichen Transfer von Renten und Gesundheitsdiensten. Dennoch wäre es falsch, ihn einfach als völlig neues, vom Charterflug- und Reiseboom der 1960er Jahre hervorgebrachtes, kommerzielles Phänomen zu betrachten. Frühere Migrations- und Kriegserfahrungen hatten bereits den Wunsch nach einem Wanderleben und dem Ruhestand im Ausland geweckt. Was Großbritannien betrifft, so hatte das Empire deutliche Spuren hinterlassen. Raymond Flower zum Beispiel, der erste Brite, der ein Landgut im Chianti in der Toskana erwarb, war in Ägypten aufgewachsen und hatte im Zweiten Weltkrieg in Italien gedient. An der Algarve, erinnerte sich ein Bauunternehmer, sei es in den 1960er Jahren, als viele Briten nach der Unabhängigkeit der britischen Kolonien direkt aus Ostafrika kamen, »ein bisschen wie im Raj« gewesen: »Dienstboten gab es im Überfluss, der Schnaps war billig, und das Klima war gut.«[85]

Eine Vielzahl altersspezifischer Initiativen umwarb den wachsenden sogenannten »Silbermarkt« der zunehmend wohlhabenden Kunden über fünfzig. Schon 1955 begann die American Association of Retired Persons (AARP) einen Grand Circle für ältere Reisende zu organisieren. Aber den eigentlichen Aufschwung erlebte dieser Markt in den 1980er und 1990er Jahren. Bis dahin war die Altersgrenze immer weiter herabgesetzt worden. 1984 gründete der Yutaka Club in Tokio einen Tourismusklub, der Kreuzfahrten für über 65-Jährige anbot; das deutsche Versandhaus Neckermann bot spezielle Städtereisen für über 59-Jährige an, und die AARP richtete 1986 im Flughafen John F. Kennedy International in New York eigene Warteräume ein. Österreich und die Schweiz wurden zu Vorreitern, indem sie ein Netz aus »50plus-Hotels« schufen, die günstige Preise mit der von dieser Altersgruppe angeblich gewünschten »betonten Gastlichkeit« verbanden. In Schottland gibt es eine Club-55-Karte für Bahnreisende. Nur im reichen Norwegen muss man das achtundsechzigste Lebensjahr erreicht haben, um auf den Hurtigruten einen Bonus zu erhalten.

Diese kommerziellen Angebote existieren nicht im luftleeren Raum. Auch Behörden haben immer jüngere alte Konsumenten in den Blick genommen. Wie so viele Elemente des zeitgenössischen Konsums sind auch diese teilweise ein Geschöpf der Politik. 1999 wurde in Nordrhein-Westfalen, dem größten deutschen Bundesland, ein spezielles Ressort für »Seniorenwirtschaft« geschaffen, um die Märkte und Dienstleistungen für alte Menschen anzuregen. Der Teutoburger Wald, wo germanische Krieger einst den Römern auflauerten, lockt heute über 50-Jährige mit Wellness-Pauschalangeboten. Schwerter und Streitäxte sind durch Nordic-Walking-Stöcke ersetzt worden. Manche Städte haben für Senioren besondere »Smart Homes« gebaut und eigene Internetcafés für sie eröffnet. Die europäischen Regionen haben ein Netzwerk für den Silbermarkt (SEN@ER) ins Leben gerufen. In alternden Gesellschaften stellen die Alten den Markt der Zukunft.

Tritt man einen Schritt zurück und betrachtet alle diese Formen des aktiven Alterns, wird eine zentrale Spannung im Kern des Alterns in Überflussgesellschaften sichtbar. Einerseits wird durch die Aktivität betont, dass jeder nur so alt ist, wie er sich fühlt, was die Grenze zu den jüngeren Altersgruppen verwischt. Senioren haben das gleiche Recht, Spaß zu haben, eine Städtereise zu unternehmen und sich neue Hobbys zu suchen, wie alle anderen. Laut einer britischen Untersuchung von 1990 vereint die 60- bis 80-Jährigen nichts so sehr wie die Abneigung gegen Seniorenklubs, die von jüngeren Mittelschichtangehörigen geleitet werden, die passive Alte in ihnen sehen. Die Menschen, erklärten die Befragten, kämen nicht wegen ihres Geburtsdatums zusammen, sondern weil sie gemeinsame Interessen hätten.[86] Andererseits gab es eine regelrechte Völkerwanderung in Trailerparks und Ruhestandsgemeinden, die neuen Formen der Alterssegregation Vorschub leisteten. Dies gilt insbesondere für die Vereinigten Staaten, ist in Gestalt »geriatrischer« Küstenorte aber auch in Europa zu beobachten.

»Wachen Sie auf und führen Sie in Sun City ein aktives neues Leben«, forderte ein Radiowerbespot 1960 die Zuhörer auf. »Lassen Sie nicht zu, dass der Ruhestand Sie bedrückt! Leben Sie glücklich und zufrieden in Sun City. Es ist ein Paradies.«[87] Die Ruhestandsgemeinde in Arizona (siehe Abbildung 59) versprach jedem Einwohner ein eigenes »Lip« (Leisure Interesst Profile – Freizeitinteressenprofil). Zeitweise war sogar geplant, ein Legoland für Senioren zu bauen. Die Ende der 1960er Jahre errichtete »Leisure World«, eine bewachte Ruhestandsgemeinde in Kalifornien, hatte 1971 14 000 Einwohner, die in 8300 Wohneinheiten auf einer Fläche von 3,7 Quadratkilometern lebten. In dieser Freizeitwelt gab es Tennisplätze, Theateraufführungen, Picknicks und Hobbymärkte. Solche exklusiven, kurortähnlichen Ruhestandsgemeinden haben einige Kritik auf sich gezogen. Ein Soziologe, der Anfang der 1970er Jahre in Kalifornien ein Jahr in einer solchen Gemeinde lebte, kam zu einem vernichtenden Urteil. Die Siedlung besitze ein Rathaus beziehungsweise Aktivitätszentrum, aber weder einen Bürgermeister noch politische Strukturen. Dafür gebe es 92 Klubs und täglich 150 Aktivitätsangebote, aber nur jeder zehnte Einwohner – allesamt Weiße – halte sich ans Stadtmotto und genieße einen »aktiven Lebensstil«. Selbst das Einkaufen mache keinen Spaß, da es an Auswahl und öffentlichen Verkehrsmitteln fehle. Tatsächlich gingen viele außerhalb der Siedlung einkaufen und Golf spielen, weil es dort besser und preiswerter sei. Die Straßen seien sauber, die Häuser im Ranch-Style ordentlich, aber sie sähen alle gleich und unbewohnt aus. Neuankömmlinge, die ein Paradies erwartet hätten, erlitten einen Schock. Andere Studien zeichneten ein freundlicheres Bild. Laut einer Untersuchung des National Council of Aging, die 5000 Seniorenklubs und -zentren in den Vereinigten Staaten erfasste, lag der Anteil derjenigen, die an Aktivitäten teilnahmen, bei 30 bis 40 Prozent. Ein Freizeitexperte, der die hinter Sun City stehende Walters-Gould Corporation beriet, stellte fest, dass sich die meisten Einwohner in der Siedlung gut aufgehoben fühlten.[88]

Der alternde Körper wurde durch das Ideal vom Jung- und Aktivbleiben zugleich befreit und gefesselt. Das Alter gilt nicht mehr als Hindernis für Sport und Abenteuer. Senioren wedeln in den Alpen durch Pulverschnee und genießen das Après-Ski.[89] Keine Herausforderung ist groß genug. 2012 wurde die 73-jährige Japanerin Watanabe Tamae zur ältesten Bezwingerin des Mount Everest; bei den Männern ist ein 76-jähriger Nepalese Rekordhalter. Der Käfig des biologischen Alters hat sich immer weiter geöffnet. In den 1950er Jahren wurde das »dritte Alter« als neue Lebensphase kreativer Erfüllung benannt, das dem »vierten Alter« von Krankheit, Abhängigkeit und Tod vorausgeht. Neben schon länger bestehenden Drittalter-Universitäten gibt es mittlerweile auch Onlinespielklubs und andere Einrichtungen für diese Zielgruppe.[90] In jüngster Zeit ist selbst diese Unterscheidung löchrig geworden. Das vierte Alter, wenden Kritiker ein, sei nicht notwendigerweise rundum schlecht, so wie das dritte nicht unbedingt immer gut sei. Es gibt Sportler, die in ihren Achtzigern stehen. Eine Untersuchung über Sporttreibende in Australien zeigt, dass der Sport auch für über 80-Jährige Spaß, Geselligkeit und Wettkampf bedeutet. Nur wenige verleugneten ihr Alter. Beim Sport gehe es darum, den Körper in Bewegung zu halten, um nicht »einzurosten«.[91]

Gleichzeitig übertrug die Kultur des aktiven Alterns die Verantwortung dafür, jung und fit zu bleiben, den Senioren selbst. Das Alter war kein Schicksal mehr, sondern eine individuelle Lebensstilwahl und sogar Verpflichtung. Die neu gefundene Freiheit machte das Alter sowohl heiterer als auch schmerzvoller. Federico Fellini hat dies in seinem Film *Ginger und Fred* (1986) auf die Schippe genommen, indem er einen älteren Gymnastiktrainer im Fernsehen erklären ließ, dass es das Alter nicht mehr gebe; um ihre Falten loszuwerden, sollten die Zuschauer bizarre Gesichtsverrenkungen ausführen, Grimassen schneiden und die Stirn runzeln. Unsterblichkeit ist seit der babylonischen Legende von Gilgamesch ein Menschheitstraum. Doch im späten 20. Jahrhundert erreichte die Suche nach ewiger Jugend ein neues Niveau. Die Konsumkultur war nicht der einzige Stimulus – es gab auch eine Medikalisierung des Alters –, aber sie trug zweifellos zu dem beispiellosen Glauben bei, dass das Alter insgesamt aufgehalten werden kann und sollte. Im Jahr 2002 war der Anti-Aging-Markt allein in den Vereinigten Staaten 43 Milliarden Dollar schwer. Ein Jahr zuvor hatte die AARP gemeldet, dass jeder zweite amerikanische Babyboomer das Altern als bedrückend empfinde. Jede dritte Frau gab zu, Anti-Aging-Kosmetika zu benutzen, und jede zehnte dachte über eine Operation nach. In Brasilien werden Schönheitsoperationen als normal betrachtet; im Jahr 2000 fanden dort 360 000 solcher Eingriffe statt. Der Kampf gegen ein erschlaffendes Kinn ist dabei nicht auf Frauen beschränkt. In Brasilien schoss die Zahl von Männern, die sich unters Skalpell legten, in den 1990er Jahren steil nach oben.[92]

Bei seiner weltweiten Ausbreitung nahm das aktive Altern unterschiedliche Formen an, je nach Traditionen und weit zurückreichenden Vorstellungen über das Alter. In Japan traut man dem Einzelnen zu, sich dem Ansturm des *boke* – der Zersetzung des Selbst – entgegenstemmen oder ihn zumindest verlangsamen zu können. Durch Müßiggang, glauben Japaner, fördere man den *boke* und lasse sowohl die Gemeinschaft als auch sich selbst im Stich. Alte Menschen (*rojin*) müssten sich selbst und der Gesellschaft ihren Wert beweisen. Außerdem sollten sie ein *ikigai*, ein persönliches Hobby, finden. Gesundheit und aktive Freizeitgestaltung werden in Japan nicht als persönliche Angelegenheit betrachtet, sondern als Teil eines Vertrags zwischen den Alten und der Gesellschaft. Kodifiziert wurde dieser Vertrag 1963 durch ein Seniorenwohlfahrtsgesetz. In der Folgezeit entstanden Seniorenklubs und -universitäten, und der Staat förderte sportliche und sonstige Freizeitaktivitäten der über 65-Jährigen. In ländlichen Gebieten sind Seniorenklubs von herausragender Bedeutung. In dem kleinen Dorf Jonai beispielsweise gehört jeder fünfte Einwohner dem örtlichen *rojin kurabu* an. Natürlich bedeutet aktiv zu sein nicht automatisch, ein aktiver Konsument zu sein. Manche Freizeitaktivitäten, wie das Brettspiel Go oder das Chorsingen, sind billig. Andere kommen teurer. Einer der beliebtesten Arten des Zeitvertreibs japanischer Senioren ist Gateball (*geeto booru*), eine Art temporeiches Croquet. Ein anständiger Schläger kann leicht 40000 Yen (330 Euro) kosten.[93]

Seit den 1960er Jahren sind japanische Senioren zwei widerstreitenden Kräften ausgesetzt. Einerseits haben die Landflucht der Jungen und die wachsende Zahl der Singlehaushalte von Senioren die Kluft zwischen den Generationen verbreitert und ein Gefühl der Isolierung und Wertlosigkeit erzeugt. Auf dem Land ist die Zahl der Selbstmorde stark angestiegen. Vernachlässigung und Misshandlung waren weit verbreitet, und vor der Einführung der Pflegeversicherung im Jahr 2000 gab es kaum eine kommunale Fürsorge. Andererseits hat der Wert der Senioren als Konsumenten im Kampf um den »Silbermarkt« eine beispiellose Aufmerksamkeit erfahren. 2002 gehörten nur 4 Prozent der Rentnerhaushalte zu den Geringverdienern. In den Geschäften tauchten sprechende elektrische Geräte, für Senioren gestaltete Software und altersgerechte Matratzen auf. Versicherungen boten spezielle Tarife an. Das Kosmetikunternehmen Shiseido stellt seit 1975 seine Produkte in Altersheimen vor, die Präsentationen sind bei Frauen wie Männern sehr beliebt. In den 1990er Jahren begann das Handelsunternehmen Itôchû Fotografen zu Marktforschungszwecken zu Senioren nach Hause zu schicken. Andere Firmen brachten Telefone mit großen Tasten und ebenso schicke wie leichte Wanderstöcke auf den Markt. Die ESPA (Elderly Service Providers Association) begann eine Silberplakette für Produkte zu vergeben, die ihren Pflege- und Komfortmaßstäben genügten. Bis 1999 hatten 1000 Unternehmen das Qualitätssiegel erhalten. Altersgerechte Hotels bekamen Silbersterne. Japan wurde zur Inspirationsquelle für das alternde Europa.[94]

Überraschen kann keine dieser kommerziellen Anstrengungen. Angesichts der Kaufkraft der Alten ist vielmehr bemerkenswert, wie begrenzt sie sind. Im Gegensatz zur Faszination gegenüber dem Teenager ignorierten Werbeagenturen und Unternehmen den neuen Wohlstand von deren

Großeltern fast völlig. Auf Plakaten und Fernsehbildschirmen tauchten so gut wie nie Senioren auf. In den Vereinigten Staaten und Japan waren in den 1970er Jahren alte Schauspieler nur in 2 Prozent der Fernsehsendungen zur Hauptsendezeit und der ausgestrahlten Werbespots zu sehen.[95] In den 1960er Jahren hatten einige Marktforscher die Unternehmen gedrängt, aufzuwachen und sich des einzigartigen 40-Milliarden-Dollar-Markts der Alten anzunehmen. Aber sie waren auf taube Ohren gestoßen.[96] Die erste richtige Studie über den »reifen Markt« erschien 1980 in der *Harvard Business Review*, und erst im folgenden Jahrzehnt begannen Marketingexperten auf der Grundlage amerikanischer Zensusdaten die alten Konsumenten in kleinere Kohorten aufzuteilen und Lebensstile und Kaufkraft der vor 1930 geborenen sogenannten G.-I.-Generation von denjenigen der Kriegskinder und der Babyboomer der Nachkriegszeit zu unterscheiden. Frühe Versuche, sich diesem Markt anzupassen, scheiterten jedoch häufig; so musste Kellogg's ein »40plus«-Müsli 1989 nach nur einem halben Jahr wieder vom Markt nehmen. Dem Unternehmen wurde Altersdiskriminierung unterstellt und der Generalstaatsanwalt von Iowa warf Kellogg's vor, irreführende Werbung zu verbreiten: Die Annahme, Menschen über vierzig würden eine spezielle Ernährung benötigen, sei eine bewusste Täuschung. Die Werbung für über 60-Jährige wird weiterhin stiefmütterlich behandelt. Laut Center for Mature Consumer Studies haben viele Unternehmen noch nicht begriffen, warum sie sich auf die älteren Konsumenten ausrichten sollten. Wenn sie es tun, dann behandelten sie die Alten häufig als homogene Gruppe, während sie sich in Wirklichkeit stärker unterschieden als die Jüngeren.[97] Mit Ausnahme von Viagra und Treppenliften bleiben alte Konsumenten weiterhin überwiegend unsichtbar.

Um es zusammenzufassen: Das positivere Bild der Alten, von aktiver Freizeitgestaltung und drittem Alter hat Senioren zu einem integralen Bestandteil der Konsumgesellschaften gemacht. Aber dieser Wandel wurde nicht von Wirtschaftsunternehmen vorangetrieben, sondern von Gerontologie, Zivilgesellschaft sowie besseren Renten und Sozialleistungen. Die Madison Avenue gilt es noch zu erobern. In der Welt der Werbung sind die Senioren noch immer Gefangene der Jugend.

Bisher haben wir uns mit wohlhabenden Senioren in Wohlstandsgesellschaften beschäftigt, die aus globaler Sicht natürlich eine Minderheit darstellen. Nur ein Drittel der Senioren auf der Welt sind Europäer oder Nordamerikaner. 1999 lebte über die Hälfte in Asien, wo die Alterung der Gesellschaft mindestens so dramatisch ist wie im Westen. Japan hat den Übergang zum Wohlstand in den 1960er Jahren vollzogen und ist hier bereits behandelt worden. Im übrigen Asien bewirkten Entwicklung und Urbanisierung im späten 20. Jahrhundert einen starken Rückgang der Fruchtbarkeit. In Singapur waren beispielsweise in den 1950er Jahren sieben Geburten pro Frau üblich. Zwanzig Jahre später war die Zwei-Kinder-Familie die Norm. Im Vergleich mit Korea wirkt der Alterungsprozess in Europa, als wäre er in Zeitlupe verlaufen: 1990 gab es für jeden Koreaner über 65 fünf Kinder unter 15; 2020 wird dieses Verhältnis bei vier zu fünf liegen, also fast den Gleichstand erreicht haben.

Inwieweit sind Senioren in Asien dem westlichen Trend zu einem unabhängigeren, aktiveren Altern gefolgt und dadurch ebenfalls zu intensiveren Konsumenten geworden? Die Antwort wird durch historisch unterschiedliche Lebensarrangements zwischen den Generationen erschwert, die sich auf die Ressourcen und die Gelegenheiten, Zeit aufzubringen und Geld auszugeben, auswirken; es ist ein himmelweiter Unterschied, ob man allein oder bei den Kindern lebt. In Thailand wohnten in den späten 1980er Jahren nur 10 Prozent der Senioren von ihren Kindern getrennt. In den Vereinigten Staaten waren es 75 Prozent.[98] Dieser Unterschied beruht jedoch nicht auf unveränderlichen kulturellen Genen. In Taiwan sank der Anteil der Alten, die bei ihren Kindern lebten, in den 1980er Jahren von zwei Drittel auf die Hälfte. Vielmehr besteht ein grundlegender Unterschied zwischen Ost und West darin, dass es die Großfamilie in Europa schon in der Zeit, als die Kaufhäuser ihre Tore öffneten, nicht mehr gab. In Asien dagegen traf die Konsumkultur, als sie es im späten 20. Jahrhundert eroberte, auf intakte Mehrgenerationenfamilien.[99]

Dabei haben sich verschiedene Arrangements herausgebildet. Im wohlhabenden Singapur hat sich der Staat mit seinen Ressourcen und seiner Autorität hinter die Dreigenerationenfamilie gestellt, indem er Steuervergünstigungen ermöglichte und Gesetze erließ, die Kinder für den

Unterhalt und die Pflege ihrer Eltern mitverantwortlich machten. Fast 85 Prozent der Senioren leben weiterhin mit ihren Kindern zusammen. Die Familie bleibt der wichtigste Rückhalt. Gleichzeitig hat der Staat die Senioren als »wertvolle Ressource« entdeckt und unterstützt einen »aktiven Lebensstil«, indem er Gateballfelder anlegt und Orte zur Ausübung von Taijiquan, einer chinesischen Kampfkunst, bereitstellt.[100]

In Indien hat 1995/96 eine landesweite Untersuchung ergeben, dass über zwei Drittel der Alten, was ihren Lebensunterhalt betraf, von anderen abhängig waren. Jeder zweite arbeitete noch. Die meisten lebten mit ihrem Ehepartner zusammen, ein Drittel bei den Kindern, überwiegend aus Not und nicht aus freien Stücken. Nur 5 Prozent lebten allein, auch wenn viele andere es auch gerne täten. Bloß ein Prozent erhielt institutionelle Hilfe, und in einigen Haushalten gab es zwar Fernseher und Radios, aber das Interesse an Aktivitäten war gering.[101] Die meisten Alten waren arm und verbrachten ihren Lebensabend als abhängige Konsumenten, stets in Sorge um Unterkunft, Essen, Medizin und Kleidung. Im Vergleich mit ihren deutschen und japanischen Pendants gaben sie kaum Geld für Unterhaltung und Freizeitaktivitäten aus.

Das Wirtschaftsleben von Haushalten bleibt komplex. Es wird häufig angenommen, in Südasien würden die Alten zu ihren verheirateten Söhnen ziehen, aber in vielen Fällen ist es umgekehrt. Auch Geld fließt in beide Richtungen. Viele Alte unterstützen ihre unverheirateten Kinder, während andere von der Gnade ihrer verheirateten Söhne abhängen. Allerdings ist deren Unterstützung aufgrund der steigenden Anforderungen an die Kleinfamilie nicht mehr selbstverständlich. »Sie brauchen die Unterstützung nicht, und ich kann sie nicht leisten«, hört man heute von vielen Söhnen. Das Vergnügen sei ein Vorrecht der Jugend, lautet ein altes indisches Sprichwort, das durch die Ausbreitung der Konsumkultur und die steigenden Ansprüche seit den 1980er Jahren neue Gültigkeit erhalten hat. Mehr denn je sind die Jungen die natürlichen Konsumenten. Dies ist ein wesentlicher Unterschied zum wohlhabenden Westen: Während dort die Bedürfnisse der Alten gestiegen sind, sind diejenigen armer indischer Senioren kleiner geworden. Mit dem Eintritt ins Alter endet ihr Recht, zu konsumieren und sich an Gütern zu erfreuen. Im Bundesstaat Tamil Nadu in Südindien sagt man, die Alten hätten ihr Leben gehabt (*vaalkai mudinchi pochu*). Warum Geld und Güter für diejenigen verschwenden, die am Ende angelangt sind? Von Alten wird erwartet, dass sie kaum Appetit und kein Verlangen nach Komfort und Annehmlichkeiten haben. Folglich erhalten sie nur wenig Essen und medizinische Versorgung – viel zu wenig. Anstelle eines farbenfrohen Saris tut es auch verwaschene, ausrangierte Kleidung. Da das Altsein nicht durch das biologische Alter definiert wird, sondern durch einen Rückgang der Aktivität und Sinnenlust, wäre die bloße Vorstellung freudiger, aktiver goldener Jahre ein Widerspruch in sich.[102]

Die indische Mittelschicht erlebt das Alter jedoch anders. Die bessergestellten Senioren verfügen wie ihre westlichen Altersgenossen über immer mehr Konsumgüter. Im Mittelschichtbezirk Deccan Gymkhana in Pune besaß in den 1990er Jahren mehr als ein Drittel der Frauen über sechzig einen Mixer, ein Mahlwerk und einen Ofen und jede neunte eine Waschmaschine. Neben ihren Rücküberweisungen brachten erfolgreiche Migranten auch neue Vorstellungen über das Alter aus Amerika mit. Die ersten Ruhestandssiedlungen entstanden. Aber insgesamt unterscheidet sich das Alter auch für wohlhabende Inder stark vom westlichen Streben nach einem unabhängigen Leben und aktiver Freizeit. Im Jahr 2000 lebte über die Hälfte von ihnen bei ihren Kindern. In Rana Pratap Bagh, einem gutbürgerlichen Viertel in Nordwest-Delhi, trägt jeder fünfte ältere Mensch als Buchhalter oder Ladenbesitzer weiterhin zum Familieneinkommen bei. Das Leben der Ruheständler blieb zwar von kommerziellen Freizeitangeboten nicht unberührt – viele gingen ins Kino oder sahen fern –, aber es wurde nicht durch sie geprägt. Die meiste Freizeit war dem Besuch von heiligen Stätten und Verwandten gewidmet. Nur jeder Achte ging einem aktiven Hobby nach.[103]

Solidarität

Die heutige Welt wird manchmal als »flüchtig« beschrieben, um das Bild des Soziologen Zygmunt Bauman zu bemühen. Die Menschen gehen keine »realen« festen Bindungen mehr ein, sondern wechseln rastlos von einer »virtuellen« Momentliaison zur nächsten.[104] In dieser Perspektive ist die Konsumkultur mit ihren Traumwelten, ihren materiellen Versuchungen und ihrer Lizenz zur Verfolgung persönlicher Wünsche das wichtigste, wenn nicht sogar einzige Lösungsmittel fester menschlicher Beziehungen.

Wir haben uns die Generationen nacheinander angeschaut. Zum Schluss müssen wir noch einen kurzen Blick auf die Beziehungen zwischen ihnen werfen. Haben die wachsende Zahl von Besitztümern und deren zunehmende Bedeutung für den Lebensstil und altersspezifische Identitäten die Generationen voneinander entfernt? Wie haben sich Güter, Vorlieben und materieller Komfort auf die Familie ausgewirkt, die Hauptinstitution, in deren Rahmen sich die Generationen umeinander kümmern?

Es ließen sich leicht sichtbare äußerliche Anzeichen des Individualismus anführen. In den 1950er Jahren hörten die meisten Amerikaner auf, mit ihren Kindern unter einem Dach zu leben. Selbst in Japan sank die Zahl der Dreigenerationenhaushalte in den 1980er und 1990er Jahren auf die Hälfte, während sich die Zahl der Singlehaushalte verdoppelte. Doch der Rückgang des Zusammenlebens sagt nicht unbedingt etwas über den emotionalen Familienzusammenhalt aus. Es sei daran erinnert, dass die Mehrgenerationenfamilie im Westen schon lange nicht mehr die Norm war, als Konsumgüter und Freizeit den Teenager und den aktiven Senioren schufen. Es gibt kaum einen Beleg dafür, dass die räumliche Trennung die Generationenbande geschwächt hat. In Frankreich halfen 1992 neun von zehn Kriegskindern (geboren zwischen 1939 und 1945) ihren alten Eltern im Haushalt.[105] Moderne Transport- und Kommunikationsmittel haben den Raum schrumpfen lassen und damit auch die Auswirkungen der physischen Trennung abgemildert. Die meisten deutschen Senioren leben weniger als eine Stunde von ihren Kindern entfernt; südlich der Alpen bleiben viele in derselben Gemeinde, manchmal sogar demselben Wohnhaus. Familienmitglieder kommen häufig viel besser miteinander aus, sobald sie um die Ecke und nicht mehr zusammenwohnen.

Der Konsum hat sich auf dreierlei Weise als Klebstoff zwischen den Generationen erwiesen. Erstens durch die Dinge selbst, die vielen Geschenke und Besitztümer, die Eltern sammeln und als Erinnerungen an ihre Kinder ins Alter mitnehmen. Zweitens haben die Verbreitung und Vielfalt von Dingen und Freizeitaktivitäten als Kennzeichen von persönlichem Geschmack und Identität eine größere Toleranz und mehr Respekt zwischen Kindern und ihren Eltern in Bezug auf den individuellen Lebensstil geschaffen und sie gelehrt, mit dem Anderssein zu leben. Natürlich gibt es in Familien weiterhin Spannungen und Gewalt, aber es wäre naiv, anzunehmen, dass es ohne Konsumgüter anders wäre. Freizeitaktivitäten und Zerstreuungsmöglichkeiten haben Räume und Erfahrungen geschaffen, die von Alt und Jung geteilt werden. Die Autorität mag früher anders gewesen sein, aber auch die Konflikte waren andere. Laut einer Mitte der 1960er Jahre im Londoner East End durchgeführten Befragung fanden die meisten adoleszenten Jungen ihre Eltern verständnisvoll; und in Deutschland stellten Forscher in der gleichen Zeit fest, dass die Familie »kein typischer Ort harter und andauernder Generationskonflikte« mehr sei.[106] Das Verhältnis zwischen Vätern und Söhnen ist am Ende des 20. Jahrhunderts zweifellos herzlicher und verständnisvoller als an dessen Beginn. Die Verlagerung der gesellschaftlichen Werte von der Arbeit zur Freizeit hat das Verhältnis zu den älteren Generationen weiter entspannt. Der Ruhestand trägt heute nicht mehr das Stigma der Nutzlosigkeit. Die aktive Freizeitgestaltung hat die Alten in die Gesellschaft reintegriert. Heute ist jeder ein Konsument.

Schließlich sind die Ressourcen, mit denen der Konsum finanziert wird, sowohl innerhalb der Familie als auch innerhalb der Gesellschaft umverteilt worden. Statt Familien auseinanderzureißen, arbeiten Konsum und Care-Arbeit heute Hand in Hand. In Überflussgesellschaften sind Frauen in den mittleren Jahren sowohl Care-Arbeiterinnen als auch Konsumentinnen. Sie kümmern sich um ihre alten Eltern, wenn diese nicht gerade ihre Enkel von der Schule abholen. Senioren schenken ihren Kindern und Enkeln sowohl Dinge, Zeit und Geld als auch Liebe. Die verfügbaren Daten legen den Schluss nahe, dass der Überfluss diesen Kreislauf nicht geschwächt, sondern gestärkt hat. Bezeichnenderweise stiegen in den Vereinigten Staaten in den 1960er Jahren, dem goldenen Jahrzehnt der Konsumgesellschaft, die Zuwendungen und Hilfen von Senioren für ihre Kinder und Enkel.[107] In Deutschland schenkte 1996 jeder dritte Alte seinen Kindern und Enkeln im Durchschnitt 3700 Euro oder 10 Prozent seiner Rente oder Pension.[108] Wie viele Eigenheime,

Ferienreisen und Haushaltsgeräte hätten sich junge Haushalte ohne diese elterlichen Transfers und die kostenlose Kinderbetreuung, die viele ihrer Eltern übernahmen, leisten können? Auch die Kleiderschränke und Kinderzimmer von Enkelkindern wären halb leer. Auf nationaler Ebene sorgen die Staaten für große Transfers zwischen den Generationen, welche die meisten Senioren in die Lage versetzen, an der Konsumgesellschaft teilzuhaben. Ohne Renten würden die Alten in Armut und Abhängigkeit zurückfallen. Während ich dies schreibe, mögen Regierungen versuchen, das Rentenalter und die Beiträge heraufzusetzen. Dennoch denkt auch in der schwersten Wirtschaftskrise seit dem Zweiten Weltkrieg niemand ernsthaft daran, den Generationenvertrag ganz aufzukündigen. Der Klassenkrieg ist nicht durch einen Krieg der Generationen abgelöst worden. Daran hat auch der Konsum seinen Anteil.

12 Außerhalb des Marktes

Man betritt ein Geschäft, vergleicht Preise und Attraktivität der angebotenen Waren, prüft den Inhalt des eigenen Portemonnaies, trifft eine Wahl und bezahlt an der Kasse. So funktioniert nach gängiger Ansicht, kurz zusammengefasst, Konsum. Sowohl für Kritiker als auch für Befürworter ist der Konsum gleichbedeutend mit der Auswahl auf dem Markt. Über die Vor- und Nachteile der Auswahlmöglichkeiten mögen sie unterschiedlicher Meinung sein, aber über ihre zentrale Rolle sind sie sich einig.[1] Es gibt natürlich gute Gründe dafür, dass wir die Auswahl derart in den Mittelpunkt rücken. Nie zuvor konnten die Menschen, wenigstens in der reichen Welt, in solchem Ausmaß auswählen. Amerikaner haben die Wahl zwischen dreihundert Markenmüslis, Europäer zwischen hundert Deodorants, Australier zwischen tausend Hypothekenangeboten. Manchmal hat man den Eindruck, als würde sich die Gesellschaft in eine einzige riesige Mall verwandeln. Studenten werden aufgefordert, wie Kunden durch ein Geschäft zu laufen und Seminare einzukaufen, Patienten Behandlungen und so weiter.

Die Fixierung auf die Auswahl hat jedoch ihren Preis. Zuerst einmal veranlasst sie uns, beim Blick in die Vergangenheit nur das wahrzunehmen, was als Vorläufer der Gegenwart erscheint. Der Supermarkt, Werbung und Kreditkarten gelten als Meilensteine auf dem Weg zur neoliberalen Dreifaltigkeit von Wahlmöglichkeit, Individualismus und Markt des späten 20. Jahrhunderts. So gesehen, resultiert die historische Konsumwelle aus einem souveränen Sieg der privaten Wahlmöglichkeit. Doch wir haben bereits gesehen, dass solch eine Auffassung den längerfristigen Einfluss von Kolonialreichen, Ideologien und Macht sowie die Rolle gesellschaftlicher Sitten und Gebräuche außer Acht lässt. Wenn man den Konsum als Zwilling der Auswahl versteht, erscheint er, zweitens, als natürlicher Feind der Zivilgesellschaft und kollektiver Interessen. Die Zeitgeschichte erscheint dann als Wippe: Geht der Konsum hinauf, sinkt die soziale Demokratie hinab. Je mehr private Wahlmöglichkeiten, desto weniger Gemeinschaftssinn.

Doch gerade heute erreichen viele Güter und Dienstleistungen die Menschen durch kollektive Kanäle, bei denen Möglichkeiten der Auswahl und Märkte fehlen oder beschränkt sind, vom sozialen Wohnungsbau bis zum Firmenauto. In England und Wales gaben öffentliche Krankenhäuser des National Health Service im Jahr 2000 über 200 Millionen Essen aus, mehr als Kentucky Fried Chicken und Domino's Pizza zusammen; nur bei McDonald's waren es mehr.[2] Im 20. Jahrhundert war die Konsumentwicklung außerhalb des Markts ebenso dramatisch wie diejenige innerhalb. Will man Letztere verstehen, muss man daher auch Erstere in die Betrachtung einbeziehen, wobei insbesondere der Beitrag zweier Institutionen ins Gewicht fällt: Firmen und Staaten.

Firmen

1792 eröffnete Samuel Slater eine kostenlose Sonntagsschule, um Jungen für seine Baumwollmühle in Pawtucket in Rhode Island anzuheuern. Ein Jahrhundert später haben sich die Firmenleistungen derart ausgeweitet, dass viele Unternehmen gleichsam einen eigenen kleinen Sozialstaat darstellen. Sowohl in Europa als auch in Amerika standen Arbeitgeber aufgrund der Industrialisierung und des raschen Wachstums vor einer doppelten Herausforderung: Wie Facharbeiter anziehen, Gewerkschaften aber fernhalten? Firmeneigene Wohnungen, Krankenhäuser, Sport- und Bildungseinrichtungen waren der Preis, den sie für eine loyale, disziplinierte Arbeiterschaft zahlen mussten. Es erschwert die Entscheidung, zu streiken, wenn es bedeutet, aus der Fabrikwohnung zu fliegen. Viele Betriebsrenten und sonstige Anrechte für Beschäftigte mit mehr als zehnjähriger Betriebszugehörigkeit wurden nach Streiks eingeführt. Der deutsche Stahlkonzern Krupp hatte 1827 mit sieben Arbeitern begonnen. Am Vorabend des Ersten Weltkriegs waren es allein in Essen 42 000. Damals verfügte der Konzern über 7000 eigene oder angemietete Wohnungen für seine Arbeiter, die im Durchschnitt dafür 20 Prozent weniger Miete zahlen mussten, als auf dem freien Markt verlangt wurde. In den 1860er Jahren führte Krupp eine erste Sozialversicherung ein, in die der Konzern und die Arbeiter jeweils die Hälfte der Prämien einzahlten. 1903 wurde eine Zahnklinik eröffnet; vier Jahre später folgte ein Erholungsheim. Hausfrauen kauften Wurst und Käse in der firmeneigenen »Konsumanstalt« zu Discountpreisen, und die 50 000 Bände der Firmenbibliothek hoben das Bildungsniveau.[3] Der Elektrokonzern Siemens begann vor dem Ersten Weltkrieg Arbeiterinnen und bedürftige Kinder zur Erholung an die Ostsee zu schicken. 1920 fanden in den fünf Erholungsheimen des Konzerns insgesamt 2000 Arbeitnehmer und 1000 Kinder Unterkunft. In dieser Zeit war die Betriebsrente von Siemens doppelt so hoch wie die gesetzliche Rente.[4]

Alfred Krupp und Werner von Siemens waren ebenso wie die Levers und Cadburys in England sowie die zahllosen paternalistischen Unternehmer anderswo der Auffassung, dass der Firmenchef für seine Arbeiter und die von ihnen Abhängigen eine Art Vater war.[5] Den Zusammenhalt der »Familie« festigten firmeneigene Jubiläen mit Kostümwettbewerben, Weihnachtsgeld für treue Mitarbeiter und – im Fall von Lever – ein Teilhabemodell mit Gewinnanteil. Viele Bosse handelten aus echtem humanitärem Gefühl heraus, aber die Humanität war auch ein gutes Geschäft. Die Steigerung der Erträge durch weniger Unterbrechungen, höhere Maschinenlaufzeiten und höhere Produktivität wogen die Kosten von Renten und anderen Dienstleistungen leicht auf.[6]

Die umfassendste Version dieser Art von Konsum war die Firmenstadt, ein wahrhaft globales Phänomen, das von der Eisenfabrik Le Creuset in Nordfrankreich bis zur Stahlstadt der Companhia Siderúrgica Nacional im brasilianischen Volta reichte.[7] Ein allgemeingültiges Modell existierte jedoch nicht. Die meisten Städte wurden im Niemandsland errichtet, aber letztlich hingen Qualität und Umfang ihrer sozialen Einrichtungen von der Art der Produktion und der benötigten Fähigkeiten ab. Wo die Gewinnspannen gering waren und hauptsächlich ungelernte Arbeiter beschäftigt wurden, siegte Ausbeutung über Wohlwollen. Der Panamakanal wurde mit Blut, Schweiß und Tränen errichtet.[8] Bergbaustädte waren berüchtigt für schlechte Lebensbedingungen und fehlende Dienstleistungen. Anständige Firmeneinrichtungen konnten jedoch ausschlaggebend dafür sein, ob die Unternehmen es mit einer loyalen oder aufsässigen Arbeiterschaft zu tun bekamen. Ein ständiger Streitpunkt waren die Fabrikgeschäfte. In Amerika waren sie bekannt dafür, den Arbeitern auf betrügerische Weise ihr schwer verdientes Geld aus der Tasche zu ziehen. Eine Untersuchung während des New Deal stellte fest, dass Lebensmittel in Fabrikgeschäften 2 bis 10 Prozent mehr kosteten als außerhalb.[9] Noch 1968 wurden Arbeitern der American Can Company die Rechnungen ihres Lebensmittelgeschäfts in Bellamy in Georgia vom Lohn abgezogen. Anderswo entschieden sich Unternehmen für Frieden und gegen schnelles Geld, indem sie es ablehnten, eigene Läden zu eröffnen. 1938 finanzierte Frank Gilchrist in seiner Fabrikstadt in Oregon ein Lebensmittelgeschäft, einen Schnapsladen und eine chemische Reinigung, ohne sie selbst zu besitzen und zu betreiben. Andere Unternehmer ermunterten ihre Arbeiter, bei Versandhäusern und Wanderhändlern einzukaufen. Das bei weitem strittigste Thema war die Qualität und Menge von Firmenessen. Eine schlechte Kantine sorgte für Unruhe. Während des Ersten Weltkriegs stellten Armeeoffiziere im Nordwesten der Vereinigten Staaten fest, dass Holzfäller eine doppelt so große Ration wie Soldaten erhielten und beim Frühstück zwischen sechs Gebäcksorten wählen konnten. In Mason City bemerkte ein Reporter, dass ein Mann kein Mann sei, »wenn er nicht dreimal am Tag sein eigenes Gewicht zu sich nehmen kann«. Das war nur leicht übertrieben: Die Norm war ein T-Bone-Steak mit einem Drittel Pfund Schinken täglich.[10]

In Eisenbahn- und Werftstädten, wo Facharbeiter gebraucht wurden, waren die kollektiven Angebote von anderer Güte. Als die Pullman Palace Car Company 1881 in Illinois ihre Stadt erbaute, errichtete sie neben Wohnhäusern auch ein Hotel, ein Theater, eine Geschäftszeile und eine Kirche. Pullman, Illinois, war das Modell einer engen Kreislaufwirtschaft. In Firmenläden kauften Arbeiter Gemüse, das auf dem firmeneigenen Bauernhof mit ihren eigenen, vom örtlichen Abwassersystem gesammelten Ausscheidungen gedüngt worden war. Der Stolz solcher Firmenstädte waren aber ihre Erholungseinrichtungen. In Indian Hill bei Worcester in Massachusetts, dem Sitz des Maschinenbauers Norton, konnten Arbeiter auf dem firmeneigenen Baseballfeld spielen, rudern gehen oder Tontauben schießen. Es gab Firmenvereine für Gärtnerei, Fotografie und Briefmarkensammeln. Zur Entspannung an Sommerabenden bot sich das Norton-Badehaus am örtlichen See an.[11]

Firmenstädte stellten ein wichtiges Gegengewicht zur Kommerzialisierung der Freizeit und deren Loslösung vom Gemeindeleben dar, die häufig als typisch für die Konsumgesellschaft angesehen werden. In ihnen fielen Produktion und Konsum zusammen. Nirgends fand diese Vision einen klareren Ausdruck als in Zlín, dem mährischen Ursprungsort des Schuhimperiums Bat'a. Tomáš Bat'a eröffnete 1894 seine erste kleine Werkstatt. Daraus entwickelte sich eine Fabrik, die 1931 35 Millionen Paar Schuhe herstellte und direkt oder indirekt die meisten der 30 000 Einwohner von Zlín beschäftigte. Neben Schuhen produzierte das Unternehmen Kunststoffe und Reifen und hatte ab 1927 auch eine eigene Abteilung für Film. Bat'a war Arbeitgeber, Hausbesitzer und zeitweise Bürgermeister seiner Stadt. Als Bewunderer von Henry Ford verwandelte er sie in ein großes Experimentierfeld modernen Lebens. Die standardisierte Massenproduktion wurde ergänzt durch standardisiertes Leben. Neue Wohnviertel bildeten ein Schachbrettmuster aus funktionalistischen zweistöckigen Zweifamilien-Kuben von jeweils 8,5 mal 9 Metern. Das Unternehmen gewann Le Corbusier für sich, der von den Arbeiterwohnungen begeistert war. In Bat'as Stadt, erklärte er, fühle man sich »wie in einer neuen Welt, wo es so scheint, dass eine ausreichende Menge an Glück existiert«.[12]

Auch was die Arbeiter in ihrer Freizeit taten, wurde auf die eine oder andere Weise von der Schuhfabrik organisiert. Das örtliche Orchester war ein Firmenorchester. Gesundheits- und Sporteinrichtungen gehörten der Firma. Überragt wurde die Stadt vom zehnstöckigen »Gemeindehaus«, in dem ein Hotel und eine Kegelbahn untergebracht waren. Bat'as Kino, das mit 2500 Plätzen größte Lichtspielhaus Europas, bot Einwohnern von Zlín kostenlose Vorführungen an. Zu einer Schuhstadt passte es, dass auch Pediküresitzungen angeboten wurden, die von Filmvorführungen begleitet wurden. Als die Deutschen am 15. März 1939 in Mähren einmarschierten, hatte sich Bat'as Imperium bereits über den Globus ausgedehnt; überall gab es Satellitenstädte, von Bataville bei Straßburg und East Tilbury in Essex bis zu Batatuba in Brasilien, das Bat'as Halbbruder

Jan gegründet hatte. In Europa spielten Bat'a-Fußballvereine einen Firmencup aus (siehe Abbildung 66).[13]

Man hat bei Firmenstädten häufig nur die Arbeitsdisziplin gesehen und ihre Wohlfahrtseinrichtungen als Mittel zur Ruhigstellung der Arbeiter interpretiert. Vor einem Jahrhundert brandmarkten amerikanische Gewerkschafter sie als »Höllenfahrteinrichtungen«. Das historische Urteil fällt gemischter aus. In manchen Unternehmen brachten gute Sozialleistungen Loyalität und Frieden, während sie in anderen Streiks nicht verhindern konnten.[14] In unserem Zusammenhang geht es jedoch weniger um Produktivität und Arbeitsdisziplin. Unternehmen spielten auch für den Konsum eine bedeutende Rolle. Sie waren Schulen eines neuen Lebensstils, die neue Gewohnheiten und Vorlieben verbreiteten und Arbeiter lehrten, wie sie ihre Zeit und ihr Geld verwenden sollten.

Dieser Beitrag erfolgte auf unterschiedliche Weise. Die erste betrifft den Raum und ist zwar offensichtlich, aber gleichwohl der Erwähnung wert. Viele Firmenstädte lagen quasi im Niemandsland und waren der einzige Ort weit und breit, an dem die Arbeiter etwas Zerstreuung finden konnten. Bergbau, Holzindustrie und Eisenbahnen brachten Geschäfte, Lokale und Theater an die Pazifikküste im Nordwesten der Vereinigten Staaten und in viele andere abgelegene Regionen. Allgemein spielten Unternehmen eine entscheidende Rolle bei der Verbreitung einer neuen Kultur des Wettkampfsports (siehe Abbildungen 64 und 65). Der englische Fußballverein Manchester United entstand als Eisenbahnverein, und das American-Football-Team der Green Bay Packers hat seine Ursprünge in einer Fleischdosenfabrik.[15] Dynamo Dresden, Lokomotive Moskau und andere Sportvereine mit ähnlichen Namen tragen die Zeichen ihrer Herkunft aus der Industrie noch heute auf dem Trikot. Schon in den Zwischenkriegsjahren gingen Wirtschaft und Sport eine symbiotische Beziehung ein, da Unternehmen den Wert des Sports für ihr Image und die Unternehmensmoral erkannten. Peugeot förderte den Sport als »moralischen und physischen Erzieher der Jugend« und hob seinen psychologischen Nutzen hervor. Der Sport lehre Arbeitnehmer, beim Streben nach einem gemeinsamen Ziel zusammenzuarbeiten. Der Kölner Oberbürgermeister und spätere westdeutsche Bundeskanzler Konrad Adenauer betrachtete den Sport in den 1920er Jahren als »praktischen

Arzt am Krankenbett des deutschen Volkes«. Damals gab es in einer Stadt wie Hamburg 166 Firmen-, aber nur 14 städtische Sportvereine, von denen der Polizeisportverein der größte war.[16]

Zweitens verdient das Ausmaß der Sozialleistungen Anerkennung, denn sie erhöhten die Kaufkraft und das Wohlbefinden. Mitarbeiter von Siemens erhielten in der Mitte des Jahrhunderts ein Weihnachtsgeld in Höhe eines Monatslohns. Nicht jede Firmenwohnung war ein Schnäppchen, aber insgesamt dürften ihre Bewohner Miete gespart haben. In einer Zeit, in der es keine öffentlichen Sozialleistungen gab, waren diese betrieblichen Leistungen umso wichtiger. 1916 stellten in den Vereinigten Staaten 1000 Unternehmen 600 000 Arbeitern und deren Familien eine Unterkunft zur Verfügung; zum Vergleich: 1989 gab es 1,3 Millionen Sozialwohnungen.[17] Natürlich waren nicht alle Leistungen kostenlos. Laut einer Untersuchung von 1939 bezahlte in Chicago nur jede achte Firma alle Freizeitaktivitäten ihrer Mitarbeiter.[18] Andere Programme trugen sich entweder selbst, oder Unternehmen und Mitarbeiter teilten sich die Kosten. Aber wie begrenzt sie auch waren, solche Lohnzusatzleistungen stellten einen erheblichen Beitrag zum tatsächlichen Konsumniveau dar, der in Statistiken, die sich auf Löhne und Gehälter beschränken, nicht berücksichtigt wird. Ebenso wichtig waren dynamische, langfristige Effekte. Gesundheitsleistungen und Freizeitangebote sparten nicht nur Geld, sondern steigerten auch die künftige Lebensqualität und damit das Potential, später mehr zu konsumieren. Ökonomen haben solche Effekte für Entwicklungsländer hervorgehoben,[19] in westlichen Gesellschaften waren sie jedoch in der Hitze der Industrialisierung von ebenso großer Bedeutung. Dass Unternehmen bei der Einführung solcher Leistungen Motive des Profits verfolgten, sollte deren Beitrag zum Wohlbefinden nicht verdunkeln.

Mit vielen Firmenstädten wurde offen etwas angestrebt, was man heute eine Veränderung des Lebensstils nennen würde. Ihre Aufgabe war es, ehemalige Bauern und Einwanderer in einem »gesunden« Konsummuster zu sozialisieren, nicht unähnlich dem, was die Stalinisten in den 1930er Jahren in der Sowjetunion versuchten. Dabei ging es zu einem großen Teil um Disziplin und Selbstbeherrschung. Geld, das für funkelnden Schmuck und Protzerei ausgegeben wurde, konnte Neid von Nachbarn und die Forderung nach höheren Löhnen hervorrufen. In Granite City in Illinois beschäftigte die Commonwealth Steel Company eigens Angestellte, die verschuldete Arbeiter zu Hause aufsuchten, um ihnen zu zeigen, wie sie mit ihrem Geld besser auskommen konnten. Müßiggang wurde verurteilt. Unternehmen tragen mit der Vielzahl ihrer Vereine und Organisationen eine gewisse Mitschuld an der Verbreitung der hyperaktiven Freizeitgestaltung. 1940 besuchte ein amerikanischer Forscher ein Großunternehmen in Indiana, wo in der Frühstückspause 600 Mannschaften im Hufeisenwerfen gegeneinander antraten.[20] Arbeiter, die Hufeisen warfen oder darum wetteiferten, wer den schönsten Garten besaß, hatten, so meinten die Unternehmensführungen, weder die Zeit noch die Kraft, um sich revolutionär zu betätigen.

Gleichzeitig eröffneten Unternehmen vom Land oder aus dem Ausland gekommenen Arbeitern eine neue Welt von Komfort, Bequemlichkeit und materiellen Wünschen. In Mähren suchten Aufseher Bat'as die Arbeiterfrauen zu Hause auf, um sich zu überzeugen, dass in ihren modernen Häusern eine ebenso moderne Sauberkeit herrschte. In amerikanischen Firmenstädten boten »Nachbarschaftshäuser« Kurse im Kochen mit Gas und Strom an. Dort hörten viele auch zum ersten Mal Musik auf einem Victrola-Phonographen.[21] Kaum jemand hatte größeres Vertrauen in die Macht der materiellen Zivilisation als Henry Ford, dessen Projekt einer Gummiplantage (Fordlândia) in Brasilien in den späten 1920er und frühen 1930er Jahren die Elektrizität mitten in den Dschungel brachte. Radios, Schallplatten und Firmenfilme, glaubte er, würden die verschiedenen ethnischen Gruppen, die auf der Plantage arbeiteten, amerikanisieren. Das Projekt brachte nicht einmal den Gummi für einen einzigen Reifen ein. Dafür hinterließ es einen Geschmack an massengefertigten Gütern.[22]

In den 1950er Jahren boten Unternehmen nicht mehr nur Sport für ihre männlichen Mitarbeiter an, sondern organisierten Freizeitaktivitäten für die ganze Familie. Laut einer zeitgenössischen Untersuchung waren Modeschauen bei Frauen besonders beliebt. Viele Unternehmen veranstalteten sie in jeder Saison, wobei sie die Hilfe örtlicher Kaufhäuser in Anspruch nahmen, die nur zu froh waren, die neuesten Stile präsentieren zu können, und häufig Models schickten, um sie vorzuführen.[23] Firmengeschäfte begannen Kleidung und Elektrogeräte zu verkaufen. In Vereinsräumen standen Verkaufsautomaten mit Softdrinks und Süßigkeiten, deren Erlöse für die Finanzierung von Freizeitprogrammen verwendet wurden. Als Giuliana und Antonio M. am 25. April 1966 in Mailand heirateten, schenkten Giulianas Kollegen aus einem pharmazeutischen Labor dem Paar eine Waschmaschine; von Antonios Bürokollegen bekam es einen Kühlschrank.[24] Solche Geschenke waren während der Wirtschaftswunderjahren in vielen europäischen Ländern durchaus üblich.

Betriebliche Leistungen beinhalteten einen heiklen Kompromiss zwischen freier Bereitstellung und freier Wahl. Als den Arbeitern in Fordlândia drei Tage vor Weihnachten 1930 mitgeteilt wurde, dass es in der Cafeteria keine Bedienung mehr geben würde, zertrümmerten sie deren Einrichtung. Ihre Wut richtete sich jedoch auf mehr als den Verlust der Bedienung. So forderten sie, ihre Freizeitaktivitäten selbst wählen zu können, und die Aufhebung des Alkoholverbots. In Europa und Amerika waren Firmenstädte häufig eine Art goldener Käfig. Als John Boynton Priestley auf seiner englischen Reise in Cadburys Bournville bei Birmingham haltmachte, notierte er: »Was fortschrittliche Menschen auf der ganzen Welt für die Menschheit fordern, haben diese Arbeiter hier.« Sie wohnten in gut ausgestatteten Häusern und hatten Betriebsrenten, Sporthallen und Vereinsräume. Die Fabrik besaß eine eigene Konzerthalle und war »abends fast genauso betriebsam wie tagsüber. Spiele, Musik, Theater, Vorträge, Kurse, Hobbys, Konferenzen: Dies alles erfüllt den Ort mit Leben.« Dennoch störte etwas. Die Firma war eine totalitäre Gesellschaft. Die Arbeiter, fürchtete Priestley, bezahlten ihre Vorteile mit ihrer Unabhängigkeit. Er würde es »unendlich vorziehen«, resümierte er, als er den Ort verließ, »wenn sich Arbeiter zusammentäten, um für diese Vorteile selbst zu sorgen ... [und] ihre Freizeit nutzten, um ihre Erweiterung zu fordern, nicht als bevorzugte Arbeitnehmer, sondern als Staatsbürger, als freie Männer und Frauen«.[25]

In den 1950er und 1960er Jahren verlor der goldene Käfig etwas von seinem Glanz. Firmen hatten die Freizeitaktivitäten ihrer Mitarbeiter bis dahin vor allem deshalb kontrollieren können, weil sie weitab vom Schuss lagen. Diese Verfügungsgewalt wurde ihnen nun durch das Auto genommen. Die Mobilität ließ physische Entfernungen schrumpfen und untergrub das Firmenmonopol über Freizeit und Unterhaltung. Die Entwicklung in Australien ist beispielhaft. Am Ende des Zweiten Weltkriegs waren Freizeitaktivitäten und Reisen noch überwiegend kollektive Unternehmungen. Einen Ausflug zu unternehmen, hieß, mit Kollegen im Firmenbus wegzufahren. 1959 befanden sich solche gemeinsamen, von der Arbeit ausgehenden Aktivitäten im Niedergang. Die »Aufregung und Freude, die man mit einer Gruppenfahrt im Sonderzug, auf der Fähre oder im Bus zu einem Picknickplatz verband«, bemerkte ein Beamter, verliere »angesichts der wachsenden Vorliebe von Familien für Reisen im eigenen Auto und zur selbstgewählten Zeit« an Attraktivität.[26] Diese Entwicklung erfasste mit der zunehmenden privaten Nutzung von Flugzeugen und Autos die gesamte reiche Welt.

Bedeutete dies das Ende des betrieblich organisierten Konsums? Man hat die 1930er Jahre weithin als Höhepunkt des Wohlfahrtskapitalismus betrachtet, wobei die meisten Autoren von der amerikanischen Entwicklung ausgegangen sind. Nach ihrer Auffassung hat der New Deal betrieblichen Sozialleistungen ihre Hauptanziehungskraft genommen, indem er einerseits alternative staatliche Leistungen einführte und andererseits Unternehmen verbot, mit Hilfe von Freizeitkomitees die Gewerkschaften beiseitezudrängen.[27] Warum sollte ein Unternehmen eine Turnhalle bauen, wenn es anschließend nicht die Kontrolle über deren Nutzung innehatte? Es trifft zu, dass in den krisengeschüttelten 1930er Jahren viele Einrichtungen geschlossen wurden. Ein Drittel der Sommerlager und ein Viertel der Sportprogramme wurden eingestellt, jede zweite Leiterin von sozialen und kulturellen Programmen wurde entlassen.[28] Auch wurden Firmenwohnhäuser verkauft. Doch dies alles bedeutet nicht, dass die Arbeiter nun mit leeren Händen dastanden. Wenn man allein auf die paternalistische Seite des Wohlfahrtskapitalismus schaut, übersieht man leicht, dass Unternehmen nach dem Zweiten Weltkrieg weiterhin zum kollektiven Konsum beitrugen. Die betrieblichen Leistungen hörten nicht auf, sondern verwandelten sich. Dies gilt selbst für Amerika, und für die übrige Welt ist es noch bedeutsamer.

In den Vereinigten Staaten erhielten die betrieblichen Freizeitangebote durch die Anforderungen der Kriegsproduktion neuen Auftrieb. Mit ihrer Hilfe konnten Frauen und andere neu hinzugekommene Arbeiter, ähnlich wie zuvor schon die Einwanderer, in den Produktionsprozess integriert werden. Die patriotische Stimmung und die Unterstützung durch die Federal Security Agency beschwichtigte diejenigen, die fürchteten, die betrieblichen Freizeitaktivitäten könnten die Gewerkschaften zerstören. »Play ball and win the war«, war das Motto. Unternehmen lehrten Amerikaner, gemeinsam Bowling zu spielen. Mehr denn je waren die Steigerung der Produktivität und die Verringerung der Fehlzeiten von entscheidender Bedeutung. Manche Firmen erledigten sogar die Weihnachtseinkäufe für ihre Mitarbeiter und holten ihre Wäsche ab. Nach dem Krieg mussten sich die Unternehmen dank des Taft-Hartley-Gesetzes keine Sorgen über starke Gewerkschaften mehr machen. Gleichwohl brauchten sie weiterhin Arbeiter, die zur Arbeit erschienen, bei der Sache waren und ihr Bestes gaben. Freizeitaktivitäten wurden als Managementinstrument wiederentdeckt. 1953 gaben 30000 Firmen insgesamt rund 800 Millionen Dollar für Freizeitprogramme, die 34 Millionen Arbeiter erreichten, aus, mehr Geld als für die Schulen in den Vereinigten Staaten aufgewandt wurde.[29] Die Vermehrung der Vereine bei Boeing vermittelt einen Eindruck von dieser Entwicklung: Am Puget Sound an der Pazifikküste im Nordwesten des Bundesstaates Washington wurde 1946 ein Golfverband gegründet, der seither regelmäßig Firmenturniere veranstaltet. 1963 folgte ein alpiner Verein, der Bergsteiger- und Skikurse anbot. Drei Jahre später erwarb der Ski Club mit Unterstützung der Freizeitabteilung des Unternehmens eine 72-Betten-Herberge in Crystal Mountain, komplett mit Spielzimmer, Kamin, Fernsehraum und einer »voll ausgestatteten Profiküche«, samt »Fertigmischung für Pfannkuchen, Sirup, Kaffee, Tee, Kakao, Zucker, Sahnekännchen und einigen Gewürzen«.[30] Weiter unten waren Tango und Foxtrott, Basketball, Kanusport, Schach, Schießen und natürlich Sportfliegen im Angebot, und das alles nur im Gebiet des Puget Sound.

In den 1970er Jahren gehörte der paternalistische Chef, der ein halbes Jahrhundert zuvor so häufig anzutreffen war, in Europa ebenso wie in Amerika weitestgehend der Geschichte an. Dies galt in zunehmendem Maß auch für die Kultur persönlicher Geschenke, mit denen Unternehmer die Loyalität und Disziplin ihrer Mitarbeiter stärken wollten. Die Tage der goldenen Uhr für jahrzehntelange treue Dienste waren gezählt.

Ironischerweise stiegen gleichzeitig mit dem Niedergang des Paternalismus – und in den Vereinigten Staaten auch mit demjenigen der Gewerkschaftsmacht – die Sozialausgaben der Unternehmen. Betreuungsplätze, Freizeitangebote, Renten und – insbesondere in Amerika – Krankenversicherungen wollten bezahlt sein, zumal sie in zunehmendem Maß nicht mehr als Vergünstigung, sondern als Grundrechte betrachtet wurden. 1954 machten Lohnnebenkosten 20 Prozent der Lohn- und Gehaltskosten amerikanischer Unternehmen aus; 25 Jahre später waren es 37 Prozent.[31]

Der Aufstieg der »Wellness« seit den 1970er Jahren und die Versuche, eine gesündere Lebensweise zu fördern, begreift man am besten als Variationen eines historischen Themas, nicht als einen neuen Aufbruch. Wie schon in den frühen Tagen bei Ford hatten Sonderzulagen und Sozialleistungen weiterhin zwei Hauptfunktionen: Sie sollten erfahrene Arbeitskräfte anlocken und die Zahl der durch Arbeitsunterbrechungen und Abwesenheit verlorengehenden Stunden verringern. Was sich als Reaktion auf Veränderungen des Lebensstils änderte, war die Form. Hightech-Firmen im Silicon Valley bieten heute sowohl Botox als auch Baseball an. Fitnesskurse stärken nicht nur den Teamgeist, sondern zielen auch auf den individuellen Lebensstil ab. Die National Cash Register Company führte für ihre Mitarbeiter schon 1944 Morgen- und Abendgymnastik ein. In den 1970er Jahren bereiteten die zunehmenden Krankheitskosten, die durch Rauchen und das vermehrte Auftreten von koronaren Herzkrankheiten verursacht wurden, großen wie kleinen Unternehmen Kopfschmerzen. Lincoln Plating in Nebraska, eine Firma, die Metalloberflächen veredelt, bot in den 1970er Jahren erstmals kostenlose Blutdruckmessungen an. Ein Jahrzehnt später kamen Bildungsangebote unter dem Motto »Lunch and Learn« hinzu. Im Jahr 2000 gab es ein »Wellnessprogramm« nach dem Muster Zuckerbrot und Peitsche. Das Rauchen auf dem Firmengelände war verboten. Vierteljährliche Gesundheitschecks und das Erstellen persönlicher Wellnessziele waren Pflicht, die Arbeiter erhielten kostenlose Schrittmesser, um ihre tägliche Aktivität zu beobachten. Das Unternehmen finanzierte »Wellnessmittwoche« sowie eine jährliche Bergtour auf einen Viertausender. Wem es gelang, seinen Cholesterinwert und Blutdruck zu senken, bekam eine Gutschrift auf dem »verbraucher-orientierten« Gesundheitsplan. Mitarbeitern und ihren

Familien wurde der Mitgliedsbeitrag in Fitnessstudios erstattet. Seit der Einführung des Programms hat das Unternehmen die Krankheitskosten auf die Hälfte gesenkt. Der Flugzeughersteller Lockheed verringerte die Abwesenheit von Mitarbeitern mit Hilfe von Wellnessangeboten um schätzungsweise 60 Prozent.[32]

Wie repräsentativ sind solche Erfolgsgeschichten? »Wellness« ist heute Teil einer globalen Managementkultur. Laut einer Studie von 2009 versteht man jedoch je nach Region etwas sehr unterschiedliches darunter. Während die Arbeiter bei Lincoln Plating mittwochs schwitzen, geht es anderswo in den Vereinigten Staaten bei Wellness zuerst und vor allem um Immunisierung und Grippeschutzimpfungen. Sportstudios kommen erst an zweiter Stelle. In Europa, wo es ein umfassenderes öffentliches Gesundheitssystem gibt, sind die Prioritäten umgekehrt. Asiatische Unternehmen legen das Schwergewicht auf biometrische Gesundheitskontrollen und betriebliche Gesundheitskurse.[33]

Es ist verlockend, sich vorzustellen, dass das enorme Wachstum der kommerziellen Konsumkultur im letzten halben Jahrhundert der betrieblichen Freizeitgestaltung ein Ende bereitet hat. Doch dies würde zu kurz greifen. Dass es heute mehr kommerzielle Freizeitangebote gibt als vor zwei oder drei Generationen, ist unbestreitbar. Die Zahl der Firmenmannschaften hat abgenommen, während private Fitnessstudios aus dem Boden geschossen sind. Bars und Restaurants haben Arbeitervereine ersetzt. Aber diese Entwicklung wird leicht übertrieben. In Frankreich gehören 2,5 Millionen Arbeitnehmer einem der 8000 Firmenvereine an. Es werden innerbetriebliche Wettkämpfe veranstaltet, und im Jahr 2000 hat das Ministerium für Jugend und Sport den 17. Juni zum Tag des Betriebssports ausgerufen.[34] In Finnland trainieren heute ebenso viele Menschen am Arbeitsplatz wie in kommerziellen Sportstudios. Insbesondere in Skandinavien investieren Unternehmen weiterhin in ihre Freizeiteinrichtungen. In Kristinedal im Ballungsgebiet Göteborg hat der schwedische Kugellagerhersteller SKF in den 1970er Jahren eine Freizeithalle von der Größe eines Fußballfeldes errichtet, mit einem Schwimmbad, einem Fitnessstudio und einer Küche im Keller, einem Esssaal und der Hauptsporthalle im Erdgeschoss sowie Hobbyräumen und einem Fernsehstudio im obersten Stock. Für einen geringen Beitrag konnten die Arbeiter zwischen sechs Uhr früh und zehn Uhr abends Tischtennis spielen oder sich in der Sauna entspannen. Der Komplex befindet sich heute immer noch im Besitz des SKF-Mitarbeiterfonds, steht aber auch der Allgemeinheit offen.[35]

In den Vereinigten Staaten und Großbritannien hat kommerzielles Fastfood zwar Eingang in Betriebe und Schulen gefunden, aber in vielen anderen wohlhabenden Ländern ist die Betriebskantine für die Menschen heute ebenso wichtig wie vor einem Jahrhundert, wenn nicht sogar noch wichtiger. In Skandinavien verdoppelte sich in den 1970er und 1980er Jahren, als Frauen vermehrt eine Arbeit aufnahmen, der Anteil des außer Haus zubereiteten Essens. Davon profitierte sowohl der kollektive als auch der kommerzielle Essenssektor; zudem wurde das Kantinenessen durch Gewerkschaftsvereinbarungen und staatliche Unterstützung gefördert, bis die Beihilfen in den 1990er Jahren wieder gestrichen wurden. 1997 aßen die meisten finnischen Arbeitnehmer in einer Kantine oder brachten ihr Essen zur Arbeit mit; nur 4 Prozent gingen in ein Restaurant. In Kontinentaleuropa wurde 2003 schätzungsweise ein Drittel der außer Haus eingenommenen Essen mit einem Gesamtwert von 6 Milliarden Euro in Betriebskantinen verzehrt. Die Hälfte der Firmen subventionierte das Kantinenessen. In Paris essen zwei von drei Arbeitnehmern in der Firmencafeteria zu Mittag; zum Vergleich: Frühe Betriebskantinen wie diejenige von Sandoz in Basel nutzte in den 1920er Jahren nicht einmal jeder fünfte Arbeitnehmer. In Dänemark bieten manche Firmen die Möglichkeit, die ganze Familie mit in die Kantine zu bringen.[36]

Darüber hinaus subventionieren Unternehmen kommerzielle Freizeit- und Unterhaltungsangebote. Viele Firmen betreiben keine eigenen Fitnessstudios mehr, sondern unterstützen Aktivitäten außerhalb ihrer Räumlichkeiten. Der Schweizer Pharmakonzern Roche verteilt beispielsweise kostenlose Kulturpässe, mit denen seine Mitarbeiter und deren Familien zu reduzierten Preisen ins Kino oder Theater, in den Zirkus oder den Birds Eye Jazz Club in Basel gehen können; Karten für Konzerte des Symphonieorchesters Basel kosten mit dem Pass die Hälfte. Der 1950 gegründete Angestelltenverband Roche Basel (AVR) beschränkt sich schon lange nicht mehr darauf, auf der Weihnachtsfeier Lebensmittelkörbe zu verteilen. Es gibt im Umkreis von Basel kaum etwas, wofür seine

Mitglieder keinen Rabatt bekommen, von Massagen über Textilreinigung und Heizöl bis zu Haushaltsgeräten mit einem Nachlass von bis zu 40 Prozent. Roche-Mitarbeiter werden mit 100 Franken unterstützt, wenn sie sich in einem Fitnessstudio anmelden. Außerdem bietet das Unternehmen ein spezielles Hypothekenpaket an. Auch bei Boeing gibt es ein Rabattprogramm, das von Vergünstigungen bei Autos und Computern bis zu jenen bei Blumen und dem Besuch in Fitnessstudios reicht.[37] Ohne solche Betriebsprogramme würden viele private Fitnessstudios eingehen. Anstatt also anzunehmen, dass sich »private« und »kollektive« Konsumkultur gegenseitig ausschließen und der Aufstieg der einen den Niedergang der anderen bedeutet, sollte man sie als gegenseitige Ergänzung begreifen. Letztere ist eine Stütze der Ersteren.

Am stärksten verflochten sind diese beiden Stränge in Frankreich. In Gang gesetzt wurde die Entwicklung durch die Befreiung am Ende des Zweiten Weltkriegs. Zu viele Chefs waren durch ihre Kollaboration mit den deutschen Besatzern in Verruf geraten, eine einfache Rückkehr zum Paternalismus der Vorkriegszeit war ausgeschlossen. Die Gewerkschaften wollten mitbestimmen, die Regierung wollte Ruhe, um das Land wirtschaftlich wiederaufbauen zu können. Der Kompromiss war ein System von Betriebsräten, das durch eine Verordnung vom 22. Februar 1945 eingeführt wurde. In der Praxis besaßen diese *comités d'enterprise* (CE) keine echte Mitbestimmung, sondern waren zumeist nur beratende Gremien. Was ihnen an direkter politischer Macht fehlte, machten sie jedoch durch ein beachtliches Kultur- und Tourismusbudget wett. Firmen mit mehr als fünfzig Mitarbeitern waren verpflichtet, einen CE zu bilden und zu finanzieren. Im Durchschnitt geben französische Unternehmen heute 1 Prozent der Lohnsumme für soziale und kulturelle Aktivitäten aus; bei der Banque de France sind es sogar 7 Prozent. Bei 11 Millionen Arbeitnehmern, die durch einen CE vertreten werden, ergibt sich ein erheblicher kollektiver Konsum, der 2009 den Wert von 11 Milliarden Euro betrug, von denen 2,6 Milliarden direkt von den Arbeitgebern kamen und 7,8 Milliarden aus Löhnen und Gehältern stammten. Der größte Teil dieser Mittel wird für Urlaubs- und Sportangebote sowie Kinderbetreuung ausgegeben. Chèques Vacances, ein 1982 gegründetes Netzwerk für Arbeitnehmer in kleinen Firmen, verteilt darüber hinaus Hotel- und Restaurantgutscheine im Wert von 1,3 Milliarden Euro; außerdem finanziert es ein soziales Tourismusprogramm für alleinerziehende Eltern und Menschen mit Behinderung.[38]

Dank der CEs können Arbeiter auf betrieblichen Plätzen Tennis spielen und sich die neuesten Bücher, DVDs und Videospiele ausleihen; Mitarbeiter kleinerer Firmen können einen »Bibliobus« nutzen, der mit seinen 3000 Medien einmal im Monat bei ihnen hält. Vor allem aber können sie billig reisen. Die meisten CEs haben eigene *offres touristiques*, von Tagesreisen bis zu Kreuzfahrten ist vieles im Angebot. Andere betreiben eigene Berghütten und Jugendherbergen. 1994 gehörten den CEs insgesamt eine Viertelmillion Urlaubsbetten, von Feriendörfern in Savoyen bis zu Campingplätzen an der Côte d'Azur. Was betriebliche Nebenleistungen betrifft, ist der subventionierte Urlaub mit dem Wohnmobil in Frankreich weit wichtiger als ein Firmenauto. Französische Arbeiter sparen bei der Urlaubsreise im Durchschnitt die Hälfte der Kosten. Ein Drittel der Mitarbeiter der französischen Canon-Niederlassung in Courbevoie verbringt seinen Jahresurlaub im Feriendorf der Firma. Der Flugzeugfahrwerkhersteller Messier subventioniert einen Flug pro Familie im Jahr sowie Überfahrten per Fähre nach Korsika und Marokko. Andere Unternehmen geben ihren Mitarbeitern einen fünfzigprozentigen Rabatt auf Pauschaltouren ins Disneyland Paris oder in den Parc Astérix. Zugegeben, diese Reisen sind zwar kollektiv gefördert, werden aber nicht mehr kollektiv unternommen. Familien reisen nicht als Arbeitsteams, sondern im Privatauto. Aber man sollte nicht allzu nostalgisch werden. Auch in den Jahren unmittelbar nach der Befreiung traten die meisten Arbeiter die Reisen nicht im Kollektiv an. In den 1960er Jahren gab es nur in knapp einem Viertel der französischen Firmen einen CE, und wo es ihn gab, wurde nur ein winziger Betrag für Urlaubsangebote ausgegeben.[39] Die große Expansion fand erst in den folgenden Jahrzehnten statt, und das nicht trotz des Booms kommerzieller Charterflüge und Pauschalreisen, sondern Hand in Hand mit ihm.

Urlaubsreisen für die Massen waren ein integraler Bestandteil der ideologischen Konflikte der Zwischenkriegszeit. Faschisten hatten ebenso eigene Freizeitorganisationen wie Sozialdemokraten und Gewerkschaften. Die britische Workers Travel Association wurde 1921 gegründet und organisierte anfangs Fahrten auf die Schlachtfelder des Ersten Weltkriegs, bevor sie das Ferienlager entdeckte. Die schwedische Folkrörelsernas Reseorganisation (RESO) folgte 1937. Dänische Gewerkschaften kopierten die Feriendörfer des britischen Betreibers Butlin's. Von diesem Elan war nach dem Zweiten Weltkrieg kaum noch etwas übrig. In Brüssel wurde 1963 ein Bureau International du Tourisme Social (BITS) ins Leben gerufen, doch der »soziale Tourismus« war gegenüber Privatauto und Pauschalreise kaum konkurrenzfähig. Zwar besteht die 1938 gegründete belgische Gewerkschaftsorganisation Vacances et Santé immer noch und verzeichnet in ihren Ferienhäusern 1,5 Millionen Übernachtungen im Jahr,[40] aber das ist kaum mehr, als zwei Kreuzfahrtschiffe im selben Zeitraum verbuchen. Die französischen CEs lenkten den Sozialtourismus, da sie eher Partner als Gegner der kommerziellen Urlaubsformen waren, in eine neue Richtung. Sie taten für Millionen gewöhnlicher französischer Arbeiter, was faschistische Freizeitorganisationen wie die deutsche »Kraft durch Freude« für eine überwiegend aus der Mittelschicht stammende Klientel getan hatten. Und damit ebneten sie dem Tourismus den Weg.[41] Dies war vielleicht ihre historische Hauptleistung.

Besondere Bedeutung hatten Lohnnebenleistungen im Japan der Nachkriegszeit. Japanische Unternehmen konkurrierten um qualifizierte Mitarbeiter eher mit Hilfe von Vergünstigungen als mit Löhnen. In den 1950er Jahren machten sie zwischen 8 und 25 Prozent des Gehalts aus. Laut einer Studie wohnte 2002 ein Drittel der Arbeitnehmer in einer Firmenwohnung oder erhielt eine Mietzulage. Ein weiteres Drittel bekam Glückwunsch- oder Kondolenzzahlungen. Jeder sechste Arbeiter aß in einer subventionierten Kantine. Im »verlorenen Jahrzehnt« der 1990er Jahre sahen sich Firmen genötigt, sowohl Kosten zu sparen als auch den Forderungen ihrer Mitarbeiter nach flexibleren Leistungen entgegenzukommen. Sie antworteten mit den »Cafeteria-Plänen«, die es Mitarbeitern ermöglichten, aus einer »Speisekarte« von Vergünstigungen auszuwählen. Das Kaufhaus Seiyu führte seinen Plan, der Angebote vom Babysitten über Hypotheken bis zu einem »Zuschuss für den Erwerb westlicher Lebensmittel« umfasste, 1996 ein. Ein Jahrzehnt später hatten rund 10 Prozent der japanischen Unternehmen einen »Cafeteria-Plan«. Firmenwohnungen wurden abgestoßen und Freizeitangebote an Vertragsunternehmen abgegeben. Bis 2008 sanken die Nebenleistungen auf rund 5 Prozent der Löhne, den niedrigsten Stand seit den 1950er Jahren. Heute, während ich dies schreibe, fällt jedoch weniger ins Auge, wie viel weggefallen ist, sondern vielmehr, wie viel geblieben ist. Toyota hat nicht nur seine Basketballmannschaften und sein Symphonieorchester behalten, sondern auch seine Krankenhäuser. Die Hälfte der Vergünstigungen japanischer Firmen fließt weiterhin in den Wohnbereich, und die Unterstützung kultureller und sportlicher Aktivitäten hat seit den 1990er Jahren zugenommen.[42]

Während also die eigentlichen Fabrikstädte in der zweiten Hälfte des 20. Jahrhunderts an Bedeutung verloren, profitierte der Konsum weiterhin auf verschiedenste Weise vom Unternehmenssponsoring. Dessen Fortbestehen ist nicht nur im alten industrialisierten Westen, sondern auch in aufstrebenden Ländern wie Südkorea zu beobachten. In den 1980er Jahren ähnelten koreanische Firmen Erziehungslagern. Kantinenessen und Freizeiteinrichtungen waren ausgewählten Direktoren vorbehalten. Überfüllte Unterkünfte und schmutzige Bäder waren ständige Klagegründe, die in den 1970er und 1980er Jahren zu Streiks führten. Die entscheidende Wende kam nach dem Ende der Militärherrschaft im Jahr 1987. Da sich das Wachstum verlangsamte, war die Regierung gezwungen, in die Lohnverhandlungen einzugreifen. Mehr Nebenleistungen waren ein Mittel, um die Löhne im Zaum zu halten, Streiks zu verhindern und Teilzeitkräfte in eine Unternehmenskultur einzubinden. Koreanische Konzerne erfanden sich neu, indem sie ihren Autoritarismus durch Familienwerte ersetzten. Hyundai baute Stadien für Sportmannschaften und Wohnungen für alleinstehende Arbeiter. Bei LG konnten Mitarbeiter, um den Teamgeist zu stärken, zusammen Golf spielen oder gemeinsam Fremdsprachen lernen. In der Konzernverwaltung kamen alle Mitarbeiter, von den höchsten bis zu den niedrigsten, einmal im Monat in der konzerneigenen Kellerbar bei Freibier zusammen.[43] In globaler Perspektive ging die größte Gefahr für Nebenleistungen von Unternehmen von zwei Entwicklungen aus: der Privatisierungswelle in Osteuropa nach dem Sturz des Kommunismus im Jahr 1989 und der Liberalisierung der Wirtschaft in China, mit der das »Reich der Mitte« einem ähnlichen Zusammenbruch bisher sehr erfolgreich zu entgehen versucht.

Privatisierung bedeutete über den Eigentümerwechsel hinaus, dass die Firmen gedrängt wurden, sich auf ihr »Kerngeschäft« zu konzentrieren und ihr kommunales Engagement aufzugeben. Staatsunternehmen waren praktisch Staaten im Staat gewesen, eigene Gemeinwesen, die von Wohnen und Gesundheit bis zu Sport und Musik alles organisierten. Anfang der 1990er Jahre beliefen sich die Sozialausgaben russischer Staatsunternehmen auf 4 Prozent des BIP. Ein typischer Staatskonzern gab rund 20 Prozent seiner Gewinne für die Unterbringung und Ernährung seiner Arbeiter sowie die Betreuung von deren Kindern aus. In Polen waren es 10 Prozent, und in China bis zu 40 Prozent der Lohnsumme.[44]

Ähnlich wie im Westen hat die Privatisierung diese Anteile verringert. Dennoch gibt es viele Leistungen weiterhin. Insbesondere in Russland wurden sie eher den neuen Bedingungen angepasst als abgeschafft. Der Paternalismus hat überlebt und mit ihm das Misstrauen gegenüber freien Gewerkschaften. Ein Direktor eines Anlagenbauers im sibirischen Krasnojarsk erklärte es 1996 folgendermaßen: »Wir bieten unseren Mitarbeitern verschiedene Leistungen. Wir verkaufen ihnen Lebensmittel und Konsumgüter zu Sonderpreisen. Wir finanzieren das Krankenhaus, Wohnungen und Schulen. Wir haben Ferienplätze für sie auf der Krim. Wir tun alles – wir halten Schweine, und wir bauen Pilze für sie an.« Die neuen Gewerkschaften würden immer nur kritisieren. Deshalb wäre es ganz richtig, sie zu verbieten.[45] Überall in Russland fand in der zweiten Hälfte der 1990er Jahre ein riesiger Transfer von Wohnungen, Kindergärten und Sportstätten von Unternehmen zu Kommunen statt. Dennoch betrieb im Jahr 2000 jedes sechste Unternehmen eigene Ferienlager und Kultureinrichtungen. Die Zahl der Cafeterien hatte sich kaum verändert, und die meisten Firmen besaßen zwar keine Sportanlagen mehr, subventionierten aber Freizeitaktivitäten ihrer Mitarbeiter. Interessanterweise bot die Hälfte der in ausländischem Besitz befindlichen Unternehmen Firmenwohnungen an, mehr als diejenigen in russischem Besitz.[46]

Die Größe war wichtig. Es waren zwar nie nur die Industrieriesen – all die Krupps, Toyotas und Bat'as –, die Freizeitangebote und Sozialleistungen anboten; in der Zwischenkriegszeit begannen auch Unternehmen der Leichtindustrie, Banken und Dienstleister Firmenmannschaften zu finanzieren.[47] Aber das Ausmaß der Leistungen nahm stark ab, je kleiner das Unternehmen war. Familienbetriebe mit einem Dutzend Mitarbeitern bauten normalerweise kein Schwimmbad. Deshalb hatte der französische Staat das oben erwähnte Netzwerk Chèques Vacances gegründet, um Arbeitern kleiner Firmen wenigstens indirekt in den Genuss einiger Nebenleistungen zu verhelfen. In Schweden, Deutschland und Großbritannien sind Großunternehmen mit mehreren Hundert Mitarbeitern oder mehr die Regel, nicht so in Griechenland und Italien. Als Ort des Konsums ist die Arbeitswelt daher scharf geteilt: Auf der einen Seite befinden sich Großunternehmen, die Alltag und Freizeit ihrer Mitarbeiter organisieren, auf der anderen kleine Betriebe und Familiengeschäfte, die kaum mehr tun, als jedes Jahr eine Weihnachtsfeier zu veranstalten. Das Schwergewicht unserer Untersuchung der Unternehmensaktivitäten musste da unweigerlich auf Ersteren liegen. Bevor wir sie abschließen, lohnt es sich daher, einen Schritt zurückzutreten und zu realisieren, dass die meisten Arbeiter in modernen kapitalistischen Gesellschaften nie auch nur einen Zeh in ein Betriebsschwimmbad tauchen. So bekommen wir wieder ein Gefühl für die Proportionen. Die Mehrheit japanischer Arbeiter verdient ihren Lebensunterhalt nicht als »Gehaltsempfänger« bei Hitachi, sondern in kleinen und mittelgroßen Firmen. Wie sieht ihre Freizeit aus? Der Anthropologe James Roberson hat 1989/90 55 Arbeiter einer Metallfirma in Tokio beobachtet. Die Firma gehörte einem »Urlaubsresort-Trust« an, hatte einen Baseballverein und verteilte bei vier Festen im Jahr Geschenke und Alkohol, aber das war auch schon alles. Entgegen der landläufigen Meinung, in Japan drehe sich das Leben nach der Arbeit weiterhin um das Arbeitsteam, stellte Roberson fest, dass die meisten seiner Probanden ihre Freizeit nicht mit Arbeitskollegen, sondern mit Freunden aus ihren *nakama*-Gruppen – Netzwerken von Nichtverwandten – verbrachten. Gelegentlich gingen Kollegen zusammen etwas trinken, aber den größten Teil ihrer Freizeit verbrachten sie allein oder mit Freunden, mit denen sie Pachinko spielten und tanzen oder angeln gingen.[48]

Staaten

So beachtlich der Beitrag von Unternehmen zum Konsum im 20. Jahrhundert war, derjenige des Staats war noch größer. Natürlich haben Könige und Regierungen dem Leben ihrer Untertanen schon immer ihren Stempel aufgedrückt. Im Frankreich des 18. Jahrhunderts machte der von Beamten getragene feine Wollstoff einen bedeutenden Teil des Luxushandels aus. Und 1871 stellte die kurzlebige Pariser Kommune Lehrern kostenlose Möbel zur Verfügung. Im frühmodernen England konnten sich Bedürftige auf das Armengesetz berufen. Doch vor den 1930er Jahren waren die Ausgaben für Gesundheit, Wohnen, Bildung und Wohlfahrt winzig. Der Ökonom Peter Lindert, der die umfassendsten Statistiken zusammengetragen hat, stellte fest, dass im 19. Jahrhundert in keinem Land auch nur 3 Prozent des BIP für Sozialprogramme ausgegeben wurden. 1930 erreichte eine kleine Gruppe aus skandinavischen Ländern, Deutschland, Großbritannien und Neuseeland als Spitzenreiter der entwickelten Welt 2 bis 5 Prozent des BIP.[49] Bis 2007 stieg dieser Anteil in der entwickelten Welt auf 20 Prozent; in Frankreich lag er bei 29 Prozent.[50]

Diese Zahlen erfassen die »Sozialausgaben« – insbesondere Renten, Gesundheitsfürsorge und Lebenshaltungsbeiträge –, stellen aber nur einen Teil des »öffentlichen Konsums« dar, der von Sprengköpfen bis zu Museen reicht. Der Staat ist ein gefräßiger Konsument. Innerhalb der Europäischen Union fließen heute 16 Prozent des Bruttonationaleinkommens in den Erwerb von Dingen und Dienstleistungen durch den Staat; Behörden kaufen fast 3 Millionen Computer im Jahr. Als Konsument ist der Staat für die Wirtschaft wie die Umwelt ein Schwergewicht. Laut einem Bericht des britischen National Health Service stießen englische Krankenhäuser 2004 so viel Kohlendioxid aus wie ganz Estland, zum Teil durch Gebäude und Transport, zu drei Fünfteln aber durch die Beschaffung von Medikamenten, Lebensmitteln und Ausstattung.[51]

Auch indirekt fördert der Staat den Konsum. Zu seinen Aufgaben gehört es, »öffentliche Güter« bereitzustellen, die von allen genutzt werden, Märkte aber nicht spontan herstellen würden.[52] Jeder profitiert von Frieden und Sicherheit, ob er nun Steuern zahlt oder nicht. Auf lange

Staatliche Sozialausgaben in ausgewählten OECD-Ländern in Prozent des BIP, 1960–2014

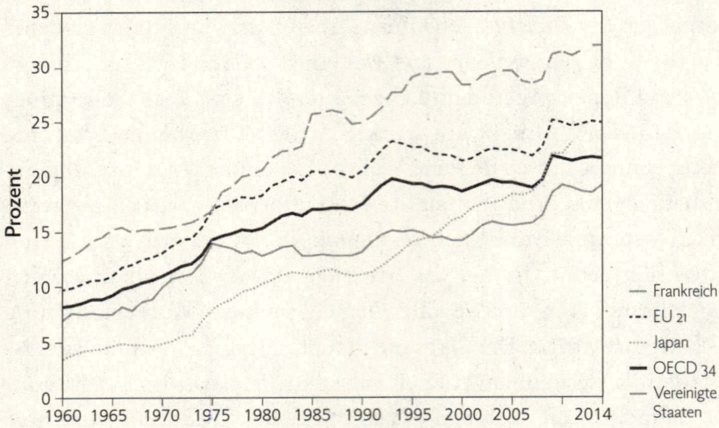

aus: OECD Social Expenditure database (2012, 2014), *www.oecd.org/els/social/expenditure*.

Sicht bedeutet ein friedliches Gemeinwesen ein stärker prosperierendes Land. Andere staatliche Tätigkeiten ermöglichen bestimmte Arten des privaten Konsums. Ohne Straßen hätten Autos wenig Sinn. Nationale Statistiken verbuchen solche Infrastrukturausgaben als Investitionen; innerhalb der Europäischen Union machten die Staatsausgaben für Verkehr, Energie und Kommunikation 2009 4 Prozent des BIP aus.[53] Andererseits wird der »öffentliche Konsum« als Summe aller Käufe von Gütern und Dienstleistungen durch den Staat definiert, die von Schulen über die Gesundheitsfürsorge und Renten bis hin zu U-Booten reichen. Diese Definition, die zu einer ausgesprochen langen staatlichen Einkaufsliste führt, ist problematisch. Man könnte beispielsweise sagen, die Bildung sei eine Investition und gehöre nicht in die Rubrik »öffentlicher Konsum«, aber sie aus ihr zu entfernen, würde eine neue Verzerrung hervorrufen, da der »private Konsum« auch die Bildungsausgaben der Haushalte einschließt. Für unsere Zwecke sind die Ausgaben für Militär und Verteidigung weniger wichtig. Ihr Nutzen ist diffuser und von anderer Art als die Dollars und Euros, die ein Staat den Konsumenten entweder direkt – in Form von Renten oder Einkommenszuschüssen – oder indirekt, etwa durch die Subventionierung von Theatern und Schwimmbädern, zukommen lässt. Im Folgenden werden wir uns daher hauptsächlich mit jenen öffentlichen Ausgaben beschäftigen, die eine greifbare Auswirkung auf die Möglichkeiten der Menschen haben, Güter und Dienstleistungen zu genießen: den sogenannten Sozialtransfers und den öffentlichen Ausgaben für Kultur und Freizeit.

Die weit verbreiteten Vorstellungen von der Konsumgesellschaft beruhen auf Zahlen, die private Marktaktivitäten abbilden, wie beispielsweise dem verfügbaren Einkommen und dem BIP. Die öffentlichen Ausgaben werden ignoriert. Daher erscheint das Konsumniveau des Einzelnen als eine Funktion von Löhnen und Preisen. Dies ist eine naive und allzu starke Vereinfachung. Viele Haushalte in Überflussgesellschaften verlassen sich in Bezug auf ihren Konsum ganz oder teilweise auf nicht marktwirtschaftliche Quellen: staatliche Schulen, ein Gesundheitssystem, Renten, Kindergeld, Sozialwohnungen, Arbeitslosenunterstützung und vieles mehr. Sich als Maßstab des Lebensstandards ans BIP zu halten, wie viele es tun, ist ebenso problematisch. Wie der Begriff andeutet, gibt das Bruttoinlandsprodukt wieder, was der Markt produziert. Es erfasst also nicht alles, was konsumiert wird. Dass aber gerade öffentliche Dienstleistungen und Ausgaben besonders wichtig sind, hat das mit dem Nobelpreis ausgezeichnete Team um Joseph E. Stiglitz, Amartya Sen und Jean-Paul Fitoussi mit Hilfe einer neuen Messmethode für die Wirtschaftsleistung herausgearbeitet. In Frankreich und Finnland schießen die Haushaltsgesamtausgaben für den Konsum, wie sie gezeigt haben, um 20 Prozent in die Höhe, wenn man die Sozialtransfers mit berücksichtigt. 2007 kanalisierte der französische Staat 290 Milliarden Euro in Haushalte, überwiegend in Form von Gesundheitsfürsorge und Bildung. In den Vereinigten Staaten machen Sozialtransfers nicht einmal 10 Prozent des Haushaltseinkommens aus.[54] Der reale Konsum in Frankreich und Finnland ist demjenigen in den Vereinigten Staaten also weit näher, als die üblichen nationalen Darstellungen es uns glauben machen wollen. So gerät eine bisher verborgene Konsumwelt ins Blickfeld.

Seit den 1950er Jahren ist es üblich, an Überflussgesellschaften zu kritisieren, sie würden auf Kosten öffentlicher Güter den privaten Konsum fördern. Am brillantesten hat John Kenneth Galbraith diese mächtige

Idee in seinem Bestseller *Gesellschaft im Überfluss* (1958) ausgedrückt.[55] Es ist eine verzerrte Sicht, denn die Fakten aus dem letzten halben Jahrhundert erzählen eine völlig andere Geschichte: Je reicher ein Land wurde, desto mehr Geld steckte der Staat in Gesundheit, Renten und Bildung. Zwar geben weiterhin manche Länder deutlich mehr für Sozialleistungen aus als andere – in Frankreich betragen die Sozialausgaben 30 Prozent des BIP, während es in den Vereinigten Staaten 20 und in Südkorea nur 10 Prozent sind –, aber der Gesamttrend zeigt fast überall nach oben. 1960 hatten die Sozialausgaben in den OECD-Ländern im Durchschnitt einen Anteil von 10 Prozent am BIP. Bis 2007 hatte sich dieser Anteil nahezu verdoppelt und lag bei 19 Prozent. Selbst Südkorea gibt heute dreimal so viel für Sozialleistungen aus wie noch vor einer Generation. Der relative Rückgang in Irland und den Niederlanden seit 1985 war eine Ausnahme von der Regel. Seit 2009 haben einige Länder ihre Sozialausgaben in Relation zum BIP leicht gekürzt (Großbritannien und Deutschland um 2 Prozent), aber in den reichen Ländern insgesamt, also der OECD-Gruppe, befinden sich die Ausgaben 2014 genau auf demselben Stand wie vor der Wirtschaftskrise von 2009, nämlich bei knapp über 21 Prozent des BIP. In Japan, Finnland und Spanien ist ihr Anteil um 4 Prozent gestiegen. Sparmaßnahmen haben besonders die Armen und Benachteiligten getroffen, und doch bleibt die Frage, ob die meisten Länder, insbesondere diejenigen mit einer alternden Bevölkerung, in der Lage sein werden, die historische Zunahme der staatlichen Ausgaben langfristig aufzuhalten oder sogar umzukehren.[56] Das Zeitalter des Überflusses (1949–1973) wird heute vor allem mit dem Boom des privaten Konsums assoziiert. Doch ein solches Bild bleibt unvollständig. In den Vereinigten Staaten nahmen die Konsumausgaben des Bundes (ohne die Verteidigungsausgaben) in den 1950er und 1960er Jahren im Durchschnitt um 2,7 Prozent pro Jahr zu, in den 1970er Jahren stiegen sie um 4 Prozent im Jahr. Bundesstaatliche und kommunale Ausgaben stiegen in den 1950er und 1960er Jahren um 4 beziehungsweise 6 Prozent im Jahr. 1958, in dem Jahr, in dem Galbraith sein Buch *Gesellschaft im Überfluss* veröffentlichte, wuchsen die Ausgaben um 5 Prozent, doppelt so schnell wie die privaten Konsumausgaben. In den meisten anderen Jahren stiegen die privaten Konsumausgaben zwar schneller als die öffentlichen, aber worauf es ankommt, ist die Tatsache, dass Letztere in diesen goldenen Jahren nicht schrumpften, sondern ebenfalls zunahmen, und zwar sowohl absolut als auch in Relation zum BIP. 1978 überholten die Ausgaben für soziale Sicherung und Gesundheit die Militärausgaben.[57]

Die Auswirkungen von Staatsausgaben auf Reichtum und Wohlfahrt ist seit Keynes unter Ökonomen umstritten, und es wäre anmaßend für einen Historiker, diesen Streit mit wenigen Worten lösen zu wollen. Öffentliche Ausgaben sind nicht automatisch gut: Unter gewissen Umständen können sie private Ausgaben aushebeln. In der rasanten Wachstumsphase der Wirtschaftswunderjahre nach dem Zweiten Weltkrieg mit ihrer hohen Beschäftigungsquote verdrängten öffentliche Mittel wahrscheinlich nicht allzu viele private Ausgaben. Die direkten Auswirkungen lassen sich nur schwer messen. In Kanada spielten beispielsweise staatliche Transferleistungen nach dem Krieg eine wichtige Rolle bei der raschen Ankurbelung des Konsums, aber danach verloren sie ihre Bedeutung, da die Inflation die Familieneinkommen beschnitt; ab 1949 waren vermehrte Konsumentenkredite und ein Rückgang des Sparens für den Konsum bedeutsamer.[58] Aber ein großer Teil der staatlichen Ausgaben wirkte indirekt auf den Konsum, wie etwa die Unterstützung des Hauserwerbs in Kanada sowie die G.I. Bill, die den Soldaten nach dem Zweiten Weltkrieg die Wiedereingliederung ins Berufsleben erleichtern sollte, und die Subventionierung von Hypotheken in den Vereinigten Staaten. In den 1950er Jahren wurden in Kanada über eine Million neuer Eigenheime gebaut. Und wie viele Kühlschränke und Autos wären wohl ohne staatliche Unterstützung für Haus- und Straßenbau verkauft worden?

Einige allgemeine Anmerkungen über historische Muster mögen hilfreich sein. Der starke Anstieg öffentlicher Ausgaben scheint dem Überfluss nicht geschadet zu haben. Andernfalls müssten Frankreich, Schweden und Deutschland Armenhäuser sein. Den Vereinigten Staaten ging es 1964 wesentlich besser als 1954, obwohl sich in dieser Zeit die Sozialausgaben verdoppelten. Trotz aller unterschiedlichen Modelle des Kapitalismus und aller hitzigen Debatten zwischen selbsternannten Liberalen und Verteidigern des Wohlfahrtsstaats hat der Klub der reichen Länder den gleichen Weg zu mehr Sozialausgaben beschritten, manche mit größeren Schritten als andere, aber die Richtung war bei allen dieselbe. Wenn Länder reicher werden, sinkt der Anteil des privaten Konsums am BIP.[59] Die moderne Geschichte hat bisher keinen Weg entdeckt, auf dem sinkende Sozialausgaben zu größerem Wohlstand führen. Wenn sie etwas gezeigt hat, dann dass sich das Entwicklungstempo auf der Wohlfahrtsstraße beschleunigt hat. Im Jahr 2000 waren die Sozialausgaben in Sri Lanka und Panama mehr als doppelt so hoch wie in den meisten fortgeschrittenen europäischen Ländern im Jahr 1930.[60] Auch darf man den Unterschied zwischen sozialstaatlichen Skandinaviern und liberalen Angelsachsen nicht übertreiben. Auf dem Papier sehen die schwedischen und dänischen Leistungen großzügig aus, aber in Wirklichkeit nehmen diese Staaten einen erheblichen Teil dessen, was sie mit der einen Hand geben, mit der anderen durch fein abgestimmte Steuern wieder zurück. Andererseits blieben die öffentlichen Ausgaben in den Vereinigten Staaten und Großbritannien auch in den neoliberalen 1980er Jahren hoch; Margaret Thatcher gelang nur in einem einzigen Jahr, 1985, eine Kürzung, Ronald Reagan nicht einmal dies.[61]

Wie nachhaltig ist diese Sachlage? In den 1950er und 1960er Jahren generierten ein hohes Wachstum und erhebliche Investitionen die Mittel für Krankenhäuser und Renten. Seit den 1970er Jahren hat sich das Wachstum jedoch verlangsamt, und der Anstieg des öffentlichen Konsums wurde von einem Rückgang öffentlicher Investitionen begleitet. In den Vereinigten Staaten und Kerneuropa (EU 12) sanken die öffentlichen Investitionen zwischen 1975 und 2005 von 4 auf 3 Prozent des BIP. Nach Ansicht mancher Beobachter hat dieser Wechsel von öffentlichen Investitionen zu öffentlichem Konsum eine gefährliche Abwärtsspirale in Gang gesetzt, die zu geringerer Produktivität, weniger privaten Investitionen und letztlich zu sinkenden Löhnen, Rezession und Bankrott führt.[62] Historisch ist es jedoch bedenklich, den öffentlichen Konsum zu verurteilen, so als ginge es nur um eine Verteilung von spurlos versickernden finanziellen Beihilfen. Denn er bedeutet auch ein besseres Gesundheits- und Bildungswesen, was wiederum gut für die weitere Entwicklung ist. Interessanterweise ist das Land der Eurozone, in dem die öffentlichen Investitionen am stärksten geschrumpft sind, auch dasjenige, das am besten aus der Wirtschaftskrise von 2009 hervorgegangen ist: Deutschland.[63]

Eine letzte Anmerkung betrifft die Sozialausgaben. Statistiker sprechen von »Sozialtransfers«. Das ist formal richtig, da der Staat Einkommenszuschüsse, Renten und Wohngeld einsetzt, um Geld von einem Teil der Gesellschaft zu einem anderen umzuverteilen. Diese Transfers erfolgen nicht immer von den Reichsten zu den Ärmsten: Im Unterschied zu Großbritannien, Nordeuropa und Australien gehen in den Mittelmeerländern die meisten Beihilfen an wohlsituierte Haushalte mit guter Beschäftigungs- und Rentenlage.[64] Was solche Transfers bewirken, ist Gegenstand einer seit langem geführten Debatte. Der amerikanische Soziologe Harold Wilensky beurteilte in den 1960er Jahren deren Wirkung in Richtung sozialer Gleichheit für »vernachlässigbar«: Die Armen blieben arm. Die wirklichen Gewinner, meinte er, seien jene bessergestellten Verwandten der Armen, die andernfalls für ihre armen Familienmitglieder hätten aufkommen müssen. Dank der Transfers könnten sie ihr Geld für sich selbst ausgeben.[65] Das ist zu bezweifeln. Private Zuwendungen waren in der Vergangenheit nie so hoch wie die öffentlichen Beihilfen seit den 1930er Jahren. Ohne diese wären die Bedürftigsten ins Elend gestürzt. Staatliche Sozialleistungen haben die Wohltätigkeit der Menschen im Verlauf des 20. Jahrhunderts wahrscheinlich nicht geschwächt, sondern gestärkt.[66]

Vor allem aber erschöpfen sich Sozialausgaben nicht im Transfer von Geld. Sie verändern die Art des privaten Konsums. Arm und Reich tragen recht unterschiedliche Einkaufskörbe, sogenannte »Konsumbündel«. Für einen Millionär sind ein paar Tausend Euro an Steuern Peanuts. Sie bedeuten vielleicht eine Luxusuhr weniger, ändern aber nichts an Ernährung, Komfort und Annehmlichkeiten. Für einen Armen verändern ein paar Tausend Euro alles. Sie bedeuten regelmäßiges Essen anstelle von Hunger, eine warme Wohnung, statt in der Kälte sitzen zu müssen, einen Fernseher, den es vorher nicht gab. Sozialtransfers haben die Ungleichheit nicht aufgehoben, aber viel dazu beigetragen, dass Arme und Benachteiligte in die Massenkonsumgesellschaft aufsteigen konnten, aus der sie zuvor ausgeschlossen waren. Am Ende der 1960er Jahre flackerten in der entwickelten Welt überall Fernsehbildschirme, in Sozialwohnungen ebenso wie in Vorstadtvillen.[67] Ohne den Anstieg der Sozialleistungen wäre der Boom dauerhafter Konsumgüter an der Unterschicht vorbeigegangen. Dem öffentlichen Konsum ist zumindest die rasche Ausbreitung privater Konsumgüter anzurechnen (im Positiven wie im Negativen).

Noch beeindruckender wird die Steigerung des öffentlichen Konsums, wenn man daran denkt, dass der Westen in derselben Zeit seine Verteidigungsausgaben reduzierte. Während des Kalten Krieges fand eine erhebliche Verlagerung von militärischen zu sozialen Ausgaben statt. In den Vereinigten Staaten machten Erstere 1953 am Ende des Koreakriegs 14 Prozent, 1968 auf dem Höhepunkt des Vietnamkriegs 9 Prozent des BIP aus; 2011, zum Zeitpunkt von Osama bin Ladens Tod im »Krieg gegen den Terror«, lag dieser Anteil nur noch bei 5 Prozent.[68] In Großbritannien floss auf dem Höhepunkt des Koreakriegs die Hälfte des öffentlichen Konsums in den Verteidigungssektor; 1980 war es nur noch ein Viertel. Die großen Gewinner waren Gesundheit und Bildung; Letztere verdoppelte in diesen Jahren ihren Anteil am öffentlichen Konsum.[69] Seither brachte die Alterung der Gesellschaft einen weiteren Anstieg der Ausgaben für Gesundheit und Renten mit sich. Innerhalb dieses allgemeinen internationalen Trends sind viele nationale Besonderheiten bestehen geblieben. Je nach nationalen Prioritäten und Regelungen des jeweiligen Sozialsystems profitieren einige mehr als andere vom öffentlichen Konsum. Innerhalb der reichen Länder geben die Vereinigten Staaten unverhältnismäßig viel für das Gesundheitswesen aus, während Einkommensbeihilfen stark vernachlässigt werden. In Dänemark und Schweden erhalten Alte, Menschen mit Behinderungen und Familien mit Kindern fünfmal so viel Unterstützung wie in Großbritannien und Spanien. In Italien, Frankreich und Österreich machen staatliche Pensionen einen großen Posten aus (12 bis 14 Prozent des BIP), während sie in Australien, Irland und Island weniger ins Gewicht fallen (unter 4 Prozent). Sozialwohnungen sind in Kanada leichter zu finden als in den Vereinigten Staaten.[70]

Wenden wir uns nun einigen anderen Bereichen zu, in denen der Staat den Konsum der Menschen mit geprägt hat: dem Essen, den Freizeitaktivitäten und der Kultur. Armeen lehren das Kämpfen und Schulen Mathematik, aber sie formen auch Geschmäcker und das Freizeitverhalten. 2005 dienten in den US-Streitkräften 1,4 Millionen Menschen. Die armeeeigenen Freizeitzentren bieten mittlerweile alles Mögliche an, vom Reiten über Bootsfahrten und Autowäsche bis zu Reisebüros. Über die

Hälfte der Ehefrauen von Soldaten nutzt die Fitnessstudios der Armee. Das größte Kinderbetreuungsprogramm Amerikas wird vom Militär betrieben.[71] In manchen Fällen hat die Armee das Essen und die Identität einer Nation verändert. Im Japan der Zwischenkriegszeit waren Ernährungswissenschaftler überzeugt, die das zentrale Nervensystem angreifende Krankheit Beriberi werde von Proteinmangel hervorgerufen. Diese Annahme war falsch – Vitamin-B1-Mangel ist die Ursache –, hatte aber weitreichende Folgen. Armeekantinen begannen Hamburger und Donuts anzubieten und Curry und asiatische Fertigmischungen zu verwenden, um den Geschmack von minderwertigem Fleisch zu kaschieren; die ersten Currygerichte hatte in den 1920er Jahren der exilierte indische Revolutionär Rash Behari Bose im Tokioter Restaurant Nakamuraya gekocht. Nach dem Krieg nahmen Köche und Ernährungsfachleute der Armee ihre Rezepte mit in die Restaurants und Betriebskantinen überall im Land. Das Ergebnis waren das japanische Curry, Donuts mit Senf und andere Wunder der Fusionsküche. Das Essen in Japan hatte sich grundlegend verändert.[72]

Auf Schulkinder in der Heimat der Donuts wirkten etwas andere Einflüsse ein. In den 1930er Jahren beschäftigten sich Sozialreformer auf beiden Seiten des Atlantiks mit dem Schulessen als einem Mittel, stärkere Staatsbürger zu schaffen.[73] In den Vereinigten Staaten war dies außerdem ein Weg, um riesige Lebensmittelüberschüsse zu verbrauchen. Im Zuge des New Deal wurde bereits bei Beginn des Zweiten Weltkriegs in Tausenden von Schulen ein Mittagessen ausgegeben. 1942 lud die Surplus Marketing Administration 2,6 Millionen Kilogramm Lebensmittel in Schulen ab. Vier Jahre später erhielt das National School Lunch Program Gesetzeskraft. Das Schulessen genoss breite Unterstützung. Es verwandelte schmächtige Kinder in starke Staatsbürger, Ernährungswissenschaftler erhielten die Gelegenheit, ihr Fachwissen anzuwenden. Und es versprach, eine gemeinsame amerikanische Lebensweise zu schaffen; Gewerkschaften warben mit dem Slogan »Kinder essen Demokratie« für das Programm. Vor allem aber erfreute das Schulessen die Bauern, die sich beeilten, ihre Überschüsse loszuwerden. Bezeichnenderweise stellte 1946 das Landwirtschaftsministerium die Rechnung aus. Eine Subvention der Landwirtschaft wurde als Dienst an der Jugend der Nation verkauft. In der Praxis war die Kombination beider Ziele schwierig. Früchte und Gemüse hatten eine bestimmte Erntezeit. Manche Schulen wurden wochenlang mit Äpfeln überschwemmt, mehr als die Kinder essen wollten. Viele Früchte endeten in der Toilette. Die Bauernlobby betrachtete die Schüler zudem als bereitwillige künftige Käufer neuer Lebensmittel. Dies mochte auf lange Sicht funktionieren, aber kurzfristig hatte es oftmals die gegenteilige Wirkung. In Maryland weigerten sich Kinder, überzählige Grapefruits zu essen, und spielten stattdessen mit ihnen Ball.[74]

1970 kostete das Schulessensprogramm zwei Milliarden Dollar. Die Eltern zahlten die Hälfte, aber die andere Hälfte mussten die Bundesregierung und die Bundesstaaten aufbringen. In dieser Zeit, unter Richard Nixon, änderten sich die Prioritäten. Anstatt eine gesunde Ernährung aller anzustreben, wurde das Schulessen zu einem Fürsorgeprogramm für Arme. 1972 bekamen acht Millionen Kinder ein kostenloses Mittagessen. Nachdem das Schulessen so als Maßnahme zur Armutsbekämpfung gebrandmarkt war, begannen zahlende Kinder auszusteigen, und lokale Behörden waren nicht mehr bereit, es mitzufinanzieren. Schulen entließen Ernährungsberater und holten private Catering-Unternehmen ins Haus. Als die Regierung Reagan 1981 schließlich die bundesstaatliche Unterstützung strich und Ketchup zu Gemüse erklärte, war der größte Schaden bereits entstanden. Pommes frites, Limonade und Süßigkeiten wurden zum amerikanischen Schulmenü. Äpfel und Möhren wurden auf den Tabletts von Milchshakes und Cheeseburgern verdrängt, die mit Vitaminen aufgepeppt worden waren, um die Ernährungsvorschriften zu erfüllen. Es wäre zu einfach, dem Schulessen die Schuld an der verbreiteten Fettleibigkeit zu geben; auch italienische Kinder sind dicker geworden, trotz mediterraner Küche. Ebenso falsch wäre es jedoch, zu leugnen, dass es eine ganze Generation an einen fett- und zuckerreichen Fastfood-Lebensstil gewöhnt hat. Dies ist ein Beispiel dafür, welch unverhältnismäßig große und langfristige Folgen eine Veränderung in einem winzigen Bereich des öffentlichen Konsums – mit einem Anteil von nur 1 Prozent – für den privaten Konsum sowie für all die privaten und öffentlichen Kosten, die damit verbunden sind, haben kann.

Wir haben oben besprochen, dass Konsumenten insbesondere in der zweiten Hälfte des 20. Jahrhunderts aktiver geworden sind. Die Freizeit profitierte sowohl von staatlicher Unterstützung der Erholung als auch von kommerziellen Entwicklungen. In den Vereinigten Staaten wurden der Kult des »motoring for fun« und die Vergnügungsfahrten zu Freiluftaktivitäten durch die vielen Nationalparks gefördert. 1955 bedeckten sie eine Fläche von gut 20000 Quadratkilometern und zogen über 200 Millionen Besucher an. Zwischen 1948 und 1955 verdoppelte sich die Zahl öffentlicher Schwimmbäder. Amerikanischen Kindern standen 15000 Baseball- und Softballplätze zur Verfügung. Die Aktivitäten waren allerdings nicht immer kostenlos. Der Staat baute zwar die Schwimmbäder, verlangte dann aber Eintritt. Außerdem erhob er eine Steuer auf Sportartikel. Ungeachtet solcher Ungereimtheiten war der Anstieg der öffentlichen Ausgaben für den Freizeitbereich beeindruckend, auch wenn er etwas dem phänomenalen Einkommensanstieg der 1940er bis 1960er Jahre hinterherhinkte.[75]

Europa und Japan erreichte die Fitnesswelle in den 1960er und 1970er Jahren. Der Kult der Körperübungen war ein zentraler Aspekt des Nationalismus des 19. Jahrhunderts gewesen, und in den Zwischenkriegsjahren hatten Faschisten, Sozialisten und Konservative gleichermaßen Tausende zu Gymnastikübungen aufmarschieren lassen. In Frankreich waren Schwimmbäder und Sportplätze eine Hinterlassenschaft der kurzlebigen Volksfrontregierung (1936–1938). Dennoch gab es im Allgemeinen vor den 1960er Jahren nur relativ wenige und weit voneinander entfernte Sportstätten. In Finnland beispielsweise existierten 1930 nur 1600; 1970 waren es zehnmal so viele, die sich zumeist in städtischem Besitz befanden.[76] Überall in der entwickelten Welt entdeckten die Regierungen den Breitensport: Junge, Alte und rundlich werdende Mittelalte. In Deutschland wurden Trimm-dich-Pfade gebaut, in Schweden kommunale Freizeithallen; der Stadtteil Hallonbergen in Sundyberg bei Stockholm verfügte über eine Sauna, ein Fitnessstudio und einen Schießstand.[77] In Frankreich wurde 1978 im Ministerium für Jugend und Sport eine eigene Abteilung für den Breitensport geschaffen. Der Widerhall war enorm. 1967 hatte jeder siebte Franzose Sport betrieben, zwanzig Jahre später war es jeder zweite.[78] 1995 wurde in Japan 1 Prozent des Staatshaushalts für den Sport bereitgestellt; die Hälfte der Sportstätten, die schulischen nicht eingerechnet, gehörte dem Staat. In Südkorea schossen in den 1990er Jahren öffentliche Sportstätten aus dem Boden; ihre Zahl übertraf diejenige privater Einrichtungen bei weitem. Ohne diese öffentliche Unterstützung sportlicher Freizeitaktivitäten wäre der rasante Aufstieg des Marktes für modische Sportschuhe und Freizeitkleidung seit den 1960er Jahren nicht denkbar gewesen.[79]

1991 versprach der japanische Ministerpräsident Kiichi Miyazawa, sein Land zu einer »Lebensstil-Supermacht« (*seikatsu taikoku*) zu machen. Das konkrete staatliche Interesse an der Freizeit hatte eine lange Geschichte. Schon 1912 agierte die japanische Regierung als eine Art Reisebüro für ausländische Besucher, um kostbare Devisen ins Land zu holen. Das Eisenbahnministerium war in der Zwischenkriegszeit ein Hauptförderer des heimischen Tourismus. Noch weit intensiver wurde die Einflussnahme auf die Freizeit in den 1970er Jahren. Wenn Japan dem Westen gegenüber aufholen wollte, so das offizielle Argument, musste man die Japaner eine aktivere Freizeitgestaltung nach westlichem Vorbild lehren. Eine introspektive Teezeremonie genügte nicht mehr. Anders als westliche Staaten machte Japan das Recht auf Erholung zu einer Funktion der Regierung. Die Freizeit war keine Privatsache mehr. 1972 schuf das Ministerium für internationalen Handel und Industrie eine Abteilung für die Entwicklung der Freizeitindustrie. Ihren Höhepunkt erreichte die Steuerung der Freizeitgestaltung 1986 mit dem Resort-Gesetz, durch das für Ferienanlagen und Golfplätze Subventionen und zinsgünstige Kredite bereitgestellt wurden.[80]

Doch nirgendwo versuchte der Staat, stärker die Freizeitgestaltung seiner Bürger zu bestimmen, als in den sozialistischen Ländern. Und nirgendwo scheiterte er so katastrophal. Am breitesten war die Kluft zwischen Utopie und Wirklichkeit in der Sowjetunion. Freizeit, unterstrich Leonid Breschnew noch 1972, bedeute nicht, dass man von gesellschaftlicher Verantwortung frei sei. Im Grunde verschaffte der Sozialismus dem älteren bürgerlichen Ideal einer »vernünftigen Freizeitgestaltung« ein zweites Leben. »Kulturhäuser« versuchten, angemessene sowjetische Interessen und Aktivitäten zu gestalten. In den 1930er Jahren gab es in der Sowjetunion über 100 000 solcher Freizeitzentren. Vierzig Jahre später standen viele von ihnen leer. Anfang der 1980er Jahre stellte man bei einer Untersuchung von acht russischen Städten fest, dass nur noch

5 Prozent der Hobbys kollektiv betrieben wurden. In Smolensk ging kaum jeder fünfzehnte Erwachsene regelmäßig in ein Kulturhaus. Manche Einrichtungen versuchten zu überleben, indem sie sozialistische Bildung mit Discomusik mischten; ein Leningrader Kulturhaus bot sogar Breakdancekurse an. Doch nur wenige Jugendliche fühlten sich davon angesprochen. In Woronesch blockierten sie 1982 einfach den Bildungsteil des Abends, indem sie vor dem Diaprojektor tanzten. Die Flucht aus der organisierten sozialistischen Kultur war schon vor der Perestroika weit verbreitet. In Ungarn ergab eine stichprobenartige Befragung im Jahr 1967, dass kaum ein Kulturhaus sich die Mühe machte, den offiziellen Frauentag zu begehen. In den meisten Einrichtungen sahen die Menschen Filme und tranken Bier. Andere hatten ganz geschlossen. In Polen wurden die Kulturhäuser in den 1970er Jahren schlicht boykottiert.[81]

Anstatt Schulen sozialistischen Lebens zu sein, wurden die Kulturhäuser zu Refugien von Briefmarkensammlern und kleinen Kindern, die sonst nicht wussten, wohin. In den ideologisch aufgeladenen Jahren des Kalten Krieges war es verlockend, dies als Sieg der kommerziellen über die kollektive Freizeitgestaltung zu betrachten. Aber die Menschen flohen nicht einfach in die Disco oder zu anderen Angeboten der kapitalistischen »Kulturindustrie«. 1977 verbrachten Jugendliche in Eisenach mehr Zeit im Garten oder mit Hausarbeit als vor dem Fernseher. In Wirklichkeit fand ein Rückzug ins Private statt. Laut der bereits zitierten Untersuchung des ostdeutschen Instituts für Jugendforschung von 1977 hatten selbst die loyalsten Schüler und jungen Arbeiter bestenfalls zwei Stunden im Monat für die FDJ übrig. Die große Mehrheit wollte einfach entspannen, Musik hören und mit Freunden herumhängen.[82] Ironischerweise erreichte der sozialistische Drang zu kollektiver Kultur das genaue Gegenteil des Angestrebten: Die Menschen schätzen die Freizeit als etwas Privates wert.

Heute übt der Staat auf beiden Seiten des ehemaligen Eisernen Vorhangs massiven Einfluss auf kulturellen Konsum und privaten Geschmack aus. Nur wenige Theater, Opernhäuser, Museen und Bibliotheken kommen ohne staatliche Unterstützung aus. In Deutschland wird jeder Platz in öffentlich getragenen Theatern mit 87 Euro subventioniert.[83] Wie viel Zeit würden die Menschen mit Schiller und Brecht verbringen, wenn sie den vollen Preis bezahlen müssten? In den Vereinigten Staaten sind die direkten Zuwendungen für die Künste geringer, doch dies bedeutet nicht, dass der Staat hier außer Acht gelassen werden kann. Ein großer Teil der Spenden von Privatpersonen und Unternehmen ist nur aufgrund von Steuerersparnissen möglich, es handelt sich also um eine indirekte Form staatlicher Unterstützung. Ein Extremfall ist Portugal, wo die Stiftung Calouste Gulbenkian 40 Prozent der Kulturausgaben trägt. Überall in Europa ist der Staat der Hauptwohltäter des Kulturlebens. Dass Staaten weiterhin den Geschmack ihrer Bürger an bildender Kunst, Musik, Literatur und Theater subventionieren, verdient hervorgehoben zu werden, denn es widerspricht dem, was man in einer Zeit des kulturellen Relativismus, dem alle Geschmäcker gleich sind, und des Neoliberalismus, nach dessen Auffassung der Markt und die private Wahl die herrschenden Kräfte sind, erwarten könnte. Diejenigen, die gern Shakespeare sehen oder Verdi hören, haben ihren eigenen Wohlfahrtsstaat. Ebenso die Künstler, insbesondere in Schweden, wo 16 Prozent des Kulturhaushalts direkt an sie ausgeschüttet werden. In den 1980er und 1990er Jahren begann der Staat überall an die Türen von Unternehmen zu klopfen, um sie aufzufordern, mehr für die Kultur zu tun. Tatsächlich hat sich der Staat in diesen neoliberalen Dekaden nicht aus der Kulturförderung zurückgezogen, sondern Mittel an mehr oder weniger unabhängige Kunsträte und Stiftungen übergeben.

Dies sind allgemeine Beobachtungen. Die konkrete Rolle einzelner Staaten darzustellen, ist schwierig. In Europa – das angeblich eine gemeinsame Kultur teilt – stimmen keine zwei Staaten darin überein, was sie mit Kulturförderung eigentlich meinen. Solchen Definitionsproblemen liegen grundsätzliche Unterschiede der nationalen Vorlieben und politischen Prioritäten zugrunde. Dänemark zum Beispiel zählt Sport und Bibliotheken zur Kulturförderung; Ungarn schließt auch religiöse Aktivitäten ein. Deutschland hat vor allem die darstellende Kunst im Blick, Italien das Kulturerbe. In manchen Ländern müssen Fernsehzuschauer eine Gebühr zahlen, in anderen übernimmt der Staat die Kosten. In den Niederlanden stiegen die Kulturausgaben in den frühen 2000er Jahren um ein Drittel, doch dies war zum Teil auf die Abschaffung der Fernsehgebühren zurückzuführen. In vielen Ländern ist die Kulturförderung zwischen mehreren Ministerien sowie zentralen und kommunalen Behörden aufgeteilt. In Italien, stellte das Europäische Parlament 2006 fest, wurden »immer noch nicht regelmäßig Daten gesammelt«.[84]

All dies macht Vergleiche schwierig. Eindeutig ist nur die weiterhin bestehende beträchtliche Verschiedenheit. Die staatliche Unterstützung des kulturellen Konsums macht in Irland 0,2 Prozent des BIP aus, in Estland 1,9 Prozent, in Belgien, Österreich und den skandinavischen Ländern knapp 1 Prozent, in Deutschland und Portugal 0,4 Prozent. Und nur weil kulturelle Angebote billig sind oder es mehr von ihnen gibt, heißt das noch nicht, dass die Menschen automatisch mehr davon konsumieren. Dennoch ist es erwähnenswert, dass dort, wo die staatliche Förderung am großzügigsten ist, mehr Menschen als anderswo ins Theater, Konzert und Ballett gehen: in den skandinavischen Ländern und in Estland. Auch in Deutschland, wo der Staat relativ wenig Mittel aufbringt, diese aber hauptsächlich in die darstellende Kunst steckt, liegt der Publikumszuspruch über dem Durchschnitt.[85]

Soziologen haben den Einfluss von Klasse und Bildung auf den individuellen Geschmack hervorgehoben. Ebenso wichtig könnte sein, dass Staaten einen bestimmten Geschmack und bestimmte Praktiken bevorzugen. Es ist vielleicht kein Zufall, dass heute in Italien – dem Land des Belcanto –, wo die darstellende Kunst mit dem Wenigen auskommen muss, was das Kulturerbe übrig lässt, nur noch wenige ins Theater oder Konzert gehen. Man könnte einwenden, dass sich Gesellschaften einfach für unterschiedliche Mischungen von privatem und öffentlichem Konsum entscheiden. Britische und deutsche Haushalte geben überdurchschnittlich viel für Kultur aus, während ihre Staaten, an europäischen Maßstäben gemessen, eher knickrig sind. Häufiger anzutreffen ist jedoch eine Symbiose: Einzelne geben mehr für Kultur aus, wo der Staat es ebenfalls tut. Dänen, Finnen und Österreicher geben einen fast doppelt so großen Anteil ihres Haushaltsbudgets für Kultur aus wie Italiener, Spanier und Portugiesen.[86] Dies ist ein weiteres Beispiel für den Einfluss des öffentlichen auf den privaten Konsum: Wo der Staat kulturelle Aktivitäten schätzt, tun es auch seine Bürger – jedenfalls in demokratischen Gesellschaften.

Zu viel Auswahl

Seit Mitte des 20. Jahrhunderts war der Anstieg des privaten Konsums also von einem steilen Anstieg des öffentlichen Konsums begleitet. Eine immer größere Auswahl auf dem Markt ging einher mit einer wachsenden Zahl von staatlichen Schulen, Krankenhäusern und Sozialleistungen. Am Ende des Jahrhunderts tauchte eine große Frage auf: Wie sollten die öffentlichen Dienstleister auf den Überfluss an privaten Wahlmöglichkeiten reagieren? War ein Patient in einem öffentlichen Krankenhaus nicht jemand, der für jede andere Dienstleistung bezahlte? Warum also sollte er hier anders behandelt werden? Waren sie nicht alle Konsumenten?

Die Reform des Sozialsystems beschäftigte viele reiche Länder, aber am größten war der Eifer um 2000 in Großbritannien. Premierminister Tony Blair machte die »Konsumentenorientierung« der öffentlichen Dienstleistungen zum Mantra seiner New-Labour-Regierung. »Offene und kompetitive Märkte«, hieß es in einem Regierungspapier, seien »die beste Garantie eines guten Deals für die Konsumenten«.[87] Und nicht nur für den Umsatz. »Ich glaube«, erklärte Blair, »die Menschen wollen wählen, bei öffentlichen ebenso wie bei anderen Dienstleistungen.«[88] So gesehen, reagierte New Labour lediglich auf eine gesellschaftliche Umwälzung. Großbritannien hatte sich seit der Frühzeit des Wohlfahrtsstaats bis zur Unkenntlichkeit verändert. Der Überfluss hatte eine Gesellschaft von Konsumenten geschaffen, die erwarteten, als Individuen behandelt zu werden. Dem musste sich der Staat anpassen. Die Mittelschicht nutzte die neuen Möglichkeiten bereits, drängelte sich vor oder stieg ganz aus. Wenn man den Armen die Chance geben würde, so die Argumentation, zwischen Anbietern zu wählen, würden sie die gleiche Macht besitzen. Und es würde öffentliche Krankenhäuser und Schulen unter Druck setzen, sich zu verbessern. Manche Linke waren entsetzt. Bei öffentlichen Dienstleistungen eine Wahl zuzulassen, warnten sie, würde den Gewinner vor allen anderen bevorzugen. Es würde auf Kosten von Gerechtigkeit und Solidarität einen egoistischen Individualismus fördern. Je mehr Konsument, so ließ sich dieser Standpunkt zusammenfassen, desto weniger Staatsbürger.[89]

Der gegenteilige Standpunkt machte damals durchaus Sinn. Aus Sicht der Regierung Blair war die »Konsumentenorientierung« der öffentlichen Dienstleistungen ein Mittel, mit dem sie ein Imageproblem lösen konnte. New Labour hatte die öffentlichen Ausgabenhähne geöffnet. Die Wartelisten für Krankenhausbehandlungen wurden kürzer, es gab mehr Ärzte und Krankenschwestern. Statistiken zeigten, dass weniger Menschen an Herzkrankheiten starben. Dennoch ergab eine Umfrage nach der anderen, dass die Briten in Bezug auf die Leistung der Regierung tief pessimistisch, ja sogar zynisch waren. Die öffentlichen Dienstleistungen hatten einen schlechten Ruf – jährlich gingen über eine Million Beschwerden ein –, und kaum jemand traute der Regierung zu, die Probleme zu lösen.[90] Die Regierung hielt sich ans Handbuch für Konsumentendienste: Wahlmöglichkeiten würden die Kundenerfahrung verbessern und New Labour endlich in das ihr gebührende Licht rücken. Außerdem behob die »Konsumentenorientierung« ein Legitimationsdefizit. Die Zahl der Parteimitglieder sank ebenso wie die Stimmenzahl bei Wahlen. Welche Autorität besaß eine Regierung, wenn 40 Prozent der Wähler zu Hause blieben? Eine Reaktion darauf war, dass auch die Parteien sich nach der Wohlstandsgesellschaft richten und die Bürger als Konsumenten ansprechen sollten. Dies war eine sehr britische, insuläre Sichtweise, die außer Acht ließ, dass die Wahlbeteiligung in Deutschland, Spanien und anderen Wohlstandsgesellschaften hoch war. Außerdem hatte die Linke gute Gründe, über die neuen Wahlmöglichkeiten besorgt zu sein. Blairs Reformen bauten auf der von den Konservativen 1991 beschlossenen Bürgercharta auf: Der »dritte Weg« schien eine zum Neoliberalismus geneigte, rutschige Ebene zu sein.

Aus historischer Perspektive sind diese beiden Bilder des Konsumenten gleichermaßen unbrauchbar. Sie enthalten zwei grundsätzliche Missverständnisse. Das eine betrifft die Abfolge. Der Konsument war nicht das Kind des Nachkriegsüberflusses, sondern zu diesem Zeitpunkt bereits erwachsen. Das zweite betrifft die DNA des Konsumenten. Die Wahl war nur ein Strang. Soziale Gerechtigkeit und demokratische Rechte waren ebenso wichtig. Diese beiden Stränge hatten den Konsumenten um 1900 ins Zentrum des öffentlichen Lebens katapultiert. In Großbritannien setzte sich der Konsument, der 1906 die Freiheit, billige Güter zu kaufen, verteidigt hatte, ebenso für Armenspeisungen und demokratische Verantwortlichkeit ein. In Amerika kämpften am Anfang des 20. Jahrhunderts Progressive nicht nur deshalb gegen Monopole und Betrügereien, weil sie Individuen Schaden zufügten, sondern auch, weil sie das öffentliche Leben untergruben. Währenddessen forderten Käuferbünde in Paris, Wien und Berlin dazu auf, die Wahlmöglichkeiten zu nutzen, um die Lage von Arbeitern und Verkäufern zu verbessern. Staatsbürger und Konsument als Gegensätze aufzufassen, die sich sogar gegenseitig ausschlössen, hätte diese frühen Generationen ebenso verblüfft wie der Gedanke, dass es bei der Möglichkeit der Auswahl um individuelle Befriedigung gehe.[91]

Ebenso falsch wäre es, das staatliche Eingehen auf den Konsumenten als plötzliche Reaktion auf die unausweichlichen Erfordernisse des Wohlstands zu verstehen. Die staatliche Sensibilität für die Bedürfnisse des Konsumenten hat eine längere Geschichte. Ihren Höhepunkt fand sie an einem kalten Donnerstag im März 1962 in Washington, als Präsident Kennedy im Kongress eine Rede über den Schutz der Konsumenteninteressen hielt. Kennedy zählte vier Grundrechte auf: das Recht auf Sicherheit, auf Information, auf Auswahl und auf Gehör. Diese vier Punkte sind die globalen Ecksteine des Verbraucherschutzes geworden, an die jedes Jahr am 15. März, dem Weltverbrauchertag, erinnert wird. Sie werden heute derart oft zitiert, dass kaum noch jemand hinhört. Deshalb ist es angebracht, sich die Rede genauer anzusehen, um ihren Geist wieder deutlich werden zu lassen. »Verbraucher«, begann Kennedy, »sind wir alle«. Die Verbraucher seien zugleich die größte Gruppe in der Wirtschaft und die einzige, »deren Ansichten oft nicht gehört werden«. Den Amerikanern gehe es besser als je zuvor. Sie würden von einer Lawine neuer, komplizierter Produkte überrollt – 90 Prozent der verschreibungspflichtigen Medikamente habe es vor zwanzig Jahren noch nicht gegeben – und seien Ziel einer »immer unpersönlicher werdenden« Werbung. Diese verwende eine »hochentwickelte Überredungskunst«. Um Wert, Sicherheit und Qualität eines Produkts einschätzen zu können, müsse die Hausfrau »Amateurelektriker, -mechaniker, -chemiker, -toxikologe, -diätiker und -mathematiker« sein. Und selbst dann würden ihr wichtige Informationen verborgen bleiben. Kennedy ging es mit seiner Forderung nach Anerkennung von Verbraucherrechten jedoch um mehr als einen Ausgleich von Unvollkommenheiten des Markts. Der Staat, betonte er, müsse auch »seiner Verantwortung gegenüber den Verbrauchern« gerecht werden. »Nahezu alle« seine Handlungen seien »für Verbraucher von direkter oder indirekter Bedeutung«, von der Gesundheitsfürsorge über den öffentlichen Nahverkehr bis zu Parks und Stromversorgung.

Kennedy hielt seine Rede auf dem Höhepunkt des Wohlstands, knüpfte mit ihr aber an eine progressive Tradition an, die bis in die düsteren 1930er und die von Ungleichheit geprägten 1890er Jahre zurückreicht. Den Kampf gegen Monopole, schädliche Medikamente und gefährliche Lebensmittel wie für »Wahrheit beim Geldverleihen« und »Wahrheit beim Verpacken« hatten frühere Aktivisten und Unruhestifter ausgefochten. Zusätzlich zur Verschärfung bestehender Vorschriften schrieb Kennedy dem Staat jedoch neue Verantwortlichkeiten zu, wie preiswerten Wohnraum zu schaffen für »Familien mit bescheidenem Einkommen«, sicherere Autos, Autobahnen und Flughäfen und eine billige, ausreichende Erdgasversorgung zu gewährleisten. Wahlmöglichkeit bedeutete mehr, als auf dem Markt ungehindert einzukaufen zu können. Verbraucherrechte würden den Lebensstandard aller heben. Sie waren Teil einer demokratischen Philosophie, wie Kennedy am Ende seiner Rede sagte: »... wir teilen die Verantwortung, die gemeinsamen Interessen zu schützen«.[92]

Europäer, die sich noch an Krieg und Hunger erinnerten, hätten bei Kennedys Hinweis auf die 6000 Lebensmittelartikel, die in den Regalen amerikanischer Supermärkte standen, gestutzt. Doch der Wind in der Verbraucherpolitik blies fast überall in eine ähnliche soziallibérale Richtung. Arm und Reich wurden Auswahlmöglichkeiten versprochen, aber auch die Garantie, dass sie nicht über den Tisch gezogen wurden. Der sich herausbildende Konsens war eine Mischung aus kompetitiven Märkten und Verbraucherschutz. Je nach Land war dann unterschiedlich, wie beide Elemente austariert wurden und wer den Schutz übernahm. In Großbritannien neigte sich die Waage zugunsten des Markts; beim Schutz vertraute man auf die Information. Der Staat schaute zu, während der Verbraucherverband drei von Kennedys Prinzipien im Auge behielt (Wahl, Sicherheit und Information). *Which?*, die Zeitschrift der Verbraucherschützer, begann 1957 Vergleichstests durchzuführen. Zehn

Jahre später hatte sie über eine halbe Million Abonnenten. Erst 1975 wurde ein von der Regierung finanzierter National Consumer Council gegründet. In Ländern mit einer längeren Tradition auf dem Gebiet der Statistik waren Produkttests dagegen eher eine Staatsangelegenheit. In Dänemark prüfte der staatliche Hauswirtschaftsrat Produkte und bearbeitete Verbraucherbeschwerden. In Schweden wurden 1957 neben einem Kartellamt ein staatlicher Verbraucherrat (Statens konsumentråd) und ein Staatsinstitut für Verbraucherfragen (Statens institut för konsumentfrågor) geschaffen. Die Konsumenten wurden in Skandinavien nicht nur aus wohltätigen Gründen so ernst genommen, sondern auch, weil sie auf diese Weise in rationale Planungsprozesse einbezogen werden konnten. Der Staat wollte sie ebenso sehr leiten wie schützen. Um die Produktivität des Landes zu steigern, mussten die Konsumenten lernen, mit begrenzten Ressourcen zurechtzukommen.

Frankreich versuchte, das Beste aus beiden Sphären zu erhalten, einen aktiven Staat und eine lebendige Vereinskultur. Neben zwei Großverbänden, der Testorganisation UFC-Que Choisir und der Verbraucherschutzorganisation Consommation, logement et cadre de vie (CLCV), gab es in den 1980er Jahren sieben Frauen- und Familienverbrauchergruppen, sechs von einem syndikalistischen Gemeinbesitzgedanken geleitete Vereine sowie eine Reihe von Mieter- und anderen Sondergruppen. Es war ein recht bevölkerter Markt mit vielen unterschiedlichen Stimmen, die sich für die Verbraucher einsetzten. In den 1970er und 1980er Jahren begann der Staat ernsthaft auf diesem Markt mitzumischen. Die Verbraucher, erklärte der damalige Wirtschaftsminister Valéry Giscard d'Estaing 1972, würden als »stille Nebendarsteller« behandelt, und nicht als die Hauptfiguren, die sie seien. Vier Jahre später, jetzt als Präsident, schuf er ein Staatssekretariat für Verbraucherschutz und berief Christiane Scrivener, eine Absolventin der Harvard Business School, auf den neuen Posten, auf dem sie von der Presse geradezu zwangsläufig den Spitznamen »Madame Consommation« erhielt. Dem wollten die Sozialisten nicht nachstehen, unter Präsident François Mitterrand wurde 1981 das Staatssekretariat zum Ministerium hochgestuft. Und im folgenden Jahr wurden Verbrauchervertretern per Gesetz Sitze in den Aufsichtsräten staatlicher Unternehmen gesichert.[93]

Global ging es langsamer voran. Theoretisch waren Konsumenten die vollkommenen Weltbürger. Man hätte erwarten können, dass die Renaissance der Globalisierung seit den 1960er Jahren sie in den Mittelpunkt der Weltpolitik rückt. Die ersten Schritte waren auch vielversprechend. 1960 gründeten 17 Landesverbände in Den Haag die International Organisation of Consumers Unions (IOCU), den Vorläufer der Consumers International (CI). In den 1970er und 1980er Jahren entstanden in Indien, Singapur und Malaysia Verbraucherbewegungen. Da die IOCU jetzt eine globale Basis hatte, verlangte sie von den Vereinten Nationen, die Verbraucher weltweit zu schützen. Mit dem Wachstum der Bewegung kam es jedoch zu ideologischen Differenzen zwischen Norden und Süden. In ihnen kam zum Teil eine Kluft der materiellen Lebensbedingungen zum Ausdruck. Verbraucher im wohlhabenden Amerika zu schützen, bedeutete etwas anderes, als es im aufstrebenden Malaysia zu tun. Dort ging es zuerst und vor allem um Ernährung und Unterkunft, sauberes Wasser, Bildung und andere Grundbedürfnisse. Der IOCU-Regionalvorsitzende für Asien, Anwar Fazal, strich sogar die Möglichkeit der Auswahl von der Liste der Verbraucherrechte.[94]

Der Süden drückte dem immer ehrgeizigeren Programm der IOCU seinen Stempel auf. Die Charta von 1978 rückte Armutsbekämpfung und Umweltschutz in den Mittelpunkt des Verbraucherschutzes. Dem Recht auf Konsum wurde die mit ihm verbundene soziale und ökologische Verantwortung zur Seite gestellt. Dieser Ansatz hatte auch im reichen Norden Anhänger. Ralph Nader, der in den späten 1960er Jahren mit der Aufdeckung von Sicherheitsmängeln bei Autos und von diversen Unternehmensverfehlungen in den Vereinigten Staaten Berühmtheit erlangte, verfocht einen Wechsel von auffälligem zu verantwortungsbewusstem Konsum. Die UN-Richtlinien für den Verbraucherschutz von 1985 bewiesen, dass der Konsument in den Fluren der Weltpolitik angekommen war. Kennedys Prinzipien hatten sich zu einer internationalen Charta der Verbraucherrechte gemausert, einschließlich des Rechts auf eine gerechte, gleiche und nachhaltige Entwicklung. Von Finnland bis Brasilien bildete sie die Grundlage nationaler Verbraucherschutzgesetze.[95]

Doch die Richtlinien waren eine schwere Geburt, die künftige Probleme schon erahnen ließ. Nachdem die Vereinigten Staaten den Kampf für den Verbraucherschutz im Innern ausgefochten hatten, stellten sie sich international quer. Amerikanische Unternehmen protestierten gegen Eingriffe in ihre ausländischen Märkte. Als die Generalversammlung der UNO eine internationale Liste unsicherer, verbotener Produkte beschloss, kam die einzige Gegenstimme von den USA, die amerikanische Delegation kämpfte mit Klauen und Zähnen gegen die Richtlinien von 1985. Verhindern konnte Washington sie zwar nicht, aber es sorgte dafür, dass die Vorschriften weit weniger scharf ausfielen, als die eigenen nationalen Bestimmungen.

In Washington hatten Verbraucherschützer und die von der Presse sogenannten »Nader's Raiders« eine Gegenreaktion der Wirtschaft ausgelöst. Der Nachkriegsausgleich, wie er von Kennedys Politik verkörpert wurde, hatte individuelle Wahl und ein besseres Leben für alle miteinander ausbalanciert. Die Regierung Reagan kippte dieses Gleichgewicht. Übrig blieb nur die freie Auswahl. Die Deregulierung überließ sie der Wirtschaft. Der Handelsausschuss wurde vom Kongress angewiesen, die Beobachtung von Werbung im Kinderfernsehen und ähnlichen Dingen einzustellen, und der Ausschuss für Produktsicherheit überlebte nur mit knapper Not den Versuch, ihn aufzulösen, konzentrierte sich danach aber stärker auf freiwillige Standards.

International waren aller Augen auf Handelserleichterungen gerichtet. 1986, im selben Augenblick, in dem die Verbraucherbewegung in die Flure der Weltpolitik vordrang, verlagerte sich das eigentliche Geschehen in Gestalt der Uruguay-Runde zu Handelsgesprächen hinter verschlossenen Türen. Sie endeten ein Jahrzehnt später mit der Gründung der Welthandelsorganisation (WTO). In Ländern mit niedrigen und mittleren Einkommen sanken die Zölle von 39 Prozent am Anfang der 1980er Jahre bis 2000 auf 13 Prozent.[96] Die Konsumenten mögen die Nutznießer einer freieren Bewegung von Gütern sein, aber zu den Verhandlungen wurden sie nicht eingeladen. Schlimmer noch, durch den Freihandel gerieten diejenigen, die ihn als besten Freund der Konsumenten betrachteten, in einen schroffen Gegensatz zu vielen Aktivisten im Süden, nach deren Ansicht der Freihandel der sozialen Gerechtigkeit und lokalen Entwicklung zuwiderlief.

Die Architekten des neoliberalen »Washingtoner Konsenses« hatten der

Verbraucherbewegung den Wind aus den Segeln genommen. Eine zweite Entwicklung kam von unten. An ihrer Spitze standen keine Rechtsanwälte, Ökonomen und Geschäftsleute, noch ging es darum, im Ausland mit dem Zauberstab des freien Markts herumzufuchteln. Die Vorkämpfer waren vielmehr einfache Leute, die als Nutzer öffentlicher Dienstleistungen Gehör verlangten. Heutzutage bespöttelt man den Wohlfahrtsstaat häufig als »Gouvernantenstaat«, von dem Thatcher und Reagan die gequälten Bürger befreit hätten. Doch ganz so einfach war es nicht. Die öffentlichen Dienste stellten ihrerseits ein Laboratorium der Auswahlmöglichkeiten dar. Zuerst gewährten Beamte und Versorger aus eigenem Ermessen eine gewisse Wahl. Dann nahmen die Leistungsbezieher ihre Rechte selbst in die Hand.

Eine Hauptarena war dabei der soziale Wohnungsbau. In Großbritannien kamen die ersten Wahlmöglichkeiten von oben, als in den 1930er Jahren die Sanierung der Elendsviertel ernsthaft in Angriff genommen wurde. Wer sollte entscheiden, welcher Farbanstrich einen neuen Wohnblock zieren sollte: der Staat oder die Mieter? Der Wohnungsbaudirektor von Leeds, R. A. H. Levitt, ein Architekt, brachte, inspiriert vom Wiener Karl-Marx-Hof, in Gestalt der achtstöckigen Neubauten von Quarry Hill den Hochhauswohnblock nach England. Er wischte die Einwände von Verfechtern der Uniformität beiseite. Der »Geschmack der Mieter ist nicht immer gut«, räumte er ein, und sie mochten der Beratung bedürfen, aber es wäre »ein Rückschritt, den Mietern diesen kleinen Ausdruck der Individualität zu verwehren«. Im sozialen Wohnungsbau sei Kontrolle nötig, »aber sie sollte begrenzt sein«. Immerhin halte man sich in Großbritannien »immer noch etwas darauf zugute, dass man demokratisch« sei.[97] Trotz der Sparpolitik und der Brennstoffknappheit ließen auch die Behörden von Manchester nach dem Krieg die Mieter beim Einzug in eine neue Sozialwohnung wählen, ob sie einen Gas- oder Elektroherd haben wollten. Doch diese Wahl hatte ihre Grenze: Künftige Mieter mussten mit der Entscheidung ihrer Vorgänger leben.[98]

Ende der 1950er Jahre reichten solche Gesten nicht mehr. Mieter begannen sich darüber zu beklagen, dass die örtlichen Behörden überheblich, unzugänglich und nachlässig seien. Eine frühere Generation war dankbar gewesen, vor privaten Vermietern von Elendsquartieren gerettet zu werden. Doch die Wohnbedingungen hatten sich in der Zwischenzeit verbessert, die Mieter wurden anspruchsvoller. Der Stimmungsumschwung war auf zwei zusammenwirkende Faktoren zurückzuführen, einen materiellen und einen kulturellen. Knappe Mittel und schlechte Planung hatten Städte wie Manchester gezwungen, Wohnungen im Eilverfahren zu errichten. Die Labour Party hatte ein neues Jerusalem versprochen. Doch als die Mieter ihre neuen Wohnungen betraten, waren sie häufig feucht und von Schimmel befallen. Im Stadtviertel Beswick in Manchester fielen Fenster heraus, weil sie nicht richtig eingebaut worden waren.

Ebenso bedeutsam waren die mit steigenden Einkommen einhergehenden wachsenden Ansprüche. Ihr Ausdruck war das Heim – sein Komfort, seine Ausstattung und die Geselligkeit, die es ermöglichte. In den 1950er Jahren verdoppelten sich die Ausgaben für Haushaltsgüter. Anfang der 1960er Jahre erhielten viele Mieter das Recht, Trennwände nach Belieben zu verrücken. In einem Bericht des Wohnungsbauministeriums wurde die Notwendigkeit größerer Verantwortlichkeit und vermehrter Auswahlmöglichkeiten hervorgehoben. Mieter würden eine faire Behandlung erwarten und hätten ein Beschwerderecht.[99] Die heikle Frage der Entschädigung ließ der Bericht unbeantwortet. Immerhin hatten die Mieter von Sozialwohnungen im Unterschied zu Mietern freier Wohnungen kaum die Möglichkeit, einfach umzuziehen, wenn ihnen etwas nicht passte. Für Konservative war dieser Unterschied ausschlaggebend. »In einem freien Land«, lautete ein Grundsatz der konservativen Wohnungspolitik von 1963, »muss der Haushaltsvorstand darauf vorbereitet sein, die Kosten seines Hauses zu tragen, soweit er dazu in der Lage ist. Andernfalls wird er kaum eine freie Wahl haben.«[100] Dies konnte Mieter in Sozialwohnungen, von denen steigende Mieten verlangt wurden, während sie auf Reparaturen warten mussten, kaum erfreuen. Im weiteren Verlauf des Jahrzehnts verklagten einige ihre Stadträte. Andere gingen auf die Straße und traten in Mietervereine ein. Arme mochten vom Staat abhängen, aber sie sollten, wie einer dieser Vereine erklärte, das »unbestreitbare Recht« haben, Entscheidungen, die ihren Alltag, ihr Heim und ihre Gemeinde betrafen, selbst zu treffen.[101] Mit ihrem Doppelplan von 1979, der ein »Kaufrecht« sowie eine Mietercharta für diejenigen umfasste, die es nicht in Anspruch nehmen wollten, profitierte Margaret Thatcher von dieser früheren Welle der Empörung. Sie schuf sie nicht.[102]

Das zweite große Thema, bei dem Betroffene mehr Mitsprache gegenüber Experten und Behörden erkämpften, waren die Patientenrechte. Obwohl das Gesundheitssystem aus einer Mischung von öffentlichen, privaten und karitativen Institutionen bestand, glichen die Fragen bezüglich der Auswahl und der Möglichkeit, Gehör zu finden, denjenigen im öffentlichen Sektor. Anfang der 1970er Jahre betrat der »Gesundheitskonsument« die politische Bühne. Wie bei den Mietern begann die Metamorphose von Patienten in Konsumenten nicht mit neoklassischer Ökonomie, sondern mit einer Behördenkritik und einem Aufschwung des Voluntarismus. Patientengruppen verdeutlichten ein neues Vertrauen in die Selbsthilfe. Die Wurzeln dieser Bewegung reichten in die 1930er Jahre zurück, als sich in den Vereinigten Staaten die Anonymen Alkoholiker zusammenfanden und das Interesse an der Homöopathie zunahm. Ihren Durchbruch erlebte sie in den Jahrzehnten unmittelbar nach dem Zweiten Weltkrieg, in Großbritannien mit der Gründung der National Association for Mental Health (NAMH, heute MIND), der National Spastics Society, der Muscular Dystrophy Group, der Patients' Association und einer Vielzahl anderer Selbsthilfegruppen.[103]

Einen großen Unterschied gab es jedoch zwischen Patientengruppen und Mietervereinen. Anders als im Wohnungsbau, wo nie genug Geld vorhanden war, um alle Löcher zu stopfen, war das Gesundheitswesen mit mehr Ärzten und Pillen ausgestattet als jemals zuvor. Der Voluntarismus war eine Reaktion auf den von Kritikern sogenannten »medizinisch-industriellen Komplex« und dessen Monopol bei teuren, verschreibungspflichtigen Medikamenten. Ärzten wurde vorgeworfen, sie seien überspezialisiert und distanziert und würden sich zu sehr auf die Beipackzettel der Pharmaindustrie verlassen. Sie müssten aufhören, Gott zu spielen, und stattdessen ihren Patienten zuhören. Zusätzlich zu der schon länger erhobenen Forderung nach einer besseren medizinischen Versorgung verlangten britische und amerikanische Aktivisten einen stärkeren Schutz der Privatsphäre, rechtliche Sicherheit für Menschen mit psychischer Störung und ein Ende von Tests an Patienten ohne deren Zustimmung; dass solche Experimente trotz der nach den nationalsozialistischen Gräueln beschlossenen Gesetze weiterhin durchgeführt wurden, war besonders empörend. Nach Ansicht der Kritiker sollte die Behandlung stärker vom Patienten bestimmt werden. Diese Forderungen wurden zur selben Zeit laut, als die Konsumentenbewegung verantwortungslose Unternehmen und Behörden vermehrt aufs Korn zu nehmen begann. Der erste Ableger von Ralph Naders Verbraucherschutzgruppe Public Citizen war die Health Research Group. Die American Civil Liberties Union begann sich auch für den »Medizinkonsumenten« einzusetzen. Die Stimme des Patienten harmonierte mit derjenigen des Staatsbürger-Konsumenten.

Wie der Dschinn aus der Flasche im Märchen war auch der Gesundheitskonsument, einmal freigelassen, nur noch schwer unter Kontrolle zu halten. Zuerst schien es, als hätten die Patientenaktivisten einen Sieg errungen. England und Wales bildeten 1973 kommunale Gesundheitsräte, die Patienten bei allem helfen sollten, von Beschwerden über unflexible Besuchszeiten bis zu besserem Krankenhausessen. In Wirklichkeit wagten die meisten dieser Räte keinen Mucks von sich zu geben. Im weiteren Verlauf der 1970er Jahre wurde der Patient von Staat und Wirtschaft vereinnahmt.

In Großbritannien mit seinem staatlichen Gesundheitsdienst war das staatliche Interesse an Selbsthilfe sowohl fiskalischer als auch medizinischer Art: Gesündere Bürger und aktive Freiwillige waren eine Heilkur für kranke öffentliche Finanzen. »Jeder weiß, dass es weniger Geld geben wird«, erklärte David Owen, Gesundheitsminister der Labour-Regierung und gelernter Neurologe, im Jahr 1976. Die Menschen müssten lernen, dass Gesundheit nicht nur etwas sei, was vom nationalen Gesundheitssystem geliefert werde, »sondern dass jeder für sein eigenes Wohlbefinden verantwortlich ist«. Zur Pflege von Kranken, Alten und entlassenen Psychiatriepatienten müssten Freiwillige hinzugezogen werden.[104] Ein Jahr zuvor hatte Owen dem Patientenverband einen staatlichen Zuschuss zukommen lassen. Zuerst stellte sich der Staat hinter die Prinzipien von Selbsthilfe und Voluntarismus, dann nahm er ihre Umsetzung in die Hand. Nachdem die Konservativen 1979 an die Macht zurückgekehrt waren, beschleunigte sich dieser Prozess. Je mehr die Regierungen Thatcher und Major die Freiheit der Auswahl zelebrierten, desto mehr Entscheidungen wurden jedoch nicht durch, sondern über den

Patienten getroffen. Die Reformen führten ironischerweise dazu, dass Ärzte und Gesundheitsmanager mehr Macht erhielten. In den Augen von Aktivisten war die Wahlfreiheit ursprünglich ein umfassendes Ideal gewesen, das sowohl den kollektiven Anspruch auf gleichen Zugang als auch die Forderung nach individueller Behandlung abdeckte. Manche schlugen sogar vor, dass Konsumenten als Steuerzahler die Aufsicht über die Gesundheitsversorger übernehmen sollten. Immerhin waren sie es, die den nationalen Gesundheitsdienst finanzierten. Als die Torys 1991 ihre Patientencharta verabschiedeten, war der Gesundheitskonsument jedoch zu einem individuellen Verbraucher auf einem »Quasi-Markt« geschrumpft.[105]

Eine ähnliche Reduzierung der Wahlmöglichkeit war auch in den Vereinigten Staaten zu verzeichnen, wo sie in Abwesenheit eines umfassenden öffentlichen Gesundheitsdiensts allerdings schneller vonstattenging. Verbraucher- und Patientengruppen – bei denen es sich nie um die kohärentesten Koalitionen handelte – wurden von der Medizin- und Pharmalobby ausmanövriert. Bis in die 1990er Jahre waren die Ausgaben für die Krankenversicherung von Amerikanern derart angestiegen, dass sie zur Hälfte durch Steuern finanziert werden mussten.[106] Um die rasante Kostensteigerung im Zaum zu halten, forderte der Staat die Ärzte zu stärkerem Wettbewerb auf und ermunterte private Health Maintenance Organizations (HMO), die Kosten zu drücken. Die Patientenmitbestimmung wurde zu einem kommerziellen Unterfangen. Konsumenten hatten mehr Information und Auswahl verlangt. Jetzt wurden sie mit beidem überschwemmt – solange sie dafür zahlen konnten. Wer es nicht konnte, für den war die Auswahl irrelevant. Sogar in Skandinavien hielt die Auswahl Einzug in die Fürsorgedienste. 2003 erhielten Senioren in Dänemark die Wahl zwischen privater und öffentlicher Pflege. In der Wahlfreiheit, ließ das Finanzministerium philosophisch verlauten, drücke sich ein demokratisches Verständnis des menschlichen Wesens aus: Die Bürger, nicht das System, wüssten am besten, was gut für sie sei.[107]

Der Kampf von Mietern und Patienten für warme Wohnungen und bessere Behandlung war auch Ausdruck eines allgemeinen Wandels der politischen Atmosphäre, der in den westlichen Demokratien in den Nachkriegsjahren stattfand. Öffentliche Dienstleister sahen sich gedrängt, ihre Nutzer nicht mehr als bedürftige Empfänger von Wohltaten zu behandeln. Die Umorientierung auf die Nutzer stellte das grundlegende Verhältnis zwischen Staat und Bürger auf den Prüfstand, dasjenige zwischen Regierenden und Regierten. Wofür war die Regierung da, wenn nicht für die Menschen? Wer schützte die Bürger vor staatlichem Fehlverhalten? Die Antwort kam aus Schweden: der Ombudsmann.

Das Amt des Ombudsmannes war 1809 geschaffen worden, um Beamte zu beaufsichtigen und darauf zu achten, dass Gesetze im Sinne des Königs umgesetzt wurden. Ein starker Staat erhielt in Gestalt des Rechts ein starkes Gegengewicht. Im 20. Jahrhundert wurde der Ombudsmann dann vom Wächter königlicher Interessen zum Volkstribun, dessen Hauptaufgabe es war, die Bürgerrechte der Bevölkerung vor staatlicher Übermacht zu schützen. Vom Parlament ernannt, war er ermächtigt, Untersuchungen über Richter einzuleiten. In den 1950er Jahren reichten jedes Jahr Tausende von Schweden Beschwerden über Gerichtsentscheide, Verwaltungsmängel und Polizeiübergriffe ein. Der Begriff »Ombudsmann« war bald als einziges schwedisches Wort international in aller Munde. In Dänemark wurde das Amt des Ombudsmannes 1955 geschaffen, in Neuseeland sieben Jahre später. Großbritannien folgte 1967. In den 1980er Jahren führten Spanien und Portugal nach dem Sturz der Diktaturen in diesen Ländern das Amt ebenfalls ein. Polen und Ungarn taten es ihnen nach dem Sturz des Kommunismus gleich. Während ich dies schreibe, gibt es in Großbritannien 24 Ombudsmänner, deren Zuständigkeitsbereich von Beschwerden über die Polizei und der Hilfe für Konsumenten, denen überflüssige Versicherungen aufgeschwatzt worden waren, bis zur Beilegung von Fußballstreitigkeiten reicht.[108]

Warum machte der Ombudsmann gerade zu diesem Zeitpunkt eine solche internationale Karriere? Ein Grund war die besondere sozialdemokratische Konstellation dieser Zeit. Ombudsmänner halfen den Gesellschaften, einen rasch wachsenden Staat mit der Verpflichtung auf Marktwirtschaft und Demokratie in Einklang zu bringen. Dies ist die übliche Erklärung. Ein zweiter, vielleicht ebenso wichtiger Grund hat mit den sich verändernden Gewohnheiten der Bürger zu tun. Wenn jeder das Fehlverhalten von Behörden hinnähme, gäbe es für Ombudsmänner nichts zu tun.

Es spricht einiges dafür, dass größerer Wohlstand die Neigung zum Beschwerdeführen verstärkt, zum Teil aufgrund gestiegener Ansprüche und zum Teil, weil es weniger aufwendig geworden ist. Darin spiegelt sich auch die Expansion des Kundendienstes in der Wirtschaft wider, obwohl dessen Niveau weiterhin sehr unterschiedlich ist. Aber auch der Staat hat seinen Anteil daran. Auf einem belebten Markt fällt es enttäuschten Kunden leicht, sich anderswohin zu wenden. Wenn es nur eine Wassergesellschaft in der Stadt gibt, ist dies unmöglich. Staatlich finanzierte Beschwerdestellen und die Förderung »alternativer Streitbeilegung« haben »Volkes Stimme« ein neues Ventil gegeben. Wo es kollektive Entschädigungsverfahren gibt, werden sie von den Konsumenten auch genutzt, wie Spanien und Portugal zeigen. In Ländern, in denen ein Vorgehen das Mandat jedes einzelnen Opfers erfordert (wie in Frankreich) oder außergerichtliche Einigungen schwierig sind (wie in den Niederlanden), tun es die Konsumenten nicht. Der portugiesische Verbraucherschutzverband ist Teil eines besonders erfolgreichen Modells von Sammelklagen; so erstritt er von Portugal Telecom im Namen der Kunden eine Erstattung in Höhe von 120 Millionen Euro. Ganz ähnlich neigen Konsumenten in Spanien, wo es kollektive Entschädigungsverfahren gibt, dazu, sie in Anspruch zu nehmen, etwa als der Verband der Bankkunden (ADICAE) gegen 101 Banken im Namen von 20000 geprellten Kunden Klage wegen ungesetzlicher Hypothekenklauseln erhob.[109]

Auch die Technologie hat es leichter gemacht, seine Stimme zu erheben. Konsumenten, denen ihre Stromrechnung zu hoch erscheint, sind heute nur einen Klick von der Möglichkeit entfernt, ihrem Ärger Luft zu machen. Ob sie es tun, hängt zum Teil davon ab, ob sie darauf vertrauen, dass ihre Beschwerde korrekt behandelt wird. Und dieses Vertrauen ist in den Gesellschaften unterschiedlich groß. Klageinstitutionen und -kulturen verstärken sich gegenseitig. Wahrscheinlich ist es kein Zufall, dass die größten Kläger in den Ländern mit den stärksten Traditionen von Ombudsmännern, Beschwerdeprozeduren und Rechtsstaatlichkeit leben. 2008 reichten jeder dritte Schwede sowie jeder vierte Däne, Brite und Deutsche eine förmliche Beschwerde ein. In Italien war es nicht einmal jeder Zehnte.[110] Manche haben die Klage als Inspirationsquelle entdeckt. Vorreiter waren einige Finnen, die 2005 in Helsinki einen Beschwerdechor

(Valituskuoro) gründeten, der sich unter anderem beklagte: »Immer verlieren wir im Eishockey und beim Eurovision gegen Schweden ...« Seither haben sich auch in St. Petersburg, Melbourne, Singapur und zwei Dutzend anderen Städten solche Chöre formiert. In Hamburg richtet sich die Klage des Chors gegen die übermäßige Kompliziertheit des deutschen Steuersystems. Der Budapester Chor behauptet, die Ungarn seien die Beschwerdeweltmeister.[111] Sogar in England, der Heimat von Förmlichkeit und Unerschütterlichkeit, hat sich in Birmingham ein erster Chor zusammengefunden.[112]

Der Ombudsmann ist ein Beispiel des lebendigen Flusses von Ideen und Institutionen zwischen den Ländern. Solch transnationaler Austausch ist schon lange Teil der Konsumentenbewegung. Er reicht zurück bis zu den Käuferbünden um 1900 und den gegen die Sklaverei gerichteten Boykotten ein Jahrhundert zuvor. Die Europäische Union fügte eine neue, übernationale Dimension hinzu. Es dauerte erstaunlich lange, bis europäische Bürokraten ihre Liebe zum Konsumenten entdeckten. In den 1960er Jahren sprach in Brüssel kaum jemand von ihm. Erst ab Mitte der 1970er Jahre begann der Europäische Gerichtshof die nationalen Vorschriften über Sicherheit und Qualität von Produkten zu harmonisieren, und erst in die Einheitliche Europäische Akte von 1987 wurde ein »hohes Schutzniveau« für Verbraucher aufgenommen.[113] Dieses späte Erwachen hatte gute Gründe. Seit der Französischen Revolution von 1789 ging es bei der Gesetzgebung um die Aufrechterhaltung universaler Bürgerrechte. Für Sonderschutzrechte war kein Platz. Den Verbrauchern speziellen Schutz zu gewähren, hätte die Autonomie des Vertragsschlusses zwischen Gleichen verletzt. Rechtsanwälte und Ökonomen beriefen sich gleichermaßen auf die bequeme Fiktion, dass der Konsument natürlich ein »souveräner« Marktteilnehmer sei. In den 1970er Jahren wurde das Schweigen gebrochen. Da der Motor der politischen Integration ins Stocken geriet, wechselten europäische Beamte und Richter aufs ökonomische Gleis, und als Lokomotive diente ihnen der Verbraucher, mit Auswahl und Wettbewerb als Treibstoff. Ein neuer europäischer Bürger war geboren: der »Marktbürger«. Nach Jahrhunderten wurde deutschen Bierbrauern 1987 mitgeteilt, dass ihr Bier nicht gesünder sei als belgisches; sie sollten ihr Reinheitsgebot aufgeben. Es sei Sache der Konsumenten, das

Bier zu wählen, das ihnen schmecke. Sämtliche nationalen Hürden, die dem im Wege stünden, müssten beseitigt werden. Die Auswahl würde den Verbraucher stärken – dies war die offizielle Rechtfertigung. Aber es stärkte auch die Europäische Kommission.

Von Vorschriften über Pauschalreisen bis zum Haustürgeschäft entsprach ein großer Teil der europäischen Politik der wachsenden Betonung der individuellen Wahl und des Wettbewerbs als bestem Schutz der Verbraucherinteressen in den Mitgliedsländern. Damit könnte man es bewenden lassen und ausschließlich neoliberale Kräfte am Werk sehen. Doch das wäre zu einfach. Die europäische Geschichte geht weiter, und auch der Sorge um Grundbedürfnisse und soziale Verpflichtungen, die frühere Konsumentenbewegungen antrieb, wurde neues Leben eingehaucht. Die europäischen Konsumenten sind mehr als Käufer, die über die Grenze fahren, um billiges Benzin zu tanken. Eine von ihnen ist die 75-jährige Yvonne Watts, die unter schwerer Arthritis in der Hüfte litt. Im März 2003 gab die ständig unter Schmerzen leidende Britin es auf, abzuwarten, bis sie auf der Warteliste ihres örtlichen Krankenhauses in Bedford vorrücken würde, und fuhr nach Frankreich, wo sie umgerechnet 3900 Pfund für eine neue Hüfte zahlte. Als der britische Gesundheitsdienst ihren Antrag auf Erstattung des Betrages ablehnte, zog sie vor den Europäischen Gerichtshof und gewann. Wartezeiten müssten auf der Grundlage der medizinischen Beurteilung der klinischen Bedürfnisse der Patienten »akzeptabel« sein. Großbritannien war gezwungen, die bisherige Handhabung von Krankenhauswartelisten zu ändern.[114]

Auch der »schutzlose Konsument« wurde stärker beachtet. Der Europäische Wirtschafts- und Sozialausschuss, ein Beratergremium der EU, bemerkte 1999, nicht jeder habe »die nötige Selbstsicherheit und Bestimmtheit, um seine oder ihre eigene Wahl zu treffen und zu vernünftigen Entscheidungen zu kommen«.[115] Am Boden der Gesellschaft, fuhr der Ausschuss fort, seien viele von einer Unterkunft und anderen Grundbedürfnissen ausgeschlossen. Niedrige Einkommensgruppen und alleinstehende Mütter mussten erst gestärkt werden, damit eine Auswahl für sie Sinn machen konnte. Vielleicht mehr als andere Probleme brachte der Klimawandel die EU zu einer umfassenderen Ansicht des Konsumenten als Staatsbürger. Konsumenten waren auch Produzenten ökologischer

Schäden, ein Thema, auf das wir im Kapitel über den Abfall zurückkommen werden. Nach Auffassung der EU muss die individuelle Wahl in der Gegenwart durch soziale Verantwortung für die Zukunft gemäßigt werden. Dies ist ein nobles Anliegen, es enthält aber auch ein weitreichendes Dilemma. Denn im Zentrum der europäischen Integration steht die freie Bewegung von Menschen und Gütern. Um den Kohlenstoffdioxidausstoß zu verringern, braucht es jedoch weniger Verkehr auf der Straße, in der Luft und auf der Schiene. Sofern sich die Naturgesetze nicht ändern, ist nur schwer vorstellbar, wie das europäische Projekt beides zugleich verwirklichen will, Freizügigkeit und Ökologie.

Die Apotheose des Konsumenten steckt also voller Paradoxe. Je mehr Mieter, Patienten, Studenten und andere ihre Rechte als Konsumenten beanspruchen, desto fragmentierter und diffuser wird dessen Identität. Dies stellte Verbraucherschützer vor ein ernstes Problem. In Großbritannien beispielsweise befand der National Consumer Council 2007, dass es in einer pluralistischen Gesellschaft nicht mehr sinnvoll sei, sich an einen uniformen Staatsbürger zu wenden. Die Angebote müssten vielmehr der Verschiedenheit der Konsumenten Rechnung tragen. Im Jahr darauf löste sich der Rat auf.[116] Was immer man von dieser Diagnose halten mag, die Lehre aus der Geschichte scheint klar zu sein: Heute, im Zeitalter des Konsumenten, ist es weit schwerer, die Verbraucher zu organisieren, als vor hundert Jahren. Daran ist auch die Wahlmöglichkeit schuld; aber man sollte nicht übertreiben. Bezeichnenderweise setzte sich der National Consumer Council auch für Altersheimbewohner, Wasserverbraucher und andere, die überhaupt keine Wahlmöglichkeiten hatten, ein.

Nirgends wurde der Kreuzzug für die Wahlmöglichkeit lautstärker geführt und hat mehr Aufmerksamkeit auf sich gezogen als in Großbritannien. Doch die britische Entwicklung ist auch ein Beispiel für die weiterhin bestehende erhebliche Kluft zwischen politischer Absicht und sozialer Realität, zwischen dem, was Politiker sagen und wollen, und dem, was die Menschen vor Ort hören und tun. Was öffentliche Dienstleistungen betrifft, stellten Forscher fest, dass Appelle an Wahlmöglichkeiten des Konsumenten bei den meisten Nutzern und Versorgern nicht gut ankamen. Ein Polizeibeamter erklärte unumwunden: »Wir sind nicht Tesco [eine britische Supermarktkette], Marks and Sparks [das Kaufhaus Marks and Spencer] oder BT [British Telecom]. Wir machen nicht in Konsumgütern oder Haushaltsgeräten ... Wir sind die Polizei ... Wir dienen der Öffentlichkeit als öffentlicher Dienstleister.« Die Polizei zu rufen oder ins Krankenhaus zu gehen, ist einfach nicht das Gleiche, wie einkaufen zu gehen. »Wenn ich in einem Geschäft bin«, sagte ein Krankenversicherter, »dann nur, um etwas zu kaufen. Ich habe keine Beziehung zu den Leuten ... [Beim Arzt] will ich kein Kunde sein. Da will ich Patient sein.« Die Menschen wollen, dass das örtliche Freizeitzentrum auf ihre Wünsche eingeht, aber nicht auf Kosten anderer Bedürfnisse. Jahrzehnte voller politischer Initiativen und Werbung für die Wahlmöglichkeit haben im öffentlichen Dienst wenig an der tiefsitzenden Verpflichtung auf Gerechtigkeit geändert.

Entgegen dem, was viele Politiker glauben, ist ganz und gar nicht klar, dass Wohlstand zu politischer Apathie führt. Medienforschungen zeigen, dass Briten ein starkes Zugehörigkeitsgefühl und großes politisches Interesse haben; sie misstrauen lediglich den Politikern. Es ist fraglich, ob Boykotte und andere Formen der Konsumentenpolitik älteren Formen des zivilen Engagements tatsächlich die Kraft rauben. In der Geschichte jedenfalls haben Letztere häufig Erstere gestärkt, wie im Fall der radikalen Bewegungen für das Stimmrecht im frühen 19. und am Anfang des 20. Jahrhunderts. Heute sind diejenigen, von denen am ehesten ein Boykott bestimmter Produkte zu erwarten ist, auch diejenigen, die sich am aktivsten in der Lokalpolitik engagieren.[117]

13 Nah und fern

Der Konsum hat die Zeit verändert. Und er hat, ebenso bedeutsam, den Raum verwandelt. Produkte und Menschen legen heute größere Entfernungen zurück als je zuvor in der Geschichte der Menschheit. Wie hat sich das auf die Beziehung der Menschen zu den Gütern und zu denen, die diese Güter erzeugen, ausgewirkt? Es liegt auf der Hand, dass man eigentlich ein ganzes Buch brauchen würde, um diese Frage zu beantworten. In diesem Kapitel werden anhand von drei räumlichen Achsen dennoch einige Antworten angedeutet: dem Kauf von Gütern als Ausdruck der Fürsorge für weit entfernte Menschen; der Wiederentdeckung der lokalen Lebensmittelproduktion und ihrer identitätsstiftenden Funktion; sowie der Auswirkungen der Migrationsbewegungen auf die Verbreitung neuer Präferenzen und Produkte.

Ethik zu verkaufen

Wir leben in der Epoche des »Fairen Handels«. Mittlerweile gibt es etwa 27000 »Fairtrade«-Produkte auf dem Markt,[1] deren Anbieter den Konsumenten versichern, dass die weit entfernt arbeitenden Erzeuger in den Entwicklungsländern ein angemessenes Entgelt für ihre Mühe erhalten. Im Jahr 2007 blühten 20 Millionen fair gehandelte Rosen. Zwei Jahre später erreichte der globale Handel mit Fairtrade-Produkten einen Umsatz von 3,4 Milliarden Euro. Über eine Million Bauern und Arbeiter profitierten von dem System. An vielen Orten entstanden Fairtrade-Towns: Das erste war Garstang in Lancashire im Jahr 2000, und seitdem haben sich mehr als tausend Städte in vierundzwanzig Ländern dem Programm angeschlossen. Im Jahr 2006 organisierte »Fairtrade Fortnight« rund

8000 Spendenveranstaltungen in Großbritannien – von Treffen mit Bananenpflanzern über Modeschauen bis zu »Wohlfühlabenden für Frauen«. In Lothian brach die »Mango Mania« aus, und in Dorset wurden Treffen für Krabbelkinder und Senioren angeboten.

Die Bewegung für einen fairen Handel entstand 1988 in den Niederlanden. Innerhalb weniger Jahre eroberte diese Randbewegung die Festungen des Kapitalismus. Sogar der britische Discounthändler Asda nahm im Jahr 2006 Fairtrade-Orangen ins Sortiment. In den Vereinigten Staaten kann man in den Filialen der beliebten Kette Dunkin' Donuts einen Donut in Fairtrade-Kaffee tunken. Globale Marken wie Starbucks und Cadburys Dairy Milk haben sich zur Anwendung der Fairtrade-Kriterien verpflichtet. Mittlerweile gibt es kaum noch einen Bereich unseres Lebens und unserer Freizeit, in die der Faire Handel nicht vorgedrungen ist. Im Jahr 2007 begann die Niederländische Zentralbank, für die Herstellung ihrer 10-Euro-Scheine Fairtrade-Baumwolle zu verwenden. Wer möchte, kann sich in einem aus Bangladesch stammenden Fairtrade-Sarg aus Bambus begraben lassen. Filmstars stellen sich als Fairtrade-Botschafter zur Verfügung und besuchen Baumwollbauern in Burkina Faso. Der ethische Handel hat sogar die Fußballstadien erreicht: Am 4. März warb der deutsche Spitzenklub Borussia Dortmund während eines Heimspiels für die Kampagne »Fair Play Meets Fair Trade«. Im Familienblock des Dortmunder Stadions konnten sich die Fans von der »ausgezeichneten Qualität der Fairtrade-Produkte« überzeugen. In der Halbzeitpause nahmen die Stars der Mannschaft an einem Elfmeterschießen teil, und die Anzeigetafel wurde genutzt, um für die Prinzipien des Fairen Handels zu werben. Der damalige Dortmunder Trainer Jürgen Klopp posierte in seinem Wohnzimmer mit einer Fairtrade-Banane in der Hand für die Fotografen. Und die Revierrivalen aus Gelsenkirchen boten unter dem Motto »Schalke spielt fair« ihren eigenen Schalke Bio-Kaffee an.[2]

Was hat dieser Wirbel um die Fairness zu bedeuten? Befürworter wie Kritiker des Fairen Handels betonen stets, wie wichtig die individuellen Entscheidungen auf dem Markt sind. Für die Befürworter ist der Faire Handel deshalb so erfolgreich, weil Millionen Konsumenten begriffen haben, dass sie mit ihrer Geldbörse ethische Macht ausüben können. Manch einer sieht sogar die Anfänge einer »moralischen Ökonomie«.[3]

Die Kritiker sehen im Fairen Handel dagegen wenig mehr als ein ethisches Feigenblatt, mit dem sich die Konsumenten in den reichen Ländern bedecken, um weiter hemmungslos konsumieren und sich dabei wohlfühlen zu können, während sich an den Strukturen des Welthandels und an der globalen Ungleichheit im Grunde nichts ändert. Beim Fairen Handel geht es jedoch um mehr als die individuellen Entscheidungen, seien sie nun eigennützig oder nicht. Er wird nicht nur von den Verbrauchern, sondern auch von der Politik, der Religion und den sozialen Bewegungen geprägt.

Der Faire Handel ist ein sehr vielgestaltiges Phänomen und funktioniert bei verschiedenen Produkten und in verschiedenen Ländern unterschiedlich. Seinen Erfolg verdankt er einer Handvoll Artikel, insbesondere Kaffee, Schokolade, Bananen, Blumen und Zucker. Versuche, das Modell auf andere Massengüter und höherwertige Produkte auszuweiten, sind enttäuschend verlaufen. Beispielsweise sank der Umsatz mit Fairtrade-Baumwolle gegen Ende des ersten Jahrzehnts des 21. Jahrhunderts. Und selbst der Siegeszug des Fairtrade-Kaffees in den Fußgängerzonen der westlichen Welt wirkt nicht mehr ganz so beeindruckend, wenn man ihn im globalen Kontext betrachtet. Im Jahr 2009 machte er nur 1 Prozent des Weltmarkts für Kaffee aus. Das Wachstum des Fairen Handels wirkt nicht zuletzt deshalb so beeindruckend, weil es von einem sehr geringen Niveau ausging. Die Wahrheit ist, dass Fairtrade-Produkte weiterhin nur selten ihren Weg in die Einkaufswagen finden. Eine Führungsrolle haben die Schweizer Konsumenten übernommen, aber auch sie geben pro Kopf lediglich 21 Euro pro Jahr für Fairtrade-Produkte aus. Bei den Briten waren es im Jahr 2008 durchschnittlich 11 Euro, und der deutsche Konsument ließ sich solche Produkte gerade einmal 1,70 Euro jährlich kosten, was dem Wert von ein paar Bananen pro Jahr entspricht. Ein Vergleich dieser Zahlen mit den Gesamtausgaben für Lebensmittel ist aufschlussreich. Der Zeitraum zwischen 1975 und 2007 war die goldene Ära der billigen Lebensmittel: Die Gesamtkosten für Nahrungsmittel schrumpften in diesen drei Jahrzehnten um ein Drittel. Die Haushalte in den westlichen Ländern sparten sehr viel Geld an der Supermarktkasse; für die Ethik blieb das Wechselgeld. Seit 2007 steigen die Lebensmittelpreise wieder deutlich. Anfangs konnten die

Fairtrade-Produkte ihren Vormarsch dennoch fortsetzen, aber im Jahr 2014 kam er zum Stillstand: Zum ersten Mal in zwanzig Jahren sank der Umsatz mit Fairtrade-Produkten (nämlich um 4 Prozent). Ob der Faire Handel seinen Zenit überschritten hat, ob er erneut in Schwung kommen kann und ob er dem Druck der Discounter standhalten kann, das alles muss sich noch zeigen.

Heute hat der Faire Handel im Wesentlichen zwei Formen. Einerseits der kommerzielle Handel mit Fairtrade-Produkten im Supermarkt: Hier steigen die Umsätze, der Handel wird aber kaum von weiterführenden gesellschaftlichen Aktivitäten begleitet. Dieser kommerzielle Fairtrade-Handel funktioniert besonders gut in Großbritannien. Zweitens gibt es eine gesellschaftliche Bewegung, die sich auf lokale »Weltläden« und »Botteghe del Commercio« mit geringen Umsätzen stützt. Dort setzen sich engagierte Freiwillige für Gerechtigkeit im Welthandel ein und verkaufen Handwerkserzeugnisse und Lebensmittel aus Entwicklungsländern. Diese Läden sind vor allem in den Niederlanden, Deutschland und Italien verbreitet.

Die beiden Fraktionen der Fairtrade-Bewegung stehen einander in einer ideologischen Auseinandersetzung gegenüber. Wie kann der Handel am besten fairer gemacht werden? Soll man die Marktkräfte nutzen oder eine Alternative zum kapitalistischen Markt suchen? Als der multinationale Konzern Nestlé im Jahr 2005 das Fairtrade-Siegel für seine Nescafé Partners Blend erwarb, gerieten viele ethisch bewusste Konsumenten in eine Sinnkrise. Ein Teil von ihnen fühlte sich durch den Vormarsch der Fairtrade-Produkte in den Supermärkten betrogen. Für den 27-jährigen Matteo aus Italien waren Unternehmen wie Nestlé die »Antithese« des Fairen Handels: »Die großen Supermärkte gehören zu den Dingen, die wir bekämpfen sollten.« Ihre Fairtrade-Produkte seien »reiner Konsumismus« und lenkten von der eigentlichen Frage der globalen Ungleichheit und der Ursachen der Armut ab. Pragmatischere Konsumenten wie der 35-jährige Andrea bezeichneten den Verkauf von Fairtrade-Produkten im Supermarkt als »zweischneidiges Schwert«.[4] Anders als die kleinen Botteghe bemühten sich die Supermarktketten nicht wirklich um Gerechtigkeit in den Handelsbeziehungen. Dennoch könnten sie bei der Verbreitung von Fairtrade-Produkten helfen. Für Andrea waren die Produkte, die er in einer Bottega kaufte, von höherer Qualität, aber er räumte

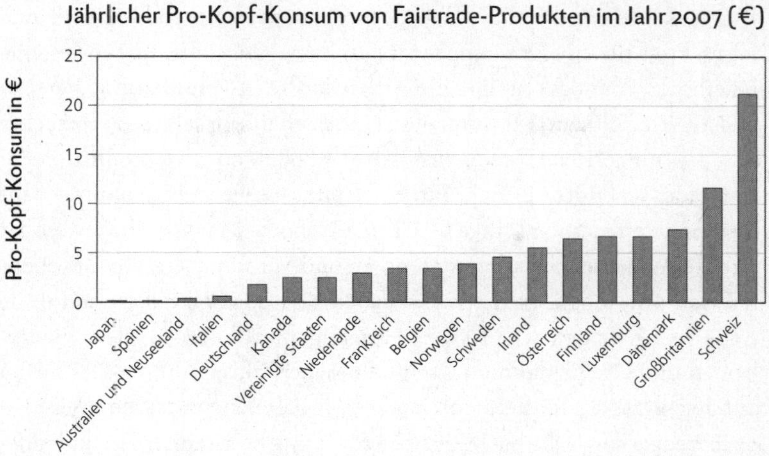

aus: Krier, *Fair Trade 2007: New Facts and Figures.*

ein, dass der Einkauf im Supermarkt angenehmer sei, weshalb er, wenn er unter Zeitdruck stehe, lieber dort Fairtrade-Produkte kaufe.

Die ambivalente Einstellung der Fairtrade-Anhänger zu Marken und Supermärkten ist Ausdruck eines grundlegenden Disputs darüber, was

»Fairness« bedeutet: Geht es darum, den Bauern in armen Ländern einen fairen Preis für ihre Erzeugnisse zu bezahlen, oder sollte die Fairness alle Beteiligten vom Bauern über die Arbeitskräfte in Verarbeitung, Versand und Vertrieb bis zum Konsumenten einbeziehen? Im Jahr 2006 versuchte sich das französische Normungsinstitut AFNOR an einer Definition des Fairtrade, scheiterte jedoch. Ein Streitpunkt zwischen Großunternehmen und den kleinen Minga Fair Trade-Importeuren war, inwieweit der direkte Austausch zwischen Erzeugern und Verbrauchern vor Ort ebenfalls fair sein müsse. In der Praxis haben sich »Max Havelaar« und »Fairtrade« – die beiden wichtigsten Siegelorganisationen aus den Niederlanden und Großbritannien – seit den 1990er Jahren mit der Definition durchgesetzt, die Fairness im Handel beinhalte angemessene Preise für die Erzeuger sowie die nachweisliche Erfüllung bestimmter Gesundheits- und Sicherheitsstandards. Die Einführung des Fairtrade-Siegels trug entscheidend zum kommerziellen Erfolg des Fairen Handels bei. Das Siegel machte das Konzept supermarkttauglich. Die großen Marken konnten nun selektive Vereinbarungen für bestimmte Produktlinien schließen, ohne vollständig auf kapitalistischen Profit verzichten zu müssen. Und die Konsumenten mussten nicht gleich ihr Leben umkrempeln, die Fairness wurde nun häppchenweise angeboten.

Das Siegel hat die Machtverhältnisse innerhalb der Bewegung verschoben. Es ist nicht so, dass die Weltläden verschwunden wären oder dass die Kirchen aufgehört hätten, Fairtrade-Produkte zu verkaufen. Ganz im Gegenteil: Die meisten Kirchen in Bayern beispielsweise veranstalten regelmäßige Fairtrade-Märkte. Aber die Siegelorganisationen haben seit der Jahrtausendwende alle anderen Akteure hinter sich gelassen. Im Jahr 2007 hatten die »alternativen Handelsorganisationen« nur noch einen Anteil von weniger als 10 Prozent am Fairtrade-Umsatz. Sogar in Deutschland und den Niederlanden, wo zu jener Zeit mehr als tausend Weltläden gute Geschäfte machten, standen sie längst im Schatten von mehr als 30 000 Supermärkten, die »Fairtrade«-Produkte im Sortiment hatten.

Die Vielfalt ist auch beim ungleich verteilten Konsum des beliebtesten Fairtrade-Produkts zu beobachten: dem Kaffee. Niemand trinkt mehr Kaffee als die Skandinavier – in Finnland haben Arbeitnehmer sogar einen gesetzlichen Anspruch auf eine Kaffeepause –, die meisten Konsumenten in diesen Ländern meiden bisher jedoch die Fairtrade-Bohnen. Fairtrade-Kaffee wird vor allem von Brasilianern, US-Amerikanern und Briten getrunken. In Finnland entfallen nur lächerliche 0,4 Prozent der 12 Kilo Kaffee, die der durchschnittliche Konsument im Jahr trinkt, auf Fairtrade-Bohnen. Sind die Finnen weniger ethisch bewusste Konsumenten als die Angelsachsen? Wohl kaum. Vielmehr werden die nationalen Vorlieben von der Struktur des Einzelhandels und von den Trinkgewohnheiten geprägt, spontane Entscheidungen spielen dabei kaum eine Rolle. So sind beispielsweise die Finnen seit langem an eine Mischung aus mild gerösteten kolumbianischen und brasilianischen Bohnen gewöhnt, die angeblich besonders geeignet für das weiche finnische Wasser ist. Im vergangenen Jahrhundert wurde diese Mischung von den »Paula-Mädchen« beworben, die im Auftrag der Firma Paulig in traditionellen Trachten durch das Land reisten und den Konsumenten Ratschläge zur richtigen Zubereitung dieses »finnischen« Kaffees gaben (siehe Abbildung 18). Dies ist ein Beispiel dafür, wie ehemals »exotische« Güter aus fernen Weltregionen in den westlichen Ländern angeeignet, verwandelt und zu einem Teil der nationalen Identität gemacht wurden.[5] Die aromatischeren, handgepflückten Arabica-Bohnen, die von den Fairtrade-Anbietern bevorzugt werden, haben für viele finnische Kaffeetrinker einfach einen »unfinnischen« Geschmack. In Großbritannien und den Vereinigten Staaten verdankt der Fairtrade-Kaffee seine Verbreitung den Kaffeeketten und Supermärkten. Sie haben für den Konsumenten entschieden. In diesen Ländern ist es zudem in Mode gekommen, unterwegs in Cafés Espresso und andere Kaffeespezialitäten zu trinken, kleine Röstereien und Fairtrade-Bohnen haben hier eine Marktlücke erobert. In Finnland hingegen brauen und trinken die Menschen ihren Kaffee am liebsten zu Hause. Unterstützt wird dies dadurch, dass die »finnischen« Mischungen regelmäßig in Aktionsangeboten mit deutlichen Preisabschlägen auf den Markt geworfen werden. Und dort, wo große Discounter den Einzelhandel beherrschen – ein Beispiel ist Norwegen –, können sich Fairtrade-Produkte und jene kleinen Läden, die diese Erzeugnisse einzuführen versuchen, kaum behaupten.[6]

Das bedeutet jedoch nicht, dass die individuelle Entscheidung außer Acht gelassen werden kann. Die freie Wahl des Einzelnen als Instrument zur Förderung der Gerechtigkeit in den Handelsbeziehungen prägt die Fairtrade-Kampagnen seit den 1990er Jahren, als der Siegeszug der Fairtrade-Siegel begann. Es gab sowohl politische als auch kulturelle Gründe für den Aufstieg des ethischen Konsumenten. Der Zusammenbruch des Internationalen Kaffeeabkommens (1962–1989) der ICO (Internationale Kaffeeorganisation) und der damit verbundenen Exportkontrollen hinterließ ein Vakuum.[7] Die Verbraucher wurden aufgefordert, es zu füllen. Mit ihren Geldbörsen konnten sie den Kleinbauern helfen, die von der Weltpolitik im Stich gelassen worden waren.

Aber der Faire Handel profitierte auch vom wachsenden Misstrauen gegenüber den Unternehmen und dem Staat. Die Gesundheits-, Arbeitsschutz- und Umweltstandards der Unternehmen wurden unter die Lupe genommen und erwiesen sich als mangelhaft. Einer der vielen *causes célèbres* dieser Bewegung war Jonah Perettis Kampf, der Nike im Jahr 2000 dazu zwingen wollte, sein Paar Turnschuhe mit der Aufschrift »Sweatshop« zu versehen. Auf Kundgebungen beschworen Fairtrade-Aktivisten die altbekannte, radikale Vorstellung vom fetten Konzernchef herauf, der den rohen, selbstsüchtigen Neoliberalismus verkörperte. Und anders als in der Vergangenheit zeigten die Verbraucher nur eine geringere Bereitschaft, die Lösung der Probleme dem Staat anzuvertrauen. Sie nahmen den Verbraucherschutz nun selbst in die Hand und begannen, »gute« Unternehmen zu belohnen und »schlechte« zu boykottieren. Die Ethik wurde zu einem festen Bestandteil des Konsumverhaltens: Im Jahr 2011 erklärten zwei Drittel der deutschen Verbraucher in einer Umfrage, bei ihren Kaufentscheidungen regelmäßig ethische Kriterien anzuwenden.[8] Aber das Phänomen ist nicht überall gleichermaßen ausgeprägt. In liberalen Ländern wie Großbritannien haben die Verbraucher das Gefühl, den Markt beeinflussen zu können. In Norwegen hingeben glauben weniger als 10 Prozent der Konsumenten, dass ihre Stimme zählt: Die meisten von ihnen vertrauen darauf, dass der Staat die Probleme lösen wird.[9] Paternalistische Gesellschaften fördern das ethische Bewusstsein der Konsumenten nicht.

Die individuelle Entscheidungsfreiheit und Auswahlmöglichkeit versprach den Konsumenten, Einfluss auf die Welt nehmen zu können. »Menschen, die sich vom politischen System entmachtet fühlen«, schrieb der Chefredakteur von *New Consumer*, einer Monatszeitschrift für ethische Lebensführung, während der Kampagne »Make Poverty History« im Jahr 2005, »wissen, dass sie etwas bewirken können, indem sie Fairtrade-Güter kaufen ... Wir haben uns in diesen Schlamassel hineinkonsumiert, und wir können uns herauskonsumieren.«[10] Einkaufen wurde zur neuen Methode der demokratischen Teilhabe – und machte zugleich noch Spaß! Der Appell an das Gewissen wurde mit neuer Freude am Einkaufen verknüpft. Fairtrade präsentierte sich als »Lifestyle«-Bewegung. Sie versöhnte die Ethik mit dem Konsum. Die Werbeanzeigen glichen sich denen der Mainstream-Konsumkultur immer weiter an und weckten das Bedürfnis nach exotischen Luxusgütern und Schnäppchen. Das Schmuckunternehmen Brilliant Earth beispielsweise ermöglichte es seinen Kunden, »Luxus mit gutem Gewissen zu genießen«, indem es diesen einen »konfliktfreien« Diamantring anbot. Das größte Fairtrade-Unternehmen GEPA, das 1975 gegründet wurde und Weltläden beliefert, macht sich die Liebe der Deutschen zum Schnäppchen zunutze und bietet »Schätze der Welt« vergünstigt an.[11]

Der Fairtrade-Konsument passt demnach perfekt in die neoliberale Ära. Das bedeutet jedoch nicht, dass die individuellen Wahlmöglichkeiten die direkte Ursache für den Erfolg des Fairen Handels waren. Der Zusammenhang war eher indirekt. In den Werbekampagnen von Fairtrade-Towns diente die Figur des ethischen Konsumenten dazu, öffentliche Dienstleister, Einzelhändler und Lebensmittelproduzenten für den Fairen Handel zu gewinnen. Letztlich aber waren es die Großunternehmen und öffentlichen Einrichtungen, die dem Fairen Handel zum Durchbruch verhalfen. Im Jahr 2008 stellte der Zuckerproduzent Tate & Lyle, der Erfinder des Würfelzuckers, sein gesamtes Angebot für den Einzelhandel auf Fairtrade-Zucker um. Die britische Supermarktkette Morrisons nahm nur noch Fairtrade-Zucker ins Sortiment. Im Jahr darauf stieg auch Cadbury mit seiner Marke Dairy Milk um: Die Konsumenten der beliebtesten Schokolade Großbritanniens aßen von nun an ganz automatisch Fairtrade-Kakao. In den meisten Fällen wählten also die Hersteller im Namen der Verbraucher ethische Produkte aus. Selbstverständlich nutzten die Anbieter dies, um sich gegenüber ihren Kunden und Aktionären als ethische Unternehmen zu profilieren; mit individuellen

Entscheidungen beim Einkaufen hatte das aber nur wenig zu tun. In den Fairtrade-Towns änderten die jeweiligen Behörden vor Ort die kollektive Beschaffungspolitik, wobei ein Teil der Einwohner überhaupt nicht bemerkte, dass ihre Gemeinde zum Fairen Handel übergegangen war.[12] In den Niederlanden werden in den meisten Ministerien, Stadtverwaltungen und Schulen Fairtrade-Getränke angeboten. In Schweden wird der Fairtrade-Verband vom Staat subventioniert, in Frankreich können Fairtrade-Anbieter in den öffentlichen Medien ihre Werbung günstiger schalten. Im Jahr 2003 unterstützte die Stadt München eine »One World«-Initiative mit Fairtrade-Tee und -Kaffee in öffentlichen Gebäuden, im Olympiapark und im Tierpark Hellabrunn. Im Zuge dessen begannen auch Läden und Restaurants, vermehrt Fairtrade-Getränke anzubieten. Auch in der Schweiz hat die staatliche Unterstützung wesentlich dazu beigetragen, das Bewusstsein für Fairness im Welthandel zu wecken.[13]

Manche sehen im Fairen Handel einen Beleg dafür, dass wir uns heute mehr um weit entfernt lebende Menschen sorgen. Sie verstehen ihn als ethische Reaktion auf die Globalisierung. Die Philosophen streiten seit langem darüber, ob eine solche überhaupt möglich ist. David Hume erklärte, unser Mitgefühl sei auf die Menschen in unserer unmittelbaren Umgebung beschränkt; die Menschheit zu lieben, sei unmöglich. Friedrich Nietzsche drehte die Argumentation um und meinte, die Nächstenliebe sei selbstsüchtig und verderbt. Er verlangte, dass der Mensch *Fernsten-Liebe* zu weit entfernten und ungeborenen zukünftigen Menschen entwickeln müsse, eine höherwertige Liebe, die in ihrer höchsten Form auch »Sachen und Gespenster« erfassen werde.[14]

Offenkundig kommt es darauf an, was mit »Sorge« gemeint ist. Eine Banane mit Fairtrade-Siegel zu kaufen, um einem Kleinbauern am anderen Ende der Welt zu helfen, ist nicht dasselbe, wie sich tagein, tagaus um ein Kind oder einen alten Menschen zu kümmern. »Für jemanden zu sorgen«, ist anstrengender als sich »um jemanden zu sorgen«.[15] Die erste Art von Fürsorge erfordert direkten Kontakt und ein Verständnis der Bedürfnisse und Fähigkeiten der Person, für die man sorgt. Der Faire Handel hingegen erzeugt eine distanziertere, flüchtige Beziehung, in der wir oft eine verzerrte Vorstellung von den Menschen entwickeln, um die wir uns sorgen. Wenn Konsumenten in den reichen Ländern aufgefordert werden, Fairtrade-Produkte zu kaufen, wird häufig ein Bild von machtlosen, abhängigen Produzenten in den armen Ländern gezeichnet. Im Jahr 2007 stand in Fairtrade-Werbeanzeigen neben einem Bild eines hungernden afrikanischen Kindes folgender Text: »Du entscheidest – denn dieses Kind hat keine Wahl.«[16] Die Fähigkeiten der Kleinbauern verschwanden fast vollkommen aus dem Blickfeld, und dasselbe galt für die Tatsache, dass diese ihrerseits selbst Konsumenten sind. Und obwohl diese Kampagnen in gewissem Sinn die Entfernung zu den Menschen in den Entwicklungsländern verringert haben, besteht eine ihrer Nebenwirkungen darin, dass sie ein neues Gefühl der Distanz zwischen den »mächtigen Konsumenten« in der nördlichen Hemisphäre und den »machtlosen Produzenten« in der südlichen Hemisphäre wecken.

In Wahrheit hängt der Faire Handel ebenso an den südlichen wie den nördlichen Konsumenten. In Brasilien wurde er im Jahr 2002 der »Bewegung für ländliche Solidarität« aufgepfropft: Die Regierung half den Bauern mit Vorschüssen und ermutigte sie, nicht für Nordamerikaner und Europäer, sondern für die brasilianischen Konsumenten zu produzieren. Auch in den afrikanischen Ländern wird nicht nur produziert, sondern auch konsumiert: Die Hälfte der in Afrika erzeugten Fairtrade-Güter bleibt auf dem Kontinent.[17]

Heute ist der Faire Handel Ausdruck der Widersprüche der Globalisierung. Je länger die Lebensmittelproduktionskette wurde, desto weniger wussten die Verbraucher über die Menschen, die ihre Lebensmittel erzeugten. Gleichzeitig wuchs die Welt zusammen, die Notlage von Mitmenschen in fernen Weltregionen wurde greifbarer. Die Spannung zwischen diesen beiden Kräften kann bis ins 18. Jahrhundert und noch weiter zurückverfolgt werden. Neu ist, dass es im Zeitalter der digitalen Medien fast unmöglich ist, sich Bildern von Armut, Hunger und Gewalt zu entziehen, so weit entfernt sie auch sein mögen.[18] Fairtrade bietet eine relativ einfache Möglichkeit, die Anteilnahme in praktisches Handeln umzusetzen. Das ist zweifellos weniger anspruchsvoll, als beispielsweise ein Fünftel des eigenen Einkommens für die Hungerhilfe zu opfern oder sich als Freiwilliger zu engagieren. Dennoch ist der ethische Konsum in Wahrheit alles andere als einfach. Er leidet im Allgemeinen unter einer paradoxen Kluft zwischen Gefühl und Handeln. Die europäischen und nordamerikanischen Konsumenten betonen in einer Umfrage nach der anderen ihre hohen ethischen Standards. In einer MORI-Umfrage im Jahr 2000 erklärte jeder zweite Europäer, er sei bereit, für ethisch unbedenkliche Produkte mehr zu bezahlen. Die französischen Verbraucher bekundeten die Bereitschaft, bis zu 25 Prozent mehr für Kleidung zu zahlen, die mit Sicherheit nicht von Kindern angefertigt worden sei. Und dennoch machen die ethischen Produkte (der Großteil entfällt auf Fairtrade-Produkte) in der realen Einkaufswelt nur ein winziges Stück des Kuchens aus. Wie ist dieser Widerspruch zu erklären?

Dass sich die Menschen gerne in einem vorteilhaften Licht betrachten, jedoch Schwierigkeiten haben, ihre guten Absichten in die Tat umzusetzen, ist eine kaum überraschende Erkenntnis. Aber Heuchelei ist keine ausreichende Erklärung für die Kluft zwischen Anspruch und Realität. Der Faire Handel hat mit einem ungünstigen Verhältnis zwischen Einsatz und Wirkung zu kämpfen, genauer gesagt mit einem ungünstigen Verhältnis zwischen einer lokalen Aktivität in kleinem Maßstab (dem Einkaufen) und einem gewaltigen globalen Problem, das seine Ursache im Welthandelssystem und der Ungleichheit hat. Ein Mensch muss nicht hartherzig sein, um zu bezweifeln, dass man die Armut in der Welt besiegen kann, indem man ein paar Cent mehr für ein Produkt ausgibt. Manche Konsumenten fühlen sich einfach überfordert. »Das sollte nicht dem Verbraucher überlassen werden«, sagte eine Britin einem Forscher, der vor kurzem eine Studie zum Fairtrade durchführte. »Die Regierungen sollten für Fairness im Handel mit anderen Ländern sorgen. Das können wir Verbraucher nicht schaffen, indem wir einer Schokolade den Vorzug vor einer anderen geben.«[19] Andere spenden lieber für wohltätige Zwecke. Die Deutschen beispielsweise investieren im Durchschnitt mehr als das Dreißigfache dessen, was sie für Fairtrade-Produkte ausgeben, in humanitäre Hilfe.[20] So bedeutsam das Einkaufen für die Identität der Menschen auch sein mag, es ist vollkommen falsch, zu glauben, die Ethik komme heute vorwiegend an der Kasse zum Ausdruck. Darüber hinaus buhlen zahlreiche Initiativen und Marken auf dem Markt für ethisch korrekte Angebote um die Aufmerksamkeit der Kunden. Für manche Menschen hat Hilfe für notleidende Kinder, der Tier- oder Umweltschutz Vorrang vor der Sorge um weit entfernt lebende Menschen.

Beim Einkaufen sind tief verwurzelte Gewohnheiten handlungsleitend. Für eine Studie wurde das Verhalten von Konsumenten im belgischen Gent unter realitätsnahen Bedingungen beobachtet, um festzustellen, wie viel mehr sie für Fairtrade-Produkte zu bezahlen bereit waren. Es stellte sich heraus, dass nur 10 Prozent der Versuchsteilnehmer bereit waren, den Worten auch Taten folgen zu lassen und einen Aufpreis von 27 Prozent für das Fairtrade-Siegel zu bezahlen. Diese Personen waren zwischen dreißig und fünfzig Jahren alt, überdurchschnittlich gebildet und idealistisch. In anderen Studien hat sich gezeigt, dass Frauen, Lehrer, bekennende Christen und Personen mit hohem Einkommen unter den Käufern von Fairtrade-Produkten überrepräsentiert sind. Für die Mehrheit der Konsumenten haben Geschmack, Preis und vor allem die Marke den Vorrang vor dem Fairtrade-Siegel.[21] Im wirklichen Leben sind die Menschen nicht daran gewöhnt, täglich neue Konsumentscheidungen zu fällen. All das entbehrt nicht einer gewissen Ironie. In den Fairtrade-Kampagnen wird die individuelle Auswahlmöglichkeit als der beste Weg zum ethischen Konsum bezeichnet. Aber ethische Erwägungen sind, wie auch die Preisempfindlichkeit, nur ein Teil dessen, was im Kopf eines Konsumenten vorgeht. Um sich einen neuen, ethischen Lebensstil aneignen zu können, müssten Menschen auch tief verwurzelte Gewohnheiten ändern.

Der Faire Handel ist eine gesellschaftliche Bewegung, und dass er die Aufmerksamkeit der Gesellschaft erlangt hat, verdankt er ebenso seinem politischen Versprechen wie der Attraktivität der eigentlichen Produkte. So wie die Boykotte ist er ein Aushängeschild einer neuen Art von »Lebensstilpolitik«, die als typisch für die »Spätmoderne« bezeichnet wird und in der das Persönliche politisch wird.[22] Das Alltagsleben ist die neue Arena, in der die bürgerlichen Tugenden ausgelebt werden können, in der man sich untereinander beratschlagt, in der Überzeugungen vertreten und eine neue Verbindung zwischen dem Lokalen und dem Globalen hergestellt werden können. Was die Wirkung auf das politische Leben anbelangt, so sind die Meinungen geteilt. Auf der einen Seite gilt der politische Konsum als Möglichkeit, bisher passiven Menschen eine Stimme zu geben. Die Konsumenten, so die Prognose, werden zu Bürgern und erschließen damit neue politische Räume unterhalb und jenseits des

Nationalstaats. Auf der anderen Seite existiert die Sorge, der politische Konsum könne den etablierten Institutionen Energie entziehen, nämlich wenn Boykotte an die Stelle von Wahlen treten und Konsumentennetzwerke den Platz von Parteien und Parlamenten einnehmen.

Zweifellos sind heute mehr Menschen als politische Konsumenten aktiv als noch vor einer Generation. So hatten beispielsweise im Jahr 1990 22 Prozent der Dänen mindestens einmal in ihrem Leben an einem Boykott teilgenommen. Bis 2004 hatte sich dieser Anteil mehr als verdoppelt. Dennoch ist keine der beiden Prognosen Realität geworden. In Großbritannien engagieren sich vor allem Personen für Fairen Handel, die bereits zuvor politisch aktiv waren. Und der politische Konsum dürfte auch keine »Verdrängungswirkung« haben. Eine Umfrage unter 1000 jungen Erwachsenen in Brüssel und Montreal förderte zutage, dass sich »politische Konsumenten« doppelt so häufig politischen Gruppen und Parteien anschlossen wie der Durchschnittsverbraucher. Sie nahmen eine kritische Haltung gegenüber den politischen Institutionen ein, hatten gleichzeitig jedoch großes Vertrauen in ihre Mitbürger. »Neue« und »alte« Politik verstärkten einander.[23]

Der steinige Weg zum Fairen Handel

Der Faire Handel hat nicht nur mit steigenden Umsätzen Aufmerksamkeit erregt, sondern auch, weil er als Ausdruck einer neuen globalen Ethik betrachtet wird. Oftmals wird angenommen, dass am Ende des 20. Jahrhunderts eine neue moralische Ökonomie entstanden ist. Aber das ist eine vollkommen falsche Vorstellung von Vergangenheit und Gegenwart. Der Faire Handel tauchte nicht aus dem Nichts auf. Um seine Attraktivität, sein Potential und seine Widersprüche zu verstehen, müssen wir seine Geschichte beleuchten. Die Siegelinitiativen waren das Ergebnis eines langjährigen Wandlungsprozesses, in dem die Verbraucher dazu angehalten wurden, Verantwortung für die Auswirkungen ihres Konsumverhaltens auf weit entfernte Menschen zu übernehmen. Heute wird im Fairen Handel die individuelle Auswahlmöglichkeit und Entscheidungsfreiheit propagiert, aber er schöpft aus einem moralischen Reservoir, das in den vergangenen zwei Jahrhunderten angelegt wurde.

Als sich die politischen Konsumenten in der Moderne in Marsch setzten, folgten sie nicht einem geradlinigen Weg zum globalen Mitgefühl. Ihr Gefühl der Verantwortung gegenüber den Produzenten in Entwicklungsländern wurde von Imperien und Nationen ebenso wie vom Liberalismus geprägt und beschränkt. Im 18. Jahrhundert führten die internationalen Güterströme den Menschen in aller Welt ihre wechselseitige Abhängigkeit vor Augen. Kein anderes Produkt veranschaulichte die moralische Verbindung zwischen Produzent und Konsument so gut wie der Zucker.

Im Jahr 1791 lehnte das britische Parlament eine Gesetzesvorlage zur Beendigung des Sklavenhandels ab und löste damit eine Boykottwelle gegen Zucker aus, der auf Sklavenplantagen erzeugt wurde. Diese Boykotte waren Ausdruck eines neuen moralischen Anspruchs – und seiner Grenzen. Die Betreiber der Boykotte wollten den britischen Sklavenhandel beenden, nicht die Sklaverei. Unter politischen Gesichtspunkten war diese Strategie durchaus sinnvoll. Schließlich versuchten die Abolitionisten, die britische Politik zu verändern und britische Seelen zu retten. Indem sie den Sklavenhandel aber als nationale Sünde bezeichneten, endete die persönliche Ethik jedoch an den Grenzen des Empire. Nachdem Großbritannien den Sklavenhandel im Jahr 1807 verboten und seine Sklaven 1833 befreit hatte, schwand die Motivation zum Aktivismus, obwohl die Sklaverei anderswo weiterbestand. Und dieselben Menschen, die den Zucker von den Westindischen Inseln boykottiert hatten, trugen weiterhin Kleidung, die aus von Sklaven geernteter Baumwolle erzeugt wurde, und rauchten Tabak von den Plantagen der amerikanischen Südstaaten. Die wenigsten Abolitionisten übertrugen ihr Gefühl der Verantwortung als Konsumenten auf ferne Produzenten.[24]

Die Spannung zwischen persönlicher und nationaler Verantwortung wurde auf zwei sehr unterschiedliche Arten bewältigt. Die Liberalen befürworteten den Freihandel, der allen Produzenten ungeachtet ihres Herkunftslandes gleiche Chancen gab, ihre Waren für den bestmöglichen Preis zu verkaufen. In gewissem Sinn war der Freihandel in der viktorianischen und edwardianischen Zeit der Ursprung des Fairen Handels. Die Befürworter des Freihandels verknüpften den Konsum mit einer Ethik der Wechselseitigkeit und beriefen sich auf die goldene Regel: Behandle andere so, wie du von ihnen behandelt werden willst. Aber während der Freihandel eine moralische Haltung global ausweitete, machte er diese in der Praxis zugleich unpersönlicher: Die Konsumenten wurden jeder direkten Verantwortung für das Wohlergehen ferner Produzenten enthoben. Wenn andere Länder Handelshindernisse errichteten und menschenunwürdige Arbeitsbedingungen hinnahmen, war das ihr Problem. Das Beste, was Großbritannien tun konnte, war, seine Grenzen zu öffnen und mit gutem Beispiel voranzugehen. Einige wenige Radikale glaubten, der Freihandel werde bei den Konsumenten »größeren Respekt für die Lebensqualität« weit entfernt lebender Menschen wecken und sie Schritt für Schritt dazu bewegen, unter akzeptablen Bedingungen erzeugten Gütern den Vorzug zu geben.[25] Allerdings blieb unklar, wie das geschehen sollte. Und den meisten Konsumenten genügte es, dass sie billige Güter kaufen konnten.

Die liberale Bewegung erreichte ihren Höhepunkt vor dem Ersten Weltkrieg. Nach dem Krieg setzte sich dann eine rivalisierende konservative Strategie durch. Die Verteidiger des Empire entdeckten die Macht der Konsumenten. Die britischen Hausfrauen wurden mit dem Schlachtruf »Buy Empire« aufgefordert, imperiales Pflichtgefühl zu beweisen und beim Einkaufen an ihre Landsleute in den Kolonien zu denken. Die britischen Konsumenten sollten Solidarität mit den Produzenten in den fernen Winkeln des Empire zeigen, indem sie deren Erzeugnisse, die ein wenig teurer waren, auswählten. Natürlich dienten diese Kampagnen einem ganz anderen Zweck als der heutige Faire Handel. Sie waren ethnisch motiviert und sollten vor allem weißen Landwirten in Kanada und Australien helfen, nicht den fernen Produzenten im Allgemeinen oder den ausgebeuteten Tagelöhnern in den Kolonien im Besonderen. Insofern war das Konzept enger definiert. In einem anderen Sinn war es jedoch weniger einseitig als das moralische Weltbild der Gegenwart. Denn es trug der Tatsache Rechnung, dass die weit entfernten Produzenten selbst auch Konsumenten waren. Äpfel aus Kanada zu kaufen war deshalb wichtig, weil man so die Kanadier in die Lage versetzte, ihrerseits mehr Fertigwaren aus Manchester und Birmingham zu kaufen. Die von den Betreibern der Kampagne »Buy Empire Goods« angewandten Methoden waren denen der heutigen Fairtrade-Kampagnen bemerkenswert ähnlich. Messen, Paraden und Verkaufsstände gaben der Produktionskette ein menschliches Gesicht. Mit Back- und Nähwettbewerben wurde für Produkte aus den Kolonien geworben, und die Verbraucher erhielten Gelegenheit, kenianischen Kaffee zu kosten.[26]

Am Ende war es nicht der friedliche Handel, sondern der Krieg, der die moralische Geographie auf die globale Ebene hob. Schon in den 1930er Jahren gelangte der Völkerbund zu dem Schluss, dass man die Ernährung der Verbraucher auf einem Kontinent nur verbessern konnte, indem man auch die Situation der Produzenten auf einem anderen verbesserte.[27] Schließlich gründeten Genossenschaften im Jahr 1937 eine internationale Allianz, die zentrale Einkäufe vornahm und nationale Überschüsse absetzte. Der Zweite Weltkrieg machte den Menschen rund um den Globus ihre wechselseitige Abhängigkeit schmerzhaft bewusst. Und er gab den Anstoß zur Einrichtung einer globalen Organisation, welche die Bedürfnisse und die Versorgung mit Gütern weltweit koordinieren sollte. Doch der Kalte Krieg setzte diesen Bestrebungen Grenzen, und die Ernährungs- und Landwirtschaftsorganisation der Vereinten Nationen (FAO) musste sich darauf beschränken, die jeweiligen Lebensstandards zu heben, anstatt zu versuchen, den Hunger in der Welt durch einen globalen Ernährungsplan zu besiegen. Der Vormarsch einer globaleren Ethik der Fürsorge überdauerte diesen institutionellen Fehlschlag jedoch. »Wäre vor fünfzig Jahren irgendjemand auf den Gedanken gekommen, dass es ein Ernährungsproblem der *Welt* gibt?«, fragten in den 1950er Jahren britische Hilfsorganisationen. »Als in Indien [im Jahr 1876] eine Hungersnot wütete oder als in Irland [im Jahr 1845] der Kartoffelmehltau zuschlug, hörten die Menschen in anderen Ländern von den Versorgungsproblemen *Indiens* oder *Irlands*.« Von einem »globalen Ernährungsproblem, das die *Welt* lösen sollte«, war damals keine Rede.[28]

Dieses strukturelle Verständnis der ungleichen Nahrungsverteilung wurde durch eine Diagnose der unfairen Handelsbeziehungen zwischen den Entwicklungsländern und den Industrieländern ergänzt. Hans Singer und Raúl Prebisch, zwei Volkswirte der Vereinten Nationen, beschrieben im Jahr 1949, wie sich der entwickelte Norden vom unterentwickelten Süden ernährte.[29] Um den Entwicklungsländern zu helfen, wurden verschiedene Vorschläge gemacht, die von Zöllen auf nationaler Ebene bis zu internationalen Vereinbarungen reichten, mit denen man den Preisschwankungen, die in den Zwischenkriegsjahren verheerenden Schaden angerichtet hatten, mit Hilfe von Pufferbeständen und Produktionsquoten für Güter wie Weizen (1949–1970) und Kaffee (1962–1989) ein Ende machen wollte. Diese strukturelle Sicht auf den Welthandel bereitete Konsumenten und Ökonomen gleichermaßen Kopfzerbrechen: Was, wenn die Verbraucher in den reichen Ländern ihr billiges Frühstück der Armut der Bauern in der südlichen Hemisphäre verdankten? Um etwas gegen die Armut in der Welt zu tun, würde es dann nicht mehr genügen, auf individueller Ebene wohltätig zu sein. Christliche Missionen, Jugendgruppen und Dritte-Welt-Bewegungen wurden von einem neuartigen Aktivismus erfasst, der das Bedürfnis ausdrückte, den Überfluss in den reichen Ländern zu hinterfragen.

Eines der ersten Ergebnisse des neuen Aktivismus war der Charity Shop. Im Jahr 1947 eröffnete das von Quäkern betriebene Famine Relief Committee Oxford (Oxfam) in der Broad Street seinen ersten Laden, der anfangs Sachspenden für griechische und deutsche Flüchtlinge sammelte. Altkleidersammlungen und die Spendensammlung für Hungernde durch den Verkauf von Karten und Geschenken hatte es bereits in spätviktorianischer Zeit gegeben, aber das waren isolierte Aktionen gewesen. Neu an Oxfam war, dass die Organisation das Einkaufen zu wohltätigen Zwecken zu einem eigenständigen Geschäftsmodell machte. Die Einnahmen wurden in weitere Läden und aggressive Marketingkampagnen gesteckt. Bis 1966 entstanden 50 Läden, und nur sieben Jahre später waren es bereits mehr als 500. Im ersten Jahrzehnt seines Bestehens schickte Oxfam britische Güter an Hilfsbedürftige und Flüchtlinge im Ausland, statt exotische Güter an britische Verbraucher zu verkaufen. Die Ströme liefen also genau in die entgegengesetzte Richtung, und nicht in jene, die uns vom heutigen Fairen Handel bekannt ist. In den Vereinigten Staaten hatten Mennoniten jedoch schon im Jahr 1946 begonnen, bestickte Textilien aus Puerto Rico zu verkaufen. Und in Großbritannien kündigte sich die Veränderung 1959 an, als Pastor Ludwig Stumpf vom Lutherischen Weltbund in Oxford eintraf. Stumpf hatte aus Hongkong Nadelkissen und bestickte Schachteln mitgebracht, die chinesische Flüchtlinge in der Kronkolonie angefertigt hatten. Diese Handwerkserzeugnisse wurden im

Oxfam-Laden in Huddersfield verkauft. Zwei Jahre später wurden beim Weihnachtsverkauf afrikanische und chinesische Handarbeiten angeboten. Die afrikanischen Perlen und Verzierungen hatte Tristram Betts, ein ehemaliger Kolonialbeamter mit progressiven Neigungen, aus dem Protektorat Betschuanaland beschafft. In den 1970er Jahren begegnete man überall Handwerkskunst aus Indien und Bangladesch.

Der ethische Konsum hatte einen christlich-kolonialen Hintergrund. In den britischen Oxfam-Läden wurden Wandteppiche angeboten, die im indischen Bundesstaat Gujarat von Witwen und Menschen mit Behinderung in Missionswerkstätten angefertigt wurden. Die Gründer des ersten niederländischen Fairtrade-Siegels waren ein Missionar aus Oaxaca in Mexiko und ein Volkswirt der ökumenischen Entwicklungsagentur Solidaridad. Die Hälfte des Umsatzes der 1975 gegründeten Handelsorganisation von Oxfam entfiel auf Produkte aus den Entwicklungsländern. Oxfam ist ein gutes Anschauungsbeispiel dafür, wie sich Mittel und Zweck des Helfens durch Einkaufen in dieser Zeit wandelten. Anfangs diente der Verkauf exotischer Handwerkserzeugnisse vor allem dazu, Geld für Oxfam und seine Hilfsprogramme zu beschaffen – niemandem war in den Sinn gekommen, die Produzenten fair zu entlohnen. Auf den Gedanken, dass der Handel selbst ebenfalls fair sein sollte, kam man erst später. Ende der 1960er Jahre begannen einige Mitglieder, Oxfam der Heuchelei zu bezichtigen; sie warfen der Organisation vor, billig einzukaufen und teuer zu verkaufen. Erst in den 1970er Jahren setzte sich ein neues Modell durch, das darin bestand, die Erzeugnisse im Westen zu verkaufen, um den Kunsthandwerkern in den Entwicklungsländern zu helfen.

Die beiden Gruppen, die mehr als alle anderen Akteure zum Übergang von der Wohltätigkeit zur Gerechtigkeit im Handel beitrugen, waren die christlichen Jugendorganisationen und Studenten. Eine besonders wichtige Rolle spielten sie in den Niederlanden und Deutschland, wo in den 1970er Jahren überall Weltläden aus dem Boden schossen. Der erste war im April 1969 in Breukelen bei Utrecht eröffnet worden. Zwei Jahre früher hatten Mitglieder der katholischen Jugendorganisation SOS (Steun voor Onderontwikkelde Streken) begonnen, Holzschnitzarbeiten aus den Elendsvierteln von Port-au-Prince sowie Aschenbecher aus Bambus und andere Handwerkserzeugnisse von den Philippinen zu importieren. Das Motto der Weltläden lautete zu jener Zeit »Trade not aid«. In den Niederlanden hatten einige Aktivisten begonnen, auf der Straße Rohrzucker aus der Karibik in Plastikbeuteln zu verkaufen.[30] Anfang der 1970er Jahre eröffneten die ersten Weltläden in Deutschland, wo sie anfangs Dritte-Welt-Läden hießen, bevor sie diese hierarchische Bezeichnung aufgaben und den heute üblichen Namen übernahmen, der das Bemühen um Gleichstellung ausdrückt. Unverzichtbar für die Verbreitung des Konzepts waren die Kirchen, die im Gottesdienst über die Entwicklungsländer sprachen. Anschließend konnten die Gläubigen beispielsweise Körbe aus Bast kaufen, die von Missionaren aus Papua-Neuguinea mitgebracht worden waren. Missionen sorgten auch für die Verbreitung des Kaffees, der von Kooperativen in Tansania produziert wurde. In Italien verkauften die Botteghe Handwerkserzeugnisse, die von italienischen Missionaren aus Brasilien in die Heimat geschickt wurden. Die Kirchen trugen wesentlich zum ethischen Charakter des Fairen Handels bei: In ihren Händen wirkten die Produkte moralisch rein, unbefleckt vom Blut und Schweiß des globalen Güteraustauschs.

Der erste Fairtrade-Laden einer Region entstand häufig in Universitätsstädten wie beispielsweise Göttingen oder Freiburg. Aber die Bewegung erreichte auch kleine Ortschaften und Gymnasien. Im beschaulichen Schorndorf bei Stuttgart organisierten junge Christen vom CVJM während des Stadtfestes im Jahr 1972 Unterstützungsveranstaltungen für Nigeria. Am zweiten Adventssonntag desselben Jahres stellten Schüler des örtlichen Gymnasiums Texte und Handwerkskunst aus, um die Verbindung zwischen reicher und armer Welt zu veranschaulichen. Auf einem Poster wurde gefragt, ob es nicht an der Zeit wäre, dass Schorndorf eine Partnerschaft mit einer Stadt in einem Entwicklungsland eingehe. In Hildesheim verkauften katholische und protestantische Jugendliche im Jahr 1969 Erdnüsse, drei Jahre später wurde in einem Kuhstall der erste Weltladen eröffnet, auf den kurz darauf ein Lateinamerikamarkt in einer ehemaligen Fischhandlung folgte; er zählte zu den ersten, die sich der Stiftung El Puente anschlossen, die Fairtrade-Handwerksartikel importierte. Anfang der 1980er Jahre gab es in ganz Deutschland mehr als 300 Weltläden, die von mehr als 2000 Aktionsgruppen unterstützt wurden.[31]

Der gerechte Handel profitierte von mehreren Faktoren. Da war erstens eine religiöse Hinwendung zur globalen Solidarität. In den 1950er Jahren organisierten katholische und protestantische Jugendverbände Aktionsgruppen und fasteten, um auf das Leid der Hungernden in aller Welt aufmerksam zu machen. Von diesen Aktionen war es nur ein kleiner Schritt zum Verkauf von Dritte-Welt-Gütern, um die Gesellschaft auf den Kampf gegen den Hunger aufmerksam zu man, wie es protestantische Jugendorganisationen bei ihrem Hungermarsch im Jahr 1970 taten. Kirchenführer setzten sich nachdrücklich für Gerechtigkeit im Welthandel ein. Ein fairer Handel werde die Entwicklungshilfe überflüssig machen, erklärte der Bischof von Recife in Brasilien. Papst Paul VI. stellte im Jahr 1967 in seiner Enzyklika *Populorum progressio* (Über die Entwicklung der Völker) das zentrale Prinzip des Liberalismus in Frage: Preise, die sich frei auf dem Markt bildeten, seien für alle Beteiligten vorteilhaft, wenn diese relativ gleichberechtigte Positionen einnähmen, aber in einer ungleichen Welt würden sie zu unfairen Ergebnissen führen. »Die soziale Gerechtigkeit fordert, daß der internationale Warenaustausch, um menschlich und sittlich zu sein, zwischen Partnern geschehe, die wenigstens eine gewisse Gleichheit der Chancen haben.«[32] Als Kardinal hatte er in Brasilien und Afrika mit eigenen Augen tiefe Armut gesehen. Faire Bedingungen im Welthandel waren die globale Erweiterung des Rechts auf angemessenen Lohn. Entscheidend war, dass diese Kritik die materielle Armut im Süden mit der moralischen Armut im Norden verknüpfte, wo die Liebe zum Besitz die Liebe zum Mitmenschen verdrängt habe. In Großbritannien zeigte sich die Hilfs- und Entwicklungsorganisation Christian Aid bei Erntedankfesten ähnlich kritisch gegenüber der »Konsumgesellschaft«.

Zweitens konnte dieses alternative Handelskonzept mit dem Kampf für eine gesellschaftliche Alternative im eigenen Land verknüpft werden. Dieser Kampf nahm verschiedene Formen an: Manche Aktivisten riefen nach einem einfacheren Leben. In Deutschland organisierte die Gruppe Kritischer Konsum 1969 und 1970 jeweils zu Weihnachten Kampagnen, in denen die Aktivisten Gelegenheitskirchgänger dafür kritisierten, dass sie ein paar Mark für »Brot für die Welt« spendeten, gleichzeitig jedoch große Mengen an Schokolade verschlangen, die man »nur so billig kaufen kann, weil der Bauer in Kamerun oder Ghana einen Hungerlohn für seinen Kakao bekommt«.[33] Das Weihnachtsfest zeige, dass die Armut im Süden und »die organisierte Orgie verschwenderischen Konsums« im Norden zwei Seiten derselben Medaille seien. Gerechtigkeit im Welthandel war folglich kein externes Phänomen, sondern sie verlangte von den Menschen im Westen, dass sie sich von den Traumwelten und der Manipulation durch Werbung und Hersteller lösten.

Beide Entwicklungen verdanken ihre Dynamik nicht zuletzt einem dritten Faktor: der Ausweitung des Studentenaktivismus und der antikolonialen Politik. Wie die sozialen Bewegungen und die Friedensbewegung der 1960er und 1970er Jahre profitierte der Faire Handel von der beispiellosen Ausweitung der höheren Bildung in jenen Jahren. Die Entkolonialisierung rückte die »Dritte Welt« in den Blickpunkt der westlichen Öffentlichkeit. Die Unterstützung für die Entwicklungsländer begann mit der Solidaritätskampagne für Algerien im Jahr 1954 und erreichte ihren Höhepunkt mit der Unterstützung für die sandinistische Revolution in Nicaragua in den 1980er Jahren. Die Weltläden waren ein Ausdruck dieser Solidarisierung, die Boykottbewegung war ihr Rekrutierungsreservoir. Das niederländische Netzwerk von Weltläden setzte sich an die Spitze des Boykotts gegen angolanischen Kaffee im Jahr 1972 und der Solidaritätsbewegung für Vietnam und Surinam im folgenden Jahr. Überall tauchten nun Weltläden auf; im Jahr 1974 stieg ihre Zahl auf fast 200.[34] Eine ähnliche Wirkung hatten die deutschen Kampagnen für Nica-Kaffee und »Jute statt Plastik« in den 1980er Jahren. Überall in den westlichen Ländern wurde die Apartheid mit Boykotten gegen südafrikanisches Obst bekämpft. Der niederländische Fairtrade-Verband entlehnte die Bezeichnung »Max Havelaar« für seine Siegelinitiative einem Roman aus dem Jahr 1860, in dem der Kampf gegen die Verbrechen der Kolonialherren auf Java geschildert wird. (Sonderbar ist, dass sich eine Bewegung mit globalen Ambitionen für diesen nur in den Niederlanden geläufigen Namen entschied.) Aber es drehte sich nicht alles um den Widerstand von unten. Das Interesse an den Entwicklungsländern wurde von den westeuropäischen Regierungen und Kirchen aktiv unterstützt, wobei es ihnen anfangs darum ging, der »Roten Gefahr« zu begegnen und die Jugend auf ihre Seite zu ziehen. In den 1970er Jahren wurde in der Bundesrepublik ein eigenes Ministerium für Entwicklungspolitik eingerichtet.[35]

Auch in den Vereinigten Staaten fand die Bewegung für ein einfaches Leben ihre Anhänger. Aber hier brachte die Auseinandersetzung mit den Problemen der Entwicklungsländer auch Bewegungen hervor, die eine Änderung der politischen Strukturen anstrebten. Im Gefolge der Öl- und Lebensmittelkrise Anfang der 1970er Jahre verknüpfte das ökumenische Netzwerk »Bread for the World« Hungerhilfe und gerechten Handel im Ausland mit der Unterstützung von Arbeitern und Armen daheim. »Ein bescheidenerer Lebensstil kann ein wirkungsvolles Mittel im Kampf gegen den Hunger sein«, schrieb Arthur Simon, der Leiter der Organisation, im Jahr 1975. Das aber sei nur möglich, wenn dieser von einer besseren staatlichen Steuerung von Produktion und Verteilung der Güter begleitet werde. Der Lebensstil könne den Menschen »ein falsches Gefühl der Erfüllung« vermitteln, erklärte Simon. Auf den Verzehr von Fleisch oder das Fernsehen zu verzichten, könne für den Einzelnen »moralisch befriedigend« sein, sei an sich jedoch nicht geeignet, mehr Essen auf den Tisch der Armen der Welt zu bringen. Schlimmer noch, möglicherweise werde ein solches Verhalten »lediglich Menschen arbeitslos machen«. Daher brauche man einander ergänzende internationale und nationale Eingriffe. Der Westen müsse die Zölle senken und den ärmsten Ländern die Meistbegünstigung und Mindestpreise zugestehen. Daheim in den Vereinigten Staaten müsse die Regierung ihren Bürgern einen Arbeitsplatz garantieren und ihre »wirtschaftlichen Grundbedürfnisse« erfüllen. »In erster Linie brauchen wir keine Anreize zu weniger persönlichem Konsum, sondern für einen höheren persönlichen Anteil am amerikanischen Wirtschaftswachstum«, erklärte Simon.[36] In den westeuropäischen Wohlfahrtsstaaten könnten es sich radikale Studenten eher leisten, vom einfachen Leben zu träumen, da sie »sicheren Boden« unter den Füßen hätten. In den Vereinigten Staaten, wo die Sozialleistungen weniger umfangreich seien, dürfe man die Umverteilung ausklammern.

Heute zählt Großbritannien (mit Ausgaben von 30 Euro pro Person im Jahr 2015) zu den weltweit führenden Märkten für Fairtrade-Produkte, aber in den 1960er und 1970er Jahren hinkte es hinter den Niederlanden und Deutschland her. Woran lag das? Schließlich war es wie die Niederlande eine Handelsnation mit imperialer Vergangenheit, und in Großbritannien hatte die Kritik am Kolonialismus vermutlich eine noch größere Tradition. Auf den britischen Inseln gab es wie im übrigen Westeuropa Wohlstand, radikale Studenten und eine Gegenkultur. Zwar gab es in Großbritannien Organisationen wie Traidcraft und Christian Aid, aber das Fairtrade-Konzept setzte sich dort erst in den 1990er Jahren durch. Der Grund dafür war, dass die Rückkehr des ethischen Konsumenten mit der Krise der sozialen Bewegung zusammenfiel, die in der Vergangenheit der natürliche Vorreiter des ethischen Konsums gewesen war: der Genossenschaften. In den 1960er und 1970er Jahren verloren die Genossenschaften Mitglieder und mussten unter dem Druck der Supermärkte ihre Läden schließen. Als Journalisten im Jahr 1973 in einer Fernsehsendung enthüllten, dass eine Tasse Tee in Großbritannien so billig war, weil die Arbeiter auf den Plantagen die Teeblätter unter menschenunwürdigen Bedingungen ernten mussten, reagierte ein Teil der Mitglieder empört, weil auch die Plantagen der Genossenschaften betroffen waren. Dennoch wurden die Preise weiter gesenkt. Erst in den 1990er Jahren begriffen die Genossenschaften, dass sich Ethik gut verkaufte, und zur Jahrtausendwende schließlich führten sie in allen ihren Läden Fairtrade-Produkte ein.[37]

Welche Lehren können aus der Betrachtung des heutigen Fairen Handels im historischen Kontext gezogen werden? Zunächst, dass der Faire Handel nur die letzte Welle in einem langfristigen Auf und Ab der Bemühungen um eine moralische Wirtschaft ist. Es ist einigermaßen irreführend, wie der marxistische Historiker E. P. Thompson zu behaupten, der Industriekapitalismus habe die moralische Wirtschaft zerstört,[38] oder, ganz entgegengesetzt, die gegenwärtige Entwicklung als Zeichen der plötzlichen Wiederauferstehung der ethischen Wirtschaft in Reaktion auf den Neoliberalismus und die individuellen Möglichkeiten der Auswahl zu betrachten. In der modernen Welt hat es immer Bemühungen um eine moralische Wirtschaft gegeben. Für weit entfernt lebende Menschen zu sorgen, indem man die von ihnen erzeugten Güter kauft (oder boykottiert), ist jedoch nie vollkommen selbstlos gewesen. Es geht immer mit der Sorge um die eigene Gemeinschaft einher – sei es, dass man die eigene

Seele retten, Arbeitsplätze schaffen, ein starkes Imperium aufbauen oder die Gerechtigkeit in der eigenen Gesellschaft fördern will. Wir sollten uns in Erinnerung rufen, dass es in Großbritannien ursprünglich nicht die Konsumenten, sondern die Produzenten und Bauern waren, die um das Jahr 1880 »Fairness im Welthandel« forderten – womit sie sagen wollten, dass die Regierung sie vor »unfairer« Konkurrenz durch ausländische Produzenten schützen sollte, die von Zöllen und Subventionen profitierten. In den Vereinigten Staaten dienten die Fairtrade-Gesetze in den 1930er Jahren dazu, die Position der kleinen Unternehmen gegenüber den großen Handelsketten zu stärken, indem den Produzenten das Recht eingeräumt wurde, Mindestpreise für den Einzelhandel festzulegen.

Es existieren faszinierende Parallelen zwischen der gegenwärtigen Entwicklung und der Globalisierungsphase um das Jahr 1900. In beiden Epochen wurden die anschwellenden Güterströme sowohl in Europa als auch in Nordamerika vom Konsumentenaktivismus begleitet. Es gibt jedoch einen bedeutsamen Unterschied: In der ersten Phase dienten Boykotte und Positivlisten dazu, ausreichende Löhne und akzeptable Arbeitsbedingungen für die örtlichen Fabrikarbeiter durchzusetzen. Der heutige Faire Handel ist hingegen durch und durch international. Die Konsumenten kommen kaum auf die Idee, für die schlecht bezahlten Saisonarbeiter, die vor Ort den Spargel stechen, dasselbe zu tun, wie für Kaffeebauern in Tansania. Diejenigen, die Fairness im Handel anstreben, leben in Wohlfahrtsstaaten mit Arbeitsschutzbestimmungen, von denen ihre historischen Vorläufer nur hätten träumen können.

Die Landwirte in der südlichen Hemisphäre leben weiterhin mit einer Spannung zwischen dem Ideal des Fairen Handels und der Realität. Liberale Ökonomen warnen, dass die Konsumenten in der nördlichen Hemisphäre, indem sie in guter Absicht höhere Preise für fair gehandelte Produkte zahlen, in den Entwicklungsländern lediglich unrentable Sektoren am Leben erhalten, die bereits unter Überproduktion leiden. Außerdem haben die Kleinbauern keineswegs ein Monopol auf den »Fairtrade«. Die Kaffeeernte ist arbeitsintensiv. In Costa Rica werden auch für die Fairtrade-Ernten landlose Tagelöhner und Saisonarbeiter aus Nicaragua gebraucht, und die Frage, ob die effizient geführten Plantagen geeignete Fairtrade-Partner sind, spaltet die Bewegung in den Vereinigten Staaten.

Dazu kommt, dass das komplexe Zertifizierungsverfahren eine neue Schicht von Mittelsmännern hervorgebracht und Kleinbauern die Teilnahme an einem dieser Programme erschwert hat.

Auch existiert weiterhin Ungleichheit. Auf dem Papier steht der Faire Handel für Geschlechtergleichberechtigung, eine Studie für Guatemala hat aber beispielsweise herausgestellt, dass ein unverhältnismäßig hoher Anteil der Erträge von Männern eingestrichen wird, da diese den Anbau exporttauglicher Nutzpflanzen und die Haushaltseinkommen kontrollieren. In den Leitungsgremien von Kooperativen wie der Asociación Maya de Pequeños Agricultores findet man weiterhin kaum Frauen.[39] Die Konsumenten in den reichen Ländern sind möglicherweise der Meinung, dass sie für Fairness sorgen, indem sie einen höheren Preis bezahlen, aber das Schicksal der Bauern in den Entwicklungsländern hängt häufig stärker von der Rösterei ab. In Ghana legt der Staat den Kakaopreis fest, und es gibt Hinweise darauf, dass Bauern, die sich nicht der Fairtrade-Organisation angeschlossen haben, ebenfalls davon profitieren.[40] Das bedeutet nicht, dass der Faire Handel keinen Nutzen hat, stabilisiert er doch in vielen Gemeinden die Bildungs- und Gesundheitseinrichtungen ebenso wie die Kooperativen. Zudem verschafft er diesen Zugang zu rentablen Märkten; ohne den Fairtrade-Aufpreis hätte der Preissturz für Kaffee im Jahr 2001 die Bauern in Tansania und Uganda ruiniert.[41]

Der Faire Handel führt zu einer sonderbaren Spaltung der moralischen Geographie und der Vorstellung, die Konsumenten von ihrer Beziehung zu den Menschen haben, die ihre Nahrung und Kleidung produzieren, sowie von den Konsequenzen dieser Beziehung für einen ethischen Lebensstil. Es ist nicht zuletzt der Arbeit von Fairtrade-Gruppen in Schulen, Läden und Kirchen zu verdanken, dass die Verbraucher heute möglicherweise mehr als je zuvor wissen über die globalen Produktionsketten und darüber, wie sich ihre Konsumentscheidungen auf das Leben weit entfernter Menschen auswirken. Dieses Interesse lässt sich in den Biographien von Zucker und anderen exotischen Nahrungsmitteln nachlesen. Gleichzeitig neigen wir dazu, zu vergessen, dass unsere Entscheidungen nicht nur globale, sondern auch lokale Auswirkungen haben. London, New York und andere Weltstädte können vielen ihrer Arbeitskräfte kaum ein ausreichendes Einkommen bieten, aber den übrigen Einwohnern dieser Städte ist kaum bewusst, dass die Situation dieser heimischen Arbeitskräfte ebenfalls in ihrer persönlichen Verantwortung liegt. Verglichen mit den ursprünglichen Weltläden der 1960er und 1970er Jahre ist der Faire Handel heute sowohl größer als auch schlanker. Der Vormarsch in die Supermärkte und Kaffeeketten in den Einkaufsstraßen erhöht die Umsätze deutlich und hilft sehr viel mehr Bauern als früher. Gleichzeitig hat der Faire Handel seinen früheren Anspruch aufgegeben, die Welt des Konsumierens und Geldausgebens zu verändern. Die Siegelinitiativen kämpfen weiter gegen unfaire Handelshemmnisse, aber sie versuchen nicht länger, ein alternatives Handelssystem aufzubauen, geschweige denn die eigene Gesellschaft zu verändern.

Die Lust auf Lokales

»Wir Menschen in der Stadt haben den Kontakt verloren zur Erde und zu den Menschen, von denen kommt, was wir zum Leben brauchen.« So begann ein Erntedankgottesdienst in der Münchner Heilig-Geist-Kirche im Jahr 2003: »Bananen aus dem Bananendampfer, Tomaten aus dem Container-Lastwagen ... das Kotelette aus dem Schlachthof – aber wo kommt das alles wirklich her?« Es sei an der Zeit für eine Änderung des »Lebensstils«, um »die natürlichen Lebensgrundlagen von Menschen, Tieren und Pflanzen zu erhalten und zu verbessern durch regionale Kreisläufe des Erzeugens und Verbrauchens«. Gott habe den Menschen in den Garten Eden gesetzt, um ihn zu bewirtschaften. Mit regionalen Lebensmitteln könne dieser göttliche Auftrag erfüllt werden. Es sei wichtig, »dass Verbraucher und Erzeuger einander als Menschen wahrnehmen, dass sie in Kontakt kommen. Das Gewächshaus in Holland hat kein Gesicht und keinen Namen.« Die Kirche hatte Mitglieder der Organisation Unser Land eingeladen, die mit selbst geernteten Feldfrüchten neben dem Altar Aufstellung nahmen. Sie seien keine Heiligen: Sie verschenkten ihr Brot nicht, sondern verkauften es. Dennoch verkörperten sie Gottes Gnade. Die Einheimischen kauften ihr Brot bei heimischen Bäckern, die ihr Mehl bei Mühlen aus der Umgebung bezogen. Unser Land praktizierte Solidarität und brachte örtliche Produzenten, Einzelhändler und Konsumenten zusammen – nicht zu vergessen die Tiere, denn das Hundefutter enthielt Fleisch von Rindern und Hühnern aus der Umgebung, unberührt von Gentechnik.[42]

Das bayerische Netzwerk Unser Land, das 1994 in Fürstenfeldbruck ins Leben gerufen wurde, ist eine von vielen regionalen und lokalen Nahversorgungsinitiativen, die seit dem späten 20. Jahrhundert in den westlichen Ländern entstanden sind. Das Slow-Food-Konzept hat ausgehend von Norditalien mehr als hundert Länder erobert. Die Vereinigten Staaten sind von New Mexico bis Neuengland mit lokal verwurzelten Landwirtschaftsgruppen (community-supported agriculture, CSA) übersät. In England finden jede Woche mehr als 500 Bauernmärkte statt, ein bis 1997 vollkommen unbekanntes Phänomen. Urbane Landwirtschaft in Paris und New York, lokale Lebensmittellieferungen in Bristol, preisgekrönte Restaurants in Kopenhagen, die in der Umgebung gesammelte Pilze anbieten: Die Sehnsucht nach authentischen lokalen Lebensmitteln ist groß. Wer wirklich wissen will, wo seine Salami herkommt, kann für 100 Euro im apulischen Monti Dauni sein eigenes *suino nero* (schwarzes Schwein) adoptieren.[43]

Der besorgte Feinschmecker ist eine gut untersuchte Spezies. Die typische Kundin eines britischen Bauernmarkts ist eine über 40-jährige Vollzeitbeschäftigte oder Rentnerin, die keine finanziellen Sorgen hat.[44] Für sie sind lokale Lebensmittel gleichbedeutend mit Frische, Gesundheit und Qualität. Obwohl lokale Lebensmittel nicht zwangsläufig aus der ökologischen Landwirtschaft stammen, werden die beiden Kategorien oft miteinander verschmolzen oder verwechselt, und es wäre unmöglich, den Aufstieg der lokalen von dem der Bio-Lebensmittel zu trennen. In den 1990er Jahren wandten sich immer mehr Konsumenten chemiefreien Lebensmitteln aus ökologisch kontrolliertem Anbau zu, um sich gesünder zu ernähren, auch wenn der Zusammenhang zwischen Gesundheit und Bio-Lebensmitteln in der Wissenschaft umstritten ist. In den Vereinigten Staaten wuchs der Jahresumsatz auf dem Markt für Lebensmittel aus biologischer Landwirtschaft zwischen 1980 und 2000 von 78 Millionen auf 6 Milliarden Dollar. Für manche Konsumenten war der Umstieg Teil der Hinwendung zu einem anderen Lebensstil, der auf vegetarischer Ernährung oder Alternativmedizin beruhte. Die meisten Menschen aber wurden durch die Geburt eines Kindes dazu bewegt, die Ernährung in einem anderen Licht zu betrachten. Es überrascht nicht, dass werdende Mütter die wichtigsten Konsumentinnen von Bio-Lebensmitteln sind.[45] Für sich genommen erklären diese Fakten jedoch wenig. Seit jeher möchten Mütter gesunde Kinder großziehen. Woher kommt plötzlich dieses große Interesse an lokalen Lebensmitteln?

Für Aktivisten und Anhänger der ökologischen Landwirtschaft ist es ein Kampf zwischen David und Goliath. Die lokale Lebensmittelversorgung ist eine Revolte gegen eine Lebensmittelindustrie, die groß, schnell und anonym ist und deren Produkte alle gleich schmecken. Die Verfechter des Slow Food wollen regionale Aromen und Traditionen wiederbeleben, die von einer »Ernährungsmonokultur« fast ausgerottet worden sind, wie es Carlo Petrini ausdrückt, der Gründer der Slow-Food-Bewegung.[46] In solchen Vorstellungen werden lokale und moderne Lebensmittel als kulturelle und historische Gegensätze dargestellt: die einen traditionell, authentisch und voll von Genüssen, die anderen industriell, künstlich und billig, aber im Grunde geschmacklos, wobei die modernen Lebensmittel den lokalen im 19. und 20. Jahrhundert den Garaus gemacht haben.

Zweifellos sind Landwirtschaftsbetriebe, Supermärkte und Fastfoodketten heute größer als je zuvor. Aber diese Sichtweise ist zu vereinfachend. Sie beruht auf einem Gründungsmythos der Moderne, der besagt, dass die menschliche Gemeinschaft (die Tradition) Schritt für Schritt vom Kapitalismus (der Moderne) zersetzt wurde. Dieser Mythos ist ein Verwandter der zuvor behandelten Vorstellung, die »moralische Wirtschaft« sei dem modernen Kapitalismus zum Opfer gefallen. Es lohnt sich, darauf hinzuweisen, dass Ferdinand Tönnies, mit dessen soziologischen Studien aus dem späten 19. Jahrhundert diese Konzepte verknüpft werden, die Gemeinschaft und die (kommerzielle) Gesellschaft nicht als aufeinanderfolgende Entwicklungsstadien, sondern als soziale Systeme betrachtete, die zu allen Zeiten miteinander interagierten. Manchmal spielte die erste eine beherrschende Rolle, manchmal die zweite.[47] Ähnliches gilt für die lokalen Ernährungskulturen, die von der Moderne geprägt wurden, anstatt außerhalb von ihr zu existieren.

Die Frage, wann Lebensmittel als »lokal« betrachtet werden können, ist schwer zu beantworten. In Belize haben beliebte heimische Gerichte ihren Ursprung im Handel des Empire; importierter Fisch und eingelegte Früchte genossen größere Wertschätzung als die lokalen Produkte. Das neue Lokale ist hier das alte Globale. Trotz des Aufstiegs verarbeiteter Lebensmittel wird der Großteil des Essens weltweit noch immer vorwiegend von Frauen zu Hause gekocht und ist örtlichen Gewohnheiten, Technologien und Esskulturen unterworfen. Anthropologen haben gezeigt, dass Cola in Trinidad ein durch und durch lokales Getränk ist: Die auf der Insel abgefüllte Coca-Cola wird von den Einheimischen nicht als ausländisches, sondern als heimisches Getränk behandelt, eingebürgert durch die berühmte Kombination Rum-Cola. Coca-Cola konkurriert mit mehreren lokal verwurzelten »roten« und »schwarzen« Erfrischungsgetränken, darunter das des muslimischen Herstellers S. M. Jaleel, der von seiner Verankerung im Süden der Insel profitiert.[48] In aller Welt gibt es zahlreiche lokale oder regionale Marken, aber damit sind sehr verschiedene Dinge gemeint. Die deutsche coop-Stiftung schreibt vor, dass unter ihrer Marke »Unser Norden« verkaufte Lebensmittel in Norddeutschland verarbeitet werden müssen, aber die Zutaten können von überallher kommen: Neben dem Hamburger Labskaus und Apfelsaft werden auch Bananenchips und gesalzene Pistazien der Marke »Unser Norden« angeboten. Hingegen hat für »Unsere Heimat«, eine Eigenmarke der Edeka-Kette, der Ursprung Vorrang: Sämtliche Zutaten müssen aus Südwestdeutschland stammen.[49] Die Frage, welche lokalen Produkte geeignet sind, ein zertifiziertes Siegel zu tragen, ist nie so kompliziert gewesen wie heute. Für Hühner- oder Rindfleisch, das in Italien auf den Tisch kommt, ist eine Herkunftsbezeichnung vorgeschrieben, für Schweine- und Lammfleisch gilt das nicht. Tomatendosen mit der Aufschrift »Made in Italy« können Tomaten aus China enthalten, sofern sie in Italien verarbeitet wurden.[50] Die Agrarindustrie hat nichts gegen geographische Herkunftsbezeichnungen einzuwenden, solange die Kriterien nicht zu streng sind. Das ist einer der Gründe dafür, dass die wachsende Ausbreitung regionaler Produkte mit einer wachsenden Ambivalenz einhergeht.

Auch die Bauernmärkte sind nicht frei von dieser Ambivalenz. In englischen Provinzstädten kommen die lokalen Bauern zumeist aus einem Umkreis von 40 Kilometern. In London ist das Einzugsgebiet mit 160 Kilometern großzügiger bemessen. Und diese Beschränkungen beziehen sich auf die Entfernung der Betriebe, die nicht unbedingt der Distanz entspricht, welche die Lebensmittel zurückgelegt haben. Es gibt keine Vorschriften dazu, wie lange eine Kuh auf einem Hof gewesen sein muss, um als »lokal« eingestuft zu werden. Bauern können an ihren Ständen auch dann Schweinefleisch verkaufen, wenn sie auf ihrem Hof gar keine Schweine halten. Industrie und Gastgewerbe dehnen die geographischen Herkunftsbezeichnungen sehr weit, indem sie »Devon-Schinken« und »walisisches Lamm« anbieten, die aus Dänemark und Neuseeland kommen. Im Jahr 2011 stießen die Inspektoren in jedem fünften britischen Restaurant auf falsche »lokale« Speisen. Wenn es um die Frage geht, was »lokal« in einem integrierten globalen Lebensmittelsystem bedeutet, findet man zahlreiche Haare in der Suppe: Kann ein Fisch, der vor der Küste von Devon gefangen wurde, auch dann noch als »lokales Produkt« bezeichnet werden, wenn er in China filetiert wird, bevor er bei einem Fischhändler in Devon landet? Die Behörden verneinten dies. Es gibt Verhaltensregeln und Vorschriften, aber bezeichnenderweise schweigt der Gesetzgeber. Auf die Frage, wie sie »lokale Produkte« definieren würden, geben Händler Antworten, die von »weniger als 8 Kilometern« bis zu »innerhalb der Staatsgrenzen« reichen.[51]

Die lokalen Märkte mögen sehr vielgestaltig sein, aber auf dieser Bühne wird immer dasselbe Stück gespielt: Sie geben den Konsumenten das Gefühl, mit den Bauern und dem Land verbunden zu sein. Die persönliche Begegnung am Marktstand schafft Vertrauen, und die Nähe zum Produzenten verspricht hochwertige Lebensmittel und vermittelt ein Gemeinschaftsgefühl. Das Huhn, das auf einem Hof in der Umgebung gescharrt hat, hat einen emotionalen Wert, der dem anonymen Tier im Supermarktregal fehlt. Auf diesen Märkten geht es nicht zuletzt darum, die Ernährung zu personalisieren. Die Kunden kaufen nicht nur ein paar Eier, sondern wollen vom Bauern auch wissen, wie viele Eier seine Hühner gelegt haben. Wenn sie Schweinefleisch kaufen, wollen sie wissen, wie lange das Tier gelebt hat, wann es geschlachtet wurde und wie man es besonders schmackhaft zubereiten kann. Die Betreiber der Marktstände lernen, ihre Rolle zu spielen, und verkaufen ein Bild von Tradition, lokaler Produktverantwortung und traditioneller Landwirtschaft. Die lokale Herkunft ist also keine geographische Tatsache, sondern eine

Inszenierung: Die Herkunft muss zur Schau getragen werden. Die lokalen Märkte sind die demokratischen Erben von Marie Antoinettes *Hameau de la Reine* (Weiler der Königin) im Park von Schloss Versailles. Die Menschen haben das Gefühl, die Tradition am Leben zu erhalten. Eltern können ihren Kindern zeigen, wie »wirkliche« Nahrung aussah, bevor die Landwirtschaft industrialisiert wurde. Um das Vermächtnis der Bodenständigkeit hochzuhalten, muss das Angebot richtig präsentiert werden: In Großbritannien tragen die Verkäufer Tweed und werden von Schäferhunden begleitet, der Käse wird nicht in Plastikfolie, sondern in Papier verpackt, und ein wenig Erde auf dem Gemüse weist auf die natürliche Herkunft hin.

Selbstverständlich handelt es sich auch dabei in der Realität um eine Industrie wie jede andere. Die lokalen Märkte existieren nicht außerhalb der modernen Welt, sondern sind ein Teil von ihr. Auch die Bauern aus der Region schicken ihre Tiere in den Schlachthof. Gemüse stammt nicht automatisch aus ökologischem Landbau, nur weil es aus der Umgebung kommt. In einer klassischen Studie über den wöchentlichen Regionalmarkt von Carpentras in der Provence hat Michèle de la Pradelle dieses Theater der Illusionen und der Selbsttäuschung beschrieben. Die Kartoffeln wurden auf diesem Markt ganz bewusst nicht gewaschen und lose präsentiert, um zu suggerieren, sie kämen direkt vom Feld. In Wahrheit gab es in der Region kaum noch Kleinbauern. Die Inhaber der Marktstände waren Einzelhändler, die auf dem Großmarkt einkauften, einige von ihnen kamen sogar aus Paris. Die Oliven stammten, wie im Supermarkt auch, aus Tunesien. Die Nachfrage nach Authentizität hatte zur Folge, dass das herkömmliche Preissignal ins Gegenteil verkehrt wurde: Billige Produkte wirkten verdächtig und wurden von den Kunden abgelehnt. Jeden Freitag herrschte emsiges Treiben auf dem Markt, weil die Konsumenten dort das Gefühl hatten, einer Gemeinschaft mit gemeinsamer Vergangenheit anzugehören und Teil der *Provence éternelle* zu sein.[52]

Diese Märkte sind ein Anschauungsbeispiel für die Dialektik der Globalisierung: Sie verwischt die Unterschiede und weckt gleichzeitig das Bedürfnis nach neuen. Das Resultat ist eine bipolare moralische Geographie, in der der Faire Handel in die eine Richtung und die lokalen Lebensmittel in die andere gehen. Während der Welthandel die Ethik der Fürsorge auf weit entfernt lebende, unbekannte Fremde ausweitet, lenken die Märkte für lokale Lebensmittel unseren Blick auf das, was uns am nächsten ist: Die Bauern aus der Umgebung garantieren gute, sichere Lebensmittel und kümmern sich um die Natur. Die Konsumenten werden aufgefordert, sie mit ihrem Einkauf dafür zu belohnen. »Man möchte glauben, dass man seinen Nachbarn hilft, indem man ihre Produkte kauft«, sagte eine Londonerin im Gespräch mit Forschern.[53]

Der Appetit auf lokale Lebensmittel zeigt, wie Vertrauen und Fürsorge mit zunehmender Distanz abnehmen. Das ist eine bedeutsame Erkenntnis, aber wir müssen etwas ebenso Wichtiges hinzufügen: Distanz ist hier keine geographische Einheit, die in Kilometern gemessen wird, sondern ein politisches Maß. Das Vertrauen vieler lokaler Feinschmecker in die Produktionskette von Lebensmitteln endet an der Grenze des eigenen Landes. »Wenn man im Supermarkt Tomaten kauft, können sie von überall herkommen«, erklärt eine Engländerin: »Das gute am Bauernmarkt ist, dass dort nur britische Lebensmittel angeboten werden.« Für diese Konsumentin spielt es offenbar keine Rolle, dass die niederländischen Gewächshäuser näher bei London liegen als die walisischen oder schottischen.

Das Interesse an lokalen Lebensmitteln ist Ausdruck der Bedenken gegenüber der globalen Agrarindustrie und dem Fastfood. Diese Lebensmittel geben den Konsumenten ein Gefühl der Ermächtigung in Zeiten von Lebensmittelskandalen und zunehmend komplexen und undurchschaubaren Produktionsketten. Aber es würde zu kurz greifen, die Unterstützung für die lokalen Lebensmittel nur unter diesen Gesichtspunkten zu betrachten. Wir müssen sie auch im Kontext der nationalen Versorgungssysteme sehen. Das Vertrauen in die Lebensmittelversorgung ist in der reichen Welt von Land zu Land unterschiedlich stark ausgeprägt. Trotz der katastrophalen Ausbrüche von BSE (Rinderwahn) (1992/93) und der Maul- und Klauenseuche (2001) haben die Briten unter den Europäern das größte Vertrauen in ihre Lebensmittel. Ihr ausgeprägtes Gefühl der Konsumentenmacht deckt sich mit ihrem Vertrauen in den Staat und die Supermärkte. Deutsche und Italiener haben weniger Vertrauen. Die Norweger wiederum leben im Schatten des Paternalismus: Sie sind überzeugt, dass der Staat für die Sicherheit ihrer Lebensmittel sorgen wird. Hier stärkt der Staat traditionell der Landwirtschaft den Rücken und hat die heimischen Lebensmittel zu einem Synonym gesunder Ernährung gemacht. Unter diesen Bedingungen fällt es der ökologischen Landwirtschaft schwer, einen Fuß in die Tür zu bekommen. Oder wie der Direktor einer Landwirtschaftskooperative erklärt: »Es gibt nichts, was der biologischen Landwirtschaft näher kommt als die traditionelle norwegische Fleischproduktion.«[54]

Auch viele Finnen betrachten die heimische Herkunft als Beleg dafür, dass Lebensmittel »natürlich« sind. »Bei den Bio-Lebensmitteln ist die Herkunft wichtig«, erklärte ein Finne Forschern in einer Umfrage im Jahr 2004. »Ich denke, sie sind vertrauenswürdiger, wenn sie aus dem Inland kommen«, meinte ein anderer. Ein Konsument, der regelmäßig Bio-Lebensmittel kaufte, erklärte: »Wenn ich die Wahl zwischen italienischen Tomaten aus ökologischem Anbau und normalen finnischen Tomaten habe, kaufe ich die finnischen.« Die Meinung, dass Bio-Lebensmittel aus Finnland sauberer, sicherer und schmackhafter sind als ökologische Lebensmittel aus dem Ausland, ist weit verbreitet. »Ich glaube, dass das ›Ökologische‹ auf dem Weg von Mitteleuropa vollkommen verloren geht«, erklärt eine junge Finnin, obwohl Lebensmittel aus Nordfinnland einen längeren Weg in einen Haushalt in Helsinki haben als Erzeugnisse von Höfen jenseits der Ostsee. Die Konsumenten verstehen unter natürlichen Lebensmitteln nicht Slow Food oder Produkte aus kleinen Betrieben, sondern in erster Linie Lebensmittel aus heimischer Produktion. Ein finnischer Konsument drückt es so aus: »Bei heimischen Bio-Produkten kann man sich vorstellen, dass es irgendwo in Finnland einen Bauern oder Produzenten gibt. Aber wenn sie aus Belgien kommen, können sie irgendwoher stammen.«[55] Solche Aussagen zeigen deutlich, dass die Vorstellung vom Natürlichen nationalistisch gefärbt ist. Natürliche Nahrung kommt von den eigenen Leuten, ausländische Lebensmittel sind das Ergebnis eines undurchschaubaren, künstlichen Prozesses.

Die lokalen Lebensmittel-Netzwerke, die eine radikale »Alternative« zur neoliberalen globalen Produktion in Bristol, Berkeley oder Barcelona versprechen, wirken eher wie eine Fortsetzung der herkömmlichen Orthodoxie, wenn sie von Oslo oder Tokio aus betrachtet werden, wo die nationale Lebensmittelproduktion seit langem Ausdruck der Solidarität zwischen Konsumenten und Produzenten ist. In Japan beliefert der in den 1980er Jahren entstandene Seikatsu Club jede Woche rund 30 000 Haushalte mit frischen Erzeugnissen von mehreren Tausend Bauern aus der Umgebung. In kleinerem Maßstab funktioniert das anspruchsvollere *tekei*-System, in dem Konsumenten eine Partnerschaft mit Bio-Bauern eingehen, sich zur Abnahme der Ernte verpflichten und sogar beim Unkrautjäten in den Gemüsegärten helfen. Die Traditionen des Shintō und die Reinigungsrituale, mit denen von außen hereingetragene Verschmutzungen beseitigt werden sollen, dürften die Vorliebe für heimische Lebensmittel verstärkt haben. Den unmittelbaren Anstoß zu diesen Initiativen gaben jedoch die japanische Verbraucherbewegung und die Politik, welche die Lebensmittelsicherheit nach dem Zweiten Weltkrieg zu einer Priorität machte und den japanischen Hausfrauen ihre Abhängigkeit von ihren Landsleuten auf den Feldern in Erinnerung rief. Nachdem die Bevölkerung im Krieg gehungert hatte, gelangten die Japaner zu der Überzeugung, dass sie der teuren, aber sicheren Versorgung mit heimischem Reis den Vorzug vor den nicht garantierten Lieferungen von billigem Importreis geben mussten. Den Konsumenten wurde eingeschärft, dass ihr Wohlergehen mit dem der heimischen Produzenten einherging. Es ist kein Zufall, dass die Erzeugnisse, die von den Kritikern gentechnisch veränderter Lebensmittel am schärfsten angegriffen wurden, eben jene waren, bei denen Japan von Importen abhing, nämlich Sojabohnen und Mais.[56]

In Europa tauchten in den 1990er Jahren erste Einkaufsgemeinschaften auf. In Fidenza bei Parma schlossen sich im Jahr 1994 fünfzig Familien zu einer »solidarischen Einkaufsgruppe« (*gruppo d'acquisto solidale*) zusammen, um zum gemeinsamen Vorteil Bio-Lebensmittel zu erwerben. Was als Einkaufsgemeinschaft begonnen hatte, entwickelte sich rasch zu einem Projekt, das über die Transportwege von Lebensmitteln aufklären wollte und zur Förderung der Solidarität aufrief. Mittlerweile gibt es in Italien etwa 900 solcher Einkaufsgruppen.[57] Mehr als 2000 Gemeinden haben sich zu gentechnikfreien Gebieten erklärt. Und die lokalen Lebensmittel werden nicht nur von besorgten Konsumenten, sondern auch vom Staat unterstützt. Im Jahr 2009 hatten viele italienische Provinzen die Versorgung von Schulen und Krankenhäusern mit Bio-Lebensmitteln vorgeschrieben, die aus der Umgebung stammen mussten. Die

Lokalbehörden halfen bei der Organisation von Bauernmärkten. Kalabrien schrieb die Vision der lokalen Solidarität im Jahr 2011 gesetzlich fest: »Endverbraucher und Landwirte näher zusammenzubringen, war eine effektive Methode, den Mehrwert für den Produzenten zu erhöhen und nachweislich lokale, wirklich frische Lebensmittel für den Verbraucher erschwinglicher zu machen.«[58] In Frankreich können Pariser und Touristen Pâtés, Liköre und andere Delikatessen aus dem Département Lozère in der Maison de la Lozère kosten, die von der Tourismusbehörde des Départements finanziert wird.

»*Terroir*« ist nicht länger eine französische Spezialität. Auch in den Nachbarländern verkörpern lokale Lebensmittel die emotionalen und kulturellen Qualitäten des Bodens sowie seine besondere mineralische Zusammensetzung. In Deutschland sind lokale Lebensmittel untrennbar mit dem Begriff der Heimat verbunden. Alle Bundesländer haben ihre eigenen Lebensmittelprogramme und Gütesiegel, wobei sie jedoch verschiedene Philosophien und sehr unterschiedliche Kriterien anwenden. Das Land Hessen schreibt vor, dass der Hauptbestandteil eines Lebensmittels zur Gänze aus seinem Territorium stammen muss, während sich Thüringen auch mit einem Anteil von 50,1 Prozent zufriedengibt. In Deutschland gibt es etwa 500 regionale Lebensmittelinitiativen. Das Bundesministerium für Ernährung, Landwirtschaft und Verbraucherschutz organisiert gemeinsam mit dem öffentlich-rechtlichen Fernsehen Kochwettbewerbe, in denen die besten regionalen Gerichte ausgezeichnet werden. Im Jahr 2012 siegte ein bayerischer Schweinsbraten mit Semmelknödeln und Biersauce.[59]

In der Hinwendung zum Lokalen wiederholt sich das im späten 19. Jahrhundert beobachtete Muster, mit dem wir uns in Kapitel 3 beschäftigt haben.[60] In beiden Fällen besannen sich Landwirte und Händler in einer Phase intensiver Globalisierung auf lokale Traditionen und regionale Bräuche, um sich gegen die ausländische Konkurrenz zur Wehr zu setzen. Um das Jahr 1900 entstanden lokale Zertifizierungssysteme und regionale Produktmarken wie der Champagner. Der Dresdner Striezelmarkt, heute einer der größten Weihnachtsmärkte der Welt, entstand in den 1890er Jahren als Reaktion auf die Konkurrenz durch japanische, aber auch fränkische Spielzeugfabrikanten. Geschickt vermarktete regionale Bräuche waren Teil eines umfassenderen Trends zu »erfundenen Traditionen«.[61]

Was hat sich seit damals geändert? Mehrere wichtige Dinge. Da ist zunächst der wachsende Einfluss des Staates. Im Jahr 1900 steckte die Lebensmittelsicherheit noch in den Kinderschuhen, und es gab keine Behörden, welche die Herkunft der Lebensmittel regeln oder kontrollieren konnten. Das Feld wurde den Produzenten überlassen. Heute werden »geschützte Ursprungsbezeichnungen«, »geschützte geographische Angaben« und »garantiert traditionelle Spezialitäten« von einzelstaatlichen und europäischen Behörden geregelt – im Jahr 2011 registrierte die Europäische Union das tausendste Produkt, den Piacentinu Ennes, einen italienischen Käse, der aus Schafrohmilch, Safrankrokus und Salz besteht. (Fast ein Viertel der geschützten Produkte kommt aus Italien.)[62]

Wenn Konsumenten sagen, dass es ihnen leichter fällt, einem lokalen Markt oder einem Bauern aus ihrem eigenen Land zu vertrauen, oder wenn Anhänger des Slow Food auf einen Lebensmittelskandal reagieren, indem sie von ihrem Fleischer verlangen, das Hackfleisch vor ihren Augen durch den Fleischwolf zu schicken, setzen sie voraus, dass es auf nationaler Ebene Mechanismen gibt, die sie davor schützen, vergiftet zu werden. Bevor die Regierungen größere Verantwortung für die Lebensmittelsicherheit übernahmen, konnten sich die Verbraucher genauso leicht mit Gammelfleisch aus dem Schlachthaus in der Nachbarschaft vergiften wie mit Fleisch aus dem Ausland. (Ein Konsument im edwardianischen London wäre sogar besser beraten gewesen, französisches Fleisch zu essen, da die gesetzlichen Bestimmungen auf der anderen Seite des Ärmelkanals strenger waren.)

Lokales Handeln in Ernährungsfragen ist ohne den Staat undenkbar. Das gilt für faschistische, sozialistische und kapitalistische Länder gleichermaßen: Unter Mussolini wurden in Italien die regionalen Speisen gefördert, und der Dresdner Christstollen genoss in der DDR ebenso die Unterstützung des SED-Regimes wie das heimische Kunsthandwerk. Die gegenwärtige Besorgnis und Verwirrung über die lokalen Lebensmittel ist eine Folge des Tauziehens zwischen Staaten und supranationalen Organisationen sowie der Furcht vor der anonymen Agrarindustrie. Die »Herkunft« steht im Zentrum des Konflikts zwischen den Verfechtern liberaler und nationaler Vorstellungen von Nahrung, zwischen dem Bestreben der Europäischen Union, den ungehinderten Strom konkurrierender Güter zu gewährleisten, und den Bemühungen der Mitgliedstaaten, ihre heimischen Landwirte zu schützen. Die Konsumenten müssen sich heute in einem Labyrinth lokaler Produktbezeichnungen und in einem Dickicht von Zertifikaten zurechtfinden, die für ihre Urgroßeltern unvorstellbar gewesen wären. Beispielsweise wurden im Rahmen der »Sächsischen Ernährungswoche« des Jahres 1999 mehr als 3000 »heimische Produkte« angeboten. Dresden ist nicht mehr nur auf seinen Stollen stolz, sondern auch auf Dresdner Brie, Dresdner Gouda und sogar Dresdner Shampoo.

Die lokalen Lebensmittel sind also Teil des modernen Lebens. Wir haben bereits gesehen, welchen Anteil die Produzenten an der Vermarktung regionaler und nationaler Marken haben. Tesco, die größte britische Supermarktkette, hat eine »Cheese Challenge« für regionale Käsespezialitäten eingeführt und die Kunden eingeladen, »den Geschmack Schottlands zu genießen«. Der amerikanische Einzelhandelsriese Walmart, den kaum jemand mit einem Bauernmarkt verwechseln dürfte, bietet frisches Obst von Farmen im Familienbesitz an, »das das ganze Jahr über gut schmeckt«.[63] Auch die Anhänger lokaler Lebensmittel leben nicht außerhalb, sondern mitten in der Konsumkultur. Das zeigt sich unter anderem in dem Bemühen, sich von der Masse abzuheben. Der deutliche Preissturz bei Lebensmitteln zwischen den 1960er Jahren und dem ersten Jahrzehnt des 21. Jahrhunderts führte dazu, dass sich in den reichen westlichen Ländern die klassenspezifischen Ernährungsmuster auflösten. Die Armen konnten sich nun viele Produkte leisten, die früher den Reichen vorbehalten gewesen waren. Der gewaltige Anstieg des Fleischverzehrs und des Konsums von Erfrischungsgetränken spricht Bände. Indem man einen Ausflug zu einem Bauernhof unternimmt, statt in den Supermarkt zu gehen, kann man sich nun wieder von der Masse abheben. Wer für seine Gäste ein typisches regionales Gericht kochen will, braucht Zeit, Sachkenntnis und Geschmack. Ein Gastgeber, der weiß, wie das servierte Gemüse angebaut wurde oder wie und wo das Tier aufgewachsen ist, dessen Fleisch er auf den Tisch bringt, hebt sich vom gemeinen Volk ab, das Fertigspeisen in den Mikrowellenherd schiebt. Aufschlussreich ist auch, dass die Bauernmärkte die Schlüsselworte des Mainstream-Konsums wiederholen: Frische und Vielfalt. Stammkunden vergleichen das »knackige und frische« Gemüse auf dem lokalen Markt mit den eingeschweißten Produkten im Supermarktregal. Die Fixierung auf die Frische ist jedoch ein Produkt der Moderne: Sie wurde erst in den vergangenen anderthalb Jahrhunderten durch die Fortschritte in den Bereichen Kühltechnik (beim Transport und im Haushalt), Verpackung, Lebensmitteltechnik und Supermarktlogistik ermöglicht.[64]

Die Bereitschaft der Konsumenten, in der Zeit zurückzureisen und ihre Essgewohnheiten wieder den Jahreszeiten anzupassen, ist begrenzt. Für die meisten Verbraucher sind lokale Lebensmittel keine Alternative zum Angebot der Supermärkte, sondern eine Ergänzung, die das bereits verfügbare Angebot noch erweitert. »Ich möchte die kleineren örtlichen Produzenten unbedingt unterstützen«, erklärt eine Engländerin, »denn auf diese Art bekommen wir größere Vielfalt, mehr Konkurrenz und verschiedene Qualitätsstufen ... Ihr Angebot trägt dazu bei, dass wir die Wahl haben.«[65] Das hat nichts mehr mit dem eintönigen und repetitiven Speiseplan zu tun, dem sich die Menschen nicht entziehen konnten, als sie wirklich noch auf lokale Lebensmittel angewiesen waren. Es ist aufschlussreich, dass das Angebot auf dem Regionalmarkt von Carpentras im Winter vielfältiger ist als im Sommer.[66] Die Kommentatoren weisen gerne auf das Potential der lokalen Lebensmittelnetzwerke hin. Aber genauso wichtig ist es, die Grenzen des Engagements der Konsumenten zu erkennen. In den Vereinigten Staaten haben die CSA-Initiativen die Erfahrung gemacht, dass es schwer ist, sich über Wasser zu halten, sobald die Begeisterung über die erste Ernte abklingt. Für viele Mitglieder ist die Initiative nur wenig mehr als eine Einkaufsgemeinschaft. In New Mexico verlieren die Gruppen jedes Jahr gut die Hälfte ihrer Mitglieder.[67]

In Bewegung

Fernando Sánchez verließ in den 1920er Jahren seine Heimat Mexiko und ging nach Los Angeles. Auf der anderen Seite der Grenze lernte er eine für ihn neuartige materielle Zivilisation kennen: In den Häusern kam heißes Wasser aus der Leitung, die Lampen wurden mit Strom betrieben, die Menschen hörten Radio und besaßen Autos, in denen sie zum örtlichen Filmpalast fuhren. Sánchez, ein Setzer aus Saltillo in Nordostmexiko, kam ebenfalls in den Genuss von Komfort und Annehmlichkeiten. Er kaufte sich einen Plattenspieler und begann, gelegentlich ins Kino zu gehen. Aber die neue Technologie veränderte sein Leben nicht vollkommen. Statt auf einem qualmenden Holzofen kochte er jetzt mit einem Gasherd, dem er einen »besseren Geschmack« verdankte, aber er aß weiterhin dieselben Speisen wie in Mexiko. »Ich halte an den mexikanischen Bräuchen fest und werde sie für nichts in der Welt aufgeben«, sagte er. Er erlaubte seinen Schwestern nicht, sich die Haare zu schneiden oder »wie die hiesigen Mädchen mit allen möglichen Jungen herumzuziehen«. An den Sonntagen traf er sich mit Freunden im Park, um auf der Gitarre mexikanische Lieder zu spielen. »Ich habe viele Platten mit mexikanischer Musik und auch viele amerikanischen, aber die amerikanischen habe ich nur, weil meine Kinder sie mögen.«[68]

Sánchez war einer von mehreren Tausend Mexikanern, die in den 1920er Jahren »auf die andere Seite« wechselten. Viele blieben in den Vereinigten Staaten, andere kehrten in die Heimat zurück. Eine amtliche Liste von 2000 heimgekehrten Auswanderern hat festgehalten, was sie mit nach Mexiko zurückbrachten. Der durchschnittliche Heimkehrer besaß zwei mit amerikanischer Kleidung gefüllte Koffer. Drei von vier brachten Betten und Matratzen mit. Jeder Fünfte hatte einen Phonographen dabei, manche brachten sogar ein Piano mit. Jeder Vierte fuhr in einem Ford zurück.[69]

Die Migration ist ein wichtiger Kanal zur Verbreitung von Gütern, Vorlieben und Wünschen. Wenn sich Menschen bewegen, bewegen sich mit ihnen auch die Dinge. Aber der materielle Strom fließt nicht nur in eine Richtung. Migranten eignen sich etwas vom Lebensstil des Aufnahmelandes an, bereichern es gleichzeitig jedoch auch durch ihre eigenen Bräuche. Die Kompromisse, die Sánchez mit dem American Way of Life schloss, sind ein Beispiel dafür, dass die Assimilation oft Stückwerk bleibt. Dazu kommt, dass eine bedeutsame Auswirkung der Migration nicht direkt den Migranten oder sein Aufnahmeland betrifft. Die zurückgebliebene Familie erhält nämlich nicht nur einen Teil der Ersparnisse des Auswanderers, sondern nimmt durch seine Geschenke und Berichte auch an seiner Erfahrung teil. Die Migration bewegt also nicht nur Arbeitskräfte, sondern auch Dinge, Lebensstile und Sehnsüchte zwischen den reicheren und ärmeren Weltregionen hin und her. Wir verstehen noch nicht in vollem Umfang, wie dieser Kreislauf in all seiner globalen Komplexität funktioniert. Auf den folgenden Seiten versuche ich, einige der materiellen Strömungen und Querströmungen zu beschreiben, die im Gefolge der Migration von Arbeitskräften entstehen. Es sei darauf hingewiesen, dass ich mich hier auf die »freien« Migranten konzentriere, nicht auf Sklaven, Zwangsarbeiter oder Binnenmigranten, obwohl auch diese zum Austausch beitragen.

Im Jahr 2012 beliefen sich die weltweiten Heimatüberweisungen von Auswanderern nach Angabe der Weltbank auf mehr als 500 Milliarden Dollar. Nicht weniger als zwei Drittel dieser grenzüberschreitenden persönlichen Geldsendungen gingen an Menschen in armen Ländern. Welche Bedeutung haben diese Rücküberweisungen? Es hängt vom Herkunftsland ab. In Lesotho, Nepal und Moldawien machen sie ein Viertel der Wirtschaftsleistung aus. Ähnliches gilt für die privaten Geldsendungen aus den Vereinigten Staaten nach Haiti, und jedes Jahr schicken mexikanische Einwanderer etwa 12 Milliarden Dollar an ihre Familien südlich der Grenze. Infolge des Zerfalls Jugoslawiens und der Migration innerhalb der Europäischen Union erleben auch reiche Regionen wie Europa einen Anstieg solcher Geldströme. In Serbien entfielen im Jahr 2010 10 Prozent des Bruttoinlandsprodukts auf Geld, das von Österreich nach Hause geschickt wurde.[70]

Natürlich sind die Heimatüberweisungen, genau wie die Migration selbst, kein neues Phänomen. Die Auswanderungswelle aus der Alten in die Neue Welt vor einem Jahrhundert – damals verließ je ein Zehntel der Norweger und Italiener ihr Heimatland – war ebenso groß, wenn nicht sogar größer, als die gegenwärtigen Migrationsbewegungen. Die vorliegenden Daten deuten darauf hin, dass die Migranten schon damals beträchtlichen Einfluss auf ihr Heimatland nahmen. Im britischen Empire wurde in den Kolonien verdientes Geld teilweise an Kirchen und wohltätige Einrichtungen in der Heimat vermacht. So wurden beispielsweise die Schulen und die Armenhilfe in der Pfarrgemeinde Belhelvie in Aberdeenshire mit Geld aus Jamaika und Indien finanziert.[71] Die Einführung des Imperial Postal Order Service im Jahr 1904 machte Überweisungen so einfach wie nie zuvor. Zwischen 1873 und 1913 erreichten private Geldsendungen im Wert von rund 170 Millionen Pfund Großbritannien; das entsprach knapp einem Prozent des damaligen Bruttoinlandsprodukts. Der Großteil des Geldes kam von großzügigen Verwandten in den Vereinigten Staaten. Innerhalb des Empire waren die Briten in Südafrika besonders großzügig. Südafrika war damals für Cornwall, was die Vereinigten Staaten heute für Haiti sind. Ohne die wöchentliche Geldsendung der Bergleute, die in den Goldminen in der südafrikanischen Provinz Transvaal arbeiteten, wären ihre Familien daheim in Cornwall kaum über die Runden gekommen.[72]

Es gibt also Präzedenzfälle, aber der Anstieg der Heimatüberweisungen im letzten halben Jahrhundert ist beispiellos. Das westeuropäische Wirtschaftswunder lockte Gastarbeiter aus Griechenland, der Türkei, Marokko und Algerien an, die im Jahr 1975 5 Milliarden Dollar nach Hause schickten, was etwa einem Viertel der Exporteinnahmen dieser Länder entsprach. Viele Entwicklungsländer verdienten mit den Rücküberweisungen genauso viel wie mit dem Tourismus. Die Wirtschaftsblüte in den erdölproduzierenden Ländern im Nahen Osten zog Arbeiter aus Indien, Ägypten und dem Jemen an, die zusammen rund 1,5 Milliarden Dollar an ihre Familien in der Heimat schickten. Im Jahr 2000 flossen aus Saudi-Arabien fast ebenso hohe Transfers wie aus den Vereinigten Staaten. Im vergangenen Jahrzehnt vervierfachten sich die Geldsendungen nach Afrika (auf 40 Milliarden Dollar im Jahr 2010). Mittlerweile übertreffen sie die offizielle Entwicklungshilfe und haben beinahe denselben Umfang wie die ausländischen Direktinvestitionen.[73]

Was tun die Empfänger mit dem Geld? Rücküberweisungen sind nicht gleich Konsum. Das Geld kann auch verwendet werden, um ein Geschäft zu gründen oder einen Traktor zu kaufen. Es gibt Belege dafür, dass die Heimatüberweisungen solche Investitionen erleichtern und damit die langfristige Entwicklung fördern, aber das ist ein anderes Thema.[74] Uns interessieren hier die unmittelbaren Auswirkungen von Migration und Transfers auf das Leben der Menschen, das heißt auf ihre Ernährung und Kleidung, ihren Komfort und ihren Lebensstil. Auf den ersten Blick scheint die Antwort auf der Hand zu liegen. Im Jahr 1982 verglichen der

Soziologe Douglas Massey und seine Kollegen die Eigentumsverhältnisse und Ausgabenmuster mexikanischer Haushalte ohne Auswanderer mit denen von Nachbarn, die ein Familienmitglied in die Vereinigten Staaten geschickt hatten, das Geld zurück in die Heimat transferierte. In Altamira, einer ländlichen Ortschaft im südlichen Bundesstaat Jalisco, hatte die Migration erhebliche Auswirkungen. Nur eine kleine Minderheit der Haushalte, in denen niemand ausgewandert war, besaß einen Kühlschrank und eine Waschmaschine. Je länger sich ein Familienmitglied in den Vereinigten Staaten aufhielt, desto größer war die Wahrscheinlichkeit, dass die Familie solche Gebrauchsgegenstände erwarb. Drei Viertel der Haushalte, die jemanden ins Ausland entsandt hatten, besaßen nach zehn Jahren Kühlschrank und Waschmaschine. Ein anderes Bild bot sich in der Industriestadt Santiago im selben Bundesstaat: Dort machte es keinen Unterschied, ob ein Familienmitglied in die Vereinigten Staaten gegangen war, um dort zu arbeiten. Sowohl die Haushalte mit als auch jene ohne Auswanderer besaßen mehrheitlich solche Haushaltsgeräte.[75]

Wie sich die Migration auswirkt, hängt vom Entwicklungsstand der entsendenden Gemeinschaft ab, genauer gesagt von der materiellen Kluft zwischen Herkunfts- und Aufnahmeland. Der amerikanische Lebensstil hat sich auf die ländlichen Gemeinden Mexikos nachhaltiger ausgewirkt als auf die Bewohner der Industriestädte südlich der Grenze. Ebenso wichtig wie die Bedingungen im Empfängerland ist, von wo die Rücküberweisungen kommen, denn die Migranten schicken nicht nur Geld, sondern bringen auch Vorstellungen vom guten Leben mit nach Hause. Im Jahr 2009 befragte die Weltbank im Rahmen des Africa Migration Project afrikanische Haushalte und verglich, wer ein Mobiltelefon, ein Radio, ein Fernsehgerät und Zugang zu einem Computer hatte. In Kenia, Nigeria, dem Senegal und Burkina Faso gab es Unterschiede zwischen jenen Haushalten, die Heimatüberweisungen aus anderen afrikanischen Ländern erhielten, und jenen, die keine Geldsendungen erhielten, aber diese Unterschiede waren gering, und im Fall Ghanas besaß die erste Gruppe sogar weniger materielle Güter (was jedoch auch auf die kleine ghanaische Stichprobe zurückgeführt werden könnte). In all diesen Ländern waren aber jene Familien am besten mit Technologie ausgestattet, die Geld von außerhalb Afrikas erhielten.

Verwendung von Rücküberweisungen durch Empfängerhaushalte in ausgewählten afrikanischen Ländern, nach Herkunft der Rücküberweisungen (Anteil der gesamten Rücküberweisungen), 2009

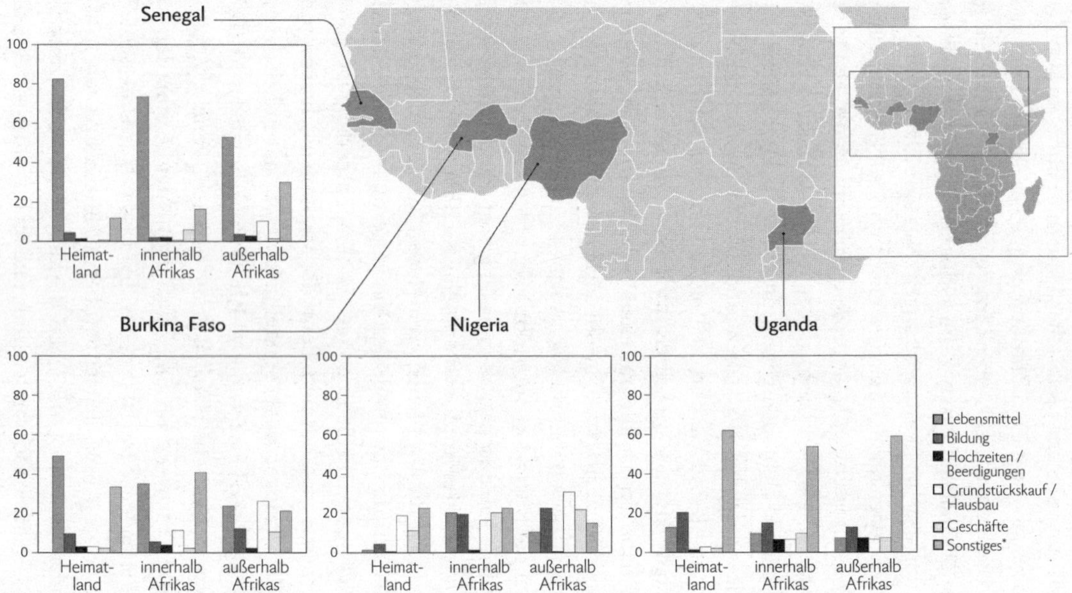

* »Sonstiges« beinhaltet medizinische Versorgung, Hausmiete / Grundstückspacht, Fahrzeuge, Hausrenovierung, Verbesserung von landwirtschaftlichen Betrieben und Investitionen.

aus: Weltbank, *Leveraging Migration for Africa (2011)*, Tab. 2.3, S. 64.

Es ist ausgesprochen schwierig, die Wirkung der Rücküberweisungen zu verfolgen. Die Geldsendungen erreichen die Familien in der Heimat auf verschiedenen Wegen: per Scheck oder Geldanweisung, als in Briefen geschicktes Bargeld und in Form von Geschenken. Das erschwert eine genaue Bestimmung ihres Werts. In seiner bahnbrechenden Studie umging Massey dieses Problem, indem er sich nur ansah, wie die Migranten das bei ihrem letzten Arbeitseinsatz zurückgelegte Geld verwendeten. Als Erstes kauften sie Lebensmittel, Kleidung und Konsumgüter. Einen weiteren Teil – zwischen 20 und 40 Prozent – steckten sie in Ziegel und Mörtel, in den Kauf oder Bau eines Hauses oder in Reparaturen. Nur das wenige Geld, das übrig blieb, wurde in Grundstücke oder Geschäfte investiert.[76]

Als die Heimatüberweisungen in den 1970er und 1980er Jahren deutlich stiegen, erhoben Kritiker, die an ihrem Wert für die Entwicklung zweifelten, den Einwand, dass die Empfänger das Geld für schicke Kleidung und üppige Feiern ausgäben und sich kurzfristige Vergnügungen leisteten, anstatt in eine langfristige Entwicklung zu investieren.[77] Diese Einschätzung entspricht der Sorge bezüglich eines »verschwenderischen« prahlerischen Konsums im reichen Norden, aber wie dort ist diese Vorstellung auch im Süden irreführend. Zum einen ist der Bau eines Hauses aus Sicht des Migranten kein Konsum, sondern eine Investition in die Zukunft. Das Hauseigentum hält die Familie zusammen, bindet das Geld und verhindert, dass es für Belanglosigkeiten und Firlefanz vergeudet wird. In Nigeria stehen viele Häuser leer und warten auf die Heimkehr ihres Besitzers. Auch heute leben Migrantengemeinden nach dem italienischen Motto aus einer früheren Migrationsepoche: »Wer den Ozean überquert, der wird ein Haus kaufen.« Zweitens gehen die Menschen abhängig von der Kultur sehr unterschiedlich mit den Rücküberweisungen um. So ist Mexiko mit seinen hohen Konsumausgaben zwar kein Einzelfall, aber das Verhalten der Mexikaner ist auch nicht repräsentativ: Im ländlichen Ägypten, in Pakistan und Guatemala wurde in den 1990er Jahren der Großteil des Geldes, das von Auswanderern nach Hause geschickt wurde, in Geschäfte, Grundbesitz, Bildung und Gesundheit investiert. Nur ein winziger Bruchteil der Ausgaben entfiel auf Hochzeiten und Begräbnisse.[78]

Schließlich ist unklar, ob die Heimüberweisungen wirklich ein besonderer Faktor sind. Einige Ökonomen betrachten sie schlicht als eine weitere Einkommensform.[79] Möglicherweise ist unsere Perspektive verzerrt, weil wir verschiedenartige Dinge miteinander vergleichen. Eine nigerianische Familie, die jeden Monat eine Überweisung aus London erhält, wird sich anders verhalten als ihre ärmeren Nachbarn. Aber wird sich ihr Konsumverhalten von dem eines Nachbarn unterschieden, der mit seiner Arbeit in Nigeria ein entsprechendes Mehreinkommen erzielt? Die Frage ist noch offen. Zwar konsumieren Haushalte, die Geld von einem im Ausland arbeitenden Mitglied erhalten, insgesamt mehr, aber die Rücküberweisungen verringern den relativen Anteil der Ausgaben für Lebensmittel und Kleidung am Gesamtbudget dieser Haushalte. Schließlich geht es diesen Familien finanziell besser, und sie können es sich leisten, Geld für ein Haus oder Geschäftsvorhaben beiseitezulegen. In diesem Sinn unterscheiden sie sich nicht von früheren Generationen von Menschen mit Aufwärtsmobilität. Auf der anderen Seite sind Heimüberweisungen in mancher Hinsicht ein Sonderfall. Vor allem fließen sie kontra-zyklisch, in Zeiten von Wirtschaftskrisen oder Naturkatastrophen, also genau dann, wenn andere Investitionen und Einkommen sinken, steigen sie an Wert. Daher sind sie für die daheimgebliebenen Familien in Entwicklungsländern von großer Bedeutung: Sie geben ihnen Sicherheit in Krisenzeiten. Zudem neigen die Empfängerfamilien dazu, Heimatüberweisungen, im Gegensatz zu einem Einkommenszuwachs, als vorübergehende Mehreinnahme zu betrachten: Es ist unklar, wann die Einkommensquelle im Ausland wieder versiegen wird. Interessant ist, dass dies keinen Kaufrausch auslöst; der plötzliche Geldsegen wird nicht Hals über Kopf konsumiert. Im Gegenteil, die Familien reagieren mit einem umsichtigen Verhalten und vorausschauenden Investitionen. Viele Familien planen die Migration sorgfältig. Ein oder zwei Familienmitglieder bewegen sich Schritt für Schritt zu einem weiter entfernten, besser bezahlten Arbeitsplatz. Und mit jedem Schritt kommt die Familie voran. Die Ergebnisse des Africa Migration Project deuten darauf hin, dass ein umso größerer Teil der Rücküberweisungen in Gesundheit, Bildung und Wohnung investiert wird, je weiter sich die Migranten von der Heimat entfernen.[80]

Zugang der Haushalte zu Informations- und Kommunikationstechnologie in ausgewählten afrikanischen Ländern nach Herkunft der Rücküberweisungen (Anteile der Haushalte mit Geräten), 2009

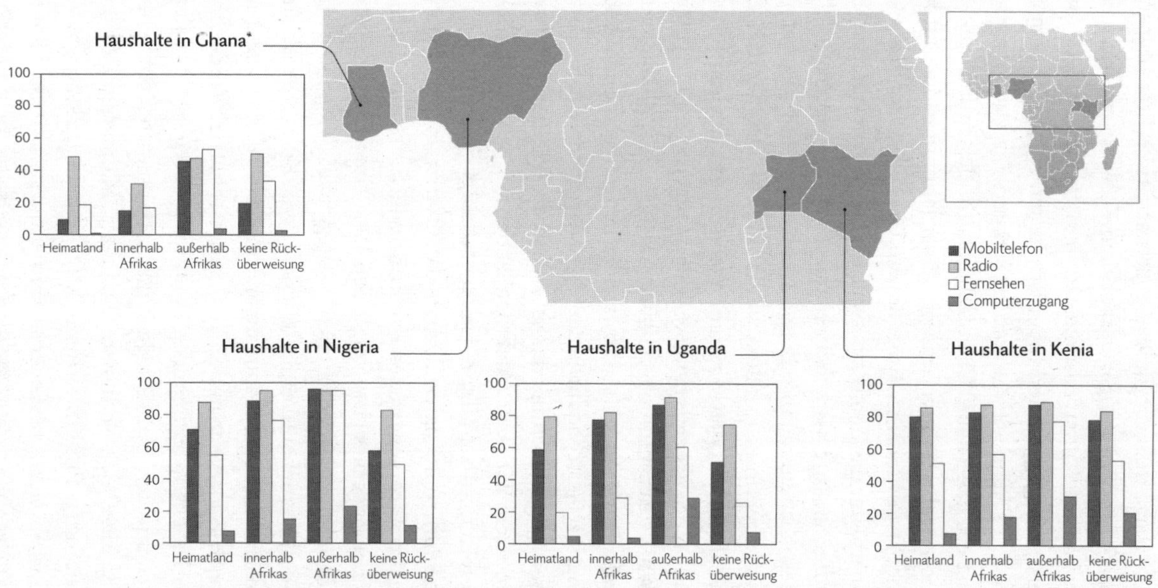

*Daten für Ghana aus dem Jahr 2005.

aus: Weltbank, *Leveraging Migration for Africa (2011)*, Tab. 2.5, S. 71.

Im Gegensatz zu den vorherrschenden negativen Stereotypen hat die Migration die Investition gegenüber dem Konsum zunehmend bevorzugt. Das bedeutet nicht, dass die oft dramatischen Auswirkungen der Rücküberweisungen auf den Lebensstil in den Heimatländern der Auswanderer außer Acht gelassen werden könnten. Ein gutes Anschauungsbeispiel ist das Bauerndorf Chen in Südchina, dessen Entwicklung eine Gruppe von Anthropologen seit den 1960er Jahren verfolgt. Im Jahr 1979 gingen mehrere Hundert Männer aus der Ortschaft nach Hongkong, wo sie als Bauarbeiter das Zehn- bis Zwanzigfache ihres bisherigen Einkommens verdienten. Ihre Rücküberweisungen und die Geschenke, die sie bei Heimatbesuchen zum chinesischen Neujahrsfest mitbrachten, verwandelten das Leben ihrer Familien von Grund auf. Drei Jahre nach ihrem Aufbruch hatte jede zweite Familie daheim ein Hitachi-Farbfernsehgerät, mit dem sie die Sender aus Hongkong empfangen konnte. Anstatt an den politischen Versammlungen teilzunehmen, blieben die Bauern nun zu Hause und schauten sich TV-Shows an. Sie trugen modische Kleidung aus Hongkong. Die Geldsendungen der Migranten lösten eine von intensivem Wettbewerb geprägte Spirale des Schenkens aus. Während die Bauarbeiter im Exil in übervölkerten Schlafsälen lebten, wurden mit ihren mühsam verdienten Ersparnissen in der Heimat schmucke Häuschen mit gefliesten Badezimmern finanziert. Dass es die Eltern mancher Migranten vorzogen, in ihren ärmlichen alten Bauernhäuschen zu bleiben, hatte andere Gründe. Ein modernes Haus zeigte den Wert einer Familie und den Respekt eines Sohns für seine Eltern. Die steigenden Erwartungen zerrütteten die überkommenen Werte und schufen eine Kultur der Abhängigkeit. Untätigkeit war keine Schande mehr, sondern ein Ausdruck des Erfolgs. Auf die harte Feldarbeit wurde jetzt herabgeschaut, galt sie doch als »rückständige« Tätigkeit, der nur noch Familien mit geringem sozialem Status nachgehen mussten, weil sie keinen pflichtbewussten Sohn hatten, der in Hongkong gutes Geld verdiente. Die jungen Männer im Dorf begannen herumzulungern: Entweder wurden sie von ihren großzügigen Vettern in Hongkong subventioniert, oder sie verdienten sich ihr Geld mit Schmuggel und Diebstahl, anstatt eine vergleichsweise schlecht bezahlte Arbeit anzunehmen.[81] Chen mag ein extremes Beispiel sein, aber das Dorf veranschaulicht durchaus einige allgemeine Muster. Wirtschaftsmigration erhöht mit großer Wahrscheinlichkeit die soziale Ungleichheit. Zumeist sind es besser ausgebildete Mitglieder bessergestellter Familien, denen es gelingt, die Heimat zu verlassen und im Ausland Arbeit zu finden. Dank ihrer Geldsendungen vergrößert sich der Vorsprung ihrer Familien dann zusätzlich. Es mag sein, dass die Familien *relativ* mehr investieren als sie konsumieren, aber ihre weniger begüterten Nachbarn sehen den *absoluten* Wohlstand, den sie anhäufen. So können die Heimatüberweisungen ein Gefühl relativen Mangels wecken, indem sie die Ungleichheit deutlicher sichtbar machen. Auch wenn wir bisher von der Annahme ausgegangen sind, die Geldsendungen seien zwangsläufig eine Privatangelegenheit der Familien, zeigt ein Blick in die Geschichte, dass das nicht immer der Fall war. Migranten spendeten ihr verdientes Geld auch der Kirche oder ihrer Gemeinde; im Dorf Chen brachten die Auswanderer anfangs dem kommunistischen Parteisekretär Geschenke. Es waren aber vor allem Geschenke in Form von Konsumgütern, die, ob nun gewollt oder nicht, einen Rückzug ins Private förderten. Elektrische Ventilatoren, Fernsehgeräte und moderne sanitäre Anlagen – und die Gewohnheiten, die sie begründen – festigen die Beziehungen innerhalb der Familie, während sie die Bindung an die Gemeinde schwächen. Der Status kommt zusehends im materiellen Komfort einer Familie zum Ausdruck. Die luxuriöse private Hochzeitsfeier tritt an die Stelle des lokalen Heiligenfests – in Mexiko ist diese Verschiebung klar erkennbar.[82]

Bisher haben wir uns mit dem Rückfluss von Geld und Dingen in die Herkunftsländer der Migranten beschäftigt. Aber was ist mit den Migranten selbst? Wie wirken sich der Lebensstil und die Vorlieben des Aufnahmelands und ihr neuer materieller Besitz auf die Identität der Einwanderer aus? Und wie beeinflussen sie ihrerseits die Aufnahmegesellschaft? Es gibt wahrscheinlich keine gesellschaftliche Gruppe, die Dingen ähnlich große Bedeutung beimisst wie Menschen auf Wanderschaft. Persönlicher Besitz ist ein Anker, der umherziehenden Menschen Halt gibt, sie an ihre Heimat, ihre Familie und die Wurzeln ihres Selbst erinnert.

Entgegen einer verbreiteten Annahme führt Migration Menschen nicht immer von einem Ort ohne Dinge an einen Ort, an dem es Dinge im Überfluss gibt. Manchmal verläuft die Migration in einem Dreieck, beispielsweise bei jenen indischen Arbeitskräften, die in den 1960er

Jahren in der britischen Kolonie Aden arbeiteten, wo sie sich an ein Leben mit modernem Komfort und Annehmlichkeiten gewöhnten, dann jedoch aufgrund des endgültigen britischen Rückzugs aus dem Jemen im Jahr 1967 nach Indien zurückkehren mussten, wo sie in Häusern ohne fließendes Wasser lebten, bevor sie erneut aufbrachen und nach Großbritannien gingen. Die Dekolonialisierung löste einen Massenexodus von Indern und Pakistanern aus Ostafrika nach Großbritannien aus. Ein Anthropologe, der südasiatische Familien in Harlesden im Nordwesten von London untersuchte, die im Jahr 1972 aus Kenia und Uganda ausgewiesen worden waren, stellte fest, dass asiatische Objekte und Lebensmittel in ihren Häusern beträchtliche symbolische Bedeutung hatten. Da ihnen öffentlicher Raum fehlte, in dem sie ihre Identität hätten ausdrücken können, verwandelten sie ihre Privatwohnungen in Ersatzschreine. Viele dieser Familien hatten nie in Südasien gelebt, umgaben sich jedoch mit industriell produzierten Seidenbildern und Schnitzarbeiten aus Peschawar. Eine Frau erzählte den Forschern, in Ostafrika hätten sie keine Bilder an den Wänden hängen gehabt, aber jetzt sammle ihr Mann Tierbilder. Andere Familien gaben zu, dass die zahlreichen Kupferteller in Ostafrika als kitschig gelten würden, in England jedoch einen realen Wert hätten, da sie sie an ihre Identität erinnerten. Ein Schemel, der aus einem Elefantenfuß samt Haut und Haar bestand, brachte ein Stück Afrika nach Harlesden.[83]

Was für Objekte im Allgemeinen gilt, gilt stärker noch für Lebensmittel, deren Verzehr physiologisch und sinnlich eine einzigartig intime Form des Konsums darstellt. Die südasiatischen Familien in Harlesden verteidigten ihre Identität, indem sie Speisen aus der alten Heimat kochten und aßen. Sie bereiteten Saag, ein Spinatgericht aus Punjab, nicht in einem Metallkochtopf, sondern in einem *mati ka handi* aus Terrakotta zu. Auch gereinigtes Wasser wurde in einem Terrakottakrug serviert. In aller Welt gibt es zahllose Beispiele dafür, dass Speisen – von polnischen Würsten bis zu den Spezialitäten, die griechische Mütter ihren in der Fremde arbeitenden Söhnen schickten – Migranten an ihr Heimatland und an die mütterliche Fürsorge erinnern. Das »Essen aus der Heimat«, das in einer Migrantengemeinde auf dem Speiseplan steht, hat jedoch nur selten Ähnlichkeit mit dem Alltagsessen in der Heimat. Es ist zumeist ein extrem reichhaltiges, eigentlich für Feiertage und Familienfeste bestimmtes Menü mit speziellen Zutaten, wie beispielsweise das polnische *flaczki* (eine dicke Kuttelsuppe). In Großbritannien begannen die südasiatischen Nachbarschaftsläden zu Beginn des 21. Jahrhunderts polnische Lebensmittel ins Sortiment zu nehmen, aber die polnischen Einwanderer zogen es vor, diese Produkte in polnischen Läden zu kaufen, wo Einrichtung und Beleuchtung an das Mutterland erinnerten und der Kunde von einer Krakowianka-Puppe begrüßt wurde. Auch die Läden selbst vermitteln, wie Speisen und Getränke aus der alten Heimat, ein Gemeinschaftsgefühl.[84] Die Aufnahmegesellschaften wurden durch die von den Einwanderern mitgebrachte kulinarische Kultur ebenfalls verändert. Der Vormarsch der indischen, italienischen und griechischen Restaurants seit den 1960er Jahren wird manchmal als Meilenstein betrachtet, als kulinarische Revolution, die zumindest die angelsächsischen, deutschen und skandinavischen Gaumen mit bis dahin unbekannten fremdländischen Genüssen vertraut machte. Die Größe des Marktes ist unumstritten. Die Deutschen essen heute ebenso viel Döner Kebap wie Bratwürste. In Großbritannien entfielen im Jahr 1997 10 Prozent des Umsatzes durch außer Haus konsumierte Speisen auf »ausländische« Restaurants und Imbissstuben – und die zahlreichen Currygerichte, die in den Pubs nach ein paar Gläsern Bier bestellt werden, sind da noch nicht eingerechnet.

Strittig sind Chronologie und Kausalität. Die kulinarischen Kulturen waren auch vor den 1960er Jahren nicht für äußere Einflüsse unzugänglich oder auf die Landesküche fixiert. So gab es in Großbritannien beispielsweise in der Zwischenkriegszeit jüdischen frittierten Fisch, italienisches Eis und Chinarestaurants. Indische Restaurants wie das Veeraswamy's, das im Jahr 1926 im exklusiven Londoner West End eröffnete, mochten ein ungewöhnlicher Anblick sein und wurden in erster Linie von ehemaligen Kolonialbeamten aus Britisch-Indien frequentiert, aber von der indischen Küche inspirierte Gerichte wie Kedgeree (eine Abwandlung des Mungbohnengerichts Khichari mit Reis und geräuchertem Schellfisch) tauchten bereits im Jahr 1895 in dem eher volksnahen Kochbuch *Dainty Dishes for Slender Incomes* auf.[85] Die »nationale« Küche mit ihrem unverwechselbaren Menü und ihrem kanonischen Kochbuch ist eine Erfindung des 20. Jahrhunderts, eine kulinarische Reaktion auf die Ankunft ausländischer Menschen und Einflüsse in Europa. In seinem

Buch *Traditional Dishes of Britain* (1953) beschrieb Philip Harben Fish and Chips eher unbedarft als typisch britische Speise – es war ihm entgangen, dass dieses Gericht jüdischer und französischer Herkunft war. Eine Analyse der Restaurantkultur und der Rezepte in Deutschland fördert eine ähnliche Dialektik zutage: Gerichte mit ausländisch klingenden Bezeichnungen waren auf den deutschen Speisekarten üblich, bis die Nationalsozialisten ihr kulinarisches Arisierungsprogramm starteten. So verwandelte sich das feine Entrecôte in das gröbere Doppelrumpfstück.[86] Ein klassisches englisches Kochbuch aus dem 19. Jahrhundert, *Mrs Beeton's Household Management* (1861), war nicht nach nationalen Kriterien, sondern nach Art der Speise und Zubereitungsmethode geordnet. Auf die Beschreibung des englischen Roastbeef folgten Anleitungen zur »niederländischen Methode, Fleisch zu salzen«, sowie zur Zubereitung von Folkestone Pudding (einer Vanillecremetorte mit Korinthen und geriebener Zitronenschale) und deutschen Dampfnudeln. Mrs Beeton nahm auch indische Chutneys und ein großzügig mit Kardamom gewürztes »Fowl Pillau« in ihre Sammlung auf.[87] Das Problem liegt teilweise darin, dass es schwierig ist, genau zu bestimmen, was mit »ausländischen« und »einheimischen« Speisen gemeint ist, da vieles von dem, was die Menschen im Jahr 1800 oder 1900 aßen, nicht in ihrem eigenen Garten wuchs, sondern über die Weltmeere gereist kam. Diese Lebensmittel wären nur wenige Jahrhunderte früher exotische Neuheiten gewesen: Kartoffeln, Tee und Kaffee für Europäer, Schwein für Südamerikaner, Mais für Chinesen. Die Veränderungen seit den 1960er Jahren sollten also im Kontext früherer Migrations- und Globalisierungswellen betrachtet werden.

Zwischen 1860 und 1920 wanderten rund 30 Millionen Menschen in die Vereinigten Staaten aus.[88] Die meisten dieser Emigranten stammten aus Europa – Chinesen und andere Asiaten wurden ab den 1880er Jahren nicht mehr ins Land gelassen. Es war ein beispielloser Exodus. Mehr als ein Zehntel der Bevölkerung Italiens überquerte in diesen 60 Jahren den Atlantik. Dazu kamen Iren, Skandinavier sowie Juden, die vor den Pogromen in Osteuropa flüchteten. So verwandelten sich die Vereinigten Staaten in ein Laboratorium, in dem studiert werden kann, was mit verschiedenen Esskulturen geschieht, wenn sie sich in Bewegung setzen.

Die Italiener werden oft als »kulinarische Konservative« bezeichnet.[89] Diese Einschätzung trifft teilweise zu. Die italienischen Einwanderer übernahmen nicht die Speisen der angelsächsischen und deutschen Siedler, die vor ihnen in Amerika gelandet waren, sondern hielten an Makkaroni, Tomatensauce und Salami fest. Dennoch änderten sie ihre Ernährungsweise grundlegend. Die meisten der Einwanderer stammten aus den armen ländlichen Regionen Süditaliens, wo das Essen aus Bohnen, Tomaten und in kochendem Wasser eingeweichtem trockenem Brot bestand, dessen Geschmack mit ein wenig Salz oder Olivenöl verbessert wurde. Pasta war für sie ein Luxus, den sich eigentlich nur wohlhabende Stadtbewohner leisten konnten. In Kalabrien gab es Bauern, die in ihrem ganzen Leben kein Fleisch aßen. Das italoamerikanische Essen machte die neue Welt für diese Einwanderer zum Schlaraffenland, von dem sie bis dahin nur hatten träumen können. Weizen trat an die Stelle von Roggen- und Kastanienmehl. Vor allem aber wurde Fleisch zu einem festen Bestandteil des alltäglichen Speiseplans. In New York hatte jede italienische Familie, die auf sich hielt, mindestens einen Peperoni-Kranz an der Wand hängen. Eine Erhebung zu den Ausgaben von Privathaushalten im Jahr 1904 förderte zutage, dass eine italienische Familie, die 9 Dollar im Monat für die Miete ausgab, fast denselben Betrag für Rindfleisch, Kalb und Huhn aufbrachte, obwohl der Brotverdiener, ein Steinmetz, häufig außerhalb der Stadt arbeitete. In der alten Heimat in Sizilien und Apulien hatten die Familien Getränke aus geröstetem Getreide gebrüht; in der neuen Welt tranken sie richtigen Kaffee. Süßgebäck und Kuchen verwandelten das Frühstück von Grund auf. Sozialarbeiter beklagten sich häufig über die schädlichen Auswirkungen auf die Gesundheit und das Haushaltsbudget dieser Einwanderer. »Das Mittagessen eines dreijährigen Jungen liefert ein extremes Beispiel«, berichtete ein Forscher im Jahr 1938 aus New Haven. »Das Kind saß in einem Hochstuhl und hielt eine Tasse starken, süßen italienischen Kaffees in der Hand, der einen Schuss Whisky enthielt. Es tunkte seine Donuts in den Kaffee, bevor es sie aß. Die Mutter eines sechsjährigen Mädchens erklärte gegenüber der Schulkrankenschwester: ›Meine Kleine liebt nun einmal Süßigkeiten.‹«[90]

Großen Einfluss auf die neuen Ernährungsgewohnheiten dürfte gehabt haben, dass das gemeinsame Essen den Zusammenhalt der italoamerikanischen Familie stärkte. In der alten Heimat hatten sich die Familien an Feiertagen und bei besonderen Anlässen, aber nur selten im Alltag um einen Tisch versammelt. Bauern, die mehrere Kilometer zum Feld laufen mussten, hatten keine Chance, mit der Familie zu essen. Sie aßen allein. Zwar kamen hochgeschätzte Zutaten aus der alten Heimat, aber was und wie die italienischen Einwanderer aßen, hatte wenig mit der Realität im Süden Italiens zu tun.

Die Ernährung der Italiener in den Vereinigten Staaten war ein Beispiel dafür, wie hochwertige Lebensmittel aus dem Heimatland zu einem Eckpfeiler der ethnischen Identität in der Neuen Welt wurden. Die Sozialarbeiter rauften sich die Haare, als sie sahen, dass in drückender Armut lebende Einwanderer darauf beharrten, teures importiertes Olivenöl und Dosentomaten aus Italien zu kaufen. Aber sosehr das wöchentliche Budget auch darunter litt, die italienischen Speisen vermittelten diesen Familien ein Gefühl des Stolzes und der Autorität in der Aufnahmegesellschaft: Italiener verstanden etwas vom Kochen und vom guten Essen. Sie bewiesen Geschmack und verdienten sich dadurch im Lauf der Zeit Anerkennung und Status. Dabei spielte es keine Rolle, dass Fleischklößchen in Tomatensauce eine neue Erfindung war.

Die kulinarische Kultur der Auswanderer wirkte sich auch auf ihr Heimatland aus. Die wachsende Nachfrage nach Tomaten und Pasta in New York gab der italienischen Lebensmittelindustrie einen Schub. Als Schiffsreisen billiger wurden, kehrte die Hälfte der Auswanderer heim und brachte ihre neue Esskultur mit. Das trug dazu bei, Pasta mit Tomatensauce zu einem Nationalgericht zu machen, auch wenn Mussolini versuchte, die Italiener dazu zu bewegen, heimischen Reis zu essen. Ohne die Massenauswanderung aus dem Mezzogiorno wären Pizza und Pasta weder zu festen Bestandteilen der Landesküche noch zu weltweit erfolgreichen kulinarischen Exporten geworden.

Die irische Erfahrung hatte wenig mit der italienischen gemein. Die irische Diaspora kam ohne Speisen aus der alten Heimat zurecht. Am St. Patrick's Day wurden keine irischen Delikatessen und keine irischen Nationalgerichte verzehrt. Die Träger der irischen Identität waren Tanz und Trunk. In der Küche verschmolzen die irischen Amerikaner angelsächsische mit kontinentaleuropäischen Einflüssen. Im Jahr 1912 veranstaltete der Ancient Order of Hibernians sein jährliches Picknick in Milwaukee. Auf dem Speiseplan standen Roastbeef (seit dem 18. Jahrhundert ein Nationalgericht der englischen Erzfeinde), in Scheiben geschnittene Tomaten (eine mediterrane Frucht, die ursprünglich aus Mexiko stammte) sowie Kaffee und Kuchen. Sogar die Kartoffeln, die man am ehesten als irisches Grundnahrungsmittel bezeichnen könnte, wurden zu einem Wiener Kartoffelsalat verarbeitet. Wie ihre italienischen Nachbarn waren die irischen Einwanderer oft arm und stammten aus ländlichen Gebieten. Die italienische Landbevölkerung hatte zwar ebenfalls Bekanntschaft mit dem Hunger gemacht, aber die Iren brachten die traumatische Erfahrung der durch mehrere Missernten ausgelösten Großen Hungersnot (1845–1850) mit. Die irische Identität war nicht durch die Erinnerung an kulinarische Genüsse, sondern durch die Erinnerung an den Nahrungsmangel geprägt.[91]

Die jüdischen Einwanderer wählten ihren eigenen Kompromiss zwischen kulinarischem Traditionsbewusstsein und selektiver Innovation. Sie hielten an regionalen Gerichten und Elementen der koscheren Küche fest, waren zugleich jedoch aufgeschlossen gegenüber ausländischen Speisen. Für die osteuropäischen Juden behielten Gefilte Fisch und Borscht ihre symbolische Bedeutung, aber diese Gerichte wurden zusehends für den Sabbat und besondere Feiertage reserviert. Der alltägliche Speiseplan wurde um Hackbraten und Fleischsuppen erweitert. Von den deutschen und rumänischen Juden übernahmen sie Frankfurter (*kosher beef hot dogs*) und Pastrami. Die deutschen Juden ihrerseits entlehnten bei ihnen Gefilte Fisch. Der gastronomische Austausch war jedoch nicht auf jüdische Einflüsse beschränkt, sondern umfasste auch andere Traditionen. In den 1920er Jahren führten jiddische Kochbücher französische Suppen und Gerichte mit Parmesan. Die Vorschriften für koschere Speisen wurden weniger streng ausgelegt, und ausgewählte amerikanische Produkte einschließlich Wrigley-Kaugummis wurden akzeptiert. In New York beendeten viele jüdische Familien den Sabbat mit chinesischen Speisen. Chinesische Restaurants begannen, koscheres Chow mein auf die Speisekarte zu setzen, ein mittlerweile traditionelles Gericht, das man immer noch in der Upper West Side findet.[92]

Es mag den Anschein haben, als wäre die Migration geeignet, den Multikulturalismus und eine stetige Bereicherung um neue Aromen zu fördern, aber der Vormarsch neuer ethnisch gefärbter Esskulturen geht stets mit dem Niedergang und Verschwinden anderer einher. In London sind heute kaum noch kulinarische Spuren der jüdischen und deutschen Gemeinden aus viktorianischer und edwardianischer Zeit zu finden. Die einst zahlreichen koscheren Restaurants und Läden und die deutschen Bierhallen sind verschwunden. Ihren Platz haben chinesische und indische Restaurants eingenommen. Die Zahl der indischen Restaurants stieg in den 1980er Jahren um das Zehnfache. Solche Übergänge verlaufen nur selten reibungslos, und wir müssen der Versuchung widerstehen, in jedem Restaurant mit internationaler Küche ein leuchtendes Beispiel multikultureller Toleranz zu sehen. Manchmal wird das Essen auch zum Blitzableiter für Vorurteile. Als in den 1960er und 1970er Jahren die ersten indischen Restaurants in britischen Provinzstädten auftauchten, begannen sich Vermieter über den »Currygestank« der Südasiaten zu beschweren. Britische Mieter verlangten wegen des »Geruchs« der neuen Nachbarn Mietsenkungen oder die Zuteilung neuer Wohnungen. In Deutschland beklagten sich Bürger über »lärmende« Italiener, die am späten Abend singend und grölend aus den Restaurants kämen und keinerlei Respekt für die Privatsphäre und die Nachtruhe der Deutschen zeigten.[93] Bevor die Leute im kalten, nassen Norden ihre Liebe zum Essen im Freien entdeckten, empfanden viele die »ausländischen« Restaurants als Bedrohung für die heimische Kultur im öffentlichen Raum.

Exotische Einflüsse mussten erst abgewandelt werden, um sie ungefährlich zu machen – ein berühmtes Beispiel ist das Chicken tikka masala, eine mit indischen Zutaten zubereitete Speise, die in England erfunden wurde und mittlerweile von britischen Konsumenten und Politikern als Nationalgericht par excellence betrachtet wird. Andere Einflüsse mussten verborgen werden. Indische Restaurants in Großbritannien hängen ihren muslimischen Charakter selten an die große Glocke, obwohl die große Mehrheit dieser Restaurants von Muslimen aus Punjab und Kaschmir betrieben wird. Aus nachvollziehbaren Gründen wählten die meisten Restaurantbetreiber den sicheren Weg und entschieden sich für ein breit gefasstes Standardmenü, in dem Indien überall und nirgendwo ist. Die regionale und religiöse Authentizität wurde geopfert. Die britischen Behörden trugen ihren Teil zur Vermarktung eines kulinarisch verwässerten »Indien« bei, das ihren Interessen diente. Von der De-Industrialisierung getroffene Industriestädte versuchten, sich als regionale Curry-Hauptstädte neu zu erfinden. In den 1980er Jahren bemühte sich Bradford, mit einem »Curry-Pfad« Besucher anzulocken. Birmingham machte im Wok gekochte Balti-Gerichte zu einem Markenzeichen der Stadt.[94] Die kulturelle Wirkung derartiger erfundener Hybridprodukte darf nicht überschätzt werden. In einem Restaurant mit internationaler Küche essen zu gehen, gibt den Einheimischen möglicherweise das Gefühl, einer anderen Kultur zu begegnen (so wenig authentisch das Gericht oder die Kulisse auch sein mag), aber das ist nur wenig mehr als Multikulturalismus auf Distanz. Gelegentlich Essen bei Fremden zu bestellen, ist etwas ganz anderes, als mit ihnen zu leben. Die Millionen Curry-Gerichte, die jedes Jahr in Großbritannien serviert werden, haben Diskriminierung und Konflikte nicht beendet.

Das Wechselspiel von Kontinuität und Wandel ist auch in den Einwandererfamilien zu beobachten. Auf der einen Seite sind die Menschen außergewöhnlich halsstarrig, wenn es ums Essen geht. Der Geschmackssinn ist ein fester Bestandteil unserer Identität und begleitet uns seit frühester Kindheit (und wurde möglicherweise schon im Mutterleib geprägt). Andererseits sind die Menschen außergewöhnlich flexibel und entdecken plötzlich ihre Leidenschaft für Speisen, denen jahrhundertelang ein Stigma anhaftete (beispielsweise für rohen Fisch und Sushi). Migranten spüren diese Spannungen besonders deutlich, müssen sie sich doch in der fremdartigen kulinarischen Kultur des Aufnahmelandes zurechtfinden. Wie werden diese Spannungen bewältigt?

Es lohnt sich, in Erinnerung zu rufen, dass es beim Essen um mehr geht als um die Speisen auf unseren Tellern. Es geht um das Format der Mahlzeit, um die Essgewohnheiten und um die Räume, in denen wir die Nahrung aufnehmen. Die Migranten bewahren ihre Identität, indem sie einige Elemente ihrer Esskultur der neuen Heimat anpassen und andere erhalten. Vor einem Jahrzehnt führten Ethnographen eine Studie über bengalisch-amerikanische Haushalte im Großraum Chicago durch und ermittelten für die durchschnittliche Familie den folgenden Speiseplan: am Sonntag Toast mit Omelett zum Frühstück und Lammcurry zum Mittagessen, an drei Tagen unter der Woche Fisch und Reis, am Donnerstag gebratene Hühnerkeulen mit einem amerikanischen Salat und French

Dressing. Am Freitag aß die Familie in einem Restaurant der Kette Red Lobster, die Steaks und Meeresfrüchte anbietet. Anders als ihre amerikanischen Nachbarn aßen diese Familien weiterhin viel Fisch und Reis, so wie es ihre Verwandten in Bengalen taten. Besonders dramatisch hatte sich bei diesen Einwanderern die Mahlzeit mit dem geringsten Symbolwert verändert: das Frühstück. Auch Ort und Format des Familienessens hatte sich verschoben: In Kalkutta war es üblich gewesen, dass sich die Familienmitglieder im privaten Kreis zur Wochenendmahlzeit versammelten; in Chicago gingen sie aus und aßen an einem öffentlichen Ort.[95] Derartige selektive Neuanordnungen können über Generationen hinweg fortgesetzt werden, ohne zwangsläufig zu einem Verlust der ethnischen Identität zu führen. Die Italoamerikaner aßen im Jahr 1990 weniger Makkaroni als ihre Urgroßeltern. Während der Woche wechselten sie zwischen Eintöpfen und amerikanischen Menüs. Am Sonntag aber kamen bei einem großen Familientreffen, bei dem das gemeinsame Essen zelebriert wurde, italienische Speisen auf den Tisch.

Für das Überleben einer Esskultur im Exil ist gesellschaftlicher Status ebenso wichtig wie die Geschmacksnerven. Er entscheidet darüber, ob die Einwanderergemeinden genug Kraft haben und das nötige Interesse aufbringen, um an ihren Bräuchen festzuhalten. Die bengalischen Haushalte in Chicago zeichneten sich durch einen hohen Status aus – sie spürten keine Unsicherheit und sahen keine Notwendigkeit, sich vom Fischkonsum abzuwenden und alle amerikanischen Essgewohnheiten zu übernehmen. Eine Studie über japanische Arbeiter auf einer Zuckerplantage in Hawaii aus den 1930er Jahren ist ein Beispiel für die gegenteilige Entwicklung. In Japan gingen Familien mit steigendem Einkommen dazu über, qualitativ höherwertigen geschälten Reis zu kaufen. Vergleichbare japanische Familien auf Hawaii schlugen einen anderen Weg ein. Nur die älteren Familienmitglieder hielten an einer auf Reis beruhenden Ernährung fest, die übrigen gingen zu amerikanischen Lebensmitteln wie Weißbrot, Butter, Marmelade und Kaffee über. Auf Hawaii war der Konsum von geschältem Reis anders als in Japan ein Zeichen von Armut. Die Plantagenarbeiter wollten dieses Lebensmittel daher unbedingt hinter sich lassen, als sie auf der gesellschaftlichen Leiter hinaufkletterten. Für die neue Generation verloren die traditionellen japanischen Speisen rasch ihren Geschmack. »Ich mag japanisches Essen nicht«, erklärte eine Absolventin einer amerikanischen Sekundarschule. »Der Fisch riecht schlecht, und es dauert zu lange, den Reis zu kochen.«[96]

Die Migranten sind nicht die einzigen Botschafter fremdartiger Gaumenfreuden. Im 16. und 17. Jahrhundert trugen Reisende wesentlich dazu bei, die Vorliebe für Kaffee, Kakao und andere exotische Neuheiten zu verbreiten. Seit den 1950er Jahren hat der Massentourismus die Begegnungen mit ausländischen kulinarischen Einflüssen vervielfacht, und zuvor schon hatten die beiden Weltkriege bereits zahlreiche Kontakte mit fremden Aromen ermöglicht. Der alljährliche deutsche Urlaubsexodus nach Italien in den 1950er und 1960er Jahren leitete eine neue Phase des Hedonismus ein. Pasta und Wein, Strand und Sonne nahmen im Reiseplan den Platz der antiken Ruinen und der kulturellen Genüsse auf den Spuren von Goethes *Italienischer Reise* ein. Zurück in der Heimat, konnte man beim Italiener um die Ecke, wo Fischernetze an den Wänden hingen und der Chianti in der Korbflasche auf dem Tisch stand, für ein paar Stunden das Urlaubsgefühl heraufbeschwören, und weibliche Gäste konnten einen Hauch von sorgfältig inszenierter mediterraner Romanze mit einem charmanten Italiener genießen – die *padroni* und Kellner waren durchweg Männer, die sich mit dem Vornamen ansprechen ließen –, während die »authentischen« Speisen, die aus der Küche kamen, oft von ihren deutschen Ehefrauen oder von türkischen Köchen zubereitet wurden. Im Canale Grande in München stießen die Gäste auf eine lebensgroße Replik der venezianischen Seufzerbrücke – dem Vorhaben des Restaurantbesitzers, draußen auf dem Nymphenburger Kanal eine echte Gondel zu vertäuen, schoben die Behörden jedoch einen Riegel vor.[97]

Manche Historiker sehen im globalen Vormarsch der mediterranen Küche die Geburt einer neuen »Stilgeneration«.[98] Umstrittener ist der allgemeine Einfluss des Tourismus auf den Geschmack, zumindest was das Essen anbelangt. Sieht man von den Beispielen der »italienischen« oder »griechischen« Küche ab, sind die Bestellungen in Restaurants mit internationaler Speisekarte kein Resultat der Bewegungen des Massentourismus; und selbst im italienischen Fall hatten viele Betriebe ihre Wurzeln in der Gelateria, den Eisdielen der Zwischenkriegszeit, datierten also viele Jahre vor der Eroberung Riminis durch die deutschen Touristenhorden. In Westeuropa wimmelt es von chinesischen und indischen Restaurants, aber bis vor kurzem hatten sehr wenige Europäer die entsprechenden Länder bereist. Auf der anderen Seite sind Millionen Briten aus Spanien zurückgekehrt, ohne eine Vorliebe für die Paella entwickelt zu haben. Stattdessen hat der Massentourismus Mushy peas nach Málaga gebracht. Die begrenzte und ausgesprochen selektive Wirkung des Reisens auf den Geschmack verdient größere Aufmerksamkeit, als ihr bisher zuteilgeworden ist. England ist ein beliebtes Reiseziel für Italiener und Araber, aber in den Restaurants am Arno oder Nil wird kein Yorkshire Pudding serviert.

Es gibt zwei Gründe dafür, dass sich manche Gesellschaften mehr aneignen als andere. Auslandsreisen können Menschen für fremde Speisen empfänglich machen, aber es werden auch Migranten benötigt, die Restaurants und Läden eröffnen, um die so geweckten Bedürfnisse zu erfüllen. Dort, wo »ausländische« Restaurants Erfolg gehabt haben, konnten sie sich auf frühere Arbeitsmigranten stützen: auf Türken und Griechen in Deutschland oder Inder und Hongkong-Chinesen in Großbritannien. Zweitens hängt die ethnische Topographie der kulinarischen Landschaft nicht nur von den Entscheidungen der Konsumenten, sondern auch von den staatlichen Eingriffen ab. Anders als in Großbritannien oder den Vereinigten Staaten stießen außereuropäische Zuwanderer, die ein Restaurant eröffnen wollten, auf dem europäischen Kontinent oft auf unüberwindliche Hindernisse. Bis zum Jahr 1978 diskriminierte das deutsche Recht türkische Gastarbeiter gegenüber Italienern und anderen Zuwanderern aus der Europäischen Gemeinschaft, die keine Sondergenehmigung brauchten, um ein Restaurant zu eröffnen. So hatten die italienischen Pizzerien einen großen Startvorteil. In der Schweiz durften Türken und Zuwanderer aus Jugoslawien in Restaurants arbeiten, jedoch selbst keine Betriebe gründen. Durchsetzungsvermögen und Vielfalt der verschiedenen ethnischen Küchen hängen also nicht nur von der Diversifizierung des Konsumentengeschmacks in einer postindustriellen Freizeitgesellschaft ab, sondern auch vom Selbstverständnis einer Aufnahmegesellschaft gegenüber Einwanderern und von der Fähigkeit des Staates, dieses Selbstverständnis durchzusetzen. Dort, wo die Migranten als temporäre »Gastarbeiter« betrachtet wurden, war es natürlich, dass der Ausbreitung ihrer

Restaurants Grenzen gesetzt wurden. Schließlich wurde erwartet, dass die Arbeitskräfte nach einigen Jahren in ihre Heimatländer zurückkehren würden. Weder die Menschen noch ihre Esskultur wurden als wertvolle, dauerhafte Ergänzung der Kultur des Gastlandes betrachtet.

Die Geschichte der »ausländischen« Restaurants mag die Geschichte einer wachsenden Vielfalt in der reichen Welt ab etwa 1960 erzählen. Es gab jedoch auch gleichermaßen bedeutsame gegenläufige Entwicklungen. Wir müssen die Vielfalt nicht nur unter individuellen, sondern auch unter globalen und gesellschaftlichen Gesichtspunkten betrachten. Wenn man die Entwicklung der Artenvielfalt in Graslandschaften und Ozeanen betrachtet, ist die Biodiversität im 20. Jahrhundert deutlich geschrumpft, nachdem die Menschen zuvor 10 000 Jahre lang die genetische Vielfalt von Pflanzen- und Tierarten erhöhten. Zu Beginn des 20. Jahrhunderts waren mehr als drei Viertel der Nutzpflanzen in Europa und dem Nahen Osten verschwunden. In den Vereinigten Staaten sind einer Studie zufolge sogar 97 Prozent der Nutzpflanzen verlorengegangen. Ein Viertel der Fischarten in den Ozeanen der Welt ist von der Ausrottung bedroht.[99] Alle wollen Thunfisch essen. Diese Konvergenz wird durch einen beinahe überall wachsenden Appetit auf Fleisch, durch die globale Integration der Lebensmittelproduktion und des Einzelhandels und durch die Monokulturen der Agrarindustrie beschleunigt. Anders ausgedrückt: Während die meisten Menschen heute von einer reichhaltigeren und vielfältigeren Ernährung profitieren, dienen die vielfältigen Gewürze und Saucen zunehmend dazu, Weizen, Reis und Hühnerfleisch zu würzen, die überall gleich sind.

Ein ähnlicher Widerspruch ist zu beobachten, wenn es um das Essen als soziale Praxis geht. Auf der einen Seite haben der Anstieg des Lebensstandards und der Rückgang der Lebensmittelpreise – zuerst Ende des 19. Jahrhunderts und dann in noch größerem Maß im späten 20. Jahrhundert – die zuvor gewaltige Ernährungskluft zwischen Reich und Arm verringert. Der deutliche Kontrast zwischen den Festmahlen der Elite und der monotonen Ernährung der übrigen Bevölkerung existiert nicht mehr.[100] Mittlerweile konsumieren alle Gesellschaftsgruppen Fleisch und industriell verarbeitete Lebensmittel, auch wenn einige Prinzen Produkte aus biologischem Anbau vom eigenen zertifizierten Hof vorziehen.

Die Supermärkte haben die regionale Esskultur geschwächt (wenn auch nicht zerstört). Fernsehen, Freizeit und relativer Wohlstand haben dazu beigetragen, Kochen und Backen zu beliebten Hobbys zu machen, die Gastgebern erlauben, Chefkoch zu spielen und sich am Herd hervorzutun. Das wiederum hat die elitäre Haute Cuisine ihrer Vormachtstellung beraubt.

Gleichzeitig gibt es Hinweise darauf, dass die kulinarische Kultur heute möglicherweise ebenso vielfältig ist wie vor einem halben Jahrhundert, bevor das Fernsehen seinen Siegeszug antrat und das Restaurantessen in Mode kam. Eine bedeutsame Veränderung fand möglicherweise in den Zwischenkriegsjahren statt, als die Mittelschichthaushalte ihren Koch verloren und die Hausherren plötzlich selbst kochen mussten. Möglicherweise kamen in der Esskultur der wohlhabenden Gesellschaften einfach neue Unterschiede zum Ausdruck. Die detaillierteste Studie – die sich mit der britischen Gesellschaft beschäftigt – hat eine fortgesetzte Differenzierung zutage gefördert. Die regionalen Unterschiede wurden verwischt, aber Ende der 1980er Jahre unterschieden sich die Menschen ebenso sehr wie eine Generation früher, was die Art der Lebensmittel anbelangte, die sie kauften und kochten. Qualifizierte Beschäftigte reagierten eher als geringqualifizierte Arbeiter auf die Empfehlungen der Gesundheitsbehörden zu gesunden Essgewohnheiten. Es ist richtig, dass alle Leute häufiger auswärts aßen. Aber den gebildeten Angehörigen der Eliten gab ein Essen im Restaurant mit einer guten Flasche Wein die Möglichkeit, Geschmack und Wissen vorzuführen, ihren Status in ihrer Peergroup zu festigen und zu zeigen, dass sie kulturell Lichtjahre von den jungen Arbeitern entfernt waren, die sich ein Curry holen gingen. Es ist viel davon die Rede, dass wir im Zeitalter der Individualisierung und der persönlichen Entscheidungsfreiheit leben. Aber wie der Soziologe Alan Warde festgestellt hat: Wäre es so, dann müsste die Ernährungsweise der einzelnen Menschen sehr viel unterschiedlicher sein, als die Tatsachen belegen.[101] Der persönliche Geschmack der Menschen ist nach wie vor sozial strukturiert. Die imaginäre Welt, die ein Mensch betritt, wenn er sich zum Essen niederlässt, und die Gesellschaft, in der er isst, werden nach wie vor von Klassenzugehörigkeit, Gemeinschaft und Staat geprägt.

14 Dinge des Glaubens

Wachsender Wohlstand führt zur Auflösung der überkommenen Klassen- und Geschmackshierarchien und bringt neue hervor. Bisher haben wir uns mit den säkularen Dimensionen befasst, aber wir müssen uns auch mit den spirituellen Dingen beschäftigen: Haben die Dinge Gott getötet?

Die Vorstellung, der Konsum sei der Feind des religiösen Lebens, nimmt verschiedene Formen an. Als der materielle Wohlstand in den 1960er Jahren Westeuropa erreichte, hörten die Menschen nach Ansicht mancher Beobachter auf, in die Kirche zu gehen, und gingen stattdessen einkaufen. In den 1980er und 1990er Jahren griff Papst Johannes Paul II. einen »Konsumismus« an, der die Menschen zu Sklaven des Besitzes und des unmittelbaren Genusses mache. Er gebe dem »Haben« Vorrang vor dem »Sein« und schade der »körperlichen und geistigen Gesundheit« des Menschen. Einige Autoren gehen so weit zu behaupten, der Materialismus sei die neue Religion: Die heutigen Menschen wollten Güter, keine Götter.[1]

Hinter derartigen Urteilen versteckt sich ein Weltbild, in dem das Religiöse oder Spirituelle instinktiv als Gegensatz des Materiellen betrachtet wird. In dieser Vorstellung rivalisiert das geistige mit dem materiellen Leben: Ein Vormarsch der Dinge erzwingt zwangsläufig einen Rückzug des Geistes. Diese Vorstellung ist in einigen christlichen Denkschulen ausgeprägt, kann jedoch bis zu Platon zurückverfolgt werden. Aufgegriffen wurde sie von den Philosophen der Aufklärung und zu Beginn des 20. Jahrhunderts von Denkern wie Max Weber, die sich mit den vom modernen Kapitalismus ausgelösten Veränderungen beschäftigten. In dieser Vorstellung führte der Vormarsch der Vernunft, des Geldes und der Moderne quasi naturgemäß zur Säkularisierung, sei es, indem er die Irrationalität der religiösen Überzeugungen entlarvt, sei es, indem er die institutionelle Macht der Kirchen untergrub. Der Übergang von der Tradition zur Moderne erschütterte das stabile Bild, das sich der Mensch von sich selbst und seiner Welt gemacht hatte, und öffnete die Tür zu derart vielen verschiedenen Lebensentwürfen, dass das Fundament eines einheitlichen Glaubenssystems einstürzte. Der Tod der Religion war demnach nur eine Frage der Zeit.

Inwieweit hat die Geschichte diese Vorstellungen bestätigt? Und wie haben sich Güter und Besitztümer auf das religiöse Leben genau ausgewirkt? Um diese Fragen beantworten zu können, müssen wir uns nicht nur mit den Entwicklungen in den wohlhabenden westlichen und christlichen Gesellschaften beschäftigen, sondern auch den Vormarsch der Dinge in früheren Zeiten untersuchen und uns ansehen, wie sich die Güter auf die Entwicklungsländer und auf andere Religionsgemeinschaften ausgewirkt haben.

Am besten nachzuvollziehen ist die Entwicklung in Westeuropa. Nirgendwo ist die Säkularisierung weiter vorangeschritten als im ehemaligen Zentrum der christlichen Welt. Im Jahr 1910 gehörten von Skandinavien bis zum Mittelmeer 98 Prozent der Menschen einer christlichen Kirche an. Ein Jahrhundert später bezeichnen sich weniger als zwei Drittel der Europäer als Christen, und nur ein Bruchteil dieser Gruppe nimmt regelmäßig an Gottesdiensten teil.[2] Aber es ist keineswegs so, dass Millionen Menschen plötzlich ihren Glauben verloren haben, als der Wohlstand der westeuropäischen Gesellschaften ab 1960 rasch wuchs. Wie wir an anderer Stelle gesehen haben, war die Zahl der Kirchgänger bereits in den Zwischenkriegsjahren deutlich gesunken, und schon Ende der 1940er Jahre prangerten besorgte Zeitgenossen inmitten von Entbehrungen und Rationierungen die selbstsüchtige Kultur des unmittelbaren Genusses an. In Großbritannien, für das die meisten Daten vorliegen, waren alle nach dem Ersten Weltkrieg geborenen Generationen weniger religiös als die jeweils vorhergehende.[3]

Aber außerhalb dieses wohlhabenden kleinen Winkels der Welt ist seit den 1970er Jahren eine entgegengesetzte Entwicklung zu beobachten. Die mittel- und osteuropäischen Länder sind heute nicht nur reicher an Dingen als unter kommunistischer Herrschaft, sondern beherbergen auch mehr bekennende Christen, wobei insbesondere das Wiedererstarken der orthodoxen Kirche auffällt. In der arabischen Welt begünstigte der neue Reichtum dank des Öls nicht etwa den Säkularismus, sondern eine Renaissance des Islam. In China gingen das rasante Wirtschaftswachstum und die Verstädterung mit einem Aufschwung des Buddhismus – der Anteil der Chinesen, die sich als praktizierende Buddhisten bezeichneten, stieg von 13 Prozent im Jahr 1970 auf 19 Prozent im Jahr 2010 – und mit einer massenhaften Konversion zum Protestantismus einher, wobei viele der neuen Gläubigen aus der gebildeten Mittelschicht kamen. Aber keine Glaubensgemeinschaft ist so rasant gewachsen wie die Pfingstbewegung, die der persönlichen Begegnung mit Gott durch Vermittlung des Heiligen Geistes bei der Taufe und der Macht von Geistesgaben wie der Zungenrede große Bedeutung beimisst. Im Jahr 1970 bekannten sich 5 Prozent der Christen zur Pfingstbewegung; im Jahr 2010 gehörte bereits jeder vierte Christ in der Welt einer Pfingstgemeinde an. Das waren 500 Millionen Menschen. Die Erweckungsbewegung ist nicht nur in armen Ländern wie Jamaika und Nordkorea auf dem Vormarsch, sondern auch in Brasilien und anderen Schwellenländern. Die vergangenen drei Jahrzehnte bieten zahlreiche Beispiele dafür, dass die Säkularisierung keineswegs unaufhaltsam voranschreitet – und das in einer Zeit, in der sich eine beispiellose Zahl von Menschen auf dem Planeten aus der Armut befreit hat. Und wir sollten nicht vergessen, dass selbst im reichen Westeuropa auch nach einem halben Jahrhundert voll von Supermärkten, Urlaubsreisen und Fernsehshows die Zahl der Christen immer noch doppelt so hoch ist wie die der Agnostiker und Atheisten.[4]

In den Vereinigten Staaten finden wir einige Hinweise darauf, wie es der Religion gelingen kann, die kommerzielle Kultur zu ihrem Vorteil zu nutzen. Ein großer Teil unserer Verwirrung beruht auf dem einfachen, aber tief verwurzelten Irrtum, die »traditionellen« Gemeinschaften müssten in einem goldenen Zeitalter der Religion gelebt haben, das erst endete, als die Menschen »modern« wurden. In Wahrheit geschah in den Vereinigten Staaten genau das Gegenteil. Die Amerikaner waren zu George Washingtons Zeiten *weniger* religiös als unter Ronald Reagan. Als die Vereinigten Staaten im Jahr 1776 ihre Unabhängigkeit erklärten, gehörten lediglich 20 Prozent der Einwohner Neuenglands einer Kirche an. Das religiöse Leben kam erst in der zweiten Hälfte des 19. Jahrhunderts in Gang. Im Jahr 1890 waren 45 Prozent der Amerikaner Mitglieder einer Kirche oder Synagoge. 30 Jahre später war der Anteil der bekennenden Gläubigen auf 59 Prozent gestiegen, und zu Beginn des 21. Jahrhunderts liegt er bei etwas mehr als 60 Prozent. Die Religion trat also keineswegs den Rückzug an, sondern rückte parallel zum modernen Handel und zur Verbreitung der Konsumgüter vor. Die Gesellschaft, die im Jahr 1954 das Motto »In God We Trust« auf ihre Münzen und Banknoten druckte, lebte im Wohlstand.[5]

Auch die Millionen irischen und italienischen Einwanderer, die Ende des 19. Jahrhunderts in die Vereinigten Staaten kamen, brachten nicht automatisch Religiosität mit. Wie der New Yorker Erzbischof Corrigan im Jahr 1888 im Gespräch mit Kardinal Manning erklärte, gab es in der Stadt »80 000 Italiener, von denen nur 2 Prozent ... die Gewohnheit haben, an der Messe teilzunehmen«.[6] Vielmehr fand die Religion eine wachsende Zahl von Anhängern, als Prediger und Missionare auf einem zunehmend urbanen, reichen und umkämpften Markt die kommerzielle Konsumkultur nutzten, indem sie Medien, Unterhaltung und die verführerische Kraft schöner Dinge gekonnt einsetzten.

Im Jahr 1825 wurde die American Tract Society gegründet. Am Ende des Jahrzehnts hatte sie mehr als 5 Millionen christliche Schriften gedruckt, die mit Bibelstellen angereichert waren, um sie ebenso »unterhaltsam« wie »nützlich« zu machen. Die evangelikale Renaissance am Vorabend des Bürgerkriegs (1861–1865) brachte eine neue Form von religiöser Werbung hervor: Millionen in Massenproduktion erzeugte Bilder Christi, des Himmels und der Engel wurden in Umlauf gebracht. Die neuen Kirchen nutzten neben dem Evangelium auch Elemente der Unterhaltung, um neue Mitglieder anzulocken. Im Jahr 1847 führte Brigham Young, der »amerikanische Moses«, eine Gruppe von Mormonen ins Salt Lake Valley. Drei Jahre später eröffnete an diesem abgelegenen Ort eine Vergnügungsstätte für Tanz und Unterhaltung, die bald darauf durch eine Versammlungshalle und einen Konzertsaal ergänzt wurde. Jeden Freitag durchtanzten die Mormonen die Nacht. Im Theater hatten 7000 Besucher Platz.[7]

In den 1870er stiegen Dwight Moody und Ira Sankey, zwei führende Köpfe der evangelikalen Erweckungsbewegung, auf beiden Seiten des

44 *oben:* Programmheft des achten italienischen Schlagerfestivals in San Remo, 1958.

45 *oben rechts:* Domenico Modugno singt 1958 in San Remo den von zwei Chagall-Gemälden angeregten Siegersong »Nel blu dipinto di blu« (Volare).

46 *rechts:* Ländliche Nostalgie: eine Briefmarke von 1997, die den finnischen Tango feiert.

47 Die kommerzielle Wirklichkeit: das alljährliche Festival des finnischen Tangos im Jahr 2013.

48 *oben:* Das moderne Shanghai: ein Kalender mit Reklame für skandinavisches Bier (1938).

49 *oben rechts:* Markt im Süden Delhis (2010).

50 *rechts:* Pachinko-Spielhalle in Tokio (2014).

51 Spielkarten, auf denen der chinesische Verbraucherverband 2006 die Konsumenten aufrief, auf irreführende Produktangaben zu achten. Auf der obersten sieht man, wie der berühmte Affenkönig aus dem klassischen chinesischen Roman *Die Reise nach Westen* gefälschte und minderwertige Waren zerschlägt.

52 *oben:* Vor der Kreditkarte: eine in Metall geprägte Zahlkarte für das Kaufhaus Thalhimer in Richmond, Virginia (um 1938).

53 *Mitte rechts:* Benjamin-Franklin-Spardose (USA, 1931).

54 *Mitte links:* ›Spare – und Haushaltsgeräte und eine Parisreise werden möglich‹, verspricht dieses finnische Plakat aus den frühen 1950er Jahren.

55 *rechts:* Auf einem Plakat, das 80 Jahre Postsparen und Sparpläne feiert, präsentiert eine japanische Hausfrau stolz ihr Sparbuch (1955).

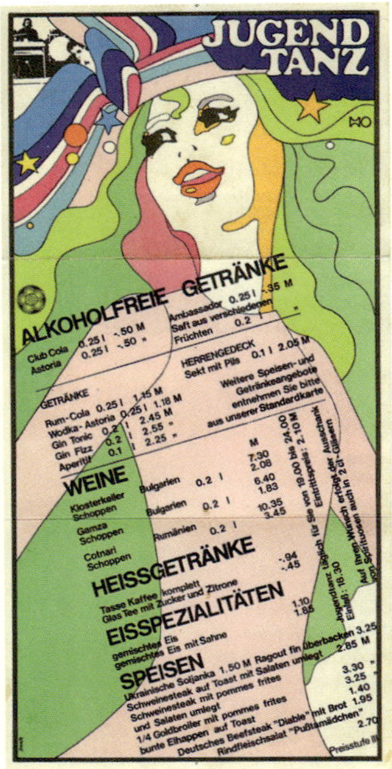

56 *oben:* Polizeifotos von gewalttätigen Scuttlers aus Manchester (1894) mit ihren Erkennungszeichen, den Halstüchern und der Fransenfrisur.

57 *rechts:* Plakat für einen »Jugendtanz« in der sozialistischen DDR von 1973.

58 *unten:* Latinos der Zoot Suit Riots auf dem Weg ins Bezirksgefängnis von Los Angeles (1943).

59 *oben:* Fit und aktiv im Alter: Morgengymnastik in der Ruhestandsgemeinde Sun City, Arizona.

60 *links:* Im Volkspark von Shanghai (2006).

61 *Mitte oben:* Luftaufnahme von Sun City, Arizona (um 1970).

62 *oben:* Das 1939 mit Mitteln der Public Work Administration gebaute Gemeindeschwimmbad in South Pasadena, Kalifornien.

63 *unten:* Fastfood: 19 Cent für den Hamburger in Culver City, Los Angeles (1952), geöffnet täglich von 11 Uhr bis ein Uhr nachts, von Freitag auf Sonnabend bis 2:30 Uhr.

64 *oben links:* Die Baseballmannschaft von Electric Edison, Kalifornien (1904).

65 *oben rechts:* Die Frauenbasketballmannschaft von Electric Edison, Kalifornien (1932).

66 *rechts:* Fußballturnier mit französischen und englischen Werksmannschaften des Bat'a-Schuhimperiums, 1947, die Siegermannschaft aus Vernon, Frankreich.

67 Sozialleistungen des deutschen Waschmittelherstellers Henkel (1937).

68 *oben links:* Ein *chiffonier* (Lumpensammler) und sein Esel in Lozére, Frankreich (um 1900).

69 *oben rechts:* Jungen durchwühlen einen Müllabladeplatz in Boston (1909).

70 *Mitte links:* Werbung für Mietlagerräume in Manhattan (2012).

71 *Mitte rechts:* Computerschrott in Guiyu in der chinesischen Provinz Guangdong (2005).

72 *links:* Robert Rauschenberg, *Monogram*, 1955–1959.

Atlantiks zu religiösen Popstars auf. In den Großstädten strömten Millionen Gläubige zu ihren Predigten. Ihre Gesangbücher waren Bestseller, und gewiefte Geschäftsmänner nutzten Moodys und Sankeys Ruhm für einen regen Handel mit nicht autorisierten Porzellanfiguren und anderen Erinnerungsstücken, die sich großer Beliebtheit bei den begeisterten Anhängern erfreuten. Im Jahr 1875 mieteten die beiden für 1500 Dollar in der Woche P. T. Barnum's Hippodrome in New York – den heutigen Madison Square Garden –, wo sie die Religion zur größten Show auf Erden machten.[8] Ihre Gottesdienste waren sorgfältig inszenierte Aufführungen. Die Türen wurden um Viertel nach sieben geöffnet, 5000 Menschen strömten in den Saal und fanden innerhalb von zehn Minuten einen Sitzplatz. Der Chor begann die einfachen, aber einprägsamen Hymnen aus dem Gesangbuch von Moody und Sankey zu singen, und die Gemeinde stimmte ein. Dann spielte Sankey, die »liebliche Stimme des Methodismus«, ein Solo auf dem Melodeon. Der Höhepunkt aber war stets Moodys Bibelvortrag. »Seine Stimme ist rau, eintönig, und er schaut immer geradeaus, ohne sich den Zuschauern auf den Seiten zuzuwenden«, erinnerte sich ein Zuhörer. »Aber wie wirklich scheinen die Männer! Wie deutlich steht der betrügerische, hinterlistige Jakob vor uns! Und wie treffend wendet er die Lehren aus dem Leben des Erzvaters auf die Männer und Frauen im Saal an!«[9] Dann wurde wieder gesungen und geschluchzt. In Philadelphia wurden vor dem Gotteshaus Moody-Statuetten für 2 Dollar das Stück verkauft.

Die Annäherung zwischen Christentum und Konsum wurde durch die Werkzeuge des Handels erleichtert, aber ebenso wichtig war eine Verschiebung im Glauben und innerhalb der christlichen Doktrin. Wie in den anderen Weltreligionen gab es im Christentum eine Strömung, die dem materiellen Besitz mit großem Misstrauen begegnete und davor warnte, dass irdische Reichtümer die Gläubigen vom Weg Gottes abbringen könnten; ganz so wie in der Geschichte vom Goldenen Kalb, in der Aaron goldene Ohrringe einschmilzt, um aus dem Gold das Götzenbild eines Kalbs zu schaffen, nachdem Moses sein Volk zurückgelassen hat, um auf dem Berg Sinai die Zehn Gebote zu empfangen. Ab Mitte des 19. Jahrhunderts machte das christliche Gottesbild eine Wandlung durch: Gott wurde sanftmütiger und schöner und thronte nicht mehr in unerreichbarer Höhe, um über die Menschen zu urteilen, sondern tauchte in die Welt ein und mischte sich unter die Menschen und Dinge. Dieser Wandel der Doktrin wurde nicht durch Besitztümer oder Hedonismus herbeigeführt; er war eher eine Reaktion auf die von den wissenschaftlichen Erkenntnissen und der Evolutionstheorie ausgelöste Glaubenskrise und wirkte anziehend auf viele viktorianische Romantiker sowie auf Sozialisten, die der Konsumkultur mit Abscheu begegneten.[10] Aber die Vorstellung, dass Gott überall war, half dabei, dem Streben nach kostbaren Dingen in einen Ausdruck der Tugendhaftigkeit und sogar der Frömmigkeit zu verwandeln. Wenn die göttliche Schönheit in der Welt zum Ausdruck kam, musste es dann nicht die Pflicht eines Christen sein, sich mit Dingen zu umgeben, die diese göttliche Schönheit ausstrahlten?

Die Eisenbahn erleichterte die Verbreitung der Dinge. Tagebücher aus den Jahren 1860 bis 1880 zeigen, dass beispielsweise die Mormonen in schönen Gegenständen und in der Mode die Möglichkeit sahen, sich in Personen mit Geschmack zu verwandeln: Da sind Einträge, in denen »wunderschöne Seidentücher« und »ein mit Saffianleder bezogener und mit rosenfarbenem Satin ausgekleideter Koffer« erwähnt werden, dessen »Deckel einen Glasspiegel enthielt ... alles in allem höchst elegant«. »Das Fundament unserer Gesellschaft ist gelegt«, verkündete die *Deseret News* im Jahr 1860: Nun galt es, »der Verzierung, dem Schmuck und einer vollkommenen Entwicklung sorgfältige Aufmerksamkeit« zu schenken.[11] Exzesse wurden weiterhin missbilligt, aber Entsagung wurde ebenfalls abgelehnt. Ein guter Christ musste jenen Stil pflegen, der am besten zu seiner Person passte.

Natürlich hatten auch schon frühere Christen ein angenehmes Leben geführt, wie wir am Beispiel der Niederlande und Englands im 17. und 18. Jahrhundert gesehen haben. Neu im späten 19. Jahrhundert war, dass viele Kirchen ihre Furcht vor der Korruption durch das Materielle verloren und offen die Botschaft verkündeten, Gott verspreche jedermann materiellen Wohlstand. Henry Ward Beecher, ein kongregationalistischer Sozialreformer und Abolitionist, klärte sein amerikanisches Publikum darüber auf, dass Luxus ein Kennzeichen des frommen Mannes sei. Beecher selbst liebte Juwelen und ging gerne einkaufen. Es fügte sich gut, dass er für jede der 60 Predigten, die er im Jahr 1876 in

18 Staaten hielt, ein Honorar von 1000 Dollar erhielt.[12] In seinen Augen »war der Instinkt zur Schaffung von Wohlstand Gottes erzieherische Kraft in der Welt«, denn: »Wohlstand ermöglicht Kultur.«[13] Die Menschen hatten also ein Recht darauf, den Wohlstand selbst zu genießen, indem sie sich beispielsweise ein schönes Heim einrichteten, aber natürlich sollten sie ihr Geld auch darauf verwenden, ihre Kirche und ihre Gemeinde zu unterstützen.

Nichts von alledem war eine amerikanische Eigentümlichkeit. Die Vorstellung, schöne Gegenstände seien Ausdruck der göttlichen Schönheit, hatte auch Anhänger in Europa, wie wir an anderer Stelle gesehen haben.[14] Was die amerikanischen Kirchen von denen in Europa unterschied, war die Tatsache, dass sie die moralische Verteidigung des Wohlstands zu einem Geschäftsmodell machten und den Erfolg ihrer Mitglieder nutzten, um ihre eigene Expansion zu finanzieren. Die Prediger des »Wohlstandsevangeliums« in den 1960er Jahren sowie die Fernsehprediger (Televangelisten) und Megachurches müssen in diesem größeren historischen Kontext gesehen werden, auch wenn sie nicht mehr das progressive Sendungsbewusstsein der Prediger des »sozialen Evangeliums« besaßen. Gott schlug den Gläubigen einen materiell-spirituellen New Deal vor: Gebt euch in seine Hand, und im Gegenzug wird er euren Wohlstand mehren. Ein einflussreicher Überbringer dieser Botschaft war Kenneth Hagin, der Begründer der Wort-des-Glaubens-Bewegung (Word of Faith), der um das Jahr 1960 begann, in seinem Rhema Bible Center in Tulsa (Oklahoma) Tausende Evangelisten zu schulen, und 1440 Gemeinden aufbaute; obendrein verkaufte er schätzungsweise 53 Millionen Bücher. Wie Gott Abraham mit finanziellem Wohlstand gesegnet hatte, predigte Hagin, so gelte auch hier und heute: Gott wolle, dass seine Kinder »die beste Kleidung tragen. Er will, dass sie die besten Autos fahren. Er will, dass sie das Beste von allem haben.«[15]

Der Fernsehprediger Jim Bakker, ein ehemaliger Geistlicher der Assemblies of God, hob den ostentativen Konsum auf ein neues Niveau. Im Fernsehen warb er für etliche Produkte, und er stellte seinen luxuriösen Lebensstil als ein Zeichen göttlicher Gnade zur Schau. Im Jahr 1984 kaufte er sich an einem einzigen Tag einen 1939er Rolls-Royce und einen 1953er Silver Dawn Rolls-Royce.[16] Seine Hunde schliefen in einem

Zwinger mit Klimaanlage. In dem 1939er Rolls-Royce fuhr Bakker großzügige Spender in seinem Freizeitpark Heritage USA in Fort Mill in South Carolina herum, wo man neben Bibelschulen auch ein Luxuskaufhaus und das Heritage Grand Hotel mit 501 Zimmern fand; in seiner Glanzzeit nahm Heritage den dritten Platz unter den meistbesuchten Vergnügungsparks in den Vereinigten Staaten ein und erzielte Einnahmen von 126 Millionen Dollar im Jahr. Ende der 1980er Jahre sank Bakkers Stern nach mehreren Sex- und Steuerskandalen, aber für die evangelikalen Gläubigen war Heritage USA der Beweis dafür, dass christliche Nächstenliebe und Luxus zusammengehörten. Eine Besucherin drückte es so aus: »Die Christen sollen nichts Zweitklassiges akzeptieren. Ich verehre den Luxus und mache kein Geheimnis daraus.«[17]

Wie ist der Kontrast zwischen der religiösen Vitalität der Vereinigten Staaten und der religiösen Apathie Westeuropas zu erklären? Von Adam Smith im 18. Jahrhundert über Alexis de Tocqueville im 19. bis zu den Redakteuren des *Economist* zu Beginn des 21. Jahrhunderts haben viele Autoren die Antwort im unvergleichlich offeneren amerikanischen Markt gesucht, auf dem sich Kirchen und Sekten in einem erbitterten Wettbewerb behaupten und ohne staatliche Subventionen oder andere Privilegien auskommen müssen.[18] Im Wettbewerb werden sie unternehmerischer und unterhaltsamer. Pat Robertsons *The 700 Club*, eine beliebte Fernsehsendung, die seit 1966 läuft, beschäftigt mehr als 4000 Freiwillige, die jedes Jahr 4 Millionen Anrufe entgegennehmen und dabei den Großteil der 233 Millionen Dollar einsammeln, die das Christian Broadcasting Network jedes Jahr einnimmt.[19]

Auch in Europa ist das religiöse Leben nie vollkommen vom Geschäft getrennt gewesen. Im Mittelalter handelten die Kreuzfahrer mit Reliquien, und seit die Jungfrau Maria im Jahr 1858 in Lourdes gesehen wurde, sind dort Millionen Kerzen und Medaillen verkauft worden. Der glühende Katholik Michele Ferrero (»Mr. Nutella«) schrieb den Erfolg seines Unternehmens der Madonna von Lourdes zu, entwarf und benannte seine Praline Ferrero Rocher nach der Felsengrotte und ließ vor sämtlichen Fabriken seines globalen Süßigkeitenimperiums Statuen der »Madonnina« aufstellen.[20] Doch das sind Kleinigkeiten verglichen mit der Verbreitung christlicher Rockmusikalben, mit den Bibel-Videospielen, mit »Gebetskleidung« für Kinder und den Scripture Cookies, deren Zubereitung die Kenntnis zahlreicher Bibelstellen erfordert, in den Vereinigten Staaten.[21] Der amerikanische Markt ist ein fruchtbares Terrain für Megachurches, insbesondere für die Erweckungsbewegung und nicht konfessionsgebundene Gruppen ohne festen Standort. Die Second Baptist Church in Houston, eine Megachurch mit 17000 Mitgliedern, hat 65 Softballmannschaften und betreibt Handwerks- und Fitnesszentren. Mittlerweile veranstalten sogar einige katholische Kirchen wie St. Timothy's in Mesa, Arizona, im Radio übertragene Riesenmessen mit Musik- und Unterhaltungsprogramm.[22]

Es heißt, in Westeuropa habe die starke Position der etablierten Kirchen, die mit Steuern finanziert werden und von Steuervergünstigungen und anderen Privilegien profitieren, die Notwendigkeit von Innovation und Unterhaltung weitgehend beseitigt. Das ist nicht ganz falsch, aber es ist nur ein Teil der Wahrheit. Schließlich war die Church of England im 18. Jahrhundert mächtiger als heute, aber das konnte die rivalisierende methodistische Erweckungsbewegung nicht aufhalten. Es ist erwähnenswert, dass Moody und Sankey, bevor sie die Vereinigten Staaten im Jahr 1875 im Sturm eroberten, eine gleichermaßen erfolgreiche Tour durch Großbritannien absolviert hatten. Die etablierten Kirchen haben mittlerweile viele ihrer früheren Privilegien verloren, dennoch wurde die entstandene Lücke in Europa nicht von Megachurches und der Erweckungsbewegung gefüllt.

Ebenso wichtig wie der religiöse Markt dürfte die Beschaffenheit des Sozialstaats sein. In den Vereinigten Staaten umfasst die Tätigkeit der religiösen Einrichtungen neben der spirituellen Unterstützung auch Gemeindedienste, Selbsthilfe, soziale Dienste und Freizeitangebote. Willow Creek, eine Megachurch in Illinois, betreibt eine Tafel und eine Beschäftigungsagentur, bietet Kinderbetreuung und Unterstützungsgruppen für Eltern, Geschiedene und Drogenabhängige an; sie setzt sogar Mechaniker als Freiwillige ein, die alleinstehenden Müttern kostenlos die Autos reparieren.[23] Die amerikanischen Kirchen erbringen also weiterhin viele jener Dienste, die in Europa nach dem Zweiten Weltkrieg vom Sozialstaat übernommen wurden, auch wenn die staatlichen Sparmaßnahmen diese Arbeitsteilung mittlerweile bedrohen.

Bisher haben wir uns mit den religiösen Einrichtungen beschäftigt, aber die Institutionen haben keinen Besitzanspruch auf die Religion. Man kann auch gläubig sein, ohne einer Kirche, einer Moschee oder einer Synagoge anzugehören. William James definierte Religion im Jahr 1902 als »die Empfindungen, Handlungen und Erfahrungen des Einzelnen« in Bezug auf eine göttliche Macht. Diese Macht könnte ein einzelner Gott sein, aber auch ohne einen Gott auskommen (beispielsweise steht Buddha an seinem Platz) oder transzendental sein, was bedeutet, dass die Menschen einen göttlichen Funken in sich tragen und imstande sind, eine Verbindung zur mystischen Wahrheit in der Natur herzustellen. Wie hat sich die Konsumkultur auf die persönliche religiöse Erfahrung der Menschen ausgewirkt?

Dass die Agnostiker selbst in Westeuropa heute eine Minderheit sind (sie stellen etwa ein Fünftel der Bevölkerung), sagt einiges über die bemerkenswerte Flexibilität der religiösen Empfindungen angesichts des säkularen Wandels. Nicht nur in Irland und Italien, sondern auch in Dänemark und Finnland definieren sich noch immer mehr als 80 Prozent der Bevölkerung als Christen, selbst wenn sie nie einen Fuß in eine Kirche setzen.[24] Drei Viertel der Amerikaner glauben an Gott oder an eine höhere Macht. Aber dass jemand gläubig ist, kann vieles bedeuten: So geht beispielsweise aus den General Social Surveys der Jahre 1991 und 2006 hervor, dass 70 Prozent der Amerikaner Gott als einen »Heiler« betrachten. Für zwei Drittel ist Gott ein »Freund«, und ebenso viele Menschen glauben auch an den Teufel. Die Hälfte der Amerikaner ist »fest davon überzeugt«, dass Wunder geschehen.

Die Angehörigen der geburtenstarken Jahrgänge sind als »spirituell Suchende« bezeichnet worden, die sich seit den 1970er Jahren ihre eigenen Glaubenssysteme zusammengebastelt haben, in denen sie Elemente der fernöstlichen Religionen mit christlichen Traditionen verknüpfen und diese Mischung mit ein wenig Esoterik würzen. Als ein Forscher im Jahr 1996 eine Physiotherapeutin in Boston fragte, ob sie nach ihren Erfahrungen mit Drogen und Scientology noch weitere Religionen ausprobiert habe, antwortete sie: »O ja ... Ich habe alle Bücher über den Buddhismus gelesen, die ich in die Finger bekommen konnte ... Es gefiel mir, dass er mich ermutigte ... in meine Seele zu schauen und herauszufinden, was für mich richtig und wahr ist. Ich mag auch *Star Trek* – ist das eine Religion? Ich bin nicht sicher.«[25]

Es ist umstritten, wie repräsentativ derartige Schilderungen von selbst zusammengeschusterten Religionen sind. In einer zwischen 2001 und 2005 durchgeführten großen Studie über amerikanische Teenager stellte sich heraus, dass die meisten von ihnen ein bemerkenswert konventionelles religiöses Leben führten und in die Fußstapfen ihrer Eltern getreten waren; nur 4 Prozent der Befragten hatten versucht, ihren christlichen Glauben um Elemente von Zen, Buddhismus oder Hinduismus zu erweitern, und nur 0,3 Prozent hatten sich heidnischen Kulten oder einem Hexenglauben angeschlossen. Kaum einer von ihnen probierte verschiedene Kirchen aus. Gleichzeitig wussten die meisten Jugendlichen, obwohl sie häufig am Sonntag in die Kirche gingen, wenig oder nichts über das Evangelium. Einige katholische Teenager glaubten an die Wiedergeburt, und viele junge Protestanten waren überzeugt, sie würden in den Himmel kommen, sofern sie »das Richtige … und nichts wirklich Böses« täten – offenbar kannten sie die grundlegende protestantische Lehre nicht, dass der Mensch allein durch seinen Glauben das ewige Leben erlangt. Die Forscher gelangten zu dem Schluss, die amerikanischen Teenager würden Gott als »kosmischen Therapeuten« betrachten, der auf Anfrage wirke.[26] Wie wir gesehen haben, war die Vorstellung, dass den Menschen und der Welt ein göttlicher Funke innewohnt, bereits im 19. Jahrhundert auf dem Vormarsch. Es wäre daher ein Fehler, sie einfach als Produkt des materialistischen Individualismus zu betrachten, der seinen Siegeszug nach dem Zweiten Weltkrieg antrat. Dennoch gibt es Hinweise darauf, dass Werbung und Konsumkultur den christlichen Glauben ich-fixierter und eigennütziger gemacht haben. Für die meisten Amerikaner ist Gott kein Richter mehr, sondern eher ein Heiler und Freund.[27]

Global betrachtet ist das Christentum in der südlichen Hemisphäre mittlerweile sehr viel dynamischer als das im Norden. Angetrieben wird die Entwicklung von der Pfingstbewegung in Afrika und Lateinamerika. Im Jahr 1970 gehörte jeder siebte Christ in Nigeria der Pfingstbewegung an; 2010 galt das für die Hälfte der nigerianischen Christen. In Brasilien stieg der entsprechende Prozentsatz im selben Zeitraum von 7 auf 25 Prozent der christlichen Bevölkerung. Einige Führer der Pfingstbewegung, etwa der Nigerianer Enoch Adeboye, das Oberhaupt der Redeemed Christian Church of God (RCCG), orientieren sich am Vorbild ihrer charismatischen Glaubensbrüder in den Vereinigten Staaten, zum Beispiel an Kenneth Hagin und seiner Wort-des-Glaubens-Bewegung. Dennoch handelt es sich im Allgemeinen nicht um amerikanische Importe, sondern um einheimische Gruppen, die sich lokal finanzieren. Die Pfingstbewegung verdankte ihre Attraktivität in den 1980er und 1990er Jahren der Tatsache, dass sie nicht nur eine spirituelle, sondern auch eine materielle Antwort auf die Globalisierung und die damit verbundenen Herausforderungen und Chancen gab. In einer von Inflation, Arbeitslosigkeit und innerer Instabilität gekennzeichneten Zeit sandten die Pfingstkirchen eine Botschaft aus, die Selbsthilfe, Bildung und Arbeit betonte und den Gläubigen versprach, sie aus der Abhängigkeit von den alten Eliten zu befreien und ihnen die Chance auf ein selbstbestimmtes Leben zu geben.

Seit den 1970er Jahren vertreten die Anhänger der Pfingstbewegung die Doktrin des »Geistes der Armut«. In dieser Vorstellung sind afrikanische Menschen deshalb arm, weil sie im Bann von Hexerei und Ahnenverehrung stehen und arbeitsunwillig sind. Um ein besseres Leben führen zu können, bedürfen sie einer Wiedergeburt und müssen sich Disziplin aneignen. Die Pfingstbewegung kann beides anbieten. Für jene, die im Bann des »Geistes der Armut« stehen, sind ausländische Güter vom Teufel geschickte Verführungen, die die Menschen in Schulden, Alkoholismus und Ruin treiben. Hingegen werden jene, die im Heiligen Geist getauft werden, lernen, ein Vermögen anzuhäufen und das gute Leben zu genießen. Die Macht des Wortes reinigt die Konsumgüter und hält den Teufel fern.

In Ghana und Simbabwe haben Anthropologen das Wechselspiel zwischen spiritueller und materieller Wiedergeburt beobachtet. Anstatt ihr mühsam verdientes Geld in teure Einkäufe und Geschenke für die Großfamilie zu investieren, lernten die Gläubigen, in sich selbst, ihre Kernfamilie und ihre Kirche zu investieren. Die Pfingstkirchen trieben die Alphabetisierung ihrer Gemeinden voran und berieten die Gläubigen im Umgang mit Geld. Dabei nutzten sie eine existierende Kultur, die der individuellen Willenskraft große Bedeutung im Bemühen beimisst, sich aus der Armut zu befreien. Als der Staat in den 1980er Jahren unter dem

Einfluss des Neoliberalismus die soziale Unterstützung kürzte, füllte die Pfingstbewegung die Lücke. Die Botschaft von Selbsthilfe und Sicherheit sprach die Armen auf dem Land ebenso an wie die aufstrebenden Menschen in den urbanen Megachurches. In Brasilien lockte die Pfingstbewegung zunächst die Ärmsten der Armen an, aber seit den 1990er Jahren ist sie auf der sozialen Leiter aufgestiegen und hat viele Menschen für sich gewonnen, die ihre Chance auf Wohlstand in einer wachsenden Wirtschaft nutzen.[28]

Im 17. Jahrhundert deuteten manche Calvinisten ihren finanziellen Erfolg als Zeichen dafür, dass sie zu den »Auserwählten« zählten, auch wenn in den Predigten weiter vor Exzessen und vor den Versuchungen des materiellen Wohlstands gewarnt wurde. Um das Jahr 1900 herum nahmen die christlichen Missionen in Afrika eine ähnlich ambivalente Haltung ein: Wie wir gesehen haben, verbreiteten die Missionare auf der einen Seite neben dem Evangelium auch die Botschaft vom materiellen Wohlergehen, auf der anderen Seite aber beklagten sie den Appetit ihrer Gemeinden auf Mode und kleine Luxusgüter.[29] In den 1980er Jahren gingen die Pfingstkirchen einen großen Schritt weiter und begannen, sich offen zum materiellen Reichtum zu bekennen. Als Adeboye im Jahr 1981 die Leitung der RCCG in Nigeria übernahm, war die Kirche arm und nahm keine Spenden entgegen. Adeboye löste sich von der asketischen Haltung früherer Anhänger der Pfingstbewegung und führte eine neue Kultur des Gebens ein: Die Gläubigen und die lokalen Kirchengemeinden mussten von nun an den Kirchenzehnten an das Zentrum entrichten – Gott, so versicherte Adeboye den Gemeinden, werde ihnen ihre Investition vielfach zurückzahlen. Im Jahr 2005 verkündete Adeboye, Gott habe ihn beauftragt, einen »Redeemers' Club« für Mitglieder einzurichten, die bereit waren, 50 000 Pfund zu spenden. Für 5000 Pfund konnte man sich eine Kreuzfahrt von Miami zu den Bahamas auf der *Wonderland* sichern und persönlich einer Predigt Adeboyes beiwohnen. Christus, erklärte der Kirchenführer, sei für den Wohlstand der Menschen gestorben und habe ihnen durch sein Leiden unbegrenzten Kredit verschafft. »Gott ist der Gott der Reichen«, erklärte Adeboye; dieser Gott wolle, dass die Menschen Wohlstand erwarben und »Autos, ein Haus, Kleidung, Grundbesitz und alles haben, was man mit Geld kaufen kann«.[30]

Der Erfolg der RCCG wirft ein Licht auf die Kombination von Faktoren, die zum Siegeszug der Pfingstbewegung beigetragen haben: charismatische Prediger, eine Botschaft der Hoffnung und des Wohlstands in einer Zeit wirtschaftlicher Ungewissheit und eines schwachen Staats sowie neue Medien und Methoden. Die RCCG unterhält neun getrennte Predigtämter, die Predigten in Yoruba, Igbo und Hausa sowie in Englisch und Französisch herausgeben: Von jeder Predigt werden in Nigeria eine halbe Million Audiokassetten im Monat verkauft. Die Kirche nutzt auch Internet, Video und die digitale Technologie. Statt Discomusik wird »Praise-co«-Musik angeboten. Die Kirche hat mit Nestlé und 7UP sowie mit lokalen Händlern Vereinbarungen über Einzelhandelsstandorte geschlossen. Sie unterhält eine eigene Universität und lokale Handelsschulen.[31]

Gibt es Parallelen zwischen dieser Symbiose von Religion und Reichtum innerhalb der christlichen Erweckungsbewegung und den Entwicklungen in anderen Weltreligionen? In den Vereinigten Staaten wirkte sich die Kommerzialisierung auch auf das jüdische Leben aus. Für die jüdischen Einwanderer, die um 1900 eintrafen, war Besitz ein Mittel, sich in der neuen Heimat Anerkennung zu verschaffen und zu zeigen, dass man kein »Grünschnabel« mehr war, sondern sich »ausgrünen« konnte (*oysgrinen zich*). So wie zu Weihnachten wurden auch zu Chanukka ursprünglich keine Geschenke gemacht, aber in den 1890er Jahren waren beide Feste Teil einer neuen Einkaufssaison geworden. Und es entstand der Brauch, anlässlich des Pessachfests Mobiliar und Bettzeug zu erneuern.[32]

In den asiatischen Religionen, beispielsweise im Shintoismus und im Buddhismus, in denen es keinen Schöpfergott gibt und das Göttliche in Steinen, Bäumen und Besitztümern Gestalt annimmt, spielen die Dinge im geistigen Leben eine noch wichtigere Rolle. In Japan sind die religiösen Riten mit dem Kauf von Gegenständen und Geschenken verknüpft. Tonfiguren von Hasen und Vögeln sowie Gebrauchsgegenstände wie Tassen und Reislöffel (*shamoji*) sind Glücksbringer (*engimono*). Sie werden auf Fernsehgeräte oder in Nischen gestellt und helfen ihren Besitzern, Kontakt zu den Göttern aufzunehmen, das Böse fernzuhalten oder die Genesung von einer Krankheit zu beschleunigen. In koreanischen Schamanenritualen dienen importierter Whiskey, Spielzeuge und Lebensmittel als »Reisegeld«, das es den Lebenden erleichtert, Frieden mit den Geistern ihrer Ahnen zu schließen.[33]

Die heftigsten Auseinandersetzungen hat die Begegnung von Religion und Konsumkultur im Islam ausgelöst, und zwar sowohl in der islamischen Welt als auch in den islamischen Gemeinschaften im Westen. Die iranische Revolution im Jahr 1979 schien anfangs einen neuen kulturellen Zusammenstoß zwischen einer islamischen Republik und dem westlichen Materialismus anzukündigen. Im Westen begannen manche Beobachter, von einem »Dschihad gegen McWorld« zu sprechen, einem heiligen Krieg, in dem sich die religiöse Tradition gegen den globalen Konsumkapitalismus zur Wehr setzte.[34] Im Iran selbst fällte der Führer der fundamentalistischen Revolution, Ajatollah Chomeini, in seinem Testament im Jahr 1989 sein abschließendes Urteil: Die westliche Werbung, das Radio, das Fernsehen und das Kino seien »mit Erfolg eingesetzt worden, um die Völker der Welt und insbesondere die Jugend intellektuell zu betäuben«. Im letzten halben Jahrhundert hätten sie als »Werkzeug der antiislamischen Propaganda« gedient und nicht nur »Luxusgüter«, Kosmetika, Getränke und Kleidung vermarktet, sondern auch »eine bestimmte Lebensart als prestigeträchtiges Modell« verkauft. Dadurch sei es zu einem Statussymbol geworden, »es in allen Bereichen des täglichen Lebens den Leuten im Westen gleichzutun«. Dieser konsumorientierte Lebensstil habe Herz und Verstand der Menschen korrumpiert, Neid und soziale Konflikte heraufbeschworen und Männer, Frauen und Jugend ihrem Land, ihrer Kultur und ihrer Religion entfremdet. Die Mode und die Vorliebe für teure Güter hätten in die politische Abhängigkeit geführt, denn »Kosmetika, Unterhaltung, alkoholische Getränke ... Spielzeug und Puppen« und andere »extravagante modische Artikel« würden mit den Einnahmen aus dem Export von Erdöl und anderen Bodenschätzen bezahlt, so dass sich der Iran in eine Kolonie des Westens verwandelt habe.[35]

Wir neigen dazu, uns die »Luxuskriege« als europäischen Konflikt vorzustellen, in dem Konsum, Wachstum und Fortschritt im 19. Jahrhundert letztlich die Oberhand behielten. Aber diese Sicht ist zu beschränkt. Die iranische Revolution eröffnete eine neue Front in diesem Krieg. Wie Rousseau zwei Jahrhunderte früher behauptete Chomeini, es gebe eine

Kausalkette von Luxus, Streben nach Status und Neid, sozialen Konflikten, Korruption und Abhängigkeit. Anders als Rousseau, der selbst ein ausgabefreudiger Konsument und Liebhaber schöner Frauen war, versuchte Chomeini, die neue islamische Gesellschaft entsprechend zu organisieren und den Luxus aus dem Leben der Iraner zu verbannen. Filme, Bücher und Medien wurden zensiert. Fast die Hälfte der Kinos wurde unmittelbar nach der Revolution geschlossen oder gar niedergebrannt. Alkohol wurde verboten, die Körper und Haare der Frauen verschwanden hinter langen Umhängen und Kopftüchern. Die Revolution von 1979 fügte der Figur des »Kriegerbruders« jene der »verschleierten Schwester« hinzu, deren Waffen der Hidschab und der schwarze Tschador waren.[36]

Aber auf den Frontalangriff folgte die Annäherung. Das Regime begriff, dass es die Bürger unmöglich daran hindern konnte, sich in ihren eigenen Häusern verbotene Filme anzusehen; und wie sich herausstellte, konnte das gesetzliche Verbot von Satellitenschüsseln nicht durchgesetzt werden. Ende der 1980er Jahre erlebte das iranische Kino eine Renaissance, und das Regime entschloss sich, die Filme zu nutzen, um für die islamische Kultur zu werben. Die Frauen durften wieder Sport treiben und tauchten erneut als Zuschauerinnen auf den Tribünen auf. (Die Fußballweltmeisterschaft 1998 bewies, dass die Begeisterung für diesen Sport in den Iran zurückgekehrt war. Bevor der Iran aus dem Turnier geworfen wurde, schlug er die USA 2:1; das Siegtor schoss Mehdi Mahdavikia, der später zu Asiens Fußballer des Jahres gewählt wurde und für den Hamburger SV spielte.) Geändert hat sich seit 1979, dass die Iraner ihren Freizeitaktivitäten im Allgemeinen eher im Rahmen der Familie und des Freundeskreis nachgehen als im öffentlichen Raum. Doch die Bevölkerung konsumiert weiter, und sei es auch nur, um sich der Moralpolitik zu entziehen. Iranische Frauen dürfen keine kurzen oder farbenfrohen Kleider tragen, aber sie können Markensonnenbrillen, Lippenstift und Schminke kaufen. Wie eine Grundschullehrerin im Jahr 2013 erklärte: »Die Frauen haben hier nicht viele Möglichkeiten, und mir und anderen Frauen wie mir macht es Spaß, Make-up zu tragen.« Der Iran ist nach Saudi-Arabien der zweitgrößte Markt für Kosmetika im Nahen Osten, und der Handel mit gefälschten Markenprodukten aus China und der Türkei blüht.[37]

Der fundamentalistische Angriff auf den vom Konsum geprägten westlichen Lebensstil rückte mit der Expansion des »Islamischen Staats« im Irak und in Syrien ab 2011 wieder in den Mittelpunkt des Interesses. »Es ist allgemein bekannt, dass die heutigen materiellen Gesellschaften auf der atheistischen Ideologie beruhen«, erklärte die Frauenbrigade Al-Chansaa in ihrem Manifest über die Rolle der Frau im Februar 2015. Mode und Kosmetika, so die radikalen Fundamentalistinnen, seien Teufelswerk. Der Satan versuche, der Frau ihre Kleidung wegzunehmen, um sie »aus ihrem Paradies der bedeckten Schicklichkeit herauszulocken und dazu zu bewegen, große Mengen Geld auszugeben, um Gottes Schöpfung zu verändern und von den Chirurgen zu verlangen, dass sie Nase, Ohren, Kinn und Nägel ändern«. Nur das islamisch regierte Kalifat stelle die Schicklichkeit und den Respekt für den weiblichen Körper wieder her, indem es vorschreibe, das weibliche Gesicht durch den Hidschab vor den Augen korrupter Betrachter zu verbergen.[38]

Aber der Fundamentalismus darf weder mit der Re-Islamisierung noch mit dem Islam im Allgemeinen gleichgesetzt werden. Die meisten islamischen Gemeinden im arabischen und asiatischen Raum haben eine funktionierende Beziehung zur Konsumkultur entwickelt. Anfang der 1980er Jahre lockte die Golfregion Liberty, Marks and Spencer und andere große westliche Einzelhandelsketten an. Im folgenden Jahrzehnt schossen überall Einkaufszentren aus dem Boden. Die beiden größten Einkaufszentren der Welt stehen in Dubai. Die 2008 errichtete Dubai Mall beherbergt 1200 Geschäfte – darunter Bloomingdale's, Kinos, eine Eislaufbahn und ein Aquarium. Und das Phänomen ist an vielen Orten der islamischen Welt zu beobachten: Oman hat sein Muscat City Centre samt einem Carrefour-Supermarkt. In Ankara gibt es zwei Dutzend Einkaufszentren, auch wenn die Islamisten an Einfluss gewinnen. Die großen Supermärkte setzen die traditionellen Suqs unter Druck. So wie schon Weihnachten und Chanukka hat sich der Ramadan von Saudi-Arabien bis in die Türkei in den letzten zwei Jahrzehnten in eine Zeit des Shoppings verwandelt. Anstatt zu Hause zu feiern oder den Armen und Hilfsbedürftigen zu helfen, treffen sich die Familien nach Sonnenuntergang, im Anschluss an die rituellen Gebete und das Fasten während des Tages, zu einem Festessen, einem Ausflug ins Einkaufszentrum oder einem abendlichen Unterhaltungsprogramm.[39]

Die Re-Islamisierung verdankt ihre Kraft nicht zuletzt einer strategischen Allianz mit dem Konsum. Neue islamische Produkte einschließlich Modeartikeln sowie die neuen Medien und Technologien tragen entscheidend zur Verbreitung der muslimischen Identität und des islamischen Lebensstils bei. So wurde beispielsweise die amerikanische Barbie-Puppe in Saudi-Arabien 1994 als unschicklich verboten – nur um wenige Jahre später durch die syrische Fulla-Puppe ersetzt zu werden, die zwar einen Hidschab, aber auch Lippenstift und hochhackige Schuhe trug. Es wurden sogar Fulla-Gebetssets verkauft. Die Angriffe auf Pepsi und Coca-Cola bedeuteten nicht das Ende gezuckerter Erfrischungsgetränke: Vielmehr wurden sie im Iran durch Zam Zam Cola und anderswo durch ähnliche regionale Marken ersetzt. Muslimische Kinder spielen mit Videospielen, in denen der Schriftzug »Im Namen Gottes« aufleuchtet, wenn feindliche Flugzeuge vom Himmel geholt werden. Für jene, die altmodische Spiele bevorzugen, gibt es das Brettspiel Quran-Challenge, mit dem man »auf vergnügliche Art mehr über den Koran lernen kann«. Es gibt Gebetsuhren, Gebetspuppen und sogar interaktive Gebetsmaschinen mit Sensor, Digitalkamera und Vibrationsmotor zur Kontrolle und Verbesserung der Körperbewegungen.[40] Die Re-Islamisierung versucht weniger, den Konsum zu bekämpfen, als vielmehr die Entwicklung eines eigenen Konsumstils mit eigenen Produkten voranzutreiben. Der Markt für Halal-Produkte, die dem islamischen Gesetz entsprechen, ist längst nicht mehr auf Fleisch beschränkt, sondern umfasst mittlerweile alles von Musik und Filmen über Kosmetika bis hin zu Reisen: Im Nahen Osten und Malaysia entfielen im Jahr 2014 zwischen 20 und 25 Prozent des Umsatzes der Kosmetikindustrie auf Halal-Produkte.[41]

Im vergangenen Jahrzehnt wurde wiederholt ausländischen Unternehmen wie Nestlé der Konsum-Dschihad erklärt und ihre Produkte boykottiert, weil sie den »amerikanischen Imperialismus« und Israel unterstützen würden. Aber auch in diesen Fällen zielten die Boykottaufrufe nicht auf Güter und Geräte an sich, sondern auf das als antiislamisch empfundene Verhalten einzelner Unternehmen. In der Türkei boykottierten muslimische Konsumenten im Jahr 2008 die Produkte des großen türkischen Küchengeräteherstellers Beko, um gegen die Ankündigung des Mutterunternehmens zu protestieren, es werde keine Arbeiter mehr einstellen, die den für Islamisten charakteristischen Schnauz- oder Vollbart trugen. Gegen Kühlschränke, Fernsehgeräte und Haushaltsgeräte anderer Unternehmen hatten sie nichts einzuwenden.

Das Konsumgut, das am meisten zur Verbreitung des Islam beigetragen hat, ist die Kassette. Auf Band aufgenommene Predigten werden manchmal mit dem Fanatismus verbunden, da sie in den 1970er Jahren zuerst von der Muslimbruderschaft in Ägypten verwendet wurden. In der Folge wurden sie jedoch zum festen Bestandteil des öffentlichen Lebens, entsprechen sie doch der besonderen Bedeutung, die der Islam dem Zuhören beimisst: »Und sind denn nicht diejenigen, die das Land nach seinen (früheren) Bewohnern erbten, überzeugt, dass, wenn Wir wollen, Wir sie treffen können für ihre Sünden und ihre Herzen versiegeln, so dass sie nicht hören?« (Koran, Sure 7, Vers 100). Umgekehrt haben die Tonaufnahmen neue religiöse Räume erschlossen und neue Gemeinden entstehen lassen. Die Predigten sind nicht länger auf die Moschee beschränkt, sondern sie sind aus Lautsprechern in Cafés, Taxis und zu Hause zu hören. Die Tonbänder haben eine neue Generation zum Gebet bewegt. Beliebte Prediger (*chutaba*) wie Muhammad Hassan sind mittlerweile Medienstars, auch wenn sich das Genre bisher der Vereinnahmung durch eine standardisierte Kulturindustrie entzogen hat: In Ägypten werden die Aufnahmen weiterhin von kleinen Firmen unter Aufsicht des Rats für islamische Forschung (Majmaal-Buhuth al-Islamiyya) produziert. Diese Tonbänder zeigen die Fähigkeit der Religion deutlich, sich Unterhaltungstechnologien zunutze zu machen, anstatt sich ihnen zu unterwerfen. Aber auch die Medien haben ihren Einfluss: Mit den neuen Technologien kamen neue Formen des Ausdrucks, und die Prediger begannen ein wenig wie Film- und Fernsehstars zu klingen.[42]

Auch der Schleier hat in den vergangenen Jahrzehnten eine modische Metamorphose durchgemacht. Das gilt insbesondere für die Türkei, wo der Verzicht auf die Verschleierung seit der Abschaffung des osmanischen Kalifats durch Mustafa Kemal Atatürk im Jahr 1923 Teil der Bemühungen war, einen modernen, säkularen Staat aufzubauen. In der türkischen Republik war der Schleier zwar nicht verboten, aber stigmatisiert. Ende der 1970er Jahre feierte er nicht nur auf dem Land, sondern auch unter berufstätigen jungen Frauen in den Städten ein unerwartetes Comeback.

Viele Frauen legten einen Schleier an, um in einer Zeit politischer und wirtschaftlicher Unruhe Sicherheit und Respekt wiederzuerlangen. Damals schlitterte die Türkei in eine tiefe Schuldenkrise. Nach einem Militärputsch im Jahr 1980 litt das Land unter Hyperinflation und sah sich schließlich gezwungen, unter der Aufsicht des Internationalen Währungsfonds seinen Markt zu öffnen. Viele Türkinnen fanden im Glauben sowie in islamischer Kleidung und religiösen Frauenklubs Halt und eine stabile Gemeinschaft. Wie die Pfingstbewegung in Afrika und Lateinamerika war die Re-Islamisierung also zumindest teilweise eine Reaktion auf die Liberalisierung und die damit einhergehende Ungewissheit.

Anfang der 1980er Jahre breitete sich in der Türkei der *tesettür*-Stil aus: Die Frauen bedeckten Kopf und Schultern mit einem großen Tuch und versteckten den restlichen Körper mit Ausnahme der Hände unter einem dunklen, formlosen Umhang. Dieses große Kopftuch unterschied sich auch von den kleineren, die auf dem Land getragen wurden. Der säkulare Staat reagierte mit einem Verschleierungsverbot in Schulen und öffentlichen Gebäuden. Aber anstatt nun aus dem öffentlichen Leben zu verschwinden, erhielt der Schleier kommerzielle Unterstützung. Die weitere Karriere des Tesettür veranschaulicht, wie sich die Mode dem islamischen Lebensstil anpassen kann: Die früher bescheidenen und einfachen Kopftücher samt dazugehörigen Umhängen sind mittlerweile farbenfroh und modisch geschnitten. Im Jahr 1992 finanzierte Tekbir, ein großes islamisches Textilunternehmen, die erste Tesettür-Modenschau in der Türkei. Tekbir hatte es sich zum Ziel gemacht, die Frauen für den Schleier zu gewinnen, indem es die »Verhüllung schön machte«. Die Kopftücher wurden kleiner, die Umhänge wurden gekürzt oder ganz durch körperbetonte Jacken und Hosen ersetzt. Spannungen zwischen Frömmigkeit und Mode waren unvermeidlich. Luxustücher französischer oder italienischer Designer fanden nicht überall Anklang. In den Augen mancher Hausfrauen und mancher Koranlehrer in den ärmeren Stadtvierteln Istanbuls waren sie Ausdruck einer für eine »wirkliche« muslimische Frau ungehörigen Zügellosigkeit. Die muslimische Frau sollte zurückhaltend und selbstlos sein. In der Türkei und anderswo trägt eine wachsende Zahl wohlhabender berufstätiger Musliminnen einen Schleier. In Badeorten entspannen sich Frauen aus der Mittelschicht, deren Garderobe mehrere Dutzend modische Outfits umfasst, verschleiert am Strand, spielen Tennis und gehen abends in der nur für Frauen zugänglichen Disco tanzen.[43]

In Indonesien, dem Land mit der größten muslimischen Mehrheitsbevölkerung, besuchen Universitätsstudentinnen heute Korangruppen und unterhalten sich über ihre modischen Kopftücher. Die Verschleierung wird durch sorgfältig ausgewählte Accessoires ergänzt. In der islamischen Frauenzeitschrift *NOOR* wird für Sonnenbrillen mit Blumenmustern geworben, die »das Mädchenhafte betonen«, und neben Aufforderungen zur Verehrung Allahs findet man modische Modelle im »Stil von Privatschülerinnen« oder Tipps zur Inneneinrichtung. Eine 35-jährige Indonesierin, die sich bis zu sieben Kopftücher in der Woche kaufte, erklärte einer Anthropologin im Jahr 2008, was sie an den Teenagern störte, die übergroße Kopftücher (*dschilbabs*) trugen: Diese Mädchen sorgten dafür, dass der Islam »streng und unmodisch wirkt, obwohl unser Gott in Wahrheit die Schönheit liebt«.[44]

Frömmigkeit und Stil sind also nicht automatisch unvereinbar. Sie können auch Hand in Hand gehen. Dieses Argument für die spirituelle Schönheit unterscheidet sich nicht allzu sehr von der christlichen Rechtfertigung des materiellen Besitzes, mit der wir uns zuvor beschäftigt haben: Wenn Gottes Schönheit in der materiellen Welt zum Ausdruck kommt, ist es nur natürlich, dass die Gläubigen ihre Liebe zu Gott ausdrücken möchten, indem sie sich mit schönen Dingen umgeben.

Im Widerspruch zu der – im Westen immer noch verbreiteten – Vorstellung, die Modernisierung führe zwangsläufig zur Säkularisierung, hat sich die Religion als bemerkenswert lebendig und innovativ erwiesen. Die Konsumkultur ist eine Quelle dieser Innovation, die nicht nur in den jüngsten Erweckungsbewegungen unübersehbar ist, sondern auch in früheren Jahrhunderten erkennbar war. In der christlichen Welt haben die maßgeblichen religiösen Institutionen gelitten, aber das religiöse Leben erfreut sich nach wie vor bester Gesundheit. Produkte, Unterhaltung, Geschmack und Mode tragen wesentlich dazu bei, den Glauben und die religiöse Identität zu vermitteln, ja sogar zu festigen. Die religiösen Erweckungsbewegungen der 1970er Jahre haben uns die bemerkenswerte

Fähigkeit der Konsumkultur vor Augen geführt, sich neuen Bedingungen und breit gefächerten Glaubensgemeinschaften anzupassen. Wie in der Beziehung zu den säkularen Ideologien hat sich der Konsum auch als extrem flexibler Partner der Weltreligionen erwiesen. Der Glaube, die Welt des Geistes sei über die »niedere« Welt der Dinge erhaben und der wahre Gläubige müsse spirituelle Erfüllung anstreben und den Versuchungen der Welt der Dinge widerstehen, begleitet die Menschheit seit langem. Aber in der realen Welt existiert das religiöse Leben nicht in rein spiritueller Form. Es ist voll von Dingen. Wohlstand – und die Entwicklung im Allgemeinen – sind nicht nur eine Herausforderung für die Religion, sondern eröffnen ihr auch neue Möglichkeiten.

15 Wegwerfgesellschaft?

Auf den Weltmeeren treiben pro Quadratkilometer etwa 18000 Kunststoffteile an der Oberfläche.[1] Am Internationalen Küstenreinigungstag im Jahr 2011 sammelten 600000 Freiwillige entlang von 30000 Kilometern Küste fast 5 Millionen Kilogramm Abfälle, darunter etwa 250000 Kleidungsstücke, eine Million Lebensmittelverpackungen und mehrere Hundert Fernsehgeräte, Mobiltelefone und Fahrräder. In jenem Jahr wurden allein in den Vereinigten Staaten 210 Millionen Tonnen Haushaltsabfälle produziert, genug, um einen Konvoi von Müllastern zu füllen, der sich neunmal um die Erdkugel hätte wickeln können. Mit den Lebensmitteln, die im Lauf eines Jahres von den britischen Haushalten weggeworfen werden, könnte man knapp 5000 olympische Schwimmbecken füllen.[2]

Es hat den Anschein, als würden wir in unserem Müll ersticken. Die »Wegwerfgesellschaft« scheint das natürliche Pendant der »Überflussgesellschaft« zu sein. Die Amerikaner hatten kaum Zeit gehabt, sich mit einem Getränk aus dem Kühlschrank vor ihren neuen Fernsehgeräten niederzulassen, als Vance Packard im Jahr 1960 zum Angriff auf die »großen Verschwender« blies. Die Vereinigten Staaten, erklärte Packard in seinem erfolgreichen Buch *Die große Verschwendung*, hätten eine »Wirtschaft mit Schilddrüsenüberfunktion« aufgebaut, in der immer mehr künstliche Reize die Konsumenten zu immer größerer Verschwendung anstachelten. Es hätte sich ein auf Wegwerfprodukten beruhender, von Plastikflaschen, Dosen und Fertigmahlzeiten geprägter Lebensstil durchgesetzt. Bei Autos zähle nicht länger die Qualität des Motors, sondern ein ansprechendes Design, und sie würden verschrottet, sobald sich die Mode ändere. 834Packard hatte an sich nichts gegen den Wandel einzuwenden, solange dieser funktionale Verbesserungen brachte. Aber die dem Diktat der Mode unterworfene geplante Obsoleszenz und die Veränderung um der Veränderung willen lehnte er ab.

Das Buch traf einen Nerv. Die Menschen hatten das Gefühl, dass die Dinge nicht mehr so robust waren wie früher. Die neuen Produkte waren dafür gemacht, rasch kaputtzugehen. Heute machen uns die Abfallberge vor allem deshalb Sorgen, weil sie die Umwelt verschmutzen. Damals fürchtete man sich vor einem nationalen Niedergang und vor moralischer Dekadenz. Die Vereinigten Staaten, so Packards Befürchtung, verwandelten sich von einem »märchenhaft reichen« Land in eine »Habenichtse-Nation«: Sie vergeudeten ihr kostbares Erdöl und ihren Kupfer und liefen Gefahr, in Abhängigkeit vom Ausland zu geraten. Seine Botschaft enthielt neomalthusianische Untertöne: In Kombination mit dem Bevölkerungswachstum drohe die blinde Liebe zu allem, was neu war, die natürlichen Grenzen der Leistungsfähigkeit der amerikanischen Wirtschaft zu sprengen. Ein »verschwenderischer, unvorsichtiger und leichtsinniger« Lebensstil ersetze zunehmend Sparsamkeit, Qualität und Dauerhaftigkeit und zersetze so den »amerikanischen Charakter«. Die Jugend befalle eine »neue Weichheit«, es fehle ihr die Disziplin der Generation ihrer Eltern. Zudem »entrechtet« der Konsumgüterkult die amerikanische Hausfrau, indem er ihre Fähigkeiten und ihre Identität abtöte. Anstatt Hemden zu flicken und Socken zu stopfen, nähme sie eine Arbeit an, um mehr Güter kaufen zu können, was »Folgen für den Zusammenhalt der Familie« habe.[3]

Diese Zitate verdeutlichen, dass der Abfall genau wie der Konsum ein zutiefst moralisches Thema ist. Die Entwicklung des Abfalls folgt jener der Konsumkultur, und im Lauf des 20. Jahrhunderts bewegte sich die Menschheit unausweichlich zu immer größerer Verschwendung. Die Müllberge wirken wie ein Monument unserer Abhängigkeit von und zugleich unserer Achtlosigkeit gegenüber den Gegenständen und den Ressourcen, die benötigt werden, um sie zu erzeugen. Die amerikanische Historikerin Susan Strasser erklärte im Jahr 1999, für ihre Mitbürger sei »das Wegwerfen von Dingen eine Art von Freiheit«. Sie hätten die »Verantwortung für die Gegenstände« verloren, die ihre Vorfahren im 19. Jahrhundert an den Tag gelegt hätten. An die Stelle einer Kultur der Wiederverwendung – in der beschädigte Töpferware in kochender Milch ausgebessert und Material wiederverwertet wurde – sei eine Kultur der

Beseitigung getreten. In Strassers Augen ging der Verlust der Fürsorge für die Dinge im Fall der Vereinigten Staaten mit der Verwandlung einer Nation von Produzenten in eine Nation von Konsumenten einher. Das Instandsetzen und Wiederverwerten, schreibt Strasser, »fällt jenen Menschen leichter, die Dinge erzeugen.«[4]

Der Aufstieg der »Wegwerfgesellschaft« hat unsere Vorstellung vom Abfall geprägt. Aber ist diese Vorstellung richtig? Wir werden uns auf die wohlhabenden Gesellschaften konzentrieren und weniger auf die Abfälle und Müllsucher in den ärmeren Ländern, um herausfinden zu können, ob Gesellschaften mit wachsendem Wohlstand achtloser und verschwenderischer werden. Diese Frage hat drei Dimensionen, mit denen wir uns gesondert beschäftigen müssen. Sie geben die Richtung für die Untersuchung auf den kommenden Seiten vor. Da ist zuerst ein klassisches historisches Problem, das die Natur und die Richtung des Wandels im Lauf der Zeit betrifft. Die Wegwerfthese besagt nicht nur, dass sich Konsum und Verschwendung parallel entwickeln; sie betrachtet die Geschichte als Abfolge von Stadien und besagt, dass im 20. Jahrhundert eine »traditionelle«, der Wiederverwendung verpflichtete Gesellschaft einer »modernen« Wegwerfgesellschaft wich. Die zweite Frage betrifft die Vergleichbarkeit. Da die Vereinigten Staaten als Erstes in dieser Geschichte auftauchten, spielt die amerikanische Gesellschaft natürlich auch eine Vorreiterrolle als Wegwerfgesellschaft. Da andere Gesellschaften aber einen eigenen Weg zur Konsumkultur beschritten haben, lohnt es sich, darüber nachzudenken, ob alle reichen Gesellschaften zwangsläufig vergleichbare Müllberge anhäufen.

Schließlich stellt sich die Frage, wie wir die Verschwendung über Zeit und Raum hinweg verfolgen können. Dies ist die vielleicht interessanteste Frage. Hier geht es unter anderem darum, was wir zählen wollen. Die entwickelten Gesellschaften sind zu Beginn des 21. Jahrhunderts sehr viel reicher als vor einem Jahrhundert. Heutzutage gelangen viel mehr Gegenstände in die Haushalte, weshalb man erwarten sollte, dass diese auch mehr Dinge wegwerfen als ihre ärmeren Vorfahren; und ärmere Gesellschaften erzeugen heute weniger Abfälle als die reicheren. Interessanter ist jedoch die Frage, ob sie auch *relativ* gesehen verschwenderischer sind. Um dies zu beantworten, können wir das Wegwerfen nicht isoliert betrachten, sondern müssen darin eine von mehreren Möglichkeiten sehen, Dinge loszuwerden; weitere Möglichkeiten sind, sie zu verschenken, wohltätigen Einrichtungen zu spenden oder in der Garage zu lagern. Auch kommt es darauf an, wo wir nach Abfall suchen. Wenn wir die Wegwerfthese vertreten, betrachten wir den privaten Konsumenten als Analyseeinheit. Aber Material und Objekte haben eine lange Reise hinter sich, wenn sie in einer Privatwohnung eintreffen. In den Stadien, die sie zuvor durchlaufen, kann mehr oder weniger Abfall anfallen, und das kann wenig oder gar nichts mit der relativen Sparsamkeit oder Verschwendungssucht von Herrn oder Frau Normalverbraucher zu tun haben. Um herauszufinden, wie verschwenderisch moderne Gesellschaften sind, müssen wir also auch nach Material und Energie fragen, die für die Gebäude, Städte und Infrastrukturen aufgewendet werden, die unseren hohen Konsum überhaupt erst möglich machen. Nachdem wir uns die Haushaltsabfälle angesehen haben, werden wir uns noch mit dem Aussortieren und den Materialströmen im Allgemeinen befassen.

Die Entstehung des Abfalls

Beginnen wir, indem wir den Deckel einer Mülltonne öffnen. Im dicht besiedelten New York, wo Freiflächen knapp sind, hat die Stadtverwaltung seit dem frühen 20. Jahrhundert ein wachsames Auge auf die wechselnde Zusammensetzung der Abfälle. Schon damals mussten die New Yorker ihre Abfälle für die separate Abholung in drei Kategorien unterteilen: Asche, »garbage« (organischer Abfall, in erster Linie Lebensmittelreste) sowie den restlichen »rubbish« (anorganischer Abfall). Daniel Walsh, der die von der Stadt untersuchten Stichproben auswertete, verdanken wir einen Schnappschuss des Wandels zwischen 1905 und 1989.[5] Am dramatischsten veränderte sich natürlich der Anteil der Asche, der deutlich sank, als die Kohle dem Heizöl sowie dem Erdgas für Heizung und Herd wich. Zu Beginn des Jahrhunderts machte die Asche den Großteil der Haushaltsabfälle aus. Um die Jahrhundertmitte tauchte dann aber eine neue Art von »Wohlstandsmüll« auf: Dieser enthielt keine Asche mehr, dafür jedoch wachsende Mengen an Papier und ab den 1960er Jah-

Haushaltsabfälle in New York City im 20. Jahrhundert (in kg pro Kopf und Jahr), Gesamtaufkommen und Zusammensetzung

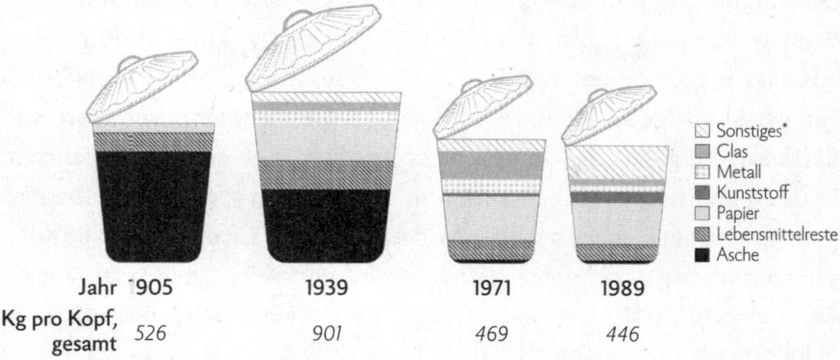

* »Sonstiges« beinhaltet: Textilien, Sondermüll, Gummi, Leder, Holz, Gartenabfälle, Diverses.

Auf der Grundlage von Daten aus D. C. Walsh, »Urban Residential Refuse Composition and Generation Rates for the Twentieth Century«, in: *Environmental Science & Technology* 36, Nr. 22 (2002), S. 4936–4942.

ren immer mehr Kunststoff. Die New Yorker warfen nun weniger Glas und Metall weg, was daran lag, dass es mittlerweile Plastikflaschen und Aluminiumdosen gab, und daran, dass Glasflaschen und Metalldosen nun ressourcenschonender und leichter produziert wurden. Die Ergebnisse werden erstaunlicher, wenn die Asche aus der Gleichung entfernt wird. Der Anteil der Lebensmittelabfälle war 1989 genauso hoch wie 1905. Im Jahr 1939 enthielten die Mülltonnen mehr Papier als 50 Jahre später. Und überraschenderweise produzierten die New Yorker im Jahr 1939, auch ohne die Asche mitzuwiegen, mehr Abfälle als zu jedem späteren Zeitpunkt, nämlich 500 Kilogramm pro Kopf – seit 1980 sind es nur noch rund 440 Kilogramm pro Jahr. Nicht weniger bemerkenswert ist, dass die Menge der Haushaltsabfälle in der Ära des wachsenden Wohlstands (in den 1950er und 1960er Jahren) auf den niedrigsten Wert im 20. Jahrhundert sank, nämlich auf etwa 360 Kilogramm pro Person.

Das Beispiel New York zeigt die lange Entwicklung und Veränderung, die der Müll durchgemacht hat. Gleichzeitig macht es deutlich, wie schwierig es ist, aus solchen historischen Daten darauf zu schließen, wie verschwenderisch wir wirklich sind. Dass in den 1960er Jahren weniger Abfälle in der Tonne landeten, lag unter anderem daran, dass sie nun abgezweigt und in den Heizöfen verbrannt wurden: Walsh schätzt, dass rund 25 Prozent in Flammen aufgingen. Doch auch dann wogen die Abfälle in den 1960er Jahren weniger als in den 1930er Jahren. Würden wir aber nach Volumen und Substanz fragen, so sähe das Bild anders aus. Der Rückgang der Aschemenge und die Zunahme der Verpackungen verschob das Problem der Abfälle vom Gewicht zum Volumen, und das kann Vergleiche zwischen verschiedenen Zeitpunkten verzerren. Hinzu kommt, dass Kunststoffe und andere neue Werkstoffe eine längere Lebensdauer haben und zuvor unbekannte Formen von Umweltverschmutzung verursachen. Auch wissen wir nicht genau, was weggeworfen wurde. Die Menge an Lebensmittelabfällen sank nach 1939, was jedoch vermutlich daran lag, dass Tiefkühlkost, Fertigmahlzeiten und schon geschältes Obst und Gemüse weniger solcher Abfälle im Haushalt erzeugten. Stattdessen landet heute mehr essbare Nahrung im Abfalleimer. Die Tatsache, dass sich das Gewicht des Hausmülls seit den 1980er Jahren trotz des sinkenden Gewichts von Flaschen und Verpackungen nicht verändert hat, deutet darauf hin, dass die Konsumenten heute nicht weniger, sondern mehr Dinge wegwerfen. Dazu kommt, dass aus den Zahlen nur hervorgeht, was die Leute zu Hause wegwerfen, während diese Daten nichts über den zusätzlichen Abfall verraten, der bei Restaurantbesuchen oder beim Verzehr von Fastfood anfällt.

Wir stehen vor einem Paradox. Am Ende des 20. Jahrhunderts waren die New Yorker achtmal so reich wie an seinem Anfang, aber ihre Abfälle wogen etwas weniger. Gleichzeitig warfen sie viel mehr Flaschen, Behälter und Essensreste weg. Betrachtet man die Masse an Material, so verursachten sie weniger Abfall, aber wenn wir uns ihr Verhalten ansehen, stellen wir fest, dass sie mehr Dinge wegwarfen.

Wir haben den Begriff »Abfall« bisher so verwendet, als würde er sich selbst erklären, aber er wird erst seit dem Ende des 19. Jahrhundert zur Beschreibung unerwünschter Dinge verwendet, die entsorgt werden. Das englische Wort *waste* stammt vom lateinischen *vastus* ab und bezeichnet ungenutztes oder wüstes Land. Um das Jahr 1800 herum bezeichneten die Europäer mit den Worten *waste*, *Abfall* und *déchet* die im Verlauf der Produktion verlorene Substanz, zum Beispiel die Holzspäne, die sich auf dem Boden einer Tischlerwerkstatt sammelten, oder die Spreu, die beim Dreschen des Getreides anfiel. Noch ging es nicht um Müll: Zur Erklärung des Worts *Abfall* zogen die Brüder Grimm in ihrem *Deutschen Wörterbuch* von 1852 das Beispiel eines Blattes heran, das vom Baum herabfällt, gefolgt vom Bild des Engels, der von Gott abfällt.[6] Menschen warfen seit langem Knochen, Nahrungsreste und Gegenstände weg, für die sie keine Verwendung mehr hatten. Die ersten Deponien auf Knossos entstanden um 3000 v. Chr., und Archäologen haben herausgefunden, dass die Maya in Belize um 900 v. Chr. vollkommen intakte Gegenstände wegwarfen.[7] Aber erst gegen Ende des 19. Jahrhunderts, als diese Überreste in eigens dafür bestimmte Tonnen geworfen und von Fäkalien und Urin getrennt wurden und als die Stadtverwaltungen die bis dahin den Lumpensammlern überlassene Beseitigung übernahmen, wurden diese Dinge als »Abfälle« identifiziert. So entstanden die »Siedlungsabfälle«, die den Hausmüll von den flüssigen menschlichen Ausscheidungen trennten.

Dabei handelt es sich jedoch um eine komplizierte Kategorie, denn Siedlungsabfälle umfassen nicht das, was die Haushalte wegwerfen, sondern das, was die Stadtverwaltung abholt. Sie enthalten bis heute Abfälle aus Schulen, Parks, manchen Gewerbebetrieben und teilweise auch aus der Landwirtschaft. In Kopenhagen machen die Abfälle der privaten Haushalte nur 30 Prozent der Siedlungsabfälle aus, während der entsprechende Anteil in den Vereinigten Staaten bei 60 Prozent und in Großbritannien bei 89 Prozent liegt. Es hängt davon ab, wie der Abfall definiert wird. In Japan werden Papier, Glas und andere Abfälle als wertvolle Ressourcen betrachtet. Sie tauchen nicht in den amtlichen Abfallstatistiken auf, was zur Folge hat, dass das ausgewiesene Abfallaufkommen sehr gering ist. Im Idealfall würde alles erfasst, was ein Konsument wegwirft, vom Papier im Haus über die Kunststoffbecher im Büro bis zu den Essensresten, die bei einem Restaurantbesuch auf dem Teller zurückbleiben. Die Realität sieht anders aus: Die Daten werden nicht abhängig davon gesammelt, wer den Abfall erzeugt, sondern abhängig davon, wer ihn einsammelt. Sofern dies möglich ist, versuche ich, die Haushaltsabfälle gesondert auszuweisen, dennoch müssen wir auf den folgenden Seiten dieses methodische Problem im Hinterkopf behalten.

Es dürfte nur wenige Konzepte geben, die in der Moderne unterschiedlicher interpretiert worden sind als das des Abfalls. Für viele Autoren und Künstler ist er ein fester Bestandteil der conditio humana. Sigmund Freud stellte sich die Psyche als ein System vor, das, während es Erregung erzeugte, Abfall produzierte – eine Vorstellung, die er aus der thermodynamischen Forschung entlieh, die gezeigt hatte, dass jede Aktivität mit einer Energieeinbuße durch Wärmeemission einhergeht.[8] In jüngerer Zeit wurde Abfall als Möglichkeit definiert, »Dinge in einem Zustand der Abwesenheit zu halten«.[9] Oft wird die Anthropologin Mary Douglas zitiert, die Schmutz als etwas definierte, das »fehl am Platz« sei, als Nebenprodukt, das anfalle, wenn man etwas als sauber einstufe.[10] Es ist ein weiter Weg von diesen Ansätzen zu den Fachzeitschriften für Abfallwirtschaft, in denen die Ingenieure Materialdichte, Verbrennungsanlagen und Recyclingprozesse analysieren. Leser der ersten Art von Literatur interessieren sich selten für die zweite Art von Abhandlungen und umgekehrt. Das ist bedauerlich, denn um die Evolution des Abfalls zu verstehen, brauchen wir beide. Was als Abfall zu bezeichnen ist, ist relativ: Es hängt von der Kultur ab und wechselt seine Bedeutung. Aber es ist auch eine materielle Frage, die mit Produkten und Praktiken, Infrastrukturen und Sammel- und Entsorgungstechnologien zu tun hat. Tatsächlich waren es Ingenieure, die bereits um das Jahr 1900 meinten, Müll sei »kein wertloser Abfall, sondern Materie am unrechten Ort«, wie es Hans Thiesing ausdrückte, ein Wissenschaftler an der Königlichen Versuchs- und Prüfungsanstalt für Wasserversorgung und Abwasserbeseitigung in Berlin, dem ältesten Institut für Umweltschutz in Europa.[11] Der Hausmüll, erklärte Thiesing, beinhalte Lebensmittelabfälle, die zu einem vorzüglichen Dünger verarbeitet werden könnten. Anders als manche Autoren glauben wollen, haben die Menschen ihren Abfall nicht immer beseitigt oder zu verstecken versucht, und es ist auch nicht so, dass er immer wertlos wäre.

Seit Mitte des 19. Jahrhunderts hat der Abfall mehrere bemerkenswerte Metamorphosen durchgemacht, die seinen Wert verändert und dazu geführt haben, dass sich die Orte, Menschen und Praktiken geändert haben, die mit seiner Beseitigung und Nutzung zu tun haben. Wir können grob drei Übergänge ausmachen: Ende des 19. Jahrhunderts ersetzten die Stadtverwaltungen im Bemühen um Sauberkeit und öffentliche Gesundheit die Müllhalden (wo die Asche aus den Kohlenöfen abgeladen wurde und die vor allem von Kindern und Frauen nach brauchbarem Material durchforstet wurden) und Lumpensammler durch die kommunale Abfallsammlung; in der ersten Hälfte des 20. Jahrhunderts wurden dann technische Lösungen entwickelt, um Abfälle, die als Kostenfaktor betrachtet wurden, »zu verbrennen oder zu vergraben«; in den 1970er Jahren setzte sich schließlich die Erkenntnis durch, dass es sich beim Abfall um wertvolles Material handelte, und es wurde zu einer bürgerlichen Pflicht der Verbraucher erklärt, sich am Recycling zu beteiligen. Keiner dieser Übergänge verlief reibungslos oder fehlerfrei. Sehen wir uns genauer an, wie der Wandel unter verschiedenen Bedingungen stattfand.

Müllhalden und Lumpensammler spielten eine zentrale Rolle in den Systemen für Wiederverwendung und -verwertung von Abfällen, die im 19. Jahrhundert in den Städten der westlichen Welt entstanden. Lumpen, Tierknochen und andere Sekundärrohstoffe waren zu einer Zeit, als Rohstoffe knapp und die Möglichkeiten zur technologischen Substitution beschränkt waren, bedeutsam für die Industrie: Lumpen wurden zu Papier und Tapeten, Knochen zu Klebstoff verarbeitet. Noch im Jahr 1884 gab es in Paris rund 40000 Lumpensammler (*chiffoniers*), in ganz Frankreich verdienten Schätzungen zufolge eine halbe Million Menschen, darunter vor allem Frauen und Kinder, ihr Brot mit der Wiederverwertung von Abfällen. Um die Jahrhundertmitte entstand in vielen europäischen Städten ein duales System, in dem zugelassene Sammler morgens die Abfälle abholten und Schwarzarbeiter nachts auf die Suche nach Verwertbarem gingen. In den Londoner *dustyards* wurde zu Beginn des 19. Jahrhunderts das Recycling auf eine neue Stufe gehoben: *soil* (Kohlenasche), *breeze* (Kohlebrocken) und Holzasche wurden hier wiederverwertet. Die Asche eignete sich als Dünger, aber als die Stadt wuchs, stieg vor allem ihr Wert als Material für die Herstellung von Ziegeln. Als sich in den 1840er Jahren billiger »Oxford-Lehm« und neue Methoden der Ziegelproduktion durchsetzten, waren die Tage der *dustyards* jedoch gezählt.[12]

Die Wiederverwertung erwies sich als vorteilhaft für Konsumenten, Industrie und Landwirtschaft. Es wäre jedoch falsch, sich einen geschlossenen oder einen zur Selbstversorgung fähigen lokalen Kreislauf vorzustellen. Material wurde wiederverwertet, aber nicht zwangsläufig von derselben Gemeinschaft, die es weggeworfen hatte. In die lokalen Wirtschaftskreisläufe wurde Material eingespeist, das von weit her kam. Ein Großteil der Londoner Asche wurde zu Ziegeln verarbeitet, die für den Wiederaufbau Moskaus nach dem Brand im Jahr 1812 verwendet wurden. In Paris aussortierte Hemden und Jacken wurden überall in Europa, Nordafrika und Lateinamerika getragen; im Jahr 1867 wurden mehr als 800 Tonnen Altkleider aus Frankreich in alle Welt exportiert.[13] Der Lumpenhandel war ein globales Geschäft. Großbritannien, die Vereinigten Staaten und Deutschland nahmen jeweils Zehntausende Tonnen Lumpen auf.[14] Angesichts der Blüte der Baumwollindustrie von Lancashire verwundert es nicht, dass britische Lumpen einen besonders hohen Baumwollanteil (von 50 Prozent) aufwiesen, aber die Baumwolle wuchs nicht auf britischen Feldern und wurde nicht mit britischer Jauche gedüngt. Auch die wachsenden Mengen an dänischer Butter und amerikanischem Rindfleisch, die in London auf den Tisch kamen, enthielten große Mengen an Energie und Wasser, die nie in die Ökosysteme zurückkehrten, aus denen sie gekommen waren. Das lokale Recycling speiste sich also aus der internationalen Erzeugung und dem permanenten globalen Transfer von Materialien.

Mit Blick auf die heutigen Bedenken in Bezug auf Mülldeponien und Umweltverschmutzung ist die Versuchung groß, der viktorianischen Mentalität Sparsamkeit und Wiederverwertung hoch anzurechnen. Aber wahrscheinlich hatte diese Art von Recycling mehr mit den vorhandenen Infrastrukturen zu tun als mit Geisteshaltungen oder Gewohnheiten. Lumpensammler und Altkleiderhändler gab es, weil die Leute neue, billigere Kleidung aus Massenfertigung kauften und sich von ihrer alten Kleidung trennten, anstatt sie zu Servietten oder Vorhängen zu verarbeiten, wie es die Familie von Samuel Pepys, dem Chronisten der Stuart-Restauration, noch in den 1660er getan hatte. In den Vereinigten Staaten war es um das Jahr 1830 nicht ungewöhnlich, dass Familien ein kaum beschädigtes Porzellanservice für acht Personen wegwarfen.[15] Wiederverwendet wurden Dinge nur dort, wo es geeignete Systeme dafür gab. Fehlten diese, wählten die Konsumenten ihre eigenen Entsorgungsmethoden: Der Gesundheitsausschuss der Stadt Boston stellte im Jahr 1893 fest, dass viele Einwohner ihre Abfälle verbrannten, »während andere sie in Papier einschlagen und mitnehmen, wenn sie morgens zur Arbeit gehen, um sie in einem unbeobachteten Augenblick auf einer Freifläche fallen zu lassen oder in den Fluss zu werfen«.[16] Gleichgültig, ob die Abfälle verbrannt oder weggeworfen wurden: Sie enthielten Papier oder Lebensmittelreste, die man hätte wiederverwenden oder kompostieren können. Der Mississippi und der Hudson wurden als Mülldeponien genutzt. In den britischen Städten warfen viele Haushalte nur teilweise verbrannte Kohle weg.

Der Mülleimer kündigte den Beginn einer neuen Ära an. Am 24. November 1883 ordnete der Präfekt des Départements Seine, Eugène Poubelle, an, dass alle Bewohner von Paris ihre Abfälle in einem Eimer sammeln sollten, der im Sommer zwischen 6.30 Uhr und 8.30 Uhr morgens und im Winter zwischen 8 und 9 Uhr für die Abholung vor das Haus gestellt werden musste. Weder Glas- oder Keramikscherben noch Austernschalen durften in den Abfalleimer geworfen werden. In Frankreich wird der Mülleimer seither als *la poubelle* bezeichnet. Allerdings musste Poubelle erheblichen Widerstand überwinden, um seine Neuerung durchzusetzen. Welches Recht hatte die Stadt, die Abfallsammlung an sich zu reißen? Gehörte der Müll eines Hauses nicht seinen Bewohnern? Und wie sollten sich die *chiffoniers*, die Lumpen- und Schrottsammler, nun ihren Lebensunterhalt verdienen? Es dauerte ein Jahr, bis eine Kompromisslösung gefunden wurde. Die Einwohner von Paris durften ihre Abfälle bereits ab 9 Uhr abends vor die Tür stellen und mussten die Austernschalen nicht länger getrennt entsorgen. Die *chiffoniers* erhielten die Erlaubnis, den Abfall vor der morgendlichen Abholung zu durchsuchen, sofern sie dafür eine große Decke ausbreiteten, um zu verhindern, dass sich der Unrat auf der Straße verteilte.[17]

Der Abfalleimer wurde überall in der westlichen Welt zum Symbol der Hygiene und des sauberen, demokratischen Lebens in der Stadt. Anfangs waren zahlreiche Probleme zu bewältigen: Die Behälter waren von unterschiedlicher Größe und Beschaffenheit und hatten manchmal keinen Deckel. In Hamburg gehörten die Mülleimer ursprünglich den Haushalten, was für beträchtlichen Ärger sorgte, da die Behälter oftmals mit dem Abfall weggeworfen wurden. Erst im Jahr 1928 führte die Stadt kommunale Mülltonnen ein. Dennoch revolutionierte dieser Behälter innerhalb einer Generation den Umgang mit Abfällen. Die Mülltonne erleichterte es den Bürgern, sich nicht mehr benötigter Dinge zu entledigen, und marginalisierte die Lumpensammler und die bestehenden Recyclingkanäle. Die Mülltonnen wurden größer, und die Abfallmenge wuchs.[18]

Die Stadtverwaltungen hatten die besten Absichten, als sie die Abfallbeseitigung an sich rissen. Abfälle und Fäkalien auf den Straßen waren gesundheitsgefährdend; Tausende Kinder starben an Durchfallerkrankungen, viele wurden angesteckt, darunter nicht zuletzt die Lumpensammler. Saubere Straßen sollten die öffentliche Gesundheit verbessern und den Bürgersinn stärken. Grundlage für die neue Politik waren nicht zwangsläufig neue wissenschaftliche Erkenntnisse über Krankheitserreger; George Waring, jener Beamte der Gesundheitsbehörde, der die Straßen New Yorks von Abfällen befreite, glaubte bis zu seinem Tod im Jahr 1898, Krankheiten würden durch üble Gerüche verursacht. Die Offensive gegen den Abfall kombinierte sanitäre Reformen und bürgerliche Verantwortung mit modernen Technologien, um Wert aus dem Abfall herauszuholen. In den Augen des progressiven »Colonel« – Waring hatte im Bürgerkrieg im Freiwilligenregiment Garibaldi Guards gedient – waren die Müllerzeuger auch Bürger, die ihren Teil zu einer sauberen, zivilisierten Gemeinde beitragen sollten. Kinder, Frauengruppen und Einrichtungen der Zivilgesellschaft wurden mobilisiert, um den von der Stadtverwaltung losgeschickten »White Wings«, den Müllsammlern in weißen Uniformen, zur Seite zu stehen. Die bürgerliche Verantwortung schloss in Warings Verständnis auch die Abfallentsorgung im Haus ein. Die Bürger sollten *garbage* (Lebensmittelabfälle) und *rubbish* (Lumpen, Papier, Metall und Glas) von der Asche trennen. 50 städtische Beamte gingen von Tür zu Tür, um den Bewohnern zu erklären, wie man den Müll richtig trennte. Auf die individuelle Sortierung in den Haushalten folgte eine Trennung in einer städtischen »Reduktionsanlage« auf Barren Island, der ersten Mülltrennungsanlage überhaupt, deren Fließband zudem durch den verbrannten Müll angetrieben wurde. Lumpen wurden an Papiermühlen, Fett und Ammoniak an Seifen- und Chemiefabriken verkauft. Die Asche verwendete man, um die Fläche von Rikers Island zu vergrößern.[19]

Aber Warings Krieg gegen den Müll stieß schon bald auf einen unüberwindlichen Feind: die Kosten. Die Mülltrennungsanlage musste wegen

Geldmangels geschlossen werden; die Klagen der Anwohner über den Geruch taten ihr Übriges. Noch während des Ersten Weltkriegs ging die Stadt wieder dazu über, ihre Abfälle in den Atlantik zu kippen.

Der Fall New York liefert auch ein gutes Anschauungsbeispiel für die Dialektik des Umgangs der Städte mit ihren Abfällen. Die Kommunen häuften wachsende Mengen an Abfall an und entwickelten gleichzeitig neue Lösungen für das Problem, darunter Mülltrennungs- und Verbrennungsanlagen. Im Jahr 1914 gab es Mülltrennungsanlagen in Budapest, Amsterdam und London. Die neuen Hygienestandards verringerten die Toleranz der Gesellschaft für Abfälle, bewegten sie gleichzeitig jedoch dazu, mehr Müll zu produzieren. Denn um die Sauberkeit der Güter zu gewährleisten, wurde zusätzliches Verpackungsmaterial benötigt, auch tauchten neue Produkte wie das im Jahr 1924 eingeführte Kleenex auf. Es war kostspielig, den Müll bei jedem einzelnen Haushalt abzuholen. Die Ausgaben der Gemeinden stiegen, weshalb die Steuern erhöht werden mussten, die steigenden Löhne trieben die Kosten noch weiter in die Höhe. Die Einnahmen von Warings Recyclinganlage genügten kaum, um die Arbeiterinnen zu bezahlen, die den Müll trennten. Auch die Abfälle verloren einen Teil ihres Werts, was teilweise daran lag, dass sich ihre Zusammensetzung änderte, als die Stadtbewohner dazu übergingen, vermehrt verarbeitete Lebensmittel zu kaufen, so dass weniger Reste anfielen. Teilweise war es aber auch darauf zurückzuführen, dass die Industrie die bisher kostbaren Abfallnebenprodukte ersetzen konnte. So entwickelte beispielsweise Fritz Haber ein Verfahren zur Umwandlung von atmosphärischem Stickstoff in Ammoniak: Nun kam der Dünger nicht mehr zwingend aus der Toilette, sondern konnte aus der Luft gewonnen werden. In der Papierproduktion machte Zellulose aus Holz die Textilreste überflüssig: Die erste chemische Zellstoffmühle ging im Jahr 1890 in Schweden in Betrieb. Das Recyclingsystem, in dem die Haushaltsabfälle wieder in Landwirtschaft und Industrie zurückkehrten, löste sich an beiden Enden auf.

Warings Methode konnte nur funktionieren, wenn die Haushalte kooperierten, aber wie sich herausstellte, waren die Bürger bei der Trennung des Materials weniger gewissenhaft als die Lumpensammler. Analysen der Abfallzusammensetzung zeigten, wie viel wertvolles Material mittlerweile in der Mülltonne landete. In Washington enthielten die Haushaltsabfälle im Jahr 1914 jeweils ein Zehntel Blech und Glas. In New York bestand der Hausmüll in der Sammelstelle in der 13th Street fast zur Hälfte aus Gegenständen, für die es einen Markt gab, ein Drittel war Papier.[20] All das machte das Recycling für die Stadtverwaltungen schwieriger und weniger attraktiv. Lebensmittelabfälle besaßen ein hohes Gewicht. Wenn man den Bürgern nun beibrachte, diese Reste in ihren Kohlenöfen zu verbrennen, und genau das taten viele amerikanische und europäische Stadtverwaltungen zu Beginn des 20. Jahrhunderts, konnte das Gewicht, dass die Müllabfuhr zu bewältigen hatte, verringert werden. Die Haushalte wurden zu kleinen Verbrennungsanlagen; es ist bezeichnend, dass die Menge an Lebensmittelabfällen in den Mülltonnen im Winter auf einen Bruchteil dessen sank, was in den Sommermonaten anfiel.[21] Im Jahr 1903 ahmte Charlottenburg, das damals noch eine eigenständige Gemeinde westlich von Berlin war, als eine der ersten Städte das Mülltrennungsmodell New Yorks nach. Die Haushalte hatten einen eigenen Abfallschrank mit drei Teilen: Küchenabfälle landeten in der rechten oberen Hälfte, Asche in der Schublade darunter und die linke Hälfte war für sperrige Abfälle vorgesehen. Die Essensreste wurden gereinigt, gekocht und abgeseiht, bevor sie an Schweine verfüttert wurden. Das Verfahren war kostspielig, weil die Küchenabfälle zumeist mit anderen Stoffen vermischt waren und gefährliche Objekte von Hand ausgesondert werden mussten. Die Schweinepest machte diesem System endgültig den Garaus. Nach weniger als einem Jahrzehnt musste die Umwandlung von Küchenabfällen in Schweinefutter im Jahr 1917 wieder aufgegeben werden.[22]

Die kommunale Abfallwirtschaft hatte zahlreiche unbeabsichtigte Auswirkungen. Was als Kreuzzug gegen den Müll im Namen der öffentlichen Gesundheit und des Bürgersinns begonnen hatte, war in die Hände von Ingenieuren gelegt worden, die ihre Aufgabe darin sahen, die besten und billigsten Technologien für die Beseitigung von Abfällen zu entwickeln, indem sie diese entweder verscharrten oder verbrannten. In Großbritannien ging die erste »Zerstörungsanlage« im Jahr 1874 in Leeds in Betrieb. Kurz vor dem Ersten Weltkrieg gab es im ganzen Land 500 Müllverbrennungsanlagen. Die ersten »sanitären Deponien« entstanden in den

1920er Jahren; in den Vereinigten Staaten wurde die erste Mülldeponie im Jahr 1934 in Fresno in Betrieb genommen.[23] In den 1960er Jahren wurden in Großbritannien und den Vereinigten Staaten rund 90 Prozent der Haushaltsabfälle durch »kontrollierte Ablagerung« entsorgt. In Frankreich und Deutschland lag der Anteil der Deponien bei rund 70 Prozent; weitere 20 Prozent wurden in Müllverbrennungsanlagen entsorgt. Da sich die Zusammensetzung des Mülls veränderte – der Brennwert stieg – und da es schwierig war, das wachsende Abfallaufkommen zu bewältigen, wurde Müll als primäre Energiequelle wiederentdeckt, und in den 1960er Jahren schossen überall in Europa Ersatzbrennstoffkraftwerke aus dem Boden. Aber mit keiner dieser technologischen Lösungen konnte der Müll vollkommen beseitigt werden. Illegale Deponien blieben ein gewohnter Anblick. Das Gebot der Sauberkeit begünstigte die Zunahme von Verpackungen, Kunststoff und anderen Konsumabfällen. Im Jahr 1972 schätzte die deutsche Industrie- und Handelskammer, dass jedes dreizehnte nicht mehr gebrauchte Auto an einem abgelegenen Ort oder auf einer wenig befahrenen Landstraße zurückgelassen wurde; in Saarbrücken wurde jedes vierte Auto auf diese Art entsorgt.[24]

Es fällt auf, wie planlos und uneinheitlich die neuen Strategien zur Abfallbeseitigung umgesetzt wurden. Verschiedene Städte sahen sich mit verschiedenen Herausforderungen konfrontiert. Unter anderem wirkten sich der Lebensstandard und der Grad der Kommerzialisierung auf Menge und Zusammensetzung der Abfälle aus. Die New Yorker warfen im Jahr 1900 drei- bis viermal so viele Dinge weg wie die Londoner, Pariser und Berliner. Aber auch zwischen Städten mit ganz ähnlichen Lebensbedingungen gab es erstaunliche Unterschiede. In einem Wiener Gemeindebezirk bestand der Abfall zu 22 Prozent aus Glas, während der entsprechende Anteil in Prag, wo die Lebensbedingungen vergleichbar waren, lediglich bei 3 Prozent lag.[25] Die Kompostierung verschwand nicht über Nacht, zumindest nicht überall. Im niederländischen Wyster entstand in den 1930er Jahren eine Anlage, die Anfang der 1950er Jahre jedes Jahr 163000 Tonnen Haushaltsabfälle aus Den Haag und Groningen in Kompost für die Landwirtschaft umwandelte. Die Abfälle wurden mit Güterzügen nach Wyster gebracht, wo sie in zwei Meter tiefe Kompostierzellen geschüttet, regelmäßig mit Wasser besprengt wurden und sechs Monate ruhten. Wenn das biologische Material verrottet war, wurde es mit einem Kran aus der Kompostierzelle geholt; zurück blieben Dosen und Flaschen.[26] Sogar in New York wurden Anfang der 1950er Jahre noch immer gut 600 Tonnen Schweinefutter am Tag gesammelt; der Großteil der Küchenabfälle wurde zwar verbrannt, aber ein durchaus beeindruckender Anteil von 16 Prozent wurde an die Vierbeiner verfüttert. Erst ein landesweiter Ausbruch der Schweinepest und die Entdeckung, dass ungekochtes Fleisch einen Nährboden für den Menschen gefährdende Parasiten stellte, führten dazu, dass diese Art der Wiederverwertung rasch aus der Mode kam.[27] In Hamburg gab es im Jahr 1955, in der Zeit des Wiederaufbaus nach dem Zweiten Weltkrieg, 185 Altwarenläden. Noch in den 1960er und 1970er Jahren sah man auf den Straßen der europäischen Städte Alteisen- und Lumpensammler. In weiten Teilen des ländlichen Europas stand die Revolution der kommunalen Abfallwirtschaft noch bevor; in Bayern zum Beispiel holte die Müllabfuhr zu jener Zeit erst bei zwei Dritteln der Haushalte die Abfälle ab.[28]

Außerhalb der westlichen Welt trifft die Vorstellung, die Gesellschaften seien einfach von einer traditionellen zu einer modernen Abfallwirtschaft übergegangen, noch weniger zu. Der Kolonialismus exportierte den kommunalen Ansatz. So führte beispielsweise die britische Verwaltung ab 1920 in Tel Aviv die mit einem Pedal zu öffnende Mülltonne ein, verhängte Bußgelder gegen Bürger, die Abfälle in ihre Hinterhöfe warfen, und startete Aufklärungskampagnen. Wie in London und Liverpool hatte die Stadtverwaltung auch hier die Ideale der öffentlichen Gesundheit und des gepflegten öffentlichen Raums vor Augen, als sie versuchte, die Abfallentsorgung unter ihre Kontrolle zu bringen. Aber in diesem Fall modifizierte die koloniale Ideologie das Projekt: Die Maßnahmen wurden der Bevölkerung aufgezwungen, anstatt die Menschen in die Müllentsorgung einzubinden, wie es Waring und andere Progressive im Westen taten. Die Kolonialbehörden gaben Anordnungen und drohten mit Strafen, denn sie gingen davon aus, dass die einheimische Bevölkerung nicht in der Lage war, ihre Heimatorte sauber zu halten, geschweige denn sie selbst zu verwalten. Die Verwaltung war normalerweise nicht sonderlich an der Trennung menschlicher Exkremente von anderen Abfällen interessiert und hatte keine ausreichenden finanziellen Mittel für die erforderlichen Systeme. So mussten die Haushalte in Tel Aviv in den 1930er Jahren europäische Toiletten installieren, aber es gab keine Abwasserkanalisation, um die Exkremente zu entsorgen. In den Genuss der öffentlichen Dienste kamen vor allem jene Bezirke, in denen die Kolonialherren lebten und arbeiteten; das festigte zugleich ihr Selbstbild als saubere und zivilisierte Herren, die über schmutzige und barbarische Untertanen herrschten.[29]

In Shanghai, dem Inbegriff der Moderne in Fernost, ergänzten Recycling, Müllabfuhr, Deponierung und Verbrennung einander. Im Jahr 1905 schrieb der Stadtrat vor, von nun an müssten alle Abfälle in dafür vorgesehenen Behältern gesammelt werden, damit sie von städtischen Bediensteten abgeholt werden konnten. Die verzinkten Blecheimer wurden von den Insassen des örtlichen Gefängnisses erzeugt. Die Behälter sollten auf Karren direkt zu Abfallschütten am Wasser gebracht werden, von wo aus sie auf Frachtkähnen zu den Bauernhöfen oder Deponien in der Umgebung transportiert werden sollten. Aber das war leichter gesagt als getan: Am Jahresende stellte der Stadtrat fest, dass es sehr schwierig war, »die alte Angewohnheit der einheimischen Bevölkerung zu ändern, sämtliche Abfälle einfach vor die Tür zu werfen«. Über tausend Einwohner, die gegen die neuen Regeln verstoßen hatten, wurden mit Geldbußen belegt. Aber auf jeden von ihnen kamen mehrere neue Zuwanderer, die ihre eigene Art hatten, mit Abfällen umzugehen. Die Kulis, die mit Kähnen auf dem Suzhou Fracht beförderten, warfen ihre Abfälle weiterhin in den Fluss. Um die Ausbreitung von Krankheitserregern zu verhindern – im Jahr 1907 brach in Shanghai eine Choleraepidemie aus –, wurde nun ein Standardcontainer aus Beton eingeführt, der vor den Häusern aufgestellt und mit einem von »erfinderischen Inspektoren« entwickelten »effizienten und sicheren Schloss« versehen war, um die Lumpensammler daran zu hindern, die Abfälle zu durchstöbern und auf der Straße zu verstreuen. Aber diese Betonbehälter waren eher für die großen Gebäude der Kolonialherren als für die chinesischen Häuser geeignet, in denen niemand überwachte, ob der Container auch richtig genutzt wurde. Noch im Jahr 1924 streiften jeden Morgen rund 2000 Lumpensammler durch die Straßen Shanghais. In den Augen des Stadtrats waren öffentliche Gesundheit und Recycling weiterhin untrennbar miteinander verbunden:

»Die Rückkehr sämtlicher Abfälle in den Boden ist das Ideal, nach dem wir streben sollten.« In den 1920er Jahren wurden rund 40 Prozent der Haushaltsabfälle an die Bauern in der Umgebung verkauft. Gleichzeitig wurden die Einwohner aufgefordert, »sämtliche brennbaren Abfälle wie Gemüsereste, Papier, Stroh usw.« zu verbrennen. Deponierung und Verbrennung waren ergänzende Technologien. Nach zwei Jahren auf der Deponie galt der Abfall als sauber genug, um ihn zur Aufschüttung von tiefliegendem Land zu verwenden. Welche Methode der Abfallbewirtschaftung angewandt wurde, hing von der Saison ab. Die Bauern waren im Frühjahr und Sommer an Abfällen interessiert, aber ab September übernahmen sie nur noch geringe Mengen. Also wurde im Herbst die »Zerstörungsanlage« in Betrieb genommen. Noch um das Jahr 1980 wurden Millionen Tonnen menschlicher Exkremente in Frachtkähnen als Dünger aufs Land gebracht.[30]

Die Abfallrevolution in den Gemeindeverwaltungen ist ein gut erforschtes Kapitel in der Geschichte der Stadt, aber sie ist nur ein Teil der Geschichte. Parallel dazu fand eine zweite, ebenso wichtige Revolution statt. Anfang des 20. Jahrhunderts wurde Verschwendung zu einem Schlüsselwort der sozialen, moralischen und wirtschaftlichen Reformbewegung. Es wurden Kampagnen für soziale, industrielle und nationale Effizienz gestartet.[31] Ausgangspunkt war stets eine ähnlichen Diagnose: Die Verschwendung von Material war die Ursache von Arbeitslosigkeit, Ungleichheit und nationalem Niedergang. Im November 1920 wurde Herbert Hoover zum Vorsitzenden der neu gegründeten Federation of American Engineering Societies ernannt. Eine seiner ersten Amtshandlungen bestand darin, eine ambitionierte Untersuchung über die Verschwendung in der Industrie durchzuführen. Die damit beauftragte Kommission gelangte zu dem Schluss, die Verschwendung sei kein individuelles, sondern ein systemisches Problem – das Ergebnis von konjunkturellen Schwankungen, Spekulation, hoher Personalfluktuation und Ineffizienz. Zur Hälfte sei sie den Eigentümern und Managern der Unternehmen zuzuschreiben, während nur 20 Prozent auf Kosten der Arbeiter gingen. Und die Konsumenten trügen ebenfalls ihren Teil der Schuld. »In bestimmten Industrien«, erklärte die Kommission, »ist die konsumierende Öffentlichkeit in gewissem Maß für saisonale Schwankungen verantwortlich, weil sie Änderungen des Stils bereitwillig akzeptiert oder vornimmt.‹ Ein besonderes Ärgernis war die Textilindustrie, welche die Mode in immer kürzeren Abständen änderte – ein Konsument konnte zwischen 1100 Varianten von Kleidungsstücken wählen. Nach Ansicht der Kommission sollte der Stil »Erwägungen der Nützlichkeit und Sparsamkeit« untergeordnet werden.[32] Hoover und andere Anhänger der Produktivität sahen die Zukunft in der Vereinheitlichung. Autobauer wie Henry Ford und Baufirmen zeigten, wohin es gehen solle.

Die Kritiker der Wegwerfgesellschaft neigen dazu, den Schuldigen in der Industrie zu sehen, aber wir müssen uns vor Augen halten, dass diese abgesehen davon, dass sie mehr Produkte und mehr Abfall erzeugt, auch einige Antworten gegeben hat, indem sie neue Verwendungsmöglichkeiten für Stoffe und Materialien fand. Der graduelle (wenn auch nie abgeschlossene) Rückzug von Lumpensammlern und Konsumenten, die Material wiederverwerteten, ging damit einher, dass die Industrie ihre Suche nach Brauchbarem im Müllberg intensivierte. Was sich änderte, war, wer das brauchbare Material sammelte. Die Daten erlauben uns keine Rückschlüsse darauf, ob das industrielle Recycling mehr oder weniger verschwenderisch war als jenes der Haushalte, aber die verfügbaren Zahlen deuten darauf hin, dass auch in der Ära, die normalerweise mit kopfloser Verschwendung verbunden wird, große Mengen an Sekundärrohstoffen den Weg zurück in den Produktionskreislauf fanden. Die Glühbirnen, die im Jahr 1951 in den Vereinigten Staaten verkauft wurden, bestanden zu 60 Prozent aus Bruchglas, insgesamt wurden bis zu 50 Prozent des Bruchglases wiederverwertet. Für die Herstellung von Wegwerfwindeln wurden Baumwollabfälle verwendet. 4000 Unternehmen sammelten Fette, Talg und in der Fleischverarbeitung anfallendes Blut für die Erzeugung von Kosmetika, Handschuhen und Gitarrensaiten. Ein Jahrzehnt später waren 2000 Firmen damit beschäftigt, ausrangierte Vergaser und Kupplungen wieder funktionstüchtig zu machen, Chrysler bot eine Garantie auf reparierte Ersatzteile an. Kaufhäuser sammelten Altpapier. Der Telefongigant Bell nahm alte Telefone und Kabel zurück und betrieb eigene Verhüttungs- und Raffinationsanlagen, um an das für die Kabel benötigte Kupfer zu gelangen; Bell führte 20 Prozent der 2 Millionen Tonnen Kupfer, die jährlich in den Vereinigten Staaten verwendet wurden, der Wiederverwertung zu.[33] Abfallhändler füllten die von den Lumpensammlern hinterlassene Lücke und beschafften Nichteisenmetalle für die Industrie. Amerikanischer Stahl bestand zu 45 Prozent aus Sekundärrohstoffen. Die Papierindustrie bezog noch im Jahr 1970 20 Prozent ihres Rohmaterials aus Abfällen. Am Ende des Zweiten Weltkriegs hatte dieser Anteil noch bei 35 Prozent gelegen. Das war vielleicht nicht genug, um den Planeten zu retten, aber es genügte, um einen Wald aus 200 Millionen Bäumen zu retten. In Großbritannien lag der entsprechende Anteil zu jener Zeit bei 42 Prozent. Sogar die Kunststoffe, die mehr als jedes andere Material die Wegwerfkultur symbolisierten, landeten in den 1960er Jahren nicht immer auf der Mülldeponie. Rund 10 Prozent wurden wiedergewonnen und fanden ihren Weg in Spielzeug und Schuhabsätze. In den Vereinigten Staaten verdienten Unternehmen nach Aussage eines Experten 8 Milliarden Dollar mit dem Recycling.[34]

Die Wirtschaftsblüte nach dem Zweiten Weltkrieg konfrontierte die westliche Gesellschaft mit einem Dilemma: Die Industrie bemühte sich zwar um die Wiederverwertung von Abfällen, aber die Menge der Konsumabfälle stieg rasant, und gleichzeitig fielen die Rohstoffpreise deutlich. Nie zuvor war es so billig gewesen, neue Produkte zu kaufen, nie zuvor war es einfacher gewesen, sich des Materials zu entledigen. Die Zahl der verpackten Güter stieg, und die Selbstbedienung setzte sich durch. Die Folge war ein verblüffendes Wachstum des Müllbergs. In der Bundesrepublik wurden Erbsen, Linsen und Reis im Jahr 1950 noch zumeist lose verkauft. Am Ende des Jahrzehnts bekam man diese Lebensmittel praktisch nur noch verpackt. In den 1960er Jahren stieg die jährliche Menge der Haushaltsabfälle von 200 auf 300 Kilogramm pro Kopf. Besonders besorgniserregend war, dass sich das Volumen des Mülls verdoppelte. In Berlin und Paris bestanden die Abfälle mittlerweile zur Hälfte aus Verpackungen, darunter vor allem Papier und Karton; der Anteil der Kunststoffe am Müll war im Jahr 1971 mit 3 Prozent immer noch gering.[35] In Kanada wurde Bier weiterhin in Pfandflaschen verkauft, aber anderswo setzte sich eine neue Kultur der Annehmlichkeit durch. Südlich der Grenze wurden im Jahr 1966 nur noch 8 Prozent der Behälter wieder eingesammelt. Die amerikanischen Konsumenten hörten auf, die Flaschen zurückzubringen, und die Getränkeindustrie gab das Pfandsystem auf. In New York unternahm eine Getränkeflasche nun nur noch durchschnittlich zwei Reisen – in den Laden und aus ihm heraus –, bevor sie auf der Deponie landete. In der Bundesrepublik verdoppelte sich die Zahl der Einwegflaschen in den 1970er Jahren auf 3 Milliarden Stück.[36]

Die Wegwerfprodukte spalteten die öffentliche Meinung. Auf der einen Seite standen jene, die in den 1960er Jahren begannen, die Wegwerfgesellschaft anzuprangern. Die Skulptur *Poubelle de Jim Dine* (1961) des südfranzösischen Künstlers Arman bestand aus einem Plexiglaszylinder, der mit leeren Zigarettenschachteln, Kosmetikflaschen und anderen Verpackungen gefüllt war, die Jim Dine, ein befreundeter Künstler, weggeworfen hatte. Konzeptkünstler machten es sich zur Aufgabe, die Kunst zu dematerialisieren, indem sie das Konzept über das Objekt stellten. »Die Welt ist voll von mehr oder weniger interessanten Objekten«, erklärte der amerikanische Konzeptkünstler Douglas Huebler im Jahr 1969. »Ich will keine weiteren hinzufügen.« Künstler, die weggeworfene Fernsehgeräte und Autowracks aufeinanderstapeln oder ihre privaten Besitztümer unter den Augen von Museumsbesuchern zerkleinern, sind mittlerweile ein gewohnter Anblick in der Kunstwelt.

Aber den Kritikern, die eine Gegenkultur predigten, standen jene Künstler gegenüber, die eine freundlichere Einstellung zum Abfall hatten oder den raschen Austausch von Produkten begrüßten. Die Konzepte des Wegwerfens und der Vergänglichkeit hatten beträchtlichen Einfluss in der modernen Kunst, Ästhetik und Architektur. In den Ohren von Lesern, die in einer von der Angst vor dem Klimawandel geprägten Ära aufgewachsen sind, mag das befremdlich klingen. In ihrem Manifest *L'architettura futurista* (*Die futuristische Architektur*) versprachen Antonio Sant'Elia und Filippo Tommaso Marinetti: »Die Häuser werden kurzlebiger sein als wir.«[37] In ihren Augen waren Unbeständigkeit und materieller Wandel Kennzeichen einer dynamischen Gesellschaft. Jede Gesellschaft müsse ihre eigene neue Stadt, neue Gebäude und neue Innenräume haben. Altes zu bewahren, war in ihren Augen gleichbedeutend mit Stillstand. Die Mitglieder von Archigram, einer britischen Gruppe von Avantgarde-Architekten, sahen in der ständigen Erneuerung von Material und Stil ein Kennzeichen einer lebendigen, hochentwickelten Kultur. Die Mode wurde im buchstäblichen Sinn wegwerfbar, als Bernard Holdaway im Jahr 1967 Möbel und Kleider aus Papier entwarf; ein Kleid kostete ein Pfund, einen Bruchteil des Konkurrenzprodukts aus Baumwolle.[38] Objekte wurden zu einer flüchtigen Erscheinung.

In der bildenden Kunst sah das 20. Jahrhundert den Aufstieg der Abfallkunst. Im Jahr 1913 installierte der französische Dadaist Marcel Duchamp in seinem Atelier ein Rad von einem Fahrrad – es war das erste *Objet trouvé* von vielen, die er in sogenannte »ready-made«-Kunstwerke verwandelte. Kurt Schwitters arbeitete nach dem Ersten Weltkrieg in Deutschland und ab 1941 im englischen Exil ebenfalls mit ausgesonderten Gegenständen und verarbeitete Dinge wie Saiten, Zeitungsfetzen oder das Rad eines Kinderwagens zu Installationen und Collagen. In den 1950er Jahren machte der Amerikaner Robert Rauschenberg dort weiter, wo Duchamp und Schwitters aufgehört hatten, und verband Metallreste, Coca-Cola-Flaschen und sonstige Abfälle zu »Combine Paintings«. (Er hatte einige von Duchamps Arbeiten gesehen und lernte ihn 1959 persönlich kennen.) Das Recycling lag den Rauschenbergs im Blut: Die Mutter des Künstlers war so weit gegangen, den Anzug, in dem ihr verstorbener jüngerer Bruder aufgebahrt worden war, zu einem Rock zu verarbeiten. Ihr Sohn verarbeitete später Stoffstreifen in seinem Bild *Yoicks*. Als Student fuhr Rauschenberg einen Mülllaster. Als mittelloser junger Künstler in Manhattan sammelte er auf der Straße Regenschirme und andere Gegenstände. »Leute, die Dinge wie alte Seifenschalen, Spiegel oder Coke-Flaschen für hässlich halten, tun mir wirklich leid«, sagte er. Für seine Installation *Monogram* (1955–1959) steckte er eine ausgestopfte Angoraziege, die er für 35 Dollar in einem Laden für Bürozubehör an der Eight Avenue in Manhattan erstanden hatte, in einen Autoreifen (siehe Abbildung 72).

Rauschenberg entdeckte Schönheit in Abfällen und setzte eine kulturelle Neubewertung des Mülls in Gang. Aber das machte ihn nicht zu einem Kritiker der Überflussgesellschaft. Vielmehr hatte er eine zuversichtliche Beziehung zur Verschwendung. In seinem Haus stand in fast jedem Zimmer ein Fernsehgerät, das Tag und Nacht lief. Er fühlte sich wohl in der Überflussgesellschaft, die ihm die Sekundärrohstoffe für seine Kunst lieferte. Als eine Galerie in Florenz im Jahr 1963 seine *scatole contemplative* ausstellte – hölzerne »Meditationsschachteln« voller Müll, den er auf seinen Reisen durch Europa gesammelt hatte –, schlug ein verärgerter italienischer Kunstkritiker vor, dieses Kunstwerk in den Arno zu werfen. Rauschenberg bedankte sich und nahm den Mann beim Wort – er erklärte, das erspare ihm, sich den Kopf darüber zerbrechen zu müssen, wie das Exponat sachgerecht eingepackt werden konnte.[39]

Auch außerhalb der Kunstwelt hatten die Menschen eine ambivalente Einstellung zu den Müllbergen, die sich rund um sie auftürmten. Die Wiederverwertungskampagnen in den beiden Weltkriegen werden manchmal als kurze Unterbrechungen des unaufhaltsamen Vormarschs einer Kultur des achtlosen Wegwerfens dargestellt, so als könnten nur militärische Interessen oder ein Überlebenskampf eine Gesellschaft für kurze Zeit dazu bewegen, die Ressourcen umsichtig zu nutzen. Diese Sichtweise dürfte zu zynisch ausfallen. Auch in den Jahrzehnten vor und nach dem Zweiten Weltkrieg sammelten zahlreiche Bürgergruppen und Einzelpersonen gewissenhaft Glas und Papier, während ihre Nachbarn mehr und mehr Abfälle in ihre Mülltonnen warfen. In Großbritannien beobachteten die Experten Mitte der 1930er Jahre eine Zunahme des Recyclings – im Jahr 1937 wurden allein 1,5 Millionen Tonnen Papier wiederverwertet. In den 1960er Jahren sammelten die meisten Gemeinden immer noch Papier, und die *Times* gab den Lesern im »Home Forum« Ratschläge dazu, wie sie Küchenabfälle am besten kompostieren konnten. Viele Jugendgruppen und Hilfsorganisationen führten regelmäßig Altpapiersammlungen durch; im Jahr 1971 wurde in Großbritannien fast ein Drittel des genutzten Papiers wieder eingesammelt. Die Ölkrise im Jahr 1973 zeigte, wie bereitwillig die Bürger auf die Aufforderung reagierten, gebrauchte Erzeugnisse wiederzuverwerten. Pfadfinder, Schulkinder und Freiwilligenorganisationen sammelten im Jahr darauf eine Rekordmenge von 200000 Tonnen Papier. Schwieriger war es, Abnehmer dafür zu finden. Der Preis für eine Tonne Altpapier war in den Papierfabriken von 30 auf 21 Pfund gesunken. Der Preisverfall bewegte die meisten Stadtverwaltungen dazu, sich aus dem Recycling zurückzuziehen. Als die Stadt Bristol die Altpapiersammlung aufgrund der hohen Kosten einstellte, nahm Reverend F. B. Welbourn die Sache persönlich in die Hand und begann Zeitungspapier vom beschichteten Papier der Zeitschriften mit geklebten Einbänden zu trennen, die für die Industrie unbrauchbar waren. Im Jahr 1977 war auch dieser standhafte Einsatz aussichtslos geworden: In Schuppen und Kirchen stapelten sich Papierballen, die niemand haben wollte.[40]

Nicht das mangelnde Engagement der Menschen, sondern der Preisverfall führte zum Niedergang des Recyclings in der Ära des Wohlstands. Der beispiellose Absturz der Rohstoffpreise machte die Wiederverwertung für die Industrie unrentabel. Das Schicksal der Abfallverwertung gibt auch Aufschluss über die technologischen Entwicklungen. Die Geschichte der Blechdose liefert ein gutes Anschauungsbeispiel. Kaum ein Gegenstand trug so viel zum Triumph der Wegwerfkultur bei wie dieser. Die im Jahr 1810 von einem britischen Händler patentierte Konservendose revolutionierte den Umgang mit Lebensmitteln, die in den Dosen versiegelt und haltbar gemacht werden konnten. (Interessant ist, dass der Dosenöffner erst ein halbes Jahrhundert später entwickelt wurde.) Schinken, Bohnen und Kondensmilch konnten nun über große Distanzen transportiert werden und standen zur Verfügung, wann immer sie gebraucht wurden. Ohne die Blechdose wären der Krimkrieg und der amerikanische Bürgerkrieg möglicherweise anders verlaufen. Kriegerische Auseinandersetzungen wie diese trugen entscheidend zur Verbreitung von Konservendosen und Fertigspeisen wie Pökelfleisch bei. Zinn war ein unverzichtbarer Bestandteil der Dose, denn durch eine Beschichtung mit diesem Metall wurde verhindert, dass das Blech rostete und der Inhalt verdarb. Die Frage war nun, wie das Zinn wieder aus den Millionen Konservendosen herausgeholt werden konnte, nachdem ihr Inhalt verzehrt worden war. Im Jahr 1905 entwickelte das deutsche Unternehmen Goldschmidt ein Verfahren dafür. Nachdem die alten Dosen gewaschen und getrocknet worden waren, wurden sie in Eisenbehälter geworfen, aus denen die Luft abgesaugt wurde. Anschließend wurde Chlor hineingepumpt, das mit dem Zinn reagierte und Eisenschrott zurückließ. Das vom Zinn befreite Alteisen wurde in ein benachbartes Werk von Siemens gebracht, wo es zu neuem Stahl gegossen wurde. Das wiedergewonnene Zinn ging erneut in die Weißblecherzeugung. Die Sammlung gebrauchter Konservendosen wurde zu einem einträglichen Geschäft. In den 1920er Jahren wurde etwa die Hälfte der in Deutschland und den Vereinigten Staaten verwendeten Weißblechdosen wiederverwertet. Das änderte sich, als die Konservenindustrie in der Zwischenkriegszeit Wege fand, um leichtere Dosen mit einer dünneren Zinnbeschichtung zu produzieren. Die Vereinigten Staaten gaben die Entzinnung im Jahr 1929 auf. Goldschmidt hielt an dem Geschäft fest und wurde während des Booms auf dem Markt für Konservendosen in den 1960er und 1970er Jahren für kurze Zeit dafür belohnt. Aber die Erträge in diesem Geschäft sanken zusehends. Die Zinnschicht wurde dünner und dünner, Getränkedosen wurden mittlerweile mit Aluminium beschichtet. Der Absturz der Weltmarktpreise für Zinn trieb den letzten Nagel in den Sarg dieses Zweigs der Recyclingindustrie.[41]

In den 1970er und 1980er Jahren erlebte das Recycling eine Renaissance. Kampagnen gegen die Verschmutzung des öffentlichen Raums mit Müll hatte es jedoch schon früher gegeben. Im Jahr 1958 wurde die »Keep Britain Tidy Group« ins Leben gerufen, wobei diese Organisation eher gegen die Verschandelung des Landschaftsbilds durch in der Natur »entsorgte« Autos als gegen die Umweltverschmutzung als solche kämpfte: War doch der Leiter der Organisation T. R. Grieve, der geschäftsführende Direktor des Erdöl-Vermarktungsunternehmens Shell-Mex and BP.[42] Anfang der 1970er Jahre fand eine neue Umweltschutzbewegung wachsenden Zulauf. Die Umweltschützer hatten das Buch *Der stumme Frühling* (1962) gelesen, in dem Rachel Carson vor der tödlichen Wirkung von Chemikalien auf Vögel, andere Wildtiere und Menschen warnte. Und der Bericht des Club of Rome, der 1972 *Die Grenzen des Wachstums* beschrieb und davor warnte, dass das rasante Wachstum und der ausufernde Konsum die Ressourcen des Planeten aufzehren würden, tat sein Übriges.[43] Die neue Spezies des umweltbewussten Bürgers widersetzte sich der Verschwendung und dem Wachstum der Müllberge. Im Jahr 1971 lud die Organisation Friends of the Earth in einer ihrer ersten öffentlichen Aktionen Tausende Einwegflaschen vor der Unternehmenszentrale von Schweppes in London ab. Das Recycling wurde zu einer moralischen Pflicht gegenüber dem Planeten.

Zur Sorge angesichts der Umweltzerstörung kam die Sorge um die zukünftigen Ressourcen. Bezeichnend ist, dass einige der ersten Recyclinginitiativen von Industrie und Bürgerbewegungen gemeinsam durchgeführt wurden. In York schloss Oxfam im Jahr 1975 eine Vereinbarung über Recyclingglas mit dem Hersteller Redfearn Glass. Zwei Jahre später stellte die Glass Manufacturers' Federation in Oxford den ersten Altglascontainer auf. Diese Initiativen dienten teilweise dazu, einer Konfrontation mit der Umweltschutzbewegung zuvorzukommen. In Berlin war es die private Recyclingfirma RGR (Recyclinggesellschaft für Rohstoffgewinnung), die in Zusammenarbeit mit einer Bürgerinitiative im Jahr 1975 begann, Altpapier und Altglas getrennt zu sammeln.[44]

Es ist fraglich, ob diese Bemühungen für sich genommen sehr viel bewirkt hätten. Die Ölkrise trieb die seit langem sinkenden Rohstoffpreise zeitweilig in die Höhe. In der Vergangenheit war das Recycling abhängig von diesen Schwankungen gewesen und mit ihnen gewachsen und geschrumpft. Aber ab den 1970er Jahren kam ein neuer Faktor hinzu: Der Staat wurde aktiv. Mit Gesetzen und Vorschriften gelang es, das Recycling auch in Zeiten in Gang zu halten, in denen die Preise für Sekundärrohstoffe sanken. Die steigende Nachfrage aus Asien ab 1980 stützte die Preise zusätzlich. Nachdem die Abfälle jahrzehntelang verbrannt oder vergraben worden waren, verwandelten sie sich wieder in wertvolles Material, in *Wertstoffe*. Es wurden zahlreiche Maßnahmen ergriffen, um die Wiederverwertung zu fördern: Unter anderem wurden die Kosten für die Deponierung erhöht, und Hersteller wurden verpflichtet, ihre Produkte am Ende ihrer Nutzungszeit zurückzunehmen. In Deutschland (1972), Frankreich (1975) und Schweden (1975) wurden Vorschriften zur Wiedergewinnung von Wertstoffen durch die Hersteller erlassen, gefolgt von der Einführung des Prinzips »Wer verschmutzt, zahlt«. Japan erließ im Jahr 1970 ein Abfallwirtschaftsgesetz, und fünf Jahre später folgte die Europäische Gemeinschaft mit ihrer Abfallrichtlinie, in der die Hierarchie der Maßnahmen festgelegt wurde: Die Verringerung der Abfälle sollte Vorrang vor Wiederverwendung und Wiederverwertung haben. Das neue Ideal, das in den 1990er Jahren gesetzlich festgeschrieben wurde, war das einer Volkswirtschaft, die keine Einbahnstraße zur Deponie, sondern ein Stoffwechselkreislauf war.[45]

Ein Land hinkte der Entwicklung hinterher: Großbritannien. Im Jahr 1974 hatte die Labour-Regierung zu einem »Krieg gegen die Verschwendung« aufgerufen und erklärt, die Welt könne sich »den Luxus einer Wegwerfgesellschaft nicht leisten«.[46] Man wollte den Konsumenten Anreize zur Rückgabe gebrauchter Produkte geben und die Industrie mit Gebühren belasten, wenn sie Wertstoffe nicht wiederverwertete. Am Ende scheiterte das Vorhaben an den Kosten und an der Konservativen Partei. Die Regierung Thatcher hatte Privatisierung und Wettbewerb auf ihre Fahnen geschrieben und war nicht bereit, der Papierindustrie und den Gemeinden zur Hilfe zu eilen, als der Markt für Sekundärrohstoffe erneut abstürzte. Im Jahr 1985 gab es nur noch einen Londoner Außenbezirk, der Recyclingcontainer am Straßenrand betrieb. Aber selbst der »schmutzigste Mann Europas« brachte mit ein wenig Hilfe aus Brüssel am Ende sein Haus in Ordnung. In der Richtlinie des Rates über Abfalldeponien, die Großbritannien in seine Rechtsvorschriften übernehmen musste, war vorgeschrieben, dass der Anteil der auf Deponien verbrachten Abfälle einer Gemeinde bis zum Jahr 2013 auf maximal 50 Prozent verringert werden musste; für Verstöße drohten hohe Geldbußen.

Die Entwicklung seit den 1970er Jahren ist zugleich ermutigend und enttäuschend. In den Vereinigten Staaten wurden im Jahr 1970 lediglich 7 Prozent der Stoffe wiederverwertet – die Kompostierung nicht eingerechnet. Zwei Jahrzehnte später hatte sich der Recyclinganteil auf 14 Prozent verdoppelt, und im Jahr 2010 wurde die Schwelle von 25 Prozent überschritten. Heute recyceln die Amerikaner ein Drittel aller Glasbehälter und PET-Flaschen (Polyethylenterephthalat). In der Europäischen Union ist der Anteil des wiederverwerteten Papiers mittlerweile auf über 70 Prozent gestiegen. Gleichzeitig erzeugen die hochentwickelten Konsumgesellschaften weiterhin wachsende Mengen an Abfällen. Im Jahr 2010 warf der durchschnittliche Franzose viermal so viel weg wie im Jahr 1970. In den Vereinigten Staaten verringerte sich die Abfallmenge in den Jahren 2008 bis 2009 geringfügig – in einer Rezession fällt auch weniger Müll an –, aber zwischen 2010 und 2012 stabilisierte sie sich wieder.

Europa ist ein wenig erfolgreicher gewesen und hat die Abfallerzeugung zwischen 2000 und 2013 um 8 Prozent verringert – besonders stark war der Rückgang in Deutschland, Großbritannien und Spanien – und das Recycling ausgeweitet. Trotzdem erzeugte jeder Europäer im Jahr 2013 immer noch durchschnittlich 481 Kilogramm Müll, was in historischer Perspektive eine gewaltige Menge ist. Es ist lediglich gelungen, das Abfallaufkommen wieder auf das ohnehin hohe Niveau der 1990er Jahre zu senken. Nur 131 Kilogramm der persönlichen Abfälle wurden im Jahr 2013 wiederverwertet. Wenn wir uns die Hände schmutzig machen und die Mülltonnen durchsuchen, stellen wir also fest, dass keineswegs klar ist, ob die Menge der Siedlungsabfälle tatsächlich sinkt. So haben beispielsweise großangelegte Studien in deutschen Städten gezeigt, dass bis zu 50 Prozent dessen, was die Leute in die für Verpackungsmüll vorgesehenen gelben Tonnen und Säcke werfen, in Wahrheit andere Abfälle waren. Die Mülltonne des einzelnen Haushalts mag heute ein bisschen weniger gefüllt sein, aber das liegt nur daran, dass ein Teil der nicht wiederverwertbaren Abfälle in einem Recyclingcontainer landet. Und auch nicht alles, was in der richtigen Recyclingtonne landet, wird dann tatsächlich wiederverwertet. Die deutschen Mülltrennungsanlagen holen beispielsweise aus den eingesammelten Kunststoffen nur 15 Prozent Wertstoffe heraus, die wieder der Produktion zugeführt werden können.[47] Der Großteil der eingesammelten Abfälle wird entweder verbrannt (zur Energiegewinnung) oder nach China exportiert – beide Prozesse gewinnen dem Abfall Wert ab, können jedoch kaum als Recycling bezeichnet werden. Die Zukunft wird zeigen, ob es möglich ist, die Abfallmenge weiter zu verringern. Mit Sicherheit ist das eine große Herausforderung. Die Verpackungsabfälle in der EU 15 nahmen zwischen 1997 und 2004 um 10 Millionen Tonnen zu. Dass die Müllcontainer nicht barsten, lag lediglich daran, dass 12 Millionen Tonnen der Wiederverwertung zugeführt wurden.

Aus diesen Zahlen können wir einige Schlüsse ziehen, die zum Nachdenken anregen. Es ist zunächst einigermaßen irreführend, die heutige Leidenschaft für das Recycling als Rückkehr zu einem Lebensstil zu betrachten, der vor einem Jahrhundert existierte. Die Wiederverwertung existiert neben einem Lebensstil, der von einer großen Menge von Wegwerfprodukten abhängt und die Abfallmenge auf einem hohen Niveau hält, das in den 1970er und 1980er Jahren erreicht wurde und die Abfallmenge früherer Zeiten um ein Vielfaches übersteigt. Die Recyclingcontainer begünstigten dabei sogar den Triumph der Einwegflasche über die Pfandflasche. Die Amerikaner werfen heute genauso viele Verpackungen weg wie ihre Großeltern – und zwar nachdem sie Flaschen und Altpapier zum Recyclingcontainer getragen haben. Zu Beginn der grünen Revolution wurden die Mülltonnen trotz Altglascontainern und strikteren Deponierichtlinien weiterhin größer und voller. Erst um die

Vereinigte Staaten: Erzeugung und Verwertung von Siedlungsabfällen, insgesamt und pro Kopf, 1960–2012

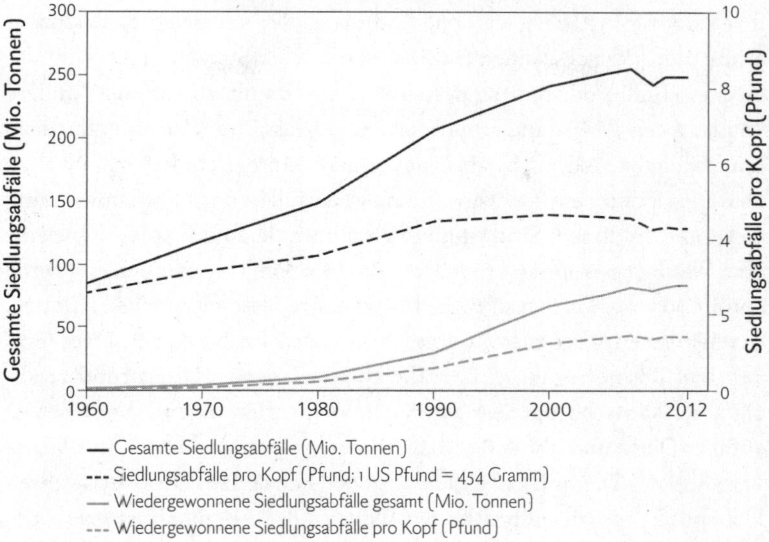

aus: US Environmental Protection Agency,
Municipal Solid Waste in the United States: 2011 Facts and Figures (2013).

Jahrtausendwende kam der Anstieg der Haushaltsabfälle zum Stillstand. Aber während das Abfallaufkommen unter Kontrolle gebracht worden ist, ist es kaum verringert worden, zumindest nicht in den Haushalten. An dieser Stelle sollte darauf hingewiesen werden, dass die Siedlungsabfälle nur einen kleinen Teil des gesamten Müllbergs ausmachen – in den entwickelten Ländern nur zwischen 10 und 15 Prozent – und dass die Gewerbe- und Industrieabfälle deutlicher zurückgegangen sind.[48] Dennoch, die Amerikaner beispielsweise konnten ihr persönliches Abfallaufkommen lediglich auf das Niveau der 1970er Jahre senken. Selbst nach Recycling und Kompostierung ist die Mülltonne heute um 10 Prozent voller als im Jahr 1960, als auf dem Höhepunkt des Wohlstands die Kritik an der Wegwerfmentalität laut wurde.[49]

Zweitens hat sich die Rollenverteilung zwischen den Ländern grundlegend verändert. Im Jahr 1965 warf der durchschnittliche Amerikaner viermal so viel weg wie ein Europäer. Heute erzeugen Dänen, Niederländer, Schweizer und Deutsche am meisten Abfall. Obwohl sie oft für ihre Exzesse kritisiert werden, sind die Amerikaner lediglich durchschnittliche Verschwender. Dass die Vereinigten Staaten nicht mehr der größte Abfallproduzent sind, hat teilweise damit zu tun, dass andere Länder ihren Wohlstand erhöht haben und dass ihre Konsumenten dazu übergegangen sind, mehr abgepackte und verarbeitete Lebensmittel zu kaufen – 87 Prozent der Verpackungen entfallen auf Lebensmittel und Getränke. In diesem Sinn ist die Welt ein wenig amerikanischer geworden. Weniger bekannt ist hingegen, dass die Amerikaner auch ein wenig europäischer geworden sind: Sie bringen ihre Flaschen zurück, kompostieren vermehrt Lebensmittelreste und lassen Laub und gemähtes Gras auf dem Rasen liegen. Anfang der 1990er Jahre verboten rund zwanzig amerikanische Bundesstaaten das Wegwerfen organischer Gartenabfälle. Diese und ähnliche Maßnahmen trugen wesentlich zur Überwindung der Deponiekrise in den 1980er Jahren bei. Diese hatte ihren Höhepunkt in der vielbeachteten Odyssee des Abfallkahns *Mobro*, der im Jahr 1987 in Islip auf Long Island in See stach, jedoch weder in North Carolina noch in Belize entladen durfte und schließlich wieder in New York landete, wo seine Fracht von mehr als 3000 Tonnen Müll schließlich verbrannt wurde.

Wie die unterschiedlichen nationalen Trends zeigen, kann von den Abfallmengen nicht auf den nationalen Konsumismus geschlossen werden. Die Konsumkulturen sind unterschiedlich. Die Einwohner eines Landes können sehr sparsam mit ihrem Geld umgehen (wie die Deutschen und Schweizer) und zugleich mehr wegwerfen als Menschen, die auf Kredit leben (wie die Amerikaner). Die Deutschen verbrauchen große Mengen von Kunststoffen (5,5 Millionen Tonnen im Jahr), führen jedoch auch sehr viel davon (42 Prozent) der Wiederverwertung zu. Falsch ist auch die Vorstellung, es bestehe eine natürliche Affinität zwischen der Produktion von Dingen und dem sorgsamen Umgang mit diesen am Ende deren Lebens auf der einen, der Dienstleistungs- und Freizeitgesellschaft und der Verschwendungssucht auf der anderen Seite: Briten und Amerikaner begannen zur selben Zeit mit dem Recycling, als sie aufhörten, Autos und Kleidung herzustellen.

Erzeugung von Haushaltsabfällen in ausgewählten Ländern, 1980–2005

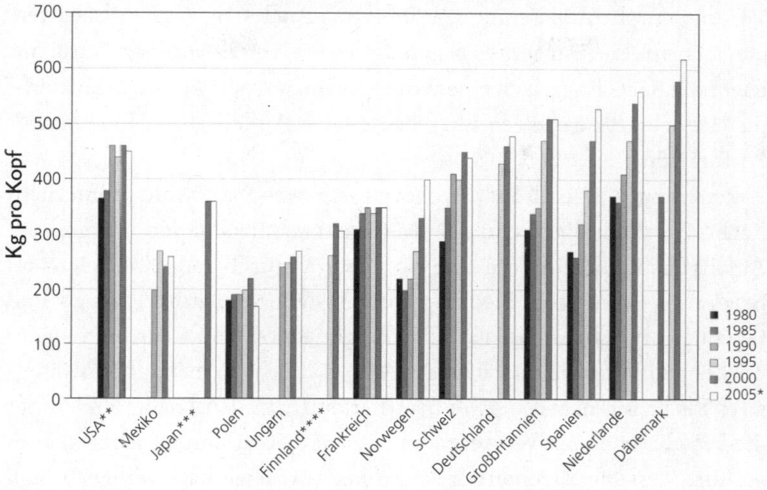

* Oder letztes verfügbares Jahr.

** Die US-Zahlen für 1980 und 1985 wurden anhand amtlicher Daten ausgehend von der Erkenntnis ermittelt, dass Haushaltsabfälle in den USA normalerweise 60 Prozent der Siedlungsabfälle ausmachen.

*** Ich habe diese Zahlen nach oben korrigiert, weil die amtlichen japanischen Zahlen nur die Abfälle nach Wiederverwertung enthalten; außerdem wird der (beträchtliche) Teil der Haushaltsabfälle, die von privaten Recyclingfirmen eingesammelt werden, in den amtlichen Statistiken nicht berücksichtigt. Siehe Allen Hershkowitz und Eugene Salerni, *Garbage Management in Japan* (1987).

**** Ich habe die Zahlen für Finnland geringfügig nach oben korrigiert, weil die Haushaltsabfälle den jüngsten finnischen Schätzungen zufolge 64 Prozent der Siedlungsabfälle ausmachen; dieser Anteil ist etwas höher als jener Wert, der den OECD-Daten zugrunde liegt.

aus: *OECD Environmental Data Compendium 2006–2008*, Tab. 2A, mit den zuvor erläuterten Neuberechnungen.

Die Geschwindigkeit, mit der die früher als Wegwerfgesellschaften stigmatisierten Länder das Recycling übernommen haben, zeigt uns, dass wir uns vor der Interpretation hüten müssen, verschwenderisches Verhalten sei in nationalen Traditionen und in der Kultur eines Landes verwurzelt. Die Wiederverwertungskampagnen und das Streben nach Autarkie unter dem NS-Regime prädisponierte spätere Generationen von Deutschen nicht automatisch dazu, zu Vorreitern des Recyclings zu werden: In den 1960er und 1970er Jahren waren die Deutschen berüchtigt dafür, dass sie große Mengen an Plastikflaschen und Verpackungen wegwarfen. Es waren der Staat und eine neue Basisbewegung – die Grünen –, die diese Gewohnheiten durch Vorschriften, Steuern und Aufklärungskampagnen sowie durch kleinere Mülleimer, durch die Abholung vor der Tür und durch Altglascontainer änderten. Auch neigen Gesellschaften, die noch vor kurzem agrarisch geprägt waren, keineswegs von Natur aus eher zum Recycling. Nach einem mühsamen Start verwerten die Briten – die Handelsnation schlechthin – heute mehr Abfälle als die Finnen oder Portugiesen.

Recycling ist überall auf dem Vormarsch, wenn auch mit unterschiedlicher Geschwindigkeit und in Verbindung mit anderen Formen der Abfallbehandlung. Im Jahr 2010 wurden in Deutschland, Österreich und Belgien 60 Prozent der Siedlungsabfälle wiederverwertet. Portugal und Griechenland kamen nur auf eine Recyclingquote von 20 Prozent, in der Türkei wurde fast nichts wiederverwertet. In Japan existiert ein intensives Recycling neben der Müllverbrennung. In den Niederlanden hat die Verschiebung zur Verbrennung seit den 1980er Jahren hingegen dazu geführt, dass die Bevölkerung kaum noch Anreize hat, weniger Abfall anzuhäufen. Auch der Inhalt der Mülltonnen ist weiterhin verschieden. In Schweden bestehen die Siedlungsabfälle zu 68 Prozent aus Papier, während der entsprechende Anteil in Frankreich und Spanien lediglich bei 20 Prozent liegt.[50] Schweizer und Dänen werfen große Mengen an Kleidung weg; die Deutschen tun dies nicht.

Das heutige Europa kann grob in drei Abfallregionen unterteilt werden: Eine nördliche mit wenigen Deponien und intensivem Recycling, aber zugleich auch großen Mengen an Haushaltsabfällen erstreckt sich von Belgien und Deutschland bis nach Skandinavien. Im Mittelmeerraum gibt es nach wie vor zahlreiche Deponien, während das Recycling noch in den Kinderschuhen steckt. Und in Osteuropa werden kaum Abfälle wiederverwertet, der Großteil der Siedlungsabfälle landet auf Deponien. In Nordeuropa sind die Gebühren und Steuern für nichttoxische Siedlungsabfälle, die deponiert werden, drei- bis viermal so hoch wie in Osteuropa. Trotz aller Fortschritte im Bemühen um einen einheitlichen Umgang mit Abfällen in der Europäischen Union bestehen weiterhin zahlreiche Widersprüche. So gibt es beispielsweise keinen gemeinsamen Standard für biologische Abfälle (Lebensmittelreste und Gartenabfälle). Viele Niederländer und Spanier kompostieren ihre biologischen Abfälle, während diese in Kroatien und Portugal auf der Deponie enden.[51]

Erzeugung und Wiederverwertung von Siedlungsabfällen: Die drei Abfallregionen Europas, 1995–2013

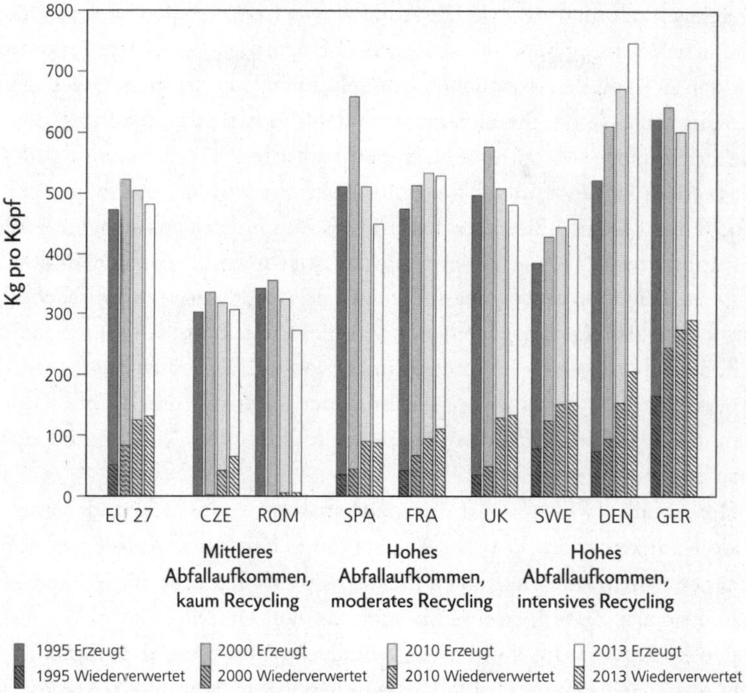

aus: Eurostat, *Municipal Waste Generation and Treatment 1995–2013*.

Nirgendwo ist der Weg zum Recycling gewundener und steiniger als in Osteuropa, wo der Sozialismus seine eigene Methode für den Umgang mit Abfällen entwickelte. Im kommunistischen Lexikon wurden Abfälle als ein kapitalistisches Phänomen geführt, als Beleg für die rücksichtslose Verschwendung von menschlicher Energie und natürlichen Ressourcen im Dienst des kurzsichtigen Profits und der imperialistischen Expansion. In den Händen der Sozialisten hingegen waren Abfälle wertvolle »alte Rohstoffe« oder »Sekundärrohstoffe«, eine unerschöpfliche Quelle von Wertstoffen. So weit die Propaganda. In gewissem Sinn griffen die Sozialisten den von Hoover und anderen geführten kapitalistischen Kreuzzug für die Effizienz auf. Der Mangel an Rohstoffen – der teilweise vom geographischen Schicksal abhing, teilweise das Ergebnis schlechter Planung war – machte das Recycling während des Kalten Kriegs zu einer alltäglichen Angelegenheit im Ostblock. Die Abfallverwertung ersparte Importe, für die harte Währungen gebraucht wurden. Ungarn hatte Gebiete verloren und sah sich mit dem westlichen Handelsembargo konfrontiert, weshalb das Überleben seiner metallverarbeitenden Industrie davon abhing, dass alle erdenklichen Metallreste bis hin zu Türgriffen eingesammelt wurde. Als man im Jahr 1951 mit der Sammlung begann, wurden innerhalb einer Woche 2000 Tonnen Eisen beschafft. Die Kommunistische Partei forderte Disziplinarmaßnahmen gegen »Rohstoffverschwender«,[52] zugleich aber mussten der Bevölkerung auch Anreize zur Wiederverwertung gegeben werden. Sozialistische Ideale genügten nicht. Für Lumpen bekam man Schuhe, Schweinsleder konnte gegen Pfeffer und Reis eingetauscht werden. In der DDR bekam man in den 1950er Jahren für ein halbes Kilogramm Altpapier eine kostbare Tapetenrolle und für ein Kilogramm Knochen ein Stück Feinseife.

Die Abfallverwertung war das sozialistische Gegenstück zu den Fairtrade-Kampagnen im Westen. Anstatt fair gehandelten Kaffee zu trinken, demonstrierten die Jungen Pioniere ihre »Solidarität mit Vietnam«, indem sie alte Zeitungen und Lumpen sammelten. Die DDR perfektionierte ein landesweites System zur Abfallverwertung, das »Kombinat für Sekundärstofferfassung« (SERO), das in den 1980er Jahren sein Maskottchen »Emmy«, einen rosa Elefanten, im ganzen Land, von der Mecklenburger Seenplatte bis in die sächsische Schweiz, verbreitete. Als im Jahr 1989 die Berliner Mauer fiel, betrieb das SERO-System 17 200 Sammelstellen und 55 000 Container; dazu kamen Standorte für das Metallrecycling und Container für Lebensmittelabfälle. Die im Umlauf befindlichen Pfandflaschen hatten entgegen den Trends auf der anderen Seite der Mauer zugenommen.[53] In der DDR wurden schätzungsweise 40 Prozent der Abfälle wiederverwertet – diesen Wert erreichten die Briten erst im Jahr 2010, und Italiener und Spanier sind heute noch nicht an diesem Punkt.

Allerdings besteht kein Grund, die Vergangenheit zu verklären. Die Müllsammlung in den sozialistischen Ländern diente nicht dem Umweltschutz, sondern gehorchte den Erfordernissen einer schmutzigen Industrie – die DDR bezog etwa ein Zehntel ihrer Rohstoffe aus dem Recycling.

Die Abfallverwertung selbst war überwiegend extrem verschwenderisch, und die Staatsbetriebe hielten Material zurück, um künstliche Ziele zu erfüllen. Große Mengen an Schrott verrosteten, da die Industrie keine Verwendung dafür hatte. Im Sozialismus entwickelte sich das Recycling nicht nur vorwärts, sondern auch rückwärts. Ungarn sammelte im Jahr 1960 ein Drittel der Altreifen ein, sehr viel mehr als seine kapitalistischen Nachbarländer. Aber bis 1973 schrumpfte dieser Anteil auf 3 Prozent zusammen. Bei der Wiederverwertung von Siedlungsabfällen fielen die sozialistischen Länder in den 1980er Jahren hinter den Westen zurück, und die Bundesbürger sammelten bereits in den 1970er Jahren mehr Altpapier als ihre Landsleute in der DDR. Der Zusammenbruch des Sozialismus zerstörte dann die vorhandenen Recyclingkanäle und die Sammelgewohnheiten der Bürger. Wenige Jahre nach dem Fall der Mauer gab es in den östlichen Bundesländern nur noch hundert Sammelstellen. Andernorts wurden die Subventionen für Rückkaufsysteme abgeschafft, und billigere private Entsorgungsmethoden traten an ihre Stelle. In der Tschechischen Republik brach die Sammlung von Altpapier und Altglas beinahe vollkommen zusammen. Während die 1990er Jahre im Westen goldene Jahre für das Recycling waren, waren sie östlich der Elbe ein verlorenes Jahrzehnt.[54] Die Wiederverwertung musste erneut bei null beginnen.

Die erste Konsumgesellschaft, die den Abfall in den Griff bekam, war die japanische. Das Land hat aufgrund seiner geologischen Bedingungen nur beschränkte Optionen für den Bau von Deponien und verfügt kaum über Rohstoffvorkommen, weshalb die Vermutung naheliegt, es neige quasi von Natur aus zur Wiederverwertung. Zur Zeit der Wirtschaftsblüte der 1960er Jahre geriet der japanische Abfallberg außer Kontrolle: Zwischen 1967 und 1970 wuchs er um die Hälfte von 650 auf 920 Gramm pro Person und Tag. Doch Anfang der 1970er Jahre gelang es den Japanern, ihr Abfallaufkommen zunächst zu verringern und das Volumen von da an auf diesem niedrigeren Niveau zu halten. Die Entwicklung in Japan ist dabei ein Beispiel dafür, wie Abfallwirtschaftsmethoden aus verschiedenen historischen Epochen effektiv kombiniert werden können. Verbrennung und Recycling ergänzten einander. In den 1980er Jahren verwertete das Land 50 Prozent seines Altpapiers – doppelt so viel wie Mitte der 1950er Jahre – und mehr als 90 Prozent seiner Bierflaschen. Eine durchschnittliche Sakeflasche wurde zwanzigmal wiederverwendet. In den Städten wurde ein Drittel der Abfälle von Privatunternehmen gesammelt und tauchte daher nicht in den nationalen Statistiken auf. Die Händler fuhren mit Lastern durch die Straßen, riefen »*Chirigami kokan*« und verteilten Taschentücher und Toilettenpapier im Tausch gegen alte Zeitungen. Von der Stadtverwaltung subventionierte Bürger- und Nachbarschaftsgruppen sammelten Dosen, Flaschen, Metall und Altkleider.

In Machida bei Tokio gingen in den 1980er Jahren einmal jährlich Beamte von Tür zu Tür, um den Bürgern die Mülltrennung zu erklären – in der Gemeinde wurden sieben Arten von Abfall getrennt: Papier, Glas, Dosen, Sperrmüll, nicht brennbarer Kunststoff und Metallreste sowie brennbare Abfälle (einschließlich Küchenabfälle). In der Schule war das System in der dritten und vierten Klasse Unterrichtsgegenstand. Über hundert Bürgergruppen sammelten 70 Prozent der Aluminiumdosen ein – eine große Leistung im Land der Verkaufsautomaten. Sperrige Möbel und Fahrradteile wurden in ein Recyclingzentrum gebracht, wo Menschen mit Behinderung sie wieder gebrauchstauglich machten.[55]

Die japanischen Städte fanden heraus, dass es sehr viel wirksamer war, die Bürger zum Sortieren ihres Mülls zu bewegen, als ihnen für die Entsorgung Gebühren aufzuerlegen. Nagoya machte es sich im Jahr 1998 zum Ziel, sein Abfallaufkommen um ein Viertel zu verringern. Die »Herausforderung 100« bestand darin, dass jeder der gut 2 Millionen Einwohner seine tägliche Abfallmenge um 100 Gramm verringern sollte. Die Stadtverwaltung begann einen Recyclingkreuzzug. In den Schulen wurden Recyclingzentren eingerichtet. Auf mehr als 2000 Versammlungen wurde die Mülltrennung erklärt. Wer sich nicht beteiligen wollte, wurde öffentlich an den Pranger gestellt – Bürger, die ihre Abfälle nicht richtig getrennt hatten, wurden mit Aufklebern »gebrandmarkt«. Tokio führte durchsichtige Müllsäcke ein, um den Bürgersinn der Einwohner und ihr Engagement für die Umwelt für ihre Nachbarn sichtbar zu machen. Glas und Dosen mussten zu Sammelstationen gebracht werden. Einzelhändler mussten ausrangierte Kühlschränke und andere Haushaltsgeräte bei den Konsumenten abholen. Papier konnte einfach auf dem Bürgersteig abgelegt werden, wobei jedoch Zeitungen von Zeitschriften und Pappe zu trennen waren. Milch- und Saftkartons mussten aufgerissen und zum Trocknen ausgebreitet werden, bevor sie im Supermarkt oder bei der zuständigen Behörde abgegeben werden konnten. Die verschiedenen Maßnahmen trugen durch das verringerte Materialaufkommen dazu bei, die CO_2-Emissionen um ein Drittel zu verringern.[56] Im Jahr 2000 trat ein neues Wiederverwertungsgesetz in Kraft, das dem Recycling von Verpackungsmaterial den Vorzug vor der Verbrennung gab. Auf dem Land fanden Abfälle aus der Viehhaltung vermehrt den Weg zurück auf die Felder; in einigen Gebieten waren die Nutzflächen zu klein, um die gesamte Menge aufzunehmen.[57]

Es ist umstritten, in welchem Ausmaß die japanischen Haushalte ihre Abfälle tatsächlich verringerten – die Autoren einer Studie gelangten zu dem Ergebnis, dass die Mülltonnen um 10 Prozent leichter geworden waren, nicht nur weil die Leute kompostierten, sondern auch weil sie einen Teil ihrer Abfälle im Hinterhof verbrannten. Nur wenige folgten der Aufforderung, sparsamer und zielgenauer zu kaufen.[58] Dennoch ist der Erfolg der japanischen Kampagnen verglichen mit den Bemühungen in Europa und den Vereinigten Staaten durchaus beeindruckend. Aber auch anderswo wurde etwas erreicht. So schaffte beispielsweise das Schulamt von Los Angeles die Tabletts in den Schulmensen ab, um die Schüler davon abzuhalten, zusätzliches Essen anzuhäufen, das dann in der Mülltonne landete – so konnten die Abfälle um eine halbe Million Tonnen verringert werden. Zahlreiche amerikanische Gemeinden führten Pay-As-You-Throw-Programme (PAYT) oder Save-Money-and-Reduce-Trash-Programme (SMART) ein. In Schweden registrierten Gemeinden, die gewichtsabhängige Müllgebühren einführten, einen Rückgang der Haushaltsabfälle um 20 Prozent, interessanterweise hatte dies jedoch keine Auswirkungen auf das Recyclingverhalten.[59] In Italien begannen mehrere Städte im Jahr 2002, die unaufgeforderte Verteilung von Werbung zu verbieten; wer in Turin einen Flugzettel unter den Scheibenwischer eines Autos klemmt, muss mit einer Geldbuße von bis zu 500 Euro rechnen.[60]

Aber hier handelt es sich um spezifische Initiativen, die sich von dem integrierten japanischen Zugang zu Abfallverringerung, Wiederverwendung und Wiederverwertung unterscheiden, der kommunale Subventionen, gewerbliche Mitarbeiter, bürgerliches Engagement und moralischen Druck miteinander verknüpft. Sieht man von der Schweiz ab, so konnten sich die europäischen Länder bei ihren Bemühungen um eine Verringerung der Müllberge sehr viel weniger auf Bürgergruppen und Nachbarschaftsaktivismus verlassen als Japan. Einigen Gemeinden ist es gelungen, ihren Bürgern nicht nur Gartenabfälle und die getrennte Sammlung von Lebensmittelabfällen in Rechnung zu stellen, sondern sie auch in die Abfallverwertung einzubinden – ein Beispiel ist die englische Somerset Waste Partnership. Das schottische Stirling zeigt seinen Einwohnern Gelbe und Rote Karten, wenn sie die Regel »Tonnendeckel schließen« missachten: Beim ersten Verstoß wird eine übervolle Tonne nicht geleert, und Wiederholungstäter werden mit einer Geldbuße von 50 Pfund belegt. Mit solchen Maßnahmen ist es gelungen, das Abfallaufkommen mancherorts um 5 Prozent zu verringern. Aber auf jedes Somerset und Stirling kommen ein Cumbria oder Barking, wo große Mengen Müll angehäuft und nur ein kleiner Teil wiederverwertet wird.[61] Die Versuche, die Flut unerwünschter Postwurfsendungen und gedruckter Werbung einzudämmen, haben vielerorts wenig bewirkt. Im Jahr 1999 startete die Region Brüssel eine von großem Medieninteresse begleitete Kampagne gegen unerwünschte Werbung. Wenige Jahre später nahm nicht einmal ein Zehntel der Bürger daran teil. Überall in der Europäischen Union schwillt die Flut von Papier und Kunststoffen weiter an, anstatt zurückzugehen. In den Vereinigten Staaten ist der Rückgang der Zeitungsverkäufe beinahe zur Gänze durch die Zunahme des Büropapiers wettgemacht worden, was das vielgepriesene »papierlose Büro« als Illusion entlarvt.[62] Europa hat die berühmte Müllpyramide auf den Kopf gestellt: Fast das ganze Geld fließt ins Recycling, während die Abfallreduktion kaum Unterstützung erhält.

Am Beispiel der Lebensmittelabfälle lassen sich die zahlreichen Faktoren veranschaulichen, die einem Wandel im Weg stehen. Die Europäer werfen jedes Jahr 90 Millionen Tonnen Lebensmittel weg. Im durchschnittlichen amerikanischen Haushalt landen jeden Tag rund 600 Gramm Nahrung in der Mülltonne; der Wert der weggeworfenen Lebensmittel beläuft sich auf 600 Dollar pro Kopf und Jahr. Etwa ein Viertel der Lebensmittel, die gekauft werden, endet nach Schätzungen von Experten nicht im Magen der Konsumenten, sondern im Mülleimer. Die Armen werfen genauso Lebensmittel weg wie die Reichen, wenn auch ein bisschen weniger. Gleichgültig aus welcher Richtung wir es betrachten, dies ist eine verwerfliche Situation in einer Zeit, in der Millionen Menschen hungern und der Klimawandel voranschreitet. Würden die Briten nur die Lebensmittel kaufen, die sie tatsächlich essen, so würden ihre CO_2-Emissionen um 17 Millionen Tonnen sinken – das ist so, als würde in Großbritannien jedes fünfte Auto von der Straße verschwinden.

Die Verschwendung von Lebensmitteln ist nichts Neues. Vielmehr ist sie im Kapitalismus vollkommen normal. In den 1930er Jahren wurden Millionen Liter von Milch in die Flüsse gegossen und tonnenweise Getreide verbrannt, wenn die Nachfrage sank und der Handel zusammenbrach. Neu an der Entwicklung der letzten Jahrzehnte ist, dass selbst dann Lebensmittel vergeudet werden, wenn die Nachfrage hoch ist. Der Grund dafür ist, dass nicht zu wenig, sondern zu viel gekauft wird. Statt des »Unterkonsums«, der den Progressiven vor einem Jahrhundert so viel Kopfzerbrechen bereitete, haben wir es heute mit einer neuartigen Verschwendung infolge von Überkonsum zu tun. Zwar gehen auch auf dem Weg vom Produzenten zum Konsumenten Lebensmittel verloren. Mit wachsendem Wohlstand und fortschreitender Entwicklung aber verschiebt sich die Verschwendung vom Produzenten immer weiter zum Konsumenten. In den reichen Ländern wird heute ein Viertel der genießbaren Lebensmittel weggeworfen. Vor dem Zweiten Weltkrieg waren es nur 3 Prozent: Damals bestanden die Küchenabfälle in erster Linie aus Schalen und Knochen, während nur selten ein ganzer Salatkopf oder ein nur halb verzehrtes Steak im Abfalleimer landete. Selbstverständlich tragen Landwirte und Einzelhandel auch heute einen Teil der Schuld. »Drei für zwei«-Verkaufsaktionen verleiten die Konsumenten dazu, zu viel zu kaufen. Die Fixierung auf kosmetisch perfektes Obst und Gemüse und eine schlechte Nachfragesteuerung sind für 10 Prozent der Verschwendung in der britischen Lebensmittelproduktionskette verantwortlich. Dennoch steht außer Zweifel, dass die sogenannten Nachernteverluste dank des wirtschaftlichen Fortschritts geringer geworden sind. In den Entwicklungsländern verdirbt etwa die Hälfte der Avocados, bevor sie den Markt erreichen, bei Zitrusfrüchten ist der Anteil noch größer. Hingegen erleiden in Großbritannien und den Vereinigten Staaten nur 10 Prozent der Gartenbauprodukte und verderblichen Feldfrüchte dieses Schicksal. Der eigentliche Schuldige ist hier mehr denn je der Konsument.[63]

Warum landet so viel genießbare Nahrung im Abfalleimer? Die Medien neigen dazu, mit dem Finger auf die gedankenlosen Konsumenten zu zeigen, denen das Schicksal der Welt gleichgültig ist. Aber dieses Urteil lässt die sozialen und technischen Kräfte außer Acht, die hier im Spiel sind. Bei einer genauen Studie über Haushalte in Manchester hat sich herausgestellt, dass sich die meisten Menschen schuldig fühlen, wenn sie einen Teil des Inhalts ihres Kühlschranks in den Müll werfen.[64] Trotzdem bringen sie von ihrem nächsten Einkauf wieder zu viele Lebensmittel mit nach Hause. Eine Erklärung für dieses Verhalten finden wir in der Art der Lebensmittel, die in der Mülltonne landen: Es handelt sich überwiegend um Kopfsalat, Frischobst und Gemüse.[65] Oft genügt ein welkes Blatt oder ein brauner Fleck, damit Lebensmittel als nicht mehr genießbar eingestuft werden. Die Einführung des Kühlschranks ist nicht nur ein Segen gewesen. Auf der einen Seite machte es die Kühlung sehr viel leichter, die Lebensmittel genießbar zu halten, und ermöglichte es den Familien, Geld zu sparen und ganzjährig nahrhafte Lebensmittel zu genießen: In Skandinavien waren die Haushaltsökonominnen begeisterte Fürsprecherinnen der Tiefkühltruhe, in der die Familien Lachs, Wild und Obst für den langen Winter einlagern konnten.[66] Auf der anderen Seite war dies eine Einladung, mehr zu kaufen und zu lagern, was die Planung der Mahlzeiten komplizierter machte als in der Vergangenheit. Die Ansprüche in Bezug auf das frische Aussehen der Lebensmittel stiegen, die Konsumenten begannen, sich strikt an die Ablaufdaten zu halten. Ganz hinten im Kühlschrank liegt immer ein vergessenes Stück Käse oder ein exotisches Gemüse, das im Laden verlockend wirkte, aber einfach nicht in den Speiseplan passen wollte. Mehr als die Hälfte der Lebensmittel, die in Großbritannien vergeudet werden, endet im Mülleimer, weil sie nicht rechtzeitig verbraucht wurden. Ein weiteres Drittel wird weggeworfen, weil die Leute zu große Mengen kochen. Mittlerweile werden nur noch einzelne Reste dieser übergroßen Rationen an die Haustiere verfüttert. Auch in diesem Sinn wurde die Ökologie der modernen Stadt erheblich gestört; früher waren die Nutztiere wie Schweine Teil der Abfallbeseitigung, heute erzeugen die Haustiere zusätzlichen Abfall.[67]

Manchmal wird der Niedergang von Kochkunst und Hauswirtschaft für die Zunahme der Lebensmittelabfälle verantwortlich gemacht, aber das ist eine stark vereinfachte Sichtweise. Heute besitzen sehr viel mehr Menschen kulinarische Kenntnisse als noch vor hundert Jahren. Geändert haben sich die Vielfalt des Lebensmittelangebots, der Rhythmus der Mahlzeiten und die Anforderungen des Soziallebens. Als William Rathje, der Pionier der Abfallarchäologie, in den 1970er Jahren mit seinen Studenten die Mülltonnen Arizonas durchforstete, stellte er fest, dass es einen engen Zusammenhang zwischen der Vielfalt der Speisepläne und der Menge der weggeworfenen Lebensmittel gab. Amerikaner mexikanischer Herkunft, die immer dieselben Zutaten verwendeten, warfen 20 Prozent weniger Lebensmittel weg als ihre Nachbarn. Je monotoner der Speiseplan, desto weniger Abfall. Rathje bezeichnete das als »erstes Prinzip der Lebensmittelverschwendung«. Die Anziehungskraft der kulinarischen Vielfalt wurde durch die Verbreitung eines kosmopolitischen Geschmacks und internationaler Kochkunst verstärkt. Wer wagt es heute noch, seinen Gästen Brot mit Aufschnitt und einen Apfel anzubieten? Die Kinder genießen mittlerweile ein größeres Mitspracherecht bei der Zusammenstellung des Speiseplans, und ihre Wünsche können mit dem sorgfältig geplanten Menü aus gesunden Lebensmitteln kollidieren, die von den Eltern aus dem Supermarkt nach Hause gebracht worden sind. Obendrein muss die im Kühlschrank gelagerte Nahrung mit unvorhergesehenen Gelegenheiten konkurrieren, auswärts essen zu gehen: Ein überraschender Anruf von Freunden, ein improvisierter Besuch in der Pizzeria, und der für das Abendessen vorgesehene frische Fisch und das Gemüse sind vergessen und müssen wenige Tage später weggeworfen werden. Das ist einer der Gründe dafür, dass Alleinstehende, die ihren Speiseplan und ihre Freizeit weniger stark planen, mehr Lebensmittelabfälle produzieren.

Man sollte meinen, schlechte Zeiten würden derartige Auswüchse korrigieren, aber das ist wahrscheinlich ein Trugschluss. Rathje beobachtete in den 1970er Jahren, dass in einer Rezession sogar mehr Fleisch weggeworfen wurde als in normalen Zeiten, da die Haushalte im Bemühen zu sparen verbilligte Großpackungen und billigere Stücke kauften, dann jedoch nicht wussten, wie sie dieses Fleisch zubereiten sollten.[68]

Seit einigen Jahren wird in Kampagnen zur Verringerung der Lebensmittelverschwendung versucht, verbreitete Fehleinschätzungen bezüglich der »Haltbarkeitsdaten« auszuräumen und die Konsumenten dazu zu erziehen, ihre Vorräte zu kontrollieren und die Mahlzeiten für die kommende Woche zu planen, bevor sie den Einkaufswagen füllen. Supermärkte haben begonnen, ihren Kunden Ratschläge zu geben, wie sie Obst und Gemüse im Kühlschrank aufbewahren können, einige Hersteller haben sogar wiederverschließbare Verpackungen für Fischstäbchen eingeführt. In den Supermarktregalen tauchten nun kleinere Brotlaibe auf. Nachdem in einer britischen Gemeinde eine Kampagne unter dem Motto »Wir lieben das Essen und hassen Verschwendung« gestartet worden war, sank die Menge der vermeidbaren Abfälle in den Mülltonnen um 15 Prozent.[69] Das war ein Schritt in die richtige Richtung, aber nicht unbedingt ein Riesensprung nach vorn. Ein Teil des jüngsten Rückgangs der Abfallmenge dürfte außerdem auf die Rezession und darauf zurückzuführen sein, dass die Konsumenten weniger Frischobst und Gemüse kaufen. Wir müssen begreifen, dass Lebensmittelabfälle ein Nebenprodukt eines rastlosen Lebensstils sind, der uns mit zahlreichen konkurrierenden Ansprüchen und erheblichem Zeitdruck konfrontiert, wie wir in Kapitel 10 gesehen haben. Die individuelle Moral oder ein Mangel an Information sind nicht das vorrangige Problem. Es ist nicht so, dass den Menschen nicht bewusst wäre, wie viele Lebensmittel sie verschwenden, oder dass ihnen dies gleichgültig wäre. Die traurige Wahrheit ist vielmehr, dass die meisten sich sehr wohl Sorgen über den Hunger in der Welt und über den Klimawandel machen, ihre persönliche Ethik jedoch einem fragmentierten Zeitplan unterordnen müssen und daher trotz allem Ressourcen verschwenden.

Die »Wegwerfära« der 1950er und 1960er Jahre war nicht der natürliche Endpunkt des Wohlstands, sondern lediglich ein Stadium in der fortschreitenden Veränderung der Beziehungen der Menschen zu ihren Abfällen. Zu Beginn des 21. Jahrhunderts werfen wir mehr Dinge weg und verwerten zugleich mehr gebrauchte Dinge wieder. Tatsächlich nehmen wir direkter an der Sortierung und Behandlung unserer Abfälle teil als unsere viktorianischen Vorfahren. Es ist nicht sicher, dass alle Länder zwangsläufig denselben Weg wie die Vereinigten Staaten und Europa beschreiten und die »rückständige« Lumpen- und Altstoffsammlung durch »moderne« technologische Lösungen ersetzen werden. In Kolumbien und Brasilien sehen die Behörden in den Müllsuchern nützliche Partner in der Abfallwirtschaft und organisieren seit den 1980er Jahren Kooperativen. In Indien sammeln mehr als 3 Millionen Müllsucher jedes Jahr fast 7 Millionen Tonnen Altstoffe und ersparen den Gemeinden Entsorgungskosten in Höhe von 452 Millionen Rupien.[70] Hingegen hat sich in den reichen westlichen Ländern eine wundersame neue Konstellation ergeben: Die Durchsicht und Trennung der Abfälle, die einst Aufgabe der einfachen Lumpen- und Alteisensammler war, wird mittlerweile von allen Bürgern erledigt. Reich und Arm machen sich die Hände schmutzig und trennen Altglas von Papier und Pappe und von übelriechenden Essensresten. Das Recycling hat die alte Hierarchie des Werts auf den Kopf gestellt. Die Trennung der Abfälle war zu allen Zeiten den Ärmsten der Armen überlassen – daher die stigmatisierende Bezeichnung »Unberührbare«. Heute ist sie ein Ausdruck des Umweltbewusstseins und ein Kennzeichen des verantwortungsbewussten Bürgers. Anstatt ihren kollektiven Abfall in hochentwickelte Sortieranlagen zu schicken, beharren die reichsten Menschen auf dem Planeten darauf, die Mülltrennung selbst und obendrein kostenlos zu erledigen, so als wollten sie das ökonomische Gesetz der Arbeitsteilung in Frage stellen. Wiederverwendung und Wiederverwertung gelten nicht länger als rückständig oder traditionsverhaftet. Sie sind Verbündete des intensiven Konsums, eine Art von Ersatzsakrament, das die Verantwortung für unsere gebrauchten Dinge von unseren Schultern nimmt. Wir haben einen neuen Gleichgewichtszustand der Verschwendung erreicht. Anstatt von »Spare in der Zeit, dann hast du in der Not« lautet die neue Maxime »Verbrauche mehr und verwerte mehr wieder«.

Wohin gehen all der Abfall und all die wiederverwerteten Rohstoffe? Wenn die Deponie an der Stadtgrenze geschlossen wird, müssen die Kunststoffflaschen, das Papier, die Fernsehgeräte und Computer, die niemand mehr will, irgendwo anders Aufnahme finden. Zwischen 2000 und 2010 erhöhten die fünfzehn EU-Mitgliedstaaten die Menge des wiederverwerteten Verpackungsmülls von 33 auf 46 Millionen Tonnen, wobei sie die Menge der wiederverwerteten Kunststoffverpackungen von 2,2 auf 4,3 Millionen Tonnen fast verdoppelten.[71] Die reichen Länder verwerten also mehr Abfälle wieder als je zuvor. Gleichzeitig schicken sie jedoch auch mehr Abfälle als je zuvor ins Ausland. Das ist keineswegs neu. Im 19. Jahrhundert blühte der internationale Handel mit gebrauchter Kleidung und Lumpen. Aber diese Güterbewegungen waren unbedeutend verglichen mit den heutigen grenzüberschreitenden Abfallbewegungen, die von großer wirtschaftlicher Bedeutung sind und erhebliche Auswirkungen auf die Umwelt haben. In der EU wuchsen die Ausfuhren von Kunststoffabfällen zwischen 1999 und 2011 sprunghaft von 1 Million Tonnen auf fast 6 Millionen Tonnen, während sich die Exporte von Kupfer-, Aluminium- und Nickelabfällen verdoppelten.

Die Renaissance des Recyclings seit den 1980er Jahren hat also zu einer paradoxen Situation geführt. Während die Konsumenten in den reichen Ländern ihren Haushaltsabfällen größere Bedeutung beimessen und begonnen haben, ihre Flaschen zum Altglascontainer zu bringen und Plastikmüll von Papier zu trennen, wird ihnen der Abfall aus den Augen geschafft und an fernen Orten abgeladen: aus den Augen, aus dem Sinn. Aber anders als allgemein angenommen, strömt der Müll nicht nur in eine Richtung, das heißt vom reichen Norden in den armen Süden. Die Europäische Union exportiert den Großteil ihrer Kunststoffabfälle nach China, aber die wertvolleren Metallabfälle (Kupfer, Aluminium, Eisen und Stahl sowie Edelmetalle) bewegen sich überwiegend zwischen den europäischen Ländern hin und her. Sondermüll wird fast zur Gänze (zu 97 Prozent) innerhalb der EU gehandelt, und die meisten gefährlichen Abfälle landen im wohlhabenden Deutschland. In den Vereinigten Staaten wird der Großteil der wiederverwerteten oder instand gesetzten Elektroprodukte im Inland verkauft. Ein Teil der amerikanischen und europäischen Fernsehgeräte und Leiterplatten findet seinen Weg nach Ghana und Nigeria, aber afrikanische Länder schicken ihrerseits Elektroabfälle nach Südkorea und Spanien, auch die Nahostländer verkaufen solche Abfälle nach Südkorea.[72]

Es ist nicht unbedingt etwas Schlechtes, die eigenen Abfälle in ferne Länder zu schicken. Durch die Wiederverwertung von Kunststoffen und Metallresten können wir Rohstoffe sparen und die durch ihre Gewinnung verursachte Umweltverschmutzung verringern. Die in einer europäischen Stadt eingesammelte Kunststoffflasche kehrt als wärmende Fleecejacke aus China zurück. Das Problem ist, dass diese vorteilhafte »offene Schleife« nur ein Teil des globalen Handels mit Abfällen ist, der eben auch eine zerstörerische Verschiebung von gefährlichen Substanzen und gebrauchten Produkten beinhaltet. Diese kommen aus der reichen Welt und landen an Orten, an denen die für ein angemessenes Recycling erforderlichen Technologien und Vorschriften für die Handhabung fehlen. So gehen kostbare Rohstoffe verloren, was zur weiteren Erschöpfung der ursprünglichen Ressourcen beiträgt. Die Katalysatoren europäischer Autos enthalten beispielsweise große Mengen an Platinmetallen. Seit dem Jahr 2000 müssen diese Metalle wiederverwertet werden. Aber jedes Jahr werden 100 000 europäische Gebrauchtwagen über Hamburg nach Afrika und in den Nahen Osten verfrachtet, wo die kostbaren Metalle auf Schrottplätzen oder im Erdreich enden.

Noch bedenklicher ist der florierende illegale Handel mit gefährlichen Elektroabfällen, die bei unsachgemäßem Recycling gravierende Umweltschäden anrichten. In Guiyu, dem Recyclingzentrum in der chinesischen Provinz Guangdong, schmelzen Arbeiter die Leiterplatten über glühenden Kohlenfeuern ein, um die Mikrochips aus dem flüssigen Blei zu lösen, und versuchen anschließend, Kupfer und Gold unter Einsatz von Säure wiederzugewinnen (siehe Abbildung 71). Die Mehrheit der Kinder in der Region leidet unter Atemwegerkrankungen. In den Jahren 2000 und 2001 verboten China und Vietnam die Einfuhr gebrauchter Elektrogeräte – machten jedoch eine Ausnahme für Produkte, die für den Wiederexport bearbeitet werden sollten. Diese Ausnahmeregelung hat die Tür für einen großangelegten und einträglichen Schmuggel über deren Grenzen geöffnet.[73] In Europa gibt es noch strengere Vorschriften für die Behandlung von Elektroabfällen, aber große Mengen werden als Gebrauchtgeräte getarnt weiterhin unter dem Radar der Inspektoren ins Ausland geschleust. Stichprobenkontrollen in Dänemark und im Hamburger Hafen im Jahr 2006 haben gezeigt, dass jedes Jahr hochgerechnet 250 000 Tonnen an alten Fernsehgeräten, Computern, Bildschirmen und Kühlschränken aus Europa in Nicht-OECD-Länder geschleust werden. Obwohl es schwierig ist, zuverlässige Zahlen zu finden – einige europäische Länder machen keinerlei Angaben zu illegalen Lieferungen –, enthalten viele Container wahrscheinlich Geräte, die zerstört oder irreparabel und folglich als Abfall einzustufen sind. Nach Angabe des Sekretariats der Basler Konvention (mit der im Jahr 1992 eine internationale Kontrolle der Bewegungen gefährlicher Abfälle eingeführt wurde) war ein Drittel aller elektronischen Geräte, die im Jahr 2010 aus Europa nach Ghana geschickt wurden, nicht funktionstüchtig, womit ihre Verbringung illegal war.[74] Der Schluss liegt nahe, dass die Konsumenten in den reichen Länder heute zwar mehr wiederverwerten, aufgrund ihrer Gewohnheit, alte Modelle durch neue zu ersetzen, jedoch auch mehr Abfälle ihres Lebensstils an fernen Orten abladen.

Auf Nimmerwiedersehen

Bisher haben wir die Reise von Produkten aus der Küche und dem Regal in die Mülltonne verfolgt. Aber das ist nicht der einzige Weg, den unsere Besitztümer nehmen können. Um beurteilen zu können, wie verschwenderisch wir sind, müssen neben dem Wegwerfen auch noch andere Kanäle und Strategien für die Bewältigung wachsender Mengen von Dingen untersucht werden, darunter das Verschenken, das Weiterreichen, das Reparieren und die Lagerung.

Eine Methode, Güter in Umlauf zu halten, besteht darin, sie zu verschenken oder weiterzuverkaufen. Secondhandläden, eBay und Freecycle machen es uns sehr viel leichter, diese Strategie zu verfolgen. Allein in Großbritannien gibt es rund 7000 gemeinnützige Secondhandläden. Flohmärkte locken jede Woche eine Million Menschen an.[75] Freecycle hat mittlerweile fast 10 Millionen Mitglieder in aller Welt, die alles von nicht mehr benötigtem Besteck bis zu Wohnwagen weitergeben. Websites und soziale Netzwerke ermöglichen es den Leuten, Dinge, für die sie keine Verwendung mehr haben, in einem virtuellen Container zu lagern. Modeliebhaber können Designertaschen, die ihnen langweilig geworden sind, online tauschen. Gärtner können über das Internet Saatgut weitergeben.

Diese Entwicklungen sind jedoch kein Grund für übermäßige Begeisterung. Es ist nicht so, dass eine neue Kultur des Teilens an die Stelle der individuellen Verschwendung getreten wäre. Zum einen wird nur eine begrenzte Zahl von Dingen geteilt. Diese Transaktionen wirken sich kaum auf den globalen Ressourcenverbrauch aus. Car-Sharing und das Verschenken alter Sofas und Fernsehgeräte mögen nützlich sein, aber die Wirkung dieses Teilens wird durch die schwindende Bereitschaft, den Wohnraum mit anderen zu teilen, und die Zunahme der Einpersonenhaushalte mehr als wettgemacht. Jede Person, die allein lebt, braucht einen Kühlschrank, eine Waschmaschine und ein Fernsehgerät. In den letzten beiden Jahrzehnten ist die Zahl der Einpersonenhaushalte weltweit rasant gestiegen, nämlich von 153 Millionen im Jahr 1996 auf 277 Millionen im Jahr 2011. In den Vereinigten Staaten lebt heute in fast jedem vierten Haushalt nur eine Person; in Großbritannien gilt dies sogar fast für ein Drittel der Haushalte. Es wäre unklug, diesen Trend allein mit marktwirtschaftlichem Materialismus zu erklären. In Wohlfahrtsstaaten wie Schweden und Norwegen leben mehr als 40 Prozent der Menschen allein. Da die Optimisten in der Jugend den Träger einer neuen Kultur des Teilens sehen, sollte darauf hingewiesen werden, dass anders als in der Vergangenheit heute die jungen Menschen zwischen dem zwanzigsten und vierzigsten Lebensjahr die am schnellsten wachsende Gruppe Alleinstehender stellen.[76]

Es stimmt, dass es dank des Internets heute leichter ist, Ferienhäuser weiterzuvermieten und zu teilen, aber das bedeutet nicht automatisch, dass der Ressourcenverbrauch oder die Zahl der Ferienhäuser sinken. In Europa werden die Daten über Zweitwohnsitze nicht einheitlich erfasst, einige Länder verzichten vollständig darauf. Aber die verfügbaren Daten deuten auf eine rasche Zunahme der Ferienhäuser hin. In Frankreich gab es im Jahr 2005 2,9 Millionen Ferienhäuser, der Anteil der nichtansässigen Eigentümer war seit 1997 von 6 auf 9 Prozent gestiegen. In Spanien hat das Wohnbauministerium Zensusdaten mit Erhebungen über ausländische Touristen verknüpft und ist zu dem Schluss gelangt, dass im Jahr 2008 1,5 Millionen Häuser Zweithäuser waren. Auf diese Häuser entfielen 37 Prozent der Zunahme des gesamten Wohnbestands zwischen 2001 und 2008. Das sind viele Ziegel – und viele Haushaltsgeräte und Möbel, um all die Häuser zu füllen. Etwa 58 Prozent dieser Häuser befanden sich in Touristenzentren am Meer. Die Zahl der Briten, die eine Zweitwohnung im Ausland besaßen, verdoppelte sich zwischen 1997 und 2007 auf eine

Viertelmillion, und die entsprechende Zahl von Norwegern vervierfachte sich zwischen 2002 und 2008.[77]

Natürlich können Anhänger der Sharing Economy dem entgegenhalten, dass Onlinedienste wie Airbnb trotzdem alternative Unterkünfte anbieten, die geteilt werden und dadurch eine effizientere Nutzung der vorhandenen Ressourcen ermöglichen, was bedeutet, dass weniger Hotels gebraucht werden. Zu Neujahr 2014 schliefen weltweit mehr als eine halbe Million Menschen auf Sofas und in Wohnungen, die sie über Airbnb gemietet hatten. Studien zeigen eine Korrelation zwischen dem Anstieg der über Airbnb vermittelten Übernachtungen und einem Rückgang der Hotelbuchungen, insbesondere in billigeren Hotels. Im Januar 2015 fielen die Einnahmen der Hotels in New York um 19 Prozent geringer aus als ein Jahr zuvor, was nicht nur mit heftigen Schneefällen und einem schwachen Euro, sondern auch damit zu tun hatte, dass den Touristen mehr Privatunterkünfte angeboten wurden. Aber eine sinkende Nachfrage nach billigen Hotelzimmern führt nicht zwangsläufig zu einer geringeren Nachfrage nach Gütern und Ressourcen. Die privat vermieteten Unterkünfte schaden zwar den Hotelbetreibern, nicht aber ihren Kunden. Tatsächlich reagierten die Hotels mit einer Senkung ihrer Tarife, weshalb den Touristen zusätzliches Geld für andere Ausgaben übrig blieb. Die größere Anzahl der Privatunterkünfte zu günstigen Preisen hat die Airbnb-Kunden möglicherweise dazu ermutigt, mehr Städtereisen zu unternehmen, mehr Kurzurlaube zu machen und damit den Tourismus anzukurbeln. Und die Kurzzeitvermieter erzielen ein Zusatzeinkommen. Das Teilen verringert den Ressourcenverbrauch nur, wenn die Gastgeber ihr Haus für Fremde öffnen und selbst dort bleiben oder zeitweilig zu Freunden in der Nachbarschaft ziehen. Aber viele Unterkunftgeber vermieten ihre ganze Wohnung, während sie selbst in den Urlaub fahren. Die Verringerung und Verschiebung von Ressourcen und Nachfrage in einigen Fällen werden durch Zuwächse in anderen aufgewogen oder sogar übertroffen. Tatsächlich beantwortet Airbnb Kritik an seinem Geschäftsmodell mit dem Argument, es bringe den Stadtzentren und ihren Läden und Restaurants höhere Umsätze.[78]

Darüber hinaus dürfen wir nicht vergessen, dass die Menschen seit jeher Güter weitergeben. Neu ist nicht, dass Dinge mit anderen geteilt werden, sondern dass diese anderen immer häufiger keine Familienmitglieder und Freunde, sondern Fremde sind. Das Teilen über das Internet passt zu einer Gesellschaft, in der die Beziehungen flüchtiger werden und immer mehr Menschen allein leben. Das bedeutet jedoch nicht, dass das Teilen etwas Neues wäre. In der Zwischenkriegszeit war das Car-Sharing weit verbreitet.[79] Selbst in der Zeit des rasch wachsenden Wohlstands, in den 1950er und 1960er Jahren, war es üblich, dass in Familien Kleidung, Spielzeug und Möbel von einem Kind auf das nächste oder auf Cousins übergingen. Seit es das Auto gibt, wird mit Gebrauchtwaren gehandelt. Und bis zum heutigen Tag verkaufen Mütter in den Kirchen Londons »praktisch neue« Kinderkleidung und Spielsachen.[80]

Im 17. und 18. Jahrhundert war die Weitergabe gebrauchter Güter für die meisten Europäer ein fester Bestandteil ihres Alltags – diese Praxis war im ländlichen Flandern ebenso üblich wie im geschäftigen Handelszentrum Antwerpen und wurde von Reich und Arm gleichermaßen gepflegt. Bei Versteigerungen wurden vor allem Küchenutensilien und Kleidung, aber auch Betten, Laken und Kissen in Umlauf gebracht. Anfangs verkauften viele Gebrauchtwarenhändler neue und alte Produkte. In Antwerpen begannen die Stoffhändler um das Jahr 1670, Druck auf die Stadtherren auszuüben, damit sie diesen Handel beschränkten.[81] Die Gebrauchtwarenhändler wurden gesellschaftlich und geschäftlich an den Rand gedrängt. Sie verschwanden nie vollkommen, aber ihre Position gegenüber den Händlern, die »neue« Produkte verkauften, verschlechterte sich stetig. Die Textilien verbilligten sich und verloren an Robustheit, die Modezyklen verkürzten sich. Dies hatte zur Folge, dass der Wert gebrauchter Kleidungsstücke und damit die Gewinne und das Ansehen der Altkleiderhändler sanken. Zu Beginn des 20. Jahrhunderts kauften eigentlich nur noch die Armen gebrauchte Produkte, obwohl manche gebrauchten Dinge als »Vintage-Produkte« auch Käufer in den höheren Gesellschaftsschichten fanden.

Der relative Niedergang der Gebrauchtwaren in Europa ging jedoch mit einer Expansion in anderen Teilen der Welt einher. Zwischen 1980 und 2000 wuchs der globale Handel mit Secondhandkleidung um mehr als das Sechsfache.[82] In Afrika südlich der Sahara machten Altkleider in diesem Zeitraum ein Drittel aller Textileinfuhren aus. Die beiden Kanäle, die diese Systeme speisten, nahmen bereits Ende des 19. Jahrhunderts Gestalt an: christliche Hilfsorganisationen und kommerzielle Händler. Die Anthropologin Karen Hansen spürte den verschlungenen Routen nach, auf denen gebrauchte Kleidung in den 1990er Jahren ihren Weg von Europa nach Sambia fand. Weder die Spender im Westen noch die Empfänger in Sambia wussten, dass der Großteil der Kleidungsstücke nicht durch Hilfsorganisationen geschleust wurde. Die meisten Spenden gelangten nie in einen gemeinnützigen Gebrauchtwarenladen. Stattdessen wurden sie gesammelt, gepresst und in 2000-Pfund-Ballen an Textilverwerter und Exportfirmen verkauft. Die Bereitschaft, etwas Gutes zu tun und Altkleider zu verschenken, anstatt sie wegzuwerfen, überforderte die Kapazitäten der Hilfsorganisationen. In Lusaka eingetroffen, wurden die Textilien von örtlichen *salaula* (Trödlern) der landesüblichen Kleidung angepasst: Sie wurden gekürzt, mit Goldknöpfen versehen und durch einen anderen Schnitt in neue Kleidung verwandelt. Wie Hansen in ihrer Feldstudie herausfand, hatte der Kauf gebrauchter Kleidung wenig mit einer Nachahmung westlicher Moden oder mit der subkulturellen Ironie zu tun, über die sich die Kulturtheoretiker ihre Gedanken machten. Die Sambier kleideten sich neu ein, »um momentan und indirekt ihrer wirtschaftlichen Machtlosigkeit zu entkommen«.[83] Tatsächlich sprachen die Leute nicht von »westlicher« Kleidung, sondern von Hemden und Kleidern, die »von außerhalb« kamen, womit ebenso gut Hongkong wie Hollywood gemeint sein konnte.

In Sambia ging der Aufstieg der Secondhandkleidung mit dem wirtschaftlichen Abstieg der 1970er Jahre einher. Aber auch in den reichen Ländern erlebte gebrauchte Kleidung eine Renaissance. In Großbritannien verdoppelten die Secondhandläden ihren Umsatz in den 1990er Jahren. Hat die Umwelt von dieser Renaissance der Wiederverwendung profitiert? Tragen die Menschen, die Kleidung, Bücher und andere Besitztümer weggeben, zur Rettung des Planeten bei, indem sie den Ressourcenverbrauch verringern, wie manche Umweltschützer glauben?[84] Oder schaden sie eher der Umwelt, indem sie noch mehr Dinge in Umlauf bringen?

Die Antwort hängt vom Kontext und davon ab, mit welchem Produkt wir es zu tun haben. In einer detaillierten Studie über 59 Haushalte im englischen Nottingham zeigte sich, dass diese innerhalb eines Jahres insgesamt 4500 Objekte aussortierten. Etwas weniger als ein Drittel landete in der Mülltonne, ein Zehntel wurde entweder verkauft oder auf den Dachboden gebracht, und die Hälfte wurde an Verwandte und Freunde verschenkt oder gespendet. Dieser Strom der Dinge verdeutlicht den Zusammenhang zwischen dem Wunsch nach Neuem und einem Impuls, Gutes zu tun, indem man Dinge verschenkt. Eine Frau ging zweimal im Jahr ihre Garderobe durch, um jene Kleidungsstücke auszusortieren, die nicht länger »zu ihr passten«: Ein ehemals »todschicker« Mantel eignete sich mittlerweile als Spende, da seine Besitzerin »zu vielen wirklich langweiligen Leuten begegnet war, die den gleichen Mantel trugen«.[85] Der gemeinnützige Gebrauchtwarenladen steht am Ende einer Kette der Selbstgestaltung, in der neue Dinge gebraucht werden, um die eigene Identität neu zu definieren. Indem man alte, aber vollkommen funktionstüchtige Toaster und elektronische Geräte an Familienmitglieder weitergibt, zeigt man, dass einem diese Menschen und die Dinge am Herzen liegen. Gleichzeitig gewinnt man Raum für ein nagelneues Ersatzprodukt. Zudem verschafft man sich, indem man einen Gebrauchtwagen oder ähnliche wertvolle Güter verkauft, Geld für den Erwerb eines neuen Modells. Und mit dem Kauf solcher Güter ist häufig die Annahme verbunden, dass sie später weiterverkauft werden können.

Hier kommt die veränderte Lebensdauer der Dinge ins Spiel. In *Die große Verschwendung* prangerte Packard die geplante Obsoleszenz an und warnte vor immer kürzeren Lebenszyklen von Produkten. So machte es beispielsweise die Einführung der »gedruckten Leiterplatte« in den 1950er Jahren praktisch unmöglich, Transistorradios zu reparieren. Seit damals hat das »Death Dating« von Bauteilen die Kunst des »Made to break« auf ein neues Niveau gehoben.[86] Die Konsumenten sind sonderbar gespalten, was ihre Einstellung zur Haltbarkeit von Produkten anbelangt. Eine britische Studie aus dem Jahr 2005 hat gezeigt, dass die Verbraucher diesbezüglich zwei gleich großen Gruppen zugeordnet werden können: Die einen wünschen sich langlebige Güter, die anderen sind mit der Haltbarkeit der Produkte zufrieden. Bei Computern wird eine Lebensdauer von fünf Jahren allgemein als ausreichend betrachtet.[87] Handys und Computer verwandeln sich in Dinosaurier, lange bevor sie den Dienst versagen. Einer Schätzung zufolge wurden in den Vereinigten Staaten im Jahr 2014 49 Prozent aller Mobilgeräte ersetzt. Das ist ein außergewöhnlich hoher Wert für ein Produkt, aber hinter diesen Zahlen verbergen sich zwei Trends, die möglicherweise in entgegensetzte Richtungen gehen. Der Anteil der Geräte, die nach einem Jahr ersetzt werden, ist von 45 Prozent im Jahr 2013 auf 49 Prozent im Jahr 2014 gestiegen. Aber was ist mit den übrigen Geräten? Interessant ist, dass der Prozentsatz der Handys, die erst am Ende ihres Lebenszyklus ersetzt werden, ebenfalls gestiegen ist (nämlich von 15 auf 30 Prozent). In den Jahren 2010 bis 2012 wurde jedes zweite Mobiltelefon nach zwei Jahren ausgetauscht. Im Jahr 2014 war der entsprechende Anteil auf nur noch 16 Prozent gesunken. Ein Grund dafür, dass Handys mittlerweile langsamer durch neue Modelle ersetzt werden, ist die Einführung des Ratenkaufs mittels Equipment Installment Plans (EIP), die jährliche Upgrades der Geräte und einen verbilligten Geräteservice beinhalten. Dazu kommen das Verschwinden kleinerer Geräteanbieter und die Verringerung der Gewinnspanne, welche die Entwicklung neuer Produkte gebremst hat. Ob die längere Lebensdauer der Mobiltelefone vorteilhaft ist oder ob sie langfristig Innovation, Geschwindigkeit und Effizienz beeinträchtigen wird, ist eine andere Frage.[88]

Entscheidend ist, dass es im modernen Leben nicht nur um eine immer schneller werdende Obsoleszenz geht. Es gibt auch gegenläufige Alterungstrends. In den 1990er Jahren und zu Beginn des 21. Jahrhunderts, das heißt in den Jahren der rasanten technologischen Innovation und der rasch wachsenden Rechenleistung, wurden PCs häufig alle zwei Jahre ersetzt. Mittlerweile hat sich das Potential für Neuerungen verringert, was zur Folge hat, dass ein Rechner normalerweise fünf bis sieben Jahre genutzt wird. Besonders deutlich ist die Lebenserwartung von Automobilen gestiegen. Seit der Ölkrise im Jahr 1973 hat sich deren Lebensspanne in den Vereinigten Staaten um 50 Prozent verlängert. Das hat den Gebrauchtwagenhandel angekurbelt und die Umsätze hier verdoppelt. Weitergabe und Verkauf gebrauchter Produkte hängen also weniger mit Sparsamkeit als mit einer wachsenden Nachfrage zusammen.

Die Kausalität bewegt sich demnach auch in der Gegenrichtung.[89] Nicht jedes gebrauchte Gut ist ein so wertvoller Besitz wie ein Auto.

Versuchen Sie einmal, ein gebrauchtes Exemplar eines Harry Potter-Buchs zu verkaufen. Bei eBay findet man ganze Bibliotheken unverkaufter gebrauchter Bücher. Wie sich der Gebrauchtwarenhandel auf Nachfrage und Ressourcen auswirkt, hängt von den jeweiligen Produkten ab. Die meisten Kleidungsstücke sind billig und haben nur einen geringen Wiederverkaufswert. Und ihr Wert wird auch von der Politik beeinflusst. Wie alle Märkte sind auch die für gebrauchte Güter politische Geschöpfe. Die Welle gebrauchter Kleidung, die in den 1970er Jahren über die Entwicklungsländer hereinbrach, verringerte dort den Absatz neuer Kleidung erheblich. Das ist der Grund dafür, dass viele Länder die Altkleidereinfuhren in den 1980er und 1990er Jahren verboten, um ihre heimische Textilindustrie zu schützen, auch wenn man bei einem Rundgang über einen Markt in Sambia den Eindruck gewinnt, dass es zahlreiche Schlupflöcher gibt, durch die Kleidung aus dem Ausland eingeschleust werden kann. Unter dem Druck der Welthandelsorganisation (WTO) wurden seit den 1990er Jahren zahlreiche Importverbote für Gebrauchtwaren wieder aufgehoben. Anstatt also eine radikale Alternative zur freien Marktwirtschaft zu sein, gedeiht der Handel mit gebrauchten Gütern in dieser.

Die Reparatur ist das zweite wichtige Werkzeug, um die Lebensdauer von Dingen zu verlängern und sie vor der Mülltonne zu bewahren. Über diesen Prozess wissen wir überraschend wenig. Wie im Fall der Märkte für gebrauchte Güter hat sich die Forschung auch hier auf die Textilien konzentriert. Die vorliegenden Erkenntnisse deuten auf einen unaufhaltsamen Niedergang des Reparierens hin. Wie viele Menschen unter 60 Jahren stopfen heute noch ihre Socken oder verwandeln gar einen Anzug in ein Kleid, wie es Rauschenbergs Mutter tat? Die Ära der Nähmaschine, des begehrtesten langlebigen Gebrauchsguts der Zwischenkriegszeit, ist zumindest für die große Mehrheit der Menschen in der wohlhabenden westlichen Welt vorüber. Weniger klar ist, warum wir das Verschwinden dieser Maschine bedauern sollten. Die vielen Stunden, die für das Nähen und Stopfen aufgewandt wurden, waren nicht nur Ausdruck der Liebe zu den Dingen, sondern auch der Geringschätzung für die Menschen, die diese Arbeiten verrichteten. Die weibliche Arbeitskraft war billig und im Haus sogar kostenlos. Als die Löhne zu steigen begannen, lohnte es sich immer weniger, Zeit in die Reparatur von Dingen zu investieren, die steigende Produktivität und der Rückgang der Textilpreise taten ein Übriges. Die Reparatur ist heute kaum noch geeignet, Geld zu sparen, sondern hat sich in ein optionales, manchmal teures Hobby verwandelt. Die große deutsche Zeitbudgeterhebung von 2001/02 zeigte, dass sich jeder fünfte Mann anderthalb Stunden täglich mit Reparaturen im Haus, mit der Reparatur von Fahrrädern, mit der Wartung von Haushaltsgeräten oder mit Handwerksarbeiten beschäftigte. In Österreich nähte oder strickte ein Viertel der Frauen regelmäßig – das waren ebenso viele, wie zur Kirche gingen, und fast so viele, wie zum Vergnügen einkaufen gingen.[90]

In der langen Geschichte der Konsumgesellschaft ist das Verschwinden des Reparateurs als relativ neues und partielles Phänomen zu betrachten. Fachleute, die Dinge reparieren können, tauchen gemeinsam mit neuen Produkten und Technologien auf und verschwinden wieder, wenn es billiger wird, diese Produkte zu ersetzen. Das Auto brachte nicht nur Schauräume mit glänzenden Vorführmodellen, sondern auch ölverschmierte Reparaturwerkstätten mit sich. Im Jahr 1967 gab es in den Vereinigten Staaten 139 243 solche Werkstätten. In den 1950er und 1960er Jahren – einer Zeit des wachsenden Wohlstands – stieg der Wert der verschiedenen Reparaturdienste auf das Vierfache, das heißt stärker als die Einzelhandelsumsätze mit den betreffenden Produkten. Die Leute gaben nun mehr Geld für neue Fernsehgeräte und Radios aus, aber die aufgewandten Beträge für die Reparatur dieser Dinge stiegen noch schneller. Ende der 1960er Jahre gab es 45 000 Eigentümer von Werkstätten, die Elektrogeräte reparierten, und 20 000 Möbelpolsterer in den Vereinigten Staaten.[91] Vierzig Jahre später war ihre Zahl zusammengeschrumpft. Mittlerweile ist die Zahl der Fernsehmechaniker und Gerätetechniker auf ein Viertel gesunken. Ähnlich verlief die Geschichte in früheren Gewerben. Das Verschwinden des Schusters aus den amerikanischen und europäischen Städten ist ein typisches Beispiel. In den Vereinigten Staaten gab es im Jahr 1967 noch mehr als 9000 Handwerker, die Absätze reparierten und Schuhe neu besohlten. Im Jahr 2004 waren nur noch 3000 übrig. Dank des asiatischen Wirtschaftswunders sind heute viele Schuhe, Hemden, Regenschirme und andere Artikel so billig, dass es keinen Sinn mehr hat, sie zum Schuhmacher oder zur Näherin zu bringen, selbst wenn diese Handwerker nur den Mindestlohn verdienen. Jeder, der schon einmal die Kunstfertigkeit der Regenschirmflicker in Neu-Delhi oder Peking bewundert und sich gefragt hat, warum man solche Handwerker in London oder Amsterdam nie findet, wenn man sie braucht, wird die ökonomische Logik dieses Wandels dank höherer Löhne daheim zu würdigen wissen.

Glücklicherweise gibt es auch hier Gegenbewegungen, insbesondere bei hochwertigen Elektroprodukten. Hier haben die Staaten den Mut gehabt, der kommerziellen Tendenz zur Ersetzung durch kostengünstige Produkte und zur Entsorgung die Stirn zu bieten. Ein gutes Beispiel dafür liefert der Umgang Japans mit alten PCs. Im Jahr 2001 wurde ein freiwilliges Rücknahme- und Recyclingprogramm für gebrauchte Bürocomputer eingeführt. Zwei Jahre später wurde es auf Heimcomputer ausgeweitet. Bis 2004 waren die Japaner so weit, dass zwei Drittel der gebrauchten Geräte nicht mehr im Abfall landeten, sondern eingesammelt und für den heimischen Markt oder den Export instand gesetzt wurden. Von den 7 Millionen gebrauchten Computern, die jedes Jahr in Japan aussortiert werden, finden mittlerweile nach Angabe der Refurbished Information Technology Equipment Association (RITEA), des Verbands der mit der Wiederverwendung von Computern befassten Unternehmen, mehr als 1 Million den Weg zurück auf den Gebrauchtwarenmarkt. RITEA führte Kennzeichnungs- und Einstufungssysteme sowie Leitlinien zum Löschen von Daten ein.[92] Die billige chinesische Produktion hat die meisten Schuster und Fernsehtechniker in New York und Berlin überflüssig gemacht, aber gleichzeitig hat sie die Entstehung einer neuen Generation von Konsumenten begünstigt, die bereit sind, instand gesetzte Produkte aus zweiter Hand zu verwenden. Diese Wirkung der Entwicklung wird leicht übersehen. Indien, Brasilien und Afrika haben ein ähnliches Potential – allerdings ist unklar, wie rasch es erschlossen werden wird. Gegenwärtig ist die Zahl der instand gesetzten japanischen PCs, die neue Benutzer im Ausland finden, verschwindend klein verglichen mit den Bergen funktionsuntüchtiger Geräte und toxischer Elektroabfälle (welche Blei, Quecksilber und Cadmium enthalten), die in Lagos oder der Elfenbeinküste abgeladen werden.[93]

Eine weitere Strategie, um sich nicht mehr benötigter Dinge zu entledigen, ist die Lagerung. Im Leben der Güter sind Speicher, Garagen und Lagercontainer die Orte, an denen sie aufbewahrt werden, bevor sie durch das »End-of-Life-Management« entweder in wiederverwertbare Stücke zerlegt oder auf einer Deponie abgeladen werden. Seit die Menschen Dinge besitzen, die einen Wert für sie haben, bewahren sie diese Dinge auf. Im alten China wurden Gegenstände in Tontöpfen in öffentlichen unterirdischen Lagern verwahrt. In den europäischen Hafenstädten entstanden im 18. Jahrhundert gewerbliche Lagerhäuser, in denen Seeleute ihre Besitztümer verstauen konnten. In den Vereinigten Staaten hat die gewerbliche Lagerung ihre Ursprünge im Bürgerkrieg, doch ihren wirklichen Durchbruch feierte sie erst zwischen 1960 und 1990, als sich das Konzept der Eigenlagerung durchsetzte. In den USA gibt es mittlerweile 50000 Mietlager, die eine Fläche bedecken, die dreimal so groß ist wie Manhattan.[94] Jeder zehntausendste amerikanische Haushalt nutzt ein solches Mietlager. Andere entwickelte Länder folgen dem amerikanischen Beispiel. In Seoul werden Balkone, wie auch in Manhattan, nicht länger als Sitzgelegenheiten, sondern als Lagerplätze genutzt. Der Verzicht auf Lagerräume in Neubauten hat den Druck zur Auslagerung von nicht benötigten Dingen zusätzlich erhöht.[95]

Die Menschheit hat sich vermutlich nie zuvor so eingehend mit ihrer Neigung beschäftigt, Dinge zu horten und Gerümpel anzuhäufen. Wie es auf einer großen Werbetafel für »Kleinlager« in Manhattan heißt: »Materielle Besitztümer machen uns nicht glücklich, oder vielleicht doch.« (Siehe Abbildung 70). Es gibt mittlerweile die »Clutterers Anonymous« (eine Art Messie-Syndrom-Selbsthilfegruppe) und professionelle Organisatoren, die Personen betreuen, die unter »Disposophobie« leiden, das heißt unter der Angst vor der Trennung von Dingen.[96] Die Werbung für immer Neues hat gleichzeitig das Bedürfnis verstärkt, Altes zu sammeln und aufzubewahren, da dieses Verhalten körperliche Sicherheit, Status oder ein Gefühl der Unsterblichkeit verschaffen kann. Bei *collectoronline.com* findet man mehr als 2000 Klubs, die sich auf verschiedenste Dinge spezialisiert haben, die man sammeln kann, von Glas und Oldtimern über Korkenzieher bis zu Bierflaschen. In Capron in Illinois gibt es einen Klub für Sammler von Staubsaugern, der Mitglieder in Nordamerika und Europa hat. Ein Belgier namens Edgar ist der stolze Besitzer eines seltenen Modells des Holland-Electro Toppy. In Vacuumland, der Onlinebibliothek des Klubs, können sich Fans ein Video anschauen, das einen 1908er Hoover Model O im Einsatz zeigt.[97] In einer Studie wurde in Familien, in denen gehäuft Zwangsstörungen auftraten, das Messie-Syndrom einem Gen auf dem Chromosom 14 zugeordnet.[98] Die Genetik kann jedoch nicht erklären, warum sich das Aufbewahren von Dingen in derart kurzer Zeit in einen normalen Bestandteil des Alltagslebens verwandelt hat. Die wichtigste Ursache des Hortens ist, dass eine wachsende Zahl von Besitztümern mit einer deutlich erhöhten persönlichen Mobilität einhergeht, die dazu führt, dass die Menschen häufiger den Wohnort und den Arbeitsplatz wechseln.

Um zu beobachten, wie Menschen mit ihrem Gerümpel leben, besuchten zwei amerikanische Anthropologen zwischen 2002 und 2004 mehrere Mittelschichtfamilien in Los Angeles und studierten ihre Garagen. Die meisten dieser Familien hatten in der Garage Platz für zwei bis drei Autos. Aber nur 6 der 24 Familien, deren Verhalten die Forscher studierten, stellten tatsächlich noch ihre Autos in der Garage ab. Eine Familie hatte die Garage zu einem Schlafzimmer umgebaut, andere hatten dort ein Büro oder einen Freizeitraum eingerichtet. Aber die meisten nutzten diesen Raum, um alte Haushaltsgeräte und sonstige Gegenstände aufzubewahren. »Von Baumaterial bis zu überschüssigen Möbeln und Spielzeug blockieren Gegenstände die Garagenauffahrt oder quellen [an der Rückseite der Garage in den Garten] hinaus.« In den meisten dieser Garagen herrschten »Durcheinander und Chaos«. Nur fünf Familien nutzten diesen Raum aktiv, und zwar durchweg für Freizeitaktivitäten. Die Hälfte der Familien betrat ihre Garage nie.[99]

Der Speicher und die Garage trugen vermutlich ebenso viel wie das Recycling dazu bei, dass es den Vereinigten Staaten Ende des 20. Jahrhunderts gelang, ihre Deponiekrise zu überwinden. Der Impuls, Dinge zu horten, war sehr viel größer als die Neigung, Dinge wegzuwerfen. In den 1980er Jahren beobachteten Anthropologen in Tucson, dass die Haushalte nur 6 Prozent der alten Gegenstände wegwarfen, die sie durch neue ersetzt hatten. Nicht ganz ein Drittel wurde an Verwandte und Freunde weitergegeben, ein Drittel wurde an Fremde oder an Läden verkauft. Und fast ein Drittel wurde zu Hause gehortet.[100]

Aus den Daten der amerikanischen Umweltschutzbehörde EPA kann man Rückschlüsse auf die Höhe des Bergs gelagerter Dinge ziehen. Die amerikanischen Privathaushalte sind ergiebige Quellen für Sekundärrohstoffe. Im Jahr 2009 standen in den USA rund 70 Millionen Computer und 104 Millionen Fernsehgeräte ungenutzt herum, der Großteil davon in Privathäusern. Auf drei oder vier Computer und Fernsehgeräte, die genutzt werden, kommt ein altes, das irgendwo aufbewahrt wird. Bei einem alten Elektrogerät ist die Wahrscheinlichkeit, dass es gehortet wird, fast genauso groß wie die, dass es wiederverwertet wird.

Angesichts dieses Sammeltriebs drängen sich Zweifel an der herkömmlichen Vorstellung vom verschwenderischen Konsumenten auf, auch wenn es durchaus seine Schattenseite hat, dass die Menschen keineswegs zum unbedachten Wegwerfen neigen. Zweifellos müssen wir das vereinfachende moralistische Urteil revidieren, dass die Menschen achtlos mit den Dingen umgehen. Die Dinge liegen den Menschen sehr wohl am Herzen, vielleicht liegen sie ihnen sogar zu sehr am Herzen. Mit Blick auf die Ressourcen und die Umwelt ist dieses Verhalten problematisch. Die Leute wollen ihre alten Dinge ersetzen, ohne sich jedoch von ihnen zu trennen. Es werden also zusätzliche Rohstoffe benötigt, während die Nutzung vorhandener blockiert wird. Speicher und Garagen haben sich in eine zeitgenössische Version des vormodernen *vastus* verwandelt, eines brach liegenden elektronischen Ödlands, das mit Computern, Fernsehgeräten und Kameras übersät ist. Das Horten funktioniert wie ein Damm, der verhindert, dass Rohstoffe zurück in den Produktionskreislauf fließen können. Diese privaten Lagerstätten schränken die Möglichkeiten der Wiederverwertung erheblich ein. Die World Reuse, Repair and Recycling Association schätzt, dass zwei Drittel der eingesammelten Fernsehgeräte entweder instand gesetzt oder im Ausland in neuen Geräten oder Bildschirmen verbaut werden. So werden in den Vereinigten Staaten nur 17 Prozent der Fernsehgeräte, die hierfür in Frage kämen, tatsächlich für eine Wiederverwertung eingesammelt. Der größte Teil der alten Geräte wird in Privathäusern aufbewahrt. Im Jahr 2011 stellte die EPA fest, dass es 13 Jahre gedauert hatte, bis sich die amerikanischen Haushalte von der Hälfte der alten Schwarzweißgeräte und Bildschirme mit Kathodenstrahlröhre getrennt hatten – bei PCs dauerte es 10 Jahre.[101] Wenn alle

Genutzte, gelagerte und veraltete Produkte in den USA, 2009 (Anteil an den insgesamt verkauften Produkten, 1980–2009)

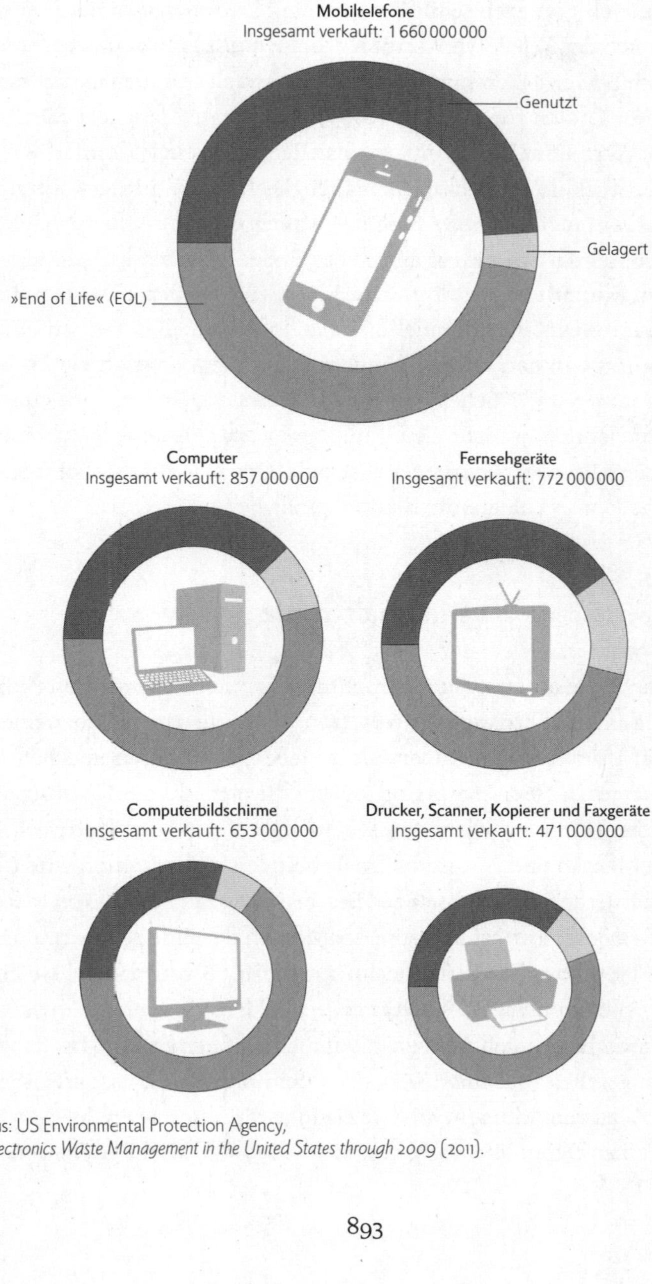

aus: US Environmental Protection Agency,
Electronics Waste Management in the United States through 2009 (2011).

derartigen Geräte in den reichen Ländern aus dem Verkehr gezogen sind, werden die Menschen in den Entwicklungsländern ebenfalls auf Flachbildschirme umgestiegen sein. Wer wird die Maschinen befreien?

Im Bereich der Wiederverwertung gebrauchter Elektronik wurden in den letzten beiden Jahrzehnten Fortschritte erzielt. Aus den aktuellsten verfügbaren Zahlen für die USA (2009) geht hervor, dass dort mittlerweile ein Viertel der Elektronik für das Recycling eingesammelt wird. Das Tortenstück ist gewachsen, aber auch die Torte ist mittlerweile größer. Zwischen 1987 und 2007 stieg der Absatz elektronischer Produkte in den Vereinigten Staaten rasant um das Siebenfache auf 426 Millionen Einheiten. Ein Drittel der alten Computer wird wiederverwertet, aber andere Geräte wie zum Beispiel Handys finden nie den Weg zu einer Recyclingfirma. In den reichen Ländern steigt die Menge an elektronischen Produkten und Küchengeräten im Abfall stetig. In Großbritannien wurden im Jahr 2006 mehr als 2 Millionen ausrangierte Kühlschränke und Gefrierschränke Teil des Abfallstroms. Der Durchschnittsfranzose wirft jedes Jahr 25 Kilogramm Elektroabfälle weg.[102]

Materialströme

In der Biochemie umfasst der Metabolismus sämtliche chemischen Reaktionen, die eine Zelle in die Lage versetzen, mit Hilfe von Enzymen Energie aus der Umwelt zu gewinnen, um zu leben, zu wachsen und sich zu reproduzieren. Die Idee, dieses Konzept auf die menschliche Gesellschaft anzuwenden, stammt von Karl Marx, der in *Das Kapital* den Stoffwechsel zwischen Mensch und Natur beschrieb. Seit den 1980er Jahren wird der »gesellschaftliche Stoffwechsel« zur Beschreibung des Stroms von Material und Ressourcen verwendet, die der Mensch der Erde abgewinnt, um sie in die Produkte, Gebäude und Infrastruktur zu verwandeln, welche die materielle Grundlage des Alltagslebens bilden. Und innerhalb dieses Stoffwechsels fallen auch Abfallstoffe und Emissionen an.[103] Bisher haben wir uns angesehen, was mit Gütern von dem Moment, da sie erworben werden, bis zu dem Moment, in dem sie in der Mülltonne, in der Garage oder auf einer Deponie landen, geschieht. Das sind wichtige Stationen der Reise der Dinge. Aber was wie eine lineare Lebensgeschichte, wie eine Reise von der Geburt bis zum Tod aussieht, ist unter ökologischen Gesichtspunkten eine Rundreise. Materie stirbt nicht und verschwindet nicht, sie wird umgewandelt und bewegt. Gleichgültig, ob sie wiederverwertet, vergraben oder verbrannt werden, die Stoffpartikel fließen in die Ökosysteme zurück, sei es als Schweinefutter oder CO_2-Emissionen. Autos, Schuhe und Spielkonsolen wachsen nicht auf Bäumen. Eisen und Kupfer mussten abgebaut und eingeschmolzen werden, es musste Weideland erschlossen werden, auf dem die Kühe grasen konnten, um Leder zu produzieren, chemische Fabriken mussten mit Energie versorgt werden, um die Bauteile für Spielzeug und Haushaltsgeräte zu erzeugen. Was wir in der Einkaufstasche nach Hause tragen, hat eine stoffliche Vergangenheit und Zukunft, und zwar eine sehr substantielle. Das World Resources Institute wies in einer bahnbrechenden Analyse im Jahr 1997 nach, dass der durchschnittliche Konsument in den reichen Industrieländern, wenn er das gesamte Material selbst beschaffen müsste, das für seinen Lebensstil notwendig ist, jede Woche zusätzliche 300 Einkaufstüten nach Hause tragen müsste. Das entspricht der Aufgabe, ein großes Auto auf dem Rücken zu tragen. Das Problem der Haushaltsabfälle wirkt unbedeutend, wenn man es in Beziehung zu den 45000 bis 85000 Kilogramm Material setzt, das jeder einzelne Einwohner der hochentwickelten Länder jährlich verbraucht.[104]

Dank der neuen Methoden der volkswirtschaftlichen Gesamtrechnung, die in den letzten 15 Jahren entwickelt wurden, können wir die Materialflüsse heute gut analysieren. Diese Analysen versetzen uns in die Lage, den gewaltigen Prozess zur Umwandlung von Materie zu verfolgen. Man kann nicht nur herausfinden, wie viel die menschlichen Gesellschaften aus den materiellen Ressourcen gemacht haben, sondern auch die Frage beantworten, wie gut sie diese Ressourcen genutzt haben. Der direkte Materialeinsatz (Direct Material Input, DMI) erfasst das gesamte Material, das für Verarbeitung und Erzeugung aufgewandt wird: die Baumstämme, die für den Küchentisch verwendet werden, das Erdöl, das in der Raffinerie verarbeitet wird, das Eisenerz, das abgebaut wird, um Autos zu bauen usw. Im Lauf des Prozesses werden jedoch große Mengen Materials abgetragen oder pulverisiert, die nie Teil des Erzeugnisses werden –

um an Eisenerz heranzukommen, muss man zunächst große Mengen anderer Stoffe entfernen. All das ist Teil des Total Material Requirement (TMR). Um das zu veranschaulichen, entwickelte Friedrich Schmidt-Bleek vom Wuppertal Institut für Klima, Umwelt und Energie das Konzept des »ökologischen Rucksacks« zur Erfassung eines Produkts.[105] Das Konzept bezieht sich weder auf das Gewicht des Produkts an sich noch auf die direkt dafür verwendeten Stoffe, sondern auf all die aufgezehrten Ressourcen, die das Produkt auf den Schultern trägt, vom Treibstoff, der für seinen Transport gebraucht wird, über das Wasser, Dünger und andere Stoffe, die die Herstellung erfordert, bis hin zu den Ressourcen, die aufgewandt werden müssen, um es zu beseitigen. Denn wir wollen auch wissen, wie verschwenderisch oder effizient Gesellschaften bei der Gewinnung von Wert aus der Materie sind, das heißt, wie hoch die »Materialintensität« oder Produktivität der Dinge ist.

Die Analyse der Materialströme ist nicht perfekt. Ströme werden in erster Linie anhand der volkswirtschaftlichen Gesamtrechnungen gemessen, die das von einem Land importierte und exportierte Material beinhalten. Aber da es sich um nationale Zahlen handelt, sind die verborgenen Ressourcen, die in aus dem Ausland eingeführten Produkten enthalten sind, darin nicht berücksichtigt. Ein in Großbritannien in einem mit britischem Erdgas betriebenen Werk gebautes Auto belastet die britische Gesamtrechnung mit sehr viel mehr Tonnen als ein aus Korea importiertes Auto, das wie durch unbefleckte Empfängnis entstanden wirkt und nur mit seinem Gewicht bei der Einfuhr erfasst wird. Die ökologische Last, die wir mit unserem Lebensstil weit entfernt lebenden Menschen in Form der mit der Produktion einhergehenden Bodenverschlechterung und Umweltverschmutzung aufbürden, verschwindet so aus unserem Blickfeld. Die nationalen Grenzen und Statistiken hindern uns daran, die Umweltkosten richtig einzuschätzen. Anders als bei einer Zelle kann man bei einer Gesellschaft nicht von *einem* Metabolismus sprechen, es finden zahlreiche Stoffwechsel statt. Durch einige Haushalte und Regionen fließt das Material in einem breiten Strom, durch andere nur tröpfchenweise. Es kommt nicht nur darauf an, wie viel Material insgesamt verwendet wird und welchen Wert es als solches hat, sondern auch darauf, wie (und wie intensiv) Dinge genutzt werden. Obendrein wird nur der gesamte Materialstrom analysiert, was nichts über die sehr unterschiedlichen Auswirkungen verschiedener Stoffe auf die Umwelt aussagt. Ein vierundzwanzigkarätiger Diamant hat sehr viel größeren Schaden angerichtet als ein Holzpellet. Auch das Wasser wird in den Materialflussanalysen im Allgemeinen nicht berücksichtigt. Das ist verständlich, denn Wasser wiegt viel und würde das Bild verzerren, aber es bedeutet, dass die großen Mengen an Wasser, die benötigt werden, um Lebensmittel und andere Produkte zu erzeugen (das sogenannte »virtuelle« Wasser), aus dem Blickfeld verschwinden.[106]

Ein letztes Problem ist, dass die Materialströme in Relation zum Wert sämtlicher Produkte gemessen werden, die in einem Land erzeugt werden (Bruttoinlandsprodukt). Selbstverständlich lohnt es sich, zu wissen, ob eine Volkswirtschaft zwei Kohlebriketts braucht, um ein Produkt im Wert von 9,99 Dollar zu produzieren, oder ob sie einen Weg gefunden hat, das mit nur einem Brikett zu bewerkstelligen. Es hat jedoch auch einen Nachteil, die materielle Produktivität in Geldwerten auszudrücken: Diese Methode verschleiert die unterschiedlichen Umweltwirkungen hochwertiger und minderwertiger Versionen desselben Produkts. Eine Person, die in einer Designerboutique ein T-Shirt für 100 Dollar kauft, verlässt den Laden mit einem leichteren ökologischen Rucksack als jemand, der für denselben Preis zwanzig T-Shirts bei einem Discounter kauft. Eine Studie schweizerischer Haushalte hat gezeigt, dass wohlhabendere Familien nicht nur mehr, sondern auch besser konsumieren, da sie höherwertige Güter mit einer relativ geringen Umweltwirkung bevorzugen – obwohl sie insgesamt natürlich mehr Dinge besitzen als ihre ärmeren Nachbarn.[107] Aber so unscharf und begrenzt das von der Materialflussanalyse gezeichnete Bild auch ist, es erlaubt doch eine allgemeine Vorstellung davon, wie viel Material benötigt wird, um unseren Lebensstil zu ermöglichen.

Seit die Menschen vor 12 000 Jahren in Südchina und dem Nahen Osten sesshaft wurden und begannen, Land zu roden und Ressourcen zu gewinnen, greifen sie in ihre Umwelt ein. Die Chinesen bauten bereits vor 3000 Jahren Kohle ab und verwendeten sie als Brennstoff. Die Methankonzentration in der Atmosphäre begann vor 5000 Jahren zu steigen, und im Industriezeitalter beschleunigte sich dieser Prozess. Das zerstörerische

Gas wurde zunächst vor allem durch die Einführung von Bewässerungssystemen und den Reisanbau freigesetzt. Die Waldrodung setzte Kohlenstoff frei. Die anthropogene Beeinflussung des Klimas hat also eine lange Geschichte. Was sich in moderner Zeit – das heißt etwa ab dem Jahr 1800 – geändert hat, sind Geschwindigkeit und Intensität der menschlichen Eingriffe. Zwischen 1000 und 1700 stieg der Anteil der Erdoberfläche, der in Ackerflächen umgewandelt wurde, von 1 auf 2 Prozent. Von da an erhöhte er sich bis zum Jahr 2000 auf 11 Prozent. Im selben Zeitraum wuchs die Weidefläche von 2 auf 24 Prozent der Erdoberfläche. Kohle und Industrie übersäten die Landschaft mit Schornsteinen. Der Mensch begann, größeren Einfluss auf das Klima zu nehmen als die Natur selbst. Das Ergebnis war die Beschleunigung der Erderwärmung in den letzten 150 Jahren.[108]

Eine Gruppe österreichischer Sozialökologen hat einen Weg gefunden, um die globalen Materialströme in den letzten hundert Jahren zu verfolgen.[109] Zwischen 1900 und 2009 stieg die Gesamtmenge des aus der Erde geholten Materials um das Zehnfache. Das Bevölkerungswachstum trug dazu bei – in China war es bis in die 1980er Jahre der wichtigste Faktor –, aber entscheidend war der beschleunigte Stoffwechsel der Industriegesellschaften. Anfang des 21. Jahrhunderts setzte ein Mensch doppelt so viel Materie um wie noch im Jahr 1900. Mit Blick auf die Umweltwirkungen noch schlimmer war, dass sich die wirtschaftliche Entwicklung und der steigende Lebensstandard auf die Art der gewonnenen Stoffe auswirkten. Erneuerbare Biomasse (Nutzpflanzen, Holz) und Energie, die tatsächlich *verbraucht* werden und teilweise in den Boden zurückkehren (Durchsatzstoffe), wurden zusehends durch Stoffe ersetzt, die in der Umwelt verbleiben, darunter Zement und Metalle (Akkumulationsstoffe). Bei der Herstellung von Zement werden große Mengen an CO_2 freigesetzt – der Anteil der Zementproduktion an den gesamten CO_2-Emissionen stieg von 8 Prozent im Jahr 1980 auf verblüffende 16 Prozent im Jahr 2005.[110] Dies ist ein klarer Beleg für die stoffliche Belastung durch das Streben der Menschheit nach einem besseren Leben, die ihren Ausdruck in Wohnblocks, der Migration in die Städte und der Zunahme der Einpersonenhaushalte findet, die in den optimistischeren Darstellungen der Verschwendung in diesen Jahren selten berücksichtigt werden.

Globale Entwicklung von Materialverbrauch, Materialintensität, Bevölkerung und BIP, 1900–2009; indexiert (1900 = 1)

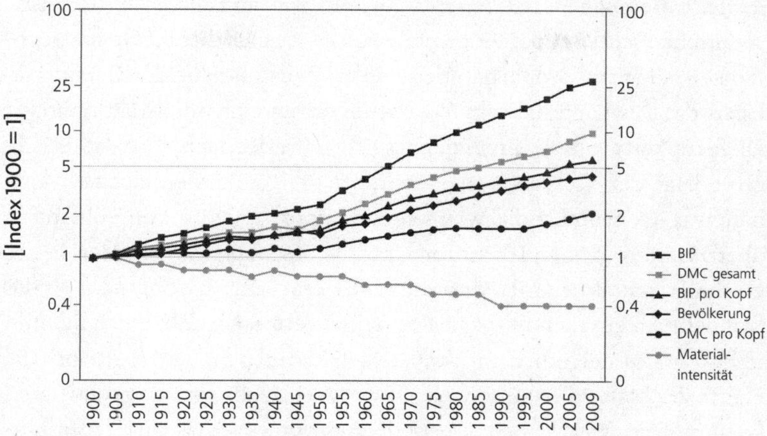

aus: Krausmann et al., »Growth in Global Materials Use, GDP and Population during the Twentieth Century«, in: *Ecological Economics* (2009).

Aus Sicht eines Händlers oder Ingenieurs schrieb das 20. Jahrhundert eine beeindruckende Erfolgsgeschichte. Wir sind Zeugen eines beispiellosen Anstiegs der Effizienz geworden. Im Jahr 2005 wurden nur noch ein Drittel des Materials und die Hälfte der Energie benötigt, um Dinge im selben Wert wie hundert Jahre früher zu erzeugen. Dennoch ist die materielle Belastung der Natur gestiegen. Das globale BIP ist schneller gewachsen als der Materialverbrauch, aber die Welt muss angesichts der wachsenden Masse trotzdem den Gürtel lockern. Die menschlichen Gesellschaften verschwenden heute zwar weniger Ressourcen, aber sie verschlingen dennoch wachsende Mengen. Der Stoffwechsel der Menschheit beschleunigt sich schneller als das Produktivitätswachstum.

Es hat nur drei kurze Phasen der Dematerialisierung gegeben: die Weltwirtschaftskrise zwischen 1929 und 1932; das Ende des Zweiten Weltkriegs; und den Zusammenbruch der Sowjetunion in den Jahren 1991/92. Keinen dieser Vorgänge möchten wir wiederholen. Selbst im Anschluss an die Ölkrise der 1970er Jahre gelang es der Welt nicht, ihren Stoffwechsel zu drosseln.

Dies ist das globale Bild. Wie wirkt sich die Veränderung der relativen Position der einzelnen Länder aus? Die Verfolgung der Materialströme in den nationalen Statistiken ist schwierig, wie der Fall Großbritanniens veranschaulicht. Betrachtet man die volkswirtschaftlichen Gesamtrechnungen, so wirkt Großbritannien wie ein Musterknabe der Dematerialisierung. Das Land hat sein Wachstum erfolgreich vom Materialinput »abgekoppelt«, um einen Modebegriff zu verwenden. Die materielle Grundlage der Volkswirtschaft wird im TMR gemessen, der alles enthält, was in einem Land gewonnen und importiert wird, von Rohstoffen über Halbfertigwaren bis zu Fertigerzeugnissen. Großbritannien hat es geschafft, sein Bruttoinlandsprodukt seit dem Jahr 1970 auf mehr als das Doppelte zu erhöhen und den Ressourcenverbrauch dabei lediglich um 18 Prozent zu steigern. Zum Vergleich: Österreich braucht heute nur die Hälfte des Materials, um so viele Güter wie im Jahr 1960 zu produzieren (gemessen am Wert).[111] Seit 2001 ist der Ressourcenverbrauch Großbritanniens um 4 Prozent gesunken. Dazu hat neben der Rezession seit 2008 (Rezessionen verlangsamen den Stoffwechsel) vor allem der Rückgang des Bergbaus und des Wohnungsbaus beigetragen.[112] Da weniger neue Häuser gebaut wurden, wurde weniger Sand und Zement verbraucht, auch wenn Küchen und Keller ausgebaut wurden. Es gibt zudem Hinweise darauf, dass die Briten heute weniger essen als noch vor einem Jahrzehnt, wenn ihre Ernährung auch nicht unbedingt gesünder geworden ist.

Wir müssen uns jedoch vor der voreiligen Schlussfolgerung hüten, es sei Großbritannien gelungen, seinen Druck auf den Planeten zu verringern.[113] Der jüngste Rückgang des Ressourcenverbrauchs ist ermutigend, aber in historischer Perspektive ist er wenig mehr als eine kleine Delle. Die Materialintensität hat den großen Zuwachs des Materialverbrauchs Großbritanniens zwischen 1970 und 2000 nicht aufgehalten. Besonders besorgniserregend ist, dass die Dematerialisierung möglicherweise nur eine statistische Illusion ist. Einer der Hauptgründe für den Anstieg der Ressourcenproduktivität ist, dass sich innerhalb Großbritanniens das Schwergewicht von der Industrie zu den Dienstleistungen verschoben hat. Um mit Beratungsdiensten oder anderen Serviceleistungen einen bestimmten Ertrag zu erzielen, braucht man weniger Material, als wenn man diesen mit der Gewinnung von Kohle oder mit der Erzeugung von

Stahl für eine Autokarosserie zu erwirtschaften versucht. Aber natürlich haben die Briten nicht aufgehört, Dinge zu kaufen. Sie importieren einfach mehr Güter und Ressourcen. Die Zahlen zu den Materialströmen beinhalten das Gewicht von importiertem Stahl, von Autos und Tomatenkonserven, aber sie sagen nichts darüber, welche Mengen an Rohstoffen und fossilen Brennstoffen benötigt wurden, um diese Güter zu erzeugen und bereitzustellen. Importiertes Benzin wird gezählt, nicht jedoch das von ausländischen Fluglinien verbrauchte Kerosin. Die Umwelt wird nicht entlastet, wenn weniger Briten zum Urlaub nach Blackpool fahren und mehr nach Marbella fliegen. Das Bild wäre sehr viel düsterer, wenn diese eingebetteten Materialflüsse berücksichtigt würden. Großbritannien hat den durch seinen Hunger auf Material verursachten Schaden lediglich ausgelagert: Nach einer Schätzung enthalten die importierten Fertigwaren rund 13 Prozent der Kohlenstoffemissionen.[114] Auf den britischen Inseln sind die Treibhausgasemissionen in den vergangenen zwei Jahrzehnten um 1 Prozent pro Jahr gesunken, aber die britischen Konsumenten haben diesen Rückgang mit ihrem wachsenden Appetit auf importierte Güter mehr als wettgemacht.[115] Es überrascht daher nicht, dass sich die reichen Länder sträuben, von der territorialen Berechnung der Emissionen auf eine verbrauchsgestützte umzusteigen. Die einzige Weltregion, die eine tatsächliche Dematerialisierung für sich in Anspruch nehmen kann, ist Zentralasien, dessen Wirtschaft nach dem Zerfall der Sowjetunion in sich zusammenstürzte.

In den 1970er Jahren erweiterten die Vorkämpfer der Umweltgerechtigkeit in den Vereinigten Staaten das politische Vokabular um den Begriff »Nimby«, mit dem sie die Aufmerksamkeit darauf lenkten, dass sich die weißen Mittelschichtviertel den Schlachtruf »Not in my backyard!« (Nicht in meinem Hinterhof!) auf ihre Fahnen geschrieben hatten und ihre Abfälle und Umweltverschmutzung auf die armen und schwarzen Gemeinden abwälzten. Materialflussanalysen zeigen, dass im globalen Maßstab eine noch dramatischere Version dieses Sankt-Florians-Prinzips angewandt wird. In den 1950er Jahren lebten Europa und die Vereinigten Staaten im Großen und Ganzen noch hauptsächlich von ihren eigenen Ressourcen. Im letzten halben Jahrhundert, vor allem seit 1970, sind sie dazu übergegangen, die Last der Ressourcengewinnung auf andere Regionen abzuwälzen. In einer Studie der globalen physischen Handelsbilanzen hat sich herausgestellt, dass die entwickelten Länder zwischen 1962 und 2006 185 Milliarden Tonnen Material in die Entwicklungs- und Schwellenländer abgeschoben haben.[116] Der ökologische Rucksack, den die Handelsgüter mit sich schleppten, ist rascher angeschwollen als das Volumen dieser Güter. Anders als innerhalb der einzelnen Länder herrscht auf globaler Ebene nicht nur ein Ungleichgewicht zwischen Reich und Arm, sondern auch zwischen Nord und Süd. Die größte Umweltlast tragen heute Australien und Lateinamerika. Von dort kommen Kupfer, Eisen, Fleisch, Wolle und vieles mehr. Das physische Handelsdefizit Australiens stieg zwischen 1970 und 2005 fast auf das Achtfache. Seit 1980 haben sogar die Vereinigten Staaten, die sehr reich an Ressourcen sind, ihre Umweltbelastung ausgelagert. Bezeichnend ist, dass nicht nur Japan, Deutschland und Großbritannien, sondern auch Pakistan, Vietnam und China ihren ökologischen Rucksack dem Ausland aufgebürdet haben, und selbstverständlich lagern auch kleine Inseln und Touristenziele wie die Bahamas und die Seychellen ihre Umweltlast aus. Im letzten halben Jahrhundert hat sich die Weltgemeinschaft in eine organisierte Bergexpedition verwandelt, bei der einige wohlgenährte Touristen ohne Gepäck zum Gipfel vorauseilen, gefolgt von einer großen Gruppe von Sherpas, die den Proviant und die Ausrüstung der Expedition schleppen.

Letzten Endes wollen wir natürlich wissen, was das Material tut und woher es kommt. Das Universum der Konsumgüter existiert nicht in einem Vakuum. Es braucht eine unterstützende Infrastruktur. Ein Auto ist ohne Straße nutzlos. Einen Kühlschrank, ein Bad mit Warmwasser und ein Fernsehgerät können wir nur nutzen, wenn wir vier Wände und ein Dach über dem Kopf haben und unser Haus ans Strom- und Gasnetz angeschlossen ist. Zusätzlich zu der in den Gütern enthaltenen »grauen Energie« müssen wir daher auch jene Energie erfassen, die benötigt wird, um diese Güter zu nutzen. Mit anderen Worten, wir wollen nicht nur die Bestandsgrößen, sondern auch die Flussgrößen kennen. Wir verdanken es Patrick Troy und seinen Kollegen, dass wir mittlerweile eine einigermaßen genaue Vorstellung davon haben, wie diese Flussgrößen in den 1990er Jahren für sechs Bezirke in Adelaide aussahen. Troys Team machte anhand der historischen Daten eine Inventur der gebauten Umwelt, die alles von der Dicke der Hausmauern über die Beschaffenheit der Böden (Holz oder Beton) bis zu Größe und Alter der Autos und Wasserleitungen enthielt. Dies war die graue Energie. Anschließend verglichen sie diesen Wert mit dem der Energie, die für den Betrieb dieser Umwelt benötigt wurde, vom Gas, mit dem das Warmwasser erhitzt wurde, über den Strom für die Haushaltsgeräte bis zum Benzin, das verbraucht wurde, um mit dem Auto von A nach B zu gelangen. Ihre Methode war natürlich nicht perfekt – sie konnten schätzen, wie viel graue Energie im Verkehrsnetz steckte, aber bei den Gas- und Stromnetzen war das abgesehen von der Energie, die durch die Leitungen floss, unmöglich. Auch Nichtwohngebäude entzogen sich ihrer Analyse. Dennoch liefern uns ihre Erkenntnisse eine Faustregel zur Ermittlung des Verhältnisses zwischen jener Energie, die in den Dingen steckt, und jener, die benötigt wird, um sie zu nutzen. In allen sechs Bezirken war der Verbrauch an Betriebsenergie drei- bis viermal so hoch wie der auf das Jahr umgerechnete Verbrauch an grauer Energie, die in den Dingen steckte. Mit anderen Worten: In den 1990er Jahren brauchten die Haushalte für das Heizen ihres Wohnraums, das Erhitzen ihres Wassers und den Betrieb ihrer Autos mindestens dreimal so viel Energie, wie nötig gewesen war, um die Rohre, Heizkörper und Autos zu erzeugen. Fast die Hälfte der gesamten Betriebsenergie wurde für den Transport aufgewandt.

Die Dinge werfen auch nach dem Ende ihres Lebens einen großen Schatten. In diesem Buch haben wir das Auf und Ab des Recyclings verfolgt. Mittlerweile verweisen viele Städte voll Stolz auf ihre Null-Abfall-Programme und ihre ehrgeizigen Ziele für eine Ausweitung der Wiederverwertung und eine Abkehr von der Deponierung. Aber ein wirklicher Null-Abfall-Status wäre gleichbedeutend mit Null-Ressourcenschwund. Zwei nachhaltige Designer haben einen Null-Abfall-Index vorgeschlagen, mit dem sie messen wollen, wie gut Städte in der Abfallwirtschaft abschneiden. Das Ergebnis ihrer vergleichenden Analyse von drei selbsternannten Null-Abfall-Städten – Adelaide, San Francisco und Stockholm – ist ernüchternd. Adelaide hat Einkaufstüten verboten und verwertet die Hälfte der Siedlungsabfälle wieder. Dennoch erreicht die australische Stadt lediglich einen Null-Abfall-Index von 0,23 – das bedeutet, dass sie aus allem, was weggeworfen wird, nur 23 Prozent der Ressourcen wiedergewinnt. Stockholm kommt lediglich auf einen Wert von 0,17 – von den 480 Kilogramm Abfall, die jeder Einwohner der Stadt jährlich produziert, können nur 79 Kilogramm genutzt werden, um Rohstoffe zu ersetzen. Nur San Francisco schafft es, die Hälfte seiner Abfälle wiederzuverwerten. Da viele Produkte große Mengen an grauer Energie enthalten, kann die Wiederverwertung sehr viel bewirken: San Francisco ersetzt fast einen doppelt so hohen Anteil der im wiederverwerteten Material eingebetteten Energie wie Adelaide und Stockholm. Indem San Francisco die Deponierung zusätzlicher Abfälle vermeidet, spart es auch doppelt so viele Treibhausgasemissionen ein wie die beiden anderen Städte.[117]

Diese Ergebnisse bedeuten nicht, dass wir die Fortschritte bei Energieeffizienz und Abfallverwertung im vergangenen halben Jahrhundert geringschätzen sollten. Tatsächlich sind die Erfolge beeindruckend. Obwohl es auch früher schon Kampagnen für eine effizientere Ressourcennutzung gab, war die reiche Welt extrem verschwenderisch, als im Jahr 1973 die erste Ölkrise zuschlug. Art Rosenfeld, der sich als junger Forscher an der Seite des Nobelpreisträgers Enrico Fermi seine Sporen in der Teilchenphysik verdient hatte, bevor er zum Vorreiter der Energieeffizienz in Kalifornien reifte, erinnerte sich daran, wie er im November 1973 entschied, die Lichter in den 20 Büros des Berkeley Radiation Laboratory auszuschalten – und feststellen musste, dass die Lichtschalter hinter Aktenschränken, Bücherregalen und Postern versteckt waren: Die Lampen brannten rund um die Uhr! Im öffentlichen und privaten Raum war Verschwendung allgegenwärtig. Im Jahr darauf förderte eine Studie zutage, dass die Amerikaner außerhalb ihrer Häuser einer zehnmal größeren Menge Kunstlicht ausgesetzt waren als zu Hause, obwohl sie am Tag arbeiteten und die dunklen Stunden daheim verbrachten.[118] Es gab zwei Möglichkeiten, den Energiehunger Kaliforniens zu stillen: Entweder man baute neue Stromkraftwerke oder man nutzte die vorhandene Energie besser. Neue Bauvorschriften, isolierte Fenster, die Wärmeverluste verhinderten, die Verwendung von Hochfrequenzvorschaltgeräten für 16-Watt-Kompaktleuchtstofflampen, die genauso viel Licht abgaben wie die alten 70-Watt-Glühlampen und länger lebten, effizientere Haushaltsgeräte und Automotoren sparten zusammen gewaltige Mengen an Energie. Eine energieeffizientere Bauweise sparte allein in Kalifornien die Jahresproduktion von zweieinhalb 1-Gigawatt-Kraftwerken. In einem einzigen Jahrzehnt (1975–1985) sank der Energieaufwand für Beheizung und Klimatisierung in Neubauten um verblüffende 50 Prozent.[119]

Das eigentliche Problem war nicht die Effizienz, sondern die Tatsache, dass diese Maßnahmen nicht ausreichten. Zwar stieg der Pro-Kopf-Energiebedarf Kaliforniens nicht länger um 6 Prozent im Jahr, wie er es seit dem Zweiten Weltkrieg getan hatte, aber er sank auch nicht. Mit den Maßnahmen zur Erhöhung der Effizienz gelang es lediglich, den Verbrauch auf dem hohen Niveau einzufrieren, das er Anfang der 1970er Jahre erreicht hatte. Im restlichen Land verbrauchten die Amerikaner im Jahr 2008 doppelt so viel Energie wie im Jahr 1968. In anderen hochentwickelten Ländern prognostizierten viele Experten in jenen Jahren, dass der Energieverbrauch der Privathaushalte sinken oder zumindest stagnieren werde.[120] Es sollte anders kommen. Beispielsweise stieg der Energieverbrauch der britischen Haushalte zwischen 1970 und 2005 um 30 Prozent (allerdings sinkt er seit damals wieder). In der alten Europäischen Union (EU 15) schoss der Stromverbrauch der Privathaushalte zwischen 1990 und 2010 um 40 Prozent in die Höhe; nur in Deutschland und Bulgarien gelang es, ihn stabil zu halten.[121] Die prognostizierte Stagnation des Energieverbrauchs wurde durch die Zunahme der Dinge in unserem Alltag vereitelt. Wie im Fall der Abfallverringerung haben sich die Privathaushalte in der Energie- und Materialnutzung als sehr viel halsstarriger und kooperationsunwilliger erwiesen als Gewerbe und Industrie. Woran liegt das?

In gewissem Sinn wurde die Antwort in diesem Buch bereits gegeben. Wir haben gesehen, wie sich der Konsum im Lauf der Zeit und abhängig vom Ort gewandelt hat und dass der Anstieg der Nachfrage nicht einfach von der wirtschaftlichen Entwicklung oder vom Statusdenken abhängt, sondern vom Wechselspiel zwischen politischen, sozialen und kulturellen Kräften beeinflusst wird. Das gilt für die Zeit seit 1970 genauso wie für die fünf vorangegangenen Jahrhunderte. Jene, die in den 1970er Jahren voraussagten, der Konsum der Haushalte in den fortschrittlichen, reichen Ländern werde stagnieren, sobald jedermann ein Fernsehgerät und einen Kühlschrank und die meisten Haushalte ein Auto besäßen, waren im Irrtum. Ihr Fehler war, dass sie eine grundlegende Dynamik der Konsumgesellschaften außer Acht ließen: Ansprüche, Normen, Technologien und Gewohnheiten ändern sich.

Zum einen beschwört der Effizienzzuwachs ein Dilemma herauf. Er erspart den Konsumenten Geld, mit dem sie weitere Dinge oder einen größeren Komfort bezahlen können. Effizienz und Konsum gehen Hand in Hand. Tatsächlich überlistet und überholt der Konsum oft die Effizienz – dies wird als Rebound-Effekt bezeichnet.[122] Die Kühlschränke werden effizienter, aber auch sehr viel größer. Die Appelle an die Konsumenten, ihre Abfallmenge zu verringern, tragen oft unabsichtlich zu diesem Effekt bei. Eine staatliche Kampagne forderte im Jahr 2011 die Franzosen auf, ihre Lampen nicht unnötig brennen zu lassen und den Heizungsthermostat auf 19 Grad einzustellen. Geworben wurde mit dem Slogan: Spare bei der Heizung, und dir bleibt mehr Geld für den Urlaub.[123] Die Motoren werden sparsamer, was den Herstellern die Möglichkeit gibt, den Autofahrern PS-stärkere Autos anzubieten. In den amerikanischen Privathäusern ist der Energieverbrauch pro Quadratmeter gesunken, aber zugleich sind die Häuser größer geworden. Der gesamte Energieverbrauch amerikanischer Haushalte ist seit 1978 konstant. Was mit Isolierfenstern und einer effizienteren Heizung eingespart wurde, floss in Klimaanlagen und eine größere Zahl von Haushaltsgeräten.[124] Vor einer Generation wurden Büros in Städten wie Wien gekühlt, indem man die Fenster öffnete. Heute ist die Hälfte mit Klimaanlagen ausgestattet, da die neuen Designs zur optimalen Nutzung der Bürofläche die Möglichkeit des Durchzugs beseitigt haben. In Schweden, das zu den Vorreitern der Energieeffizienz zählt, sind die Effizienzgewinne durch eine Zunahme der Wohngebäude um 40 Prozent zunichtegemacht worden.[125]

Die Verkleinerung der Familien und die Zunahme der Einpersonenhaushalte haben zu dieser Entwicklung beigetragen. Das bedeutet nicht, dass Alleinstehende automatisch verschwenderischer sind. In dieser Gruppe findet man neben ausgabefreudigen jungen Leuten auch sparsame Senioren. In einer Studie aus dem Jahr 1972 zeigte sich, dass die Abfallmenge von Haushalten sowohl relativ als auch absolut größer wurde, je mehr Mitglieder sie hatten. Eine Mutter, die vier oder fünf Kinder versorgen musste, so die Interpretation, kaufte mehr Güter und weniger Dienstleistungen.[126] Wenn man die gesamte Materialnutzung betrachtet, sind solche Erkenntnisse jedoch die Ausnahme von der Regel. Personen, die allein leben, brauchen eine verhältnismäßig größere Menge an eingebettetem Material und Betriebsenergie, so wie für einen 250-Milliliter-Milchkarton eine verhältnismäßig größere Menge Material benötigt wird als für einen 1-Liter-Karton. Weiter verschärft wird das Problem durch den individuellen Besitz von Haushaltsgeräten. Im Jahr 2009 besaß jeder amerikanische Einpersonenhaushalt ein Fernsehgerät – ein Drittel hatte zwei und 13 Prozent sogar drei Geräte. Zwei Drittel hatten ihre eigene Waschmaschine und einen Wäschetrockner. In jedem zweiten Singlehaushalt gab es eine Spülmaschine.[127] Viele hatten einen großen Kühlschrank mit einem Fassungsvermögen von mehr als einem halben Kubikmeter: Warum sollte der Kühlschrank klein sein, nur weil der Haushalt klein ist? Freecycle und virtuelles Teilen sind schön und gut, aber sie haben wenig Sinn, solange Alleinstehende nach dem Motto »Jedem seine eigene Maschine« leben.

Innerhalb der Häuser gehen steigende Ansprüche an Komfort und energieaufwendigere Gewohnheiten Hand in Hand. Die Zentralheizung, im Europa der 1950er Jahre noch eine Seltenheit, hat nicht nur Räume gewärmt, die früher kalt blieben, sondern auch dazu beigetragen, die als normal empfundene Temperatur um mehrere Grade zu erhöhen: In Großbritannien stieg sie ab 1990 in wenig mehr als einem Jahrzehnt von 16 auf 19 Grad Celsius. Intelligente Durchlauferhitzer, der Kult um Fitness und Geschäftigkeit und ein athletisches Schönheitsideal führen dazu, dass sich die meisten Menschen in der reichen Welt nicht mehr über dem Waschbecken waschen oder einmal in der Woche baden, sondern mindestens einmal am Tag warm duschen. Nie zuvor sind die Menschen und ihre Kleidung sauberer gewesen. In Großbritannien stieg die Wäschemenge im Lauf des 20. Jahrhunderts um das Fünffache. In den USA schalten die meisten Singles ihre Waschmaschine zwei- bis fünfmal pro Woche ein, was ein Indikator dafür ist, wie häufig die Kleidung heutzutage gewechselt wird.[128] Stadtplaner, Architekten und Politiker entwerfen Häuser, Badezimmer, urbane Infrastrukturen und Freizeitanlagen, mit denen sie diese »normalen« Konventionen und Praktiken in die stoffliche Struktur unseres zukünftigen Lebens einflechten. Es ist schwierig, zum Gemeinschaftsbad zurückzukehren, wenn das öffentliche Bad erst einmal geschlossen und in Eigentumswohnungen umgewandelt worden ist.[129]

Die moderne Wohnung ist mehr denn je eine einzige große Steckdose. In Großbritannien verdoppelte sich der Stromverbrauch von Haushaltsgeräten zwischen der Ölkrise im Jahr 1973 und dem Jahr 2003. Größere Kühlschränke und größere Fernsehgeräte sind ein Teil dieser Geschichte, aber dasselbe gilt für den Siegeszug einer neuen Generation von Gadgets vom Game Boy bis zu Digitaltelefonen und -kameras, deren Batterien aufgeladen werden müssen. Im Jahr 2009 gab es in einem durchschnittlichen britischen Haushalt mehr als zehnmal so viele Elektrogeräte wie im Jahr 1990. Trotz der steigenden Energieeffizienz und der Kampagnen gegen die Stromvergeudung durch Geräte im Stand-by-Modus ist der Energieverbrauch um das Sechsfache gestiegen. In den Vereinigten Staaten wurden im Jahr 1983 5 Millionen PCs verkauft. 20 Jahre später waren es 35 Millionen. Neue technologische Entwicklungen wie der Plasmabildschirm sorgten dafür, dass die Vorgängerprodukte nie den Punkt der Marktsättigung erreichten. Im Jahr 2003 wurden in den USA fast doppelt so viele Fernsehgeräte verkauft wie im Jahr 1983.[130]

Die Entwicklung der Privathaushalte ist ein Spiegelbild des beschleunigten Materialstoffwechsels auf globaler Ebene. Das gilt nicht für alle, aber für die meisten Menschen. Neue Dinge und technische Spielereien wecken die Kauflust der Konsumenten, aber besonders beunruhigend ist, dass sich die Vermehrung auch auf ältere Produkte und konventionellere Güter auswirkt. Im Jahr 2006 kauften die Britinnen doppelt so viele Kleidungsstücke wie 10 Jahre zuvor. Mittlerweile landen nicht nur mehr Elektrogeräte, sondern auch mehr Möbel im Abfall: In den Vereinigten Staaten ist die Menge der Möbel im Siedlungsabfall zwischen 1960 und 2009 auf 9,9 Millionen Tonnen gestiegen und hat sich damit fast verdoppelt.[131] Der erleichterte Zugang zu Lagerräumen außerhalb der eigenen vier Wände hat den Druck auf den Raum im eigenen Haus nicht verringert. Ganz im Gegenteil: Mietlager und die Erweiterung von Speichern und Küchen sind Symptome desselben Problems, das nur an verschiedenen Orten auftritt. In den Vereinigten Staaten enthielt die typische große Küche im Jahr 2004 nicht weniger als 330 verschiedene und insgesamt 1019 Gegenstände, und sogar in einer kleinen Küche gab es insgesamt 655 Gegenstände. Das waren dreimal mehr als im Jahr 1948. Waffeleisen, Mixer, Grapefruitlöffel und Espressotassen konkurrieren um Platz. Hängeschränke und Schubladen werden immer größer. In der Wohnküche, in der die Gastgeber ihr kulinarisches Können vorführen können, wird Platz für Kochbücher und Spezialausrüstung gebraucht, selbst wenn diese Hilfsmittel nur selten benutzt werden. In Großbritannien hat das Ideal der Küche als Ort der sozialen Begegnung – und nicht mehr als Arbeitsplatz – besonders einschneidende Auswirkungen gehabt, weil die britischen Wohnungen zugleich nicht größer geworden, sondern geschrumpft sind. Das ist einzigartig. Die Ankunft einer Spülmaschine oder eines schicken Espressoautomaten sorgt rasch für Raumnot, vor allem, wenn die Küche als Herzstück der Wohnung gedacht ist und Platz für einen Esstisch mit Stühlen bieten soll. Die einzige Lösung ist, die Küche zu renovieren, Wände zu versetzen oder den Keller auszubauen.[132]

Wir können uns zwei ideale Welten vorstellen, in denen Material effizient genutzt wird. In der einen herrscht eine Kultur der Sparsamkeit, in der die Menschen ihr Leben an dem Grundsatz »Verbrauche es, trage es ab, nutze es so lange wie möglich« ausrichten. Die andere ist eine dynamischere Welt, in der viele Dinge mit hoher Geschwindigkeit durch die Gesellschaft geschleust werden, ohne Abfall zu verursachen und Schäden anzurichten, weil der starke, breite Strom im Kreis fließt und so effizient ist, das Altes laufend in Neues umgewandelt wird. Gegenwärtig sind wir weit von der ersten Welt entfernt, und auch die zweite ist nicht viel näher. Im Denken der meisten Menschen und in der alltäglichen gesellschaftlichen Debatte über die Verschwendung nehmen die Mülltonne und der Recyclingcontainer einen zentralen Platz ein, und es hat oft den Anschein, als könnten wir das Problem des Abfalls lösen, indem wir die Flaschen und Kaffeepads zurückgeben und unseren Müll gewissenhaft trennen. In einer europaweiten Studie aus dem Jahr 2002 zeigte sich, dass der Müll in den fünf untersuchten Städten das Umweltproblem war, das den Konsumenten besonders am Herzen lag. Produkte aus zweiter Hand zu verwenden oder weniger Fleisch zu essen, sahen sie hingegen nicht als wichtig an.[133] Ein solches Denken ist gefährlich einseitig. Es ist eine nette Geste, Glasflaschen wiederzuverwenden und Lebensmittelabfälle von Plastikmüll zu trennen, aber die eigentliche Gefahr ist das rastlose, energiehungrige Leben, das wir daheim, auf den Straßen und in der Luft führen. Wir müssen die Haushaltsabfälle im größeren Rahmen betrachten. In einem reichen Land wie Großbritannien sind die privaten Haushalte für fast ein Drittel der gesamten CO_2-Emissionen verantwortlich. Rechnen wir die persönliche Mobilität und unsere Reisen hinzu, so steigt dieser Anteil auf 47 Prozent. Das Recycling ist wenig mehr als eine Ablenkung von den wirklich wichtigen Dingen, eine Ablenkung, die uns ein gutes Gefühl gibt.

Epilog

Was tun?

Unser Lebensstil ist durch ein hohes und weiter steigendes Konsumniveau gekennzeichnet, und zwar sowohl in reichen Gesellschaften als in zunehmendem Maß auch in Entwicklungsländern. Doch die Ressourcen sind endlich, ihr Verbrauch geht auf Kosten der Umwelt. Die meisten Leser werden sich dieses Problems bewusst sein. Heute gibt es eine Vielzahl von Vorhersagen und Modellen, Utopien und Dystopien sowie von internationalen Konferenzen, auf denen Ziele für eine nachhaltigere Welt im Jahr 2020 oder 2050 festgelegt werden. Meistens beginnt man mit der Gegenwart und richtet dann den Blick in die Zukunft. Dieses Buch öffnet hingegen eine historische Perspektive. Es schaut in die Vergangenheit, um die langfristig wirkenden Kräfte und tieferen Strömungen, die den Konsum in modernen Gesellschaften immer weiter in den Mittelpunkt gerückt haben, zu beleuchten. Diese weit zurückreichende Geschichte prägt noch immer die Art, wie wir Dinge benutzen, mit ihnen leben und über sie denken.

Die Politik und die meisten Analysen agieren heute meist ruhelos, ständig auf der Suche nach der nächsten grandiosen technologischen Lösung oder regulatorischen Messlatte. Die Geschichte ist dabei kaum mehr als ein Ausgangspunkt, den man rasch hinter sich lässt. Oder sie dient als Hintergrund, um die Gegenwart von einer nicht näher bestimmten industriellen oder vorindustriellen Epoche abzuheben, so als wäre die Vergangenheit ein Bauwerk aus massiven Blöcken. Manches davon ist verständlich. Die Umwelt ist bereits erheblich geschädigt worden, so dass man versucht ist, jetzt eine Linie zu ziehen und sich künftig auf nachhaltigere Formen des Konsums zu konzentrieren. Im Vergleich mit den harten Fakten von Natur- und Ingenieurwissenschaften, die sich der unmittelbaren Aufgabe widmen, effizientere Produkte zu entwickeln und sauberen Strom zu liefern, kann historisches Wissen leicht nebensächlich erscheinen. Deshalb gelangt es selten in die Werkzeugkiste.

Aber die Vergangenheit ist nicht nur eine kostspielige Seite im Buch der Menschheit, die wir einfach so überblättern können. Unsere materielle Geschichte ist nicht vergangen, wir tragen sie heute mit uns herum, und sie wird aller Voraussicht nach unsere Zukunft beeinflussen. Indem es die Vielfalt und Entwicklungsdynamik enthüllt, versetzt uns das historische Wissen auch in die Lage, mit frischem Blick auf das zu schauen, was uns heute als normal, natürlich und unveränderlich erscheinen mag. Denn was heute normal ist, war es in der Vergangenheit nicht, und umgekehrt würde vieles von dem, was frühere Kulturen als normal betrachteten, uns heute ganz und gar nicht normal erscheinen. Um den Aufschwung des Konsums und seine Ursachen zu verstehen, ist eine historische Perspektive unerlässlich, sie einzunehmen, ist der erste Schritt, um einschätzen zu können, welche Heilmittel für die Gegenwart vielversprechend sind und welche nicht.

In jüngster Zeit tritt die Kritik des »Konsumismus« vor allem in zwei Varianten auf. Die eine sieht die Ursache des Problems in einem gesellschaftlichen und moralischen Versagen: Die Menschen wollen ständig mehr, als sie *eigentlich* brauchen. Dabei würden sie unablässig weitergetrieben von Marken, Werbung und Unternehmen sowie von ihrem eigenen Wunsch, etwas darzustellen und es Bessergestellten gleichzutun. Die zweite Variante betrachtet den »Konsumismus« als Aspekt einer umfassenderen Fixierung aufs Wirtschaftswachstum, die sich nach dem Zweiten Weltkrieg durchgesetzt hat.[1] Die reichen Gesellschaften müssten nur vom Wachstumsglauben ablassen und auf ein »Nullwachstum« umschalten, und schon wäre die scheinbar unaufhaltbare Lawine materieller Güter gestoppt. Manchmal treten auch beide Varianten zusammen auf. Aber keine von ihnen bietet ein überzeugendes historisches Narrativ.

Klagen über demonstrativen Konsum durch Reiche und andere, die in dem Versuch, es ihnen gleichzutun, über ihre Verhältnisse leben, sind so alt wie die menschliche Zivilisation. An ihnen ist nichts besonders neu oder modern. Im 1. Jahrhundert beobachtete der römische Philosoph

Seneca besorgt, wie Reiche weniger Begünstigte zu Sklaven des Genusses machten.[2] In der Mitte des 18. Jahrhunderts prangerten Rousseau und andere Denker die verderbliche Gier nach Luxus an. Seither hat sich der materielle Stoffwechsel der Welt enorm beschleunigt. Statusdenken ist eindeutig nicht die Hauptursache des beispiellosen Konsumniveaus von heute. Wenn man nur auf Einkaufsorgien, Markenaccessoires und Luxusjachten schaut, übersieht man den Wald vor lauter Bäumen. Gewiss gehört zu manchen Gütern und Freizeitaktivitäten ein bestimmtes Maß an Prahlerei. Aufs Ganze gesehen, bildet dies jedoch nur einen kleinen Teil unseres unersättlichen materiellen Verlangens. Die meisten Güter und Dienste werden aus anderen Gründen erworben und genutzt, etwa zur Ausgestaltung des Heims und zur Selbstdarstellung, im Rahmen von Aktivitäten und Vergnügungen oder für das Zusammensein mit der Familie und Freunden. Kurz, den Schwerpunkt auf den auffälligen Konsum zu legen, entstammt einem altertümlichen Moralkodex, der dem gegenwärtigen Konsumniveau und der Gefahr, die es für die Welt bedeutet, nicht gerecht wird. Selbst wenn es möglich wäre, sämtliche Luxushandtaschen, Designeruhren und andere ähnliche Dinge zu verbieten, würde es an der derzeitigen untragbaren Nutzung materieller Ressourcen kaum etwas ändern. Außerdem ist zweifelhaft, dass solche Maßnahmen unbedingt gerecht oder demokratisch wären. Wer soll entscheiden, was demonstrativ oder übermäßig und für wen es das ist? Die Luxusgesetze im frühmodernen Europa dienten patrizischen Männern hauptsächlich dazu, das materielle Leben von Frauen zu unterdrücken. In der Regel sind es betuchte Beobachter, wie Seneca, die anderen vorwerfen, sie würden materiellen Versuchungen nachgeben. Die Richter sind selten einfache Leute. Solche Äußerungen sollte man also nicht wörtlich nehmen. Sie markieren lediglich einen Pol des Konsumpendels, das unablässig zwischen dem Vorhandensein von immer mehr Gütern und der Beunruhigung über sie hin- und herschwingt.

Die Auffassung, dass der zunehmende Konsum eine Folge des nach dem Zweiten Weltkrieg angenommenen Wachstumsmodells sei, greift dagegen zu kurz. Verfechter des Nullwachstums kreisen weiterhin im Orbit von Galbraiths *Gesellschaft im Überfluss.* Das Konzept der »Überflussgesellschaft« war, wie gesehen, eine brillante These und politisch überaus wirkungsvoll. Aber sie war von Anfang an historisch fragwürdig. Heute, ein halbes Jahrhundert später, liegen ihre Schwachpunkte offen zutage. Die Jahre des Nachkriegsbooms mit ihren hohen Wachstumsraten verstärkten und intensivierten den Konsum, aber es war kein plötzlicher Aufschwung. Fast alle Kräfte, die ihn bewirkten, waren schon vorhanden, als in den westlichen Staaten in den 1950er Jahren ein anhaltendes Wachstum einsetzte: die zunehmende Bedeutung von heimischem Komfort, Mode und Neuheit; das Einkaufen aus Vergnügen; die Vorliebe für Dinge aus fernen Ländern; der steigende Wasser- und Stromverbrauch; der Kult um heimische Besitztümer und Hobbys; städtische Vergnügungen; Kredit und Schulden; und der Begriff des »materiellen Selbst«, mit dem anerkannt wird, dass Dinge ein untrennbarer Bestandteil dessen sind, was uns ausmacht.

In diesem Buch sind wir der Geschichte dieser Stränge gefolgt und haben nachvollzogen, wie sie sich miteinander verwoben haben. Den Anstieg des Konsums dem Nachkriegswachstum oder dem Neoliberalismus zuzuschreiben, ist historisch falsch und zeigt zudem politisch in die falsche Richtung. Das Verlangen nach mehr Gütern und Diensten war keine Folge der standardisierten Massenproduktion. Die Nachfrage nach modischer Baumwolle, bequemen Betten und einer Tasse exotischen Tees oder Kakaos beispielsweise entstand, bevor im späten 18. Jahrhundert die Industrielle Revolution ausgelöst wurde. Im Vergleich mit dem boomenden Westen der 1950er und 1960er Jahre war das Wachstum im frühmodernen Europa und in der späten Ming-Zeit in China niedrig, doch das bedeutete nicht, dass der materielle Hunger dieser Gesellschaften stagnierte. Handel und Kultur vergrößerten ihn, indem sie neue Geschmäcker und Gewohnheiten einführten und die Preise sinken ließen. Wie ein Nullwachstum heute solche Expansion begrenzen soll, ist im Licht dieser langen Geschichte nicht ersichtlich.

Langsames oder gar kein Wachstum hat in der Regel auch unangenehme Verteilungskonflikte zur Folge. Einschnitte in den Verbrauch materieller Ressourcen dürften wohl kaum gerecht verteilt werden, weder innerhalb der einzelnen Staaten noch weltweit. Warum sollten mächtige Eliten im reichen Westen ihren Anteil an Gütern und Diensten aufgeben? Und warum sollten Gruppen mit niedrigem Einkommen sich darüber freuen, dass ein Nullwachstum ihren Anteil an einem kleiner werdenden Kuchen vergrößern würde? Auch für Entwicklungs- und Schwellenländer wäre solch ein Paradigmenwechsel im Westen kaum attraktiv: Wie soll der Lebensstandard im globalen Süden steigen, wenn die Nachfrage des wohlhabenden Nordens nach seinen Gütern ausbleibt? Nobelpreisträger Joseph Stiglitz und andere Ökonomen haben wiederholt darauf hingewiesen, dass die steigende Ungleichheit seit den 1970er Jahren einen hohen Preis hat: Sie verhindert Wachstum.[3] Niedriges Wachstum wiederum droht die Ungleichheit zu zementieren, und zwar sowohl im Westen als auch zwischen diesem reichen Teil und dem weniger glücklichen Rest der Welt. Zudem erschwert es den Wechsel von schmutzigem zu grünem Wachstum. Länder mit stagnierendem oder langsamem Wirtschaftswachstum ähneln stehenden Fahrzeugen: Sie sind schwerer zu bewegen oder in eine andere Richtung zu lenken als fahrende.

Dieses Buch tritt also für historischen Realismus ein. Ob es uns nun gefällt oder nicht, wir müssen die beachtliche Macht und Beständigkeit, welche die Konsumkultur im vergangenen halben Jahrtausend bewiesen hat, anerkennen. Neben ihrer Dauer sind in den vorangegangenen Kapiteln aber auch mehrere ihrer Merkmale behandelt worden, die häufig ignoriert oder missverstanden werden.

Viele Beobachter sprechen von *der* Konsumgesellschaft im Singular. Diese Gewohnheit reicht ins frühe 20. Jahrhundert zurück, als der Begriff mit den Vereinigten Staaten und dem amerikanischen Lebensstil mit seinem damals unvergleichlichen Niveau des materiellen Komforts und der Konsumausgaben identifiziert wurde. In Wirklichkeit hat die Konsumgesellschaft eine Vielzahl von Gestalten angenommen und ist auf unterschiedlichen Wegen entstanden. Was diese Ausformungen unterscheidet, ist nicht der materielle Stoffwechsel als solcher, sondern die Höhe des Konsumniveaus, das sie geschaffen, finanziert und verteilt haben. In Deutschland, Japan und Finnland hob man beispielsweise das Konsumniveau mit Hilfe des Sparens (und nicht mit Hilfe des Kredits). In den Vereinigten Staaten stützt man sich dagegen weiterhin in unverhältnismäßig hohem Maß auf private Konsumausgaben. Skandinavien und Frankreich haben ein völlig anderes Modell entwickelt; dort gleicht der Staat geringere private Konsumausgaben durch Renten, Zuschüsse und andere Arten der öffentlichen Unterstützung aus.

Das Etikett der »Konsumgesellschaft« verdeckt auch erhebliche Unterschiede innerhalb der Länder. Wenn in einem Land viel mit Kreditkarten gezahlt wird, heißt es nicht unbedingt, dass seine Einwohner verschwenderisch sind und besonders viel Abfall produzieren. Steigender Konsum ist kein Virus, der den gesamten Gesellschaftskörper gleichermaßen befällt. Deutsche beispielsweise sparen und sind beim Einsatz von Kreditkarten äußerst vorsichtig, doch dies bedeutet keineswegs, dass sie nicht verschwenden und wenig Abfall produzieren; sie werfen genauso viel weg wie Amerikaner. Ähnliches trifft auf gesellschaftliche Gruppen zu. Hochgebildete akademische Eliten üben eine Vielzahl höchst aktiver, ressourcenaufwendiger Freizeitaktivitäten aus, durch die sie sich von ihren weniger privilegierten Nachbarn, die es in der Freizeit ruhiger angehen lassen, absetzen.

Als Lebensweise und Ideal hat sich der Konsum im Lauf der Zeit als bemerkenswert anpassungsfähig erwiesen. Dies war aufgrund der Fixierung auf die Vereinigten Staaten und der damit zusammenhängenden Überzeugung, der Konsum sei ein Beweis der Überlegenheit der angelsächsischen Märkte und der liberalen Demokratie, schwer zu erkennen. Der Niedergang des amerikanischen Imperiums und der Wiederaufstieg Chinas seit den 1980er Jahren haben diese scheinbar selbstverständliche Wahrheit erschüttert. Der chinesische Staatskapitalismus ist nur das jüngste Beispiel einer globalen Reihe politischer Systeme, die den Konsum gefördert haben. Die Märkte haben in der Vergangenheit sicherlich den Raum für neue Geschmäcker und Produkte ausgeweitet, aber sie handelten, wie wir gesehen haben, selten in einem politischen Vakuum. Kolonialreiche, totalitäre Staaten und soziale Bewegungen verbreiteten im Wechselspiel mit Versorgung und Nachfrage materielle Normen und Ansprüche des guten Lebens. Auf die eine oder andere Weise haben am Ende alle modernen Regime ihren Bürgern mehr Güter versprochen, einschließlich der sozialistischen und der faschistischen Staaten. Natürlich unterschied sich die Erfolgsbilanz bei der Bereitstellung der Güter. Aus welthistorischer Perspektive ist jedoch bemerkenswert, dass die Vision eines hohen und weiter steigenden Konsumniveaus sich als unumstrittenes Kulturideal etablieren konnte. Idealvorstellungen einer genügsamen Selbstversorgung hielten dem nicht stand und blieben in der Wirklichkeit kurzlebige, selbstzerstörerische Experimente wie dasjenige der Roten Khmer in Kambodscha zwischen 1975 und 1979.

Was ist der Grund für diese erstaunliche Fähigkeit des Konsums, sich anzupassen und auszubreiten? Radikale und Marxisten beschuldigten früher die Unternehmen und die Werbung, die Wünsche der Menschen zu manipulieren. Liberale verteidigten dagegen die Märkte, weil sie den Menschen gäben, was diese wollten. Keine von beiden Seiten hat eine zufriedenstellende Erklärung dafür, dass der Konsum sich im Lauf der Zeit den verschiedensten Umständen angepasst hat. Neben den Märkten (und der Werbung) müssen zwei andere Institutionen berücksichtigt werden: der Staat und Konsumentenbewegungen. In Bezug auf den Massenkonsum im 20. Jahrhundert spielten beide eine entscheidende Rolle. Konsumentenbewegungen verliehen dem Konsum politische Legitimität. Sie etablierten den Konsumenten als Staatsbürger mit Rechten und Pflichten und erweiterten so das Feld von Politik und öffentlichem Leben, insbesondere für Frauen, die im frühen 20. Jahrhundert in den meisten Ländern keine Wählerstimme besaßen. Man kann darüber streiten, wie erfolgreich die Konsumentenbewegungen waren; entscheidend ist, dass der Konsum im politischen Leben verankert wurde und es mit Fairtrade, Boykotten und anderen ethischen Initiativen bis heute geblieben ist.

Ohne die Unterstützung der öffentlichen Hand befände sich der private Konsum jedoch in einer wesentlich schwächeren Position. Deren Hilfe reichte von subventionierten Hypotheken in den Vereinigten Staaten bis zum sozialen Wohnungsbau in Europa, Kanada und Singapur. Manche Maßnahmen waren indirekter Art, wie etwa der Bau von Verkehrswegen oder die Wasser- und Stromversorgung, die ein intensiveres materielles Leben zu Hause und auf der Straße ermöglichten. Andere Hilfen waren direkter, wie Renten, Sozialtransfers und staatliche Beihilfen und Zuschüsse. Wo diese Leistungen eine »progressive« Umverteilung von Geld von den Reichen zu den Armen waren, wie es heute in Skandinavien, Großbritannien und Australien weiterhin der Fall ist, stärkten sie den Massenkonsum. Aber auch dort, wo sie es nicht sind, wie im

Fall der staatlichen Pensionen in Griechenland und Italien, vergrößerten sie die Konsumneigung, indem sie die Notwendigkeit verringerten, für schlechte Zeiten zu sparen. Heute belegen die vergleichsweise hohe Sparquote und die geringe Konsumquote in China, wo das kommunistische Regime frühere Sozialleistungen drastisch beschnitten hat, wie wichtig der Sozialstaat für den Massenkonsum im Westen nach dem Zweiten Weltkrieg war. Durch diese Erkenntnis wird auch die alte Annahme, die Ungleichheit rege zum kompetitiven Ausgeben an, in Frage gestellt. Nicht Ungleichheit, sondern größere Gleichheit hat den Massenkonsum nach dem Krieg in die Höhe schnellen lassen. Heute ist Ungleichheit in West und Ost eine Bremse des Wachstums und damit auch des Konsums. Die historische Bilanz legt den Schluss nahe, dass es keinen Grund dafür gibt, anzunehmen, größere Gleichheit würde das materielle Verlangen der Menschen nach mehr Dingen plötzlich dämpfen.

Wenn hier die Rolle von Staat, Ideologie und sozialen Bewegungen betont wird, bedeutet das nicht, dass Konsumenten passive Zuschauer seien, sondern lediglich, dass diese Institutionen den Kontext bestimmen, in dem die Verbraucher ihr Leben führen. Letzten Endes ist der Konsum so stark, weil er sich in vieler Hinsicht auf unser Leben auswirkt, vom Essen und Trinken bis zur Selbstdarstellung, von unseren Hobbys und kostbarsten Besitztümern bis zu den gesellschaftlichen Normen und Zerstreuungen. Letztlich wird die Konsumkultur durch die Art geprägt, wie die Menschen Dinge benutzen (beispielsweise das Radio in der Zwischenkriegszeit oder das Handy seit den 1990er Jahren). Kritiker heben Kauforgien und frivolen Luxus als Ablenkung vom guten Leben hervor, aber durch die Konzentration auf solche Extreme gerät aus dem Blickfeld, dass die Dinge den Menschen eine neue Identität, eine bessere Lebensqualität und sogar ein Gefühl der Befreiung verschaffen können. Der Aufstieg der Teenagerkultur ist weithin bekannt. In diesem Buch wird neben den Jungen auch die Seniorengeneration als großer Nutznießer des gestiegenen Konsums im letzten halben Jahrhundert identifiziert. Nur weil bestimmte Gegenstände und Aktivitäten von manchen als hohl betrachtet werden, ist nicht der gesamte Konsum sinnlos; ein großer Teil ist für diejenigen, die ihn genießen, höchst sinnvoll, und dies häufig aus guten Gründen. Um eine Erfolgschance zu haben, müssen

Vorschläge für eine nachhaltigere Lebensweise daher die persönliche und soziale Bedeutung, die Menschen ihren Besitztümern beimessen, berücksichtigen.

Der in diesem Buch verfochtene historische Realismus wirkt sich darauf aus, wie wir unsere gegenwärtige Situation und die Aussicht, in eine materiell leichtere und gesündere Richtung zu gehen, einschätzen. In mancher Hinsicht ist Skepsis angebracht, sogar Pessimismus, aber wie wir sehen werden, gewinnen wir mit einem besseren Verständnis der Geschichte auch einen Hoffnungsschimmer.

Nach Ansicht mancher leben wir heute schon in der Endphase der Herrschaft der Dinge. Angeblich stehen wir an der Schwelle einer »Dematerialisierung« und eines »Postkonsumismus«, der durch ein wachsendes Interesse an Erfahrungen, Gefühlen und Dienstleistungen, eine Wiederbelebung des Reparierens und die Ausbreitung des Leihens und Teilens in durch das Internet ermöglichten Netzwerken gekennzeichnet sei.[4] 2015 gab es in den reichsten Ecken der westeuropäischen und nordamerikanischen Konsumgesellschaften fast tausend Reparaturcafés. Das nicht profitorientierte Netzwerk Freecycle, das kostenlos Dinge recycelt, damit sie nicht in der Mülltonne landen, ist seit seiner Gründung im Jahr 2003 zu einer weltweiten Bewegung mit über sieben Millionen Mitgliedern angewachsen. Man stellt Reisenden ein Sofa zum Schlafen zur Verfügung (Couchsurfing), kocht aus Lebensmittelabfällen Menüs für Fremde und leiht sich Abendkleider für eine Party, anstatt sie zu kaufen. Dieser Trend verdient sicherlich Unterstützung; als Konsumenten können (und sollten) wir unsere vorhandenen Besitztümer besser nutzen und ihre Lebensdauer verlängern. Auch der Staat kann mehr tun, beispielsweise indem er Reparaturleistungen von der Mehrwertsteuer ausnimmt; in einigen Ländern hat man dies bereits getan, um Schuster und Fahrradwerkstätten zu unterstützen.[5] Die Frage ist jedoch, ob solche Initiativen Teil einer umfassenderen Entwicklung sind und sich weit genug verbreiten werden, um das Ausmaß der Herrschaft der Dinge und deren Hinterlassenschaft zu verringern.

Als Hauptbeleg für die beginnende Dematerialisierung wird die zunehmende Bedeutung von Dienstleistungen in der Weltwirtschaft angeführt. In Bezug auf die Wertschöpfung stieg der Anteil von Dienstleistungen am Welthandel zwischen 1980 und 2008 von 30 auf 40 Prozent; gleichzeitig nahm der Anteil von Gütern ab.[6] Dies spiegelt jedoch lediglich eine relative Wertverlagerung wider, keine absolute Verringerung der Gütermenge. Es ist nicht mehr geschehen, als dass die Dienstleistungen geringfügig schneller wuchsen als die Güterproduktion – die ebenfalls zugenommen hat. Dem Bruttowert nach machten Güter 2008 immer noch 80 Prozent der weltweiten Exporte aus (2000 waren es 83 Prozent). Die jüngsten Zahlen für den Warenhandel (ohne Dienstleistungen) sprechen kaum für eine Dematerialisierung: In den 15 Jahren zwischen 1998 und 2013 stieg er, trotz des Rückgangs in der Wirtschaftskrise von 2009, auf das Doppelte. Einen großen Teil davon macht der Handel mit Erdöl, Erdgas, Eisen und Kohle sowie Getreide aus. Aber auch wenn man andere Trockenladungen betrachtet, ist der materielle Handelsstrom über die Weltmeere beachtlich: Zwischen 1970 und 2013 wuchs er von 717 auf 3784 Millionen Tonnen. 2013 wurden viermal so viele Container zwischen Europa und Asien hin und her verfrachtet wie 1995.[7]

Das Bild wird nicht viel heller, wenn man sich von den Handelsströmen dem materiellen Verbrauch zuwendet. In der OECD, dem Klub der 34 reichsten Staaten, nahm dieser zwischen 1980 und 2007 um ein Drittel zu. In der Wirtschaftskrise von 2009 ging der Rohstoffhunger der Welt erwartungsgemäß zurück, aber schon 2012 übertraf er das Niveau von 2008. Gewiss hat der *heimische* Rohstoffverbrauch Europas seit 1980 abgenommen, aber dies liegt zum Teil daran, dass viele Produktionen verlagert wurden und die schweren Stoffe, wie Kohle und Roheisen, die für die Herstellung von Autos und anderen für Europäer bestimmte Produkte verwendet werden, aus ihren nationalen Statistiken verschwunden sind. Was stattfand, war möglicherweise eine Entkopplung des materiellen Verbrauchs vom Wachstum, das heißt, heute benötigt man weniger Rohstoffe, um die gleiche Wertmenge zu schaffen wie vor dreißig Jahren. In der OECD als Ganzer ist der Rohstoffhunger, absolut gesehen, jedoch nicht geringer geworden. Noch beunruhigender wird der Ausblick, wenn wir die Ressourcen, die für die Herstellung unserer materiellen Welt verwendet werden, quantifizieren – von Erdöl, Kohle und Aluminium bis zum Zement, der für den Bau nicht nur von Wohnungen, sondern auch der Geschäfte und Dienstleistungszentren unseres vermeintlich »dematerialisierten« Lebensstils benötigt wird. Den jüngsten Angaben zufolge lag der Rohstoffverbrauch in der OECD 2010 bei insgesamt 45 Gigatonnen, was einer Menge von 100 Kilogramm pro Person und Tag entspricht.[8] Das ist ein großer Brocken.

Vorerst besteht die Herausforderung nicht in der Rohstoffknappheit, sondern in der Verschmutzung, den Konflikten und den Umweltschäden, die gegenwärtig durch Abbau, Aufbereitung, Transport und Entsorgung der Rohstoffe verursacht werden. Aluminium ist beispielsweise das dritthäufigste Element in der Erdkruste (nach Sauerstoff und Silizium). Es ist vielleicht das Element unseres gegenwärtigen Konsumlebensstils schlechthin, so allgegenwärtig ist es, von Verpackungen über Kühlschränke und Getränkedosen bis zu Autoreifen, Handys und Snowboardbindungen. Aber sein Abbau ist schmutzig, bei seiner Gewinnung entstehen umweltschädlicher alkalischer Rotschlamm und Treibhausgase. Die Aluminiumproduktion ist für 1 Prozent der vom Menschen erzeugten Treibhausgase verantwortlich; die wachsende Nachfrage nach seltenen Erden (die für die Herstellung von Festplatten, Lautsprechern und Hybridautos gebraucht werden) bringt zudem die Gefahr radioaktiver Verseuchung mit sich. Seit 1960 hat sich die Aluminiumproduktion verachtfacht. Dies ist indes keine Geschichte gedankenloser Verschwendung. Die Wahrheit ist unangenehmer. Während die Industrieländer sich entwickelten und reicher wurden, sammelten sie große Bestände von Aluminium und anderen Metallen an. Schätzungsweise drei Viertel des im 20. Jahrhundert geförderten Aluminiums werden heute noch benutzt; ein Viertel davon in unseren elektrischen Geräten. Selbst in Ländern mit hohen Einkommen hat die Aluminiumproduktion jedoch nicht abgenommen, sondern sich lediglich auf einem bestimmten Niveau eingependelt. Daher sagt die OECD voraus, dass ohne eine deutlich effizientere Produktion und einen Wechsel zu erneuerbaren Energieformen »zu erwarten ist, dass die absoluten globalen Emissionen der Aluminiumproduktion weiter steigen werden«.[9]

Der materielle Stoffwechsel der Konsumgesellschaften ist nicht überall gleich. Die einen sind effizienter als andere oder besitzen mehr Rohstoffvorkommen als andere und verbrauchen sie gieriger. Durchschnittswerte sind daher mit Vorsicht zu betrachten. Was bedeuten die genannten großen Zahlen hinsichtlich der vielen Produkte und Annehmlichkeiten, die man in reichen Ländern im Alltagsleben konsumiert? Greifen wir ein Land heraus, das sich – jedenfalls bis zum Machtverlust der Sozialdemokraten im Jahr 2006 – als Umweltpionier und Vorbild in Bezug auf Sozialfürsorge und Gleichheit hervorgetan hat: Schweden. In den Augen vieler angelsächsischer Beobachter war das Land die gesunde nordische Alternative zum angloamerikanischen »Konsumismus«. Dank der Abfallvermeidungsprogramme für 2014 und 2020 weiß man genau, wie viele Güter und Produkte die Schweden konsumieren. Auf der Habenseite steht, dass es Stockholm zwischen 1996 und 2012 gelungen ist, den Verbrauch fossiler Brennstoffe um ein Viertel zu verringern. Schweden als Ganzes konnte allerdings keinen Rückgang verzeichnen. In allen anderen Bereichen blieb der Hunger nach mehr unvermindert bestehen. In den 1990er Jahren kauften die Stockholmer im Durchschnitt 6 Kilogramm Kleider im Jahr. 2007 waren es 12 und 2011 über 19 Kilogramm. Die Zahl der erworbenen Hautpflegemittel und Parfüms hat sich in den letzten zwanzig Jahren vervierfacht. Der Fleischkonsum stieg um ein Viertel. 1995 kauften die 750 000 Einwohner Stockholms rund 1000 große und 1000 kleine Haushaltsgeräte. Zwölf Jahre später waren es 2200 beziehungsweise 5000. Das Beste, was man sagen kann, ist, dass die Nachfrage nach Haushaltsgeräten seit 2007 auf demselben Stand geblieben ist. Die Zahl der erworbenen elektronischen Geräte ist weiterhin steil angestiegen und hat sich zwischen 1995 und 2014 verdreifacht.[10] Wenn es einen Trend zur Dematerialisierung geben sollte, dann hat er Schweden noch nicht erreicht.

Es ist ein Irrtum, zu glauben, Dienstleistungen und das Internet seien ätherisch. Freizeitaktivitäten und Kommunikation erfordern eine Ausstattung, Infrastruktur und Energie. In Frankreich zum Beispiel hat die Informations- und Kommunikationstechnik (IKT) einen Anteil von 15 Prozent am Stromverbrauch des Dienstleistungssektors. 2007 fuhren Franzosen 52 Milliarden Kilometer, um einzukaufen, 42 Milliarden, um ihren Hobbys nachzugehen, und 12 Milliarden, um in Restaurants und Cafés zu essen und zu trinken; das Personal des Dienstleistungssektors fügte weitere 90 Milliarden Kilometer hinzu.[11] Das sind eine Menge Asphalt, Fahrzeuge und Treibstoff für vermeintlich »leichte« Dienstleistungen.

Es sind ernste Zweifel angebracht bezüglich der Vorstellung, wir befänden uns inmitten eines Wechsels von einer harten, produktbasierten Wirtschaft zu einer Erlebnisökonomie. Ja, in den letzten beiden Jahrzehnten ist die Zahl der Menschen, die zu Musik- und Filmfestivals strömen, Wellnessurlaube machen oder sich einen Tag lang in einem Spa verwöhnen lassen, enorm gestiegen. Im Jahr 2000 wurden in den USA CDs im Wert von 13 Milliarden Dollar verkauft; bis 2008 sank diese Zahl auf 2 Milliarden, weil sich die Menschen Musik immer öfter herunterluden oder in jüngster Zeit streamten. Die Vinylschallplatte erlebte im vergangenen Jahrzehnt ein Comeback, hat aber weiterhin nur einen Anteil von 3 Prozent am amerikanischen Tonträgermarkt. Zwei Drittel der Musik wird heute in digitaler Form gekauft.[12] Ist dies nicht ein Beispiel für den Wechsel von einer Kultur, die auf dem Besitz physischer Produkte beruht, zu einer Dienstleistungskultur, in deren Mittelpunkt Erlebnisse stehen?

Nicht wirklich, denn diese Annahme setzt fälschlicherweise voraus, dass der Konsum in der Vergangenheit hart wie Stein war. Viele Facetten der expandierenden Konsumkultur, denen wir in der hier erzählten Geschichte begegnet sind, waren ganz auf die Sinne ausgerichtet: die Lustgärten im London des 18. Jahrhunderts; die Warenhäuser in Paris, Moskau und Tokio ein Jahrhundert später; der Tianqiao-Markt im Peking der 1920er Jahre mit seiner Vielzahl von Händlern und Schaustellern; die Wasserrutsche auf Coney Island; die Kinovorführungen, die Millionen von Menschen anzogen; die Tanzlokale, die ebenfalls einen wahren Ansturm erlebten – um nur einige zu nennen. In der Vergangenheit fehlte es den Menschen durchaus nicht an Erlebnissen und Vergnügungen. Kommunikation, Vergnügen und Unterhaltung bildeten vielmehr seit mehreren Jahrhunderten einen wachsenden Teil der Gefühlsökonomie.[13] Das Internet hat dem eine neue Schicht hinzugefügt, aber keinen revolutionären Einschnitt bedeutet.

Als visuelle Repräsentanten unseres ausufernden Lebensstils hatten Dinge in den letzten Jahren keine gute Presse.[14] Würden wir uns von den Besitztümern trennen, meinen manche, würden wir nicht nur den Planeten retten, sondern auch uns selbst. Wenn wir uns von den Fesseln des materiellen Besitzes befreiten, wären wir wieder zu authentischem

Erleben fähig. Dennoch, auch wenn wir uns den Umweltfolgen unserer Besitztümer stellen, dürfen wir die von den Dingen geleistete emotionale Arbeit keinesfalls vergessen; Romanciers und Philosophen, Anthropologen, Psychologen und Marketingfachleute haben darauf hingewiesen. Es wäre ein grundsätzlicher Fehler, eine scharfe Trennlinie zwischen Dingen und Gefühlen zu ziehen. Die Herrschaft der Dinge hat sich unter anderem deshalb ausgedehnt, weil Besitztümer in zunehmendem Maß wichtige Träger von Identität, Erinnerungen und Gefühlen wurden. Für Sammler sind Dinge keine tote Materie, sondern Familienangehörige und Freunde. Kleidung, Autos und viele andere Gegenstände werden nicht nur wegen ihres praktischen Nutzens geschätzt, sondern auch wegen der Gefühle, die sie bei ihren Besitzern auslösen.

Es ist nicht sicher, dass die IKT, das Internet und Tauschbörsen automatisch zu größerer Nachhaltigkeit führen. Es hängt davon ab, wie die Konsumenten diese Technologien nutzen und was sie mit der durch sie ermöglichten Geld- und Zeitersparnis machen. Das Internet, Computer und Telekommunikation tragen gegenwärtig 2 bis 2,5 Prozent zur Treibhausgasproduktion auf der Welt bei, und dieser Anteil ist aufgrund der globalen Verbreitung des Handys, des zunehmenden Energiebedarfs schnellerer Prozessoren und des Besitzes von immer mehr Geräten, die ständig eingeschaltet sind, rasant gewachsen.[15] 2008 hat die von mehreren IKT-Unternehmen finanzierte e-Sustainable Initiative vorausgesagt, 2020 würden »smarte« Technologien eine Ersparnis von mehr als dem Fünffachen ihres ökologischen Fußabdrucks bewirken. Sie würden Verkehr und Gebäude effizienter gestalten und unsere Lebensweise dematerialisieren, indem sie Dinge durch elektronische und virtuelle Alternativen ersetzen.[16] Solche Prognosen ignorieren jedoch häufig, was die Menschen mit den durch »smarte« Technologien freigesetzten Ressourcen tun. Die IKT beispielsweise hat die Heimarbeit und die Hauszustellung gefördert und dadurch die Zahl der Fahrten zur Arbeitsstelle und zum Einkaufen reduziert. Wenn die Menschen zu Hause blieben und die Zeit- und Geldersparnis genießen würden, ohne sonst irgendetwas an ihrem Leben zu ändern, wäre diese direkte Verringerung signifikant. Doch der Umweltnutzen schmilzt rasch dahin, wenn die Ersparnisse für weitere elektronische Geräte, eine neue Garderobe oder eine zusätzliche

Urlaubsreise genutzt werden. Bisher sind innovative »smarte« Technologien ein zweifelhafter Segen gewesen, da die Entwicklung neuer Software und neuer Apps für Handys, Computer und in zunehmendem Maß auch für Waschmaschinen und andere Haushaltsgeräte den Produktkreislauf beschleunigt, indem sie Geräte, die in einem weniger »smarten« Umfeld perfekt funktionierten, immer schneller veralten lässt.

Im 20. Jahrhundert wurden bei der Nutzung von Rohstoffen und Energie enorme Effizienzgewinne erzielt. Kühlschränke verbrauchen heute wesentlich weniger Strom als noch vor einer Generation. Heizkörper sind effizienter, Flaschen leichter und so weiter. Aber das bedeutet nicht, dass die Haushalte weniger konsumieren. Stattdessen sind die Kühlschränke größer geworden, die Temperaturen dank Zentralheizung im ganzen Haus gestiegen, Einwegflaschen sind an die Stelle von wiederverwendbaren getreten. Hinzu kommt, dass zusätzliche Kaufkraft und Freizeit für eine wachsende Zahl neuer Güter und Dienstleistungen verwendet werden, von denen man zuvor nicht einmal geträumt hat. Tatsächlich hat sich der Materialverbrauch in den reichen OECD-Ländern seit 1980 vom Wirtschaftswachstum entkoppelt, ist aber weder in absoluten Zahlen zurückgegangen noch ökologisch verträglicher geworden.

Warum die neueste Technologie – IKT und Internet – mit diesem historischen Muster brechen sollte, ist nicht klar. Die Zahl von Geschäftsflügen und Konferenzreisen ist, trotz Skype und Videokonferenzen, größer als jemals zuvor. Die Crux ist, dass neue Technologien nicht automatisch eingespielte Nutzungsmuster ersetzen. Häufig komplementieren oder ergänzen sie diese nur. Neben dem virtuellen Konsum haben Telekommunikation und Internet den physischen Konsum gestärkt, indem sie das Wissen um Dinge und Orte in aller Welt vergrößert und ihren Kauf und Besuch leichter gemacht haben.

Damit das Internet der Dinge die Herrschaft der Dinge übernimmt, müsste es die vorhandene Nutzungskultur durch eine radikal neue ersetzen. Dies ist die Hoffnung, die viele mit der Tausch- und Leihwirtschaft verknüpfen. Aus ihrer Sicht wird das Internet nicht nur größere Effizienz bewirken, sondern die Menschen auch vom Besitz entwöhnen und zu einem durchs Teilen geprägten Lebensstil animieren, der durch Zusammenarbeit, lange Produktzyklen, Instandhaltung und Wiederverwendung sowie einen kleinen Kohlenstofffußabdruck gekennzeichnet ist. Bislang ist die Ökonomie des Teilens auf bestimmte Sektoren beschränkt, insbesondere auf Autos und Wohnungen, während das Leihen hauptsächlich zwischen Firmen üblich ist.[17] Man muss die Proportionen im Auge behalten. 2014 standen 92000 Fahrzeuge zum Car-Sharing zur Verfügung – weltweit. Im selben Jahr wurden allein in Großbritannien 2,5 Millionen neue Autos registriert, die viertgrößte Zahl in der Geschichte. In den Vereinigten Staaten beteiligen sich eine Million Fahrer am Car-Sharing, weshalb Schätzungen zufolge eine halbe Million neuer Privatautos weniger verkauft wurden. Das ist, was die Zahl der Autos anbelangt, eine beachtliche Leistung. Aber daraus folgt nicht, dass die Mitglieder von Car-Sharing-Organisationen auch alles andere teilen, von persönlichem Besitz genug haben und von der materiellen Rolltreppe gesprungen sind. Die Menschen mögen Autos oder Bohrmaschinen teilen, aber im Westen wie im Osten wollen fast alle eine eigene Wohnung mit den dazugehörigen Annehmlichkeiten und Geräten haben, und das Eigene ist wörtlich gemeint: Sie wollen allein leben, und nicht mit Familie oder Freunden.[18] Wie viele Wohngemeinschaften sind im Umfeld von Car-Sharing-Organisationen entstanden? Die Ersparnisse durch das Teilen fließen zum übergroßen Teil in eine Gesellschaft zurück, in deren Mittelpunkt privater Besitz und privates Vergnügen stehen. 2014 erklärte eine Car-Sharing-Nutzerin dem *Wall Street Journal*, sie verwende das gesparte Geld für Skiurlaube in Utah und Reisen auf die Bermudas oder nach Europa.[19]

Wiederverwendung, Recycling, dauerhaftes Produktdesign und ein größerer Wirkungsgrad: Dies alles muss gefördert werden. Aber dies allein bewirkt nicht, dass der Hunger nach mehr geringer wird. Es sorgt lediglich für einen effektiveren Ressourcenkreislauf. Auch sollte man die Verbrauchsseite nicht außer Acht lassen. Eine Veränderung des Lebensstils kann die Nachfrage nach Produkten und Ressourcen senken. Die Geschichtsschreibung kann zwar keine detaillierte Liste politischer Maßnahmen zutage fördern, aber eine Perspektive auf die Veränderung im Lauf der Zeit eröffnen, die uns zu einem neuen Nachdenken über gegenwärtige Probleme anregt. Bisher haben wir die langen, tiefen Wurzeln eines immer ressourcenintensiver werdenden Konsumlebensstils hervorgehoben, die schnelle Lösungen verhindern. Aber indem die Geschichte uns die Aufwärtsbewegung vor Augen führt, zeigt sie uns auch, welche Art von Eingriffen den Lebensstil in eine nachhaltigere Richtung lenken könnte.

Heute ist die Diskussion über eine Veränderung durch Begriffe wie Auswahlmöglichkeiten, Markt und Konsumentensouveränität bestimmt. Verhaltensökonomen haben den Begriff der »Entscheidungsarchitektur« hinzugefügt, um auszudrücken, dass Konsumenten ihre Entscheidungen nicht im Vakuum treffen, sondern sowohl von den verfügbaren Informationen als auch von der eigenen Trägheit und Zögerlichkeit oder unbegründetem Optimismus beeinflusst sind.[20] Diese Ökonomen ermuntern zu einem libertären Paternalismus, der die Menschen mit einem Bündel von Maßnahmen auf sanfte Weise zu nachhaltigerem Verhalten drängt, indem er die »Entscheidungsarchitektur« durch bessere Informationen, Standardregeln und Meinungen von anerkannten Gruppen verbessert, die Entscheidungsfreiheit aber unangetastet lässt. Dies ist ein Schritt in die richtige Richtung, der aus historischer Sicht jedoch nicht weit genug geht. Der Aufstieg des Konsums hat die Wahlmöglichkeiten vergrößert, aber auch neue Gewohnheiten und Konventionen hervorgebracht, die nicht auf individuelle Vorlieben zurückgingen, sondern das Ergebnis sozialer und politischer Entwicklungen waren. Heimischer Komfort, Fernreisen, Ess- und Trinkgewohnheiten, Geschäftsöffnungszeiten, die Bedeutung von Sauberkeit, Fitness und Modebewusstsein: Diese und viele andere Aspekte unseres Lebensstils sind historische Produkte von gesellschaftlichen Normen, Erwartungen und Arrangements.

Sicherlich müssen die Konsumenten, wie übrigens auch die Unternehmen, ihren Teil zur Veränderung beitragen, aber wenn man sich ausschließlich auf Wahlmöglichkeiten und Markt konzentriert, verliert man die aktive Rolle von Staaten, Städten und sozialen Bewegungen bei der Schaffung der materiellen Infrastruktur und der Verbreitung des Ideals eines höheren Lebensstandards für alle aus dem Blick. Das soll nicht heißen, dass die Ära der Slums, der Armut und Krankheiten besser war und wir zu ihr zurückkehren sollten. Aber uns sollte bewusst sein, dass die Anhebung des Wohn- und Hygienestandards, die Schaffung von Straßen-, Wasser- und Stromnetzen sowie der Ausbau der Sozialfürsorge, so wünschenswert sie vom sozialen Standpunkt aus sind, unauflöslich mit dem Aufstieg und der Verbreitung intensiverer Lebensstile verknüpft sind. Diese Maßnahmen waren zwar fortschrittlich, aber was Ressourcennutzung und Umwelt betraf, nicht unschädlich. Es ist unaufrichtig, wenn Regierungen heute sagen, ihnen seien die Hände gebunden und sie könnten nicht zu stark eingreifen, weil sie die Konsumentensouveränität beachten müssten. Dies läuft auf eine kollektive Leugnung der historischen Verantwortung hinaus.

Für Konsumenten und Produzenten gleichermaßen entscheidend ist, dass das Kohlendioxid und das Wasser, die in Gütern und Dienstleistungen enthalten sind, angemessen in die Preise der Produkte eingehen. Andernfalls wird es den Menschen schwerfallen, ein Gefühl für die Folgen ihres Lebensstils für den Planeten und für diejenigen zu entwickeln, die die Rohstoffe der Produkte, die dieser Lebensstil verlangt, fördern, verarbeiten und entsorgen. Eine angemessene Preisbildung und Etikettierung wird allein jedoch nicht ausreichen, um häufig tief verwurzelte Gewohnheiten zu ändern. Notwendig sind zudem eine ehrlichere öffentliche Diskussion darüber, wie Standards und Gewohnheiten entstanden sind, eine deutlichere Erkenntnis der Veränderungen in der Vergangenheit und der Alternativen für die Zukunft sowie das Eingeständnis, dass selbst heute noch auch in reichen Gesellschaften die materiell intensivsten Praktiken nicht gleichmäßig verteilt sind. Eine Lehre aus der Geschichte lautet, unsere heutigen Standards nicht als selbstverständlich zu betrachten und nicht anzunehmen, unser Lebensstil würde und sollte in Zukunft der gleiche bleiben, nur effizienter organisiert. Klimaanlagen, warmes Duschen, schnelle Modewechsel und billige Städtereisen sind keine unabdingbaren Bestandteile der menschlichen Zivilisation. Insbesondere der hektische, mit unterschiedlichsten Aktivitäten angefüllte Konsumstil, der so viel Koordination und zugleich Mobilität und Ressourcen erfordert, ist ein relativ junges Phänomen, das sich einer hochgebildeten Mittelschicht verdankt, die Produktivitätsmaßstäbe aus der Arbeitswelt in die Freizeit übertragen und diese dadurch enorm verdichtet hat. Man vergisst leicht, dass die Angehörigen dieser Schicht noch vor sechzig Jahren ein ruhigeres, stärker ortsgebundenes Leben führten und dass andere Gruppen weiterhin nicht nur weniger Freizeit haben, sondern sie auch weniger aufgeregt und weniger mobil verbringen. Verfechter von »Slow living« haben versucht, sich dem Trend entgegenzustemmen, aber ihre Anstrengungen blieben zumeist marginal und wenig erfolgreich. Die Gesellschaft als Ganze tickt weiter in schnellerem Tempo. Was nottäte, wäre eine allgemeine Wertschätzung des Vergnügens an einer tieferen und länger bestehenden Beziehung zu weniger Dingen.

Unser Lebensstil und seine sozialen und ökologischen Folgen sollten nicht länger dem Geschmack und der Kaufkraft des Einzelnen überlassen werden, sondern zum Gegenstand ernsthafter Diskussionen von Öffentlichkeit und Politik werden. Es gibt unzählige Gelegenheiten für Eingriffe, von Wohngemeinschaften über andere Maßstäbe für Heizung und Kühlung und nachhaltigere Mobilitätsformen bis hin zu öffentlichen Informationskampagnen über die Schäden, die von immer häufigerem Duschen und Kleiderwechsel verursacht werden.

Eine solche Debatte muss mutig geführt werden und andere Lebensstile entwerfen, sie muss von Veränderungen des Wohnens, des Verkehrs und der Kultur begleitet sein. Mehr Menschen müssen sich bewusst werden, dass sie als Konsumenten Staatsbürger sind, und nicht nur Kunden. Und es bedarf historischer Vorstellungskraft.

Dank

Dieses Buch zu schreiben, hat in den letzten sieben Jahren viel Zeit und Reflexion erfordert. Ohne die Hilfe einer großen Zahl von Menschen wäre es unmöglich gewesen. Die ursprüngliche Idee für das Buch hatte ich am Ende des Forschungsprojekts »Cultures and Consumption«, an dem über sechzig Experten aus den verschiedensten Bereichen, von Mode und Geographie bis zu Recht und Wirtschaft, teilnahmen und das ich wunderbarerweise leiten durfte. Mein Dank gilt allen Beteiligten, vor allem meiner ausgezeichneten Assistentin Stefanie Pearce, der Beratergruppe sowie dem Arts and Humanities Research Council und dem Social Research Council, die dieses einzigartige multidisziplinäre Projekt finanzierten. Die Soziologin Elizabeth Shove und der Anthropologe Rick Wilk haben mich über das Projekt hinaus mit Rat und Tat begleitet.

Mehrere Institutionen haben mir Zeit zum Forschen und zur Reflexion gegeben. Zu Dank verpflichtet bin ich dem European University Institute für ein Fernand Braudel Senior Fellowship, dem California Institute of Technology für ein Moore Distinguished Fellowship, dem Sustainable Consumption Institute in Manchester sowie der Universität St. Gallen und der École des hautes études en sciences sociales in Paris für Gastprofessuren. In allen diesen Einrichtungen konnte ich viele fruchtbare Gespräche mit Kollegen führen. Ironischerweise hat die Gegenwart der Geschichte des Konsums neue Kapitel hinzugefügt, je weiter ich der Welle des Konsums in die Vergangenheit folgte, indem beispielsweise die britische Regierung beschloss, Studenten als Konsumenten auf einem Bildungsmarkt zu behandeln; dass Konsumenten nicht nur Verbraucher, sondern auch Staatsbürger sind, übersah man dabei einfach. Finanzreformen und noch mehr Bürokratie waren das Ergebnis. Ein besonderer Dank gilt daher, wie stets, meiner Heimatinstitution, dem Birkbeck College, dem Master und Dean, die uns sicher durch diese Turbulenzen gesteuert haben, und allen Kollegen, Studenten und Mitarbeitern, die dafür sorgen, dass dieses College ein ganz besonderer Ort für kritische Forschung, für Lehre und Lernen bleibt, was Bücher wie dieses ermöglicht.

Im Lauf der Jahre habe ich von zahllosen Gelegenheiten profitiert, bei denen ich in Vorlesungen und Seminaren rund um die Welt meine Gedanken testen und frühe Textentwürfe vorstellen konnte. Ich möchte allen danken, die Diskussionen organisiert und an ihnen teilgenommen haben, in New York, Pasadena, Rio de Janeiro, Helsinki, Oslo, Göteborg, Amsterdam, London, Oxford, Cambridge, Berlin, Köln, München, Paris, Florenz, Neu-Delhi, Tokio und Peking. Ferner bin ich örtlichen Fachleuten zu Dank verpflichtet, die mir im Ausland geholfen haben – in Peking Bingzhong Gao, Yunxiang Yan, den Funktionären der China Consumers' Association sowie Karl Gerth und Julia Lovell für ihren Rat; in Rio de Janeiro Liva Barbosa; in Helsinki Jukka Gronow; in Tokio Sheldon Garon und Hiroki Shin; in Neu-Delhi Gurcharan Das, Anjali Garg, Sanjay Srivastava, Suresh Mishra und dem National Council of Applied Economic Research.

Drei Wissenschaftler haben großzügig ihre Zeit geopfert, um das gesamte Manuskript zu lesen, und mich an ihrem unvergleichlichen Wissen über Kultur, Wirtschaft und Gesellschaft teilhaben lassen: John Brewer, Martin Daunton und Gerhard Haupt. Ich bin ihnen zu tiefstem Dank verpflichtet. Danken möchte ich auch Sheila Fitzpatrick und Jonathan Wiesen, die einen frühen Entwurf des Kapitels über das Zeitalter der Ideologien gelesen haben, sowie Chris Coggins und Heike Weber, die mich veranlassten, mich genauer mit dem Thema Abfall zu beschäftigen. Ed Mayo vom britischen National Consumer Council und Robin Simpson von Consumers International halfen mir mit ihrem Wissen über die Vertretung von Konsumentenrechten. Während der ganzen Zeit war Heather Chappells eine einfallsreiche Forschungsassistentin.

Bei DVA hatte ich das große Glück, dass die deutsche Ausgabe von Julia Hoffmann und Stefan Mayr, meinen Lektoren, erstklassig betreut wurde. Ihnen und dem ganzen Verlagsteam bin ich zu tiefstem Dank verpflichtet. Besonderer Dank gebührt Jonas Wegerer, dem Redakteur, und den Übersetzern Klaus-Dieter Schmidt und Stephan Gebauer-Lippert, die das englische Original mit viel Feingefühl und Sachverstand ins Deutsche übertrugen. Hier gilt es auch erneut meinem britischen Verlag Allen Lane/Penguin zu danken, insbesondere Stuart Proffitt und Laura Stickney, die mir mit ihrer Klugheit und ihrer Aufmerksamkeit für große Ideen und kleine Details von Beginn zur Seite standen und mich ermutigten, ehrgeizig zu sein und Vergangenheit und Gegenwart miteinander zu verknüpfen. Von Anfang bis Ende stand mein Agent David Godwin mir mit der richtigen Mischung aus Begeisterung und Rat zur Seite, weshalb ich ihm und allen anderen bei David Godwin Associates zu Dank verpflichtet bin.

Ein letzter, unendlicher Dank gilt meiner Familie. Ich habe das Glück, mit Lizza Ruddick eine Partnerin an der Seite zu haben, die mich nicht nur umsorgt und unterstützt, sondern auch die beste interne Lektorin ist, die sich ein Autor nur wünschen kann: gründlich, anspruchsvoll und kritisch. Es gibt in diesem Buch keine Seite, die nicht von ihrem Blick für Stil, Klarheit und Vernunft profitiert hätte. Dennoch ist es unseren Kindern Julia und Oscar gewidmet, die diese Reise durch die materielle Welt mit ihrem Humor, ihrer Neugier und ihrer Nachsicht bereichert haben und die jetzt erleichtert aufatmen können: consummatum est.

Frank Trentmann
London, Februar 2017

Anmerkungen

Einleitung

1. Briten (von über 16 Jahren) tauschen heute ihre Kleider und Jacketts alle zwei oder drei Jahre aus (WRAP [Waste and Resources Action Programme], *Valuing Our Clothes*, Banbury 2012; *Süddeutsche Zeitung*, 26. April 2011). Zu den amerikanischen Garagen siehe Jeanne E. Arnold, *Life at Home in the Twenty-First Century: 32 Families Open Their Doors*, Los Angeles 2012. Zur Rolle des Besitzes im ländlichen Ungarn siehe Tamás Hofer, »Gegenstände im dörflichen und städtischen Milieu«, in: Günter Wiegelmann (Hg.), *Gemeinde im Wandel*, Münster 1979, S. 113–135.
2. Alternativ zu diesem Ablaufschema hat man Geschichte auch als Zusammenstoß rivalisierender Interessen gesehen, wie Werner Sombart es in seiner berühmten Interpretation des Ersten Weltkriegs als Kampf zwischen berechnenden englischen Kaufleuten und ursprünglichen deutschen Helden getan hat (Sombart, *Händler und Helden*, München 1915; siehe auch David Priestland, *Merchant, Soldier, Sage: A New History of Power*, London 2012).
3. Zu Emissionen siehe Intergovernmental Panel on Climate Change, *Fifth Assessment Report, Working Group III – Mitigation of Climate Change* (2014), besonders Kap. 8 und 9. Die Emissionen des Verkehrs haben sich seit 1970 mehr als verdoppelt und damit schneller zugenommen als diejenigen aller anderen Endverbrauchersektoren. Den größten Teil dieses Anstiegs (80 Prozent) haben Straßenfahrzeuge beigetragen. Siehe auch International Energy Agency, *Energy Efficiency Indicators: Essentials for Policy-Makers*, Paris 2014; International Energy Agency, *Worldwide Trends in Energy Use and Efficiency*, Paris 2008; zu Fleisch und Stickstoff siehe Royal Society, *People and the Planet*, London 2012; zum Elektroschrott siehe unten Kapitel 14.
4. Siehe Dominik Schrage, *Die Verfügbarkeit der Dinge. Eine historische Soziologie des Konsums*, Frankfurt am Main 2009, S. 43–50.
5. Adam Smith, *Der Wohlstand der Nationen*, Frankfurt am Main 2009, Buch IV, Kap. 8, S. 747.
6. Das Zitat stammt von Neal Lawson (»Do We Want to Shop or to Be Free?«, in: *The Guardian*, 3. August 2009, S. 24). In die gleiche Kerbe hauen George Monbiot, »So You Need That Smart Cuckoo Clock for Christmas, Do You?«, in: Ebd., 26. November 2013, S. 31; Monbiot, in: Ebd., 4. Februar 2015, S. 31, und 5. Januar 2010; Lynsey Hanley, »Shopping: How It Became Our

National Disease«, in: *New Statesman*, 18. September 2006; Naomi Klein, *No Logo! Der Kampf der Global Players um Marktmacht*, München 2002; Oliver James, *Affluenza*, London 2007; Neal Lawson, *All Consuming: How Shopping Got Us Into This Mess and How We Can Find Our Way Out*, London 2009. Zu einer akademischeren Darstellung siehe insbesondere Juliet B. Schor, *The Overspent American: Why We Want What We Don't Need*, New York 1999; Barry Schwartz, *Anleitung zur Unzufriedenheit*, Berlin 2016; Avner Offer, *The Challenge of Affluence: Self-Control and Well-Being in the United States and Britain since 1950*, Oxford 2006; Zygmunt Bauman, *Leben als Konsum*, Hamburg 2009.

7. Milton und Rose Friedman, *Chancen, die ich meine. Ein persönliches Bekenntnis*, Berlin/Frankfurt am Main/Wien 1980, S. 23; siehe auch US Centre for Consumer Freedom, *https://www.consumerfreedom.com*.
8. Lizabeth Cohen, *A Consumers' Republic: The Politics of Mass Consumption in Postwar America*, New York 2003; vgl. David Steigerwald, »All Hail the Republic of Choice: Consumer History as Contemporary Thought«, in: *The Journal of American History* 93, Nr. 2 (2006), S. 385–403.
9. Tony Blair, *The Guardian*, 24. Juni 2004, S. 1; siehe auch Ders., *The Courage of Our Convictions: Why Reform of the Public Services is the Route to Social Justice*, London 2002; mit der Äußerung über Sozialdemokraten paraphrasiere ich C. A. R. Crosland, *The Future of Socialism*, London 1956.
10. Zwei Meilensteine sind Mary Douglas und Baron Isherwood, *The World of Goods: Towards an Anthropology of Consumption*, London [2]1996, und Daniel Miller, *Der Trost der Dinge*, Berlin 2010; Michel de Certeau, *Kunst des Handelns*, Berlin 1988; zu unterschiedlichen akademischen Perspektiven siehe Daniel Miller (Hg.), *Acknowledging Consumption: A Review of New Studies*, London 1995; Martyn J. Lee, *The Consumer Society Reader*, Malden 1999; Juliet B. Schor und Douglas B. Holt (Hg.), *The Consumer Society Reader*, New York 2000.
11. Daniel Kahneman und Amos Tversky (Hg.), *Choices, Values, and Frames*, Cambridge 2000.
12. John Kenneth Galbraith, *Gesellschaft im Überfluss*, München/Zürich 1959, S. 274.
13. Augustinus, *Des heiligen Kirchenvaters Aurelius Augustinus zweiundzwanzig Bücher über den Gottesstaat*, Kempten/München 1911–1916, 22. Buch, Kap. 22, *http://www.unifr.ch/bkv/kapitel1940-21.htm*.
14. Theodore Roosevelt, »History and Literature«, in: Ders., *History as Literature and Other Essays*, New York 1913, S. 27; zu anderen Einstellungen siehe Frank Trentmann, »The Politics of Everyday Life«, in: Ders. (Hg.), *The Oxford Handbook of the History of Consumption*, Oxford 2012, S. 521–547.
15. Fernand Braudel, *The Structures of Everyday Life*, New York 1979/1981, S. 23, 28.
16. Neil McKendrick, John Brewer und J. H. Plumb, *The Birth of a Consumer Society: The Commercialization of Eighteenth-Century England*, Bloomington 1982.
17. Victoria de Grazia, *Das unwiderstehliche Imperium. Amerikas Siegeszug im Europa des 20. Jahrhunderts*, Stuttgart 2010.
18. OECD, Social Expenditure Update, November 2014, *http://www.oecd.org/els/soc/OECD2014-Social-Expenditure-Update-Nov2014–8pages.pdf*.

19. Siehe insbesondere Robert H. Frank, *Luxury Fever: Money and Happiness in an Era of Excess*, Princeton, 1999, und hier weiter unten S. 581–588.
20. Vgl. Angus Deaton, *Understanding Consumption*, Oxford 1992; Herbert A. Simon, *Models of Bounded Rationality*, Cambridge 1982; D. Southerton und A. Ulph (Hg.), *Sustainable Consumption*, Oxford 2014.
21. Thorstein Veblen, *Theorie der feinen Leute. Eine ökonomische Untersuchung der Institutionen*, München 1971.
22. Zu diesem sich derzeit herausbildenden Untersuchungsgebiet siehe beispielsweise Jukka Gronow und Alan Warde (Hg.), *Ordinary Consumption*, London 2001; A. Warde und D. Southerton (Hg.), *The Habits of Consumption*, Helsinki 2012; Elizabeth Shove, Mika Pantzar und Matthew Watson, *The Dynamics of Social Practice: Everyday Life and How It Changes*, London 2012.
23. Walter G. Runciman, *Relative Deprivation and Social Justice: A Study of Attitudes to Social Inequality in Twentieth-Century England*, London 1966.
24. In Großbritannien waren die privaten Haushalte 2013 direkt verantwortlich für 77 Megatonnen oder 17 Prozent des gesamten Kohlendioxidausstoßes, mehr als der gesamte Wirtschaftssektor (16 Prozent). Den größten Teil steuerten Heizung und Heißwasser bei. »Direkt verantwortlich«, weil die amtlichen Statistiken die CO_2-Emissionen der Energiewirtschaft getrennt angeben (38 Prozent). Siehe Department of Energy and Climage Change, »2013 UK Greenhouse Gas Emissions«, *https://www.gov.uk/government/uploads/system/uploads/attachment_data/file/295968/20140327_2013_UK_Greenhouse_Gas_Emissions_Provisional_Figures.pdf.*
25. In Trentmann (Hg.), *The Oxford Handbook of the History of Consumption*, geben 35 Experten einen kritischen Überblick über einzelne Regionen, Zeiten und Themen.
26. Zwei Ausnahmen mit einem umfassenden europäischen Blickwinkel sind Heinz-Gerhard Haupt, *Konsum und Handel. Europa im 19. und 20. Jahrhundert*, Göttingen 2002, und Marie-Emmanuelle Chessel, *Histoire de la consommation*, Paris 2012.

1 Drei Konsumkulturen

1. Antonia Finnane, »Yangzhou's ›Modernity‹: Fashion and Consumption in the Early Nineteenth Century«, in: *Positions: East Asia Cultures Critique* 11, Nr. 2 (2003), S. 395–425. Ich danke Antonia Finnane für den Austausch über dieses Thema. Alternativ hätten wir auch mit der Verbreitung von Geschäften, Mode und materiellen Wünschen beginnen können, wie sie Ihara Saikaku in *The Japanese Family Storehouse or the Millionaires' Gospel Modernised* (Cambridge 1959 [1688]) dargestellt hat.
2. McKendrick, Brewer und Plumb, *The Birth of a Consumer Society.* Fernand Braudel behandelt das vermeintliche

Fehlen der Mode in China unter dem Titel »Wenn sich die Gesellschaft nicht verändert« (*Die Geschichte der Zivilisation. 15. bis 18. Jahrhundert*, München 1971, S. 336 ff.).

3. Joan Thirsk, *Economic Policy and Projects: The Development of a Consumer Society in Early Modern England*, Oxford 1978; Chandra Mukerji, *From Graven Images: Patterns of Modern Materialism*, New York 1983; John Goldthwaite, »The Empire of Things: Consumer Demand in Renaissance Italy«, in: Francis Kent und Patricia Simons (Hg.), *Patronage, Art and Society in Renaissance Italy*, Oxford 1987; Lisa Jardine, *Der Glanz der Renaissance. Ein Zeitalter wird entdeckt*, München 1999; Craig Clunas, *Superfluous Things: Material Culture and Social Status in Early Modern China*, Chicago 1991; Christopher Dyer, *An Age of Transition? Economy and Society in England in the Later Middle Ages*, Oxford 2005; Maryanne Kowaleski, »The Consumer Economy«, in: Rosemary Horrox und W. M. Ormrod (Hg.), *A Social History of England, 1200–1500*, Cambridge 2006, S. 238–259.
4. Ruth Barnes, *Indian Block-Printed Textiles in Egypt: The Newberry Collection in the Ashmolean Museum*, Oxford 1997.
5. In der ersten Hälfte des 17. Jahrhunderts machte Zucker (Puder- und Kandiszucker) einen immer größeren Teil des chinesischen Handels mit Europa aus, da ein Konflikt zwischen Holländern und Portugiesen die Lieferungen aus Brasilien unterbrach; 1637 bezog Europa über 1800 Tonnen chinesischen Zucker. Die Lieferungen nach Europa wurden in den 1660er Jahren eingestellt, nachdem Brasilien den Handel wiederaufgenommen hatte, aber Persien und Japan blieben China als Absatzmärkte erhalten (Sucheta Mazumdar, *Sugar and Society in China: Peasants, Technology, and the World Market*, Cambridge 1998, S. 83–87).
6. 1,3 Prozent pro Jahr im 16., 0,7 Prozent im 17. und 1,3 Prozent im 18. Jahrhundert (K. H. O'Rourke und J. G. Williamson, »After Columbus: Explaining the Global Trade Boom 1500–1800«, in: *The Journal of Economic History* 62 [2002], S. 417–456; vgl. ausführlicher R. Findlay und K. H. O'Rourke, *Power and Plenty: Trade, War, and the World Economy in the Second Millenium*, Princeton 2007, Kap. 4–5).
7. Angus Maddison, *The World Economy: Historical Statistics*, Paris 2003, S. 260–263.
8. John E. Wills, »Maritime China from Wang Chih to Shih Lang: Themes in Peripheral History«, in: Jonathan Spence und John Wills (Hg.), *From Ming to Ch'ing: Conquest, Reign, and Continuity in Seventeenth-Century China*, New Haven 1979, S. 201–228.
9. Antonio de Morga, *History of the Phlippine Islands*, Cleveland 1907, 2 Bde., Bd. 1, S. 405–408. Die Originalausgabe erschien 1609 unter dem Titel *Sucesos de las Islas Filipinas*.
10. William Atwell, »Ming China and the Emerging World Economy«, in: Denis Twitchett und Frederick W. Mote (Hg.), *Cambridge History of China*, Bd. 8: *The Ming Dynasty, 1368–44, Part* 2, Cambridge 1998, S. 388–392.
11. Wilt L. Idema, »Cannon, Clocks and Clever Monkeys«, in: Eduard B. Vermeer (Hg.), *Development and Decline of Fukien Province in the 17th and 18th Centuries*, Leiden 1990, S. 459–488.
12. Jan De Vries und A. M. van der Woude, *The First Modern Economy: Success, Fai-*

lure, and Perseverance of the Dutch Economy, 1500–1815, Cambridge 1997, S. 437; F. S. Gaastra und J. R. Bruijn, »The Dutch East India Company«, in: Dies. (Hg.), *Ships, Sailors and Spices: East India Companies and Their Shipping in the 16th, 17th and 18th Centuries*, Amsterdam 1993, S. 182.

13. De Vries und van der Woude, *The First Modern Economy*, S. 457 f.
14. Ralph Davis, *English Overseas Trade, 1500–1700*, London 1973.
15. Richard Ligon, *A True and Exact History of the Island of Barbados*, London 1657, S. 40.
16. Phyllis Deane und William Alan Cole, *British Economic Growth 1688–1959*, Cambridge 1962, S. 87; Ralph Davis, »English Foreign Trade, 1700–74«, in: *The Economic History Review*, (Second Series) XV (1962), S. 285–303.
17. Zur Bedeutung dieser »Wunderfrucht« siehe Sucheta Mazumdar, »China and the Global Atlantic: Sugar from the Age of Columbus to Pepsi-Coke and Ethanol«, in: *Food and Foodways* 16, Nr. 2 (2008), S. 135–147.
18. Vgl. Richard Goldthwaite, *The Economy of Renaissance Florence*, Baltimore 2009; Robert S. DuPlessis, *Transitions to Capitalism in Early Modern Europe*, Cambridge 1997; Harry A. Miskimin, *The Economy of Later Renaissance Europe, 1460–1600*, Cambridge 1977.
19. Patricia Fortini Brown, *Private Lives in Renaissance Venice: Art, Architecture, and the Family*, New Haven 2004, S. 149 f.
20. Vgl. Marta Ajmar-Wollheim und Flora Dennis (Hg.), *At Home in Renaissance Italy*, London 2006, insbesondere die Beiträge von Reino Liefkes (»Tableware«, S. 254–266) und Marta Ajmar-Wollheim (»Sociability«, S. 206–221).
21. Pietro Belmonte, *Institutione della sposa* (1587), zit. in Ajmar-Wollheim, »Sociability«, S. 209.
22. Jacob Burckhardt, *Die Kultur der Renaissance in Italien – ein Versuch*, Wien 1930, S. 211–214.
23. Ajmar-Wollheim und Dennis (Hg.), *At Home in Renaissance Italy*; Jardine, *Der Glanz der Renaissance.*
24. Norbert Elias, *Über den Prozess der Zivilisation. Soziogenetische und psychogenetische Untersuchungen*, 2 Bde., Frankfurt am Main [15]1990.
25. Ajmar-Wollheim und Dennis (Hg.), *At Home in Renaissance Italy.*
26. Paula Hohti, »The Innkeeper's Goods: The Use and Acquisition of Household Property in Sixteenth-Century Siena«, in: Michelle O'Malley und Evelyn Welch (Hg.), *The Material Renaissance*, Manchester 2007, S. 242–259.
27. Isabella Palumbo-Fossati, »L'interno della casa dell'artigiano e dell'artista nella Venezia del cinquecento«, in: *Studi Veneziani*, Neue Serie 8 (1984), S. 109–153, hier S. 126–128.
28. Goldthwaite, *The Economy of Renaissance Florence*, S. 381.
29. Brown, *Private Lives in Renaissance Venice*, S. 173–182.
30. Gasparo Segizzi, gestorben 1576 (Palumbo-Fossati, »L'interno della casa dell'artigiano e dell'artista nella Venezia del cinquecento«, S. 138–145).
31. Goldthwaite, *The Economy of Renaissance Florence*, S. 384.
32. Bruno Blondé, »Tableware and Changing Consumer Patterns: Dynamics of Material Culture in Antwerp, 17th–18th Centuries«, in: Johan Veeckman (Hg.) *Majolica and Glass from Italy to Antwerp and Beyond*, Antwerpen 2002.
33. Jardine, *Der Glanz der Renaissance.*, S. 33 f.

34. Goldthwaite, »The Empire of Things«.
35. Dieser Konservatismus fiel bereits zeitgenössischen Beobachtern wie dem Humanisten Benedetto Varchi auf (siehe Paolo Malanima, *Il lusso dei contadini. Consumi e industrie nelle campagne toscane del sei e settecento*, Bologna 1990, S. 24).
36. Robert C. Davis, *Shipbuilders of the Venetian Arsenal*, Baltimore 1991, S. 100.
37. Elizabeth Currie, »Textiles and Clothing«, in: Ajmar-Wollheim und Dennis (Hg.), *At Home in Renaissance Italy*, S. 349.
38. Evelyn Welch, *Shopping in the Renaissance: Consumer Cultures in Italy 1400–1600*, New Haven 2005, S. 234.
39. Welch, *Shopping in the Renaissance*, S. 68–72.
40. Platon, *Der Staat*, Zweites Buch, 372a–373d, in: Ders., *Sämtliche Werke*, 6 Bde., hg. von Walter F. Otto, Ernesto Grassi und Gert Plamböck, Reinbek 1957–1959, Bd. 3, S. 111 f.; vgl. Christopher Berry, *The Idea of Luxury*, Cambridge 1994; William Howard Adams, *On Luxury: A Cautionary Tale*, Washington, D.C., 2012.
41. Matthäus 6,19–21; siehe auch Augustinus, *Vom Gottesstaat. Vollständige Ausgabe in einem Band*, München 2007; online: *Zweiundzwanzig Bücher über den Gottesstaat*, *http://www.unifr.ch/bkv/kapitel1919-1.htm*.
42. Patricia Allerston, »Consuming Problems: Worldly Goods in Renaissance Venice«, in: O'Malley und Welch (Hg.), *The Material Renaissance*, S. 11–46, hier S. 22.
43. Zit. in ebd., S. 19.
44. Vincent Cronin, *The Florentine Renaissance*, London 1972, S. 288 f.
45. Patricia Fortini Brown, »Behind the Walls: The Material Culture of Venetian Elites«, in: John Martin und Dennis Romano (Hg.), *Venice Reconsidered: The History and Civilization of an Italian City-State, 1297–1797*, Baltimore/London 2000, S. 295–338, Zitate auf S. 324, 326.
46. Paola Pavanini, »Abitazioni popolari e borghesi nella Venezia cinquecentesca«, in: *Studi Veneziani*, Neue Serie 5 (1981), S. 63–126, insbesondere S. 111 f., 125 f.
47. Ulinka Rublack, »Matter in the Material Renaissance«, in: *Past & Present*, Nr. 219 (2013), S. 41–84.
48. Kent Roberts Greenfield, *Sumptuary Law in Nürnberg: A Study in Paternal Government*, Baltimore 1918, S. 109.
49. Greenfield, *Sumptuary Law in Nürnberg*.
50. Sheilagh Ogilvie, »Consumption, Social Capital, and the ›Industrious Revolution‹ in Early Modern Germany«, in: *The Journal of Economic History* 70, Nr. 2 (2010), S. 287–325, hier S. 305.
51. *The Statutes of the Realm*, Bd. 3: *1509–45*, hg. von T.E. Tomlins und W.E. Taunton, London 1817, S. 430.
52. Frances Elizabeth Baldwin, *Sumptuary Legislation and Personal Regulation in England*, Baltimore 1926, S. 231 f.
53. Greenfield, *Sumptuary Law*, S. 109, 128 ff.; *Eines HochEdlen und Hochweisen Raths der Stadt Nürnberg Verneuerte Kleider-Ordnung und Verboth der Hoffarth. Was nemlöichen unter Ihrer Burgerschafft, Inwohnern, Unterthanen und Verwandten Jedem in seinem Stand von Manns- und Weibs-Personen in Bekleidungen und sonsten zugelassen oder verbothen ist*, Nürnberg 1693.
54. Madeline Zilfi, »Goods in the Mahalle«, in: Donald Quataert (Hg.), *Consumption Studies and the History of the Ottoman Empire, 1550–1922*, New York 2000, S. 289–311.

55. Roy Porter, »Consumption: Disease of the Consumer Society?«, in: John Brewer und ders. (Hg.), *Consumption and the World of Goods*, London/New York 1993, S. 58–81; Schrage, *Die Verfügbarkeit der Dinge*, S. 43–51; Frank Trentmann, »The Modern Genealogy of the Consumer: Meanings, Identities and Political Synapses«, in: John Brewer und Frank Trentmann (Hg.), *Consuming Cultures, Global Perspectives: Historical Trajectories, Transnational Exchanges*, Oxford/New York 2006, S. 19–69.
56. Alan Hunt, *Governance of the Consuming Passions: A History of Sumptuary Law*, Basingstoke 1996, S. 73.
57. Andreas Maisch, *Notdürftiger Unterhalt und gehörige Schranken. Lebensbedingungen und Lebensstile in württembergischen Dörfern der frühen Neuzeit*, Stuttgart 1992, S. 366–370.
58. Hans Medick, *Weben und Überleben in Laichingen 1650–1900. Lokalgeschichte als allgemeine Geschichte*, Göttingen 1996, S. 387–437.
59. Daniel Roche, *The Culture of Clothing: Dress and Fashion in the »Ancien Régime«*, Cambridge 1994, S. 56.
60. Sheilagh C. Ogilvie, *A Bitter Living: Women, Markets, and Social Capital in Early Modern Germany*, Oxford 2003; dies., »Consumption, Social Capital, and the ›Industrious Revolution‹ in Early Modern Germany«.
61. Matteo Ricci, *China in the Sixteenth Century: The Journals of Matthew Ricci, 1583–1610*, New York 1953, S. 25, 550.
62. Álvaro Semedo, *The History of That Great and Renowned Monarchy of China*, London 1655, *https://archive.org/details/historyofthatgreooseme.*
63. Timothy Brook, *The Confusions of Pleasure: Commerce and Culture in Ming China*, Berkeley 1998, S. 123 und passim für das Folgende.
64. Semedo, *The History of That Great and Renowned Monarchy of China*, S. 23.
65. Brook, *The Confusions of Pleasure*, S. 198; siehe auch Bozhong Li, *Agricultural Development in Jiangnan, 1620–1850*, Basingstoke 1998.
66. Sarah Dauncey, »Sartorial Modesty and Genteel Ideals in the Late Ming«, in: Daria Berg und Chloe Starr, *The Quest for Gentility in China: Negotiations beyond Gender and Class*, London 2007, S. 134–154, hier S. 137.
67. Daria Berg, *Women and the Literary World in Early Modern China, 1580–1700*, London 2013.
68. Wu Jen-shu, *Elegant Taste: Consumer Society and the Literati in the Late Ming*, Taipei 2007; Wu Jen-shu, »Ming-Qing Advertising Forms and Consumer Culture« (in Kürze erscheinend und mir vom Autor freundlicherweise zugänglich gemacht).
69. Brook, *The Confusions of Pleasure*, S. 6, 220.
70. Siehe Clunas, *Superfluous Things*, S. 37 f.
71. *The Plum in the Golden Vase, or Chin P'ing Mei, übersetzt von David Tod Roy, Princeton* 1993 [1618], Bd. 1, S. 126, 133 f. In der deutschen Übersetzung, die weniger ausschmückend vorgeht, findet sich die Phönix-Haarnadel nicht, vgl. Djin Ping Meh, *Schlehenblüten in goldener Vase. Ein Sittenroman aus der Ming-Zeit*, 6 Bde., Zürich 1989.
72. Brook, *The Confusions of Pleasure*, S. 153 f.
73. Laut Shen Bang, einem niederen Beamten, der 35 Silbertael im Jahr verdiente, konnten Begräbnisse Tausende von Tael kosten (Dauncey, »Sartorial Modesty and Genteel Ideals in the Late Ming«).
74. Ping-Ti Ho, »The Salt Merchants of Yang-chou«, in: *Harvard Journal of Asiatic Studies* 17 (1954), S. 130–168, hier S. 156.

75. Werner Sombart, *Luxus und Kapitalismus*, München/Leipzig [2]1922 [1912], S. 96 f.
76. Yue Meng, *Shanghai and the Edges of Empires*, Minneapolis 2006, S. 143–146; siehe auch Antonia Finnane, »Chinese Domestic Interiors and ›Consumer Constraint‹ in Qing China«, in: *Journal of the Economic and Social History of the Orient* 27 (2014), S. 112–144.
77. Brook, *The Confusions of Pleasure*, S. 144; siehe auch Kenneth Pomeranz, *The Great Divergence: China, Europe, and the Making of the Modern World Economy*, Princeton 2000; Roy Bin Wong, *China Transformed: Historical Change and the Limits of European Experience*, Ithaca 1997; Hanchao Lu, »Arrested Development: Cotton and Cotton Markets in Shanghai, 1350–1843«, in: *Modern China* 18, Nr. 4 (1992), S. 468–499.
78. Clunas, *Superfluous Things*, S. 35, 38, 44.
79. Zit. in ebd., S. 74.
80. Ebd., S. 111.
81. Kathlyn Maurean Liscomb, »Social Status and Art Collecting: The Collections of Shen Zhou and Wang Zhen«, in: *The Art Bulletin* 78, Nr. 1 (1996), S. 111–135.
82. *The Plum in the Golden Vase*, S. 223, 383 f. Vgl. Anm. 71.
83. Dauncey »Sartorial Modesty and Genteel Ideals in the Late Ming«, S. 140 f.
84. Viele von Pierre Bourdieus Aussagen über die Pariser Bourgeoisie der 1960er Jahre erinnern auf erstaunliche Weise an die späte Ming- und die Qing-Zeit, etwa seine Überlegungen über die »ästhetische Einstellung« und die fortdauernde Anziehungskraft des »schulischen Kosmos des geregelten Spiels und der Übung um ihrer selbst willen« auf bürgerliche Jugendliche und Hausfrauen, denen das ökonomische Kapital des männlichen Ernährers fehlt. »Wirtschaftliche Macht« sei im Gegensatz dazu »zunächst einmal Macht, der Not und dem Zwang des Ökonomischen gegenüber Distanz zu schaffen. Sie bringt sich daher universell in der Zerstörung von Reichtum zur Geltung, im ostentativen Akt der Verschwendung und Vergeudung sowie in allen Ausprägungen des *zweckfreien* Luxus« (*Die feinen Unterschiede. Kritik der gesellschaftlichen Urteilskraft*, Frankfurt am Main 1987, S. 102 f.).
85. Craig Clunas, *Empire of Great Brightness: Visual and Material Cultures of Ming China, 1368–1644*, London 2007, S. 137–151.
86. Ho, »The Salt Merchants of Yang-chou«, S. 156–160.
87. Timothy Brook, *Vermeers Hut. Das 17. Jahrhundert und der Beginn der globalen Welt*, Berlin [2]2009, S. 80–93.
88. Smith, *Der Wohlstand der Nationen*, S. 747.
89. Charles Wilson, »Cloth Production and International Competition in the Seventeenth Century«, in: *The Economic History Review* 13, Nr. 2 (1960), S. 209–221.
90. C. Lis et al. (Hg.), *Guilds in the Early Modern Low Countries: Work, Power and Representation*, London 2006.
91. De Vries/van der Woude, *The First Modern Economy;* siehe auch DuPlessis, *Transitions to Capitalism in Early Modern Europe*.
92. Jan De Vries, *The Dutch Rural Economy in the Golden Age, 1500–1700*, New Haven 1974, S. 218–222.
93. Atwell, »Ming China and the Emerging World Economy«, S. 396.
94. Siehe hierzu und im Folgenden Simon Schama, *Überfluss und schöner Schein. Zur Kultur der Niederlande im Golde-*

nen Zeitalter, München 1988, Kap. 3 und 5.

95. Clunas, *Empire of Great Brightness*, S. 141.
96. Siehe Schama, *Überfluss und schöner Schein*, S. 213–219.
97. Dyer, *An Age of Transition?*; Kowaleski, »The Consumer Economy«.
98. William Harrison, *A Description of England*, London 1577/1587, Kap. 8, S. 151–156, *https://archive.org/stream/elizabethanengla32593gut/pg32593.txt*; zur Mode in dieser Zeit siehe Carlo Belfanti, »The Civilization of Fashion: At the Origins of a Western Social Institution«, in: *Journal of Social History* 43, Nr. 2 (2009), S. 261–283.
99. Linda Levy Peck, *Consuming Splendor: Society and Culture in Seventeenth-Century England*, Cambridge 2005.
100. Thirsk, *Economic Policy and Projects*; siehe auch Sara Pennel, »Material Culture in Seventeenth-Century ›Britain‹«, in: Trentmann (Hg.), *The Oxford Handbook of the History of Consumption*, Kap. 4.
101. Daniel Defoe, *A Tour through England and Wales*, Bd. 2, London 1928 [1727], S. 126.
102. Jane Whittle und Elizabeth Griffiths, *Consumption and Gender in the Early Seventeenth-Century Household: The World of Alice Le Strange*, Oxford 2013, S. 120–124, 144–153; zur zunehmenden Vielfalt der Produkte, ihrer Qualität und ihren Preisen siehe auch Thirsk, *Economic Policy and Projects.*
103. Lorna Weatherill, *Consumer Behaviour and Material Culture in Britain 1660–1760*, London [2]1996, S. 49.
104. Edward Roberts und Karen Parker (Hg.), *Southampton Probate Inventories 1447–1575*, Bd. 1, Southampton 1992, S. 54 f.
105. Ann Smart-Martin, »Makers, Buyers, and Users: Consumerism as a Material Culture Framework«, in: *Winterthur Portfolio* 28, Nr. 2/3 (1993), S. 141–157, hier S. 154; siehe auch Cary Carson, »The Consumer Revolution in Colonial British America: Why Demand?«, in: Cary Carson, Ronald Hoffman und Peter J. Albert (Hg.), *Of Consuming Interests: The Style of Life in the Eighteenth Century*, Charlottesville 1994, S. 483–697; Carole Shammas, *The Pre-Industrial Consumer in England and America*, Oxford 1990.
106. Peter King, »Pauper Inventories and the Material Lives of the Poor in the Eighteenth and Early Nineteenth Centuries«, in: Tim Hitchcock, Peter King und Pamela Sharpe (Hg.), *Chronicling Poverty: The Voices and Strategies of the English Poor, 1640–1840*, New York 1997, S. 155–191.
107. John Styles, »Lodging at the Old Bailey: Lodgings and Their Furnishing in Eighteenth-Century London«, in: Ders. und Amanda Vickery (Hg.), *Gender, Taste and Material Culture in Britain and North America, 1700–1830*, New Haven 2006, S. 66–80.
108. Karl Philipp Moritz, *Reisen eines Deutschen in England im Jahre 1782* [1783], *http://gutenberg.spiegel.de/buch/reisen-eines-deutschen-in-england-im-jahre-1782-4895/4.*
109. Shane White und Graham White, »Slave Clothing and African-American Culture in the Eighteenth and Nineteenth Centuries«, in: *Past & Present* 148 (1995), S. 149–186, hier S. 156.
110. Frank Salomon, »Indian Women of Early Quito as Seen through Their Testatements«, in: *The Americas* 44, Nr. 3 (1988), S. 325–341, hier S. 334–337; Elena Philips, »The Iberian Globe«, in: Amelia Peck (Hg.), *Inter-*

woven Globe: The Worldwide Textile Trade 1500–1800, New York 2013, S. 28–45.

111. John Irwin und P. R. Schwartz, *Studies in Indo-European Textile History*, Ahmedabad 1966; zur weltweiten Verbreitung des Baumwollanbaus siehe Sven Beckert, *King Cotton. Eine Geschichte des globalen Kapitalismus*, München 2014.

112. »First Report«, 24. Dezember 1783, in: *Reports from Committees of the House of Commons: Re-printed by Order of the House*, London 1803, Bd. 11, S. 228; die Zahlen stammen aus Anhang 4, S. 240 f.; siehe auch William J. Ashworth, *Customs and Excise: Trade, Production and Consumption in England 1640–1845*, Oxford 2003, S. 149 f.; zu den französischen Schmugglern siehe Michael Kwass, *Contraband: Louis Mandrin and the Making of a Global Underground*, Cambridge 2014, S. 106 ff., 218 ff.; Giorgio Riello, *Cotton: The Fabric that Made the Modern World*, Cambridge 2013, S. 121; zum Seidenschmuggel siehe William Farrell, »Silk and Globalisation in Eighteenth-Century London«, Dissertation, University of London, 2013, S. 148–195.

113. Maxine Berg, »In Pursuit of Luxury: Global History and British Consumer Goods in the Eighteenth Century«, in: *Past & Present* 182, Nr. 1 (2004), S. 85–142.

114. J. F., *The Merchant's Ware-House Laid Open: Or, the Plain Dealing Linnen-Draper. Shewing How to Buy All Sorts of Linnen and Indian Goods*, London 1696, S. A3, 7, 27, 29 f.; zur Vielfalt der selbst für arme Konsumenten erschwinglichen Stoffe siehe John Styles, *Threads of Feeling: The London Foundling Hospital's Textile Tokens, 1740–70*, London 2010.

115. Zu Frankreich siehe Roche, *The Culture of Clothing*, S. 126–139; zur Seide siehe Natalie Rothstein, »Silk in the Early Modern Period, c. 1500–1780«, in: D. T. Jenkins (Hg.), *The Cambridge History of Western Textiles*, Cambridge 2003, S. 528–561; Farrell, »Silk and Globalisation in Eighteenth-Century London«.

116. Roger-Pol Droit, *Was Sachen mit uns machen. Philosophische Erfahrungen mit Alltagsdingen*, Hamburg 2005, S. 59 f.

117. Patricia Allerston, »Clothing and Early Modern Venetian Society«, in: *Continuity and Change* 15, Nr. 3 (2000), S. 367–390, hier S. 372.

118. Zit. in Beverly Lemire, *Fashion's Favourite: The Cotton Trade and the Consumer in Britain, 1660–1800*, Oxford 1991, S. 94; vgl. Prasannan Parthasarathi und Giorgio Riello (Hg.), *The Spinning World: A Global History of Cotton Textiles, 1200–1850*, Oxford 2009.

119. Roche, *The Culture of Clothing*, S. 108–111; John Styles, *The Dress of the People: Everyday Fashion in Eighteenth-Century England*, New Haven 2007.

120. Andrew Bevan und D. Wengrow (Hg.), *Cultures of Commodity Branding*, Walnut Creek 2010.

121. Neil McKendrick, »Commercialization and the Economy«, in: Ders., Brewer und Plumb, *The Birth of a Consumer Society*, S. 9–196, hier S. 141.

122. Phyllis G. Tortora und Keith Eubank, *Survey of Historic Costume: A History of Western Dress*, New York ³1998, S. 147 ff., 158 ff.

123. Zit. in Om Prakash, »The Dutch and the Indian Ocean Textile Trade«, in: Parthasarathi und Riello (Hg.), *The Spinning World*, S. 149.

124. Zit. in Woodruff D. Smith, *Consumption and the Making of Respectability*,

1600–1800, London/New York 2002, S. 50.
125. *Magazine à la Mode, or Fashionable Miscellany* (Januar 1777), S. 49 ff.
126. McKendrick, »Commercialization and the Economy«, S. 43–47.
127. Pomeranz, *The Great Divergence*; ders., »Standards of Living in 18th Century China: Regional Differences, Temporal Trends, and Incomplete Evidence«, in: Robert Allen, Tommy Bengtsson und Martin Dribe (Hg.), *Standards of Living and Mortality in Pre-Industrial Times*, Oxford 2005, S. 23–54; vgl. Prasannan Parthasarathi, »The Great Divergence«, in: *Past & Present* 176 (2002), S. 275–293; Robert Brenner und Christopher Isett, »England's Divergence from China's Yangzi Delta: Property Relations, Microeconomics, and Patterns of Development«, in: *The Journal of Asian Studies* 61, Nr. 2 (2002), S. 609–622.
128. Robert C. Allen, *The British Industrial Revolution in Global Perspective*, Cambridge 2009; ders. et al., »Wages, Prices, and Living Standards in China, Japan, and Europe, 1738–1925«, GPIH Working Paper Nr. 1 (2005); Stephen Broadberry und Bishnupriya Gupta, »The Early Modern Great Divergence: Wages, Prices and Economic Development in Europe and Asia, 1500–1800«, in: *The Economic History Review* 59, Nr. 1 (2006), S. 2–31; vgl. Jane Humphries, »The Lure of Aggregates and the Pitfalls of the Patriarchal Perspective: A Critique of the High Wage Economy Interpretation of the British Industrial Revolution«, in: *The Economic History Review* 66 (2013), S. 693–714; Robert C. Allen, »The High Wage Economy and the Industrial Revolution: A Restatement«, in: *The Economic History Review* 68, Nr. 1 (2015), S. 1–22.
129. Kenneth Pomeranz, »Chinese Development in Long-Run Perspective«, in: *Proceedings of the American Philosophical Society* 152 (2008), S. 83–100; Prasannan Parthasarathi, *Why Europe Grew Rich and Asia Did Not: Global Economic Divergence, 1600–1850*, Cambridge 2011, S. 37–46.
130. Bozhong Li, »Xianminmen chi de bucuo«, in: *Deng Guangming xiansheng bainian shouchen jinian wenji* (2008). Ich danke Bozhong Li für eine englische Fassung dieses Aufsatzes. Zum Opium siehe Zheng Yangwen, *The Social Life of Opium in China*, Cambridge 2005.
131. Japan unter dem Tokugawa-Shogunat war noch gleicher, aber vom internationalen Handel abgeschottet. Der japanische Lebensstandard in dieser Zeit wird leicht zu niedrig eingeschätzt, da viele Bauernhaushalte für ihre Produkte Landanteile erhielten und durch ihre Frauen sowie durch nichtagrarische Arbeit ein zusätzliches Einkommen erzielten (Osamu Saito, »Growth and Inequality in the Great and Little Divergence Debate: A Japanese Perspective«, in: *The Economic History Review* 68 [2015], S. 399–419; ders., »Income Growth and Inequality over the Very Long Run: England, India and Japan Compared«, 2010, *http://src-h.slav.hokudai.ac.jp/rp/publications/no02/P1-C1_Saito.pdf)*.
132. Neil McKendrick, »Home Demand and Economic Growth: A New View of the Role of Women and Children in the Industrial Revolution«, in: Ders. (Hg.), *Historical Perspectives: Studies in English Thought an Society*, London 1974, S. 152–210, hier S. 209.

133. Daniel Defoe, *Everybody's Business Is Nobody's Business* [1725], in: *De Foe's Works*, Bd. 2, London 1854, S. 499 f., 504.
134. Siehe Styles, *The Dress of the People.*
135. Jan De Vries, »The Industrial Revolution and the Industrious Revolution«, in: *The Journal of Economic History* 54, Nr. 2 (1994), S. 249–270.
136. Das Folgende stützt sich auf Craig Muldrew, *Food, Energy and the Creation of Industriousness: Work and Material Culture in Agrarian England, 1550–1780*, Cambridge 2011.
137. Hans-Joachim Voth, *Time and Work in England, 1750–1830*, Oxford 2001. Ob spätmittelalterliche Arbeiter tatsächlich so viel mehr Zeit für Muße fanden, ist umstritten (siehe Gregory Clark und Ysbrand van der Werf, »Work in Progress? The Industrious Revolution«, in: *The Journal of Economic History* 58, Nr. 3 [1998], S. 830–843).
138. Frederic Morton Eden, *The State of the Poor or, an History of the Labouring Classes in England*, London 1797, Bd. 2, S. 87 f.
139. Julie Marfany, »Consumer Revolution or Industrious Revolution? Consumption and Material Culture in Eighteenth-Century Catalonia«, Paper für die Economic History Society Annual Conference, Universität von Exeter, 30. März–1. April 2007; zur begrenzten Zahl neuer Dinge siehe Jaime Torras und Bartolomé Yun (Hg.), *Consumo, Condiciones de Vida y Comercialización. Cataluña y Castilla, siglos XVII–XIX*, Valladolid 1999; Jan De Vries, »Peasant Demand Patterns and Economic Development: Friesland 1550–1750«, in: W. N. Parker und E. L. Jones (Hg.), *European Peasants and Their Markets*, Princeton 1975; Mark Overton et al., *Production and Consumption in English Households 1600–1750*, London 2004.
140. Ogilvie, »Consumption, Social Capital, and the ›Industrious Revolution‹ in Early Modern Germany«.
141. Zit. in DuPlessis, *Transitions to Capitalism in Early Modern Europe*, S. 36.
142. Regina Grafe, *Distant Tyranny: Markets, Power, and Backwardness in Spain, 1650–1800*, Princeton 2012.
143. Fernando Carlos Ramos Palencia, »La demanda de textiles de las familias castellanas a finales del Antiguo Régimen, 1750–1850. ¿Aumento del consumo sin industrialización?«, in: *Revista de Historia Económica* 21, Nr. S1 (2003), S. 141–178; Torras und Yun (Hg.), *Consumo, Condiciones de Vida y Comercialización.*

2 Die Aufklärung des Konsums

1. Girolamo Benzoni, *Der newenn Weldt und indianischen Königreichs newe unnd wahrhaffte History von allen Geschichten, Handlungen, Thaten, Strengem unnd Ernstlichem Regiment der Spanier gegen den Indianern ungläublichem grossem Gut von Goldt, Sylber, Edelgestein, Peerlin, Schmaragdt, unnd andern Reichtumb, so die Spanier darinn erobert*… [ital. 1565], Basel 1579, S. 89.

2. George Sandys, *Travels* [1615], zit. in N. N., *The Vertues of Coffee*, London 1663, S. 8.
3. Jacques-Henri Bernardin de Saint-Pierre, *Voyage à l'Isle de France, à l'Isle de Bourbon, au Cap de Bonne-Espérance [et] c.*, Amsterdam 1773.
4. Sidney Mintz, *Die süße Macht. Kulturgeschichte des Zuckers*, Frankfurt am Main [2]2007.
5. Arjun Appadurai (Hg.), *The Social Life of Things: Commodities in Cultural Perspective*, Cambridge 1986; vgl. auch Robert J. Foster, »Tracking Globalization: Commodities and Value in Motion«, in: Christopher Tilley et al. (Hg.), *Handbook of Material Culture*, London 2006; Felipe Fernández-Armesto, *Food: A History*, London 2002.
6. Norbert Elias, *Über den Prozess der Zivilisation. Wandlungen des Verhaltens in den weltlichen Oberschichten des Abendlandes* [1939], 2 Bde., Frankfurt am Main [15]1990. Gabriel Tarde hat in den 1890er Jahren ein ähnliches Modell der Verbreitung von oben nach unten entworfen.
7. Jürgen Habermas, *Strukturwandel der Öffentlichkeit. Untersuchungen zu einer Kategorie der bürgerlichen Gesellschaft* [1962], Darmstadt/Neuwied [9]1978.
8. Wolfgang Schivelbusch, *Das Paradies, der Geschmack und die Vernunft. Eine Geschichte der Genussmittel* [1980], Frankfurt am Main 1992.
9. Mintz, *Die süße Macht.*
10. Vgl. die stärker eurozentrische Darstellung in Braudel, *Die Geschichte der Zivilisation*, S. 265–282.
11. Heinrich Barth, *Im Sattel durch Nord- und Zentralafrika. Reisen und Entdeckungen in den Jahren 1849–1855* [1858], hg. von Rolf Italiaander, Wiesbaden 1980, S. 238.
12. Antonio de Alcedo, 1786, zit. in Ross W. Jamieson, »The Essence of Commodification: Caffeine Dependencies in the Early Modern World«, in: *Journal of Social History* (2001), S. 269–292, hier S. 278; siehe hierzu und zum Folgenden auch William Gervase Clarence-Smith, *Cocoa and Chocolate, 1765–1914*, London 2000; ders. und Steven Topik (Hg.), *The Global Coffee Economy in Africa, Asia, and Latin America, 1500–1989*, Cambridge 2003.
13. Johann Kaspar Riesbeck, 1780, zit. in Christian Hochmuth, *Globale Güter – lokale Aneignung. Kaffee, Tee, Schokolade und Tabak im frühneuzeitlichen Dresden*, Konstanz 2008, S. 64.
14. 1724 wurden 540 Tonnen Tee eingeführt, aber Teeblätter ergeben im Vergleich zu Kaffeebohnen bei gleichem Gewicht eine viermal so große Getränkemenge. Bei meinen Schätzungen habe ich den Gewichtsverlust durch das Rösten einkalkuliert. Die zugrunde liegenden Zahlen stammen aus Elizabeth Boody Schumpeter, *English Overseas Trade Statistics 1697–1808*, Oxford 1960, Tab. XVIII.
15. Hierzu und zum Folgenden siehe Jamieson, »The Essence of Commodification«; Marcy Norton, »Tasting Empire: Chocolate and the European Internalization of Mesoamerican Aesthetics«, in: *The American Historial Review* 111, Nr. 3 (2006), S. 660–691; Michael D. Coe und Sophie D. Coe, *Die wahre Geschichte der Schokolade*, Frankfurt am Main 1999; Kenneth F. Kiple und Kriemhild Ornelas (Hg.), *The Cambridge World History of Food*, 2 Bde., Cambridge 2000.
16. Jacob Spon, *The Manner of Making Coffee, Tea, and Chocolate*, London 1685, abgedruckt in: Markman Ellis (Hg.), *Eighteenth-Century Coffee-House Culture*,

Bd. 4, London 2006, S. 105–111; vgl. ders., *Drey Neue Curieuse Tractätgen, von dem Tranck Cafe, Sinesischen The, und der Chocolata, Welche Nach ihren Eigenschafften, Gewächs, Fortpflantzung, Præparirung, Tugenden und herrlichen Nutzen sehr curieus beschrieben* [1686], Budißin [Bautzen] 1701, S. 27 f., 33 f., 59, 77 f., 108 f.

17. John Chamberlayne, *The Natural History of Coffee, Tea, Chocolate, Tobacco*, London 1682, S. 4 f.
18. *Natur-gemäße Beschreibung der Coffee, Thee, Chocolate, Tabacks. In vier unterschiedlichen Abtheilungen mit einem Tractätlein von Hollunder- und Wacholder-Beeren …*, Hamburg 1684, S. 5 f., 27 f.; zur Piraterie im Roten Meer siehe K. N. Chaudhuri, *The Trading World of Asia and the English East India Company, 1660–1760*, Cambridge 1978, S. 361.
19. James Howell, 1650er Jahre, zit. in N. N., *The Vertues of Coffee;* Samuel Pepys, *Die Tagebücher 1660–1669*, hg. von Gerd Haffmans und Heiko Arntz, 9 Bde. und 1 Begleitbd., Berlin 2010, Bd. 2, S. 106, Eintrag vom 24. April 1661.
20. James Howell, 1650er Jahre, zit. in N. N., *The Vertues of Coffee.*
21. Habermas, *Strukturwandel der Öffentlichkeit;* Hochmuth, *Globale Güter – lokale Aneignung;* James Livesey, *Civil Society and Empire*, New Haven 2009; Jean-Claude Bologne, *Histoire des cafés et des cafetiers*, Paris 1993.
22. P., »Considerazioni sul Lusso«, in: *Il Caffè*, Mailand 1764, S. 110.
23. Amanda Vickery, *The Gentleman's Daughter: Women's Lives in Georgian England*, New Haven, 1998, S. 206 ff.
24. Michael North, *Genuss und Glück des Lebens. Kulturkonsum im Zeitalter der Aufklärung*, Köln 2003, S. 209.
25. Jean de La Roque, *Abhandlung vom Caffe. Nebst einer Nachricht von der Cichorienwurzel* [1715], Hannover 1771, S. 94; zu de La Roque siehe Ina Baghdiantz McCabe, *Orientalism in Early Modern France: Eurasian Trade, Exoticism and the Ancien Regime*, Oxford 2008, S. 172 f.
26. Anne McCants, »Poor Consumers as Global Consumers: The Diffusion of Tea and Coffee Drinking in the Eighteenth Century«, in: *The Economic History Review* 61 (2008), S. 172–200; Wouter Ryckbosch, »A Consumer Revolution under Strain: Consumption, Wealth and Status in Eighteenth-Century Aalst«, Dissertation, Antwerpen 2012; Styles, »Lodging at the Old Bailey«; Weatherill, *Consumer Behaviour and Material Culture in Britain 1660–1760*.
27. Edward Eagleton, 1785, zit. in Hoh-cheung und Lorni Mui, *Shops and Shopkeeping in Eighteenth-Century England*, London 1987, S. 257; zur Vielfalt siehe Jon Stobart, *Sugar and Spice: Grocers and Groceries in Provincial England, 1650–1830*, Oxford 2013, S. 50–56.
28. Hochmuth, *Globale Güter – lokale Aneignung*, S. 134, 142.
29. Robert Batchelor, »On the Movement of Porcelains: Rethinking the Birth of the Consumer Society as Interactions of Exchange Networks, China and Britain, 1600–1750«, in: Brewer und Trentmann (Hg.), *Consuming Cultures, Global Perspectives*, S. 95–122.
30. Maxine Berg, *Luxury and Pleasure in Eighteenth-Century Britain*, Oxford 2005, S. 52–75, 128–149; Chaudhuri, *The Trading World of Asia and the English East India Company, 1660–1760;* Chuimei Ho, »The Ceramics Trade in Asia, 1602–82«, in: A. J. H. Latham und Heita Kawakatsu (Hg.), *Japanese Industrialization and the Asian Economy*, London 1994, S. 35–70; Fang Lili, *Chinese Ceramics*, Peking 2005.

31. Jonas Hanway, *Letters on the Importance of the Rising Generation of the Labouring Part of our Fellow-Subjects*, London 1757, Bd. 2, S. 174–185.
32. Pierre Jean-Baptiste Legrand d'Aussy, *Histoire de la vie privée des Francois depuis l'origine de la nation jusqu'à nos jours* [1782], Paris 1815, S. 145.
33. De La Roque, *Abhandlung vom Caffe*, S. 108 f.; vgl. Spon, *Drey Neue Curieuse Tractätgen, von dem Tranck Cafe, Sinesischen The, und der Chocolata*, S. 34 f.
34. Dr. Fothergill an J. Ellis, 2. September 1773, in: John Ellis, *An Historical Account of Coffee*, London 1774, S. 38, abgedruckt in Ellis (Hg.), *Eighteenth-Century Coffee-House Culture*, Bd. 4.
35. Malachy Postlethwayt, *The African Trade* [1745], zit. in Eric E. Williams, *Capitalism and Slavery*, Chapel Hill 1994, S. 52.
36. Joseph E. Inikori, *Africans and the Industrial Revolution in England*, Cambridge 2002; »Roundtable, Reviews of Joseph Inikori, Africans and the Industrial Revolution in England«, in: *The International Journal of Maritime History* 15, Nr. 2 (Dezember 2003), S. 279–361; Patrick Karl O'Brien, »Fiscal and Financial Preconditions for the Rise of British Naval Hegemony 1485–1815«, LSE Economic History, Working Papers, Nr. 91 (2005), *http://www.lse.ac.uk/economicHistory/pdf/WP9105.pdf*.
37. S. D. Smith, »Accounting for Taste: British Coffee Consumption in Historical Perspective«, in: *The Journal of Interdisciplinary History* 27 (1996), S. 183–214.
38. Zit. in De La Roque, *Abhandlung vom Caffe*, S. 105.
39. Dr. Fothergill an J. Ellis, 2. September 1773, in: Ellis, *An Historical Account of Coffee*, S. 30.
40. Edward Gibbon Wakefield, *England and America: A Comparison of the Social and Political State of Both Nations*, New York 1834, S. 84.
41. Berg, »In Pursuit of Luxury«. Ich spreche von »günstigen« Umständen, weil die Konsumentennachfrage im Empire allein nicht ausreichte, um die Industrielle Revolution auszulösen. Zudem wäre eine allzu scharfe Trennung zwischen inneren und äußeren Ursachen wegen der vielen Rückkopplungen zwischen überseeischen und heimischen Entwicklungen nicht sehr hilfreich. Zu den europäischen Fortschritten in Wissenschaft und Technik siehe Joel Mokyr, *The Gifts of Athena: Historical Origins of the Knowledge Economy*, Princeton 2002.
42. Jan De Vries, *European Urbanization, 1500–1800*, Cambridge 1984; Paul Bairoch, *De Jéricho à Mexico. Villes et économie dans l'histoire*, Paris 1985; Peter Clark (Hg.), *The Oxford Handbook of Cities in World History*, Oxford 2013. Laut Bozhong Li lebten in der Qing-Zeit 20 Prozent der Bevölkerung der Region Jiangnan in Städten. Mir geht es hier um den Grad der Urbanisierung, nicht um die absoluten Zahlen. China fehlte es nicht an Städten; aber es gab weniger von ihnen.
43. Weatherill, *Consumer Behaviour and Material Culture in Britain 1660–1760*, Tab. 4.2. Die Ausnahme waren weniger auffällige Güter, wie etwa Bücher.
44. Andrew Hann und Jon Stobart, »Sites of Consumption: The Display of Goods in Provincial Shops in Eighteenth-Century England«, in: *Cultural & Social History* 2 (2005), S. 165–187, hier S. 177.
45. Bernard Mandeville, *Die Bienenfabel oder Private Laster, öffentliche Vorteile*, Frankfurt am Main 1980, Anmerkung

M, S. 170. Ähnliche Bemerkungen sind von vielen anderen bekannt, beispielsweise von dem Ökonomen John Rae, der in *Statement of Some New Principles on the Subject of Political Economy* (Boston 1834) schrieb: »In der Stadt wäre Molly Seagram als überaus vornehme Dame verehrt worden; auf dem Lande wurde sie angepöbelt« (S. 280).

46. P. D. Glennie und N. J. Thrift, »Modernity, Urbanism, and Modern Consumption«, in: *Environment and Planning D: Society and Space* 10 (1992), S. 423–443.
47. Wim M. J. van Binsbergen und Peter L. Geschiere (Hg.), *Commodification: Things, Agency, and Identities (The Social Life of Things Revisited)*, Münster 2005, S. 33; vgl. auch Igor Kopytoff, »The Cultural Biography of Things: Commoditization as Process«, in: Appadurai (Hg.), *The Social Life of Things*, S. 64–91, hier S. 84. Ob dies eine zufriedenstellende Darstellung von Descartes und Kant ist, sei dahingestellt. Dass das kartesianische Selbst mehr als der Geist war, ist in Karen Detlefsen (Hg.), *Descartes' Meditations: A Critical Guide* (Cambridge 2013), ausgeführt.
48. Bruno Latour, »From Realpolitik to Dingpolitik«, in: Ders. und Peter Weibel (Hg.), *Making Things Public: Atmospheres of Democracy*, Cambridge 2005; ders., *Wir sind nie modern gewesen. Versuch einer symmetrischen Anthropologie*, Frankfurt am Main 1995; siehe auch Frank Trentmann, »Materiality in the Future of History: Things, Practices, and Politics«, in: *Journal of British Studies* 48, Nr. 2 (2009), S. 283–307.
49. Der Begriff stammt von Harold J. Cook, auf dessen Buch *Matters of Exchange: Commerce, Medicine, and Science in the Dutch Golden Age* (New Haven 2007) ich mich hier stütze.
50. Brook, *Vermeers Hut*, S. 93; vgl. Schama, *Überfluss und schöner Schein.*
51. Thomas Mun, *Englands Schatz durch den Außenhandel*, Wien/Leipzig 1911, S. 191.
52. Robert Boyle, *Some Considerations Touching the Usefulness of Experimental Natural Philosophy*, Oxford 1663, in: Ders., *Works of the Honourable Robert Boyle*, 5 Bde., London 1744, Bd. 2, S. 56.
53. Thomas Sprat, *The History of the Royal Society of London*, London 1667, S. 381, 384.
54. Nicholas Barbon, *A Discourse of Trade*, London 1690, S. 14 f.
55. Mandeville, *Die Bienenfabel*, S. 85.
56. Wie es Craig tut (*Superfluous Things*, S. 146).
57. Daniel Defoe, *A Plan of the English Commerce: Being a Compleat Prospect of the Trade of This Nation, as Well the Home Trade as the Foreign* [1728], Oxford 1927, S. 77, 144 ff.; John Cary, *An Essay on the State of England*, Bristol 1695, S. 147; vgl. Richard C. Wiles, »The Theory of Wages in Later English Mercantilism«, in: *The Economic History Review*, Neue Reihe 21, Nr. 1 (April 1968), S. 113–126; Paul Slack, »The Politics of Consumption and England's Happiness in the Later Seventeenth Century«, in: *The English Historical Review* 72 (2007), S. 609–631; Cosimo Perrotta, *Consumption as an Investment*, Bd. 1: *The Fear of Goods from Hesiod to Adam Smith*, London/New York 2004.
58. Berry, *The Idea of Luxury;* Perrotta, *Consumption as an Investment;* Maxine Berg und Elizabeth Eger (Hg.), *Luxury in the Eighteenth Century. Debates, Desires and Delectable Goods*, Basingstoke 2003.

59. Michael Kwass, »Consumption and the World of Ideas: Consumer Revolution and the Moral Economy of the Marquis de Mirabeau«, in: *Eighteenth-Century Studies* 37, Nr. 2 (2004), S. 187–213; siehe auch James Livesey, »Agrarian Ideology and Commercial Republicanism in the French Revolution«, in: *Past & Present*, Nr. 157 (1997), S. 94–121.
60. Montesquieu, *Vom Geist der Gesetze* [1748], 2 Bde., Tübingen 1992, 7. Buch.
61. David Hume, »Über Verfeinerung in den Künsten« [1741], in: Ders., *Politische und ökonomische Essays*, hg. von Udo Bermbach, Hamburg 1988, Teilbd. 2, S. 195 f., 201; siehe auch ders., »Über Handel«, in: Ebd., S. 175–190.
62. Hume, »Über Verfeinerung in den Künsten«, S. 194.
63. David Hume, *Traktat über die menschliche Natur*, 2 Bde., Hamburg/Leipzig 1895/1906, Bd. 2, S. 161; zum Spinozismus siehe Jonathan Israel und Martin Mulsow, *Radikalaufklärung*, Berlin 2014; vgl. auch Annette C. Baier, »David Hume, Spinozist«, in: *Hume Studies* 19, Nr. 2 (November 1993), S. 237–252.
64. Henry Home, Lord Kames, *Elements of Criticism* [1762], London 1805, Bd. 1, S. 221; vgl. Addison, *The Spectator*, Nr. 412.
65. Adam Smith, *Theorie der sittlichen Gefühle* [1759, letzte Ausgabe von eigener Hand 1790], Leipzig 1791, S. 272–280 [Hervorhebung von mir – F. T.].
66. Ders., *Der Wohlstand der Nationen*, S. 406–412; ders., *Theorie der sittlichen Gefühle*.
67. Ders., *Der Wohlstand der Nationen*, S. 458, 482–487; siehe auch Albert O. Hirschman, *Leidenschaften und Interessen. Politische Begründungen des Kapitalismus vor seinem Sieg*, Frankfurt am Main 1987.
68. William Blackstone, *Commentaries on the Laws of England* [1765–1769], London [18]1829, Bd. 2, Kap. 1–2 (dt. Ausgabe: *Handbuch des Englischen Rechts, im Auszuge und mit Hinzufügung der neueren Gesetze und Entscheidungen*, 2 Bde., Schleswig 1822/23).
69. Anne Granville Dewes, zit. in Keith Thomas, *Ends of Life*, S. 127; siehe auch Vickery, *Gentleman's Daughter*, S. 183–194; Laurel Thatcher Ulrich, »Hannah Barnard's Cupboard: Female Property and Identity in Eighteenth-Century New England«, in: Ronald Hoffman, Mechal Sobel und Fredrika J. Teute (Hg.), *Through a Glass Darkly: Reflections on Personal Identity in Early America*, Chapel Hill 1997, S. 238–273; Sandra Cavallo, »What Did Women Transmit? Ownership and Control of Household Goods and Personal Effects in Early Modern Italy«, in: Moira Donald und Linda Hurcombe (Hg.), *Gender and Material Culture in Historical Perspective*, Basingstoke 2000, S. 38–53.
70. Fredrik Albritton Jonsson, *Enlightenment's Frontier: The Scottish Highlands and the Origins of Environmentalism*, New Haven 2013, S. 18–26, 237 ff.
71. Jonathan Lamb, »The Crying of Lost Things«, in: *ELH* 71, Nr. 4 (2004), S. 949–967; Mark Blackwell (Hg.), *The Secret Life of Things: Animals, Objects, and It-Narratives in Eighteenth-Century England*, Lewisburg 2007; Julie Park, *The Self and It: Novel Objects in Eighteenth-Century England*, Stanford 2010.
72. Bernard Mandeville, *A Treatise of the Hypochondriack and Hysterick Diseases* [1711], New York 1976 (Reprint der Ausgabe von 1730), S. 233.
73. Fredrik Albritton Jonsson, »The Physiology of Hypochondria in

Eighteenth-Century Britain«, in: Christopher Forth und Ana Cardin-Coyne (Hg.), *Cultures of the Abdomen: Dietetics, Obesity, and Digestion in the Modern World*, New York 2010; Roy Porter, »Consumption: Disease of the Consumer Society?«

74. William Winstanley, *The New Help to Discourse*, London 1684, S. 272, 282, 293 f.
75. Lawrence E. Klein, »Politeness for Plebes«, in: John Brewer und Ann Bermingham (Hg.), *The Consumption of Culture, 1600–1800*, London 1995, S. 362–382.
76. Siehe Susan Hanley, *Everyday Things in Premodern Japan*, Berkeley 1997.
77. Roy Porter, *English Society in the Eighteenth Century*, London 1990, S. 222.
78. *The Connoisseur*, 1756, zit. in Robert W. Jones, *Gender and the Formation of Taste in Eighteenth-century Britain*, Cambridge 1998, S. 13 f.; zur Kultur der Empfindsamkeit und Verfeinerung siehe John Brewer, *The Pleasures of the Imagination*, New York 1997.
79. Thomas Sheraton, *Cabinet Dictionary* [1803], zit. in Amanda Vickery, »›Neat and Not too Showey‹: Words and Wallpaper in Regency England«, in: John Styles und dies. (Hg.), *Gender, Taste and Material Culture in Britain and North America, 1700–1830*, New Haven 2006, S. 201–224, hier S. 216; siehe auch Hannah Greig, »Leading the Fashion: The Material Culture of London's Beau Monde«, in: Ebd., S. 293–314.
80. Zheng Yangwen, *The Social Life of Opium in China.*
81. John Millar, *Vom Ursprung des Unterschieds in den Rangordnungen und Ständen der Gesellschaft*, Frankfurt am Main 1985, S. 69, 96, 98, 113 f., 121 ff.; vgl. Mary Catharine Moran, »The Commerce of the Sexes«, in: Frank Trentmann (Hg.), *Paradoxes of Civil Society*, New York 2000, S. 61–84; Karen O'Brien, *Women and Enlightenment in 18th-Century Britain*, Cambridge 2009.
82. Siehe T. H. Breen, *The Marketplace of Revolution: How Consumer Politics Shaped American Independence*, New York 2004. Die ständige Benutzung des Begriffs »Konsument« passt allerdings nicht in den historischen Kontext.
83. John Dickinson, *The Late Regulations Respecting the British Colonies*, London 1766, S. 27.
84. Gordon S. Wood, *The Creation of the American Republic, 1776–87*, Chapel Hill 1998, S. 573–577.
85. Richard Wrigley, *The Politics of Appearances: Representations of Dress in Revolutionary France*, Oxford 2002, Kap. 5; Leora Auslander, *Cultural Revolutions: The Politics of Everyday Life in Britain, North America and France*, Oxford 2009, Kap. 5.
86. John Thelwall, *Poems written in Close Confinement in The Tower and Newgate* [1795], Sonett V.
87. Karl Marx, »Zur Judenfrage«, in: Ders. und Friedrich Engels, *Werke*, Bd. 1, Berlin 1976, S. 347–377.
88. Karl Marx, *Das Kapital*, Bd. 1 [1867], in: Ders. und Friedrich Engels, *Werke*, Bd. 23, Berlin 1968, S. 49, 79.
89. Ebd., S. 85.
90. Karl Marx an Friedrich Engels, 21. Januar 1859, in: Karl Marx und Friedrich Engels, *Gesamtausgabe (MEGA)*, 3. Abt.: *Briefwechsel*, Bd. 9, Berlin 2003, S. 277.
91. Karl Marx an Friedrich Engels, 27. Februar 1852, 8. Dezember 1857, 15. Juli 1858, in: Ebd., Bd. 5, Berlin 1987, S. 60, Bd. 8, Berlin 1990, S. 208,

Bd. 9, S. 186–189 [englische Stellen im Original].

92. Karl Marx an Friedrich Engels, 28. April und 27. Mai 1862, 8. Januar 1863, 4. Juli 1864, in: Ebd., Bd. 12, Berlin 2013, S. 74 ff., 114, 308 f., 584; Karl Marx an Jenny Marx, 10. Mai 1864, in: Ebd., S. 526; Peter Stalybrass, »Marx's Coat«, in: Patricia Spyer (Hg.), *Border Fetishisms: Material Objects in Unstable Spaces*, London 1998, S. 183–207; Francis Wheen, *Karl Marx*, München 2001, Kap. 8.

93. Nicholas Crafts und T. C. Mills, »Trends in Real Wages in Britain, 1750–1913«, in: *Explorations in Economic History* 31 (1994), S. 176–194.

94. Galbraith, *Gesellschaft im Überfluss* S. 46.

95. Thomas Robert Malthus, *Eine Abhandlung über das Bevölkerungsgesetz*, 2 Bde., Jena 1905, Bd. 2, S. 372–375; siehe auch E. A. Wrigley, »Malthus on the Prospects for the Labouring Poor«, in: *The Historical Journal* 31, Nr. 4 (1988), S. 813–829.

96. Wilhelm Roscher, *Grundlagen der Nationalökonomie. Ein Hand- und Lesebuch für Geschäftsmänner und Studierende* [1854], Stuttgart [22]1897, S. 629, 635, 671; Moritz von Prittwitz, *Die Kunst, reich zu werden*, Mannheim 1840, S. 485, 488–491.

97. N. N., *Hints on the Practical Effects of Commercial Restrictions on Production, Consumption, and National Wealth, with Remarks on the Claims of the Silk Trade: By a Consumer*, London 1833, S. 14, 24 f. (Hervorhebung im Original).

98. Albert Tanner, *Arbeitsame Patrioten, wohlanstaendige Damen. Bürgertum und Bürgerlichkeit in der Schweiz, 1830–1914*, Zürich 1995, S. 284–292, 323–326, 328.

99. Ebd., S. 303.

3 Das Reich der Dinge

1. Steve Pincus, »Addison's Empire: Whig Conceptions of Empire in the Early 18th Century«, in: *Parliamentary History* 31, Nr. 1 (2012), S. 99–117; siehe auch Carl Wennerlind und Philip J. Stern (Hg.), *Mercantilism Reimagined: Political Economy in Early Modern Britain and Its Empire*, Oxford 2013.

2. Peter M. Solar, »Opening to the East: Shipping between Europe and Asia, 1770–1830«, in: *The Journal of Economic History* 73, Nr. 3 (2013), S. 625–661; zu einer bildlichen Darstellung der sich verändernden Handelsrouten zwischen den 1750er und 1820er Jahren siehe *http://pendientedemigracion.ucm.es/info/cliwoc/Cliwoc_final_report.pdf*.

3. Pomeranz, *The Great Divergence;* Parthasarathi, »The Great Divergence«; P. H. H. Vries, »Are Coal and Colonies Really Crucial?«, in: *Journal of World History* 12 (2001), S. 407–446; Findlay und O'Rourke, *Power and Plenty*, S. 330–364.

4. William T. Rowe, *China's Last Empire: The Great Qing*, Cambridge 2009, Kap. 6.

5. Allen, *The British Industrial Revolution in Global Perspective*, Kap. 11.

6. In den 1830er und 1840er Jahren herrschten Spannungen zwischen bei-

den Sektoren. Doch schon damals gehörten Gerechtigkeit für Afrika und Freihandel in Großbritannien zusammen: Arme Briten hätten wenig Sympathie für befreite Sklaven gehabt, wenn ihr Zucker teurer geworden wäre, um Westindien zu schützen. Der Zuckerzoll musste abgeschafft werden (siehe Richard Huzzey, »Free Trade, Free Labour, and Slave Sugar in Victorian Britain«, in: *The Historical Journal* 53, Nr. 2 [2010], S. 359–379).

7. Nick Draper, *The Price of Emancipation*, Cambridge 2009.
8. Die unterschiedlichen Auswirkungen von Sklaverei und Hausdienerschaft auf den Konsum verdienten mehr Beachtung, als ihnen bisher zuteilwurde und hier gewidmet werden kann. Wenn hier von »Versachlichung« die Rede ist, sollte es als allgemeine Entwicklungsrichtung, nicht als erreichte Tatsache verstanden werden. Tempo und Ausmaß dieser Entwicklung variierten; in Guinea waren *captifs* bis ins 20. Jahrhundert häufig anzutreffen, und bis 1949 wurden in China immer noch Kinder verkauft. Sombart konstatierte für das frühmoderne Europa zu Recht eine »Versachlichung«, übertrieb aber, wenn er sie als »Sieg des Weibchens« darstellte (Sombart, *Luxus und Kapitalismus*, S. 111 f.). Die Ehemänner beschäftigten sich einfach mit anderen Dingen (Wein, Zigarren, Rauchjacketts, Pferden, Bibliotheken usw.). Diener gehörten natürlich bis in die 1950er Jahre weiterhin zu europäischen Mittelschichthaushalten, aber ihre Stellung unterschied sich von derjenigen der Klientensklaven. Im 20. Jahrhundert sind Diener hauptsächlich ein Ersatz von Waschmaschinen und anderen arbeitsparenden Geräten und selten livrierte Statussymbole. Letztlich ergänzen und erhalten sie eine Kultur der Dinge, anstatt sich von ihr abzuheben. Zu einer eingehenden Studie darüber, wie die Herrschaft über Menschen und Reichtum bei den Igbo in Ostnigeria in gesellschaftlichen Rang und geistigen Wert umgesetzt wurde, siehe Jane I. Guyer, *Marginal Gains: Monetary Transactions in Atlantic Africa*, Chicago 2004.
9. Philip D. Curtin, *Economic Change in Precolonial Africa: Senegambia in the Era of the Slave Trade*, Madison 1975; Stanley B. Alpern, »What Africans Got for Their Slaves: A Master List of European Trade Goods«, in: *History in Africa* 22 (1995), S. 5–43; David Eltis, »Trade between Western Africa and the Atlantic World before 1870«, in: *Research in Economic History* 12 (1989), S. 197–239; A. G. Hopkins, *An Economic History of West Africa*, London 1973; Herbert S. Klein, »Economic Aspects of the Eighteenth-Century Atlantic Slave Trade«, in: James D. Tracy (Hg.), *The Rise of Merchant Empires*, Cambridge 1990, S. 287–310. Nach Eltis' Zahlen war in Westafrika der Anteil von Eisen kleiner als nach Curtins Angaben, aber beide zeigen den gleichen abnehmenden Trend.
10. Johann Ludwig Krapf, zit. in Jeremy Prestholdt, *Domesticating the World: African Consumerism and the Genealogies of Globalization*, Berkeley 2008, S. 47.
11. Zit. in Elizabeth Elbourne, *Blood Ground: Colonialism, Missions, and the Contest for Christianity in the Cape Colony and Britain, 1799–1853*, Montreal 2002, S. 213.
12. Robert Moffat, *Missionary Labours and Scenes in Southern Africa*, London 1842, S. 503–507; siehe auch Jean und John Comaroff, »Colonizing

Currencies: Beasts, Banknotes, and the Colour of Money in South Africa«, in: van Binsbergen/Geschiere (Hg.), *Commodification: Things, Agency, and Identities.*

13. *Church Missionary Traces – The Village Missionary Meeting: A Dialogue*, London 1852.
14. John Philip, *Researches in South Africa*, London 1828, S. 72 f.
15. Thomas Fowell Buxton, *Der afrikanische Sklavenhandel und seine Abhülfe*, Leipzig 1841, S. 277–280. Ähnliche Berichte über das Verlangen amerikanischer Eingeborener wie den Choctaws nach Möbeln und anderen Annehmlichkeiten sind von CMS-Missionaren überliefert (*Missionary Register 1829*, S. 472).
16. Samuel Crowther, *Journal of an Expedition up the Niger and Tshadda Rivers, undertaken by Macgregor Laird in connection with the British Government in 1854* [1855], London [2]1970, S. 11.
17. Zit. in Charlotte Sussman, *Consuming Anxieties: Consumer Protest, Gender and British Slavery, 1713–1833*, Stanford 2000, S. 40.
18. William Fox, 1791, zit. in: Ebd., S. 115.
19. Henry Nevinson, *A Modern Slavery*, London 1906; siehe auch Kevin Grant, *A Civilised Savagery: Britain and the New Slaveries in Africa, 1884–1926*, New York 2005; Lowell J. Satre, *Chocolate on Trial: Slavery, Politics, and the Ethics of Business*, Athens 2005. Im September 1907 wies die *Review of Reviews* darauf hin, dass ein Fünftel des Kakaos mit dem Blut von Sklaven vermischt sei. Schließlich regelten Cadbury und andere europäische Schokoladenhersteller die Sache unter sich, indem sie übereinkamen, keinen Kakao mehr von den beiden Inseln zu beziehen.
20. Adam Jones und Peter Sebald, *An African Family Archive: The Lawsons of Little Popo/Aneho (Togo) 1841–1938*, Oxford 2005.
21. Zit. in K. Onwuka Dike, *Trade and Politics in the Niger Delta, 1830–85*, Oxford 1956, S. 113 f.
22. Joseph Thomson, *Expedition nach den Seen von Central-Afrika in den Jahren 1878 bis 1880*, Jena [2]1886, S. 35.
23. Christopher Fyfe, *A History of Sierra Leone*, Oxford 1962, S. 411–468.
24. Dike, *Trade and Politics in the Niger Delta, 1830–85*, S. 207.
25. Thomas J. Lewin, *Asante before the British: The Prempean Years, 1875–1900*, Lawrence 1978; William Tordoff, *Ashanti under the Prempehs, 1888–1935*, London 1965.
26. Jonathon Glassman, *Feasts and Riot: Revelry, Rebellion, and Popular Consciousness on the Swahili Coast, 1856–88*, Portsmouth 1995.
27. Laura Fair, *Pastimes and Politics: Culture, Community, and Identity in Post-Abolition Urban Zanzibar, 1890–1945*, Athens 2001, S. 64–109 (Zitat auf S. 64).
28. Lynn Schler, »Bridewealth, Guns and Other Status Symbols: Immigration and Consumption in Colonial Douala«, in: *Journal of African Cultural Studies* 16, Nr. 2 (2003), 213–234.
29. Marion Johnson, »Cotton Imperialism in West Africa«, in: *African Affairs* 73, Nr. 291 (1974), S. 178–187.
30. Dietrich Bavendamm, 1894, zit. in Birgit Meyer, »Christian Mind and Worldly Matters: Religion and Materiality in the Nineteenth-Century Gold Coast«, in: Richard Fardon, Wim van Binsbergen und Rijk van Dijk (Hg.), *Modernity on a Shoestring: Dimensions of Globalization, Consump-*

tion and Development in Africa and Beyond, Leiden 1999, S. 167 ff.

31. Zit. in H. Maynard Smith, *Frank, Bishop of Zanzibar: Life of Frank Weston, D. D. 1871–1924*, London 1926, S. 187.
32. Klaus J. Bade, *Friedrich Fabri und der Imperialismus in der Bismarckzeit*, Freiburg im Breisgau 1975; Horst Gründer, *Christliche Mission und deutscher Imperialismus, 1884–1914*, Paderborn 1982.
33. Friedrich Michael Zahn, »Die Mission auf dem allgemeinen deutschen Kongress zur Förderung überseeischer Interessen«, in: *Allgemeine Missions-Zeitschrift*, Bd. 14 (1887), S. 29–48, hier S. 46.
34. Vgl. A. N. Porter, *Religion Versus Empire? British Protestant Missionaries and Overseas Expansion, 1700–1914*, Manchester 2004; Roland Oliver, *The Missionary Factor in East Africa*, London 1952.
35. Bruno Gutmann, »The African Standpoint«, in: *Africa* 8, Nr. 1 (1935), S. 1–19, hier S. 7.
36. Chika Onyeani, *Capitalist Nigger: The Road to Success*, Timbuktu 2000.
37. So benutzt James Walvin in seinem ansonsten ausgezeichneten Buch *Fruits of Empire: Exotic Produce and British Taste, 1660–1800* (London 1997, S. 174–183) die Metaphern von Ansteckung, Infektion und Erkrankung.
38. W. H. Ingrams, zit. in Fair, *Pastimes and Politics*, S. 76; vgl. Richard Austin Freeman, *Travels and Life in Ashanti and Jaman* [1898], London 1967, S. 380.
39. Godfrey Wilson, *An Essay on the Economics of Detribalization in Northern Rhodesia*, Livingstone, Nordrhodesien (Sambia), 1941, S. 20.
40. Mona Domosh hat dies »flexiblen Rassismus« genannt (*American Commodities in an Age of Empire*, New York 2006). Vgl. de Grazia, *Das unwiderstehliche Imperium.*
41. Abdul Halim Sharar, *Lucknow: The Last Phase of an Oriental Culture*, Oxford 1975, S. 73, 121–125.
42. Maya Jasanoff, *Edge of Empire: Lives, Culture, and Conquest in the East 1750–1850*, New York 2005, Kap. 2.
43. Zit. in Robin D. Jones, *Interiors of Empire: Objects, Space and Identity within the Indian Subcontinent, c. 1800–1947*, Manchester 2007, S. 95.
44. Christopher Alan Bayly, »›Archaic‹ and ›Modern‹ Globalization in the Eurasian and African Arena, ca. 1750–1850«, in: A. G. Hopkins (Hg.), *Globalization in World History*, London 2002, S. 45–72, hier S. 52.
45. Russell W. Belk, *Collecting in a Consumer Society*, London/New York 2001.
46. Hosagrahar Jyoti, »City as Durbar«, in: Nezar Al Sayyad (Hg.), *Forms of Dominance: On the Architecture and Urbanism of the Colonial Enterprise*, Aldershot 1992, S. 85–103.
47. Christopher Alan Bayly, *Rulers, Townsmen and Bazaars: North Indian Society in the Age of British Expansion 1770–1870*, Cambridge 1983.
48. Douglas Haynes, *Rhetoric and Ritual in Colonial India: The Shaping of a Public Culture in Surat City, 1852–1928*, Berkeley 1991.
49. John Crawfurd, *A Sketch of the Commercial Resources and Monetary and Mercantile System of British India* [1837], in: K. N. Chaudhuri (Hg.), *The Economic Development of India under the East India Company 1814–58: A Selection of Contemporary Writings*, Cambridge 1971, S. 233, 241.
50. Tirthankar Roy, *The Economic History of India 1857–1947*, Oxford 2006; B. R. Tomlinson, *The New Cambridge History of India*, Bd. 3.3: *The Economy of Modern India, 1860–1970*, Cambridge 1993.

51. David Cannadine, *Ornamentalism*, London 2001; *The Great Delhi Durbar of 1911*, London 1911.
52. Dies bedeutete natürlich nicht, dass Geschenke keine soziale Rolle mehr spielten (siehe Margot C. Finn, »Colonial Gifts: Family Politics and the Exchange of Goods in British India«, in: *Modern Asian Studies* 40, Nr. 1 [2006], S. 203–231).
53. Joseph A. Schumpeter, *Zur Soziologie der Imperialismen*, Tübingen 1919, S. 49.
54. Veena Talwar Oldenburg, *The Making of Colonial Lucknow 1856–1877*, Princeton 1984.
55. Haynes, *Rhetoric and Ritual in Colonial India*.
56. Christopher Alan Bayly, *The New Cambridge History of India*, Bd. 2.1: *Indian Society and the Making of the British Empire*, Cambridge 1988.
57. Rita Smith Kipp, »Emancipating Each Other: Dutch Colonial Missionaries' Encounter with Karo Women in Sumatra, 1900–1942«, in: Julia Clancy-Smith und Frances Gouda (Hg.), *Domesticating the Empire: Race, Gender, and Family Life in French and Dutch Colonialism*, Charlottesville 1998, Kap. 11.
58. Bernard S. Cohn, *Colonialism and Its Forms of Knowledge*, Princeton 1996, S. 106–162; Emma Tarlo, *Clothing Matters: Dress and Identity in India*, London 1996.
59. Abigail McGowan, »Consuming Families«, in: Douglas Haynes et al. (Hg.), *Towards a History of Consumption in South Asia*, Oxford 2010, S. 155–184.
60. Shib Chunder Bose, *The Hindoos as they Are*, London 1881, S. 191–208.
61. G. F. Shirras, *Report on an Enquiry into Working Class Budgets in Bombay*, Bombay 1923.
62. Bose, *The Hindoos as they Are*, S. 195.
63. Haruka Yanagisawa, »Growth of Small-scale Industries and Changes in Consumption Patterns in South India, 1910s–50s«, in: Haynes et al. (Hg.), *Towards a History of Consumption in South Asia*, S. 51–75.
64. Kate Platt, *The Home and Health in India and the Tropical Colonies*, London 1923, S. 16; siehe auch Elizabeth Buettner, *Empire Families: Britons and Late Imperial India*, Oxford 2004.
65. Zit. in Jones, *Interiors of Empire*, S. 1.
66. *Selections from the Calcutta Gazettes, 1784–88*, Kalkutta 1864, S. 47, 50–54, 60.
67. Jones, *Interiors of Empire*, S. 105.
68. Platt, *The Home and Health in India and the Tropical Colonies*, S. 64.
69. Edward Braddon, *Life in India* [1872], zit. in Jones, *Interiors of Empire*, S. 85.
70. Ebd.
71. Arnold Wright, *Twentieth Century Impressions of Ceylon: Its History, People, Commerce, Industries and Resources*, London 1907, S. 709 ff., für weitere Bespiele siehe S. 487, 692, 697, 720.
72. Charles Feinstein, »Changes in Nominal Wages, the Cost of Living and Real Wages in the United Kingdom over the Two Centuries, 1780–1990«, in: P. Scholliers und V. Zamagni (Hg.), *Labor's Reward: Real Wages and Economic Change in 19th- and 20th-Century Europe*, Aldershot 1995.
73. Ernst Engel, »Die Productions- und Consumtionsverhältnisse des Königreichs Sachsen«, in: *Zeitschrift des Statistischen Büreaus des K. Sächsischen Ministerium des Innern*, 22. November 1857; zu zeitgenössischen Fehlinterpretationen siehe Carle C. Zimmerman, »Ernst Engel's Law of Expenditures for Food«, in: *The Quarterly Journal of Economics* 47, Nr. 1 (November 1932), S. 78–101; zu Engels Einfluss siehe Erik Grimmer-

Solem, *The Rise of Historical Economics and Social Reform in Germany 1864–1894*, Oxford 2003.

74. Lawrence B. Glickman, *A Living Wage: American Workers and the Making of Consumer Society*, Ithaca 1997.
75. William C. Beyer, Rebekah P. Davis und Myra Thwing, *Workingmen's Standard of Living in Philadelphia: A Report by the Bureau of Municipal Research of Philadelphia*, New York 1919; zum Lohnniveau zum Zeitpunkt der Einführung von Mindestlöhnen siehe Lindley Daniel Clark, *Minimum-Wage Laws of the United States: Construction and Operation*, Washington, D. C., 1921.
76. Shirras, *Report on an Enquiry into Working Class Budgets in Bombay*, S. 14; zur Kritik am westlichen Maßstab siehe Radhakamal Mukerjee, *The Foundations of Indian Economics*, London 1916.
77. J. S. Mill, *Einige ungelöste Probleme der politischen Ökonomie* [1844], hg. von Hans G. Nutzinger, Marburg 2008, S. 80 ff.
78. William Stanley Jevons, *Die Theorie der politischen Ökonomie* [1871], Jena 1924, S. 38 f.
79. 1863, zit. in Donald Winch, *Wealth and Life: Essays on the Intellectual History of Political Economy in Britain, 1848–1914*, Cambridge 2009, S. 155.
80. R. M. Robertson, »Jevons and His Precursors«, in: *Econometrica*, Bd. 19 (1951), S. 229–249; Robert D. Collison Black, *Economic Theory and Policy in Context*, Aldershot 1995.
81. William Stanley Jevons, *The State in Relation to Labour*, London 1882, S. 41 f.
82. Lionel Robbins, »The Place of Jevons in the History of Economic Thought«, in: *The Manchester School of Economics and Social Studies*, Bd. 7, Nr. 1 (1936), S. 1–17, hier S. 1.
83. Alfred Marshall, *Handbuch der Volkswirtschaftslehre* [1890], Bd. 1, Stuttgart/Berlin 1905, S. 133, 135, 176.
84. Karl Oldenberg, »Die Konsumtion«, in: *Grundriss der Sozialökonomik*, Bd. 2, hg. von Friedrich von Gottl-Ottlilienfeld et al., Tübingen 1914, S. 103–164. Ganz ähnlich hatte der irische Ökonom Cliffe Leslie argumentiert, dass »eine Nation ohne die Gewohnheit erheblicher überflüssiger Ausgaben verarmen würde« (*Essays in Political and Moral Philosophy*, Dublin 1879, S. 223).
85. Simon N. Patten, *The Consumption of Wealth*, Philadelphia 1889, S. VI.
86. Ders., *The New Basis of Civilization*, New York 1907, S. 142 f.; vgl. Daniel M. Fox, *The Discovery of Abundance: Simon N. Patten and the Transformation of Social Theory*, Ithaca 1967.
87. *Current Opinion*, 54 (1913), S. 51 f.
88. T. H. Marshall, *Bürgerrechte und soziale Klassen. Zur Soziologie des Wohlfahrtsstaates*, Frankfurt am Main 1992.
89. Charles Gide, *La Cooperation. Conférences de propaganda*, Paris 1900, S. 227.
90. Ellen Furlough, *Consumer Cooperation in France: The Politics of Consumption 1834–1930*, Ithaca 1991, S. 80–97.
91. Kathryn Kish Sklar, *Florence Kelley and the Nation's Work*, New Haven 1995.
92. Elisabeth von Knebel Doeberitz, »Die Aufgabe und Pflicht der Frau als Konsument«, in: *Hefte der Freien Kirchlich-Sozialen Konferenz*, 40 (1907), S. 39.
93. Alain Chatriot, Marie-Emmanuelle Chessel und Matthew Hilton (Hg.), *Au nom du consommateur. Consommation et politique en Europe et aux États-Unis au XX Siècle*, Paris 2004; Louis L. Athey, »From Social Conscience to

Social Action: The Consumers' Leagues in Europe. 1900–1914«, in: *The Social Service Review* 52, Nr. 3 (1978), S. 362–382; Matthew Hilton, *Consumerism in Twentieth-Century Britain*, Cambridge 2003.

94. *La Liberté* 26. September 1908, S. 1.

95. Women's Co-operative Guild, *28th Annual Report, 1910–11*; Gillian Scott, *Feminism and the Politics of Working Women: The Women's Co-operative Guild, 1880s to the Second World War*, London 1998.

96. Teresa Billington Greig, *The Consumer in Revolt*, London 1912, S. 4, 52.

97. John A. Hobson, *Der Imperialismus* [1902], Köln/Berlin 1968, S. 77, 92.

98. Ders., *Evolution of Modern Capitalism*, London 1897, S. 368–377; ders., *Work and Wealth: A Human Valuation*, London 1914.

99. Vgl. die folgenden Anmerkungen sowie Benjamin S. Orlove, »Meat and Strength: The Moral Economy of a Chilean Food Riot«, in: *Cultural Anthropology* 12, Nr. 2 (1997), S. 234–268.

100. Christoph Nonn, *Verbraucherprotest und Parteiensystem im wilhelminischen Deutschland*, Düsseldorf 1996, S. 78.

101. Marie-Emmanuelle Chessel, *Consommateurs engagés à la Belle époque. La Ligue sociale d'acheteurs*, Paris 2012; dies., »Women and the Ethics of Consumption in France at the Turn of the Twentieth Century«, in: Frank Trentmann (Hg.), *The Making of the Consumer: Knowledge, Power and Identity in the Modern World*, Oxford 2006, S. 81–98.

102. Walter E. Weyl, *The New Democracy: An Essay on Certain Political and Economic Tendencies in the United State*, New York 1912, S. 254.

103. Die Bezeichnung als »wichtigste Person« stammt von dem Chemieunternehmer Alfred Mond (Frank Trentmann, *Free Trade Nation: Commerce, Consumption, and Civil Society in Modern Britain*, Oxford 2008).

104. Michael Edelstein, *Overseas Investment in the Age of High Imperialism*, New York 1982; Lance E. Davis und Robert A. Huttenback, *Mammon and the Pursuit of Empire*, Cambridge 1986; Avner Offer, »Costs and Benefits, Prosperity, and Security, 1870–1914«, in: *The Oxford History of the British Empire*, Bd. 3, hg. von Andrew Porter, Oxford 1999, S. 690–711.

105. Stephen Constantine, »›Bringing the Empire Alive‹: The Empire Marketing Board and Imperial Propaganda, 1926–33«, in: John M. MacKenzie (Hg.), *Imperialism and Popular Culture*, Manchester 1986, S. 192–231; Trentmann, *Free Trade Nation.*

106. Trevor Burnard, *Mastery, Tyranny, and Desire: Thomas Thistlewood and His Slaves in the Anglo-Jamaican World*, Jamaika 2004.

107. Joanna de Groot, »Metropolitan Desires and Colonial Connections«, in: Catherine Hall und Sonya Rose (Hg.), *At Home with the Empire*, Cambridge 2006, S. 186.

108. Mintz, *Die süße Macht*, S. 189.

109. Von 731 000 Pfund 1745 auf 2 359 000 Pfund im folgenden Jahr (Ashworth, *Customs and Excise*, S. 178).

110. Kwass, *Contraband.*

111. Clarence-Smith, *Cocoa and Chocolate, 1765–1914*; ders. und Steven Topik (Hg.), *The Global Coffee Economy in Africa, Asia, and Latin America, 1500–1989.*

112. Ernst Neumann, *Der Kaffee. Seine geographische Verbreitung, Gesamtproduktion und Konsumtion*, Berlin 1930,

S. 141 ff.; die französische Zahl ist für das Jahr 1927.

113. Neumann, *Der Kaffee*, S. 69, 151. Dänemark besaß kleine Kolonien auf den Jungferninseln, von denen es Rum bezog, aber Kaffee importierte es überwiegend aus Brasilien und Guatemala.

114. Michelle Craig McDonald und Steven Topik, »Americanizing Coffee«, in: Alexander Nützenadel und Frank Trentmann (Hg.), *Food and Globalization: Consumption, Markets and Politics in the Modern World*, Oxford 2008, S. 109–128.

115. Martin Bruegel, »A Bourgeois Good? Sugar, Norms of Consumption and the Labouring Classes in Nineteenth-Century France«, in: Peter Scholliers (Hg.), *Food, Drink and Identity: Cooking, Eating and Drinking in Europe Since the Middle Ages*, Oxford 2001, S. 99–118.

116. Hamburger Staatsarchiv, 314–1/B VIII, Nr. 8, »Berichte von Angestellten der Deputation über Konsumverhältnisse in ihnen bekannten Orten«, 20. Mai 1878.

117. Julia Laura Rischbieter, »Kaffee im Kaiserreich«, Dissertation, Frankfurt/Oder 2009, S. 283; dies., *Mikro-Ökonomie der Globalisierung. Kaffee, Kaufleute und Konsumenten im Kaiserreich 1870–1914*, Köln 2011; Hamburger Staatsarchiv, 314–1/B VIII, Nr. 8, 12. Mai 1878 (über Magdeburg); zu Weinbrand und Kaffee in Frankreich siehe W. Scott Haine, *The World of the Paris Cafe: Sociability among the French Working Class, 1789–1914*, Baltimore 1998.

118. In Essen wurde der Ausschank von Bier während der Arbeitszeit erst 1910 beendet.

119. Beispielsweise das St.-Georg-Krankenhaus in Hamburg im Jahr 1875 (Hamburger Staatsarchiv, HH 314–1, B VIII, Nr. 19).

120. *Illustrated London News*, August 1885; *The Graphic*, 19. September 1896; *Penny Illustrated Paper*, 1. August 1896, S. 66, und 26. Oktober 1901, S. 272.

121. Roman Rossfeld, *Schweizer Schokolade. Industrielle Produktion und kulturelle Konstruktion eines nationalen Symbols, 1860–1920*, Baden 2007.

122. Jan De Vries, *The Economy of Europe in an Age of Crisis, 1600–1750*, Cambridge 1976, S. 71 ff.

123. J. R. Peet, »The Spatial Expansion of Commercial Agriculture in the Nineteenth Century«, in: *Economic Geography* 45 (1969), S. 283–301.

124. David T. Courtwright, *Forces of Habit: Drugs and the Making of the Modern World*, Cambridge 2001, S. 53–66.

125. Vgl. David Anderson et al., *The Khat Controversy: Stimulating the Debate on Drugs*, Oxford 2007.

126. Erika Rappaport, »Packaging China: Foreign Articles and Dangerous Tastes in the Mid-Victorian Tea Party«, in: Trentmann (Hg.), *The Making of the Consumer*, S. 125–146, hier S. 131.

127. Peter H. Hoffenberg, *An Empire on Display: English, Indian, and Australian Exhibitions from the Crystal Palace to the Great War*, Berkeley 2001, S. 115.

128. Das heißt, die koloniale Herkunft blieb wichtig, soweit sie die weiße, angelsächsische Kontrolle über die Wertkette signalisierte. Dies umfasste auch weiße Siedlerkolonien wie im Fall des »kanadischen Lachses«.

129. Kolleen M. Guy, *When Champagne Became French: Wine and the Making of a National Identity*, Baltimore 2003.

130. Kai-Uwe Hellmann, *Soziologie der Marke*, Frankfurt am Main 2003, Teil 1.

131. Zit. in Manuel Llorca-Jana, *The British Textile Trade in South America in the*

Nineteenth Century, Cambridge 2012, S. 92.

132. John Potter Hamilton, *Reise durch die innern Provinzen von Columbien*, Weimar 1828, S. 113, 320 f., 354; vgl. Ana Maria Otero-Cleves, »From Fashionable Pianos to Cheap White Cotton: Consuming Foreign Commodities in Nineteenth-Century Colombia«, Dissertation, Oxford 2011.

133. Benjamin Orlove (Hg.), *The Allure of the Foreign: Imported Goods in Postcolonial Latin America*, Ann Arbor 1997.

134. Gary Magee und Andrew Thompson, *Empire and Globalisation: Networks of People, Goods and Capital in the British World, c. 1850–1914*, Cambridge 2010; »Round-Table«, in: *Britain and the World*, Bd. 3, Nr. 1 (September 2010), S. 139–160.

135. Richard Wilk, *Home Cooking in the Global Village: Caribbean Food from Buccaneers to Ecotourists*, Oxford/New York 2006; vgl. Foster, »Tracking Globalization«.

136. Thomas Richards, *The Commodity Culture of Victorian England: Advertising and Spectacle, 1851–1914*, Stanford 1990, S. 144.

137. Anne McClintock, *Imperial Leather: Race, Gender and Sexuality in the Colonial Contest*, London 1995, S. 36.

138. *The Whitehall Review Annual, 1881–82*, in: Anandi Ramamurthy, *Imperial Persuaders: Images of Africa and Asia in British Advertising*, Manchester 2003, S. 67.

139. *Penny Illustrated Paper*, 23. Februar 1901, S. 144; 26. Oktober 1901, S. 272.

140. *The Times*, 24. Oktober 1910, S. 14.

141. Arthur Girault, *The Colonial Tariff Policy of France*, Oxford 1916; Rae Beth Gordon, »Natural Rhythm: La Parisienne Dances with Darwin, 1875–1910«, in: *Modernism/Modernity* 10, Nr. 4 (2003), S. 617–656.

142. Deutsches Historisches Museum, Berlin, P 57/1452 (Hofer, Kaffee-Messmer); Rischbieter, »Kaffee im Kaiserreich«, S. 227–231; Volker Ilgen und Dirk Schindelbeck, *Am Anfang war die Litfasssäule*, Darmstadt 2006, Abbildung 13 (Stollwerck). Unter den 400 Kaffee- und Kakaoplakaten in der Sammlung von Les Arts Decoratifs in Paris sind ebenfalls nur eine Handvoll mit exotischen Motiven; das undatierte Bild der Cafés du Comptoir des Colonies ist von Edward Ancourt (Inv. Nr. 12115). Manche Kaffeehersteller behielten eine »Mohren«-Assoziation bei, aber auch in diesen Fällen konnten ethnisches Bild und regionaler Ursprung durcheinandergeraten, wie beim »Mohren-Kaffee« von A. L. Mohr, Hamburg-Bahrenfeld, einer Mischung aus echten Kaffeebohnen und Ersatzstoffen, durch die, laut Werbung, ein kräftigerer Geschmack als mit echten Bohnen von durchschnittlicher Qualität erreicht wurde.

143. Jonathan Morris, »La globalizzazione dell'espresso italiano«, in: *Memoria e Ricerca*, Nr. 23 (2006), S. 27–47.

4 Städte

1. Sombart, *Luxus und Kapitalismus*, S. 28–41.
2. Max Weber, *Wirtschaft und Gesellschaft*, Tübingen 1922, S. 515.
3. Bairoch, *De Jéricho à Mexico*, S. 373–376, 516–542; zu den unterschiedlichen Stadttypen siehe Jürgen Osterhammel, *Die Verwandlung der Welt*, München 2009, Abschnitt 6.
4. Julius Rodenberg, »Die vierundzwanzig Stunden von Paris«, in: Ders. (Hg.), *Paris bei Sonnenschein und Lampenlicht*, Berlin 1867, S. 1–54, hier S. 40. Rodenberg spricht von 40000 Straßenlaternen. Tatsächlich waren es halb so viele (siehe die Quellen in der folgenden Anmerkung).
5. Commission internationale de l'éclairage, *Recueil des Travaux et Compte Rendu des séances, Sixième session, Genève – Juillet 1924*, Cambridge 1926, S. 288; Léon Clerbois, »Histoire de l'éclairage public a Bruxelles«, in: *Annales de la société d'archéologie de Bruxelles* 24 (1910), S. 175.
6. *The Gas World Year Book 1913*, London 1913; Juan Carlos Toer et al. (Hg.), *Gas Stories in Argentina, 1823–1998*, Buenos Aires 1998. Die Elektrizität verbreitete sich später und wird im Kapitel über das Zuhause behandelt; zu den Stromnetzen siehe Thomas P. Hughes, *Networks of Power: Electrification in Western Society, 1880–1930*, Baltimore 1983.
7. *The Journal of Gas Lighting, Water Supply & Sanitary Improvement*, 110 (1910), 10. Mai 1910, S. 371–375; John F. Wilson, *Lighting the Town: A Study of Management in the North West Gas Industry 1805–1880*, Liverpool 1991, S. 167; Charles W. Hastings (Hg.), *Gas Works Statistics for the Year … (1880, 1884); The Gas World Year Book 1913; Gas in Home, Office and Factory: Hints on Health, Comfort and Economy: Popular Lectures at the National Gas Congress and Exhibition, London, October 1913*, London 1913.
8. J. T. Fanning, *A Practical Treatise on Hydraulic and Water-Supply Engineering*, New York [15]1902, S. 41.
9. Richard L. und Claudia L. Bushman, »The Early History of Cleanliness in America«, in: *The Journal of American History* 74, Nr. 4 (1988), S. 1213–1238; siehe auch Elizabeth Shove, *Comfort, Cleanliness and Convenience: The Social Organisation of Normality*, Oxford 2003.
10. John Simon, *English Sanitary Institutions*, London [2]1897, S. 466.
11. Jean-Pierre Goubert, *The Conquest of Water: The Advent of Health in the Industrial Age*, Princeton 1989, S. 150 f.
12. A. R. Binnie, *Royal Commission on Metropolitan Water Supply 1894–94*, 40, Teil 1, 18. Juni 1892, § 3235.
13. Elizabeth Otis Williams, *Sojourning, Shopping and Studying in Paris: A Handbook Particularly for Women*, London 1907, S. 34; Shanghai Municipal Council, *Report for the Year 1935*, S. 188; Hanchao Lu, »The Significance of the Insignificant: Reconstructing the Daily Lives of the Common People of China«, in: *China. An International Journal* 1, Nr. 1 (2003), S. 144–158; Goubert, *The Conquest of Water*, S. 62.
14. Shanghai Municipal Council, *Report for the Year 1905*, S. 152; Shahrooz Mohajeri, *100 Jahre Berliner Wasserversorgung und Abwasserentsorgung 1840–1940*, Stuttgart 2005, S. 71 f.; Maureen Ogle,

»Water Supply, Waste Disposal, and the Culture of Privatism in the Mid-Nineteenth-Century American City«, in: *Journal of Urban History* 25, Nr. 3 (1999), S. 321–347; R. Wilkinson und E. M. Sigsworth, »A Survey of Slum Clearance Areas in Leeds«, in: *Yorkshire Bulletin of Social and Economic Research* 15, Nr. 1 (1963), S. 25–47; Clemens Zimmermann, *Von der Wohnungsfrage zur Wohnungspolitik*, Göttingen 1991; Petri S. Juuti und Tapio S. Katko (Hg.), *From a Few to All: Long-Term Development of Water and Environmental Services in Finland*, Kangasala 2004, S. 19 f.; dies. (Hg.), *Water, Time and European Cities*, Tampere 2005.

15. Ruth Rogaski, *Hygienic Modernity: Meanings of Health and Disease in Treaty-Port China*, Berkeley 2004, S. 212–224; Sidney D. Gamble, *Peking: A Social Survey*, London 1921, S. 31.
16. Frederick Bramwell im Jahr 1900 in einer Denkschrift an die Royal Commission on Water Supply (Royal Commission on Water Supply [1900], »Final Report«, Bd. 39, Anhang Z, 6, S. 406).
17. Vanessa Taylor und Frank Trentmann, »Liquid Politics: Water and the Politics of Everyday Life in the Modern City«, in: *Past & Present* 211 (2011), S. 199–241.
18. Ruth Schwartz Cowan, »The Consumption Junction: A Proposal for Research Strategies in the Sociology of Technology«, in: Wiebe E. Bijker, Thomas P. Hughes und Trevor J. Pinch (Hg.), *The Social Construction of Technological Systems: New Directions in the Sociology and History of Technology*, Cambridge 1987, S. 261–280.
19. Clémentine Deroudille, *Brassens. Le libertaire de la chanson*, Paris 2011, S. 26 f.
20. Constance Williams und Arthur Martin, in: *Gas in Home Office and Factory*, S. 49–72; siehe auch Martin Daunton, *House and Home in the Victorian City*, London 1983; Judith Flanders, *The Victorian House: Domestic Life from Childbirth to Deathbed*, London 2004, S. 168–173.
21. Henry Letheby, »Report on the Coal Gas supplied to the City of London«, London 1854; John Simon, »Report by the Medical Officer of Health on Complaints of Nuisance from the City of London Gas Company's Works«, London 1855; Toer et al. (Hg.), *Gas Stories in Argentina, 1823–1998*.
22. Manuel Charpy, »Le théâtre des objets. Espaces privés, culture matérielle et identité bourgeoise, Paris 1830–1914«, Dissertation, Université François-Rabelais de Tours, 2010, Bd. 1, S. 249–271.
23. Jun'ichirō Tanizaki, *Lob des Schattens. Entwurf einer japanischen Ästhetik* [1933], Zürich 2010.
24. Jens Hanssen, *Fin de Siecle Beirut: The Making of an Ottoman Provincial Capital*, Oxford 2005, S. 200.
25. Edward Seidensticker, *Low City, High City: Tokyo from Edo to the Earthquake*, London 1983, S. 80 f.; Haydn T. Harrison, »Street Lighting«, in: Commission internationale de l'éclairage, *Recueil des Travaux et Compte Rendu des séances, Sixième session, Genève – Juillet 1924*, S. 277.
26. *The Journal of Gas Lighting, Water supply & Sanitary Improvement*, 112 (1910), S. 471 ff.
27. Lynda Nead, *Victorian Babylon: People, Streets and Images in Nineteenth-Century London*, New Haven/London 2000; Joachim Schlör, *Nachts in der großen Stadt. Paris, Berlin, London 1840–1930*, München/Zürich 1991; Wolfgang Schivelbusch, *Lichtblicke. Zur künstlichen Helligkeit im 19. Jahrhundert*, München 1983;

Chris Otter, *The Victorian Eye: A Political History of Light and Vision in Britain, 1800–1910*, Chicago 2008.

28. Robert Millward, »European Governments and the Infrastructure Industries, c. 1840–1914«, in: *European Review of Economic History* 8 (2004), S. 3–28; siehe auch Martin V. Melosi, *The Sanitary City*, Baltimore 2000.
29. P. J. Waller, *Town, City, and Nation: England 1850–1914*, Oxford 1983, S. 300; Robert Millward und Robert Ward, »From Private to Public Ownership of Gas Undertakings in England and Wales, 1851–1947«, in: *Business History* 35, Nr. 3 (1993), S. 1–21; Wilson, *Lighting the Town.*
30. John Henry Gray, *Die Stellung der Privaten Beleuchtungsgesellschaften zu Stadt und Staat*, Jena 1893; Martin Daunton, »The Material Politics of Natural Monopoly: Consuming Gas in Victorian Britain«, in: Ders. und Matthew Hilton (Hg.), *The Politics of Consumption: Material Culture and Citizenship in Europe and America*, Oxford 2001, S. 69–88.
31. W. H. Y. Webber, »Gas Meter«, und John Young, »Hints to Gas Consumers«, in: *Gas in Home, Office and Factory*, S. 85–99; Graeme J. N. Gooday, *The Morals of Measurement: Accuracy, Irony, and Trust in Late Victorian Electrical Practice*, Cambridge 2004.
32. Christopher Hamlin, »Muddling in Bumbledom: On the Enormity of Large Sanitary Improvements in Four British Towns, 1855–1885«, in: *Victorian Studies* 32 (1988), S. 55–83; M. J. Daunton, »Public Place and Private Space: The Victorian City and the Working-Class Household«, in: Derek Fraser und Anthony Sutcliffe (Hg.), *The Pursuit of Urban History*, London 1983.
33. Taylor und Trentmann, »Liquid Politics«.
34. Archibald Dobbs, *By Meter or Annual Value?*, London 1890, S. 30 (Hervorhebung von mir – F. T.).
35. James H. Fuertes, *Waste of Water in New York and Its Reduction by Meters and Inspection: Report to the Committee on Water-Supply of the Merchants' Association of New York*, New York 1906, S. 84.
36. Royal Commission on Metropolitan Water Supply 1893–94, 40, Teil 1, Protokolle, 5. Oktober 1892, S. 7353 f.
37. Royal Commission on Water Supply (1900), Cd. 25, Final Report, Paragraph 178, S. 74.
38. Fuertes, *Waste of Water in New York and Its Reduction by Meters and Inspection*, S. 100.
39. Ebd., S. 56.
40. Ebd., S. 42.
41. Royal Commission on Water Supply (1900), Cd. 25, Final Report, Paragraphen 176–180; siehe auch W. R. Baldwin-Wiseman, »The Increase in the National Consumption of Water«, in: *Journal of the Royal Statistical Society* 72, Nr. 2 (1909), S. 248–303, hier S. 259.
42. Royal Commission on Metropolitan Water Supply, 1893–94, 40, Teil 1, 5. Oktober 1892, S. 7358.
43. Patrick Joyce, *The Rule of Freedom: Liberalism and the Modern City*, London 2003; Tom Crook, »Power, Privacy and Pleasure: Liberalism and the Modern Cubicle«, in: *Cultural Studies* 21, Nr. 4–5 (2007), S. 549–569.
44. Richard Wollheim, *Germs: A Memoir of Childhood*, London 2004, S. 132; Fuertes, *Waste of Water in New York and Its Reduction by Meters and Inspection*, S. 30; Goubert, *The Conquest of Water*, S. 131.
45. Roger-Henri Guerrand, *Les Lieux. Histoire des Commodités*, Paris 1997, S. 157.
46. Mathilde Thiele und Wilhelm Schi-

ckenberg, *Die Verhältnisse von 534 stadthannoverschen kinderreichen Kriegerfamilien*, Hannover 1919, S. 8; Clemens Wischermann, *Wohnen in Hamburg*, Münster 1983.

47. Interview Nr. 28, P. Thompson und T. Lummis, *Family Life and Work Experience Before 1918, 1870–1973*, Colchester, Essex, UK Data Archive.
48. Madeleine Yue Dong, *Republican Beijing: The City and Its Histories*, Berkeley 2003, Kap. 6; zum Vergnügungspark siehe Gamble, *Peking*, S. 235–239.
49. Claire Holleran, *Shopping in Ancient Rome: The Retail Trade in the Late Republic and the Principate*, Oxford 2012.
50. Sombart, *Luxus und Kapitalismus.*
51. Rosalind H. Williams, *Dream Worlds: Mass Consumption in Late Nineteenth-Century France*, Berkeley 1982, S. 67.
52. Suraiya Faroqhi, *Towns and Townsmen of Ottoman Anatolia: Trade, Crafts and Food Production in an Urban Setting 1520–1650*, Cambridge 1984.
53. Claire Walsh, »The Newness of the Department Store: A View from the Eighteenth Century«, in: Geoffrey Crossick und Serge Jaumain (Hg.), *Cathedrals of Consumption: The European Department Store, 1850–1939*, Aldershot 1999, S. 46–71; Claire Walsh, »Shops, Shoppping, and the Art of Decision Making in Eighteenth-Century England«, in: John Styles und Amanda Vickery (Hg.), *Gender, Taste, and Material Culture in Britain and North America, 1700–1830*; Welch, *Shopping in the Renaissance;* Jon Stobart, *Sugar and Spice: Grocers and Groceries in Provincial England, 1650–1830*; Tammy Whitlock, *Crime, Gender and Consumer Culture in Nineteenth-Century England*, Aldershot 2005; Karen Newman, *Cultural Capitals: Early Modern London and Paris*, Princeton 2007; John Benson und Laura Ugolini (Hg.), *A Nation of Shopkeepers: Five Centuries of British Retailing*, London 2003; Isobel Armstrong, *Victorian Glassworlds: Glass Culture and the Imagination 1830–1880*, Oxford 2008, S. 134–141.
54. Die Literatur zum Thema Kaufhaus ist zu umfangreich, um hier alle Schriften anführen zu können. Neben den in späteren Anmerkungen genannten habe ich mich vor allem auf folgende Werke gestützt: Michael B. Miller, *The Bon Marché: Bourgeois Culture and the Department Store, 1869–1920*, London 1981; Crossick und Jaumain (Hg.), *Cathedrals of Consumption;* Bill Lancaster, *The Department Store*, Leicester 1995; Hrant Pasdermadjian, *Das Warenhaus. Entstehung, Entwicklung und wirtschaftliche Struktur*, Köln/Opladen 1954; Erika D. Rappaport, *Shopping for Pleasure: Women and the Making of London's West End*, Princeton 2000.
55. Richard Dennis, *Cities in Modernity: Representations and Productions of Metropolitan Space, 1840–1930*, Cambridge 2008, S. 311; siehe auch Richards, *The Commodity Culture of Victorian England.*
56. Roger Gravil, *The Anglo-Argentine Connection 1900–39*, Boulder 1985, S. 92 ff., 107; Wellington K. K. Chan, »Selling Goods and Promoting a New Commercial Culture«, in: Sherman Cochran (Hg.), *Inventing Nanjing Road: Commercial Culture in Shanghai, 1900–1945*, Ithaca 1999, S. 19–36.
57. Harrod's Stores Ltd, *Harrod's Catalogue 1895*, Newton Abbot 1972 (Faksimile), S. 816, 879, 1128, 1156.
58. Harrod's Stores Ltd, *A Story of British Achievement, 1849–1949*, London 1949.
59. *Olivia's Shopping and How She Does It:*

A Prejudiced Guide to the London Shops, London 1906, S. 62 f.; zu Abverkäufen und Krediten im 18. Jahrhundert siehe Natacha Coquery, *Tenir boutique à Paris au XVIIIe siècle. Luxe et demi-luxe*, Paris 2011, Kap. 7.

60. Émile Zola, *Das Paradies der Damen*, Berlin 2002, S. 511 f., 538, 540.
61. Ebd., S. 101, 136; zur »Maschine« siehe S. 74 f., 124, 129, 299, 425, 456; zum »Meer« siehe S. 513, 550 f.
62. So in Benito Pérez Galdós' Roman *La de Bringas* (1884). Vgl. Lara Anderson, *Allegories of Decadence in Fin-de-siecle Spain: The Female Consumer in the Novels of Emilia Pardo Bazan and Benito Perez Galdos*, Dyfed 2006.
63. Miles Ogborn, *Spaces of Modernity: London Geographies, 1680–1780*, New York 1998, S. 116–157.
64. Nead, *Victorian Babylon*, S. 62–79; Krista Lysack, *Come Buy, Come Buy: Shopping and the Culture of Consumption in Victorian Women's Writing*, Athens 2008.
65. Zola, *Das Paradies der Damen*, S. 544; Elaine Abelson, *When Ladies Go A-Thieving*, Oxford 1989; Detlef Briesen, *Warenhaus, Massenkonsum und Sozialmoral. Zur Geschichte der Konsumkritik im 20. Jahrhundert*, Frankfurt am Main 2001; Uwe Spiekermann, »Theft and Thieves in German Department Stores, 1895–1930«, in: Crossick und Jaumain (Hg.), *Cathedrals of Consumption*, S. 135–159; vgl. auch Mona Domosh, »The ›Women of New York‹: A Fashionable Moral Geography«, in: *Environment and Planning D: Society and Space* 19 (2001), S. 573–592.
66. Paul Göhre, *Das Warenhaus*, Frankfurt am Main 1907.
67. Georg Simmel, *Die Philosophie des Geldes*, Leipzig [2]1907, S. 264–266, 511–529 (Hervorhebung im Original).
68. Walter Benjamin, *Das Passagen-Werk*, hg. von Rolf Tiedemann, in: Ders., *Gesammelte Schriften*, Bd. 5, Frankfurt am Main 1982, K 1, 4.
69. Ebd., K 1, 4, L 1, 3, L 1, 6, L 2, 4.
70. Ebd., R 2, 3.
71. Ebd., A 4, 1; vgl. auch A 12, 5; zu unterschiedlichen Interpretationen siehe Beatrice Hanssen (Hg.), *Walter Benjamin and The Arcades Project*, London 2006; Susan Buck-Morss, *Dialektik des Sehens. Walter Benjamin und das Passagen-Werk*, Frankfurt am Main 1993; Esther Leslie, *Walter Benjamin*, London 2007; dies., »Flaneurs in Paris and Berlin«, in: Rudy Koshar (Hg.), *Histories of Leisure*, Oxford/New York 2002.
72. Benjamin, *Das Passagen-Werk*, J 81 a, 1.
73. Rappaport, *Shopping for Pleasure*, S. 132–141.
74. Göhre, *Das Warenhaus*, S. 141 f.; Warren G. Breckman, »Disciplining Consumption: The Debate About Luxury in Wilhelmine Germany, 1890–1914«, in: *Journal of Social History* 24, Nr. 3 (1991), S. 485–505.
75. Rachel Morley, »Crime without Punishment: Reworkings of Nineteenth-Century Russian Literary Sources in Evgenii Bauer's *Child of the Big City*«, in: Stephen Hutchings und Anat Vernitski (Hg.), *Russian and Soviet Film Adaptations of Literature, 1900–2001*, London 2004, S. 27–43.
76. Julius Hirsch, »Das Warenhaus in Westdeutschland. Seine Organisation und Wirkungen«, Dissertation, 1909, S. 28. In Les Grands Magasins du Louvre in Paris betrug der durchschnittliche Preis eines Einkaufs 20 Franc.
77. Ein Wortspiel mit »to tailor«, (maß) schneidern (zit. in Susan Matt, *Keeping up with the Joneses: Envy in American Consumer Society, 1890–1930*, Philadelphia 2003, S. 78).

78. Brent Shannon, »ReFashioning Men: Fashion, Masculinity, and the Cultivation of the Male Consumer in Britain, 1860–1914«, in: *Victorian Studies* 46, Nr. 4 (2004), S. 597–630; Christopher Breward, *The Hidden Consumer: Masculinities, Fashion and City Life 1860–1914*, Manchester 1999.
79. E. E. Perkins, *The Lady's Shopping Manual and Mercery Album*, London 1834, S. VI.
80. Margot C. Finn, *The Character of Credit: Personal Debt in English Culture, 1740–1914*, Cambridge 2003, S. 264–273; Whitlock, *Crime, Gender and Consumer Culture in Nineteenth-Century England*.
81. Fred W. Leigh, *»Let's Go Shopping«*, London 1913.
82. Uwe Spiekermann, *Basis der Konsumgesellschaft. Entstehung und Entwicklung des modernen Kleinhandels in Deutschland, 1850–1914*, München 1999, S. 380 f.
83. William Leach, *Land of Desire: Merchants, Power, and the Rise of a New American Culture*, New York 1994, S. 62.
84. Sarah Elvins, *Sales and Celebrations: Retailing and Regional Identity in Western New York State, 1920–40*, Athens 2004.
85. Huda Sha'arawi, *Harem Years: The Memoirs of an Egyptian Feminist, 1879–1924*, zit. in Reina Lewis und Nancy Micklewright (Hg.), *Gender, Modernity, Liberty: Middle Eastern and Western Women's Writings*, London 2006, S. 192; zu Verkäufern siehe Nancy Young Reynolds, »Commodity Cultures: Interweavings of Market Cultures, Consumption Practices, and Social Power in Egypt, 1907–61«, Dissertation, Stanford 2003, Kap. 3.
86. Werner Sombart, *Der Moderne Kapitalismus*, Bd. 2: *Das europäische Wirtschaftsleben im Zeitalter des Frühkapitalismus, vornehmlich im 16., 17. und 18. Jahrhundert*, München [2]1916, 1. Halbbd., Kap. 28.
87. T. K. Dennison, *The Institutional Framework of Russian Serfdom*, Cambridge 2011, S. 199–212.
88. David Blanke, *Sowing the American Dream: How Consumer Culture Took Root in the Rural Midwest*, Athens 2000; siehe auch Roman Sandgruber, *Die Anfänge der Konsumgesellschaft. Konsumgütergesellschaft, Lebensstandard und Alltagskultur in Österreich im 18. und 19. Jahrhundert*, Wien 1982; Michael Prinz (Hg.), *Der lange Weg in den Überfluss. Anfänge und Entwicklung der Konsumgesellschaft seit der Vormoderne*, Paderborn 2003.
89. John Benson, »Large-Scale Retailing in Canada«, in: Ders. und Gareth Shaw (Hg.), *The Evolution of Retail Systems, c. 1800–1914*, Leicester 1992, S. 190 ff.
90. Karl Marx, *Das Kapital* S. 356; siehe auch Braudel, *Die Geschichte der Zivilisation*, 8. Teil.
91. Sombart, *Der Moderne Kapitalismus*, Bd. 2: *Die Theorie der kapitalistischen Entwicklung*, Leipzig 1902, S. 379; Miller, *The Bon Marché*, S. 61 f.
92. Harvey Pitcher, *Muir and Mirrielees: The Scottisch Partnership that Became a Household Name in Russia*, Cromer 1994, S. 145 ff.
93. Rita Andrade, »Mappin Stores: Adding an English Touch to the Sao Paulo Fashion Scene«, in: Regina A. Root (Hg.), *The Latin American Fashion Reader*, Oxford 2005, Kap. 10; Orlove (Hg.), *The Allure of the Foreign*; Christine Ruane, »Clothes Shopping in Imperial Russia: The Development of a Consumer Culture«, in: *Journal of Social History* 28, Nr. 4 (1995), S. 765–782.

94. Reynolds, »Commodity Cultures«, S. 75–88; zur Modernisierung Kairos unter Ismail Pascha siehe Janet L. Abu-Lughod, *Cairo: 1001 Years of the City Victorious*, Princeton 1971, S. 98–117.
95. James Jefferys, *Retail Trading in Britain, 1850–1950*, Cambridge 1954, S. 21–30.
96. Spiekermann, *Basis der Konsumgesellschaft;* Heinz-Gerhard Haupt, »Der Laden«, in: Ders. (Hg.), *Orte des Alltags*, München 1994, S. 61–67; ders. und Geoffrey Crossick (Hg.), *Die Kleinbürger. Eine europäische Sozialgeschichte des 19. Jahrhunderts*, München 1998.
97. Martin Philips, »The Evolution of Markets and Shops in Britain«, in: Benson und Shaw (Hg.), *The Evolution of Retail Systems, c. 1800–1914*, S. 54; vgl. auch Margot Finn, »Scotch Drapers and the Politics of Modernity«, in: Martin J. Daunton und Matthew Hilton (Hg.), *The Politics of Consumption: Material Culture and Citizenship in Europe and America*, Oxford 2001, S. 89–107; Charlotte Niermann, »›Gewerbe im Umherziehen‹ – Hausierer und Wanderlager in Bremen vor 1914«, in: Heinz-Gerhard Haupt (Hg.), *Der Bremer Kleinhandel um 1900*, Bremen 1982, S. 207–255.
98. Spiekermann, *Basis der Konsumgesellschaft*, S. 277–295, 382–415, 736–741.
99. George Jacob Holyoake, *Inaugural Address Delivered at the Nineteenth Annual Co-operative Congress, Carlisle*, Manchester 1887, S. 11.
100. G. D. H. Cole, *A Century of Co-operation*, London 1944; Ellen Furlough und Carl Strikwerda (Hg.), *Consumers against Capitalism? Consumer Cooperation in Europe, North America, and Japan, 1840–1990*, Lanham/Oxford 1999; Michael Prinz, *Brot und Dividende. Konsumvereine in Deutschland und England vor 1914*, Göttingen 1996; Martin Purvis, »Societies of Consumers and Consumer Societies: Co-operation, Consumption and Politics in Britain and Continental Europe c. 1850–1920«, in: *Journal of Historical Geography* 24, Nr. 2 (1998), S. 147–169.
101. James Schmiechen und Kenneth Carls, *The British Market Hall*, New Haven 1999; Andrew Lohmeier, »Bürgerliche Gesellschaft and Consumer Interests: The Berlin Public Market Hall Reform, 1867–1891«, in: *Business History Review* 73, Nr. 1 (1999), S. 91–113.
102. Edgar Lange, 1911, zit. in Spiekermann, *Basis der Konsumgesellschaft*, S. 183.
103. Henri Lefebvre, *The Production of Space*, Oxford 1991.
104. Shanghai Municipal Council, *Report for the Year 1929*, S. 169–172.
105. Rosemary Bromley, »Market-place Trading and the Transformation of Retail Space in the Expanding Latin American City«, in: *Urban Studies* 35, Nr. 8 (1998), S. 1311–1333; G. M. Zinkhan, S. M. Fontenelle und A. L. Balazs, »The Structure of Sao Paolo Street Markets«, in: *The Journal of Consumer Affairs* 33, Nr. 1 (1999), S. 3–26.
106. Schmiechen und Carls, *The British Market Hall*, S. 192.
107. Christina M. Jiménez, »From the Lettered City to the Sellers' City: Vendor Politics and Public Space in Urban Mexico, 1880–1926«, in: Gyan Prakash und Kevin M. Kruse (Hg.), *The Spaces of the Modern City*, Princeton 2008, S. 214–246.
108. Henri Lefebvre, *Rhythmanalysis: Space, Time and Everyday Life*, London 2004, S. 40 f.
109. Elizabeth Shove, Frank Trentmann und Richard Wilk (Hg.), *Time, Consumption, and Everyday Life*, Oxford 2009.
110. George R. Sims (Hg.), *Living London:*

Its Work and Its Play, Its Humour and Its Pathos, Its Sights and Its Scenes, 3 Bde., London 1904, Bd. 2, S. 13, 380; Bd. 3, S. 143.

111. Siehe Schmiechen und Carls, *The British Market Hall*, S. 142–175.
112. Lefebvre, *The Production of Space*, S. 86.
113. Stephen Kern, *The Culture of Time and Space, 1880–1918*, Cambridge 1983; vgl. James Chandler und Kevin Gilmartin (Hg.), *Romantic Metropolis: The Urban Scene of British Culture, 1780–1840*, Cambridge 2005.
114. Georg Simmel, »Die Großstädte und das Geistesleben«, in: *Die Großstadt. Vorträge und Aufsätze zur Städteausstellung, Jahrbuch der Gehe-Stiftung* 9 (1903), S. 185–206.
115. Siegfried Kracauer, »Die kleinen Ladenmädchen gehen ins Kino« [März 1927], in: Ders., *Das Ornament der Masse*, Frankfurt am Main 1977, S. 279 f.; ders., »Kult der Zerstreung« [4. März 1926], in: Ebd., S. 311, 313 (Hervorhebung im Original).
116. Deutsche Kinemathek, Berlin, ständige Ausstellung.
117. Michael M. Davis, *The Exploitation of Pleasure: A Study of Commercial Recreations in New York City*, New York 1912, S. 21; Douglas Gomery, *Shared Pleasures: A History of Movie Presentation in the United States*, London 1992; Joseph Garncarz, »Film im Wanderkino«, in: *Geschichte des dokumentarischen Films in Deutschland*, Bd. 1: *Kaiserreich 1895–1918*, hg. von Uli Jung und Martin Loiperdinger, Stuttgart 2005; Jon Burrows, »Penny Pleasures: Film Exhibition in London during the Nicklodeon Era, 1906–14«, in: *Film History* 16, Nr. 1 (2004), S. 60–91; Luke McKernan, »›A Fury for Seeing‹: London Cinemas and Their Audiences, 1906–1914«, AHRC Centre for British Film and Television Studies, Working Paper Nr. 1, 2005; siehe auch die Datenbank auf *www.londonfilm.bbk.ac.uk*.
118. Jean-Jacques Meusy, *Paris-Palaces ou le temps de cinemas (1894–1918)*, Paris 1995, S. 173 f.; zu Irland siehe Kevin und Emer Rockett, *Magic Lantern, Panorama and Moving Picture Shows in Ireland, 1786–1909*, Dublin 2011.
119. C. H. Rolph, *London Particulars*, Oxford 1980, S. 105.
120. Georges Dureau, zit. in Meusy, *Paris-Palaces ou le temps de cinemas (1894–1918)*, S. 255.
121. Simmel, »Die Großstädte und das Geistesleben«.
122. Zit. in Meusy, *Paris-Palaces ou le temps de cinemas (1894–1918)*, S. 229; V. Toulmin, S. Popple und P. Russell (Hg.), *The Lost World of Mitchell and Kenyon: Edwardian Britain on Film*, London 2004; Lynda Nead, »Animating the Everyday: London on Camera circa 1900«, in: *Journal of British Studies* 43 (2004), S. 65–90.
123. Melvyn Stokes und Richard Maltby (Hg.), *American Movie Audiences*, London 1999; Richard Butsch, *The Making of American Audiences: From Stage to Television, 1750–1990*, Cambridge 2000, S. 142–147; Kathy Peiss, *Cheap Amusements: Working Women and Leisure in Turn-of-the-Century New York*, Philadelphia 1986.
124. Emilie Altenloh, *Zur Soziologie des Kino. Die Kino-Unternehmung und die sozialen Schichten ihrer Besucher*, Jena 1914, S. 67 f.
125. Peter Bailey, *Leisure and Class in Victorian England*, London 1978.
126. George Barton Cutten, *The Threat of Leisure*, New Haven 1926, S. 17, 72, 90.
127. Granville Stanley Hall, *Adolescence: Its Psychology and Its Relations to Physiology*, Bd. 1, New York 1904; John R. Gil-

lis, *Geschichte der Jugend*, München 1994.

128. Staatsarchiv Hamburg, 424–24/88, 14. Januar 1922, Lorenzen, Abteilung für Jugendfürsorge, Altona; zu den Vereinigten Staaten siehe David Nasaw, *Children of the City*, New York 1985.

129. Davis, *The Exploitation of Pleasure*, S. 3, 9.

130. Henry W. Thurston, *Delinquency and Spare Time: A Study of a Few Stories Written into the Court Records of the City of Cleveland*, Cleveland 1918, S. 22 f., 79, 85.

131. Davis, *The Exploitation of Pleasure*.

132. Raymond Moley, *Commercial Recreation*, Cleveland 1920, S. 87, 91.

133. Staatsarchiv Hamburg, 614–1/18/57, »Kampf gegen Schmutz und Schund in Wort und Bild«, Dezember 1921 und 24. Oktober 1922.

134. Davis, *The Exploitation of Pleasure*, S. 44.

135. Roy Rosenzweig, *Eight Hours for What We Will: Workers and Leisure in an Industrial City, 1870–1920*, Cambridge 1983, S. 147; zu Manchester siehe H. E. Meller, *Leisure and the Changing City, 1870–1914*, London 1976; zu Köln siehe Hans Langenfeld in Zusammenarbeit mit Stefan Nielsen, Klaus Reinarz und Josef Santel, »Sportangebot und -nachfrage in großstädtischen Zentren Nordwestdeutschlands (1848–1933)«, in: Jürgen Reulecke (Hg.), *Die Stadt als Dienstleistungszentrum*, St. Katharinen 1995, S. 461.

136. Roland S. Vaile, *Research Memorandum on Social Aspects of Consumption in the Depression*, New York 1937, S. 25.

137. Gary S. Cross und John K. Walton, *The Playful Crowd: Pleasure Places in the Twentieth Century*, New York 2005, S. 109.

138. Wong Yunn Chii und Tan Kar Lin, »Emergence of a Cosmopolitan Space for Culture and Consumption: The New World Amusement Park-Singapore (1923–70) in the Inter-War Years«, in: *Inter-Asia Cultural Studies* 5, Nr. 2 (2004), S. 279–304; Philip Holden, »At Home in the Worlds: Community and Consumption in Urban Singapore«, in: Ryan Bishop, John Phillips und Yeo Wei-Wie (Hg.), *Beyond Description: Singapore Space Historicity*, New York 2004, S. 79–94; Yung Sai Shing und Chan Kwok Bun, »Leisure, Pleasure and Consumption: Ways of Entertaining Oneself«, in: Kwok Bun Chan und Tong Chee Kiong (Hg.), *Past Times: A Social History of Singapore*, Singapur 2003, S. 153–181.

139. In den 1970er Jahren prophezeite Manuel Castells, der Industriekapitalismus werde zum Verschwinden der Stadt als autonomem Sozialsystem führen (*Die kapitalistische Stadt. Ökonomie und Politik der Stadtentwicklung*, Hamburg 1977).

5 Die Konsumrevolution kehrt heim

1. Bruno Taut, *Die neue Wohnung. Die Frau als Schöpferin*, Leipzig [5]1928, S. 10 ff., 59 f.
2. Barbara Miller Lane, *Architektur und Politik in Deutschland 1918–1945*, Braunschweig/Wiesbaden 1986; zu Taut als Architekt siehe Eric D. Weitz, *Weimar Germany: Promise and Tragedy*, Princeton 2007, S. 169–183.
3. Clarence Cook, *The House Beautiful*, New York 1881, S. 49.
4. Deborah Cohen, *Household Gods: The British and Their Possessions*, New Haven 2006, S. 36.
5. Edward Young, *Labor in Europe and in America*, Washington, D. C., 1875, S. 822–825.
6. Sergej Prokopowitsch, »Haushaltungsbudgets Petersburger Arbeiter«, in: *Archiv für Sozialwissenschaft und Sozialpolitik*, 30 (1910), S. 66–99.
7. Daunton, »Public Place and Private Space«, S. 227.
8. Bericht des US-Gesandten in Stockholm, C. C. Andrews, 24. September 1873, in: Young, *Labor in Europe and in America*, S. 698. Im finnischen Tampere zeigt das Amuri-Museum in einem kompletten Häuserblock Arbeiterwohnungen aus neun Jahrzehnten (*http://www.museokortteli.fi/en/museokortteli*).
9. Taut, *Die neue Wohnung*, S. 98.
10. Siehe Charpy, »Le théâtre des objets«, Bd. 1; vgl. auch Walter Benjamin, *Berliner Kindheit um Neunzehnhundert*, in: Ders., *Gesammelte Schriften*, hg. von Tillman Rexroth, Bd. 4.1, Frankfurt am Main 1972.
11. Louise d'Alq, *Le maître et la mâitresse de maison* [1885], zit. in »Le théâtre des objets«, Bd. 1, S. 179; siehe auch Jean-Pierre Goubert (Hg.), *Du luxe au confort*, Paris 1988.
12. Judy Neiswander, *The Cosmopolitan Interior: Liberalism and the British Home 1870–1914*, New Haven 2008.
13. Sonia Ashmore, »Liberty and Lifestyle«, in: David Hussey und Margaret Ponsonby (Hg.), *Buying for the Home: Domestic Consumption from the Seventeenth to the Twentieth Century*, Aldershot 2008.
14. Natacha Coquery, »Luxe et demi-luxe. Bijoutiers et tapissiers parisiens à la fin du XVIIIe siècle«, in: Stephane Castelluccio (Hg.), *Le commerce de luxe à Paris au XVIIe et XVIIIe siècle*, Bern 2009.
15. Zwischen 1820 und 1890 stieg laut Londoner Handelsadressbüchern die Zahl von Gebrauchtmöbelhändlern von 2 auf 390, von Möbelgeschäften von 2 auf 47 und von Polsterern von 165 auf 468 (Clive Edwards und Margaret Ponsonby, »Desirable Commodity or Practical Necessity?«, in: Hussey und Ponsonby [Hg.], *Buying for the Home*, S. 123 f.; zu Paris siehe Charpy, »Le théâtre des objets«, Bd. 1, S. 507–614).
16. Steven M. Gelber, *Hobbies: Leisure and the Culture of Work in America*, New York 1999, S. 139; siehe auch Belk, *Collecting in a Consumer Society;* Raphael Samuel, *Theatres of Memory*, London 1994.
17. Siehe oben Kapitel 3.
18. Veblen, *Theorie der feinen Leute*, S. 62. David Riesman und seine Mitautoren unterschieden 1950 zwischen einem innengeleiteten und einem konfor-

mistischeren außengeleiteten Geltungskonsum (*Die einsame Masse. Eine Untersuchung der Wandlungen des amerikanischen Charakters*, Reinbek 1977).

19. Veblen, *Theorie der feinen Leute*, S. 71 f.
20. Ebd., S. 72.
21. Charlotte Perkins Gilman, *Unser Heim, sein Einfluß und seine Wirkung*, Dresden/Leipzig/Minden 1913, S. 103 ff.
22. Taut, *Die Neue Wohnung*, S. 87; zu einer Kritik an Veblen und anderen universalen Theorien siehe Jean-Pascal Daloz, *The Sociology of Elite Distinction*, Basingstoke 2010.
23. George und Weedon Grossmith, *The Diary of a Nobody* [Veröffentlichung als Buch 1892], London 1999, S. 31–35.
24. Max Weber, *Die Wirtschaftsethik der Weltreligionen*, in: Ders., *Gesammelte Aufsätze zur Religionssoziologie*, Bd. 1 [1920], Tübingen 1988, S. 568–571.
25. Leora Auslander, *Taste and Power. Furnishing Modern France*, Berkeley 1996.
26. Jackson Lears, *Fables of Abundance: A Cultural History of Advertising in America*, New York 1994, S. 49. Um 1900 hatten alternative Auffassungen, laut Lears, »nahezu jede intellektuelle Glaubwürdigkeit verloren« und waren auf wenige »eigensinnige Autoren und Künstler« beschränkt (S. 19).
27. Bill Brown, *A Sense of Things: The Object Matter of American Literature*, Chicago 2003.
28. Graham Wallas, *Politik und menschliche Natur*, Jena 1911.
29. Henry James, Vorwort von 1908 zu *The Spoils of Poynton* [1897], in: Ders., *The Spoils of Poynton*, London 1987, S. 30.
30. Henry James, *Die Schätze von Poynton*, Frankfurt am Main/Berlin 1986, S. 19.
31. William James, *Principles of Psychology* [1890], Bd. 1, New York 1950, S. 291 ff. (Hervorhebung im Original). Beide Welten seien nicht ganz dasselbe, räumte James ein, funktionierten aber »für alle auf ziemlich ähnliche Weise«. Gegen Ende seines Lebens dachte James darüber nach, ob Pflanzen, Tiere und die Erde nicht ein eigenes Bewusstsein haben (siehe Bruce Wilshire, »The Breathtaking Intimacy of the Material World. Williams James' Last Thoughts«, in: *The Cambridge Companion to William James*, hg. von Ruth Anna Putnam, Cambridge 1997, Kap. 6). George Herbert Mead führte James' Gedanken weiter, indem er die Idee entwickelte, Menschen und Gegenstände würden sich in kooperativen Beziehungen gegenseitig erhalten (*The Philosophy of the Act*, hg. von Charles Morris, Chicago 1938; vgl. E. Doyle McCarthy, »Toward a Sociology of the Physical World: George Herbert Mead on Physical Objects«, in: *Studies in Symbolic Interaction* 5 [1984], S. 105–121).
32. James, *Principles of Psychology*, Bd. 1, S. 125.
33. Ebd., S. 122.
34. Betrand Russell widmete in seiner *Philosophie des Abendlandes. Ihr Zusammenhang mit der politischen und sozialen Entwicklung* [1946], Frankfurt am Main 1950, William James mehrere Seiten, Heidegger keine einzige. In *Denker des Abendlandes. Eine Geschichte der Philosophie* [1959], München 1991, gestattete er sich eine kurze Bemerkung: »Man kann sich des Eindrucks nicht ganz erwehren, dass hier Sprache immer wieder schwärmerisch ausufert. Ein interessanter Punkt in Heideggers Spekulationen ist das Beharren darauf, dass das Nichts etwas Positives sei. Wie vieles andere im Existentialismus ist dies

jedoch nur eine psychologische Beobachtung, die fälschlicherweise für Logik gehalten wird« (S. 311).

35. Martin Heidegger, »Das Ding« [1949], in: Ders., *Gesamtausgabe*, Bd. 79: *Bremer and Freiburger Vorträge*, hg. von P. Jaeger, Frankfurt am Main 1994, S. 5–23.
36. Fotos auf *www.youtube.com/watch?v=Mqsu72ZlJ2c*.
37. Heidegger, *Sein und Zeit* [1927], Tübingen [15]1979, S. 69–84.
38. Diese Auffassung erhielt durch das Buch *Die Herrschaft der Mechanisierung. Ein Beitrag zur anonymen Geschichte* [1948], Frankfurt am Main 1982, des Architekten Siegfried Giedion neuen Auftrieb.
39. Heidegger, *Sein und Zeit*, S. 126 f.
40. Fiona C. Ross, »Urban Development and Social Contingency: A Case Study of Urban Relocation in the Western Cape«, in: *Africa Today* 51, Nr. 4 (2005), S. 19–31.
41. Godfrey Wilson, *An Essay on the Economics of Detribalization in Northern Rhodesia*, S. 18.
42. Eurostat, *Housing Statistics in the European Union* 2004, Tab. 3.5, S. 50.
43. Herbert Hoover, *Das Wesen Amerikas. Bekenntnisse eines Staatsmannes*, Berlin 1928, S. 11–22, 35, 41, 46 f.; siehe auch David Burner, *Herbert Hoover: A Public Life*, New York 1979; zu einer zeitgenössischen Lobeshymne siehe Walter Friar Dexter, *Herbert Hoover and American Individualism*, New York 1932.
44. De Grazia, *Das unwiderstehliche Imperium.*
45. Michael Sandel, *Democracy's Discontent: America in Search of a Public Philosophy*, Cambridge 1996.
46. W. E. B. Du Bois, *The Philadelphia Negro*, Philadelphia 1899, S. 195 f.
47. Hazel Kyrk, *Economic Problems of the Family*, New York 1929, S. 417.
48. Elaine Lewinnek, *The Working Man's Reward: Chicago's Early Suburbs and the Roots of American Sprawl*, Oxford 2014, S. 64–84, 94–105.
49. Heinz Umrath, »The Problem of Ownership«, in: *International Labor Review* 71, Nr. 2 (Februar 1955), S. 105–127, hier S. 110; Bruno A. Shiro, »Housing Surveys in 75 Cities, 1950 and 1952«, in: *Monthly Labor Review* 77 (1954), S. 744–750; Kyrk, *Economic Problems of the Family*, S. 416.
50. Marina Moskowitz, *Standard of Living: The Measure of the Middle Class in Modern America*, Baltimore/London 2004, S. 140, 163–173.
51. Regina Lee Blaszczyk, *Imagining Consumers: Design and Innovation from Wedgwood to Corning*, Baltimore 2000, S. 176–181.
52. James Hutchisson, *The Rise of Sinclair Lewis, 1920–30*, University Park 1996, S. 88.
53. Sinclair Lewis, *Babbitt* [1922], Berlin/Weimar 1990, S. 101 f.
54. Ebd., S. 19 f.
55. Ebd., S. 110 f.
56. M. Mead Smith, »Monthly Cost of Owning and Renting New Housing, 1949–50«, in: *Monthly Labour Review* 77, Nr. 8 (August 1954), S. 851–858, hier S. 852.
57. Jordan Sand, *House and Home in Modern Japan: Architecture, Domestic Space, and Bourgeois Culture, 1880–1930*, Cambridge 2003, S. 298.
58. Peter Clarke, *Hope and Glory: Britain 1900–1990*, London 1996, S. 144–150; Peter Scott, »Marketing Mass Home Ownership and the Creation of the Modern Working-Class Consumer in Interwar Britain«, in: *Business History* 50, Nr. 1 (2008), S. 4–25; Ders., »Did Owner-Occupation Lead to Smaller Families for Interwar Working-Class Households«, in: *Economic History*

Review 61, Nr. 1 (2008), S. 99–124; zu Frankreich siehe Alexia Yates, »Selling la petite propriété: Marketing Home Ownership in Early-Twentieth-Century Paris«, in: *Entreprises et Histoire* 64, Nr. 3 (2011), S. 11–40.

59. W. E. Dwight, »Housing Conditions and Tenement Laws in Leading European Cities«, in: Robert W. Deforest und Lawrence Veiller (Hg.), *The Tenement House Problem*, New York 1903, S. 174–184; zu den 1920er Jahren siehe Daniel T. Rodgers, *Atlantic Crossings: Social Politics in a Progressive Age*, Cambridge 1998, S. 381–391.
60. Peter Scott, *The Making of the Modern British Home: The Suburban Semi and Family Life between the Wars*, Oxford 2013, Kap. 2.
61. Zwischen 1980 und 2003 stieg er in Finnland von 19 auf 26 und in Großbritannien von 16 auf über 18 Prozent (National Board of Housing, Sweden et al., *Housing Statistics in the European Union*, 2004, S. 61).
62. Zit. in Madeline McKenna, »The Development of Suburban Council Housing Estates in Liverpool between the Wars«, Dissertation, Liverpool 1986, Bd. 2, S. 428 f.
63. Shiro, »Housing Surveys in 75 Cities, 1950 and 1952«, S. 744–750. Eine ähnliche Wirkung hatten in der Bundesrepublik Deutschland in den 1960er Jahren strenge Mietvorschriften und Steuergesetze: Mit sicheren Mietverträgen im Rücken investierten die Menschen in die Modernisierung ihrer Mietwohnungen.
64. European Mortgage Federation, Hypostat, 2009.
65. Zit. in Vera Dunham, *In Stalin's Time: Middleclass Values in Soviet Fiction*, Cambridge 1976, S. 48.
66. Michael McKeon, *The Secret History of Domesticity: Public, Private, and the Division of Knowledge*, Baltimore 2005, S. 259–264.
67. Ein Kind sollte im Wohnzimmer schlafen (Royal Meeker, »Relation of the Cost of Living to Public Health«, in: *Monthly Labor Review* 8, Nr. 1 [Januar 1919], S. 5; Meeker war Chef der Abteilung für Arbeitsstatistik).
68. Siehe beispielsweise William C. Beyer, Rebekah P. Davis und Myra Thwing, *Workingmen's Standard of Living in Philadelphia: A Report by the Bureau of Municipal Research of Philadelphia*, New York 1919, S. 1.
69. Vadim Volkov, »The Concept of Kul'turnost': Notes on the Stalinist Civilizing Process«, in: Sheila Fitzpatrick (Hg.), *Stalinism: New Directions*, London 2000, S. 210–230.
70. John E Crowley, *The Invention of Comfort: Sensibilities and Design in Early Modern Britain and Early America*, Baltimore 2001; vgl. auch Shove, *Comfort, Cleanliness and Convenience.*
71. Kyrk, *Economic Problems of the Family*, S. 368.
72. White House Conference on Child Health and Protection, *The Young Child in the Home: A Survey of Three Thousand American Families*, New York 1936, S. 274.
73. »The Demand for Domestic Appliances«, in: *National Institute Economic Review* 12 (November 1960), S. 24–44, Tab. 2, 5 und 6.
74. Robert L. Frost, »Machine Liberation«, in: *French Historical Studies* 18, Nr. 1 (Frühjahr 1983), S. 124; siehe auch Sue Bowden und Avner Offer, »Household Appliances and the Use of Time: The United States and Britain since the 1920s«, in: *Economic History Review* 47, Nr. 4 (1994), S. 725–748.

75. »The Demand for Domestic Appliances«, S. 27 f.
76. David E. Nye, *Consuming Power: A Social History of American Energies*, Cambridge 1998, S. 170 f.; Ruth Schwartz Cowan, *More Work for Mother*, New York 1983, S. 91.
77. Robert S. und Helen Merrell Lynd, *Middletown: A Study in Modern American Culture*, New York 1929, S. 97 f., 175; siehe auch Federal Emergency Administration of Public Works, Housing Division, Bulletin Nr. 1: *Slums and Blighted Areas in the United States*, Washington, D. C., 1935.
78. R. Wilkinson und E. Sigsworth, »A Survey of Slum Clearance Areas in Leeds«, in: *Yorkshire Bulletin of Economic and Social Research*, Bd. 15/1 (1963), S. 25–47; François Caron, *Economic History of Modern France*, New York 1979; Karl Ditt, *Zweite Industrialisierung und Konsum. Energieversorgung, Haushaltstechnik und Massenkultur am Beispiel nordenglischer und westfälischer Städte, 1880–1939*, Paderborn 2011, S. 452–463.
79. Hughes, *Networks of Power.*
80. H. Schütze, *Elektrizität im Haushalt*, Stuttgart 1928, S. 22, 59 (Hervorhebung im Original).
81. *Energiewirtschaftliche Tagesfragen*, Bd. 14, Nr. 123 (1964), S. 155 f.
82. Shanghai Municipal Council, *Report for the Year 1923*, S. 5A, und *Report for the Year 1924*, S. 2A, 6A.
83. *The Municipal Gazette*, Shanghai, 30. März 1937, S. 98 ff.; Bureau of Social Affairs, City Government of Greater Shanghai, *Standard of Living of Shanghai Laborers*, Shanghai 1934, S. 135–148.
84. Vereinigung der Elektrizitätswerke (VDEW), *Fortschritte in der Elektrifizierung des Haushalts*, Berlin 1931, S. 106.
85. Die Küche wurde 2006 in der Modernismus-Ausstellung des Victoria and Albert Museum gezeigt (*Modernism: Designing a New World*, hg. von Christopher Wilk, London 2006, S. 180). Ein Foto des Originals findet man auf: *www.vam.ac.uk/vastatic/microsites/1331_modernism/files/94/1926_frankfurt_lihotzky.jpg*; siehe auch Michelle Corrodi, »On the Kitchen and Vulgar Odors«, in: Klaus Spechtenhauser (Hg.), *The Kitchen: Life World, Usage, Perspectives*, Basel 2006, S. 21–42.
86. Die Nederlandse Vereniging van Huisvrouwen (siehe Onno de Wit, Adri de la Bruheze und Marja Berendsen, »Ausgehandelter Konsum. Die Verbreitung der modernen Küche, des Kofferradios und des Snack Food in den Niederlanden«, in: *Technikgeschichte*, 68 [2001], S. 133–156).
87. Shanghai Municipal Council, *Report for the Year 1924*, Abbildung gegenüber S. 7A; Deborah S. Ryan, *Daily Mail – Ideal Home Exhibition: The Ideal Home through the Twentieth Century*, London 1997, S. 49–55, 93; Frost, »Machine Liberation«, S. 127.
88. *Energiewirtschaftliche Tagesfragen*, Bd. 13, Nr. 114/115 (1963), S. 247; Nicholas Bullock, »First the Kitchen: Then the Façade«, in: *Journal of Design History* 1, Nr. 3/4 (1988), S. 188 ff.; Margaret Tränkle, »Neue Wohnhorizonte«, in: Ingeborg Flagge (Hg.), *Geschichte des Wohnens. Von 1945 bis heute*, Bd. 5, Stuttgart 1999, S. 754 f.
89. Johann Friedrich Geist und Klaus Kürvers, *Das Berliner Mietshaus (1862–1945)*, Bd. 2, München 1984, S. 535 f. Hilla Mann wohnte seit 1932 in Meyers Hof.

90. Jacques Berque, *Egypt: Imperialism and Revolution*, London 1972, S. 332.
91. Schler, »Bridewealth, Guns and Other Status Symbols«.
92. Ellen Hellmann, *Rooiyard: A Sociological Survey of an Urban Native Slum Yard*, Kapstadt 1948, S. 10, 28, 31, 115.
93. Zit. in Arwen P. Mohun, *Steam Laundries: Gender, Technology, and Work in the United States and Great Britain, 1880–1940*, Baltimore/London 1999, S. 259.
94. Zit. in Enrica Asquer, *La rivoluzione candida. Storia sociale della lavatrice in Italia (1945–70)*, Rom 2007, S. 71; Wolfgang König, *Geschichte der Konsumgesellschaft*, Stuttgart 2000, S. 231 f.
95. Mohun, *Steam Laundries*, S. 256; Susan Strasser, *Never Done: A History of American Housework*, New York 1982, S. 104–124.
96. Joy Parr, *Domestic Goods: The Material, the Moral and the Economic in the Postwar Years*, Toronto 1999, Kap. 10.
97. Simon Partner, *Assembled in Japan: Electrical Goods and the Making of the Japanese Consumer*, Berkeley 1999, S. 141, 181 ff.
98. Helen Meintjes, »Washing Machines Make Women Lazy: Domestic Appliances and the Negotiation of Women's Propriety in Soweto«, in: *Journal of Material Culture* 6, Nr. 3 (2001), S. 345–363.
99. John Kenneth Galbraith, *Wirtschaft für Staat und Gesellschaft*, München/Zürich 1974, S. 38–45.
100. Henkel Archiv, Düsseldorf, *Gesolei Tagesberichte*, 1926, ohne Tagesangabe. Gesolei ist die Abkürzung von Gesundheitspflege, soziale Fürsorge und Leibesübungen.
101. Wilfried Feldenkirchen und Susanne Hilger, *Menschen und Marken. 125 Jahre Henkel*, Düsseldorf 2001, S. 75 f.
102. Henkel Archiv, Düsseldorf, *Blätter vom Hause* 17 (1937), S. 46, 49, 137; Bericht in H 482, S. 349 (1936); siehe auch H 310: *Waschvorführung;* H 480: Gesolei; *Gesolei Tagesberichte*, 1926; H 482 (Ausland), Bericht über Saloniki, 13. März 1936; *Henkel-Bote*, 18. September 1937 (über Kindersterblichkeit); *Blätter vom Hause* 8 (1928), S. 266; Film: *Das Ei des Kolumbus.*
103. *President's [Hoover] Conference on Home Building and Home Ownership*, hg. von John M. Gries und James Ford, Bd. 9: *Household Management and Kitchens*, Washington, D. C., 1932, S. VII; siehe auch Margaret Horsfield, *Der letzte Dreck. Von den Freuden der Hausarbeit*, Berlin 1999.
104. So Ministerialrätin Dr. Gertrud Bäumer, Präsidentin der Ausstellung »Heim und Technik«, 1928 in München (*Amtlicher Katalog. Heim und Technik Ausstellung München 1928*, München 1928, S. 45).
105. Barbara Sato, *The New Japanese Woman: Modernity, Media, and Women in Interwar Japan*, Durham 2003, S. 102; vgl. Joanna Bourke, »Housewifery in Britain, 1850–1914«, in: *Past & Present* 143, Nr. 1 (1994), S. 167–197.
106. Sand, *House and Home in Modern Japan*, S. 21–94.
107. Ebd., S. 183, 187; siehe auch Sheldon Garon, »Luxury Is the Enemy: Mobilizing Savings and Popularizing Thrift in Wartime Japan«, in: *Journal of Japanese Studies* 26, Nr. 1 (2000), S. 41–78.
108. Amy Hewes, »Electrical Appliances in the Home«, in: *Social Forces* 9, Nr. 2 (Dezember 1930), S. 235–242.
109. Zu Berechnungen siehe Joel Mokyr, »Why ›More Work for Mother?‹ Knowledge and Household Behavior, 1870–1945«, in: *The Journal of Economic History* 60, Nr. 1 (2000), S. 1–41.

110. Gudrun Silberzahn-Jandt, *Wasch-Maschine. Zum Wandel von Frauenarbeit im Haushalt*, Marburg 1991, S. 74.
111. Schwartz Cowan, *More Work for Mother*, S. 100, 159–199.
112. Lee Rainwater, Richard P. Coleman und Gerald Handel, *Workingman's Wife: Her Personality, World and Life Style*, New York 1959, S. 179.
113. Lynd und Lynd, *Middletown*, S. 174; zu späteren Daten siehe Jonathan Gershuny, *Changing Times: Work and Leisure in Postindustrial Society*, Oxford 2000, S. 46–75. Wegen der Unterschiede der Datensätze steht jede Verallgemeinerung auf wackligen Füßen. Im Gegensatz zu Gershuny zeigen die Schätzungen, die Valerie A. Ramey auf der Grundlage angeglichener Daten vorgenommen hat, eine Ausweitung der »Heimarbeit« von Arbeiterfrauen im Lauf des 20. Jahrhunderts (»Time Spent in Home Production in the Twentieth-Century United States: New Estimates from Old Data«, in: *The Journal of Economic History* 69, Nr. 1 [2009], S. 1–47).
114. Ramey, »Time Spent in Home Production in the Twentieth-Century United States«, S. 26 f.
115. Unni Wikan, *Life Among the Poor in Cairo*, Tavistock 1980, S. 133–165; Homa Hoodfar, »Survival Strategies and the Political Economy of Low-Income Households in Cairo«, in: Diane Singerman und dies. (Hg.), *Development, Change, and Gender in Cairo: A View from the Household*, Bloomington 1996, S. 1–26.
116. Zu einem jüngeren Beispiel siehe Wim van Binsbergen, »Mary's Room: A Case Study on Becoming a Consumer in Francistown, Botswana«, in: Fardon, Bimsbergen und van Dijk (Hg.), *Modernity on a Shoestring*, Leiden 1999, S. 179–206.
117. Steven M. Gelber, »Do-it-Yourself: Constructing, Repairing and Maintaining Domestic Masculinity«, in: *American Quarterly* 49, Nr. 1 (1997), S. 66–112, hier S. 86. Siehe auch Gelber, *Hobbies.*
118. *Jardin ouvrier de France*, September 1941, zit. in Florence Weber, *L'honneur des jardiniers. Les potagers dans la France du XXe Siècle*, Paris 1998, S. 197; zur Zwischenkriegszeit siehe ebd., S. 138–145. In Großbritannien gab es 1935 609 352 Kleingärten; 1990 waren es immer noch eine halbe Million (David Crouch und Colin Ward, *The Allotment: Its Landscape and Culture*, Nottingham 1997, S. 64–81). In Deutschland gab es laut Bundesverband Deutscher Gartenfreunde 2009 eine Million Kleingärten.
119. Michael Prinz, *Der Sozialstaat hinter dem Haus. Wirtschaftliche Zukunftserwartungen, Selbstversorgung und regionale Vorbilder. Westfalen und Suedwestdeutschland 1920–1960*, Paderborn 2012, S. 95–98, 322 ff.
120. W. V. Hole und J. J. Attenburrow, *Houses and People: A Review of User Studies at the Building Research Stations*, London 1966, S. 54 ff. Eine Umfrage im Jahr 1960 ergab, dass in 60 Prozent der britischen Haushalte in den vorangegangenen zehn Monaten einige Handwerksarbeiten selbst erledigt worden waren (ebd., S. 55).
121. 1900 und 1920 verbrachten Männer im »besten« Alter bloß 3,9 Stunden mit Hausarbeit; 1950 waren es 9 Stunden, einschließlich der häuslichen Tätigkeit arbeitsloser Männer. Bedeutsam ist, dass erwerbstätige Männer an diesem Aufwärtstrend beteiligt waren; ihr Zeitaufwand für Hausarbeit stieg von 3 auf 8,1 Stunden (Ramey, »Time Spent

in Home Production in the Twentieth-Century United States«, S. 29).

122. *President's Conference on Home Building and Home Ownership*, Bd. 9, S. 25–64.

123. Ramey, »Time Spent in Home Production in the Twentieth-Century United States«.

124. Tan Sooi Beng, »The 78 RPM Record Industry in Malaya Prior to World War Two«, in: *Asian Music* 28, Nr. 1 (1996/97), S. 1–41; Roland Gelatt, *The Fabulous Phonograph*, London 1956; Friedrich A. Kittler, *Grammophon, Film, Typewriter*, Berlin 1986; Mark Hustwitt, »›Caught in a Whirlpool of Aching Sound‹: The Production of Dance Music in Britain in the 1920s«, in: *Popular Music* 3 (1983), S. 7–31; James J. Nott, *Music for the People: Popular Music and Dance in Interwar Britain*, Oxford 2002.

125. Frederik Nebeker, *Dawn of the Electronic Age: Electrical Technologies in the Shaping of the Modern World, 1914–1945*, Piscataway 2009, S. 133 f.

126. 15 000 von 35 000 Schulen (*Der Schulfunk*, Juni 1931, zit. in: *Radio-Revue Luxembourgeoise* 1, Nr. 8 [April 1932], S. 115 f.).

127. John Tigert, *Radio in Education*, New York 1929. Der Aufschwung der Unterhaltung bedeutete nicht, dass das Radio aufhörte, ein Instrument von Bildung und Propaganda zu sein, das bis ins fernste Kolonialdorf hineinwirkte (Joselyn Zivin, »The Imagined Reign of the Iron Lecturer: Village Broadcasting in Colonial India«, in: *Modern Asian Studies* 32, Nr. 3 [1998], S. 717–738).

128. *Radio-Revue Luxembourgeoise* 1, Nr. 9 (Mai 1932), S. 140; Nr. 7 (März 1932), S. 104; 2, Nr. 6 (Juli 1933), S. 68; Shaun Moores, »The Box on the Dresser«, in: *Media, Culture and Society* 10, Nr. 1 (1988), S. 23–40.

129. Archives Nationales Luxembourg, FI-547, Commission d'Etudes Radioelectriques, Rapport sur l'exploitation de la radiodiffusion, 1936, S. 3 f.; zu Argentinien siehe Paul F. Lazarsfeld und Frank N. Stanton (Hg.), *Radio Research 1941*, New York 1941, S. 227.

130. In den USA waren es 1943 in einem Singlehaushalt 3,5 Stunden, in einer Familie mit fünf Mitgliedern rund 6 Stunden (Matthew Chappell und C. E. Hooper, *Radio Audience Measurement*, New York 1944, S. 203).

131. Michael Brian Schiffer, *The Portable Radio in American Life*, Tucson/London 1991, S. 76.

132. Susan J. Douglas, *Listening in: Radio and the American Imagination*, Minneapolis 2004, S. 77; Andrew Stuart Bergerson, »Listening to the Radio in Hildesheim, 1923–53«, in: *German Studies Review* 24, Nr. 1 (2001), S. 83–113.

133. Beng, »The 78 RPM Record Industry in Malaya Prior to World War Two«, S. 15.

134. *Radio-Revue Luxembourgeoise* 2, Nr. 4/5 (Mai–Juni 1933), S. 41 f.

135. Beispielsweise der Methodist G. Reid Smith in Georgia im Jahr 1936 (Kathy M. Newman, *Radio Active: Advertising and Consumer Activism, 1935–1947*, Berkeley 2004, S. 81 f.).

136. Marian Parker, zit. in Roland R. Kline, *Consumers in the Country: Technology and Social Change in Rural America*, Baltimore 2000, S. 123.

137. Eine Frau von der Chicagoer South Side bei einer Umfrage im Jahr 1946, zit. in Ruth Palter, »Radio's Attraction for Housewives«, in: *Hollywood Quarterly* 3, Nr. 1 (1948), S. 248–257, hier S. 253.

138. Zit. in ebd., S. 251; Azriel Eisenberg, *Children and Radio Programs*, New York 1936; Paul F. Lazarsfeld, *Radio and the Printed Page*, New York 1940;

Matthew Chappell und C. E. Hooper, *Radio Audience Measurement*, New York 1944.

139. Theodor W. Adorno, »The Radio Symphony«, in: Lazarsfeld und Stanton (Hg.), *Radio Research 1941*, S. 131.

140. Stefan Müller-Doohm, *Adorno. Eine Biographie*, Frankfurt am Main 2003, S. 75.

141. Adorno, »The Radio Symphony«, S. 112, 131, 137; ders., »Zur gesellschaftlichen Lage der Musik«, in: *Zeitschrift für Sozialforschung* 1, Nr. 1/2 (1932), S. 373.

142. Edward Suchman, »Invitation to Music«, in: Lazarsfeld und Stanton (Hg.), *Radio Research 1941*, S. 149, 186. In den Vereinigten Staaten ging in den 1920er Jahren der Verkauf von Klavieren zurück; betrachtet man jedoch das gesamte 20. Jahrhundert, haben sich die musikalischen Aktivitäten erstaunlich gut gehalten.

143. Karin Nordberg, »Ljud över landet. Centrum och periferi i tidig svensk radiohistoria«, in: *Lychnos* (1995), S. 145–178, hier S. 160.

144. Douglas, *Listening in*, S. 93–96; Drew O. McDaniel, *Broadcasting in the Malay World: Radio, Television, and Video in Brunei, Indonesia, Malaysia, and Singapore*, Norwood 1994, S. 21–48; Hadley Cantril und Gordon W. Allport, *The Psychology of Radio*, New York 1935, S. 28; Sato, *The New Japanese Woman*, S. 86; Nott, *Music for the People*.

145. John Gray Peatman, »Radio and Popular Music«, in: Paul F. Lazarsfeld und Frank N. Stanton (Hg.), *Radio Research 1942–1943*, New York 1944, S. 354. Insgesamt umfasste das amerikanische Radioprogramm 1938 60 000 Wochenstunden.

146. Marshall D. Beuick, »The Limited Social Effect of Radio Broadcasting«, in: *American Journal of Sociology* 32, Nr. 4 (Januar 1927), S. 622.

147. Cantril und Allport, *The Psychology of Radio*, S. 10.

148. So eine Chicagoer Hörerin 1946 (Palter, »Radio's Attraction for Housewives«, S. 255).

149. Herta Herzog, »What Do We Really Know about Day-Time Serial Listeners«, in: Lazarsfeld und Stanton (Hg.), *Radio Research 1942–1943*, S. 8, 24; zur Mischung aus Solidarität und Selbsterfüllung siehe auch Lazarsfeld, *Radio and the Printed Page*, S. 64–93.

150. Edward Bellamy, *Das Jahr 2000. Ein Rückblick auf das Jahr 1887* [1888], Kap. 11, *http://nemesis.marxists.org/bellamy-das-jahr-2000 12.htm.*

151. John R. Seeley, R. Alexander Sim und Elizabeth W. Loosley, *Crestwood Heights: A Study of the Culture of Suburban Life*, London 1956, S. 221. Crestwood Heights war Forest Hill.

152. Daniel Miller, *Der Trost der Dinge. Fünfzehn Porträts aus dem London von heute*, Berlin 2010; zu einer fiktionalen Darstellung siehe Orhan Pamuk, *Das Museum der Unschuld*, München 2008.

153. Seeley, Sim und Loosley, *Crestwood Heights*, S. 58.

154. J. M. Mogey, *Family and Neighborhood*, Oxford 1956, S. 73; Kirsi Saarikangas, »What's New? Women Pioneers and the Finnish State Meet the American Kitchen«, in: Ruth Oldenziel und Karin Zachmann, *Cold War Kitchen: Americanization, Technology, and European Users*, Cambridge 2009, Kap. 12.

155. Hole und Attenburrow, *Houses and People*, S. 36 (laut einer Untersuchung von 1956).

156. Leslie Kent aus Luton, zit. in Fiona Devine, *Affluent Workers Revisited. Pri-*

vatism and the Working Class, Edinburgh 1992, S. 161; siehe auch Dennis Chapman, *The Home and Social Status*, London 1955; Margaret Tränkle, »Neue Wohnhorizonte«, S. 722–737.

6 Das Zeitalter der Ideologien

1. Bundesarchiv Koblenz, B 146/394, Blatt 532, 5. Dezember 1952 (Name geändert).
2. Robert Schloesser, »Die Kriegsorganisation der Konsumenten«, in: *Genossenschaftliche Kultur*, Nr. 19/20 (1917), S. 1–31; Carl von Tyszka, *Der Konsument in der Kriegswirtschaft*, Tübingen 1916.
3. Schloesser, »Die Kriegsorganisation der Konsumenten«, S. 25f.
4. Avner Offer, *The First World War: An Agrarian Interpretation*, Oxford 1989; Belinda J. Davis: *Home Fires Burning. Food, Politics, and Everyday Life in World War I Berlin*, Chapel Hill 2000.
5. Hamburger Staatsarchiv, Konsumentenkammer Hamburg (371-12), X A II 1b; Arthur Feiler, »The Consumer in Economic Policy«, in: *Social Research* 1, Nr. 4 (1934), S. 287–300; Trentmann, *Free Trade Nation*, Kap. 4; Hilton, *Consumerism in Twentieth-Century Britain*, S. 53–78.
6. Julie Hessler, *A Social History of Soviet Trade: Trade Policy, Retail Practices, and Consumption, 1917–53*, Princeton 2004. In den 1930er Jahren verringerte sich laut Hessler der Abstand zwischen Hand- und Geistesarbeitern (ebd., S. 227–230).
7. Elena Osokina, *Our Daily Bread: Socialist Distribution and the Art of Survival in Stalin's Russia, 1927–1941*, Armonk 2001, S. 84.
8. Leo Trotzki, *Verratene Revolution. Was ist die Sowjetunion und wohin treibt sie?*, Zürich 1937, Kap. 5, Abschnitt »Soziale Wurzeln des Thermidor«, *https://www.marxists.org/deutsch/archiv/trotzki/1936/verrev/kap05.htm*.
9. E. P. Thompson, »The Moral Economy of the English Crowd in the Eighteenth Century«, in: *Past & Present* 50 (1971), S. 76–136; Bernard Waites, »The Government of the Home Front and the ›Moral Economy‹ of the Working Class«, in: Peter H. Liddle (Hg.), *Home Fires and Foreign fields: British Social and Military Experience in the First World War*, London 1985, S. 175–193; zur Kritik an dieser Auffassung siehe Frank Trentmann, »Before ›Fair Trade‹: Empire, Free Trade, and the Moral Economies of Food in the Modern World«, in: *Environment and Planning D* 25, Nr. 6 (2007), S. 1079–1102.
10. Staatsarchiv Hamburg, Konsumentenkammer (371-12), I A IV 2 (1926); Bericht der Konsumentenkammer, 1924, S. 23; VI A II 14: Automatenverkauf.
11. Claudius Torp, »Das Janusgesicht der Weimarer Konsumpolitik«, in: Heinz-Gerhard Haupt und ders. (Hg.), *Die Konsumgesellschaft in Deutschland, 1890–1990*, Frankfurt am Main 2009, S. 264; ders., *Konsum und Politik in der Weimarer Republik*, Göttingen 2011; Mary Nolan, *Visions of*

Modernity: American Business and the Modernization of Germany, Oxford 1994.

12. Robert Millward und Jörg Baten, »Population and Living Standards 1914–45«, in: S. N. Broadberry und Kevin H. O'Rourke (Hg.), *The Cambridge Economic History of Modern Europe*, Cambridge 2010, Bd. 2, S. 237–266.
13. Susan B. Carther et al. (Hg.), *The Historical Statistics of the United States*, Bd. 3, Cambridge 2006, S. 271.
14. Marie Jahoda, Paul F. Lazarsfeld und Hans Zeisel, *Die Arbeitslosen von Marienthal. Ein soziographischer Versuch über die Wirkungen langdauernder Arbeitslosigkeit* [1933], Frankfurt am Main 1975, S. 55, 83–92. Lazarsfeld war für die Untersuchungsmethode verantwortlich, Jahoda verfasste die Darstellung; die Befragungen führte Lotte Danzinger.
15. Ebd., S 72 f., 76.
16. Maurice Halbwachs, *L'Évolution des besoins dans les classes ouvrières*, Paris 1933; siehe auch Hendrik K. Fischer, *Konsum im Kaiserreich. Eine statistisch-analytische Untersuchung privater Haushalte im wilhelminischen Deutschland*, Berlin 2011.
17. Vaile, *Research Memorandum on Social Aspects of Consumption in the Depression*, S. 19, 32, 35. Die Anzahl der Autos, die Nationalparks besuchten, war um 20 Prozent gestiegen.
18. Robert S. und Helen Merrell Lynd, *Middletown in Transition: A Study in Cultural Conflicts*, New York 1937, S. 265 ff.
19. David Fowler, *The First Teenagers: The Lifestyle of Young Wage-Earners in Interwar Britain*, London 1995; Selina Todd, »Young Women, Work, and Leisure in Interwar England«, in: *The Historical Journal* 48, Nr. 3 (2005), S. 789–809.
20. Andrew Davies, *Leisure, Gender and Poverty: Working-Class Culture in Salford and Manchester, 1900–1939*, Buckingham 1992.
21. Herbert Blumer, *Movies and Conduct*, New York 1933, S. 31–40.
22. Ebd., S. 156, 159, 164.
23. Jacob P. Mayer, *British Cinemas and their Audiences: Sociological Studies*, London 1948, S. 25, 74.
24. Ebd., S. 116. Die Interviewte blickte um 1944 auf die vorangegangenen zehn Jahre zurück.
25. Nolan, *Visions of Modernity;* Jackie Clarke, »Engineering a New Order in the 1930s«, in: *French Historical Studies* 24, Nr. 1 (2001), S. 63–86; de Grazia, *Das unwiderstehliche Imperium.*
26. Staatsarchiv Hamburg, Z3 14/14, Bericht der Konsumentenkammer, 1926, S. 40.
27. José Ortega y Gasset, *Der Aufstand der Massen*, Hamburg 1956, S. 9, 12, 29, 71 f.
28. Johan Huizinga, *Im Schatten von morgen. Eine Diagnose des kulturellen Leidens unsrer Zeit*, Bern/Leipzig [3]1936, S. 40, 113, 146, 158 ff., 169, 178 f. Das Thema des Spielens führte Huizinga in seinem 1938 erschienenen Buch *Homo ludens. Vom Ursprung der Kultur im Spiel* (Hamburg 1956) weiter aus.
29. John Maynard Keynes, »Sparen und Ausgeben« [1931], in: Ders., *Politik und Wirtschaft. Männer und Probleme*, hg. von Eduard Rosenbaum, Tübingen/Zürich 1956, S. 203. Keynes' Argumentation ist kürzlich von Robert Jacob Alexander Skidelsky und Edward Skidelsky in *Wie viel ist genug? Vom Wachstumswahn zu einer Ökonomie des guten Lebens* (München 2013) wieder aufgegriffen worden.
30. John Maynard Keynes, »Wirtschaftliche Möglichkeiten für unsere Enkelkinder« [1930], in: Ders., *Politik und Wirtschaft*, S. 267, 272. Keynes ging es um »unbe-

dingte Bedürfnisse«; »verhältnismäßige Bedürfnisse«, wie der Wunsch, sich anderen überlegen zu fühlen, mochten »unersättlich« bleiben.

31. William Harold Hutt, *Economists and the Public: A Study of Competition and Opinion*, London 1936; Furlough, *Consumer Cooperation in France*, S. 275 ff. Trentmann, »Genealogy of the Consumer«, S. 43–48.
32. Franklin D. Roosevelt, »Demokratie in der Wirtschaft«, Rede zur Annahme der demokratischen Nominierung, 27. Juni 1936, in: Ders., *Links von der Mitte. Briefe – Reden – Konferenzen*, hg. von Donald Day, Frankfurt am Main o. J., S. 291.
33. Lizabeth Cohen, »The New Deal State and the Making of Citizen Consumers«, in: Susan Strasser, Charles McGovern und Matthias Judt (Hg.), *Getting and Spending: European and American Consumer Societies in the Twentieth Century*, Cambridge 1998, S. 111–126; Alan Brinkley, *The End of Reform: New Deal Liberalism in Recession and War*, New York 1995.
34. Meg Jacobs, *Pocketbook Politics: Economic Citizenship in Twentieth-Century America*, Princeton 2005, S. 104–135; Newman, *Radio Active*, S. 145–165; Lawrence Glickman, *Buying Power: A History of Consumer Activism in America*, Chicago 2009.
35. Charles F. McGovern, *Sold American: Consumption and Citizenship, 1890–1945*, Chapel Hill 2006, Kap. 6.
36. Beispielsweise in der Rede an die Daughters of the American Revolution, 19. April 1926, *http://www.presidency.ucsb.edu/ws/index.php?pid=393*; Coolidge, *The Price of Freedom: Speeches and Addresses*, New York/London 1924.
37. Stuart Chase, *The Economy of Abundance*, New York 1934, S. 274, 308.
38. Roland Marchand, *Creating the Corporate Soul: The Rise of Public Relations and Corporate Imagery in American Big Business*, Berkeley/Los Angeles/London 1998, S. 48–87, 213.
39. Ebd., S. 278–282.
40. John Dewey, »The Need for a New Party« [1931], in: Ders., *The Later Works, 1925–1953*, hg. von Jo Ann Boydston, Bd. 6, Carbondale 1985, S. 159–181; ders., »Public Letter to Roosevelt, May 1933«, in: Ebd., Bd. 9, S. 265 f.
41. Siehe insbesondere John Dewey, *Die menschliche Natur. Ihr Wesen und ihr Verhalten* [1922], Stuttgart 1931; Alan Ryan, *John Dewey and the High Tide of American Liberalism*, New York 1995; Martin Jay, *Songs of Experience: Modern American and European Variations of a Universal Theme*, Berkeley 2005, Kap. 7.
42. Kyrk, *Economic Problems of the Family*, S. 396; dies., *A Theory of Consumption*, London 1923; F. W. Innenfeldt, »Teaching Consumer Buying in the Secondary School«, in: *The Journal of Home Economics* 26, Nr. 5 (1934); H. Harap, »Survey of Twenty-Eight Courses in Consumption«, in: *The School Review* 43, Nr. 7 (September 1937), S. 497–507.
43. Horace M. Kallen, *The Decline and Rise of the Consumer*, New York 1936, S. IX. Kallen wollte, dass sich die Konsumenten selbst organisierten und nicht durch New-Deal-Behörden organisieren ließen.
44. Siehe beispielsweise Steigerwald, »All Hail the Republic of Choice«.
45. Adam Tooze, *Ökonomie der Zerstörung. Die Geschichte der Wirtschaft im Nationalsozialismus*, München 2007; Hartmut Berghoff, »Träume und Alpträume. Konsumpolitik im Nationalsozialistischen Deutschland«, in: Haupt und

Torp (Hg.), *Die Konsumgesellschaft in Deutschland, 1890–1990*, S. 268–288.

46. Siehe Adam Tooze, »Economics, Ideology and Cohesion in the Third Reich. A Critique of Götz Aly's *Hitlers Volksstaat*«, *http://adamtooze.commons.yale.edu/files/2012/10/Tooze-Article-on-Aly-for-Dapim-Lecheker-HaShoah-Sep-2006-corrected.pdf*; vgl. Götz Aly, *Hitler's Volksstaat. Raub, Rassenkrieg und nationaler Sozialismus*, Frankfurt am Main 2005.
47. Colin Campbell, *The Romantic Ethic and the Spirit of Modern Consumerism*, London [3]2005.
48. Tooze, *Ökonomie der Zerstörung*, S. 188–191.
49. S. Jonathan Wiesen, »Creating the Nazi Marketplace: Public Relations and Consumer Citizenship in the Third Reich«, in: Geoff Eley und Jan Palmowski (Hg.), *Citizenship and National Identity in Twentieth-Century Germany*, Stanford 2008, S. 146–163.
50. Moskau, Sonderarchiv, 1521-53-1, Richard Richter-Pössneck, »Eine K. d. F. Seereise nach Norwegen«, 1936, S. 17.
51. Shelley Baranowski, *Strength through Joy: Consumerism and Mass Tourism in the Third Reich*, Cambridge 2004.
52. Henkel Archiv, Düsseldorf, *Henkel-Bote* 14, Nr. 6 (10. Juli 1937), S. 262–265; W. E. Maiwald, *Reichsausstellung Schaffendes Volk*, Düsseldorf 1937; Stefanie Schäfers, *Vom Werkbund zum Vierjahresplan*, Düsseldorf 2001.
53. Josef Stalin, »Anarchismus oder Sozialismus?«, in: Ders, *Werke*, Berlin 1950, Bd. 1, S. 259.
54. Schostakowitschs Musik ging während der deutschen Belagerung Leningrads verloren, wurde aber von Mark Fitz-Gerald rekonstruiert und 2003 in Den Bosch erstmals aufgeführt. Zu *Odna* siehe Denise Youngblood, *Soviet Cinema in the Silent Era, 1918–35*, Ann Arbor 1985, S. 226 f.
55. Josef Stalin, »Rede auf der ersten Unionsberatung der Stachanowleute«, 17. November 1935, in: Ders., *Werke*, Bd. 14, Dortmund 1976, *http://www.stalinwerke.de/band14/b14-004.html*.
56. Sheila Fitzpatrick, *Everyday Stalinism: Ordinary Life in Extraordinary Times. Soviet Russia in the 1930s*, Oxford 1999; Jukka Gronow, *Caviar with Champagne: Common Luxury and the Ideals of the Good Life in Stalin's Russia*, Oxford/New York 2003; Victor Buchli, *An Archaeology of Socialism*, Oxford/New York 1999.
57. Miron Djukanow 1935 auf der Allunionskonferenz der Stachanowiten, zit. in Lewis H. Siegelbaum, *Stakhanovism and the Politics of Productivity in the USSR, 1935–41*, Cambridge 1988, S. 228; zu Westeuropa siehe Charles Maier (Hg.), *In Search of Stability: Explorations in Historical Political Economy*, Cambridge 1987.
58. Siegelbaum, *Stakhanovism and the Politics of Productivity in the USSR, 1935–41*, S. 228.
59. Elias, *Über den Prozess der Zivilisation;* Oleg Kharkhordin, *The Collective and the Individual in Russia: A Study of Practices*, Berkeley 1999, S. 164–230; Stephen Kotkin, *Magnetic Mountain: Stalinism as a Civilization*, Berkeley 1995.
60. Hessler, *A Social History of Soviet Trade;* Gronow, *Caviar with Champagne*, S. 25; zu Unterschieden siehe Fitzpatrick, *Everyday Stalinism*, S. 107 ff.
61. Sarah Davies, »Us Against Them«, in: Fitzpatrick (Hg.), *Stalinism*, S. 64 f.
62. Julie Hessler, »Cultured Trade«, in: Fitzpatrick (Hg.), *Stalinism*, S. 182–209; Amy E. Randall, *The Soviet Dream World of Retail Trade and Consump-*

tion in the 1930s, Basingstoke 2008, S. 134–157.

63. Hessler, *A Social History of Soviet Trade*, S. 207 ff., 241.
64. Tarlo, *Clothing Matters*, S. 60–71.
65. Mahatma Gandhi, *Hind Swaraj oder Indische Selbstregierung* [1909], in: Ders., *Ausgewählte Werke*, hg. von Shriman Narayan, Göttingen 2011, Bd. 3, S. 99, 122.
66. C. A. Bayly, »The Origins of Swadeshi (Home Industry): Cloth and Indian Society, 1700–1930«, in: Appadurai (Hg.), *The Social Life of Things*, S. 285–321.
67. *Young India*, 15. Januar 1928, abgedruckt in Mohandas Karamchand Gandhi, *Khadi: Why and How*, hg. von B. Kumarappa, Ahmedabad 1955, S. 66.
68. *Young India*, 22. September 1927, abgedruckt in: Ebd., S. 104 f.
69. *Young India*, 8. Dezember 1921, abgedruckt in: Ebd., S. 14.
70. Lisa Trivedi, *Clothing Gandhi's Nation: Homespun and Modern India*, Bloomington 2007, S. 30–36; zu entschieden elitären Stilen siehe auch Tarlo, *Clothing Matters*, S. 105–117.
71. *The Municipal Gazette*, Shanghai, 12. Dezember 1920, S. 48; 11. März 1920, S. 71; 17. Juni 1920, S. 237; siehe auch: Shanghai Municipal Council, *Report for the Year 1905*, S. 30–33; Karl Gerth, *China Made: Consumer Culture and the Creation of the Nation*, Cambridge 2003; Jane Leung Larson, »The 1905 Anti-American Boycott as a Transnational Chinese Movement«, in: *Chinese America. History & Perspectives* 21 (2007), S. 191–198.
72. Zit. in Reynolds, »Commodity Cultures«, S. 300.
73. Gerth, *China Made*, S. 279 f., 285–332.
74. Zit. in Reynolds, »Commodity Cultures«, S. 364.
75. Ebd., S. 175 ff., 281–400.
76. *Home and Politics*, Juni 1924, S. 23; Trentmann, *Free Trade Nation*, S. 228–240; Constantine, »›Bringing the Empire Alive‹«.
77. Zu sowjetischen Zahlen siehe Igor Birman, *Personal Consumption in the USSR and the USA*, Basingstoke 1983.
78. Giovanni di Somogyi, »Il boom dei consumi«, in: *Storia dell'economia mondiale*, Bd. 5: *La modernizzazione e i problemi del sottosviluppo*, hg. von Valerio Castronovo, Rom 2001, S. 149–170.
79. 1966–1970 erreichte die Wachstumsrate 7 Prozent (Seweryn Bialer, *Stalin's Successors: Leadership, Stability, and Change in the Soviet Union*, Cambridge 1980, S. 153).
80. Detlef Siegfried, *Time Is on My Side. Konsum und Politik in der westdeutschen Jugendkultur der 60er Jahre*, Göttingen 2006, S. 37–42.
81. Ivan T. Berend, *An Economic History of Twentieth-Century Europe*, Cambridge 2006, S. 253 ff.
82. David Forgacs, »Cultural Consumption, 1940s to 1990s«, in: Ders. und Robert Lumley (Hg.), *Italian Cultural Studies: An Introduction*, Oxford 1996, S. 273–290.
83. Michael Wildt, »Continuities and Discontinuities of Consumer Mentality in West Germany in the 1950s«, in: Richard Bessel und Dirk Schumann (Hg.), *Life After Death: Approaches to a Cultural and Social History of Europe During the 1940s and 1950s*, Cambridge 2003, S. 211–229, hier S. 222.
84. Vera Dunham, *In Stalin's Time: Middle Class Values in Soviet Fiction*, Cambridge 1976, S. 43–48; zum Zusammenhang von Film und Modebewusstsein siehe Juliane Fürst, »The Importance of Being Stylish«, in: Dies. (Hg.), *Late Stalinist Russia: Society between Reconstruction and Reinvention*, London 2006, S. 209–230.

85. Jean Fourastié, *Les Trente Glorieuses ou la revolution invisible de 1946 à 1975*, Paris 1979, S. 17. 1975 gab es in Douelle 212 Haushalte; 210 besaßen einen Kühlschrank, 197 einen Elektroherd und 100 eine Zentralheizung. Insgesamt verfügten die Dorfbewohner über 280 Autos, 250 Radios, 200 Fernsehgeräte, 180 Waschmaschinen und 150 Innentoiletten.
86. Galbraith, *Gesellschaft im Überfluss*, S. 174 ff., 216–219, 269, 274, 296. Was die Produktion von Wünschen betrifft, stützte sich Galbraith auf seinen jungen Harvard-Kollegen James Duesenberry und dessen Buch *Income, Saving and the Theory of Consumer Behavior* (Cambridge 1949).
87. Crosland, *The Future of Socialism*, S. 175, 214, 216, 355, 357.
88. Galbraith, *Gesellschaft im Überfluss*, S. 274.
89. Steven Fielding, »Activists against ›Affluence‹: Labour Party Culture during the ›Golden Age‹, circa 1950–1970«, in: *Journal of British Studies* 40 (2001), S. 241–267; Lawrence Black, *The Political Culture of the Left in Affluent Britain, 1951–64: Old Labour, New Britain?*, Basingstoke 2003, Kap. 6.
90. Daniel Horowitz, *The Anxieties of Affluence: Critiques of American Consumer Culture, 1939–1979*, Amherst 2004, S. 102–108.
91. Galbraith, *Gesellschaft im Überfluss*, S. 297.
92. *Historical Statistics of the United States*, Bd. 3, S. 291.
93. Die Ausgaben der US-Bundesregierung stiegen zwischen 1925 und 1950 von 3 auf 16 Prozent des BIP. Ihre Ausgaben für Soziales und Gesundheit wuchsen zwischen 1948 und 1958, als *Gesellschaft im Überfluss* erschien, von 0,2 auf 1,7 Prozent des BIP; bis 1968 erreichten sie 3,3 Prozent. Die Ausgaben von Bundesstaaten und Kommunen stiegen zwischen 1948 und 1958 von 5,5 auf 8,2 Prozent des BIP. Gleichzeitig sanken die Verteidigungsausgaben nach dem Höchststand von 15 Prozent am Ende des Koreakriegs im Jahr 1953 für den Rest der 1950er und die 1960er Jahre auf rund 10 Prozent (Congressional Budget Office, 3. Juli 2002: Long Range Fiscal Policy Brief, und Tabelle 15.5: Total Government Expenditures as Percentages of GDP: 1948–2006, *http://www.gpo.gov/fdsys/pkg/BUDGET-2008-TAB/pdf/BUDGET-2008-TAB-17-3.pdf*).
94. Cohen, *A Consumers' Republic.*
95. *Life*, 12. Juli 1948, S. 94–113, hier S. 97, 104.
96. Richard F. Kuisel, *Seducing the French: The Dilemma of Americanization*, Berkeley 1993, Kap. 4.
97. Priestley, *Thoughts in the Wilderness*, London 1957, S. 23.
98. Kuisel, *Seducing the French*, S. 38.
99. Maria Mitchell, »Materialism and Secularism: CDU Politicians and National Socialism, 1945–1949«, in: *Journal of Modern History* 67, Nr. 2 (1995), S. 278–308; Axel Schildt, *Moderne Zeiten. Freizeit, Massenmedien und »Zeitgeist« in der Bundesrepublik der 50er Jahre*, Hamburg 1995, S. 354–361.
100. Zit. in Peter Clarke, *Liberals and Social Democrats*, Cambridge 1978, S. 288.
101. B. Seebohm Rowntree und G. R. Lavers, *English Life and Leisure: A Social Study*, London 1951, S. 225 ff., 249 f., 277, 363 ff.
102. De Grazia, *Das unwiderstehliche Imperium;* Roberta Sassatelli, »Impero o mercato? Americanizzazione e regimi di consumo in Europa«, in: *Stato e Mercato*, Nr. 80 (2007), S. 309–323; siehe auch Charles S. Maier, *Among*

Empires: American Ascendancy and Its Predecessors, Cambridge 2006.

103. Sheryl Kroen, »Negotiations with the American Way«, in: Brewer und Trentmann (Hg.), *Consuming Cultures, Global Perspectives*, S. 251–277.
104. Bundesarchiv Koblenz, B 146/1138, 3. Dezember 1952.
105. Ebd., B 146/389, B 146/1138.
106. Ralph Harris, Margot Naylor und Arthur Seldon, *Hire Purchase in a Free Society*, London [3]1961, S. 28.
107. Kelly Longitudinal Study, Interview Lucille Windam, zit. in Elaine Tyler May, *Homeward Bound: American Families in the Cold War Era*, New York 1999, S. 180; siehe auch Erica Carter, *How German Is She? Postwar West German Reconstruction and the Consuming Woman*, Ann Arbor 1997.
108. Glen H. Elder, *Children of the Great Depression: Social Change in Life Experience* [1974], Colorado 1999.
109. Richard A. Easterlin, »The American Baby Boom in Historical Perspective«, in: *The American Economic Review* 51, Nr. 5 (1961), S. 869–911.
110. Bundesarchiv Koblenz B 146/389 (1950).
111. »Der Verbraucher sichert Lohn und Brot«, in: *Freude im Alltag*, (Juli 1951), S. 13, Bundesarchiv Koblenz, B 146/384.
112. Ludivine Bantigny, *Le plus bel âge? Jeunes et jeunesse en France de l'aube des »Trente Glorieuses« à la guerre d'Algerie*, Paris 2007; Georges Lapassade, *L'entrée dans la vie*, Paris 1963; Fürst (Hg.), *Late Stalinist Russia;* dies., *Stalin's Last Generation: Soviet Post-War Youth and the Emergence of Mature Socialism*, Oxford 2010; Uta Poiger, *Jazz, Rock, and Rebels: Cold War Politics and American Culture in a Divided Germany*, Berkeley 2000; Paola Ghione und Marco Grispigni (Hg.), *Giovani prima della rivolta*, Rom 1998.
113. Kunsten en Wetenschappen Netherlands Ministerie van Onderwijs, *Maatschappelijke Verwildering der Jeugd*, Den Haag 1952, S. 17 f., 35.
114. Kunsten en Wetenschappen Netherlands Ministerie van Onderwijs, *Bronnenboek bevattende gegevens ten grondslag liggend aan rapport Maatschappelijke verwildering der jeugd*, Den Haag 1953.
115. Zit. in Siegfried, *Time Is on My Side*, S. 327; zum Kult der Geschwindigkeit siehe Kristin Ross, *Fast Cars, Clean Bodies: Decolonization and the Reordering of French Culture*, Cambridge 1996.
116. Bantigny, *Le plus bel âge?*, S. 71 f., 140 f.
117. Peter Wilmott, *Adolescent Boys of East London*, Harmondsworth 1969, S. 20.
118. Bantigny, *Le plus bel âge?*, S. 53.
119. August B. Hollingshead, *Elmtown's Youth. The Impact of Social Classes on Adolescents*, New York 1949, S. 397.
120. Susan E. Reid und David Crowley (Hg.), *Style and Socialism: Modernity and Material Culture in Post-War Eastern Europe*, London 2000.
121. Fürst, »The Importance of Being Stylish«, S. 224.
122. Seebohm Rowntree und Lavers, *English Life and Leisure*, S. 214.
123. Thurston, *Delinquency and Spare Time*, S. 165.
124. Françoise Giroud, *La nouvelle vague. Portraits de la jeunesse*, Paris 1958, S. 331 f.
125. 16- bis 22-Jährige Nürnberger, interviewt von Reinhold Bergler (»Dimensionen der Wunsch- und Erlebniswelt Jugendlicher«, in: Ludwig von Friedeburg [Hg.], *Jugend in der modernen Gesellschaft*, Köln 1965, S. 513–530).
126. Kaspar Maase, »Establishing Cultural Democracy: Youth, ›Americanization‹, and the Irresistible Rise of Popular

Culture«, in: Bessel und Schumann (Hg.), *Life after Death*, S. 428–450.

127. Seebohm Rowntree und Lavers, *English Life and Leisure*, S. 383 f.

128. Thomas C. Frank, *The Conquest of Cool: Business Culture, Counterculture, and the Rise of Hip Consumerism*, Chicago 1997, S. 189–197.

129. Guia Croce (Hg.), *Tutto il meglio di Carosello, 1957–77*, Turin 2011.

130. Umberto Eco, *Apokalyptiker und Integrierte. Zur kritischen Kritik der Massenkultur* [1964], Frankfurt am Main 1986, S. 37–58.

131. Ernest Dichter, *Strategie im Reich der Wünsche* [1960], München 1964, S. 35 f., 101, 18, 105 f., 200, 304, 315; vgl. Horowitz, *The Anxieties of Affluence*, Kap. 2; David Bennett, »Getting the Id to Go Shopping«, in: *Public Culture* 17, Nr. 1 (2005), S. 1–26; Stefan Schwarzkopf und Rainer Gries (Hg.), *Ernest Dichter and Motivation Research*, Basingstoke 2010.

132. Betty Friedan, *Der Weiblichkeitswahn oder Die Mystifizierung der Frau* [1963], Reinbek 1966.

133. Ernest Dichter, *Handbuch der Kaufmotive. Der Sellingappeal von Waren, Werkstoffen und Dienstleistungen*, Wien/Düsseldorf 1964, S. 10 f., 522–558.

134. Herbert Marcuse, *Der eindimensionale Mensch. Studien zur Ideologie der fortgeschrittenen Industriegesellschaft*, Neuwied/Berlin 1967, S. 256.

135. Das Standardwerk ist Richard S. Tedlows *New and Improved: The Story of Mass Marketing in America*, New York 1990.

136. Josh Lauer, »Making the Ledgers Talk: Customer Control and the Origins of Retail Data Mining, 1920–1940«, in: Hartmut Berghoff, Philip Scranton und Uwe Spiekermann (Hg.), *The Rise of Marketing and Market Research*, New York 2012, S. 153–169; Susan Strasser, *Satisfaction Guaranteed: The Making of the American Mass Market*, New York 1989, S. 211–220; siehe auch Hartmut Berghoff (Hg.), *Marketinggeschichte. Die Genese einer modernen Sozialtechnik*, Frankfurt am Main 2007.

137. Christiane Lamberty, *Reklame in Deutschland, 1890–1914. Wahrnehmung, Professionalisierung und Kritik der Wirtschaftswerbung*, Berlin 2001.

138. Sean Nixon, »Mrs Housewife and the Ad Men: Advertising, Market Research, and Mass Consumption in Postwar Britain«, in: Berghoff, Scranton und Spiekermann (Hg.), *The Rise of Marketing and Market Research*, S. 193–213; vgl. auch Sean Nixon, *Hard Sell: Advertising, Affluence and Transatlantic Relations, c. 1951–69*, Manchester 2013.

139. Stefan Schwarzkopf, »Respectable Persuaders: The Advertising Industry and British Society, 1900–1939«, Dissertation, University of London, 2008; ders., »Markets, Consumers, and the State: The Uses of Market Research in Government and the Public Sector in Britain, 1925–55«, in: Berghoff, Scranton und Spiekermann (Hg.), *The Rise of Marketing and Market Research*, S. 171–192; Kerstin Brückweh (Hg.), *The Voice of the Citizen Consumer: A History of Market Research, Consumer Movements, and the Political Public Sphere*, Oxford 2011.

140. Starch INRA Hooper Group und International Advertising Association, *Sixteenth Survey of Advertising Expenditures Around the World: A Survey of World Advertising Expenditure in 1980*, Mamaroneck 1981.

141. R. van der Wurff und P. Bakker, »Economic Growth and Advertising Expen-

ditures in Different Media in Different Countries«, in: *Journal of Media Economics* 21 (2008), S. 28–52, Tab. 1.

142. Gerhard Schulze, *Die Erlebnisgesellschaft*, Frankfurt am Main 1992.

143. Hermann Heinrich Gossen, *Entwickelung der Gesetze des menschlichen Verkehrs und der daraus fließenden Regeln für menschliches Handeln*, Braunschweig 1854; Sergio Nistico, »Consumption and Time in Economics: Prices and Quantities in a Temporary Equilibrium Perspective«, in: *Cambridge Journal of Economics* 29, Nr. 6 (2005), S. 943–957.

144. *The Times*, 17. Mai 1968, S. 12; Guy Debord, *Die Gesellschaft des Spektakels*, Berlin 1996; Thomas Hecken und Agata Grzenia, »Situationism«, in: Martin Klimke und Joachim Scharloth (Hg.), *1968 in Europe*, Basingstoke 2008, Kap. 2.

145. Siehe Kuisel, *Seducing the French*, S. 189.

146. Detlef Siegfried, »Ästhetik des Andersseins«, in: K. Weinhauer, J. Requate und H.-G. Haupt (Hg.), *Terrorismus in der Bundesrepublik*, Frankfurt am Main 2006, S. 76–98.

147. Flugblätter der Kommune I, Nr. 7: »Warum brennst du, Konsument?«, und Nr. 8: »Wann brennen die Berliner Kaufhäuser?«, beide vom 24. Mai 1967, Württembergische Landesbibliothek Stuttgart, »Neue Soziale Bewegungen«, Do895; im Internet: *http://www.info.libertad.de/blogs/7/568*.

148. Zit. in Gerd Koenen, *Vesper, Ensslin, Baader. Urszenen des deutschen Terrorismus*, Frankfurt am Main 2005, S. 142, 176; siehe auch Stephan Malinowski und Alexander Sedlmaier, »›1968‹ als Katalysator der Konsumgesellschaft«, in: *Geschichte und Gesellschaft* 32, Nr. 2 (April–Juni 2006). S. 238–267.

149. Marcuse, *Der eindimensionale Mensch*.

150. Rainer Langhans und Fritz Teufel, *Klau mich*, Frankfurt am Main 1968.

151. Persönliche Information.

152. Gudrun Cyprian, *Sozialisation in Wohngemeinschaften. Eine empirische Untersuchung ihrer strukturellen Bedingungen*, Stuttgart 1978, S. 81–85. Die Forschungen fanden 1974 statt.

153. Pier Paolo Pasolini, *Freibeuterschriften. Aufsätze und Polemiken über die Zerstörung des Einzelnen durch die Konsumgesellschaft* [1975], Berlin 1979, S. 29–36.

154. Jean Baudrillard, *Die Konsumgesellschaft. Ihre Mythen, ihre Strukturen* [1970], hg. von Kai-Uwe Hellmann und Dominik Schräge, Heidelberg 2015, S. 48 (Hervorhebung im Original).

155. Alexander Solschenizyn, *Offener Brief an die sowjetische Führung*, Darmstadt 1974, S. 20–26.

156. Kuisel, *Seducing the French*, S. 153.

157. Jean-François Revel, *Uns hilft kein Jesus und kein Marx* [1970], München 1973.

158. Michel de Certeau, *Kunst des Handelns*; Douglas und Isherwood, *The World of Goods*; Schama, *Überfluss und schöner Schein*; zu disziplinierenden Gewohnheiten siehe Henri Lefebvre, *Kritik des Alltagslebens. Grundrisse einer Soziologie der Alltäglichkeit* [1961], München 1975; ders., *Rhythmanalysis*; vgl. weiter unter das Kapitel »Nicht so schnell!«.

159. Martin Luther King, »Der Tambourmajor-Instinkt«, Predigt in Atlanta, 4. Februar 1968, in: Ders., *Schöpferischer Widerstand*, hg. von Heinrich W. Grosse, Gütersloh 1980, S. 118–129; siehe auch Horowitz, *The Anxieties of Affluence*, Kap. 6.

160. Felicia Kornbluh, »To Fulfill Their ›Rightly Needs‹: Consumerism and the National Welfare Rights Movement«, in: *Radical History Review* 69 (1997), S. 76–113.

161. Jimmy Carter, »Address to the Nation on Energy and National Goals«, 15. Juli

1979, *www.pbs.org/wgbh/amex/carter/filmmore/ps_crisis.html.*

162. Energy Information Administration, *Monthly Energy Review*, September 2013. Der Anteil aller erneuerbaren Energien hat sich seit 1976 nicht viel verändert; er liegt gegenwärtig bei 9 Prozent.

163. Jean Saint-Geours, *Es lebe die Marktwirtschaft* [1971], Zürich/Wien 1973, S. 23 f., passim, 31, 91, 133–136.

164. Nikita Chruschtschow, »Erfolge des Kommunismus zeigen einzigen Weg zur völligen Befreiung des Menschen. Die große Rede N. S. Chruschtschows vor dem Obersten Sowjet«, in: *Neues Deutschland*, 6. Mai 1960, S. 5; Imogene Erro, »And What of the Consumer?«, in: *Problems of Communism* 12 (1963), S. 34–37.

165. Reid und Crowley (Hg.), *Style and Socialism*, S. 42; Philip Hanson, *Advertising and Socialism: The Nature and Extent of Consumer Advertising in the Soviet Union, Poland, Hungary, and Yugoslavia*, London 1974; Patrick Hyder Patterson, »Truth Half Told: Finding the Perfect Pitch for Advertising and Marketing in Socialist Yugoslavia, 1950–1991«, in: *Enterprise & Society* 4, Nr. 2 (2003), S. 179–225.

166. Robert H. Haddow, *Pavilions of Plenty: Exhibiting American Culture Abroad in the 1950s*, Washington, D. C., 1997. David Riesman hatte diese Diplomatie der Güter 1951 in seiner Satire »The Nylon War« vorweggenommen (in *Abundance for What? And Other Essays*, London 1964, S. 65–77).

167. Mark Landsman, *Dictatorship and Demand: The Politics of Consumerism in East Germany*, Cambridge 2005.

168. Katherine Pence, »›A World in Miniature‹: The Leipzig Trade Fairs in the 1950s«, in: David F. Crew (Hg.), *Consuming Germany in the Cold War*, Oxford/New York 2003, S. 21–50; Judd Stitziel, »On the Seam between Socialism and Capitalism: East German Fashion Shows«, in: Ebd., S. 51–86.

169. »Überholen und einholen«, später umformuliert in »Überholen ohne einzuholen« (Ina Merkel, »Konsumpolitik in der DDR«, in: Haupt und Torp [Hg.], *Die Konsumgesellschaft in Deutschland, 1890–1990*, S. 291).

170. Katherine Verdery, *National Ideology under Socialism: Identity and Cultural Politics in Ceausescu's Romania*, Berkeley 1991; Thomas W. Simons, *Eastern Europe in the Postwar World*, Basingstoke ²1993, S. 106–113.

171. Landsman, *Dictatorship and Demand*, S. 195 ff.

172. Walter Hixson, *Parting the Curtain: Propaganda, Culture, and the Cold War, 1945–1961*, New York 1997; Haddow, *Pavilions of Plenty*, S. 201–229; David Caute, *The Dancer Defects: The Struggle for Cultural Supremacy during the Cold War*, Oxford 2003, S. 43–49.

173. Jürgen Barsch, »Freizeiteinstellung und Freizeitverhalten weltanschaulich unterschiedlich eingestellter Jugendlicher«, Leipzig 1974.

174. Natalya Chernyshova, *Soviet Consumer Culture in the Brezhnev Era*, London 2013, S. 50.

175. *Ty i ja*, zit. in David Crowley, »Warsaw's Shops, Stalinism and the Thaw«, in: Reid und Crowley (Hg.), *Style and Socialism*, S. 42.

176. Bundesarchiv Berlin, DL 102/543, Institut für Marktforschung, »Zur Entwicklung sozialistischer Verbrauchs- und Lebensgewohnheiten der Bevölkerung der DDR«, 1971, S. 17.

177. Zentralinstitut für Jugendforschung, »Jugend und Mode«, Leipzig 1979, Bundesarchiv Lichterfelde, Bibliothek, B 6123.

178. Janine R. Wedel, *The Private Poland*, Oxford 1986.
179. Bundesarchiv Berlin, DL 102/591, »Tendenzen der Entwicklung der Wohnbedürfnisse«, 1971.
180. Bundesarchiv Berlin, DY 30/2589, Eingaben an Honecker, »Informationen über eingegangene Eingaben im 1. HalbJahr 1980«, 15. August 1980.
181. Bundesarchiv Berlin, DL 102/99, »Internationaler Vergleich ... langlebiger Konsumgüter«, August 1967; DL 102/1425, »Zur Differenzierung des Verbrauchs ... nach Klassen und Schichten ... 1970–80« (1980 besaßen 55 Prozent der Intelligenzlerhaushalte eine Waschmaschine, aber nur 27 Prozent der Arbeiterhaushalte); DL 102/1472, »Urlaubsreisetätigkeit ... 1971–80«; siehe auch Ina Merkel, *Utopie und Bedürfnis. Die Geschichte der Konsumkultur in der DDR*, Köln 1999; Mary Fulbrook, *The People's State: East German Society from Hitler to Honecker*, New Haven 2005.
182. Bundesarchiv Berlin, DL 102/543, »Zur Entwicklung sozialistischer Verbrauchs- und Lebensgewohnheiten der Bevölkerung der DDR«, Anhang 7, Tabelle 2. Der Anteil der Ehemänner lag bei 12, derjenige anderer Haushaltsmitglieder bei 8 Prozent.
183. Bundesarchiv Berlin, DL 102/1471. Unter 12- bis 15-jährigen Jungen war es jeder Dritte.
184. Bundesarchiv Berlin, DL 102/366, »Einkaufsgewohnheiten bei Industriewaren nach der Einführung der durchgängigen 5-Tage-Arbeitswoche«, Tab. 134. Die meisten Textilgeschäfte hatten nur an einem Sonnabend im Monat geöffnet.
185. Bundesarchiv Berlin Lichterfelde, Bibliothek, FDJ/6147, Zentralinstitut für Jugendforschung, »Freizeit '69. Abschlussbericht«, Oktober–November 1969, als »Vertrauliche Dienstsache« gekennzeichnet.
186. Marc-Dietrich Ohse, *Jugend nach dem Mauerbau*, Berlin 2003.
187. Bundesarchiv Berlin, Bibliothek, FDJ 6243, Zentralinstitut für Jugendforschung, »Freizeit und Freizeitnutzung junger Arbeiter und Schüler in der Wartburgstadt Eisenach«, Leipzig 1977; ebd., Zentralinstitut für Jugendforschung, »Jugend und Mode«, Leipzig 1979, S. 18.
188. Chernyshova, *Soviet Consumer Culture in the Brezhnev Era*, S. 111.
189. George Gomori, »Consumerism in Hungary«, in: *Problems of Communism* 12, Nr. 1 (1963), S. 64 ff.
190. Wolf Oschlies, *Jugend in Osteuropa*, Bd. 2: *Polens Jugend*, Köln 1982, S. 166–190.
191. Václav Havel, *Versuch, in der Wahrheit zu leben. Von der Macht der Ohnmächtigen*, Reinbek 1980, insbesondere S. 35–38 (zum Prozess gegen die Rockband The Plastic People of the Universe), S. 55–58.
192. Siehe Kapitel 13.
193. Annette Kaminsky, *Wohlstand, Schönheit, Glück. Kleine Konsumgeschichte der DDR*, München 2001, S. 145.
194. Bundesarchiv Berlin, DY 3023/1573, Büro Günter Mittag im ZK der SED, Eingabe vom 14. September 1976; siehe auch Jonathan Zatlin, *The Currency of Socialism*, Cambridge 2007.
195. Bundesarchiv Berlin, DG 7/1768, 17. März 1986.
196. Bundesarchiv Berlin, DY 3023/1573, anonyme Eingabe vom 26. Februar 1987. Eine Untersuchung ergab, dass er privat einen Citroën besaß und einen Lada als Dienstwagen nutzte.
197. Bundesarchiv Berlin, DG 7/1769, 26. September 1986.
198. Bundesarchiv Berlin, DY 30/3261, 12. Februar 1981.

199. Merkel, *Utopie und Bedürfnis*, S. 357–409.
200. Bundesarchiv Berlin, DY 30/3261, 6. Dezember 1985.
201. Zur späteren nostalgischen Neubewertung und Identitätspolitik der »Ostalgie« siehe Ina Merkel, »From Stigma to Cult: Changing Meanings in East German Consumer Culture«, in: Trentmann (Hg.), The *Making of the Consumer*, S. 249–270.

7 Im Überfluss

1. Statistisk sentralbyrå, NOS Forbruksundersøkelse, *http://www.ssb.no/vis/histstat/hist05.html*; OECD, *National Accounts of OECD Countries, 1953–69*, Paris 1970, S. 158 f., 242 f.; United Nations, *National Accounts Statistics*, New York 2004, S. 976.
2. OECD, *Towards Sustainable Household Consumption?*, Paris 2002, Grafik 1 a–d, S. 23; Carol Helstosky, *Garlic and Oil: Food and Politics in Italy*, Oxford 2004.
3. Siehe die in den Anmerkungen 1 und 2 angegebenen Quellen; für andere EU-Länder siehe Eurostat, *Household Final Consumption Expenditure in the European Union, 1995–99*, Luxemburg 2002, Kap. 2 und 4.
4. Gronow und Warde (Hg.), *Ordinary Consumption.*
5. Bei Arbeitern stieg der Anteil zwischen 1959 und 1979 von 5,7 auf 6,4 Prozent, während er bei *cadres supérieurs* von 12 auf 7 Prozent sank (Nicolas Herpin und Daniel Verger, *La consommation des Francais*, Paris 1988, S. 114).
6. Shinobu Majima, »Affluence and the Dynamics of Spending in Britain, 1961–2004«, in: *Contemporary British History* 22, Nr. 4 (2008), S. 573–597.
7. George A. Lundberg, Mirra Komarovsky und Mary Alice McInerny, *Leisure: A Suburban Study*, New York 1934, S. 83; vgl. auch William H. Whyte, *Organization Man*, New York 1956.
8. Lundberg, Komarovsky und McInerny, *Leisure*, S. 189.
9. Ebd., S. 149 f., 155, 189; Bennett M. Berger, *Working-Class Suburb: A Study of Auto Workers in Suburbia*, Berkeley 1960, S. 58–65.
10. Alison J. Clarke, »Tupperware: Suburbia, Sociality and Mass Consumption«, in: Roger Silverstone (Hg.), *Visions of Suburbia*, London 1997, S. 132–160.
11. Gail Cooper, *Air-Conditioning America: Engineers and the Controlled Environment, 1900–1960*, Baltimore 1998, S. 157–173; Marsha E. Ackerman, *Cool Comfort: America's Romance with Air-Conditioning*, Washington, D. C., 2002.
12. Siegfried Stratemann, *Das große Buch vom eigenen Haus. Eine Entwurfslehre für das Eigenheim*, München [2]1954, S. 15.
13. Berger, *Working-Class Suburb.*
14. Rainwater, Coleman und Handel, *Workingman's Wife*, S. 146–151; siehe auch Lizabeth Cohen, »The Class Experience of Mass Consumption«, in: Richard W.

Fox und T. J. Jackson Lears (Hg.), *The Power of Culture*, Chicago 1993.

15. George Katona, Burkhard Strümpel und Ernest Zahn, *Zwei Wege zur Prosperität. Konsumverhalten, Leistungsmentalität und Bildungsbereitschaft in Amerika und Europa*, Düsseldorf/Wien 1971, S. 110.
16. 1960: US 16 Prozent, EU 20 Prozent; 1978: US 19 Prozent, EU 21 Prozent (Barry Bosworth, »United States Saving in a Global Context«, Abbildung 5; *www.brookings.edu/testimony/2006/0406macroeconomics_bosworth.aspx)*.
17. Ferdynand Zweig, *The British Worker*, Harmondsworth 1952; ders., *The Worker in an Affluent Society*, London 1962; ders., *The New Acquisitive Society*, Chichester 1976.
18. Alan Bennett, *Enjoy*, London 1980.
19. John H. Goldthorpe, David Lockwood, Frank Bechhofer und Jennifer Platt, *Der »wohlhabende« Arbeiter in England*, 3 Bde., München 1970/71, hier insbesondere Bd. 3: *Der »wohlhabende« Arbeiter in der Klassenstruktur*, München 1971, S. 94–165.
20. Zweig, *The New Acquisitive Society*, S. 15; zu Klassenkulturen vor den 1950er Jahren siehe Ross McKibbin, *Classes and Cultures: England 1918–1951*, Oxford 1998.
21. Mike Savage, »Working-Class Identities in the 1960s«, in: *Sociology* 39, Nr. 5 (2005), S. 929–946; siehe auch John Foot, *Milan since the Miracle: City, Culture and Identity*, Oxford 2001.
22. Devine, *Affluent Workers Revisited*, S. 57–74, 134–152.
23. Bennett et al., *Culture, Class, Distinction*, London 2009, S. 9.
24. Bourdieu, *Die feinen Unterschiede*, S. 104 f., 374 f.
25. Ebd., S. 428–436.
26. Ebd., Kap. 6 und 7.
27. Julien Vincent, »The Sociologist and the Republic: Pierre Bourdieu and the Virtues of Social History«, in: *History Workshop Journal* 58, Nr. 1 (2004), S. 128–148.
28. Altenloh, *Zur Soziologie des Kino*, S. 67 f.
29. Bernard Lahire, *La culture des individus. Dissonances culturelles et distinction de soi*, Paris 2004; Elizabeth B. Silva, »Homologies of Social Space and Elective Affinities«, in: *Sociology* 40, Nr. 6 (2006), S. 1171–1189.
30. Bennett et al., *Culture, Class, Distinction.* Leider gibt es keine internationalen Studien, so dass man die britische Situation nicht mit derjenigen in Ländern mit einer stärkeren Tradition staatlich geförderter Theater vergleichen kann. Zu einem anderen Ansatz siehe T. W. Chan und J. H. Goldthorpe, »Social Stratification and Cultural Consumption: Music in England«, in: *European Sociological Review*, 23/1 (2007), S. 1–19.
31. Zu veränderten Freizeitaktivitäten siehe unten das Kapitel »Nicht so schnell!«.
32. Ioné Acquah, *Accra Survey: A Social Survey of the Capital of Ghana, Formerly Called the Gold Coast, Undertaken for the West African Institute of Social and Economic Research*, 1953–56, London 1958, S. 154–163; Phyllis M. Martin, *Leisure and Society in Colonial Brazzaville*, Cambridge 1995.
33. Philip und Iona Mayer, *Townsmen or Tribesmen: Conservatism and the Process of Urbanization in a South African City*, Kapstadt 1961; siehe auch den Nachtrag zur Ausgabe von 1971; zur Fortführung dieser Trinkkultur in Pensionen siehe Leslie Bank, »Men with Cookers: Transformations in Migrant Culture,

Domesticity and Identity in Duncan Village, East London«, in: *Journal of Southern African Studies* 25, Nr. 3 (1999), S. 393–416; siehe auch B. A. Pauw, *The Second Generation: A Study of the Family Among Urbanized Bantu in East London*, Kapstadt 1963, [2]1973.

34. de Grazia, *Das unwiderstehliche Imperium*; Adam Mack, »Good Things to Eat in Surburbia: Supermarkets and American Consumer Culture, 1930–1970«, Dissertation, University of South Carolina, 2006.
35. de Grazia, *Das unwiderstehliche Imperium*, Kap. 8.
36. Stewart Howe (Hg.), *Retailing in the European Union*, London 2002.
37. Mack, »Good Things to Eat in Surburbia«, S. 165–173.
38. Emanuela Scarpellini, *Comprare all'americana. Le origini della rivoluzione commerciale in Italia 1945–71*, Bologna 2001; dies., »Shopping American Style: The Arrival of the Supermarket in Postwar Italy«, in: *Enterprise & Society* 5, Nr. 4 (2004), S. 625–668.
39. Luciano Bianciardi, *Das saure Leben* [1962], Berlin/München/Wien 1967, S. 198.
40. Andrew Alexander et al., »The Co-Creation of a Retail Innovation: Shoppers and the Early Supermarket in Britain«, in: *Enterprise & Society* 10, Nr. 3 (2009), S. 529–558, hier S. 547; siehe auch A. Alexander, S. Phillips und G. Shaw, »Retail Innovation and Shopping Practices: Consumers' Reactions to Self-Service Retailing«, in: *Environment and Planning A* 40 (2008), S. 2204–2221; Paul du Gay, ›Self-Service: Retail, Shopping and Personhood«, in: *Consumption, Markets and Culture* 7, Nr. 2 (2004), S. 149–163; Emanuela Scarpellini, *L'Italia dei consumi*, Rom 2008, S. 229 ff.; *The Independent*, 26. Oktober 1998 (Nachruf auf Alan Sainsbury); Charles Debbasch und Jean-Marie Pontier, *La société française*, Paris 1989, S. 228.
41. James L. Watson (Hg.), *Golden Arches East: McDonald's in East Asia*, Stanford 1997.
42. M. A. Numinen, zit. in Janne Poikolainen, »Anglo-American Pop Music, Finnish Tango, and the Controversial Images of Modernity in Finland in the 1960s«, in: Visa Heinonen und Matti Peltonen (Hg.), *Finnish Consumption: An Emerging Consumer Society between East and West*, Helsinki 2013, S. 142.
43. Ermanno Labianca, *Canzone per te. Appunti di musica leggera (1957–2007)*, Rom 2007; Dario Salvatori, *Sanremo 50. La vicenda e i protagonisti di mezzo secolo di Festival della canzone*, Rom 2000; Bantigny, *Le plus bel âge?*, S. 66; Pirjo Kukkonen, *Tango Nostalgia: The Language of Love and Longing*, Helsinki 1996; zu späteren Mischformen siehe Marco Santoro und Marco Solaroli, »Authors and Rappers: Italian Hip Hop and the Shifting Boundaries of ›Canzone d'Autore‹«, in: *Popular Music* 26, Nr. 3 (2007), S. 463–488.
44. Loi Nr. 86-1067, 30. September 1986, über die Freiheit der Kommunikation (Loi Léotard), *http://www.legifrance.gouv.fr/affichTexte.do?cidTexte=LEGITEXT000006068930*.
45. Alan Warde et al., »Changes in the Practice of Eating: A Comparative Analysis of Time-Use«, in: *Acta Sociologica* 50, Nr. 4 (2007), S. 363–385; Shu-Li Cheng et al., »The Changing Practice of Eating: Evidence from UK Time Diaries, 1975–2000«, in: *The British Journal of Sociology* 58, Nr. 1 (2007), S. 39–61; Claude Fischler und Estelle Masson, *Manger. Français, Euro-*

péens et Américains face à l'alimentation, Paris 2008.

46. Dale Southerton et al., »Trajectories of Time Spent Reading as a Primary Activity: A Comparison of the Netherlands, Norway, France, UK and USA since the 1970s«, in: *CRESC Working Paper* 39 (2007), *http://www.cresc.ac.uk/publications/documents/wp39.pdf*.

47. W. Griswold, T. McDonnell und N. Wright, »Reading and the Reading Class in the Twenty-First Century«, in: *Annual Review of Sociology* 31 (2005), S. 127–141; J. Gershuny, »Web-Use and Net-Nerds: A Neo-Functionalist Analysis of the Impact of Information Technology in the Home«, in: *Social Forces* 82, Nr. 1 (2003), S. 139–166.

8 Asien konsumiert

1. *China Statistical Yearbook* 1988 und 1993; zu 2009 siehe: *http://www.stats.gov.cn/tjsj/ndsj/2009/indexeh.htm*; zu Südkorea siehe Laura C. Nelson, *Measured Excess: Status, Gender, and Consumer Nationalism in South Korea*, New York 2000, S. 87; zu Japan siehe Partner, *Assembled in Japan*, Tabellen 6, 1. In den Vereinigten Staaten verbreiteten sich diese Konsumgüter schneller als in Großbritannien (Offer, *The Challenge of Affluence*, S. 173–180).

2. Bei der Kaufkraftparität – dem Maß dafür, was man für sein Geld wirklich kaufen kann – musste China 2009, wenn man sie mit der Zahl der Chinesen multipliziert, mit 10 Billionen Dollar nur den Vereinigten Staaten den Vortritt lassen.

3. Am nachdrücklichsten vertritt diese These derzeit Karl Gerth (*As China Goes, So Goes the World: How Chinese Consumers are Transforming Everything*, New York 2010, S. 192).

4. Ein eigenes Thema ist die Frage, ob wundersames Wirtschaftswachstum eine von konventionellen Maßstäben hervorgerufene optische Täuschung ist. Laut Elizabeth C. Economy verschlingen die Kosten von Umweltverschmutzung und -schäden rund 10 Prozent des jährlichen BIP (»The Great Leap Backward«, in: *Foreign Affairs* 86, Nr. 5 [2007], S. 38–59).

5. Überall im Land sank die Zahl der Geschäfte auf fast ein Fünftel, während die Bevölkerung wuchs (Martin King Whyte und William L. Parish, *Urban Life in Contemporary China*, Chicago 1984, S. 98 f.).

6. Laut WTO ist der indische Anteil am Welthandel seither auf 2,9 Prozent gestiegen.

7. Kautilya, *The Arthashastra*, London 1992, S. 145.

8. Siehe Harald Fuess, *Transnational History of Beer in Japan* [noch nicht erschienen], Kap. 3.

9. T. Matsuda, »The Japanese Family Budget Enquiry of 1926–1927«, in: *International Labour Review* 23 (1931), S. 388–398; zu Uhren siehe Pierre-Yves Donzé, »Des importateurs suisses de Yokohama aux fabricants d'horlogerie japonais«,

in: *Revue d'histoire moderne et contemporaine* 57, Nr. 1 (2010), S. 168–189; siehe ferner Hiroshi Hazama, »Historical Changes in the Life Style of Industrial Workers«, in: Hugh Patrick (Hg.), *Japanese Indstrialization and its Social Consequences*, Berkeley 1976, S. 21–51; Sato, *The New Japanese Woman;* Penelope Francks, *The Japanese Consumer: An Alternative Economic History of Modern Japan*, Cambridge 2009; zu Hitoshis Umfrage im Norden und Einstellungen zur Modernität im Allgemeinen siehe Harry Harootunian, *Overcome by Modernity: History, Culture and Community in Interwar Japan*, Princeton 2000.

10. Leo Ou-Fan Lee, *Shanghai Modern: The Flowering of a New Urban Culture in China, 1930–1945*, Cambridge 1999.
11. Prakash Tandon, *Punjabi Century, 1857–1947*, London 1961, S. 110 f.
12. Frank Dikötter, *Things Modern: Material Culture and Everyday Life in China*, London 2006, S. 55 f., 196–200, 205–213; siehe auch Cochra, *Inventing Nanking Road.*
13. Olga Lang, *Chinese Family and Society*, New Haven 1946, S. 74.
14. So der Titel eines Buchs von Carl Crow (*Vierhundert Millionen Kunden*, Berlin/Wien/Leipzig 1937).
15. Campbell, *The Romantic Ethic and the Spirit of Modern Consumerism*, S. 18.
16. Shanghai Library, Bureau of Social Affairs, The City Government of Greater Shanghai, ›Standard of Living of Shanghai Laborers‹ (1934), S. 102 ff., 157, Tafel XLI.
17. Malcolm Lyall Darling, *The Punjab Peasant in Prosperity and Debt*, London 1925, S. XIV, 144, 164–166.
18. Andrew Gordon, »From Singer to Shinpan: Consumer Credit in Modern Japan«, in: Sheldon Garon und Patricia L. Maclachlan (Hg.), *The Ambivalent Consumer: Questioning Consumption in East Asia and the West*, Ithaca 2006, S. 137–162, hier S. 141.
19. Das Folgende stützt sich auf Garon, »Luxury Is the Enemy«; ders., »Japan's Post-War ›Consumer Revolution‹ or Striking a ›Balance‹ between Consumption and Saving«, in: Brewer und Trentmann (Hg.), *Consuming Cultures, Global Perspectives*; Charles Yuji Horioka, »Are the Japanese Unique? An Analysis of Consumption and Saving Behavior in Japan«, in: Garon und Maclachlan (Hg.), *The Ambivalent Consumer*, S. 113–136.
20. Turo-Kimmo Lehtonen und Mika Pantzar, »The Ethos of Thrift: The Promotion of Bank Saving in Finland During the 1950s«, in: *Journal of Material Culture* 7, Nr. 2 (2002), S. 211–231; vgl. auch Minna Lammi, *Ett' varttuisi Suomenmaa. Suomalaisten kasvattaminen kulutusyhteiskuntaan kotimaisissa lylhytelokuvissa 1920–69*, Helsinki 2006.
21. Partner, *Assembled in Japan*, S. 163.
22. J. Devika, »Domesticating Malayalees: Family Planning, the Nation and Home-Centred Anxieties in Mid-20th Century Keralam«, Kerala, Centre for Development Studies, WP340, 2002, S. 46–49.
23. Harold Wilhite, *Consumption and the Transformation of Everyday Life: A View from South India*, Basingstoke 2008, S. 89–103.
24. Indian Statistical Institute, *The National Sample Survey, 11th and 12th Rounds, Aug. 1956–Aug 1957, no. 46, Tables with notes on Consumer Expenditure of Agricultural Labour Households in Rural Areas*, Neu-Delhi 1961.
25. Ashok Gulati und Shenggen Fan (Hg.), *The Dragon and the Elephant: Agricul-*

tural Rural Reforms in China and India, Oxford 2007.

26. S. L. Rao und I. Natarajan, *Indian Market Demographics: The Consumer Classes*, Neu-Delhi 1996; NCAER, *India Market Demographics Report 2002*, Neu-Delhi 2002.
27. *Madhya Pradesh Human Development Report 2007*, Oxford 2007, S. 180.
28. Laut Weltbank hatten 2004 87 Prozent der Armen auf dem Land keinen Zugang zu Krediten, und 71 Prozent hatten keine Ersparnisse (*Scaling-up Access to Finance for India's Rural Poor*, Washington, D. C., 2004, *http://documents.worldbank.org/curated/en/262391468051271626/India-Scaling-up-access-to-finance-for-Indias-rural-poor*). In Nepal sieht es ähnlich aus (Aurora Ferrari, Guillemette Jaffrin und Sabin Shrestha, *Access to Financial Services in Nepal*, Washington, D. C., 2007).
29. The Energy and Resources Institute (TERI), *Energy Data Directory*, Neu-Delhi 2009, S. 139 ff.; *Madhya Pradesh Human Development Report 2007*, S. 13.
30. Human Development Research Centre und National Rural Electricity Cooperative Association (NRECA), »Economic and Social Impact Evaluation Study of the Rural Electrification Program in Bangladesh«, Dhaka 2002 (ich danke Anjali Garg für den Hinweis auf diese Quelle). 2007 rangierte Bangladesch beim Pro-Kopf-BIP weltweit auf Platz 155 (1241 Dollar pro Kopf und Jahr), knapp vor Gambia und Tansania. Im allgemeinen Entwicklungsindex rangierte es auf Platz 146. Vgl. auch M. Motaher Hossain, »Role of Technology in Consumption and Everyday Life in Rural Bangladesh«, in: *Technology in Society* 22, Nr. 2 (2010), S. 130–136.
31. Linda Chao und Ramon H. Myers, »China's Consumer Revolution: The 1990s and Beyond«, in: *Journal of Contemporary China* 7, Nr. 18 (1998), S. 351–368, hier S. 354; zum Kurswechsel zum staatlich gesteuerten Wachstum siehe Yasheng Huang, *Capitalism with Chinese Characteristics: Entrepreneurship and the State*, Cambridge 2008.
32. *China Statistical Yearbook 2009*, *http://www.stats.gov.cn/tjsj/ndsj/2009/indexeh.htm.*
33. Hsiao-Tung Fei, *Peasant Life in China: A Field Study of Country Life in the Yangtze Valley*, London 1939, S. 119.
34. Lang, *Chinese Family and Society*, S. 239–244, 279 f., 338.
35. Yunxiang Yan, *Private Life under Socialism: Love, Intimacy, and Family Change in a Chinese Village, 1949–99*, Stanford 2003; ders., *The Individualization of Chinese Society*, Oxford 2009; siehe auch Anita Chan, Richard Madsen und Jonathan Unger (Hg.), *Chen Village: The Recent History of a Peasant Community in Mao's China*, Berkeley 1983, S. 219, 252 ff.; Edward Friedman, Paul G. Pickowicz und Mark Selden, *Revolution, Resistance, and Reform in Village China*, New Haven 2005, S. 227–232.
36. Siehe oben S. 87 f., 242.
37. In Rajkot und Indore beispielsweise gab es 2006 nur 45 Minuten am Tag Wasser (National Institute of Urban Affairs, *Report on Water Services*, 2006).
38. Siehe die Fallstudien in Rama Bijapurkar, *We Are like that Only: Understanding the Logic of Consumer India*, Neu-Delhi 2007.
39. Jos Gamble, »The Rhetoric of the Consumer and Customer Control in China«, in: *Work, Employment and Society* 2, Nr. 1 (2007), S. 7–25; zu Carrefour-Filialen im Jahr 2016 siehe *http://www.carrefour.com/sites/default/files/parc30062016en.pdf.*
40. Souichirou Kozuka und Luke R. Not-

tage, »The Myth of the Cautious Consumer: Law, Culture, Economics and Politics in the Rise and Partial Fall of Unsecured Lending in Japan«, in: J. Niemi-Kiesilainen, I. Ramsay und W. Whitford (Hg.), *Consumer Credit, Debt and Bankruptcy: National and International Dimensions*, Oxford 2009; Horioka, »Are the Japanese Unique?«.

41. Jeff Kingston, *Japan's Quiet Transformation*, New York 2004.
42. Umgerechnet in US-Dollar (International Bank for Reconstruction and Development/The World Bank, *Global Purchasing Power Parities and Real Expenditures: 2005 International Comparison Program*, Washington, D. C., 2008, Tab. 5).
43. Marcos D. Chamon und Eswar S. Prasad, »Why Are Saving Rates of Urban Households in China Rising?«, in: *American Economic Journal: Macroeconomics* 2, Nr. 1 (2010), S. 93–130; Elisabeth Croll, *China's New Consumers*, London 2007, S. 85; zum winzigen Anteil staatlicher Ausgaben für Bildung und Gesundheit im internationalen Vergleich siehe OECD, *Challenges for China's Public Spending: Toward Greater Effectiveness and Equity*, Paris 2006, Kap. 2.
44. Laut inoffiziellen Schätzungen liegt der Anteil bei 41 Prozent (*The Economist*, 26. Mai 2012, S. 15 ff.).
45. Xiaohong Zhou, »Chinese Middle Class: Reality or Illusion«, in: Christophe Jaffrelot und Peter Van der Veer (Hg.), *Patterns of Middle Class Consumption in India and China*, Los Angeles 2008, S. 110–126; Pavan K. Varma, *The Great Indian Middle Class*, Neu-Delhi 1998; McKinsey Global Institute, »The ›Bird of Gold‹: The Rise of India's Consumer Market«, San Francisco 2007; NCAER, *The Great Indian Market*, Neu-Delhi 2005; Ernest & Young, *The Great Indian Retail Story*, 2006; David S. G. Goodman (Hg.), *The New Rich in China: Future Rulers, Present Lives*, New York 2008; Cheng Li, *China's Emerging Middle Class: Beyond Economic Transformation*, Washington, D. C., 2010; siehe auch unten S. 581–588 zum Luxus.
46. Jun Wang und Stephen Siu Yu Lau, »Gentrification and Shanghai's New Middle-Class: Another Reflection on the Cultural Consumption Thesis«, in: *Cities* 26, Nr. 2 (2009), S. 57–66; Xin Wang, »Divergent Identities, Convergent Interests«, in: *Journal of Contemporary China* 17, Nr. 54 (2008).
47. Deborah Davis und Wang Feng, *Creating Wealth and Poverty in Postsocialist China*, Stanford 2008; zur Parteinähe der neuen Mittelschicht siehe Li Jian und Niu Xiaohan, »The New Middle Class in Peking: A Case Study«, in: *China Perspectives* (Januar–Februar 2003).
48. R. Ganguly-Scrase und T. J. Scrase, *Globalization and the Middle Classes in India: The Social and Cultural Impact of Neoliberal Reforms*, London 2009, S. 98.
49. Steven Kemper, *Buying and Believing: Sri Lankan Advertising and Consumers in a Transnational World*, Chicago 2001, S. 200–205.
50. Rao und Natarajan, *Indian Market Demographics*, S. 162.
51. Bill Adams, »Macroeconomic Implications of China Urban Housing Privatization, 1998–1999«, in: *Journal of Contemporary China* 18, Nr. 62 (2009), S. 881–888.
52. Junhua Lü, Peter G. Rowe und Jie Zhang (Hg.), *Modern Urban Housing in China, 1840–2000*, München 2001, Zitat auf S. 241.
53. Zit. in Choon-Piew Pow, »Constructing a New Private Order: Gated Communities and the Privatization of Urban Life

in Post-Reform Shanghai«, in: *Social & Cultural Geography* 8, Nr. 6 (2007), S. 813–833, hier S. 826.
54. *China Business Weekly*, 7.–13. August 2006, S. 9.
55. *http://www.residence.net.cn/#*.
56. Deborah Davis, »Urban Consumer Culture«, in: *The China Quarterly*, 2005, S. 692–709, hier S. 706; vgl. dies. (Hg.), *The Consumer Revolution in Urban China*, Berkeley 2000.
57. Thomas L. Friedman, *Die Welt ist flach. Globalisierung des 21. Jahrhunderts*, Rheda-Wiedenbrück/Gütersloh 2009.
58. Shunya Yoshimi, »Consuming America, Producing Japan«, in: Garon und Maclachlan (Hg.), *The Ambivalent Consumer*, S. 64.
59. Harootunian, *Overcome by Modernity*, besonders Kap. 2–3.
60. Shunya Yoshimi, »Consuming America, Producing Japan«, Kap. 3; siehe auch ders., »Made in Japan: The Cultural Politics of ›Home Electrification‹ in Postwar Japan«, in: *Media, Culture & Society* 21, Nr. 2 (1999), S. 149–171.
61. Chua Beng Huat, *Life is Not Complete without Shopping: Consumption Culture in Singapore*, Singapur 2003.
62. Koichi Iwabuchi, »Return to Asia? Japan in Asian Audiovisual Markets«, in: Kosaku Yoshino (Hg.), *Consuming Ethnicity and Nationalism*, Richmond 1999, S. 177–199.
63. Chua Beng Huat, »Transnational and Transcultural Circulation and Consumption of East Asian Television Drama«, in: Jaffrelot und van der Veer (Hg.), *Patterns of Middle Class Consumption in India and China*, S. 186–206; Euny Hong, *The Birth of Korean Cool*, New York 2014.
64. Zit. in Wilhite, *Consumption and the Transformation of Everyday Life*, S. 134.
65. Smitha Radhakrishnan, »Professional Women, Good Families: Respectable Femininity and the Cultural Politics of a ›New‹ India«, in: *Qualitative Sociology* 32, Nr. 2 (2009), S. 195–212, hier S. 205.
66. Margit van Wessel, »Talking about Consumption: How an Indian Middle Class Dissociates from Middle-Class Life«, in: *Cultural Dynamics* 16, Nr. 1 (2004), S. 93–116.
67. William Mazzarella, *Shoveling Smoke: Advertising and Globalization in Contemporary India*, Durham 2003, S. 277.
68. Dipankar Gupta, *Mistaken Modernity: India between Worlds*, Neu-Delhi 2000.
69. Siehe beispielsweise Carol Upadhya, »Rewriting the Code: Software Professionals and the Reconstitution of Indian Middle Class Identity«, in: Jaffrelot und van der Veer (Hg.), *Patterns of Middle Class Consumption in India and China*, S. 55–87.
70. Vamsi Vakulabharanam, »Does Class Matter? Class Structure and Worsening Inequality in India«, in: *Economic & Political Weekly* 45, Nr. 29 (2010), S. 67–76.
71. Nicholas Nisbett, »Friendship, Consumption, Morality: Practicing Identity, Negotiating Hierarchy in Middle-Class Bangalore«, in: *Journal of the Royal Anthropological Institute* 13, Nr. 4 (2007), S. 935–950; siehe auch Chandra Bhan Prasad, »Markets and Manu: Economic Reforms and Its Impact on Caste in India«, CASI Working Paper Series, Nr. 08–01, Januar 2008; zur Lockerung des Kastenwesens in Nepal und zum Bestreben der Mittelschicht, lokale und globale Identitäten auszubalancieren, siehe Mark Liechty, *Suitably Modern: Making Middle-Class Culture in a New Consu-*

mer Society, Princeton 2003; siehe auch oben S. 194 f.

72. Haruka Yanagisawa, »Growth of Small-scale Industries and Changes in Consumption Patterns in South India, 1910s–50s«, in: Douglas E. Haynes et al. (Hg.), *Towards a History of Consumption in South Asia*, Oxford 2010, S. 51–75; Yogendra Singh, *Culture Change in India: Identity and Globalization*, Jaipur 2000.
73. Filippo und Caroline Osella, *Social Mobility in Kerala: Modernity and Identity in Conflict*, London 2000, S. 119–122.
74. Labour Bureau, Government of India, *Report on The Working and Living Conditions of The Scheduled Castes Workers in the Selected Occupations At Indore, 1993*, Chandigarh/Shimla 1997, Tabellen 3.11 A–C.
75. Rajesh Shukla, Sunil Jain und Preeti Kakkar, *Caste in a Different Mould*, Neu-Delhi 2010.
76. Patricia Uberoi, »Imagining the Family: An Ethnography of Viewing *Hum Aapke Hain Koun…!*«, in: Rachel Dwyer und Christopher Pinney (Hg.), *Pleasure and the Nation: The History, Politics and Consumption of Public Culture in India*, Oxford 2001.
77. Ronald Philip Dore, *City Life in Japan: A Study of a Tokyo Ward*, London 1958, S. 62–80.
78. The Economic Planning Agency, Government of Japan, *White Paper on the National Lifestyle, Fiscal Year 1995: »Looking back on 50 years… and forward, in search of an affluent and diversified national lifestyle for Japan« (Summary)*, *http://www5.cao.go.jp/seikatsu/whitepaper/h7/life95s0-e-e.html.*
79. Lonny Carlile, »The Yoahan Group«, in: Kerrie L. MacPherson (Hg.), *Asian Department Stores*, Richmond 1998, S. 233–252; George Fields, *Gucci on the Ginza: Japan's New Consumer Generation*, Tokio 1989.
80. Kingston, *Japan's Quiet Transformation.*
81. John L. McCreery, *Japanese Consumer Behavior: From Worker Bees to Wary Shoppers*, Richmond 2000.
82. The Economic Planning Agency, Government of Japan, *White Paper on the National Lifestyle, Fiscal Year 1995.*
83. Seung-Kuk Kim, »Changing Lifestyles and Consumption Patterns of the South Korean Middle Class and New Generations«, in: Chua Beng-Huat (Hg.), *Consumption in Asia: Lifestyles and Identities*, London 2000, S. 61–81.
84. Nelson, *Measured Excess.*
85. Inge Daniels, *The Japanese House: Material Culture in the Modern Home*, Oxford 2010. Daniels Erkenntnisse stellen das Bild einer Wegwerfgesellschaft in Frage, wie es beispielsweise John Clammer entwirft (*Contemporary Urban Japan: A Sociology of Consumption*, Oxford 1997, S. 79 f.)
86. Robert W. Hefner (Hg.), *Market Cultures: Society and Morality in the New Asian Capitalisms*, Boulder 1998.
87. Elizabeth Croll, »Conjuring Goods, Identities and Cultures«, in: Kevin Latham, Stuart Thompson und Jakob Klein (Hg.), *Consuming China: Approaches to Cultural Change in Contemporary China*, London 2006, S. 22–41; Robert P. Weller, »Divided Market Cultures in China: Gender, Enterprise, and Religion«, in: Hefner (Hg.), *Market Cultures*, S. 78–103.
88. *China Statistical Yearbook 2014*; William McEwen et al., »Inside the Mind of the Chinese Consumer«,

in: *Harvard Business Review* 84, Nr. 3 (2006), S. 68–76.

89. Siehe Beverley Hooper, »The Consumer Citizen in Contemporary China«, *Centre for East and South-East Asian Studies Working Paper* 12 (2005).
90. Kautilya, *The Arthashastra*, S. 86, 245–248.
91. »Cases Filed, Disposed and Pending«, Daten des Center for Consumer Studies, IIPA, Neu-Delhi, 2008.
92. Pradeep S. Mehta (Hg.), *Competition and Regulation in India*, 2007, Jaipur 2007.
93. Supreme Court of India, »Lucknow Development Authority vs M. K. Gupta on 5 November, 1993«, *https://indiankanoon.org/doc/1375046/*; Ravindra Banation, *Housing and Consumer*, Neu-Delhi 2006.
94. 2008 betrafen 17 Prozent der Klagen schadhafte Güter, während 27 Prozent die Stromversorgung bemängelten, insbesondere Unterbrechungen und die Rechnungsstellung (laut Daten des CCS [Center for Consumer Studies] am IIPA [Indian Institute of Public Administration], 2008).
95. 7 SCC 688, Charan Singh vs. Healing Touch Hospital, zit. in S. S. Singh und Sapna Chadah, *Consumer Protection in India*, Neu-Delhi 2005, S. 26.
96. *Awaken*, 3. August 2008, S. 9. *Awaken* ist das Mitteilungsblatt des Konsumentenklubs des Kamala Nehru-College.
97. V. Prabhu in E. Rajaram, K. et al. (Hg.), *Consumer Protection and Welfare*, Chennai 2008, Kap. 22.
98. So zu lesen beispielsweise auf der Homepage des Centre for Consumer Studies am Indian Institute of Public Administration, unter dessen Ägide das staatliche Programm zur Verbraucheraufklärung und -ausbildung durchgeführt wird. Die zitierte Behauptung hängt auch in vielen Unternehmensbüros. Ich danke Suresh Mishra und anderen Mitarbeitern des IIPA für Diskussion und Information. Gandhis Werke in 98 Bänden sind jetzt online verfügbar: *http://www.gandhiserve.org/e/cwmg/cwmg.htm.*
99. Water and Sanitation Program, *Engaging with Citizens to Improve Services*, Washington, D. C., 2007, Kap. 6; zu Piplod siehe auch *http://www.cuts-international.org/psr-04.htm.*
100. Sanjay Srivastava, »Urban Spaces, Post-Nationalism and the Making of the Consumer-Citizen in India«, in: Partha Chatterjee, Tapati Guha Thakurta und Bodhisattva Kar (Hg.), *New Cultural Histories of India: Materiality and Practices*, Neu-Delhi 2014, S. 409–436.
101. Siehe beispielsweise Centre of Civil Society, »Bhagidari: Good Intention, Bad Implementation?«, *http://www.ccsindia.org/ccsindia/interns2003/chap7.pdf.*
102. Patricia L. Maclachlan, *Consumer Politics in Postwar Japan: The Institutional Boundaries of Citizen Activism*, New York 2002; Takao Nishimura, »Household Debt and Consumer Education in Postwar Japan«, in: Garon und Maclachlan (Hg.), *The Ambivalent Consumer*, Kapitel 11.
103. Cabinet Office of Japan, *White Paper on the National Lifestyle: Prospects for Consumer Citizenship*, Tokio 2008, »Introduction«, *http://www5.cao.go.jp/seikatsu/whitepaper/h20/06_eng/index.html.*
104. Nikolas Rose, *Powers of Freedom, Reframing Political Thought*, Cambridge 1999.
105. »Law of the People's Republic of China

on Protecting Consumers' Rights and Interests«, *http://www.wipo.int/edocs/lexdocs/laws/en/cn/cn174en.pdf.*

106. »Class Action Litigation in China«, in: *Harvard Law Review* 111, Nr. 6 (1998), S. 1523–1541; Hooper, »The Consumer Citizen in Contemporary China«.

107. China Consumers' Association, *Annual Report* 2004, 2005; Haidian CCA, »The Dynamics of Consumption«, (Monatszeitschrift) 47 (2003), S. 35.

108. 2002 gründete das Regime die staatliche Assets Supervision and Administration Commission (SASAC). 2008 bezog die Regierung die Förderung nationaler Marken in ihre Nationalstrategie ein (siehe Gerth, *As China Goes, So Goes the World*, Kap. 5).

109. Chinese Consumers' Association, »A Guide to Scientific Consumption 2008«, *http://www.cca.org.cn/english/EnNewsShow.jsp?id=184&cid=982.*

110. Luigi Tomba, »Of Quality, Harmony, and Community: Civilization and the Middle Class in Urban China«, in: *positions. east asia cultures critique* 17, Nr. 3 (2009), S. 592–616.

9 Kauf jetzt, zahl später

1. John De Graaf, David Wann und Thomas H. Naylor, *Affluenza. Zeitkrankheit Konsum*, München 2002; Clive Hamilton und Richard Denniss, *Affluenza: When Too Much Is Never Enough*, Crows Nest 2006; James, *Affluenza:* Avner Offer diagnostiziert eine Zunahme der sofortigen Gratifikation und einen Rückgang der »Bindemittel« Verpflichtung und Engagement seit den 1950er Jahren (*Challenge of Affluence*).
2. Lydia Maria Francis Child, *The American Frugal Housewife* [1832], Boston [16]1835, S. 89. Child widmete ihr Buch »allen, die sich der Wirtschaft nicht schämen«.
3. Jacques Le Goff, *Wucherzins und Höllenqualen. Ökonomie und Religion im Mittelalter*, Stuttgart [2]2008; Rosa-Maria Gelpi und François Julien-Labruyère, *The History of Consumer Credit: Doctrines and Practice*, Basingstoke 2000.
4. Benjamin Franklin, *Poor Richard's Almanack*, Philadelphia 1732, S. 25; ders., *Der Weg zum Reichtum oder Vater Abrahams Predigt* [1757], digitale Ausgabe.
5. Helen Bosanquet, »The Burden of Small Debts«, in: *The Economic Journal* 6, Nr. 22 (1896), S. 212–225, hier S. 220, 223.
6. Daniel Horowitz, *The Morality of Spending: Attitudes Towards the Consumer Society in America, 1875–1940*, Chicago 1992; ders., *The Anxieties of Affluence.*
7. Kim, »Changing Lifestyles and Consumption Patterns of the South Korean Middle Class and New Generations«, S. 71 ff.
8. Craig Muldrew, *The Economy of Obligation: The Culture of Credit and Social Relations in Early Modern England*, Basingstoke 1998, S. 68, 117 f.; zu einem kontinentaleuropäischen Beispiel siehe S. Ogilvie, M. Kuepker und J. Maegraith, »Household Debt in Early Modern Germany: Evidence from Personal Inventories«, in: *The Journal of*

Economic History 72, Nr. 1 (2012), S. 134–167.

9. Julius Pierstorff, »Drei Jenaer Handwerke«, in: *Schriften des Vereins für Socialpolitik* 70, Nr. 9 (1897), S. 50.
10. Bureau of Social Affairs, City Government of Greater Shanghai, *Standard of Living of Shanghai Laborers*, S. 108 und Tab. 15 und 16.
11. Dorothy Keeling von der Liverpool Women Citizen's Association, in: *1924–25 (153) Report by the Joint Select Committee of the House of Lords and the House of Commons on the Moneylenders Bill [H.L.] and the Moneylenders (Amendment) Bill: Together with the Proceedings of the Committee and the Minutes of Evidence and an Appendix*, London 1925, S. 78; siehe auch Paul Johnson, *Saving and Spending: The Working-Class Economy in Britain 1870–1939*, Oxford 1985.
12. Camille Selosse und Lorna Schrefler, »Consumer Credit and Lending to Households in Europe«, European Credit Research Institute, 2005, Abb. 6.
13. *OECD Factbook 2008, http://www.oecd-ilibrary.org/economics/oecd-factbook_18147364.*
14. J. Logemann und U. Spiekermann, »The Myth of a Bygone Cash Economy: Consumer Lending in Germany from the Nineteenth Century to the Mid-Twentieth Century«, in: *Entreprises et Histoire* 59, Nr. 2 (2010), S. 12–27; Sean O'Connell, *Working-Class Debt in the UK since 1880*, Oxford 2009, Kap. 2; Lendol Calder, *Financing the American Dream: A Cultural History of Consumer Credit*, Princeton 1999, Kap. 4.
15. Blanche Bernstein, *The Pattern of Consumer Debt, 1935–36: A Statistical Analysis*, New York 1940.
16. Calder, *Financing the American Dream*, S. 184–199.
17. Isabelle Gaillard, »Télévisions et crédit à la consommation. Une approche comparative France–Rfa 1950–1970«, in: *Entreprises et Histoire*, Nr. 2 (2010), S. 102–111.
18. Calder, *Financing the American Dream*, S. 175 und Kap. 3 für das Folgende.
19. O'Connell, *Working-Class Debt in the UK since 1880*, S. 58–66.
20. Edwin R. A. Seligman, *Die wirtschaftliche Bedeutung des Abzahlungsgeschäfts. Eine Untersuchung des Konsumentenkredits unter besonderer Berücksichtigung des Automobilhandels* [1927], 2 Bde., Jena 1930, Bd. 1, S. 195.
21. Siehe oben S. 1381 f.
22. Zit. in Calder, *Financing the American Dream*, S. 235.
23. Seligman, *Die wirtschaftliche Bedeutung des Abzahlungsgeschäfts*, Bd. 1, S. 198.
24. Louis Hyman, *Debtor Nation: The History of America in Red Ink*, Princeton 2011, Kap. 2.
25. Natürlich trifft es auch zu, dass Haushalte mit hohem Einkommen häufig höhere Schulden haben. Aber das Zusammenspiel dieser Faktoren ist komplex. Siehe Sarah Bridges, Richard Disney und Andrew Henley, »Housing Wealth and the Accumulation of Financial Debt«, in: Giuseppe Bertola, Richard Disney und Charles Grant (Hg.), *The Economics of Consumer Credit*, Cambridge 2006, S. 135–179; Richard Disney, »The UK's Household Debt Problem: Is there One? And, if so, Who's at Risk?«, präsentiert am Institute for Fiscal Studies, London 2007, *http://studylib.net/doc/12841899/the-uk%E2%80%99s-household-debt-problem-richard-disney.*
26. Laut European Mortgage Federation lag die Hypothekenschuld pro Kopf der Bevölkerung (über 18 Jahre) 2010 in Griechenland bei 7120 und in Italien bei 5830 Euro. In den Vereinigten

Staaten war sie viermal so hoch (27 040 Euro; *http://www.hypo.org/Content/Default.asp?pageId=414*).

27. Martha L. Olney, *Buy Now, Pay Later: Advertising, Credit, and Consumer Durables in the 1920s*, Chapel Hill/London 1991, Tab. 4.6, S. 108.
28. So George Norris, Direktor der Philadelphia Federal Reserve Bank, zit. in P. J. Kubik, »Federal Reserve Policy during the Great Depression: The Impact of Interwar Attitudes Regarding Consumption and Consumer Credit«, in: *Journal of Economic Issues* 30, Nr. 3 (1996), S. 829–842, hier S. 833; zur fortbestehenden Ambivalenz von Intellektuellen siehe Horowitz, *The Anxieties of Affluence*.
29. M. L. Olney, »When Your Word Is Not Enough: Race, Collateral, and Household Credit«, in: *The Journal of Economic History* 58, Nr. 2 (1998), S. 408–431.
30. P. Scott, »The Twilight World of Interwar British Hire Purchase«, in: *Past & Present* 177, Nr. 1 (2002), S. 195–225.
31. Die Kreditsumme stieg zwischen 1970 und 1979 von 27 auf 115 Milliarden D-Mark (Bundesbank Zeitreihe PQ 3150, »Sonstige Kredite an ... Privatpersonen«). Die Angaben der Bundesbank kommen, wenngleich auch sie nicht vollständig sind, dem Umfang der Konsumentenkredite näher als die von manchen Autoren benutzte MFI-Zinsstatistik, die auch Kredite an einzelne Händler und Non-Profit-Organisationen einbezieht (*http://www.bundesbank.de/statistik/statistik_zeitreihen.php?lang=de&open=banken&func=row&tr=PQ3150*).
32. Luca Casolaro, Leonardo Gambacorta und Luigi Guiso, »Regulation, Formal and Informal Enforcement, and the Development of the Household Loan Market: Lessons from Italy«, in: Bertola, Disney und Grant (Hg.), *The Economics of Consumer Credit*, S. 92–134.
33. Gaillard, »Télévisions et crédit à la consommation«, S. 108 f. 1960 wurden in den USA und Kanada 70 Prozent der Konsumgüter auf Kredit gekauft, in Großbritannien 60 und in Westdeutschland 55 Prozent, aber in Frankreich nur 35 Prozent.
34. Axel Börsch-Supan, »Savings in Germany: Part II: Behavior«, in: James M. Poterba (Hg.), *International Comparisons of Household Saving*, Chicago 1994. Mittlerweile ist der sogenannte Sparerpauschalbetrag auf 801 Euro gesunken.
35. Department of Trade and Industry, Committee on Consumer Credit, *Consumer Credit: Report of the Committee/Chairman Lord Crowther (Cmnd. 4596)*, London 1971, Bd. 1, S. 123.
36. Casolaro, Gambacorta und Guise, »Regulation, Formal and Informal Enforcement, and the Development of the Household Loan Market«, S. 120 f.
37. Peter Horvath, »Die Teilzahlungskredite als Begleiterscheinung des westdeutschen ›Wirtschaftswunders‹ (1948–1960)«, in: *Zeitschrift für Unternehmensgeschichte* 37, Nr. 1 (1992), S. 19–55, hier S. 35 ff.
38. Sombart, *Luxus und Kapitalismus*, S. 96.
39. Horvath, »Die Teilzahlungskredite als Begleiterscheinung des westdeutschen ›Wirtschaftswunders‹ (1948–1960)«, S. 22.
40. Department of Trade and Industry, Committee on Consumer Credit, *Consumer Credit*, S. 52–55.
41. »Beryl« aus Hemel Hempstead, 1997, zit. in O'Connell, *Working-Class Debt in the UK since 1880*, S. 120.
42. Sheldon Garon, *Beyond Our Means: Why America Spends while the World Saves*, Princeton 2011.

43. Ebd., S. 10.
44. A. Chandavarkar, »Saving Behaviour in the Asian-Pacific Region«, in: *Asian-Pacific Economic Literature* 7, Nr. 1 (1993), S. 9–27; *www.cpf.gov.sg*.
45. C. Y. Horioka, »Are the Japanese Unique? An Analysis of Consumption and Saving Behavior in Japan«, Osaka University Institute of Social and Economic Research, *Discussion Paper* 606, 2004; Victoria De Grazia, *The Culture of Consent: Mass Organization of Leisure in Fascist Italy*, Cambridge 1981, S. 154–159; vgl. oben S. 499 f.
46. Soogeun Oh, »Personal Bankruptcy in Korea«, in: Niemi, Ramsay und Whitford (Hg.), *Consumer Credit, Debt and Bankruptcy*, S. 375–393.
47. Zit. in Johnson, *Saving and Spending*, S. 213 f.
48. Samuel Smiles, *Selbsthilfe* [1859], Halle o. J., S. 271, 275.
49. Wie bei einer »Möbelsparaktion« niedersächsischer Sparkassen im Jahr 1949 (Horvath, »Die Teilzahlungskredite als Begleiterscheinung des westdeutschen ›Wirtschaftswunders‹ [1948–1960]«, S. 21).
50. Lehtonen und Pantzar, »The Ethos of Thrift«; siehe auch Visa Heinonen, »Talonpoikainen etiikka ja kulutuksen henki. Kotitalousneuvonnasta kuluttajapolitiikkaan 1900-luvun Suomessa, Helsinki 1998; ders., Minna Lammi und Esko Varho, »›Ei nimittäin haluttu valmistaa tavallista reklaamifilmiä …‹ Mainonta ja valistus suomalaisissa lyhytelokuvissa«, in: *Lähikuva* 4 (1995), S. 34–47.
51. Department of Trade and Industry, Committee on Consumer Credit, *Consumer Credit*, S. 151, 153. Lord Crowther, der Ausschussvorsitzende, hatte bei Keynes studiert und 1938 am Tag vor dem Münchner Abkommen die Leitung des *Economist* übernommen. Vielleicht ebenso wichtig war, dass er die Entwicklung der amerikanischen Wirtschaft aufmerksam verfolgte, zumal er mit einer Amerikanerin verheiratet war und einige (nicht immer glückliche) Erfahrungen auf dem amerikanischen Immobilien- und Hotelmarkt gemacht hatte.
52. Im Unterschied zu den meisten anderen OECD-Ländern gibt die amtliche Statistik in Großbritannien die Bruttosparquote an. Die Nettoquote ist etwas kleiner, da der Verbrauch von fixem Kapital in Bezug auf vom Eigentümer bewohnte Immobilien abgezogen wird, das heißt, man kalkuliert den Wertverlust von Häusern durch alltägliche Benutzung mit ein. Zum Kredit siehe (UK) Department for Business, Innovation & Skills, »Credit, Debt and Financial Difficulty in Britain, 2009/10« (Juni 2011), *http://www.bis.gov.uk/assets/biscore/consumer-issues/docs/c/11-963-credit-debt-in-britain-2009-10.pdf*. Das durchschnittliche Immobilienvermögen betrug 2008 204 500 Pfund (»Wealth in Great Britain. Main Results, 2006/08«, *http://www.bris.ac.uk/geography/research/pfrc/themes/psa/pfrc0914.pdf*).
53. Franco Modigliani und Richard H. Brumberg, »Utility Analysis and the Consumption Function: An Interpretation of Cross-Section Data«, in: Kenneth K. Kurihara (Hg.), *Post-Keynesian Economics*, New Brunswick 1954, S. 388–436; Andrew B. Abel (Hg.), *The Collected Papers of Franco Modigliani*, Cambridge 1980, Bd. 2; Milton Friedman, *A Theory of the Consumption Function*, Princeton 1957.
54. Wie Franco Modigliani selbst eingeräumt hat (»Life Cycle, Individual Thrift, and the Wealth of Nations«, in:

The American Economic Review 76, Nr. 3 (1986), S. 297–313).

55. Axel Börsch-Supan, *Life-cycle Savings and Public Policy: A Cross-National Study of Six Countries*, Amsterdam 2003; A. Lusardi, »Information, Expectations, and Savings for Retirement«, in: H. Aaron (Hg.), *Behavioral Dimensions of Retirement Economics*, Washington, D.C., 1999, S. 81–115; B. D. Bernheim, J. Skinner und S. Weinberg, »What Accounts for the Variation in Retirement Wealth among US Households?«, in: *The American Economic Review* 91, Nr. 4 (2001), S. 832–857. Das Vorsorgemotiv wird durch die Sicherheitsäquivalenzannahme, die der permanenten Einkommenshypothese zugrunde liegt, ausgeschlossen (vgl. Deaton, *Understanding Consumption*, S. 177 ff.).
56. Christopher D. Carroll und Lawrence H. Summers, »Consumption Growth Parallels Income Growth: Some New Evidence«, in: B. Douglas Bernheim und John B. Shoven (Hg.), *National Saving and Economic Performance*, Chicago 1991, S. 305–348, hier S. 315–318.
57. Deaton, *Understanding Consumption*, S. 163.
58. Axel Börsch-Supan et al., The *German SAVE Study: Design and Results*, MEA Study Nr. 6, 2009.
59. Wohlhabende sparen überall mehr als Arme, aber eine britische Untersuchung über den Zeitraum von 1970 bis 2007 offenbarte, dass Mieter von Sozialwohnungen deutlich mehr sparen als vergleichbare Haushalte mit einer Hypothek (Thomas Crossley und Cormac O'Dea, *The Wealth and Saving of UK Families on the Eve of the Crisis*, Institute for Fiscal Studies, 2010).
60. Vgl. Elizabeth Lanyon, Vorsitzende des Chair of the Law Council of the Australia Financial Services Committee, in Consumers International, »Living on Credit«, in: *Asia Pacific Consumer* 35/36, Nr. 1/2 (2004), S. 1–51, hier S. 11; Luigi Guiso, Michael Haliassos und Tullio Japelli (Hg.), *Household Portfolios*, Cambridge 2002; Elaine Kempson und Claire Whyley, *Kept out or Opted out? Understanding and Combating Financial Exclusion*, Bristol 1999. In den Vereinigten Staaten stieg der Anteil der Haushalte, die sowohl Anteile an Investment- und Rentenfonds hielten als auch direkt Aktien besaßen, in den 1990er Jahren von 32 auf 49 Prozent.
61. Zit. in Jackie Botterill, *Consumer Culture and Personal Finance: Money Goes to Market*, Basingstoke 2010, S. 149.
62. Zu den Vereinigten Staaten siehe R. Peach und C. Steindel, »A Nation of Spendthrifts? An Analysis of Trends in Personal and Gross Saving«, in: *Current Issues in Economics and Finance* 6, Nr. 10 (2000), S. 1–6; zu Großbritannien siehe S. Berry, M. Waldron und R. Williams, »Household saving«, in: *Bank of England Quarterly Bulletin* 49, Nr. 3 (2009), S. 191–2009.
63. »Credit History: The Evolution of Consumer Credit in America«, *http://www.bostonfed.org/education/ledger/ledger04/sprsum/credhistory.pdf*; Greenspan-Anhörung, 26. Januar 2000 (*https://fraser.stlouisfed.org/scribd/?title_id=277&filepath=/files/docs/historical/nominations/greenspan_nom_20000126.pdf*); siehe auch Robert D. Manning, *Credit Card Nation: The Consequences of America's Addiction to Credit*, New York 2000; Richard Berthoud und Elaine Kempson, *Credit and Debt: The PSI Report*, London 1992.
64. Hyman, *Debtor Nation*, S. 150 f.
65. *Special Eurobarometer 230: Public Opinion in Europe on Financial Services*, Luxemburg 2005.

66. Ronald J. Mann, »Credit Cards and Debit Cards in the United States and Japan«, in: *Vanderbilt Law Review* 55, Nr. 4 (2002), S. 1055–1108; Schufa Holding AG (Hg.), *Schuldenkompass 2004. Empirische Indikatoren der privaten Ver- und Überschuldung in Deutschland*, Wiesbaden 2004.
67. 2006 schuldeten Amerikaner 801 Milliarden Dollar auf Kreditkarten und 13 Billionen Dollar an Darlehen (einschließlich Hypotheken). 2010 waren es 754 Milliarden beziehungsweise 13,4 Billionen (OECD.StatExtracts, »Household assets«, *http://stats.oecd.org/Index.aspx?DataSetCode=7HA_A_Q*).
68. National Bureau of Economic Research, *Pattern of Consumer Debt, 1935–36*, S. 110. Nur die ärmsten Familien mussten »entsparen«.
69. Hyman, *Debtor Nation*, Kap. 7.
70. OECD-Daten für 2000–2010, »Households' financial and non-financial assets and liabilities«, *http://stats.oecd.org/Index.aspx*.
71. Catarina Frade und Claudia Lopes, »Overindebtedness and Financial Stress: A Comparative Study in Europe«, in: Niemi, Ramsay und Whitford (Hg.), *Consumer Credit, Debt and Bankruptcy*, S. 249–271.
72. Siehe Gary S. Becker, »A Theory of the Allocation of Time«, in: *The Economic Journal* 75, Nr. 299 (1965), S. 493–517.
73. Helen Jarvis, »Housing to Manage Debt and Family Care in the USA«, in: Susan J. Smith und Beverley A. Searle (Hg.), *The Blackwell Companion to the Economics of Housing*, Oxford 2010, S. 361–380; Carl Schwartz et al., »A Survey of Housing Equity Withdrawal and Injection in Australia«, in: Ebd., S. 147–175.
74. Dieser Begriff stammt von Colin Crouch (»What Will Follow the Demise of Privatised Keynesianism?«, in: *The Political Quarterly* 79, Nr. 4 (2008), S. 476–487). Es muss jedoch betont werden, dass diese Erscheinung nicht auf die angelsächsische Welt beschränkt war.
75. C. Kerdrain, »How Important is Wealth for Explaining Household Consumption over the Recent Crisis?«, *OECD Economics Department Working Papers*, Nr. 869, 2011.
76. *The Economist*, 18. September 2010, S. 86.
77. Sharon Parkinson et al., »Mortgage Equity Withdrawal in Australia and Britain: Towards a Wealth-fare State?«, in: *European Journal of Housing Policy* 9, Nr. 4 (2009), S. 365–389; Jarvis, »Housing to Manage Debt and Family Care in the USA«; Schwartz et al., »A Survey of Housing Equity Withdrawal and Injection in Australia«.
78. »Changes in U.S. Family Finances from 2004 to 2007: Evidence from the Survey of Consumer Finances«, in: *Federal Reserve Bulletin* (Februar 2009), S. A 46.
79. Anfang der 1960er Jahre gingen 11 Prozent des Haushaltskonsums in den Vereinigten Staaten auf das Konto der über 65-Jährigen, die 14 Prozent der Bevölkerung stellten. 1988 lag ihr Bevölkerungsanteil bei 16 Prozent, und sie waren für 18 Prozent des Konsums verantwortlich (Jagadeesh Gokhale et al., »Understanding the Postwar Decline in U.S. Saving: A Cohort Analysis«, in: *Brookings Papers on Economic Activity*, Nr. 1 [1996], S. 315–407).
80. (UK) Department for Business, Innovation & Skills, »Credit, Debt and Financial Difficulty in Britain, 2009/10«.
81. Elaine Kempson, *Over-Indebtedness in Britain: A Report to the Department of Trade and Industry*, London 2002, S. 43, 48.

82. Brian K. Bucks et al., »Changes in U.S. Family Finances from 2004 to 2007: Evidence from the Survey of Consumer Finances«, in: *Federal Reserve Bulletin* 95 (Februar 2009), S. A1–A55, hier S. A9 f.
83. Börsch-Supan et al., The *German SAVE Study.*
84. Kempson, »Over-Indebtedness in Britain«, S. 19; Scott, »The Twilight World of Interwar British Hire Purchase«; O'Connell, *Working-Class Debt in the UK since 1880.*
85. Sue McGregor, Birgitta Klingander und Jean Lown, »Comparative Analysis of Canadian, American and Swedish Bankruptcy Policy: Why Do Governments Legislate Consumer Debt?«, in: *International Journal of Consumer Studies* 25, Nr. 3 (2001), S. 208–227.
86. Udo Reifner et al., »Consumer Overindebtedness and Consumer Law in the European Union: Final Report Presented to the Commission of the European Communities, Health and Consumer Protection Directorate-General«, 2003; Iain Ramsay, »Comparative Consumer Bankruptcy«, in: *University of Illinois Law Review* 241 (2007), S. 241–273.
87. Udo Reifner und Helga Springeneer, »Die private Überschuldung im internationalen Vergleich. Trends, Probleme, Lösungsansätze«, in: Schufa Holding AG (Hg.), *Schuldenkompass* 2004, S. 174.
88. Reifner et al., »Consumer Overindebtedness and Consumer Law in the European Union«; Oliver J. Haas, »Overindebtedness in Germany«, *International Labour Office, Working Paper*, Nr. 44 (2006); Kempson und Whyley, *Kept out or Opted out?*; Nicola Jentzsch und Amparo San José Riestra, »Consumer Credit Markets in the United States and Europe«, in: Bertola, Disney und Grant (Hg.), *The Economics of Consumer Credit*, S. 27–62, hier S. 34–39; A. Raijas, A.R. Lehtinen und J. Leskinen, »Over-Indebtedness in the Finnish Consumer Society«, in: *Journal of Consumer Policy* 33, Nr. 3 (2010), S. 209–223.
89. Gregory D. Squires, »Inequality and Access to Financial Services«, in: Niemi, Ramsay und Whitford (Hg.), *Consumer Credit, Debt and Bankruptcy*, S. 11–30; Angela C. Lyons, »How Credit Access Has Changed over Time for U.S. Households«, in: *Journal of Consumer Affairs* 37, Nr. 2 (2003), S. 231–255.
90. Kempson und Whyley, *Kept out or Opted out?*, S. 42.
91. Siehe Will Dobbie und Jae Song, »Debt Relief and Debtor Outcomes: Measuring the Effects of Consumer Bankruptcy Protection«, in: *The American Economic Review* 105, Nr. 3 (2015), S. 1272–1311.
92. Jason J. Kilborn, »The Innovative German Approach to Consumer Debt Relief«, in: *Northwestern Journal of International Law & Business* 24, Nr. 2 (2004), S. 257–297.
93. Reifner und Springeneer, »Die private Überschuldung im internationalen Vergleich«; Ramsay, »Comparative Consumer Bankruptcy«.
94. James D. Davies, »Wealth and Economic Inequality«, in: Wiemer Salverda, Brian Nolan und Timothy M. Smeeding (Hg.), *The Oxford Handbook of Economic Inequality*, Oxford 2009, S. 127–149; siehe auch Thomas Piketty, *Capital in the Twenty-First Century*, Cambridge 2014. In diesem Abschnitt beschäftige ich mich mit der Ungleichheit des Einkommens (nicht des Vermögens), da im 21. Jahrhundert der eigene Verdienst stärker als das geerbte Landhaus zum Hauptmerkmal der Ungleichheit wird.

Pikettys Augenmerk liegt auf Kapitaleinnahmen (wie Dividenden und Kapitalgewinnen); nach seiner Ansicht erleben wir derzeit, wie die Kluft zwischen Kapital und Arbeit wieder aufreißt, die einst das 19. Jahrhundert in Unruhe versetzte. Aber die Ungleichheit, die sich seit den 1970er Jahren entwickelt hat, besteht hauptsächlich nicht zwischen den Einkommen von Kapital und Arbeit, sondern auf Seiten der Arbeit zwischen hochbezahlten Managern und geringverdienenden Handwerkern und Angestellten.

95. Richard G. Wilkinson und Kate Pickett, *The Spirit Level: Why Equality Is Better for Everyone*, London 2009; OECD, »Divided We Stand: Why Inequality Keeps Rising«, Paris 2011. Strittig ist, ob Stress und Depressionen seit den 1950er Jahren häufiger auftreten oder ob die steigenden Zahlen auf vermehrte Tests und Kategorien zurückzuführen sind.
96. Frank, *Luxury Fever*; vgl. auch die Bücher über die Affluenza in Anm. 1.
97. Robert Frank, *Richi$tan. Eine Reise durch die Welt der Megareichen*, Frankfurt am Main 2009, S. 11, 131.
98. Auf Erich Fromms *Haben oder Sein* von 1976 bezieht sich etwa Oliver James, *The Selfish Capitalist: Origins of Affluenza*, London 2008, S. 46–54; ders., *Affluenza*, S. 65 ff.
99. Jean-Jacques Rousseau, *Abhandlung über den Ursprung und die Grundlagen der Ungleichheit unter den Menschen* [1754], in: Ders., *Frühe Schriften*, hg. von Winfried Schröder, Leipzig 1970, S. 197 f.
100. Zu Don Omar siehe *http://universalmusica.com/donomar*. Wenn der Lebensstil von Millionären ein breiteres Publikum erreicht, muss er die Berühmtheitskultur nachäffen, etwa in Realityshows wie *Made in Chelsea* (Großbritannien) oder *Mulheres Ricas* (Brasilien).
101. C. Wright Mills, *Die amerikanische Elite* [1956], Hamburg 1962, S. 58; siehe auch Frank Trentmann, »Past and Present: Historical Perspectives on Inequality and Collective Provision in Modern Consumption«, in: Southerton und Ulph (Hg.), *Sustainable Consumption*, S. 243–276.
102. David Riesman und Howard Roseborough, »Laufbahnen und Konsumverhalten« [1955], in: Riesman, *Wohlstand wofür?*, Frankfurt am Main 1966, S. 17–50, hier S. 34 f. Laut US-Zensus wuchs die Wohnfläche neuer amerikanischer Häuser zwischen 2001 und 2010 von 216 Quadratmeter auf 222 Quadratmeter (*http://www.census.gov/const/C25Ann/sftotalmedavgsqft.pdf*). Umstritten ist, ob die Hausgröße ein Zeichen von Ungleichheit und Statusgehabe ist. In Großbritannien wurden neu gebaute Häuser im späten 20. Jahrhundert kleiner.
103. Zu einer ausgewogenen Kritik der hierarchischen Betrachtung der sozialen Unterscheidung siehe Daloz, *The Sociology of Elite Distinction.*
104. Alexis de Tocqueville, *Über die Demokratie in Amerika. Beide Teile in einem Band* [1835/40], hg. von Jacob P. Meyer, Theodor Eschenburg und Hans Zbinden, München [2]1984, S. 627.
105. Euromonitor International, »Global Luxury Goods Overview«, Juni 2011.
106. Y. Ait-Sahalia, J. A. Parker und M. Yogo, »Luxury Goods and the Equity Premium«, in: *The Journal of Finance* 59, Nr. 6 (2004), S. 2959–3004.
107. »Falso di moda«, Symposium im Palazzo Medici Riccardi, Florenz, 30. November 2007.

108. Pamela N. Danziger, *Let Them Eat Cake: Marketing Luxury to the Masses – as Well as the Classes*, Chicago 2005.
109. Offer, *The Challenge of Affluence*. Die Auflösung der Selbstkontrolle ist fallspezifisch und sollte nicht überschätzt werden. Am besten dokumentiert ist sie für die Fettleibigkeit. Andere Arten übermäßigen Konsums haben eigene Entwicklungsformen. Amerikaner zum Beispiel tranken, jedenfalls außerhalb von Studentenverbindungen, in den 1860er Jahren mehr als in den 1980er Jahren. In Westeuropa ist der schwere Drogenkonsum im letzten Jahrzehnt zurückgegangen.

10 Nicht so schnell!

1. Die Liegestühle standen in Rorschach auf der Schweizer Seite des Bodensees (*http://www.zeitverein.com*). Siehe auch Carl Honoré, *Slow Life. Warum wir mit Gelassenheit schneller ans Ziel kommen*, München 2007, S. 57 ff.; Fritz Reheis, *Die Kreativität der Langsamkeit*, Darmstadt 1998; James Gleick, *Eine Zeitreise durch die Turbo-Gesellschaft*, Stuttgart/München 2000; Stefan Klein, *Zeit. Der Stoff, aus dem das Leben ist. Eine Gebrauchsanleitung*, Frankfurt am Main 2006.
2. Robert N. Levine, *A Geography of Time: On Tempo, Culture, and the Pace of Life*, New York 2008, S. 131 f.
3. Benjamin, *Das Passagen-Werk*, e, 2, M 3, 8.
4. Kern, *The Culture of Time and Space, 1880–1918*.
5. Stand Oktober 2016, *http://www.cittaslow.org/sites/default/files/content/page/files/246/cittaslow_list_october_2016.pdf*; Wendy Parkins und Geoffrey Craig, *Slow Living. Langsamkeit im globalisierten Alltag*, Zürich 2008.
6. »Das Manifest von Slow Food International«, *http://www.slowfood.de/wirueberuns/slow_food_weltweit/gruendungsmanifest*; Carlo Petrini, *Slow Food. Genießen mit Verstand*, Zürich 2003; vgl. Roberta Sassatelli und Federica Davolio, »Consumption, Pleasure and Politics«, in: *Journal of Consumer Culture* 10, Nr. 2 (2010), S. 202–232; Richard Wilk (Hg.), *Fast Food/Slow Food: The Cultural Economy of the Global Food System*, Lanham 2006.
7. Friedrich Nietzsche, *Unzeitgemäße Betrachtungen. Drittes Stück: Schopenhauer als Erzieher* [1874], in: Ders., *Sämtliche Werke. Kritische Studienausgabe in 15 Bänden*, hg. von Giorgio Colli und Mazzino Montinari, Bd. 1, S. 366.
8. De Tocqueville, *Über die Demokratie in Amerika*, S. 625.
9. Hartmut Rosa, *Beschleunigung. Die Veränderung der Zeitstrukturen in der Moderne*, Frankfurt am Main 2005, S. 126.
10. Rosa, *Beschleunigung*; Reinhart Koselleck, *Zeitschichten. Studien zur Historik*, Frankfurt 2000; ders., *Vergangene Zukunft. Zur Semantik geschichtlicher Zeiten*, Frankfurt am Main 1979.
11. Zur Süßwarenladen-These siehe Staffan B. Linder, *Das Linder-Axiom*

oder Warum wir keine Zeit mehr haben, Gütersloh/Wien 1971; zur Hamsterrad-These siehe Juliet B. Schor, *The Overworked American: The Unexpected Decline of Leisure*, New York 1991.

12. J.H. Ausubel und A. Grübler, »Working Less and Living Longer: Long-Term Trends in Working Time and Time Budgets«, in: *Technological Forecasting and Social Change* 50, Nr. 3 (1995), S. 195–213.
13. Angus Maddison, *Monitoring the World Economy 1820–1992*, Paris 1995, Anhang J; ders., *Phases of Capitalist Development*, Oxford 1982; Schor, *The Overworked American;* J.P. Robinson und G. Godbey, *Time for Life: The Surprising Ways Americans Use Their Time*, University Park 1997, S. 196.
14. Siehe beispielsweise die niederländischen Zahlen in Koen Breedveld et al., *De tijd als spiegel. Hoe Nederlanders hun tijd besteden*, Den Haag 2006; Klein, *Zeit*, Kap. 8. Es gibt Anzeichen dafür, dass das Stressgefühl der Amerikaner in den frühen 1990er Jahren nachgelassen hat (Robinson and Godbey, *Time for Life*, S. 231–239).
15. Plinius der Jüngere, *Die Briefe des Plinius*, hg. von Johann Adam Schäfer, Erlangen 1824, 2 Bde., hier Bd. 2, 8. Buch, Brief 14, S. 210.
16. Neville Francis und Valerie Ramey, »A Century of Work and Leisure«, in: *American Economic Journal: Macroeconomics* 1, Nr. 2 (2009), S. 189–222.
17. Dies ist die These von Gary Cross (*Time and Money: The Making of Consumer Culture*, London 1993).
18. Siehe oben S. 334–346.
19. Jan De Vries, *The Industrious Revolution: Consumer Behavior and the Household Economy, 1650 to the Present*, Cambridge 2008, Kap. 6. Das häufig fehlende Interesse für die Betreuung von Kindern und ihre Gefühle ist erstaunlich. Viele Wissenschaftler nehmen fälschlicherweise an, die moderne Konsumkultur müsse das Ende von häuslicher Arbeit und Versorgung bedeuten. Ein nützliches Korrektiv ist Valerie A. Rameys Aufsatz »Time Spent in Home Production in the Twentieth-Century United States«.
20. Zum Vergleich: In Frankreich liegen diese Zahlen bei 30 beziehungsweise 32 Prozent (Joseph E. Stiglitz, Amartya Sen und Jean-Paul Fitoussi, »Report by the Commission on the Measurement of Economic Performance and Social Progress«, September 2009, S. 130, *http://library.bsl.org.au/jspui/bitstream/1/1267/1/Measurement_of_economic_performance_and_social_progress.pdf*).
21. Gershuny, *Changing Times*, Kap. 3.
22. A. Heckscher und S. DeGrazia, »Executive Leisure«, in: *Harvard Business Review* 37, Nr. 4 (1959), S. 6–12; Robinson und Godbey, *Time for Life*, S. 128 f.; siehe auch Mark Aguiar und Erik Hurst, »Measuring Trends in Leisure: The Allocation of Time over Five Decades«, Federal Reserve Bank of Boston, Working Paper No. 06-2 (2006). Aguiars und Hursts Zahlen für die Freizeit sind zu hoch, da sie die Kinderbetreuung zur Freizeit zählen statt zu unbezahlter Arbeit.
23. Aus diesem und anderen Gründen hatte Keynes unrecht (siehe Lorenzo Pecchi und Gustavo Piga [Hg.], *Revisitng Keynes: Economic Possibilities for Our Grandchildren*, Cambridge 2008).
24. Robert Louis Stevenson, »Eine Apologie für Müßiggänger« [1877], in: Ders., *Virginibus Puerisque und andere Schriften*, Bremen/Hamburg 1995, S. 117.

25. Dies trifft auch auf Thorstein Veblen zu, der in seiner Theorie der müßigen Reichen die hart arbeitenden Rockefellers und andere genügsame Angehörige der Elite völlig außer Acht ließ. Zu einem ausgewogeneren Bild siehe Frederic Cople Jaher, »The Gilded Elite: American Multimillionaires, 1865 to the Present«, in: W. D. Rubinstein (Hg.), *Wealth and the Wealthy in the Modern World*, London 1980, S. 189–276.
26. Alain Chenu und Nicolas Herpin, »Une pause dans la marche vers la civilisation des loisirs?«, in: *Economie et Statistique*, Nr. 352–353 (2002), S. 15–37.
27. UBS, »Income and Leisure. Two Differently Valued Elements of Prosperity«, in: UBS, *Prices and Earnings: A Comparison of Purchasing Power around the Globe*, Zürich 2006, S. 36 ff. Echos dieser Ansicht finden sich bei Niall Ferguson, der in *Der Westen und der Rest der Welt*, Berlin 2011, S. 393–395, allein bezahlte Arbeit berücksichtigt.
28. *OECD Observer*, »Counting the hours«, *http://www.oecdobserver.org/news/fullstory.php/aid/2480/Counting_the_hours.html*.
29. David Riesman und Warner Bloomberg, »Arbeit und Freizeit. Fusion oder Polarität?« [1957], in: Riesman, *Wohlstand wofür?*, S. 64–84, hier S. 68 f.
30. Marshall David Sahlins, *Stone Age Economics*, Chicago 1972.
31. Dora L. Costa, »The Evolution of Retirement: Summary of a Research Project«, in: *The American Economic Review* 88, Nr. 2 (1998), S. 232–236, hier S. 234.
32. Dominik Hanglberger, »Arbeitszufriedenheit und flexible Arbeitszeiten. Empirische Analyse mit Daten des Sozio-ökonomischen Panels«, *SOEP Paper No 304*, 2010.
33. Breedveld et al., *De tijd als spiegel*.
34. Zu Vergleichsdaten für die Niederlande, Finnland, Norwegen, Ungarn und Großbritannien siehe Gershuny, *Changing Times*, Kap. 5.
35. Michael C. Burda, Daniel S. Hamermesh und Philippe Weil, »The Distribution of Total Work in the EU and US«, *IZA DP* (Institute for the Study of Labor Discussion Paper), Nr. 2270 (2006).
36. Siebter Familienbericht, *Familie zwischen Flexibilität und Verlässlichkeit. Perspektiven für eine lebenslaufbezogene Familienpolitik*, Deutscher Bundestag, 16. Wahlperiode, Drucksache 16/1360 (26. April 2006), S. 223; Jonathan Gershuny, »Busyness as the Badge of Honor for the New Superordinate Working Class«, in: *Social Research* 72, Nr. 2 (2005), S. 287–314; Angaben des Chartered Management Institute, in: *The Guardian*, 15. Juni 2006.
37. Robert E. Goodin et al., *Discretionary Time: A New Measure of Freedom*, Cambridge 2008.
38. Laut der amerikanischen »Panel Study of Income Dynamics« entschieden sich zwischen 1983 und 1992 nur 9 Prozent der amerikanischen Arbeitnehmer irgendwann in diesem Zeitraum für einen geringeren Verdienst (R. E. Dwyer, »Downward Earnings Mobility after Voluntary Employer Exits«, in: *Work and Occupations* 31, Nr. 1 [2004], S. 111–139).
39. Daniel Kahneman, Ed Diener und Norbert Schwarz (Hg.), *Well-Being: The Foundations of Hedonic Psychology*, New York 1999; Richard Layard, *Die glückliche Gesellschaft. Kurswechsel für Politik und Wirtschaft*, Frankfurt am Main 2005; Luigino Bruni und Pier Luigi Porta (Hg.), *Economics and Happiness: Framing the Analysis*, New York 2006. Natürlich reicht Glück über Ver-

haltensökonomie hinaus; zu anderen Ansätzen siehe Dieter Thomä, Christoph Henning und Olivia Mitscherlich-Schönherr (Hg.), *Glück. Ein interdisziplinäres Handbuch*, Stuttgart 2011.

40. Richard Easterlin, »Does Economic Growth Improve the Human Lot? Some Empirical Evidence«, in: Paul A. David und Melvin W. Reder (Hg.), *Nations and Households in Economic Growth: Essays in Honor of Moses Abramovitz*, New York 1974, S. 89–125.
41. M. R. Hagerty und R. Veenhoven, »Wealth and Happiness Revisited: Growing National Income Does Go with Greater Happiness«, in: *Social Indicators Research* 64, Nr. 1 (2003), S. 1–27; Richard A. Easterlin, »Feeding the Illusion of Growth and Happiness: A Reply to Hagerty and Veenhoven«, in: *Social Indicators Research* 74, Nr. 3 (2005), S. 429–443; R. Veenhoven und M. Hagerty, »Rising Happiness in Nations 1946–2004: A Reply to Easterlin«, in: *Social Indicators Research* 79, Nr. 3 (2006), S. 421–436; Betsey Stevenson und Justin Wolfers, »Subjective Well-Being and Income: Is There Any Evidence of Satiation?«, in: *The American Economic Review* 103, Nr. 3 (2013), S. 598–604.
42. A. B. Krueger et al., »Time Use and Subjective Well-Being in France and the US«, in: *Social Indicators Research* 93, Nr. 1 (2009), S. 7–18. Ausführlicher präsentieren die Autoren ihre Methode in »National Time Accounting: The Currency of Life«, *Working Paper* 523 (April 2008), Industrial Relations Section, Princeton University, *http://www.krueger.princeton.edu/data/pages/writings*.
43. Dies gilt für das oberste Quintil der U-Index-Verteilung. Im vierten verringert sich der Unterschied, und im dritten ist er völlig verschwunden (Krueger et al., »Time Use and Subjective Well-Being in France and the US«, S. 12).
44. Tibor Scitovsky, *Psychologie des Wohlstands. Die Bedürfnisse des Menschen und der Bedarf der Verbraucher*, Frankfurt am Main/New York 1977.
45. Ida Craven, »Leisure«, in: *Encyclopaedia of the Social Sciences*, New York 1933, Bd. 9/10, S. 402–406; Sebastian de Grazia, *Of Time, Work and Leisure*, New York 1962; Bailey, *Leisure and Class in Victorian England*.
46. Harry Elmer Barnes, *The American Way of Life: Our Institutional Patterns and Social Problems*, New York [11]1942, S. 525.
47. J. I. Gershuny und K. Fisher, »Leisure in the UK across the 20th Century«, Institute for Social and Economic Research, *Working Paper*, Nr. 99-03 (1999).
48. Stiglitz, Sen und Fitoussi, »Report by the Commission on the Measurement of Economic Performance and Social Progress«, S. 126 f.
49. Lydia Lueb, *Die Freizeit der Textilarbeiterinnen. Eine Untersuchung über die Verwendung der Freizeit der Arbeiterinnen des Christlichen Textilarbeiterverbandes Bezirk Westfalen*, Münster 1929, Tab. 8, 10, 19, 22, 30, zit. S. 35.
50. Eurostat, *How Europeans Spend Their Time: Everyday Life of Women and Men. Data 1998–2002*, Luxembourg 2004.
51. Olivier Donnat, *Les pratiques culturelles des Français. Enquête 1997*, Paris 1998, S. 45; Jonathan Gershuny, »What Do We Do in Post-Industrial Society? The Nature of Work and Leisure Time in the 21st Century«, Institute for Social and Economic Research, *Working Paper*, Nr. 2005-7 (2005), Tab. 1; Jukka Gronow und Dale Southerton, »Leisure and Consumption in Europe«, in: Goran Therborn und Stefen Immerfell (Hg.),

Handbook of European Societies, New York 2010, S. 355–384.

52. Mit leichter Verzögerung in den nordischen Ländern (*http://tilastokeskus.fi/til/akay/2009/05/akay_2009_05_2011-12-15_tie_001_en.html*; siehe auch Statistisches Bundesamt, *Alltag in Deutschland. Analysen zur Zeitverwendung. Beiträge zur Ergebniskonferenz der Zeitbudgeterhebung 2001/02 am 16./17. Februar 2004 in Wiesbaden*, Wiesbaden 2004).
53. Briten sind 35 Minuten am Tag zu Freizeitaktivitäten unterwegs (gegenüber nur 24 Minuten auf dem Arbeitsweg), Deutsche und Norweger jeweils 34 Minuten (gegenüber 21 beziehungsweise 24 Minuten auf dem Arbeitsweg). Nur Ungarn verbringen mehr Zeit (vier Minuten mehr) auf dem Arbeitsweg als auf dem Weg zu Freizeitaktivitäten. Ein großer Teil dieser Fahrten (etwa zwei Drittel) wird mit dem Auto oder Motorrad unternommen, wobei der Anteil bei Männern etwas höher ist (Eurostat, *How Europeans Spend Their Time*, S. 116–121). Zur Koordination der Aktivitäten siehe Dale Southerton, »›Squeezing Time‹: Allocating Practices, Coordinating Networks and Scheduling Society«, in: *Time and Society* 12, Nr. 1 (2003), S. 5–25; ders., »Re-ordering Temporal Rhythms Coordinating Daily Practices in the UK in 1937 and 2000«, in: Shove, Trentmann und Wilk (Hg.), *Time, Consumption, and Everyday Life*, S. 49–63.
54. J.P. Robinson und S. Martin, »Changes in American Daily Life: 1965–2005«, in: *Social Indicators Research* 93, Nr. 1 (2009), S. 47–56, Diagramm 2.
55. Linder, *Das Linder-Axiom*, S. 11–16.
56. Olivier Donnat, »Les pratiques culturelles des Français à l'ère numérique. Éléments de synthèse 1997–2008«, in: *Culture études*, Nr. 5 (2009), S. 7. Die eifrigsten Leser in Europa waren im Jahr 2000 die Finninnen, die 47 Minuten am Tag lasen; Französinnen lasen nur 23 Minuten (Eurostat, *How Europeans Spend Their Time*, S. 92).
57. Gerald Straka, Thomas Fabian und Joerg Will, *Medien im Alltag älterer Menschen*, Düsseldorf 1989, S. 164.
58. Niederländische Forscher haben eine Verlagerung von zeitaufwendiger zu verbrauchsgüterintensiver Freizeit festgestellt, aber ihre Daten sind vieldeutiger und interessanter, als dies vermuten lässt. Die Zeit für soziale Kontakte nahm zwischen 1975 und 2005 um über drei Stunden ab. Andererseits wurde über eine Stunde mehr Sport getrieben, obwohl erwachsene Niederländer vier Stunden mehr für bezahlte und unbezahlte Arbeit aufwandten (Breedveld et al., *De tijd als spiegel*, S. 52 f.). Zu den Vereinigten Staaten siehe Robinson and Godbey, *Time for Life*, S. 268 f.; zu Großbritannien siehe Jonathan Gershuny und Kimberly Fisher, »Leisure«, in: Albert H. Halsey und Josephine Webb (Hg.), *Twentieth-Century British Social Trends*, Basingstoke 2000, S. 620–649; zu Deutschland vgl. die Daten für 1972 in Kaspar Maase, *Lebensweise der Lohnarbeiter in der Freizeit*, Frankfurt am Main 1984, S. 76, mit Eurostat, *How Europeans Spend Their Time*, S. 84–87; zu den Essenszeiten siehe Siebter Familienbericht, *Familie zwischen Flexibilität und Verlässlichkeit*, S. 212; Cheng et al., »The Changing Practice of Eating«.
59. Vera Mendel und Francis Meynell, *The Week-End Book*, London 1931, S. XIV f., 267, 441, 452 (Hervorhebung im Original).

60. Francis Meynell, *The Week-End Book*, London 1955, S. 468 ff.
61. Mendel und Meynell, *The Week-End Book*, London 2006.
62. John P. Robinson und Geoffrey C. Godbey, »United States of America: Time-Use and Cultural Activities«, in: G. Cushman, A. J. Veal und J. Zuzanek (Hg.), *Free Time and Leisure Participation: International Perspectives*, Wallingford 2005, S. 277.
63. Donnat, »Les pratiques culturelles des Français à l'ère numérique«, S. 10; *http://www.pratiquesculturelles.culture.gouv.fr/doc/evolution73-08/T7-PRATIQUES-MUSICALES-EN-AMATEUR.pdf*; *http://www.pratiquesculturelles.culture.gouv.fr/doc/evolution73-08/T8-PRATIQUES-ARTISTIQUES.pdf*.
64. Zur Zeit der Olympischen Spiele in Rom im Jahr 1960 trieb jeder dreißigste Italiener Sport. 2005 war es jeder dritte (ISTAT, »Lo sport che cambia«, in: *Argomenti* 29 [2005], S. 17 ff.). 1973 besuchten 33 Prozent der Franzosen mindestens einmal im Jahr ein Museum oder eine Ausstellung, 2008 waren es 37 Prozent (*http://www.pratiquesculturelles.culture.gouv.fr/doc/evolution73-08/T17-FREQUENTATION-MUSEE-EXPOSITION.pdf*). Zu Neuseeland siehe Sue Walker, Mary Donn und Allan Laidler, »New Zealand«, in: Cushman, Veal und Zuzanek (Hg.), *Free Time and Leisure Participation*, S. 177–196; zu den Vereinigten Staaten siehe W. B. Beyers, »Cultural and Recreational Industries in the United States«, in: *The Service Industries Journal* 28, Nr. 3 (2008), S. 375–391.
65. Bohdan Jung, »Poland«, in: Cushman, Veal und Zuzanek (Hg.), *Free Time and Leisure Participation*, S. 197–220.
66. Mihaly Csikszentmihalyi und Eugene Rochberg-Halton, *Der Sinn der Dinge. Das Selbst und die Symbole des Wohnbereichs*, München/Weinheim 1989; Miller, The Comfort of Things.
67. Siehe oben, S. 309–313.
68. Elizabeth Shove et al., *The Design of Everyday Life*, Oxford 2007; siehe auch Alan Warde, »Consumption and Theories of Practice«, in: *Journal of Consumer Culture* 5, Nr. 2 (2005), S. 131–153.
69. Siehe oben S. 352–355.
70. M. Bianchi (Hg.), *The Active Consumer: Novelty and Surprise in Consumer Choice*, London 1998; ders., »Time and Preferences in Cultural Consumption«, in: M. Hutter und D. Throsby (Hg.), *Value and Valuation in Art and Culture*, Cambridge 2007, S. 236–260.
71. M. Bittman, J. E. Brown und J. Wajcman, »The Mobile Phone, Perpetual Contact and Time Pressure«, in: *Work, Employment & Society* 23, Nr. 4 (2009), S. 673–691. Die Autoren dieser Studie räumen allerdings ein, dass die mobile Kommunikation den Druck bei der Arbeit erhöht haben könnte. Siehe auch J. Wajcman et al., »Enacting Virtual Connections between Work and Home«, in: *Journal of Sociology* 46, Nr. 3 (2010), S. 257–275; Nelly Oudshoorn und Trevor Pinch (Hg.), *How Users Matter: The Co-Construction of Users and Technology*, Cambridge 2003.
72. Leopoldina Fortunati und Sakari Taipale, »The Advanced Use of Mobile Phones in Five European Countries«, in: *British Journal of Sociology* 65, Nr. 2 (2014), S. 317–337.
73. Emily Rose, »Access Denied: Employee Control of Personal Communications at Work«, in: *Work, Employment & Society* 27, Nr. 4 (2013), S. 694–710.
74. In den Vereinigten Staaten fanden 2006 10 Prozent der Onlinespielaktivitäten am Arbeitsplatz statt (D. Deal, »Time for Play: An Exploratory Analysis of the

Changing Consumption Contexts of Digital Games«, in: *The Electronic International Journal of Time Use Research* 5, Nr. 1 [2008]).

75. Olivier Donnat, *Les Pratiques Culturelles des Français à l'ère numérique. Enquête 2008*, Paris 2009, S. 193–197.

76. Prophoto, *Trends in the Photo and Imaging Market: Photokina 2012*, *http://www.prophoto-online.de/img/ftp/broschueren/Trends-in-the-photo-and-imaging-market-photokina-2012.pdf*; siehe auch *http://mashable.com/2012/11/17/photography*.

77. C. Wingerter, »Time Spent by the Population in Germany on Cultural Activities«, in: *Wirtschaft und Statistik*, Nr. 4 (2005), S. 318–326.

78. *http://www.pratiquesculturelles.culture.gouv.fr/doc/evolution73-08/T7-PRATIQUES-MUSICALES-EN-AMATEUR.pdf*. Hier kann nur festgestellt werden, dass französische Arbeiter im letzten Vierteljahrhundert häufiger ins Theater und in Popkonzerte gegangen sind, um Konzerthäuser aber einen Bogen gemacht haben (*http://www.pratiquesculturelles.culture.gouv.fr/doc/evolution73-08/T15-FREQUENTATION-CONCERT-R%20J.pdf*). Zu den Vereinigten Staaten siehe Steven Brint und Kristopher Proctor, »Middle-Class Respectability in 21st Century America: Work and Lifestyle in the Professional-Managerial Stratum«, in: Joshua Yates und James Davison Hunter (Hg.), *Thrift and Thriving in America: Capitalism and Moral Order from the Puritans to the Present*, Oxford 2011, S. 462–490.

79. Rosemarie Nave-Herz und Bernhard Nauck, *Familie und Freizeit. Eine empirische Studie*, München 1978, Tab. 24, 28.

80. Walker, Donn und Laidler, »New Zealand«, S. 183 f.

81. Statistics New Zealand, »2002 Cultural Experiences Survey«, *Key Statistics*, Oktober 2003, S. 9 ff.

82. Georgios Papastefanou und Ewa Jarosz, »Complexity of Leisure Activities over the Weekend: Socio-Economic Status Differentiation and Effects on Satisfaction with Personal Leisure«, *GESIS Working Paper* 2012–26, Köln 2012.

83. Donnat, *Les Pratiques Culturelles des Français. Enquête 1997*, S. 101 ff.

84. Chenu und Herpin, »Une pause dans la marche vers la civilisation des loisirs?«, S. 35. Der amtlichen Statistik zufolge sahen Franzosen ohne Diplom oder Abitur noch mehr fern (Donnat, *Les Pratiques Culturelles des Français. Enquête 1997*, S. 77).

85. Dies ist eine kühne Verallgemeinerung, für die es jedoch empirische Belege gibt. Franzosen, die weniger als 14 Stunden in der Woche fernsehen, gehen doppelt so oft ins Theater, Kino oder Museum wie diejenigen, die 30 Stunden und mehr vor dem Bildschirm verbringen. Das mag zum Teil am Alter liegen, aber das Alter erklärt nicht alles, obwohl die Alten am meisten fernsehen und ihre kulturelle Teilnahme zurückgeht (Donnat, *Les Pratiques Culturelles des Français. Enquête 1997*, S. 73 ff.). Zum höheren Aktivitätsniveau britischer Manager siehe A. Warde und T. Bennett, »A Culture in Common: The Cultural Consumption of the UK Managerial Elite«, in: *The Sociological Review* 56, Nr. S1 (2008), S. 240–259.

86. Nur 5 bis 25 Prozent der französischen Facharbeiter gehen regelmäßig in die Oper oder ins Konzert (Donnat, *Les Pratiques Culturelles des Français. Enquête 1997*, S. 251). Auch beim Sport gibt es große Unterschiede bei Beteiligung und Häufigkeit: Zwei von drei

deutschen Kindern treiben überhaupt keinen Sport, während jedes dritte sich mindestens zwei Stunden am Tag sportlich betätigt (Statistisches Bundesamt, *Alltag in Deutschland*, S. 171).

87. Laut einer Untersuchung von zwanzig Haushalten in Bristol unternehmen diejenigen mit höherer Bildung auch mehr unregelmäßige Aktivitäten (Dale Southerton, »Analysing the Temporal Organization of Daily Life: Social Constraints, Practices and their Allocation«, in: *Sociology* 40, Nr. 3 [2006], S. 435–454).
88. Michael Bittman und Judy Wajcman, »The Rush Hour: The Character of Leisure Time and Gender Equity«, in: *Social Forces* 79, Nr. 1 (2000), S. 165–195.
89. Statistisches Bundesamt, *Alltag in Deutschland*, S. 110.
90. Nicky Le Feuvre, »Leisure, Work and Gender: A Sociological Study of Women's Time in France«, in: *Time & Society* 3, Nr. 2 (1994), S. 151–178, hier S. 171, 173.
91. International Institute of Not Doing Much, »How to Slow down«, *http://slowdownnow.org/how-to-slow-down*.
92. Reinhard Rudat, *Freizeitmöglichkeiten von Nacht-, Schicht-, Sonn- und Feiertagsarbeitern*, Stuttgart 1978; Duane Elgin (Hg.), *Voluntary Simplicity: Toward a Way of Life that is Outwardly Simple, Inwardly Rich*, New York 1993.
93. Jean Viard, *Le sacre du temps libre. La société des 35 heures*, La Tour d'Aigues 2004, S. 148–155.
94. Manuel Castells, *The Rise of the Network Society*, Bd. 1, Oxford [2]2000, Kap. 7.
95. William James, »Habit« [1892], in: Robert Richardson (Hg.), *The Heart of William James*, Cambridge 2010, S. 110.
96. Orvar Löfgren, »Excessive Living«, in: *Culture and Organization* 13, Nr. 2 (2007), S. 131–143, hier S. 136.
97. Martin, *Leisure and Society in Colonial Brazzaville*.
98. Brigitte Steger und Lodewijk Brunt, »Introduction: Into the Night and the World of Sleep«, in: Dies. (Hg.), *Nighttime and Sleep in Asia and the West*, London 2003, S. 1–23.
99. China National Bureau of Statistics, »Summary on 2008 Time Use Survey«, *http://australian-time-users-research-group.org/assets/docs/chinese-tus08.pdf*. Im Durchschnitt schlafen Chinesen über eine Stunde am Tag länger als Japaner und 40 Minuten länger als Briten. Die Daten lassen auch vermuten, dass sie weniger Zeit für soziale Interaktion aufwenden. Nur rund 10 Prozent der Griechen, Italiener und Franzosen halten täglich Mittagsschlaf; in Nordeuropa ist der Anteil sogar noch kleiner (HETUS, *https://www.h5.scb.se/tus/tus/AreaGraphCID.html*; Wilse B. Webb und David F. Dinges, »Cultural Perspectives on Napping and the Siesta«, in: David F. Dinges und Roger J. Broughton [Hg.], *Sleep and Alertness: Chronobiological, Behavioral, and Medical Aspects of Napping*, New York 1989, S. 247–265).
100. Murasaki Shikibu, *Die Geschichte vom Prinzen Genji. Altjapanischer Liebesroman aus dem 11. Jahrhundert, verfaßt von der Hofdame Murasaki*, 2 Bde., Zürich 1966, Bd. 1, S. 698, 703.
101. Sepp Linhart, »From Industrial to Postindustrial Society: Changes in Japanese Leisure-Related Values and Behavior«, in: *Journal of Japanese Studies* 14, Nr. 2 (1988), S. 271–307.
102. *The Economist*, 27. September 2014, S. 68.
103. Sepp Linhart und Sabine Frühstück (Hg.), *The Culture of Japan as Seen*

through Its Leisure, Albany 1998; Joy Hendry und Massimo Raveri, *Japan at Play: The Ludic and the Logic of Power*, London 2002.

104. Levine, *A Geography of Time*, S. 145; Robinson and Godbey, *Time for Life*, S. 268.

105. Die Amerikaner stehen damit nicht allein da. Auch in skandinavischen Ländern wird das Essen über den Tag verteilt (HETUS, *https://www.h5.scb.se/tus/tus/AreaGraphCID.html*). Soweit ich weiß, gibt es leider noch keine Vergleichsstudie über den Zusammenhang von Snackkultur und Stressgefühl.

106. Mass-Observation, *Meet Yourself on Sunday*, London 1949, S. 9 f.

107. Eviatar Zerubavel, *The Seven Day Circle: The History and Meaning of the Week*, Chicago/London 1985.

108. Mass-Observation, *Meet Yourself on Sunday*, S. 22 57.

109. Zit. in Rosemary und Robert J. Bromley, »The Debate on Sunday Markets in Nineteenth-Century Ecuador«, in: *Journal of Latin American Studies* 7, Nr. 1 (1975), S. 85–108, hier S. 98.

110. John Wigley, *The Rise and Fall of the Victorian Sunday*, Manchester 1980; Brian Harrison, »The Sunday Trading Riots of 1855«, in: *The Historical Journal* 8, Nr. 2 (1965), S. 219–245.

111. J. A. Kay et al., *The Regulation of Retail Trading Hours*, London 1984, *http://www.ifs.org.uk/comms/r13.pdf*; Douglas A. Reid, »›Mass Leisure‹ in Britain«, in: Bob Moore und Hen van Nierop (Hg.), *Twentieth-Century Mass Society in Britain and the Netherlands*, Oxford 2006, S. 132–159; Uwe Spiekermann, »Freier Konsum und soziale Verantwortung. Zur Geschichte des Ladenschlusses in Deutschland im 19. und 20. Jahrhundert«, in: *Zeitschrift für Unternehmensgeschichte* 49, Nr. 1 (2004), S. 26–44.

112. In Finnland wurden die erlaubten Öffnungszeiten nach der Liberalisierung von 1994 im Jahr 2009 noch einmal ausgeweitet (*Helsingin Sanomat*, 19. November 2009). Zur Situation in Schottland siehe: *https://www.gov.uk/government/uploads/system/uploads/attachment_data/file/498773/bis-16-2-sunday-trading-government-response.pdf*; zu einem ausführlichen Überblick über die Situation im Jahr 2006 siehe Brian Williamson et al., »The Economic Costs and Benefits of Easing Sunday Shopping Restrictions on Large Stores in England and Wales: A Report for the Department of Trade and Industry«, Mai 2006.

113. David N. Laband und Deborah Hendry Heinbuch, *Blue Laws: The History, Economics and Politics of Sunday-Closing Laws*, Lexington 1987; Mikal Skuterud, »The Impact of Sunday Shopping on Employment and Hours of Work in the Retail Industry: Evidence from Canada«, in: *European Economic Review* 49, Nr. 8 (2005), S. 1953–1978.

114. Philip Richter, »Seven Days' Trading Make One Weak? The Sunday Trading Issue as an Index of Secularization«, in: *The British Journal of Sociology* 45, Nr. 3 (1994), S. 333–348.

115. Michael Stern am 22. Januar 1993 im Unterhaus (*http://www.publications.parliament.uk/pa/cm199293/cmhansrd/1993-01-22/Debate-3.html*).

116. R. Halsall, »Ladenschluss Revisited: Will Germany Learn to Love Shopping on a Sunday?«, in: *Debatte* 9, Nr. 2 (2001), S. 188–209, hier S. 202.

117. 1994 lag die Frauenarbeitsquote in Schweden bei 68, in Großbritannien bei 61 und in Finnland bei 59 Prozent, während sie in Italien 35, in Frank-

reich 51 und in Deutschland 55 Prozent betrug (zu leicht revidierten und aktualisierten Daten siehe *http://ec.europa.eu/eurostat/web/lfs/data/main-tables*). Siehe auch Imelda Maher, »The New Sunday: Reregulating Sunday Trading«, in: *The Modern Law Review* 58, Nr. 1 (1995), S. 72–86; J. Price und B. Yandle, »Labor Markets and Sunday Closing Laws«, in: *Journal of Labor Research* 8, Nr. 4 (1987), S. 407–414. In Spanien verlief die Entwicklung anders; dort folgte die frühzeitige Liberalisierung dem touristischen und wirtschaftlichen Aufschwung nach Franco.

118. N. Wrigley, C. Guy und R. Dunn, »Sunday and Late-Night Shopping in a British City: Evidence from the Cardiff Consumer Panel«, in: *Area* 16, Nr. 3 (1984), S. 236–240.
119. Williamson et al., »The Economic Costs and Benefits of Easing Sunday Shopping Restrictions on Large Stores in England and Wales«.
120. Joye P. Jacobsen und Peter Kooreman, »Timing Constraints and the Allocation of Time: The Effects of Changing Shopping Hours Regulations in The Netherlands«, in: *European Economic Review* 49, Nr. 1 (2005), S. 9–27. In Großbritannien stieg der Anteil Alleinerziehender, die eine Arbeit hatten, in dem Jahrzehnt nach der Sonntagsöffnung von 42 auf 56 Prozent. 10 Prozent der Sonntagsarbeiter sind im Einzelhandel beschäftigt.
121. Mass-Observation, *Meet Yourself on Sunday*, S. 57.
122. Eurostat Newsrelease, 147/2013 (15. Oktober 2013); Price Waterhouse Cooper, »Annual Global Total Retail Consumer Survey, February 2015«, *http://www.pwc.com/gx/en/retail-consumer/retail-consumer-publications/global-multi-channel-consumer-survey/assets/pdf/total-retail-2015.pdf*; Centre for Retail Research, »Online Retailing: Britain, Europe, US and Canada 2015«, *http://www.retailresearch.org/onlineretailing.php*.
123. Thomas Rudolph et al., *Der Schweizer Online-Handel. Internetnutzung Schweiz 2015*, St. Gallen 2015.

11 Von der Wiege bis zur Bahre

1. Compass, *The Commercialisation of Childhood*, London 2006; Juliet Schor, *Born to Buy: The Commercialized Child and the New Consumer Culture*, New York 2004; Ed Mayo and Agnes Nairn, *Consumer Kids: How Big Business Is Grooming Our Children for Profit*, London 2009 (mit einer Liste von Selbsthilfeorganisationen); Victoria Carrington, »›I'm in a Bad Mood. Let's Go Shopping‹: Interactive Dolls, Consumer Culture and a ›Glocalized‹ Model of Literacy«, in: *Journal of Early Childhood Literacy* 3, Nr. 1 (2003), S. 83–98; Sue Palmer, *Toxic Childhood: How the Modern World Is Damaging Our Children and What We Can Do About It*, London 2006; David Buckingham, *After the Death of Childhood: Growing up in the Age of Electronic Media*, Oxford

2000; vgl. Stephen Kline, *Out of the Garden: Toys, TV, and Children's Culture in the Age of Marketing*, London 1993.

2. James McNeal, *The Kids Market: Myths and Realites*, Ithaca 1999; Mayo und Nairn, *Consumer Kids*, S. 5–18.
3. Linda A. Pollock, *Forgotten Children: Parent-Child Relations from 1500 to 1900*, Cambridge 1983; zur älteren Ansicht siehe Philippe Ariès, *Geschichte der Kindheit* [1960], München 1975; Lawrence Stone, *The Family, Sex and Marriage in England, 1500–1800*, London 1977.
4. Daniel Thomas Cook, *The Commodification of Childhood: The Children's Clothing Industry and the Rise of the Child Consumer*, Durham/London 2004, Anhang, Diagramm 4, und passim.
5. »Children's Charter« [1931], *http://www.presidency.ucsb.edu/ws/?pid=22593*.
6. Cook, *The Commodification of Childhood*, S. 75–80.
7. *White House Conference on Child Health and Protection*, 1929, S. 39, *http://www23.us.archive.org/stream/homechildsection00fjke/homechildsection00fjke_djvu.txt*.
8. Viviana A. Zelizer, *Pricing the Priceless Child: The Changing Social Value of Children*, New York 1985.
9. Alice Cora Brill und Mary Pardee Youtz, *Your Child and his Parents: A Textbook for Child Study Groups*, New York/London 1932, S. 301.
10. Lisa Jacobson, *Raising Consumers: Children and the American Mass Market in the Early Twentieth Century*, New York 2004; dies., *Children and Consumer Culture in American Society: A Historical Handbook and Guide*, Westport 2008.
11. David Hamlin, »The Structures of Toy Consumption: Bourgeois Domesticity and Demand for Toys in Nineteenth-Century Germany«, in: *Journal of Social History* 36, Nr. 4 (2003), S. 857–869; zur älteren Zeit siehe J. H. Plumb, »The New World of Children in Eighteenth-Century England«, in: *Past & Present* 67, Nr. 1 (1975), S. 64–95.
12. G. Cross und G. Smits, »Japan, the US and the Globalization of Children's Consumer Culture«, in: *Journal of Social History* 38, Nr. 4 (2005), S. 873–890; Gary Cross, *Kids' Stuff: Toys and the Changing World of American Childhood*, Cambridge 1997.
13. Brian L. Wilcox et al., »Report of the APA Task Force on Advertising and Children«, 20. Februar 2004, Kap. 3, *https://www.apa.org/pi/families/resources/advertising-children.pdf*.
14. Sonia Livingstone, »Assessing the Research Base for the Policy Debate Over the Effects of Food Advertising to Children«, in: *International Journal of Advertising* 24, Nr. 3 (2005), S. 273–296.
15. Barrie Gunter und Adrian Furnham, *Children as Consumers: A Psychological Analysis of the Young People's Market*, London 1998, Kap. 5–6; Deborah R. John, »Consumer Socialization of Children: A Retrospective Look at Twenty-Five Years of Research«, in: *Journal of Consumer Research* 26, Nr. 3 (1999), S. 183–213.
16. Marvin E. Goldberg, »A Quasi-Experiment Assessing the Effectiveness of TV Advertising Directed to Children«, in: *Journal of Marketing Research* 27, Nr. 4 (1990), S. 445–454; vgl. Gunter und Furnham, *Children as Consumers*, S. 151–154.
17. Siehe Viviana Zelizer, »Kids and Commerce«, in: *Childhood* 9, Nr. 4 (2002), S. 375–396; Lydia Martens, Dale Southerton und Sue Scott, »Bringing Children (and Parents) into the Sociology of Consumption: Towards a Theoretical and Empirical Agenda«, in: *Jour-*

nal of Consumer Culture 4, Nr. 2 (2004), S. 155–182.

18. S. L. Hofferth und J. F. Sandberg, »How American Children Spend Their Time«, in: *Journal of Marriage and Family* 63, Nr. 2 (2001), S. 295–308.
19. McNeal, *The Kids Market*, S. 69 ff.; »The Longitudinal Study of Young People in England (Next Steps): Summary Report of Wave 1«, 2004.
20. Elmar Lange und Karin R. Fries, *Jugend und Geld 2005. Eine empirische Untersuchung über den Umgang von 10–17-jährigen Kindern und Jugendlichen mit Geld*, Münster 2006.
21. Elizabeth M. Chin, *Purchasing Power: Black Kids and American Consumer Culture*, Minneapolis 2001, S. 82–85, 126, 161 f.
22. Das Folgende beruht auf Mizuko Ito, »Play in an Age of Digital Media: Children's Engagements with the Japanimation Media Mix«, *Abe Seminar Paper*, 2002; Mizuko Ito, »Mobilizing the Imagination in Everyday Play: The Case of Japanese Media Mixes«, in: Kirsten Drotner und Sonia Livingstone (Hg.), *International Handbook of Children, Media, and Culture*, Thousand Oaks 2008, S. 397–412.
23. Siehe oben S. 355 f.
24. J. U. McNeal und C. H. Yeh, »Taiwanese Children as Consumers«, in: *European Journal of Marketing* 24, Nr. 10 (1990), S. 32–43; Deutsche UNESCO-Kommission, »263 Millionen Kinder und Jugendliche weltweit gehen nicht zur Schule«, Pressemitteilung, 14. Juli 2016.
25. Lange und Fries, *Jugend und Geld 2005*.
26. Bernadine Chee, »Eating Snacks and Biting Pressure: Only Children in Beijing«, in: Jun Jing (Hg.), *Feeding China's Little Emperors: Food, Children, and Social Change*, Stanford 2000, S. 48–70, 213–218, hier S. 215.
27. Chee, »Eating Snacks and Biting Pressure«; Deborah Davis und Julia Sensenbrenner, »Commercializing Childhood«, in: Deborah Davis (Hg.), *The Consumer Revolution in Urban China*, Berkeley 2000, S. 54–79.
28. Stanley C. Hollander und Richard Germain, *Was There a Pepsi Generation before Pepsi Discovered it? Youth-Based Segmentation in Marketing*, Lincolnwood 1993, S. 13–48, 64.
29. Ebd., S. 15.
30. William C. Beyer, Rebekah P. Davids und Myra Thwing, *Workingmen's Standard of Living in Philadelphia: A Report by the Bureau of Municipal Research of Philadelphia*, New York 1919, S. 67.
31. Siehe oben S. 415–421.
32. B. Søland, »Employment and Enjoyment: Female Coming-of-Age Experiences in Denmark, 1880s–1930s«, in: Mary Jo Maynes, Birgitte Søland und Christina Benninghaus (Hg.), *Secret Gardens, Satanic Mills: Placing Girls in European History, 1750–1960*, Bloomington 2005, S. 254–268.
33. Richard Ivan Jobs, *Riding the New Wave: Youth and the Rejuvenation of France after the Second World War*, Stanford 2007, S. 80, 106–112.
34. Siehe oben S. 419 f.; Dorothea-Luise Scharmann, *Konsumverhalten von Jugendlichen*, München 1965; Friedhelm Neidhardt, *Die junge Generation. Jugend und Gesellschaft in der Bundesrepublik*, Opladen [3]1970.
35. Richard Hoggart, *The Uses of Literacy: Aspects of Working-Class Life with Special Reference to Publications and Entertainments*, London 1957, Kap. 7.
36. Zit. in Rhona und Robert N. Rapoport, *Leisure and the Family Life Cycle*, London 1975, S. 108.
37. August B. Hollingshead, *Elmtown's*

Youth and Elmtown Revisited, New York 1975, S. 375; ders., *Elmtown's Youth: The Impact of Social Classes on Adolescents.*
38. Yuniya Kawamura, »Japanese Teens as Producers of Street Fashion«, in: *Current Sociology* 54, Nr. 5 (2006), S. 784–801.
39. G. C. Hoyt, »The Life of the Retired in a Trailer Park«, in: *American Journal of Sociology* 59, Nr. 4 (1954), S. 361–370.
40. David I. Kertzer und Peter Laslett, *Aging in the Past: Demography, Society, and Old Age*, Berkeley 1995; Paul Johnson und Pat Thane (Hg.), *Old Age from Antiquity to Post-Modernity*, London 1998; *Fünfter Bericht zur Lage der älteren Generation in der Bundesrepublik Deutschland. Potenziale des Alters in Wirtschaft und Gesellschaft*, Berlin 2005, S. 35.
41. Dora L. Costa, *The Evolution of Retirement: An American Economic History 1880–1990*, Chicago 1998.
42. Costa, »The Evolution of Retirement«, S. 234.
43. *Recreation* (Mai 1952), S. 99.
44. William Graebner, *History of Retirement: The Meaning and Function of an American Institution 1885–1978*, New Haven 1980.
45. W. Andrew Achenbaum, *Shades of Gray: Old Age, American Values, and Federal Policies since 1920*, Boston 1983; ders., *Old Age in the New Land: The American Experience since 1790*, Baltimore 1978.
46. Granville Stanley Hall, *Senescence: The Last Half of Life*, New York 1922, S. XI, 376 ff.
47. Elmer E. Ferris, *Who Says Old!*, New York 1933.
48. Robert James Havighurst und Ruth Albrecht, *Older People*, New York 1953, S. V.
49. Ebd., S. 130. In Havighursts und Albrechts Buch ist der Einfluss von David Riesmans Neubewertung der Freizeit geradezu mit Händen zu greifen.
50. Ebd., S. 141.
51. Elaine Cumming und William E. Henry, *Growing Old: The Process of Disengagement*, New York 1961; vgl. Wilma Donahue, Harold L. Orbach und Otto Pollak, »Retirement: The Emerging Social Pattern«, in: Clark Tibbitts (Hg.), *Handbook of Social Gerontology: Social Aspects of Aging*, Chicago 1960, S. 330–406; Paul B. Baltes und Margret M. Baltes, *Successful Aging: Perspectives from the Behavioral Sciences*, Cambridge 1990.
52. Oskar Schulze, »Recreation for the Aged«, in: *Journal of Gerontology* 4, Nr. 4 (1949), S. 312.
53. Harry A. Levine, »Community Programs for the Elderly«, in: *The Annals of the American Academy of Political and Social Science* 279 (1952), S. 164–170, hier S. 164, 169; Arthur Williams, *Recreation for the Aging*, New York 1953. In New York war bereits 1932 ein Three-Quarter Century Club gegründet worden.
54. Zu Dewey siehe oben S. 358 f.
55. U.S. Federal Security Agency, *Man and His Years: An Account of the First National Conference on the Aging*, Raleigh 1951, S. 1, 43, 181, 199.
56. *Geriatrics*, 6 (1951), S. 314–318; Nathan Wetheril Shock, *A Classified Bibliography of Gerontology and Geriatrics: Supplement 1, 1949–1955*, Stanford 1957, Nr. 15037–17250.
57. »Recreation for the Aged«, in: *The American Journal of Nursing* 55, Nr. 8 (1955), S. 976 ff.
58. M. Zahrobsky, »Recreation Programs in Homes for the Aged in Cook County,

Illinois«, in: *The Social Service Review* 24, Nr. 1 (1950), S. 41–50.

59. Felisa Bracken, »Senior Citizens Go Camping«, in: *Nursing Outlook* 2, Nr. 7 (1954), S. 362.
60. Ellinor I. Black und Doris B. Bead, *Old People's Welfare on Merseyside*, Liverpool 1947, S. 40–46.
61. National Council of Social Service, *Over Seventy: Report of an Investigation into the Social and Economic Circumstances of One Hundred People of over Seventy-Years of Age*, London 1954.
62. Robert James Havighurst, »Life beyond Family and Work«, in: Ernest Watson Burgess (Hg.), *Aging in Western Societies*, Chicago 1960, S. 299–353, hier S. 351.
63. Robert van Zonneveld, »Clubs for Older People in the Netherlands«, in: Burgess (Hg.), *Aging in Western Societies*, S. 447.
64. Havighurst, »Life beyond Family and Work«, S. 321.
65. Paul Richard Thompson, Catherine Itzin und Michele Abendstern, *I Don't Feel Old: The Experience of Later Life*, Oxford 1990.
66. J. Smith et al., »Wohlbefinden im hohen Alter«, in: Karl Ulrich Mayer und Paul B. Baltes (Hg.), *Die Berliner Altersstudie*, Berlin 1996, S. 497–524, Tab. 4 (S. 532). 43 Prozent der 70- bis 84-Jährigen trieben Sport; bei den über 85-Jährigen waren es nur noch 12 Prozent.
67. Joëlle Gaymu und Christiane Delbès, *La retraite quinze ans après*, Paris 2003, S. 95.
68. *Fünfter Bericht zur Lage der älteren Generation in der Bundesrepublik Deutschland. Potenziale des Alters in Wirtschaft und Gesellschaft*, S. 35 ff.; siehe auch Jay Ginn und Janet Fast, »Employment and Social Integration in Midlife: Preferred and Actual Time Use Across Welfare Regime Types«, in: *Research on Aging* 28, Nr. 6 (2006), S. 669–690.
69. Michael Cirkel, Vera Gerling und Josef Hilbert, »Silbermarkt Japan – eine Perspektive für die NRW-Wirtschaft?«, in: Institut Arbeit und Technik, *Jahrbuch 2001/2002*, Gelsenkirchen 2002, S. 73–91; *Fünfter Bericht*, S. 203.
70. Bundesarchiv Koblenz, B 189/21915, »Taschengeld, 1965–82«, Resolution der Kollegien von Altersheimen, Aachen, an Antje Huber, 11. Februar 1982; Radtke (Arbeiterwohlfahrt, Essen) an Huber, 10. Februar 1982; *Express*, 22. Februar 1982.
71. Bernard Casey und Atsuhiro Yamada, »Getting Older, Getting Poorer? A Study of the Earnings, Pensions, Assets and Living Arrangements of Older People in Nine Countries«, OECD, Paris 2002, Tab. 2.4.
72. National Council of Social Service, *Over Seventy*, S. 54.
73. Peter Townsend, *The Last Refuge: A Survey of Residential Institutions and Homes for the Aged in England and Wales*, London 1962, S. 244.
74. Martin Hyde, Paul Higgs und Chris Gilleard, »Ageing, Cohorts, and Consumption: The British Experience 1998–2005«, in: Ian Rees Jones, Paul Higgs und David J. Ekerdt (Hg.), *Consumption and Generational Change: The Rise of Consumer Lifestyles*, New Brunswick 2009, S. 93–125; Fanny Bugeja, »Housing Crisis, Generational Inequalities, and Welfare States«, in: Ebd., S. 129–147.
75. Joachim Vogel, »Ageing and Living Conditions of the Elderly: Sweden 1980–1998«, in: *Social Indicators Research* 59, Nr. 1 (2004), S. 1–34.
76. Martin Hyde, Paul Higgs und Chris Gilleard, »Ageing, Cohorts, and Consumption«.

77. Susannah R. Ottaway, »Providing for the Elderly in Eighteenth Century England«, in: *Continuity and Change* 13, Nr. 3 (1998), S. 391–418.
78. J.K. Wing und G.W. Brown, »Social Treatment of Chronic Schizophrenia: A Comparative Survey of Three Mental Hospitals«, in: *The British Journal of Psychiatry* 107, Nr. 450 (1961), S. 847–861.
79. Gail Mountain und Peter Bowie, »Possessions Owned by Long-Stay Psychogeriatric Patients«, in: *International Journal of Geriatric Psychiatry* 7, Nr. 4 (1992), S. 285–290, hier S. 290.
80. »How Active Are They? Senior Citizens Retire to New Worlds of Adventure«, in: *Recreation*, Mai 1964, S. 228.
81. Von 13 auf 37 Prozent (Dean W. Morse und Susan H. Gray, *Early Retirement – Boon or Bane: A Study of Three Large Corporations*, Montclair 1980).
82. Max Kaplan, *Leisure, Lifestyle and Lifespan: Perspectives for Gerontology*, Philadelphia 1979, S. 84.
83. Morse und Gray, *Early Retirement*, S. 59; siehe auch Dorothy Ayers Counts und David R. Counts, *Over the Next Hill: An Ethnography of RVing Seniors in North America*, Peterborough 1997.
84. *Fünfter Bericht*, S. 441; zu Mallorca siehe Armin Ganser, »Zur Geschichte touristischer Produkte in der Bundesrepublik«, in: Hasso Spode (Hg.), *Goldstrand und Teutonengrill. Kultur- und Sozialgeschichte des Tourismus in Deutschland, 1945–1989*, Berlin 1996, S. 185–200.
85. Zit. in Russell King, Tony Warnes und Allan Williams, *Sunset Lives: British Retirement Migration to the Mediterranean*, Oxford/New York 2000, S. 85; siehe auch Andrew Blaikie, *Ageing and Popular Culture*, New York 1999, Kap. 7.
86. Thompson, Itzin und Abendstern, *I Don't Feel Old*, S. 247.
87. Zit. in Marc Freedman, *Prime Time: How Baby Boomers Will Revolutionize Retirement and Transform America*, New York 1999, S. 32.
88. Kaplan, *Leisure, Lifestyle and Lifespan*, S. 101–104.
89. Beispiele sind die Seniorenaktivitäten des Österreichischen Alpenvereins (*http://alpenverein.wien/lv-wien/search/index.php?searchTerm=senioren&x=0&y=0*) und des Deutschen Skiverbands (*http://www.deutscherskiverband.de* unter dem Suchbegriff Senioren).
90. Einer der Third-Age-Pioniere war der britische Historiker Peter Laslett mit seinem Buch *Das dritte Alter. Historische Soziologie des Alterns* (Weinheim/München 1995).
91. Rylee Dionigi, »Competitive Sport as Leisure in Later Life: Negotiations, Discourse, and Aging«, in: *Leisure Sciences* 28, Nr. 2 (2006), S. 181–196.
92. Annette Leibing, »The Old Lady From Ipanema: Changing Notions of Old Age in Brazil«, in: *Journal of Aging Studies* 19, Nr. 1 (2005), S. 15–31; Robert H. Binstock, Jennifer R. Fishman und Thomas E. Johnson, »Anti-Aging Medicine and Science«, in: Robert H. Binstock und Linda K. George (Hg.), *Handbook of Aging and the Social Sciences*, Boston [6]2006, S. 436–455; James Harkin und Julia Huber, *Eternal Youths: How the Baby Boomers Are Having Their Time Again*, London 2004.
93. John W. Traphagan, *The Practice of Concern: Ritual, Well-Being and Aging in Rural Japan*, Durham 2004; siehe auch ders., *Taming Oblivion: Aging Bodies and the Fear of Senility in Japan*, New York 2000.
94. Vera Gerling und Harald Conrad, »Wirtschaftskraft Alter in Japan: Handlungsfelder und Strategien. Expertise im Auftrag des Bundesminis-

terium für Familie, Senioren, Frauen und Jugend (BMFSFJ)«, *http://www.age.aroew.spirito.de/data/expertise_japanischer_silbermarkt.pdf.*

95. W. Andrew Achenbaum, *Older Americans, Vital Communities: A Bold Vision for Societal Aging*, Baltimore 2005, S. 40 f.

96. E. Gidlow, »The Senior Market«, in: *Sales Management* (Oktober 1961), S. 35–39, 108–111; L. Morse, »Old Folks: An Overlooked Market?«, in: *Duns Review and Modern Industry* (1964), S. 83–88.

97. George P. Moschis, *The Maturing Marketplace: Buying Habits of Baby Boomers and Their Parents*, Westport 2000; zu Marktstudien aus den 1970er Jahren siehe H. L. Meadow, S. C. Cosmas und A. Plotkin, »The Elderly Consumer: Past, Present, and Future«, in: *Advances in Consumer Research* 8, Nr. 1 (1981), S. 742–747.

98. Carole Haber, »Old Age through the Lens of Family History«, in: Binstock und George (Hg.), *Handbook of Aging and the Social Sciences*, S. 41–75.

99. Wie immer gibt es natürlich Ausnahmen, etwa Ungarn und Norditalien, wo man von Witwen erwartet, dass sie zur Familie ihres Sohns ziehen (Kertzer und Laslett, *Aging in the Past*).

100. Committee on Ageing Issues, *Report on the Ageing Population* 52, Singapur 2006; Angelique Chan, »Singapore's Changing Age Structures«, in: Shripad Tuljapurkar, Ian Pool und Vipan Prachuabmoh (Hg.), *Population, Resources and Development*, Bd. 1, Dordrecht 2005, S. 221–242.

101. Ministry of Planning Government of India, National Sample Survey Organisation, »The Aged in India: A Socio-Economic Profile, NSS 52nd Round (July 1995–June 1996). Report no. 446 (52/25.0/3)«, 1998; Kumudini Dandekar, *The Elderly in India*, London 1996.

102. Penny Vera-Sanso, »They Don't Need It and I Can't Give It: Filial Support in South India«, in: P. Kreager und E. Schoeder-Butterfill (Hg.), *The Elderly Without Children: European and Asian Perspectives*, Oxford 2004, S. 76–105.

103. John Van Willigen und N. K. Chadha, *Social Aging in a Delhi Neighborhood*, Westport 1999; Usha Bambawale, »Ageing and the Economic Factor in Later Life«, in: Indrani Chakravarty (Hg.), *Life in Twilight Years*, Kalkutta 1997; Ashish Bose und Mala Kapur Shankardass, *Growing Old in India: Voices Reveal, Statistics Speak*, Neu-Delhi 2004.

104. Zygmunt Bauman, *Flüchtige Zeiten. Leben in der Ungewissheit*, Hamburg 2008, Einleitung; ders., *Leben als Konsum.*

105. Claudine Attias-Donfut (Hg.), *Les solidarités entre générations. Viellesse, familles, État*, Paris 1995.

106. Neidhart, *Die junge Generation*, S. 64; Wilmott, *Adolescent Boys of East London*, S. 66 ff.

107. Die Unterstützung von Kindern stieg von 60 auf 70 Prozent der Familien, für Enkel von 50 auf 71 Prozent (Robert H. Binstock und Ethel Shanas [Hg.], *Handbook of Aging and the Social Sciences*, New York [2]1985, S. 322).

108. Martin Kohli, »Private and Public Transfers between Generations: Linking the Family and the State«, in: *European Societies* 1, Nr. 1 (1999), S. 81–104; zu diesem Absatz siehe ferner ders., »Ageing and Justice«, in: Binstock und Shanas [Hg.], *Handbook of Aging and the Social Sciences*, S. 456–478; Attias-Donfut (Hg.), *Les solidarités entre générations*.

12 Außerhalb des Marktes

1. Schwartz, *The Paradox of Choice.*
2. Laut UK Audit Commission, »Acute Hospital Portfolio: Review of National Findings« (2001), waren es 220 Millionen Essen. McDonald's verkaufte in ganz Großbritannien rund 700 Millionen Essen.
3. Eugene C. McCreary, »Social Welfare and Business: The Krupp Welfare Program, 1860–1914«, in: *The Business History Review* 42, Nr. 1 (1968), S. 24–49.
4. Wilfried Feldenkirchen, *Siemens, 1918–1945*, München 1995, S. 348–352.
5. John Griffiths, »›Give my Regards to Uncle Billy‹: The Rites and Rituals of Company Life at Lever Brothers, c.1900–c.1990«, in: *Business History* 37, Nr. 4 (1995), S. 25–45; Charles Delheim, »The Creation of a Company Culture: Cadburys, 1861–1931«, in: *The American Historical Review* 92, Nr. 1 (1987), S. 13–44.
6. Siehe die Berechnungen in Jakub Kastl und Lyndon Moore, »Wily Welfare Capitalist: Werner von Siemens and the Pension Plan«, in: *Cliometrica* 4, Nr. 3 (2010), S. 321–348.
7. Oliver J. Dinius und Angela Vergara (Hg.), *Company Towns in the Americas: Landscape, Power, and Working-Class Communities*, Athens 2011; Hardy Green, *The Company Town*, New York 2010.
8. Julie Greene, *The Canal Builders: Making America's Empire at the Panama Canal*, New York 2009.
9. Stuart Dean Brandes, *American Welfare Capitalism, 1880–1940*, Chicago 1976, S. 45.
10. Linda Carlson, *Company Towns of the Pacific Northwest*, Seattle 2003, S. 51 und Kap. 8.
11. Margaret Crawford, *Building the Workingman's Paradise: The Design of American Company Towns*, London 1995, Kap. 6; Brandes, *American Welfare Capitalism, 1880–1940*, S. 16 f.
12. Zit. in Jean-Louis Cohen, »›Unser Kunde ist unser Herr‹. Le Corbusier trifft Bat'a«, in: Winfried Nerdinger (Hg.), *Zlin. Modellstadt der Moderne*, Berlin 2009, S. 123.
13. Katrin Klingan (Hg.), *A Utopia of Modernity: Zlin. Revisiting Bata's Functional City*, Berlin 2009; siehe auch *http://batawa.ca/history-c113.php*; *http://www.batamemories.org.uk/*.
14. Zu einer eingehenden Diskussion siehe Crawford, *Building the Workingman's Paradise.*
15. Robert F. Wheeler, »Organized Sport and Organized Labour: The Workers' Sports Movement«, in: *Journal of Contemporary History* 13, Nr. 2 (1978), S. 191–210; Gerald R. Gems, »Welfare Capitalism and Blue-Collar Sport: The Legacy of Labour Unrest«, in: *Rethinking History* 5, Nr. 1 (2001), S. 43–58.
16. Zu Peugeot siehe P. Fridenson, »Les ouvriers de l'automobile et le sport«, in: *Actes de la recherche en sciences sociales* 79, Nr. 1 (1989), S. 50–62, Zitat auf S. 53; zu Deutschland siehe Hans Langenfeld in Zusammenarbeit mit Stefan Nielsen, Klaus Reinarz und Josef Santel, »Sportangebot und -nachfrage in großstädtischen Zentren Nordwestdeutschlands (1848–1933)«, in: Reulecke (Hg.), *Die Stadt als Dienstleistungszentrum*, S. 439–484, Zitat auf S. 473.
17. Brandes, *American Welfare Capitalism*,

1880–1940, S. 38; US Department of Housing and Urban Development, »Public Housing: Image Versus Facts«, *http://www.huduser.org/periodicals/ushmc/spring95/spring95.html.*

18. Leonard James Diehl und Floyd R. Eastwood, *Industrial Recreation, Its Development and Present Status*, Lafayette 1942, S. 20.
19. Amartya Sen, *Ökonomie für den Menschen. Wege zu Gerechtigkeit und Solidarität in der Marktwirtschaft*, München/Wien 2000; Partha Dasgupta, *An Inquiry into Well-Being and Destitution*, Oxford 1993.
20. Diehl und Eastwood, *Industrial Recreation, Its Development and Present Status*, S. 52. Einwohner kanadischer Eisenbahnstädte waren in den 1960er Jahren sportlich und ehrenamtlich bedeutend aktiver als die Einwohner benachbarter Kleinstädte (Rex Archibald Lucas, *Minetown, Milltown, Railtown: Life in Canadian Communities of Single Industry*, Toronto 1971, S. 196).
21. Arnold R. Alanen, *Morgan Park: Duluth, U.S. Steel, and the Forging of a Company Town*, Minneapolis 2007, Kap. 7.
22. Elizabeth Esch, »Whitened and Enlightened: The Ford Motor Company and Racial Engineering in the Brazilian Amazon«, in: Dinius und Vergara (Hg.), *Company Towns in the Americas*, S. 91–110.
23. Jackson Moore Anderson, *Industrial Recreation: A Guide to Its Organization and Administration*, New York 1955, S. 125.
24. Enrica Asquer, *Storia intima dei ceti medi. Una capitale e una periferia nell'Italia del miracolo economico*, Rom 2011, S. 19.
25. John Boynton Priestley, *English Journey*, London 1934, S. 95, 100.
26. S. E. G. Imer von der Industrial Welfare Division, 1959, zit. in Nikola Balnave, »Company-Sponsored Recreation in Australia: 1890–1965«, in: *Labour History*, Nr. 85 (2003), S. 129–151, hier S. 137.
27. Brandes, *American Welfare Capitalism, 1880–1940*.
28. Anderson, *Industrial Recreation*, S. 63.
29. Ebd., S. 64 f., Kap. 8.
30. *http://www.skibacs.org/ski-lodge*; *http://www.boeing.com/companyoffices/aboutus/recreation/puget.html.*
31. Elizabeth Fones-Wolf, »Industrial Recreation, the Second World War, and the Revival of Welfare Capitalism, 1934–1960«, in: *The Business History Review* 60, Nr. 2 (1986), S. 232–257, hier S. 256.
32. Zu Lincoln Plating siehe *http://www.shrm.org/hrdisciplines/benefits/Articles/Pages/CMS_013248.aspx*; *http://www.lincolnindustries.com/company/wellness*; *http://www.stephenieoverman.com/2011/08/30/lincoln-plating-benefits-from-strategic-wellness-program*; B. W. Simonson, »Corporate Fitness Programs Pay off«, in: *Vital Speeches of the Day* 52, Nr. 18 (1986), S. 567 ff.; Richard L. Pyle, »Performance Measures for a Corporate Fitness Program«, in: *Human Resource Management* 18, Nr. 3 (1979), S. 26–30.
33. Buck Consultants, »Working Well: A Global Survey of Health Promotion and Workplace Wellness Strategies«, 2009.
34. Assemblée Nationale, Document Nr. 2624, Rapport, 13. November 2000, Annexe N° 33, Jeunesse et sports, *http://www.assemblee-nationale.fr/budget/plf2001/b2624-33.asp*, Abschnitt 4c; siehe auch B. Barbusse, »Sport et entreprise. Des logiques convergentes?«, in: *L'Année sociologique* 52, Nr. 2 (2002), S. 391–415.
35. Walter Schmolz, »Freizeit und Betrieb«, in: Wolfgang Nahrstedt

(Hg.), *Freizeit in Schweden. Freizeitpolitik, Freizeitplanung, Freizeitpädagogik, Freizeitforschung. Beiträge zu einer europäischen Theorie der Freizeit*, Düsseldorf 1975.

36. Eva Roos, Sirpa Sarlio-Lähteenkorva und Tea Lallukka, »Having Lunch at a Staff Canteen Is Associated with Recommended Food Habits«, in: *Public Health Nutrition* 7, Nr. 1 (2004), S. 53–61; NPD Group, »Report on Away-from-Home Eating«, August 2003; John S. A. Edwards, »Employee Feeding: An Overview«, in: *International Journal of Contemporary Hospitality Management* 5, Nr. 4 (1993), S. 10–14; zu Frankreich siehe *Liberation*, Oktober 2003; Bent Egberg Mikkelsen, »Are Traditional Foodservice Organizations Ready for Organizational Change? (A Case Study of Implementation of Environmental Management in a Work Place Canteen Facility)«, in: *Foodservice Research International* 15, Nr. 2 (2004), S. 89–106; Lotte Holm et al., »The Modernization of Nordic Eating«, in: *Anthropology of Food* S7 (2012). In Dänemark machen allein das Essen auf Rädern und die öffentliche Versorgung von Senioren 10 Prozent des gesamten Essenssektors aus (Instituttet for Fødevarestudier & Agroindustriel Udvikling-IFAU, »Food service i Danmark 2007. Udvikling og tendenser i QSF markedet«, Hörsholm 2007). Zu Sandoz siehe Jakob Tanner, *Fabrikmahlzeit. Ernährungswissenschaft, Industriearbeit und Volksernährung in der Schweiz, 1890–1950*, Zürich 1999, S. 193 ff.

37. *http://www.entrez-basel.roche.ch*; *http://www.avroche.ch*; *http://www.avroche.ch/_verguenstigungen/discount-list*; siehe auch AVR-Newsletter, Nr. 55 (Juni 1997), 65 (Dezember 2002), 66 (Mai 2003), *http://www.avroche.ch/aktuelles/newsletter/archiv/*; zu Boeing siehe *http://www.boeing.com/empinfo/discounts.html*.

38. Georges Mouradian (Hg.), *L'enfance des comités d'entreprise, de leur genèse dans les conditions de la défaite de 1940 à leur enracinement dans les années 1950*, Roubaix 1997; Direction de l'animation de la recherche des études et des statistiques (DARES) und Institut de recherches économiques et sociales (IRES), *Les Comités d'entreprise. Enquête sur les élus, les activités et les moyens*, Paris 1998; Conseil national du tourisme, »Evolution des pratiques sociales des comités d'entreprise en matière de vacances«, Paris 2010, *http://www.entreprises.gouv.fr/files/files/directions_services/tourisme/acteurs/cnt/evolution-pratiques-sociales.pdf*.

39. Conseil national du tourisme, »Evolution des pratiques sociales des comités d'entreprise en matière de vacances«; siehe auch: »Les activités sociales et culturelles des CE – Crise de sens«, in: *Le Nouvel Économiste*, 26. Januar 2012.

40. *http://www.bits-int.org/fr*; *http://www.reka.ch*.

41. Hasso Spode, »Fordism, Mass Tourism and the Third Reich: The ›Strength through Joy‹ Seaside Resort as an Index Fossil«, in: *Journal of Social History* 38, Nr. 1 (2004), S. 127–155; Victoria De Grazia, *The Culture of Consent: Mass Organisation of Leisure in Fascist Italy*, Cambridge 2002.

42. Koji Nishikubo, »Current Situation and Future Direction of Employee Benefits«, in: *Japan Labor Review* 7, Nr. 1 (2010), S. 4–27; Toyota, Nachhaltigkeitsbericht 2011, »Approaches to Stakeholders: Relations with Employees«; Tamie Matsuura, »An Overview of Japanese Cafeteria Plans: Objectives and Results«, NLI Research Institute, 1998,

http://www.nli-research.co.jp/english/socioeconomics/1998/li9803.html.

43. Seung-Ho Kwon und Michael O'Donnell, *The Chaebol and Labour in Korea: The Development of Management Strategy in Hyundai*, London 2001; Jim Barry, *Organization and Management: A Critical Text*, London 2000, S. 113–116.
44. S. Kikeri, »Privatization and Labour: What Happens to Workers when Governments Divest?«, *World Bank Technical Paper* 396 (1998), Washington, D.C.
45. Zit. in Joseph Raphael Blasi, Maya Kroumova und Douglas Kruse, *Kremlin Capitalism: The Privatization of the Russian Economy*, Ithaca 1997, S. 112 f.
46. Laut einer Befragung von 404 mittelgroßen und großen Industriebetrieben (Pertti Haaparanta u. a., »Firms and Public Service Provision in Russia«, Bank of Finland, Institute for Economies in Transition, *BOFIT Discussion Paper*, Nr. 16 [2003], Helsinki).
47. Michael Heller, »Sport, Bureaucracies and London Clerks 1880–1939«, in: *The International Journal of the History of Sport* 25, Nr. 5 (2008), S. 579–614.
48. James E. Roberson, *Japanese Working Class Lives: An Ethnographic Study of Factory Workers*, London 1998; Ezra Feivel Vogel, *Japan's New Middle Class: The Salary Man and His Family in a Tokyo Suburb*, Berkeley 1963.
49. Peter H. Lindert, *Growing Public: Social Spending and Economic Growth since the Eighteenth Century*, Cambridge 2004.
50. *http://www.oecd.org/document/9/0,3746,en_2649_33933_38141385_1_1_1_1,00.html.*
51. PricewaterhouseCoopers, Significant and Ecofys, »Collection of Statistical Information on Green Public Procurement in the EU: Report on Data Collection Results«, 2009, *http://ec.europa.eu/environment/gpp/pdf/statistical_information.pdf*; NHS Sustainable Development Unit, »England Carbon Emissions«, Januar 2009, S. 4, *http://www.sdu.nhs.uk/documents/publications/1232983829_VbmQ_nhs_england_carbon_emissions_carbon_footprint_mode.pdf.*
52. Vgl. P. A. Samuelson, »The Pure Theory of Public Expenditure«, in: *The Review of Economics and Statistics* 36, Nr. 4 (1954), S. 387 ff.
53. Eurostat, »General Government Expenditure Trends 2005–2010: EU Countries Compared«, in: *Statistics in Focus* 42/2011.
54. Stiglitz, Sen und Fitoussi, »Report by the Commission on the Measurement of Economic Performance and Social Progress«, S. 30 ff., 89 f.
55. Siehe Galbraiths neue Einführung zu seinem Buch für die fünfte Auflage der Penguin-Ausgabe von 1999; vgl. Mike Berry, *The Affluent Society Revisited*, Oxford 2013.
56. OECD.StatExtracts, »Social Expenditure – Aggregated Data«, *http://stats.oecd.org/Index.aspx?datasetcode=SOCX_AGG*; Willem Adema, Pauline Fron und Maxime Ladaique, »Is the European Welfare State Really More Expensive? Indicators on Social Spending, 1980–2012«, in: *OECD Social, Employment and Migration Working Papers*, Nr. 124 (2011), *http://www.oecd.org/els/soc/OECD2014-Social-Expenditure-Update-Nov2014-8pages.pdf.*
57. Siehe die Tabellen über staatliche und private Konsumausgaben des Bureau of Economic Analysis des US-Finanzministeriums auf *http://www.bea.gov*.
58. Siehe Robert Malcolm Campbell, *Grand Illusions: The Politics of the Keynesian Experience in Canada, 1945–1975*, Peterborough 1987, S. 78 f.; Bettina Liverant,

»Strategic Austerity on the Canadian Home Front«, in: Hartmut Berghoff, Jan Logemann und Felix Römer (Hg.), *The Consumer on the Home Front: Second World War Civilian Consumption in Comparative Perspective*, Oxford (in Vorbereitung), Kap. 11; zum GI-Gesetz und zu staatlicher Unterstützung in den Vereinigten Staaten siehe Cohen, *A Consumers' Republic*, Kap. 3–5.

59. 1960 lag der Anteil des privaten Konsums am BIP in den industrialisierten Ländern bei 63 Prozent. Bis 1976 verringerte er sich auf 58 Prozent. In Ländern mit niedrigem Einkommen lauteten diese Zahlen 79 beziehungsweise 81 Prozent (World Bank, *World Development Report*, Washington, D. C., 1978, S. 82–85).
60. Lindert, *Growing Public*, S. 218.
61. Siehe die OECD-Daten. Neben indirekten Steuern, die Normalbürger am härtesten treffen, erheben die skandinavischen Staaten auch beträchtliche direkte Steuern und Sozialversicherungsbeiträge. 2007 holten sich Dänemark und Schweden durch direkte Steuern mehr als ein Viertel der Sozialtransfers zurück; der OECD-Durchschnitt liegt bei 9 Prozent. Wie Adema und seine Kollegen zeigen, bewegen sich die Nettosozialausgaben in den meisten OECD-Ländern, einschließlich der USA und Großbritanniens, zwischen 22 und 28 Prozent des BIP (Adema, Fron und Ladaique, »Is the European Welfare State Really More Expensive?«).
62. Roland Straub und Ivan Tchakarov, »Assessing the Impact of a Change in the Composition of Public Spending: A DSGE Approach«, IMF Working Paper WP/07/168, Washington, D. C., 2007.
63. Ebenso interessant ist, dass im leidgeprüften Spanien ein Anstieg der öffentlichen Investitionen zu verzeichnen war.
64. *http://www.oecd.org/els/soc/OECD2014-Social-Expenditure-Update-Nov2014-8pages.pdf.*
65. Harold L. Wilensky und Charles N. Lebeaux, *Industrial Society and Social Welfare: The Impact of Industrialization on the Supply and Organization of Social Welfare Services in the United States*, New York [2]1965, S. XIII f.
66. In den Vereinigten Staaten gaben die Reichen 1922 7 Prozent ihres Vermögens über 10 Millionen Dollar für wohltätige Zwecke aus; fünfzig Jahre später waren es 31 Prozent (Jaher, »The Gilded Elite«, S. 209 f.).
67. In New York gab es schon Anfang der 1960er Jahre in 95 Prozent der Sozialwohnungen einen Fernseher (Wilensky und Lebeaux, *Industrial Society and Social Welfare*).
68. »Historical Tables, Budget of the United States Government«, Tab. 3.1, *http://www.whitehouse.gov/sites/default/files/omb/budget/fy2012/assets/hist.pdf.*
69. J. P. Dunne, P. Pashardes und R. P. Smith, »Needs, Costs and Bureaucracy: The Allocation of Public Consumption in the UK«, in: *The Economic Journal* 94, Nr. 373 (1984), S. 1–15.
70. Adema, Fron und Ladaique, »Is the European Welfare State Really More Expensive?«. Andere Sozialdienste, wie Kinderbetreuung, Hauspflege für Alte und weitere, machen in Dänemark und Schweden beachtliche 5 Prozent des BIP aus, in den USA und Südeuropa dagegen nur 1 Prozent.
71. Bradford Booth, Mady W. Segal und D. Bruce Bell, »What We Know about Army Families: 2007 Update«, (Prepared for the Family and Morale, Welfare and Recreation Command) 2007.
72. Katarzyna J. Cwiertka, »Popularizing a

Military Diet in Wartime and Postwar Japan«, in: *Asian Anthropology* 1, Nr. 1 (2002), S. 1–30; dies., *Modern Japanese Cuisine: Food, Power and National Identity*, London 2006.

73. Peter J. Atkins, »Fattening Children or Fattening Farmers? School Milk in Britain, 1921–1941«, in: *The Economic History Review* 58, Nr. 1 (2005), S. 57–78; James Vernon, *Hunger. A Modern History*, Cambridge 2007.

74. Hierzu und zum nächsten Absatz siehe Susan Levine, *School Lunch Politics: The Surprising History of America's Favorite Welfare Program*, Princeton 2008.

75. Marion Clawson, »Statistical Data Available for Economic Research on Certain Types of Recreation«, in: *Journal of the American Statistical Association* 54, Nr. 285 (1959), S. 281–309; C. Lowell Harriss, »Government Spending and Long-Run Economic Growth«, in: *The American Economic Review* 46, Nr. 2 (1956), S. 155–170.

76. Timo Ståhl, Alfred Rütten und Don Nutbeam, »The Importance of Policy Orientation and Environment on Physical Activity Participation: A Comparative Analysis between Eastern Germany, Western Germany and Finland«, in: *Health Promotion International* 17, Nr. 3 (2002), S. 235–246.

77. Sigurd Agricola, »Freizeit, Planung, Pädagogik und Forschung«, in: Nahrstedt (Hg.), *Freizeit in Schweden*, S. 78–102.

78. Institut national de la santé et de la recherche mèdicale (Inserm), *Physical Activity: Context and Effects on Health*, Paris 2008.

79. Lamartine Pereira da Costa und Ana Miragaya, *Worldwide Experiences and Trends in Sport for All*, Oxford 2002; siehe auch Thomas Turner, »The Sports Shoe: A Social and Cultural History, c.1870–c.1990«, Dissertation, University of London, 2013.

80. David Richard Leheny, *The Rules of Play: National Identity and the Shaping of Japanese Leisure*, Ithaca/London 2003.

81. Anne White, *De-Stalinisation and the House of Culture: Declining State Control over Leisure in the USSR, Poland and Hungary, 1953–1989*, London 1990.

82. Zentralinstitut für Jugendforschung, »Freizeit und Freizeitnutzung junger Arbeiter und Schüler in der Wartburgstadt Eisenach«, S. 15–20, 60–65.

83. Statistisches Bundesamt Deutschland, *Datenreport 2002*, S. 152.

84. Directorate General Internal Policies of the Union, »Financing the Arts and Culture in the European Union«, IP/B/CULT/ST/2005_104 (30. November 2006), S. 17.

85. Ebd.; Eurostat, *Cultural Statistics*, 2011, Luxemburg 2011, S. 171. 2006 besuchten 50 Prozent der Dänen eine bis sechs und 5 Prozent sieben bis zwölf solcher Aufführungen. In Italien waren die entsprechenden Zahlen halb so hoch. Die angedeutete Korrelation zwischen Förderung und Besucherzahlen sieht auch Orian Brook (»International Comparisons of Public Engagement in Culture and Sport«, UK Department for Culture, Media and Sport, August 2011, S. 21 f.).

86. Eurostat, *Cultural Statistics*, S. 201.

87. UK Department of Trade and Industry, *Modern Markets, Confident Consumers* (1999).

88. Zit. in *The Guardian*, 24. Juni 2004, S. 1; siehe auch Tony Blair, *The Courage of Our Convictions: Why Reform of the Public Services is the Route to Social Justice*, London 2002; ders., »Progress and Justice in the 21st Century«, Inaugu-

ral Fabian Society Annual Lecture, 17. Juni 2003.

89. Lawson, *All Consuming.*
90. Wendy Thomson (Leiterin des Büros für die Reform der öffentlichen Dienstleistungen beim Premierminister), »Consumerism as a Resource for Citizenship«, Seminar über Konsumenten als Staatsbürger im britischen Finanzministerium, 22. April 2004.
91. Siehe oben, S. 209–217, 383–386.
92. John F. Kennedy, Rede über den Verbraucherschutz, 15. März 1962, Presidential Library, Boston, Speech Files, JFKPOF-037-028; WH-0800-03; als Audiodatei: *http://www.jfklibrary.org/Asset-Viewer/Archives/JFKWHA-080-003.aspx.*
93. Alain Chatriot, Marie-Emmanuelle Chessel und Matthew Hilton (Hg.), *The Expert Consumer: Associations and Professionals in Consumer Society*, Aldershot 2006; siehe auch *Jahrbuch für Wirtschaftsgeschichte* 1: *Verbraucherschutz in internationaler Perspektive*, Berlin 2006; Iselin Theien, »Planung und Partizipation in den regulierten Konsumgesellschaften Schwedens und Norwegens zwischen 1930 und 1960«, in: *comparativ* 21, Nr. 3 (2011), S. 67–78.
94. Siehe hierzu und zum Folgenden Matthew Hilton, *Prosperity for All: Consumer Activism in an Era of Globalization*, Ithaca 2009; Stephen Brobeck (Hg.), *Encyclopedia of the Consumer Movement*, Santa Barbara 1997.
95. »Consumer Protection Report of the Secretary-General of the United Nations«, in: *Journal of Consumer Policy* 16, Nr. 1 (1993), S. 97–121.
96. Frank Trentmann, *Is Free Trade Fair Trade? New Perspectives on the World Trading System*, London 2009; zu einer zeitgenössischen Sichtweise aus dem Norden siehe British National Consumer Council, *The Uruguay Round and Beyond: The Consumer View*, London 1994.
97. R. A. H. Livett, »Modern Flat Building«, in: *The Journal of the Royal Society for the Promotion of Health* 61, Nr. 2 (1940), S. 48–57, hier S. 57.
98. Greater Manchester County Record Office, Housing Committee, Protokolle, 5. November 1953.
99. Central Housing Advisory Committee Housing Management Sub-Committee, *Councils and their Houses*, London 1959.
100. Ministry of Housing and Local Government, 1963, zit. in I. A. N. Greener und M. Powell, »The Evolution of Choice Policies in UK Housing, Education and Health Policy«, in: *Journal of Social Policy* 38, Nr. 1 (2009), S. 63–68, hier S. 66.
101. Manchester and Salford Housing Association, 1973, zit. in Peter Shapely, *The Politics of Housing: Power, Consumers and Urban Culture*, Manchester 2007, S. 171 und Kap. 6.
102. Ebd.
103. Malcolm L. Johnson, »Patients: Receivers or Participants«, in: Keith Barnard und Kenneth Lee (Hg.), *Conflicts in the National Health Service*, London 1977, S. 72–98.
104. Interview mit Dr. David Owen, in: *The Times*, 9. Februar 1976, S. 1.
105. Chris Ham, »Power, Patients and Pluralism«, in: Barnard und Lee (Hg.), *Conflicts in the National Health Service*, S. 99–120; Martin Blackmore, »Complaints within Constraints: A Critical Review and Analysis of the Citizen's Charter Complaints Task Force«, in: *Public Policy and Administration* 12, Nr. 3 (1997), S. 28–41; A. Mold, »Patient Groups and the Construction of the Patient-Consumer in Britain: An Historical Overview«, in:

Journal of Social Policy 39, Nr. 4 [2010], S. 505–521.

106. Nach amtlichen Angaben sind es 45 Prozent, aber manche Experten schätzen den Anteil auf bis zu 60 Prozent (Steffie Woolhandler und David U. Himmelstein, »Paying for National Health Insurance – and Not Getting It«, in: *Health Affairs* 21, Nr. 4 [2002], S. 88–98).
107. Dänisches Finanzministerium, *Frihed til at vælge*, Kopenhagen 2004; Nancy Tomes, »Patients or Healthcare Consumers? Why the History of Contested Terms Matters«, in: Rosemary A. Stevens, Charles Rosenberg und Lawton R. Burns (Hg.), *History and Health Policy in the US: Putting the Past Back In*, New Brunswick 2006, S. 83–110. 1994 veröffentlichte die Weltgesundheitsorganisation eine »Erklärung zur Förderung der Patientenrechte in Europa«. Fünf Jahre später wurde eine International Alliance of Patient Organisations (IAPO) gegründet (A. van der Zeijden, »The Patient Rights Movement in Europe«, in: *Pharmacoeconomics* 18, Supplement 1 [2000], S. 7–13).
108. S. Jägerskiöld, »The Swedish Ombudsman«, in: *University of Pennsylvania Law Review* 109, Nr. 8 (1961), S. 1077–1109; Paul Magnette, »Between Parliamentary Control and the Rule of Law: The Political Role of the Ombudsman in the European Union«, in: *Journal of European Public Policy* 10, Nr. 5 (2003), S. 677–694; Frank Stacey, *The British Ombudsman*, Oxford 1971; Glen O'Hara, »Parties, People, and Parliament: Britain's ›Ombudsman‹ and the Politics of the 1960s«, in: *Journal of British Studies* 50, Nr. 3 (2011), S. 690–714.
109. Ed Mayo, Untersuchungsbericht für Consumer Focus (Großbritannien), August 2012; Citizen Advice Bureau (Großbritannien), 2011, *Access for All*.
110. Eurostat, *Consumers in Europe*, Luxemburg 2009, S. 104. In Großbritannien gingen 2002/03 allein bei Energywatch 109 578 Beschwerden ein, fast die Hälfte betraf Rechnungen. Anderswo in der Europäischen Union stehen Mobilfunkanbieter und Postgesellschaften an der Spitze (National Audit Office, »Benchmarking Review of Energywatch and Postwatch«, März 2004, S. 11 f.).
111. *www.complaintschoir.org*.
112. Stärke und Häufigkeit der Beschwerden schwanken und sind in manchen Bereichen mit notorisch schlechtem Standard (wie der Eisenbahn) in jüngster Zeit tatsächlich zurückgegangen (*http://dataportal.orr.gov.uk/displayreport/report/html/6870b367-965b-4306-819b-8eafdbacdd7a*).
113. Hierzu und zum Folgenden siehe Michelle Everson, »Legal Constructions of the Consumer«, in: Trentmann (Hg.), *The Making of the Consumer*, S. 99–121; Jim Davies, *The European Consumer Citizen in Law and Policy*, Basingstoke 2011; Stephen Weatherill, *EU Consumer Law and Policy*, Cheltenham 2005.
114. Urteilsbegründung, Fall C-372/04, Watts v. Bedford Primary Care Trust and Sec. of State of Health, *http://eur-lex.europa.eu/LexUriServ/LexUriServ.do?uri=CELEX:62004J0372:EN:HTML*.
115. European Economic and Social Committee, »On the Consumer Policy Action Plan, 1999–2001«, zit. in Davies, *The European Consumer Citizen in Law and Policy*, S. 41.
116. National Consumer Council, »Consumer Futures« und »Consumer: What's in a Name« (2007).
117. Damit ist kaum die Oberfläche einer umfangreichen Forschung und Literatur angekratzt. Siehe insbesondere

John Clarke et al., *Creating Citizen-Consumers: Changing Publics and Changing Public Services*, London 2007, S. 132; R. Simmons, J. Birchall und A. Prout, »User Involvement in Public Services: ›Choice about Voice‹«, in: *Public Policy and Administration* 27, Nr. 1 (2012), S. 3–29; Yiannis Gabriel und Tim Lang, *The Unmanageable Consumer: Contemporary Consumption and Its Fragmentations*, London 1995; Mark Bevir und Frank Trentmann (Hg.), *Governance, Citizens, and Consumers: Agency and Resistance in Contemporary Politics*, Basingstoke 2007; Nick Couldry, Sonia Livingstone und Tim Markham, *Media Consumption and Public Engagement: Beyond the Presumption of Attention*, Basingstoke 2007; M. Micheletti, D. Stolle und M. Hoogh, »Zwischen Markt und Zivilgesellschaft. Politischer Konsum als bürgerliches Engagement«, in: Dieter Gosewinkel et al. (Hg.), *Zivilgesellschaft – national und transnational*, Berlin 2003, S. 151–171.

13 Nah und fern

1. Seit den 1990er Jahren lautet die offizielle Bezeichnung des Siegels »Fairtrade«.
2. Für Borussia Dortmund siehe *http://www.fairtrade-deutschland.de/mitmachen/kampagnen-von-transfair/gelungene-kampagnen/fairtrade-kampagne/joachim-krol-in-dortmund/?tx_jppageteaser_pi1%5BbackId%5D=534*. Für Schalke siehe *http://schalkespieltfair.de/*. »Fairtrade Labelling Organizations International, Growing Stronger Together: Annual Report 2009–10«; *www.transfair.org/top/news*, 4. März 2011; sowie Jean-Marie Krier, *Fair Trade 2007: New Facts and Figures from an Ongoing Success Story*, Culemborg 2008.
3. Gavin Fridell, *Fair-trade Coffee: The Prospects and Pitfalls of Market-Driven Social Justice*, Toronto 2007; und Gavin Fridell, »Fair Trade and Neoliberalism: Assessing Emerging Perspectives«, in: *Latin American Perspectives* 33, Nr. 6 (2006), S. 8–28.
4. Zit. in Luigi Ceccarini, »I luoghi dell'impegno: tra botteghe del mondo e supermarket«, in: Paola Rebughini und Roberta Sassatelli (Hg.), *Le nuove frontiere dei consume*, Verona 2008, S. 150, 153.
5. Siehe S. 232 ff.
6. Die Kette Norges führt einige Fairtrade-Produkte: *http://www.fairtrade.at/fileadmin/user_upload/PDFs/Fuer_Studierende/FromBeanToCup_2005.pdf?PHPSESSID=8b44ffe3cef7de0cf13d8cca979c90f8*.
7. Die lateinamerikanischen Produzenten hatten sich bereits 1958 auf Exportquoten geeinigt. Mit dem Abkommen von 1962, dem sich auch die Vereinigten Staaten anschlossen, wurden Exportquoten festgelegt, um den Kaffeepreis zu stabilisieren. Im Jahr 1968 wurde ein Fonds eingerichtet, um eine übermäßige Zunahme der Kaffeeplantagen zu verhindern. Im Jahr 1989 wurde das Abkommen ausgesetzt, da die Verbraucherländer begonnen hatten, sich

billigeren Herstellern außerhalb des Kartells zuzuwenden. Für einen kurzen Überblick siehe Michael Barratt Brown, *Fair Trade: Reform and Realities in the International Trading System*, London 1993, Kap. 7.

8. Otto, »Otto Group Trend Studie 2011 (3. Studie zum ethischen Konsum: Verbraucher-Vertrauen)«, 2011.
9. Magnus Boström et al., *Political Consumerism: Its Motivations, Power and Conditions in the Nordic Countries and Elsewhere*, Kopenhagen 2005; sowie Unni Kjærnes, Mark Harvey und Alan Warde, *Trust in Food: A Comparative and Institutional Analysis*, Hampshire 2007.
10. Mel Young, Leitartikel, in: *New Consumer*, Mai/Juni 2005, S. 7.
11. Siehe *www.brilliantearth.com*; *http://www.gepa.de/produkte/kaffee-tee/kaffee.html*.
12. Kathryn Wheeler, *Fair Trade and the Citizen-Consumer*, Basingstoke 2012, S. 79 ff.
13. Europarat: *http://www.coe.int/t/dg3/socialpolicies/socialcohesiondev/forum/2004monatzederschulze_en.asp*.
14. Friedrich Nietzsche, *Also sprach Zarathustra*, in: Ivo Frenzel (Hg.), *Friedrich Nietzsche, Werke*, Bd. I, München 1967, S. 481–544.
15. Joan C. Tronto, *Moral Boundaries: A Political Argument for an Ethic of Care*, New York 1994; sowie Andrew Sayer, »Moral Economy and Political Economy«, in: *Studies in Political Economy* 61 (2000), S. 79–104.
16. Amanda Berlan, »Making or Marketing a Difference? An Anthropological Examination of the Marketing of Fair-trade Cocoa from Ghana«, in: Geert De Neve et al., »Hidden Hands in the Market: Ethnographies of Fair Trade, Ethical Consumption, and Corporate Social Responsibility« (*Research in Economic Anthropology* 28), Bingley 2008, S. 171–194; siehe auch Michael K. Goodman, »Reading Fair Trade: Political Ecological Imaginary and the Moral Economy of Fairtrade Goods«, in: *Political Geography* 23 (2004), S. 891–915.
17. John Wilkinson und Gilberto Mascarenhas, »The Making of the Fair-trade Movement in the South: The Brazilian Case«, in: Laura T. Raynolds, L. Murray Douglas und John Wilkinson (Hg.), *Fair Trade: The Challenges of Transforming Globalization*, London 2007; für die Größe der lokalen Märkte siehe *Fair-trade Facts and Figures 2010*, Schaubilder 3.8–3.10: *http://www.fairtrade.de/cms/media//pdf/Facts_&_Figures_2010.pdf*.
18. Luc Boltanski, *Distant Suffering: Morality, Media and Politics*, Cambridge 1999.
19. Wheeler, *Fair Trade*, S. 173.
20. Im Jahr 2011 waren es rund 140 Euro pro Person für humanitäre Hilfe gegenüber 3 Euro pro Person für Fairtrade-Produkte (2009); siehe Deutscher Spendenrat, *Bilanz des Helfens*, 2011, und *Fair-trade Facts and Figures 2010*, Abb. 2.8.
21. Patrick De Pelsmacker, Liesbeth Driesen und Glenn Rayp, »Do Consumers Care about Ethics? Willingness to Pay for Fair-trade Coffee«, in: *Journal of Consumer Affairs* 39, Nr. 2 (2005), S. 363–385.
22. Anthony Giddens, *Modernity and Self-identity*, Cambridge 1991; Sarah Lyon, »Evaluating Fair-Trade Consumption: Politics, Defetishization and Producer Participation«, in: *International Journal of Consumer Studies* 30, Nr. 5 (2006), S. 452–464.
23. Micheletti, Stolle und Hoogh, »Zwischen Markt und Zivilgesellschaft. Politischer Konsum als bürgerliches

Engagement«; Boström et al., *Political Consumerism*; sowie Wheeler, *Fair Trade*, Kap. 5 und 7.

24. Vgl. Thomas L. Haskell, »Capitalism and the Origins of the Humanitarian Sensibility, Part 1«, in: *American Historical Review* 90, Nr. 2 (1985), S. 339–361, sowie »Capitalism and the Origins of the Humanitarian Sensibility, Part 2«, in: *American Historical Review* 90, Nr. 3 (1985), S. 547–566; mit Richard Huzzey, »The Moral Geography of British Anti-Slavery Responsibilities«, in: *Transactions of the Royal Historical Society* (6. Reihe) 22 (2012), S. 111–139, der auf die Beschränkung auf »von Freien erzeugte Lebensmittel« hinweist und erklärt, dass selbst unter den britischen Abolitionisten nur wenige bereit waren, Joseph Sturges Beispiel zu folgen, und nur ethisch unbefleckte Unterwäsche kauften.
25. John Alkinson Hobson, *The Evolution of Modern Capitalism*, London 1897, S. 368–380.
26. Constantine, »›Bringing the Empire Alive‹: The Empire Marketing Board and Imperial Propaganda, 1926–1933«; sowie Trentmann, *Free Trade Nation*, S. 228–240.
27. *Final Report of Mixed Committee of the League of Nations on the Relation of Nutrition to Health, Agriculture and Economic Policy*, Genf 1937; und Frank Trentmann, »Coping with Shortage: The Problem of Food Security and Global Visions of Coordination, c.1890s–1950«, in: Ders. und Flemming Just (Hg.), *Food and Conflict in Europe in the Age of the Two World Wars*, Basingstoke 2006, S. 13–48.
28. »Co-operative Notes for Speakers on the Food and Agriculture Organization«, 1955, zit. in Trentmann, »Coping with Shortage«, S. 39 f.
29. John und Richard Toye, »The Origins and Interpretation of the Prebisch-Singer Thesis«, in: *History of Political Economy* 35, Nr. 3 (2003), S. 437–467.
30. Der Journalist Dick Scherpenzeel hatte 1968 bei der United Nations Conference on Trade and Development (UNCTAD) in Neu-Delhi zur Einrichtung spezieller Läden aufgerufen, die Zucker zu fairen Preisen verkaufen sollten.
31. Für Schorndorf siehe *http://www.elmundo.de/neu/index.php?option=com_content&task=view&id=62&Itemid=64*; für Hildesheim siehe den Newsletter *El Puente Informiert* 2010, S. 44.
32. *Populorum progressio*, vollständiger Text unter: *http://w2.vatican.va/content/paul-vi/de/encyclicals/documents/hf_p-vi_enc_26031967_populorum.html*.
33. Zit. in Werner Balsen und Karl Rössel, *Hoch die internationale Solidarität. Zur Geschichte der Dritte-Welt-Bewegung in der Bundesrepublik*, Köln 1986, S. 284.
34. Hans Beerends, *De Derde Wereldbeweging. Geschiedenis en toekomst*, Utrecht 1993, S. 126–130.
35. Claudia Olejniczak, *Die Dritte-Welt-Bewegung in Deutschland. Konzeptionelle und organisatorische Strukturmerkmale einer neuen sozialen Bewegung*, Wiesbaden 1999, S. 140 f., weist darauf hin, dass die Nichtregierungsorganisationen Ende der 1980er Jahre 14 Prozent ihrer finanziellen Mittel vom Staat erhielten.
36. Arthur Simon, *Bread for the World*, New York 1975, Zitate auf S. 56 f., 98–101.
37. Matthew Anderson, »Cost of a Cup of Tea: Fair Trade and the British Co-operative Movement, c.1960–2000«, in: Lawrence Black und Nicole Robertson (Hg.), *Consumerism and the Co-operative*

Movement in Modern British History, Manchester 2009.

38. Thompson, »The Moral Economy of the English Crowd in the Eighteenth Century«. Siehe dazu Trentmann, »Before ›Fair Trade‹: Empire, Free Trade, and the Moral Economies of Food in the Modern World«.
39. Sarah Lyon, »Fair-trade Coffee and Human Rights in Guatemala«, in: *Journal of Consumer Policy* 30, Nr. 3 (2007), S. 241–261.
40. Amanda Berlan, »Making or Marketing a Difference?«.
41. A. Tallontire et al., Diagnostic Study of FLO, DFID (2001).
42. Siehe *www.unserland.info* sowie »Network Unser Land«-Broschüren.
43. *La Repubblica*, 24. Oktober 2009.
44. James Richard Kirwan, »The Reconfiguration of Producer-Consumer Relations within Alternative Strategies in the UK Agro-food System: The Case of Farmers' Markets«, unveröffentlichte Dissertation, University of Gloucestershire, 2003, S. 37 f.
45. Renée Shaw Hughner et al., »Who are Organic Food Consumers? A Compilation and Review of Why People Purchase Organic Food«, in: *Journal of Consumer Behaviour* 6, Nr. 2–3 (2007), S. 94–110.
46. Carlo Petrini, *Slow Food. Geniessen mit Verstand. Zürich* 2003. In Wahrheit war die Ernährung der meisten Menschen in den Jahrhunderten vor dem Supermarkt und der modernen Lebensmittelforschung sehr viel eintöniger; siehe dazu Rachel Laudan, *Cuisine and Empire: Cooking in World History*, Berkeley 2013.
47. Ferdinand Tönnies, *Gemeinschaft und Gesellschaft. Grundbegriffe der reinen Soziologie*, Darmstadt 2010.
48. Daniel Miller, »Coca-Cola: A Black Sweet Drink from Trinidad«, in: Ders. (Hg.) *Material Cultures: Why Some Things Matter*, London 1998, Kap. 8.; sowie Wilk, *Home Cooking in the Global Village*.
49. *http://www.bmelv.de/SharedDocs/Downloads/Ernaehrung/Kennzeichnung/Regionalsiegel-Gutachten.pdf?_blob=publicationFile*, S. 13; *www.unser-norden.de*.
50. *Guardian*, 27. Februar 2013.
51. Local Government Regulation, A Local Authority Survey: »Buying Food with Geographical Descriptions – How ›Local‹ is ›Local‹?«, Januar 2011; *http://www.devon.gov.uk/lgr_-_how_local_is_local_report_february_2011.pdf*.
52. Michèle de la Pradelle, *Market Day in Provence*, Chicago 2006; Keith Spiller, »Farmers' Markets as Assemblage Social Relations: Social Practice and the Producer/Consumer Nexus in the Northeast of England«, unveröffentlichte Dissertation, University of Durham, 2008.
53. Kirwan, »Reconfiguration of Producer-Consumer Relations«, S. 155.
54. 2003, zit. in Boström et al., *Political Consumerism*, S. 477.
55. Mari Niva, Johanna Mäkelä und Jouni Kujala, »›Trust Weakens as Distance Grows‹: Finnish Results of the OMIaRD Consumer Focus Group Study on Organic Foods«, in: *Working Papers* 83, National Consumer Research Centre, 2004.
56. Patricia L. Maclachlan, »Global Trends vs. Local Traditions: Genetically Modified Foods and Contemporary Consumerism in the United States, Japan, and Britain«, in: Garon und Maclachlan (Hg.), *Ambivalent Consumer*, insb. S. 248 ff.; siehe auch Maclachlan, *Consumer Politics in Post-War Japan: The Institutional Boundaries of Citizen Activism*.
57. Siehe *http://www.retegas.org*.

58. Siehe *http://www.consiglio.regione.fvg.it/consreg/documenti/approfondimenti/%5B20091203_103833%5D_849178.pdf.*
59. Siehe FiBL (Forschungsinstitut für biologischen Landbau), »Entwicklung von Kriterien für ein bundesweites Regionalsiegel: Gutachten im Auftrag des Bundesministeriums für Ernährung, Landwirtschaft und Verbraucherschutz«, Frankfurt am Main 2012, *http://www.bmelv.de/SharedDocs/Downloads/Ernaehrung/Kennzeichnung/Regionalsiegel-Gutachten.pdf?__blob=publicationFile.*
60. Siehe S. 229.
61. Eric J. Hobsbawm und Terence O. Ranger (Hg.), *The Invention of Tradition*, Cambridge 1983/1992.
62. Europäische Kommission, »Geographical Indications and Traditional Specialities«, siehe Dokumente auf *http://ec.europa.eu/agriculture/quality/schemes*, sowie: *http://euro-alert.net/en/news.aspx?idn=11727*; M. Schramm, *Konsum und regionale Identität in Sachsen, 1880–2000. Die Regionalisierung von Konsumgütern im Spannungsfeld von Nationalisierung und Globalisierung*, Stuttgart 2002; sowie *La Repubblica*, 13. Februar 2013, S. 29 ff.
63. Siehe *http://instoresnow.walmart.com/Food-Center-locally-grown.aspx* (zitiert 2014). Siehe jetzt *http://www.walmart.com/cp/Produce/976793* (zuletzt aufgerufen im Februar 2017).
64. Susanne Freidberg, *Fresh: A Perishable History*, Cambridge 2009.
65. Zit. in Kirwan, »Reconfiguration of Producer-Consumer Relations«, S. 155.
66. De la Pradelle, *Market Day in Provence*, S. 111 ff.
67. Lois Stanford, »The Role of Ideology in New Mexico's CSA (Community-supported Agriculture)«, in: Wilk (Hg.), *Fast Food/Slow Food: The Cultural Economy of the Global Food System*, Kap. 12.
68. Zit. nach Manuel Gamio, *The Mexican Immigrant: His Life-story*, Chicago 1931, S. 68.
69. Manuel Gamio, *Mexican Immigration to the United States*, Chicago 1930, S. 67 ff. sowie Anhang V.
70. World Bank, *Migration and Development Brief*, Nr. 19, 20. November 2012.
71. Alexia Grosjean, »Returning to Belhelvie, 1593–1875«, in: Marjory Harper (Hg.), *Emigrant Homecomings: The Return Movement of Emigrants, 1600–2000*, Manchester 2006, S. 216–232.
72. Hier handelt es sich um den Nettoertrag der Heimatüberweisungen. Die geringeren Abflüsse ins Ausland wurden abgezogen. Siehe Magee und Thompson, *Empire and Globalisation: Networks of People, Goods and Capital in the British World, c. 1850–1914*, S. 97–105; sowie James Belich, *Replenishing the Earth: The Settler Revolution and the Rise of the Anglo-world, 1783–1939*, Oxford 2009, insb. S. 128, 189.
73. World Bank, *World Development Report*, Washington, D. C., 1978, S. 11; *The Economist*, 28. April 2012, S. 65; World Bank, Global Remittances Working Group (GRWG), *http://www.worldbank.org/en/topic/paymentsystemsremittances/brief/global-remittances-working-group*; sowie J. A. Garçia, »Payment Systems Worldwide: A Snapshot«, Washington, D. C., World Bank 2008.
74. Ian Goldin, Geoffrey Cameron und Meera Balarajan, *Exceptional People: How Migration Shaped Our World and Will Define Our Future*, Princeton 2011; Dilip Ratha et al., »Leveraging Migration for Africa: Remittances, Skills and Investments«, Washington, D. C., World Bank, 2011.

75. Douglas S. Massey, *Return to Aztlan: The Social Process of International Migration from Western Mexico*, Berkeley 1987, S. 220–231.
76. Massey, *Return to Aztlan*, Tab. 8.1, S. 218.
77. Shahid Perwaiz, *Pakistan, Home Remittances*, Islamabad 1979; siehe ders., »Home Remittances«, in: *Pakistan Economist*, 19. September 1979. Siehe auch A. G. Chandavarkar, »Use of Migrants' Remittances in Labor-exporting Countries«, in: *Finance and Development* 17, Nr. 2 (1980), S. 36–39.
78. Ratha et al., »Leveraging Migration for Africa«, Kap. 2; Richard H. Adams, »The Economic Uses and Impact of International Remittances in Rural Egypt«, in: *Economic Development and Cultural Change* 39, Nr. 4 (1991), S. 695–722; Richard H. Adams, Jr., »Remittances, Investment, and Rural Asset Accumulation in Pakistan«, in: *Economic Development and Cultural Change* 47, Nr. 1 (1998), S. 155–173; sowie Richard H. Adams und Alfredo Cuecuecha, »Remittances, Household Expenditure and Investment in Guatemala«, in: *World Development* 38, Nr. 11 (2010), S. 1626–1641.
79. Richard H. Adams, Alfredo Cuecuecha und John M. Page, »Remittances, Consumption and Investment in Ghana«, Washington, D. C., World Bank, 2008. Für methodologische Probleme früherer Erhebungen siehe auch J. Edward Taylor und Jorge Mora, »Does Migration Reshape Expenditures in Rural Households? Evidence from Mexico«, in: *Policy Research Working Paper Series Nr. 3842*, Washington, D. C., World Bank, 2006.
80. Ratha et al., »Leveraging Migration for Africa«.
81. Anita Chan, Richard Madsen und Jonathan Unger (Hg.), *Chen Village: The Recent History of a Peasant Community in Mao's China*, Berkeley 1984/1992, S. 267–299.
82. Jeffery H. Cohen, »Remittance Outcomes and Migration: Theoretical Contests, Real Opportunities«, in: *Studies in Comparative International Development* 40, Nr. 1 (2005), S. 88–112.
83. Divya Praful Tolia-Kelly, »Iconographies of Diaspora: Refracted Landscapes and Textures of Memory of South Asian Women in London« (Dissertation, University College London, 2002).
84. Kathy Burrell, »Materializing the Border: Spaces of Mobility and Material Culture in Migration from Post-Socialist Poland«, in: *Mobilities* 3, Nr. 3 (2008), S. 353–373.
85. Panikos Panayi, *Spicing up Britain: The Multicultural History of British Food*, London 2008, S. 120.
86. Panayi, *Spicing up Britain*; Maren Möhring, *Fremdes Essen. Die Geschichte der ausländischen Gastronomie in der Bundesrepublik Deutschland*, München 2012, S. 63–66.
87. Isabella Beeton, *Mrs Beeton's Household Management* [1861], Ware 2006, S. 290 ff., 451, 618 ff.
88. Timothy J. Hatton und Jeffrey G. Williamson, *The Age of Mass Migration: Causes and Economic Impact*, New York 1998.
89. Donna R. Gabaccia, *We Are What We Eat: Ethnic Food and the Making of Americans*, Cambridge 1998.
90. Phyllis H. Williams, *South Italian Folkways in Europe and America: A Handbook for Social Workers, Visiting Nurses, School Teachers, and Physicians*, New Haven 1938.
91. Hier folge ich Hasia R. Diner, *Hungering for America: Italian, Irish and Jewish Foodways in the Age of Migration*, Cambridge 2001.

92. Diner, *Hungering for America*, S. 194–216; Gabaccia, *We Are What We Eat*, S. 104, 176 ff.
93. Dazu und für die folgenden Ausführungen siehe Elizabeth Buettner, »Going for an Indian: South Asian Restaurants and the Limits of Multiculturalism in Britain«, in: *Journal of Modern History* 80, Nr. 4 (2008), S. 865–901; Möhring, *Fremdes Essen*, S. 254 f.
94. Buettner, »Going for an Indian«; Steve Shaw, »Marketing Ethnoscapes as Spaces of Consumption: Banglatown – London's Curry Capital«, in: *Journal of Town & City Management* 1, Nr. 4 (2011), S. 381–395.
95. Krishnendu Ray, *The Migrant's Table: Meals and Memories in Bengali-American Households*, Philadelphia 2004, Anhang 3 für das Menü, sowie S. 97 für das Folgende.
96. Jitsuichi Masuoka, »Changing Food Habits of the Japanese in Hawaii«, in: *American Sociological Review* 10, Nr. 6 (1945), S. 759–765.
97. Möhring, *Fremdes Essen*, S. 253–270.
98. Till Manning, *Die Italiengeneration. Stilbildung durch Massentourismus in den 1950er und 1960er Jahren*, Göttingen 2011.
99. Erik Millstone und Tim Lang, *The Atlas of Food: Who Eats What, Where and Why?*, Berkeley 2008, S. 54 f.; K. Hammer, T. Gladis und A. Diederichsen, »In Situ and On-Farm Management of Plant Genetic Resources«, in: *European Journal of Agronomy* 19, Nr. 4 (2003), S. 509–517; sowie Food and Agriculture Organization, »Biodiversity for Food and Agriculture: Contributing to Food Security and Sustainability in a Changing World«, Rom 2010.
100. Stephen Mennell, *All Manners of Food: Eating and Tasting in England and France from the Middle Ages to the Present*, Oxford 1985, Kap. 12.
101. Alan Warde, *Consumption, Food and Taste: Culinary Antinomies and Commodity Culture*, London 1997.

14 Dinge des Glaubens

1. Enzyklika von Papst Johannes Paul II., *Centesimus annus. An die Verehrten Mitbrüder im Bischofsamt den Klerus, die Ordensleute, die Gläubigen der Katholischen Kirche und alle Menschen Guten Willens zum hundertsten Jahrestag von Rerum Novarum*, 5. Januar 1991, insb. Kap. IV, Abschnitt 36, *http://w2.vatican.va/content/john-paul-ii/de/encyclicals/documents/hf_jp-ii_enc_01051991_centesimus-annus.html.* Zur Vorstellung vom Wohlstand als Ursache des religiösen Niedergangs siehe Mark Lynas, *New Statesman*, 15. Januar 2007; Callum G. Brown, *The Death of Christian Britain: Understanding Secularisation, 1800–2000*, London 2000; sowie Mark Mazower, *Dark Continent: Europe's Twentieth Century*, New York 1998, S. 302.
2. In der Volkszählung von 2011 bezeichneten sich 59 Prozent der Engländer und Waliser als Christen; vgl. *http://www.ons.gov.uk/ons/rel/census/2011-*

census/detailed-characteristics-for-local-authorities-in-england-and-wales/sty-religion.html.

3. Alasdair Crockett und David Voas, »Generations of Decline: Religious Change in 20th-Century Britain«, in: *Journal for the Scientific Study of Religion* 45, Nr. 4 (2006), S. 567–584. Vgl. auch S. 410 f.
4. Centre for the Study of Global Christianity, »World Christian Database«, *http://www.worldchristiandatabase.org/wcd/*. Für einen guten Überblick insbesondere über die Entwicklung in den Vereinigten Staaten vgl. John Micklethwait und Adrian Wooldridge, *God is Back: How the Rise of Faith is Changing the World*, London 2010.
5. Roger Finke und Rodney Stark, *The Churching of America, 1776–2005: Winners and Losers in Our Religious Economy*, New Brunswick 2005; Dianne Kirby, »The Cold War«, in: Hugh McLeod (Hg.), *The Cambridge History of Christianity: Bd. IX, World Christianities, c.1914–c.2000*, Cambridge 2006.
6. Shane Leslie, *Henry Edward Manning: His Life and Labour*, London 1921, S. 358.
7. R. Laurence Moore, *Selling God: American Religion in the Marketplace of Culture*, New York 1994, S. 95–98; David Morgan, *Protestants and Pictures: Religion, Visual Culture and the Age of American Mass Production*, New York 1999.
8. Bruce Evensen, *God's Man for the Gilded Age: D. L. Moody and the Rise of Modern Mass Evangelism*, New York 2003, S. 88–96.
9. William Hoyt Colement, zit. in William Revell Moody, *The Life of Dwight L. Moody*, New York 1900, S. 278.
10. Vgl. Mark Bevir, »Welfarism, Socialism and Religion: On T. H. Green and Others«, in: *Review of Politics* 55, Nr. 4 (1993), S. 639–661.
11. Greg (»Fritz«) Umbach, »Learning to Shop in Zion: The Consumer Revolution in Great Basin Mormon Culture, 1847–1910«, in: *Journal of Social History* 38 (2004), S. 29–61, Zitate auf S. 44, 48.
12. Moore, *Selling God*, S. 206–209.
13. Vortrag mit dem Titel »The Ministry of Wealth« am Dowse Institute, Cambridge, *Cambridge Chronicle*, XXXI/47, 18. November 1876, S. 1.
14. Vgl. S. 133 f., 161 f.
15. Zitat auf *http://hopefaithprayer.com/faith/kenneth-hagin-faith-lesson-no-15-faith-for-prosperity/*. Vgl. auch *www.rhema.org*; sowie Kenneth E. Hagin, *Biblical Keys to Financial Prosperity*, Broken Arrow 1973.
16. *Los Angeles Times*, 22. Mai 1987.
17. 1988, zit. in Thomas C. O'Guinn und Russell W. Belk, »Heaven on Earth: Consumption at Heritage Village, USA«, in: *Journal of Consumer Research* 16, Nr. 2 (1989), S. 227–238, hier S. 234.
18. Finke und Stark, *Churching of America*; Micklethwait und Wooldridge, *God is Back*; sowie *The Economist*, 24. Dezember 2005, S. 59 ff.
19. Richard N. Ostling, »Power, Glory – and Politics«, in: *Time*, 24. Juni 2001.
20. Nachrufe: *Corriere della Sera*, 15. Februar 2015; *La Stampa*, 15. Februar 2015; *The Economist*, 21. Februar 2015.
21. Colleen McDannell, *Material Christianity: Religion and Popular Culture in America*, New Haven 1995.
22. Richard Cimino und Don Lattin, *Shopping for Faith: American Religion in the New Millennium*, San Francisco 1998, S. 56–63.
23. *http://www.willowcreek.org/*. Für weitere Informationen vgl. Nancy Tatom Ammerman, *Pillars of Faith: American Congregations and Their Partners*, Berkeley 2005; sowie Richard Kyle, *Evange-*

licalism: An Americanized Christianity, New Brunswick 2006.

24. Hugh McLeod, »The Crisis of Christianity in the West: Entering a Post-Christian Era?«, in: Ders. (Hg.), *The Cambridge History of Christianity*, Bd. IX, Kap. 18.
25. Wade Clark Roof, *Spiritual Marketplace: Baby Boomers and the Remaking of American Religion*, Princeton 2001, Zitat auf S. 31. Vgl. auch Adam Possamai, »Cultural Consumption of History and Popular Culture in Alternative Spiritualities«, in: *Journal of Consumer Culture* 2, Nr. 2 (2002), S. 197–218.
26. Christian Smith und Melinda Lundquist, *Soul Searching: The Religious and Spiritual Lives of American Teenagers*, New York 2005, Zitate auf S. 136, 165.
27. Als sie im Rahmen der oben erwähnten General Social Surveys (1972–2006) gefragt wurden, welches Bild von Gott ihnen »mit großer Wahrscheinlichkeit« in den Sinn komme, antworteten 70 Prozent der Befragten »Heiler«, 63 Prozent »Freund« und nur 48 Prozent »Richter«. Vgl. Datenbank »Images of God«, Abteilung Religion, *http://www3.norc.org/GSS+Website/*.
28. David Maxwell, »›Delivered from the Spirit of Poverty?‹: Pentecostalism, Prosperity and Modernity in Zimbabwe«, in: *Journal of Religion in Africa* 28, Nr. 3 (1998), S. 350–373; sowie Birgit Meyer, »›Make a complete break with the past‹. Erinnerung und postkoloniale Modernität im Diskurs ghanaischer Pfingstkirchen«, in: *Historische Anthropologie* 6, Nr. 2 (1998), S. 257–283. Für Brasilien vgl. Andrew Reine Johnson, »If I Give My Soul: Pentecostalism inside of Prison in Rio de Janeiro«, Dissertation, University of Minnesota, 2012.
29. Vgl. S. 182 ff.
30. Enoch Adeboye, *How to Turn Your Austerity to Prosperity*, Lagos 1989, zit. in Asonzeh Ukah, *A New Paradigm of Pentecostal Power: A Study of the Redeemed Christian Church of God in Nigeria*, Trenton 2008, S. 185 f.
31. Ukah, *Pentecostal Power*; vgl. auch Ogbu Kalu, *African Pentecostalism: An Introduction*, New York 2008.
32. Andrew R. Heinze, *Adapting to Abundance: Jewish Immigrants, Mass Consumption and the Search for American Identity*, New York 1990.
33. Inge Maria Daniels, »Scooping, Raking, Beckoning Luck: Luck, Agency and the Interdependence of People and Things in Japan«, in: *Journal of the Royal Anthropological Institute* 9 (2003), S. 619–638; Laurel Kendall, *Shamans, Nostalgias and the IMF: South Korean Popular Religion in Motion*, Honolulu 2009.
34. Benjamin Barber, *Coca-Cola und Heiliger Krieg. Wie Kapitalismus und Fundamentalismus Demokratie und Freiheit abschaffen*, Bern/München 1997, auf der Grundlage seines 1992 in *Atlantic Monthly* erschienenen Artikels.
35. »The Political and Religious Testament of the Leader of the Islamic Revolution and the Founder of the Islamic Republic of Iran, Imam Khomeini« (1989), abgedruckt im Anhang von H. Fürtig, *Liberalisierung als Herausforderung. Wie stabil ist die Islamische Republik Iran?*, Berlin 1996, *Arbeitshefte* 12, Anhang, Zitat auf S. 128 f.
36. Minoo Moallem, *Between Warrior Brother and Veiled Sister: Islamic Fundamentalism and the Politics of Patriarchy in Iran*, Berkeley 2005.
37. William H. Martin und Sandra Mason, »The Development of Leisure in Iran«, in: *Middle Eastern Studies* 42, Nr. 2 (2006), S. 239–254; Aliakbar Jafari und Pauline Maclaran, »Escaping into the

World of Make-Up Routines in Iran«, in: *Sociological Review* 62, Nr. 2 (2014), S. 359–382; *http://www.cosmeticsdesign-asia.com/Market-Trends/Iran-cosmetics-market-begins-to-boom-again.*

38. »A Manifesto on Women by the Al-Khanssaa Brigade«, von Charlie Winter für die antiextremistische Denkfabrik Quilliam ins Englische übersetzt und herausgegeben, Februar 2015, *http://www.quilliamfoundation.org/wp/wp-content/uploads/publications/free/women-of-the-islamic-state3.pdf*, Zitate auf S. 14, 21 (letzter Aufruf November 2015).

39. Özlem Sandikci und Sahver Omeraki, »Globalization and Rituals: Does Ramadam Turn into Christmas?« in: *Advances in Consumer Research* 34 (2007), S. 610–615; Rakesh Belwal und Shweta Belwal, »Hypermarkets in Oman: A Study of Consumers' Shopping Preferences«, in: *International Journal of Retail and Distribution Management* 42, Nr. 8 (2014), S. 717–732.

40. Johanna Pink (Hg.), *Muslim Societies in the Age of Mass Consumption*, Newcastle upon Tyne 2009; Leor Halevi, »The Muslim Xbox« (31. Mai 2013), in: *Reverberations: New Directions in the Study of Prayer*, *http://forums.ssrc.org/ndsp/2013/05/31/the-muslim-xbox/*; sowie *http://www.islamicbookstore.com/publisher-goodword-books.html.*

41. Siehe *http://www.worldhalalsummit.com/the-global-halal-market-stats-trends/*; Jonathan Wilson et al., »Crescent Marketing: Muslim Geographies and Brand Islam«, in: *Journal of Islamic Marketing* 4, Nr. 1 (2013), S. 22–50.

42. Dieser Absatz stützt sich auf die faszinierenden Forschungsergebnisse in Charles Hirschkind, *The Ethical Soundscape: Cassette Sermons and Islamic Counterpublics*, New York 2006; vgl. auch ders., »Experiments in Devotion Online: The YouTube Khutba«, in: *International Journal of Middle East Studies* 44, Nr. 1 (2012), S. 5–21.

43. Özlem Sandikci und Guliz Ger, »Veiling in Style: How Does a Stigmatized Practice become Fashionable?«, in: *Journal of Consumer Research* 37, Nr. 1 (2010), S. 15–36. Für kritische Stimmen in Istanbul vgl. Elif Izberk-Bilgin, »Infidel Brands: Unveiling Alternative Meanings of Global Brands at the Nexus of Globalization, Consumer Culture and Islam«, in: *Journal of Consumer Research* 39, Nr. 4 (2012), S. 663–687.

44. Zit. in Carla Jones, »Materializing Piety: Gendered Anxieties about Faithful Consumption in Contemporary Urban Indonesia«, in: *American Ethnologist* 37, Nr. 4 (2010), S. 617–637, hier S. 619. Siehe auch *http://www.noor-magazine.com/2014/10/shadow-of-preppy/.*

15 Wegwerfgesellschaft?

1. Siehe »The Ocean Trash Index« (2012), *www.oceanconservancy.org.*

2. Für Daten aus den Vereinigten Staaten siehe die Berichte der amerikanischen Umweltschutzbehörde (US Environmental Protection Agency), für briti-

sche Zahlen jene des Waste and Resources Action Programme (WRAP): *http://www.epa.gov/epawaste/nonhaz/municipal/pubs/msw_2010_rev_factsheet.pdf*; *www.wrap.org.uk/media_centre*.

3. Vance Packard, *Die große Verschwendung*, Düsseldorf 1961, Zitate auf S. 19, 21, 281 ff.
4. Susan Strasser, *Waste and Want: A Social History of Trash*, New York 1999, S. 10, 16, 21.
5. D. C. Walsh, »Urban Residential Refuse Composition and Generation Rates for the 20th Century«, in: *Environmental Science & Technology* 36, Nr. 22 (2002), S. 4936–4942.
6. Jacob und Wilhelm Grimm, *Deutsches Wörterbuch*, zugänglich unter *http://dwb.uni-trier.de/de/*; Sabine Barles, *L'Invention des déchets urbains. France, 1790–1970*, Seyssel 2005, S. 229 ff.; Ludolf Kuchenbuch, »Abfall. Eine stichwortgeschichtliche Erkundung«, in: J. Calließ, J. Rüsen und M. Striegnitz (Hg.), *Mensch und Umwelt in der Geschichte*, Pfaffenweiler 1989; John Hollander, »The Waste Remains and Kills«, in: *Social Research* 65, Nr. 1 (1998), S. 3–8; sowie John Scanlan, *On Garbage*, London 2005.
7. William Rathje und Cullen Murphy, *Müll. Eine archäologische Reise durch die Welt des Abfalls*, München 1994.
8. Suzanne Raitt, »Psychic Waste: Freud, Fechner and the Principle of Constancy«, in: Gay Hawkins und Stephen Muecke (Hg.), *Culture and Waste: The Creation and Destruction of Value*, Lanham 2003, S. 73–83.
9. Kevin Hetherington, »Second Handedness: Consumption, Disposal, and Absent Presence«, in: *Environment and Planning D: Society and Space* 22 (2004), S. 159.
10. Mary Douglas, *Purity and Danger: An Analysis of the Concepts of Pollution and Taboo*, London 1966, S. 44. Ihre Definition prägte die Ausstellung zu Schmutz und Abfall beim Wellcome Trust in London im Jahr 2012. Die Definition von »Schmutz« als etwas, das »fehl am Platz« sei, war bereits in viktorianischer Zeit verbreitet und wurde im Jahr 1852 von Lord Palmerston verwendet. Siehe auch Zsuzsa Gille, *From the Cult of Waste to the Trash Heap of History: The Politics of Waste in Socialist and Postsocialist Hungary*, Bloomington 2007; sowie Gavin Lucas, »Disposability and Dispossession in the Twentieth Century«, in: *Journal of Material Culture* 7, Nr. 1 (2002), S. 5–22.
11. Zit. in M. A. Jinhee Park, »Von der Müllkippe zur Abfallwirtschaft. Die Entwicklung der Hausmüllentsorgung in Berlin (West) von 1945 bis 1990«, Dissertation, Technische Universität Berlin, 2004, S. 22.
12. C. A. Velis, D. C. Wilson und C. R. Cheeseman, »Nineteenth-century London Dust-Yards: A Case Study in Closed-Loop Resource Efficiency«, in: *Waste Management* 29, Nr. 4 (2009), S. 1282–1290.
13. Manuel Charpy, »Formes et échelles du commerce d'occasion au XIXe siècle. L'Exemple du vêtement à Paris«, in: *Revue d'histoire du XIXe siècle* 24 (2002), S. 125–150.
14. Barles, *L'Invention des déchets urbains*, S. 32 ff.
15. William L. Rathje, »The Garbage Decade«, in: *American Behavioral Scientist* 28, Nr. 1 (1984), S. 9–29.
16. Zit. in Martin Melosi, *Garbage in Cities: Refuse, Reform and the Environment, 1880–1980*, College Station 1981, S. 23.
17. Barles, *L'Invention des déchets urbains*, S. 167 ff.

18. Siehe Hildegard Frilling und Olaf Mischer, *Pütt un Pann'n. Geschichte der Hamburger Hausmüllbeseitigung*, Hamburg 1994. Siehe auch Heather Chappells und Elizabeth Shove, »The Dustbin: A Study of Domestic Waste, Household Practices and Utility Services«, in: *International Planning Studies* 4, Nr. 2 (1999), S. 267–280.
19. Martin Melosi, *Garbage in Cities: Refuse, Reform and the Environment, 1880–1980*, Pittsburgh 2005, Kap. 2 (überarbeitete Ausgabe); sowie Daniel Eli Burnstein, *Next to Godliness: Confronting Dirt and Despair in Progressive Era New York City*, Urbana 2006.
20. Rudolph Hering und Samuel A. Greeley, *Collection and Disposal of Municipal Refuse*, New York 1921, S. 50.
21. Ebd., S. 19, 34; sowie J.C. Wylie, *Fertility from Town Wastes*, London 1955, insb. S. 200; siehe auch J. C. Wylie, *The Wastes of Civilization*, London 1959.
22. Siehe Park, »Von der Müllkippe zur Abfallwirtschaft«, S. 24 ff.
23. G.E. Louis, »A Historical Context of Municipal Solid Waste Management in the United States«, in: *Waste Management & Research* 22, Nr. 4 (2004), S. 306–322.
24. *Müll und Abfall*, Feb. 1973, S. 35 f.
25. Johann Eugen Mayer, *Müllbeseitigung und Müllverwertung*, Leipzig 1915.
26. Wylie, *Fertility from Town Wastes*.
27. Matthew Gandy, *Recycling and the Politics of Urban Waste*, New York 1994, S. 74.
28. Bayerisches Statistisches Landesamt, *Die Müllbeseitigung in Bayern am 30. Juni 1963*, München 1965, S. 7.
29. Anat Helman, »Cleanliness and Squalor in Inter-War Tel Aviv«, in: *Urban History* 31, Nr. 1 (2001), S. 72–99. Siehe auch Joshua Goldstein, »Waste«, in: Trentmann (Hg.), *The Oxford Handbook of the History of Consumption*, insb. S. 337–341 sowie für weitere Literaturhinweise.
30. Shanghai Municipal Archive, Annual Report of the Shanghai Municipal Council, 1905: S. 149 ff.; 1906: S. 172 f.; 1920: S. 128A ff.; 1923: S. 135; 1935: S. 213.
31. Geoffrey Russell Searle, *The Quest for National Efficiency: A Study in British Politics and Political Thought, 1899–1914*, Oxford 1971.
32. Commitee on the Elimination of Waste in Industry of the Federated American Engineering Societies, *Waste in Industry*, Washington, D.C., 1921, S. 30, 97.
33. Siehe dazu den faszinierenden Film *Scrap* der Nassau Recycle Corporation aus dem Jahr 1974, AT&T Archives, *http://techchannel.att.com/play-video.cfm/2011/10/12/AT&T-Archives-Scrap*.
34. Charles H. Lipsett, *Industrial Wastes: Their Conservation and Utilization*, New York 1951; sowie Charles Lentnam Mantell, *Solid Wastes: Origin, Collection, Processing and Disposal*, New York 1975, S. 753 ff.
35. Abfallexperten begannen, vom »Verpackungszeitalter« zu sprechen, so zum Beispiel C. Basalo aus Paris auf der Konferenz der International Solid Waste and Public Cleaning Association, zit. in *Müll und Abfall*, 4 (1970), S. 131; siehe auch: *Müll und Abfall*, 1 (1972), S. 9.
36. Roland Salchow, *Zeitbombe Müll*, Hamburg 1992, S. 30.
37. Zit. in Kern, *The Culture of Time and Space, 1880–1918*, S. 100.
38. Nigel Whiteley, »Toward a Throw-Away Culture: Consumerism, ›Style Obsolescence‹ and Cultural Theory in the 1950s and 1960s«, in: *Oxford Art Journal* 10, Nr. 2 (1987), S. 3–27; sowie Andrea El-Danasouri, *Kunst-*

stoff und Müll. Das Material bei Naum Gabo und Kurt Schwitters, München 1992.

39. *New York Times*, 23. Dezember 2005; *New York Times*, 14. Mai 2008; Barbican Art Gallery, London: »The Bride and the Bachelors: Duchamp with Cage, Cunningham, Rauschenberg and Johns«, 14. Februar 2013 – 9. Juni 2013; Gallery Gagosian, *Robert Rauschenberg: Catalogue, with texts by James Lawrence and John Richardson*, New York 2010; Calvin Tomkins, *The Bride and the Bachelors: Five Masters of the Avant-Garde*, Harmondsworth 1976, S. 207 f.

40. *The Times*, 11. Mai 1977, S. 24. Zwischen 1964 und 1977 sank die Zahl der Kommunen, die sich am Altpapierrecycling beteiligten, von 744 auf 196. Siehe auch Timothy Cooper, »War on Waste? The Politics of Waste and Recycling in Post-War Britain, 1950–1975«, in: *Capitalism Nature Socialism* 20, Nr. 4 (2009), S. 53–72.

41. Susanne Köstering, »Hundert Jahre Entzinnung von Konservendosen. Ein Wettlauf zwischen Altstoffrückgewinnung und Rohstoffeinsparung«, in: Dies. und Renate Rüb (Hg.), *Müll von Gestern? Eine umweltgeschichtliche Erkundung in Berlin und Brandenburg*, Münster 2003, S. 151–164.

42. Civic Trust, »Civic Amenities Act, 1967, Part 3: Disposal of Unwanted Vehicles and Bulky Refuse«, London 1967, S. 32.

43. Für die Rezeption von Carsons Buch siehe Priscilla Coit Murphy, *What a Book Can Do: The Publication and Reception of ›Silent Spring‹*, Amherst 2005.

44. Park, »Von der Müllkippe zur Abfallwirtschaft«, S. 109 ff.; *The Times*, 4. September 1974, S. 19; 20. August 1975, S. 16; 25. August 1977, S. 17. Siehe auch die von Ruth Oldenziel und Heike Weber herausgegebene Sonderausgabe »Reconsidering Recycling«, in: *Contemporary European History* 22, Nr. 3 (2013).

45. »Richtlinie des Rates vom 15. Juli 1975 über Abfälle« (75/442/EWG).

46. Zit. in *The Times*, 12. September 1974. S. 25.

47. Rat für Nachhaltige Entwicklung, *Ressourcenmanagement und Siedlungsabfallwirtschaft (Challenger Report)*, Berlin 2014.

48. In Großbritannien haben sich die Gewerbeabfälle seit 2002/03 um ein Viertel verringert; siehe *http://www.bis.gov.uk/assets/biscore/business-sectors/docs/f/11-1088-from-waste-management-to-resource-recovery*. In Berlin war der Rückgang der Siedlungsabfälle von 2,1 Mio. Tonnen auf 1,68 Mio. Tonnen im Jahrzehnt nach 1996 fast zur Gänze auf die Verringerung der Gewerbeabfälle zurückzuführen; siehe Zhang Dongqing, Tan Soon Keat und Richard M. Gersberg, »A Comparison of Municipal Solid Waste Management in Berlin and Singapore«, in: *Waste Management* 30, Nr. 5 (2010), S. 921–933.

49. Siehe US Environmental Protection Agency, »Municipal Solid Waste in the United States: 2009 Facts and Figures«, Washington, D. C., 2010, Tab. 18–22, 89–93 und 94 für Verpackungsabfälle. Ich beziehe mich auf Pro-Kopf-Zahlen. Selbstverständlich ist das gesamte Abfallaufkommen aufgrund des Bevölkerungswachstums in diesen Jahren deutlich gestiegen, nämlich von 88 Millionen Tonnen im Jahr 1960 auf 250 im Jahr 2010.

50. Eurostat, »Waste Generated and Treated in Europe Data, 1995–2003«, Luxemburg 2005.

51. European Environment Agency, *Managing Municipal Solid Waste – A Review of Achievements in 32 European Countries*, Kopenhagen 2013.

52. Zit. in Gille, *From the Cult of Waste to the Trash Heap of History*, S. 71. Auch im Folgenden beziehe ich mich auf diese Arbeit.
53. Susanne Hartard und Michael Huhn, »Das SERO System«, in: Hermann Behrens und Jens Hoffmann (Hg.), *Umweltschutz in der DDR. Analysen und Zeitzeugenberichte*, München 2007; sowie Jakob Calice, »›Sekundärrohstoffe – eine Quelle, die nie versiegt‹. Konzeption und Argumentation des Abfallverwertungssystems in der DDR aus umwelthistorischer Perspektive«, Dissertation, Wien 2005.
54. DHV CR Ltd, »Waste Management Policies in Central and Eastern European Countries: Current Policies and Trends«, in: *Final Report*, Prag 2001. Siehe auch die Länderberichte der Europäischen Umweltagentur: *http://www.eea.europa.eu/publications/managing-municipal-solid-waste*.
55. Allen Hershkowitz und Eugene Salerni, *Garbage Management in Japan: Leading the Way*, New York 1987.
56. *http://www.city.nagoya.jp/en/cmsfiles/contents/0000022/22536/guide_e.pdf*; *http://www.japanfs.org*.
57. H. Itoh, *Waste Management in Japan*, Southampton 2004; sowie Fumikazu Yoshida, *The Economics of Waste and Pollution Management in Japan*, Tokio 2002.
58. Yoshida, *The Economics of Waste and Pollution Management in Japan*.
59. Dahlén Lisa und Anders Lagerkvist, »Pay as You Throw: Strengths and Weaknesses of Weight-Based Billing in Household Waste-Collection systems in Sweden«, in: *Waste Management* 30, Nr. 1 (2010), S. 23–31. Zu Schweden siehe auch Kathryn Wheeler und Miriam Glucksmann, *Household Recycling and Consumption Work: Social and Moral Economies*, London 2015.
60. WasteWise, *Annual Report* 2007.
61. Resource Futures WR0121 – *Understanding Waste Growth at Local Authority Level, Final Report to Defra* (2009), *http://randd.defra.gov.uk/Document.aspx?Document=WR0121_8316_FRP.pdf*.
62. Eurostat-Zahlen für die Jahre 2004–2008. Die Papierabfälle wuchsen um 7 Prozent und Kunststoffabfälle um 20 Prozent. In den USA stieg der Beitrag des Zeitungspapiers zu den Siedlungsabfällen von 7 Mio. Tonnen im Jahr 1960 auf 15 Mio. Tonnen im Jahr 2000. Von da an sank er bis 2009 auf 8 Mio. Tonnen. Unterdessen stiegen die aus Büropapier bestehenden Abfälle von 1,5 Mio. Tonnen im Jahr 1960 auf 5,4 Mio. Tonnen im Jahr 2009; siehe US Environmental Protection Agency, *http://www.epa.gov/waste/nonhaz/municipal/pubs/msw2009rpt.pdf*, Tab. 15.
63. Julian Parfitt, Mark Barthel und Sarah Macnaughton, »Food Waste within Food Supply Chains: Quantification and Potential for Change to 2050«, in: *Philosophical Transactions of the Royal Society B: Biological Sciences* 365, Nr. 1554 (2010), S. 3065–3081. Siehe auch Tristram Stuart, *Für die Tonne. Wie wir unsere Lebensmittel verschwenden*, Mannheim 2011.
64. David Evans, »Beyond the Throwaway Society: Ordinary Domestic Practice and a Sociological Approach to Household Food Waste«, in: *Sociology* 46, Nr. 1 (2012), S. 41–56; sowie David Evans, »Binning, Gifting and Recovery: The Conduits of Disposal in Household Food Consumption«, in: *Environment and Planning D: Society and Space* 30, Nr. 6 (2012), S. 1123–1137.

65. In Großbritannien fielen in den Jahren 2006/07 811 358 Tonnen an frischem Gemüse und Salaten als »möglicherweise vermeidbare« Lebensmittelabfälle an, mehr als die doppelte Menge aller anderen Lebensmittel zusammengenommen; siehe WRAP, *Household Food and Drink Waste in the UK* (2009); sowie WRAP, *New Estimates* (2012), Tab. 4.
66. Terje Finstad, »Familiarizing Food: Frozen Food Chains, Technology and Consumer Trust, Norway 1940–1970«, in: *Food and Foodways* 21, Nr. 1 (2013), S. 22–45.
67. WRAP, *Household Food and Drink Waste in the UK*, S. 5.
68. Rathje, »The Garbage Decade«.
69. WRAP, »New Estimates for Household Food and Drink Waste in the UK« (2011), S. 15 f.
70. *http://globalrec.org/2013/11/11/report-national-green-assembly-on-waste-legislation-and-waste-pickers/*. Siehe auch Martin Medina, »Scavenger Co-operatives in Asia and Latin America«, in: *Resources, Conservation and Recycling* 31, Nr. 1 (2000), S. 51–69; sowie Kaveri Gill, *Of Poverty and Plastic: Scavenging and Scrap-trading Entrepreneurs in India's Urban Informal Economy*, Oxford 2009.
71. European Environment Agency, *Movements of Waste across the EU's Internal and External Borders*, Kopenhagen 2012, Sektion 2.2.
72. European Environmental Agency, »Movements of Waste«; sowie Josh Lepawsky und Chris McNabb, »Mapping International Flows of Electronic Waste«, in: *Canadian Geographer* 54, Nr. 2 (2010), S. 177–195.
73. Takayoshi Shinkuma und Nguyen Thi Minh Huong, »The Flow of E-Waste Material in the Asia Region«, in: *Environmental Impact Assessment Review* 29 (2009), S. 25–31. International Labour Office, »The Global Impact of E-waste«, Genf 2012.
74. European Environmental Agency, »Movement of Waste«, Sektionen 5 und 6.
75. Sally Hibbert, Suzanne Horne und Stephen Tagg, »Charity Retailers in Competition for Merchandise: Examining How Consumers Dispose of Used Goods«, in: *Journal of Business Research* 58, Nr. 6 (2005), S. 819–828.
76. Eric Klinenberg, *Going Solo: The Extraordinary Rise and Surprising Appeal of Living Alone*, London 2012. In Großbritannien lebte im Jahr 2013 in 7,7 Millionen Haushalten (das waren 29 Prozent aller Haushalte) nur eine Person (im Jahr 1996 waren es noch 6,6 Millionen gewesen); siehe Office of National Statistics, *Families and Households*, 2013, Tab. 5.
77. Siehe Wirtschaftskommission der Vereinten Nationen für Europa (UNECE), Wirtschafts- und Sozialrat, »Vacation Home Ownership in a Globalized World«, ECE/CES/GE.20/2015. Siehe auch *http://www.unece.org/fileadmin/DAM/stats/groups/wggna/GuideByChapters/Chapter_12.pdf*.
78. Die Autoren einer Studie über Austin, die Daten aus dem Zeitraum 2008 bis 2014 auswerteten, schätzten, dass jeder Anstieg des Airbnb-Angebots um 10 Prozent die monatlichen Einnahmen pro Hotelzimmer um 0,35 Prozent verringerte; dafür und für weitere Literaturhinweise siehe Georgios Zervas, Davide Proserpio und John W. Byers, »The Rise of the Sharing Economy: Estimating the Impact of Airbnb on the Hotel Industry«, Boston 2014.
79. Sean O'Connell, *The Car and British Society: Class, Gender and Motoring, 1896–1939*, Manchester 1998, S. 34 ff.

80. Alison Clarke, »Mother Swapping: The Trafficking of Nearly-New Children's Wear«, in: Peter Jackson et al., *Commercial Cultures: Economics, Practices, Spaces*, Oxford 2000, Kap. 4.
81. Ilja van Damme, »Changing Consumer Preferences and Evolutions in Retailing: Buying and Selling Consumer Durables in Antwerp, c.1648–c.1748«, in: P. Stabel et al. (Hg.), *Buyers and Sellers: Retail Circuits and Practices in Medieval and Early Modern Europe*, Turnhout 2006, S. 199–224; sowie Ilja Van Damme und Reinoud Vermoesen, »Second-Hand Consumption as a Way of Life: Public Auctions in the Surroundings of Alost in the Late Eighteenth Century«, in: *Continuity and Change* 24 (2009), S. 275–305; siehe auch S. 256, 303 f.
82. In Großbritannien werden jedes Jahr 300 000 Tonnen Altkleider gesammelt. Nur die Hälfte davon eignet sich für den Weiterverkauf. 10 Prozent werden in Industrieprodukten wie Lappen oder Polsterungen von Autositzen wiederverwertet.
83. Karen Tranberg Hansen, *Salaula: The World of Second-hand Clothing and Zambia*, Chicago 2000, S. 226.
84. E. D. Larson, M. Ross und R. H. Williams, »Beyond the Era of Materials«, in: *Scientific American* 254, Nr. 6 (1986), S. 34–41; dies., »Materials, Affluence and Industrial Energy Use«, in: *Annual Review of Energy* 12, Nr. 1 (1987), S. 99–144.
85. Nicky Gregson, Alan Metcalfe und Louise Crewe, »Identity, Mobility and the Throwaway Society«, in: *Environment and Planning D: Society and Space*, 2006, S. 682–700, Zitat auf S. 688. Siehe auch Nicky Gregson und Louise Crewe, *Second-Hand Cultures*, Oxford 2003; sowie Nicky Gregson, *Living with Things: Ridding, Accommodation, Dwelling*, Oxford 2006.
86. Giles Slade, *Made to Break: Technology and Obsolescence in America*, Cambridge 2006.
87. Tim Cooper, »Inadequate Life? Evidence of Consumer Attitudes to Product Obsolescence«, in: *Journal of Consumer Policy* 27 (2004), S. 421–449.
88. Rober Entner, »2014 Mobile Phone sales fall by 15 Prozent«, Recon Analytics: *http://reconanalytics.com/2015/02/2014-us-mobile-phone-sales-fall-by-15-and-handset-replacement-cycle-lengthens-to-historic-high/*; sowie David Pogue, »Should You Upgrade Your Phone Every Year?«, in: *Scientific American*, 20. August 2013.
89. Für diese gegensätzlichen Bewegungen siehe Valerie M. Thomas, »Demand and Dematerialization Impacts of Second-Hand Markets«, in: *Journal of Industrial Ecology* 7, Nr. 2 (2003), S. 65–76.
90. Für die Daten aus der deutschen Zeitbudgeterhebung siehe: *https://www.destatis.de/DE/Publikationen/Thematisch/EinkommenKonsumLebensbedingungen/Zeitbudgeterhebung/ZeitbudgetsTabellenband1_5639102029005.xls?__blob=publicationFile*. Für Österreich siehe die Forschungsergebnisse des Ludwig Boltzmann Instituts für Freizeit- und Tourismusforschung aus dem Jahr 2002: *http://www.freizeitforschung.at/data/forschungsarchiv/2002/ft_07_2002.pdf*.
91. US Department of Commerce, *Statistical Abstract of the United States 1971*, Washington 1971, S. 200, 722, 741 ff.
92. Aya Yoshida und Tomohiro Tasaki, »Material-Flow Analysis of Used Personal Computers in Japan«, in: *Waste Management* 29, Nr. 5 (2009), S. 1602–1614.

93. Nach Angabe von Oladele Osibanjo ist nur ein Viertel der 400 000 ausrangierten Computer, die monatlich in Lagos eintreffen, funktionstüchtig; siehe Osibanjo, »The Waste Challenge in Urban Development«, Universität Ibadan, Nigeria, 2006. Für Elektroabfälle siehe die Informationsblätter des Basel Action Network: *http://www.ban.org/wiki*.
94. Nach Angabe der amerikanischen Self Storage Association sind es 215 km^2, siehe *http://www.selfstorage.org/ssa/content/navigationmenu/aboutssa/factsheet/*.
95. D. S und I. W. Yoon Oh, »A Study on the State of Balcony Usage and the User's Attitude with Relation to Balcony Layout«, in: *Housing Studies, Journal of Korean Association for Housing Policy Studies* 7, Nr. 2 (1999), S. 125–132.
96. *http://ronalford.theplan.com/*. Die National Association of Professional Organizers hat gegenwärtig 4000 Mitglieder; siehe *http://www.napo.net/who/*.
97. Siehe *http://www.collectoronline.com*; *http://www.vacuumland.org*; sowie Russell Belk, Magnus Morck und Karin M. Ekstrom, »Collecting of Glass: A Multi-sited Ethnography«, in: *European Advances in Consumer Research* 7 (2005), S. 404–408.
98. Don Jefferys, »Pathological Hoarding«, in: *Australian Family Physician* 37, Nr. 4 (2008).
99. J. E. Arnold und U. A. Lang, »Changing American Home Life: Trends in Domestic Leisure and Storage among Middle-class Families«, in: *Journal of Family and Economic Issues* 28, Nr. 1 (2007), S. 23–48, Zitate auf S. 36, 43.
100. Richard A. Gould und Michael B. Schiffer, *Modern Material Culture: The Archaeology of Us*, New York 1981.
101. EPA, *Electronics Waste Management in the United States through* 2009 (Mai 2011), Tab. 4, 16.
102. Gegenwärtig wird in den USA nur jedes zehnte alte Handy wiederverwertet; siehe: EPA, *Electronics Waste Management in the United States through* 2009 (Mai 2011), Tab. 13, 27. Für Zahlen zu Großbritannien siehe Market Transformation Programme, 2005/6, S. 10. Für Frankreich siehe Agence de l'Environnement et de la Maîtrise de l'Energie, Déchets d'Équipements Électriques et Électroniques (DEEE) (2010).
103. Siehe insb. Alfred Schmidt, *Der Begriff der Natur in der Lehre von Marx*, Frankfurt am Main 1971; John Bellamy Foster, *Marx's Ecology: Materialism and Nature*, New York 1999; Albert Adriaanse et al., *Stoffströme. Die materielle Basis von Industriegesellschaften*, Berlin 1998; Marina Fischer-Kowalski et al., *Gesellschaftlicher Stoffwechsel und Kolonisierung von Natur*, Amsterdam 1997; sowie R. P. Sieferle et al., *Das Ende der Fläche: Zum gesellschaftlichen Stoffwechsel der Industrialisierung*, Köln 2006.
104. Adriaanse et al., *Stoffströme*.
105. Friedrich Schmidt-Bleek, *Wie viel Umwelt braucht der Mensch?*, Berlin 1994.
106. M. Dittrich et al., »Green Economies around the World: Implications of Resource Use for Development and the Environment«, Wien: SERI, 2012, S. 12, 57 f. Die FAO und die EU berücksichtigen den Wassergehalt von Gräsern (bis zu 15 Prozent), siehe: Eurostat, »Material Use in the European Union, 1980–2000: Indicators and analysis«, Luxemburg 2002.
107. B. Girod und P. De Haan, »More or Better? A Model for Changes in Household Greenhouse Gas Emissions due to Higher Income«, in: *Journal of Industrial Ecology* 14, Nr. 1, S. 31–49.

108. William F. Ruddiman, *Plows, Plagues & Petroleum: How Humans Took Control of Climate*, Princeton 2005; für die Bodennutzung ziehe ich die von Kees Klein Goldewijk entwickelte neue historische Umweltdatenbank HYDE heran, siehe *http://www.mnp.nl/en/themasites/hyde/index.html*.
109. F. Krausmann et al., »Growth in Global Materials Use, GDP and Population during the 20th Century«, in: *Ecological Economics* 68, Nr. 10 (2009), S. 2696–2705. Ich danke Fridolin Krausmann für die Erlaubnis, seine Zahlen hier wiederzugeben. Der Inländische Materialverbrauch (Domestic Material Consumption, DMC) entspricht der Gesamtmenge der gewonnenen Ressourcen zuzüglich der Importe abzüglich der Exporte. Da die Exporte eines Landes die Importe eines anderen sind, entspricht der DMC der globalen Gesamtmenge der gewonnenen Ressourcen.
110. Dittrich et al., »Green Economies«, S. 60.
111. Eurostat, »Economy-Wide Material-Flow Accounts and Derived Indicators«, Luxemburg 2001, S. 40.
112. Ian Gazley und Dilan Bhuvanendran, »Trends in UK Material Flows between 1970 and 2003«, in: *Economic Trends 619*, London: Office for National Statistics, 2005.
113. Goodall stellt fest, dass die Briten im Jahr 2007 4 Prozent weniger aßen als im Jahr 2000; Chris Goodall, »›Peak Stuff‹: Did the UK Reach a Maximum Use of Material Resources in the Early Part of the Last Decade?«, *http://www.carboncommentary.com/wp-content/uploads/2011/10/Peak_Stuff_17.10.11.pdf*, 2011. Siehe dazu George Monbiots Kritik in seinem Blog: *http://www.guardian.co.uk/environment/georgemonbiot/2011/nov/03/peak-consumption-hypothesis-correct*.
114. Andrew W. Wyckoff und Joseph M. Roop, »The Embodiment of Carbon in Imports of Manufactured Products: Implications for International Agreements on Greenhouse Gas Emissions«, in: *Energy Policy* 22, Nr. 3 (1994), S. 187–194; Roldan Muradian, Martin O'Connor und Joan Martinez-Alier, »Embodied Pollution in Trade: Estimating the ›Environmental Load Displacement‹ of Industrialized Countries«, in: *Ecological Economics* 41, Nr. 1 (2001), S. 51–67.
115. Nach Angabe des britischen Energy Research Centre sanken die inländischen Emissionen zwischen 1990 und 2008 um 19 Prozent, während die durch den Konsum verursachten Emissionen um 20 Prozent stiegen. Die Regierung schätzt den Rückgang der inländischen Emissionen höher ein, siehe: House of Commons, Energy and Climate Change Committee, *Consumption-Based Emissions Reporting, Twelfth Report of Session 2010–12*, HC 1646, 18. April 2012, Bd. 1.
116. M. Dittrich, S. Bringezu und H. Schütz, »The Physical Dimension of International Trade: Part 2 – Indirect Global Resource Flows between 1962 and 2005«, in: *Ecological Economics* 79 (2012), S. 32–43.
117. Atiq Uz Zaman und Steffen Lehmann, »The Zero Waste Index: A Performance Measurement Tool for Waste Management Systems in a ›Zero Waste City‹«, in: *Journal of Cleaner Production* 50 (2013), S. 123–132.
118. American Physical Society, *Efficient Use of Energy: The APS Studies on the Technical Aspects of the More Efficient Use of Energy*, New York 1976, Nr. 25, S. 77.
119. Arthur H. Rosenfeld, »The Art of Energy Efficiency: Protecting the Envi-

ronment with Better Technology«, in: *Annual Review of Energy and the Environment* 24, Nr. 1 (1999), S. 33–82.

120. Siehe zum Beispiel 12. Kongress der World Energy Conference, Neu-Delhi, 18.–23. September 1983, Abteilung 2, Abschnitt 2.3.12: Naoto Sagawa, »Prospects for Japan's Energy Supply-Demand System«, S. 22.

121. Department of Energy and Climate Change, »Energy Consumption in the United Kingdom«, 2012; Eurostat: *http://epp.eurostat.ec.europa.eu/tgm/table.do?tab=table&plugin=1&language=en&pcode=tsdpc310*.

122. Die Größe des Rebound-Effekts und die Frage, wie er gemessen werden kann, sind sehr umstritten. Die Internationale Energieagentur bezifferte ihn in ihrem *World Energy Outlook* für das Jahr 2012 auf 9 Prozent, während andere Experten auf einen Wert von 50 Prozent kommen; siehe zum Beispiel Michael Shellenberger, Ted Nordhaus und Jesse Jenkins, *Energy Emergence: Rebound and Backfire as Emergent Phenomena*, Oakland 2011.

123. 2011, »Consommation durable«, Messe, Paris: ADEME (Behörde für Umwelt und Energiemanagement), *Petites réponses*, S. 9.

124. 10,01 Quadrillionen Btu (British thermal unit) im Jahr 1993 gegenüber 10,17 Quadrillionen Btu im Jahr 2009; siehe US Energy Information Administration, *Residential Energy Consumption Survey*, 2009.

125. Parlament des Königreichs Schweden, »Think Twice! An Action Plan for Sustainable Household Consumption«, in: *Government Communication* 2005/06:107, Stockholm 2005.

126. Peter Kemper und John M. Quigley, *The Economics of Refuse Collection*, Cambridge 1976, S. 83.

127. Siehe die Daten zu Wohngebäuden der US Energy Information Administration für das Jahr 2009, insb. Tab. HC 3.4, unter: *http://www.eia.doe.gov/consumption/residential/data/2009/excel/HC3.4 Prozent20Appliances Prozent20by Prozent20Number Prozent20of Prozent20Household Prozent20Members.xls*.

128. DTI, *Energy Consumption in the United Kingdom* (2004). Für amerikanische Einpersonenhaushalte siehe die in Anmerkung 127 genannten EIA-Daten.

129. Shove, *Comfort, Cleanliness and Convenience: The Social Organization of Normality*; sowie Shove, Pantzar und Watson, *The Dynamics of Social Practice: Everyday Life and How It Changes*.

130. Für Großbritannien siehe Energy Saving Trust, *The Rise of the Machines: A Review of Energy Using Products in the Home from the 1970s to Today*, London 2006, sowie den Nachfolgebericht *The Elephant in the Living Room: How Our Appliances and Gadgets are Trampling the Green Dream*, London 2011. In den USA wurden im Jahr 2007 426 Mio. Elektronikgeräte verkauft, das heißt siebenmal mehr als im Jahr 1987; siehe: New York State Department of Environmental Conservation, *Beyond Waste*, New York 2010, S. 63 f.

131. EPA, *Municipal Solid Waste in the United States* 2009, Kap. 2. Für Kleidung in Großbritannien siehe *Guardian*, 28. Februar 2006.

132. K. Parrott, J. Emmel und J. Beamish, »A Nation of Packrats: Rethinking the Design Guidelines for Kitchen Storage«, in: *Housing on the Urban Landscape Conference*, Chicago 2004. Siehe auch Oriel Sullivan und Jonathan Gershuny, »Inconspicuous Consumption: Work-Rich, Time-Poor in the Liberal Market Economy«, in: *Jour-*

nal of Consumer Culture 4, Nr. 1 (2004), S. 79–100, insb. S. 95 f.; Martin Hand, Elizabeth Shove und Dale Southerton, »Home Extensions in the United Kingdom: Space, Time and Practice«, in: *Environment and Planning D* 25, Nr. 4 (2007), S. 668–681.

133. Die untersuchten Städte waren Fredrikstad, Groningen, Padua, Guildford und Sodermalm/Stockholm; siehe Eivind Stø et al., »Consumption and Environment in Five European Cities: European Report« (2002).

Epilog

1. Serge Latouche, *Le pari de la décroissance*, Paris 2006; Tim Jackson, *Wohlstand ohne Wachstum. Leben und Wirtschaften in einer endlichen Welt*, Bonn 2012; Paul Ariès, *La simplicité volontaire contre le mythe de l'abondance*, Paris 2010; Niko Paech, *Befreiung vom Überfluss. Auf dem Weg in die Postwachstumsökonomie*, München 2012; vgl. auch Irmi Seidl und Angelika Zahrnt (Hg.), *Postwachstumsgesellschaft. Konzepte für die Zukunft*, Marburg 2010.
2. Siehe Emily Watson, *Seneca: A Life*, London 2015.
3. Joseph E. Stiglitz, *Reich und Arm. Die wachsende Ungleichheit in unserer Gesellschaft*, München 2015.
4. Rachel Botsman und Roo Rogers, *What's Mine Is Yours: The Rise of Collaborative Consumption*, New York 2010; B. Joseph Pine und James H. Gilmore, *Erlebniskauf. Konsum als Erlebnis, Business als Bühne, Arbeit als Theater*, München 2000; Jon Sundbo und Flemming Sørensen (Hg.), *Handbook on the Experience Economy*, Cheltenham 2013; Juliet Schor, *Wahrer Wohlstand. Mit weniger Arbeit besser leben*, München 2016; vgl. auch dies. und Connor Fitzmaurice, »Collaborating and Connecting«, in: Lucia Reisch und John Thøgersen (Hg.), *Handbook of Research on Sustainable Consumption*, Cheltenham 2015, S. 410–425; Maurice J. Cohen, »Toward a Post-Consumerist Future?«, in: Ebd., S. 426–439.
5. Siehe *http://repaircafe.org/locations*. In Deutschland mit seiner starken Handwerkstradition gibt es 200 dieser Cafés.
6. Arvind Subramanian und Martin Kessler, »The Hyperglobalization of Trade and its Future«, in: Franklin Allen et al. (Hg.), *Towards a Better Global Economy*, Oxford 2014, S. 216–276.
7. United Nations Conference on Trade and Development (UNCTAD), *Review of Maritime Transport*, New York 2014.
8. OECD, *Material Resources, Productivity and the Environment*, Paris 2015, S. 69–82.
9. Ebd., S. 116.
10. Yuliya Kalmykova, Leonardo Rosado und João Patrício, »Resource consumption drivers and pathways to reduction: Economy, policy and lifestyle impact on material flows at the national and urban scale«, in: *Journal of Cleaner Production* 132 (2016), S. 70–80.
11. Charlotte Fourcroy, Faiz Gallouj und Fabrice Decellas, »Energy consumption

in service industries: Challenging the myth of non-materiality«, in: *Ecological Economics* 81 (2012), S. 155–164.

12. Siehe *https://musicbusinessresearch.wordpress.com/2014/03/21/the-recorded-music-market-in-the-us-2000-2013*.
13. Ann Bermingham und John Brewer (Hg.), *The Consumption of Culture 1600–1800: Image, Object, Text*, London 1995; siehe auch Michael Hutter, *The Rise of the Joyful Economy: Artistic Invention and Economic Growth from Brunelleschi to Murakami*, Abingdon 2015.
14. Zusätzlich zu den in der Einleitung und hier in den Anmerkungen 1 bis 4 genannten Werken siehe James Wallman, *Stuffocation: How We've Had Enough of Stuff and Why You Need Experience More Than Ever*, London 2015.
15. Siehe International Telecommunication Union, *http://www.itu.int/themes/climate/docs/report/02_ICTandClimateChange.html*.
16. Global e-Sustainability Initiative, »SMART 2020. Enabling the low-carbon economy in the information age«, 2008; *http://gesi.org/About_ICT_sustainability*.
17. Susanne Fischer et al. (Wuppertal Institute), *Leasing Society: Report for the European Parliament's Committee on Environment, Public Health and Food Safety*, Brüssel 2012.
18. Siehe oben S. 880 f.
19. *The Wall Street Journal*, 3. Februar 2014. Zu den britischen Zahlen siehe Society of Motor Manufacturers and Traders, *http://www.smmt.co.uk/2015/01/uk-new-car-registrations-december-2014*. Ähnliche Skepsis ist gegenüber der Hoffnung angebracht, die manche mit dem 3D-Drucker verknüpfen: Warum sollten die Menschen die Möglichkeit, personalisierte, maßgeschneiderte Dinge herzustellen, nur dazu nutzen, das Leben von Gegenständen zu verlängern, und ihr Verlangen nach Neuheit und Vielfalt aufgeben?
20. Richard Thaler und Cass Sunstein, *Nudge. Wie man kluge Entscheidungen anstößt*, Berlin 2011.

Register

A

À l'innovation (Kaufhaus) 259, 430
A. T. Stewart (Kaufhaus) 259
Aalst 121
Aberdeenshire 791
Abfall 30, 192, 408, 452, 528, 542, 748, 835–877, 903–906, 908 ff., 916, 919, 922, 1041 f., 1044 f.; s. a. Müll, Wegwerfen
Abfallkunst 856
Abingdon 253
Abolitionismus 174, 765, 818, 1033
Abrams, Mark 460
Abverkäufe 261, 263; s. a. Schlussverkäufe
Acapulco 43, 91
Accra 170, 465
Achtundsechziger 432
Adam, Meldrum and Anderson (Kaufhaus) 271
Adams, John 153
Addams, Jane 291
Addison, Joseph 122
Adeboye, Enoch 824 f.
Adel / -sschicht 52, 55, 61, 70, 73, 76, 85 f., 92, 98, 116, 137 ff., 141 f., 193
Adelaide 902 ff.
Adema, Willem 1027
Aden 800
Adenauer, Konrad 702
Adorno, Theodor W. 130, 355 ff., 422, 432
Affluenza 543, 545, 575
AFNOR 756
Africa Migration Project 793, 796
Afrika 24, 32, 40, 45, 91, 110, 112 f., 125, 131, 163, 166–174, 176–187, 220, 228, 231 f., 234, 236, 336, 341, 465, 629, 685, 761, 769, 771, 792 ff., 797, 800, 823 ff., 832, 844, 878 f., 883, 889, 953 f.
Agha, Said 272
Aguiar, Mark 1009
Ägypten 97, 240, 272, 347, 396, 400 f., 489, 684, 792, 795, 831
Airbnb 882, 1046
Akkumulationsstoffe 898
Aladdin Company 320
Albanien 500
al-Bayt al-Misri (Kaufhaus) 401
Al-Chansaa 829
Alberti, Leon Battista 50, 54
Albrecht, Ruth 669 ff., 1019
Alexandria 240, 272
Algarve 685
Algerien 341, 422, 464, 772, 792
Alkohol 76, 93, 101, 171, 192, 195, 202, 225, 289, 292, 378, 430, 446, 483, 513, 517, 520, 552, 627, 636, 638, 705, 716, 827 f.
Alleinerziehende 578, 603, 712, 1016
Alleinstehende s. Einpersonenhaushalte
Almanache 99
Alphen 80
Alpino, Prospero 117
Altamira 793
Alte / Altern s. Senioren
Altenloh, Emilie 288 f.

Altersheime 674 ff., 678 ff., 682, 689
Altglas 860, 862, 865, 869, 877 f.; s. a. Glas
Altkleider 768, 844, 883 f., 887, 1046; s. a. Kleidung
Altpapier 853, 857, 860, 862, 868 f., 1043; s. a. Papier
Aluminium 302, 839, 859, 870, 878, 920 f.
Ambato 635
American Association of Retired Persons (AARP) 669, 685, 688
American Can Company 700
American Express 567, 668
American Tract Society 816
Amerikanisierung 434, 438, 453, 466, 469, 472–475, 508 f., 704; s. a. USA
Amiens 417
Amores, Maria de 91
Amsterdam 43 f., 59, 82 f., 101, 118, 121, 125, 132, 416, 847, 889
Anchovis 44
Ancourt, Edward 961
André, Fabrizio de 472
Angiama 174
Angola 772
Animismus 518
Anka, Paul 471
Ankara 829
Anonyme Alkoholiker 741
Anti-Aging-Kosmetika 688
Antike 27, 54, 56, 134, 144, 151, 257, 282, 290, 306, 545, 609, 627
Antikolonialismus 30, 510
Antillen 233
Antiquitäten 74, 85, 303, 508
Antwerpen 51, 121, 212, 258, 883
Apulien 47, 803
Arabien 117, 173, 228
Aragon, Louis 409
Arbeiter / -klasse 12, 47, 84, 88 f., 96, 101, 103 ff., 109, 129, 136, 158, 195, 201–204, 210 f., 216, 224 ff., 235, 238, 241, 243, 249, 254, 264, 268 f., 277 f., 282, 288 ff., 293, 295, 300 ff., 315, 320, 324–327, 329 f., 332, 334 f., 338, 345 f., 348 f., 360, 367, 369 f., 373 ff., 377, 379, 383 f., 389, 392–396, 406, 412, 416, 420, 434, 438, 440, 444, 446 ff., 450 ff., 454 ff., 458–461, 463, 465, 469, 483, 485, 512, 531, 544, 546 f., 552, 557–560, 562, 565, 577, 594–597, 601, 609, 611–614, 623, 625 ff., 630, 637, 644, 652, 668, 677, 698–710, 712 f., 715 f., 729, 734, 774 f., 808, 812, 852, 945, 970, 976, 989, 1013 f.
Arbeitslosigkeit 26, 348, 373, 383, 461, 546, 574 f., 578, 580, 719, 852
Archigram 855
Arezzo 667
Argentinien 218, 223, 230, 237, 274, 353, 429
Aristoteles 52, 134, 524, 609
Arita 632
Arizona 686, 821, 875
Arman 855
Arminius-Kaffee 234
Armstrong, Louis 472
Arthashastra 481, 521
Arts and Crafts Movement 301
Arzneimittel s. Medikamente
Asaf du-Daula 189
Aschanti 179 f.
Asche 838 ff., 842 ff., 846, 848
Asda 752
Asianisierung 509
Asien 30, 32, 39 f., 43, 91, 101, 106, 112, 122, 175, 242 f., 255, 300, 399, 477 f., 483, 485, 488, 493, 498 f., 501–504, 509 f., 515, 518–521, 536, 587 f., 691 f., 709, 737, 800 ff., 826, 828, 860, 888, 901, 920
Asociación Maya de Pequeños Agricultores 776
Aspirin 482
Assam 110, 197, 228
Assam Tea Company 229
Assets Supervision and Administration Commission (SASAC) 999
AT&T 384
Atatürk, Mustafa Kemal 831
Atlanta 239, 252 f.
Au Petit Louvre (Kaufhaus) 274
Aufklärung 130 f., 138, 140, 147, 151, 200, 215, 309, 423, 484, 553, 813
Augsburg 59

August der Starke 122
Augustinus 21
Aussteuer 11, 56 f., 273, 416, 514
Austen, Jane 264
Australien 217, 231, 237, 317, 402, 428 f., 566, 572, 574, 592, 602, 620, 642, 684, 687, 697, 706, 723 f., 755, 766, 902, 917
Auswahl s. Wahlmöglichkeiten
Autos 11, 25, 28 f., 181, 330 f., 336, 374 ff., 378, 403, 405, 407, 409, 411, 417, 422, 426, 430–434, 436, 442 ff., 448 ff., 453, 456, 477, 480, 491, 493, 497, 511–514, 517, 533, 550, 553, 558, 561, 571 f., 574 f., 582 f., 586, 588, 593, 605, 611, 628 f., 647, 661, 698, 705 f., 711 ff., 718, 721, 735, 737, 790, 821, 825, 835, 849, 855, 864, 873, 879, 881, 883, 886, 888, 891, 895 f., 901 ff., 905 f., 920 f., 924, 926, 984, 1011
Avocados 873
Aznavour, Charles 472
Azteken 110 f., 116, 226

B

Baader, Andreas 431
Babool 504
Bach, Johann Sebastian 463, 622
Baci-Schokolade 422
Bacon, Francis 117
Badewannen 30, 254 f., 307, 404, 409, 443 f.
Badezimmer 238, 240, 242 f., 248, 251, 254 f., 296 f., 318, 320 f., 324, 326, 329 ff., 345, 411, 443, 506, 907 f.
Baerle, Caspar van 132
Bagdad 187
Bahamas 825, 902
Bahia 230
Bainbridge (Kaufhaus) 258
Bakker, Jim 819 f.
Baltimore 675
Bananen 752 f., 760, 777
Banania 233
Bangalore 512
Bangkok 411
Bangladesch 493, 752, 769, 995
Banken 47, 319, 487 f., 493, 500, 550 f., 554 ff., 558, 567 f., 571, 578, 715, 745
Banque de France 711
Barbados 44, 219
Barbedienne, Ferdinand 302
Barbie-Puppen 657, 830
Barbon, Nicholas 135, 138
Barcelona 254, 784
Barchent 93
Barking 872
Barnum, P. T. 817
Baroda 511
Barren Island 846
Basalo, C. 1042
Basel 62, 710
Basler Konvention 880
Bastiat, Frédéric 159, 205
Bat'a 701 f., 704, 715
Bat'a, Jan 702
Bat'a, Tomáš 701
Batatuba 701
Batavia 98
Bataville 701
Bath 87
Bath Defence Association 248
Baudrillard, Jean 433
Bauer, Edgar 157
Bauer, Jewgeni 268
Bauer, Samuel 121
Bauern s. Landwirtschaft
Bauernmärkte 778, 780 f., 782 f., 786, 788
Bauman, Zygmunt 693
Baumwolle 15, 23, 40, 42 f., 63 f., 67, 69, 73, 86, 90–96, 98, 100, 102, 108, 114 f., 128, 165, 167, 170, 175, 177, 182, 191, 197, 203, 210, 230, 273,

397, 478, 482, 661, 698, 752 f., 765, 844, 853, 856, 914
Bausparen 557
Bautzen 450
Bauvereine 319
Bayern 756, 778, 786, 850
Bayle, Pierre 140
Bayly, Christopher 188 f.
Bazaar (Markthalle) 282
BBC 354
Beatles 472
Becker, Gary 104, 572
Bedford 747
Bedürfnispyramide 364
Beecher, Catherine 329
Beecher, Henry Ward 818
Beerdigungen 69, 203, 260, 485, 514, 536, 794, 941
Beethoven, Ludwig van 356
Beirut 245
Beko 830
Beleuchtung 29, 236 ff., 244 f., 259, 335, 904, 906
Belgien 202, 224, 277, 317, 324 f., 327, 467, 559, 563 f., 619, 638, 678, 713, 731, 746, 755, 763, 784, 866, 890
Belhelvie 791
Belize 231, 779, 841, 864
Bell 853
Bellamy 700
Bellamy, Edward 359
Belmondo, Jean-Paul 431
Benares 198
Benedikt, Hl. 183
Bengalen 173, 175, 194 f., 357, 397, 492 f., 504, 807 f.
Benjamin, Walter 257, 266 f.
Bennett, Alan 460
Bentham, Jeremy 206
Bentley, Thomas 97
Benzin 747, 901, 903
Benzoni, Girolamo 109
Berg, Alban 356, 622
Berkeley 784
Berlin 89, 210, 212, 227, 233, 239, 241, 251–254, 260, 268, 279, 284, 297, 300, 328, 335 f., 394, 411, 431 f., 438, 440, 450, 481, 485, 636 f., 640, 678, 734, 842, 848 f., 854, 860, 868, 889, 1043
Bermudas 926
Bern 161, 212, 628
Beschleunigung 591 ff., 620, 627, 629; s. a. Geschwindigkeit
Beschwerdechöre 745 f.
Besteck 47–50, 53, 57, 71, 80, 82, 87, 142, 152, 157, 278, 360, 373, 481, 483, 880
Betelnüsse 70, 203, 227
Bethelsdorp 172
Bethmann Hollweg, Marta von 212
Betschuanaland 769
Betten 49 f., 66, 71, 86–89, 172 f., 178, 197, 230, 264, 301, 303, 322, 329, 335 f., 458, 681, 790, 883, 914
Betts, Tristam 769
Bettwäsche 49, 57, 80, 82
Beverwijk, Anna Nannige 80
Bhagidari-System 528
Bharatiya Janata Party (BJP) 511
Bianciardi, Luciano 469
Bibliotheken 48 f., 209, 244, 246, 262, 278, 289, 504, 729 f., 954
Bier 23, 38, 44, 83 f., 111, 197, 224 f., 336, 426, 443, 481 ff., 499, 635 f., 714, 729, 746 f., 806, 854, 959
Biermann, Wolf 448
Bildung / -sausgaben 14, 26, 194, 201, 318, 329, 347, 381, 385, 406 f., 420, 433, 436, 442, 444, 462 f., 466, 475, 491, 494, 501 f., 512, 574 f., 578, 600, 603, 609, 619, 622 ff., 698 f., 708, 717–720, 722, 724, 731, 737, 772, 776, 794 f., 824, 1014
Biles, Judith 682
Billington-Greig, Teresa 213
bin Laden, Osama 724
Binsbergen, Wim van 131
Bio-Lebensmittel 778 f., 784 f.
Birmingham 192, 232, 331, 705, 746, 766, 807
Bismarck, Otto von 201, 399, 636
Black & Decker 348
Blackpool 282, 295, 901

Blackstone, William 142
Blair, Tony 17, 732 f.
Blechdosen s. Konservendosen
Blei 879
Bloomingdale's 829
Blumen 753
BMW 583
Boccaccio, Giovanni 57
Boeing 707, 711
Böhmen 170
Boisregard, Nicolas Andry de 126
Bolschewismus 369, 409
Bolton 278
Bombay s. Mumbai
Bon Marché (Kaufhaus) 230, 257–262, 268, 274 f.
Bondorf 63
Booth's 421
Bootle 676
Bordeaux 199
Bormann, Heinz 439
Borussia Dortmund 752
Bose, Rash Behari 725
Boston 118, 152, 201, 222, 229, 239, 241, 252, 300, 359, 822, 844
Botteghe del Commercio 754 f., 770
Botticelli, Sandro 462
Boucicant, Aristide 274
Boulton, Matthew 78
Bourdieu, Pierre 461 ff., 942
Bournville 232 f., 705
Bovril 231 f.
Bows, Clara 376
Boykotte 12, 153, 175, 210 f., 248, 293, 357, 383, 396 f., 399 ff., 430, 517, 529, 533, 746, 749, 758, 763 ff., 772, 774 f., 830, 917
Boyle, Robert 133
Bozhong Li 102, 949
Bradenton Kiwanis Club 666
Bradford 278, 807
Bramwell, Frederick 250, 254
Brandy 195, 231
Brasilien 24, 32, 167, 218, 221 ff., 225, 468, 472, 500, 502, 688, 699, 701, 704, 737, 757, 761, 770 f., 815, 823, 825, 877, 889, 938, 959
Brass 174
Brassens, Georges 243, 471 f.
Braudel, Fernand 21 f., 38, 937
Bravo 418
Brazzaville 465, 629
Brecht, Bertolt 729
Bremen 118
Breschnew, Leonid 25, 441, 728
Breukelen 769
Bridgeport 668
Brignole, Familie 48
Brillen 87 f.
Brilliant Earth 759
Bristol 199, 639, 778, 784, 857, 1014
British Telecom (BT) 749
Brixton 260
Bronze 74, 302
Brook, Timothy 133
Brot 84, 102, 124, 148, 172, 205 f., 208, 217, 247, 277, 350, 424, 429, 440, 681, 777, 803, 875 f.
Brown, Gordon 573
Brunhes, Henriette 216
Brüssel 259, 430, 713, 746, 764, 861, 872
Buarque, Chico 472
Bücher 49 ff., 57, 66 f., 69 f., 74, 80 ff., 85, 132, 156, 189, 322 f., 335, 374, 454, 474, 624, 643, 819, 828, 884, 887
Budapest 259, 367, 746, 847
Buddhismus 148, 518, 524, 630, 815, 822 f., 826
Buenos Aires 112, 165, 230, 237, 244, 260, 379
Buffalo 271
Bügeleisen 243, 329 ff., 344, 350, 354, 393, 491
Bulgarien 437, 905
Burckhardt, Jacob 48 f.
Bureau International du Tourisme Social (BITS) 713
Burgund 97 f.
Burkina Faso 752, 793 f.
Burma 72
Burn-outs 623, 629
Butler, Richard 181
Butlin's 713
Butter 79 f., 161, 226, 844
Buxton, Thomas Fowell 173
Byzanz 46

C

C&A 639
Cadbury 175, 226, 232 f., 699, 705, 752, 759, 955
Cadillac 467
Cadmium 889
Cafés du Comptoir des Colonies 233, 961
Calvelli-Adorno, Maria 355
Calvinismus 82 f., 825
Cambridge 88, 313
Campbell, Colin 388
Camping 444
Canale Grande (Restaurant) 809
Canon 712
Cappello, Domenico 47
Cappello, Niccolò 47
Capron 890
Caracas 112
Cardiff 641
Carlos, Roberto 472
Carlyle, Thomas 609
Carpentras 782, 789
Carrefour 468, 498, 829
Car-Sharing 881, 883, 926
Carson, Rachel 859
Carter, Jimmy 435
Caruso, Enrico 351
Cary, John 136
Casteldurante 48
Castellani, Francesco di Matteo 53 f.
Castellani, Lena 54
Castells, Manuel 970
Cavill, Frederick 226
CD-Spieler 617
CDU 640
Celentano, Adriano 417
Certeau, Michel de 17
Ceylon 110, 198
Chagga 180, 184
Chalon (Kaufhaus) 272
Chamberlain, Joseph 217
Champagner 229, 577, 786
Chang, Eileen 483
Charity Shops 768
Chase, Stuart 383 f.
Chaves, Lorenzo 260
Chemla, Brüder 274
Chen 798 f.
Chen Yao 70
Chengdu 535
Chèques Vacances 711, 716
Chicken tikka masala 806
Certeau, Michel de 434
Certelem 551
Cheshire 121
Chester 129
Cheyne, George 145
Chicago 222, 234, 239, 259, 261, 288, 304, 319, 328, 333, 378, 458, 672, 674, 703, 807 f.
Chicault, Denise 662
Chifuren 528
Child, Lydia 543
Chile 112, 222 f., 230 f.
Chin, Elizabeth 656 f.
China 15, 23 f., 32, 37–46, 66–79, 82, 90, 98, 100–103, 109, 111 f., 117, 122 f., 125, 127 f., 131, 133, 136, 149 f., 164 f., 167, 173, 175, 186, 203, 219, 228 f., 235, 242, 255 f., 396, 399 f., 448, 471, 477–481, 483 f., 489, 491, 494 ff., 498–507, 510, 518–521, 530–537, 541, 571, 586 f., 630, 659 f., 714 f., 768 f., 780 f., 798, 801 f., 805 f., 810, 815, 828, 851, 862, 878 f., 889 f., 897 f., 902, 914, 916, 918, 937 f., 949, 953, 993, 1015
China Consumers' Association (CCA) 532 ff.
Chinapuder 303
Chinoiserien 123
Chintze 91 f., 94, 103, 170, 336
Chomeini, Ajatollah 827 f.
Chorley, Alexander 121
Christentum 20, 56, 182 ff., 211, 272, 409 f., 412, 466, 517 f., 544, 635, 677, 769 f., 813–818, 820, 822 f., 825 f., 833, 884, 1038

Christian Aid 771, 774
Christian Social Union 210
Christlich Demokratische Union (CDU) 410
Christstollen 787 f.
Chruschtschow, Nikita 437, 440 f.
Chrysler 853
Church Missionary Society (CMS) 172, 174, 954
Church of England 821
Ciao amici 418
Cicero 54, 56
Cicurel (Kaufhaus) 401
Citibank 567
Citroën 989
Cittáslow 592, 627
Clammer, John 998
Cleveland 291 f., 419, 672, 674
Clinton, Bill 532
Cliquen 418, 445, 516, 662; s. a. Peergroups
Clive, Robert 187
Club of Rome 433, 435, 859
Club Schwalbe 584
Clunas, Craig 73
Clutterers Anonymous 890
Coca-Cola 365, 412, 780, 830, 856
Cocolulu 665
Cohen, Lizabeth 17
Cole, Nat King 472
Colgate 504
Collectoronline.com 890
Collodi, Carlo 144
Colman-Senf 217
Colonial and Indian Exhibition 229
Columbia Phonograph Company 351
Columbus 606
Comités d'enterprise (CE) 711 ff.
Commonwealth Steel Company 704
Compagnie Parisienne de l'Air Comprimé 247
Companhia Siderúrgica Nacional 699
Computer / -spiele 12, 314, 528, 607 f., 618, 621, 624 f., 629, 711, 717, 793, 797, 877, 879, 885 f., 889, 892 ff., 908, 924 f., 1047
Condulmer, Elisabetta 50
Coney Island 256, 294 f., 923
Connecticut 656, 668
Consommation, logement et cadre de vie (CLCV) 736
Consumer Advisory Board 382
Consumer Guidance Society of India 525
Consumer Unity and Trust Society (CUTS) 525 f.
Consumers' Council 369
Consumers International 737
Consumers' League 211
Consumers' Research 383
Consumers' Union 368
Cook County 674 f.
Coolidge, Calvin 383 f.
coop-Stiftung 780
Corneille, Pierre 258
Cornwall 87, 792
Corrigan, Michael 816
Corvin (Kaufhaus) 259
Costa del Sol 684
Costa Rica 222, 775
Côte d'Azur 712
Couchsurfing 919
Courbevoie 712
Cowperthwaite and Sons 550
Crakanthorp, John 546
Crédit Lyonnais 558
Croos, N. E. de 199
Crosland, Anthony 404–407, 410, 423, 465
Crowther, Lord 1003
Crowther, Samuel 174
Crystal Mountain 707
Cumberland 105
Cumbria 872
Curry 725, 801, 806 f., 812
Curtin, Philip D. 954
Cuthbertson and Harper 195
CVJM 770

D

Dahomey 170
Dalla, Lucio 472
Damaskus 275, 411
Damast 75, 86, 91
Dänemark 26, 94, 222 f., 277, 353 f., 468, 563 f., 568 f., 575, 587, 605, 662, 678, 710, 713, 722, 724, 730 f., 743 ff., 755, 764, 781, 822, 844, 864–867, 879, 959, 1025, 1027 ff.
Daniels, Inge 998
Dante Alighieri 288, 409, 544
Danzinger, Lotte 980
Darling, Malcolm 486
Darwin, Charles 305
Datia 492 f.
Datteln 39
Davis, Deborah 507
DDR s. Deutschland
Deacon-Wasserzähler 252 f.
Dean, James 663
Dearborn 304
Death Dating 885
Debussy, Claude 351
Defoe, Daniel 85, 103 f., 136, 143
Delft 82, 89, 122
Dematerialisierung 899 ff., 919–922
Demel (Konditorei) 390
Demokratie 16, 120, 153, 166, 186, 216, 298, 317 ff., 364, 379, 382, 384 f., 402, 405, 409, 412, 414, 420, 456, 463, 470, 475, 479, 505, 521, 528, 530, 534, 536, 551, 553, 600, 610, 672 f., 698, 725, 731, 733 ff., 739, 743 f., 759, 916
Den Haag 334, 677, 737, 849
Deng Xiaoping 480, 495
Denney, Reuel 404
Derby 279
Derbyshire 85
Descartes, René 131, 139, 309, 949
Despotismus 137 ff.
Detroit 251, 253, 304, 378
Deutscher Käuferbund 212
Deutscher Werkbund 427
Deutsches Modeinstitut der DDR 439
Deutschland 11, 14, 24, 26, 59, 63, 79, 128, 158, 168, 175, 183, 185, 208, 216 ff., 220–225, 229, 233, 251, 253, 264, 266–269, 271, 276 f., 290, 298, 316, 327, 331 f., 334, 339, 345, 349, 354, 363, 367 ff., 371 f., 374, 378, 387–390, 392, 400, 403 f., 409–415, 418 ff., 426, 428–433, 436–451, 459, 468, 471, 481 f., 489, 500, 527–530, 548 ff., 555–558, 563–566, 568–572, 576, 578, 580 f., 584 ff., 602 ff., 612 f., 616, 619, 621 ff., 626, 636 f., 640, 653, 659, 661, 667, 677–680, 684 f., 692, 694 f., 701 f., 713, 716 f., 720 ff., 727, 729 ff., 733, 745 f., 752–756, 758 f., 762, 769–774, 780, 783, 786 f., 801 ff., 805 f., 809 f., 844, 849, 854 ff., 858, 860 ff., 864–869, 878, 888, 902, 905, 915 f., 973, 976, 1002, 1011, 1014, 1016
Devon 781
Dewey, John 385 f., 673
Dhotis 397, 513
Diamanten 30, 54, 61, 191, 897
Dichter, Ernest 422 ff., 427, 431, 456
Diderot, Denis 137
Dienstleistungen 13 f., 17, 25, 27 f., 128, 208, 260, 408, 443, 456, 480, 501, 512, 523, 525–528, 531, 569, 575, 600, 602, 640, 643, 685, 698 f., 715, 717 ff., 732 f., 739, 743, 748 f., 759, 864, 900, 907, 919–923, 925, 928
Dijon 662
Dine, Jim 855
Direct Material Input (DMI) 895
Discos 446, 468, 517, 729, 833
Disengagement-Theorie 670, 672
Disney, Walt 653
Disneyland 683, 712
Disposophobie 890
Djukanow, Miron 393
Dobbs, Archibald 249
Domino's Pizza 698

Domosh, Mona 956
Donau 221
Döner Kebap 801
Dore, Ronald Philip 515
Dorset 681, 752
Dortmund 616, 752
Dosenöffner 858
Double Pearl (Zahnpasta) 481
Douelle 404, 984
Douglas, Mary 434, 842
Downing, Andrew Jackson 329
Dr. Oetker 340
Dreißigjähriger Krieg 63
Dresden 119 f., 252 f., 450, 632, 702, 786 ff.
Drogen 203, 430, 446, 822, 1007
Du Bois, W. E. B. 319
Duala 181, 336
Dubai 510, 829
Dublin 89
Duchamp, Marcel 856
Duesenberry, James 984
Dufayel (Kaufhaus) 268, 550
Duhamel, Georges 378
Dunkin' Donuts 752
Durchsatzstoffe 898
Duschen 243, 254 f., 433, 444, 506, 907, 928 f.
Düsseldorf 225
DVDs 520, 533
Dylan, Bob 472
Dynamo Dresden 702

E

East London (Südafrika) 466
East Surrey Water Company 250
East Tilbury 701
Easterlin, Richard 605
Eaton's (Kaufhaus) 274
eBay 880, 887
Ebhausen 64
Eco, Umberto 422
Economy, Elizabeth C. 993
Ecuador 91, 112, 220, 635
Edeka 780
Eden, Ashley 195
Eden, Frederic 105
Edison, Thomas Alva 351
Edo s. Tokio
Egoismus 140 f., 397
Eier 117, 226
Eigenheime s. Häuser
Einkaufen 17 f., 22, 25, 28, 54, 85 f., 129, 193, 195, 210, 257 f., 262, 264, 267, 270–275, 278–281, 319, 369, 391, 395, 401, 434, 451, 458 f., 480, 504, 568, 607, 610, 612, 614, 637, 643, 762 f., 768 f., 874, 888, 913 f., 922; s. a. Shopping
Einkaufsgemeinschaften 785
Einkaufszentren 25, 28, 574, 829; s. a. Malls
Einpersonenhaushalte 581, 642, 679 f., 714, 747, 875, 881, 898, 906 f., 1045
Eiscreme / -dielen 280, 394 f., 659 f., 801, 809
Eisen 167, 169, 171, 858, 868, 877 f., 895 f., 902, 920, 954
Eisenach 729
Eisenhower, Dwight D. 411
El Puente 770
Elektrizität / Elektrifizierung 16, 28, 237, 243 f., 247, 280, 299, 322, 325, 329–333, 338, 343, 353, 372, 382, 435, 442, 454, 489, 493 f., 523, 526 ff., 704, 735, 789, 902–905, 908, 912, 914, 917, 922, 925, 927, 999
Elektroabfälle 878 f., 889, 894
Elektroherde s. Herde
Elfenbein 42, 50
Elfenbeinküste 889
Elias, Norbert 393
Elisabeth I. 61
Eliten 51 f., 72 ff., 76 f., 85 f., 102, 109, 112, 127, 146, 168, 177–181, 186, 189 f., 192 f., 196, 198, 212, 219, 224, 229 ff., 274, 297, 299, 305, 327,

329, 366, 377 ff., 381, 394 f., 398, 415, 421, 436, 444, 455 f., 462 ff., 483, 512, 534, 552, 566 f., 582 ff., 625 f., 630 f., 811, 824, 914, 916; s. a. Oberschicht
Elmtown 664 f.
Elsass 220
Eltis, David 954
E-Mails 620 f., 628
Emin Pascha 231
Emissionen 12, 30, 871, 873, 895, 898, 901, 904, 910, 921, 935, 937, 1048
Endrigo, Sergio 472
Energiegewinnung / -verbrauch 332, 435, 718, 842, 844, 862, 894 f., 898 f., 903–906, 908, 922, 924 f., 988
Energy Research Centre 1048
Energywatch 1030
Engel, Ernst 201 ff.
Engels, Friedrich 155 ff., 419
England s. Großbritannien
Englische Ostindien-Kompanie (EIC) 91 f., 98
Enkhuizen 132
Ensslin, Gudrun 431
Entfremdung 138, 140, 154, 265, 308, 432, 436, 448, 452
Entscheidungsarchitektur 927
Entschleunigung 591 f., 627, 630
Entsorgung 15, 22
Entwicklungsländer 703, 751, 754, 761, 765, 767, 769–773, 775 f., 792, 814, 873, 887, 894, 902, 911, 915
Equipment Installment Plans (EIP) 886
Erhard, Ludwig 412, 414
Erdöl 441, 792, 827, 836, 859, 895, 920
Erlebnisgesellschaft / -güter 14, 428 f., 436
Erweckungsbewegung 815 f., 821, 833
Eskapismus 376
ESPA (Elderly Service Providers Association) 689
Espressoautomaten 909
Esselunga 470
Essen s. Nahrungsmittel, Völlerei
Essen (Stadt) 698, 959
Essen auf Rädern 1025
Essex 89, 701
Esszimmer 244, 322, 334, 390, 508
Este, Isabella d' 49
Estland 717, 731
e-Sustainable Initiative 924
Eton 486
Europa 11, 14 f., 23 ff., 31 f., 38, 40–44, 46 f., 51, 59 f., 62 ff., 66, 68, 72, 77 f., 89–92, 94, 96–99, 101, 106, 109–113, 116 f., 119 f., 122 f., 125 f., 131, 137, 142, 148, 150, 159 f., 163–177, 180 f., 185 f., 188, 196, 198–201, 203, 210, 221, 224, 227 ff., 233 ff., 237, 239, 241 ff., 251, 257, 260, 266, 273, 275, 283, 285, 288, 298, 300 f., 303, 313, 316 ff., 325, 327, 330, 332 f., 338, 349, 352, 363 f., 366 ff., 372, 374, 376–379, 394, 396, 399, 401–404, 408 ff., 413, 417 f., 424, 427 f., 434, 437, 454, 457, 459, 465, 467 f., 470 f., 474 f., 477 f., 488 f., 494, 498, 501 ff., 517 f., 521, 525, 535, 546 ff., 550 f., 555 f., 558, 561 f., 568, 571 ff., 577, 583, 588, 591, 600–605, 610–616, 619 f., 625, 629 f., 638, 640 f., 643, 653, 661 ff., 667, 676 f., 679, 684, 686, 689, 691, 697 f., 701 f., 705, 707, 709 f., 714, 717 f., 722 f., 727, 730 f., 735, 746 ff., 761 f., 774 f., 784 f., 787 f., 791 f., 801 f., 805, 810 f., 813 ff., 819–822, 827, 840, 842 ff., 848 ff., 857, 860 ff., 864, 866 f., 871 f., 877–881, 883 f., 888, 890, 901, 905, 907, 909, 913 f., 917, 919 f., 926, 938, 954 f., 1007, 1012, 1015, 1028, 1030
Eurovision Song Contest 472, 746
Ewing, Oscar 673
Exquisit-Geschäfte 447
Extravaganz 13, 21, 29 f., 58, 60, 63, 71, 75, 82, 136, 141

F

Fabri, Friedrich 183
Fabriken / Fabrikarbeit 12, 111, 122 f., 126, 173, 180, 184, 199, 203, 208, 211, 238 f., 246, 248, 263, 282, 348 f., 441 f., 480, 699–702
Fabrikstädte s. Firmenstädte
Facebook 621, 628
Faentino, Andrea 49 f.
Fahrräder 336, 393, 492, 495, 513, 835, 888, 919
Fairtrade 401, 751–766, 768–777, 782, 868, 917, 1031, 1033
Fälschungen 74 f., 532 f., 588; s. a. Raubkopien
Familienplanung 491
Faschismus 19, 24, 30, 355, 365, 386, 390, 409, 433, 610, 712 f., 727, 787, 916
Fastfood 495, 616, 656, 658 f., 710, 726, 779, 783, 840; s. a. Snacks
Fazal, Anwar 737
Federal Housing Administration (FHA) 382, 457, 554
Federal Security Agency 673, 707
Federal Trade Commission 555
Federation of American Engineering Societies 852
Fedorowa, E. M. 393
Fei, Hsiao-Tung 495
Fellini, Federico 688
Feminismus 194, 210, 213, 217, 244, 264, 306, 423, 433, 456
Ferguson, Niall 1009
Fergusson, William 173 f.
Ferienhäuser 881
Fermi, Enrico 904
Fernando Pó (Bioko) 181
Fernsehen / Fernsehgeräte 12, 25, 242, 330, 339, 347, 365 f., 403 f., 407, 410 ff., 422, 426, 428 f., 433, 437 f., 440 f., 444, 446, 448, 451, 453, 455 f., 463 ff., 471, 473, 477, 480, 488 ff., 492–495, 497 f., 503 f., 506, 509, 511–515, 522, 529, 531 f., 551, 555 f., 561, 574, 577, 580, 583, 588, 606 ff., 612–616, 624 f., 629 ff., 654 f., 680 f., 690, 692, 723, 729 f., 738, 773 f., 793, 797 ff., 812, 815, 819 f., 827, 831, 835, 855 f., 877 ff., 881, 888, 892 f., 902, 905, 907 f., 984, 1014, 1028
Fernsehprediger 819
Ferrero Rocher 820
Ferrero, Anna Maria 422
Ferrero, Michele 820
Ferris, Elmer 670
Fertiggerichte 347, 788, 835, 840, 858
Fertigwaren 114, 218, 256, 275, 900 f.
Fetische / Fetischismus 155, 306, 310, 356
Fettleibigkeit 654, 726, 1007
Feudalismus / Feudalgesellschafen 11, 142, 163, 179, 192, 211
Fiat 467
Ficino, Marsilio 55
Fidenza 785
Filme 268, 284–289, 293, 340, 353, 376 ff., 380, 390 ff., 403 f., 407, 409, 411, 417, 419, 438, 464 f., 471, 473, 490, 508, 510, 514, 701, 704, 729, 828, 830, 923
Finnland 26, 242, 327, 360, 428 f., 472 f., 489, 560, 562 ff., 573, 578, 581, 604, 638, 640 f., 680, 709 f., 719 f., 727, 731, 737, 745, 755 ff., 784, 822, 865 f., 915, 970, 973, 1012, 1016
Firmen 384, 450, 509, 551 f., 610, 698–717, 912
Firmenstädte 699–705, 714
Fisch 43 f., 370, 780 f., 801, 807 ff., 811, 875
Fischer, Emmanuel von 161
Fish and Chips 802
Fishof, Ohad 592
Fitnessstudios 14, 614, 623, 708–711, 725, 727
Fitoussi, Jean-Paul 719
Fitz-Gerald, Mark 982
Flandern 48, 79, 121, 883
Fleisch 12, 18, 23, 38, 44, 84 f., 101, 148, 195, 199, 208, 216, 218, 224, 231, 282, 337, 370, 454, 469, 482, 492, 513, 725, 773, 777 f., 780 f., 784, 787 f., 802–805, 811, 830, 844, 853, 875, 902, 910, 922

Fleißrevolution 100, 103, 393
Fliegende Händler 275 f.; s. a. Hausierer, Straßenhändler
Flohmärkte 880
Florenz 38, 40, 46 f., 50–53, 55, 57, 59, 101, 856
Florida 638, 666, 671, 683 f.
Flower, Raymond 684
Folkrörelsernas Reseorganisation (RESO) 713
Foote, Samuel 144
Ford 330, 431, 458, 708, 790
Ford, Henry 304, 550, 701, 704, 853
Fordismus 372
Fordlândia 704 f.
Fort Mill 820
Fotoapparate 373, 392, 495, 513
Foucault, Michel 254
Francis, Neville 596
Franco, Francisco 1016
Frank, Robert 581
Franken 786
Frankfurt am Main 252, 355 f., 363, 430 f.
Frankfurter Küche 333 f.
Franklin, Benjamin 544
Frankreich 14, 38, 62, 64, 92, 94 f., 98 f., 110, 125–129, 137 f., 150–154, 158, 164 f., 182, 185, 200, 205, 210 f., 216, 218–225, 229 f., 233 f., 240, 246, 255, 271, 277, 324 f., 330, 336, 348 f., 374, 378, 381, 392, 403, 406, 409, 411 f., 418 f., 429, 433, 436, 454 ff., 463 f., 468, 470–474, 479, 498, 500, 549, 551, 555 f., 558, 567 ff., 572, 578, 584–587, 602 ff., 606 ff., 612–615, 618, 620–626, 628, 632, 638, 640, 661 f., 677 f., 682, 694, 699, 709, 711 ff., 716–721, 724, 727, 736, 745 ff., 755 f., 760, 762, 786 f., 802, 805, 843 ff., 849, 860 f., 865 ff., 881, 894, 906, 915, 922, 1002, 1009, 1012–1016
Fraser, Arthur 261
Frauenemanzipation s. Feminismus
Frauenzeitschriften 339, 342, 651, 833; s. a. Zeitschriften
Frederick, Christine 298
Freecycle 880, 907, 919
Freetown 174, 178
Freiburg 770
Freie Deutsche Jugend (FDJ) 445 f., 729
Freihandel 126, 138, 165, 167, 185, 190, 193, 215, 217 f., 220 f., 228, 398, 473, 525, 738, 765 f., 953
Freiluftmuseen 309
Freizeit / -aktivitäten 15, 22, 28 ff., 54, 76, 129, 147, 192, 203, 207, 214, 257, 278, 282, 289–294, 299, 336, 344 f., 348 f., 354, 359, 372 f., 375, 384, 389, 403 ff., 409, 414 f., 424, 432 f., 437, 441, 445, 455 ff., 459 ff., 464, 466, 474 f., 484, 490, 501, 503, 510, 517, 527, 535, 542, 593–605, 608–616, 618–627, 629–633, 636, 641 f., 644 f., 647, 658, 660, 662 ff., 668, 671–675, 677, 680, 682 f., 686–690, 692–695, 701, 703–710, 712–716, 719, 724, 726–729, 749, 752, 812, 821, 828, 864, 875, 891, 907, 913, 916, 922, 925, 928, 1009, 1011 f., 1019
Freizeitparks 257, 632, 820; s. a. Vergnügungsparks
Fresno 849
Freud, Sigmund 266, 283, 310, 422, 651, 842
Freudianismus 380, 423
Friedjung, Heinrich 163
Friedman, Milton 17, 564 f.
Friedman, Rose 17
Friedrich der Große 119
Friedrich III. von Schleswig-Holstein-Gottorf 118
Friedrich-Ebert-Stiftung 527
Friends of the Earth 859
Friesland 81, 105
Frisuren 69
Fromm, Erich 409, 582
Frühstück 117, 125, 127, 161, 655, 700, 768, 803, 807 f.
Fugger, Hans 59
Fuji 509
Fujian 66, 73, 127
Fürstenfeldbruck 778
Fußabdruck, ökologischer 924; s. a. Rucksack, ökologischer

G

Gaber, Giorgio 472
Gaggia 617
Galbraith, John Kenneth 20, 158, 339, 364, 404–408, 421 f., 436, 440, 555, 719 f., 913, 984
Galen 116 f.
Galvanisierung 302
Gama, Vasco da 43
Gambia 995
Gandhi, Maganlal Khushalchand 399
Gandhi, Mohandas Karamchand 396–399, 510, 524 f., 999
Garagen 11, 347, 615, 838, 890 ff.
Garbo, Greta 376
Gardinen s. Vorhänge
Garibaldi, Giuseppe 399
Garstang 751
Gärten / Gartenbau 15, 137, 193, 248, 250, 343, 347 ff., 446, 610, 612, 618 f., 624, 641, 677, 701, 880; s. a. Kleingärten
Garzoni, Tomaso 54 f.
Gas / -heizung / -licht 16, 29, 237–240, 243–247, 295, 299, 331, 333, 335, 454, 525, 704, 735, 739, 790, 838, 896, 902 f., 920
Gassman, Vittorio 422
Gath y Chaves (Kaufhaus) 260
Gath, Alfredo 260
Gaulle, Charles de 434
Gaultier, Jean-Paul 648
Gebersheim 63
Gebrauchtwaren / -handel 504, 883 ff., 887, 889; s. a. Secondhand
Gefilte Fisch 805
Gelsenkirchen 752
Geltungskonsum 27, 304 f., 310, 971
Gemälde 50 ff., 56 f., 74 f., 80, 82, 86 ff., 176, 188, 196, 198 f., 302
Gender Studies 17, 434
General Electric 384, 668
General Motors 551
General Social Survey 822, 1039
Genf 48, 160
Genossenschaften 154, 210–213, 217, 258, 275–278, 367, 370, 381, 387, 394, 412, 467 f., 486, 494, 529, 639, 767, 774
Gent 763
Genua 40, 46, 49
Georg V. 191
Georgia 700
Georgien 419
GEPA 759
Gera 268
Gershuny, Jonathan 976
Geschenke 11, 14, 41, 53, 57, 60, 85, 100, 168, 189, 192 f., 343, 445, 447 f., 485, 497, 504, 514, 517, 519 f., 527, 579, 655 ff., 679, 694, 707, 716, 790, 795, 798 f., 826, 880 f., 885, 956
Geschirr 47 f., 50 f., 53, 58, 68, 80, 82, 86–89, 106, 120–123, 133, 142, 149, 152, 197, 276, 281, 335, 442, 515
Geschmack 12, 15, 17 f., 23, 73 f., 82 f., 112 f., 116, 126, 132, 145, 147, 149 f., 158, 162, 171, 197, 207 f., 224, 227, 260, 274, 278, 296 f., 300, 303, 355, 357, 360, 366, 397, 408, 426 f., 446, 448, 453, 462, 464 f., 492, 495, 508 f., 520, 584 ff., 588, 622 f., 647, 695, 724, 729 ff., 739, 807–810, 812 f., 818, 833, 916
Geschwindigkeit 591 ff.; s. a. Beschleunigung
Gesellschaft für Konsumforschung 389
Gesolei-Ausstellung 340
Gesundheit / -sausgaben 14, 26, 201, 239, 248, 279, 298, 337, 342 f., 381, 407, 436, 484, 501, 575, 667, 671, 678, 684, 701, 703, 708 f., 715, 717–722, 724, 735, 741 ff., 756, 776, 795 f., 803, 842, 846, 850
Getreide 45 ff., 67, 72, 79, 101, 125, 173, 199, 216, 226, 367, 492, 768, 803, 811, 873, 920
Gettysburg 384
Gewerkschaften 12, 202, 213, 217, 280, 348, 367, 372, 410, 412, 460, 602, 611, 637, 639 f., 664, 698, 702, 706 ff., 710–713, 715, 725

Gewürze 39, 42 f., 46, 132, 189, 233, 275, 811
Ghana 12, 179, 465, 525, 772, 776, 793, 797, 824, 878, 880
Gide, Charles 211
Giedion, Siegfried 972
Gierek, Edward 447
Gil, Gilberto 472
Gilchrist, Frank 700
Gilman, Charlotte Perkins 306
Giscard d'Estaing, Valéry 736
Glas 47, 72, 77, 84, 128, 134, 169 f., 198, 219, 259, 263, 271, 280, 282, 297, 335, 395, 498, 818, 839, 841, 845 f., 848 f., 853, 857, 859 ff., 870, 890, 910; s. a. Altglas
Glasgow 89, 251, 282
Glass Manufacturers' Federation 860
Glazar, Nathan 404
Globalisierung 165 f., 185, 191, 210, 216, 259, 473, 525, 737, 760 f., 775, 782, 786, 802, 824
Glück 141 f., 144, 244, 268, 320, 342, 408, 415, 419, 433, 447, 587, 605 f., 608 f., 670 f., 1010
Glücksspiel 215, 291, 378, 485, 534, 609, 627
Glühbirnen 853
Go-Daigo 509
Godbey, Geoffrey 595
Goethe, Johann Wolfgang 409, 809
Gold 54, 56 f., 61, 64, 71 f., 98, 114, 179, 185, 189 ff., 486, 513, 879
Golden Age Club 672, 674
Golden Ager 647; s. a. Senioren
Golden Tours 683
Goldie, George 182
Goldküste 170, 218
Goldschmidt 858 f.
Goldthorpe, John 460
Golfarbeiter 491
Golfstaaten 510
Goodall, Chris 1048
Goolwa 592
Göring, Hermann 390
Gossen, Hermann Heinrich 429
Göteborg 352, 709
Göttingen 770
Grammophone 282, 299, 321, 335 ff., 351, 354, 357, 392 f., 395; s. a. Plattenspieler
Gramophone Company 351
Granite City 704
Grapefruits 517
Graue Energie 902 ff.
Graue Panther 679
Grazia, Victoria de 411, 467
Green Bay Packers 702
Greenspan, Alan 567
Grenznutzen 206
Grey, Edward 237
Griechenland 27, 341, 454, 471, 554, 571, 609, 716, 792, 800 f., 809 f., 866, 918, 1001, 1015
Grieve, T. R. 859
Grimm, Brüder 841
Groningen 83, 849
Großbritannien 11, 14 f., 17, 23–26, 32, 38 f., 41, 44 ff., 60, 62, 64, 68, 78, 83–89, 91–94, 96, 98–108, 110 f., 113, 117 f., 120 f., 125–129, 133–137, 141, 145 f., 148, 150–154, 158 ff., 164 f., 167–180, 182, 185–200, 202, 206, 210, 212–224, 227–233, 237, 242, 245, 247, 249 ff., 253 f., 264, 267 f., 276 f., 280 f., 285, 295, 300, 303 f., 316, 324 f., 327, 330 f., 336, 340, 357, 360, 367 f., 371, 375, 377 f., 381, 396 f., 400–403, 405, 409–412, 414, 418, 420, 426–430, 436, 454, 459, 464, 467 f., 470, 473 ff., 478 f., 484, 487, 498, 505, 510, 523 f., 529, 534, 536, 546–550, 552, 555 f., 558 f., 561, 563 f., 567–571, 573–580, 584 f., 602 f., 612–617, 620 f., 633–641, 643, 648, 653, 655, 661, 663, 676 f., 680 ff., 684 ff., 698 f., 702, 705, 710, 712 f., 716, 720, 722 ff., 731 ff., 735, 739–742, 744–749, 752–759, 764–769, 771, 773 ff., 778, 780–783, 788 f., 791 f., 800 ff., 805 ff., 810, 812, 814, 818, 821, 835, 841, 844 f., 848 ff., 854–861, 864–868, 872 ff., 876, 880 f., 884 f., 894, 896, 900 ff., 905, 907–910, 917, 926, 935, 937, 953, 973, 976, 991, 1002 ff., 1007, 1011, 1015 f., 1023, 1027, 1030, 1033, 1038, 1043, 1045 f., 1048
Große Rationalisierungsausstellung 413
Großer Kanal (China) 66, 241
Großer Sprung nach vorn 505
Grossmith, George 306 f.
Grossmith, Weedon 307

Grundtaschengeld 679
Grüne Revolution 491 f.
Grünen, Die 865
Gu Qiyuan 69
Guadeloupe 233
Guangdong 70, 72, 879
Guangzi 67
Guatemala 112, 776, 795, 959
Guayaquil 220
Guicciardini, Piero d'Agonlo 50
Guinea 173, 175, 181, 953
Guiyu 879
Gujarat 40, 93, 190, 511, 769
Gummi 171, 179, 210, 301 f., 704
Gupta, M. K. 523
Gutmann, Bruno 184

H

Haarlem 79, 83
Haber, Fritz 847
Habermas, Jürgen 119, 131
Hagin, Kenneth 819, 824
Haiti 126, 791 f.
Halal-Produkte 830
Halbwachs, Maurice 374
Hall, Granville Stanley 290, 669 f.
Halle 208
Haltbarkeitsdaten 876
Hamburg 225, 241, 275 f., 293, 371 f., 378, 415, 471, 628, 703, 746, 780, 845, 850, 879, 961
Hamburger SV 828
Hamilton 237
Hamilton, John Potter 230
Hammersmith 676, 680
Hanada Mitsue 490
Handtaschen 29, 537, 587 f., 661, 913
Handwerker 47 ff., 51, 58, 61–65, 67, 69 f., 73, 84, 89, 95 f., 103, 132, 142, 149, 153, 190, 212, 216, 269, 289, 302, 332, 348, 469, 507, 888 f., 977
Handys 520, 620 f., 628 f., 643, 659, 797, 885 f., 893 f., 918, 921, 924 f., 1047; s. a. Smartphones
Hangzhou 66, 69, 241, 400
Hannover 254
Hansen, Karen 884
Hanway, Jonas 124
Harber, Philip 802
Harbin 497
Harlesden 800
Harrison, Thomas 86
Harrison, William 84
Harrods (Kaufhaus) 260 f., 269, 274
Haschisch 193
Hassan, Muhammad 831
Hastings 206
Hastings, Warren 187
Hausarbeit 292, 305, 338, 341, 345, 347, 359, 423, 598 ff., 604, 606 f., 610 f., 613 f., 619 f., 626, 644, 655, 659, 729, 977
Häuser / Hausbesitz 12, 149, 172 f., 176, 178, 192, 196–199, 240, 248 f., 251, 253, 299, 309, 312, 315 f., 318–329, 332 f., 336, 346, 350, 360, 375 ff., 390, 407, 413, 423, 440, 455, 457, 460, 486 f., 489, 497, 499, 505 f., 511, 513, 523, 534 f., 549, 553 f., 557, 566, 568, 570, 572 ff., 580, 583, 588, 695, 704, 721, 789, 794 f., 798, 825, 900, 902 f., 907, 1003, 1007; s. a. Wohnen
Hausfrauen 41, 93, 151, 194, 212, 226, 235, 243 f., 272, 297 ff., 306, 328, 334 f., 337, 339–345, 348, 367, 369 f., 380, 383, 392, 395, 402, 412 ff., 457 f., 487, 489, 508, 515, 519, 528 f., 547, 630, 699, 734, 766, 785, 836, 942
Haushaltsabfälle 839–842, 847 ff., 852, 854, 863, 865 f., 871, 878, 895, 910
Haushaltsgeräte 12, 25, 243, 314, 329 f., 337–340, 344–347, 350, 384, 390, 424, 440, 444, 450, 490, 509, 511, 515, 519, 550, 599, 681,

696, 711, 793, 831, 870, 881, 888, 891, 895, 903–908, 922, 925
Haushaltsrevolution 329, 341, 345 ff., 350
Haushaltsstudien 201 f.
Hausierer 94, 106, 129, 257, 273, 275 f., 278 ff., 483; s. a. Fliegende Händler, Straßenhändler
Hausmüll s. Haushaltsabfälle
Haussa 112
Haussmann, Georges-Eugène 266, 275
Haustiere 37 f., 77, 142, 144, 187, 189, 618, 819, 874
Hauswirtschaft / -sbewegung 342, 351, 359, 385 f., 875
Hava 233
Havel, Václav 447
Havighurst, Robert James 669 ff., 1019
Hawaii 203, 808
Hedonismus 16, 22, 119, 268, 389, 424, 436, 663, 809, 818
Heidegger, Martin 313 ff., 322, 339, 350, 447, 508, 972
Heilongjiang 496
Heimatüberweisungen 448, 791–799, 1035
Heimwerken 163, 348 f., 352, 411, 507, 610, 619, 624, 641
Heinrich VIII. 60
Heizen / Heizungen 29 f., 238, 243, 326 f., 332, 404, 455, 838, 906 f., 925, 929, 937, 984
Hellmann, Ellen 337
Helsinki 255, 473, 745
Henkel 339 f., 389 f.
Henning, Richard 449
Henze, Hans Werner 431
Herde 28, 321, 331–334, 337, 404, 739, 790, 838, 984
Heritage USA 820
Herzog, Herta 358
Hessen 786
Hessler, Julie 979
Hewes, Amy 344
Hierarchien, soziale 17, 20, 59 f., 73, 192, 216, 304, 408, 419, 444, 448, 460, 463, 465, 502, 512
Hildesheim 353, 770
Hilferding, Rudolf 163
Hinduismus 180, 193 ff., 198, 510 ff., 518, 823
Hippies 433, 438
Hippokrates 116
Hitachi 716, 798
Hitler, Adolf 24, 168, 267, 298, 363, 387, 414
Hobbes, Thomas 131
Hobbys 15, 28, 306, 343, 347 ff., 352, 442, 444, 610, 612 f., 618 f., 632, 666, 668, 671, 677, 686, 688, 693, 705, 709, 729, 812, 888, 914, 918, 922
Hobhouse, Leonard Trelawny 429
Hobson, J. A. 163, 214 f., 217 f.
Hochzeiten 20, 54, 56 f., 60, 63, 72, 193, 195, 203, 347, 485 ff., 495, 497, 514, 536, 794 f., 799
Hodson-Zentren 672
Hofer, Karl 233
Höflichkeit / -skultur 147, 149 f.
Hoggart, Richard 663
Holbach, Baron d' 137
Holdaway, Bernard 855
Hollingshead, August B. 664
Hollywood 284, 378, 466, 471, 508, 650, 884
Holyoake, Georg Jacob 277
Holz 40, 336, 903
Home Owners' Loan Corporatioon 554
Honduras 231
Honecker, Erich 25, 443, 446, 448
Hongkong 471, 483, 510, 768, 798, 810, 884
Hongwu 71
Honig 273
Hooper, I. G. 172
Hoover, Herbert 316–319, 321, 346, 382, 505, 651, 852 f., 867
Hordern, Anthony 260
Horkheimer, Max 130
Horta, Victor 259
Horten 890 ff.; s. a. Messie-Syndrom
Houghton, John 134
Houston 821
Huber, Antje 679
Huddersfield 769
Hudson River 845
Huebler, Douglas 855

Hufeisensiedlung 297 f.
Huis Ten Bosch 632
Huizhou 67
Huizinga, Johan 379 f.
Humanismus 52, 132, 136
Hume, David 138 ff., 143, 162, 553, 760
Hung, Familie 77
Hunger 24, 158, 363, 371, 485, 492, 502, 723, 735, 761, 767 f., 771 ff., 785, 805, 873, 876
Hunstanton 86
Hurst, Erik 1009
Hurtigruten 685
Hutt, William Harold 381
Hypochondrie 145 f.
Hypotheken 25, 543, 548 f., 554, 563, 566, 569–573, 578, 588, 697, 713, 721, 745, 917, 1001, 1004
Hyundai 714

I

Iceland 639
Ichimin, Tago 343
IKEA 506
Illinois 273, 674, 700, 704, 821, 890
Immobilienbesitz s. Häuser
Imperial Postal Order Service 792
Imperialismus 32, 105, 163, 165 f., 169, 176, 181, 183 f., 186, 192, 199, 210, 214 f., 217 f., 226, 229, 231, 234, 237, 365, 396 f., 402, 430, 441, 509 f., 830, 867
Indian Hill 700
Indian Terrain 511
Indiana 331, 375, 704
Indien 15, 23 f., 32, 40–45, 82, 86, 92 ff., 96, 98, 102, 106, 108, 128, 132, 165 ff., 170 f., 175 f., 180, 186–199, 219, 229 f., 357, 396, 399, 478–481, 483, 486, 491 ff., 498 ff., 502, 504 f., 510–514, 518, 521–528, 536 f., 692 f., 725, 737, 767, 769, 791 f., 799–802, 806, 810, 877, 889, 993
Indigo 191
Individualität / Individualismus 18, 20, 22, 27, 29 f., 54, 58, 63, 78, 135 f., 143, 185, 210, 242, 265, 296, 301, 303, 317 f., 412, 423, 449, 460, 496 f., 511, 514, 516 f., 682, 694, 697, 732, 739, 823
Indonesien 45, 509, 833
Indore 513, 995
Industrialisierung 87, 102, 105, 158, 169, 184, 224, 289, 299, 478, 487, 505, 609, 698, 703
Industrielle Revolution 23, 40, 66, 101 f., 104, 218, 329, 478, 548, 949
Inflation 53, 105, 367, 371, 490, 556, 562, 672, 721, 832
Informations- und Kommunikationstechnik (IKT) 797, 922, 924 f.
Infrastruktur 30, 527, 718, 838, 902, 907, 922, 927
Insolvenzen 561, 577–580
International Alliance of Patient Organisations (IAPO) 1030
International Basic Economy Corporation (IBEC) 467
International Co-operative Alliance 278
International Organisation of Conbsumers Unions (IOCU) 737
International Solid Waste and Public Cleaning Association 1042 f.
Internationaler Währungsfonds 832
Internet 464, 474, 593, 643 f., 657 f., 685, 826, 880 f., 883, 919, 922–925
Intershops 448
Iowa 690
iPhones 621
Irak 829
Iran 827 f., 830; s. a. Persien
Irland 93, 158, 202, 286, 682, 720, 724, 731, 755, 767, 802, 804 f., 816, 822
Islam 815, 827–833
Islamischer Staat 829

Island 724
Isle of Wight 125
Iso 431
Israel 429, 830
Istana 533
Istanbul (Konstantinopel) 62, 122, 258, 286, 832
Italien 23 f., 39 f., 46–58, 68, 75, 78, 84 f., 91, 100, 128, 158, 222 f., 234, 241, 277, 288, 327, 357, 403 f., 406, 412, 417 ff., 422, 428 f., 433, 459, 467–472, 474, 498, 500, 517, 548, 554 ff., 560, 563 f., 568 f., 572, 588, 603, 620, 643, 667, 678, 682, 685, 716, 724, 726, 730 f., 745, 754 f., 770, 778, 780, 783 ff., 787, 791, 795, 801–806, 808 ff., 816, 822, 857, 868, 871, 918, 1012, 1015 f., 1022, 1029
Itôchû 689

J

Jachten 29 f., 312, 376, 582 f., 913
Jackie 418
Jade 38, 72, 74 f.
Jaguar 584
Jahoda, Marie 373 f., 980
Jaipur 522
Jakob II. 137
Jaleel 780
Jalisco 793
Jamaika 94, 110, 126 f., 218 f., 222, 230, 791, 815
James I. 85
James, Henry 309 ff., 313, 619
James, William 309, 311–314, 323, 339, 385, 408, 629, 822, 971 f.
Jangtse 66 f., 102, 127 f., 495
Japan 14, 24, 26, 40, 42, 70, 77, 122, 148, 195, 223, 242, 244, 276 f., 298, 324, 330, 334, 338, 342 f., 357, 400, 403, 412, 428 f., 472, 477–483, 487 ff., 494, 496, 498–502, 508 ff., 515 f., 518 f., 521, 528 ff., 533, 535 ff., 544, 549, 556, 559 ff., 563 f., 568 f., 571, 573, 577 f., 584, 592, 630 ff., 653, 657 f., 665, 678, 680, 687–692, 694, 713 f., 716, 718, 720, 725, 727 f., 755, 784 ff., 808 f., 826, 841, 860, 865 f., 869–872, 889, 902, 915, 938, 945, 1015
Java 222, 233, 352, 772
Jazz 324, 354, 356 f., 392, 406, 419 f., 438, 471, 508, 624; s. a. Musik
Jeans 416, 438, 441, 446, 584
Jefferson, Thomas 222
Jefremow, Awdotja 273
Jemen 110, 117, 792, 800
Jena 546
Jesus Christus 56, 397, 816
Jevons, William S. 13, 205 ff.
Jhalawar 526 f.
Jiangnan 67, 69 f., 949
Jianning 73
Jin-Dynastie / -Kultur 74
Jingdezhen 67, 69, 122
Johannes Paul II. (Papst) 813
Johannesburg 336 f.
Johnson, Lyndon B. 407, 669
Jollyboys 86
Jonai 689
Judentum 65, 272, 387 f., 401, 426, 674, 801 f., 805 f., 826
Jugendherbergen 662, 712
Jugendliche / Jugendkultur 17, 120, 188, 290–293, 370, 375, 390, 406, 415–421, 428, 430 ff., 438, 442, 445 f., 448, 465, 471, 496, 508, 516, 542, 634, 647, 656, 661–666, 675, 694, 729, 823, 918, 942
Jugendzeitschriften 418, 420; s. a. Zeitschriften
Jugoslawien 791, 810
Junge Pioniere 868
Jungferninseln 959
Justinian 54
Juwelen 168, 236, 818
Jyväskylä 473

K

Kabwe (Broken Hill) 315
KaDeWe (Kaufhaus) 431
Kaffee 15, 23, 44, 86, 109–114, 117–121, 124–127, 134, 146, 163, 172 f., 175, 210, 216, 218, 221–230, 233 f., 273 f., 402, 454, 617, 752 f., 756 ff., 760, 768, 770, 772, 775 ff., 802 f., 805, 808 f., 868, 947, 959, 961, 1032
Kaffee-Messmer 233
Kaffeehäuser 109, 111, 117–120, 126, 140, 147, 228
Kaffeemaschinen 322, 344
Kahneman, Daniel 606
Kairo 40, 50, 112, 236, 272, 274 f., 328, 336 f., 400 f., 430
Kaiser-Bier 481
Kaiser's Kaffee 335
Kakao 40, 109–114, 116–120, 163, 175, 179, 220–223, 225 ff., 232 f., 759, 772, 776, 809, 914, 955, 961
Kalabrien 404, 786, 803
Kalifornien 334, 377, 414, 574, 638, 683, 686, 904 f.
Kalkutta 186, 195, 197 f., 504, 808
Kallen, Horace 386 f., 981
Kalter Krieg 24, 30, 363 f., 402, 411, 423 f., 441, 724, 729, 767, 867
Kambli, Konrad 161
Kambodscha 917
Kamelott 60, 86, 90
Kamerun 181, 220, 336, 772
Kames, Lord 140
Kanada 91, 204, 231, 274, 285, 330, 338, 563, 569, 577, 592, 600, 636, 638, 655, 682, 721, 724, 755, 766, 854, 917, 960, 1002, 1024
Kanaren 110
Kant, Immanuel 131, 315, 949
Kantinen / -essen 224 f., 369 f., 700, 710, 713 f., 725
Kanton 38, 67, 123
Kapern 44
Kapitalismus 14 f., 21, 24 f., 38, 45, 83, 130, 154 f., 158, 163, 213, 218, 235, 257, 266, 277, 308, 364, 372, 381, 384, 393, 426, 430, 437, 439, 441, 453, 504, 518, 548, 587, 625, 706, 716, 721, 752, 774, 779, 787, 813, 867, 869, 873, 916, 960
Karibik 168, 222, 770
Kartoffeln 782, 802, 805
Karstadt (Kaufhaus) 268
Kaschmir 806
Käse 79, 84, 102, 197, 224, 226, 229, 782, 787 f., 874
Kassetten / -rekorder 494, 619, 831
Kastensystem 195, 198, 399, 422, 508, 510, 512 ff.
Kastilien 91, 107
Kataloge 273 f., 281, 296, 411, 439
Katalonien 105
Katona, George 456, 459
Kattun 86, 92, 103, 108, 170
Käuferbünde / -verbände 210, 212, 366, 746
Kaufhäuser 15, 31, 204, 210 f., 230, 236, 240, 256–278, 280 f., 288, 296, 303, 348, 352, 392, 394 f., 401, 425, 430 ff., 437, 457, 459, 517, 531 ff., 550, 640, 650, 704, 713, 748, 820, 853, 923, 964
Kaufhausromane 263
Kaugummis 508
Kaufkraft 14 f., 106, 199 f., 202, 290, 328, 378, 382 ff., 387, 414, 417, 478, 480, 492, 536, 549, 636, 648, 689 f., 703, 925, 929
Kaufrausch / -sucht 27 f., 435, 574, 647, 796
Kaugummis 805
Kavalli 231
Kekkonen, Urho 562
Kellogg's 690
Kelly, Florence 211
Kenia 218, 227, 402, 793, 797, 800
Kennedy, John F. 407, 521, 734 f., 737 f.
Kent 87, 106
Kentucky 285
Kentucky Fried Chicken 698
Kerala 491, 510, 513

Keramik 48, 51, 82, 84, 97, 120–123, 128, 167, 845
Kerosin 901
Kerzen 13, 82, 89, 102, 105, 172, 199, 244
Keynes, John Maynard 380 f., 564, 573, 597, 601, 604, 721, 980, 1003, 1009
Khadis 397 ff.
Khan, Salman 514
Khat 112, 227 f.
Kiautschou 400
Kiichi, Miyazawa 516
Kimonos 482
Kinder / Kindheit 49, 69, 77, 104 f., 113, 143, 156 ff., 182, 196, 198, 212, 226, 255, 260, 283–286, 290 f., 293 f., 309 f., 322, 329, 337, 340 f., 345 ff., 352, 354 f., 374 f., 383, 409, 413 f., 416, 420, 441, 443, 445 f., 450 f., 456 ff., 488, 494–497, 501, 504, 507, 511 f., 518 f., 526, 532, 545, 547, 559, 579, 599 f., 603 f., 616, 622, 626, 639, 647–659, 667, 669 f., 691 f., 695 f., 725 ff., 729, 762, 830, 846, 879, 1014
Kinderbanken 559
Kinderbetreuung / -erziehung 69, 345, 347, 358, 443, 572, 599, 606 f., 610, 626, 696, 711, 715, 725, 821, 1009, 1028
King, Gregory 85
King, Martin Luther 434
Kinos 15, 195, 282–293, 295 f., 365, 373, 375 ff., 379, 390 f., 409, 416 f., 419, 438, 457, 465 f., 474, 483, 504, 508, 623 f., 631, 634, 636, 650, 662 ff., 671, 674, 676, 678 f., 701, 710, 790, 827 ff., 923, 1014
Kipling, Rudyard 169
Kirkgate Market 278 f.
Klagenfurt 591
Kleenex 847
Kleiderschränke s. Schränke
Kleidung 11, 13, 15, 20, 23, 27, 37–45, 48 ff., 53 f., 56 f., 60–64, 67, 69 ff., 75 f., 79, 81, 84, 86, 88–91, 94–100, 103, 107, 128 ff., 135, 137 f., 141, 147 f., 150, 152 ff., 156 f., 161, 167–172, 174, 176–182, 185 f., 188, 190 f., 194 f., 197 ff., 201–204, 209, 211, 216, 230 f., 239, 246, 256, 258, 260, 269 f., 272–276, 312, 315, 318 f., 325, 330, 337 f., 341, 343, 345, 350, 354, 366, 370, 373–376, 378, 394, 396–401, 406, 416, 418, 424, 430 ff., 441 f., 445–448, 451, 455 f., 463, 465, 482, 485 f., 489, 491 f., 495 f., 505, 508, 511 ff., 515, 532, 535, 558, 571, 574, 584, 605, 639, 643, 648–651, 655 f., 661, 664, 670, 680, 682, 693, 705, 728, 762, 765, 776, 790, 792, 795 f., 798, 821, 825, 827 ff., 832, 835, 844, 853, 856, 864, 866, 878, 883 ff., 887, 907 f., 919, 922, 924, 929, 935; s. a. Altkleider
Kleingärten 348 f., 373, 416, 976; s. a. Gärten
Kleptomanie 265
Klimaanlagen 16, 29, 326, 433, 457, 467, 480, 510, 820, 906, 928
Klimawandel 747, 855, 873, 876, 898
Klopp, Jürgen 752
Knöpfe 78, 80, 99, 177
Knossos 841
Knox Hat Company 661
Kochen 15, 28, 238, 334 f., 337, 340, 345, 347, 359, 445, 462, 504, 506, 607, 619, 788, 804, 812, 875
Kocher, Emil Theodor 161
Kognak 219
Kohle 100, 134, 167, 200, 208, 243, 245, 369, 838, 897 f., 900, 920
Kohlendioxid 12, 30, 717, 748, 871, 873, 895, 898, 901, 910, 926, 928, 937
Kohler Company 321
Kohler, Walter 321
Kohorteneffekt 681
Kolanüsse 112, 177, 179, 228
Kollektivierung / Kollektivismus 370, 444, 460, 496
Köln 280, 293, 340, 427, 702
Kolonialwaren / -läden 222, 228, 233, 275, 427
Kolonien / Kolonialismus 15, 24, 32, 38, 87, 90, 100, 107, 110 f., 113 f., 116, 119, 123, 125–128, 134, 143, 145, 152, 164–169, 171, 173–177, 181 f., 184 ff., 191 f., 194, 196–199, 210, 217–222, 226, 228, 231, 233 f., 242, 309, 322, 336, 365, 396, 402, 413, 465, 481, 489, 510, 629, 635, 684 f., 697, 766 f., 769, 772, 774, 791, 801, 850 f., 916, 959 f., 977

Kolumbien 221, 230, 877
Kolumbus, Christoph 164
Kommunalsozialismus 246
Kommune I 431 f.
Kommunismus 24, 30, 157, 387, 392, 394, 412 f., 424, 441, 446, 530–534, 580, 619, 630, 714, 744, 799, 814, 866, 868, 918
Kommunistische Partei (China) 501, 503, 519
Kon Wajiro 482, 508
Konformität / Konformismus 17, 302, 357, 360, 385, 421 f., 475
Konfuzianismus 519 f.
Konfuzius 519
Kongo 629 f.
Königsberger System 550
Konservativismus 154, 213, 215, 227, 263, 321, 327, 403, 412, 420, 434, 456, 460, 727, 740, 861
Konservendosen 290, 370, 858 f., 870
Konstantinopel s. Istanbul
Konsumentenkredite s. Kredite
Konsumentensouveränität 206, 381, 927 f.
Konsumentenvereine / -schutzvereine 246, 248 f., 999
Konsumgesellschaften 14, 23 f., 38, 103, 122, 186, 200, 229, 311, 363 f., 404, 409, 421, 430, 432 f., 436 f., 484, 501, 503, 536, 579, 593, 601, 637, 681, 690, 695 f., 701, 719, 771, 888, 906, 915 f., 919, 921
Konsumismus 16, 19 f., 150, 175, 210 ff., 304, 318, 320 f., 327, 337, 349, 359, 364, 375, 388, 390, 393, 404 f., 407 f., 413, 422, 438, 447, 466, 477, 496, 501, 510, 512, 514, 518, 530, 573, 577, 754, 813, 864, 912, 922
Kopenhagen 44, 294, 778, 841
Koreakrieg 411, 673, 724, 984
Koromandelküste 40, 93, 98
Korsika 403, 712
Kosinzew, Grigori 391
Kosmetika 70, 339, 387, 418, 457, 463, 484 f., 498, 827–830, 853, 855, 922
Kracauer, Siegfried 284
Kraft durch Freude (KdF) 388 ff., 713
Krankenhäuser 17, 408, 504, 523, 698, 714 f., 717, 722, 732 f., 742, 747, 749, 785
Krankheiten 12 f., 239 f., 243, 278, 336, 342, 409, 546, 574, 669, 678, 687, 708 f., 725, 826, 846, 927
Krasnojarsk 715
Kredite 12, 15 f., 20, 24 f., 31, 54, 97, 130, 270, 279, 319, 324, 373, 378, 388, 425, 439, 448, 459, 466, 484 ff., 489 f., 493, 499 f., 541 ff., 545–559, 561 ff., 566–572, 574–581, 588 f., 656, 721, 864, 914 f., 994, 1001 f.; s. a. Schulden
Kreditkarten 22, 435, 499 f., 543, 545, 548 f., 552, 563, 566 ff., 570, 573–578, 648, 697, 916, 1004
Kriegssozialismus 367, 369
Kristall 30, 170, 442, 498
Kristinedal 709
Kroatien 866
Krueger, Alan 606
Krupp 225, 698 f., 715
Krupp, Alfred 699
Kuba 167, 222 f.
Küchen 28, 50, 197, 255, 297 f., 301, 319 ff., 324, 326, 329, 332–335, 343, 345, 347, 360, 390, 411 f., 439 f., 506, 508, 514, 606, 617, 883, 900, 908 f., 974
Kühlschränke 279, 314, 321, 326, 330, 335, 339, 344, 374, 378, 403 f., 407, 409, 411, 437 f., 444, 450 f., 467, 477, 491, 493 ff., 504, 509 f., 513, 520, 554, 583, 705, 721, 793, 831, 835, 870, 874 ff., 879, 881, 894, 902, 906 ff., 921, 925, 984
Kulturhäuser 728 f.
Kulturrevolution 496, 507, 531, 660
Kundendienst 449, 498, 745
Kunststoffe 443, 701, 835, 839 ff., 849, 854, 862, 864, 870, 872, 877 ff., 1044; s. a. Plastik
Kunzelmann, Dieter 432
Kupfer 42, 93, 121, 219, 836, 853, 878 f., 895, 902
Kuwait 491
Kyoto 481, 483, 657
Kyrk, Hazel 319, 386

L

La Flèche 139
La Roque, Jean de 120, 124
Labour Party 277, 406 f., 412, 460, 465, 732 f., 740, 742, 860
Lada 449, 989
Ladenöffnungszeiten / -schlussgesetze 445, 467 f., 500, 636–643, 927, 1016
Lady Guide Association 267
Lagerung 880, 890 ff., 908
Lagos 889, 1047
Lahire, Bernard 464
Laichingen 63
Lambretta 363
Lampen s. Beleuchtung
Lancashire 182, 189, 191, 751, 844
Landwirtschaft 41, 45 f., 67, 70–73, 76, 79 ff., 84, 98, 102, 105, 138 f., 159, 176 ff., 182 ff., 202 f., 208, 220 f., 224, 273, 277, 308, 369 f., 383, 483 f., 486 f., 491 f., 494, 512, 515 f., 526, 725, 756, 760 f., 766, 768, 775–788, 841, 843, 847, 849, 852, 945
Lang, Olga 483, 495 f.
Lange, Cornelis Pieters de 80
Lao She 256
Las Vegas 683
Laslett, Peter 1022
Lateinamerika 112, 128, 235, 238, 468, 472, 635, 770, 823, 832, 844, 902
Latour, Bruno 131
Lawson, George Letty 176
Lazarsfeld, Paul 355 f., 358, 373 f., 980
Le Corbusier 701
Le Creuset 699
Le Havre 233
Le Play, Frédéric 201
Le Strange, Alice 86
Le Strange, Hamon 86
Lears, T. J. Jackson 308, 971
Lebensmittel s. Nahrungsmittel
Lebensstandard 24, 30, 84, 100 ff., 143, 148, 152, 166, 176, 179, 200, 202 f., 208, 213, 215 ff., 276, 318, 321, 369, 374, 376 ff., 384, 387, 409, 411, 413, 447, 474, 553, 642, 719, 735, 767, 811, 849, 898, 915, 927, 945
Lebensstilbüros 535
Leder / -waren 62, 84, 190, 195, 818, 868, 895
Leeds 238, 460, 739, 848
Leeuwarderadeel 81
Lefebvre, Henri 279, 281 f., 436
Legrand d'Aussy, Pierre Jean-Baptiste 124
Leiden 79, 132, 146
Leinen / -zeug 48 ff., 53, 64, 79 f., 86, 91 ff., 95, 108, 170, 197, 273
Leipzig 254, 411, 448, 450
Leisure World 686
Leiterplatten 878 f., 885
Lenin, Wladimir Iljitsch 163, 214, 391, 393
Leningrad s. St. Petersburg
Lepanto 59
Les Grands Magasins du Louvre (Kaufhaus) 966
Leslie, Cliffe 958
Lesotho 791
Levante 46, 59
Lever Brothers 340, 699
Levine, Harry 672
Levi's 188
Levitt, R. A. H. 739
Lewis, Sinclair 321, 323
Lewis's (Kaufhaus) 269
Lexington 285
LG 714
Li Dou 72
Liberalismus 16, 20, 30, 105, 159 f., 165 f., 201, 210, 220, 249, 303, 371, 403, 437, 512, 531, 765, 771
Liberty (Kaufhaus) 303, 829
Liebknecht, Wilhelm 157
Lifestyle 499, 514, 516
Liga für die Reform des Alltagslebens 342 f.
Ligon, Richard 44

Ligue Sociale d'Acheteurs 210, 216
Lille 254
Lima 112
Limba 178
Lin Sumen 37 f.
Lincoln 584
Lincoln, Abraham 384
Lincoln Plating 708 f.
Linder, Staffan B. 615, 618
Lindert, Peter 717
Linoleum 302, 336
Litauen 438
Lithographien 302
Liverpool 87 f., 170, 219, 222, 238, 241, 252, 260, 269, 325, 547 f., 676, 850
Locke, Jihn 653
Lockheed 709
Łódź 447
Lokale Lebensmittel 777–789
Lokomotive Moskau 702
Lombardei 62
London 37 f., 43, 48, 59 f., 84–89, 91 ff., 99, 101, 107, 112, 119, 121, 123, 135, 138, 140, 152, 155 ff., 175, 181, 210, 219, 222, 226, 229 f., 235–241, 243, 245–250, 252 ff., 258–261, 264, 267, 271, 274, 281, 285 f., 300, 303, 307, 323 f., 334, 397, 406, 410, 418, 427, 460, 472, 485, 525, 547, 592, 632, 634, 626 f., 642, 676, 680, 695, 775, 780, 783, 787, 796, 800 f., 806, 843 f., 847, 849 f., 859, 861, 883, 889, 923, 970, 1041
London Missionary Society (LMS) 172 f.
Long Beach 683
Long Island 864
Loose Socks 665
Lorient 92
Los Angeles 11, 496, 658, 789, 871, 891
Lothian 752
Lotto, Lorenzo 96
Louisville 458
Lourdes 820
Lozère 786
Lu Gaojian 70
Lu Ji 136
Lucca 47
Lucknow 186, 189, 193
Lucknow Developing Authority 523
Lueb, Lydia 611
Lugard, Frederick 182
Lumpensammler 841, 843–847, 850 f., 853 f., 868, 877
Lusaka 884
Luton 460 f.
Lüttich 79
Luxemburg 367, 755
Luxus / -güter 17, 19, 28 ff., 39, 42, 46 f., 49, 52, 55 f., 58 f., 62 f., 70, 83, 86, 107, 109, 113, 120, 134, 136–139, 141, 143, 145 f., 151, 153 f., 158, 160 ff., 168, 183, 186, 189 f., 193, 215, 225, 227, 229, 231, 235, 238, 242, 246, 270, 317, 334, 361, 374, 376 f., 388, 393 f., 397, 411, 441, 444, 447, 449, 477, 482, 488, 491, 498, 515, 517 f., 536, 541, 543, 553, 557, 574, 581 f., 586 ff., 683, 717, 723, 759, 818 ff., 825, 827 f., 832, 913, 918, 942
Luxusgesetze 59–62, 65, 90, 93, 96, 141, 186, 444, 484, 913
LVMH (Moët Hennessy Louis Vuitton) 588
Lynd, Helen 331, 346, 375
Lynd, Robert 331, 346, 375
Lyon 224

M

Ma Ying 260
Ma Yueguan 77
Ma Yuelu 77
Maastricht 570
Macao 42
Machida 870

Macmillan, Harold 412
Macy's (Kaufhaus) 348, 394 f.
Maddison, Angus 594 f.
Madeira 110, 389
Madhya Pradesh 492
Madras 399
Madrid 107, 116, 235, 239, 285
Mahagoni 89, 169, 173, 183, 197, 231, 320, 336, 353
Mahdavikia, Mehdi 828
Mahmud II. 401
Mähren 701, 704
Mailand 53, 55, 415, 467, 705
Mais 40, 336, 785, 802
Maison Legras 302
Maisons du Peuple 277
Majoliken 48, 51
Major, John 523, 742
Málaga 684, 810
Malaya 352, 357
Malaysia 45, 509, 559, 737, 830
Malinowski, Bronislaw 428 f.
Mallorca 684
Malls 499, 503, 530, 578, 637, 648, 829; s. a. Einkaufszentren
Malthus, Thomas 158, 214, 491
Malvern 253
Manchester 88, 93, 121, 192, 235, 241, 253, 294, 665, 739 f., 766, 874
Manchester United 702
Mande 178
Mandeville, Bernard 129 f., 135 f., 139 f., 146
Mandschurei 67, 73, 112
Manila 43, 91
Maniok 231
Mann, Hilla 335
Mannheim 288, 464
Manning, Kardinal 816
Mao Zedong 156, 431 f., 483, 491, 494 ff., 503, 520, 531, 535, 630, 659
Maoismus 480
Mappin (Kaufhaus) 274
Marbella 901
Marconi, Guglielmo 352
Marcuse, Herbert 19 f., 422, 424, 432, 436
Maremma 47
Marie Antoinette 782
Marienthal 373
Marinetti, Filippo Tommaso 591, 855
Marken / -artikel 12, 16, 19, 21, 70, 97, 229, 232, 234, 277, 383, 446, 455, 481, 483, 522, 533, 537, 587 f., 648, 655, 660, 762, 780, 786, 788, 828, 912 f.
Marketing 234, 384, 399, 421, 423 f., 427, 648 f., 690, 768, 924
Marks and Spencer 639, 749, 829
Märkte 14, 16, 19, 22, 25 f., 39 ff., 46, 54, 59, 65, 67 ff., 74, 78 f., 86, 106 ff., 123, 189 f., 193, 195, 199, 206, 214, 218, 255 f., 273, 282, 347, 350, 364, 385 f., 400, 410, 420, 424 f., 427, 441, 494, 499, 504, 523, 529 f., 534 ff., 541 f., 545, 580, 582, 587, 599 f., 635 ff., 651, 655, 665, 685, 690, 697 f., 717, 719, 730, 732, 735 f., 738 f., 745 f., 758, 762, 776, 781 ff., 787, 789, 801, 820 f., 832, 887, 889, 916 f., 927
Marktforschung 97, 389, 414, 422 f., 426 ff., 442, 444, 689 f.
Markthallen 257, 278 ff., 282, 371
Marktwirtschaft 22, 381, 412, 556, 579, 744, 887
Marlborough 149
Marmor 72
Marokko 712, 792
Marseille 235, 247
Marshall Field (Kaufhaus) 259, 261
Marshall, Alfred 207 f., 215, 344, 380
Marshallplan 363, 412
Martinique 110, 233
Marx, Jenny 156 f.
Marx, Karl 20, 130, 154–157, 159, 266, 274, 308, 311, 356, 397, 399, 441, 504, 508, 518, 636, 894
Marxismus 19, 163, 215, 355 f., 380, 391, 432, 436, 448, 452, 463, 774, 917
Maryland 90, 726
Maslow, Abraham 364
Mason City 700
Massachusetts 202, 293, 300, 313, 700
Massenkonsum 18, 20, 23, 26, 85, 91, 99, 166, 207, 220 ff., 226 f., 256, 258, 289, 365, 378 f.,

390 f., 403 f., 421, 463, 499, 551, 618, 637, 658, 723, 917 f.
Massenmedien 422, 464
Massey, Douglas 793, 795
Mate 112 f., 116, 230
Materialintensität 896
Materialismus 20, 24, 155, 210, 215, 299, 379, 389, 403, 409 f., 412, 424, 437, 495, 510, 512, 541, 581, 615, 656, 675, 813, 827, 881
Materialströme / -flüsse 894–901, 908
Matija Burji 186
Matisse, Henri 462
Mather, Cotton 137
Matsushita Electric 490, 509
Mattel 648
Max Havelaar 756, 772
Maya 841
McClintock, Anne 232
McDonald's 471, 592, 648, 698, 1023
McKendrick, Neil 23, 38, 97, 103
Mead, George Herbert 971
Medici, Cosimo II. de' 117
Medikamente 426, 484, 504, 574, 717, 734 f., 741
Megachurches 819, 821, 825
Mehta, Pradeep 526
Meiji-Zeit 342
Meißen 121
Mekka 112, 127
Melbourne (Australien) 746
Melbourne (Florida) 684
Mencken, Henry Louis 321
Mendès France, Pierre 435
Menger, Carl 13, 206
Mercedes 431
Merchant Taylors' Company 60
Merkantilismus 125 ff., 164 f., 179, 219 f., 221 f., 228
Merseyside 676
Mesa 821
Mesopotamien 97
Messie-Syndrom 890 f.; s. a. Horten
Messing 74, 85, 120, 122, 189, 197, 300 ff.
Metabolismus 894, 896
Metalle, Metallwaren 40, 45 f., 839, 846, 854, 856, 858, 868, 870, 878 f., 898, 921
Methan 897
Methodisten 182, 817
Mexiko 91, 110, 112, 280, 351, 492, 769, 789 ff., 793, 795, 799, 805, 865, 875
Meyer von Knonau, Gerold 160
Meyer-Ehlers, Grete 335
Mezzogiorno 804
Miami 683, 825
Michigan 661
Midland Bank 558
Miete / -r 50, 105, 120, 159, 197, 202, 238, 243, 249, 251, 253, 316, 318 ff., 323–327, 333, 337, 369, 371, 444, 547, 570, 699, 703, 713, 739 ff., 743, 748, 803, 973
Mietervereine 324, 740 f.
Mietlager 890, 908
Migration 790–793, 795 f., 798 ff., 802, 805, 807, 809 f.
Migros 468
Mikrowellengeräte 28, 347, 788
Militärausgaben 164, 177, 718, 720 f., 724 f.
Milka 233
Mill, John Stuart 205
Millar, John 151
Miller, Henry 457
Mills, C. Wright 583
Milwaukee 805
Ming-Dynastie / -Kultur 15, 23, 38 f., 41, 46, 66 ff., 71, 73, 75–79, 82, 98, 100, 103, 112, 122, 133, 481, 914, 942
Minnesota 321
Mintz, Sidney 110, 219
Mirabeau, Marquis de 138, 159
Missionare / Missionen 110, 112, 116, 169, 171 f., 176, 179, 182 ff., 194, 768 ff., 825, 954
Mississippi River 845
Missouri 570
Mitgift s. Aussteuer
Mittag, Günter 450
Mittelalter 11, 20, 38, 41, 55, 59, 83, 85, 276, 544, 820, 945
Mittelamerika 112, 116, 448
Mittelschicht 32, 91 f., 102 f., 123, 128, 147, 149, 153, 158, 160, 168, 186, 190, 193, 195 f., 201 f., 248, 255 f., 264 f., 299 f., 303, 305, 319, 328,

330, 336, 342 f., 346, 349, 360, 366, 398, 401, 408, 416, 456–460, 465, 478, 490, 502 ff., 511, 524, 526 f., 535, 552, 557, 566, 578, 582, 584, 586 f., 610, 617, 647, 653, 656 f., 686, 693, 713, 732, 812, 815, 832, 891, 901, 928, 954
Mitterrand, François 736
Miyazawa, Kichi 728
Möbel / Mobiliar 20, 49 f., 53, 57 f., 68, 70, 88, 105, 135, 142, 147–150, 153 f., 156, 176, 178, 188 f., 197 f., 244, 260, 275, 277, 281, 298, 300, 303 f., 306, 315, 321, 330, 336 f., 360, 373, 378, 391, 438 f., 442, 466, 483, 491, 495, 497 f., 504, 506 f., 513, 515, 544, 550, 552, 555, 558, 562, 577, 605, 643, 661, 680, 717, 826, 856, 870, 881, 883, 888, 891, 908, 954, 970, 1002
Mobro (Abfallkahn) 864
Mode 17, 25, 37 f., 53, 59, 61, 63 f., 66, 69 f., 73, 84, 90, 95–99, 122 f., 129, 135, 138, 140, 144, 147, 149 ff., 170, 177, 181, 184, 188, 194, 197 f., 212, 230, 265, 270, 274, 278, 296, 336, 351, 374, 395 f., 398, 400, 404, 415, 418, 421 f., 429, 431 f., 438 f., 442, 463, 481 f., 510 f., 545, 592, 648, 650, 660 f., 665, 670, 704, 818, 825, 827, 829 f., 832 f., 836, 853, 855, 880, 883 f., 914, 927 f., 937
Modepuppen 99
Modigliani, Franco 564 f.
Mods 665
Moffat, Robert 172
Mohr, A. L. 961
Mokka 110, 227
Moldawien 791
Mombassa 171
Monarchie 137 f., 149, 159, 379
Monboddo, Lord 143
Mond, Alfred 959
Monopoly 375
Montelupo 48
Montesquieu, Baron de 138
Monti Dauni 778
Montreal 655, 764
Moody, Dwight 816 f., 821
Mopeds 17, 416 f., 445, 663; s. a. Motorräder
Moral 18 f., 21, 30, 32 f., 54, 56, 66, 73, 75, 83, 135, 150, 175, 195, 200, 202, 209, 244, 263 f., 267 f., 290, 379 f., 384, 386, 409, 416, 419, 450, 453, 480, 488, 518, 524, 535, 544 f., 549, 557, 577, 588, 765, 767, 774, 828, 836, 876, 912 f.
Morelia 280
Morga, Antonio de 42
MORI 762
Moritz, Karl Philipp 89
Mormonen 816, 818
Morrisons 759
Moschi 180
Moser, Ameli 161
Moskau 123, 259, 274, 392, 395, 415, 440 ff., 844, 923
Motivationsforschung 422 f., 427
Motorräder / -roller 181, 336, 417, 421, 493, 495, 513, 1011; s. a. Mopeds
Mount Everest 687
MP3-Player 619
Mudugno, Domenico 471
Muir & Mirrielees (Kaufhaus) 259, 261, 274, 395
Mujin-Gesellschaften 276
Müll s. Abfall, Wegwerfen
Müllabfuhr 848, 850 f.
Mülldeponien / -halden 440, 842–845, 849, 851 f., 854, 866, 869, 877, 890 f., 903 f.
Müllpyramide 872
Müllsucher 837, 877
Mülltonnen 845 f., 848, 850, 857, 862 f., 865, 909
Mülltrennung 846 ff., 862, 870, 877, 909
Müllverbrennung / -sanlagen 847 ff., 851 f., 866, 869, 871
Mumbai (Bombay) 190, 201, 203, 398
Mummery, A. f. 214
Mun, Thomas 133
München 269, 570, 760, 777, 809, 1003
Mungia 592
Munice 331, 375
Murano 47
Murray, Gilbert 410
Muscat City Centre 829

Museen 188, 240, 267, 309, 464, 612, 614, 618 f., 623 ff., 636, 678, 717, 729, 855, 1012, 1014
Musik / -instrumente 17, 49, 51, 57, 153, 195, 197, 199, 300 f., 322, 335 f., 351 f., 354–357, 373, 393, 407, 413, 420 f., 429 f., 432, 438, 445 ff., 464 f., 471 ff., 592, 611, 617–620, 622–625, 630, 644, 677 f., 704 f., 715, 729 f., 790, 826, 830, 923, 978; s. a. Jazz, Popmusik, Rock'n'Roll, Tango
Muskat 510
Muße s. Freizeit
Musselin 92, 94
Mussolini, Benito 24, 433, 555, 787, 804
Mustafa III. 62
Mysore 227

N

Nachahmung 20, 28 f., 59, 100, 102 f., 123 f., 130, 163, 223, 360, 448, 503, 513, 559, 586, 884
Nachernteverluste 873
Nachfrage 15, 19, 29, 46, 80, 95, 103 ff., 108, 122, 127, 129, 207, 214, 220, 222, 231, 241, 258, 488, 492, 499, 501, 521, 587, 873, 882, 887, 914, 916, 922
Nachhaltigkeit 26, 33, 315, 592, 903, 911, 919, 924, 927
Nachkriegszeit 409, 414, 424, 426, 428, 453, 490, 558, 583, 642, 664, 682, 690, 713, 733, 743, 914
Nader, Ralph 532, 737 f., 742
Nagoya 870
Nagpur 189
Nähmaschinen 186, 300, 336, 345, 350, 445, 495, 513, 545, 887
Nahrungsmittel 13, 22, 28, 44, 47, 55, 67, 79, 84, 100, 105, 110 f., 121, 125, 147, 174, 176, 182, 193, 201 ff., 214 ff., 223–227, 229, 231 f., 246, 258, 275 ff., 279, 300, 318, 366, 371, 394, 426, 439 f., 454, 467–470, 482 f., 485, 490, 492, 499 f., 504, 512, 515, 525, 528, 532, 547, 575, 617 f., 628, 641 ff., 655, 700, 713, 715, 717, 725 f., 735, 751, 753 f., 759, 761, 773, 776–789, 794 ff., 800 ff., 804 f., 808, 811 f., 827, 835, 838 ff., 842, 845–848, 854, 858, 864, 866, 868, 872–876, 897, 910, 919, 1033 f., 1045
Naidu, Sarojini 398
Nakamuraya (Restaurant) 725
Nanking 66 f., 69 ff., 399
Nasser, Gamal Abdel 401
National Cash Register Company 708
National Consumer Council 736, 748
National Consumers' League 383
National Health Service 698, 717
National Recovery Administration (NRA) 382
National Westminster Bank 567
Nationalismus 159, 163, 194 ff., 226, 228, 264, 365, 396, 398–401, 488 f., 510 f., 518, 529, 533, 536, 662, 727
Nationalsozialismus 267, 313, 315, 365, 371, 387–390, 392, 402 f., 410, 412, 420, 441, 555, 741, 802, 865
Navarra 107
Neapel 471
Nebraska 708
Neckermann 685
Negombo 199
Negri, Pola 376
Negro Act 90
Nehru, Jawaharlal 398, 480, 512
Neid 28, 828
Nelken 45
Neoliberalismus 17, 26, 364, 524, 526 f., 530, 541 f., 638 f., 697, 722, 730, 733, 738, 747, 758 f., 774, 784, 825, 914
Nepal 193, 687, 791, 995
Nero 50
Nestel, Georg Christoph 63
Nestlé 754, 826, 830

Neu-Delhi 101, 493, 499, 513, 527 f., 693, 889, 1033
Neuengland 309, 778, 815
Neureiche 74, 76, 267, 557
Neuseeland 574, 618, 623, 680, 717, 744, 755, 781
New Consumer 759
New Deal 365, 381 ff., 385, 392, 395, 505, 522, 553 f., 700, 706, 725, 981
New Exchange 85
New Haven 656, 803
New Jersey 250 f., 295, 352, 638
New Mexico 778, 789
New Orleans 234
New York 95, 211, 241, 249, 251, 253, 259, 271, 280, 284 f., 288, 290–293, 320, 331, 349, 355 f., 377 f., 383, 386, 394, 408, 421, 433, 440, 456, 510, 550, 553, 603, 661, 672, 674, 683, 685, 776, 778, 803 ff., 816 f., 838 ff., 846–850, 855 f., 864, 882, 889 f., 1028
Newark 250, 252 f.
Newcastle 88, 258
Newcomen, Thomas 100 f.
Newport 583
Nicaragua 109, 112, 233, 772, 775
Niccoli, Niccoló 49
Nickel 878
Niederlande 15, 23, 39, 43–46, 61, 64, 68, 78 ff., 82 ff., 86, 92, 94, 98, 100, 104, 106, 110, 121 f., 128 f., 132 f., 136, 139 f., 145, 148, 159 f., 170, 194, 198, 220, 222 f., 225 f., 233, 285, 316, 327, 334, 353, 379, 416 f., 430, 468, 471, 473 ff., 478, 563, 569 f., 573, 578, 584 f., 602 f., 616, 642, 677 f., 682, 720, 730, 745, 752, 754 ff., 760, 769 f., 772 ff., 777, 783, 818, 849, 864 ff., 938, 1012
Niedersachsen 1002
Nietzsche, Friedrich 290, 592, 760
Niger 174, 176 ff., 182
Nigeria 12, 170, 178, 182, 184, 770, 793–797, 823–826, 878, 954
Nike 758
Nimby 901
Nivea 389
Nixon, Francis 93
Nixon, Richard 440, 726
Nizza 123, 161
Norddeutsche Missionsgesellschaft 183
Nordkorea 815
Nordrhein-Westfalen 685
Nordsee 78, 83
Norfolk 86
North Carolina 864
Norton 700 f.
Norwegen 94, 222, 357, 389, 454, 471, 473 ff., 612 f., 638, 685, 755, 757 f., 783 f., 791, 865, 881 f., 1011
Nottingham 648, 885
Null-Abfall-Index 903
Nullwachstum 912–915
Nürnberg 59–62

O

Oakland 414
Oaxaca 769
Obermaier, Uschi 432
Oberschicht 37, 89, 101, 103, 128, 190, 258, 465, 584, 623; s. a. Elite
Obschtschestwennizy-Bewegung 329
Obsoleszenz 140, 344, 422, 836, 885 f.
Odessa 395
OECD 26, 561, 602, 718, 720, 920 f., 925, 1003, 1027
Offra 170
Ohio 606
Oklahoma 819
Oldenberg, Karl 208
Olearius, Adam 118
Oliven / -öl 44, 782, 803 f.

Ölkrise 433, 435, 441, 628, 773, 857, 860, 886, 899, 904, 908
Oman 829
Omar, Don 583
Ombudsmänner 744 ff.
Onitsha 178
Ontario 406
Onyeani, Chika 184
Oper 456, 585, 618, 622 f., 625, 647, 729, 1014
Opium 102, 150, 191, 193
Opiumkrirge 66, 399
Opodo 177
Oregon 700
Orient 40, 50 ff., 82, 123, 151, 187, 227
Orissa 492
Orlowa, Ljubow 391
Orosdi-Back (Kaufhaus) 272, 401
Ortega y Gasset, José 379
Osaka Watch Company 483
Osibanjo, Oladele 1047
Oslo 301, 784
Ostblock 419, 437 f., 441, 444, 447
Österbotten 473
Österreich 109, 113, 223, 325, 483, 489, 548, 570, 591, 637, 685, 724, 731, 755, 791, 866, 888, 898, 900
Ostindien-Kompanien 43, 77, 91 f., 98, 117, 123, 125, 127, 165, 189
Ostpreußen 175
Ostsee 43 f., 226, 699, 784
Oudh (Awadh) 186
Owen, David 742
Owens, Robert 276
Owusu Ansa, Albert 179
Owusu Ansa, John 179
Oxfam 768 f., 859
Oxford 118, 207, 210, 768, 843, 860
Ozark 353

P

P & O Steamship Company 197
Pachinko 631, 716
Packard, Vance 404, 407, 421, 423, 835 f., 885
Padua 72
Pakistan 795, 800, 902
Palencia 107
Palmerston, Lord 1041
Palmöl 171, 173 f., 176–179, 210
Panama 722
Panamakanal 699
Pandolfini, Jacopo di Giannozzo 47
Paoli, Gino 472
Papier 47, 839, 841, 843, 845 ff., 852 ff., 856 ff., 861, 866, 870, 872, 877 f., 1044; s. a. Altpapier
Papua-Neuguinea 770
Paraguay 112
Parfüms 48, 263, 273, 376, 392, 404, 648, 922
Paris 37 f., 89, 98, 112, 116, 118 f., 122, 124, 128, 161, 201, 210, 212, 221, 224, 227, 229 f., 235 ff., 241, 243–247, 254, 257 ff., 266, 268, 274 f., 278, 286, 296, 300–304, 317, 325, 331, 334, 336, 351, 415, 417, 422, 430, 462, 483, 485, 503, 510, 550, 562, 591, 603, 628, 665, 710, 712, 717, 734, 778, 782, 786, 843 ff., 849, 854, 923, 942, 961, 966, 1042
Parma 785
Pasolini, Pier Paolo 19, 433
Pasta 803 f., 809
Paternalismus 183, 393, 410, 497, 529 f., 553, 557 f., 567, 580, 699, 707 f., 711, 715, 758, 783, 927
Paterson, John 197
Pathé 351
Patientenrechte 741 ff., 748, 1030
Patten, Simon N. 208 f., 213, 216
Paul VI. (Papst) 771
Paula-Mädchen 757
Paulig 757
Paulus (Apostel) 543

Pay-As-You-Throw-Programme (PAYT) 871
Peacock-Zahnpulver 484
Pears 483
Peergroups 418, 655, 660, 662, 812; s. a. Cliquen
Peirce, Charles Sanders 312
Peiris, W. A. 198 f.
Peking 66 f., 69 f., 72, 101, 128, 242, 255 ff., 282, 480, 532, 658, 660, 889, 923
Pelze 40, 46, 57, 60 f., 71, 99, 189
Pemba 181
Pennsylvania 407
Pepsi Cola 830
Pepys, Samuel 118, 844
Perestroika 729
Peretti, Jonah 758
Perlen 42, 60 f., 71, 97, 143, 170, 177
Perlmutt 70, 262, 336
Perry, Matthew 481
Persien 50, 118, 938; s. a. Iran
Persil 339 ff., 344
Peru 91, 112
Peschawar 800
Petrini, Carlo 779
Peugeot 702
Pfadfinder 416, 857
Pfandflaschen 854, 862, 868
Pfandleihen 53, 100, 155 ff., 485, 547, 549
Pfeffer 39, 42, 44 f., 115, 165, 224, 868
Pfingstbewegung 815, 823–826, 832
Philadelphia 95, 203 f., 209, 243, 320, 817
Philip, John 173
Philipp der Kühne 97
Philippinen 42, 91, 110, 112, 770
Philips 551
Phillips, Edward 144
Piacentinu Ennes 787
Pickford, Mary 376
Piketty, Thomas 1006
Piplod 526
Piraterie 41, 43, 118
Pisa 47
Pius II. (Papst) 50
Pizza 804
Plantagen 110 f., 113, 126 f., 168, 181, 199, 210, 219 ff., 228 f., 233, 704, 765, 774 f., 808, 1032
Plastik 335, 772, 782, 838, 839, 865, 878, 910; s. a. Kunststoffe
Platin 879
Platon 20, 55 f., 315, 543, 813
Plattenspieler 351, 393, 442, 447, 451, 513, 790; s. a. Grammophone
Plinius der Jüngere 595
Poikas, Jukka 473
Polen 175, 274, 438, 442, 447, 570, 619, 643, 715, 729, 744, 800 f., 865
Polstermöbel 53, 55, 82, 150, 198, 244, 286, 299
Pomeranz, Kenneth 100
Popayán 230
Pope, Alexander 122
Popmusik 17, 430, 432, 472 f., 509 f., 585, 625, 1013; s. a. Musik
Porsche 477, 587
Port of Liverpool (Kaufhaus) 280
Port-au-Prince 769
Portugal 42, 58, 66, 170, 175, 203, 218, 220, 230, 472, 571, 730 f., 744 f., 866, 938
Portugal Telecom 745
Porzellan 23, 40, 42 ff., 67, 69 f., 74, 78, 80, 82, 86 ff., 91, 115, 117, 120–123, 125, 128, 143, 148 f., 167, 169, 263, 300, 478, 632, 844
Postkonsumismus 919
Postlethwayt, Malachy 125
Postmodernismus 17, 454
Poubelle, Eugène 845
Pound, Ezra 422
Poznán 438
Pradelle, Michèle de la 782
Prag 118, 367, 418, 849
Prager Frühling 438
Prairie City 670
Prebisch, Raúl 767
Presley, Elvis 18, 417, 420
Preußen 119, 254, 276, 352, 557, 579
Priestley, John Boynton 409, 705
Printemps (Kaufhaus) 259
Prittwitz, Moritz von 159
Privatheit 299, 328 f.

Privatisierung 302, 356, 441, 505, 526, 715, 861
Proust, Marcel 266
Provence 782
Providence 252 f.
Provident Clothing and Supply Company 552
Provident Loan Society 552
Prudential 668
Pu Zhonhqian 70
Puddletown 681
Puerto Rico 429, 768
Puget Sound 707
Pugh, Sara 211
Pullman 700
Pullman Palace Company 700
Pune 693
Punjab 483, 486 f., 493, 800, 806
Purimix 439
Puritanismus 104, 137, 161
Pythagoras 144

Q

Que Choisir 367
Quecksilber 889
Queensland 224
Qing-Dynastie / -Kultur 71 f., 76 f., 150, 255, 942, 949
Qinghua 123
Quebec 655
Quito 91, 280

R

Rabatte 97, 467
Radiola 353
Radio Fiduciaire 551
Radios 16, 28 f., 299, 329 f., 346, 351–360, 373, 375, 380, 383 f., 392 f., 395, 404, 410, 417, 423, 437, 439, 445, 464, 471, 473, 483, 491 ff., 495 f., 504 f., 522, 531, 550, 554, 562, 619 f., 629, 633, 663, 675 ff., 686, 692, 704, 790, 793, 797, 821, 827, 885, 888, 918, 977, 984
Rae, John 949
Rajasthan 525 f.
Rajkot 995
Rajputen 486
Ramadan 829
Ramey, Valerie 596, 976
Ramsay, Allan 139
Ramsgate 157
Rassismus 166, 176, 186, 198, 228, 232 f., 629, 956
Ratenkäufe 301, 324, 337, 347, 378, 405, 410, 413, 458 f., 487, 544, 548–553, 555, 557, 562, 569 f., 575 ff., 588, 886
Rathje, William 875
Rationierungen 365, 368 f., 439
Raubkopien 533 f.; s. a. Fälschungen
Rauschenberg, Robert 856 f., 887
Rauschmittel 227 f.
Ravel, Maurice 463
Rawls, John 131
Reagan, Ronald 572, 722, 726, 738 f., 815
Rebound-Effekt 906, 1049
Recife 771
Recycling 842 ff., 846 ff., 851, 853 f., 856–872, 877 ff., 889, 891, 894, 903, 909 f., 919, 926, 1043; s. a. Wiederverwertung
Red Lobster 808
Redeemed Christian Church of God (RCCG) 824 ff.

Redfearn Glass 859
Reformation 11, 82
Refurbished Information Technology Equipment Association (RITEA) 889
Reis 45, 67, 69, 112, 175, 482, 516, 785, 801, 804, 807 ff., 811, 854, 868, 898
Reisen s. Urlaub
Reklame s. Werbung
Religion 31, 50 f., 111, 116, 170, 193 ff., 201, 263, 272, 311, 356, 381, 409 f., 509, 520, 542, 638, 640, 730, 753, 771, 813–817, 820–823, 826 f., 831–834
Renaissance 23, 38 f., 46, 48 f., 51–56, 58, 75, 78, 85, 100, 132, 148, 157, 541
Rennes 606
Rentner s. Senioren
Reparaturcafés 919
Reparaturen 880, 887 ff., 919
Resident Welfare Association (RWA) 527 f.
Restaurants 147, 244, 256, 295, 333, 474, 480 ff., 504, 623, 627, 678 f., 709–712, 725, 760, 778, 781, 801 f., 805–812, 840 f., 882, 922
Revolvingkredite 552, 556, 567 ff.
Reynolds, Frances 149
Reynolds, Joshua 149
RGR (Recyclinggesellschaft für Rohstoffgewinnung) 860
Rhein 80, 221, 233
Rheinische Missionsgesellschaft 183
Rheinland 84, 269
Rheinland-Kaffee 234
Rhode Island 698
Ricardo, David 205
Ricci, Matteo 66
Richards, Thomas 232
Riesman, David 404, 583, 602, 971, 988, 1019
Rikers Island 846
Rimini 809
Riú, Luis 684
Riverside 321
Robbins, Lionel 207
Robertson, James 716
Robertson, Pat 820
Robinson, Harold 352
Robinson, John 595
Rochdale 276
Rochdale Pioneers 276
Roche 710 f.
Roche, Daniel 64
Rochester 134
Rockefeller Foundation 355
Rockefeller, Nelson 467
Rock'n'Roll / Rockmusik / Rockabilly 415 ff., 420 f., 438, 441, 446, 471, 508, 623 f., 663, 665, 820; s. a. Musik
Rökk, Marika 419
Rolling Stones 472
Rolls-Royce 819 f.
Rom 54, 116, 201, 212, 290, 352, 431, 472, 545, 592, 1012
Rooiyard 336 f.
Roosevelt, Edith 304
Roosevelt, Franklin Delano 382, 384 f., 554
Roosevelt, Theodore 21, 304
Röpke, Wilhelm 410
Rorschach 1007
Rosario 237
Roscher, Wilhelm 14, 159
Rosenberg, Ethel 411
Rosenberg, Julius 412
Rosenfeld, Art 904
Rote Khmer 917
Rouen 170
Rousseau, Jean-Jacques 20, 131, 138 f., 160, 308, 311 f., 318, 372, 397, 582, 827 f., 913
Rowntree, Seebohm 410, 419
Royal Africa Company 125
Royal Society 134
Royal Taylors 270
Rubine 42, 54, 191
Rucksack, ökologischer 896 f., 902; s. a. Fußabdruck, ökologischer
Rücküberweisungen s. Heimatüberweisungen
Rudnogorsk 327
Ruhetage 633 f., 636, 638, 644; s. a. Sonntage
Ruhrgebiet 677

Rumänien 437, 805, 867
Ruskin, John 399
Russell, Bertrand 313, 971
Russland 92, 111, 118, 167, 202, 221, 273 f., 276, 327, 368 f., 715; s. a. Sowjetunion
Ryukyu 41

S

Saarbrücken 849
Sachromane 144
Sachsen 113, 119, 122, 201 f., 788
SAGA 683
Sagan, Françoise 417
Sainsbury, Alan 470
Sainsbury's 470
Saint-Geours, Jean 435 f.
Saint-Pierre, Jacques-Henri Bernardin de 110
Sake 483
Saks Fifth Avenue (Kaufhaus) 650
Säkularisierung 813 ff., 833
Salone del Gusto 627
Salons 48
Salpeter 231
Salt Lake Valley 816
Salter, James 119
Saltillo 790
Salut des copians 418
Salviati, Familie 52
Salz 72, 76, 193, 224, 524, 803
Sambia (Nordrhodesien) 315, 884, 887
Sammelklagen 531, 533, 745
Sammeln / Sammlungen 15, 49, 74, 76 f., 132, 187 f., 304, 309 ff., 483, 503, 619, 701, 729, 890, 892
Samoa 601
Samt 42, 49, 61, 82, 84, 86, 263
San Francisco 903 f.
San Jose 458
Sánchez, Fernando 789 f.
Sandoz 710
Sandys, George 109 f.
Sankey, Ira 816 f., 821
Sanremo 471 f.
Sansculotten 153, 224
Sansibar 170, 180, 182, 231
Sant Andrea Giacomo da 72
Santa Monica 683
Santander 107
Sant'Elia, Antonio 855
Santiago 216, 230, 793
São Paulo 238, 274, 280
São Tomé und Príncipe 175, 220
Sardinien 341
Sartre, Jean-Paul 411
Saßnitz 443
Satin 86, 91
Sauberkeit 16, 48, 159, 172, 239 f., 248, 298, 321, 328, 331, 337, 340, 344 f., 351, 393, 600, 927
Saudi-Arabien 792, 828 ff.
Save Money and Reduce Trash (SMART) 871
Savonarola, Girolamo 56 f.
Savoyen 712
Say, Jean-Baptiste 208, 214
Schalke 04 752
Schallplatten 351 f., 357, 393, 418, 430, 446, 451, 463, 471, 661, 679, 704, 923
Schama, Simon 82, 434
Schäuble, Wolfgang 640
Schaufenster 217, 236, 244, 259, 261, 277, 351, 395
Schelling, Friedrich 312
Scherpenzeel, Dick 1033
Schiller, Friedrich 289, 729
Schlafzimmer 49, 322, 324 f., 328 f., 335, 497, 506
Schleier s. Verschleierung
Schlink, Frederick J. 383
Schloesser, Robert 368
Schlussverkäufe 261; s. a. Abverkäufe

Schmidt-Bleek, Friedrich 896
Schmuck 63, 70 f., 169, 189, 194, 198, 275, 277, 305, 486, 513, 572, 582, 759
Schmuggel 41, 66, 92, 125, 220, 517, 879
Schokolade 15, 107, 109, 116 f., 134, 145, 175, 221, 226, 233 f., 371, 374, 392 f., 422, 498, 659, 753, 759, 771, 955
Scholes, Abner 129
Schönheitsoperationen 688
Schor, Juliet 594
Schorndorf 770
Schostakowitsch, Dmitri 391, 982
Schottland 143, 219, 231, 237, 251, 352, 413, 634, 638, 685, 788, 872
Schränke 49, 63, 82, 87, 142, 149, 197, 260, 298, 301 f., 310, 325, 335, 661, 696
Schrebergärten s. Kleingärten
Schuhe 30, 38, 44, 50, 59, 75, 84, 90, 156, 177, 185, 188, 194 f., 202, 204, 275, 280, 373, 377, 392 f., 401, 404, 425, 428, 451, 483, 486, 492, 513, 533, 574, 579, 661, 680, 701, 758, 830, 888, 895
Schulden 16, 27 f., 405, 408, 484 ff., 500, 543–551, 554 f., 557, 568–581, 587 f., 656, 914, 1001; s. a. Kredite
Schulen 17, 239 f., 406, 408, 415, 418, 442, 456, 504, 515, 517, 522 ff., 526, 532, 710, 715, 718 f., 725 f., 732, 785, 841
Schulessen 725 f.
Schulze, Oskar 672
Schumpeter, Joseph 163, 192
Schuster 888 f., 919
Schütte-Lihotzky, Margarete 333
Schwaben 59
Schwartz Cowan, Ruth 345
Schwarzmärkte 92, 369 f., 443, 490, 528
Schwarzwald 59, 64, 313 f., 387
Schweden 222 f., 245, 264, 316, 357, 429, 440, 443, 481, 568 f., 573, 581, 584 f., 603 f., 612 f., 629, 638, 641 f., 654, 677 f., 681, 709, 716, 721 f., 724, 727, 730, 736, 744 ff., 755, 760, 847, 860, 866 f., 871, 881, 906, 922, 1016, 1027 f.
Schweiz 160 f., 212, 222, 226, 233, 367, 410, 428 f., 468 f., 474, 483, 643, 685, 710, 753, 755, 760, 810, 864 ff., 872, 897, 1007
Schwellenländer 500, 815, 902, 915
Schweppes 859
Schwimmbäder 15, 246, 255, 284, 293, 445, 709, 716, 719, 727
Schwitters, Kurt 856
Scientology 822
Scrivener, Christiane 736
Scuttler-Gangs 665
Sears (Versandhaus) 411, 425
Sears, Roebuck & Company (Kaufhaus) 204
Secondhand / -läden 282, 880, 883 f.; s. a. Gebrauchtwaren
Seeber, Guido 285
Seibu-Warenhäuser 516
Seide 38 ff., 43, 45–50, 52 f., 60, 62 ff., 66, 70–73, 75, 84, 86, 90–96, 98 f., 107, 115, 134, 157, 160, 170, 197, 256, 262 f., 341, 400 f., 431, 482, 818
Seidenstraße 39
Seife 85, 96, 230 ff., 240, 350, 393, 396, 422, 482 ff., 492, 494
Seikastsu Club 785
Seikosha 483
Seine (Département) 845
Seiyu (Kaufhaus) 713
Selbstdarstellung 78, 147 f., 421 f., 427, 432, 484, 588, 913, 918
Selbstaktualisierung 130
Selbstversorgung 129, 273, 373, 388, 399, 445, 480, 492, 843, 917
Selbstverwirklichung 306, 308, 423, 432, 551
Selfridge, Gordon 267, 271
Selfridges (Kaufhaus) 260 f., 267, 270 f.
Seligman, Edwin R. A. 553
Seltene Erden 921
Semedo, Álvaro 66 f.
Sen, Amartya 719
Seneca 913
Senegal 233, 793
Senegambia 170 f.
Senf 273
Senioren 647, 666–696, 906, 918, 1025; s. a. Golden Ager
Seoul 471, 517, 890
Serbien 791

SERO (Sekundärrohstofferfassung) 868
Servietten 37, 49, 53, 80, 82, 107, 148, 273
Sessel 49, 53, 196 f., 199, 504, 507
Seventeen 418
Sevilla 43, 107
Sexualität 75, 119, 264 f., 292, 380, 390, 406 ff., 417, 419, 436, 446, 497, 517, 592, 606 ff., 648, 663, 669
Seychellen 902
Sha'arawi, Huda 272
Shakespeare, William 147, 295, 307, 465, 667, 730
Shang-Dynastie / -Kultur 74
Shangdong 67, 400
Shanghai 67, 102, 201, 203, 241 f., 244, 260, 279, 332 ff., 400, 477, 483, 485 f., 503, 506, 535, 547 f., 851
Shanxi 520
Sharar, Abdul Halim 187
Sharing Economy 882
Sheffield 248, 255, 481
Shell-Mex and BP 859
Shen Bang 941
Sherry 193, 218
Shintō / Shintoismus 518, 785, 826
Shiseido 689
Shopping 54, 218, 236, 270 f., 278, 517, 530, 642, 648, 663, 829; s. a. Einkaufen
Shufuren 528
Sichuan 67, 72, 483, 535
Siebenjähriger Krieg 138, 264
Siedlungsabfälle 841, 82 f., 863, 866 f., 869, 903, 908, 1043 f.
Siemens 699, 703, 858
Siemens, Werner von 699
Siena 49
Sierra Leone 173, 177 f.
Silber 42 f., 48, 50, 53, 56 f., 60 f., 64, 69, 71 f., 81 f., 91, 112, 114 f., 124, 156 f., 189, 273, 360, 486
Silbermarkt 685, 689
Silicon Valley 708
Siliguri 504
Simbabwe 824
Simmel, Georg 265, 283, 287
Simon, Arthur 773
Simon, Heidi 363 f.
Simon, John 239
Simpsons (Kaufhaus) 204
Sims, George 281
Sinatra, Nancy 472
Sincere Company (Kaufhaus) 260
Singapur 288, 295, 351, 354, 487, 499, 509, 559 f., 691, 737, 746, 917
Singer 186
Singer, Hans 767
Singh, Gooroo Churn 198
Situationistische Internationale 430
Siwertz, Sigfrid 264
Sizilien 47, 454, 803
Skandinavien 47, 62, 277, 301, 412, 428, 454, 571, 580, 587, 602, 604, 615 f., 676 f., 709 f., 717, 722, 731, 736, 743, 756, 801 f., 814, 866, 874, 915, 917, 1015, 1027
Skanerberg, George 50
Skateboards 428
SKF 709 f.
Skidelsky, Edward 980
Sklaverei, Sklavenhandel 44 f., 90, 100, 104, 111, 113 ff., 125 f., 138 f., 154, 165, 167–180, 183 ff., 210 f., 219 ff., 231, 248, 319, 397, 582, 746, 765, 791, 913, 953 ff.
Skype 925
Slater, Samuel 698
Slow Food 592, 627 f., 778 f., 784, 787
Slow Living 929
Smaragde 191
Smartphones 428, 620 f., 643 f., 893; s. a. Handys
Smiles, Samuel 561
Smith, Adam 13, 78, 137, 140–143, 174, 179, 204, 366, 525, 820
Smolensk 729
Snacks 474, 648, 660, 1015; s. a. Fastfood
Société d'horticulture et des jardins ouvriers de la region du Nord 348
Soconusco 110
Sofas 166, 198, 299, 301, 303, 360, 442, 458, 507, 562, 881
Softdrinks 454, 648, 705

Sojabohnen / -schrot 67, 785
Sokrates 134
Solidaridad 769
Solingen 483
Solschenizyn, Alexander 434
Sombart, Werner 235, 257, 273, 426, 557, 935, 953
Somerset 237
Somerset Waste Partnership 872
Song Lin 70
Songjiang 102
Sonntage 212, 293, 354, 603, 611, 628, 632–644; s. a. Ruhetage
Sony 532
Soto 337
South Carolina 90, 353, 820
South London Gas Consumers' Mutual Association 247
Southampton 86
Sowjetunion 327, 329, 369 f., 391–396, 402 ff., 419, 423, 434, 437–442, 446, 634, 703, 728, 899, 901; s. a. Russland
Sozialdemokratie 17, 163, 239, 255, 277, 371, 434, 527, 638, 712, 744, 922
Soziale Netzwerke 620 f., 658, 880
Sozialausgaben / -hilfe / -leistungen / -wohnungen 14, 26, 325, 407, 435, 495, 570, 668, 678 f., 681, 690, 702 f., 706, 708, 715, 717–724, 732, 739 f., 773, 821, 917 f., 922, 927, 1004, 1027 f.
Sozialismus 24 f., 157, 210 f., 213, 246, 249, 276 f., 308, 359, 369, 393 ff., 403, 406, 437–443, 445 ff., 450–453, 534, 610, 625, 727 ff., 736, 787, 818, 866–869, 916
Sozialistische Einheitspartei Deutschlands (SED) 439, 450
Spanien 26, 41–44, 79, 86, 90 ff., 107, 109, 113, 116, 164, 220, 222 f., 246, 264, 327, 379, 403, 429, 454, 468, 592, 603, 620, 635, 638, 682, 684, 720, 724, 731, 733, 744 f., 755, 810, 861, 865–868, 878, 881, 1016
Sparen / Sparsamkeit 15, 24, 82 f., 126, 141, 160 f., 169, 192 f., 273, 319, 336, 343, 365, 370, 380, 384, 387 f., 408, 456, 459, 484, 487–490, 499, 501, 524, 542, 544, 552, 557, 559–567, 571, 575 ff., 586, 651 f., 656, 659, 721, 836, 838, 844, 853, 906, 909, 915 f., 918, 1004
Spargel 775
Sparkassen 559, 561 f.
SPD 216, 580
Spencer, Herbert 305
Spiegel 72, 80 ff., 86, 89 f., 173, 177 f., 185, 189, 297, 335, 393, 483, 818
Spiegel House Furnishing Company 552
Spielhallen 290
Spielzeug 49, 156 f., 271, 281, 309, 373 f., 387, 409, 430, 458, 495, 518, 648, 651 ff., 658, 660, 786, 827, 854, 883, 891, 895
Spinoza, Baruch de 140
Spon, Jacob 117
Sport / -artikel / -stätten 14, 207, 273, 289, 293 f., 374, 394, 407, 430, 459, 464, 466, 474 f., 481 f., 490, 496, 606, 610–613, 618 f., 625, 627, 631, 673, 687, 698, 701–707, 709, 711, 714 f., 727 f., 730, 828, 1012, 1014, 1020, 1024
Sprat, Thomas 134
Spülmaschinen 600, 681, 907, 909
Squarciafico, Marquis 47 f.
Sri Lanka 504, 722
St. Petersburg (Florida) 683
St. Petersburg (Leningrad) 201, 300, 393 ff., 729, 746, 982
Staatsbürger / -lichkeit 17, 83, 132, 135, 185, 209 f., 213, 215, 217, 240, 309, 318 f., 321, 327, 354, 371 f., 383–386, 396, 402, 414, 420, 434, 478 f., 521, 523 f., 526, 530, 536, 544, 551, 553, 572, 610, 652, 662 f., 705, 725, 732, 734, 742, 747 f., 917, 929
Staaten (als Konsumenten) 717–731
Stachanowbewegung 392 ff.
Städte 18, 30, 46 f., 51 f., 59, 67–70, 72, 79, 82, 87, 95 f., 106 ff., 124, 128 ff., 134, 145, 164, 190, 192, 208, 210, 214, 235–256, 258, 264 ff., 268, 274, 276–285, 287–290, 293–296, 298, 320, 324 f., 331, 333, 337 f., 345, 371 f., 394, 406, 408, 465, 472, 478, 483, 492 f., 495, 498, 512, 514 f., 541, 662 f., 699, 817, 838, 852, 874, 898, 927, 949, 970; s. a. Urbanisierung

Stahl 167, 297, 505, 698, 854, 858, 878, 901
Stalin, Josef 19, 156, 168, 327, 329, 391 ff.
Stalingrad 387
Stalinismus 327, 365, 393 f., 396, 439, 703
Standardisierung 14, 188, 284, 299, 301, 316 f., 320 f., 323
Stanley, Henry Morton 231
Starbucks 752
Status / -streben / -symbole 28, 168, 582, 623, 660, 827 f., 905, 913, 954, 1007
Staubsauger 242, 322, 329 ff., 344 f., 347, 354, 433, 515, 599, 890 f.
Steingut 123
Stereoanlagen 433, 477, 495, 515, 617
Steuart, James 104
Steuern 25, 107, 119, 125, 127, 152, 165, 177, 179, 181, 183, 189, 193, 209, 217, 219 f., 247 ff., 276, 316, 385, 407, 414, 444, 489, 500, 524, 534, 556, 572, 581, 691, 717, 722 f., 727, 730, 743, 746, 821, 847, 865 f., 973, 1027
Stevenson, Robert Louis 601
Stiftung Warentest 368
Stiglitz, Joseph E. 719, 915
Stirling 872
Stockholm 309, 357, 415, 603, 727, 903 f., 922
Stollwerck 234
Strafford 149
Stralsund 268
Straßburg 60, 63, 352, 701
Straßenhändler 15, 233, 257, 274 ff., 278–281, 296; s. a. Fliegende Händler, Hausierer
Strasser, Susan 836 f.
Strawinsky, Igor 356
Streiks 293, 324, 369, 373, 698, 702, 714
Stress 595, 599, 623, 626, 1006, 1008, 1015
Strom, elektrischer s. Elektrizität
Strozzi, Filippo 47, 51 f.
Strümpfe 85, 95, 377, 392 f., 401
Stuart-Zeit 85, 136, 844
Studenten 400, 417, 496, 524, 661, 748, 769, 772 ff.
Stühle 49 f., 58, 66, 82, 87, 89, 129, 169, 173, 197 f., 299, 301, 303, 310, 335 f., 343, 348, 680
Stumpf, Ludwig 768
Sturge, Joseph 1033
Stuttgart 770
Subkulturen 416, 421, 665
Subsistenzwirtschaft 45
Suburbanisierung 414, 456; s. a. Vorstädte
Suchard 226
Südafrika 214, 315, 339, 381, 396 f., 466, 525, 684, 772, 792
Südamerika 32, 40, 168, 217, 230, 235, 257, 267, 802
Sudan 500
Südkorea 477, 487 ff., 499 f., 509 f., 517, 533, 536, 545, 559 ff., 586, 691, 714, 720, 727, 826, 878, 896
Sueton 54
Suffragetten 212 f.
Sufis 112
Sultaninen 402
Sumatra 194
Sumō-Ringen 490, 498
Sun City 686 f.
Sundyberg 727
Sunlight 340
Supermärkte 12, 22, 409, 441, 466–471, 498, 614, 637, 639, 659, 697, 735, 748, 753–757, 759, 774, 777, 779, 781 ff., 788 f., 812, 815, 829, 871, 875 f., 1034
Surat 190
Surinam 110, 772
Sushi 807
Süßigkeiten / Süßwaren / -läden 224, 234, 275, 285, 291, 293, 371, 392, 483, 504, 519, 648, 652, 705, 726, 803
Süßkartoffeln 40, 45
Susu 178
Suzhou 70, 73 f., 851
Suzuki 421
Swadeshi-Bewegung 398 f., 511
Swahili 185
Sweatshops 758
Swift, Jonathan 144
Swing 390
Sydney 237, 260
Syrien 98, 829 f.

T

Tabak 13, 37 f., 40, 44, 78, 83, 92, 102, 107, 109, 114, 121, 145, 170, 175, 193, 202 f., 209, 220, 227, 229, 273, 483, 661, 765
Tadgell, John 89
Tafeln 454
Taft 60
Tagesrekonstruktionsmethode 606
Taipeh 471, 658
Taiwan 477, 509 f., 659, 691
Takanobu, Murobuse 508
Takasaki 298
Talmadge, Norma 376
Tamae, Watanabe 687
Tamil Nadu 692
Tampere 241, 970
Tango 472 f.; s. a. Musik
Tanizaki, Jun'ichirō 244
Tansania 770, 775 f., 995
Tanzen / Tänze 219, 290–293, 295, 352, 393, 416 f., 419, 421, 465 f., 483, 496, 527, 611, 618, 665, 677, 716, 804, 816
Tanzlokale 15, 256, 290–293, 295, 375, 417, 420, 430, 657, 923
Tapeten 128, 147 f., 161, 196, 300 f., 442, 868
Tarde, Gabriel 947
Tariff Reform League 217
Taschengeld 160, 285, 414, 497, 515, 652, 655 f., 658 f.
Tate & Lyle 759
Tauschbörsen 924
Taut, Bruno 297 f., 301, 304, 306 f., 322, 356, 519
Teddy Boys (Teds) 406
Tee 15, 23, 40, 45, 67, 71 f., 78, 86–89, 92, 100, 102, 104 f., 109–113, 115, 117 f., 120 f., 124–127, 134, 145 ff., 151 ff., 155, 163, 165, 172 f., 197, 219–224, 226–231, 248, 258, 262, 273 f., 282, 478, 492, 632 ff., 676, 728, 760, 774, 802, 914, 947
Teegesellschaften 111 f., 120, 144, 151, 219, 278
Teenager s. Jugendkultur
Tekbir 832
Tel Aviv 850 f.
Telefone / Telefonanschlüsse 450, 504, 680 f., 689, 793, 835, 853
Telefunken 353
Temperenzvereine 225, 244, 636
Temple, Shirley 650
Tenco 472
Teppiche 40, 42, 49 ff., 53, 58, 80, 82, 133, 161, 173, 183, 188, 197 ff., 261, 276, 281, 297, 300 ff., 304, 307, 320, 322, 336, 353, 360, 442
Tesco 748, 788
Tesettür 832
Testorganisationen 368, 383, 412, 528 f., 736
Teutoburger Wald 685
Texas 331, 580
Textilien s. Kleidung
Thailand 691
Thatcher, Margaret 505, 563, 639, 722, 739, 741 f., 861
Theater 144, 153, 256, 282, 289, 295, 464 f., 485, 503, 611 f., 618 f., 623 ff., 627, 634, 679, 700, 702, 705, 710, 719, 729 ff., 816, 1013 f.
Thelwall, John 154
Thiesing, Hans 842
Thompson, E. P. 774
Thompson, J. Walter 384, 427
Thüringen 786
Tianjin (Tientsin) 242
Tianqiao 256 f., 282, 923
Tiefkühlkost / -truhen 440, 467, 641, 840, 874
Tientsin Native City Waterworks Company 242
Tiere s. Haustiere
Tietz (Kaufhaus) 259, 268 f.
Tiffany 587
Tiflis 419
Tigert, John J. 352

Tischdecken 53, 80, 273, 393
Tische 49 f., 66, 70, 80, 82, 89, 120, 129, 155, 172 f., 178, 197 f., 301 ff., 310, 320, 322, 335 f., 360, 504, 507
Toaster 243, 322, 344, 374, 440, 515, 885
Tobin, John 176
Tobler 233
Tocqueville, Alexis de 586, 592, 662, 820
Togo 176, 182
Toiletten 238, 240–243, 248, 250 f., 254, 320, 335, 404, 443, 494, 498, 506, 535, 851, 984
Tokio (Edo) 223, 237, 245, 288, 328, 481 ff., 508, 510, 515, 528, 631 f., 685, 716, 725, 784, 870, 923
Tokugawa-Zeit 148, 945
Tolentina, Livia 53
Tolstoi, Lew 399
Tomaten 777, 783 f., 803 ff., 901
Tönnies, Ferdinand 779
Toronto 274, 359
Toskana 46, 48, 684
Total Material Requirement (TMR) 896, 900
Totalitarismus 267, 365, 372, 386 f., 421, 447, 916
Tourismus 389 f., 437, 444, 644, 685, 711 ff., 728, 786, 792, 809 f., 881 f., 902, 1016; s. a. Urlaub
Townsend, Peter 680
Toyota 714 f.
Trabant 443, 449, 452
Traidcraft 774
Trailerparks / -klubs 666, 683, 686
Transvaal 792
Trauberg, Leonid 391
Treibhausgase / -effekt 901, 904, 921, 924
Trenton 458
Treppenlifte 690
Trinidad 780
Trotzki, Leo 370, 385
Troy, Patrick 902
Truhen 50, 57 f., 87, 148, 298
Truman, Harry S. 673
Trumpf 371
Tschechische Republik 867, 869
Tschechoslowakei 437 ff., 447
Tschechow, Anton 274
Tschirnhaus, Ehrenfried Walther von 122
Tucson 891
Tudor-Zeit 86
Tulsa 819
Tunesien 782
Tunis 274
Tupperware 457
Turbane 194 f., 401
Turin 338, 627, 871
Türkei 26, 109, 117, 119, 133, 304, 402, 468, 792, 810, 828–832, 866
Turku 473
Turlington, Robert 97

U

Überfluss / -gesellschaften 18, 22, 24, 26, 28, 32, 208, 214, 308, 366, 379, 384, 387, 394, 402, 405, 408, 412, 414, 421, 423, 433–437, 453, 458, 466, 473 f., 481, 516, 518, 526, 541, 545, 593 f., 605 f., 608, 615 f., 618, 625, 627, 642, 645, 653, 679, 686, 695, 719 ff., 732 f., 768, 835, 856, 913
Überschuldung s. Schulden
UBS 602
UFA 340, 419
UFC-Que Choisir 736
Uganda 776, 794, 797, 800
Uhren 37, 43, 72, 80 f., 86–89, 95, 144, 176, 184, 189, 273, 297, 301, 356, 378, 393, 433, 463, 483, 491 f., 495, 505, 513, 531 ff., 587, 723, 913

Ulbricht, Walter 439, 445
Umweltschutz 737, 762, 842, 859 f., 868, 884, 892
Umweltverschmutzung / -zerstörung 12, 30, 435, 836, 840, 844, 859, 879, 896, 901, 921, 993
Ungarn 267, 437 f., 446 f., 612 f., 616, 730, 744, 746, 865, 868 f., 1011, 1022
Ungleichheit 51, 60, 169, 185, 215, 219, 461, 475, 495, 499, 503, 507, 541, 575, 581 ff., 586 f., 723, 735, 799, 852, 915, 918, 1006 f.
Union des Consommateurs de Gaz Parisien 247
United African Company 182
United Kingdom Tea Company 231
Unser Land 777 f.
Unser Norden 780
Unsere Heimat 780
Unterhaltungselektronik 29
Unterhaltungsstätten 282, 284
Unterschicht 137, 284, 307, 368, 723
Urbanisierung 39, 47, 68, 235 f., 264, 435, 472, 478, 494, 691, 949; s. a. Städte
Urlaub / -sreisen 14, 157, 161, 207, 282, 353, 387, 389 f., 403, 407, 432, 442, 444, 453, 456, 561 f., 574, 605 f., 608, 610 f., 626, 632, 639, 643, 676, 681, 683 f., 686, 696, 711 ff., 716, 809, 815, 882, 901, 906, 923, 925 ff.; s. a. Tourismus
Uruguay 738
USA 14, 17, 20 ff., 24, 27, 32, 38, 40, 44 f., 51, 90 f., 94, 110, 123, 126, 143, 152 f., 175, 186, 199 f., 202, 208, 210, 212, 215–219, 222 f., 234, 238, 241, 243, 245, 247, 251 ff., 257, 264, 273 ff., 285, 288, 290, 293 f., 298, 300 f., 304 f., 308 f., 311, 316 ff., 320 f., 323 f., 326 f., 329–332, 334, 337 f., 342, 345 f., 349–354, 357, 364, 372 ff., 376 ff., 381 f., 384–387, 389 f., 392, 394 f., 397, 400, 402, 405, 408–414, 417 f., 422–431, 434 f., 438 ff., 453, 456–459, 466–469, 471–475, 478 f., 481, 485–488, 494, 498–501, 505, 508 ff., 517 f., 521 f., 525, 527 ff., 532, 536, 544, 547–558, 560 f., 563 ff., 567–581, 583–587, 592, 594–608, 610 f., 616, 618, 620, 625, 629, 632, 637 f., 640, 643, 648 f., 651–655, 659, 661, 664, 667 ff., 673 f., 677 f., 683, 686 ff., 690 f., 693 ff., 697 f., 700, 702–710, 718–722, 724–727, 730, 734 f., 737, 741, 743, 752, 755, 757, 768, 773, 775, 778, 788 ff., 791 ff., 802 ff., 807–811, 815 f., 818–824, 826, 828, 830, 835 ff., 841, 844, 848 f., 853 ff., 858 f., 861–865, 871 ff., 875, 877 f., 881, 886, 888, 890–894, 901 f., 904–908, 915 ff., 923, 926, 978, 993, 1001–1005, 1007 f., 1010, 1013, 1015, 1027 f., 1032, 1044, 1047; s. a. Amerikanisierung
Utrecht 82, 285, 769
Uttar Pradesh 513

V

Valentino, Rudolph 376
Valle del Cauca 230
Vanoni, Ezio 412
Varchi, Benedetto 939
Varietés 282, 284 f., 288
Vasen 49, 52, 74, 148, 302, 393
Veblen, Thorstein 27, 29, 215, 304–307, 317, 383, 455, 583, 1009
Veeraswamy's (Restaurant) 801
Veere 82
Velveta-Schmelzkäse 389
Venedig 38, 40, 46–50, 53 f., 56–60, 66, 96, 118, 134, 170, 286, 373
Venezuela 110, 112 f., 220
Ventilatoren 491 f., 494 f., 513, 515, 799
Veracruz 116
Verbraucherschutz / -gesetze / -politik 308, 382, 521–525, 527–534, 734–738, 742, 745 f., 748, 758
Verdi, Giuseppe 730

Vereenigte Oost-Indische Compagnie (VOC) 43 f., 82, 98
Verein für Volkskaffeehallen 225
Verein zur Verzögerung der Zeit 591
Vereinigte Staaten s. USA
Vereinte Nationen (UN) 737 f., 767
Vergnügungsparks 282, 294 f., 820; s. a. Freizeitparks
Verkaufsautomaten 371, 498, 705, 870
Verne, Jules 294
Verpackungen 467, 840, 849, 854 f., 862, 864 f., 871, 876 ff., 921, 1042
Versailles 782
Versandhandel 273 f., 439, 548, 552, 558, 700
Verschleierung 180, 272, 828, 831 ff.
Verschwendung / -ssucht 29 f., 63, 76, 113, 135, 141, 147, 159, 193, 196, 202, 215, 249–254, 305, 328, 342, 459, 490, 495, 583, 835–838, 852 f., 856, 859, 864, 867, 873, 876 f., 880 f., 896, 898, 904, 906, 909, 916, 921
Versicherungen 135, 501, 568, 578, 668, 689, 699, 708, 743 f., 749
Versteigerungen 883
Verteidigungsausgaben s. Militärausgaben
Vespa 363 f.
Viagra 690
Victor Talking Machine Company (Victor Records) 351
Victoria, Königin 191
Victrola 704
Videokonferenzen 925
Videorekorder 477, 681
Vietnam 525, 772, 868, 879, 902
Vietnamkrieg 430 ff., 724
Vietor, Johann Karl 183
Vintage-Produkte 883
Virginia 87 f., 94, 220
Volksempfänger 388
Volkswagen (VW) 388, 422, 448, 450
Völlerei 145 ff.
Volta 699
Voltaire 137, 409
Vorhänge 80, 82, 86-89, 106, 128, 130, 196, 230, 273, 297, 302, 307, 335, 504
Vorstädte 246, 307, 321, 323, 325, 327, 359 f., 408, 456 ff., 583, 723; s. a. Suburbanisierung
Vries, Jan de 104
Vulkanisierung 302

W

Waffeleisen 344, 909
Wagner, Richard 18, 289, 464
Wahlmöglichkeiten 14, 16 ff., 22, 24 ff., 29, 54, 63, 93, 107, 121, 170, 180, 197, 206 ff., 272, 289 f., 303, 385 f., 406, 412, 414 f., 421, 432 f., 437, 467 f., 480, 494, 497, 500, 524, 530 f., 533, 542, 553, 566 f., 585, 610, 619, 649, 652, 657, 672, 681 f., 697 f., 730, 732–735, 738 ff., 743, 748 f., 757 ff., 763 f., 927
Wajid Ali Shah 186 f., 189
Wakefield, Charles 90
Wakefield, Edward Gibbon 127
Walmart 788
Walpole, Robert 125
Walras, Léon 13, 206
Walsh, Daniel 838, 840
Walters-Gould Corporation 687
Walvin, James 955
Wanderkinos 284 f., 395
Wanderlager 276
Wang Hai 532
Wang Zhen 75, 77
Wang Zhi 41
Wangfujing 256
Warde, Alan 812
Warenbiographien 110 f., 223
Warenhäuser s. Kaufhäuser

Waring, George 846 f., 850
Wäschetrockner 433, 907
Waschmaschinen 16, 29, 299, 314, 328–331, 337 ff., 344–347, 350, 392, 403 f., 411, 433, 438, 444, 450, 477, 489 f., 495, 497, 506, 515, 520, 528, 553, 599, 693, 705, 793, 881, 907, 925, 954, 984, 989
Waschmittel 339 ff., 389
Washington (Bundesstaat) 707
Washington, D. C. 382, 673, 734, 738, 848
Washington, George 399, 815
Wasser, fließendes / warmes 16, 29, 237–243, 245–255, 282, 295 f., 320, 325, 330 f., 335, 343, 404, 443, 455, 498, 506, 525–528, 737, 748, 789, 902 f., 914, 917, 927, 937, 995
Wasserklosetts s. Toiletten
Waterloo 164 f.
Watt, James 101
Watts, Yvonne 747
Webb, Beatrice 406
Webb, Sidney 406
Weber, Heinrich 353
Weber, Max 83, 235, 266, 283, 308 f., 813
Wedgwood, Josiah 97, 122 f.
Weesp 121
Wegwerfen / Wegwerfgesellschaft 31, 39, 58, 131, 304, 479, 519, 835, 837, 853 ff., 858, 860, 862 f., 865, 876, 880, 892, 998; s. a. Abfall
Weihnachtswünsche 374, 653, 657
Weiler, Josefine von 161
Weimarer Republik 297 f., 369, 371
Wein 43 ff., 118, 121, 129, 157, 181, 197, 224, 229 f., 273, 454, 462, 485, 734, 809, 812, 953
Weinbrand 119, 145 ff.
Weissmüller, Johnny 419
Weiterverkäufe 880
Welbourn, F. B. 857
Welch, Evelyn 54
Wellness 708 f., 923
Weltbank 477, 791, 793, 994
Weltgesundheitsorganisation 1030
Welthandel 172, 480, 753, 762, 768, 771 f., 775, 782, 920, 993
Welthandelsorganisation (WTO) 533, 738, 887
Weltkrieg, Erster 175, 181, 208, 218, 222, 233, 237 f., 241, 254, 277, 290, 294, 317, 324, 342, 348, 351 f., 365 f., 368, 371, 382, 400, 414, 425, 489, 649 f., 662, 674, 698 ff., 713, 766, 814, 847 f., 856 f., 935
Weltkrieg, Zweiter 20, 22, 186, 243, 323, 325, 330, 332, 345, 365, 367, 372, 387 f., 404, 406, 408, 418, 471, 477, 487, 508, 528, 555, 559 ff., 639, 641, 650, 653, 662, 673, 675 f., 685, 696, 706, 711, 713, 721, 725, 741, 767, 785, 821, 823, 850, 854, 857, 873, 899, 905, 912 f., 918
Weltläden 754, 756, 759, 769 f., 772, 777
Weltreiche 18, 25, 30, 44 f., 107, 112, 125, 127, 163 f., 185 f.
Weltverbrauchertag 734
Weltwirtschaftskrise s. Wirtschaftskrisen
Wen Jiabao 501
Wen Zhenheng 73 f.
Werbung 12, 14, 16, 20 ff., 25, 69 f., 97, 123, 226, 228, 231 ff., 243, 265 f., 275, 277, 296, 308, 330, 341, 348, 380, 383 f., 388, 400 f., 405, 408, 417, 421 f., 424–429, 431 f., 437 f., 457, 466, 471, 490, 509, 531, 543, 560 f., 616, 648 ff., 654 f., 661 f., 689 f., 697, 734, 738, 749, 759 ff., 772, 816, 823, 827, 871 f., 890, 912, 917, 961
Werkzeuge 348, 350, 411, 531
Wertheim (Kaufhaus) 268
Wertstoffe 860 ff., 867
West Riding 127, 219
Westchester County 456 f.
Westfalen 611–614
Westindische Inseln 44 f., 110, 125, 127, 132, 168, 174, 218, 221 f., 765, 953
Westinghouse 409
Weyl, Walter 216
Which? 368, 735
Whiskey 193, 231, 827
Whiteley (Kaufhaus) 260, 281
Whiteley, William 259
Wiederverwertung / -verwendung 445, 836 f.,

843 f., 850, 853 f., 857 f., 860, 862, 864 ff., 868 f., 871, 877 f., 880, 884, 892, 894, 903 f., 910, 925 f.; s. a. Recycling
Wien 101, 116, 165, 216, 227, 233, 325, 355 f., 367, 373, 415, 422, 739, 805, 849, 906
Wiesbaden 235
Wiesengrund, Oscar 356
Wildberg 64
Wilensky, Harold 723
Wilhelm II. 413
Williamson, George 197
Willow Creek 821
Wilson, Woodrow 317
Winchester 88
Windeln 853
Wirtschaftskrisen 317, 324 f., 364 f., 372 ff., 378, 380, 383 ff., 389, 414, 456, 467, 499, 541, 554 f., 563, 571, 602, 696, 720, 722, 899, 920
Wirtschaftswunder 22, 364, 403, 410, 428, 477, 485, 489, 512, 518, 556 f., 705, 721, 792, 888
Wisconsin 321
Wise, Brownie 457
Wismar 268
Witwatersrand 337
Wladiwostok 274, 392
Wohnen / Wohnungen 14, 22, 25 f., 30, 48, 88 f., 129, 148, 188, 196, 198, 203, 214, 238, 240, 254, 297–300, 302 f., 305, 309, 316, 318 f., 323, 326, 335, 343, 347, 350, 363, 373, 391, 404, 413, 424, 442 ff., 448 f., 454 f., 463, 466, 477 f., 489, 496, 501, 504–507, 509, 519, 523, 532, 554, 578, 605, 680 f., 698, 701, 703, 713 ff., 717, 723, 739 ff., 743, 796, 806, 881 f., 900, 908 f., 917, 920, 926, 929, 970, 973; s. a. Häuser
Wohngemeinschaften 431 ff., 926, 929
Wohnmobile / -wagen 681, 683 f., 712, 880
Wohnwagenparks s. Trailerparks
Wohnzimmer 299 ff., 304, 319, 321, 329, 335, 345, 351, 353, 360, 441 f., 457, 497, 504, 508, 617
Wolfenbüttel 120
Wolff, Wilhelm »Lupus« 157
Wolle / Wollstoffe / -waren 38, 44 ff., 50, 60, 79 f., 84, 86 f., 90 ff., 95 f., 127, 219, 336, 341, 717, 902
Women's Co-operative Guild (WCG) 212 f.
Wood, John 328
Woolworth 431
Worcester 293 f., 700
Wordsworth, William 283
Workers Travel Association 712
World Resources Institute 895
World Reuse, Repair and Recycling Association 892
Woronesch 729
Wort-des-Glaubens-Bewegung 819, 824
Woschtschaschnikowo 273
Wrigley 805
Wuppertal Institut für klima, Umwelt und Energie 896
Württemberg 65, 106
Würzburg 252 f.
Wyster 849

X

Xhosa 466
Xiajia 496

Y

Yangzhou 37, 66, 72, 76, 128
Yellowstone-Nationalpark 683
Yeovil 237
YMCA 517
Yokohama 252
Yongle 41
York 859
Yorkshire 87, 127, 219, 682
Young, Brigham 816
Yoruba 174
YouTube 621
Yuan-Dynastie / -Kultur 75
Yu-Gi-Oh! 657 f.
Yunxiang Yan 496

Z

Zagreb 411
Zahnpasta 323, 400, 481, 513
Zam Zam Cola 830
Zeit / -armut / -gefühl / -nutzung 591 ff., 595 f., 599 f., 604–608, 610–617, 620 f., 626, 630, 642, 645, 888, 924
Zeitschriften 97, 99, 195, 216, 226, 642, 270, 303, 307, 338 f., 342, 349, 352, 404, 409, 417 f., 420, 432, 442, 474, 506 f., 583, 634, 679; s. a. Frauenzeitschriften, Jugendzeitschriften
Zeitungen 68, 70, 97, 119, 175, 232, 264, 373, 425 f., 428, 442, 449, 531, 633 f., 681
Zelizer, Viviana 652
Zelluloid 302
Zement 898, 900, 920
Zentralheizungen s. Heizen
Zerstörungsanlagen 848, 852
Zhang Han 71
Zhejiang 66
Zheng He 41
Zhu Guozhen 69
Zichorie 225
Ziegler, Antonin 392
Zigaretten / Zigarren 151, 176, 185, 195, 371, 389, 416, 419, 431, 447, 485, 513, 661, 679, 855, 953
Zimt 199
Zink 302
Zinn 82, 85 f., 858 f.
Zlín 701
Zola, Émile 262–265, 267
Zucker 39 f., 44 f., 67, 70, 102, 104 f., 109–114, 116, 120 f., 124 f., 127, 137, 163, 174 f., 191, 199, 218–222, 224 f., 233, 247 f., 492, 753, 759, 765, 770, 776, 808, 938, 953, 1033
Zündhölzer 481
Zünfte 60, 62, 65, 79, 107, 276, 529
Zürich 160, 238
Zwangsarbeit 168, 791
Zweig, Ferdynand 459 ff.
Zweitwohnsitze 881
Zwickau 443
Zwischenkriegszeit 277, 316, 327, 333 f., 336, 340, 348, 365, 372, 385, 393, 396, 408, 410, 425, 482 f., 487, 489, 519, 548, 552 f., 577, 617, 652, 702, 712, 715, 725, 727 f., 768, 801, 809, 812, 814, 859, 883, 887, 918
Zypern 274

Bildnachweis

Archiv des Museums Strom und Leben, Umspannwerk Recklinghausen: Nr. 30
Les Arts Décoratifs, Paris: Nr. 17 (Laurent Sully Jaulmes)
Basel Action Network: Nr. 71
Basel Mission Archives: Nr. 14
The Bata Reminiscence & Resource Centre and the Bata family: Nr. 66
Bishopsgate Library: Nr. 21 (Bishopsgate Foundation and Institute)
Brooklyn Museum: Nr. 10 (Museum Expedition 1941, Frank L. Babbott Fund, 41.1274.14a–b)
Coram (ehem. Foundling Hospital): Nr. 7
Deutsches Technikmuseum Berlin: Nr. 33 (Historisches Archiv)
Edo-Tokyo Museum: Nr. 37
Electric Power Historical Museum, Tokio: Nr. 25 (Denki no Shiryōkan)
Folger Shakespeare Library, Washington, D.C.: Nr. 11 (PR3757.W8 V8)
Greater Manchester Police Museum & Archives: Nr. 56
Harvard Library: Nr. 16 (aus: Arnold Wright, *Twentieth Century Impressions of Ceylon*, 1907), 23 (Harvard-Yenching Library of the Harvard College Library, Hedda Morrison Collection, Harvard University)
Henkel Archiv, Düsseldorf: Nr. 32, 67
Historisches Archiv der Nordea Bank Finland Plc: Nr. 54
Kraft durch Freude (Magazin), 1938: Nr. 41
Magnum Photos: Nr. 59 (David Hurn)
Museu del Disseny de Barcelona: Nr. 9 (Bestand Joaquim de Càrcer, 1923)
National Grid Archive, Warrington: Nr. 34
Ogoniek: Nr. 42 (sowjetische Reklame für Ketchup, 30. Juli 1937)
Paulig Company, Helsinki: Nr. 18
Postal Museum Japan: Nr. 55
Privatbesitz: Nr. 13, 20, 22, 26, 27, 28, 40, 44, 46, 48, 51, 52, 53, 58, 61, 68
Rijksmuseum, Amsterdam: Nr. 8
Robert Rauschenberg Foundation: Nr. 72 (Licenced by DACS, London/VAGA, New York 2015)
Sage Collection: Nr. 38 (Indiana University, Schenkung von Christopher Marshall)
Southern California Edison Archive (mit freundlicher Genehmigung der Huntington Library, San Marino, CA): Nr. 36 (G. Haven Bishop), 62 (Doug White), 63 (Joseph Fadler), 64 (unbekannt), 65 (G. Haven Bishop)
Top Focus: Nr. 47 (Jani Pihlaja)
Frank Trentmann: Nr. 49, 50, 60, 70
The Trustees of the British Museum: Nr. 3, 15
US Library of Congress: Nr. 24, 29 (Lewis Wickes Hine), 43 (Thomas J. O'Halloran), 69 (Lewis Hickes Hine)
Vattenfall Archiv, Hamburg: Nr. 35 (Sammlung HEW/Hamburger Elektrizitätswerke)
Victoria & Albert Museum, London: Nr. 1, 2, 4, 5, 6, 12, 39
The Wende Museum, Kalifornien: Nr. 57
Wikipedia: Nr. 19 (Creative Commons CC0 1.0 UPDD), 31, 45 (bd. Commons.wikimedia)

Die Karten und Grafiken im Buch wurden übernommen aus der Originalausgabe *Empire of Things* (Allen Lane 2016), Übersetzung von Klaus-Dieter Schmidt und Stephan Gebauer-Lippert.

Editorische Hinweise

»Ode an die Dinge« von Pablo Neruda (S. 6/7) wird mit freundlicher Genehmigung zitiert nach: Pablo Neruda, *Das lyrische Werk*, hrsg. von Karsten Garscha, © Luchterhand Literaturverlag, München, in der Verlagsgruppe Random House GmbH.

Die Anmerkungen in diesem Buch (S. 935–1051) versammeln die Quellen, die sich direkt auf den Text beziehen. Diese stellen aber nur die Spitze des Forschungseisbergs dar, auf dem dieses Buch ruht. Leser, die gerne tiefer in die Literatur zu einzelnen Themen eintauchen möchten, können dies anhand der ausführlichen Bibliographie tun. Sie finden diese unter: *www.dva.de/trentmann-bibliographie*.

Die Links zu den Websites und Dokumenten wurden zwischen November 2015 und März 2017 überprüft. Gerade im Bereich der Warenwelt kommt es jedoch häufig vor, dass Websites zu Produkten, Unternehmensstatistiken etc. wieder getilgt werden. Sollten Sie auf einen Link stoßen, der nicht mehr gültig ist, bitten wir um Ihr Verständnis und freuen uns, wenn Sie uns die betreffende Stelle mitteilen.